Dorn · Bader

Physik

Sekundarbereich I

Schroedel

Dorn · Bader
Physik · Sekundarbereich I

Herausgegeben von
Professor Dr. Franz Bader
Professor Friedrich Dorn †

Bearbeitet von
Prof. Dr. F. Bader
R. Bremer
R. Bürkert
Dr. P. Drehmann
Dr. R. Gaul
W. Kasten
A. Kraemer
H.-W. Oberholz
G. Staiger
K. Utpatel
W. Wegner

Unter Mitwirkung der Verlagsredaktion

Illustrationen:
Birgitt Biermann-Schickling
Liselotte Lüdecke
Bernhard Peter
Volkmar Rinke
Günter Schlierf

Titelbild:
Ein Silicium-Einkristall wird aus der Schmelze gezogen (Tiegelziehverfahren), Wacker-Chemitronic GmbH, Burghausen

ISBN 3-507-**86252**-2

Druck A 9 8 7 6 / Jahr 2001 2000

Alle Drucke der Serie A sind im Unterricht parallel verwendbar, da bis auf die Behebung von Druckfehlern unverändert. Die letzte Zahl bezeichnet das Jahr dieses Druckes.

Druck:
Universitätsdruckerei H. Stürtz AG, Würzburg

Bildquellenverzeichnis

Titelbild: Wacker Chemitronic GmbH, Burghausen; 6.1: US-Botschaft, Bonn; 8.1: dpa, Frankfurt am Main; 11.5: U. Staiger, Stuttgart; 12.3: Mauritius, Mittenwald; 15.2: Keystone, Hamburg; 31.3, 31.4: Jenaer Glaswerk Schott + Gen. Mainz; 32.1: G. Staiger, Stuttgart; 42.1, 44.1: Deutsches Museum, München; 44.2: Rollei Werke, Braunschweig; 50.1 oben: Dr. Jaenicke, Rodenberg; 50.1 unten A: Cramm, Langenhagen; 50.1 unten B: ZEFA, Düsseldorf; 50.1 unten C: Jung, Hilchenbach; 55.3: Ernst Leitz GmbH, Wetzlar; 56.1: Deutsches Museum, München; 61.2: Dr. Hellwich, Forschungslab. f. IR-Fotografie, Wien; 71.1: Deutsches Museum München; 72.1: Deutsche Bundesbahn; 76.1: Presse Foto Baumann, Ludwigsburg; 76.2: Presse Foto KG Sven Simon, Essen; 82.2: US-Botschaft, Bonn; 91.4: U. Tönnies, Hannover; 93.3: ADAC, München; 96.2: MHH, Hannover; 104.1: Silvestris, Kastl; 104.3, 107.1: D. van Eupen, Hambühren; 115.2: Preussen Elektra AG, München; 123.3: Prof. Dr. Bader, Ludwigsburg; 133.2 links: Eric Bach, Grünwald; 146.1 rechts: DEMAG GmbH, Düsseldorf; 177.4: Howaldtswerke Deutsche Werft AG, Kiel; 178.1: U. Tönnies, Hannover; 180.2: MHH, Hannover; 184.2: AEG Elektrowerkzeuge, Winnenden; 186.1 li: Deutsches Museum, München; 186.1 re: Klaus Utpatel, Berlin; 189.3: BEB, Hannover; 200.2: Carl Zeiss, Oberkochen; 201.5: IBM, München; 205.2: Mannesmann AG, Düsseldorf; 207.3: Deutsche Poclain GmbH, Groß Gerau; 209.3: Prof. Dr. Bader, Ludwigsburg; 213.5: ZEFA, Düsseldorf; 214.1 rechts: METEOSAT, European Space Agencyt; 215.4: Deutsches Museum, München; 219.2: R. Friedrich, Mönchengladbach; 228.1: Inge Stephan-Schröder, Argesdorf; 229.4: Howaldtswerke Deutsche Werft AG, Kiel; 229.5: Hapag-Lloyd AG, Hamburg; 230.3: Motor Presse International Verlagsgesellschaft mbH, Stuttgart (Foto: Werner Panckow); 243.1: A. Teves GmbH, Frankfurt am Main; 248.1: Mauritius, Mittenwald; 248.2: Phywe, Göttingen; 252.1: Mauritius, Mittenwald; 269.2: Ludwig Winstoßer, Stuttgart; 271.3: ZEFA, Düsseldorf; 271.4: AEG-Telefunken AG, Frankfurt am Main; 272.1: Mauritius, Mittenwald; 272.2: Deutsche Luftbild KG, Hamburg (freigeg. d. Luftamt Hamburg, Nr. 1903/76); 276.2: Ing.-Büro Kynast, Frankenau; 109.4: Grünzweig & Hartmann, Ludwigsburg; 287.3, 287.4: Philips Licht GmbH, Hamburg; 295.4: Dr. H.-P. Neitzke, Hannover; 308.1, 308.2, 308.3, 309.5, 309.6: B. Peter (Vorlage Max-Planck-Inst., Garching); 310.2: Archiv Schroedel; 312.2: Gentner, Maier-Leibnitz, Bothe: „Atlas typischer Nebelkammerbilder", Springer-Verlag, Berlin – Heidelberg – New York; 315.3, 315.4: Deutsches Museum, München; 316.2: Dr. Drehmann, Kornwestheim; 317.3: Gentner, Maier-Leibnitz, Bothe: „Atlas typischer Nebelkammerbilder", Springer-Verlag, Berlin – Heidelberg – New York; 321.3: Staatliche Sammlung Ägyptischer Kunst, München; 323.3: GSF, München; 326.3: Siemens AG, Erlangen; 327.4: Gentner, Maier-Leibnitz, Bothe: „Atlas typischer Nebelkammerbilder", Springer-Verlag, Berlin – Heidelberg – New York; 329.2: dpa, Hamburg; 330.1: RWE, Düsseldorf (freigeg. d. Reg. Präs. Düsseldorf, Nr. 18 B 766); 335.1, 335.2: Deutsches Museum, München; 343.2: Siemens AG, München; 348.1: Pfletschinger/Angermayer, Holzkirchen; 349.4: Schlierf (Vorlage Bürkert, Köngen); 351.3: ECON „Das wundersame Haus".

Alle übrigen Fotos: Detlev van Eupen, Hemmingen; Michael Frühsorge, Hannover; Hans Tegen; Hambühren

Inhaltsübersicht

Einführung in die Physik 6

Licht

Lichtausbreitung 8
Optische Abbildung 10
Schatten 12

Reflexion und Brechung

Reflexion 16
Spiegelbilder 18
Gekrümmte Spiegel 22
Brechung des Lichts 24
Übungen und Hausversuche 28
Totalreflexion 30
Mehrmalige Brechung 32
Linsen 34
Abbildungen mit Linsen 38
Linsengleichung 40

Optische Geräte

Projektoren 42
Der Fotoapparat 44
Das Auge 48
Hilfen für das Auge 50
Aus Technik und Praxis 56

Farbenlehre

Spektralzerlegung 58
Farbwahrnehmung 62
Farbige Bilder 66
Ein Gang durch die geometrische Optik
und ihre Geschichte 70

Kräfte

Geschwindigkeit 72
Kräfte und ihre Messung 76
Körper erfahren Gewichtskräfte 80
Körper haben Masse 82
Stoffe haben eine Dichte 86
Proportionalitäten 88

Zusammenwirken von Kräften

Kräftegleichgewicht 90
Trägheitssatz 92
Beschleunigung 94
Kraft und Gegenkraft 96
Reibung 98
Seilmaschinen 100
Naturgesetze 102
Zusammensetzen von Kräften 104
Zerlegen von Kräften 106
Die schiefe Ebene 107
Im Überblick: Kraft und Masse 108

Elektrischer Strom

Stromkreis – Leiter – Isolatoren 110
Elektrische Schaltungen 114
Elektrische Ladung 116
Positive und negative Ladungen 118
Elektronen als Ladungsträger 120

Elektronenströme 122
Elektronen und Atombau 124
Influenz und statische Aufladung 126
Elektronen und Ionen 128
Im Überblick: Ladung und Strom 130
Energie und elektrische Spannung 132
Schaltung von Stromquellen 136

Gesetze des Gleichstromkreises

Magnete und ihre Pole 138
Elementarmagnete 140
Das magnetische Feld 144
Magnetische Stromwirkung 146
Das Magnetfeld von Spulen 148
Anwendung der Elektromagnete 150
Elektromagnetische Strommesser 152
Messung von Ladung und Stromstärke . . . 154
Ohmsches Gesetz, Widerstand 158
Verschiedene Widerstände 162
Im Überblick: Magnetismus, Stromstärke, ohmsches Gesetz 164
Der verzweigte Stromkreis 166
Der unverzweigte Stromkreis 168
Vorwiderstand und Potentiometer 170
Gefahren des Stroms 172

Energie, Arbeit und Leistung

Verschiedene Energieformen 174
Ein Maß für Energie 176
Energieerhaltung 178
Energieentwertung 180
War der Unfall vermeidbar? 182
Leistung 184
Energieübertragung mit Rädern 186
Kurbel und Getriebe 192
Schwerpunkt und Gleichgewicht 194
Im Überblick: Energie, Arbeit und Leistung 196

Druck und Teilchenmodell

Das Teilchenmodell 198
Der Kolbendruck 202
Hydraulik 206
Der Schweredruck 208
Wasserwerkphysik 212
Luftdruck 214
Druck in eingeschlossenen Gasen 218
Physik mit dem Computer 220
Luftdruck und Atmosphäre 222
Der Auftrieb 224
Schwimmen, Schweben und Sinken 228
Im Überblick: Statik der Flüssigkeiten und Gase 232

Innere Energie und Energieentwertung

Temperaturmessung 234
Die thermische Ausdehnung 236
Das thermische Verhalten der Gase 240
Arbeit erhöht die innere Energie 242
Wärme erhöht die innere Energie 244
Energieerhaltung bei Reibung 248
Energiequellen 250
Schmelzen und Erstarren 252
Verdampfen und Kondensieren 254
Zustandsänderungen im Alltag 256
Energietransport 258
Wärmekraftmaschinen 262
Weg und Wert der Energie 266
Wärmekraftwerke 268
Energiewirtschaft 270
Im Überblick: Wärme 274

Elektrische Energie

Elektrische Spannung und ihr Maß 276
Elektrische Arbeit und Leistung 278
Spannung und Stromstärke – ein Vergleich 280
Elektrische Leistung in Stromkreisen 282
Im Überblick: Strom, Spannung, Widerstand 284
Fernsprecher und Lampen 286
Bekanntes und Neues 288
Der Elektromotor 290
Die Lorentzkraft 292
Die elektromagnetische Induktion 296
Der Transformator 302
Energieverbund 304
Unser Energiebedarf 306
Ein globales Energieproblem: Der Treibhauseffekt 308

Radioaktivität und Kernphysik

Atome unter Elektronenbeschuss 310
α-Strahlung 312
Das Geiger-Müller-Zählrohr 314
β- und γ-Strahlung 316
Der Atomkern
und der radioaktive Zerfall 318
Halbwertszeit 320
Strahlenbelastung – Strahlenschutz 322
Anwendung radioaktiver Nuklide 326
Kernreaktionen 327
Kernspaltung 328
Kernkraftwerke 330
Im Überblick: Atom- und Kernphysik 334

Halbleiterphysik

Halbleiter 336
Halbleiterdioden 340
Der Transistoreffekt 342
Der Transistor als Verstärker 344
Der Transistor als Schalter 346

Akustik

Physik und Musik 348
Eigenschwingungen und Resonanz 352
Die Schallwelle 354
Lärm und Lärmschutz 356
Musik digital verarbeitet 358

Anhang

Stichwortverzeichnis 362
Tabellen 366

Einführung in die Physik

1 Wie Astronauten die Erde sehen

1. Physik stellt Fragen an die Natur

Ein Traum der Menschheit ist in Erfüllung gegangen; wir können die Erde aus dem Weltraum betrachten *(Bild 1)*. Welche Erfahrungen machen die Astronauten, wenn sie das Raumschiff verlassen? Sie *sehen* den blauen Planeten als ein Stück Natur mit Kontinenten und Meeren.

Eine Lufthülle umgibt die Erde wie ein dünner Saum. Was *hören* eigentlich die Astronauten außerhalb dieser Lufthülle? Nichts! Sie können sich, selbst aus nächster Nähe, nur über Funk verständigen. Auch ein Mikrofon würde im Weltraum keinerlei Geräusch registrieren. Warum ist das so, warum können die Astronauten einander nicht hören?

Diese Frage soll uns die **Natur** beantworten. Dazu brauchen wir aber glücklicherweise nicht ins All zu gehen: Naturgesetze gelten in unserem Physiksaal genauso wie im Weltraum; *sie sind universell.*

Wer mit offenen Augen und Ohren durch die Natur geht, wird auf manche Dinge aufmerksam, von denen er wissen möchte, was dahinter steckt.

Bei einem Feuerwerk sind farbenprächtige Figuren am Nachthimmel zu sehen, aber erst einige Zeit nach ihrem Aufleuchten ist der Knall zu hören. Das Geräusch braucht Zeit, um von dem explodierenden Feuerwerkskörper bis zu unserem Ohr zu gelangen.

Wenn du gegen eine Felswand rufst, hörst du kurz danach ein Echo: Dein eigener Ruf kommt zurück, und dazu braucht er ebenfalls Zeit.

Beide Beobachtungen führen zu einer einfachen Feststellung: *Der Schall braucht Zeit, um von der Schallquelle zum entfernten Empfänger zu gelangen.* Wie kommt er dorthin? Was verbindet Empfänger und Schallquelle miteinander? Nun, zwischen beiden befindet sich jedenfalls Luft. Hat die Ausbreitung des Schalls etwas mit der Luft zu tun?

2. Experimente beantworten Fragen an die Natur

Die Astronauten sind im luftleeren Raum außerhalb der Lufthülle der Erde *(Bild 1)*. Einen luftleeren Raum können wir auch auf der Erde mit einer *Vakuumpumpe* erzeugen und damit experimentieren.

Versuch 1: **a)** Wir stellen eine Glasglocke luftdicht auf einen Teller und pumpen aus ihr die Luft ab. Unter der Glocke entsteht ein luftleerer Raum, ein **Vakuum**. Sobald wir den Absperrhahn öffnen, strömt die Luft laut zischend wieder in die Glasglocke hinein. Mit Papierschnitzeln weisen wir sogar Luftwirbel nach.

b) Eine elektrische Klingel liegt auf einem Schaumgummipolster so unter der Glasglocke, dass sie an keiner Stelle die Außenwand berührt *(Bild 2)*. Wir *sehen*, wie der Klöppel auf die Glocke schlägt und *hören* den Ton der Klingel deutlich. Pumpen wir die Luft ab, so wird der Ton immer leiser, bis er schließlich nicht mehr zu hören ist. Der Klöppel schlägt jedoch immer noch deutlich sichtbar auf die Glocke. ■

Ergebnis: Luft leitet den Schall weiter; im luftleeren Raum breitet er sich nicht aus.

3. Wie viel wiegt die Luft?

In *Bild 1* ist die Lufthülle der Erde zu erkennen. Warum löst sie sich nicht von der Erde? Ist Luft schwer?

Versuch 2: Auf einer genauen Waage wird ein Rundkolben (etwa 1 Liter Inhalt) mit Wägestücken austariert *(Bild 3)*. Presst man nun mit einer Glasspritze, wie mit einer Luftpumpe, zusätzlich 300 cm^3 Luft in den Rundkolben, so kommt die Waage aus dem Gleichgewicht. Der Kolben ist schwerer geworden. Legt man auf der anderen Schale Wägestücke mit 0,36 g zu, so spielt die Waage wieder ein. ■

Luft ist also schwer, so schwer, dass 300 cm^3 Luft den Wägestücken mit 0,36 g das Gleichgewicht halten. Dafür sagt man kurz: 300 cm^3 Luft wiegen 0,36 g. Dann wiegen 100 ml Luft 0,12 g und 1000 ml = 1 l Luft 1,2 g. Die Luft in einem Klassenzimmer mit 300 m^3 = 300 · 1 000 000 ml Inhalt wiegt immerhin 360 kg.

Ein Liter Luft wiegt 1,2 g.

Versuch 3: **a)** Wir schieben den Kolben einer Glasspritze vollständig ein und schließen den Hahn *(Bild 4)*. Nun lässt sich der Kolben nur mit großer Anstrengung herausziehen; irgendetwas Unsichtbares hält dagegen: Es ist die Luft, die uns umgibt.

b) Noch eindrucksvoller zeigt sich diese Kraft an einem Blechkanister, wenn wir aus ihm die Luft abpumpen: Er wird platt gedrückt. Auch das ist eine Auswirkung des **Luftdrucks**, der überall am Grunde des „Luftmeeres" der Erde herrscht. ■

Physiker betrachten Vorgänge in der Natur auf eine besondere Weise: Sie stellen Experimente an, beobachten die Ergebnisse und verknüpfen diese miteinander. Aus den gewonnenen Erkenntnissen entsteht dann das Lehrgebäude der Physik.

2 Im luftleeren Glaskolben hört man die Klingel nicht

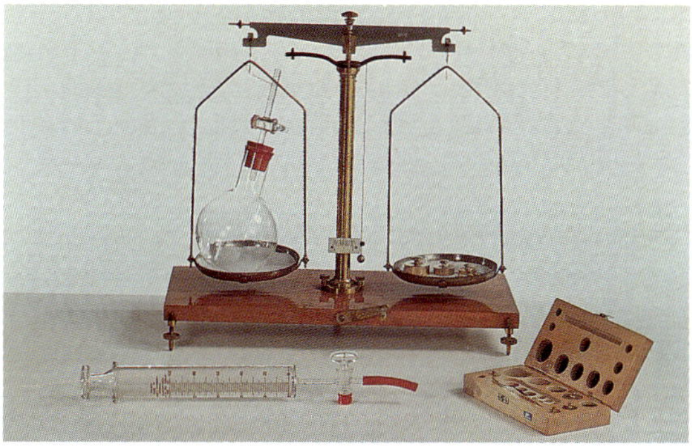

3 So wird Luft gewogen

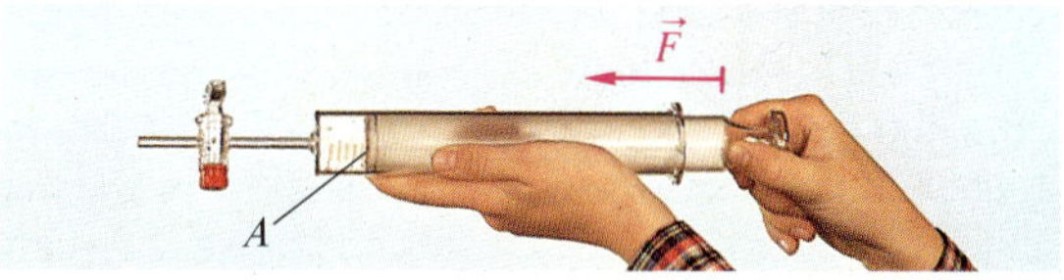

4 Der Kolben lässt sich kaum herausziehen

Lichtausbreitung

1 Lichtbündel

2 Ein Lichtstrahl wird sichtbar

1. Was ist Optik?

Die Wissenschaft, die sich mit dem **Licht** beschäftigt, wird **Optik** genannt. In diesem Teilgebiet der Physik werden wir viele interessante Fragen behandeln, so zum Beispiel: Warum sieht man mit dem Mikroskop eine winzige Amöbe und mit dem Fernrohr einen weit entfernten Mondkrater viel größer als mit bloßem Auge? Wie kommt es überhaupt dazu, dass wir unsere Umgebung mit den Augen wahrnehmen? Wie funktioniert ein Fotoapparat und wie entstehen die Farben? Hast du dir schon einmal überlegt, dass wir ohne Licht nichts sehen würden? Ja – ohne das Licht, das uns von der Sonne erreicht, wäre unser Dasein auf der Erde nicht möglich: *Die Energie der Sonnenstrahlung ist lebensnotwendig.*

Doch nicht nur dies: Das Licht ferner Sterne liefert uns wichtige Informationen über den Aufbau des Weltalls, und die Atome verraten uns viele ihrer Geheimnisse durch Licht, das sie aussenden. Auch in der Technik spielt das Licht eine wichtige Rolle, z. B. bei Lichtschranken oder bei der Übertragung von Telefongesprächen durch Glasfaserkabel.

Schon unsere Vorfahren wussten, dass sehr heiße Körper Licht aussenden. Auf diese Weise leuchten z. B. Öllampen, Fackeln und Kerzen, aber auch elektrische Glühlampen. Modernere *Lichtquellen*, wie die Leuchtstofflampe und der Laser, erzeugen dagegen ihr Licht nicht durch hohe Temperaturen.

2. Wie kommt Licht ins Zimmer?

Unsere wichtigste Lichtquelle ist die Sonne; bei Tag beleuchtet sie Gegenstände draußen im Freien. Auch unsere Wohnungen werden durch Sonnenlicht erhellt. Oft scheint aber die Sonne gar nicht direkt durch die Fenster; wie kommt dann das Licht eigentlich ins Zimmer?

Nun – die von der Sonne beleuchteten Häuser, Bäume und sonstigen Gegenstände geben das empfangene Licht in alle möglichen Richtungen wieder ab, als wären sie selbst Lichtquellen. Man sagt dazu, beleuchtete Gegenstände **streuen** das Licht; so kann es durch die Fenster in unsere Zimmer gelangen. Wenn der Mond am Himmel „scheint“, *streut* er das Licht der Sonne zu uns auf die Erde.

Versuch 1: Wir wollen damit beginnen, das von außen in den Physikraum einfallende Licht zu untersuchen. Dazu benutzen wir ein kleines Loch im Vorhang des verdunkelten Raums. Das hindurchdringende Licht fangen wir mit einem *Schirm* auf, der aus einem durchscheinenden Material besteht. Dieses streut das Licht nicht nur zurück, sondern lässt es teilweise durch. Dabei wird es auch nach vorne in alle möglichen Richtungen gestreut. Was auf dieser sogenannten *Mattscheibe* zu sehen ist, wird sicher einige überraschen: Dort erscheint ein umgekehrtes Abbild der Umgebung vor dem Fenster unseres Zimmers. ■

3. Kann man Licht sehen?

Versuch 2: Wir verdunkeln den Raum und schalten eine sogenannte *Punktlichtlampe* ein. Obwohl diese nur einen sehr kleinen Glühfaden hat, beleuchtet das davon ausgehende Licht den Tisch sowie Wände und Decke des ganzen Physiksaals. Dort wird es gestreut und gelangt so in unser Auge. ■

Wir sehen: Von einem leuchtenden Punkt ausgehendes Licht breitet sich nach allen Richtungen aus.

Im Theater verwendet man zur Beleuchtung der Szene starke Scheinwerfer. Ihre Lampen sind in Gehäuse eingebaut, durch deren Öffnungen begrenzte **Lichtbündel** ausgesandt werden. In *Bild 1* ist ihr Verlauf sogar sichtbar, weil das Licht unterwegs an kleinen Staubteilchen gestreut wird.

Versuch 3: a) Wir nehmen nun eine *Punktlichtlampe*, die in ein Gehäuse eingebaut ist. Aus dieser *Experimentierleuchte* lassen wir ein *Lichtbündel* auf einen ungefähr 50 cm entfernten Schirm fallen. Dort entsteht ein begrenzter Lichtfleck; vom Licht, das zwischen der Experimentierleuchte und dem Schirm unterwegs ist, bemerken wir jedoch nichts. *Licht kann man von der Seite nicht sehen.* Schütteln wir aber aus einem Lappen etwas Kreidestaub in den Lichtweg, so wird wie bei der Bühnenbeleuchtung in *Bild 1* kurzzeitig ein *Lichtbündel* sichtbar. Wir nehmen es wahr, weil ein Teil davon an den Kreidestäubchen in unser Auge gestreut wird. Der Rest des Bündels gelangt zum Schirm, wird gestreut und erzeugt so den Lichtfleck.

b) Wir bringen zwischen die Experimentierleuchte und den Schirm eine sogenannte *Lochblende;* das ist eine undurchsichtige Scheibe mit einer kleinen runden Öffnung. Jetzt sehen wir auf dem Schirm nur noch einen ganz kleinen *Lichtfleck.* Wie er zustande kommt, ist klar: Das Loch lässt lediglich einen Teil des von der Experimentierleuchte ausgesandten Lichtbündels durch. Welchen Weg nimmt dieses ausgeblendete Licht?

c) Wir schütteln Kreidestaub zwischen Lochblende und Schirm: Nun wird eine feine von der Blendenöffnung ausgehende Lichtspur sichtbar *(Bild 2).* Diesen durch eine sehr kleine Öffnung ausgeblendeten Teil des von der Lampe ausgehenden Lichtbündels nennen wir einen *Lichtstrahl.* Er breitet sich *geradlinig* aus – wie ein gespannter Faden, den wir zum Vergleich daneben halten können. ■

3 Lichtstrahlen stören sich gegenseitig nicht

4. Lichtstrahlen stören einander nicht

Versuch 4: Wir setzen vor die Experimentierleuchte eine Schlitzblende. Das auf diese Weise entstehende flache Lichtbündel lassen wir an einem Schirm entlangstreifen. Dort wird es gestreut und macht durch seine Spur den Verlauf eines Lichtstrahls sichtbar. Nun stellen wir nach *Bild 3* neben dem streuenden Schirm noch eine weitere Experimentierleuchte mit Schlitzblende auf und erzeugen damit einen zweiten Lichtstrahl. ■

Wie werden sich zwei einander kreuzende Lichtstrahlen verhalten? Prallen sie im Treffpunkt vielleicht wie zwei Wasserstrahlen aneinander ab? Der Versuch zeigt, dass dies nicht der Fall ist. Vielmehr durchdringen sich die beiden Lichtstrahlen geradezu geisterhaft, ohne einander gegenseitig zu beeinflussen.

Ein leuchtender Punkt strahlt nach allen möglichen Richtungen Licht aus.

Enge **Lichtbündel** nennt man **Lichtstrahlen.** Sie sind **geradlinig** und können sich gegenseitig ungestört durchdringen.

Körper geben Licht, das ihre Oberfläche trifft, im Allgemeinen nach allen möglichen Richtungen weiter; **man sagt, sie streuen das Licht.**

Undurchsichtige Körper streuen das Licht nur zurück, durchscheinende (z. B. Mattscheiben) streuen es auch nach vorne.

Optische Abbildung

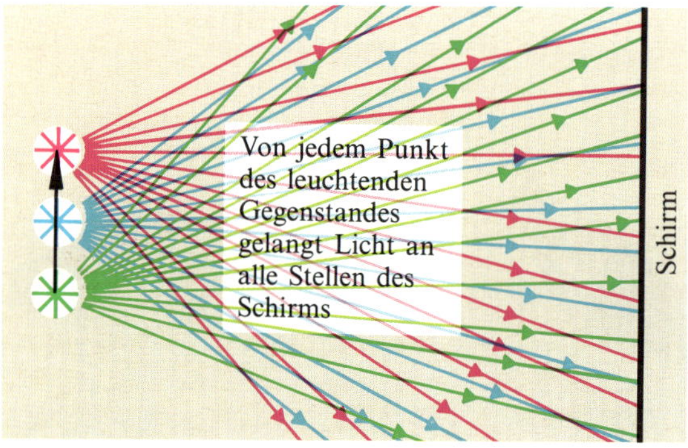

1 So entsteht ein Durcheinander

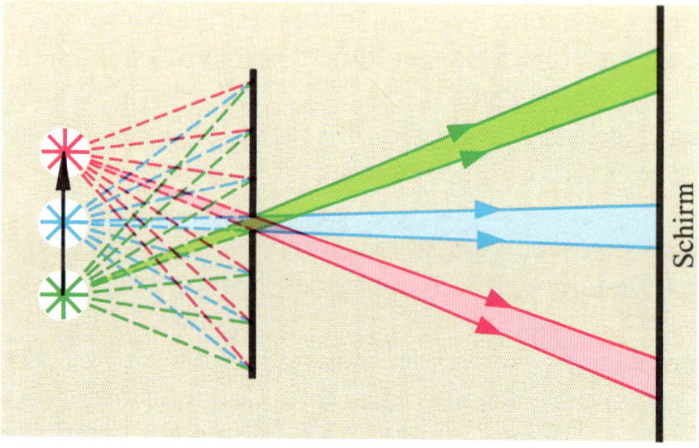

3 Einzelne Bündel werden ausgesondert

1. Vom Lichtfleck zum optischen Bild

Nun können wir leicht erklären, warum durch ein kleines Loch im Verdunkelungsvorhang eine Abbildung der Außenwelt auf den Schirm gezeichnet wird:

Die Häuser und Bäume draußen im Freien *streuen* das auf sie fallende Sonnenlicht; das heißt aber, sie senden selbst wieder Licht aus. In der Optik stellen wir einen solchen Körper symbolisch durch einen Pfeil dar und bezeichnen ihn als Gegenstand. Wir denken uns, er sei aus vielen leuchtenden Punkten zusammengesetzt. *Bild 1* zeigt einen Gegenstand, aus dem willkürlich drei solche Punkte herausgegriffen sind. Das von ihnen ausgehende Licht trifft *jede* Stelle des Schirms.

Hier schafft nach *Bild 3* eine *Lochblende* Ordnung. Sie lässt von dem Licht, das ein Gegenstandspunkt nach allen Richtungen aussendet, nur ein schmales Lichtbündel auf den Schirm gelangen; dort entsteht dann ein Lichtfleck.

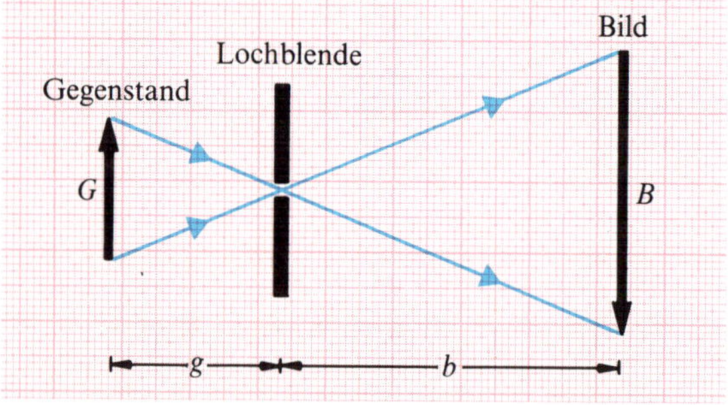

2 Konstruktion der Abbildung mit Lichtstrahlen

Auch von anderen Gegenstandspunkten gehen Lichtbündel aus. Sie überkreuzen sich in der Blendenöffnung ungestört und erzeugen auf dem Schirm ebenfalls Lichtflecke:

– Benachbarte Punkte rufen dabei benachbarte Lichtflecke hervor.
– Es entsteht ein naturgetreues, umgekehrtes Bild.

So fügen sich die Lichtflecke zu einem **optischen Bild** des Gegenstandes zusammen; diesen Vorgang nennt man eine **optische Abbildung.** Denken wir uns die Lochblende genügend klein, so können wir sagen, sie lasse von dem Licht, das jeder Gegenstandspunkt aussendet, jeweils nur *einen* Lichtstrahl durchgehen und auf den Schirm fallen. Lichtstrahlen zeichnen wir nun als *gerade Linien.* Eigentlich kann man Licht nicht *zeichnen;* eine gerade Linie ist kein Lichtstrahl, aber ein brauchbares *Modell*, mit dem man die Gesetze der *Geometrie* auf die Optik anwenden kann.

Nach *Bild 2* genügt es, zur Konstruktion unserer optischen Abbildung die beiden Lichtstrahlen zu zeichnen, die jeweils vom Ende des Gegenstandes durch die Mitte der Öffnung führen. Dabei treten vier Größen auf, nämlich die *Gegenstandshöhe G*, die *Bildhöhe B*, die *Gegenstandsweite g* und die *Bildweite b.*

Messen wir nun z. B. $G = 2\,\text{cm}$ und $B = 6\,\text{cm}$, so ist das optische Bild 3fach vergrößert: Der **Abbildungsmaßstab** beträgt $A = B/G = 6\,\text{cm} : 2\,\text{cm} = 3$. Wenn aber das optische Bild 3-mal so hoch ist wie der Gegenstand, dann ist es auch 3-mal so weit von der Lochblende entfernt, es ist auch $b/g = 3$. Daraus folgt allgemein $A = B/G = b/g$.

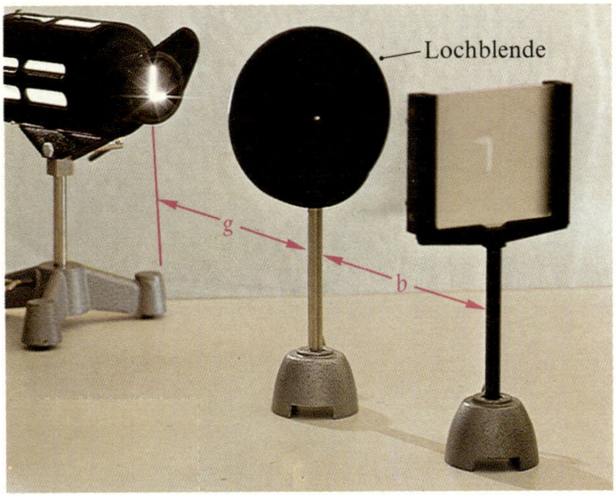

4 Das leuchtende L wird abgebildet

5 Dieses Foto wurde mit einer Lochkamera gemacht

Versuch 1: **a)** In der folgenden *optischen Abbildung* setzen wir vor eine Experimentierleuchte den aus einem Blechstück herausgeschnittenen Buchstaben L. Er ist mit durchscheinendem Papier hinterlegt, damit das Licht beim Durchgang daran gestreut wird. Dieses „leuchtende L" benutzen wir als Gegenstand und bilden es mit einer Lochblende auf einen Schirm ab *(Bild 4)*. Dabei finden wir die Gleichung für den Abbildungsmaßstab bestätigt.

b) Ist die Blendenöffnung groß, so wird das Bild recht hell, dafür aber leider sehr unscharf: Es wird sozusagen mit einem „groben Lichtpinsel gemalt". Soll die Abbildung schärfer werden, so müssen wir den Lichtpinsel – also die Öffnung – feiner machen. Dann wird aber weniger Licht durchgelassen: Das Bild wird dunkler. ■

Für **Abbildungsmaßstab** A, **Bildhöhe** B, **Gegenstandshöhe** G, **Bildweite** b und **Gegenstandsweite** g gilt

$$A = B/G = b/g. \qquad (1)$$

2. Der einfachste Fotoapparat der Welt

Nimm einen lichtdichten Kasten, bohre in die Vorderwand eine feine Öffnung, decke diese vorerst ab und befestige an der Rückwand einen Film. Fertig ist die **Lochkamera!** *Bild 5* ist mit einer solchen Lochkamera fotografiert worden. Der Durchmesser der Öffnung betrug 0,6 mm; sie wurde zur Aufnahme 45 Sekunden lang freigegeben. Die Bildweite war $b = 230$ mm.

A1. Was geschieht, wenn man in Versuch 1 den Schirm gegen eine
a) saubere,
b) eingepuderte Glasscheibe austauscht?

A2. Welche Bedingung müssen Gegenstandsweite g und Bildweite b erfüllen, damit das optische Bild bei einer Lochkamera
a) gleich hoch,
b) dreimal so hoch wird wie der Gegenstand?

A3. In Versuch 1 befindet sich das 1,5 cm hohe und 0,5 cm breite leuchtende L 5 cm vor der Lochblende, der Schirm 20 cm dahinter. Bestimme den Abbildungsmaßstab A. Wie hoch und wie breit ist das Bild auf dem Schirm?

A4. Mit einer Lochkamera wird aus 20 m Entfernung ein 8 m hoher Baum aufgenommmen. Wie hoch wird das Bild, wenn die Fotoplatte 15 cm hinter dem Loch steht?

A5. Bei der Aufnahme des Fotos in *Bild 5* war die Lochkamera ungefähr 100 m vom Tor des Gebäudes entfernt. Bestimme die Torhöhe.

A6. Bei einer Lochkamera ist die Fotoplatte 8 cm hinter der Blendenöffnung angebracht; das optische Bild ist 4 cm hoch. Wie verändert sich die Bildhöhe, wenn man die Fotoplatte weiter von der Lochblende entfernt? Wie hoch wird das optische Bild, wenn der Abstand der Fotoplatte auf 16 cm (20 cm) erhöht wird?

A7. Mit einer Lochkamera soll aus 15 m Entfernung ein Haus aufgenommen werden, das 12 m breit und 7,50 m hoch ist. In welchem Abstand von der Lochblende muss man den Film anbringen, damit das Foto des Hauses 8 cm breit wird? Wie hoch ist dann das Haus auf der Fotografie?

Schatten

1 Schattenspiele

2 So kommt ein scharfer Schatten zustande

1. Licht und Schatten

Als es noch keine Diaprojektoren gab, waren Schattenspiele eine beliebte Unterhaltung. Wenn du deine Hand bei Tageslicht vor eine Wand im Zimmer hältst, wirst du allerdings im Allgemeinen kein so schönes Schattenbild wie in *Bild 1* erhalten. Die Schärfe des Schattens hängt nämlich entscheidend von der Art der *Lichtquelle* ab.

Versuch 1: Wir erzeugen an der Wand den Schatten eines Gegenstandes. Mit einer mattierten Glühlampe entsteht nur ein undeutlicher, an den Rändern verwaschener Schatten. Nehmen wir aber eine *Punktlichtlampe,* so erscheint an der Wand ein scharf umrissenes Schattenbild *(Bild 2).* ■

Zur Erklärung betrachten wir von dem Licht, das der leuchtende Punkt einer Punktlichtlampe aussendet, diejenigen Strahlen, die am Rand des Gegenstandes entlangstreifen. Auf dem Schirm markieren sie eine *scharfe* Grenze zwischen beleuchtetem und vom Licht nicht getroffenem Bereich.

2. Mehr Lichtquellen – mehr Schatten

Vielleicht hast du schon die merkwürdige Beobachtung gemacht, dass ein Fußballspieler bei Flutlicht *mehrere* Schatten wirft *(Bild 3).* Jeder davon fällt in eine andere Richtung, in deren rückwärtiger Verlängerung jeweils einer der Scheinwerfer steht.

Versuch 2: **a)** Wir bringen vor einem Holzklotz zwei Punktlichtlampen so an, dass sie parallel zur Wand nebeneinander stehen. Wir rücken sie weit auseinander und schalten zuerst nur die eine, dann nur die andere an. Beide Male entsteht ein scharfer Schatten, aber jeder tritt an einer anderen Stelle der Wand auf.

b) Schalten wir nun *beide* Lampen an, so sehen wir die zwei Schatten gleichzeitig an denselben Stellen wie vorher, aber nicht mehr so tief schwarz. ■

Die Erklärung ist einfach: Im Allgemeinen wird die Wand von *beiden* Lampen beleuchtet; die Stellen, an denen wir die Schatten sehen, werden jedoch jeweils nur vom Licht *einer* Lampe getroffen.

3 Bei Flutlicht entstehen mehrere Schatten

Versuch 3: Nun bringen wir die Lampen einander immer näher. Dann kommen die beiden Schatten aufeinander zu, bis sie sich überlappen: In der Mitte entsteht ein tiefschwarzer Schatten, der sogenannte **Kernschatten**. Er ist auf beiden Seiten von aufgehellten Schatten mit scharfen Rändern eingerahmt *(Bild 4)*; man nennt sie **Halbschatten**. ■

In *Bild 5* sind die zwei punktförmigen Lichtquellen als Punkte L1 und L2 gezeichnet. Von den beiden Lichtbündeln, die sie aussenden, sind nur die jeweiligen *Randstrahlen* interessant, die am Gegenstand G gerade noch entlangstreifen. Sie grenzen auf der beleuchteten Wand verschiedene Bereiche scharf voneinander ab, nämlich einen Bereich, der gar kein Licht erhält (Kernschatten), zwei Bereiche, die jeweils nur von L1 bzw. L2 beleuchtet werden (Halbschatten) und schließlich solche, zu denen das Licht beider Lichtquellen gelangen kann.

Wie kommt nun der verwaschene Schatten bei einer ausgedehnten Lichtquelle *(Bild 6)* zustande? Nehmen wir an, nur die beiden äußersten Punkte einer solchen Lichtquelle würden Licht aussenden. Dann entstünde derselbe Kernschatten mit scharf abgegrenzten Halbschatten wie in *Bild 4*. Nun müssen wir uns aber eine ausgedehnte Lichtquelle aus vielen punktförmigen Lichtquellen zusammengesetzt denken, die *zwischen* den beiden äußersten Punkten liegen. Dieses zusätzliche Licht ändert am Kernschatten nichts, doch werden jetzt die anschließenden Bereiche in zunehmendem Maße um so heller beleuchtet, je weiter sie vom Kernschatten entfernt sind.

Eine **punktförmige Lichtquelle** erzeugt einen scharfen Schatten; bei einer **ausgedehnten Lichtquelle** entsteht ein Schatten mit verwaschenen Rändern.

A1. Was ändert sich am Schatten, wenn vor der Sonne zunehmend Wolken aufziehen?

A2. Zeige an einer Skizze, dass *Gl. 11.1* auch für Schattenbilder gilt, wenn man die Gegenstandsweite *g* und die Bildweite *b* jeweils von der Punktlichtlampe aus misst.

A3. Eine Lichtquelle ist 3 cm breit. 4 cm davon entfernt befindet sich ein Körper mit einer Breite von 2 cm. Konstruiere wie in *Bild 5* das Schattenbild des Körpers auf einem 6 cm von der Lichtquelle entfernten Schirm. Welche Schattenbereiche entstehen, wenn dieser Abstand größer als 12 cm geworden ist?

4 Kernschatten und Halbschatten

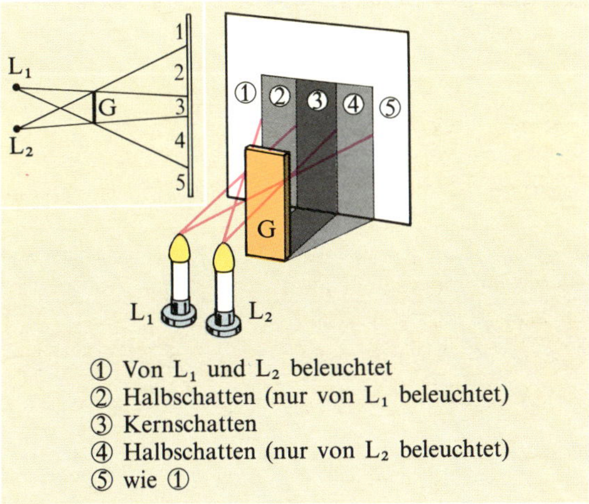

5 Konstruktion von Kern- und Halbschatten

6 Schatten bei einer ausgedehnten Lichtquelle

3. Der Mond erscheint nicht immer rund

Wenn sich die Erdhälfte, die wir bewohnen, von der Sonne weggedreht hat, ist es bei uns Nacht. Die Sonne steht nun für uns nicht mehr am Himmel und doch ist fast der ganze Weltraum, in den wir bei Nacht blicken, vom Sonnenlicht durchflutet. Seltsam: *Der Nachthimmel ist voller Sonnenlicht!* Wir nehmen es nur nicht wahr, weil es nicht in unser Auge dringt. Gelangt nun aber der Mond in diesen lichtdurchfluteten Raum, so streut er das Licht in unser Auge – ähnlich wie ein Kreidestäubchen im Versuch – und wir sehen ihn hell beleuchtet. Warum er sich dabei in wechselnder Gestalt – einmal als runde Scheibe, dann wieder als schmale Sichel – zeigt, lässt sich mit *Bild 1* erklären. Dort sind 8 verschiedene Standorte des Mondes eingezeichnet, die dieser während seines 4 Wochen dauernden Umlaufs um die Erde einnimmt.

Blickt man in zwei aufeinander folgenden Nächten zur gleichen Uhrzeit an den Himmel, so sieht man den Mond jeweils an einer anderen Stelle. Er ist nämlich während dieser 24 Stunden auf seiner Umlaufbahn um die Erde etwas weiter vorgerückt. Wir sehen ihn deshalb von Nacht zu Nacht in einer anderen Richtung. Nun kann die Sonne nur *eine* Hälfte des Mondes beleuchten; die andere liegt in seinem eigenen Schatten. Je nach seiner Stellung erscheint uns der Mond in verschiedenen *Mondphasen*; einmal sehen wir seine beleuchtete Hälfte von der Erde aus voll (Vollmond), dann wieder nur zum Teil (z. B. Halbmond). Die Linie, die aus dem vollen Mond die Mondsichel ausschneidet, ist die Grenze zwischen Tagseite und Nachtseite des Mondes. Während einer gewissen Zeit verschwindet der Mond vom Nachthimmel: Er hat sich auf die Tagseite der Erde verzogen und wendet ihr seine Nachtseite zu. Diese Stellung des Mondes wird *Neumond* genannt.

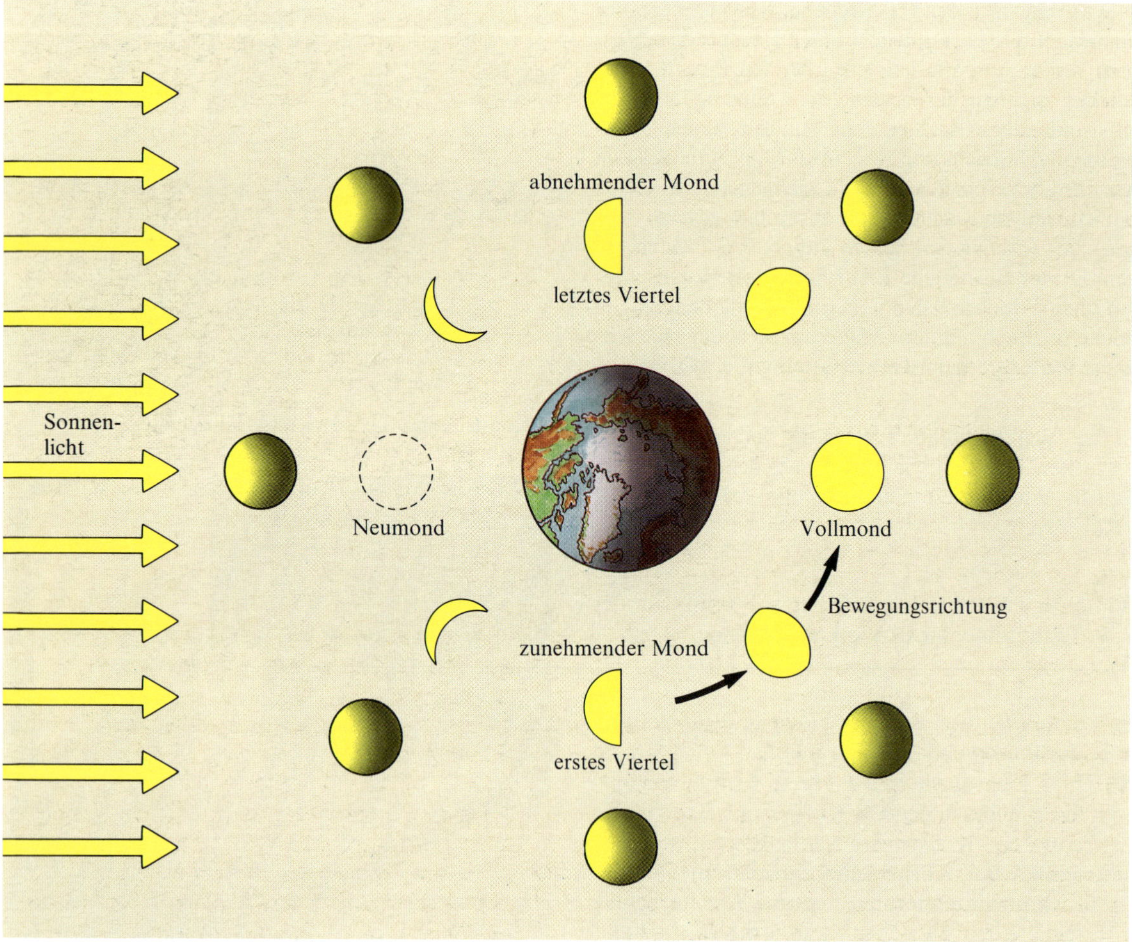

1 Entstehung der Mondphasen

2 Bilder einer totalen Sonnenfinsternis, aufgenommen im Abstand von 20 Minuten

4. Wie entsteht eine Mondfinsternis?

Wenn man *Bild 1* betrachtet, sieht es so aus, als könne der Mond eigentlich nie voll beleuchtet werden, da sich ja in der Vollmondphase die Erde zwischen Sonne und Mond befindet und damit dem Sonnenlicht „im Weg" ist. *Bild 3* zeigt, dass die Erde tatsächlich in dem sonst vom Sonnenlicht durchfluteten Nachthimmel einen dunklen Schattenraum in Form eines *Schattenkegels* erzeugt. Die Bahn des Mondes ist nun aber etwas gegen die Ebene, in der *Bild 3* gezeichnet ist, geneigt. Deshalb drückt sich der Mond meist an dem Schattenkegel vorbei. Manchmal läuft er jedoch im Laufe einer Nacht während einiger Stunden ganz durch ihn hindurch. Dann entsteht eine *totale Mondfinsternis.* Gelegentlich streift er den Schattenkegel auch nur; in diesem Fall erleben wir eine *partielle* (teilweise) *Mondfinsternis.*

5. ... und eine Sonnenfinsternis?

Verliefe die Umlaufbahn des Mondes in der Ebene, in der *Bild 1* gezeichnet ist, so würde der Mond jedesmal, wenn er bei Neumond genau zwischen Sonne und Erde steht, die Sonnenscheibe für einen Betrachter auf der Erde verdecken. Da nun aber die Umlaufbahn des Mondes gegen diese Ebene etwas geneigt ist, passiert es nur selten, dass die Mittelpunkte von Sonne, Mond und Erde genau in einer geraden Linie stehen.

Tritt dieser Fall ein, so wirft der Mond einen Schatten auf die Erde *(Bild 4).* Für das im *Kernschatten* liegende Gebiet entsteht eine *totale Sonnenfinsternis:* Dort erlebt ein Beobachter, dass sich der Mond allmählich ganz vor die Sonne schiebt *(Bild 2)*, so dass mitten am Tag Dämmerung eintritt. Beobachter im Gebiet des Halbschattens sehen noch einen sichelförmigen Teil der Sonne unbedeckt; sie erleben eine *partielle Sonnenfinsternis.*

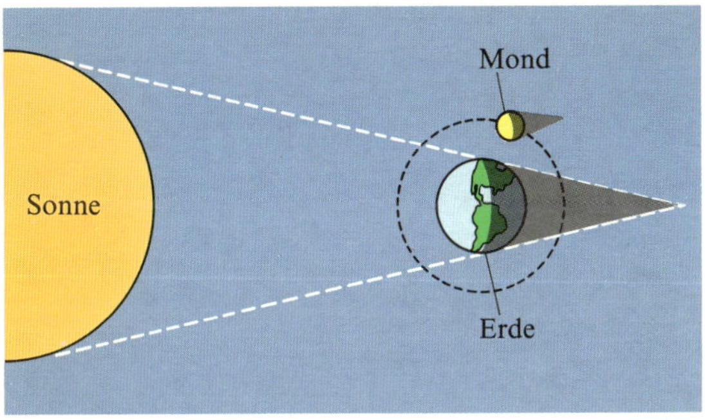

3 Hinter der Erde entsteht ein Kernschattenkegel

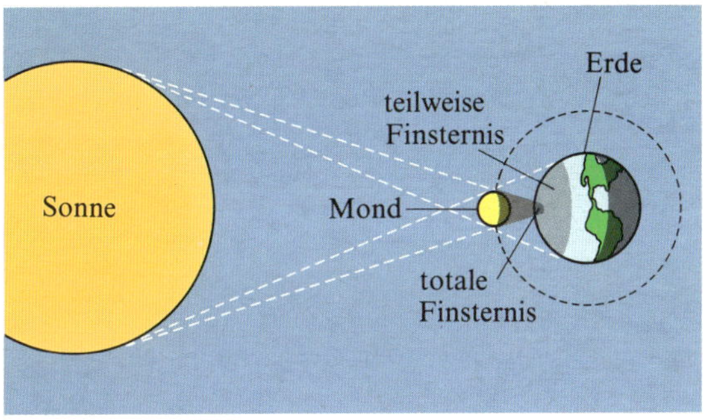

4 So entsteht eine Sonnenfinsternis

A1. Warum kann eine Mondfinsternis nur bei Vollmond und eine Sonnenfinsternis nur bei Neumond stattfinden?

A2. Erkläre, warum eine Sonnenfinsternis jeweils nur in ganz bestimmten Gegenden auf der Tagseite der Erde, eine Mondfinsternis dagegen an sämtlichen Orten auf der Nachtseite der Erde beobachtet werden kann.

A3. Aus welcher Art von Verfinsterung kann man auf die Kugelgestalt der Erde schließen, aus einer Mond- oder einer Sonnenfinsternis? (Gib eine Begründung anhand von *Bild 3* bzw. *4*.)

Reflexion

1 Ein Spiegel streut Licht nicht nach allen Seiten, ...

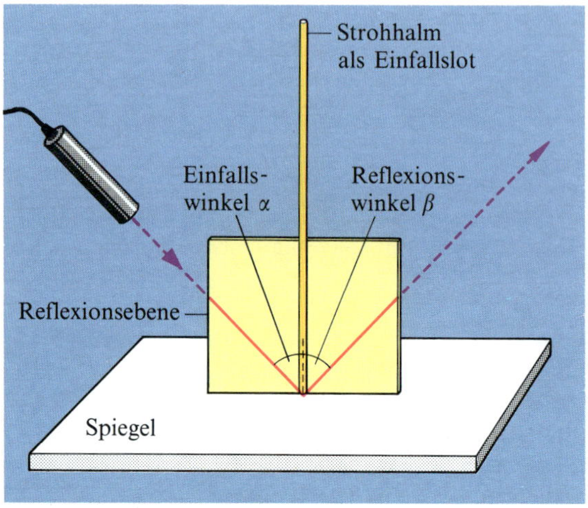

2 ... sondern reflektiert es in eine bestimmte Richtung

1. Glatte Flächen spiegeln

Du blickst auf einen Spiegel. Die Wand daneben siehst du, weil sie rau ist und deshalb das Licht in alle möglichen Richtungen streut; etwas davon gelangt auch in dein Auge. Die Oberfläche des Spiegels nimmst du kaum wahr; dagegen siehst du dich selbst im Spiegel. Die folgenden Versuche erklären, wie diese merkwürdigen Erscheinungen zustande kommen.

Versuch 1: Nach *Bild 1* fällt das breite Lichtbündel einer Experimentierleuchte schräg auf mehrere verschiedenfarbige Pappstreifen und einen kleinen Spiegel. Die Pappstreifen sind deutlich zu erkennen: Ihre Oberflächen sind rau und streuen deshalb das Licht nach allen Richtungen, sodass es in unser Auge gelangen kann. Dagegen erscheint uns der Spiegel dunkel; dafür ist aber dahinter an der Wand ein scharf begrenzter Lichtfleck zu sehen. ■

Der Versuch zeigt uns, dass das auf den Spiegel fallende Licht *nicht* nach allen Richtungen gestreut, sondern nur in *eine* ganz bestimmte Richtung gelenkt wird. Das kommt von der glatten Oberfläche, die ein solcher Spiegel hat! Auch eine blank polierte Metallplatte oder eine ruhige Wasseroberfläche – kurz, alles, was „spiegelglatt" ist, wirft das Licht in derselben Weise zurück wie der kleine Spiegel in unserem Versuch. Man sagt dazu: Das Licht wird **reflektiert.**

Bei den meisten Spiegeln wird das Licht an einer *Silberschicht* reflektiert, die sich auf der Rückseite einer ebenen Glasplatte befindet. Diese Glasplatte selbst dient nur zum Schutz und reflektiert kaum.

2. Das Reflexionsgesetz

Versuch 2: Wir erzeugen mit einer Experimentierleuchte einen Lichtstrahl, der auf die gegenüberliegende Wand einen Lichtfleck wirft; dann halten wir einen Spiegel in den Strahlengang. Damit können wir den Lichtfleck an alle möglichen anderen Stellen dirigieren: an die Decke, die seitlichen Wände, ja sogar an die hinter der Experimentierleuchte liegende Wand. Wie in Versuch 1 wird der Lichtstrahl am Spiegel in *eine bestimmte* Richtung gelenkt; sie hängt von der jeweiligen Stellung des Spiegels ab. ■

Du wirst sehr schnell herausfinden, wie man den Spiegel halten muss, damit der reflektierte Lichtstrahl einen vorgegebenen Punkt trifft. Gefühlsmäßig ist die Sache also klar. Es steckt aber auch ein *Gesetz* dahinter, das leicht zu finden ist.

Um die Stellung des Spiegels im Raum beschreiben zu können, kleben wir auf die Spiegeloberfläche einen dazu senkrecht stehenden Strohhalm *(Bild 2)*. Der Fußpunkt dieses sogenannten *Einfallslots* soll in der Auftreffstelle des Lichtstrahls liegen. Es stellt einen Zeiger dar, der jedes Kippen der Spiegelebene mitmacht und so ihre Lage kennzeichnet.

Versuch 3: Nun richten wir einen sehr hellen Lichtstrahl auf den Spiegel, der diesen dicht beim Fußpunkt des aufgeklebten Einfallslots trifft. Schütteln wir Kreidestaub in den Strahlengang, so können wir den Verlauf der Lichtstrahlen deutlich verfolgen. Dabei erkennen wir, dass einfallender und reflektierter Strahl mit dem Einfallslot in *einer Ebene* liegen. ■

Es sieht so aus, als ob der Winkel zwischen den beiden Lichtstrahlen durch das Einfallslot gerade halbiert würde. Wir gehen dieser Vermutung nach:

Versuch 4: An der *optischen Scheibe*, einer drehbaren Scheibe mit Winkelteilung, wird ein kleiner Spiegel senkrecht zur Scheibenebene so befestigt, dass die Null-Grad-Linie das Einfallslot bildet *(Bild 3)*. Eine Experimentierleuchte mit vorgeschalteter Schlitzblende erzeugt längs dieser optischen Scheibe einen Lichtstrahl, der den Spiegel im Fußpunkt des Einfallslots trifft. So können wir den Verlauf des einfallenden und des reflektierten Lichtstrahls genau verfolgen. Dabei stellen wir fest, dass das Einfallslot – wie wir schon vermutet haben – die Winkelhalbierende zwischen einfallendem und reflektiertem Strahl bildet. Es liegt mit diesen in einer Ebene, die hier von der optischen Scheibe dargestellt wird. ■

Wir bezeichnen den Winkel zwischen Lot und einfallendem Strahl als *Einfallswinkel* α, den Winkel zwischen Lot und reflektiertem Strahl als *Reflexionswinkel* β. Diese Winkel sind gleich; es ist also $\alpha = \beta$. Lassen wir den Lichtstrahl senkrecht auf den Spiegel fallen, so geht er nach der Reflexion in sich selbst zurück; dabei fällt er mit dem Einfallslot zusammen. Auch hier sind α und β gleich, nämlich $\alpha = \beta = 0°$.

Wir denken uns nun in Versuch 4 die Experimentierleuchte so angebracht, dass der *einfallende* Strahl den Weg nimmt, auf dem vorher der *reflektierte* Strahl verlief, jedoch in umgekehrter Richtung. Wir haben also Einfallswinkel und Reflexionswinkel vertauscht. Beide sind gleich groß und liegen in derselben Ebene; deshalb läuft bei diesem umgekehrten Strahlengang der *reflektierte* Strahl auf demselben Weg, den vorher der *einfallende* Strahl nahm. Man sagt dazu: *Bei der Reflexion ist der Lichtweg umkehrbar.*

> ***Reflexionsgesetz:*** **Einfallender Strahl, Einfallslot und reflektierter Strahl liegen in einer Ebene. Einfallswinkel und Reflexionswinkel sind gleich groß. Bei der Reflexion am Spiegel ist der Lichtweg umkehrbar.**

3 Zum Reflexionsgesetz

A1. Was ist der Unterschied zwischen Reflexion und Streuung des Lichts? Warum nennt man die Streuung auch unregelmäßige Reflexion?

A2. Das Lichtbündel einer Punktlichtlampe P fällt nach *Bild 4* auf eine Blende mit drei Öffnungen. Diese lassen drei Lichtstrahlen durch, die einen Spiegel auf dem Tisch treffen. Konstruiere die reflektierten Lichtstrahlen und ihre rückwärtigen Verlängerungen. Was fällt dabei auf?

A3. Der einfallende Lichtstrahl in Versuch 4 bilde mit dem reflektierten einen Winkel von 60°.
a) Wie groß ist dann der Einfallswinkel?
b) Nun werde der Spiegel um 10° im Uhrzeigersinn gedreht. Welchen Winkel bilden die beiden Lichtstrahlen jetzt miteinander?
c) Formuliere zu (b) ein allgemeines Gesetz.

A4. Die Flächen zweier senkrecht auf den Tisch mit den Kanten aneinander gestellter Spiegel bilden einen rechten Winkel. Ein Lichtstrahl fällt parallel zum Tisch auf einen der beiden Spiegel.
a) Zeichne (im Schnitt) den Strahlengang.
b) Beweise, dass der Lichtstrahl den zweiten Spiegel entgegengesetzt parallel zur ursprünglichen Richtung wieder verlässt.

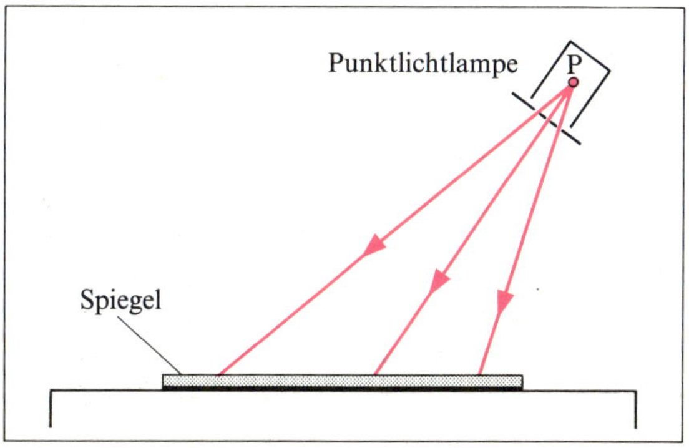

4 Zu A2

Spiegelbilder

1 Kann die Kerze unter Wasser brennen?

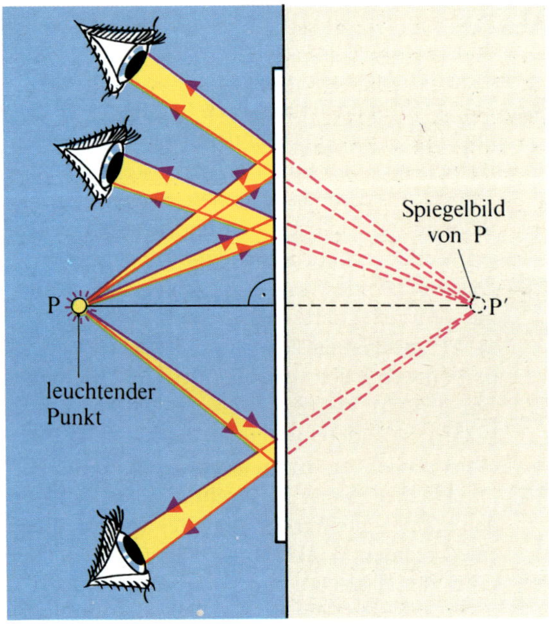

2 Das Licht scheint von P' herzukommen

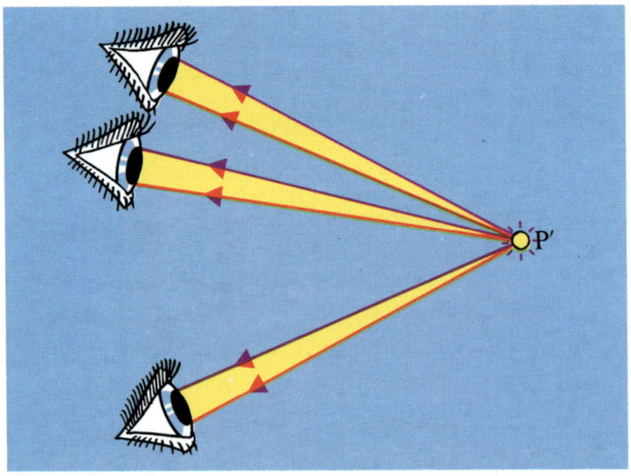

3 Hier kommt das Licht tatsächlich von P' her

1. Vorspiegelung falscher Tatsachen

Versuch 1: Vor einer sauber geputzten Glasplatte brennt eine Kerze. Hinter der Glasplatte steht ein Becherglas, in dem wir eine weitere brennende Kerze erblicken. Dieses Becherglas füllen wir nun mit Wasser. Seltsam: Die Kerze geht dabei nicht aus; sie brennt sogar unter Wasser weiter. ■

Ein Blick an der Glasplatte vorbei verrät: Im Becherglas ist gar keine Kerze! Was wir dort sehen, wird uns nur vorgetäuscht, wenn wir auf die Scheibe schauen: Wir erblicken ein *Spiegelbild* der davor aufgestellten Kerze. Das von ihr ausgehende Licht wird nämlich zum Teil an der Glasoberfläche reflektiert; dabei erhalten wir den Eindruck, *hinter* der Scheibe stünde ebenfalls eine brennende Kerze *(Bild 1)*. Dieses vorgetäuschte Spiegelbild erscheint *allen* aus *verschiedenen* Richtungen blickenden Beobachtern an *derselben Stelle*. Dort steht das Becherglas; im Gegensatz zum nur vorgetäuschten Kerzenbild befindet es sich tatsächlich an diesem Ort. Mit einem unter der Glasplatte hindurchgeschobenen Bandmaß stellen wir fest, dass die Kerze und ihr Spiegelbild bezüglich der Glasplatte symmetrisch liegen.

Zur Erklärung betrachten wir *Bild 2*. Es zeigt einen einzelnen leuchtenden Punkt P, der sich vor einem Spiegel befindet und nach allen Seiten Licht aussendet. Allen Betrachtern, die aus verschiedenen Richtungen auf den Spiegel schauen, wird dadurch folgender Eindruck vermittelt:

Das von P ausgehende Licht wird am Spiegel *reflektiert*. Auf diese Weise gelangen ganz bestimmte Strahlenbündel in das Auge des jeweiligen Beobachters. Ihr Verlauf ist in *Bild 2* nach dem Reflexionsgesetz konstruiert. Verlängert man die reflektierten Strahlen nach rückwärts, so stellt man fest, dass sie sich alle in einem Punkt P' schneiden, der bezüglich des Spiegels *symmetrisch* zu P liegt. Nehmen wir nun in Gedanken den Spiegel heraus und versetzen gleichzeitig den leuchtenden Punkt P nach P', so kommen in den Augen aller Betrachter *genau dieselben Lichtbündel* an wie zuvor. Das heißt aber: Der leuchtende Punkt P erzeugt bei jedem Beobachter, der in den Spiegel blickt, den Eindruck, *als ob der Spiegel nicht vorhanden wäre und der leuchtende Punkt in P' stünde (Bild 3)*. Man nennt P' das *Spiegelbild* von P.

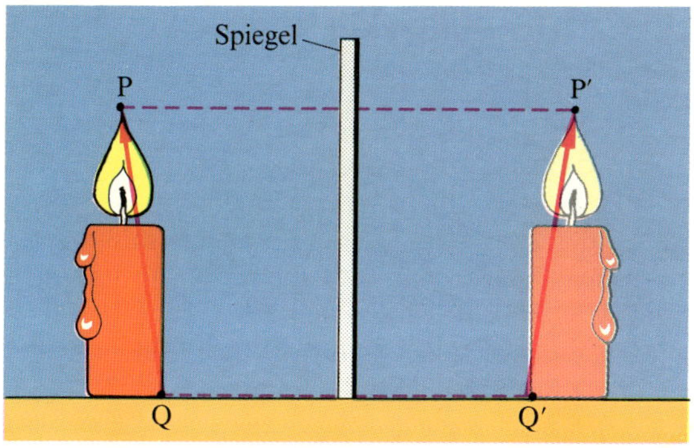

4 Gegenstand und virtuelles Spiegelbild

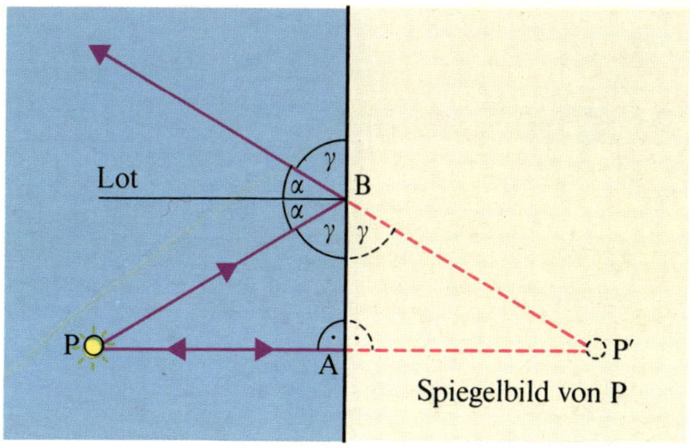

5 Geometrie des Spiegelbildes

Diese Überlegung gilt für sämtliche Punkte, aus denen ein ausgedehnter Gegenstand zusammengesetzt ist. Damit ist sein Spiegelbild auch schon erklärt. Man sagt, es sei *scheinbar* oder *virtuell*, da es dem Beobachter nur vorgetäuscht wird. In unserem Zauberversuch haben wir also keine Kerze, sondern nur deren virtuelles Bild begossen. Kein Wunder, dass die Kerzenflamme dabei nicht ausging!

Auf einer Mattscheibe, die man an den Ort des virtuellen Bildes bringt, ist nichts davon zu sehen – im Gegensatz zum so genannten *reellen* (wirklichen) Bild, das mit einem Schirm aufgefangen werden kann. Ort und Größe des virtuellen Bildes lassen sich leicht finden:

In *Bild 4* betrachten wir als Gegenstand den Pfeil PQ. Zur Konstruktion des virtuellen Spiegelbildes genügen die zwei von P bzw. Q auf die Spiegelebene gefällten und um sich selbst bis P′ bzw. Q′ verlängerten Lote. Die von jedem einzelnen Punkt des Gegenstandes PQ auf den Spiegel fallenden Lichtstrahlen werden so reflektiert, als ob sie von den entsprechenden Punkten des virtuellen Bildes P′Q′ herkämen. *Bild 4* zeigt: Gegenstand und Bild sind gleich groß und liegen symmetrisch zum Spiegel.

Der Spiegel erzeugt von einem Gegenstand ein gleich großes virtuelles Bild. Gegenstand und Bild liegen symmetrisch zur Spiegelebene.

Ein wenig Geometrie

Zur Erklärung des Spiegelbilds haben wir uns ganz auf die Tatsache gestützt, dass alle von einem Punkt P ausgehenden Lichtstrahlen nach der Reflexion am ebenen Spiegel scheinbar von einem symmetrisch zu P liegenden Punkt P′ hinter dem Spiegel herkommen. Und woher wissen wir das? Nun – das haben wir einfach der Anschauung aus *Bild 2* entnommen. Anschauung kann aber trügen; suchen wir lieber nach einem geometrischen Beweis! Betrachten wir also nochmals einen leuchtenden Punkt P! Aus dem Licht, das von ihm ausgeht, greifen wir zwei Lichtstrahlen heraus *(Bild 5)*:

(1) Den Strahl PA, der senkrecht auf den Spiegel trifft. Er geht nach der Reflexion in sich selbst zurück.
(2) Den beliebigen Strahl PB, der den Spiegel unter dem Einfallswinkel α trifft und in der gleichen Ebene reflektiert wird.

Der Reflexionswinkel ist gleich dem Einfallswinkel α, also sind auch die Winkel zwischen der Spiegelebene und dem einfallenden bzw. dem reflektierten Strahl gleich; sie sind in *Bild 5* mit γ bezeichnet. Der Winkel γ tritt als Scheitelwinkel außerdem auch im Dreieck P′AB auf.

Damit stimmen die Dreiecke PAB und P′AB jeweils in der Seite AB und den beiden anliegenden Winkeln (γ und 90°) überein. Klappt man also eines dieser Dreiecke um die Achse AB um, so decken sie sich genau. P und P′ liegen also auf einer Senkrechten zur Spiegelebene, und beide sind gleich weit von dieser entfernt, kurz: **P und P′ liegen symmetrisch zur Spiegelebene.** Die geometrische Konstruktion liefert auch für sämtliche anderen von P ausgehenden und am Spiegel reflektierten Strahlen dasselbe Ergebnis: Sie kommen alle scheinbar vom selben Punkt P′ her.

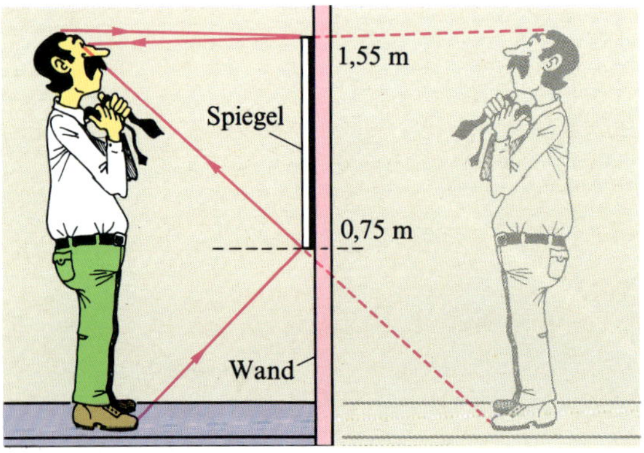

1 So muss man einen Spiegel aufhängen

2. Spieglein an der Wand

Braucht man, um sich in einem Spiegel betrachten zu können, das Reflexionsgesetz? Nicht unbedingt; aber es kann ganz nützlich sein: Du möchtest dich z. B. von Kopf bis Fuß in einem Spiegel sehen. Deine Körpergröße sei 1,60 m; die Augenhöhe betrage 1,50 m. Wie hoch müssen dann Unter- und Oberkante des Spiegels liegen?

Bild 1 zeigt, wie sich mit dem Reflexionsgesetz dieses Problem lösen lässt: Die Lichtstrahlen, die so von der Fußspitze bzw. dem Scheitel ausgehen, dass sie ins Auge reflektiert werden, legen Unter- und Oberkante des Spiegels fest. Deren Abstand ist nach *Bild 1* gleich der halben Körpergröße, also 0,80 m. Die Unterkante des Spiegels muss in halber Augenhöhe, also 0,75 m über dem Fußboden liegen.

3. Wie schnell ist das Licht?

Lässt du vor einem Spiegel ein Zündholz aufflammen, dann hat es den Anschein, als ob das von ihm ausgehende Licht sowohl auf dem direkten Weg als auch auf dem Umweg über den Spiegel *gleichzeitig* in deinem Auge ankäme, also zu seiner Ausbreitung keine Zeit brauchte. Es benötigt jedoch Zeit, allerdings eine außerordentlich kurze.

1969 stellte die Besatzung des Raumschiffs Apollo auf dem Mond einen Spezialspiegel auf. Laserlichtblitze, die man von der Erde aus zu ihm sendet, kehren nach 2,56 s wieder zurück. Nun weiß man, dass der Mond etwa 384 000 km von der Erde entfernt ist. Das Licht legt also die Strecke von 768 000 km in 2,56 s zurück. Daraus folgt die Lichtgeschwindigkeit 768 000 km/2,56 s $\approx$ 300 000 km/s.

Die **Lichtgeschwindigkeit** beträgt rund 300 000 km/s.

4. Ein besonderer Spiegel

Damit der zum Mond gesandte Laserstrahl wieder an seinen Ausgangsort auf die Erde zurückkehrt, wurde ein Reflektor aufgestellt, der aus 100 *Tripelspiegeln* besteht. Jeder lenkt das Licht stets in die Richtung um, aus der es gekommen ist.

Ein Tripelspiegel ist aus drei jeweils aufeinander senkrecht stehenden Spiegeln zusammengesetzt. Zur Erklärung seiner Funktionsweise betrachten wir vorerst einen *Winkelspiegel*, der nur zwei aufeinander senkrecht stehende Spiegel enthält; einer davon werde nach *Bild 2* von dem in der Zeichenebene liegenden Lichtstrahl PQ getroffen. Seinen weiteren Verlauf könnten wir mit dem Reflexionsgesetz konstruieren; wir wählen jedoch einen anderen Weg: Wir bestimmen zuerst das virtuelle Bild P_1 von P bezüglich des einen Spiegels und dann das virtuelle Bild P_2 von P_1 bezüglich des anderen Spiegels. Ebenso verfahren wir mit dem Punkt Q, den wir zweckmäßigerweise als Schnitt des Lichtstrahls mit dem ersten Spiegel gewählt haben. Das Licht verlässt dann den Winkelspiegel auf der Geraden P_2Q_2. P_2 und Q_2 sind durch zwei aufeinander folgende Achsenspiegelungen entstanden und deshalb *punktsymmetrisch* zum Achsenschnittpunkt O; damit sind auch die Geraden PQ und P_2Q_2 zu O punktsymmetrisch, also zueinander *parallel*: Der zweimal am Winkelspiegel reflektierte Lichtstrahl verlässt diesen *parallel* zum einfallenden Strahl.

Nun liege P nicht mehr in der Zeichenebene, sondern z. B. 2 cm darüber, während Q unverändert bleiben soll. Der Lichtstrahl falle also jetzt *schräg* von oben auf den ersten Spiegel. Dann liegen auch P_1 und P_2 jeweils 2 cm über der Zeichenebene: Der einfallende Strahl a und der am zweiten Spiegel reflektierte Strahl b verlaufen in zwei zueinander parallelen Ebenen (senkrecht zur Zeichenebene in *Bild 2*). Die Strahlen selbst sind jedoch *nicht* parallel. Beide sind zwar jeweils unter demselben Winkel zur Zeichenebene geneigt; jedoch geht Strahl a in Richtung PQ, Strahl b dagegen in der *umgekehrten* Richtung P_2Q_2 von oben nach unten. Hier hilft ein dritter Spiegel, der in die Zeichenebene gelegt wird. Er macht aus dem *abfallenden* Strahl b einen unter demselben Winkel *ansteigenden* Strahl, und die Parallelität von a und b ist gerettet:

Der an dem dritten Spiegel reflektierte Strahl verlässt diesen *entgegengesetzt parallel* zum ursprünglichen Lichtstrahl a. In *Bild 3* ist die dreimalige Reflexion von Lichtstrahlen an einem solchen *Tripelspiegel* perspektivisch dargestellt. Betrachte einmal einen der *Rückstrahler* an deinem Fahrrad! Er ist aus lauter kleinen Tripelspiegeln zusammengesetzt. Auch wenn der Rückstrahler seine Lage dauernd verändert, werfen sie das auffallende Licht doch stets zum Ursprungsort zurück.

A1. a) Wie hoch über dem Boden müssen Ober- und Unterkante eines Wandspiegels liegen, damit sich eine 1,80 m große Person mit der Augenhöhe 1,70 m gerade noch ganz darin sehen kann? (Zeichnung im Maßstab 1 : 20.)
b) Hängt die Sichtbarkeit davon ab, welchen Abstand die Person vom Spiegel hat?
c) Kann sie sich in dem unverändert aufgehängten Spiegel auch dann noch ganz sehen, wenn sie einen Kopfstand macht?

A2. a) Welche Eigenschaften des virtuellen Spiegelbildes erkennst du in *Bild 4?*
b) In welche Richtung weisen die Querbalken des F im Original und im Spiegelbild, wenn du hinter dem F stehst?
c) Wie beantwortest du diese Frage, wenn du so vor dem Spiegel stehst, dass du das F (seitlich) im Rücken hast?

A3. a) Du blickst in einen Spiegel, der an einer von Ost nach West verlaufenden Wand hängt; deine Nase weist nach Norden, der Kopf ist oben, die Füße sind unten, an deinem nach Westen zeigenden Arm trägst du eine Uhr. Wie sind die genannten Körperteile in deinem Spiegelbild ausgerichtet?
b) Du bleibst in derselben Lage stehen, blickst nun aber in einen an der Decke befestigten Spiegel. Welche Richtungen haben jetzt die einzelnen Körperteile im Spiegelbild?
c) Welche Richtung ist jeweils im Spiegelbild geändert? Gib dieser Richtung eine treffende Bezeichnung.

A4. 80 cm über dem in *Bild 5* gezeichneten Tisch befindet sich ein Punkt E, von dem der Lichtstrahl einer Experimentierleuchte ausgeht; P ist ein Punkt an der Decke. An welche Stelle des Tisches muss man ein kleines Spiegelchen legen und welche Richtung muss man dem Lichtstrahl geben, damit dieser nach der Reflexion den Punkt P trifft? Fertige eine Schnittzeichnung im Maßstab 1 : 20 an. (Benutze zur Lösung das virtuelle Bild des Punktes E!)

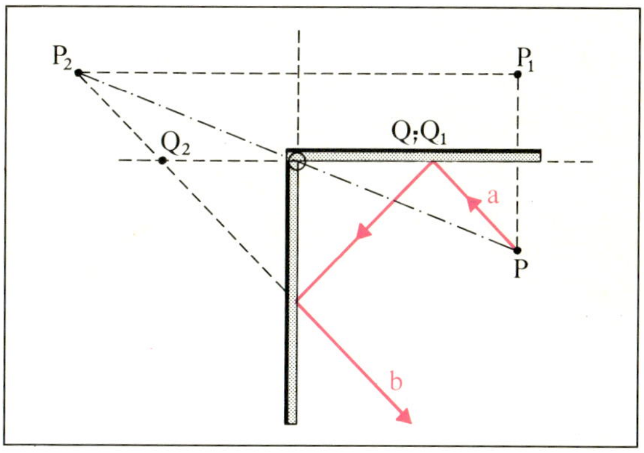

2 Reflexion eines Lichtstrahls am Winkelspiegel

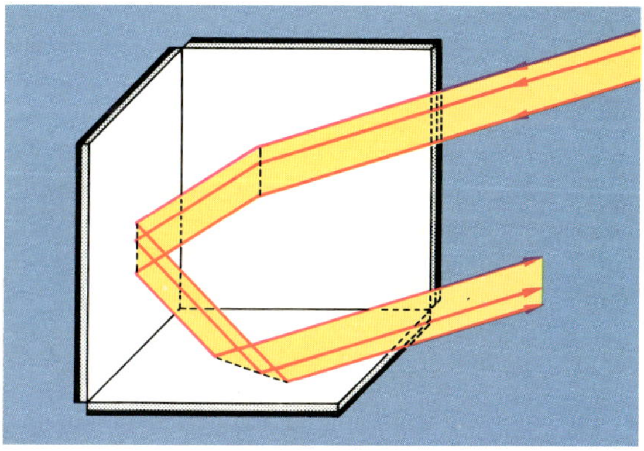

3 Reflexion eines Lichtstrahls am Tripelspiegel

4 Das Original und sein Spiegelbild

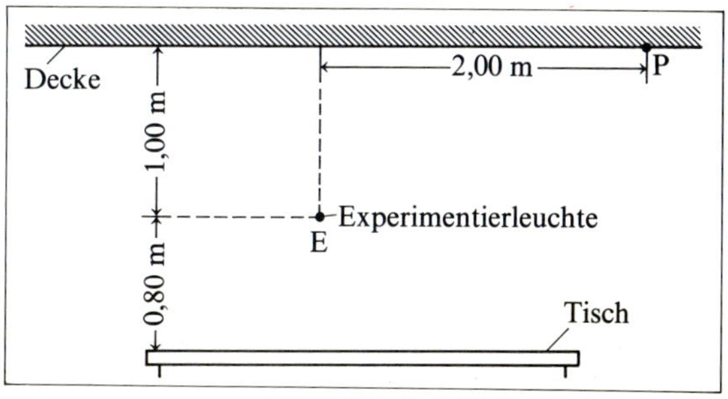

5 Zu A4

Gekrümmte Spiegel

1 Ein Hohlspiegel im Experiment

2 Ein Hohlspiegel konzentriert Sonnenenergie

1. Es gibt nicht nur ebene Spiegel

Bisher haben wir nur ebene Spiegel betrachtet. In der Praxis benutzt man aber oft auch Spiegel, die wie das Innere einer Schüssel geformt sind; man nennt sie *Hohlspiegel.*

Versuch 1: **a)** Eine Experimentierleuchte, vor der eine Blende mit mehreren Schlitzen angebracht ist, erzeugt ein Bündel paralleler Lichtstrahlen. Eine optische Scheibe macht ihren Verlauf sichtbar. Nun halten wir einen blank polierten Metallstreifen so an die optische Scheibe, dass er von den Lichtstrahlen senkrecht getroffen wird. Das so genannte achsenparallele Lichtbündel geht nach der Reflexion in sich selbst zurück.

b) Aus dieser Stellung heraus biegen wir den Metallstreifen nach *Bild 1* an beiden Enden etwas zur Lampe hin. Jetzt neigen sich die reflektierten Lichtstrahlen aufeinander zu und treffen sich dabei ziemlich genau in einem Punkt der so genannten *optischen Achse.* Man nennt ihn den Brennpunkt. Je stärker wir den Metallstreifen krümmen, desto näher liegt dieser Brennpunkt beim Spiegel. ■

Der gekrümmte Metallstreifen ist ein Schnitt durch einen Hohlspiegel. Aus dem Versuch folgt also:

> Achsenparallele Lichtstrahlen werden an einem **Hohlspiegel** so reflektiert, dass sie sich im **Brennpunkt** auf der optischen Achse treffen.

2. Warum der Brennpunkt so heißt

Um 1870 zeigte der Franzose ABEL PIFRE einem staunenden Publikum, wie man Sonnenenergie praktisch nutzen kann *(Bild 2).* Er stellte im Garten der Tuilerien in Paris einen Hohlspiegel auf, der von den Parallelstrahlen der Sonne getroffen wurde. Ihre im Brennpunkt konzentrierte Energie entwickelte eine solche Hitze, dass dort Wasserdampf erzeugt werden konnte. Dieser trieb eine Dampfmaschine und eine damit verbundene Druckerpresse an.

3. Ist der Lichtweg auch hier umkehrbar?

Versuch 2: **a)** Wir wiederholen Versuch 1 mit einem bereits fertig gekrümmten Spiegelstreifen. Wir markieren den Brennpunkt F auf der optischen Scheibe und nehmen dann die Experimentierleuchte weg. In den Brennpunkt bringen wir nun eine Punktlichtlampe, die so abgedeckt ist, dass sie nur den Spiegel beleuchtet. Nach der Reflexion entsteht ein achsenparalleles Lichtbündel *(Bild 3a).* Also ist auch am Hohlspiegel der Lichtweg umkehrbar.

b) Wir rücken nun die Lampe vom Spiegel weg aus dem Brennpunkt heraus. Dann neigen sich die reflektierten Strahlen gegen die optische Achse: Es entsteht ein konvergentes Lichtbündel *(Bild 3b).*

c) Nun verschieben wir die Lampe aus dem Brennpunkt heraus auf den Spiegel zu. Jetzt spreizen sich die reflektierten Strahlen zu einem divergenten Lichtbündel auseinander *(Bild 3c).* ■

4. Etwas über Scheinwerfer; Fern- und Abblendlicht

Würde man am Fahrrad einfach eine Glühlampe anbringen, so könnte man damit nicht weit leuchten. Das Licht würde sich nämlich schon in geringer Entfernung von der Lampe auf eine große Fläche verteilen und dabei stark an Helligkeit verlieren. Bei einem Scheinwerfer setzt man die Lampe in den Brennpunkt eines Hohlspiegels: Es entsteht ein Parallelbündel. Das Licht bleibt beisammen, sodass es auch ferne Gegenstände beleuchten kann.

Im Autoscheinwerfer benutzt man eine Biluxlampe mit zwei Glühfäden, die wahlweise eingeschaltet werden können *(Bild 4a)*. Der eine sitzt im Brennpunkt des Hohlspiegels und erzeugt ein weit reichendes paralleles Lichtbündel, das Fernlicht *(Bild 4b)*. Der andere Glühfaden befindet sich außerhalb des Brennpunkts und ist überdies nach unten abgedeckt. Schaltet man ihn ein, so entsteht ein gegen die Straße geneigtes Lichtbündel, das Abblendlicht *(Bild 4c)*.

5. Hohlspiegel vergrößern, Wölbspiegel verkleinern

Rückt man einen leuchtenden Punkt so nahe an einen Hohlspiegel, dass nach *Bild 3c* ein divergentes Lichtbündel entsteht, so kommen die reflektierten Strahlen scheinbar von einem Punkt hinter dem Spiegel her. Bringt man also einen Gegenstand genügend nahe an einen Hohlspiegel, so entsteht ein virtuelles Spiegelbild. Es ist wegen der Krümmung des Spiegels auseinander gezogen. Deshalb erzeugt der Hohlspiegel ein vergrößertes Spiegelbild.

Spiegel, die entgegengesetzt gekrümmt sind wie ein Hohlspiegel, werden Wölbspiegel genannt. Von einem Punkt ausgehende Strahlen werden am Wölbspiegel stets so reflektiert, dass sie von einem Punkt hinter dem Spiegel herzukommen scheinen. Jedoch ist das reflektierte Strahlenbündel stärker gespreizt als beim ebenen Spiegel: Das virtuelle Bild ist verkleinert. Dafür „passt mehr Bild in den Spiegel"; das Gesichtsfeld ist also vergrößert. Deswegen sind Verkehrsspiegel meist gewölbt.

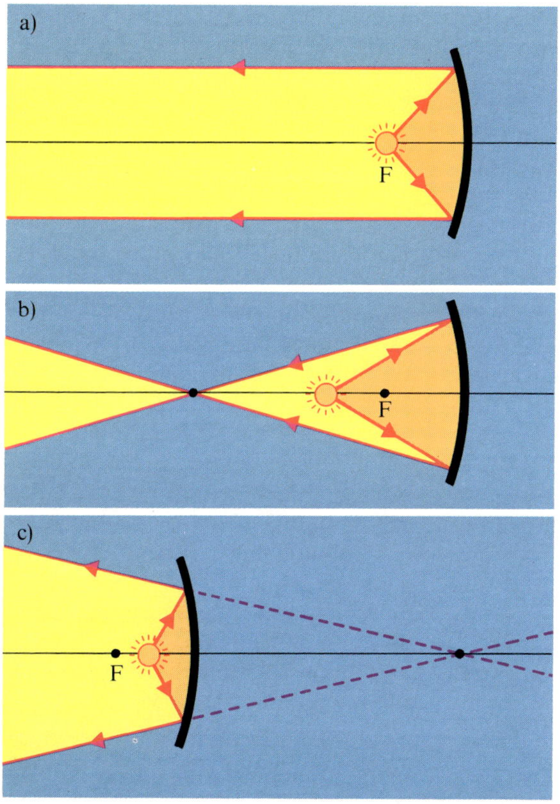

3 Das reflektierte Lichtbündel ist a) achsenparallel, b) konvergent, c) divergent

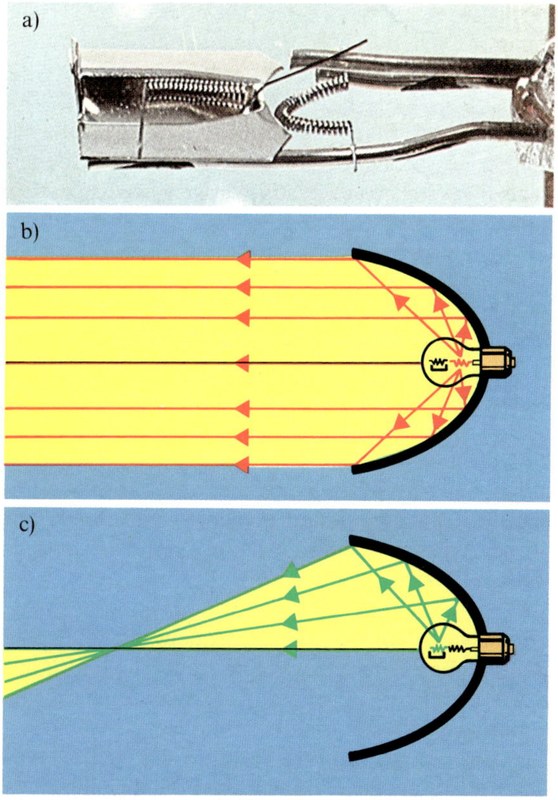

4 a) Biluxlampe; Glühfäden rechts für Fern-, links für Abblendlicht, b) Fernlicht, c) Abblendlicht

Brechung des Lichts

1 So geht Licht von Luft in Wasser über …

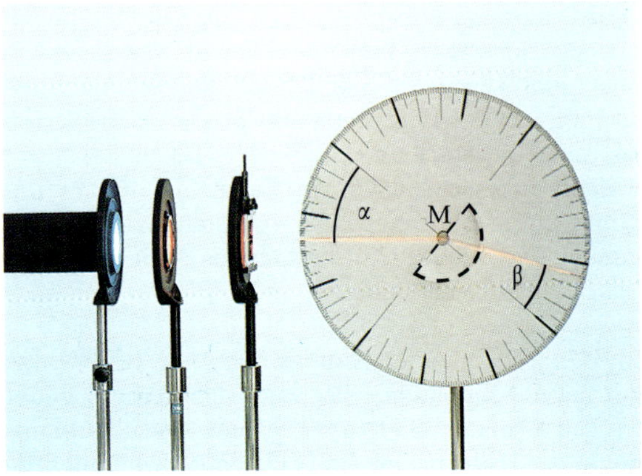

2 … und so von Luft in Glas

1. Geknickte Lichtstrahlen

Bisher haben wir festgestellt, dass Licht an einem Körper nach *allen* Richtungen *gestreut* oder aber nur in *eine* Richtung *reflektiert* wird. Wie verhält sich nun Licht, wenn es in einen *durchsichtigen* Körper, wie z. B. Wasser oder Glas, eindringt?

Versuch 1: **a)** Eine Experimentierleuchte und eine Blende mit mehreren parallelen Schlitzen erzeugen nach *Bild 1* etliche Lichtstrahlen verschiedener Neigung. Sie dringen in eine mit Wasser gefüllte Wanne ein und werden dabei teilweise an einer Mattglasscheibe gestreut; so können wir feststellen, dass sie nicht nur in Luft, sondern auch in Wasser *geradlinig* verlaufen. Das haben wir wohl auch nicht anders erwartet! Etwas anderes aber überrascht uns: **Die Lichtstrahlen bekommen beim Übergang von Luft in Wasser einen Knick;** man sagt, sie werden **gebrochen.** Nur einer der Lichtstrahlen wird nicht gebrochen, nämlich der genau *senkrecht* auf die Wasseroberfläche auftreffende. Außerdem wird jeder Lichtstrahl an der Wasseroberfläche wie an einem Spiegel teilweise reflektiert.

b) Nun setzen wir vor die Experimentierleuchte eine Blende mit einem kleinen Loch und senden damit einen Lichtstrahl schräg auf die Wasseroberfläche. Um seinen Verlauf sichtbar zu machen, schütteln wir etwas Kreidestaub in die Luft; das Wasser trüben wir mit einigen Tropfen Milch. Dabei erkennen wir: *Einfallender Strahl, Einfallslot und gebrochener Strahl liegen in einer Ebene.* ■

Nach *Bild 3* bezeichnen wir den Winkel zwischen dem Einfallslot und dem in *Luft* verlaufenden Lichtstrahl mit α; den Winkel zwischen diesem Lot und dem Lichtstrahl im *Wasser* nennen wir β. Trifft der Lichtstrahl die Wasseroberfläche senkrecht, so wird er nicht gebrochen. Dann ist $\alpha = \beta = 0°$; in allen anderen Fällen ist der Winkel β im Wasser stets kleiner als der Winkel α in Luft. Der Ablenkungswinkel δ, um den der Lichtstrahl durch die Brechung abgeknickt ist, beträgt dann $\delta = \alpha - \beta$.

Derjenige der beiden Stoffe, in dem der Lichtstrahl mit dem Lot den *kleineren* Winkel bildet, wird das *optisch dichtere Mittel* genannt; den anderen bezeichnet man als *optisch dünneres Mittel.* Wasser ist also optisch dichter als Luft. Man sagt dazu: Ein Lichtstrahl wird beim Übergang vom dünneren ins dichtere Mittel *zum Lot hin* gebrochen.

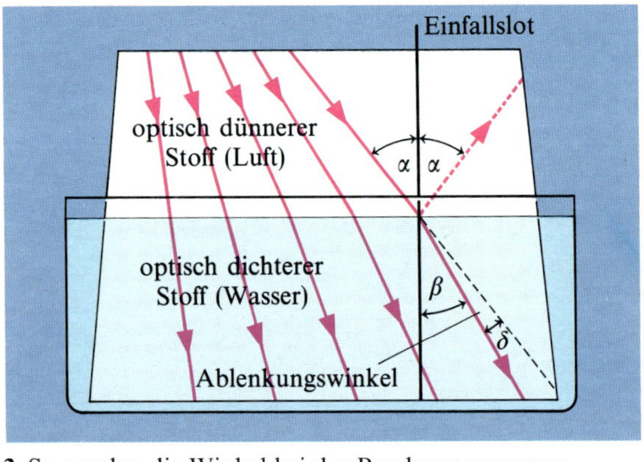

3 So werden die Winkel bei der Brechung gemessen

2. Wird Licht auch beim Übergang von Luft in Glas gebrochen?

Versuch 2: Als Versuchskörper benutzen wir einen flachen Halbzylinder aus *Glas*. Er wird nach *Bild 2* so an einer optischen Scheibe befestigt, dass die Nullgradlinie durch den Kreismittelpunkt M geht und auf der ebenen Seite des Halbzylinders senkrecht steht. Eine Experimentierleuchte mit Schlitzblende und Farbglas erzeugt einen roten Lichtstrahl. Er streift an der Scheibe entlang und trifft die ebene Seite des Glaskörpers in M.

a) Zunächst stellen wir die Scheibe so ein, dass der Lichtstrahl *senkrecht* auf die Grenzfläche zwischen Luft und Glas fällt: Dann geht er ohne Richtungsänderung in den Glaskörper über.

b) Nun drehen wir die optische Scheibe so, dass der Lichtstrahl *schräg* auf die ebene Glasfläche fällt. **Jetzt entsteht bei M ein Knick!** ■

Ein Lichtstrahl wird also auch beim Übergang von Luft in *Glas* gebrochen. Mit wachsendem Winkel α nimmt auch β zu. Wie bei Wasser bleibt der Winkel β zwischen Lichtstrahl und Einfallslot in Glas stets kleiner als der Winkel α in Luft: Ein Lichtstrahl wird beim Übergang von Luft in Glas *zum Lot hin* gebrochen. Glas ist *optisch dichter* als Luft.

Je flacher der Lichtstrahl auf die Grenzfläche zwischen Luft und Glas fällt, desto stärker wird er bei der Brechung abgeknickt: Der Ablenkungswinkel $\delta = \alpha - \beta$ nimmt mit wachsendem Winkel α zu.

Die Winkelteilung an der optischen Scheibe erlaubt uns, die Winkel α (in Luft) und β (in Glas) zwischen den Lichtstrahlen und dem Einfallslot zu messen. Wegen der halbrunden Form des Glaskörpers trifft der von M aus im Glas verlaufende gebrochene Strahl bei seinem Austritt aus dem Glas die dortige Grenzfläche zur Luft stets *senkrecht* und verlässt den Glaskörper also, *ohne nochmals gebrochen zu werden.* Deshalb kann man den Winkel β, der ja eigentlich innerhalb des Glases abgelesen werden müsste, am Rand der optischen Scheibe messen, obwohl dort Luft ist.

Ein Teil des Lichtstrahls wird an der Grenzfläche zwischen Luft und Glas *nach dem Reflexionsgesetz* reflektiert. Dabei wird der gespiegelte Anteil des Strahls mit wachsendem Winkel α heller, der gebrochene dunkler.

Geht ein Lichtstrahl von einem Stoff in einen anderen über, so wird er (im Allgemeinen) gebrochen, und zwar um so stärker, je flacher er auf die Grenzfläche beider Stoffe trifft. Der Stoff, in dem der Lichtstrahl mit dem Einfallslot den kleineren Winkel *(β)* bildet, heißt das **optisch dichtere Mittel;** im **optisch dünneren Mittel** bildet er mit dem Lot den größeren Winkel *(α)*. Glas und Wasser sind optisch dichter als Luft. Für die Brechung gelten folgende Regeln:

Ein Lichtstrahl wird beim Übergang vom optisch dünneren ins optisch dichtere Mittel zum Lot hin gebrochen.

Einfallender Strahl, Einfallslot und gebrochener Strahl liegen in einer Ebene.

Ein Teil des Lichts wird an der Grenzfläche reflektiert. Dabei gilt das Reflexionsgesetz.

A1. Warum ist es in Versuch 2 zur Winkelmessung unbedingt notwendig, dass der Lichtstrahl die ebene Seite des Halbzylinders aus Glas im Mittelpunkt M trifft?

A2. Warum können wir einen Glasstab oder eine Glasplatte in Luft und in Wasser sehen, obwohl Glas durchsichtig ist?

A3. Beweise, dass der Ablenkungswinkel δ zwischen einfallendem und gebrochenem Lichtstrahl stets kleiner als 90° ist.

A4. Der Behälter in *Bild 4* ist mit Zuckerlösung gefüllt. Ihre optische Dichte wächst mit der nach unten zunehmenden Konzentration der Zuckerlösung. Warum ist der Lichtstrahl gekrümmt?

4 Warum ist der Lichtstrahl gekrümmt?

3. Gesetz der Brechung

Versuch 3: Wir stellen an der optischen Scheibe verschiedene Winkel α zwischen dem Einfallslot und dem Lichtstrahl in *Luft* ein und lesen jeweils die zugehörigen Winkel β in *Glas* ab. Auf den ersten Blick scheinen die Winkel α und β zueinander proportional zu sein: Wenn wir α von 10° auf 20° verdoppeln, wird auch β doppelt so groß. Aber schon beim dreifachen Winkel α vergrößert sich β nicht exakt auf das dreifache; je stärker wir α vergrößern, desto mehr weicht β von der anfangs vermuteten Proportionalität ab. ■

Leider haben wir keine mathematische Gleichung, die α und β miteinander verknüpft. Stattdessen lesen wir die zueinander gehörenden Werte in *Tabelle 1* ab. Wir können auch die grafische Darstellung in *Bild 1* benutzen. Betrachten wir darin die Kurven für Wasser, Glas und Diamant, so stellen wir fest, dass diese drei Stoffe optisch dichter als Luft sind.

Winkel α in Luft	Winkel β in		Ablenkung beim Übergang Luft – Glas $\delta = \alpha - \beta$
	Glas	Wasser	
0°	0°	0°	0°
10°	6,6°	7,5°	3,4°
20°	13,2°	14,9°	6,8°
30°	19,5°	22,0°	10,5°
40°	25,4°	28,8°	14,6°
50°	30,7°	35,1°	19,3°
60°	35,3°	40,5°	24,7°
70°	38,8°	44,8°	31,2°
80°	41,0°	47,6°	39,0°
90°	41,8°	48,6°	48,2°

Tabelle 1 Winkel bei der Brechung des Lichts

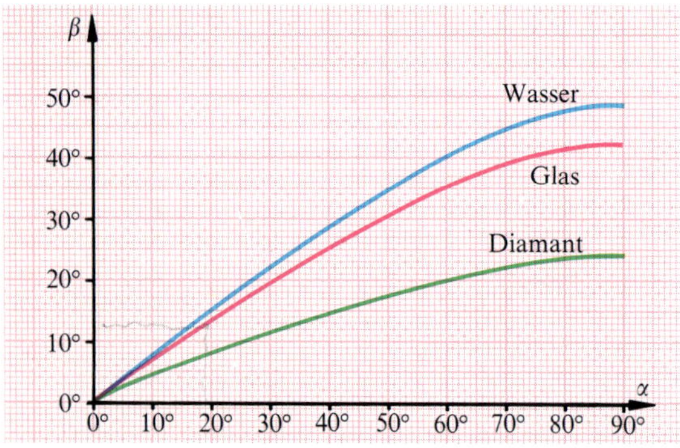

1 Zusammenhang zwischen α und β

Greifen wir in *Bild 1* einen beliebigen Winkel α heraus, so erkennen wir, dass der zugehörige Winkel β in Wasser *größer*, in Diamant dagegen *kleiner* als in Glas ist.

Die obere Grenze für den Winkel α (in Luft) beträgt 90°. Der dazu gehörige Winkel β ist also die obere Grenze aller bei der Brechung vorkommenden Winkel im *dichteren* Mittel; man nennt ihn den *Grenzwinkel* β_g. Da $\beta < \alpha$ sein muss, ist β_g stets kleiner als 90°. Wir entnehmen der Tabelle und auch dem Schaubild für den Übergang eines Lichtstrahls von Luft in Wasser den Grenzwinkel $\beta_g = 48{,}6°$, in Glas $\beta_g = 41{,}8°$.

4. Ist der Lichtweg umkehrbar?

Versuch 4: Wir wiederholen den vorigen Versuch mit weißem Licht und lassen den aus der runden Seite des Glaskörpers ungebrochen herauskommenden Lichtstrahl senkrecht auf einen kleinen Spiegel mit vorgesetztem rotem Farbglas fallen. Dabei wird der nun rot gewordene Lichtstrahl so reflektiert, dass er auf demselben Weg wieder zur Rundung des Glaskörpers zurückkehrt, dort senkrecht auftrifft und ungebrochen bis zur Grenzfläche zwischen Glas und Luft in sich weitergeht. Bis hierher konnten wir seinen Verlauf voraussagen; nun kommt die entscheidende Stelle: Wie läuft er in der Luft weiter? Der Versuch zeigt, dass sich auch dort der Rückweg des inzwischen „erröteten" Strahls mit seinem Hinweg genau deckt: *Bei der Brechung ist der Lichtweg umkehrbar.* ■

Auch bei der Brechung an allen anderen durchsichtigen Stoffen ist der Lichtweg umkehrbar. Ist also der Winkel β bekannt und Winkel α unbekannt, so lesen wir die Tabelle bzw. das Schaubild einfach „umgekehrt" ab: Derselbe Zusammenhang zwischen α und β gilt auch für einen Lichtstrahl, der vom dichteren ins dünnere Mittel übergeht. Wir merken uns, dass er dabei *vom Lot weg* gebrochen wird.

Bei der Brechung ist der Winkel β (im dichteren Mittel) zwischen Lichtstrahl und Lot stets kleiner als 90°. Die obere Grenze für den Winkel β wird **Grenzwinkel β_g** genannt.

Bei der Brechung ist der Lichtweg umkehrbar.

Beim Übergang vom dichteren ins dünnere Mittel wird der Lichtstrahl vom Lot weg gebrochen.

5. Eine optische Täuschung

Ist das Paddel in *Bild 2* tatsächlich geknickt? Sicher nicht! Hier handelt es sich um eine *optische Täuschung*. Wie sie zustande kommt, zeigt der nächste Versuch.

Versuch 5: Auf dem Boden einer Wanne liegt eine Münze. Du kannst sie durch ein Rohr erblicken, mit dem du sie nach *Bild 3* anpeilst. Füllen wir nun aber Wasser in die Wanne und schauen daraufhin wieder durch das Rohr, so ist die Münze nicht mehr zu sehen. Sie erscheint erst wieder, wenn dieses flacher eingestellt wird. ■

Zur Erklärung betrachten wir *Bild 3*. Das Tageslicht wird an der Münze gestreut. Im Bild ist das von einem Punkt P dieser Münze ausgehende Lichtbündel gezeichnet, das beim Blick durch das Rohr in unser Auge gelangt. Füllt man nun Wasser in das Gefäß, so werden die vom optisch dichteren ins dünnere Mittel übergehenden Strahlen des Lichtbündels vom Lot weg gebrochen. Deshalb muss das Rohr jetzt auf den höher gelegenen Punkt P′ gerichtet werden, wenn das von P ausgehende Lichtbündel ins Auge gelangen soll. Der Beobachter meint, die Münze sei angehoben worden.

Versuch 6: **a)** Wir richten das Rohr so ein, dass man beim Hindurchblicken die im Wasser liegende Münze sehen kann. Stecke nun einen Stab durchs Rohr! Trifft er die Münze? Natürlich nicht, denn er zielt ja auf den Punkt P′ *(Bild 3)*.

b) Entferne das Rohr und versuche, die Münze schräg von oben mit dem Stab zu treffen! Hast du es geschafft, so erreicht der Stab tatsächlich den Punkt P. Wenn du an ihm entlangblickst, scheint er im Wasser nach oben abgeknickt zu sein wie das Paddel in *Bild 2*. Klar – denn dein Auge sieht den Stab dort jetzt so, als ob er den weiter oben liegenden Punkt P′ träfe! ■

6. Warum die Luft manchmal flimmert

Im Sommer bemerkt man bei großer Hitze, wie die Luft über einem sonnenbeschienenen Feld *flimmert*. Auch zu Hause kann man ein solches Flimmern beobachten: Blickt man im Zimmer gegen ein Fenster, unter dem ein Heizkörper in Betrieb ist, so sieht man deutlich, dass die Luft darüber aufsteigt. Wie kommt das eigentlich? Die Luft ist doch ein unsichtbares Gas!

2 Eine optische Täuschung

Dazu müssen wir wissen, dass erwärmte Luft optisch dünner ist als kalte. Trifft nun Licht aus kälterer Luft auf die stets etwas „wabernde" Grenzfläche zur Warmluft, so ändert der gebrochene Strahl dauernd die Richtung. Dies nehmen wir als Flimmern wahr.

Versuch 7: Wir schütten auf den Boden eines Messzylinders etwas Äther und warten bis die Flüssigkeit verdunstet ist. Jetzt befindet sich im Zylinder *Ätherdampf*. Bringen wir das Gefäß zwischen eine Punktlichtlampe und eine Wand und neigen es dann vorsichtig, so können wir auf der Wand deutlich beobachten, wie das Gas aus dem Zylinder herausläuft und nach unten fließt. ■

Ätherdampf ist zwar genauso unsichtbar wie Luft, aber *optisch dichter* als diese. Deshalb wird das durchgehende Licht an der Grenzschicht zwischen Ätherdampf und Luft gebrochen. Dadurch verändert sich die Verteilung der Lichthelligkeit an der Wand. Solche Erscheinungen nennt man *Schlieren*.

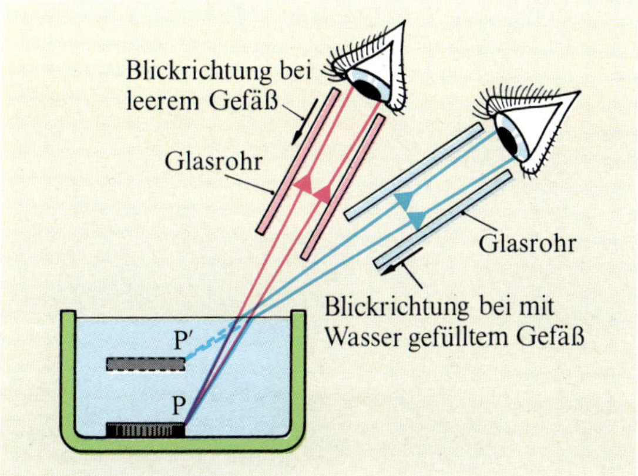

3 Die Münze scheint gehoben

Übungen und Hausversuche

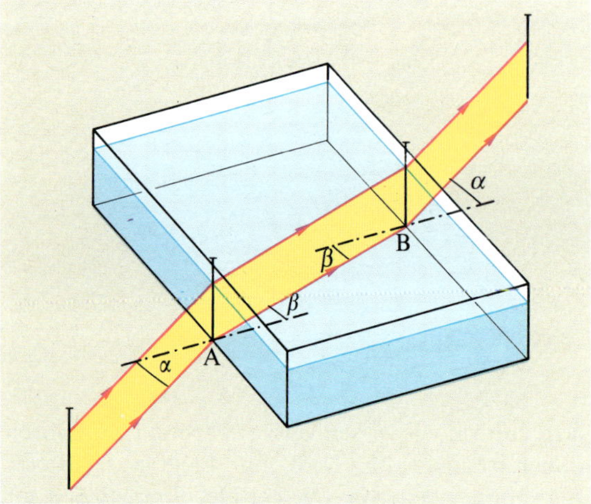

1 Der Verlauf der Lichtstrahlen wird mit Nadeln abgesteckt

3 Ist die unterste Sprosse der Leiter wirklich so weit oben?

1. Wir messen die Winkel α und β bei der Brechung des Lichts an Wasser

Lege auf ein Holzbrett ein Blatt Papier und stelle darauf einen mit Wasser gefüllten quaderförmigen Behälter aus dünnem, durchsichtigem Kunststoff. (Geeignet ist z. B. der Deckel einer Butterdose.) Nun brauchst du noch einen *Lichtstrahl*, der aus der Luft in das Wasser eindringt und dabei gebrochen wird; du erhältst ihn folgendermaßen: Stecke nach *Bild 1* durch zwei Nadeln eine schräg auf die Vorderwand des Gefäßes zulaufende gerade Linie ab.

2 Wasser in der Tasse lässt die Münze auftauchen

Schaue dann mit *einem* Auge durch den Behälter und das darin befindliche Wasser hindurch so auf die beiden Nadeln, dass sie *fluchten*, sich also verdecken. Halte diese Blickrichtung durch zwei weitere Nadeln fest, die du nach *Bild 1* auf der anderen Seite des Gefäßes so in das Brett steckst, dass du nun alle vier Nadeln in *einer Flucht* siehst. Nachdem du Vorder- und Hinterkante des Behälters jeweils durch einen Bleistiftstrich auf dem Papier nachgezeichnet hast, ist alles festgehalten, was du zur Messung der Winkel α und β brauchst. Du kannst das Gefäß jetzt also wegnehmen.

Aus dem Streulicht, das die erste Nadel aussendet, hast du durch deine besondere Blickrichtung ein an der zweiten Nadel entlangstreifendes *Lichtband* ausgewählt. Du erhältst seine Spur, indem du auf dem Papier eine Gerade durch die Fußpunkte der beiden Nadeln ziehst; sie schneidet die Vorderkante des Wasserbehälters im Punkt A. Die beiden anderen Nadeln zeigen an, wie das Lichtband nach dem Verlassen des Wassers bis zu deinem Auge weiterlief. Verbinde auch diese Nadeln durch eine Gerade auf dem Papier; sie schneidet die Hinterkante des Gefäßes im Punkt B.

Nun hast du die Spuren des bei A in das Wasser eindringenden und auch des bei B wieder herauskommenden Lichtbandes als gezeichnete Lichtstrahlen auf dem Papier vor dir.

Zur Kontrolle: Sie müssen parallel sein. Überlege, warum! (Wir werden später eine Erklärung geben.) Zeichne nun zum Schluss die Strecke AB: Damit hast du den im Wasser verlaufenden *gebrochenen* Lichtstrahl gefunden! Zeichne das Einfallslot und miss den Winkel α zum einfallenden Strahl (in Luft) und den Winkel β zum gebrochenen Strahl AB (in Wasser). Damit kannst du die in der Tabelle dieses Buches angeführten Werte kontrollieren und außerdem noch weitere dazu finden.

2. Versuche zur scheinbaren Bildhebung

Die Sprossen der Leiter in *Bild 3* haben natürlich in Wirklichkeit überall denselben Abstand voneinander. Da die Leiter aber teilweise in das Wasser des Glasbeckens ragt, erscheint die unterste Sprosse angehoben, das eingetauchte Leiterstück also verkürzt.

Du kannst zu dieser scheinbaren Hebung von unter Wasser befindlichen Gegenständen selbst Versuche machen: Lass eine Kugelkette (man findet sie an Schlüsseln oder an Stöpseln für Waschbecken) in ein wassergefülltes Gefäß hängen und blicke möglichst flach zur Wasseroberfläche darauf. Betrachte die gegenseitigen Abstände der ins Wasser getauchten Kugeln! Warum sind sie nicht alle gleich?

Lege eine Münze auf den Boden einer Tasse und blicke dann so über deren Rand, dass du das Geldstück gerade nicht mehr sehen kannst. Wenn du nun Wasser in die Tasse gießt, taucht die Münze wieder auf *(Bild 2)*. Überlege dir, wie diese Zauberei funktioniert!

3. Versuche mit Schlieren

Schlieren kannst du z. B. an der heißen Luft beobachten, die über einer brennenden Kerze aufsteigt. Zur Beleuchtung eignet sich am besten eine *Punktlichtlampe.* Du kannst aber stattdessen auch eine Taschenlampe ohne Reflektor benutzen. Bringe die Lichtquelle im verdunkelten Zimmer ungefähr 1,50 m vor eine Wand und stelle dazwischen eine brennende Kerze. Dann siehst du die Schlieren, die durch Lichtbrechung an der optisch dünneren Heißluft entstehen, an der Wand als dunkle Wolken aufsteigen.

Am einfachsten gelingt der Versuch, wenn du die *Sonne* direkt auf ein Blatt Papier scheinen lässt und etwa 50 cm davor die brennende Kerze aufstellst.

A1. Entnimm dem α-β-Diagramm den Grenzwinkel β_g von Diamant.

A2. Um welchen Winkel δ wird ein Lichtstrahl abgelenkt, der unter 35° zum Lot von Luft in Wasser übergeht? (Benutze dazu das α-β-Diagramm.)

A3. Eine punktförmige Lichtquelle L, von der nach allen Richtungen Lichtstrahlen ausgehen, ist 5 cm von der ebenen Oberfläche eines Glaskörpers entfernt. Der senkrecht zur Glasoberfläche verlaufende Strahl treffe diese im Punkt P. Zeichne die von L ausgehenden Lichtstrahlen, die 1,8 cm, 4,2 cm bzw. 6,0 cm vom Punkt P entfernt auf der Glasoberfläche ankommen. Wie laufen diese Lichtstrahlen nach der Brechung im Glas weiter?

A4. Ein Wasserbehälter ist 6 cm hoch mit Wasser gefüllt; der Boden des Gefäßes ist verspiegelt. Auf die Wasseroberfläche fällt unter dem Winkel 50° (zum Lot) ein Lichtstrahl. Zeichne seinen weiteren Verlauf.

A5. Stelle in einem Diagramm dar, wie der Ablenkungswinkel δ vom Winkel α abhängt, unter dem ein Lichtstrahl aus der Luft auf Diamant fällt.

A6. Ein Lichtstrahl trifft unter dem Winkel $\alpha = 60°$ (zum Lot) aus der Luft auf einen unbekannten Stoff. Dort wird er gebrochen, sodass er unter dem Winkel $\beta = 20{,}5°$ weiterläuft. Entnimm dem α-β-Diagramm, um welchen Stoff es sich handelt.

A7. Unter welchem Winkel zum Lot muss ein Lichstrahl
a) auf eine Wasseroberfläche,
b) auf Glas,
c) auf Diamant fallen, damit er bei der Brechung um $\delta = 10°$ abgelenkt wird? (Auf welcher Geraden im α-β-Diagramm liegen alle Punkte, für die $\alpha - \beta = 10°$ gilt?)

A8. Unter welchem Winkel zum Lot muss ein Lichtstrahl auf Glas fallen, damit gebrochener und reflektierter Strahl aufeinander senkrecht stehen? (Auf welcher Geraden im α-β-Diagramm liegen alle Punkte, für die $\alpha + \beta = 90°$ ist?)

A9. Fischer, die mit dem Speer auf Fang gehen, werfen nach einem im Wasser schwimmenden Fisch nicht genau in Blickrichtung. Warum nicht? Wie müssen sie zielen?

A10. Jemand sagt, an dem Paddel in *Bild 27.2* sehe man, dass der Winkel, den ein Lichtstrahl mit dem Einfallslot bildet, in Wasser größer ist als in Luft. Was sagst du dazu?

Totalreflexion

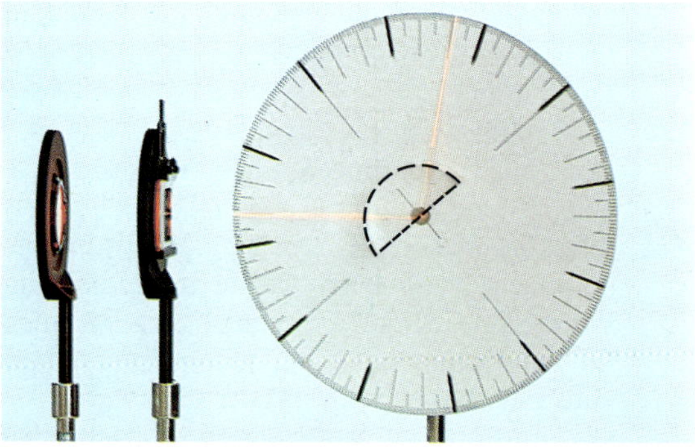

1 So wird das Licht total reflektiert

2 Totalreflexion beim Übergang Wasser – Luft

1. Ein idealer Spiegel

Beim Übergang eines Lichtstrahls von Luft in Glas können wir an der optischen Scheibe den Winkel α (in Luft) auf alle Werte zwischen 0° und 90° *einstellen.* Die zugehörigen Winkel β (in Glas) liegen dagegen nur zwischen 0° und $\beta_g = 41{,}8°$.

Lassen wir aber den Lichtstrahl von Glas in Luft übergehen, so ist es jetzt der Winkel β, den wir beliebig zwischen 0° und 90° einstellen können. Dabei ist es durchaus auch möglich, Werte zu wählen, die über den Grenzwinkel β_g hinausgehen, z. B. $\beta = 60°$. Hier lässt uns aber die Tabelle mit den Winkeln zur Lichtbrechung im Stich: Für $\beta = 60°$ in Glas gibt sie uns keinen zugehörigen Winkel α in Luft an. Was macht dann ein Lichtstrahl, der unter $\beta = 60°$ von Glas auf die Grenzfläche zur Luft trifft?

Versuch 1: Wir lassen nach *Bild 1* einen Lichtstrahl von Glas in Luft übergehen und nähern den Winkel β vorsichtig dem kritischen Wert $\beta_g = 41{,}8°$. Dann wird der in die Luft übergehende Anteil des Lichts immer schwächer sichtbar, der reflektierte dagegen um so deutlicher. Und jetzt kommt der spannende Moment: Vergrößern wir β über $\beta_g = 41{,}8°$, so findet das Licht überhaupt nicht mehr aus dem Glas heraus. Dafür wird jetzt der *gesamte* Lichtstrahl in voller Helligkeit reflektiert. Es erfolgt eine **Totalreflexion.** ■

Totalreflexion tritt immer dann ein, wenn Licht aus einem optisch dichteren auf ein optisch *dünneres* Mittel trifft und dabei den Grenzwinkel β_g überschreitet.

Versuch 2: Wir bringen nach *Bild 2* eine Lichtquelle in das Innere eines mit Wasser gefüllten Glastrogs. Sie sendet durch etliche Schlitze nach verschiedenen Richtungen Lichtstrahlen aus, die an einer Mattscheibe entlangstreifen und dabei sichtbar werden. Einer davon fällt so flach auf die Grenzfläche, dass der Grenzwinkel β_g zur Totalreflexion überschritten ist. Man sieht deutlich, dass dieser Strahl nicht mehr in die Luft übergeht, sondern *total reflektiert* wird. ■

2. Totalreflexion in der Natur

Von der Sonne erhitzte Straßen wirken manchmal wie ein Spiegel. Über dem Boden hat sich eine heiße Luftschicht gebildet; darüber liegt kältere Luft. Diese ist optisch dichter als die erwärmte Luft. Fällt nun das Tageslicht aus der optisch dichteren Kaltluft sehr flach auf die optisch dünnere Heißluftschicht, so findet eine Reflexion statt. Man kann diese Erscheinung vereinfacht als Totalreflexion des vom optisch dichteren auf das optisch dünnere Mittel treffenden Lichts auffassen. Sie täuscht uns eine regennasse Straße vor.

Solche „Spiegelungen" können auch an der Warmluftschicht über dem heißen Boden der Sandwüste auftreten. Man spricht dann von einer *Fata Morgana.*

Manchmal bildet sich auch eine umgekehrte Luftschichtung aus, z. B. über dem Meer. Dort liegt gelegentlich eine optisch dünnere Warmluftschicht über einer optisch dichteren Kaltluftschicht. Dann kann es in der Höhe an der optisch dünneren Schicht zu einer *Luftspiegelung* kommen.

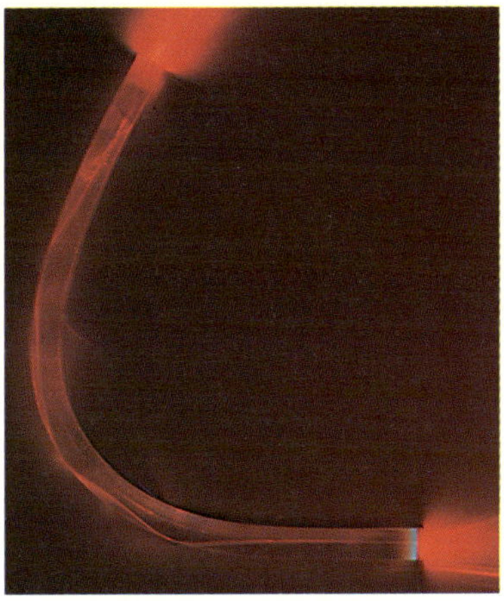

3 Totalreflexion im Lichtleiter

4 Dieses Bild wird durch Glasfasern übertragen

3. Lichtleiter

Versuch 3: Wir lassen Licht aus einer Experimentierleuchte auf das eine Ende eines mehrfach gebogenen Stabes aus Plexiglas fallen. Erstaunlich: Das Licht tritt nicht seitlich aus dem Plexiglasstab aus, sondern folgt den Windungen des Stabes und kommt erst am anderen Ende wieder heraus *(Bild 3)*. ■

Da der Stab einen kleinen Durchmesser hat, werden seine seitlichen Begrenzungsflächen gegen die umgebende (optisch dünnere) Luft von allen Lichtstrahlen so flach getroffen, dass Totalreflexion eintritt. Deshalb kann das Licht den Plexiglasstab seitlich nicht verlassen (kleine Verunreinigungen streuen doch etwas Licht zur Seite). Das Licht wird von Wand zu Wand reflektiert, bis es fast senkrecht auf die Endfläche dieses sogenannten *Lichtleiters* trifft; dort erst geht es dann wieder in die Luft über.

Ein *Glasfaserkabel* besteht aus mehreren tausend feiner Glasfasern. Jede Einzelne ist von einer Schicht aus einem optisch dünneren Material umhüllt; diese „optische Isolation“ sorgt durch Totalreflexion dafür, dass das Licht in der Glasfaser bleibt und nicht in eine Nachbarfaser übergeht. Mithilfe von Glasfaserkabeln können Informationen übertragen werden; *Bild 4* zeigt ein Beispiel: Jede Faser des Kabels überträgt *einen* anderen Punkt des Bildes. In der Medizin verwendet man beim sogenannten *Endoskop* dünne Glasfaserkabel, um damit in das Innere des menschlichen Körpers zu „sehen“. Zur Übertragung von Telefongesprächen kann man die Sprache in optische Signale verwandeln und diese in Glasfaserkabeln weiterleiten.

Trifft aus einem optisch dichteren Mittel kommendes Licht auf die **Grenzfläche zu einem optisch dünneren Mittel** und wird dabei der Grenzwinkel β_g überschritten, so tritt **Totalreflexion** ein. **Auch bei der Totalreflexion gilt das Reflexionsgesetz.**

A1. Eine punktförmige Lichtquelle L befindet sich 4 cm unter Wasser. Sie sendet nach allen Seiten Licht aus. Der senkrecht zur Wasseroberfläche verlaufende Strahl treffe diese in P. Zeichne von L ausgehende Strahlen, die 2 cm, 4 cm und 6 cm von P entfernt auf die Wasseroberfläche treffen. Wie verlaufen diese Lichtstrahlen anschließend weiter?

A2. Von dem Licht, das eine punktförmige Lichtquelle unter Wasser aussendet, kann nur ein bestimmter Teil durch die Wasseroberfläche treten.
a) Zeige, dass dieser Teil im Wasser die Form eines Kegels hat.
b) Wie groß ist sein Öffnungswinkel?

A3. Das Schnittbild eines Quaders aus Glas ist 8 cm lang und 4 cm hoch. Auf die Mitte der 4 cm hohen Seitenfläche fällt unter dem Winkel 50° zum Lot ein in der Schnittebene liegender Lichtstrahl. Konstruiere seinen weiteren Verlauf, bis er den Quader wieder verlässt.

A4. Der Halbzylinder aus Glas auf der optischen Scheibe habe den Durchmesser 8,5 cm. Auf seine ebene Seite falle 3 cm seitlich der Mitte senkrecht ein Lichtstrahl. Konstruiere den weiteren Verlauf in einem Schnittbild.

Mehrmalige Brechung

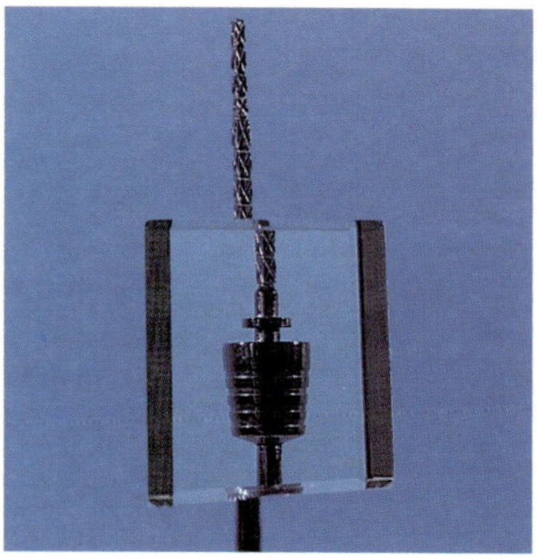

1 Was ist mit dem Fernsehturm passiert?

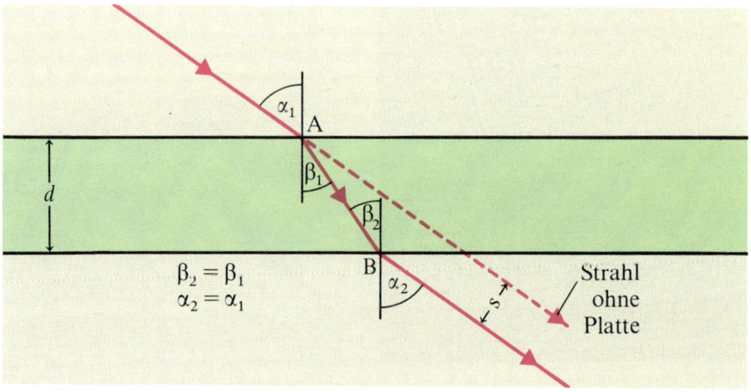

2 Der Lichtstrahl wird parallel verschoben

1. Lichtstrahlen werden verschoben

Das von außen ins Zimmer kommende Licht geht im Allgemeinen durch die Fensterscheiben, also durch Glasplatten. Dabei müsste es doch eigentlich gebrochen werden. Warum bemerken wir nichts davon?

Eine Glasschicht, die wie eine Fensterscheibe *ebene* und zueinander *parallele* Grenzflächen gegenüber der umgebenden Luft aufweist, wird **planparallele Platte** genannt. Vielleicht gibt es bei einer Fensterscheibe nur deshalb keinen merklichen Brechungseffekt, weil sie eine so *dünne* planparallele Platte ist. Schauen wir doch einmal durch eine dickere! *Bild 1* zeigt, was dabei herauskommt: Der Teil des Spielzeugturms, der durch eine dicke Scheibe fotografiert wurde, erscheint verschoben. *Bild 2* gibt dafür eine Erklärung:

- Ein Lichtstrahl trifft unter dem Winkel α_1 zum Lot auf eine planparallele Platte.
- Bei A geht er von Luft in das dichtere Mittel Glas über und wird dabei so gebrochen, dass $\beta_1 < \alpha_1$ ist.
- Bei B trifft der gebrochene Strahl auf die zweite Grenzfläche. Da diese parallel zur ersten ist, gilt $\beta_2 = \beta_1$ (Wechselwinkel an Parallelen).
- Nun geht der Strahl vom Glas wieder in die Luft über. Der Lichtweg ist umkehrbar; da $\beta_2 = \beta_1$ ist, muss auch wieder $\alpha_2 = \alpha_1$ sein.

Der Lichtstrahl erhält damit wieder seine alte Richtung. Er wird nur parallel verschoben.

Bei einer dünnen planparallelen Platte ist diese Verschiebung s sehr klein; sie wächst mit der Dicke d der Platte. Bei senkrechtem Lichteinfall ist $s = 0$; je schiefer der Strahl auftrifft, desto größer wird s. Es bleibt jedoch stets $s < d$.

Versuch 1: Wir lassen einen Lichtstrahl schräg auf einen dicken planparallelen Glaskörper fallen. Tatsächlich: Der Strahl läuft nach der zweimaligen Brechung *parallel* versetzt weiter. ■

Lichtstrahlen haben nach der **Brechung an einer planparallelen Platte** wieder **ihre alte Richtung.** Sie werden nur **parallel verschoben,** und zwar umso stärker, je dicker die Platte ist.

2. Ein optisches Prisma lenkt Licht ab

Nun wollen wir untersuchen, wie Licht an einem Glaskörper gebrochen wird, dessen ebene Grenzflächen gegeneinander geneigt sind. Einen solchen keilförmigen Körper aus durchsichtigem Material nennt man **optisches Prisma.**

Versuch 2: Wir lassen aus einer Experimentierleuchte mit Schlitzblende und Farbglas einen roten Lichtstrahl auf ein Glasprisma fallen. Im Gegensatz zur planparallelen Platte wirkt sich jetzt die zweimalige Brechung so aus, dass der Lichtstrahl besonders stark aus seiner ursprünglichen Richtung zum dickeren Ende des Prismas hin abgelenkt wird. In *Bild 3* wird erklärt, wie diese Richtungsänderung zustande kommt. ■

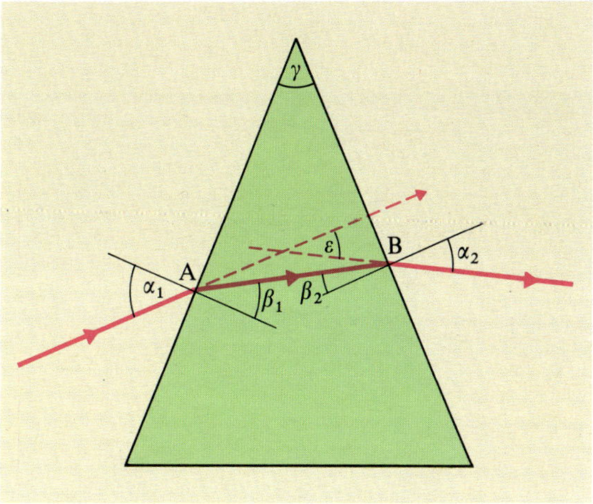

3 Brechung an einem optischen Prisma

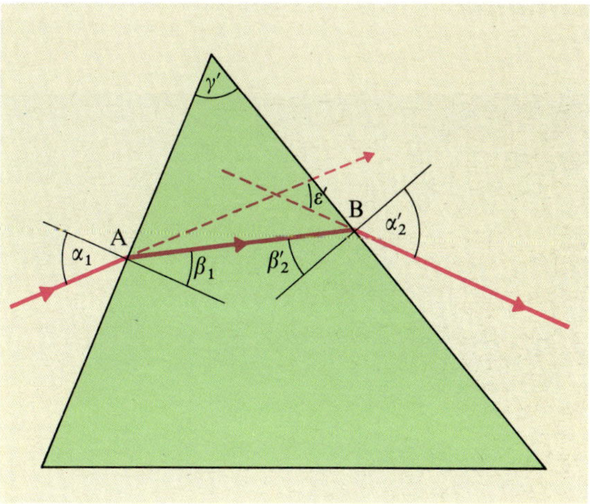

4 Größerer Keilwinkel – stärkere Ablenkung

Die beiden Flächen eines Prismas, an denen das Licht jeweils gebrochen wird, bilden miteinander den *Keilwinkel* γ. Im Punkt A geht ein Lichtstrahl unter dem Winkel α_1 aus der Luft in ein Glasprisma über. Er wird gebrochen und läuft unter dem Winkel $\beta_1 < \alpha_1$ weiter. In B trifft er unter dem Winkel β_2 auf die gegenüberliegende Grenzfläche zur Luft; dort wird er bei genügend großem γ abermals *im selben Sinn* gebrochen. Dadurch wird die Ablenkung, die der Strahl schon bei A erfuhr, noch verstärkt. Den Ablenkungswinkel, den der Lichtstrahl insgesamt erfährt, nennen wir ε.

Wie sich die Größe des Keilwinkels γ auf den Ablenkungswinkel ε auswirkt, erkennt man an dem Prisma in *Bild 4:* Seine linke Fläche ist gleich steil wie die des Prismas in *Bild 3;* dagegen ist der Keilwinkel $\gamma' > \gamma$, die rechte Fläche also weniger steil als die in *Bild 3*. Dadurch wird der Winkel β_2 *vergrößert.* Aus der Tabelle für die Winkel bei der Brechung geht nun aber hervor, dass die Ablenkung des Lichtstrahls mit dem Winkel β im Glas wächst. Von B an ist somit der Strahl im zweiten Prisma stärker abgelenkt als im ersten. Also wird beim Prisma mit dem größeren Keilwinkel γ' auch der Ablenkungswinkel ε' größer. Macht man den Keilwinkel so groß, dass β_2 den *Grenzwinkel* β_g übersteigt, so wird der Lichtstrahl bei B *total reflektiert.*

Ein Lichtstrahl wird an einem **optischen Prisma** so gebrochen, dass er zu dessen dickerem Ende hin abgelenkt wird. Der **Ablenkungswinkel** wächst mit dem **Keilwinkel des Prismas.**

A1. Ein Lichtstrahl fällt unter dem Winkel 60° (zum Lot) auf eine planparallele Glasplatte der Dicke 2 cm. Zeichne den Strahlengang. Um wie viel wird der Lichtstrahl parallel verschoben?

A2. Eine punktförmige Lichtquelle L befindet sich 5,0 cm über einer planparallelen Glasplatte der Dicke 3,0 cm. Der senkrecht zur Glasoberfläche verlaufende Strahl treffe diese in P. Zeichne die von L ausgehenden Lichtstrahlen, die 4,2 cm bzw. 8,7 cm von P entfernt auf der Glasoberfläche ankommen. Konstruiere ihren weiteren Verlauf. Woher scheinen die Strahlen für einen Beobachter zu kommen?

A3. Ein Glasprisma hat als Querschnitt ein gleichseitiges Dreieck. Konstruiere den Weg eines Lichtstrahls, der die Seitenfläche des Prismas wie in *Bild 3* in ihrer Mitte unter 40°, 20°, 0° trifft.

A4. Der Querschnitt eines Glasprismas ist ein gleichschenklig rechtwinkliges Dreieck. Drei jeweils zur Basis des Dreiecks parallele Lichtstrahlen treffen die Seitenflächen des Prismas in deren unterem Drittel. Konstruiere den Strahlengang durch das Prisma. Bleiben die Strahlen nach dem Verlassen des Prismas parallel zur Basis?

A5. Ein Lichtstrahl trifft senkrecht auf die Grundfläche eines Glasprismas mit rechtwinklig gleichschenkligem Querschnitt.
a) Konstruiere den Strahlengang.
b) Wie verläuft ein zweiter Lichtstrahl, der senkrecht auf dieselbe Hälfte der Grundfläche fällt? Warum spricht man hier von einem Umkehrprisma?

Linsen

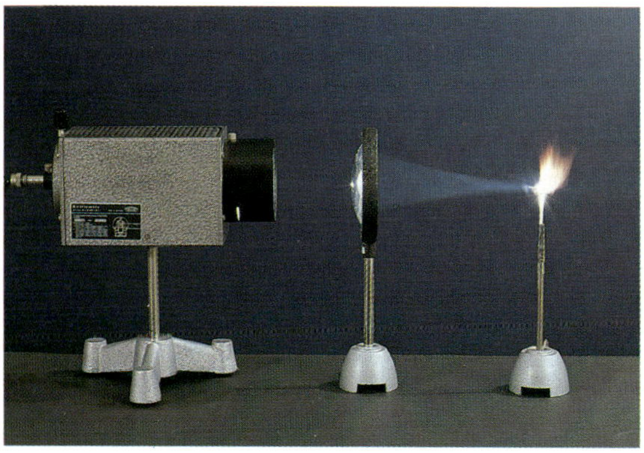

1 Eine Sammellinse als Brennglas

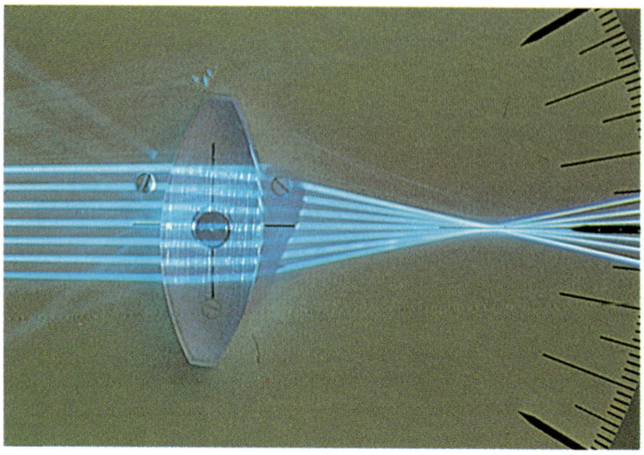

3 Hier sieht man den Brennpunkt der Sammellinse

1. Was ist eine Sammellinse?

Licht transportiert Energie. *Bild 1* zeigt, dass schon das Licht einer Lampe genügt, um ein Streichholz zu entzünden. Dazu braucht man ein *Brennglas*; da es Linsenform hat und Licht sammelt, wird es **Sammellinse** genannt. Linsen werden aus Glas oder durchsichtigem Kunststoff hergestellt; ihre Begrenzungsflächen sind meist *sphärisch*, d. h. Teile von Kugeloberflächen. In *Bild 2* sind verschiedene Formen von Sammellinsen im Schnitt gezeichnet.

Allen Sammellinsen ist gemeinsam, dass sie in der Mitte dicker sind als am Rand.

Grundsätzlich besitzen die vier in *Bild 2* dargestellten Linsenformen dieselben optischen Eigenschaften. Wir können uns deshalb mit nur einer Art begnügen und wählen dazu die Linsenform, die in *Bild 4* im Schnitt gezeichnet ist. Wir sehen ihre *Mittelebene* und ihren *optischen Mittelpunkt* M; die Senkrechte zur Mittelebene durch M wird *optische Achse* genannt.

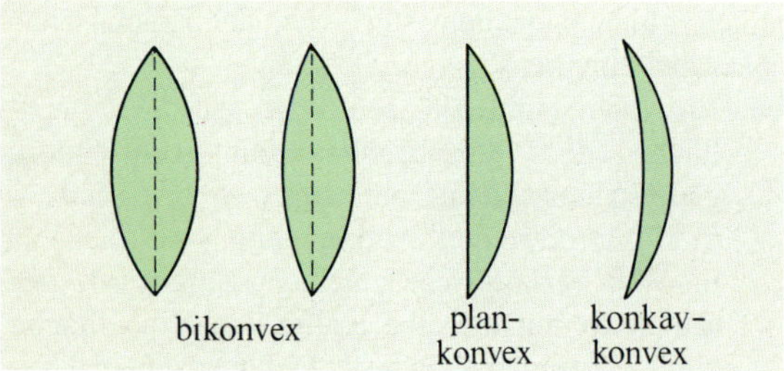

2 Es gibt verschiedene Arten von Sammellinsen

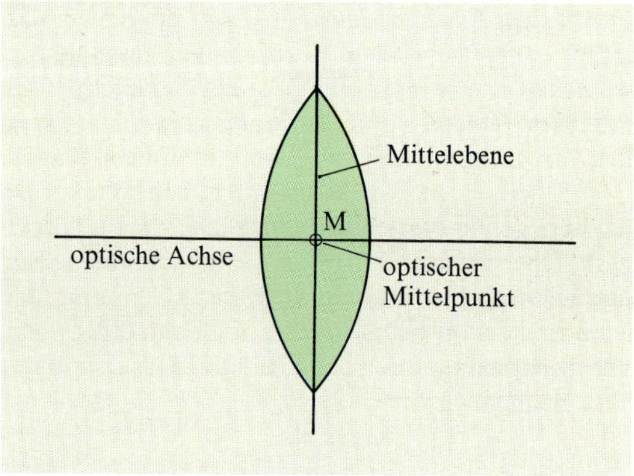

4 Bezeichnungen bei einer Sammellinse

2. Brennpunkt und Brennweite

Versuch 1: Wir befestigen an der optischen Scheibe einen Glaskörper, der wie ein Schnitt durch eine Sammellinse geformt ist *(Bild 3)*. Mit einer Experimentierleuchte und einer aus etlichen Schlitzen bestehenden Blende stellen wir mehrere parallele Lichtstrahlen her, die in Richtung der optischen Achse auf das Linsenmodell fallen. Dabei finden wir, dass sie nach der Brechung an der Linse ungefähr auf einen Punkt der Achse hinzielen.

Die achsenfernen Strahlen übertreiben allerdings ein wenig. Decken wir diese *Randstrahlen* ab, so erkennen wir, dass sich die restlichen achsennahen Parallelstrahlen recht genau in einem Punkt der optischen Achse schneiden. ■

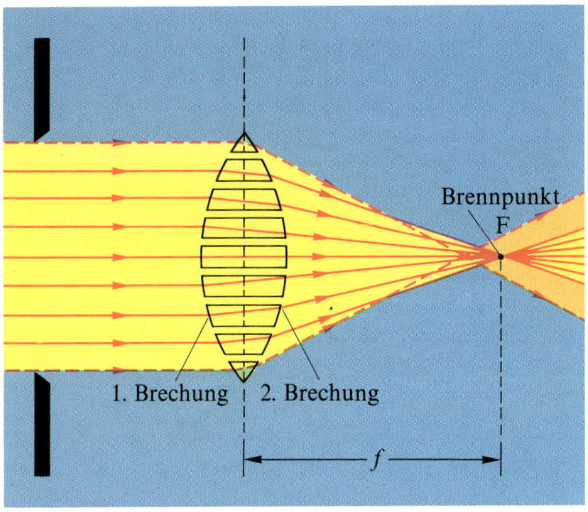

5 Sammellinse, aus Prismenstücken zusammengesetzt

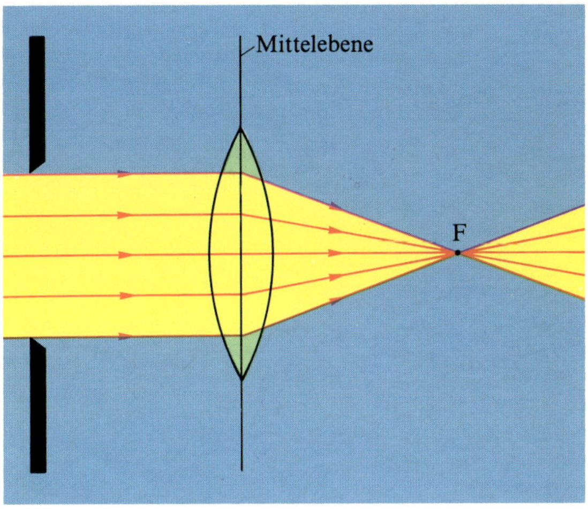

6 Diese Konstruktion ist einfacher

Diesen Punkt nennt man den **Brennpunkt F,** seine Entfernung vom Mittelpunkt M die **Brennweite *f*** der Sammellinse. Fallen achsenparallele Strahlen von rechts auf die Linse, so entsteht auf der linken Seite ein zweiter Brennpunkt mit derselben Brennweite.

Aus der Umkehrbarkeit des Lichtwegs bei der Brechung folgt unmittelbar eine weitere Eigenschaft der Sammellinse: Durch den Brennpunkt F gehende Lichtstrahlen verlaufen nach der Brechung an der Sammellinse *achsenparallel.*

Versuch 2: **a)** Wir bringen eine Punktlichtlampe in den Brennpunkt F. Tatsächlich: Hinter der Sammellinse entsteht ein achsenparalleles Lichtbündel.

b) Nun richten wir einen Lichtstrahl aus der Experimentierleuchte so auf die Linse, dass er durch den Brennpunkt F geht. Einen solchen Lichtstrahl nennt man **Brennstrahl.** Der Versuch bestätigt, dass er nach der Brechung an der Sammellinse achsenparallel weiterläuft. ■

Achsennahe, **achsenparallele Lichtstrahlen** werden an einer Sammellinse so gebrochen, dass sie die optische Achse alle in demselben Punkt F schneiden. **F wird Brennpunkt genannt;** seine Entfernung vom optischen Mittelpunkt bezeichnet man als **Brennweite *f* der Linse.**

Durch den Brennpunkt F gehende Lichtstrahlen nennt man **Brennstrahlen**. Sie verlaufen nach der Brechung an einer Sammellinse achsenparallel.

3. Was eine Sammellinse mit Prismen zu tun hat

Wir können uns das Modell einer Sammellinse nach *Bild 5* aus lauter Prismenstücken zusammengesetzt denken:

- Ihre „dickeren“ Enden sind stets der Linsenmitte zugewandt. Deshalb werden achsenparallele Strahlen zur optischen Achse hin gebrochen – wir haben eine **Sammellinse** vor uns.
- Die Prismen werden nach außen hin stumpfer; daher werden die achsenfernen Strahlen stärker abgelenkt als die achsennahen. So wird verständlich, dass sich alle Strahlen in einem Punkt der Achse treffen.
- Die Linsenmitte können wir als planparallele Platte auffassen. Lichtstrahlen durchdringen sie ohne Richtungsänderung.

In *Bild 5* sind Lichtstrahlen, die nach der Brechung am Brennpunkt vorbeizielen, gestrichelt gezeichnet. Bei unseren weiteren Betrachtungen wollen wir solche achsenfernen Strahlen nicht berücksichtigen, sondern sie uns stets durch entsprechend vor der Linse angebrachte Blenden zurückgehalten denken.

Wir leisten uns noch eine Vereinfachung: Anstatt die Brechung der Lichtstrahlen an den Oberflächen der Linse zu konstruieren, zeichnen wir die Strahlen ungebrochen bis zur Mittelebene und knicken sie dort *nur einmal* ab *(Bild 6).* Bei *dünnen Linsen* – nur solche werden wir benutzen – genügt die Genauigkeit dieses Verfahrens vollauf.

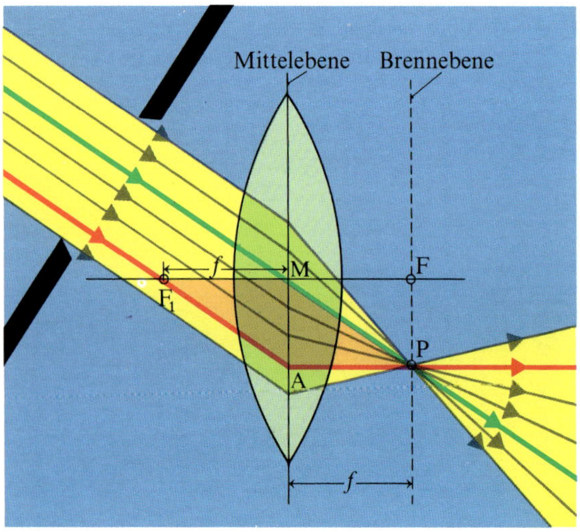

1 Man kann die Lage von P vorhersagen

4. Was wird aus schiefen Lichtstrahlen?

Im Allgemeinen werden Lichtstrahlen nicht gerade achsenparallel auf eine Sammellinse fallen, sondern irgendwie schief. Unter den schief auftreffenden Parallelstrahlen gibt es einen, der sich besonders einfach verhält, nämlich den durch den Linsenmittelpunkt gehenden **Mittelpunktsstrahl.**

Versuch 3: Wir lassen einen aus der Experimentierleuchte kommenden Lichtstrahl schief durch den Mittelpunkt des Linsenmodells an der optischen Scheibe gehen. Er verlässt die Linse in seiner ursprünglichen Richtung *(Bild 2)*. ■

Das ist leicht zu verstehen, denn die mittlere Zone der Sammellinse wirkt auf einen Lichtstrahl wie eine planparallele Platte.

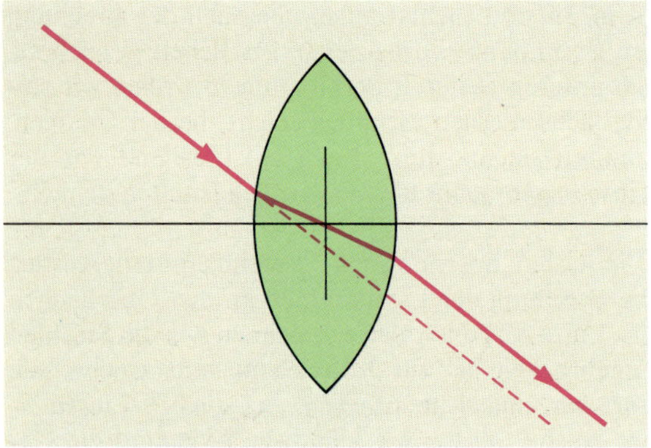

2 Mittelpunktsstrahl durch eine Sammellinse

Bei dünnen Linsen kann man zudem die geringfügige Parallelverschiebung vernachlässigen. Wir können also sagen:

Ein **Mittelpunktsstrahl** geht ungebrochen durch eine dünne Sammellinse hindurch.

Versuch 4: Wir erzeugen wie in Versuch 1 mehrere zueinander parallele Lichtstrahlen, lassen diese aber nun schief auf das Linsenmodell fallen. Dabei finden wir: Auch solche **schiefparallelen** Lichtstrahlen schneiden sich nach der Brechung in einem Punkt. Er liegt nicht auf der optischen Achse, darf also nicht mit einem Brennpunkt verwechselt werden. ■

5. Die Brennebene

Wir können den Punkt P, in dem sich die schiefparallelen Strahlen nach der Brechung an der Linse schneiden *(Bild 1)*, leicht bestimmen. Dazu brauchen wir zwei sich schneidende Strahlen. Wir wählen dazu den ungebrochen durchgehenden Mittelpunktsstrahl (grün gezeichnet) und den nach der Brechung achsenparallel weiterlaufenden Brennstrahl (rot gezeichnet) aus. Betrachten wir nun das in *Bild 1* rot getönte Parallelogramm: Seine gegenüberliegenden Seiten $\overline{F_1 M}$ und $\overline{AP}$ sind gleich lang; also ist der Abstand $\overline{AP}$ des Punktes P von der Mittelebene gleich der Brennweite f der Linse. Auch jedes andere schiefparallele Bündel schneidet sich nach der Brechung in einem Punkt P mit $\overline{AP} = f$. Demnach haben alle diese Punkte P denselben Abstand f von der Mittelebene, liegen also in einer dazu parallelen Ebene durch den Brennpunkt. Sie wird **Brennebene** genannt.

Wegen der Umkehrbarkeit des Strahlengangs sind Lichtstrahlen, die von einem Punkt der Brennebene ausgehen, nach der Brechung an der Linse schiefparallel.

Versuch 5: Wir bewegen in der Brennebene des Linsenmodells eine Punktlichtlampe auf und ab: Bei der Brechung enstehen schiefparallele Lichtbündel, die sich jeweils nach unten bzw. oben neigen. ■

Schiefparallele Lichtstrahlen werden an einer Sammellinse so gebrochen, dass sie sich in einem Punkt der Brennebene schneiden.
Von einem Punkt der Brennebene ausgehende Strahlen sind nach der Brechung schiefparallel.

6. Die wichtigste Eigenschaft einer Sammellinse

Unser Ziel ist es nun herauszufinden, wie das von einem Gegenstand ausgehende Licht an einer Sammellinse gebrochen wird. Dazu untersuchen wir zunächst die Brechung eines Lichtbündels, das von einem einzelnen Gegenstandspunkt P ausgeht. Einen speziellen Fall kennen wir schon, wenn nämlich P in der Brennebene der Linse liegt:

Versuch 6: **a)** Wir wiederholen den Versuch 5 und verschieben den leuchtenden Punkt einer Punktlichtlampe innerhalb der Brennebene des Linsenmodells: Die bei der Brechung entstehenden parallelen Lichtbündel ändern ihre Neigung, bleiben aber parallel *(Bild 3a)*.

b) Wir schieben die Punktlichtlampe *näher* an die Linse heran. Darauf spreizen sich die vorher parallelen Strahlen: Es entsteht ein *divergentes* (auseinander laufendes) Lichtbündel *(Bild 3b)*.

c) Nun rücken wir die Punktlichtlampe in entgegengesetzter Richtung – also *von der Linse weg* – aus der Brennebene heraus: Jetzt entsteht ein *konvergentes* (zusammenlaufendes) Lichtbündel *(Bild 3c)*; *alle Lichtstrahlen schneiden sich nach der Brechung an der Sammellinse in einem Punkt.* ■

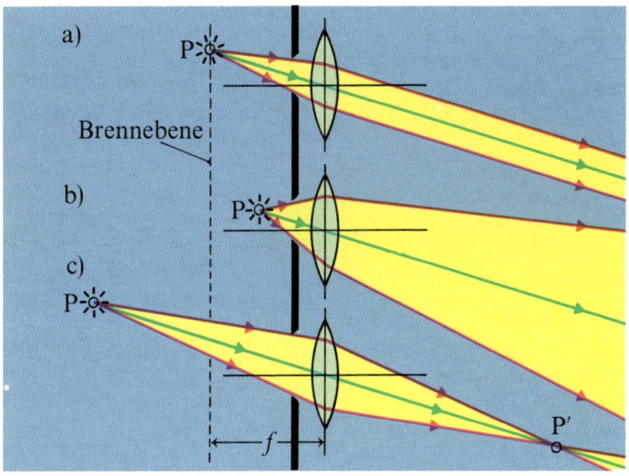

3 Die Lichtbündel sind nach der Brechung a) schiefparallel, b) divergent, c) konvergent

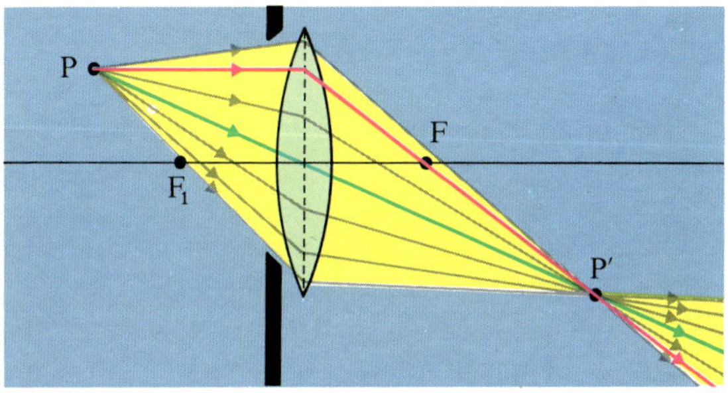

4 So konstruiert man den Bildpunkt P′.

Für alle Punkte P, deren Abstand von der Linse größer als die Brennweite ist, gilt:

Von einem Punkt P ausgehende Lichtstrahlen werden durch eine Sammellinse wieder in einem Punkt P′ vereinigt.

7. Ausgezeichnete Strahlen

Eine Sammellinse hat also die besondere Eigenschaft, alle von einem hinreichend weit entfernten *Gegenstandspunkt* ausgehenden Lichtstrahlen wieder in einem *Bildpunkt* zu vereinigen. Ist die Brennweite *f* der Linse bekannt, so können wir zu jedem geeigneten Gegenstandspunkt P den Bildpunkt P′ leicht konstruieren. Da ein Punkt schon durch den Schnitt zweier Geraden bestimmt ist, brauchen wir aus den vielen Lichtstrahlen, die der Gegenstandspunkt P aussendet, nur *zwei* auszusuchen. Natürlich nehmen wir dazu solche, über die wir Bescheid wissen. Hier bieten sich drei Strahlen an; man nennt sie auch die **ausgezeichneten Strahlen**:

– Der **Mittelpunktsstrahl**; er wird nicht gebrochen.
– Der **achsenparallele Strahl**; er geht nach der Brechung durch den Brennpunkt.
– Der **Brennstrahl**; er wird achsenparallel.

In *Bild 4* ist die Brechung eines von dem Punkt P ausgehenden Lichtbündels mithilfe des Mittelpunktsstrahls (grün) und des achsenparallelen Strahls (rot) konstruiert. Ist P′ damit gefunden, so lassen sich beliebige weitere Strahlen zeichnen. Sie müssen ja nach der Brechung alle durch P′ gehen.

A1. Experimentierleuchten enthalten eine Sammellinse und eine verschiebbare Lampe. Wozu?

A2. Ein leuchtender Punkt befindet sich 2 cm über der optischen Achse und 9,5 cm vor der Mittelebene einer Linse ($f = 5$ cm). Konstruiere den Bildpunkt.

A3. Zeichne (im Schnitt) eine Sammellinse mit der Brennweite $f = 5$ cm und einen Lichtstrahl, der die Linse trifft. Wie geht er nach der Brechung weiter? (Es gibt zwei Lösungswege. Betrachte dazu *Bild 3a* oder auch *Bild 1*.)

Abbildungen mit Linsen

1 Das L wird durch die Sammellinse abgebildet

1. Linsen machen Bilder

Sammellinsen dienen nicht nur dazu, das von einem *einzelnen* Punkt ausgehende Licht in einem Bildpunkt zu vereinen. Sammellinsen können viel mehr!

Versuch 1: Wir stellen das „leuchtende L" so vor eine Sammellinse, dass sein Abstand von der Linse größer als deren Brennweite ist *(Bild 1)*. Bringen wir nun in einem ganz bestimmten Abstand hinter die Linse einen Schirm, so erscheint darauf ein umgekehrtes, helles und scharfes Bild des L. ■

Das leuchtende L liegt in einer Ebene senkrecht zur optischen Achse, in der sogenannten *Gegenstandsebene*; sein Bild entsteht in einer dazu parallelen Ebene, die man *Bildebene* nennt.

Wie kommt diese *optische Abbildung* zustande? Dazu denken wir uns einen leuchtenden Gegenstand aus lauter leuchtenden Punkten zusammengesetzt.

Jeder leuchtende Punkt sendet Licht aus, das von der Sammellinse wieder zu einem Bildpunkt vereinigt wird. Alle Bildpunkte fügen sich zu einem naturgetreuen Abbild des Gegenstandes zusammen. *Bild 2* zeigt dies für die drei Punkte P, Q und R.

2. Wie man optische Bilder konstruiert

Um uns die Konstruktion zu erleichtern, stellen wir den Gegenstand als Pfeil der Höhe *G* dar, dessen Fußpunkt auf der optischen Achse liegt. Von diesem Gegenstand gehen unzählige Lichtstrahlen aus, die wir aber glücklicherweise gar nicht alle zur Bildkonstruktion brauchen.

- Aus den Gegenstandspunkten greifen wir einen einzigen heraus, nämlich die Pfeilspitze.
- Von den vielen Lichtstrahlen, die allein von der Pfeilspitze ausgehen, genügen zur Konstruktion ihres Bildpunktes bereits zwei der drei ausgezeichneten Strahlen, z. B. der achsenparallele Strahl (wird Brennstrahl) und der Mittelpunktsstrahl (wird nicht gebrochen).

Mit dem Bild der Pfeilspitze ist die zur Gegenstandsebene parallele *Bildebene* festgelegt. Ihr Schnitt mit der optischen Achse ergibt den Fußpunkt des Bildes und damit auch die *Bildhöhe B (Bild 3)*. *Gegenstandsweite g* und *Bildweite b* werden jeweils von der Mittelebene der Linse aus gemessen.

Lage und Größe des optischen Bildes hängen von der Gegenstandsweite ab *(Bild 4)*. Steht der Gegenstand sehr weit links von der Linse, so treffen die von jedem Gegenstandspunkt ausgehenden Lichtstrahlen praktisch parallel bei ihr ein.

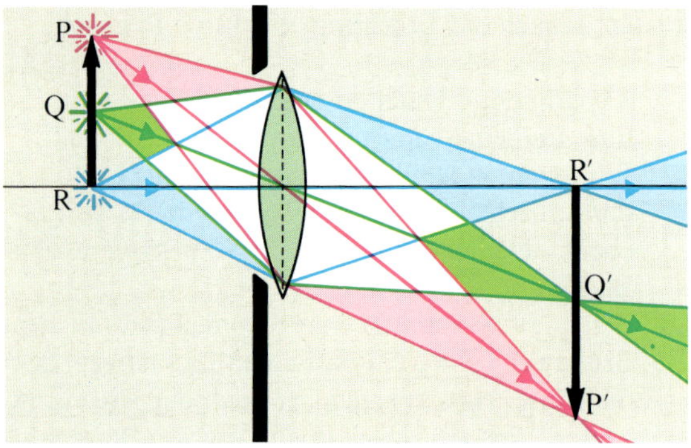

2 Von jedem Gegenstandspunkt geht Licht aus

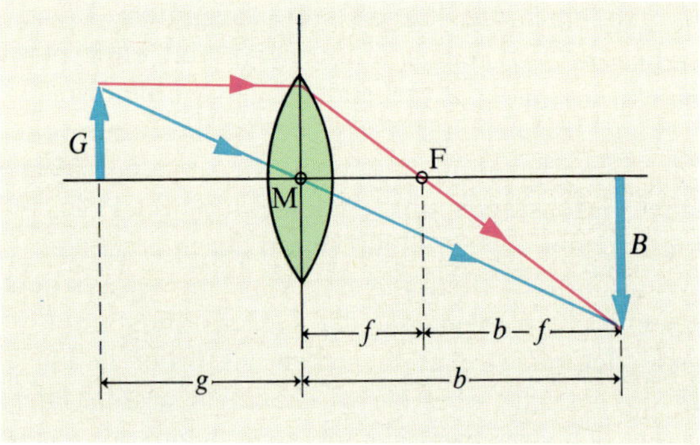

3 Bildkonstruktion mit ausgezeichneten Strahlen

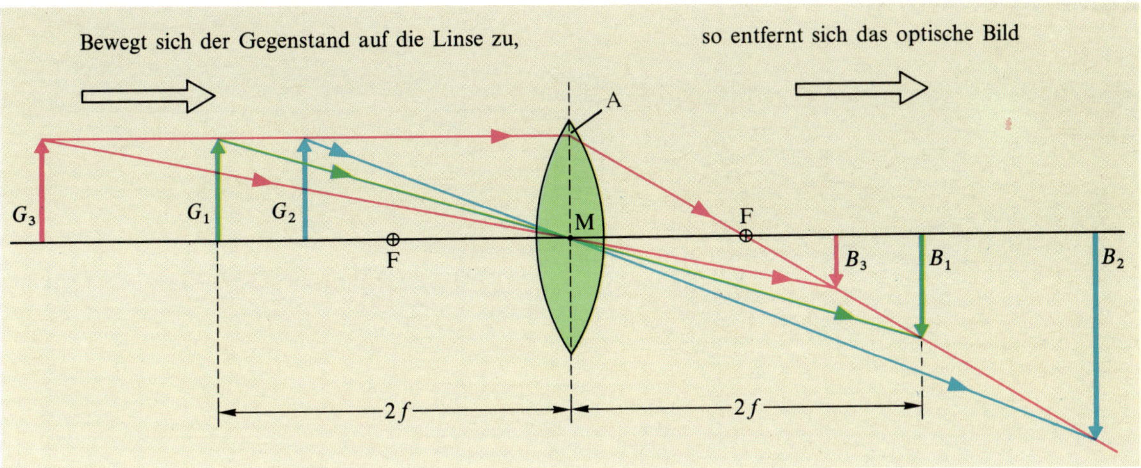

4 Konstruktion des optischen Bildes an der Sammellinse für verschiedene Gegenstandsweiten

Das optische Bild liegt dann in der rechten Brennebene. *Bewegt sich der Gegenstand auf die Linse zu, so entfernt sich das optische Bild von dieser und wird dabei immer größer.* Ist der Gegenstand schließlich bis zur linken Brennebene vorgerückt, so verlassen die von seinen Punkten ausgehenden Lichtstrahlen die Linse parallel: Jetzt kommt kein optisches Bild mehr zustande.

Bei einer ganz bestimmten Stellung wird das optische Bild gerade gleich groß wie der Gegenstand. Dieser Sonderfall ist in *Bild 4* mit G_1 bzw. B_1 bezeichnet. Da jetzt $B_1 = \overline{\text{MA}} = G_1$ sein soll, liegen B_1 und $\overline{\text{MA}}$ zueinander *punktsymmetrisch* bezüglich F. Der Brennpunkt F halbiert dann also die Bildweite b. Es ist $b = 2f$. B_1 liegt aber auch punktsymmetrisch zu G_1 bezüglich M; deshalb wird die Gegenstandsweite $g = b = 2f$. Steht also der Gegenstand in *doppelter Brennweite* vor der Linse, so entsteht in *doppelter Brennweite* dahinter ein gleich großes optisches Bild. Rückt der Gegenstand näher als $2f$ an die Mittelebene der Sammellinse heran, so ist das Bild *vergrößert*, andernfalls *verkleinert*. Damit erhalten wir die folgende Tabelle:

Gegenstandsweite g	Bildweite b	Bild
sehr groß	$b \approx f$	sehr klein
$g > 2f$	$f < b < 2f$	verkleinert
$g = 2f$	$b = 2f$	gleich groß
$f < g < 2f$	$b > 2f$	vergrößert
$g \approx f$	sehr groß	stark vergrößert

Tabelle 1

3. Brennweiten – schnell bestimmt

Versuch 2: **a)** Wir halten eine Sammellinse so vor eine dem Fenster gegenüberliegende Wand, dass auf dieser ein scharfes Bild eines weit entfernten Gegenstandes entsteht. Der Abstand der Linsenmitte von der Wand ist gleich der Brennweite der Linse.

b) Nun decken wir die Linse nach und nach ab. Selbst wenn dabei der von der Spitze des Gegenstandes kommende achsenparallele Strahl und sogar auch der Mittelpunktsstrahl ausgeblendet werden, erscheint auf dem Schirm immer noch *das ganze* Bild; es ist lediglich dunkler geworden. ■

Wir benutzen die ausgezeichneten Strahlen zwar zur *geometrischen Konstruktion* des optischen Bildes, zu seiner *physikalischen Erzeugung* sind sie jedoch nicht notwendig. Von einem Gegenstandspunkt gehen ja nicht nur die ausgezeichneten Strahlen, sondern noch unzählige andere Lichtstrahlen aus.

A1. Konstruiere in einer einzigen Zeichnung die optischen Bilder eines 2 cm hohen Pfeils, der in 9 cm, 8 cm, 6 cm, 5 cm, 4 cm Abstand vor einer Sammellinse der Brennweite 3 cm steht.

A2. Ein 3 cm hoher Gegenstand befindet sich 9 cm vor einer Sammellinse der Brennweite $f = 5$ cm. Bestimme die Bildweite und die Bildhöhe.

A3. Ein 2 cm hoher Gegenstand befindet sich 15 cm vor einem Schirm. Dort soll ein optisches Bild der Höhe 3 cm entstehen. Ermittle geometrisch den Ort der Sammellinse und deren Brennweite.

Linsengleichung

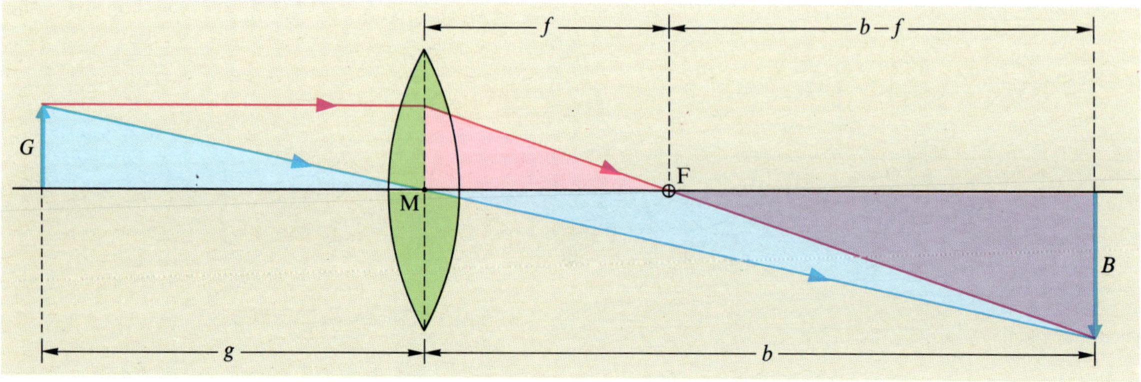

1 Aus der Konstruktion des optischen Bildes wird die Linsengleichung hergeleitet

1. Herleitung aus dem Strahlensatz

In *Bild 1* ist das durch eine Sammellinse erzeugte Bild eines Gegenstandes der *Gegenstandshöhe G* konstruiert. Beträgt die *Gegenstandsweite g*, so entsteht das optische Bild der *Bildhöhe B* in einer ganz bestimmten *Bildweite b* hinter der Linse. Aus der Konstruktion lässt sich ablesen, wie diese Größen mit der *Brennweite f* der Linse zusammenhängen.

Dazu wenden wir den *Strahlensatz der Geometrie* zuerst auf den Mittelpunktsstrahl und die sich mit ihm in M kreuzende optische Achse an und erhalten damit den Abbildungsmaßstab

$$A = \frac{B}{G} = \frac{b}{g}. \qquad (1)$$

Der auf den Brennstrahl und die sich mit ihm im rechten Brennpunkt F kreuzende optische Achse angewandte Strahlensatz ergibt

$$\frac{B}{G} = \frac{b-f}{f}. \qquad (2)$$

Die linken Seiten von *Gl. 1* und *2* sind gleich, also müssen auch die rechten gleich sein; das gibt $b/g = (b-f)/f$ oder $b/g = b/f - 1$. Division durch b und Umordnen ergibt

$$\frac{1}{g} + \frac{1}{b} = \frac{1}{f}. \qquad (3)$$

Diese Beziehung wird **Linsengleichung** genannt.

Von einem Gegenstand der Höhe G, der sich in der Gegenstandsweite $g > f$ vor einer **Sammellinse der Brennweite *f*** befindet, entsteht in der Bildweite b ein optisches Bild der Höhe B. Dabei beträgt der **Abbildungsmaßstab**

$$A = \frac{B}{G} = \frac{b}{g}. \qquad \textbf{(4)}$$

Außerdem gilt die **Linsengleichung**

$$\frac{1}{g} + \frac{1}{b} = \frac{1}{f}. \qquad \textbf{(5)}$$

2. Wie man die Linsengleichung anwendet

a) 15 cm vor einer Sammellinse der Brennweite $f = 10$ cm befindet sich ein 3 cm hoher Gegenstand. In welchem Abstand von der Linsenmitte entsteht das Bild? Wie hoch ist es?

Lösung: Aus der Linsengleichung *(Gl. 5)* folgt

$$\frac{1}{b} = \frac{1}{f} - \frac{1}{g} = \frac{1}{10\,\text{cm}} - \frac{1}{15\,\text{cm}}.$$

Mithilfe der $1/x$-Taste des Taschenrechners finden wir $b = 30$ cm.

Gl. 4 ergibt

$$B = \frac{b}{g} \cdot G = \frac{30\,\text{cm}}{15\,\text{cm}} \cdot 3\,\text{cm} = 6\,\text{cm}.$$

b) Ein Baum ist 100 m von einer Sammellinse mit $f = 15$ cm entfernt. Berechne die Bildweite!

Lösung: Die Linsengleichung liefert

$$\frac{1}{b} = \frac{1}{f} - \frac{1}{g} = \frac{1}{15\,\text{cm}} - \frac{1}{10\,000\,\text{cm}};$$

daraus folgt $b = 15{,}02\,\text{cm} \approx f$. Ist die Gegenstandsweite g *sehr viel größer* als die Brennweite f, wird der Quotient $1/g$ im Vergleich zu $1/f$ so klein, dass man ihn vernachlässigen kann. Es gilt dann:

$$\frac{1}{b} = \frac{1}{f}, \text{ also } b = f.$$

c) Wie groß wird jeweils der Abbildungsmaßstab, wenn man einen Gegenstand 20 cm; 15,0 cm; 12,0 cm; 11,0 cm; 10,5 cm vor einer Sammellinse der Brennweite 10,0 cm aufstellt?

Lösung: Wir multiplizieren beide Seiten der Linsengleichung *Gl. 5* mit g und erhalten

$$1 + \frac{g}{b} = \frac{g}{f} \text{ oder } \frac{g}{b} = \frac{g-f}{f}. \text{ Daraus folgt}$$

$$\frac{b}{g} = \frac{B}{G} = A = \frac{f}{g-f}, \text{ also } A = 1; 2; 5; 10 \text{ und } 20.$$

Der Sonderfall $g = 2f$ führt stets zu $A = 1$, also zu gleicher Höhe von Gegenstand und Bild.

3. Geht es auch ohne Schirm?

Versuch 1: Wir bilden das leuchtende L mit einer Sammellinse auf einen Schirm ab und umrahmen das optische Bild mit einem Ring. Nehmen wir den Schirm weg und blicken dann aus einiger Entfernung durch den Ring gegen die Linse, so sehen wir *im Ring* ein umgekehrtes L schweben. Bewege den Kopf hin und her: Das schwebende L verändert seine Lage gegenüber dem Ring nicht! Das optische Bild befindet sich also wirklich dort – es ist *reell.* ■

Bild 38.2 zeigt, dass bei einer Abbildung durch eine Sammellinse jedes Lichtbündel hinter dem Bildpunkt wieder auseinander läuft. Gelangt es in ein Auge, so kommt es für dieses *wirklich* vom Bildpunkt her. Wozu dann der Schirm? Nun – die von den Bildpunkten ausgehenden Lichtkegel sind *sehr schlank* und treffen deshalb das Auge eines *seitlichen* Beobachters nicht. Er braucht den Schirm, damit das Licht in sein Auge gestreut wird.

A1. Auf eine Sammellinse fällt ein achsenparalleles Lichtbündel mit kreisförmigem Querschnitt und dem Durchmesser d. Hinter der Linse wird ein Schirm so lange verschoben, bis auf ihm eine kreisrunde Scheibe mit demselben Durchmesser d erscheint. Misst man nun den Abstand der Linse vom Schirm, so kann man daraus die Brennweite der Linse ermitteln. Wie?

A2. Ein Gegenstand steht 20 cm vor einer Sammellinse, 60 cm hinter ihr entsteht sein Bild. Wie groß ist die Brennweite dieser Linse?

A3. Welche Beziehung muss zwischen der Gegenstandsweite und der Brennweite bestehen, damit das Bild doppelt so hoch wird wie der Gegenstand?

A4. Ein 5 cm hoher Gegenstand soll durch eine Sammellinse mit der Brennweite $f = 15$ cm auf eine Bildhöhe von 100 cm vergrößert werden. Welche Gegenstandsweite ist dazu notwendig? Wie groß ist dann die Bildweite?

A5. Bringt man einen Gegenstand 8 cm vor eine Sammellinse, so entsteht ein optisches Bild in dreifacher Vergrößerung. Wie groß ist die Bildweite? Welche Brennweite hat die Linse?

A6. Ein Gegenstand wird aus der Ferne immer näher an die Brennebene einer Sammellinse herangerückt. Untersuche anhand der Linsengleichung, wie sich dies auf die Bildweite und die Bildhöhe auswirkt. Was folgt aus der Linsengleichung für den Fall, dass sich der Gegenstand in der Brennebene der Linse befindet?

A7. Bei einer Abbildung durch eine Sammellinse beträgt die Gegenstandsweite $g = 20$ cm, die Bildweite $b = 30$ cm. Nun rückt man den Gegenstand 5,0 cm näher an die Linse heran. In welcher Richtung und um welche Strecke verschiebt sich dann das optische Bild? Wie ändert sich dabei der Abbildungsmaßstab?

A8. Eine Sammellinse der Brennweite 4,5 cm soll von einem 2,0 cm hohen Gegenstand ein 3,0 cm hohes Bild erzeugen. Ermittle sowohl durch Zeichnung als auch durch Rechnung die Gegenstands- und die Bildweite.

A9. Ein Gegenstand ist 64 cm von einem Schirm entfernt.
a) Zeige anhand der Linsengleichung, dass es für eine optische Abbildung mit einer Sammellinse der Brennweite $f = 12$ cm genau zwei Stellen zwischen Gegenstand und Schirm gibt, an denen man die Linse aufstellen kann, um auf dem Schirm ein scharfes Bild zu erhalten.
b) Berechne diese beiden Stellen.
c) Wie groß ist jeweils der Abbildungsmaßstab?

Projektoren

1 Laterna magica – die Zauberlaterne

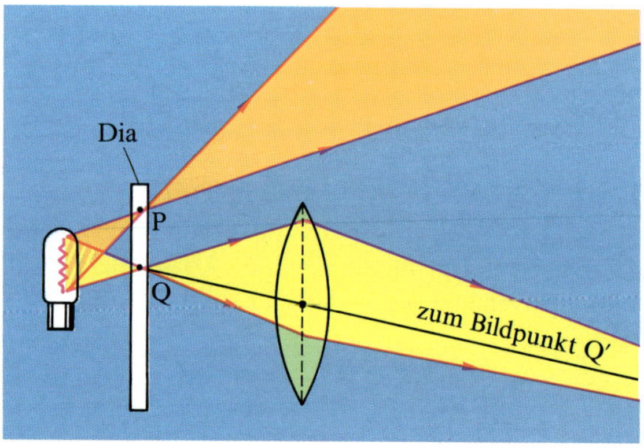

2 Das obere Lichtbündel trifft die Linse nicht

1. Der Diaprojektor

Schon im 17. Jahrhundert staunte das Publikum über die Laterna magica, die mithilfe einer Sammellinse Bilder auf eine Leinwand zauberte *(Bild 1)*. Ein Diaprojektor ist im Grunde genauso gebaut.

Versuch 1: Wir bringen ein Dia zwischen eine Glühlampe und eine Sammellinse und stellen einen Schirm so auf, dass dort eine scharfe Abbildung entsteht. Tatsächlich entdecken wir auch ein Bild; leider ist aber davon nur ein kleiner Ausschnitt deutlich sichtbar. Was haben wir falsch gemacht? ■

Von der *Glühwendel* der Projektionslampe geht nach allen Richtungen Licht aus. In *Bild 2* sind solche Lichtstrahlen, die den mehr am Rand des Dias liegenden Punkt P durchleuchten, *dunkler* gezeichnet. Wie wir sehen, trifft nun aber das von P ausgehende Lichtbündel überhaupt nicht mehr auf die Sammellinse; also kann dieser Punkt auch nicht lichtstark abgebildet werden – im Gegensatz zum Punkt Q, von dem aus ein breites Lichtbündel auf die Linse fällt.

Beim leuchtenden L trat ein solches Problem nicht auf. Das durchscheinende Papier, mit dem es hinterlegt war, sorgte dafür, dass das hindurchgehende Licht in jedem Gegenstandspunkt nach allen Richtungen – also auch zur Linse hin – *gestreut* wurde. Wir könnten beim Dia ebenso vorgehen; doch ginge dabei viel Licht verloren. Deshalb biegen wir die durch P und andere Randpunkte des Dias gehenden Lichtbündel einfach so hin, dass sie auf die Linse treffen. Dazu brauchen wir eine weitere Sammellinse; sie muss zwischen der Glühlampe und dem Dia angebracht werden. *Bild 3* zeigt, wie diese so genannte *Kondensorlinse* wirkt.

Versuch 2: Wir bauen nun aus einer *Abbildungslinse* (man nennt sie auch *Objektiv*), einer Kondensorlinse und einer Glühlampe einen Diaprojektor. Zur Abbildung des Dias stellen wir den Schirm nacheinander in verschiedenen Abständen von der Abbildungslinse auf. Man muss sie jedesmal wieder neu verschieben, bis das Bild scharf ist. Wir messen jeweils die Gegenstandsweite g sowie die Bildweite b und tragen diese Größen in eine Zeichnung nach dem Muster von *Bild 39.4* ein; dazu wählen wir einen geeigneten Maßstab. Wir zeichnen den Gegenstand als Pfeil beliebiger Höhe; außerdem tragen wir die Mittelebene der Linse und jeweils die Bildebene ein. Der von der Spitze des Gegenstands ausgehende Mittelpunktsstrahl liefert die Bildhöhe, der achsenparallele Strahl den Brennpunkt. ■

Damit erhalten wir die Brennweite der Linse. Sie folgt nach *Tabelle 1* auch aus der Linsengleichung.

Gegenstandsweite g in cm	Bildweite b in cm	$1/g + 1/b = 1/f$ in 1/cm	Brennweite f in cm
13,5	35,8	0,012	9,80
17,4	22,4	0,012	9,80
21,9	17,7	0,012	9,80

Tabelle 1

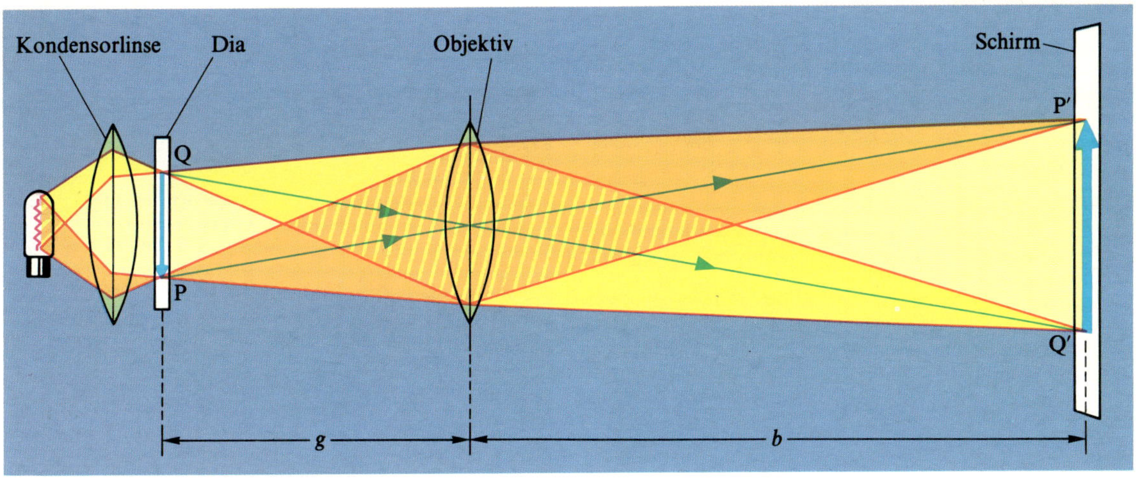

3 So wird das Dia richtig durchleuchtet

2. Es gibt auch noch andere Projektoren

Auch der *Tageslichtprojektor* arbeitet nach diesem Prinzip. Da die durchleuchtete Fläche verhältnismäßig groß ist, braucht man eine ausgedehnte Kondensorlinse. Damit sie nicht so schwer wird, löst man sie in ringförmige Zonen auf *(Bild 4)*. Jede Zone besitzt dieselbe Schräge, wie sie eine dicke Linse an der betreffenden Stelle auch hätte. Da es für die Richtung eines gebrochenen Lichtstrahls nicht auf die Dicke des Glases, sondern nur auf die Neigung der Grenzfläche ankommt, können die einzelnen Zonen ganz dünn sein. Die *Abbildungslinse* (das Objektiv) sitzt im sogenannten Projektionskopf. Dort ist auch ein Spiegel angebracht, der das Licht um ungefähr 90° ablenkt.

Der *Filmprojektor* ist optisch wie ein Diaprojektor gebaut. Auf dem Film sind viele Dias hintereinander aufgereiht, die in rascher Folge nacheinander aufgenommen wurden. Jedes zeigt also eine Momentaufnahme des Bewegungsablaufs. Bei der Wiedergabe wird ein Dia nach dem anderen ruckartig zwischen eine Beleuchtungseinrichtung und eine Sammellinse gebracht und auf eine Wand abgebildet. Während des Bildwechsels wird das Licht durch eine Blende zurückgehalten. Folgen die Bilder genügend rasch aufeinander, so verschmelzen sie für das Auge zu einer stetigen Bewegung.

Der *Vergrößerungsapparat* projiziert durch eine Sammellinse ein vergrößertes optisches Bild auf ein lichtempfindliches Fotopapier, das anschließend an diese *Belichtung* entwickelt wird.

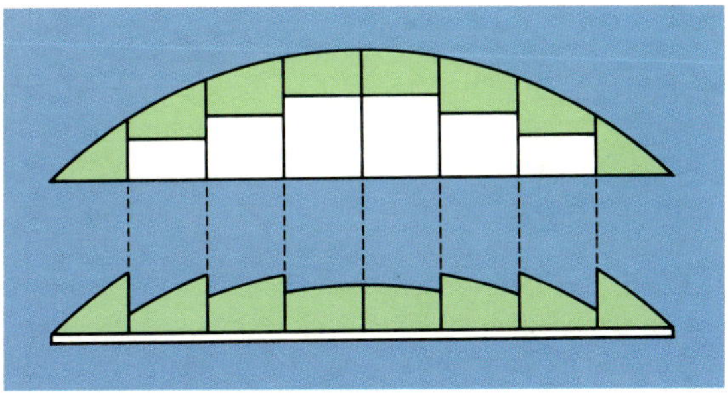

4 Die einzelnen Zonen wirken wie eine Linse

A1. Bei einer optischen Abbildung durch eine Sammellinse beträgt die Gegenstandsweite 12 cm und die Bildweite 60 cm. Ermittle durch eine Zeichnung im Maßstab 1:4 die Brennweite der Linse und den Abbildungsmaßstab.

A2. a) Max will mit seinem Diaprojektor in der Wohnung möglichst große Bilder erhalten. Wie muss er die Projektionswand dazu aufstellen?
b) Nun führt er seine Dias in einem Saal vor. Die Bilder sollen dort nicht größer werden als in seiner Wohnung, obwohl die Leinwand im Saal viel weiter vom Projektor entfernt ist als zu Hause. Warum braucht Max dazu einen Projektor mit einem anderen Objektiv?

A3. Ein Vergrößerungsapparat soll maximal 9fach vergrößern. Er ist so gebaut, dass der Abstand des Objektivs vom Fotopapier zwischen 8 cm und 50 cm variiert werden kann. Welche Brennweite muss das Objektiv dann haben? (Zeichnung im Maßstab 1:5.) Kann man mit diesem Apparat auch Verkleinerungen herstellen?

Der Fotoapparat

1 Fotoapparat um 1860 ...

... und jetzt

1. Was ist an der Lochkamera schlecht?

Warum kaufen wir uns eigentlich teure und komplizierte Fotoapparate? Eine *Lochkamera* tut's doch auch! Nun – „gestochen" scharf ist das Lochkamerafoto *(Bild 11.5)* nicht. Und außerdem: Es musste 45 Sekunden lang belichtet werden. Das liegt natürlich an der *kleinen Öffnung*. Machen wir sie also größer, damit mehr Licht auf den Film gelangen kann! Dann werden aber die Lichtpinsel gröber und das Bild wird noch viel unschärfer, als es ohnehin schon war.

Hier hilft eine *Sammellinse*, die man in die vergrößerte Öffnung der Kamera bringt: Sie vereinigt die von den Objektpunkten ausgehenden Lichtbündel jeweils zu exakten *Bildpunkten*. Sie sind wesentlich heller und schärfer als die mit den Lichtpinseln der Lochkamera gezeichneten Lichtflecke.

Der Fotoapparat beruht auf der optischen Abbildung durch eine Sammellinse. Dabei entsteht das optische Bild auf der lichtempfindlichen Schicht einer Platte oder eines Films und wird dort in einem chemischen Prozess festgehalten. An diesem Prinzip hat sich seit den ersten von LOUIS JACQUES DAGUERRE im Jahr 1837 hergestellten Lichtbildern eigentlich nichts geändert. Die Weiterentwicklung bestand hauptsächlich in Verbesserungen der optischen Abbildung; zudem wurden die Fotoapparate handlicher und die Filme immer empfindlicher. Heutzutage sind die für eine Fotografie notwendigen Einstellungen weitgehend automatisiert *(Bild 1)*.

2. Je mehr Linsen, desto weniger Fehler

In einem Prospekt für eine Kamera steht z. B. „Objektiv: 4 Linsen; 2,8/35 mm". Was bedeuten diese Angaben? Wir entnehmen ihnen zunächst, dass die hier beschriebene Kamera zur Bilderzeugung nicht nur eine einzige Sammellinse benötigt, sondern mit einer Kombination von vier zu einem so genannten **Objektiv** vereinigten Linsen arbeitet. Eine solche Kombination wollen wir vorerst an *zwei* Sammellinsen untersuchen.

Versuch 1: Wir stellen zwei Sammellinsen mit den Brennweiten 10 cm und 20 cm dicht hintereinander auf. Bringen wir ungefähr 7 cm davon entfernt einen Schirm an, so können wir darauf ein optisches Bild der vor dem Fenster des Physiksaales befindlichen Umgebung sehen: Die beiden hintereinander gestellten Linsen wirken wie eine einzige Sammellinse der Brennweite 7 cm. ■

Die zweite Linse konzentriert die von der ersten bereits gesammelten Lichtbündel noch stärker; deshalb ist die Brennweite dieser Linsenkombination noch geringer als die kleinere der beiden einzelnen Brennweiten.

Man kann eine Sammellinse auch mit einer so genannten *Zerstreuungslinse* kombinieren; sie ist in der Mitte *dünner* als am Rand und biegt Lichtbündel bei der Brechung auseinander. Dadurch erhält eine solche Linsenkombination eine *größere* Brennweite als die Sammellinse allein.

Zwei hintereinander gestellte Linsen wirken wie eine einzige. Diese „Ersatzlinse“ kann man in Gedanken mit einer dritten Linse wieder zu einer einzigen zusammenfassen und so mit weiteren Linsen fortfahren. Damit wird verständlich, warum ein mehrlinsiges Objektiv wie eine einzige Sammellinse wirkt. Wozu setzt man aber das Objektiv eines Fotoapparats aus so vielen Linsen zusammen? Nun – das von einer einzelnen Sammellinse erzeugte optische Bild ist nicht frei von Unschärfen und Verzerrungen. Solche Fehler kann man durch die Kombination mehrerer Linsen aus verschiedenen Glasarten weitgehend ausgleichen.

3. Von Weitwinkel- und Teleobjektiven

Zu den wichtigsten Daten des Objektivs gehört seine *Brennweite*. Sie steht in unserem Beispiel hinter dem Schrägstrich, beträgt also hier 35 mm. Der nächste Versuch zeigt ihre Bedeutung für die Fotografie.

Versuch 2: **a)** Wir stellen das Objektiv eines Fotoapparats durch eine einzelne Sammellinse, den Film durch einen dahinter gestellten Schirm dar. Mit einer Linse der Brennweite $f_1 = 10$ cm erzeugen wir das Bild eines weit entfernten Gegenstandes. Da dieses in der Brennebene liegt, müssen wir den Schirm 10 cm hinter der Linse aufstellen.

b) Nun ersetzen wir die Linse durch eine andere mit demselben Durchmesser, aber der *doppelten* Brennweite $f_2 = 20$ cm. Damit ein scharfes Bild entsteht, müssen wir den Abstand des Schirms von der Linse gegenüber vorher *verdoppeln*. Das hat zur Folge, dass das optische Bild doppelt so hoch und auch doppelt so breit wird wie vorher *(Bild 2)*.■

Die Brennweite des Objektivs hat demnach einen entscheidenden Einfluss auf die Fotografie: Je kleiner die Brennweite ist, desto kleiner wird das Bild, und um so „mehr Landschaft“ passt in das Filmformat (meist 24 mm · 36 mm) hinein. Kurzbrennweitige Objektive ($f = 28$ mm bis 35 mm) erfassen also einen großen Winkelbereich; deshalb werden sie auch **Weitwinkelobjektive** genannt. Ein kleines Detail, das mit einem 35 mm-Objektiv auf dem Film ein Rechteck von 2,4 mm · 3,6 mm bedecken würde, füllt mit einem Objektiv der 10fachen Brennweite 35 cm das gesamte Filmformat von 24 mm · 36 mm aus. Weil dabei *ferne* Gegenstände auf der Fotografie näher gerückt erscheinen, bezeichnet man ein solches Objektiv mit langer Brennweite als **Fernobjektiv**, Spezialausführungen davon werden auch **Teleobjektiv**

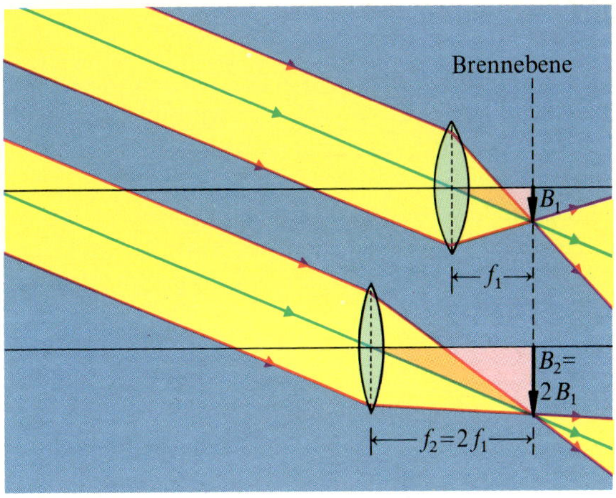

2 Doppelte Brennweite – doppelt so hohes Bild

genannt. Verschiebt man die inneren Linsen eines mehrlinsigen Systems, so ändert sich dabei die Gesamtbrennweite. Das wird beim **Vario-** oder **Zoomobjektiv** ausgenutzt, dessen Brennweite in gewissen Grenzen stufenlos verändert werden kann.

4. Blendenzahl und Bildhelligkeit

In unserem Beispiel für die Daten eines Objektivs steht vor dem Schrägstrich die Zahl 2,8. Sie wird **Blendenzahl** genannt. Betrachten wir dazu zwei Objektive mit denselben Linsendurchmessern $d_1 = d_2 = 12{,}5$ mm und den Brennweiten $f_1 = 35$ mm bzw. $f_2 = 70$ mm! Obwohl beide für den Durchgang von Licht gleich weit geöffnet sind, erzeugt das zweite Objektiv ein viel dunkleres Bild als das erste. Bei der doppelten Brennweite wird das Bild nämlich doppelt so hoch und doppelt so breit: Die Bildfläche, auf die sich das Licht verteilt, ist viermal so groß wie beim Objektiv mit der kürzeren Brennweite.

Damit beide Objektive gleich helle Bilder erzeugen, muss das Objektiv mit der doppelten Brennweite auch den doppelten Durchmesser haben. Dann lässt es in jeder Sekunde die vierfache Lichtmenge durch, und die Verteilung des Lichts auf die vierfache Bildfläche ist dadurch helligkeitsmäßig wieder ausgeglichen. Zwei unterschiedliche Objektive liefern also dann gleich helle Bilder, wenn sie dasselbe Verhältnis (Brennweite f)/(Linsendurchmesser d) haben. Der Quotient f/d wird *Blendenzahl* genannt. In unserem Beispiel hat das erste Objektiv die Blendenzahl $f_1/d_1 = 35\text{ mm}/12{,}5\text{ mm} = 2{,}8$, das zweite dagegen $f_2/d_2 = 70\text{ mm}/12{,}5\text{ mm} = 5{,}6$. Je *kleiner* die Blendenzahl, desto *größer* ist die Bildhelligkeit.

5. Wie man scharfe Fotos erhält

Eine Information aus dem Kamera-Prospekt lautet „Scharfstellen: Aktives Infrarot-Autofokus-System. Scharfstellbereich von 0,75 m bis ∞." Was steckt hinter diesen Fachausdrücken? Ein Objektiv – also nichts anderes als eine ideale Sammellinse – bildet einen in der *Gegenstandsebene* im Abstand *g* vor dem Objektiv befindlichen Gegenstand in die im Abstand *b* dahinter liegende *Bildebene* ab. Dort muss der Film sein, wenn man ein scharfes Foto erhalten will.

Ist ein Gegenstand sehr weit von der Kamera entfernt ($g > 20$ m), so kommen die von jedem Gegenstandspunkt ausgehenden Lichtbündel praktisch parallel am Objektiv an. Man sagt dann, die Gegenstandsweite sei „unendlich" und setzt dafür das Zeichen ∞. In diesem Fall entsteht das optische Bild in der *Brennebene* ($b = f$); der Brennpunkt des Objektivs liegt dann im Film. Rückt der Gegenstand näher, so wird die Bildweite $b > f$; um wieder ein scharfes Foto zu erhalten, muss man also jetzt den Abstand zwischen Film und Objektiv vergrößern. Dies erreicht man durch Verschieben des Objektivs.

Weil dabei der Brennpunkt (der sogenannte *Fokus*) mitverschoben wird, nenn man den Vorgang des Scharfstellens auch *fokussieren.* Bei manchen Kameras lässt sich das Objektiv mit einem Schraubgewinde von Hand verschieben. Dazu ist am Objektiv eine Entfernungsskala angebracht oder aber ein Entfernungsmesser direkt mit dem Schraubgewinde gekuppelt. Ein Autofokus-System besorgt diese Fokussierung von selbst mit einem kleinen Elektromotor, der das Objektiv *automatisch* so verschiebt, dass auf dem Film ein scharfes Bild entsteht. Dazu wird das Objekt mit einem Infrarotstrahl angepeilt.

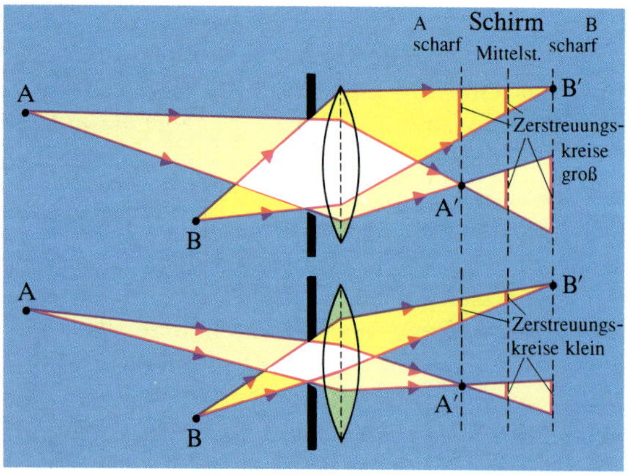

1 Schlankere Lichtbündel – kleinere Zerstreuungskreise

6. Das Problem mit der Schärfentiefe

Beim Fotografieren befinden sich die Objekte meist in unterschiedlichen Gegenstandsweiten – der Film kann aber nur in *einer bestimmten Bildweite* liegen. Was dann?

Versuch 3: Vor eine Sammellinse ($f = 10$ cm) bringen wir in den Gegenstandsweiten 25 cm und 50 cm jeweils ein leuchtendes L. Auf einem Schirm hinter der Linse lässt sich nur das eine oder das andere L scharf abbilden. Bringen wir den Schirm in eine Mittelstellung und verkleinern dann mit einer *Irisblende* die Linsenöffnung, so können wir erreichen, dass beide *L zugleich* hinreichend scharf erscheinen. ■

Zur Erklärung betrachten wir die Gegenstandspunkte A und B in *Bild 1.* Bringt man den Schirm in den Bildpunkt A′, so wird dieser zwar scharf, aber das von B kommende Lichtbündel schneidet den Schirm in einem so genannten *Zerstreuungskreis.* Stellt man dagegen den Schirm am Ort des Bildpunktes B′ auf, so erzeugt dort das von A kommende Lichtbündel einen Zerstreuungskreis. Verengt man nun die Öffnung der Linse, so werden die Lichtbündel *schlanker* und die Zerstreuungskreise bleiben relativ klein. Deshalb erscheint jedes der beiden L auf dem in Mittelstellung gebrachten Schirm einigermaßen scharf.

Doch nun zurück zur Fotografie: Die Filmschicht besteht aus vielen feinen Körnern; sie kann also lediglich ein *Mosaikbild* speichern. Deshalb wirken *Zerstreuungskreise* auch dann nicht anders als exakte Bildpunkte, wenn ihr Durchmesser unter der Korngröße bleibt. Diese Bedingung ist für alle Gegenstände erfüllt, die in einem bestimmten Bereich vor und hinter der Gegenstandsebene gestaffelt liegen; man nennt ihn die **Schärfentiefe.**

Im Fotoapparat ist eine Irisblende eingebaut, mit der sich die Öffnung des Objektivs verkleinern lässt. Je mehr man die Blende verengt, desto größer wird die Schärfentiefe. Bei diesem so genannten *Abblenden* nimmt die Blendenzahl f/d zu, denn der Durchmesser *d* der Objektivöffnung verringert sich, während die Brennweite *f* gleich bleibt. Das optische Bild wird dann dunkler; zum Ausgleich muss man die Aufnahme länger belichten. Das Foto in *Bild 2a* (Blendenzahl 2,8 – *große* Öffnung) weist nur eine geringe Schärfentiefe auf; dagegen ist sie in *Bild 2b* (Blendenzahl 11 – *kleine* Öffnung) wesentlich größer, sodass alles scharf erscheint.

2 a) Blende 2,8: Große Öffnung – kleine Schärfentiefe; b) Blende 11: Kleine Öffnung – große Schärfentiefe

7. Blende und Belichtungsdauer

In den Anfängen der Fotografie musste man das optische Bild mehrere Sekunden auf die Fotoplatte einwirken lassen; heute genügen zur Belichtung eines Films Bruchteile einer Sekunde. Dazu hat die Kamera einen *Verschluss*, der während einer genau einstellbaren *Belichtungsdauer T* geöffnet werden kann. Diese hängt zunächst einmal von der Beleuchtungsstärke und der Filmempfindlichkeit ab. Aber auch die Wahl der Blendenzahl f/d – kurz „Blende" genannt – spielt eine Rolle. Eine Verdoppelung von f/d bedeutet ja, dass der Durchmesser d der Objektivöffnung halbiert wird. Damit geht ihre Fläche, also auch die während der Belichtungsdauer hindurchgelassene Lichtmenge, auf den vierten Teil zurück. Der Verlust wird ausgeglichen, wenn man die Belichtungsdauer T vervierfacht. Soll sich also bei der *Verdoppelung* der Blendenzahl an der Belichtung des Films nichts ändern, so muss man dafür die Belichtungsdauer *vervierfachen.* Daraus ergibt sich die Beziehung

$$T \sim (f/d)^2. \qquad (1)$$

Man hat nun eine Folge von Blendenzahlen aufgestellt: Sie beginnt mit $f/d = 1$; beim Übergang von einer Zahl zur nächsten soll jeweils die doppelte Belichtungsdauer nötig sein. Nach *Gl. 1* ist dann

$(f/d)^2 = 1;\ 2;\ 4;\ 8;\ 16;\ 32 \ldots$; also
$f/d = 1;\ \sqrt{2};\ \sqrt{4};\ \sqrt{8};\ \sqrt{16};\ \sqrt{32} \ldots$

Die gewünschte Folge der Blendenzahlen lautet damit: $f/d = 1;\ 1{,}4;\ 2;\ 2{,}8;\ 4;\ 5{,}6;\ 8;\ 11;\ 16$. Wird ein Film z. B. mit $f/d = 5{,}6$ und $T = 1/60$ s richtig belichtet, dann auch mit $f/d = 8$ und $T = 1/30$ s oder $f/d = 4$ und $T = 1/120$ s. Hat die Kamera eine Belichtungsautomatik, so wählt diese selbsttätig eine passende Kombination aus.

A1. Wie weit muss das Objektiv ($f = 10$ cm) einer Kamera verschoben werden, wenn es zunächst auf ∞, dann auf 0,25 m eingestellt wird? (Zeichnung im Maßstab 1:2.)

A2. Je größer beim Fotoapparat die Brennweite des Objektivs ist, desto größer wird das Bild auf dem Film. Beim Diaprojektor ist es umgekehrt: Je größer die Brennweite des Objektivs ist, desto kleiner wird das Bild auf der Leinwand. Löse diesen scheinbaren Widerspruch auf.

A3. Das Objektiv einer Kamera hat eine Brennweite von 5 cm. Welchen Durchmesser hat die Irisblende dann bei Blende 8?

A4. Eine Linse hat den Durchmesser $d_1 = 1{,}8$ cm und die Brennweite $f_1 = 12$ cm, eine andere $d_2 = 1{,}0$ cm und $f_2 = 5{,}0$ cm. Welche der beiden Linsen erzeugt ein helleres Bild?

A5. Ein Fotograf macht bei Blende 4 eine Aufnahme aus 2,00 m Entfernung, seine Kamera ($f = 5$ cm) ist aber auf ∞ eingestellt. Welchen Durchmesser erhalten dann die Zerstreuungskreise, die statt der Bildpunkte entstehen? (Nur mit der Linsengleichung lösbar.)

Das Auge

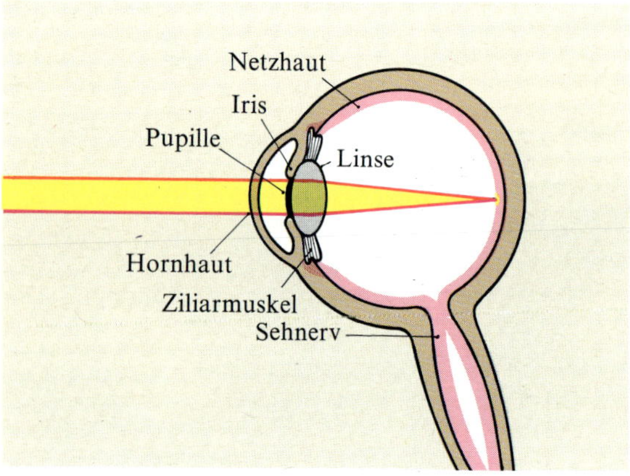

1 Vereinfachter Schnitt durch das menschliche Auge

1. Das Auge – ein natürlicher Fotoapparat

Unser *Auge* hat viel Ähnlichkeit mit einer Kamera: Es besitzt eine *Augenlinse,* die zusammen mit der *Augenflüssigkeit,* der *Hornhaut* und dem *Glaskörper* wie ein Objektiv wirkt *(Bild 1)*. Statt auf einem Film entsteht das *optische Bild* auf der so genannten *Netzhaut*, die eine große Zahl feinster lichtempfindlicher Elemente enthält. Sie ist über viele Verästelungen mit dem *Sehnerv* verbunden, der zum Gehirn führt. Der Fotoapparat und auch das Auge haben jeweils eine *Irisblende*; beim Auge reagiert sie wie in modernen Kameras automatisch auf Helligkeitsänderungen. Bei einem Fotoapparat, der auf unendlich eingestellt ist, und einem Auge, das in die Ferne blickt, liegt der Film bzw. die Netzhaut in der *Brennebene*, weil dort das optische Bild entsteht. Rückt der Gegenstand *näher*, so wandert das Bild ein Stück aus der Brennebene heraus. Beim Fotoapparat wird dann einfach der Abstand des Objektivs vom Film um dieses Stück vergrößert. Dagegen kann die Augenlinse für den Blick in die Nähe nicht verschoben werden; sie hat praktisch einen festen Abstand von der Netzhaut. Nun – wenn sich die *Bildweite* nicht ändern lässt, dann muss eben beim Blick in die Nähe die *Brennweite verkleinert* werden.

So wird's beim Auge auch gemacht: Die Augenlinse besteht aus einem elastischen, halbfesten Stoff. Sie ist an Fasern aufgehängt und wird von diesen derart flach gezogen, dass der Brennpunkt auf die Netzhaut fällt. Je näher der Gegenstand liegt, den wir ins Auge fassen, desto stärker wird die Augenlinse durch einen Ringmuskel – den sogenannten *Ziliarmuskel* – gekrümmt, damit der Brennpunkt entsprechend vorverlegt wird. Diesen Anpassungsvorgang nennt man *Akkommodation.* Das Auge kann allerdings nicht bis in jede beliebige Nähe akkommodieren; befindet sich ein Gegenstand im etwa 10 cm vor dem Auge liegenden *Nahpunkt*, so ist eine Grenze erreicht: Stärker kann sich die Augenlinse nicht mehr krümmen. Eine andauernde Akkommodation auf den Nahpunkt ermüdet jedoch und ist für das Auge schädlich. Die kürzeste Entfernung, in der ein Gegenstand ohne Überanstrengung betrachtet werden kann, beträgt ungefähr 25 cm. Man nennt diese Entfernung die *deutliche Sehweite s.*

2. Ein Modellauge

Versuch 1: Zum Verständnis des Sehvorgangs bauen wir uns ein einfaches *Augenmodell.* Ein Schirm soll die Netzhaut des Auges darstellen. Davor befestigen wir eine Sammellinse der Brennweite 15 cm so, dass auf dem Schirm ein scharfes Bild weit weg gelegener Gegenstände entsteht: Unser Modellauge blickt entspannt in die Ferne.

Nun soll es einen näher gelegenen Gegenstand betrachten. Dazu stellen wir das leuchtende L 30 cm vor die Linse. Leider erscheint auf dem Schirm nur ein heller Fleck – das optische Bild des näher gerückten Gegenstandes liegt ja *hinter* der „Netzhaut". In einem richtigen Auge würde sich jetzt die Linse stärker wölben und damit ihre Brennweite verkleinern. Wir simulieren die Akkommodation in unserem Modell dadurch, dass wir eine stärker gekrümmte Linse der Brennweite 10 cm einsetzen, und schon erscheint auf dem Schirm ein scharfes Bild des L. Wechseln wir die „Augenlinse" gegen eine solche mit 5 cm Brennweite aus, so kommen wir mit dem leuchtenden L noch näher an das Modellauge heran; dabei wird das optische Bild *größer.* ■

Beim richtigen Auge kann sich die Augenlinse nur bis zu einer bestimmten Grenze krümmen. Wir wollen deshalb für unser Modellauge vorschreiben, dass keine Linse unter 5 cm Brennweite eingesetzt werden darf. Bringen wir also das L jetzt noch näher an das „Auge" heran, so ist keine Scharfeinstellung mehr möglich. Auf dem Schirm erscheint ein verschwommener Fleck: Wir haben den *Nahpunkt* unterschritten. Größer kann das L mit „bloßem Mo-

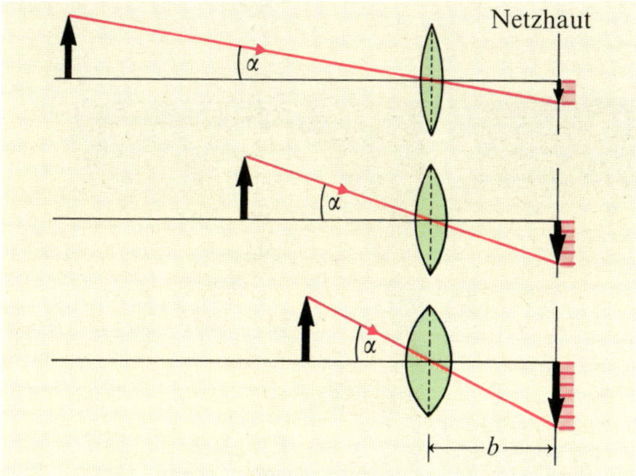

2 Je näher der Gegenstand, desto größer ist der Sehwinkel α und desto mehr Sehzellen werden gereizt

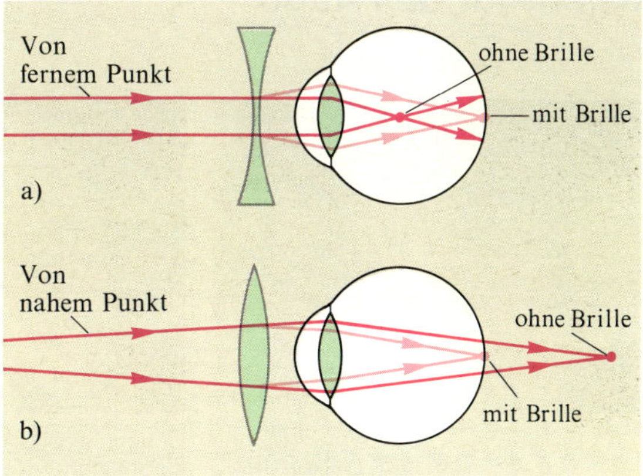

3 a) Kurzsichtiges, b) übersichtiges Auge mit Brille beim Blick in die Ferne bzw. in die Nähe

dellauge" nicht gesehen werden. In *Bild 2* wird am Modellauge gezeigt, dass das Netzhautbild und damit auch die Zahl der gereizten Sehzellen umso größer wird, je näher der Gegenstand ans Auge rückt. Beim richtigen Auge ist die Netzhaut zwar gekrümmt, doch ändert sich dadurch am Prinzip der Abbildung nichts. Da die Bildweite *b* festliegt, benötigt man zur Konstruktion des Netzhautbildes nur den *Mittelpunktsstrahl.* Der Winkel, den die beiden von den äußersten Punkten des Gegenstandes ausgehenden Mittelpunktsstrahlen miteinander bilden, wird **Sehwinkel** genannt. Nach *Bild 2* wächst die Größe des Netzhautbildes mit dem Sehwinkel.

Je näher ein Gegenstand dem Auge rückt, desto größer werden **Sehwinkel** und **Netzhautbild**, desto größer erscheint uns dann auch der Gegenstand.

3. Das Auflösungsvermögen des Auges

Bei Nacht kannst du beobachten, dass die beiden Scheinwerfer eines Autos in großer Entfernung zu einem einzigen Lichtpunkt verschmelzen. Das kommt von der Struktur der Netzhaut, auf der die lichtempfindlichen Elemente – die so genannten *Sehzellen* – mosaikartig verteilt sind. Das Auge kann zwei Gegenstandspunkte nur dann getrennt wahrnehmen, wenn ihre Bildpunkte auf Sehzellen fallen, zwischen denen eine andere liegt. Zwei Lichtstrahlen, die das Auge unter einem Sehwinkel von kleiner als einer Winkelminute (= 1/60 Grad) treffen, erfüllen diese Bedingung nicht mehr: Das *Auflösungsvermögen* des Auges ist etwa 1 Winkelminute.

4. Wozu braucht man eine Brille?

Die häufigsten Augenfehler sind **Kurzsichtigkeit** und **Übersichtigkeit**. Das *kurzsichtige* Auge hat die Brennebene bei entspanntem Ziliarmuskel nicht *in* der Netzhaut, sondern etwas *davor*. Um weit entfernte Gegenstände scharf sehen zu können, müsste die Linse noch schwächer gekrümmt werden, als sie bei entspanntem Ziliarmuskel schon ist. Das geht nicht; deshalb sieht dieses Auge ferne Gegenstände nur verschwommen. Abhilfe schafft eine Brille mit *Zerstreuungslinsen:* Sie biegen parallele Lichtstrahlen etwas auseinander *(Bild 3a).* Sitzt eine solche Linse vor einem kurzsichtigen Auge, so entsteht das optische Bild des fernen Gegenstandes nicht in der Brennebene, sondern etwas dahinter – dort, wo bei ihm die Netzhaut liegt.

Beim *Übersichtigen* liegt die Brennebene bei entspanntem Ringmuskel *hinter* der Netzhaut. Dieser muss also zum Blick in die Ferne schon etwas angespannt werden, was ohne weiteres möglich ist. Nahe Gegenstände erscheinen dagegen verschwommen, weil die stärkste Krümmung der Augenlinse schon erreicht ist, wenn der Gegenstand noch relativ weit vom Auge entfernt ist. Abhilfe schafft eine Brille mit *Sammellinsen (Bild 3b)*; sie machen die von einem nahen Gegenstand kommenden Strahlen so stark konvergent, dass sein Bild auf die Netzhaut fallen kann.

A1. Bestimme für dein Auge den Nahpunkt.
A2. Wie erkennt man an der Brille, ob der Träger kurz- oder übersichtig ist?
A3. Erkläre die Wirkung der Zerstreuungslinse durch Zerlegen in Prismen.

Hilfen für das Auge

1 Lupe und Mikroskop erzeugen größere Netzhautbilder

1. Die Lupe

Wenn du eine Briefmarke genau betrachten willst, bringst du sie möglichst nahe ans Auge. Dann wird das Netzhautbild groß und überdeckt viele Sehzellen. Nun kann die Augenlinse auf die Dauer nur bis zu der Gegenstandsweite 25 cm akkommodieren. Deshalb siehst du die Briefmarke am größten, wenn du sie in die *deutliche Sehweite* $s = 25$ cm bringst.

Versuch 1: Wir wollen, dass die Glühwendel eines Lämpchens vom Modellauge möglichst groß gesehen wird. Dazu akkommodieren wir es auf die deutliche Sehweite; sie sei erreicht, wenn eine Linse mit 10 cm Brennweite eingesetzt ist. Nun bringen wir das Lämpchen so nahe vor das „Auge“, dass auf dem Schirm ein scharfes Bild der Glühwendel entsteht. Dies ist das größtmögliche Netzhautbild, das mit unserem Modellauge **o**hne Hilfsmittel erzeugt werden kann. Seine Höhe bezeichnen wir mit B_o. ■

Wie könnten wir zu einem noch größeren Netzhautbild gelangen? Wenn die Augenlinse eine beliebig kleine Brennweite annehmen könnte, müssten wir den Gegenstand nur noch näher ans Modellauge heranbringen – und schon wäre das Netzhautbild größer. Aber das geht nicht. In unserem Modell ist bei $f = 10$ cm Schluss!

Was die Augenlinse allein nicht schafft, erreicht man mit einer vor das Auge gebrachten weiteren Sammellinse, der sogenannten *Lupe*.

Versuch 2: Als Lupe stellen wir eine Sammellinse der Brennweite 5 cm auf. Dann bringen wir die Glühwendel in die *Brennebene* dieser Lupe, also 5 cm davor. Dadurch werden die von sämtlichen Gegenstandspunkten ausgehenden Lichtstrahlen so gebrochen, dass sie als *Parallelstrahlen* ins Auge gelangen. Dieses kann nun *entspannt* durch die Lupe blicken, als kämen die Lichtstrahlen von weit her. Dazu setzen wir die für den Blick in die Ferne vorgesehene „Augenlinse“ mit 15 cm Brennweite in das Modellauge ein: Auf dem Schirm entsteht ein wesentlich größeres Bild als ohne die Lupe. Wir bezeichnen seine Höhe mit B_m (Bild **mi**t Lupe). ■

Haben wir vorher z. B. $B_o = 2$ mm gemessen, so finden wir jetzt $B_m = 12$ mm. Die Vergrößerung durch die Lupe ist $V = B_m/B_o = 6$. Die Glühwendel erscheint also dem Modellauge *mit* Lupe und entspanntem Auge 6-mal so lang wie in deutlicher Sehweite *ohne* Lupe. Das Netzhautbild wird aber auch 6-mal so *breit*, seine Fläche und damit die Zahl der überdeckten Sehelemente demnach 36-mal so groß.

Unter der **Vergrößerung** V durch ein optisches Instrument versteht man den Quotienten

$$\frac{\textbf{Höhe des Netzhautbildes mit Instrument } B_m}{\textbf{Höhe des Netzhautbildes ohne Instrument } B_o}$$

$$V = \frac{B_m}{B_o} \qquad (1)$$

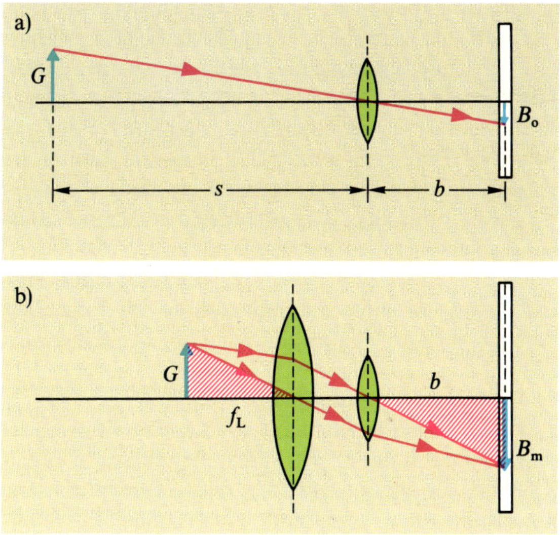

2 Modellauge a) ohne, b) mit Lupe

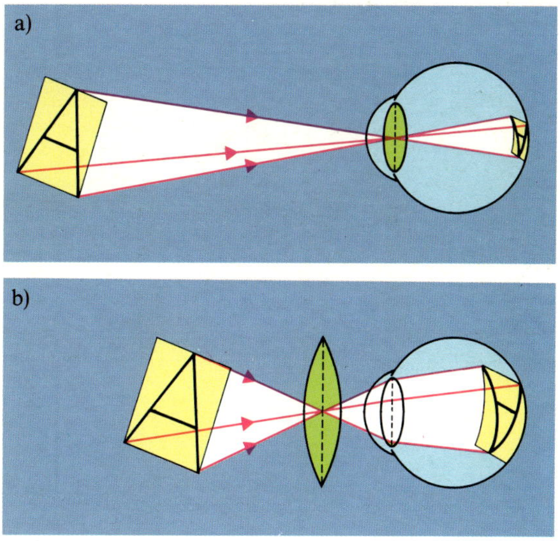

3 Netzhautbild a) ohne, b) mit Lupe

2. Vergrößerung durch die Lupe

In *Bild 2a* ist das größtmögliche Netzhautbild B_o konstruiert, das ein Modellauge von einem in der deutlichen Sehweite s stehenden Gegenstand der Höhe G erhält. In *Bild 2b* blickt dieses Modellauge entspannt durch eine Lupe mit der Brennweite f_L auf *denselben* Gegenstand und erhält dabei ein vergrößertes Netzhautbild der Höhe B_m. Aus *Bild 2a* folgt nach dem Strahlensatz

$$\frac{B_o}{G} = \frac{b}{s}, \text{ also } B_o = \frac{b \cdot G}{s}. \qquad (2)$$

Die roten Dreiecke in *Bild 2b* sind ähnlich, also gilt

$$\frac{B_m}{b} = \frac{G}{f_L}, \text{ also } B_m = \frac{b \cdot G}{f_L}. \qquad (3)$$

Aus *Gl. 2* und *Gl. 3* erhalten wir die Vergrößerung

$$V = \frac{B_m}{B_o} = \frac{b \cdot G}{f_L} : \frac{b \cdot G}{s} = \frac{s}{f_L}. \qquad (4)$$

Die **Vergrößerung durch die Lupe** beträgt

$$\boldsymbol{V = \frac{B_m}{B_o} = \frac{s}{f_L}}. \qquad \textbf{(5)}$$

Dabei ist **$s = 25$ cm** die **deutliche Sehweite** und f_L die Brennweite der Lupe.

Diese für das Modellauge hergeleitete Beziehung gilt ebenso für ein richtiges Auge *(Bild 3)*. Weil die von jedem Gegenstandspunkt kommenden Lichtstrahlen die Lupe parallel verlassen *(Bild 2)*, kann das Auge nahe gelegene Gegenstände entspannt betrachten – ein weiterer Vorzug der Lupe.

Mit dem Netzhautbild vergrößert sich im selben Maße der Sehwinkel. Deshalb kann man die Vergrößerung auch als Verhältnis des Sehwinkels mit Instrument zum Sehwinkel ohne Instrument auffassen.

A1. Welches ist der Unterschied zwischen Abbildungsmaßstab und Vergrößerung?

A2. a) Wie stark vergrößert eine Lupe mit 4 cm Brennweite?
b) Welche Brennweite muss eine Lupe haben, damit sie 4fach vergrößert?

A3. Wenn ein stark kurzsichtiger Mensch eine kleine Schrift lesen möchte, nimmt er seine Brille ab und hält das Buch dicht vor die Augen. Erkläre, warum er sich dadurch eine Lupe erspart.

A4. Max sagt: „Wenn ich eine Briefmarke aus 50 m Entfernung anschaue, sehe ich sie winzig klein. Betrachte ich dieselbe Briefmarke aber durch meine Lupe, so erscheint sie mir 1000-mal so breit. Also vergrößert meine Lupe 1000fach."
a) Warum stimmt diese Behauptung nicht?
b) Wie stark vergrößert die von Max beschriebene Lupe tatsächlich?

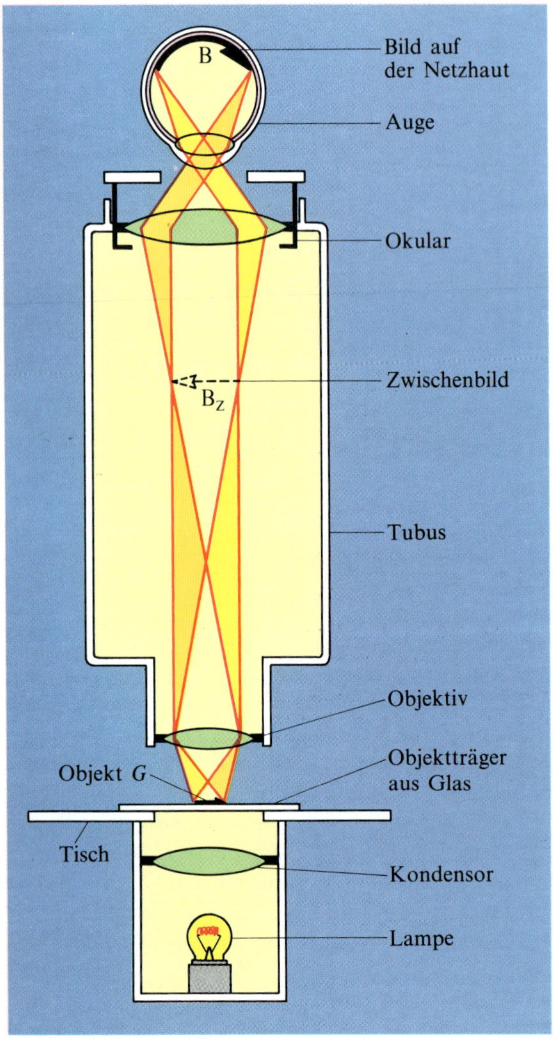

1 Strahlengang in einem Mikroskop

3. Das Mikroskop

Zum genauen Betrachten von Briefmarken reicht eine Lupe mit 10facher Vergrößerung aus. Nun gibt es aber auch weit kleinere Objekte, die mit bloßem Auge überhaupt nicht mehr zu erkennen sind. Man könnte denken, solch „mikroskopisch kleine" Gegenstände betrachte man eben durch eine Lupe mit 100facher oder gar noch stärkerer Vergrößerung. Nach *Gl. 51.5* müsste eine derartige Lupe jedoch eine äußerst kleine Brennweite und deshalb eine besonders starke Wölbung besitzen. Dabei würde das Bild durch Linsenfehler völlig verzerrt. Deshalb geht man bei Lupen im Allgemeinen nicht über eine 20fache Vergrößerung hinaus.

Es gibt nun aber einen Ausweg, der zu Vergrößerungen führt, die weit über die begrenzte Leistungsfähigkeit der Lupe hinausgehen: Erinnern wir uns daran, dass ja auch ein *Diaprojektor* vergrößert. Er erzeugt von einem relativ kleinen durchsichtigen Foto ein optisches Bild, das sehr viel höher und breiter ist als das Original. Betrachtet man ein derart vorvergrößertes optisches Bild obendrein noch mit einer *Lupe*, so erscheint es dem Auge nochmals vergrößert. Nach diesem Prinzip der „Vergrößerung einer Vergrößerung" arbeitet das **Mikroskop**. Im folgenden Versuch wollen wir uns ein einfaches Modell davon bauen.

Versuch 3: Als Objekt dient wieder die Glühwendel eines kleinen Lämpchens. Wir stellen dieses in einem Abstand von etwa 5,5 cm vor eine Sammellinse der Brennweite $f_1 = 5$ cm. Auf einem ungefähr 55 cm hinter der Linse angebrachten durchscheinenden Schirm entsteht dann ein rund 10fach vergrößertes optisches Bild der Glühwendel. Dieses *Zwischenbild* betrachten wir mit einer Lupe. Dazu blicken wir durch eine Sammellinse der Brennweite $f_2 = 10$ cm, die wir im Abstand f_2 hinter den Schirm aufstellen: Wir sehen darauf die Glühwendel wesentlich größer als mit bloßem Auge. ■

4. Vergrößerung durch das Mikroskop

Versuch 4: Zur Bestimmung der Vergrößerung lassen wir das schon in den vorigen Versuchen benutzte *Modellauge* in unser Mikroskop schauen. Damit es „entspannt" ist, setzen wir die „Augenlinse" mit 15 cm Brennweite ein und bringen es dann hinter die Lupe unseres selbst gebauten Mikroskops. Auf der „Netzhaut" des Modellauges ist leider nicht viel zu sehen, weil das Zwischenbild auf dem Schirm nach allen Richtungen gestreut wird und deshalb recht lichtschwach ist. Dieses Zwischenbild existiert nun aber auch ohne Schirm – nehmen wir ihn doch einfach weg! Jetzt laufen die in den Bildpunkten des Zwischenbildes zusammentreffenden Lichtstrahlen ungestreut, also geradlinig, zur Lupe weiter: Auf der „Netzhaut" des Modellauges erscheint ein großes und deutliches Bild der Glühwendel; wir messen seine Höhe B_m. Anschließend lassen wir die Glühwendel vom „bloßen" Modellauge in deutlicher Sehweite betrachten. Dazu setzen wir die „angespannte" Augenlinse mit der Brennweite 10 cm ein und messen dann die Höhe des Netzhautbildes ohne Mikroskop B_o. Mit der Formel $V = B_m/B_o$ können wir abschließend die *Vergrößerung* unseres Modellmikroskops berechnen. ■

Beim richtigen Mikroskop wird das durchsichtige Objekt auf einen Objekttisch gelegt und wie beim Diaprojektor über einen Kondensor von unten durchleuchtet *(Bild 1)*. Das *Objektiv* der Brennweite f_1 erzeugt an einer bestimmten Stelle im oberen Teil des sogenannten *Tubus* in der Bildweite b_z ein stark vergrößertes im Raum schwebendes Zwischenbild der Bildhöhe B_z. Der Abbildungsmaßstab dieser Vergrößerung beträgt $A = B_z/G = b_z/g$. Damit A möglichst groß wird, das Zwischenbild aber nicht *zu* weit entfernt ist, muss die Gegenstandsweite g, also auch die Brennweite $f_1 < g$ sehr klein gemacht werden. Das Objekt werde z. B. in der Gegenstandsweite $g = 2{,}05$ mm vor ein Objektiv der Brennweite $f_1 = 2{,}00$ mm gebracht. Dann entsteht in der Bildweite $b_z = 82$ mm ein 40fach vergrößertes Zwischenbild. Der Abbildungsmaßstab $A = 40$ ist auf dem Objektiv angeschrieben.

Die Lupe, mit der man das 40fach vergrößerte Zwischenbild betrachtet, wird *Okular* genannt. Hat diese z.B. die Brennweite $f_2 = 25$ mm, so wird das Zwischenbild nach *Gl. 51.5* vom Auge 10-mal vergrößert gesehen. Der Vergrößerungsfaktor 10 ist auf dem Okular vermerkt. Insgesamt entsteht damit eine $40 \cdot 10$fache = 400fache Vergrößerung. Das bedeutet: Blickt man durch dieses Mikroskop, so wird das Netzhautbild 400-mal so hoch und auch 400-mal so breit wie bei der Betrachtung desselben Gegenstandes mit bloßem Auge in deutlicher Sehweite. Dabei werden bedeutend mehr Sehzellen gereizt: Das optische Bild auf der Netzhaut setzt sich jetzt aus 160000-mal so viel „Mosaiksteinchen" zusammen wie bei der Betrachtung des kleinen Objekts ohne das Mikroskop.

Nach den Gesetzen der geometrischen Optik ließe sich die Vergrößerung beliebig steigern. Aus Gründen, die in der Natur des Lichts liegen, geht man jedoch über eine 1500fache Vergrößerung nicht hinaus.

Versuch 5: Wir legen auf den Objektträger eines Mikroskops einen kleinen Gegenstand und durchleuchten ihn mit einer starken Lampe. Nun schieben wir das Okular etwas aus dem Tubus heraus, sodass das Zwischenbild nicht mehr in der Brennebene des Okulars liegt. Dann wirkt dieses nicht mehr wie eine Lupe, sondern erzeugt als Abbildungslinse vom vergrößerten Zwischenbild ein abermals vergrößertes reelles optisches Bild. Wir können es z. B. an der Zimmerdecke auffangen. Damit haben wir eine sogenannte *Mikroprojektion* durchgeführt. ■

Das Objektiv des Mikroskops erzeugt von einem kleinen Objekt durch optische Abbildung ein **vergrößertes Zwischenbild.** Dieses wird durch eine Lupe **(das Okular)** betrachtet und dabei nochmals vergrößert.

Die **Vergrößerung des Mikroskops** ist gleich dem **Produkt aus dem Abbildungsmaßstab A des Objektivs und der Vergrößerung V_o durch das Okular: $V = A \cdot V_o$.**

A1. Jemand betrachtet mit dem rechten Auge einen dünnen Draht durch ein Mikroskop. Gleichzeitig schaut er mit dem linken Auge auf einen Maßstab, der in 25 cm Entfernung quer zum Draht daneben liegt. Dabei stellt er fest, dass das Bild des Drahtes, das er im Mikroskop sieht, 30 mm des Maßstabs überdeckt. Wie stark vergrößert das Mikroskop, wenn die Dicke des Drahtes 0,05 mm beträgt?

A2. Der Tubus eines Mikroskops ist so lang, dass die Mittelebenen von Objektiv und Okular einen Abstand von 140 mm haben. Die Brennweite des Okulars beträgt 40 mm. Das Objektiv dieses Mikroskops erzeugt von einem 5 mm hohen Gegenstand ein 20 mm hohes Zwischenbild.
a) Wie stark vergrößert das Mikroskop?
b) Bestimme durch eine Zeichnung im Maßstab 1:1 die Brennweite des Objektivs sowie die Gegenstandsweite. (Nimm den Fußpunkt des Gegenstandes auf der optischen Achse an und benutze zur Konstruktion zuerst den Brennstrahl, dann den Mittelpunktsstrahl.)

A3. Zieht man das Okular eines Mikroskops ein wenig aus dem Tubus heraus, so wird dadurch die Vergrößerung etwas erhöht.
a) Warum?
b) Im Mikroskop der Aufgabe 2 werde das Okular um 20 mm aus dem Tubus gezogen. Ermittle zeichnerisch, wie sich dadurch die Vergrößerung des Mikroskops ändert.

A4. Das Okular eines Mikroskops vergrößert 10fach; auf dem Objektiv ist der Abbildungsmaßstab 20 angegeben. Die Mittelebenen beider Linsen haben den Abstand 105 mm.
a) Berechne die Brennweite des Objektivs.
b) Dieses Mikroskop soll zu einer Mikroprojektion auf eine 2,00 m entfernte Wand benutzt werden. Um wie viele mm muss dazu das Okular verschoben werden? (Kann nur mit der Linsengleichung gelöst werden.)

5. Das astronomische Fernrohr

Unser Auge kann eine Amöbe nicht deutlich sehen, weil seine Scharfeinstellung versagt, wenn es zu nahe an dieses Objekt herangeht. Bei Betrachtung in deutlicher Sehweite bleibt das Netzhautbild zu klein. Lupe und Mikroskop sind sozusagen „vorgeschobene Beobachter“, die sich der Amöbe auf sehr kurze Entfernung nähern und damit dem Auge ein relativ großes Netzhautbild verschaffen können.

Auch ein Mondkrater ist von der Erde aus kaum zu erkennen. Dass man ihn mit bloßem Auge nicht größer sehen kann, liegt nicht – wie bei der Betrachtung der Amöbe – an der begrenzten Fähigkeit des Auges zu akkommodieren, sondern an der unüberbrückbaren Entfernung des Mondes. Astronauten auf dem Mond sehen den Mondkrater natürlich größer.

Wir wissen, dass beim Fotoapparat die Größe des optischen Bildes mit der Brennweite des Objektivs wächst. Natürlich ist das Bild, das man mit einem *Fernobjektiv* großer Brennweite erhält, immer noch viel kleiner als das Original; aber es ist uns so nahegerückt, dass wir es bequem durch eine Lupe betrachten können. Vielleicht sehen wir dann den fernen Gegenstand größer als mit bloßem Auge.

Versuch 6: Wir stellen eine Sammellinse der Brennweite $f_1 = 100$ cm so auf, dass auf einem in ihrer Brennebene befindlichen Schirm das optische Bild eines fernen Gegenstandes (z. B. eines Baumes vor dem Fenster) entsteht. Nun bringen wir hinter den Schirm eine Sammellinse der Brennweite $f_2 = 10$ cm als Lupe und betrachten durch sie das optische Bild. Es ist auch ohne Schirm vorhanden; wir nehmen diesen weg und sehen jetzt durch die Lupe den fernen Gegenstand, zwar auf dem Kopf stehend, jedoch viel größer als mit bloßem Auge. ■

Damit haben wir ein astronomisches Fernrohr gebaut. Aus dem in *Bild 1* gezeichneten Strahlengang geht hervor, wie die Vergrößerung zustande kommt: Als Gegenstand denken wir uns einen weit entfernten Baum. Die von seiner Spitze bzw. seinem Fuß ausgehenden Lichtstrahlen kommen sowohl beim Auge als auch auf der Abbildungslinse des Fernrohrs – dem *Objektiv* – als Parallelbündel unter gleichem Sehwinkel α an. Sie erzeugen auf der Netzhaut des Auges ein sehr kleines Bild der Höhe B_o *(Bild 1a)*; beim Fernrohr lassen sie in der Brennebene des Objektivs ein *Zwischenbild* der Höhe B_z entstehen *(Bild 1b)*. Die vom Bildpunkt S der Baumspitze wieder auseinander laufenden Strahlen treffen auf das als Lupe wirkende sogenannte *Okular*. Es ist so angebracht, dass das Zwischenbild in seiner *Brennebene* liegt; deshalb verlassen die von S kommenden Lichtstrahlen das Fernrohr als *Parallelbündel*. Dem in *Bild 1* gezeichneten Strahlengang entnehmen wir:

– Das Netzhautbild ist gegenüber der Betrachtung ohne Fernrohr gerade umgekehrt. Für den Beobachter steht der Baum also Kopf; auch die Seiten sind vertauscht.

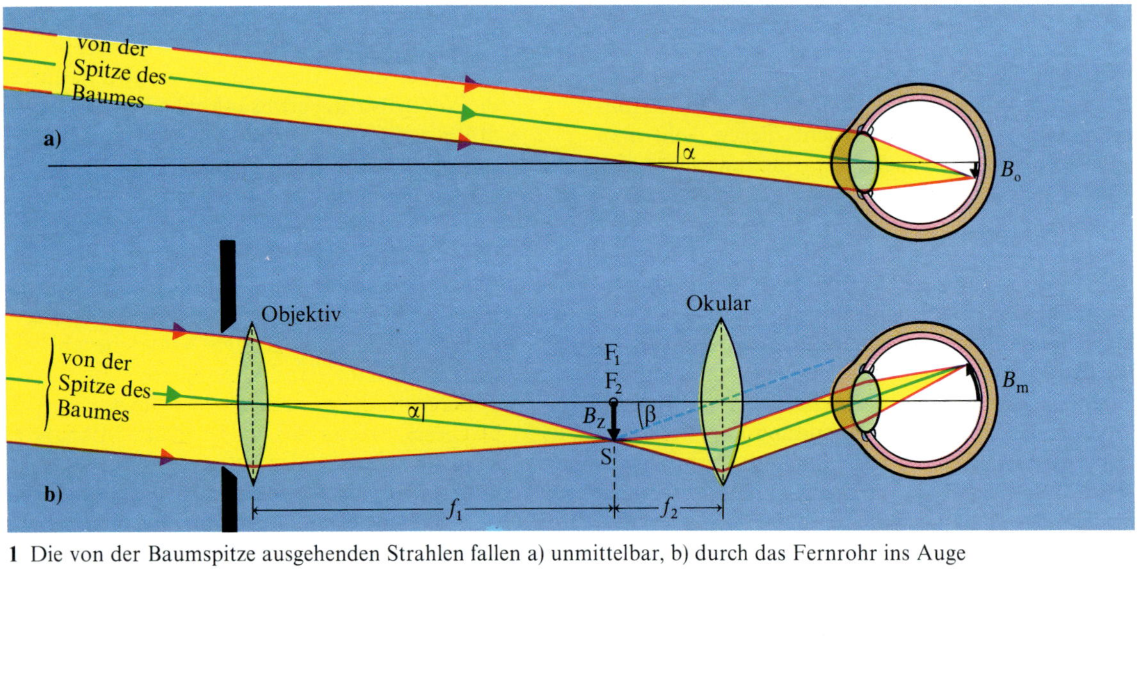

1 Die von der Baumspitze ausgehenden Strahlen fallen a) unmittelbar, b) durch das Fernrohr ins Auge

– Das unter dem Winkel β aus dem Okular austretende Parallelbündel ist wesentlich steiler als das Bündel, das unter dem Winkel α von der Baumspitze herkommt. Deshalb entsteht für das Auge beim Blick durch das Fernrohr ein größerer Sehwinkel und damit auch ein größeres Netzhautbild.

6. Vergrößerung durch das Fernrohr

Die Richtung der Parallelbündel lässt sich mithilfe der *Mittelpunktsstrahlen* (in *Bild 1* grün gezeichnet) einfach bestimmen. Dabei erkennen wir: Je *größer* die Brennweite f_1 des Objektivs und je *kleiner* die Brennweite f_2 des Okulars ist, desto steiler tritt das Lichtbündel aus dem Fernrohr aus, desto stärker ist also die Vergrößerung des Sehwinkels und damit auch des Netzhautbildes.

Ist die Brennweite f_1 des Objektivs genauso groß wie die Brennweite f_2 des Okulars, so verlaufen die Mittelpunktsstrahlen völlig symmetrisch *(Bild 2)*. In diesem Fall vergrößert das Fernrohr den Sehwinkel überhaupt nicht. Aus $f_1 = f_2$ folgt also $B_m = B_o$.

Verlängern wir nun – von diesem Sonderfall ausgehend – die Brennweite des Objektivs auf das n-fache, machen also $f_1 = n \cdot f_2$, so wird das *Zwischenbild* und damit auch das *Netzhautbild* gegenüber vorher n-mal so hoch: Aus $f_1/f_2 = n$ folgt $B_m/B_o = n$. Dieser Quotient ist aber nichts anderes als die *Vergrößerung* V durch das Fernrohr, es ist also $n = V$. Damit wird die Vergrößerung

$$V = \frac{B_m}{B_o} = \frac{f_1}{f_2}. \qquad (1)$$

Bei astronomischen Beobachtungen stört es nicht, dass man die Objekte durch das Fernrohr umgekehrt und seitenvertauscht sieht. Für Erdbeobachtungen möchte man dagegen ein *aufrechtes und seitenrichtiges* Bild haben. Man erhält es, wenn man zwei *Prismen* zwischen das Objektiv und das Okular des Fernrohrs einbaut *(Bild 3)*; das eine vertauscht bei der Totalreflexion des Lichts an seinen Seitenflächen rechts und links, das andere oben und unten. Außerdem wird dadurch der Strahlengang „gefaltet" und das *Prismenfernglas* verkürzt. Ein stark vergrößerndes Fernglas wäre sonst wegen der großen Brennweite des Objektivs ziemlich lang und unhandlich. Bei *zweiäugig* gebauten Prismenferngläsern erhält man besonders plastische Bilder, wenn die Objektive weiter auseinander liegen als die Okulare.

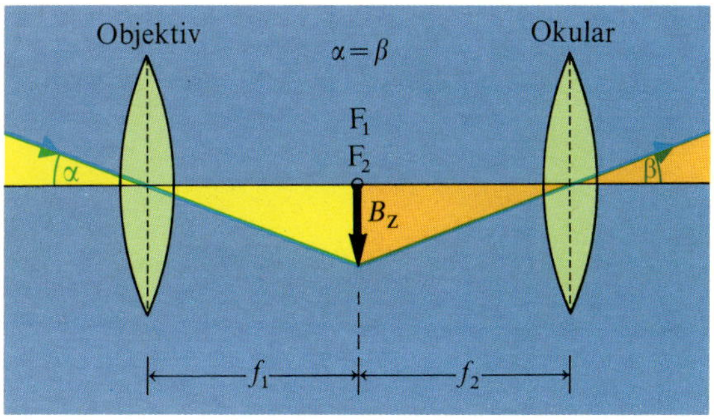

2 Wenn $f_1 = f_2$ ist, bleibt der Sehwinkel gleich

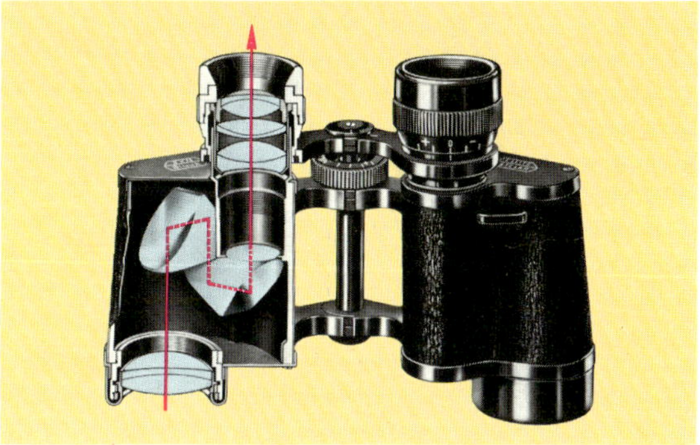

3 Schnitt durch ein Prismenfernglas

Beim **astronomischen Fernrohr** erzeugt das Objektiv (f_1) von einem fernen Gegenstand ein **Zwischenbild**. Dieses wird durch das Okular (f_2) wie **mit einer Lupe betrachtet**.

Die **Vergrößerung** ist $V = \frac{f_1}{f_2}$. **(2)**

A1. Worin sind sich Mikroskop und Fernrohr gleich, worin unterscheiden sie sich?

A2. Warum braucht man zur Berechnung der Fernrohrvergrößerung die deutliche Sehweite nicht?

A3. Das Objektiv eines astronomischen Fernrohrs hat die Brennweite 1,00 m; es soll 20fach vergrößern.
a) Berechne die Brennweite des Okulars.
b) Wie lang ist das Fernrohr?

A4. a) Zeige, dass die Vergrößerung eines Fernrohrs zunimmt, wenn der Gegenstand näherrückt.
b) Um wie viel muss das Fernrohr aus Aufgabe 3 verlängert werden, wenn ein Gegenstand betrachtet wird, der nur 25 m weit entfernt ist? Wie stark ist dann die Vergrößerung? (Kann nur mit der Linsengleichung gelöst werden.)

Aus Technik und Praxis

1 Ein Landschaftsfotograf um 1860

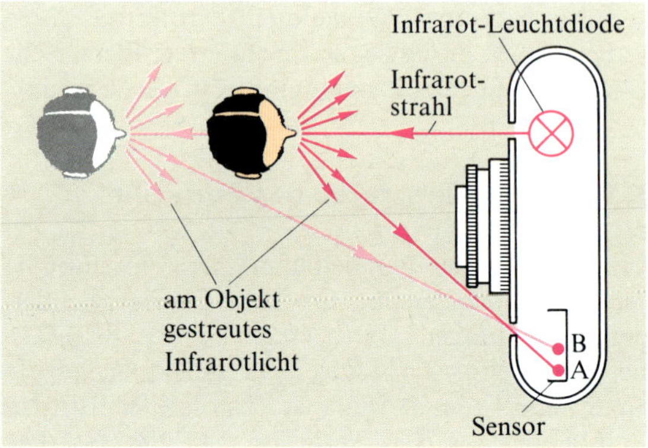

2 Prinzip einer automatischen Scharfeinstellung

1. Vom schwarzen Tuch zum Autofokus

In den Anfängen der Fotografie war die Aufnahme eines Lichtbildes noch recht umständlich. Der Fotograf musste dazu erst einmal unter ein schwarzes Tuch schlüpfen, das am Fotoapparat befestigt war *(Bild 1)*. Was suchte er darunter? Nun – die Rückwand der Kamera hatte eine Öffnung, in die eine *Mattscheibe* eingeschoben wurde; darauf war das (umgekehrte) optische Bild des zu fotografierenden Motivs deutlich zu sehen, wenn das störende Tageslicht durch das schwarze Tuch fern gehalten wurde. Der Fotograf blickte auf die Mattscheibe und verschob das Objektiv, bis das optische Bild scharf war. Dann deckte er das Objektiv ab und vertauschte die Mattscheibe mit einer Kassette, in der sich eine Fotoplatte befand: Jetzt erst konnte die eigentliche Aufnahme losgehen!

Als die Rollfilmkamera aufkam, hatte die Mattscheibe ausgedient. Eine Skala, die am Objektiv angebracht war, gab an, wie weit man dieses verschieben musste, um bei einer bestimmten Gegenstandsweite ein scharfes Bild zu erhalten.

Die erste Kamera, mit der man ohne umständliche Einstellungen einfach drauflos „knipsen" konnte, war die so genannte *Box*. Ihr Objektiv hatte nur eine kleine Öffnung; deshalb war die Schärfentiefe so groß, dass alle Bilder beim selben Abstand des Objektivs vom Film hinreichend scharf wurden. Diese einfache (und vor allem auch billige) Lösung des Problems der Scharfeinstellung bezeichnet man als *Fixfokus*.

Mit dem Fixfokus-System musste man den Nachteil in Kauf nehmen, dass die Box nur eine „Schönwetterkamera" war; außerdem konnte man damit keine Nahaufnahmen machen. So kam schon früh der Gedanke auf, die Bedienung einer Kamera durch eine automatische Scharfeinstellung – auch *Autofokus* genannt – zu vereinfachen.

Viele raffinierte Verfahren wurden dazu entwickelt. Grundsätzlich unterscheidet man dabei passive und aktive Systeme. Die *passiven* Systeme arbeiten nur mit dem Licht, das vom Objekt selbst ausgeht. *Aktive* Systeme senden dagegen einen Hilfsstrahl aus, mit dem das Objekt angepeilt wird.

Bild 2 zeigt vereinfacht das Prinzip eines aktiven Autofokus-Systems: Eine im Inneren der Kamera eingebaute Leuchtdiode sendet einen für das Auge unsichtbaren *infraroten* Lichtstrahl aus. Peilt man mit diesem Strahl das zu fotografierende Objekt an, so wird er daran *gestreut*. Ein Teil dieses Streulichts erreicht auch die Kamera. Je weiter nun das angepeilte Objekt von der Kamera entfernt ist, desto flacher verläuft derjenige der gestreuten Infrarotstrahlen, der durch eine Öffnung wieder in die Kamera zurückkehren kann. Ein hinter dieser Öffnung angebrachter Sensor wird dabei je nach der Entfernung des Objekts an unterschiedlichen Stellen (A bzw. B in *Bild 2)* getroffen. Er ist so gebaut, dass er die Auftreffstelle des Infrarotstrahls „erkennt" und diese Information an einen Mikroprozessor weiterleitet, der daraus die Bildweite b berechnet. Ein kleiner Elektromotor verschiebt dann das Objektiv so, dass es den Abstand b vom Film bekommt.

2. Wie stark vergrößert dein Fernglas?

Richte ein Fernglas gegen den hellen Himmel oder gegen eine Lampe und blicke aus etwa 30 cm Entfernung in das Okular! Dann siehst du darin eine kleine helle Kreisscheibe. Das Okular wirkt nämlich hier als Abbildungslinse und erzeugt von der Öffnung des Objektivs ein frei im Raum schwebendes reelles Bild. Du kannst es mit einem durchscheinenden Papier auffangen; dabei bemerkst du, dass es etwas *hinter* dem Okular entsteht. Miss den Durchmesser d_2 dieses Bildes und außerdem den Durchmesser d_1 der Objektivöffnung! Rechne den Quotienten d_1/d_2 aus – und schon hast du die Vergrößerung des Fernrohrs bestimmt.

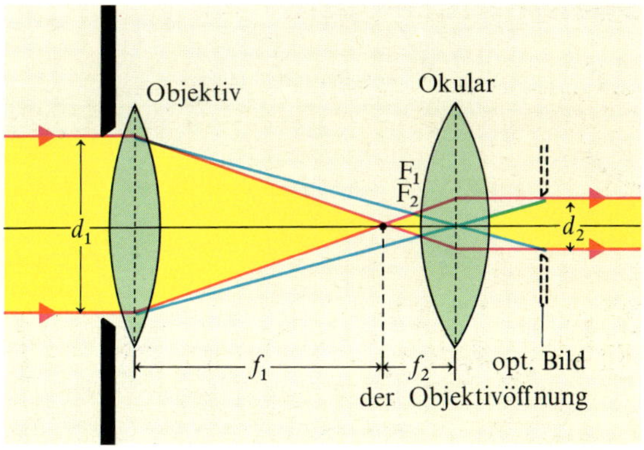

3 Die Objektivöffnung wird durch das Okular abgebildet

In *Bild 3* ist das vom Okular mit der Brennweite f_2 erzeugte optische Bild der Objektivöffnung konstruiert. Anders, als sonst üblich, ist der eine der dazu benutzten ausgezeichneten Strahlen der *Brennstrahl* (rot gezeichnet); er wird nach der Brechung an der Okularlinse *achsenparallel*. Der andere ausgezeichnete Strahl ist – wie üblich – der *Mittelpunktsstrahl* (blau gezeichnet). Aus *Bild 3* ergibt sich nach dem Strahlensatz

$$\frac{d_1}{d_2} = \frac{f_1}{f_2} = V. \qquad (1)$$

Das ist aber die Vergrößerung des Fernrohrs.

3. Wie viel Licht fängt das Fernrohr ein?

Betrachten wir nochmals *Bild 3*: Die rot gezeichneten Strahlen begrenzen den Verlauf eines Lichtbündels, das achsenparallel auf das Objektiv fällt. Aus der Konstruktion folgt, dass es dabei vom Durchmesser d_1 auf den kleineren Durchmesser d_2 konzentriert wird. Nun hat die Pupille unseres Auges bei Tage einen Durchmesser von etwa 3 mm. Es genügt also, wenn ein aus dem Okular kommendes Parallelbündel den Durchmesser $d_2 = 3$ mm hat – mehr Licht kann nicht ins Auge gelangen! Nach *Gl. 1* wird also das vom Fernrohr aufgefangene Licht optimal genutzt, wenn der Durchmesser des Objektivs $d_1 = V \cdot d_2$ beträgt. Vergrößert ein Fernglas z.B. 10-mal, so ist ein Objektivdurchmesser von $d_1 = 10 \cdot 3$ mm $= 30$ mm gerade richtig.

Bei Nacht weitet sich unsere Augenpupille auf etwa 7 mm. Bei 10facher Vergrößerung sollte also das Objektiv eines Nachtglases den Durchmesser $d_1 = 10 \cdot 7$ mm $= 70$ mm haben.

Auf den meisten Ferngläsern sind Vergrößerung und Objektivdurchmesser vermerkt. Die Angabe 8 × 30 bedeutet: Die Vergrößerung ist 8fach; der Objektivdurchmesser beträgt 30 mm.

4. Sieht man mit dem Fernrohr heller?

Das Objektiv eines Fernrohrs fängt viel mehr Licht ein als das bloße Auge. Nach *Bild 3* wird nämlich die Energie eines breiten Lichtbündels vom Okular auf einen kleineren Querschnitt konzentriert, sodass sie durch die Pupille ins Auge gelangen kann. Dies gilt übrigens auch für *schiefparallele* Strahlen *(Bild 54.1)*. Dabei müsste doch das Netzhautbild heller werden als mit bloßem Auge! Leider *nicht:* Der Durchmesser des optimal aufzufangenden Lichtbündels wird zwar vom Fernrohr im Verhältnis d_1/d_2 erweitert; im selben Verhältnis vergrößert sich nach *Gl. 1* aber auch die Höhe des Netzhautbildes. Das Licht verteilt sich also zum Ausgleich auf eine größere Fläche; dabei erhält die einzelne Sehzelle genauso viel Energie wie mit bloßem Auge. Man sieht demnach eine Landschaft mit dem Fernglas zwar *größer*, aber nicht *heller*.

Anders liegen die Verhältnisse, wenn wir mit dem Fernrohr den *Sternhimmel* betrachten. Ein Fixstern ist so weit entfernt, dass selbst das stärkste Fernrohr davon nur ein Netzhautbild zustande bringt, das nicht einmal *eine* einzige Sehzelle überdeckt. Deshalb sehen wir einen Fixstern auch im Fernrohr nur als Punkt, der nicht größer ist als bei der Betrachtung mit bloßem Auge. Die vom Objektiv aufgefangene vermehrte Lichtenergie bleibt trotz der Vergrößerung immer noch auf *eine* Sehzelle begrenzt. Diese erhält dadurch mehr Licht: Einen Fixstern sieht man im Fernrohr *heller*, aber nicht *größer*.

Spektralzerlegung

1 Bei der Brechung weißen Lichts am Prisma entsteht ein leuchtendes farbiges Band

2 Bei der Brechung von Laserlicht entsteht ein schmaler roter Strich

3 Linienspektren von Natriumdampf, Wasserstoff und Quecksilberdampf (von oben nach unten)

1. In Weiß steckt Farbe

Warum funkelt der besonders stark lichtbrechende Diamant in allen Farben? Hast du schon beobachtet, dass Sonnenstrahlen farbige Lichter erzeugen, wenn sie durch eine Kristallvase fallen? Hat das vielleicht etwas mit der Brechung zu tun?

Versuch 1: **a)** Als Lichtquelle nehmen wir eine Glühlampe, die anstelle der sonst üblichen *Wendel* einen *geraden* Draht besitzt. Wir stellen diesen Glühdraht senkrecht und bilden ihn mit einer Sammellinse ($f = 15$ cm) auf einen Schirm ab: Dort erscheint ein hell leuchtender weißer Strich.

b) Nun stellen wir nach *Bild 4* dicht hinter die Abbildungslinse ein *Prisma* aus dem besonders stark brechenden *Flintglas*; jetzt wird das Licht abgelenkt. Deshalb müssen wir den Schirm seitlich aufstellen, um das Bild des Glühdrahtes auffangen zu können. Dabei erhalten wir nun aber zu unserer Überraschung nicht etwa wieder einen weißen Strich, sondern ein in vielen Farben leuchtendes Band *(Bild 1)*; es wird **Spektrum** genannt. ■

Versuch 2: **a)** Nun nehmen wir als Lichtquelle einen *Laser*. Damit wir wieder einen leuchtenden Strich erhalten, weiten wir das Laserlichtbündel durch eine Sammellinse auf und beleuchten damit einen schmalen vertikalen Spalt. Wird das von ihm ausgehende Licht nach *Bild 5* durch dasselbe Glasprisma gebrochen, so erleben wir wieder eine Überraschung: Auf dem Schirm entsteht diesmal kein breites Band, sondern ein scharfes rotes Spaltbild *(Bild 2)*. Wir markieren seine Lage.

b) Wir wechseln den Laser gegen eine *Natriumdampflampe* aus und achten darauf, dass sich dabei nichts verschiebt: Auch das gelbe Natriumlicht behält nach der Brechung seine Farbe. Auf dem Schirm entsteht ein scharfes gelbes Spaltbild, das neben dem roten des vorigen Versuchs liegt: Gelbes Licht wird am Prisma stärker gebrochen als rotes. ■

Es gibt verschiedene Lichtarten. Dem Auge geben sie sich durch verschiedene Farben zu erkennen; physikalisch unterscheiden sie sich durch verschieden starke Brechung.

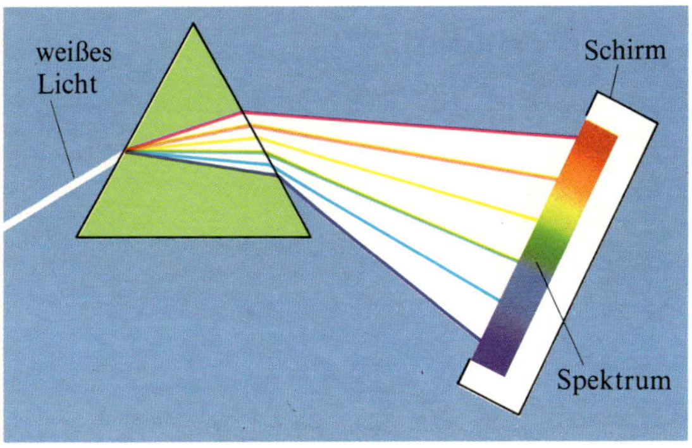

4 Es entsteht ein farbiges Band

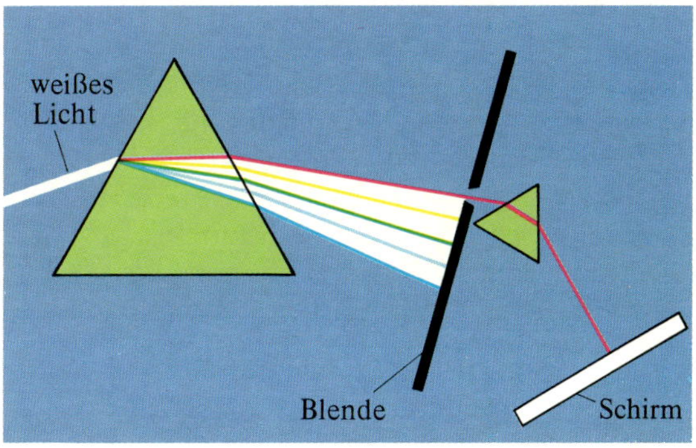

6 Das ausgeblendete rote Licht bleibt rot

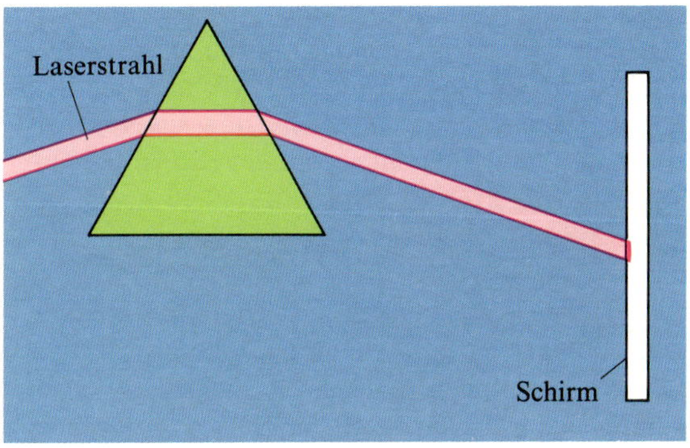

5 Der Laserstrahl wird nicht aufgefächert

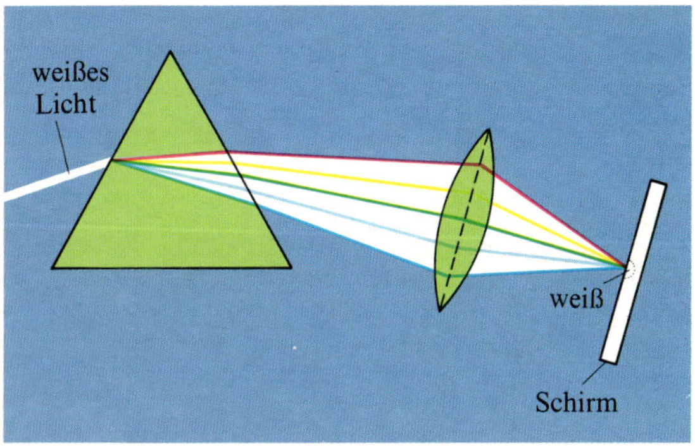

7 Alle Spektralfarben geben zusammen Weiß

Diese Abhängigkeit der Brechung von der Farbe des Lichts nennt man **Dispersion**. Damit sind wir dem Geheimnis der Farben um ein gutes Stück näher gekommen. Das Spektrum des weißen Glühlichts enthält Licht derselben roten bzw. gelben Farbe, das auch Laser und Natriumdampflampe aussenden.

2. Lassen sich farbige Lichter weiter zerlegen?

Versuch 3: Wir erzeugen nach *Bild 6* das Spektrum von weißem Glühlicht und sondern die rote Farbe durch einen Spalt aus: Auf dem Schirm erscheint ein schmaler roter Strich. Lenken wir nun das zu ihm führende Licht durch ein weiteres Prisma zur Seite ab, so entsteht auf dem dort aufgestellten Schirm wieder nur ein roter Strich. Das rote Lichtbündel wird also durch das zweite Prisma nicht mehr weiter aufgefächert. ■

Auch die anderen farbigen Lichter des Spektrums lassen sich nicht weiter zerlegen; man nennt sie deshalb **spektralrein**. Laser und Natriumdampflampe senden von vornherein spektralreines Licht aus.

Weißes Glühlicht wird bei der Brechung an einem Prisma in die verschiedenen farbigen Lichter des Spektrums aufgespalten. Licht, das sich bei der Brechung in keine weiteren Farben mehr aufspaltet, nennt man **spektralrein**.

Unsere Versuche deuten darauf hin, dass alle diese Spektralfarben im weißen Glühlicht schon enthalten sind. Ein ungewohnter Gedanke! Dann müsste eigentlich umgekehrt wieder weißes Licht entstehen, wenn man sämtliche farbigen Lichter des Spektrums mithilfe einer Sammellinse vereinigt.

Versuch 4: Wir erzeugen mit derselben Anordnung wie in Versuch 1 das Spektrum von Glühlicht. Dabei wird das weiße Licht von der Eintrittsfläche des Glasprismas an in die verschiedenfarbigen Lichter des Spektrums aufgefächert. Nun stellen wir nach *Bild 7* eine Sammellinse so zwischen das Prisma und den Schirm, dass dort die farbigen Lichter wieder vereinigt werden und alle aufeinander fallen. Das *Ergebnis dieser Additon der farbigen Lichter des Spektrums ist ein strahlendes Weiß!* ■

3. Farbige Lichter – physikalisch betrachtet

Aus unseren bisherigen Versuchen ergibt sich: Das weiße Glühlicht enthält viele Lichtarten, die wir als verschiedenfarbig empfinden. *Physikalisch* unterscheiden sie sich dadurch, dass beim Übergang von einem optischen Mittel in ein anderes rotes Licht am schwächsten, gelbes stärker und violettes Licht am stärksten gebrochen wird.

Der Zusammenhang, der bei der Lichtbrechung zwischen dem Winkel α (in Luft) und β (in Glas) besteht, ist also für jede Lichtart verschieden. Deshalb wurde der Versuch, in dem wir diese Winkel gemessen haben, mit *spektralreinem* Licht durchgeführt. Hätten wir ein andersfarbiges Licht gewählt, so wären auch die Ergebnisse etwas anders ausgefallen. Die Unterschiede sind allerdings gering; sie treten erst in der Nähe des Grenzwinkels β_g merklich hervor. In *Bild 1* ist der Zusammenhang zwischen α (in Luft) und β (in Flintglas) für verschiedene farbige Lichter grafisch dargestellt.

Die Farben des von Glühlicht erzeugten Spektrums gehen fließend ineinander über; man nennt es deshalb auch ein *kontinuierliches* Spektrum. Das menschliche Auge kann darin etwa 140 verschiedene Farbtönungen unterscheiden. In einer groben Einteilung werden daraus sechs Spektralfarben besonders hervorgehoben.

> **Das weiße Glühlicht enthält alle farbigen Lichter des Spektrums.** Sie werden bei der Brechung durch ein Prisma verschieden stark abgelenkt.
>
> Man hebt **sechs Spektralfarben** namentlich hervor: **Rot**, **Orange**, **Gelb**, **Grün**, **Blau** und **Violett**. **Rot wird am schwächsten, Violett am stärksten gebrochen.**

4. Es gibt auch noch andere Spektren

Außer Glühlampen verwendet man zur Beleuchtung auch die mit Gasen gefüllten *Gasentladungslampen*. Eine Lichtquelle dieser Art haben wir in der Natriumdampflampe schon kennen gelernt. Sie sendet spektralreines Licht aus, denn in ihrem Spektrum sehen wir nur eine einzige gelbe Linie. Auch das Licht des *Lasers* ist spektralrein. Nun wollen wir noch die Spektren verschiedener anderer Gasentladungslampen untersuchen.

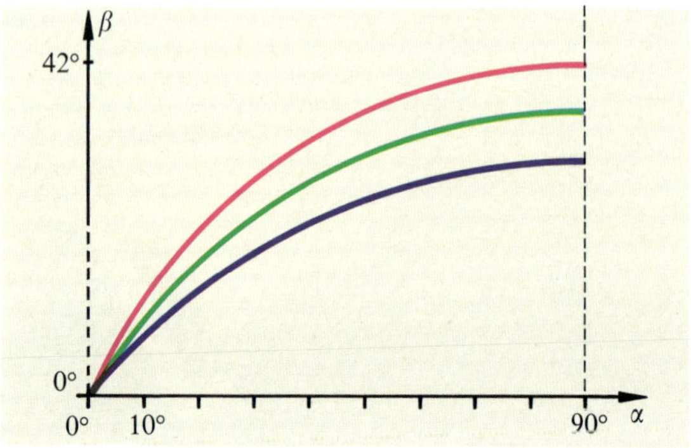

1 Violettes Licht wird am stärksten gebrochen

Versuch 5: In der Versuchsanordnung zur Erzeugung eines Spektrums beleuchten wir nun den Spalt mit einer *Quecksilberdampflampe* oder einer *Wasserstofflampe*. Jetzt entstehen auf dem Schirm mehrere voneinander getrennte Striche in verschiedenen Farben. ■

Das von den Gasen ausgehende sichtbare Licht setzt sich demnach nur aus einigen wenigen farbigen Lichtern zusammen; die meisten Spektralfarben fehlen. Im Gegensatz zum *kontinuierlichen Spektrum* des Glühlichts entsteht bei Gasentladungslampen ein *Linienspektrum*. Die Zahl und Lage der farbigen Linien ist für jedes Gas typisch. Aus dem Linienspektrum kann man also auf die Art des Gases schließen, mit dem die Lampe gefüllt ist. Man nennt die darauf beruhenden Untersuchungsmethoden **Spektralanalyse**.

> Leuchtende Gase erzeugen im allgemeinen **Linienspektren,** die man zur Spektralanalyse verwenden kann.

5. Unsichtbares Licht

Versuch 6: Nun vertauschen wir in der vorigen Versuchsanordnung die Lichtquelle mit einer *Kohlenbogenlampe* oder einer *Halogenlampe*. Durch das auf dem Schirm entstehende kontinuierliche Spektrum führen wir ein kleines *Silizium-Fotoelement*. Wird es vom Licht getroffen, so schlägt der Zeiger eines damit verbundenen Messinstrumentes aus. Erstaunlicherweise erhalten wir auch dann einen Ausschlag, wenn wir das Fotoelement über das sichtbare Spektrum hinaus in den dunklen Bereich jenseits von Violett bringen. Schalten wir die Lampe aus, so geht der Ausschlag auf null zurück. ■

Der Versuch zeigt, dass das Fotoelement von Strahlen getroffen wird, die von der *Lichtquelle* ausgehen. Sie werden offenbar durch das Prisma noch stärker gebrochen als violettes Licht. Diese für das menschliche Auge unsichtbare Strahlung nennt man **ultraviolettes Licht**.

Fangen wir das Spektrum mit einem *Zinksulfidschirm* auf, so entsteht jenseits von Violett ein heller Streifen. Dort wird die Beschichtung des Schirms von der unsichtbaren ultravioletten Strahlung zum Leuchten angeregt. Man sagt dazu: Der Schirm *fluoresziert*. Decken wir das vom Prisma kommende Licht ab, so leuchtet der vorher mit Ultraviolett bestrahlte Bereich des Schirms zudem eine Weile nach; diese Erscheinung nennt man *Phosphoreszenz*.

Fluoreszierende Briefmarken enthalten an bestimmten Stellen – ähnlich wie der Zinksulfidschirm – Stoffe, die im Dunkeln hell aufleuchten, wenn sie mit ultraviolettem Licht bestrahlt werden.

Ultraviolettes Licht wird von sehr heißen Lichtquellen und von Quecksilberdampflampen ausgestrahlt. Es bräunt die Haut und fördert die Bildung des wichtigen Vitamins D in unserem Körper. Zu starkes Einwirken ultravioletten Lichts ist aber schädlich: Es erzeugt unter anderem den Sonnenbrand und kann sogar auch Hautkrebs auslösen.

Das von der Sonne ausgehende ultraviolette Licht wird zum großen Teil in der Lufthülle der Erde *absorbiert*. Es wirkt daher in großen Höhen, z. B. auf Bergen, stärker. Manche Insekten, z. B. *Bienen*, können ultraviolettes Licht wahrnehmen.

Versuch 7: Wir tasten das Spektrum von Glühlicht nochmals mit dem Fotoelement ab, gehen diesmal aber damit in den dunklen Bereich, der sich an das *rote Ende* des Spektrums anschließt. Hier zeigt das Messinstrument sogar sehr viel mehr an als im sichtbaren Bereich. ■

Vom Glühdraht der Lampe geht demnach verhältnismäßig viel unsichtbare Strahlung aus, die am Prisma *schwächer* gebrochen wird als das rote Licht. Man nennt sie **infrarotes Licht**.

Glühende Körper senden nicht nur sichtbares Licht aus. Dem Spektrum des Glühlichts schließt sich auf der einen Seite **ultraviolette,** auf der anderen **infrarote Strahlung** an.

2 Links: Infrarotaufnahme; rechts: Aufnahme mit Normalfilm

Das unsichtbare infrarote Licht wird wie sichtbares Licht im Objektiv eines Fotoapparats gebrochen; das nutzt man für die *Infrarotfotografie* aus. Die von der Sonne ausgesandte Infrarotstrahlung durchdringt Nebel und Dunstschichten besser als sichtbares Licht. Deshalb erhält man mit Filmen, die für Infrarotlicht empfindlich sind, auch bei Dunst deutliche fotografische Aufnahmen *(Bild 2)*.

Man kann sogar im Dunkeln Infrarotaufnahmen herstellen, weil alle Objekte schon bei verhältnismäßig niedrigen Temperaturen infrarotes Licht aussenden, auch wenn sie noch nicht sichtbar glühen.

Bei der *automatischen Scharfstellung* von Fotoapparaten wird das Objekt mit einem Infrarotstrahl angepeilt. Auch Fernbedienungen für Fernsehgeräte verwenden Infrarotlicht, das selbst Kunststoffgehäuse durchdringen kann.

A1. Warum wurde bei unseren ersten Versuchen zur Brechung des Lichts an einem Prisma hinter der Experimentierleuchte eine rote Farbscheibe angebracht?

A2. Jemand erklärt das Diagramm in *Bild 1* so: „Wie man sieht, ist der violette Lichtstrahl stärker gekrümmt als der rote. Das heißt aber, Violett wird stärker gebrochen als Rot." Was ist an dieser Deutung falsch? Wie erklärst du das Diagramm?

A3. Die Lichtausbeute einer elektrischen Glühlampe ist verhältnismäßig gering. Warum? (Lies dazu den Versuch 7.) Was schließt du daraus auf den Unterschied zwischen herkömmlichen Glühlampen und Energiesparlampen?

Farbwahrnehmung

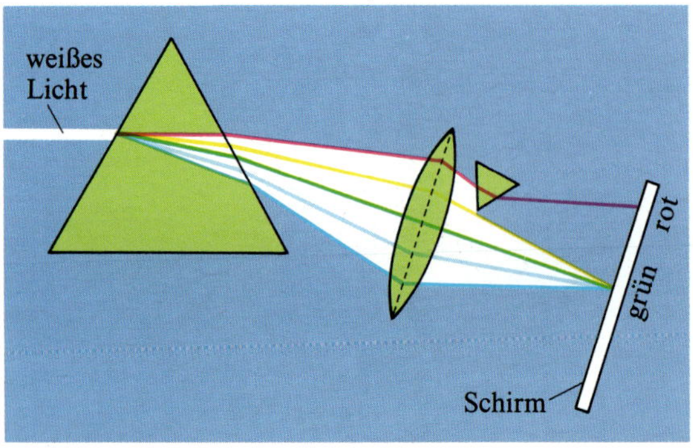

1 Aus dem Spektrum wird Rot herausgenommen

1. Rot und Grün gibt – Weiß

Die Summe sämtlicher farbiger Lichter des Spektrums empfinden wir als *Weiß*. Welchen Eindruck erhält unser Auge wohl, wenn wir nur einen *Teil* der farbigen Lichter des Spektrums vereinigen?

Dazu untersuchen wir zunächst, was unser Auge sieht, wenn aus dem kontinuierlichen Spektrum das Licht *einer* Farbe herausgenommen und der Rest addiert wird.

Versuch 1: Wir wiederholen den Versuch, in dem alle Spektralfarben zu Weiß vereinigt werden. Dann schieben wir nach *Bild 1* ein schmales Prisma durch das gesamte Spektrum und lenken damit die einzelnen spektralreinen farbigen Lichter der Reihe nach so zur Seite, dass sie nicht mehr an der Farbaddition beteiligt sind. Dabei entsteht an der Vereinigungsstelle der restlichen farbigen Lichter ein buntes Farbenspiel: Blenden wir z. B. *Rot* aus, so vereinigen sich die restlichen Lichter zu *Grün*; nehmen wir *Orange* weg, so leuchtet die Vereinigungsstelle *blau.* ■

Man nennt die auf solche Weise einander zugeordneten Farbenpaare **Komplementärfarben** *(Bild 2)*. Erblicken wir z. B. das grüne Licht einer Reklamebeleuchtung, so kann dieser Farbeindruck auf verschiedene Weise zustande kommen:

– Unser Auge empfängt spektralreines Grün;
– in unser Auge gelangen sämtliche farbige Lichter des Spektrums *außer Rot*.

Welcher dieser beiden Fälle zutrifft, lässt sich mit dem Auge allein nicht feststellen. Das durch Addition entstandene Grün kann man als „Weiß ohne Rot“ bezeichnen. Fügt man spektralreines Rot hinzu, so ist das Spektrum wieder komplett; klar, dass dabei Weiß herauskommt!

Seltsamerweise erhalten wir aber auch dann Weiß, wenn wir mit zwei schmalen Spiegeln aus dem Spektrum die *spektralreinen* roten und grünen Lichter so ablenken, dass beide aufeinander fallen. Alle übrigen Komplementärfarben ergeben ebenfalls zusammen Weiß, auch wenn sie spektralrein sind.

> Zwei **Komplementärfarben** ergeben zusammen Weiß.

Welchen Eindruck erhält nun aber das Auge, wenn wir zwei *ganz beliebige* farbige Lichter addieren?

Versuch 2: Wir stellen zwei *Diaprojektoren* mit vorgesetzten *Farbfiltern* auf.

a) Projizieren wir zwei im Spektrum nahe beieinander liegende Farben auf einen Schirm, so empfindet unser Auge den im Spektrum dazwischen liegenden Farbeindruck: Projizieren wir z. B. Rot und Gelb, erhalten wir Orange; Orange und Grün gibt Gelb.

2 Hier stehen Paare von Komplementärfarben übereinander

b) Nun addieren wir die beiden jeweils am äußersten Rand des Spektrums auftretenden farbigen Lichter Rot und Violett. Dabei entsteht ein ganz neuer Farbeindruck, der im Spektrum überhaupt nicht vorkommt, nämlich *Purpur*. ■

Je nachdem, ob man in der Addition das Rot oder das Violett intensiver macht, erhält man immer wieder andere Purpurtöne; man kann sie auf diese Weise kontinuierlich von reinem Rot in reines Violett übergehen lassen. Damit ist für unser Farbempfinden ein stetiger Übergang vom einen Ende des Spektrums zum anderen geschaffen. Man kann das dadurch sinnfällig zum Ausdruck bringen, dass man die Spektralfarben in einem Kreis anordnet. Er wird geschlossen, indem man zwischen Violett und Rot die Mischfarbe Purpur einfügt *(Bild 3)*. Ein solcher **Farbenkreis** verhilft uns zu einer einfachen Merkregel für die Addition farbiger Lichter:

Addiert man Lichter, deren Farben

- sich im Farbenkreis gegenüberliegen (Komplementärfarben), so erhält man Weiß,
- im Farbenkreis näher beieinander liegen, so empfindet man eine dazwischen liegende Farbe.

Diese **Gesetze der additiven Farbmischung** sind unabhängig davon, ob man spektralreines Licht oder Mischlicht verwendet.

2. Erzeugen Filter Farben?

Warum leuchtet eine Signalampel grün? Warum sind Rosen rot? Und warum sind alle Kühe bei Nacht schwarz?

Die letzte Frage ist am leichtesten zu beantworten: Die Kühe sind bei Nacht schwarz, weil das Licht fehlt, und ohne Licht gibt es auch keine Farbe. Die Glühlampe in der Signalampel strahlt weißes Licht – also *alle farbigen Lichter* – aus. Eine vorgesetzte Farbscheibe „macht“ dieses Licht grün. Wie geht das vor sich? Werden etwa alle Lichtstrahlen mit grüner Farbe „getränkt“? Oder *erzeugt* die Farbscheibe zusätzlich grünes Licht?

Versuch 3: Wir erzeugen das Spektrum von weißem Glühlicht und halten zwischen Lichtquelle und Prisma eine grüne Farbscheibe: Vom Spektrum bleibt nur noch ein grüner Streifen übrig; er ist nicht heller als das Grün, das vorher im Spektrum war. ■

3 Farbenkreis

Daraus schließen wir: Die Farbscheibe lässt von den farbigen Lichtern, aus denen sich das weiße Licht zusammensetzt, nur das *grüne* durch; alle anderen *absorbiert* es. Die Farbscheibe *erzeugt* also nicht etwa grüne Farbe – das grüne Licht kommt von der Lichtquelle.

Versuch 4: Nun untersuchen wir noch andere Farbfilter. Dabei stellen wir fest, dass es auch Filter gibt, die *mehrere* voneinander getrennte farbige Spektrallichter durchlassen. Diese addieren sich dann zu einer *Mischfarbe*. ■

Bringen wir ein *Gelbfilter* (wie es zu Schwarz-Weiß-Aufnahmen benutzt wird) in den Strahlengang unserer Versuchsanordnung, so stellen wir fest, dass es aus dem Spektrum Blau und Violett absorbiert. Wenn man ein solches Gelbfilter vor das Objektiv eines Fotoapparats setzt, erhält der Film vom blauen Himmel weniger Licht; dieser erscheint also in der Schwarz-Weiß-Aufnahme dunkler, und die weißen Wolken heben sich kontrastreich dagegen ab.

A1. a) Ein Farbfilter absorbiert die Farben Violett, Rot und Orange. Welche Farbe empfindet man, wenn man durch dieses Filter in weißes Licht; b) in eine Natriumdampflampe blickt?

A2. Wie prüft man, ob man durch ein Farbfilter eine spektralreine oder eine Mischfarbe sieht?

A3. In Versuch 3 entsteht nach dem Einbringen des Farbfilters auf dem Schirm ein grüner Streifen. Warum kann dieser nicht heller sein als das vorher schon im Spektrum vorhandene Grün?

1 Modenschau im Tageslicht – und im Natriumlicht

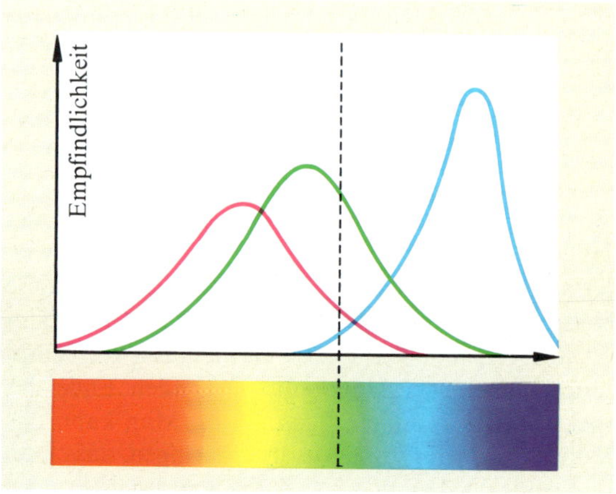

2 Farbempfindlichkeit der drei Zapfenarten

3. Die Farbe kommt immer vom Licht

Auch die rote Rose bezieht ihre Farbe aus dem weißen Licht, mit dem sie beleuchtet wird. Die dunkelrote *streut* von allen Farben, die darin enthalten sind, nur die *roten* Anteile zurück; der Rest wird absorbiert. Hellrote Rosen dagegen absorbieren aus dem Spektrum nur den *grünen* Bereich. Unser Auge empfindet als Mischfarbe die *Komplementärfarbe* zu Grün, also *Rot*. Weil aber dabei auch noch viel Weiß gestreut wird, erscheint uns diese Rose *hellrot* bis *rosa*.

Streut ein Körper von allen farbigen Lichtern des Spektrums 100% bis 80% zurück, so erscheint er uns *weiß* bzw. *hellgrau, bei* 25% *dunkelgrau*. Absorbiert ein Körper dagegen sämtliche farbigen Lichter fast ganz, so ist er für uns *schwarz*.

Versuch 5: Wir stellen im verdunkelten Raum eine *Natriumdampflampe* auf und betrachten in ihrem Licht verschiedene bunte Kleiderstoffe. Von den Farben ist außer Gelb nichts mehr zu sehen! Ein Stoff, der im Tageslicht z. B. *blau* aussieht, erscheint jetzt *schwarz*. ■

Die Natriumdampflampe erzeugt spektralreines Licht – außer Gelb hat sie nichts zu bieten. Der Kleiderstoff kann blaues Licht nicht erzeugen, und wenn kein blaues Licht darauffällt, kann er auch keines zurückwerfen. Wo aber kein Licht ist, da sehen wir Schwarz! Eine Modenschau im spektralreinen Natriumlicht lehrt uns anschaulich, dass Körper keine Farbe „besitzen“ oder „erzeugen“ *(Bild 1)*. Ihre Farbe kommt immer vom Licht.

4. Das Auge kommt mit drei Farben aus

Wie kommt es, dass wir „in Farbe sehen“? Sind vielleicht in der Netzhaut des Auges für jede Farbe besondere Empfangselemente vorhanden? Aber dann müssten bei den 140 Farbtönen, die wir unterscheiden können, 140 verschiedene Arten von Farbempfängern gleichmäßig über die ganze Netzhaut verteilt sein. Das würde sich für das *Auflösungsvermögen* des Auges sehr ungünstig auswirken.

Die Natur geht deshalb anders vor: Sie kommt mit nur drei verschiedenen Arten von Farbempfängern aus. Die Lichteindrücke werden in der Netzhaut von etwa 125 Millionen *Stäbchen* und 7 Millionen *Zapfen* aufgenommen. Die etwas empfindlicheren Stäbchen reagieren nur auf Hell-Dunkel. Die Zapfen ermöglichen bei genügender Helligkeit den Luxus des *Farbensehens*. Sie kommen nämlich in *drei* verschiedenen Arten vor, die im Gehirn jeweils die *Empfindung Rot*, *Grün* bzw. *Blau* auslösen. Die Kurven in *Bild 2* zeigen, dass jede Zapfenart nicht nur auf einen schmalen Spektralbereich anspricht, sondern auch von benachbarten Spektralfarben mehr oder weniger gereizt wird. Empfängt die Netzhaut z. B. das in *Bild 2* besonders gekennzeichnete Grün, so sprechen die Rot, Grün bzw. Blau auslösenden Zapfen jeweils zu 25 %, 65 % bzw. 10 % an. Diese Kombination von Reizen ruft im Gehirn die Empfindung „Grün“ hervor. Jede der drei Zapfenarten ist also mit einem gewissen „Stellenwert“ an der Farbempfindung beteiligt. Nach dieser **Dreifarbentheorie des Sehens** ist es möglich, durch entsprechende Addition der *Grundfarben* Rot, Grün und Blau für das Auge alle Lichter des Farbenkreises herzustellen.

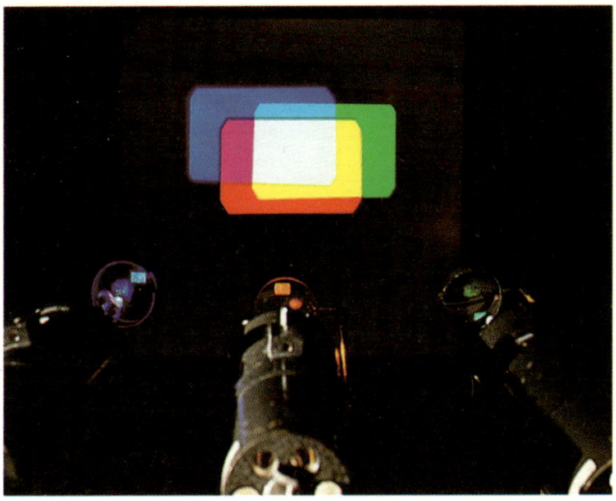

3 Addition der drei Grundfarben

4 Die Verhüllung von Rot

Versuch 6: Wir projizieren nach *Bild 3* rotes, grünes und blaues Licht aufeinander. Beim richtigen Mischungsverhältnis löst die Summe dieser drei Grundfarben die Empfindung Weiß aus. Ändern wir die Intensität der einzelnen Farbanteile, so empfinden wir statt Weiß alle möglichen Mischfarben. ■

Bild 2 zeigt, dass die Spektralfarbe *Gelb* die Grün und Rot auslösenden Zapfen jeweils gleich stark reizt. Dasselbe bewirkt aber auch die Summe von gleich starkem roten und grünen Licht; deshalb empfindet das Auge dabei ebenfalls *Gelb*. Entsprechend kann man auch andere Mischfarben erklären.

Das Zustandekommen von *Purpur* folgt ebenfalls aus der Dreifarbentheorie: Dunkelrot reizt nur die Rot auslösenden, Violett nur die Blau auslösenden Zapfen. *Zusammen* rufen diese beiden Farben eine neuartige, unter den Spektralfarben nicht vorkommende Kombination von Reizen im Auge hervor, eben die Mischfarbe *Purpur*. Eine Spektralfarbe, die *nur* die Rot *und* die Blau auslösenden Zapfen erregt, gibt es nämlich nicht; aus den Empfindlichkeitskurven geht hervor, dass sie dabei immer auch noch die Grün auslösenden Zapfen reizen müsste.

In der Netzhaut des menschlichen Auges sind **drei Arten farbempfindlicher Zapfen.** Sie lösen im Gehirn jeweils die Empfindung Rot, Grün und Blau aus.

Durch additive Mischung der drei Grundfarben Rot, Grün und Blau lassen sich alle Lichter des Farbenkreises herstellen.

5. Wo bleibt Braun?

Im Spektrum kommen bei weitem nicht alle Farben vor, die uns in der Natur begegnen. So suchen wir z. B. *Braun* vergebens im Farbenkreis. Wie diese Farbe entsteht, wird in *Bild 4* gezeigt.

Auf der rechten Seite des Farbendreiecks wurde die Farbe Rot durch einen schwarzen Raster zunehmend „verhüllt“: Es ergeben sich Brauntöne bis hin zu Schwarz. Links wurde durch einen weißen Raster aufgehellt. Dabei entsteht *Rosa* bis hin zu reinem Weiß. In der Mitte des Dreiecks ist Rot teils mit Schwarz verhüllt, teils mit Weiß aufgehellt. Die Grundseite des Dreiecks zeigt, wie aus Weiß durch einen zunehmenden Schwarzraster alle möglichen *Grautöne* entstehen. Man kann auch andere Farben verhüllen; auf diese Weise entsteht z. B. *Ocker*.

A1. In einem früheren Kapitel hast du gelernt, die Addition von rotem und grünem Licht ergebe Weiß, weil Rot und Grün Komplementärfarben sind. Nun werden diese beiden Farben aber in Versuch 6 zu Gelb addiert. Versuche, den Widerspruch aufzulösen. (Lies dazu den Text zu Versuch 6 nochmals genau durch.)

A2. a) Erläutere an den Empfindlichkeitskurven in *Bild 2*, warum das Auge den Farbeindruck Gelb erhält, wenn man die Farbe Violett aus dem Spektrum herausnimmt.
b) Erkläre mit der Dreifarbentheorie des Sehens, warum das Auge nicht nur aus drei Spektralfarben, sondern auch schon durch die Addition von nur zwei spektralreinen Komplementärfarben den Eindruck Weiß erhalten kann.

Farbige Bilder

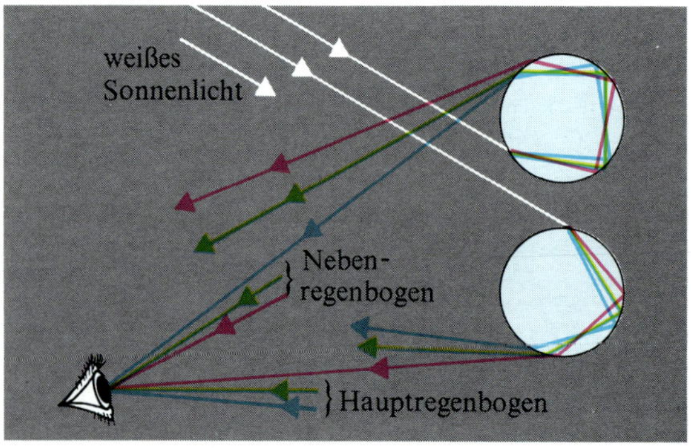

1 So entsteht der Regenbogen

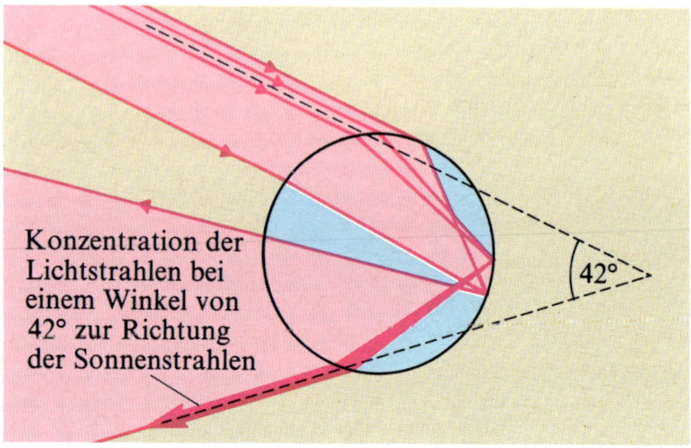

3 So verlässt rotes Licht den Regentropfen

1. Wie entsteht der Regenbogen?

Er ist zu sehen, wenn wir auf eine Regenwand blicken und dabei die Sonne im Rücken haben. Zur Erklärung betrachten wir von dem Licht, das auf einen der vielen Regentropfen fällt, vorerst nur *einen* Strahl *(Bild 1)*. Er wird beim Übergang in den Tropfen gebrochen, an dessen Grenzfläche gegen die umgebende Luft teilweise reflektiert und schließlich beim Verlassen des Tropfens nochmals gebrochen. Dabei tritt *Dispersion* auf: Der Strahl weißen Sonnenlichts wird in Spektralfarben aufgefächert. Aus dem unteren in *Bild 1* gezeichneten Tropfen gelangt nur rotes Licht in das Auge des Beobachters, aus weiter darunter liegenden nur *oranges, gelbes, grünes, blaues* bzw. *violettes* Licht.

Nun fällt aber auf einen Regentropfen nicht nur der in *Bild 1* gezeichnete Lichtstrahl, sondern ein ganzes Bündel dazu paralleler Strahlen. Jeder davon trifft den Tropfenrand unter einem anderen Winkel.

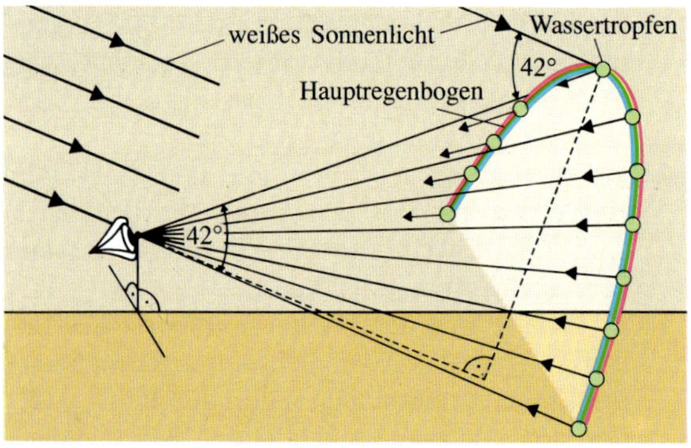

2 Ein Regenbogen und sein Betrachter

Das hat zur Folge, dass allein schon der rote Anteil des Sonnenlichts den Tropfen in den unterschiedlichsten Richtungen verlässt *(Bild 3)*. Diese Zerstreuung erfolgt nun aber nicht gleichmäßig; vielmehr sind die aus dem Tropfen kommenden roten Strahlen in einer Richtung besonders stark konzentriert; sie bildet mit den einfallenden Sonnenstrahlen den Winkel 42,3°. Entsprechendes gilt für die übrigen Farbanteile; jedoch tritt jeder Farbanteil wieder unter einem anderen Winkel verstärkt auf, Violett z. B. unter 40,7°.

Weil die einzelnen Spektralfarben bei aller Zerstreuung immer noch bestimmte Richtungen bevorzugen, bleibt unsere bisherige Erklärung der Regenbogenfarben im Wesentlichen gültig. Wir müssen lediglich eine kleine Abänderung vornehmen: Das aus dem Tropfen in das Auge eines Beobachters gelangende Licht besteht nicht *ausschließlich*, sondern nur *vorzugsweise* aus *einer* Spektralfarbe.

Alle Lichtstrahlen, die das Auge des Beobachters treffen und dabei denselben Winkel mit der Richtung der Sonnenstrahlen bilden, liegen auf dem Mantel eines Kegels, der seine Spitze im Auge hat. Deshalb sieht man die jeweils in gleicher Farbe leuchtenden Regentropfen auf einem Kreisbogen *(Bild 2)*.

Außer dem so genannten Hauptregenbogen kann man auch noch den lichtschwächeren *Nebenregenbogen* beobachten. Er entsteht, wenn das Sonnenlicht so in einen Regentropfen fällt, dass es dort *zweimal* reflektiert wird *(Bild 1*, oberer Tropfen). Dabei kehrt sich die Farbfolge um: Der äußerste Ring erscheint dem Betrachter violett, der innerste rot.

2. Wie funktioniert das Farbfernsehen?

Das Objektiv einer Fernsehkamera erzeugt von dem aufzunehmenden Objekt drei optische Bilder, die durch vorgesetzte *Farbfilter* jeweils nur den *roten, grünen* bzw. *blauen* Anteil der Farben des Originals erhalten. Jedes dieser in den drei *Grundfarben* vorliegenden optischen Bilder wird nun zugleich mit den anderen Punkt für Punkt abgetastet; dabei wird jede der drei Farbkomponenten entsprechend ihrer Intensität in stärkere oder schwächere elektrische Signale umgesetzt. Diese werden dann vom Sender ausgestrahlt.

Der Bildschirm des Empfängers ist mit vielen Farbscheibchen bedeckt *(Bild 5)*. In der Bildröhre werden drei Elektronenstrahlen so geführt, dass der erste stets auf die roten, der zweite auf die grünen und der dritte auf die blauen Scheibchen trifft *(Bild 4)*. Die von den drei Farbkomponenten stammenden Sendesignale steuern nun die Intensität des jeweils für sie „zuständigen" Elektronenstrahls. Die Helligkeit eines jeden Farbscheibchens erhält dadurch genau den Wert, der bei der Addition ihrer Farben wieder zur Originalfarbe des Objektpunktes führt. Auf diese Weise erzeugen die drei rasch über den Bildschirm geführten Elektronenstrahlen Punkt für Punkt ein farbrichtiges Bild des im Fernsehstudio aufgenommenen Objekts.

A1. In welche Himmelsrichtung muss man blicken, wenn abends ein Regenbogen zu sehen ist?

A2. Warum ist der Nebenregenbogen stets schwächer zu sehen als der Hauptregenbogen?

A3. *Bild 6* zeigt im Schnitt den Verlauf eines Sonnenstrahls, der auf einen Regentropfen fällt.
a) Warum ist der Winkel AMD $= 2\beta$?
b) Zeige, dass der Strahlengang achsensymmetrisch zur Geraden BM ist.
c) Zeige, wie man bei gegebenem Winkel α den aus dem Tropfen herauskommenden Lichtstrahl konstruieren kann, ohne dazu die innerhalb des Tropfens verlaufenden Strahlen AB und BC zeichnen zu müssen. (Du brauchst dazu den Winkel 4β.)
d) Eine Schar paralleler Sonnenstrahlen fällt unter den Winkeln $\alpha = 10°, 20°, \ldots, 80°$ zum Lot aus der Luft auf einen Regentropfen. Konstruiere jeweils die aus dem Tropfen wieder herauskommenden Strahlen. Entnimm die zugehörigen Winkel β der *Tabelle 26.1* für die Brechung eines Lichtstrahls beim Übergang von Luft in Wasser.
e) Welche der acht aus dem Tropfen herauskommenden Strahlen sind besonders nahe beieinander? Bestimme die Richtung, in der die Strahlen am dichtesten liegen und miss den Winkel, den diese Richtung mit der des einfallenden Sonnenlichts bildet. Du hast damit den (mittleren) Winkel gefunden, unter dem der Hauptregenbogen einem Beobachter erscheint.

A4. An einem Farbfernseher tritt plötzlich ein Fehler auf: Das weiße Hemd des Nachrichtensprechers wird blau und eine gelbe Nelke verfärbt sich in Grün. Welchen Defekt vermutest du?

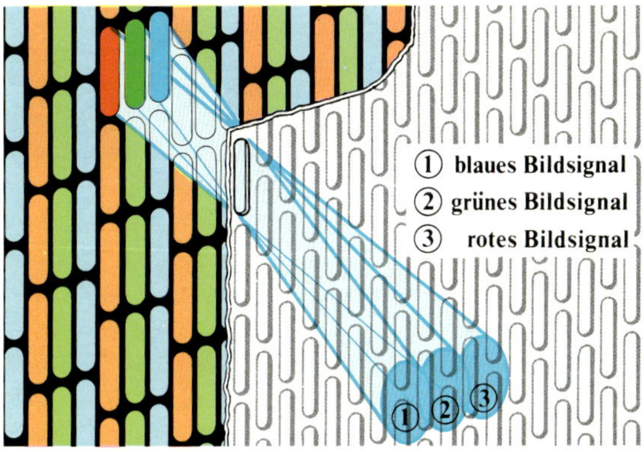

4 Jeder Strahl ist für eine Grundfarbe zuständig

5 Farbscheibchen und Addition ihrer Farben

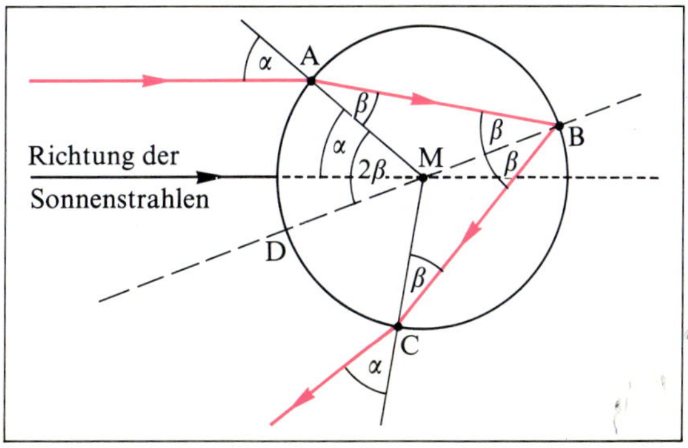

6 Verlauf eines Lichtstrahls im Regentropfen

1 Subtraktive Farbmischung

3. Filter subtrahieren Farben

Nimmt man aus dem weißen Licht einen Teil der Spektralfarben heraus, so erhält man als Rest eine *Mischfarbe*. Zu dieser **subtraktiven Farbmischung** braucht man Filter, die nicht nur *eine* Farbe, sondern einen gewissen Bereich des Spektrums durchlassen. Kombiniert man mehrere solche Filter, so kommt man zu vielen verschiedenen Mischfarben.

Versuch 1: **a)** Wir nehmen ein Farbfilter, das den von Rot bis Gelb gehenden Teil des Spektrums zurückhält; es ist in der Durchsicht blau. Ein zweites Farbfilter absorbiert das blaue Ende des Spektrums und sieht gelb aus. Diese beiden Farbscheiben halten wir hintereinander und schicken durch sie das weiße Licht einer Experimentierleuchte. Auf dem Schirm sehen wir die einzige Farbe, die von beiden Filtern durchgelassen wird, nämlich Grün.

b) Nun bringen wir hinter das blaue und das gelbe Filter noch ein rotes. Dieses absorbiert aber Grün; also geht jetzt durch die Anordnung kein Licht mehr hindurch *(Bild 1)*. ■

4. Wie entstehen Farbdias?

In der **Farbfotografie** wendet man die *subtraktive Farbmischung* an. Ein *Farbdia* besteht aus drei Schichten, die als Filter wirken. Sie nehmen aus dem weißen Licht des Projektors bestimmte Farbanteile heraus.

Der von allen drei Filterschichten durchgelassene Rest des Lichts gibt dann die Originalfarben des fotografierten Objekts naturgetreu wieder.

Damit können wir nun zwar verstehen, was vor sich geht, wenn wir ein fertiges Farbdia betrachten. Was aber geschieht bei der *Aufnahme* des Fotos? Wie kommt dabei in jede der drei Filterschichten des Films genau die richtige Farbe?

In den drei Schichten eines unbelichteten Farbdiafilms sind *Silberhalogensalze* in feinen Körnern enthalten. Diejenigen davon, die in der Aufnahme von Licht getroffen wurden, verwandeln sich bei der *Entwicklung* in Silber. Nun sind den Silbersalzen in allen drei Schichten verschiedenartige *Farbkuppler* angelagert; das sind organische Substanzen, die später bei der Farbentwicklung nur an solchen Stellen Farbstoffe erzeugen, an denen sich Silber befindet.

- Die oberste Schicht ist nur für *violettes* Licht empfindlich; die sich nach der Entwicklung an eventuell entstandenen Silberkörnern anlagernden Farbstoffe sind **gelb**.
- Ihr folgt ein Gelbfilter, das Violett von den beiden untersten Schichten fernhält.
- Die mittlere Schicht ist *grünempfindlich*; die sich dort nach der Entwicklung an Silberkörnern bildenden Farbstoffe sind **purpurn**.
- Die unterste Schicht ist *rotempfindlich*; darin lagern sich nach der Entwicklung an Silberkörnern **blaugrüne** Farbstoffe an.

Bild 2 zeigt, was bei Entwicklung eines solchen Films vor sich geht, nachdem verschiedene farbige Lichter auf ihn eingewirkt haben:

- Bei der so genannten *Erstentwicklung* bilden sich an den belichteten Stellen der einzelnen Schichten jeweils Silberkörner; sie sind in *Bild 2a* grau.
- Es folgt die so genannte *Umkehrentwicklung:* Die Silberkörner, die bei der Erstentwicklung entstanden sind, werden herausgelöst. Dann sorgt man dafür, dass an den Stellen, die bis jetzt keine Silberkörner enthielten, solche gebildet werden. Damit sind in den drei Schichten jeweils an den *nicht belichteten* Stellen *Silberkörner* entstanden.
- Bei der sich nun anschließenden *Farbentwicklung* werden in allen drei Schichten dort, wo sich jetzt Silberkörner befinden, die jeweils zugordneten Farbstoffe angelagert *(Bild 2b)*.
- In einem *Bleichbad* wird das nun nicht mehr benötigte Silber sowie das Gelbfilter herausgelöst.

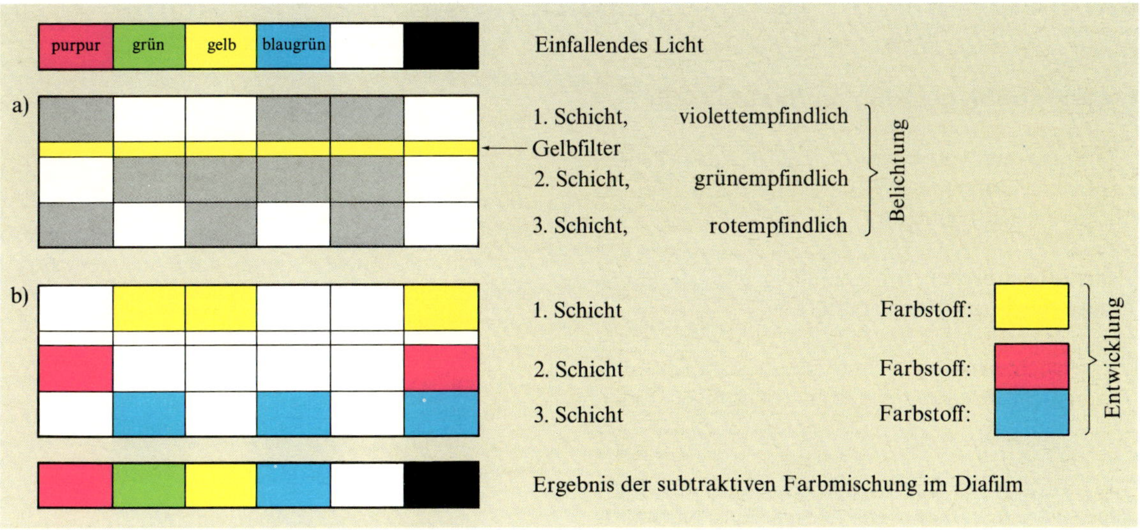

2 So wird ein Farbdiafilm belichtet und entwickelt

Nach diesem Prozess haben sich in den drei Schichten bestimmte Farben gebildet. Sie ergeben bei subtraktiver Mischung wieder genau die Originalfarben, mit denen der Film belichtet wurde *(Bild 2)*.

5. Auch beim Farbdruck wird gemischt

Von einem Bild, das farbig gedruckt werden soll, stellt man zunächst *Farbauszüge* in den drei Grundfarben her. Nach ihnen werden dann im Rasterverfahren Druckplatten geätzt. Sie werden entsprechend eingefärbt und anschließend aufeinander gedruckt. Dabei fallen die farbigen Rasterpunkte teils aufeinander, teils nebeneinander. Die Farbmischung kann also *subtraktiv* (wie beim Farbfilm), aber auch *additiv* (wie beim Farbfernsehen) zustande kommen. Meist wird noch eine Schwarzplatte mitgedruckt, damit das Bild scharfe Konturen erhält. Weil man für dieses Verfahren vier verschiedene Druckplatten benötigt, wird es **Vierfarbendruck** genannt.

A1. a) Welche Schichten eines Farbdiafilms werden gereizt, wenn der Film mit purpurnem bzw. mit violettem bzw. mit rotem Licht beleuchtet wird?
b) In welchen der drei Schichten des auf diese Weise belichteten Diafilms bilden sich dann nach der Umkehrentwicklung jeweils Farbstoffe? Welche Farbstoffe sind dies?
c) Prüfe nach, ob bei der Wiedergabe des Films tatsächlich die Farben entstehen, mit denen er in (a) belichtet wurde.

A2. Jemand behauptet, die Umkehrentwicklung beim Farbdiafilm sei zu kompliziert. Man solle bei der Belichtung in der violettempfindlichen Schicht violetten, in der grünempfindlichen Schicht grünen und in der rotempfindlichen Schicht roten Farbstoff erzeugen. Wie sähen bei der Wiedergabe dieses Diafilms Stellen aus, die im Original weiß, schwarz bzw. gelb sind? Funktioniert dieses Verfahren also?

A3. Bei Papierbildern wird das Farbnegativverfahren angewandt: Der Film wird ohne Umkehrentwicklung unmittelbar farbentwickelt. Vom dabei entstehenden Farbnegativfilm wird mit dem Vergrößerungsapparat eine weitere Aufnahme hergestellt, die ebenfalls unmittelbar farbentwickelt wird. Welche Farben entstehen im Negativfilm, wenn die Originalfarbe Purpur, Grün bzw. Gelb ist? Zeige anhand von *Bild 2*, wie aus diesen „Negativfarben" bei der nochmaligen Farbentwicklung wieder die Originalfarben entstehen.

A4. Auf einer Schwarz-Weiß-Fotoplatte bildet sich an den belichteten Stellen nach der Entwicklung Silber. Bei einem Vorläufer unserer heutigen Farbfotografie wurde die Schicht einer solchen Fotoplatte mit nebeneinander liegenden kleinsten durchsichtigen Körnchen in den Farben Rot, Grün und Blau überdeckt.
a) Auf welche Weise hat dieses Verfahren funktioniert?
b) Warum musste dabei der Film umkehrentwickelt werden?

Ein Gang durch die geometrische Optik und ihre Geschichte

1. Lichtstrahl, geradlinige Ausbreitung

Lässt man ein von einer *Lichtquelle* ausgehendes *Lichtbündel* durch eine kleine Öffnung gehen, so erhält man einen **Lichtstrahl**.

Lichtstrahlen breiten sich geradlinig aus; sie durchdringen sich gegenseitig ungestört.

Ein beleuchteter Gegenstand **streut** das Licht, d. h. er sendet nach allen möglichen Richtungen Lichtstrahlen aus.

An glatten Oberflächen (Spiegel) wird das Licht nicht gestreut, sondern nur in eine ganz bestimmte Richtung gelenkt. Man sagt dazu, es werde **reflektiert.** Dabei gilt das **Reflexionsgesetz:**

Einfallender Strahl, Einfallslot und reflektierter Strahl liegen in einer Ebene. Einfallswinkel und Reflexionswinkel sind gleich groß.

Schon der griechische Mathematiker EUKLID (um 300 v. Chr.) führte in einem Werk über die Optik den Lichtstrahl ein und fand dessen geradlinige Ausbreitung. EUKLID und seine Zeitgenossen nahmen allerdings an, die Lichtstrahlen gingen vom Auge aus, träfen auf die Gegenstände und erleuchteten diese dabei. Die für solche „Sehstrahlen" aufgestellten Gesetze übertrug EUKLID dann auch auf Sonnenstrahlen. In EUKLIDS Werk über die Optik wird zum ersten Mal das **Reflexionsgesetz** klar ausgesprochen.

Erst im 17. Jahrhundert wurde die Optik zur Lehre vom *Licht*. Vorher war sie im Grunde eine Lehre vom *Sehen*. Dabei wurden für heutige Begriffe oft merkwürdige Argumente ins Feld geführt. So hieß es, das Auge gebe Sehstrahlen ab, weil es *konvex* ist, wogegen das Ohr wegen seiner *konkaven* Form den Schall aufnehmen müsse.

2. Die Brechung des Lichts

Geht Licht von einem optischen Mittel in ein anderes über, so wird es **gebrochen.** Dabei wird ein Teil an der Grenzfläche nach dem Reflexionsgesetz reflektiert. Ein Lichtstrahl wird beim Übergang vom *optisch dünneren* in das *optisch dichtere* Mittel **zum Lot hin**, vom *optisch dichteren* ins *optisch dünnere* dagegen **vom Lot weg** gebrochen.

Trifft ein Lichtstrahl vom optisch dichteren auf das optisch dünnere Mittel und überschreitet dabei den *Grenzwinkel*, so tritt **Totalreflexion** ein.

Ein Lichtstrahl wird bei der Brechung an einer **planparallelen Platte** lediglich parallel verschoben, und zwar umso stärker, je dicker die Platte ist. An einem **Prisma** wird er dagegen umso stärker zu dessen dickeren Ende hin abgelenkt, je größer der *Keilwinkel* des Prismas ist.

An einer **Sammellinse** werden achsenparallele Strahlen so gebrochen, dass sie sich im **Brennpunkt** F schneiden. Er liegt auf der optischen Achse; sein Abstand von der Linse ist die *Brennweite f.* **Alle Lichtstrahlen, die von einem Punkt ausgehen, dessen Abstand von der Linse größer als *f* ist, schneiden sich nach der Brechung in einem Bildpunkt.**

Die **Brechung** des Lichts wurde verhältnismäßig spät entdeckt. CLAUDIUS PTOLEMÄUS (85 bis 160 n. Chr.) hat als Erster die bei der Brechung auftretenden Winkel zwischen den Lichtstrahlen und dem Lot gemessen und die Ergebnisse festgehalten. Eine Formel für den Zusammenhang dieser Winkel konnte trotz vieler Bemühungen lange Zeit nicht gefunden werden. Erst 1662 entdeckte man das so lange vergeblich gesuchte **Brechungsgesetz** im Nachlass des holländischen Mathematikers WILLEBRORD SNELLIUS (1580 bis 1626).

Schon im Altertum waren **Linsen** bekannt. Das britische Museum in London besitzt eine Sammellinse aus Bergkristall (Brennweite ungefähr 10 cm), die bei der Ausgrabung eines assyrischen Palastes (um 700 v. Chr.) in der Nähe von *Ninive* gefunden wurde. Irgendwann entdeckte wohl jemand zufällig, dass solche ursprünglich zu Schmuckstücken geschliffenen Linsen Licht sammeln. Von den Ärzten des Altertums ist bekannt, dass sie damit krankes Gewebe ausbrannten. In einem altgriechischen Lustspiel des ARISTOPHANES (423 v. Chr.) ist von *Brenngläsern* die Rede, die in Apotheken zu finden seien.

3. Optische Abbildung

Die kleine Öffnung der **Lochkamera** sondert aus dem Licht, das von einem Gegenstand ausgeht, feine Bündel aus. Diese erzeugen auf einer Mattscheibe Lichtflecke, die sich zu einem **optischen Bild** zusammenfügen. Für den **Abbildungsmaßstab**, der Bild- und Gegenstandshöhe vergleicht, gilt $A = B/G = b/g$. Dabei ist B die Bildhöhe, G die Gegenstandshöhe, b die Bildweite und g die Gegenstandsweite.

Bei der Abbildung durch eine *Sammellinse* wird das von jedem Punkt des Gegenstandes ausgehende Licht an der Linse so gebrochen, dass es sich in einer ganz bestimmten Bildweite jeweils wieder zu einem Punkt des optischen Bildes vereinigt.

Zur Bildkonstruktion benutzt man den *Mittelpunktsstrahl* (er geht ungebrochen durch die Linsenmitte) und den *achsenparallelen Strahl* (er geht nach der Brechung durch den Brennpunkt der Linse).

Der Abbildungsmaßstab ist $A = B/G = b/g$.
Für den Zusammenhang zwischen der Gegenstandsweite g, der Bildweite b und der Brennweite f gilt die Linsengleichung

$$\frac{1}{g} + \frac{1}{b} = \frac{1}{f}.$$

4. Optische Instrumente

Unter der *Vergrößerung* durch ein optisches Instrument versteht man den Quotienten

$$V = \frac{\text{Höhe des Netzhautbildes mit Instrument}}{\text{Höhe des Netzhautbildes ohne Instrument}}.$$

Eine Sammellinse, deren Brennweite f kleiner als die deutliche Sehweite s ist, wirkt als **Lupe.** Bringt man einen Gegenstand in ihre Brennebene, so erhält man mit entspanntem Auge ein vergrößertes Netzhautbild. Die Vergrößerung ist $V = s/f$.

Das *Objektiv* des **Mikroskops** erzeugt ein vergrößertes *Zwischenbild*, das mit einer Lupe, dem *Okular*, betrachtet wird.

Je größer beim **astronomischen Fernrohr** die Brennweite f_1 des Objektivs ist, desto größer wird auch das von ihm erzeugte Zwischenbild. Dieses wird dann mit dem Okular der Brennweite f_2 betrachtet. Die Vergrößerung ist $V = f_1/f_2$.

Anno MDXXXV

1 Titelseite eines Lehrbuchs der Optik von 1535

Die früheste Schilderung einer *Camera obscura* – so nannte man damals die Lochkamera – stammt von LEONARDO DA VINCI (1452 bis 1519). Er wird deshalb auch als ihr Erfinder angesehen. 1568 setzte DANIEL BARBARO (1513 bis 1570) ein Brillenglas in die erweiterte Öffnung einer Camera obscura und benutzte die optische Abbildung zur Herstellung von Zeichnungen. Der erste Diaprojektor, die *Laterna magica*, wurde 1646 im Raritätenkabinett des ATHANASIUS KIRCHER (1601 bis 1681) gezeigt.

Im 13. Jahrhundert kam der so genannte *Lesestein* auf: Man legte die ebene Seite einer plankonvexen Linse auf eine Schrift und konnte so die Buchstaben vergrößert sehen. Daraus entwickelten sich die *Lupe* und die *Brille.* Als Material benutzte man meist Quarz, Bergkristall und den Halbedelstein Beryll, von dem sich die Bezeichnung *Brille* herleitet.

Ein holländischer Brillenmacher baute 1608 aus zwei Brillengläsern das erste *Fernrohr.* GALILEO GALILEI (1564 bis 1642) erfuhr davon und konstruierte 1609 ein ähnliches Instrument. Er arbeitete auch bereits mit einem *Mikroskop.* Im Jahre 1611 veröffentlichte JOHANNES KEPLER (1571 bis 1630) die *Dioptrice*, ein Werk in dem er eine ausführliche Theorie der Brechung darlegte und eine wesentliche Verbesserung des Fernrohrs entwickelte. Er ist damit der eigentliche Begründer der geometrischen Optik.

Geschwindigkeit

km	Zug	S	5233 2.	EC 113	ICE 591	S	IR 367	EC 13	5235 2.	ICE 593	5235 2.	S	IR 2195	E 3415	IC 119	5237 2.	5247 2.
	von			Dortmund WÖRTHERSEE	Hambg./Frankf. KOMMODORE		Trier	Dortmund PAGANINI		Hamburg MÜNCHNER KINDL			Karlsruhe		Dortmund KARWENDEL		
0	**Stuttgart** Hbf			9 59	10 12		10 17	10 59		11 12			11 17	11 25	11 59		
0	Stuttgart Hbf S (tief)	9 18				9 48						10 48					
3	S-Bad Cannstatt 784, 786	9 23				9 53						10 53		11 30			
13	Esslingen (Neckar)	9 35				10 05						11 05		11 37			
22	Plochingen 760	9 45				10 15	10 30					11 15	11 30	11 43			
	Plochingen		9 49				10 31						11 31	11 44			
27	Reichenbach (Fils)		9 53														
31	Ebersbach (Fils)		9 57											11 50			
36	Uhingen		10 02														
39	Faurndau		10 04														
42	Göppingen		10 07				10 42						11 42	11 57			
	Göppingen		10 08				10 44						11 44	11 58			
46	Eislingen (Fils)		10 12														
48	Salach		10 15														
50	Süßen		10 18											12 04			
	Süßen		10 29											12 05			
53	Gingen (Fils)		10 32														
56	Kuchen																
58	Geislingen West		10 36														
61	Geislingen (Steige)		10 39				10 55						11 55	12 12			
	Geislingen (Steige)						10 56		11 34				11 56	12 16		12 20	12 20
67	Amstetten (Württ) 758								11 40					12 23		12 27	12 27
71	Urspring								11 43							12 31	12 31
73	Lonsee								11 46							12 33	12 33
76	Westerstetten								11 49		11 59					12 46	12 46
82	Beimerstetten								→		12 05					12 51	12 51
94	**Ulm** Hbf			10 54	11 06		11 19	11 54		12 06	12 14		12 19	12 42	12 54	13 00	13 00

1 Fahrplan

1. Ein Fahrplan gibt Auskunft

Stelle dir vor, du möchtest mit einem möglichst schnellen Zug von Stuttgart nach Ulm fahren. Wie findest du ihn im Fahrplan *(Bild 1)?* Vom 100 m-Lauf weißt du: Der Schnellste braucht die kürzeste Zeit für die Strecke. Du findest den ICE, der die 94 km lange Strecke in nur 54 Minuten zurücklegt; alle anderen Züge brauchen dafür mehr Zeit.

Dem Fahrplan entnehmen wir, dass E 3415 von Süßen nach Geislingen und von Geislingen nach Amstetten die gleiche Zeit braucht, nämlich sieben Minuten. Liegt das daran, dass beide Strecken gleich lang sind? Keineswegs: Die erste Strecke ist 11 km lang, die zweite nur 6 km, geht aber ständig bergauf (Geislinger Steige). Am Berg ist der Zug langsamer als in der Ebene und legt dort in der gleichen Zeit eine kürzere Strecke zurück.

Dieselbe Strecke legt der *Schnellere* in der *kürzeren Zeit* zurück.

In *derselben Zeit* legt der *Schnellere* die *größere Strecke* zurück.

2. Die gleichförmige Bewegung

Versuch 1: Eine Spielzeuglok fährt auf geraden Schienen *(Bild 2)*. Ein Metronom gibt Taktschläge in Sekundenabständen. Zu jedem Schlag markieren wir den jeweiligen Ort der Lok. Das fordert ein wenig Geschick, denn die Lok fährt immer weiter. Je genauer unsere Hand der Lok folgt, desto gleichmäßiger werden die Abstände der Marken. ■

Läßt sich die Bewegung der Lok an Hand der Strichmarken beschreiben? Wir berücksichtigen die Anfahrstrecke der Lokomotive nicht, sondern betrachten ihren Bewegungsablauf erst von einer kurz danach geschriebenen Marke an. In *Bild 2* ist das die linke Marke 0, der wir die Zeit $t = 0$ s und die Strecke $s = 0$ m zuordnen. Die folgenden Marken hat die E-Lok nach 1 s, 2 s, ... erreicht. Die von ihr in diesen Zeiten zurückgelegten Wegstrecken s messen wir von 0 aus und tragen sie mit den zugehörigen Zeiten 1 s, 2 s, ... in *Tabelle 1* ein. Für $t = 1$ s messen wir $s = 0{,}16$ m; für $t = 2$ s ergibt sich 0,30 m, also fast das Doppelte; für $t = 3$ s lesen wir ungefähr den dreifachen Weg 0,44 m ab. Ist der Weg s vielleicht proportional zur Zeit t?

Um dies beurteilen zu können, tragen wir in *Bild 3* über den Zeiten t die gemessenen Streckenlängen s auf. Die Punkte $(t; s)$ liegen nur wenig unter oder über der dort eingezeichneten roten *Ursprungsgeraden.* Sie gleicht die Messfehler aus („Ausgleichsgerade"). An ihr sehen wir,

- dass die Lok in jeder Sekunde Strecken der gleichen Länge 0,15 m zurückgelegt hat;
- dass die zurückgelegten Strecken den Zeiten proportional sind.

Eine solche Proportionalität kann man auch an den Quotienten s/t prüfen: Sind sie alle gleich, dann sind der Weg s und die Zeit t proportional. Für das Wertepaar $s = 0{,}30$ m und $t = 2$ s gilt beispielsweise: $s/t = 0{,}30 \text{ m}/2 \text{ s} = 0{,}15$ m/s. Die *Tabelle 1* zeigt, dass die Quotienten s/t im Rahmen unserer Genauigkeit tatsächlich alle gleich sind. Wir sagen: Die Lokomotive bewegt sich **gleichförmig**.

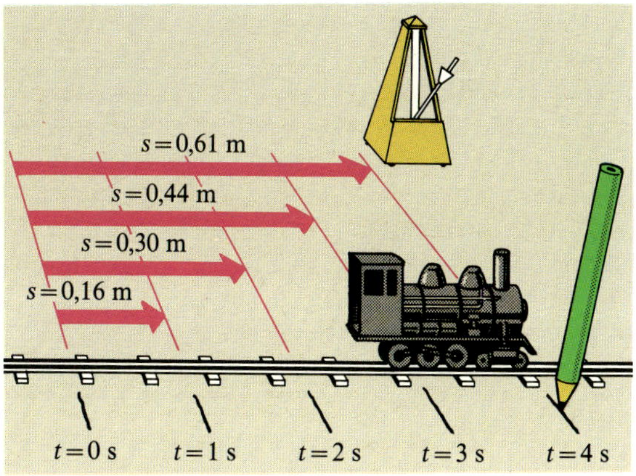

2 Wie bewegt sich die Lok?

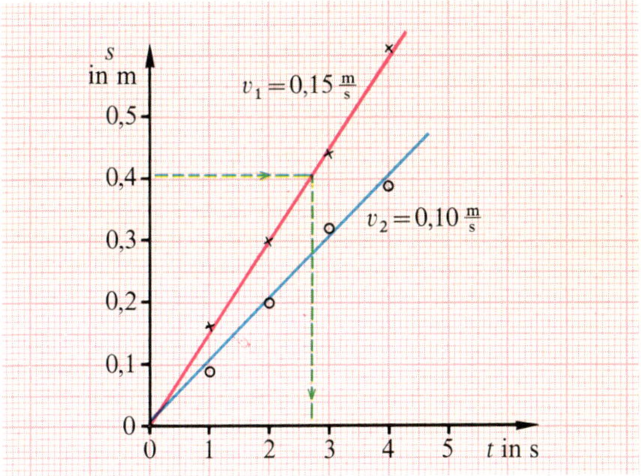

3 Schaubilder zu den Versuchen 1 und 2

Gleichförmige Bewegung erkennt man an folgenden Merkmalen, *die alle dasselbe bedeuten:*

- In gleichen Zeitabschnitten werden gleich lange Wegstrecken zurückgelegt.
- In der doppelten (dreifachen, ...) Zeit t wird der doppelte (dreifache, ...) Weg s zurückgelegt.
- Das t-s-Schaubild ist eine Ursprungsgerade.
- Die Quotienten zugeordneter Wertepaare $(t; s)$ sind konstant.

3. Das Schaubild ist genauer als der Fahrplan

Tabelle 1 sagt uns den Ort der Lok zu jeder vollen Sekunde. Wie lange braucht die Lok jedoch für $s = 0{,}40$ m? Mit der Tabelle können wir das nicht beantworten; aber wir können es dem Schaubild *(Bild 3)* entnehmen: Die Ursprungsgerade ordnet nämlich dem Weg $s = 0{,}40$ m die Zeit $t = 2{,}7$ s zu. Mit der Stoppuhr lässt sich das leicht bestätigen. Jeder Punkt der Geraden gibt für die zugehörige Strecke s die dazu nötige Zeit t an; das brauchen keine ganzen Sekunden zu sein! Die Achsenbeschriftung „t in s" bedeutet, dass die Zeit t in der Einheit s angegeben wird. Später *(Bild 182.1)* schreiben wir dafür kürzer „$\frac{t}{s}$".

Zeit t in s	0	1	2	3	4
Weg s in m	0	0,16	0,30	0,44	0,61
s/t in m/s	–	0,16	0,15	0,15	0,15

Tabelle 1 Zu Versuch 1

4. Die Geschwindigkeit

Versuch 2: Wir wiederholen Versuch 1, lassen aber die Lok etwas langsamer fahren. Die *Tabelle 2* zeigt die Messwerte. ■

Die langsamere Lok kommt in jeder Sekunde weniger weit als die schnellere. Aber auch sie legt in gleichen Zeiten t gleiche Wegstrecken s zurück. Wieder liegen die Punkte $(t; s)$ auf einer Ursprungsgeraden (blaue Gerade in *Bild 3*), die aber weniger steil verläuft als die für die schnelle Lok; wieder sind die Quotienten s/t gleich. Allerdings: Je schneller die Lok fährt, desto größer sind die Quotienten s/t.

Wie schnell ist nun die Lok? Der Quotient s/t sagt es uns: Er nimmt bei jeder gleichförmigen Bewegung einen bestimmten, gleichbleibenden Wert an. Wir nennen ihn die **Geschwindigkeit** dieser gleichförmigen Bewegung und bezeichnen ihn mit dem Buchstaben v.

Bei einer **gleichförmigen Bewegung** nennen wir den Quotienten aus der Wegstrecke s und der dazu benötigten Zeit t die **Geschwindigkeit** $\boldsymbol{v}$.

$$v = s/t$$

Zeit t in s	0	1	2	3	4
Weg s in m	0	0,09	0,20	0,32	0,39
s/t in m/s	–	0,09	0,10	0,11	0,10

Tabelle 2 Zu Versuch 2

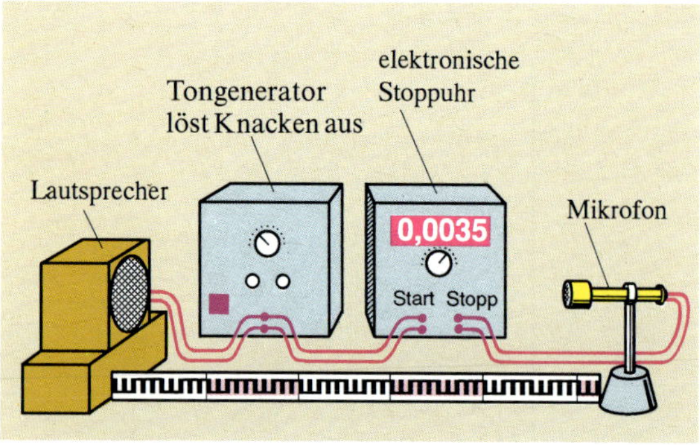

1 Messung der Schallgeschwindigkeit

Kopfhaar	1 cm/Monat	Schneeflocke	20 cm/s
Schnecke	2 mm/s	Regentropfen	9 m/s
Pferd	60 km/h	Lava	20 km/h
Schwertfisch	110 km/h	Lawine	100 km/h
Gepard	120 km/h	Orkan	300 km/h
Schwalbe	300 km/h	Mond um Erde	1 km/s
Strafstoß	100 km/h	Erde um Sonne	30 km/s
Tennis (Aufschlag)	263 km/h	Schall in Luft	340 m/s
		Schall in Wasser	1,5 km/s
IC Express	410 km/h	Schall in Eisen	5,8 km/s
Flugzeug	800 km/h	Licht	300000 km/s

Tabelle 1 Geschwindigkeiten

5. Wir rechnen mit Größen

Die Geschwindigkeit der Lok in Versuch 1 berechnen wir mit der Gleichung $v = s/t$. Mit $s = 0{,}44$ m und $t = 3$ s erhalten wir $v = 0{,}44$ m/3 s = 0,15 m/s.

Beim Rechnen mit den *Größen* s und t schreiben wir nicht nur die *Zahlenwerte* (z. B. 0,44) in den Zähler oder Nenner, sondern auch die *Einheiten* (z. B. m und s). Dann berechnen wir den Quotienten der Zahlenwerte (0,15). Die Einheit der Geschwindigkeit ergibt sich als Quotient der Längeneinheit m und der Zeiteinheit s zu m/s. Es gilt: 1 m/s = 1 m/1 s. Die Buchstaben für die Größen sind *kursiv* gedruckt.

Streckenlänge s und Zeit t sind **Basisgrößen.** Für sie hat man die **Einheiten** m bzw. s eigens definiert. Die Geschwindigkeit v dagegen ist eine **abgeleitete Größe**. Man braucht für sie keine eigene Einheit zu definieren, sondern nimmt den Quotienten m/s.

Was bedeutet „Tempo 30"?

Im Straßenverkehr werden Geschwindigkeiten mit der Einheit km/h angegeben.
Bei Tempo 30 hat ein Auto die Geschwindigkeit $v = 30$ km/h = 30 · 1000 m/3600 s = 8,3 m/s.

Umgekehrt lässt sich die Geschwindigkeit eines Fußgängers, der mit der Geschwindigkeit $v = 1{,}2$ m/s geht, in die Einheit km/h umrechnen:

$$v = 1{,}2\,\frac{\text{m}}{\text{s}} = \frac{1{,}2\,\text{m}}{1\,\text{s}} = \frac{1{,}2 \cdot 1/1000\,\text{km}}{1/3600\,\text{h}} =$$

$$= \frac{1{,}2 \cdot 3600\,\text{km}}{1000\,\text{h}} = 1{,}2 \cdot 3{,}6\,\frac{\text{km}}{\text{h}} = 4{,}32\,\frac{\text{km}}{\text{h}}.$$

6. Die Messung der Schallgeschwindigkeit

Dazu verwenden wir eine elektronische Stoppuhr, die sehr kurze Zeiten messen kann (auf 0,1 ms genau). An die Stoppuhr sind ein Lautsprecher als Sender und ein Mikrofon als Empfänger angeschlossen *(Bild 1)*. Mit einer Taste lösen wir ein Knacken aus; dadurch wird automatisch die Uhr gestartet. Sie wird gestoppt, wenn der Schall das Mikrofon erreicht.

Versuch 3: Wir stellen das Mikrofon in verschiedenen Entfernungen s vom Lautsprecher auf und messen jeweils die Laufzeit t des Schalls *(Tabelle 2)*. ■

Wir erhalten für die Schallgeschwindigkeit $v = s/t \approx 340$ m/s. Da die verwendete Uhr auf eine zehntausendstel Sekunde genau misst, ist die Ziffer in der letzten Stelle unsicher. Sie kann um eine Einheit nach oben oder unten streuen. Eine derartige Streuung macht bei der kleinsten Messzeit $t = 0{,}0012$ s etwa 1/10 des Messwertes aus, bei $t = 0{,}0047$ s dagegen nur noch etwa 1/50. Bei kleineren Messzeiten ist damit auch das Ergebnis für v sehr viel unsicherer als bei größeren. So erklärt sich die große Abweichung vom tatsächlichen Wert bei kleinen Messzeiten t.

Die Schallgeschwindigkeit ist in verschiedenen Stoffen unterschiedlich groß. In Gasen ist sie am kleinsten, in festen Körpern am größten *(Tabelle 1)*.

s (in m)	0	0,40	0,80	1,20	1,60
t (in s)	0	0,0012	0,0023	0,0035	0,0047
v (in m/s)	–	333	347	342	340

Tabelle 2 Die Ausbreitung von Schall

7. Algebra kann nützlich sein

Physikalische Zuammenhänge stellen wir durch Gleichungen dar. Darin stehen Buchstaben und Zahlen. Kursive Buchstaben stehen für physikalische Größen, gerade für Einheiten. Beim Umformen dieser Gleichungen können wir die Regeln der Algebra anwenden. Hierzu drei Beispiele:

Die Berechnung der Geschwindigkeit: Durchfährt ein Auto die Strecke $s = 200\ \mathrm{m}$ in der Zeit $t = 5\ \mathrm{s}$ gleichförmig, dann hat es die Geschwindigkeit

$$v = \frac{s}{t} = \frac{200\ \mathrm{m}}{5\ \mathrm{s}} = \frac{40\ \mathrm{m}}{1\ \mathrm{s}} = \frac{40 \cdot 1/1000\ \mathrm{km}}{1/3600\ \mathrm{h}} =$$

$$= \frac{40 \cdot 3600\ \mathrm{km}}{1000\ \mathrm{h}} = 40 \cdot 3{,}6\ \frac{\mathrm{km}}{\mathrm{h}} = 144\ \frac{\mathrm{km}}{\mathrm{h}}.$$

Die Berechnung der Strecke: Wie lang ist die Strecke s, die ein Radfahrer in der Zeit $t = 15\ \mathrm{min}$ mit der konstanten Geschwindigkeit $v = 16\ \mathrm{km/h}$ zurücklegt?

Wir multiplizieren die Gleichung $v = s/t$ auf beiden Seiten mit t und erhalten die Gleichung $s = v \cdot t$. Nun rechnen wir:

$$s = v \cdot t = 16\ \mathrm{km/h} \cdot (1/4)\ \mathrm{h} = 4\ \mathrm{km}.$$

Wir haben die Einheit h gekürzt und ganz von selbst die zur Strecke s passende Einheit km erhalten.

Die Berechnung der Zeit: Welche Zeit t braucht ein Flugzeug ($v = 600\ \mathrm{km/h}$) für die Strecke $s = 900\ \mathrm{km}$?

Wir dividieren die Gleichung $s = v \cdot t$ auf beiden Seiten durch v und erhalten die Gleichung $t = s/v$:

$$t = \frac{s}{v} = \frac{900\ \mathrm{km}}{600\ \mathrm{km/h}} = \frac{900}{600}\ \mathrm{h} = 1{,}5\ \mathrm{h}.$$

Jetzt haben wir die Einheit km gekürzt und die zur Zeit t passende Einheit h erhalten. Es lohnt sich also, die Einheiten genau zu beachten.

> Bei einer gleichförmigen Bewegung berechnen wir zu zwei gegebenen Größen die jeweils unbekannte Größe mit den folgenden Gleichungen:
>
> $$v = \frac{s}{t}; \quad s = v \cdot t; \quad t = \frac{s}{v}.$$

A1. Der Eilzug E 3415 hält zwischen Plochingen und Ulm mehrmals. Die Längen der Teilstrecken und die dafür benötigten Zeiten kannst du dem Fahrplan *(Bild 72.1)* entnehmen. Vergleiche die Geschwindigkeiten auf den Teilstrecken unter der Annahme gleichförmiger Bewegungen.

A2. Eine Lok soll in Versuch 1 mit der konstanten Geschwindigkeit $v = 0{,}30\ \mathrm{m/s}$ fahren. Berechne die Teilstrecken nach *Tabelle 73.1* und zeichne das t-s-Schaubild für diese Bewegung. Berechne den Weg s, den die Lok in 2,5 s zurücklegt, und die Zeit t, die sie für 0,5 m braucht. Bestätige die Ergebnisse an Hand des Schaubildes.

A3. Die Leitpfosten an der Autobahn haben einen Abstand von 50 m. Wie kannst du damit die Anzeige des Tachometers bei 100 km/h überprüfen? Genügt es, als Teststrecke 50 m zu wählen?

A4. Welchen Fehler macht ein Zeitnehmer beim 100 m-Lauf, wenn er die Uhr startet, sobald er den Startschuss hört? Wäre dies für den Läufer von Vorteil? In welcher Zeit durchläuft das Licht die 100 m-Strecke? (Lichtgeschwindigkeit $v = 300\,000\ \mathrm{km/s}$) Darf man also nach dem Rauchzeichen der Startpistole stoppen, ohne einen nennenswerten Fehler zu machen?

A5. Wie lange braucht das Licht von der Sonne zur Erde (150 Mio. km)? In der Astronomie werden Entfernungen in Lichtjahren angegeben; das ist die Strecke, die Licht in einem Jahr durchläuft. Wie lang ist sie?

A6. Der Umfang der Erde beträgt etwa 40 000 km. Welche Geschwindigkeit haben die Menschen am Äquator allein wegen der täglichen Erddrehung?

A7. In Versuch 2 haben wir die Laufzeit des Schalls auf eine zehntausendstel Sekunde genau messen können. Welcher Wert hätte sich für die Schallgeschwindigkeit ergeben, wenn die Uhr jeweils eine um eins größere (kleinere) Ziffer in der letzten Stelle *(Tabelle 2)* angezeigt hätte?

A8. Immer mehr Gemeinden schreiben „Tempo 30" in Wohngebieten vor. Was bringt das für die Verkehrssicherheit? Der Bremsweg bis zum Stillstand eines Autos ist bei der Geschwindigkeit 50 km/h etwa 20 m und bei 30 km/h etwa 7 m. Wird nun ein Autofahrer zu einer Vollbremsung gezwungen, so reagiert er erst nach einer „Schrecksekunde". Wie weit fährt das Auto in dieser Reaktionszeit? Wie groß ist somit der tatsächliche Weg bis zum Stillstand?

Kräfte und ihre Messung

1 Ohne Kraft kein Tor!

2 Diese Kraft verformt und beschleunigt den Ball

1. Kräfte ändern den Bewegungszustand

Der Sportler in *Bild 1* wirft den Ball auf das Tor. Die Anspannung in seinen Muskeln spürt er selbst als seine eigene, subjektive Empfindung. Wir dagegen wollen den Vorgang mit der Sprache der Physik beschreiben und sagen: „Der Spieler **übt auf den Ball eine Kraft aus.**" Diese Kraft erkennen wir an ihren **Wirkungen**: Als Zuschauer sehen wir, wie stark und in welche Richtung der Ball *beschleunigt* wird.

Betrachten wir nun den Torhüter. Er muss den Ball mit einer großen Kraft *abbremsen.* Übt er auf den Ball eine zu kleine Kraft aus, so wird dieser nicht ausreichend verzögert; ein Tor ist die Folge. Die vom Torwart auf den Ball ausgeübte Kraft kann diesen aber auch in eine andere Richtung lenken.

Wir erkennen also Kräfte daran, dass sie den **Bewegungszustand von Körpern ändern:** Der Ball wird beschleunigt, verzögert, seine Bewegungsrichtung wird verändert. *Hierzu muss die Kraft am Ball angreifen.* Alle Anstrengungen des Torwarts sind nutzlos, wenn er den Ball nicht erreicht.

Eine Eisenkugel bleibt auf einer waagerechten Glasplatte in Ruhe. Auf sich selbst übt die Kugel keine Kraft aus; deshalb ändert sich ihr Bewegungszustand nicht. Ein Magnet dagegegen kann die Kugel beschleunigen und wieder verzögern. Nach *Bild 3* lenkt er sie aus ihrer Bahn ab. Diese Bahn ist geradlinig, solange keine Kraft auf die Kugel wirkt.

Magnete haben zwar die *Fähigkeit* Eisen anzuziehen. Ist aber kein Eisen in der Nähe, so führt diese Fähigkeit zu keiner Kraft. Wir dürfen also einem Magneten für sich allein noch keine Kraft zusprechen. Er kann sich zum Beispiel nicht mit magnetischen Kräften von selbst in Bewegung setzen. *Eine Fähigkeit ist noch keine Kraft.* Von einer Kraft dürfen wir nur dann sprechen, wenn sie an einem Körper angreift und dort die hier besprochenen Wirkungen hervorruft.

2. Kräfte verformen Körper

Bild 2 zeigt einen Fußballspieler. Sein Kopf übt auf den Ball eine Kraft aus, die den Ball abbremst und dann wieder beschleunigt. Zudem **verformt** die Kraft diesen Ball. Man kann ihn auch zwischen den Händen etwas zusammenpressen; dann wirken Kräfte in entgegengesetzten Richtungen auf ihn. Sie verformen den Ball, ohne ihn zu beschleunigen, ohne also seinen Bewegungszustand zu ändern.

Wenn man an einer Feder in entgegengesetzten Richtungen zieht, wird sie länger, also verformt.

Werden Körper verformt oder wird ihr Bewegungszustand geändert, so greifen Kräfte an ihnen an.

Das Ändern des Bewegungszustandes bedeutet: Der Körper wird beschleunigt, abgebremst oder die Richtung seiner Bewegung wird geändert.

3. Das Prinzip der Kraftmessung

Schon einfache Längenmessungen zeigen, was messen bedeutet: *Wer misst, vergleicht eine Größe (zum Beispiel die Länge eines Tisches) mit einer Einheit* (1 m) *oder ihren Vielfachen* (3 · 1 m = 3 m). Betrachten wir in diesem Sinne zwei Jungen, die „ihre Kräfte messen wollen". Wir sagen, sie „treten zum Vergleich an" und fragen: „Sind sie gleich stark; welcher ist der Stärkere; wievielmal so stark ist er?" Ein Boxkampf löst das Problem nicht; denn blaue Flecken geben kein brauchbares Maß für Kräfte.

Da man Kräfte am Ändern des Bewegungszustandes erkennt, könnten sich die Jungen im Speerwerfen vergleichen. Doch hängt die Wurfweite auch von der Geschicklichkeit ab. Ein Verfahren, das Kräfte unmittelbar zu vergleichen gestattet, zeigt *Bild 4:*

Versuch 1: **a)** Zwei Schüler ziehen nacheinander am gleichen Expander. Ein Ende ist an der Wandtafel *gut befestigt.* Wer den Expander stärker verlängert (verformt), übt auf ihn die größere Kraft aus. Wird der Expander von beiden Schülern bis zur gleichen Marke verlängert, dann üben beide gleich große Kräfte aus. Damit ist die **Maßgleichheit** für Kräfte festgelegt.

b) Nun ziehen alle nacheinander am Expander und markieren jeweils die Verlängerungen an der Tafel. Dort entsteht eine *Kräfteskala.* Expander und Skala zusammen bilden das *Messgerät.* Man kann beide aufbewahren und den Kräftevergleich später fortsetzen. ■

Zum Messen braucht man in der Physik auch noch eine **Einheit**. Als vorläufige Privateinheit könnte man die Kraft benutzen, die der Schüler Max ausübt. Wir nennen sie „1 Max". Was aber sind „2 Max"? Vielleicht hat Max einen gleich starken Mitschüler. Wir vereinbaren: Wenn beide zusammen in gleicher Richtung ziehen, üben sie die Kraft „2 Max" aus. Diese Verlängerung markieren wir. Einem andern Schüler sprechen wir dann die Kraft „2 Max" zu, wenn er den Expander bis zu dieser Marke verlängert. Zieht dieser Schüler dann zusammen mit Max in gleicher Richtung, so üben vereinbarungsgemäß beide zusammen die Kraft „3 Max" aus. So können wir uns – wenigstens im Prinzip – die Kräfteskala erweitert denken. Bei den meisten Expandern ist diese Kräfteskala allerdings nicht gleichmäßig. Wir werden bald ein geeigneteres und auch handlicheres Messgerät für Kräfte finden.

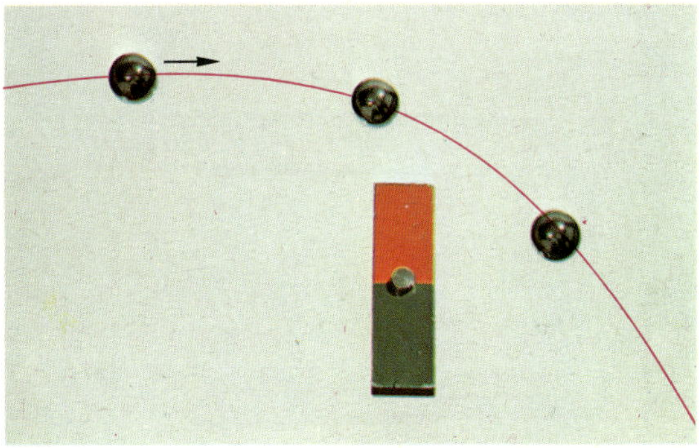

3 Der Magnet ändert den Bewegungszustand der Kugel. Also übt er eine Kraft auf diese aus.

4 Expander und Skala als Maßstab für Kräfte

Zwei Kräfte, die denselben Körper gleich stark verformen, sind gleich groß.

Kräfte, die in einem Punkt eines Körpers angreifen, addieren sich, wenn sie gleiche Richtung haben.

4. Die Kraftmessung gilt für alle Kraftarten

Man kann mit unserem Verfahren auch die Kraft eines Zugtiers, eines Motors oder eines Magneten messen. Unser Messverfahren ist also unabhängig vom Kraftverursacher, von der **Kraftart.** Wir sehen: *Kräfte haben nicht nur eine Wirkung; sie brauchen auch einen „Verursacher".* So beschreiben sie den **Ursache-Wirkungs-Zusammenhang** der Mechanik: *Wenn* Max mit seiner Muskelkraft *(Ursache)* am Expander zieht, *dann* wird dieser verformt *(Wirkung).*

Die Umgangssprache kennt auch Wasch-, Überzeugungs- und Arbeitskräfte sowie wirtschaftliche und politische Kräfte. Diese lassen sich natürlich nach dem obigen Verfahren nicht messen; es handelt sich also nicht um Kräfte im Sinn der Physik.

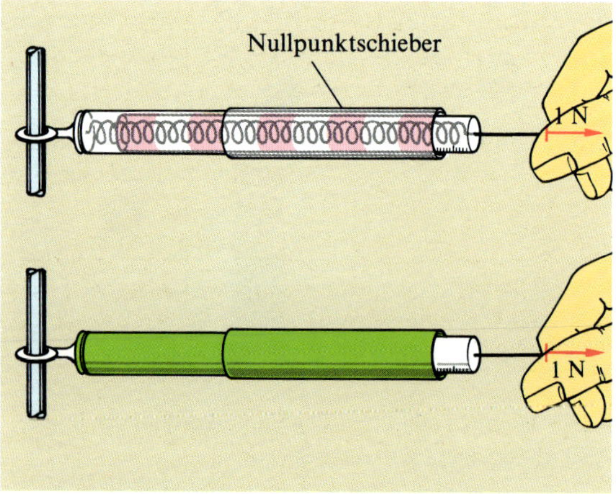

1 Rechts zieht eine Hand mit der Kraft 1 Newton

5. Kraftmesser und die Krafteinheit 1 Newton

Zur Längenmessung wurden Maßstäbe, zur Zeitmessung Uhren konstruiert. **Kraftmesser** sind kleine, aber präzise Expander. Sie enthalten nach *Bild 1* eine hochwertige Stahlfeder. Man hat sie natürlich nicht mit unserer Privateinheit „1 Max" versehen, da mit ihr Außenstehende wenig anfangen können. Vielmehr bestimmt man mit Kraftmessern Kräfte in der international vorgeschriebenen Krafteinheit, dem **Newton,** abgekürzt mit **N**. Sie ist nach dem englischen Physiker Isaac Newton (um 1700) benannt, der die Gesetze der Mechanik aufgestellt hat.

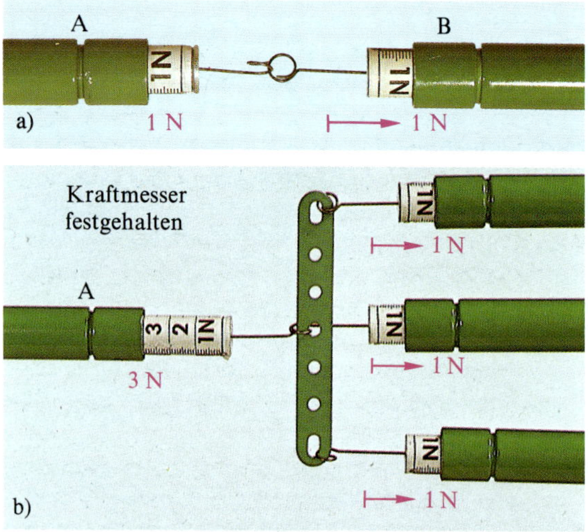

2 a) Wir ziehen am rechten Kraftmesser nach rechts; der linke ist festgehalten. Beide zeigen die Kraft 1 N an. b) Die 3 Kräfte von je 1 N addieren sich an A zu 3 N.

Im **Kraftmesser** nach *Bild 1* ist eine Schraubenfeder aus Stahldraht von zwei Plastikhülsen umgeben. Diese können leicht ineinander gleiten. Die äußere Hülse wurde mit dem linken Ende der Feder fest verbunden, die innere mit dem rechten. Wenn keine Kraft wirkt, stellt man den *Nullpunktschieber* auf den Skalenwert 0 N. Verlängert dann eine Kraft die Feder, so wird auf der inneren Hülse eine Skala sichtbar. Einer ihrer Teilstriche trägt die Angabe 1 N. Verlängert man die Feder bis zum Teilstrich 5, so übt man die Kraft 5 N aus. Je nach Härte der Federn haben Kraftmesser verschiedene *Messbereiche*, etwa von 0 N bis 0,1 N, von 0 N bis 1 N, von 0 N bis 5 N usw. Unsere Privateinheit „1 Max" war ca. 300 N.

Die Einheit der Kraft ist das Newton (N).

6. Versuche mit Kraftmessern

Versuch 2: Nach *Bild 2a* ziehen wir am rechten Kraftmesser B, bis der linke (A) die Kraft 1 N anzeigt, also die Kraft 1 N erfährt. Dies geschieht durch Vermittlung des rechten. Dieser zeigt dann ebenfalls 1 N an. – Wir könnten mit der Hand aber auch am linken Kraftmesser mit 1 N nach links ziehen. Wiederum zeigen beide Kraftmesser 1 N an. ■

Kraftmesser messen also nicht nur die Kraft, die sie selbst erfahren. Sie geben auch die Kraft an, die man mit ihrer Hilfe auf andere Körper ausübt.

Betrachten wir den waagerechten Draht in *Bild 2a* zwischen den Kraftmessern A und B. Er überträgt die Kraft 1 N vom einen Ende zum andern; sie nimmt unterwegs weder zu noch ab, beträgt also überall 1 N. Dies gilt auch dann, wenn wir den Draht durch einen langen Faden oder gar ein Gummiband ersetzen.

Versuch 3: Nach *Bild 2b* liegen rechts drei Kraftmesser *parallel* zueinander. An jedem ziehen wir mit der Kraft 1 N nach rechts. Als „Resultat" zeigt der linke Kraftmesser A die Kraft 3 N an. Zu dieser **resultierenden Kraft** 3 N haben sich die 3 gleichgerichteten Kräfte von je 1 N addiert. So addieren sich auch die gleichgerichteten Kräfte 3 N, 7 N und 5 N zur resultierenden Kraft 15 N, wenn sie am gleichen Körper angreifen. ■

Nach *Bild 2a* kann man mithilfe guter Kraftmesser prüfen, ob andere Kraftmesser vielleicht überdehnt worden sind und falsch anzeigen.

7. Kräfte sind Vektorgrößen

Der Elfmeterschütze hat es nicht leicht. Er muss den Ball mit großer Kraft „treten" und ihr auch die richtige *Richtung* geben. Hierzu muss er den **Angriffspunkt** der Kraft, also die Stelle, an der sein Fuß den Ball trifft, richtig wählen. Die **Wirkung** einer Kraft hängt also ab:

a) vom **Betrag** der Kraft (3 N, 7 N usw.),
b) von der **Kraftrichtung**,
c) oft auch noch vom **Angriffspunkt** der Kraft.

Deshalb stellt man Kräfte in physikalischen und technischen Zeichnungen symbolisch als *Pfeile* dar, deren Spitze in die Kraftrichtung weist. Den Pfeil heftet man meist an *den* Punkt des Körpers, in dem die Kraft angreift, an den Angriffspunkt. Auch den Betrag der Kraft kann man durch den Pfeil ausdrücken. Dazu vereinbart man für seine Länge einen **Kräftemaßstab**, z. B. 1 cm ≙ 1 N *(Bild 3)*. Dann stellt ein 3 cm langer Pfeil eine Kraft vom Betrag $F = 3$ N dar. Mit dem Buchstaben F kennzeichnen wir Kräfte (force, engl.: Kraft).

Physikalische Größen, die man durch Pfeile darstellen kann, denen also eine Richtung zukommt, nennt man **Vektorgrößen**. Man bezeichnet sie meist durch einen Pfeil über dem Buchstabensymbol (Kraft $\vec{F}$). Sprechen wir nur vom *Betrag*, so schreiben wir den Buchstaben ohne Pfeil ($F = 30$ N). Wenn man sagt, eine Kraft sei doppelt so groß wie eine andere, so meint man, sie habe den doppelten Betrag (unabhängig von der Richtung). – Es gibt auch Größen, denen keine bestimmte Richtung zukommt, wie Volumen V und Zeit t. Man nennt sie **skalare Größen**.

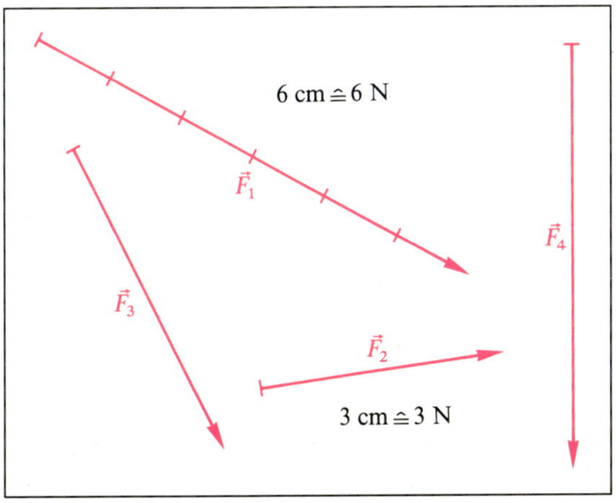

3 Kraftpfeile zeigen Richtung und Angriffspunkt

A1. Übertrage die folgende Tabelle ins Heft und ergänze sie. Denke dabei an Situationen, bei denen Kräfte wirken.

Wer übt die Kraft aus?	Wo greift die Kraft an?	Kraftart	Kraftwirkung
Torschütze	Ball	Muskelkraft	Beschleunigung
Magnet	?	?	?
Wind	?	?	?
?	?	?	?

A2. Was zeigt ein Kraftpfeil? Erkennt man an ihm die Kraftart und die Kraftwirkung sowie den Körper, an dem die Kraft angreift?

A3. Ein Fußballreporter ruft, ein Spieler habe den Ball gehalten, abgewehrt bzw. verlängert. Was hätte der Spieler tun müssen, wenn das wörtlich gemeint wäre? Beschreibe physikalisch den jeweiligen Vorgang und die Wirkung. Zeichne jeweils die Kraftpfeile am Ball.

A4. Nimm einen Magneten zur Hand. Hat er für sich eine Kraft im Sinne der Physik? Was musst du tun, damit eine magnetische Kraft auftritt? Wie kannst du sie messen? Hängt sie nur vom Magneten ab?

A5. a) Gib Änderungen des Bewegungszustands eines Tischtennisballs beim Spiel an und die jeweilige Ursache; zeichne die Kraftpfeile am Ball.
b) Beruße mit einer Kerzenflamme eine Glasplatte vorsichtig und lege sie auf den Tisch. Lass aus verschiedenen Höhen Tischtennisbälle auf die Rußschicht fallen. Vergleiche die Rußspuren an Platte und Ball bei verschiedenen Fallhöhen und erkläre.

A6. Warum ist eine sogenannte Arbeitskraft nie eine Kraft im Sinn der Physik, selbst wenn sie schwere Steine hochschleppt?

A7. a) In einem Versuch nach *Bild 2b* zeige rechts der obere und untere Kraftmesser je 2 N. Wie stark wird am mittleren gezogen, wenn der linke (A) 7 N anzeigt?
b) In *Bild 2a* zeige der rechte Kraftmesser 3 N. Ist es möglich, dass der linke 5 N angibt?

A8. Kann eine Kraft am gleichen Körper zwei verschiedene Wirkungen zugleich hervorrufen?

A9. Max übt etwa die Kraft 300 N aus. Wie könnte man sie mit 100 N-Kraftmessern nachmessen?

Körper erfahren Gewichtskräfte

1 Die Gewichtskraft zieht am jeweiligen Ort nach „unten“

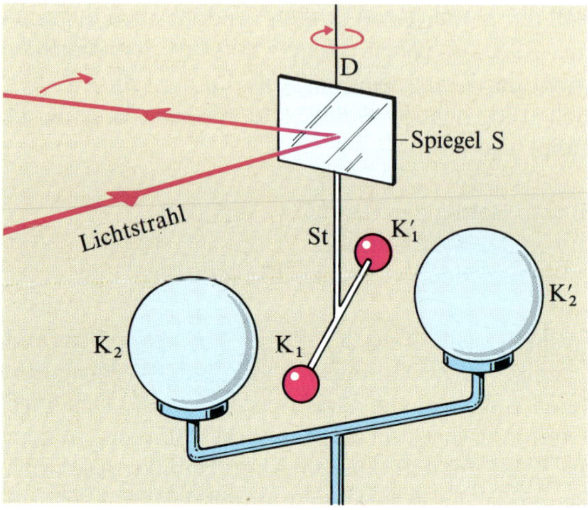

2 Die Bleikugel K_1 wird von K_2 angezogen

1. Was sind Gewichtskräfte?

Lässt du einen Ball los, so wird er nach unten beschleunigt; er erfährt eine nach unten wirkende Kraft. Man nennt sie **Gewichtskraft** oder auch **Schwerkraft**. Nach *Bild 1* zeigen diese Gewichtskräfte zur Erdmitte.

Aber nicht nur die Erde kann solche Kräfte ausüben. Astronauten erfuhren nämlich auch auf dem Mond eine Gewichtskraft, die allerdings viel kleiner war als auf der Erde. Also zieht auch der Mond Körper an. Er ist wie die Erde ein großer Materiebrocken. Wir fragen deshalb: Zieht vielleicht jedes Materiestück jedes andere an – wenn auch nur schwach?

Versuch 1: Probieren wir im Kleinen aus, was uns die Natur im Großen vormacht. Hierzu ersetzen wir nach *Bild 2* die Erde durch die große Bleikugel K_2 (oder K_2'). Der fallende Ball sei eine der kleinen Kugeln K_1 (bzw. K_1'). Diese hängen mit ihrem waagerechten Verbindungsbalken an dem dünnen Draht D. Der kleinste Luftzug würde diesen überaus empfindlichen Kraftmesser mitsamt dem Spiegel S in Drehung versetzen. Deshalb hängt er in einem hier nicht gezeichneten Gehäuse. Zunächst sei alles in Ruhe. Der am Spiegel reflektierte Lichtstrahl bewegt sich nicht. – Nun drehen wir die beiden großen Kugeln K_2 und K_2' auf der blau gezeichneten Auflage außerhalb des Gehäuses. Dabei nähert sich K_2 der vorderen kleinen Kugel K_1 von links. Kugel K_2' nähert sich der hinteren kleinen K_1' von rechts. Wenn es richtig ist, dass sich diese Kugeln anziehen, kommt K_1 nach links und K_1' nach rechts in Bewegung; der Spiegel S und der an ihm reflektierte Lichtstrahl (rot) drehen sich. Dies geschieht tatsächlich, wenn auch sehr langsam. ■

Zwischen den Kugeln bestehen also Anziehungskräfte; sie wachsen mit sinkendem Abstand der Kugeln. Diese Anziehungskräfte sind bei der riesigen Erde sehr viel größer (sie könnte aus vielen Kugeln K_2 bestehen). Dabei handelt es sich aber nicht um magnetische Kräfte, da sie auch zwischen unmagnetischen Stoffen wie Blei, Glas oder Holz ausgeübt werden.

Beliebige Körper ziehen sich gegenseitig an. Diese **Anziehungskräfte** nehmen mit sinkendem Abstand zu.

Nach all dem ist es irreführend zu sagen, „die Körper *sind* schwer“. In Wirklichkeit *erfahren sie erst von der Erde ihre Gewichtskraft als Anziehungskraft.* Diese kann also kein unveräußerlicher „Besitz“ eines Körpers sein. Hielten wir uns nämlich in einem Raumschiff weit weg von allen Himmelskörpern auf, so würden wir keine merkliche Gewichtskraft erfahren. Für sich allein haben also die Körper keine Gewichtskraft. Sie erfahren diese erst als Anziehungskraft, etwa von der Erde, dem Mond oder von anderen großen Himmelskörpern.

2. Ist die Gewichtskraft überall gleich?

Die Gewichtskraft zeigt nach *Bild 1* zur Erdmitte, hat also am Äquator eine ganz *andere Richtung* als an den Polen. Ist sie dann wenigstens überall gleich groß? Man weiß, dass die Erde keine exakte Kugel ist; die Pole liegen etwas näher am Erdmittelpunkt als der Äquator. Sehr genaue Kraftmesser zeigen, dass ein und derselbe Körper *an den Polen eine etwas größere Gewichtskraft erfährt als bei uns.* Alle Körper (ob aus Glas, Blei oder Holz) sind an den Polen um 0,5 % schwerer als am Äquator und um 0,25 % schwerer als bei uns in Mitteleuropa.

Wenn man sich von der Erde entfernt, nimmt die Anziehungskraft auf einen Körper stark ab. Im doppelten Abstand vom Erdmittelpunkt, also in 6370 km Höhe über dem Boden, ist sie auf den vierten Teil gesunken, im dreifachen Abstand gar auf den neunten.

Der Mond ist kleiner als die Erde. Er zieht alle Körper auf seiner Oberfläche nur mit dem 6. Teil der Gewichtskraft an, die sie auf der Erde erfahren würden *(Bild 3)*. Zieht also die Erde einen Körper mit $F = 6$ N an, so würde er an der Oberfläche des Mondes von diesem nur die Gewichtskraft 1 N erfahren. Deshalb konnten Raumfahrer auf dem Mond mit der gleichen Muskelkraft viel höher springen als bei uns. Dagegen ist auf dem größten Planeten des Sonnensystems, dem Jupiter, die Gewichtskraft, die ein Körper erfährt, 2,6-mal so groß wie bei uns.

Betrag und Richtung der Gewichtskraft, die ein Körper erfährt, hängen vom jeweiligen Ort ab.

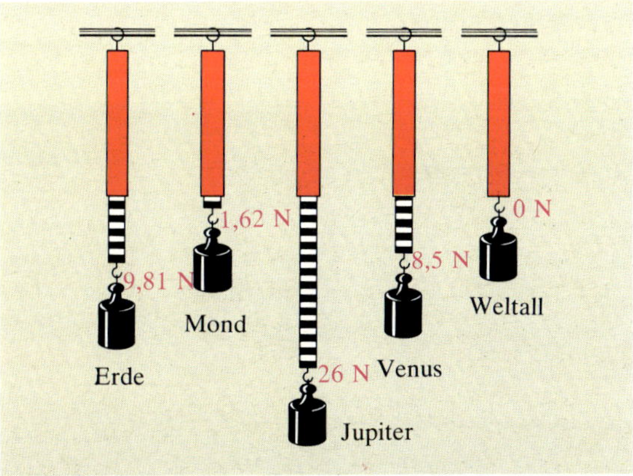

3 Der Betrag der Gewichtskraft ein und desselben Körpers hängt vom Ort ab

Kraft auf die kleinen Kugeln in *Bild 2*	$1/10^9$ N
Gewichtskräfte:	
Normalbrief	0,2 N
Schokoladentafel	1 N
1 l Wasser	10 N
Mensch	700 N
Zugkräfte:	
PKW	5000 N
Lokomotive	15 000 N
Kraft der Erde auf den Mond	$2 \cdot 10^{20}$ N

Tabelle 1 Verschiedene Kräfte (Größenordnung)

A1. Nach *Bild 1* ist die Gewichtskraft von Körpern am Äquator anders gerichtet als an den Polen. Ein Globetrotter sagt dagegen: Überall, wo er war, zeigte sie nach unten. Kläre den Widerspruch.

A2. Wir haben mit dem Expander waagerechte Zugkräfte der Größe „1 Max", „2 Max" usw. gemessen. Wie könnte man prüfen, ob 1 Max auch die Gewichtskraft des Schülers Max ist, die dieser von der Erde erfährt? Wäre sie überall gleich groß?

A3. Hänge an ein Gummiband einen Knetklumpen und markiere die Verlängerung. Deine private Krafteinheit heißt nun „1 Knet". Erzeuge 2 und 3 Knet. Muss dabei die Verlängerung des Bandes unbedingt doppelt bzw. dreifach sein? Wie bekommst du die Kraft 0,5 Knet? Wie bestimmt man, wie viel Newton einem „Knet" entsprechen?

A4. Ein Laborant misst täglich die Gewichtskräfte von weißen Mäusen mit Kraftmessern. Eines Tages gibt er sie in cm statt in N an. Warum liegt das nahe? Was ist dagegen einzuwenden?

A5. Wie müsste man beim Versuch nach *Bild 2* vorgehen, damit der reflektierte Lichtzeiger nach vorn und nicht nach hinten wandert?

A6. In Versuch 78.3 übertrug ein Draht die Kraft 1 N vom rechten zum linken Kraftmesser. Was ändert sich, wenn man den Draht durch eine Fadenschlinge aus 2 bzw. 4 parallelen Fadenstücken ersetzt?

A7. Man hat mit einem empfindlichen Kraftmesser eine horizontale Kraft bestimmt. Wie muss man dann den Nullpunktsschieber ändern, wenn man eine vertikal nach unten bzw. nach oben wirkende Kraft durch Ziehen am Haken der Innenhülse messen will?

Körper haben Masse

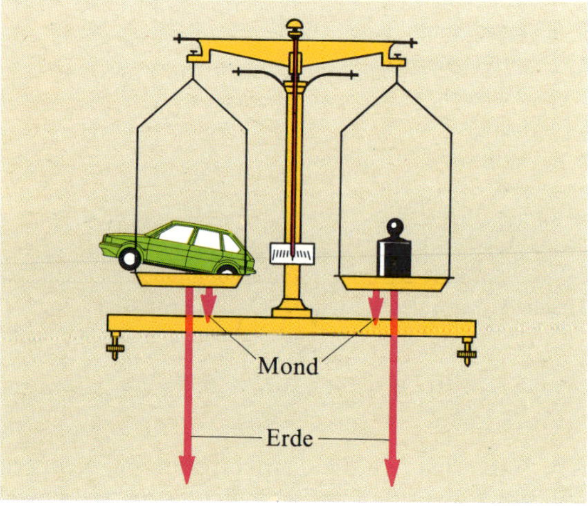

1 Die Balkenwaage zeigt auf der Erde wie auch auf dem Mond an, ob zwei Massen gleich sind

2 Astronaut James Irvin trägt auf seinem Mondausflug einen Tornister mit 84 kg Masse

1. Die Masse als „Besitz" eines Körpers

Eine Schokoladentafel erfährt (ohne Verpackung) auf der Erde die Gewichtskraft $G = 1$ N, auf dem Mond dagegen nur 1/6 N. Dort zeigt ein Kraftmesser 1 N erst bei 6 Tafeln an; trotzdem braucht ein Raumfahrer auf dem Mond nicht 6-mal so viel zu essen wie auf der Erde. Dass jede Tafel leichter geworden ist, liegt ja am Mond, nicht an der Schokolade. Nun benutzen Kaufleute keine Federkraftmesser. Vielmehr ermitteln sie die *Warenmenge* mit Waagen, die ohne Federn auskommen, etwa mit **Balken-** oder **Tafelwaagen** nach *Bild 1*. Was ist bei diesem Waagentyp anders?

Versuch 1: Wir legen auf jede Schale einer Balkenwaage ein Spielzeugauto. Spielt die Waage ein, so erfahren beide Autos die gleiche Gewichtskraft. Dann ersetzen wir das eine Auto durch Wägestücke aus einem *Wägesatz (Bild 3)*, so dass die Waage wieder einspielt. Nun erfahren Auto und Wägestücke die gleiche Gewichtskraft. Dies lässt sich viel genauer feststellen als mit Federkraftmessern. ■

Sind also Balkenwaagen nur verbesserte Kraftmesser? Gehen wir in Gedanken auf den Mond. Dort belasten Warenmenge wie Wägestücke die Waagschalen je nur mit 1/6 an Kraft *(Bild 1)*. Die Abnahme der Gewichtskraft beim Ortswechsel wirkt sich *auf beide Schalen gleich* aus. Folglich spielt die Waage auch auf dem Mond ein.

Balkenwaagen registrieren also Änderungen der Gewichtskraft bei Ortswechsel nicht; sie sind keine Kraftmesser. Balkenwaagen reagieren aber sehr empfindlich, wenn man vom zu wiegenden Körper etwas wegnimmt oder ihm etwas hinzufügt. Man sagt, dabei ändere sich die *Masse des Körpers.* Deshalb schreiben wir zwei Körpern, die eine Waage zum Einspielen bringen, die gleiche **Masse *m*** zu, selbst dann, wenn sie aus verschiedenen Stoffen bestehen (etwa Schokolade und Wägestücke). **Mit Balkenwaagen vergleicht man Massen.** – Massen werden mit dem Buchstaben *m*, Gewichtskräfte mit *G* (oder F_G), beliebige Kräfte mit *F* (force) bezeichnet.

Die Masse eines jeden Körpers bleibt beim Ortswechsel erhalten.

3 Milligrammstücke aus dem Wägesatz

2. Die Masse und ihre Einheit hängen nicht vom Ort ab

Schokoladentafeln tragen die Aufschrift 100 g. Mit 1 g bzw. 1 kg bezeichnet man nämlich die Einheit der Masse *m*, nicht die der Kraft *F*; als Krafteinheit ist ja schon 1 N festgelegt. 1 kg ist die Masse eines bestimmten Normkörpers (aus Edelmetall), des **Urkilogramms**. Man sprach ihm die Masse 1 kg zu. Zwei solche Körper erfahren am gleichen Ort die doppelte Gewichtskraft; sie haben die Masse 2 kg.

Die Waage nach *Bild 1* spielt auf der Erde *wie auch auf dem Mond* ein, falls in der einen Schale eine Schokoladentafel, in der anderen ein 100 g-Wägestück liegt. Beide haben dann **unabhängig vom Ort** die Masse 100 g. Die Angabe 100 g auf der Tafel bleibt bei der Fahrt zum Mond gültig; nicht aber die Angabe $G = 1$ N. Das Urkilogramm besitzt nämlich weltweit die Masse 1 kg. Die Masse kennzeichnet also einen „Besitzstand" des Körpers, der im Gegensatz zur Gewichtskraft nicht vom Ort abhängt.

Die **Einheit der Masse** *m* ist das **Kilogramm** (kg). 1 kg = 1000 g; 1 g = 1000 mg (Milligramm). 1 t (Tonne) = 1000 kg ist auch Masseneinheit.

Körper, die am gleichen Ort die gleiche Gewichtskraft *G* erfahren, haben die gleiche Masse *m*. Erfährt ein Körper am selben Ort die *n*-fache Gewichtskraft wie ein anderer, so besitzt er überall die *n*-fache Masse.

3. Welche Gewichtskraft erfährt ein 1 kg-Stück?

Hängen wir einen Körper der Masse $m = 1$ kg an einen Kraftmesser. Dieser zeigt bei uns – wie übrigens in ganz Mitteleuropa – die Gewichtskraft $G = 9{,}8$ N an. Also gehört die Gewichtskraft 1 N zur Masse $m = 1\,\text{kg}/9{,}8 = 102\,\text{g} \approx 0{,}1$ kg. Ein Gramm-Stück erfährt in Mitteleuropa die Gewichtskraft $1\,\text{N}/102 \approx 0{,}01$ N. Für 0,01 N schreiben wir 1 cN (Zenti-Newton; siehe cm).

Nun kannst du für eine Schraubenfeder eine Skala herstellen und sie als Kraftmesser benutzen: Du hängst nacheinander Wägestücke mit der Gesamtmasse $m = 102$ g, 204 g, 306 g ... an und markierst die Verlängerungen mit 1, 2, 3 N. Für die Gewichtskraft 1 N brauchte man auf dem Mond dagegen Körper mit der 6fachen Masse 612 g.

Atom	$1/10^{24}$	Cheopspyramide	$6 \cdot 10^{9}$
Fliege	0,001	Lufthülle Erde	$2 \cdot 10^{18}$
Standardbrief	0,02	Mond	$7 \cdot 10^{22}$
1 dm³ Wasser	1,00	Erde	$2 \cdot 10^{24}$
Mensch	70	Sonne	$6 \cdot 10^{27}$
PKW	1000	Milchstraße	10^{39}
Öltanker	10^{8}	Weltall	10^{50}

Tabelle 1 Massen vom Atom zum Weltall in kg (gerundet)

Ein Körper der Masse 1 kg erfährt in Mitteleuropa die Gewichtskraft 9,8 N ≈ 10 N.
Ein Gramm-Stück erfährt etwa die Gewichtskraft 1 cN (Zenti-Newton).

A1. a) Ein Wägesatz enthält folgende Stücke: 100 g, 50 g, 20 g, 20 g, 10 g, 5 g, 2 g, 2 g, 1 g. Warum sind 2 g und 20 g doppelt vorhanden? Setze die Reihe bis 1 kg fort. Wie erhältst du 19 g, 84 g?
b) Welche Gewichtskräfte erfahren die in (a) angegebenen Wägestücke bei uns, welche würden sie auf dem Mond erfahren?

A2. Man gab dem Urkilogramm so genau wie möglich die Masse von 1 l (1 dm³) Wasser (bei 4 °C). Prüfe dies – wenn möglich – zu Hause nach. Welche Masse hat 1 dm³ Wasser auf dem Mond? Welche Gewichtskraft erfährt es dort?

A3. a) Kann man Massen auch mithilfe der Verlängerung von Federn vergleichen? Welche Einschränkung ist zu machen?
b) Warum gibt man der Skala von Kraftmessern nicht die Einheit kg?

A4. a) Welche Masse *m* und welche Gewichtskraft *G* kommt dem Urkilogramm auf dem Mond zu?
b) Tragen die Stücke unserer Wägesätze mit Recht die Aufschriften 1 kg und 1 g oder sollten sie durch 10 N und 1 cN ersetzt werden?

A5. Warum sagt man: Körper *haben* (besitzen) Masse und *erfahren* Gewichtskräfte?

A6. Das Urkilogramm wird in Paris aufbewahrt. Ist dies für seine Gültigkeit als Massenormal von Bedeutung?

A7. Warum nennen wir einen Wägesatz nach *Bild 3* nicht einen Gewichtssatz?

A8. Anni benutzt einen alten Wägesatz, dessen kg-Stück mit einer Kruste überzogen ist. Damit wiegt sie Zucker ab und sagt, wegen der Kruste liege die Masse des Zuckers in der anderen Schale unter 1 kg. Hans widerspricht ihr. Diskutiere.

4. Wir berechnen die Gewichtskraft weltweit

Tabelle 1 zeigt die Gewichtskräfte G von Wägestücken der Masse m bei uns. Ein Stück mit der halben Masse erfährt am gleichen Ort auch nur die halbe Gewichtskraft. Wie wir schon wissen, gilt:

Gewichtskraft G und **Masse** m sind am gleichen Ort einander proportional.

Dies erinnert an die Proportionalität zwischen Weg s und Zeit t bei einer gleichförmigen Bewegung. Dort ist der Quotient $v = s/t$ konstant und wird Geschwindigkeit genannt. Er kennzeichnet die jeweilige Bewegung. Analog dazu bilden wir in der 3. Zeile von *Tabelle 1* den Quotienten G/m. Er hat bei unseren Messungen den konstanten Wert 9,8 N/kg. Wir kürzen ihn mit dem Buchstaben g ab und fragen, was die Angabe $\boldsymbol{g = G/m = 9{,}8\ \mathrm{N/kg}}$ bedeutet:

a) Die Einheit N/kg zeigt: Der Quotient $g = G/m$ gibt die Gewichtskraft G in N an, die ein Körper der Masse 1 kg erfährt. Er beträgt bei uns 9,8 N je kg, und zwar unabhängig vom Körper, ja sogar unabhängig vom Volumen und vom Material.

b) Auf dem Mond erfährt ein Körper der Masse 1 kg eine kleinere Gewichtskraft. Dort konnte der Astronaut Irvin seinen Tornister mit der Masse 84 kg mühelos tragen. Wir stellen uns vor, er habe dort entsprechende Messungen ausgeführt. Da die Gewichtskräfte $G_☾$ auf dem Mond kleiner als auf der Erde sind, hätte Irvin die *Tabelle 2* erhalten (☾: Zeichen für Mond). Sie zeigt: Auch auf dem Mond ist der Quotient G/m für alle Körper konstant, hat aber den kleineren Wert $g = 1{,}6$ N/kg; ein Körper der Masse 1 kg erfährt dort nur die Gewichtskraft 1,6 N. Der Quotient $g = G/m$ hängt also vom Ort ab; man nennt ihn **Ortsfaktor** g. *Tabelle 3* gibt Werte für mehrere Orte an.

c) Das Wort „Faktor" zeigt eine weitere Bedeutung von g: Aus $G/m = g$ folgt nämlich $G = m \cdot g$:

Man erhält die Gewichtskraft G eines Körpers an einem bestimmten Ort, wenn man die nur vom Körper abhängige Masse m mit dem nur vom Ort abhängigen Ortsfaktor g multipliziert:

$$\boldsymbol{G = m \cdot g.} \qquad (1)$$

Masse m in kg	1,00	0,50	0,30	0,20	0,102
Gewichtskraft in N	9,8	4,9	2,94	1,96	1,00
$g = G/m$ in N/kg	9,8	9,8	9,8	9,8	9,8

Tabelle 1 Ortsfaktor auf der Erde

Masse m in kg	1,00	0,50	0,30	0,20	0,10
Gewichtskraft in N	1,6	0,80	0,50	0,32	0,16
$g_☾ = G_☾/m$ in N/kg	1,6	1,6	1,7	1,6	1,6

Tabelle 2 Ortsfaktor $g_☾$ auf dem Mond

Mitteleuropa	9,81	Sonne	274
Äquator	9,78	Jupiter	26
Pole der Erde	9,83	Venus	8,5
Mond	1,6	Mars	3,8

Tabelle 3 Ortsfaktoren g in N/kg

All dies zeigt uns, dass Gewichtskraft G und Masse m zwei physikalische Größen sind, die man streng voneinander unterscheiden muss.

Beispiel: Wenn deine Masse $m = 60$ kg beträgt, so erfährst du die Gewichtskraft
$G = m \cdot g = 60\ \mathrm{kg} \cdot 9{,}8\ \mathrm{N/kg} = 588\ \mathrm{N}$
(auf der Erde)
$G_☾ = m \cdot g_☾ = 60\ \mathrm{kg} \cdot 1{,}6\ \mathrm{N/kg} = 96\ \mathrm{N}$
(auf dem Mond).

5. Wie definiert man in der Physik Größen?

Kräfte erkennt man daran, dass sie Körper verformen oder ihren Bewegungszustand ändern. Mit Kräften beschreibt man also *mechanische* Einwirkungen auf Körper. Wenn man Körper beleuchtet, so wirkt man *optisch* auf sie ein, nicht aber mechanisch; man übt dabei keine Kraft auf sie aus, die sie beschleunigen oder verformen würde.

Mit Balkenwaagen kann man weder die Helligkeit von Lampen noch die Größe von Flächen messen. Balkenwaagen und Wägesätze sind auf den Begriff Masse spezialisiert und grenzen diesen von anderen Größen – auch von Kräften – ab. Für „abgrenzen" sagt man auch „definieren". Das Messverfahren mit Balkenwaage und Wägessatz definiert für uns den physikalischen Begriff Masse. **Wenn du bei Aufgaben nicht weißt, ob nach Kraft oder Masse gefragt ist, so überlege, nach welchem Verfahren und mit welchem Gerät du messen würdest.**

A1. Jemand sagt: Fallende Steine besitzen ein Gewicht und werden deshalb beim Fallen von selbst schneller. Was sagst du dazu?

A2. a) Personenwaagen im Badezimmer enthalten meist Federn (wie Kraftmesser). Trotzdem tragen sie die Maßbezeichnung kg. Unter welcher Voraussetzung stimmt die Anzeige?
b) Warum schreibt der Gesetzgeber zum Kennzeichnen von Warenmengen das Kilogramm vor und nicht das mit Kraftmessern leichter zu messende Newton? Warum verbietet er den Gebrauch von Federkraftmessern im kaufmännischen Bereich?

A3. Mit welchem Gerät wiegen wir Erbsen der Gewichtskraft 10 N ab? Bekäme man damit bei uns, an den Polen, am Äquator, auf dem Mond immer die gleiche Zahl Erbsen? (Denke an die Gewichtskraft, die eine Erbse erfährt und betrachte *Bild 1*).

A4. Ein Kaufmann wiegt 100 g Erbsen mit der Balkenwaage ab. Müsste er am Nordpol weniger Erbsen auf die Waagschale legen *(Bild 1)?*

A5. a) Kann man Gewichtskräfte auch mit der Balkenwaage vergleichen? Kann man mit ihrer Hilfe Gewichtskräfte in N angeben, wenn man den Ortsfaktor des Messorts kennt?
b) Welche Gewichtskraft erfährt der Tornister von Irvin auf dem Mond? Könnte man ihn auch auf dem Mars oder dem Jupiter tragen?

A6. Wie groß ist die Masse des Körpers, der nach *Bild 3* auf Seite 81 auf verschiedenen Himmelskörpern am Kraftmesser hängt? Kann man sagen, ob er überall dieselbe Masse hat? (Welche Gleichung und welche Tabelle benutzt du hierzu?) Welches Problem tritt dabei im Weltall – weitab von allen Himmelskörpern – auf?

A7. Ein Körper hat die Masse 100,0 kg. Um wie viel Newton ändert sich seine Gewichtskraft bei einer Reise vom Nordpol über Mitteleuropa zum Äquator?

A8. Auf der Venus erfährt ein Körper die Gewichtskraft 43 N. Welche Masse hat er? Stelle für dort eine Tabelle gemäß *Tabelle 2* auf. Welche Gewichtskraft würdest du dort erfahren?

A9. Astronauten haben sich im Weltraum verirrt. Sie landen auf einem Planeten und bestimmen dort die Gewichtskraft eines Körpers der Masse 20 kg zu 76 N. Welche Messgeräte benutzen sie? Wie können sie mithilfe einer Ortsfaktorentabelle ihren mutmaßlichen Landeplatz herausfinden?

A10. Jemand kauft 100 g Schokolade und 13 N Erbsen und sagt, er habe insgesamt 600 g. Auf welchem Planeten könnte man so sagen *(Tabelle 3)?* Merke: Eine Masse kann man zu einer Gewichtskraft genauso wenig addieren wie eine Strecke zu einer Zeit.

A11. Ein Stück Platin erfährt an den Polen die Gewichtskraft 10,00 N. Wie groß wäre sie am Äquator, wie groß in 6370 km Höhe, wie groß auf dem Mond bzw. dem Planeten Jupiter?

A12. Ein Forscher berichtet, er habe mit einer überaus empfindlichen Balkenwaage nachgewiesen, dass die Gewichtskraft eines Körpers auf dem Matterhorn geringer sei als im Tal. Was sagst du dazu *(Bild 2a)?*

A13. In einem Labor wurde die Gewichtskraft desselben Körpers über mehrere Monate hinweg sehr genau gemessen. Sie nahm im Winter ab, als man den Kohlenkeller darunter leerte. Begründe dies. Welche Art Messgerät wurde benutzt?

1 Zu A3: Erbsenzählen am Äquator und an den Polen mit Waagen und Kraftmessern

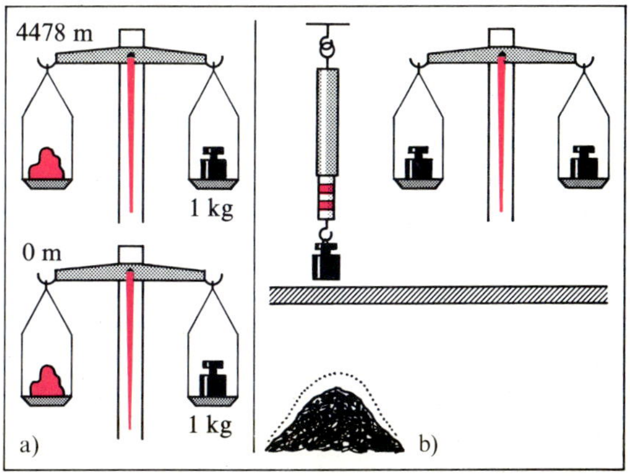

2 a) Zu A12: Spielt die Waage auch auf dem Berg ein?
b) Zu A13: Kohlen im Keller beeinflussen *G!*

Stoffe haben eine Dichte

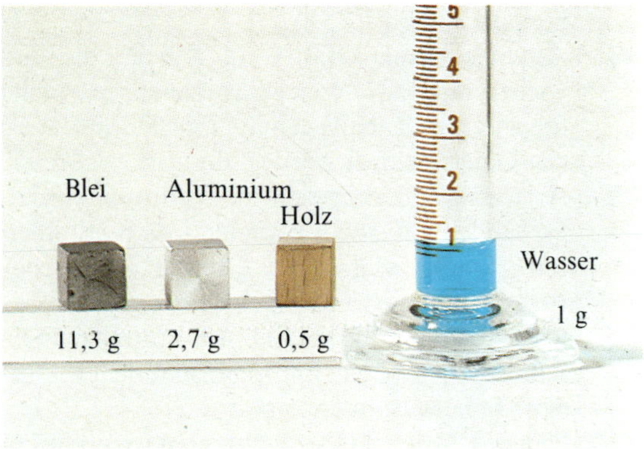

1 Dichte von Blei 11,3 g/cm³, von Wasser 1 g/cm³

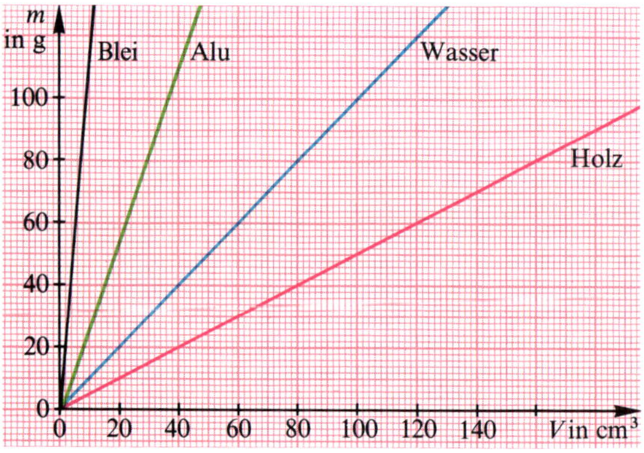

2 Bei homogenen Stoffen ist *m* proportional zu *V*

1. Ist Blei schwerer als Aluminium?

Ein Bleikügelchen ist leichter als ein Aluminiumtopf. Trotzdem sagt man, Blei sei schwerer als Aluminium. Diesen Widerspruch klärt *Bild 1* auf. Es zeigt die Massen von 1 cm³-Würfelchen, die aus verschiedenen Stoffen geschnitten worden sind. Man findet bei Blei 11,3 g je cm³, bei Aluminium dagegen nur 2,7 g je cm³, bei Holz gar nur 0,5 g je cm³. Nun wäre es viel zu mühsam, ein Aluminiumstück (Volumen $V = 10\,\text{cm}^3$; Masse $m = 27$ g) in cm³-Würfel aufzuteilen. Es genügt, wenn wir es einfach rechnerisch zerlegen, indem wir den Quotienten m/V bilden:

$$\varrho = \frac{m}{V} = \frac{27\,\text{g}}{10\,\text{cm}^3} = 2{,}7\,\frac{\text{g}}{\text{cm}^3}. \qquad (1)$$

Diesen Wert findet man nach *Tabelle 1* auch bei anderen Aluminiumstücken. Zum *n*-fachen Volumen *V* gehört ja auch die *n*-fache Masse *m*. In *Bild 2* liegen die zugehörigen Punkte auf einer Ursprungsgeraden. Also gilt: **Bei Körpern aus demselben Stoff ist die Masse *m* dem Volumen *V* proportional: $m \sim V$.**

Auch bei Holzklötzen ist $m \sim V$ *(Tabelle 3)*. Die Messpunkte liegen aber auf einer flacheren Ursprungsgeraden. Der Quotient m/V hat den kleineren Wert 0,5 g/cm³. In Holz ist nämlich die Materie nicht so dicht gepackt wie in Aluminium oder gar in Blei. Man nennt den Quotienten $\varrho = m/V$ die **Dichte ϱ** des Materials (ϱ: griech. Buchstabe Rho). Alle Körper aus reinem Aluminium haben nach *Gl. 1* die Dichte $\varrho = m/V = 2{,}7$ g/cm³.

Man sagt also, das *Material* Aluminium habe die Dichte 2,7 g/cm³; die Dichte ist eine **Materialkonstante**. Sie hängt nur vom Material, nicht aber vom Volumen der Körper ab. – Da die Masse *m* vom Ort nicht abhängt, gelten diese Dichtewerte und damit auch die *Tabelle 1* überall, selbst auf dem Mond.

Wenn man die Dichte eines Körpers angibt, so nimmt man an, er sei einheitlich aus einem einzigen Material aufgebaut, er sei *homogen*. Andernfalls liefert der Quotient $\varrho = m/V$ nur eine *mittlere Dichte*.

Unter der **Dichte ϱ** eines Körpers versteht man den **Quotienten aus der Masse *m* und dem Volumen *V*.** Sie kennzeichnet das Material, aus dem der Körper besteht.

$$\varrho = \frac{m}{V}; \quad \text{Einheit } 1\,\frac{\text{g}}{\text{cm}^3} = 1\,\frac{\text{kg}}{\text{dm}^3} \qquad (2)$$

Beispiel: Mit genauen Waagen haben wir gemessen, dass 1 dm³ (Liter) der uns umgebenden Luft die Masse 1,2 g hat. Die Dichte von Luft ist also $\varrho = m/V = 1{,}2\,\text{g/dm}^3 = 1{,}2\,\text{g}/1000\,\text{cm}^3$ $= 0{,}0012\,\text{g/cm}^3$.

V in cm³	10	20	30	40	50	60
m in g	27	54	80	110	135	160
m/*V* in g/cm³	2,7	2,7	2,67	2,75	2,7	2,67

Tabelle 1 Dichte von Aluminium

2. Wozu kann man die Dichte benutzen?

a) *Vergleich mit Wasser gleichen Volumens:* Wasser hat die Dichte 1 g/cm³, Blei 11,3 g/cm³. Die Masse von Bleistücken ist also 11,3-mal so groß wie die von Wasser, aber nur bei gleichem Volumen.

b) *Welcher Stoff ist das?* Masse und Volumen von zwei ähnlich aussehenden Metallstücken betragen $m_1 = 120\,\text{g}$; $V_1 = 44{,}5\,\text{cm}^3$ und $m_2 = 144\,\text{g}$; $V_2 = 83\,\text{cm}^3$. Ihre Dichten sind also $\varrho_1 = m_1/V_1 = 2{,}70\,\text{g/cm}^3$ und $\varrho_2 = m_2/V_2 = 1{,}74\,\text{g/cm}^3$. Nach *Tabelle 2* handelt es sich um die beiden Metalle Aluminium und Magnesium.

c) *Welche Masse liegt vor?* Sand vom Volumen $V = 2\,\text{m}^3$ soll transportiert werden; eine Fuhre fasst höchstens 3 t = 3000 kg. Man ermittelt an einer kleinen Probe die Sanddichte $\varrho = m/V = 1{,}7\,\text{kg/dm}^3$. *Gl. 2* liefert für die Masse von $2\,\text{m}^3 = 2000\,\text{dm}^3$ den Wert $m = \varrho \cdot V = 2000\,\text{dm}^3 \cdot 1{,}7\,\text{kg/dm}^3 = 3400\,\text{kg}$. Eine Fuhre genügt also nicht.

Dagegen haben $2\,\text{m}^3$ Styropor ($\varrho = 0{,}017\,\text{kg/dm}^3$) nur die Masse $m = \varrho \cdot V = 0{,}017\,\text{kg/dm}^3 \cdot 2000\,\text{dm}^3 = 34\,\text{kg}$. Styropor ist ein Schaumstoff und enthält viel Luft.

Ein Zimmer ist 7 m lang, 5 m breit und 3 m hoch, fasst also $V = 105\,\text{m}^3 = 105 \cdot 10^3\,\text{dm}^3$ Luft. Deren Masse ist $m = \varrho \cdot V = 1{,}2\,\text{g/dm}^3 \cdot 105 \cdot 10^3\,\text{dm}^3 = 126 \cdot 10^3\,\text{g} = 126\,\text{kg}$.

d) *Welches Volumen?* Geht 1 kg Quecksilber mit der Dichte $\varrho = 13{,}6\,\text{g/cm}^3$ in ein 100 cm³-Glas?

Wir lösen jetzt die Gleichung $m = \varrho \cdot V$ nach V auf: $V = m/\varrho = 1000\,\text{g}/(13{,}6\,\text{g/cm}^3) = 73{,}5\,\text{cm}^3$. Das Glasgefäß ist groß genug.

Berechnung der Masse:	$m = \varrho \cdot V$	**(3)**
Berechnung des Volumens:	$V = m/\varrho$	**(4)**

3. Was unterscheidet Dichte und Masse?

Die Gleichung $m = \varrho \cdot V$ zeigt, dass Masse m und Dichte ϱ zwei verschiedene Größen sind; auch ihre Einheiten sind verschieden. Kennt man die Dichte eines Materials, so weiß man noch nicht, welche Masse m ein daraus bestehender Körper hat. Man braucht auch noch sein Volumen V, um $m = \varrho \cdot V$ zu berechnen.

Luft	≈0,0012	Glas, Marmor	≈2,5
Kork	≈0,2	Aluminium	2,70
Holz	0,3–1,1	Eisen	7,86
Benzin	0,70	Kupfer	8,93
Alkohol	0,79	Silber	10,5
Wasser	1,00	Quecksilber	13,55
Magnesium	1,74	Gold	19,3

Tabelle 2 Dichte in g/cm³ bei 20 °C

A1. *Tabelle 3* zeigt Masse und Volumen verschiedener Holzstücke. Trage die Messwerte entsprechend *Bild 2* auf. Berechne für jede Spalte die Dichte. Handelt es sich um die gleiche Holzsorte?

A2. a) Du willst in *Bild 2* die Massen ablesen, die zum gleichen Volumen 20 cm³ der angeführten Stoffe gehören. Welche Gerade zeichnest du?
b) Welche Gerade gibt die Volumina dieser Stoffe an, die zur gleichen Masse 50 g bzw. 100 g gehören?

A3. Bestimme das Volumen von 54 g Aluminium nach *Bild 2* und durch Rechnung. Ermittle auf beide Arten die Masse von 30 cm³ Aluminium.

A4. Welche Masse hat eine 0,80 cm dicke Schaufensterscheibe, die 4,00 m lang und 2,00 m hoch ist? Welche Gewichtskraft würde sie auf dem Mond erfahren?

A5. Schätze die Masse von 1 m³ Marmor und berechne sie dann. Welche Gewichtskraft G erfährt dieser Block bei uns, welche auf dem Mond?

A6. Welches Volumen hat 1 kg Spiritus (Alkohol)? Welches Volumen hat die Alkoholmenge, die gleich viel wiegt wie 1 l (dm³) Quecksilber?

A7. Von zwei volumengleichen Körpern hat der eine die 3fache Masse. Zwei andere Körper haben die gleiche Masse, der eine hat jedoch das 5fache Volumen. Wie verhalten sich jeweils die Dichten?

A8. a) Welches Volumen hat eine Styroporscheibe von 100 g Masse ($\varrho = 0{,}017\,\text{g/cm}^3$)?
b) Styropor besteht aus einem Stoff, der luftfrei die Dichte 1,7 g/cm³ hat. Macht man ihn flüssig und mischt Luft in feinen Bläschen zu, so entsteht nach dem Erhärten der „Schaumstoff". Wie viel cm³ Luft enthält 1 cm³ Styropor? Von der Masse der Luft sehe man ab.

V in cm³	30	60	90	90	45	60
m in g	15	31	44	60	29,5	41

Tabelle 3 Zu A1: Dichteberechnung bei Holzstücken

Proportionalitäten

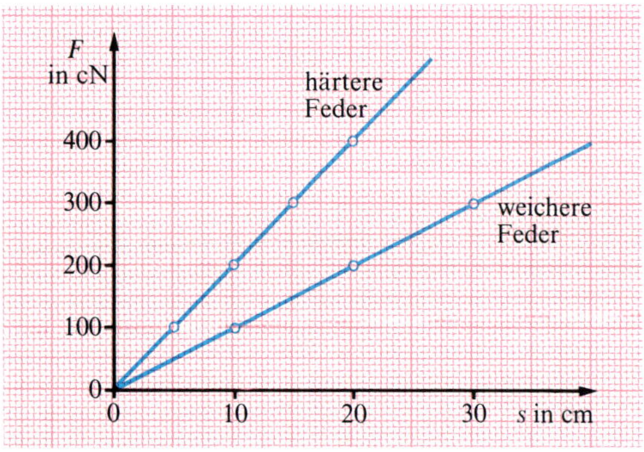

1 Schaubild zu Versuch 1

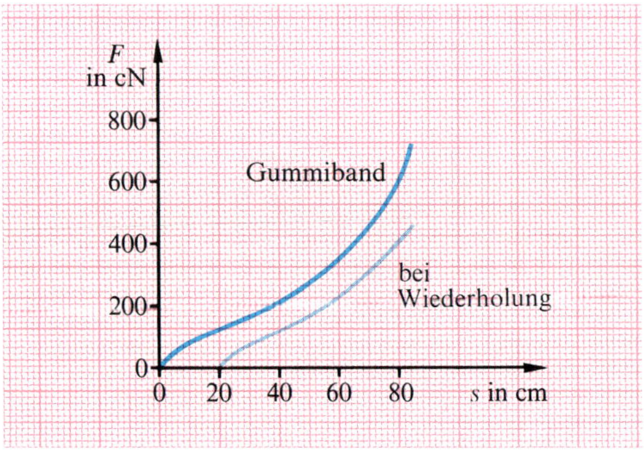

2 Verlängerung eines Gummibandes

1. Wann ist eine Autokarosserie elastisch?

Die Kofferraumdeckel von Autos werden durch kleine Kräfte nur vorübergehend eingedrückt; kleine Dellen bilden sich wieder zurück. Die Karosserie ist hier **elastisch** wie eine Stahlfeder. Unfälle dagegen hinterlassen bleibende Verformungen, bei denen sich das Blech **plastisch** verhält, ähnlich wie Knetmasse oder Plastilin. Im Lexikon lesen wir:

Elastische Verformungen bilden sich zurück, wenn die formändernde Kraft nicht mehr wirkt.

Plastische Verformungen dagegen bleiben bestehen.

Man benutzt plastische Verformungen, um durch Walzen, Pressen, Ziehen oder Prägen neue Formen herzustellen.

2. Ein Gesetz für Federn

Wir vertrauen Kraftmessern, deren Federn aus gutem, elastischem Stahl bestehen; Weicheisendrähte dagegen würden plastisch verformt. Aber auch beim Ziehen an einer guten Stahlfeder sehen wir nur die Verlängerung s. An der Skala lesen wir jedoch die Kraft F ab, die diese Verlängerung erzeugt. Der Schluss von der Verlängerung s auf die Kraft F ist aber nur dann erlaubt, wenn zwischen beiden ein *gesetzmäßiger Zusammenhang* besteht, ein Naturgesetz. Wie lautet es?

Versuch 1: Wir hängen verschiedene Wägestücke an eine weichere und an eine härtere Stahlfeder. Dabei messen wir jeweils die Verlängerung s. Zusammen mit den Gewichtskräften G der Wägestücke tragen wir sie in *Tabelle 1* und in *Bild 1* ein. Bei nicht zu großen Kräften finden wir drei Ergebnisse. ■

a) Nimmt die Zugkraft F um gleiche Beträge zu (hier um je 100 cN), so wächst auch die Verlängerung s um gleiche Werte (bei der härteren Feder um etwa 5 cm, bei der weicheren um 10 cm). Da bei $F = 0$ N auch $s = 0$ cm ist, zeigt *Bild 1* eine *Ursprungsgerade.*

b) Hieraus folgt: Die Feder bekommt bei der n-fachen Kraft F auch die n-fache Verlängerung s. Also gilt: F ist zu s proportional; $F \sim s$.

c) Folglich ist der Quotient $D = F/s$ bei einer Feder konstant, unabhängig von der Zugkraft F. Bei der härteren Feder ist er größer ($D_1 \approx 20$ cN/cm) als bei der weicheren ($D_2 \approx 10$ cN/cm). D heißt **Federhärte**.

Zugkraft F in cN	0	100	200	300	400
Verlängerung s in cm	0	5,1	10,1	15,2	20,0
$F/s = D_1$ in cN/cm	–	19,6	19,8	19,7	20,0
Zugkraft F in cN	0	100	200	300	400
Verlängerung s in cm	0	10,2	20,0	30,2	39,7
$F/s = D_2$ in cN/cm	–	9,8	10	9,9	10,1

Tabelle 1 Oben härtere, unten weichere Feder

> *Hookesches Gesetz:* **Die Verlängerung s einer Feder ist innerhalb eines gewissen Bereichs der Kraft F proportional: $s \sim F$. Der Quotient aus Kraft F und Verlängerung s ist dann konstant.**
>
> $$\frac{F}{s} = D = \text{konstant oder } F = D \cdot s \qquad (1)$$

Dieses Gesetz wurde um 1670 von ROBERT HOOKE, einem englischen Naturforscher, gefunden.

3. Gilt das hookesche Gesetz immer?

Wir wiederholen Versuch 1 an hintereinander gehängten Gummiringen. *Bild 2* zeigt die Messwerte. Zwar steigt auch hier die Verlängerung s mit der Zugkraft F. Doch erhalten wir bei Gummi keine Gerade: Die Kraft F ist nicht zur Verlängerung s proportional; der Quotient F/s folglich nicht konstant. Das hookesche Gesetz gilt also bei Gummi nicht, es ist kein allgemein gültiges Naturgesetz.

Enthielten *Kraftmesser* statt Stahlfedern Gummiseile (wie Expander), so wären die Skalen ungleichmäßig unterteilt. Noch schlimmer: Ein Gummiseil wird immer länger, auch wenn die Kraft konstant bleibt. Man sagt: Das Material „fließt". Entfernt man die Zugkraft kurz vor dem Reißen, so kehrt das Seil nicht mehr zur Ausgangslänge zurück. Der Gummi wurde plastisch verformt, ist also für Kraftmesser untauglich.

4. Andere Proportionalitäten

Bei einem Stoff mit konstanter Dichte ϱ ist die Masse m dem Volumen V proportional ($m = \varrho \cdot V$). Dabei ist die Dichte ϱ der Proportionalitätsfaktor, genau wie die Geschwindigkeit v bei gleichförmigen Bewegungen. Nach $s = v \cdot t$ gilt bei diesen $s \sim t$ oder auch $s/t =$ konstant: s und t sind quotientengleich.

> **Man nennt eine Größe a zu einer anderen Größe b proportional ($a \sim b$),** wenn eine der **drei einander gleichwertigen Aussagen** gilt:
>
> - Zum n-fachen Wert von b gehört der n-fache von a.
> - Der Quotient $a/b = k$ ist konstant; es gilt $a = k \cdot b$; k heißt **Proportionalitätsfaktor**.
> - Bei $a = 0$ ist auch $b = 0$. Das Schaubild zeigt eine Gerade durch den Ursprung.

A1. Drei Kraftmesser haben unterschiedliche Messbereiche: Bei der Verlängerung $s = 10$ cm zeigen sie Kräfte von 0,1 N, 1,0 N bzw. 10,0 N an. Wie groß ist jeweils die Federhärte? Berechne für jede Feder die Kräfte, die zu Verlängerungen von $s = 2$ cm, 4 cm, 6 cm und 8 cm gehören. Trage diese Werte in ein Schaubild ein (1 cm ≙ 1 N; 1 cm ≙ 1 cm). Zu welcher Feder gehört die steilere Gerade (F-Achse nach oben)?

A2. a) Feder A wird durch dieselbe Kraft $F = 2{,}0$ N um 12 cm, also 3-mal so stark verlängert wie Feder B. Bestimme die Federhärten. Wie verhalten sie sich zueinander?
b) Zur gleichen Verlängerung einer Feder C braucht man die doppelte Kraft wie bei Feder D. Wie verhalten sich deren Federhärten?

A3. a) Entnimm *Bild 1* für beide Federn die Verlängerung s bei der Belastung $F = 150$ cN. Welche Kräfte verlängern die Federn um 15 cm? Welche Geraden zeichnet man im Diagramm zum Beantworten dieser Fragen?
b) Woran erkennt man in *Bild 1*, dass die steilere Gerade zur härteren Feder gehört? Gilt dies auch, wenn man s über F aufträgt?
c) Die Linie in *Bild 2* für das Gummiband ist bei stärkerer Belastung steiler. Wie verhält sich dort die „Härte" des Bandes? Wo ist es besonders weich?

A4. Ist bei einer Feder auch der Quotient s/F konstant? Gib seinen Wert (samt Einheit) für die zu *Tabelle 1* benutzten Federn an. Warum nennt man ihn nicht Federhärte?

A5. Rechne die Konstante $D = 10$ cN/cm in N/cm und in N/m um. Jemand zieht aus diesem Wert die Folgerung, dass die Feder durch die Kraft 10 N um 1 m verlängert wird. Nimm dazu Stellung.

A6. a) Eine Feder wird durch 40 cN um 6 cm, durch 80 cN um 12 cm länger. Wie stark wird sie durch 60 cN bzw. 5 cN verlängert? Können wir sicher angeben, um wie viel sie durch 10 N verlängert wird?
b) Welche Masse hat ein Körper, der diese Feder auf dem Mond um 7 cm verlängert?

A7. Astronauten hängen ein 2,0 kg-Stück an eine Feder der Härte 100 cN/cm. Diese wird um 7,6 cm länger. Auf welchem Planeten sind sie gelandet?

A8. Zwei Kraftmesser mit der Federhärte 0,1 N/cm werden aneinander gehängt und am unteren mit der Kraft 1 N belastet. Um wie viel verlängern sich beide Federn zusammen? Welche Härte hat die Federkette?

Kräftegleichgewicht

1 Welche Mannschaft übt die größere Kraft aus?

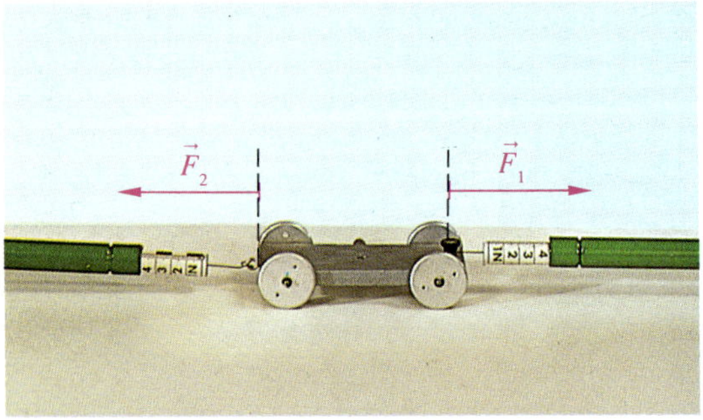

2 Kräftegleichgewicht am Wagen

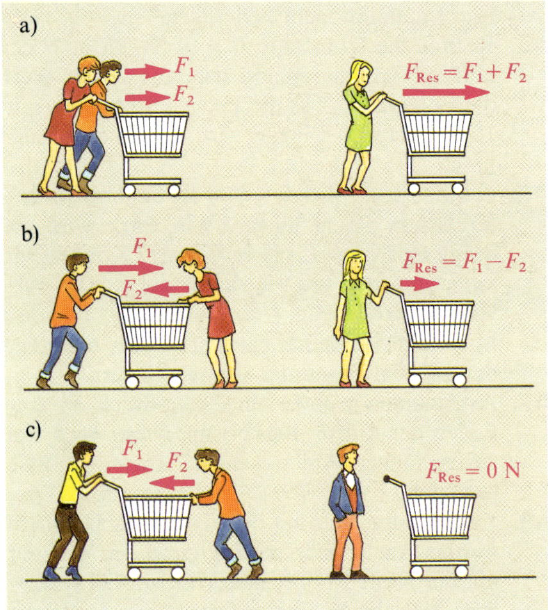

3 Wie groß ist jeweils die resultierende Kraft?

1. Kräfte wirken und nichts bewegt sich!

Beim Tauziehen wirken große Kräfte – alle Kinder strengen sich mächtig an *(Bild 1)*. Was folgern wir, wenn sich das Seil trotzdem nicht bewegt?

Versuch 1: Wir ziehen an einem ruhenden Wagen wie in *Bild 2* in entgegengesetzte Richtungen und messen die Beträge F_1 bzw. F_2 der beiden Kräfte $\vec{F}_1$ und $\vec{F}_2$ mit Federkraftmessern. ■

a) Sind die beiden Beträge gleich groß, gilt also $F_1 = F_2$, so bleibt der Wagen in Ruhe. Man sagt: Der Wagen befindet sich im **Kräftegleichgewicht.**

b) Sind die beiden Beträge verschieden groß, gilt also z. B. $F_1 > F_2$, so setzt sich der Wagen in Richtung der größeren Kraft $\vec{F}_1$ in Bewegung. Am Wagen herrscht kein Kräftegleichgewicht.

2. Auf das Resultat kommt es an!

In *Bild 3a* sind die Kräfte der beiden Kinder am Einkaufswagen gleich groß. Am Wagen herrscht trotzdem kein Kräftegleichgewicht: Die beiden Kräfte wirken hier in die gleiche Richtung. Der Wagen wird in Bewegung gesetzt. Wollte nur *ein* Kind den Wagen schieben und dasselbe erreichen, müsste es sicher eine größere Kraft ausüben, aber welche? Ersetzen wir die beiden Kräfte durch eine einzige Kraft, die **resultierende Kraft** $\vec{F}_{Res}$. Sie ist nach Seite 78 *bei gleicher Kraftrichtung gleich der Summe der Einzelkräfte*; hier gilt also mit $F_1 = F_2 = 30$ N:

$$F_{Res} = F_1 + F_2 = 30 \text{ N} + 30 \text{ N} = 60 \text{ N}.$$

In *Bild 3b* üben die Kinder Kräfte in entgegengesetzte Richtungen aus. Allerdings ist das Kräftegleichgewicht auch hier gestört; denn die Kraft auf einer Seite ist größer ($F_1 > F_2$). Der Wagen setzt sich in Richtung der größeren Kraft in Bewegung, und zwar um so stärker, je größer der *Unterschied zwischen den Kräften*, je größer also $F_1 - F_2$ ist. Diese Differenz der Einzelkräfte liefert bei entgegengesetzten Kraftrichtungen die resultierende Kraft. Im Fall von *Bild 3b* erhalten wir für den Betrag:

$$F_{Res} = F_1 - F_2 = 30\ \text{N} - 20\ \text{N} = 10\ \text{N}.$$

Auch in *Bild 3c* wirken die Kräfte der beiden Kinder in entgegengesetzte Richtungen, nun aber mit gleicher Größe. Es ist so, als ob keine Kraft auf den Wagen wirken würde. Er befindet sich im Kräftegleichgewicht und bleibt in Ruhe stehen. Für die resultierende Kraft gilt nun:

$$F_{Res} = F_1 - F_2 = 30\ \text{N} - 30\ \text{N} = 0\ \text{N}.$$

Häufig sagt man statt „Es herrscht Kräftegleichgewicht": „Die Kräfte kompensieren sich" oder: „Die Kräfte heben sich auf". Die Kräfte sind aber nicht einfach verschwunden. Du erkennst sie z. B. an der Verformung des Luftballons in *Bild 4* oder an einer Verdrehung.

Ist die resultierende Kraft an einem Körper 0 N, dann herrscht am Körper Kräftegleichgewicht. Er bleibt in Ruhe und wird höchstens verformt oder gedreht.

Ist die resultierende Kraft an einem Körper ungleich null, wird er in Bewegung gesetzt.

Welche Kräfte wirken auf den Apfel?

Der „Apfel" in *Bild 5a* hängt ruhig an einer Feder. Zwei Kräfte wirken auf ihn:

Die **Gewichtskraft $\vec{G}$** zieht an ihm nach unten, die **Federkraft $\vec{F_1}$** zieht an ihm nach oben.

Am Apfel besteht Kräftegleichgewicht, denn er bleibt in Ruhe. Die Feder ist nämlich so weit verlängert, dass ihre nach oben gerichtete Kraft $\vec{F_1}$ der Gewichtskraft $\vec{G}$ nach unten das Gleichgewicht hält: $G = F_1$. Die resultierende Kraft am Apfel ist also $F_{Res} = G - F_1 = 0$ N.

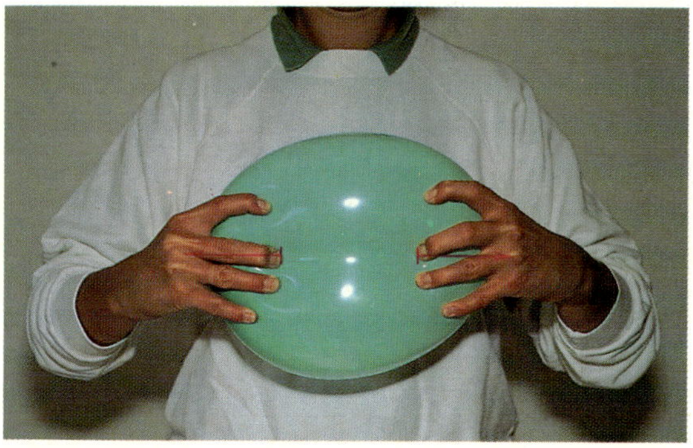

4 Verformung bei Kräftegleichgewicht

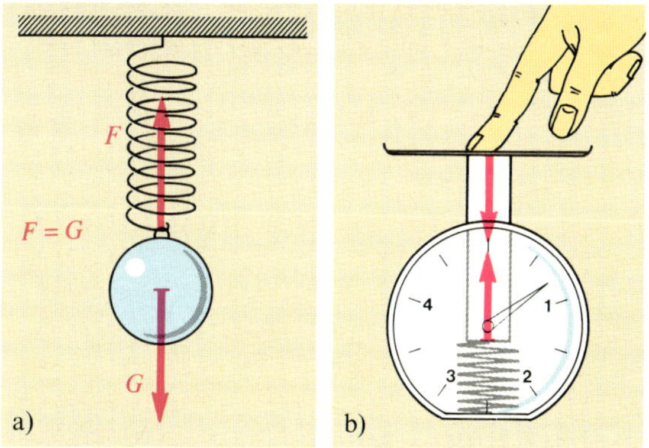

5 Kräftegleichgewicht a) am Apfel und b) an einer Waagschale

Die Küchenwaage

In *Bild 5b* hält ein Finger die Waagschale gegen die Federkraft hinuntergedrückt. Die Waagschale bleibt in Ruhe, wenn an ihr Kräftegleichgewicht herrscht, wenn also die Feder so weit zusammengedrückt ist, dass Federkraft und Fingerkraft gleiche Beträge haben. Je größer die Fingerkraft ist, umso weiter wird die Feder zusammengedrückt. Man kann also an der Federlänge die Kraft des Fingers ablesen.

A1. Zwei gleich große Kräfte können einen Körper verformen. Gib Beispiele an, mit denen du das vorführen könntest?

A2. In *Bild 1* ziehen die vier Schüler jeweils mit der Kraft 390 N, 420 N, 375 N und 355 N nach rechts. Nach links ziehen drei Schüler mit 405 N, 340 N und 395 N. Welche Kraft muss der vierte Schüler links aufbringen, damit am Seil Kräftegleichgewicht herrscht?

Trägheitssatz

1 Wir messen die Kräfte in einem Aufzug, der nach oben fährt

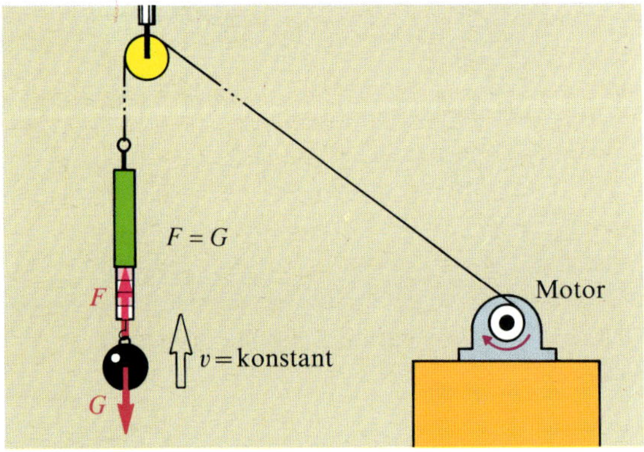

2 Eine Kugel bewegt sich mit konstanter Geschwindigkeit nach oben. Die resultierende Kraft an der Kugel beträgt $F_{Res} = 0$ N.

1. Das eigenartige Gefühl im Aufzug

Anfahren und Abbremsen eines Aufzugs kannst du nicht *sehen*, wenn die Tür dicht schließt und kein Fenster eingebaut ist: aber du *spürst* es in den Beinen. Dafür gibt es physikalische Ursachen:

Versuch 1: Wir hängen eine Kugel mit der Gewichtskraft $G = 10$ N an einen Kraftmesser *(Bild 2)* und ziehen dann beide mit einem Motor über Rolle und Seil möglichst gleichmäßig, also mit konstanter Geschwindigkeit, an die Decke.

a) In Ruhe zeigt der Kraftmesser 10 N an. An der Kugel herrscht Kräftegleichgewicht. Die Federkraft nach oben ist genauso groß wie die Gewichtskraft der Kugel nach unten.

b) Beim Anfahren *(Bild 1 a)* zeigt der Kraftmesser, dass der Motor mit mehr als 10 N nach oben zieht. Das Kräftegleichgewicht an der Kugel ist gestört; sie setzt sich in Richtung der größeren Kraft nach oben in Bewegung. Im Aufzug spürst du die vergrößerte Zugkraft in deinen Beinen, du fühlst dich beim Anfahren schwerer.

c) Während der gleichförmigen Fahrt *(Bild 1b)* zieht der Motor zu unserer Überraschung nur mit 10 N nach oben: Also besteht auch hier Kräftegleichgewicht an der Kugel. Kommt diese deshalb zur Ruhe? Nein! Sie bewegt sich gleichförmig weiter. *Kräftegleichgewicht gibt es also nicht nur im Ruhezustand, sondern auch bei gleichförmiger Bewegung!* Im Aufzug spürst du deshalb von der gleichförmigen Fahrt nichts. Du fühlst dich genauso schwer wie in Ruhe.

d) Beim Abbremsen *(Bild 1c)*, kurz bevor der Motor anhält, zieht er mit weniger als 10 N. Folglich überwiegt die nach unten ziehende Gewichtskraft $G = 10$ N. Das Kräftegleichgewicht ist wieder gestört und die Kugel wird abgebremst. Im Aufzug spürst du eine Entlastung deiner Beine, du fühlst dich leichter. ■

Der Versuch zeigt: *Zum Festhalten eines Körpers wie auch zum Hochheben mit konstanter Geschwindigkeit braucht man dieselbe Kraft.* Diese Kraft hat den gleichen Betrag wie die Gewichtskraft des Körpers. Die resultierende Kraft am Körper ist daher in beiden Fällen 0 N. Beim Anfahren nach oben wird der Körper beschleunigt, hierzu muss die Kraft nach oben überwiegen. Überwiegt später die Gewichtskraft, wird er wieder langsamer.

Trägheitssatz

Ist die resultierende Kraft F_{Res} an einem Körper $F_{Res} = 0$ N, so verharrt er in seinem Bewegungszustand.
Ist er in Ruhe, so bleibt er in Ruhe. Ist er in Bewegung, so bleibt er in Bewegung und behält seine Geschwindigkeit nach Betrag und Richtung bei. Sein Bewegungszustand lässt sich nur durch eine resultierende Kraft $F_{Res} \neq 0$ N ändern.

2. Bewegung auch ohne Kraft

Unsere tägliche Erfahrung scheint diesem Trägheitssatz zu widersprechen.

Versuch 2: Du stößt sanft gegen einen ruhenden Wagen und übst auf ihn so eine resultierende Kraft F_{Res} aus. Er ändert seinen Bewegungszustand und setzt sich in Bewegung. Wenn du dann keine Kraft mehr auf ihn ausübst, wird er langsamer und kommt schließlich zur Ruhe. ■

Was sagt der Trägheitssatz? Wäre $F_{Res} = 0$ N, so müsste er sich mit konstanter Geschwindigkeit weiterbewegen. Nun wird er aber langsamer; es muss also eine Kraft geben, die ihn abbremst. Hier entsteht sie durch die unvermeidliche *Reibung*.

Um einen schweren Schrank zur Seite zu rücken, braucht man eine große Kraft. Sobald sie nicht mehr wirkt, kommt der Schrank schnell wieder zur Ruhe. Auch hier verhindert Reibung die gleichförmige Weiterbewegung; wir würden sie nach dem Trägheitssatz beobachten, wenn der Schrank völlig reibungsfrei gleiten würde, die resultierende Kraft an ihm also $F_{Res} = 0$ N wäre.

3. Alle Körper sind träge

Der Trägheitssatz gilt stets und für alle Körper. Er beschreibt daher eine Eigenschaft der Körper. Man sagt: „Aufgrund seiner **Trägheit** verharrt ein Körper in dem Zustand der Ruhe oder der gleichförmigen Bewegung, wenn die resultierende Kraft null ist."

Wenn ein Auto plötzlich bremst, behält der Fahrer seinen Bewegungszustand bei. Aufgrund seiner Trägheit bewegt er sich ähnlich wie in *Bild 3* mit gleicher Geschwindigkeit weiter. Erst durch den gespannten Sicherheitsgurt erfährt er eine Kraft nach hinten und wird abgebremst.

3 Insassen fliegen beim Aufprall zunächst nach vorn

4. Innerer Trieb oder äußere Ursache?

Der Trägheitssatz stammt von GALILEI (um 1600) und NEWTON (um 1700). Vorher galt die Lehrmeinung des griechischen Philosophen ARISTOTELES (um 350 v. Chr.). Danach sollten die Körper aus einem inneren Trieb heraus zum Zustand der Ruhe streben. Tatsächlich entspricht dies alltäglicher Erfahrung, da auf der Erde – schon wegen der Reibung – gleichförmige Bewegungen nur durch ständig wirkende Kräfte aufrecht erhalten werden können.

GALILEI versuchte durch genaues Beobachten und sorgfältig geplante Versuche, die Luftreibung an fallenden Körpern auszuschalten. So fand er, dass die Körper ganz auf sich gestellt, also ohne äußere Einwirkung, ihren Bewegungszustand beibehalten. Sie haben nicht das Bestreben, von sich aus zur Ruhe zu kommen. Dies leitete eine Revolution in der Naturbetrachtung ein. Die allgemeine Form des Trägheitssatzes wurde einige Jahre später von NEWTON entwickelt (etwa 1686).

A1. Welche Kräfteverhältnisse findest du in Versuch 1 beim Abwärtsfahren vor?
A2. Falls du die Möglichkeit hast: Probiere den Versuch im Aufzug einmal selbst mit einem Kraftmesser aus.
A3. Sieh dir das *Bild 3* noch einmal an. Wann werden die Kopfstützen im Auto lebensrettend?
A4. Fallen dir Sportunfälle ein, bei denen der Trägheitssatz mit im Spiel war?
A5. Auf einem Wasserglas liegt eine Postkarte und darauf eine Münze. Ziehe die Karte zunächst langsam, dann möglichst schnell weg. Erkläre.

Beschleunigung

1 Rike und Niels beschleunigen um die Wette

Zeit t in s	0	1	2	3	4	5
v (Rike) in m/s	0	2	3,6	5,6	8	9,2
v (Niels) in m/s	0	1,6	3,3	5	6,7	8,1

Tabelle 1 Zu Versuch 1

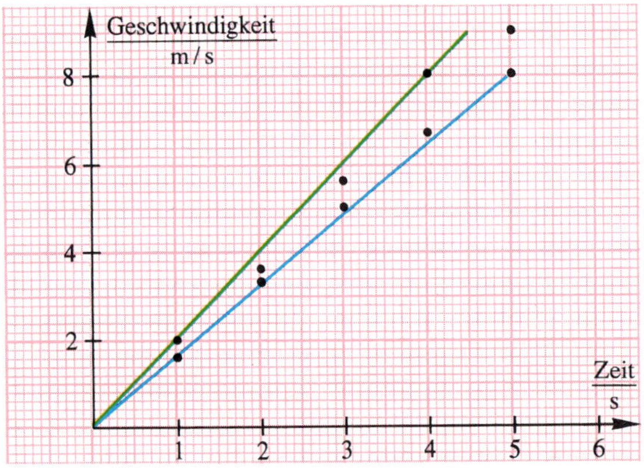

2 Die Geschwindigkeiten nehmen mit der Zeit zu

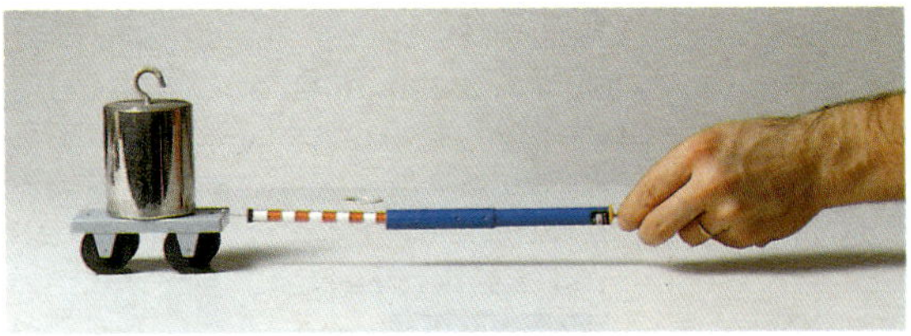

3 Eine Kraft beschleunigt den Wagen

1. In 5 Sekunden von 0 auf 33

Rike und Niels vergleichen ihre Mopeds. Beide erreichen die gleiche Höchstgeschwindigkeit; sie unterscheiden sich jedoch beim „Schnellerwerden“:

Versuch 1: Wir untersuchen den Spurt. Dazu geben Rike und Niels Vollgas und melden uns nach jeder Sekunde ihre Geschwindigkeiten. ■

Die Geschwindigkeiten der Mopeds nehmen beim Anfahren ständig zu. *Tabelle 1* zeigt uns wie: In der doppelten Zeit haben die Mopeds etwa die doppelte Geschwindigkeit erreicht. In *Bild 2* ist v über t aufgetragen. Wir finden, dass die Messpunkte (t; v) nur wenig unter oder über den eingezeichneten Ursprungsgeraden liegen. *Die Geschwindigkeiten v sind also den Zeiten t proportional.* Die Quotienten sind v/t daher (fast) konstant: $v/t \approx 2\,(\mathrm{m/s})/\mathrm{s}$ für Rikes, $v/t \approx 1{,}6\,\mathrm{m/s/s}$ für Niels' Moped.

Für das spurtstärkere Moped ergibt sich die steilere Ursprungsgerade (grün in *Bild 2*) und der größere Quotient v/t. Je schneller also der Spurt gelingt, desto steiler verläuft die Ursprungsgerade und desto größer sind die Quotienten v/t.

2. Die Beschleunigung

Rikes Moped ist *spurtstärker*; man sagt: *Rikes Moped beschleunigt stärker.* Der Quotient v/t gibt an, wie stark die Mopeds beschleunigen: Für jedes Moped hat er hier einen festen Wert, der sich nicht verändert. Wir nennen ihn die **Beschleunigung** und bezeichnen sie mit dem Buchstaben a:

$a = v/t.$

Ändert sich die Geschwindigkeit eines Körpers mit der Zeit wie in *Bild 2*, so nennt man den Quotienten aus der erreichten Geschwindigkeit v und der dazu benötigten Zeit t die **Beschleunigung** $\boldsymbol{a = v/t}$.

Rikes Moped wird beim Spurt mit $a = (8\,\mathrm{m/s})/(4\,\mathrm{s}) = 2\,(\mathrm{m/s})/\mathrm{s}$ beschleunigt, das Moped von Niels dagegen nur mit $a = 1{,}6\,(\mathrm{m/s})/\mathrm{s}$. Haben die Mopeds ihre Höchstgeschwindigkeit erreicht, werden sie nicht mehr schneller. Ihre Beschleunigung ist nun $a = 0$.

3. Große Kraft – schneller Spurt

Welche Ursache haben diese unterschiedlichen Beschleunigungen? In einem Versuch wollen wir dieser Frage nachgehen.

Versuch 2: Wir ziehen einen Wagen mit möglichst gleich bleibender Kraft wie in *Bild 3* nach rechts. Der Wagen wird beschleunigt. Wiederholen wir den Versuch mit einer größeren Kraft, so erreicht der Wagen nach der gleichen Zeit eine größere Geschwindigkeit. Seine Beschleunigung ist größer. ■

> Eine große Kraft beschleunigt einen Körper stärker als eine kleine Kraft.

4 Auf die Masse kommt es an

4. Wer startet schneller, LKW oder Moped?

Lastwagen haben starke Motoren. Trotzdem spurtet jedes kleine Moped schneller (*Bild 4*). Die Beschleunigung hängt also nicht nur von der Kraft ab.

Versuch 3: Nach *Bild 5* werden zwei Wagen mit etwa der gleichen Beschleunigung a in Bewegung gesetzt. Die Masse des hinteren Wagens ist um 1 kg vergrößert. Wir beobachten, dass am Wagen mit der größeren Masse eine größere Kraft angreift. ■

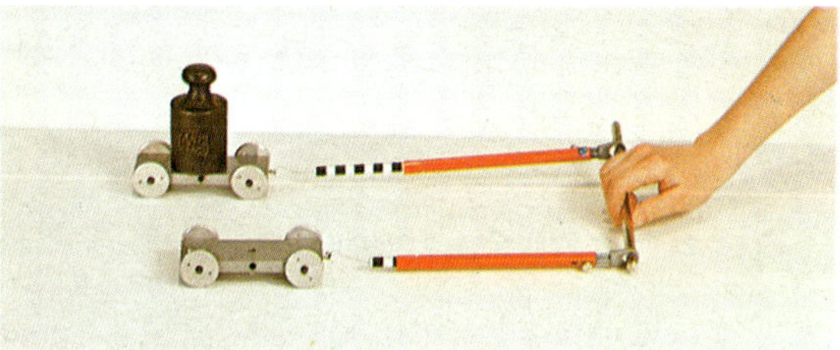

5 Je größer die Masse, desto größer die Kraft

Wiederholen wir den Versuch mit anderen Beschleunigungen und anderen Massen, finden wir den gleichen Zusammenhang zwischen Masse und Kraft:

> Werden zwei Körper gleich stark beschleunigt, so muss an dem Körper mit der größeren Masse eine größere Kraft angreifen als an dem Körper mit der kleineren Masse.

Der Bus in *Bild 4* hat zwar einen stärkeren Motor, aber im Vergleich zum Moped eine noch viel größere Masse. Seine Beschleunigung ist daher geringer.

5. Auch das Bremsen erfordert Kraft

Nicht nur beim Beschleunigen, auch beim **Abbremsen** ändert sich der *Bewegungszustand* eines Körpers. In jedem Fall muss eine resultierende Kraft F_{res} auf ihn einwirken.

Ein leichtes Ruderboot kannst du abbremsen und so vom Steg fern halten. Treibt dagegen ein Dampfer mit gleicher Geschwindigkeit auf den Kai zu, reicht deine Kraft dazu bei weitem nicht aus. Auch hier gilt also:

> Um Körper großer Masse schnell abzubremsen, braucht man große Kräfte.

Kritisch sind Situationen, bei denen dein Körper diese Kraft aufbringen muss. Triffst du mit dem Hammer nicht den Nagel und schlägst daneben, so „bremst“ du den Hammer mit deinem Finger, ein blauer Fleck ist unvermeidlich. Fällt dir der Hammer herunter, ziehst du instinktiv den Fuß weg. Fällt ein Bleistift statt des Hammers, merkst du kaum etwas: Kleine Masse – kleine Kraft.

A1. Rike nimmt noch einen Beifahrer mit. Was folgerst du für Kraft, Masse, Beschleunigung?

A2. Nenne Beispiele aus dem Sport, bei denen große Kräfte zu großen Beschleunigungen führen.

A3. In einem Autoprospekt ist die Beschleunigung des Wagens mit 4 m/s² (abgekürzt für 4 (m/s)/s) angegeben. Wie lange braucht das Auto, um von 0 auf 100 km/h ≈ 28 m/s zu beschleunigen?

Kraft und Gegenkraft

1 Zu Versuch 1: Wie immer Ute und Jan auch ziehen, stets treffen sie in der Mitte zusammen; Ute zieht an Jan, Jan zieht an Ute

2 Wechselwirkung zwischen Autos: Die Kraft des blauen Pkw verursacht den Blechschaden am roten, die Gegenkraft des roten verursacht Blechschaden am blauen Pkw

1. Wer zieht, wird gezogen

Versuch 1: **a)** Jan und Ute haben gleiche Masse und stehen auf Rollschuhen *(Bild 1)*. Sie ziehen gleichzeitig an einem Seil und treffen sich in der Mitte. Wie die Kraftmesser zeigen, hat jeder auf den anderen eine gleich große Kraft ausgeübt: $F_{\mathrm{U\ auf\ J}} = F_{\mathrm{J\ auf\ U}}$.

b) Nun versucht nur Ute zu ziehen, Jan dagegen nicht. Jan hält deshalb das Seil nur fest. Doch auch jetzt treffen beide in der Mitte zusammen! Jan stellt überrascht fest, dass er dabei wieder eine gleich große Kraft ausüben musste. Diese Kraft nennt man die **Gegenkraft** zur Kraft von Ute.

c) Jetzt nimmt sich Jan vor, auf die Kraft von Ute nicht mit einer Gegenkraft zu antworten. Dies gelingt ihm nur, wenn er das Seil loslässt. Allerdings kann dann auch Ute keine Kraft auf Jan ausüben. ■

Bisher haben wir untersucht, wie Kräfte auf einen Körper wirken. Die Kräfte wurden stets von anderen Körpern aufgebracht. Diese anderen Körper beziehen wir nun in unsere Überlegungen mit ein. Versuch 1 zeigt dabei etwas Überraschendes:

Wenn ein Körper (A) auf einen anderen (B) eine Kraft ausübt, so wirkt B auf A zurück. Eine Kraft für sich allein gibt es nicht. *Kraft und Gegenkraft treten immer als Paar auf. Sie greifen stets an verschiedenen Körpern an; sie haben stets gleiche Beträge, aber immer entgegengesetzte Richtungen.*

2. Ein Gesetz für alle Kräfte

Das Wechselspiel von Kraft und Gegenkraft lässt sich auch in anderen Situationen beobachten.

Versuch 2: Auf einem Wagen (A) befestigen wir einen Magneten, auf einem anderen (B) ein Eisenstück. Lassen wir die Wagen gleicher Masse aus geringem Abstand frei, so treffen sie sich in der Mitte. ■

Der blaue Pkw in *Bild 2* übte bei dem Auffahrunfall auf den roten die Kraft $F_{\mathrm{blau\ auf\ rot}}$ aus und zerbeulte so das rote Heck. Gleichzeitig mit dieser Kraft wirkte aber auch die Gegenkraft $F_{\mathrm{rot\ auf\ blau}}$ des roten Pkw auf den blauen. Diese Gegenkraft zerbeulte die blaue Motorhaube.

Ein 100 m-Läufer übt beim Start eine möglichst große Kraft auf den Startblock nach hinten aus. Die Gegenkraft des Startblocks wirkt nach vorn und beschleunigt den Läufer. Liegt der Startblock nur locker auf der Erde, so rutscht er beim Start nach hinten weg. Der Start misslingt.

Für alle Kräfte gilt das **Wechselwirkungsgesetz:**

Übt der Körper A eine **Kraft** $\vec{F}_{\mathrm{A\ auf\ B}}$ auf den Körper B aus, so übt der Körper B auf den Körper A die **Gegenkraft** $\vec{F}_{\mathrm{B\ auf\ A}}$ aus. **Beide Kräfte sind entgegengesetzt gerichtet; die Beträge sind gleich:** $\boldsymbol{F_{\mathrm{A\ auf\ B}} = F_{\mathrm{B\ auf\ A}}}$.

Auch beim Kräftegleichgewicht haben wir zwei entgegengesetzt gerichtete Kräfte betrachtet. Aber: Diese beiden Kräfte griffen am selben Körper an. Bei Kraft und Gegenkraft dagegen greifen die Kräfte immer an zwei verschiedenen Körpern A und B an, sie können sich also nicht das Gleichgewicht halten.

3. Wir bewegen uns durch Rückstoß in Luft und Wasser

Du sitzt in einem Boot wie in *Bild 3* und wirfst mit großer Kraft Steine nach hinten. Die Steine wirken mit einer gleich großen Gegenkraft auf dich zurück und treiben das Boot voran – wenn du darin fest sitzt. Gehen dir die Steine aus, könntest du Wasser schöpfen und dies nach hinten schleudern. Noch einfacher ist es aber, wenn du mit einem Paddel oder einer motorgetriebenen Schraube ständig Wasser nach hinten in Bewegung setzt. In allen Fällen wird das Wasser mit einer Kraft nach hinten beschleunigt. Dabei übt es die Gegenkraft auf das Boot nach vorne aus und treibt es voran.

Flugzeuge beschleunigen Luft mit Propellern oder Düsentriebwerken nach hinten. Sie üben dazu eine Kraft auf die Luft nach hinten aus. Die Gegenkraft der Luft wirkt auf das Flugzeug nach vorn. Auch Fische und Vögel nutzen dieses Prinzip des Antriebs aus.

4. Fliegen mit der Gegenkraft

In *Bild 4* steht der *Drachen* schräg zum Wind und lenkt die anströmende Luft teilweise nach unten. Dazu muss er eine Kraft auf die Luft nach unten ausüben. Die Gegenkraft hält den Drachen oben oder lässt ihn weiter steigen. Flaut der Wind ab, so wird weniger Luft je Sekunde nach unten umgelenkt. Die Gegenkraft wird kleiner, der Drachen sinkt.

Die *Tragflächen der Flugzeuge* sind etwas geneigt und gekrümmt. Dadurch wird die Luft beim Flug nach unten umgelenkt. Ist die Gegenkraft der Luft auf das Flugzeug nach oben genauso groß wie seine Gewichtskraft nach unten, so behält das Flugzeug seine Höhe bei. Diese Gegenkraft der Luft auf das Flugzeug nimmt zu, wenn das Flugzeug schneller fliegt. Größere Tragflächen und eine stärkere Wölbung vergrößern die Gegenkraft ebenfalls. Deshalb genügen bei großen Reisegeschwindigkeiten relativ schmale Flügel. Bei Start und Landung wird die Flügelfläche durch das Ausfahren zusätzlicher *„Landeklappen"* vergrößert.

3 Das Boot kommt durch die Gegenkraft voran

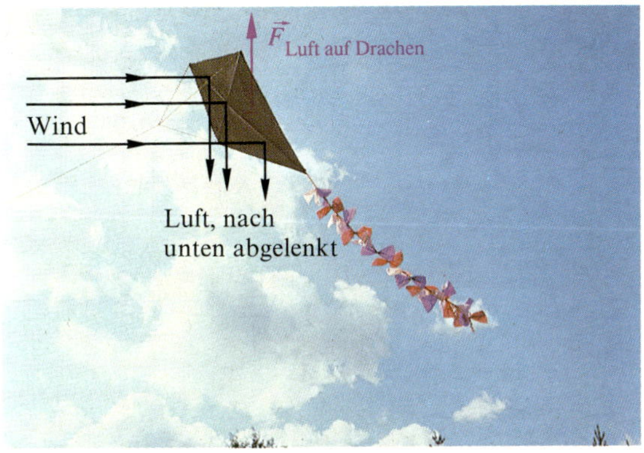

4 Kraft und Gegenkraft beim Drachen

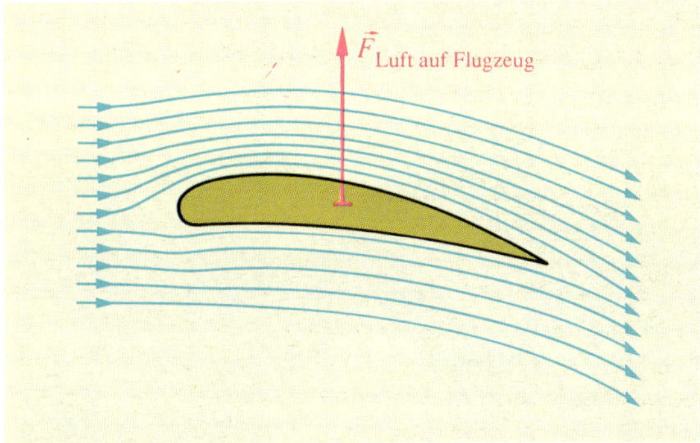

5 Querschnitt durch den Tragflügel eines Flugzeugs; die ihn umströmende Luft wird etwas nach unten abgelenkt

A1. Oft hört man als Wechselwirkungsgesetz: Aktionskraft = Reaktionskraft oder noch kürzer: actio = reactio. Ergänze diese Aussage.

A2. Du springst von einem Boot aus ans Ufer. Wo greifen Kraft und Gegenkraft an? Welche Wirkungen haben sie jeweils?

A3. Du stehst auf einer Personenwaage. Welche Kräfte wirken? (Skizze)

Reibung

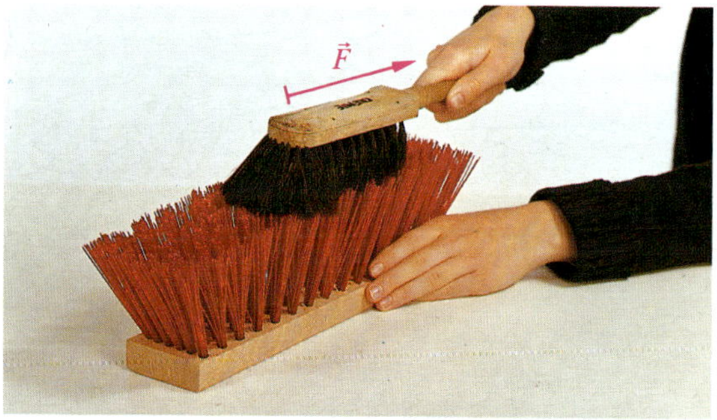

1 Modellversuch für die Ursache der Gleitreibung: Die Borsten verbiegen einander

4 Felgenbremse: Sicherheit durch Gleitreibung – aber nur bei sauberen Felgen!

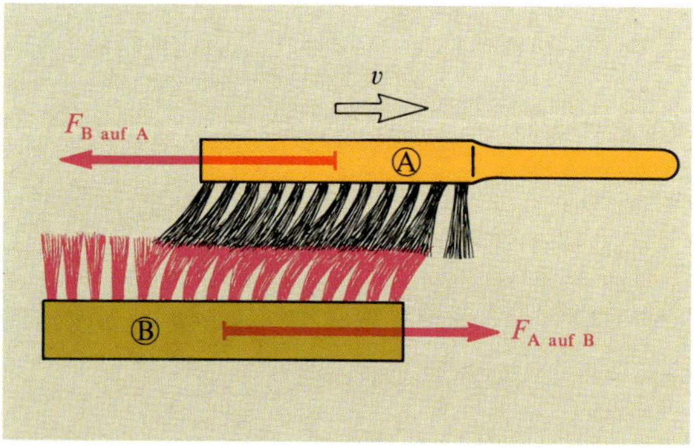

2 Die Gleitreibungskraft entsteht als Gegenkraft

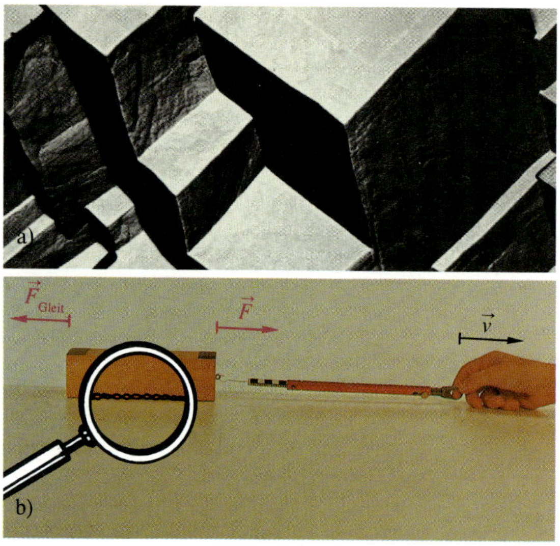

3 a) 10000fache Vergrößerung einer Metalloberfläche zeigt mikroskopische Rauigkeiten; b) Gleiten Flächen aufeinander, so kommt es deshalb zu Reibung

1. Bremsen mit Gleitreibungskraft ...

Presse deine Hand fest auf einen Tisch oder auf feines Sandpapier und ziehe sie dabei weg. Deutlich spürst du bei diesem Reibungsvorgang eine hemmende Kraft. Wie entsteht diese Kraft?

Versuch 1: Lege wie in *Bild 1* zwei Bürsten aufeinander und ziehe die obere Bürste gleichmäßig mit der Kraft $\vec{F}$ nach rechts. Die Borsten *beider* Bürsten werden dabei elastisch verbogen. ■

Die Bürsten wirken mit Kraft und Gegenkraft aufeinander, wie wir es im vorigen Abschnitt gesehen haben. Die Borsten der unteren Bürste (B) werden wie in *Bild 2* nach rechts gebogen; sie wirken daher mit der Kraft $\vec{F}_{B\ auf\ A}$ auf die obere Bürste (A) nach links zurück, also der Bewegung entgegen. Diese Kraft $\vec{F}_{B\ auf\ A}$ hemmt die Gleitbewegung, man nennt sie die **Gleitreibungskraft** F_{Gleit}.

Die Oberflächen aller Körper sind rau *(Bild 3)*. Daher tritt diese Gleitreibungskraft stets auf, sobald Körper aneinander gleiten. Sie ist um so größer,

- je stärker die Kraft ist, mit der die beiden Körper aneinander gepresst werden,
- je rauer die Gleitflächen sind.

Diese Gleitreibung nutzt du beim Radfahren zum Bremsen aus *(Bild 4)*. Je kräftiger du die Bremsklötze auf die Felge drückst, desto größer ist dort die Gleitreibungskraft und desto stärker wird das Rad abgebremst. Damit die Bremse gut funktioniert, muss die Felge sauber sein.

2. ... und Halten mit Haftkraft

Du kannst dich an der Kletterstange halten, obwohl deine Gewichtskraft nach unten wirkt. Welche Kraft hält dich oben?

Versuch 2: Versuche vorsichtig, den Klotz *(Bild 5a)* mit einem Kraftmesser in Bewegung zu setzen. Solange der Klotz noch in Ruhe ist, kann man stärker an ihm ziehen als nachher, wenn er gleichförmig gleitet. Er kann nämlich mit einer großen **Haftkraft** auf seiner Unterlage haften. Diese Haftkraft ist die Gegenkraft zur Zugkraft; sie steigt mit dieser so lange an, bis der Klotz zu gleiten beginnt. ■

Solange der Körper ruht, verzahnen sich die Unebenheiten der Oberflächen stärker als beim raschen Hinweggleiten. Die Kraft, mit der man gerade noch ziehen kann, ohne dass der Körper zu gleiten beginnt, ist so groß wie die **maximale Haftkraft F_{Haft}.** Auch die Haftkraft F_{Haft} wird um so größer, je rauer die Oberflächen sind und je stärker die beiden Körper aufeinander gepresst werden. Gleitreibung und Haften haben dieselben physikalischen Ursachen.

Wenn du an der Kletterstange nicht kräftig zupackst oder deine Hände zu glatt sind, ist die Haftkraft kleiner als die Gewichtskraft und du fängst an abzugleiten. Schlecht geknüpfte Schleifen und *Knoten* lösen sich, sobald die Belastung zu groß wird. Die maximale Haftkraft ist dann zu gering. Die Schlingen gut geknüpfter Knoten dagegen pressen um so stärker aufeinander, je größer die Zugbelastung ist. Die Haftkraft nimmt bei diesen Knoten mit der Belastung zu: Sie halten gut.

3. Die Rollreibung ist sehr klein

Versuch 3: Lege wie in *Bild 5c* den Holzklotz auf runde Bleistifte und ziehe ihn mit einem Kraftmesser weg. Die beim Abrollen hemmende Reibungskraft F_{Roll} ist hier noch kleiner als beim Gleiten. ■

Die Unebenheiten können nun wie die Zähne zweier Zahnräder aufeinander abrollen und hemmen die Rollbewegung nur wenig. Was passiert an der Achse eines Rades? Setzt man das Rad mit seiner Nabe auf den Zapfen der Achse, so tritt hier Gleitreibung auf. Solche Gleitlager findet man z. B. bei quietschenden Türscharnieren. Bei Fahrzeugrädern setzt man *Kugellager* ein. Dann wird auch an der Achse das Gleiten durch ein Abrollen ersetzt, nicht nur am Radumfang.

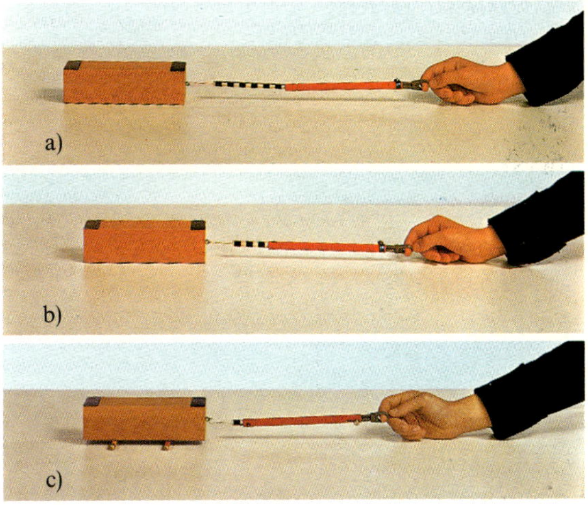

5 Hier gilt: $F_{Haft} > F_{Gleit} > F_{Roll}$

6 Wasserschmierung beim Schlittschuhlaufen

4. Schmieren hilft bei Gleitreibung

Befindet sich zwischen den festen Körpern eine Flüssigkeitsschicht, so wird die Reibungskraft noch weiter verringert. Deshalb ölt man die Lager. Beim Schlittschuhlaufen kann sich zwischen Kufen und Eis eine Wasserschicht bilden; man gleitet darauf fast reibungsfrei *(Bild 6)*. Bei sehr reinen Stoffen und sauberen Oberflächen wird der Unterschied zwischen Gleitreibungs- und Haftkraft auch ohne Schmierung verschwindend gering.

A1. Wie kannst du mit Schlittschuhen schnell loslaufen? Welche Kräfte nutzt du aus?

A2. Warum funktionieren die Felgenbremsen an einem Fahrrad bei Regenwetter so schlecht?

A3. Ein Auto bremst. In welcher Richtung wirken Kräfte auf den Asphalt? Erkläre die Wellen im Asphalt, die man mitunter vor Ampeln sieht. Entstehen sie auch beim Anfahren?

Seilmaschinen

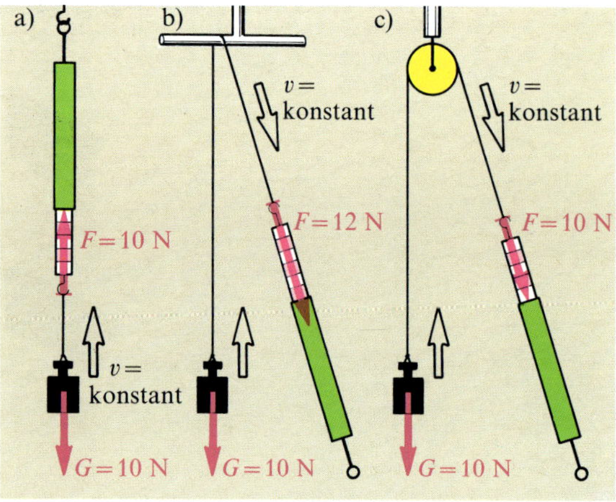

1 Eine Last wird mit einem Seil gehoben

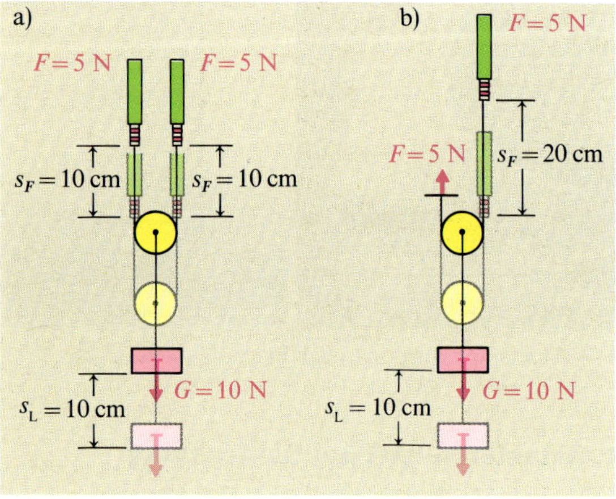

2 Beide Seilabschnitte ziehen mit der halben Kraft

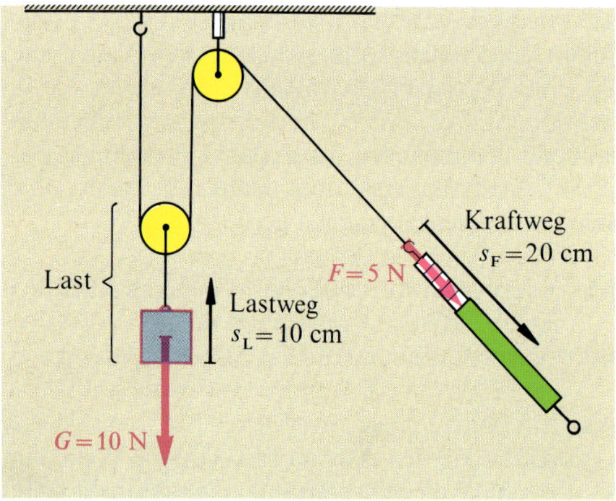

3 Eine Kombination von fester und loser Rolle

1. Eine Kraft wird umgelenkt

Seile und Rollen sind Hilfmittel, mit denen sich viele Tätigkeiten sehr erleichtern lassen.

Versuch 1: **a)** Wir ziehen einen Körper der Masse $m = 1$ kg an einem Seil gleichförmig nach oben. *(Bild 1).* Der Federkraftmesser zeigt $F = G = 10$ N.

b) Das Seil wird über eine Stange geführt. Wir müssen mit der größeren Kraft $F = 12$ N ziehen.

c) Wir ersetzen die Stange durch eine Rolle. Die Kraft beträgt hier nur wenig mehr als $F = 10$ N. ■

In a) haben wir den *Angriffspunkt* der Kraft verlagert, aber weder Betrag noch Richtung der Kraft geändert. In b) haben wir die *Richtung* der Kraft mit einer Stange umgelenkt. Leider wurde dabei die Zugkraft wegen der Reibung zwischen Seil und Stange um $F_{Gleit} = 12\text{ N} - 10\text{ N} = 2\text{ N}$ größer. In c) hat die Rolle die Reibung wesentlich verringert. Solche Rollen wie in *Bild 1* mit ortsfester Achse nennen wir **feste Rollen.**

Mit **Seil** und **fester (ortsfester) Rolle** kann man eine Kraft in eine andere Richtung umlenken. Ohne Reibung ändert sich dabei der Betrag der Kraft nicht.

In *Bild 4a* steht der Mann sicher auf dem Boden und zieht die Last bequem mithilfe von Rolle und Seil hoch. Oben auf dem Gerüst hat er einen gefährlicheren Standort *(Bild 4b).*

2. Eine Kraft wird halbiert

Versuch 2: Wir hängen einen Klotz mit Rolle und Seil wie in *Bild 2a* auf. Die Last (Klotz und Rolle) erfährt die Gewichtskraft $G = 10$ N.
Wie die beiden Kraftmesser zeigen, wird jedes Seilende nur mit der Kraft $F = 5$ N gespannt. Wenn das Seil über die reibungsfreie Rolle läuft, ist die Kraft im Seil überall gleich groß. ■

Die Gewichtskraft G verteilt sich also gleichmäßig auf die beiden tragenden Seilabschnitte. Wir können die Last um 10 cm heben, wenn wir an beiden Seilenden längs des Kraftwegs $s_F = 10$ cm ziehen.

Versuch 3: Nun befestigen wir das eine Seilende wie in *Bild 2b* z.B. an einem Haken. Dieser hält jetzt die eine Hälfte der Last; wir selbst müssen nur noch die halbe Kraft $F = G/2 = 5\,\text{N}$ ausüben. Die Last soll wieder um den Lastweg $s_L = 10\,\text{cm}$ gehoben werden. Da der Haken nur hält, aber nicht hebt, müssen wir den Kraftweg seines Seilabschnitts mit übernehmen. Wir ziehen daher am freien Ende um $2 \cdot 10\,\text{cm} = 20\,\text{cm}$. Die Kraft wurde halbiert, der Kraftweg dafür verdoppelt. ■

Die Rolle dreht sich dabei und zugleich hebt sich ihre Achse mit der Last, ihre Achse ist nicht ortsfest. Man nennt solche Rollen daher auch **lose (ortsveränderliche) Rollen.**

Eine **lose Rolle** verteilt die Gewichtskraft der Last gleichmäßig auf zwei Seilabschnitte. In jedem Abschnitt gilt $F = G/2$.
Ist ein Seilende fest, so wird der Kraftweg s_F doppelt so groß wie der Lastweg s_L; es gilt $s_F = 2\,s_L$.

Eine zusätzliche ortsfeste Rolle lenkt die Kraft $F = G/2$ nur noch um *(Bild 3)*.

3. Der Flaschenzug

Der **Flaschenzug** nach *Bild 5* besteht aus mehreren festen und losen Rollen, die sich in zwei Haltevorrichtungen, den so genannten *Flaschen*, unabhängig voneinander drehen lassen.

Versuch 4: Wir ziehen einen Klotz mit einem Flaschenzug um den Lastweg $s_L = 10\,\text{cm}$ hoch. Die Gewichtskraft der gesamten Last in *Bild 4* beträgt $G = 12\,\text{N}$. Wir messen die Zugkraft von etwa $F = 3\,\text{N}$ und den Kraftweg $s_F = 40\,\text{cm}$. ■

Die Last hängt an vier Seilabschnitten. Folglich übt jeder Seilabschnitt nur die Kraft $F = G/4$ nach oben aus. Die beiden oberen festen Rollen lenken die Seilkräfte um. Sind alle Rollen reibungsfrei, so müssen wir daher am freien Seilende nur mit dieser Kraft $F = G/4 = 3\,\text{N}$ ziehen. Doch sind alle vier Seilabschnitte um je 10 cm zu verkürzen, also insgesamt um $4 \cdot 10\,\text{cm} = 40\,\text{cm}$.

Verteilt ein Flaschenzug die Gewichtskraft G auf n tragende Seilabschnitt, so gilt:
- die erforderliche Zugkraft beträgt $F = G/n$;
- der erforderliche Kraftweg ist $s_F = n \cdot s_L$.

4 Ortsfeste Rollen erleichtern Arbeitsaufgaben

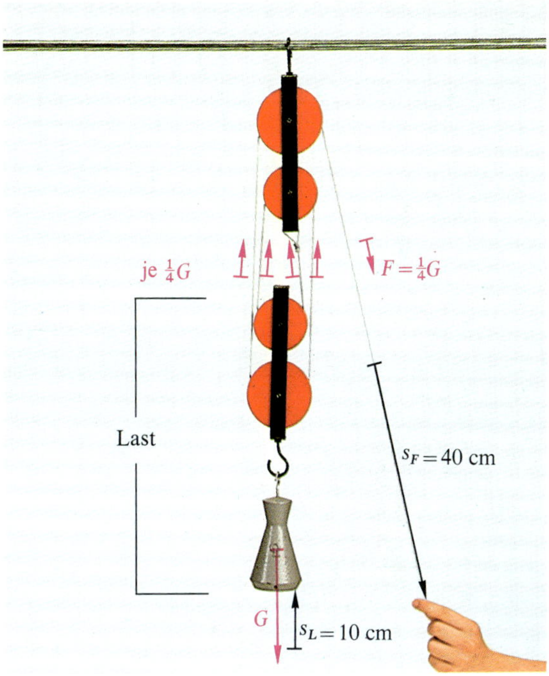

5 Ein Flaschenzug „verstärkt deine Kraft"

A1. Katharina kann eine Kraft von 400 N aufbringen. Welche Last könnte sie damit an einer festen Rolle, an einer losen Rolle oder an dem Flaschenzug nach *Bild 5* hochziehen?

A2. Ein Mehlsack wird mit einer losen Rolle hochgezogen. Eine Kraft von 270 N hält am Seilende das Gleichgewicht. Wie viel Mehl wird hochgezogen, wenn die Rolle 20 N und der leere Sack 10 N wiegen?

A3. Mit welcher Kraft zieht der Flaschenzug in *Bild 5* an der Aufhängung nach unten (sieh von der Gewichtskraft der festen Rollen ab)?

Naturgesetze

1. Naturgesetze gelten überall!

Auf der Erde erfahren *alle* Körper, ob aus Blei oder Holz, eine Gewichtskraft. Wie im Drehwaagenversuch (Seite 80) ziehen sie sich nämlich gegenseitig an: Du ziehst deinen Bleistift an und er dich. Doch sind diese sehr schwachen Kräfte gegenüber der Anziehung durch die riesige Erdkugel verschwindend klein. Wenn nun solche Anziehungskräfte im ganzen Weltraum (Universum) auftreten, muss alles, was sich in der Nähe großer Himmelskörper aufhält, eine merkliche Gewichtskraft erfahren. Damit haben wir auf der Erde gefundene Versuchsergebnisse auf die ganze Natur ausgedehnt; wir sprechen ein **Naturgesetz** aus. Die Astronomen fanden es bei allen Sternen, die sich wegen dieser Anziehungskräfte paarweise umkreisen, bestätigt. Man fand bislang keine einzige Ausnahme von dieser allgemein gültigen **Massenanziehung**. Wir haben sie in die *mathematische Form* $G = m \cdot g$ gekleidet. Den Ortsfaktor g berechnen Astronomen für die Jupiteroberfläche zu $g = 26$ N/kg, und zwar aus der Kraft, mit der dieser Planet seine Monde anzieht. Damit können wir eine Voraussage treffen: Ein Astronaut mit der Masse $m = 80$ kg hätte auf dem Jupiter $G = m \cdot g = 2080$ N!

2. Naturgesetze sind praktisch

Du möchtest bei einer Federfirma eine Feder mit gewünschter Härte bestellen. Mit Worten allein ist dies nicht zuverlässig möglich. Was nämlich der eine als hart bezeichnet, kann für einen andern ziemlich weich sein. Viel einfacher und präziser ist es, die Federhärte mit dem Quotienten $D = F/s$ (etwa mit $D = 15$ cN/cm) anzugeben. Sie ist ja im Proportionalbereich durch ein Naturgesetz, das *hookesche Gesetz,* festgelegt. Dort übt die gewünschte Feder bei Verlängerung um 1 cm die Kraft 15 cN aus.

Die Angabe 15 cN/cm setzt allerdings voraus, dass Käufer und Hersteller Kräfte F und Längen s in gleicher Weise messen können: Für Längen gibt es überall Maßstäbe. Kräfte könnte man mit Federkraftmessern bestimmen; doch ist es genauer, das Naturgesetz $G = m \cdot g$ heranzuziehen und Wägesätze für die Masse m sowie eine Tabelle für den Ortsfaktor g zu benutzen. Eichämter wie die *physikalisch-technische Bundesanstalt* in Braunschweig stellen genormte Einheiten bereit und überwachen ihre Einhaltung.

3. Wie findet man Naturgesetze?

Das hookesche Gesetz wie auch andere Naturgesetze finden wir an **Messreihen.** Sie zeigen an einer Reihe von **Messwerten,** wie zwei Größen – zum Beispiel Kraft F und Verlängerung s – miteinander zusammenhängen. Dazu stellt man die einzelnen *Wertepaare* wie in *Bild 1* grafisch dar, nachdem man die Achsen zweckmäßig eingeteilt hat.

Beim Wiederholen der Messung erhält man aber nicht wieder die gleichen Messwerte. Jede Messung ist nämlich mit **Messfehlern** behaftet. Diese lassen sich zwar durch sorgfältigeres Vorgehen oder durch feinere Hilfsmittel (Lupenablesung usw.) verkleinern, aber prinzipiell nicht vermeiden. Grundsätzlich kennt niemand den präzisen Wert!

Deshalb wäre es sinnlos, die Punkte in *Bild 1* mit einer Zickzack-Linie zu verbinden. Beim Wiederholen erhielte man eine andere Linie. Wie erhält man trotzdem genauere Aussagen? Die Folge der Messwerte in *Bild 1* lässt vermuten, dass eine **Proportionalität** vorliegt. Wenn diese einfache Annahme richtig ist, kann man eine *Ursprungsgerade* so zeichnen, dass sich die Streuungen der Messpunkte an ihr nach oben und unten etwa ausgleichen. Diese **Ausgleichsgerade** ist umso zuverlässiger, je mehr Messpunkte vorhanden sind und je weniger diese streuen. Liegt ein Einzelpunkt weitab und wird er beim Wiederholen der Messung nicht bestätigt, so lässt man ihn als so genannten Ausreißer außer Acht.

Wenn sich die Ausgleichsgerade durch den Ursprung zeichnen lässt, wird die vermutete Proportionalität zwischen F und s im Messbereich bestätigt. Dort ist der Quotient $D = F/s$ konstant. Wie erfasst man diesen **Proportionalitätsfaktor** möglichst genau? Bisher haben wir ihn für alle Messwerte berechnet und daraus den Mittelwert genommen. Doch könnte man auch den weitab vom Ursprung O liegenden Punkt P der Ausgleichsgeraden benutzen (es muss kein Messpunkt sein): *Bild 1* liefert für P bei kritischem Ablesen $s = 35{,}0$ cm und $F = 360$ cN; daraus folgt $D = F/s = 360$ cN/35,0 cm $= 10{,}3$ cN/cm. Man kann deshalb mit guter Genauigkeit sagen, dass die Kraft $F = 10{,}3$ cN die Feder um $s = 1{,}0$ cm verlängert. Da die Verlängerung $s = 20$ cm im *Proportionalbereich* liegt, gehört zu ihr die Kraft $F = D \cdot s = 206$ cN.

4. Kritischer Umgang mit Messwerten

Wie sieht man einem Ergebnis an, wie genau es ist? Die Werte $s = 35$ cm und $F = 360$ N gehören zu Punkt P der Ausgleichsgeraden. Die Streuungen der Messwerte um diese Gerade zeigen, dass man Punkt P und damit $F = 360$ cN auf etwa 5 cN und $s = 35$ cm auf 0,3 cm, also jeweils auf etwa 1 % genau angeben kann. Der Taschenrechner liefert mit diesen Werten $D = F/s = 360\,\text{cN}/35\,\text{cm} = 10{,}28571429\,\text{cN/cm}$ und täuscht eine völlig überzogene Genauigkeit vor. Sie würde von jeder unabhängigen Wiederholung Lügen gestraft. Dagegen ist der auf 10,3 cN/cm gerundete Wert vertretbar. Bei eiligen Schulversuchen können durchaus Fehler von 5 % bis 10 % auftreten.

5. Überlegter Umgang mit Naturgesetzen

Tom und Moni diskutieren *Bild 2a* zum Kräftegleichgewicht beim Tauziehen am Seil AB: Moni sagt, die Kräfte $F_1 = 1$ N nach links und $F_2 = 1$ N nach rechts heben sich auf; die Resultierende am ganzen Seil AB sei $F = (1 - 1)\,\text{N} = 0$ N. Sonst würde es sich nach rechts oder links in Bewegung setzen. Zur Bestätigung zieht sie nur am linken Ende A des locker liegenden Seils AB mit $F_1 = 0{,}1$ N *(Bild 2b)*; schon diese kleine Kraft setzt es in Bewegung.

Tom sagt: „Das Seil AB ist durch 2-mal 1 N gespannt. Also herrscht in ihm die Spannkraft 2 N. Ein Kraftmesser, den man in das (irgendwo durchschnittene) Seil knüpft, könne dies bestätigen.“ Ein Versuch nach *Bild 2c* zeigt jedoch: Der an einer *beliebigen Schnittstelle* S eingeknüpfte Kraftmesser zeigt 1 N, also weder 2 N noch 0 N.

Dies kann nun Moni erklären: **Wenn der Kraftmesser bei S eingeknüpft ist, muss auch der linke Seilabschnitt AS_1 für sich im Gleichgewicht sein.** An seinem rechten Ende S_1 zieht also nach rechts die Kraft $F_1' = 1$ N (weder 0 N noch 2 N). Sie hält $F_1 = 1$ N das Gleichgewicht. Am rechten Seilstück S_2B dagegen sind F_2 und F_2' im Gleichgewicht *(Bild 2d)*.

Moni denkt nun auch an das Naturgesetz über *Kraft und Gegenkraft*. Da beide gleich groß und entgegengesetzt gerichtet sind, sieht sie den Unterschied zum Gleichgewicht nicht mehr ein. Hier klärt Tom: Vor Ausführen des Schnitts haben die beiden Seilstücke unmittelbar aufeinander gewirkt: Das linke wurde mit $F_1' = 1$ N nach rechts und das rechte mit $F_2' = 1$ N nach links gezogen. F_1' und F_2' wirkten dabei an zwei verschiedenen Körpern (Seilteilen).

Kräftegleichgewicht

Das Gleichgewicht bezieht sich auf jeweils *einen bestimmten*, herausgegriffenen Körper:
Gleichgewicht am *linken* Teil wegen $F_1' = F_1$;
Gleichgewicht am *rechten* Teil wegen $F_2' = F_2$.

Kraft und Gegenkraft

Kraft und Gegenkraft greifen *stets an zwei verschiedenen Körpern* an: Mit den beiden gleich großen, aber entgegengesetzt gerichteten Kräften F_1' und F_2' haben an der Schnittstelle S vor dem Schnitt die beiden Seilstücke aufeinander gewirkt.

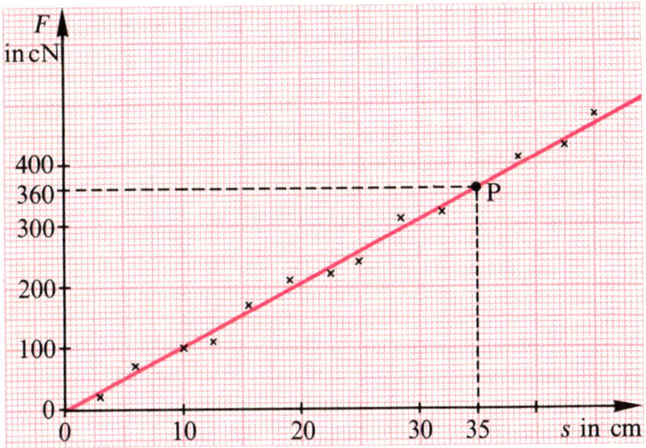

1 Messpunkte streuen um die Ausgleichsgerade

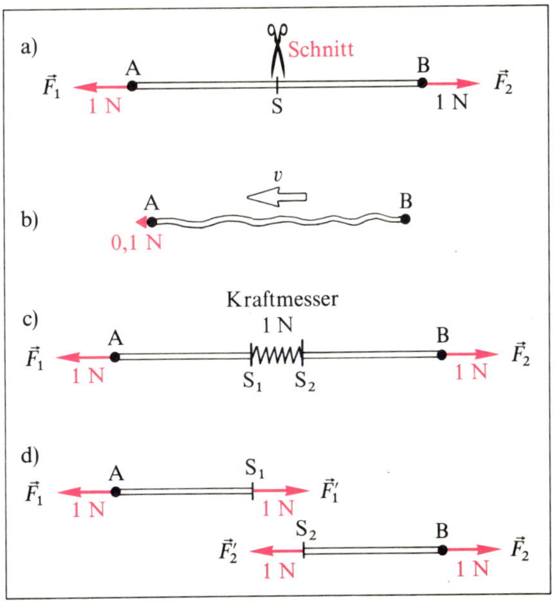

2 Wie groß ist die Spannkraft an der Schnittstelle S?

Zusammensetzen von Kräften

1 Hier werden die Kräfte wie Zahlen addiert

1. Rückblick: Zwei Kräfte mit gleicher Richtung

In *Bild 1* ziehen die zwei Pferde den Pflug mit den Kräften $\vec{F}_1$ und $\vec{F}_2$ in gleicher Richtung. Wir dürfen dann die Beträge 2000 N und 3000 N wie Zahlen addieren. Dies haben wir im Kapitel „Zusammenwirken von Kräften" kennen gelernt. Wir erhalten so den Betrag 5000 N.

Eine einzige Kraft mit diesem Betrag und gleicher Richtung wie die Einzelkräfte kann dann beide völlig ersetzen. Denn an dem Ergebnis („Resultat") ändert sich dadurch nichts; die Furchentiefe ist die gleiche. Wir nennen diese Ersatzkraft für $\vec{F}_1$ und $\vec{F}_2$ die **Resultierende** $\vec{F}_{Res}$ der beiden Kräfte $\vec{F}_1$ und $\vec{F}_2$ und schreiben: $\vec{F}_{Res} = \vec{F}_1 + \vec{F}_2$.

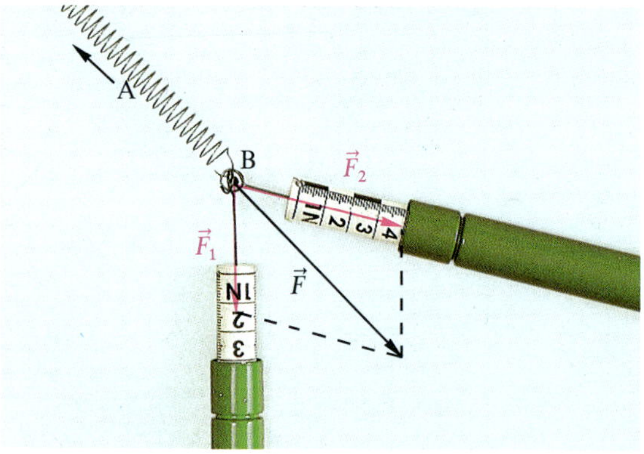

2 Vektoraddition der zwei Kräfte $\vec{F}_1$ und $\vec{F}_2$

3 Hier werden die Kräfte anders als Zahlen addiert

2. Addition von Kräften unterschiedlicher Richtungen

Nach *Bild 3* zerren zwei Hunde am gemeinsamen Teil ihrer Leine nach verschiedenen Richtungen. Lassen sich auch diese zwei Kräfte durch eine einzige Kraft ersetzen? Wenn ja: Welche Richtung und welchen Betrag hat sie?

Versuch 1: Das gemeinsame Stück der Leine ersetzen wir durch eine Feder, deren eines Ende (A) links oben an der Tafel befestigt ist. Am anderen Ende (also im gemeinsamen Punkt B) greifen über je einen Kraftmesser die Kräfte mit den Beträgen $F_1 = 3{,}0$ N und $F_2 = 4{,}0$ N nach verschiedenen Richtungen an. Das Resultat zeigt *Bild 2.* Die Feder spannt sich so, als ob an ihr nur *eine* Kraft angreifen würde.

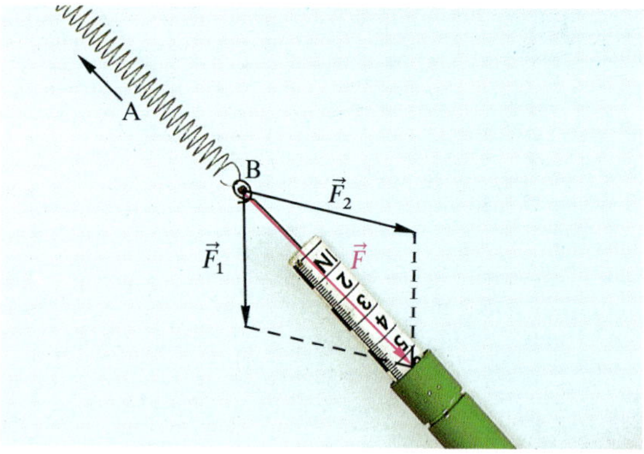

4 Die eine Resultierende $\vec{F}_{Res}$ ersetzt $\vec{F}_1$ und $\vec{F}_2$

Die beiden Kräfte $\vec{F}_1$ und $\vec{F}_2$ lassen sich also auch hier durch **eine** Kraft, die **Resultierende $\vec{F}_{Res}$**, ersetzen. $\vec{F}_1$ und $\vec{F}_2$ heißen **Komponenten** der Kraft $\vec{F}_{Res}$. Die Richtung von $\vec{F}_{Res}$ zeigt die Feder AB. Um auch den Betrag von $\vec{F}_{Res}$ festzustellen, dehnen wir mit nur einem Kraftmesser die Feder bis zum selben Endpunkt B wie zuvor. Dazu benötigen wir 5,5 N, also weniger als die Summe (3 N + 4 N = 7 N) der beiden Komponentenbeträge. In *Bild 4* ist diese Kraft $\vec{F}_{Res}$ im gleichen Maßstab wie auch $\vec{F}_1$ und $\vec{F}_2$ eingezeichnet (1 N ≙ $\frac{1}{2}$ cm). Sie ist zu der Komponente mit dem größeren Betrag hin geneigt. ■

Zwei Kräfte $\vec{F}_1$ und $\vec{F}_2$, die an einem Punkt angreifen, lassen sich durch *eine* Kraft mit gleichem Angriffspunkt ersetzen, die **Resultierende $\vec{F}_{Res}$**.

Wenn man aus den **Komponenten** $\vec{F}_1$ und $\vec{F}_2$ ein **Parallelogramm** bildet, so findet man die Resultierende $\vec{F}_{Res}$ als die Diagonale mit dem Angriffspunkt der beiden Komponenten.

3. Geometrie hilft weiter

Bild 4 zeigt uns, wie wir künftig – auch ohne Versuch – die Resultierende $\vec{F}_{Res}$ bestimmen können: Wir brauchen nur die Kraftpfeile $\vec{F}_1$ und $\vec{F}_2$ in ihrem gemeinsamen Angriffspunkt B im gleichen Kräftemaßstab einzutragen und durch Parallelen zum so genannten **Vektorparallelogramm** zu ergänzen. Seine von B ausgehende Diagonale liefert in diesem Maßstab die gesuchte Resultierende $\vec{F}_{Res}$ nach Betrag und Richtung. Dann streichen wir die beiden Komponenten $\vec{F}_1$ und $\vec{F}_2$ weg, denn sie sind ja durch ihre Resultierende $\vec{F}_{Res}$ ersetzt; sie wirken also nicht zugleich mit $\vec{F}_{Res}$.

Diese Addition von Kräften verschiedener Richtungen zeigt eindringlich, dass man Kräfte als Vektoren behandeln muss. Mit dem Betrag allein ist eine Kraft noch nicht bestimmt. Die Zusammensetzung geschieht als **Vektoraddition: $\vec{F}_{Res} = \vec{F}_1 + \vec{F}_2$**. Die Additionen gleich- oder entgegengesetzt gerichteter Kräfte sind darin als Sonderfälle enthalten. Das zeigt *Bild 5* bei $\varphi = 0°$ und $\varphi = 180°$. Dann ergibt sich der Betrag der Resultierenden als Summe bzw. als Differenz – wie bei Zahlen.

A1. Ermittle durch Konstruktion die Resultierende von zwei Kräften mit den Beträgen 6 N und 8 N, wenn sie Winkel von 0°, 30°, 60°, 90°, 120°, 150°, 180° einschließen. Zwischen welchen Grenzen liegt der Betrag der Resultierenden? Bei welchen Winkeln kommt man durch gewohnte Zahlenrechnung mit den Beträgen allein zum Ergebnis?

A2. Wie ändert sich bei zwei betragsgleichen Kräften der Betrag der Resultierenden, wenn der Winkel zwischen den Komponenten von 0° bis 180° wächst *(Bild 5)*? Bei welchen Winkeln ist der Betrag der Resultierenden größer, gleich, kleiner als der Betrag einer Komponente?

A3. An einem Telegrafenmast zieht ein Draht horizontal nach Osten mit 2000 N; ein zweiter horizontal nach Süden mit 3000 N. Ermittle Himmelsrichtung und Betrag der Resultierenden durch Konstruktion. Zeichne auch die Richtung ein, in der ein schräg verlaufendes Halteseil am Boden zu befestigen ist, um den Mast am besten zu sichern.

A4. *Bild 6* zeigt die Addition von drei Kräften. Die Zusammensetzung zu $\vec{F}_1 + \vec{F}_2 + \vec{F}_3$ erfolgt dort in der Reihenfolge $(\vec{F}_1 + \vec{F}_2) + \vec{F}_3$. Konstruiere entsprechend $(\vec{F}_2 + \vec{F}_3) + \vec{F}_1$ und vergleiche. Prüfe auch weitere Reihenfolgen und formuliere deine Feststellungen.

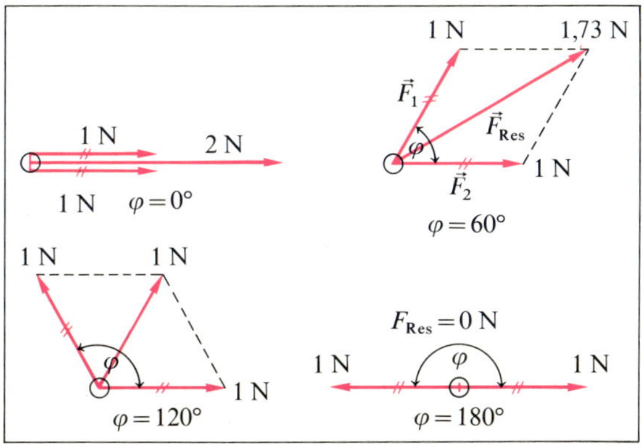

5 Addition von zwei Kräften mit den Beträgen 1 N

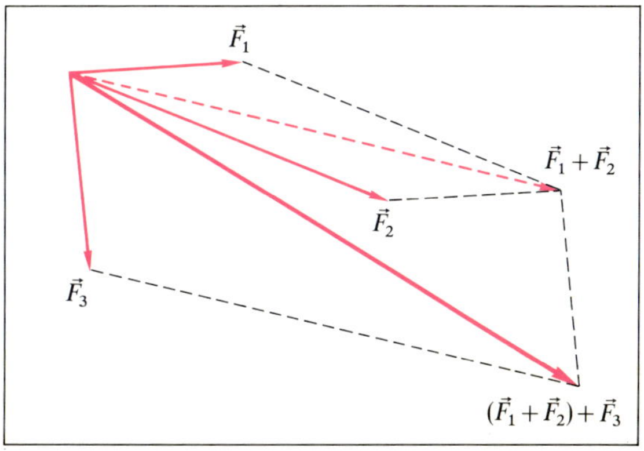

6 Zu A4; Addition von drei Kräften

Zerlegen von Kräften

1 Zwei Kräfte ersetzen eine Kraft: Geteilte Last

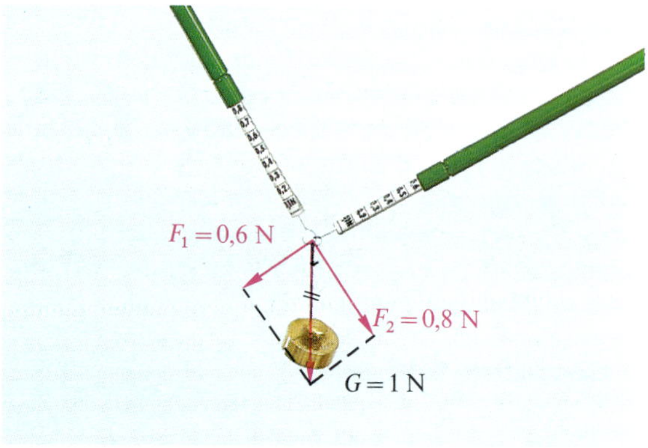

2 Zu Versuch 1; Vektorparallelogramm zur Zerlegung

1. Ein Fall für zwei Komponenten

In *Bild 1* teilt sich die Gewichtskraft $G = 200$ N des Paketes auf die beiden Träger auf. Nehmen wir zuvor an, ihre Arme seien senkrecht nach unten gerichtet. Wenn an der Hand des einen z.B. der Anteil $F_1 = 120$ N zerrt, so zieht an der Hand des anderen der Rest von G, also $F_2 = 80$ N. Man sagt: Die vorgegebene Kraft $\vec{G}$ ist in die **Komponenten** $\vec{F}_1$ und $\vec{F}_2$ **zerlegt**. In *Bild 1* halten aber die beiden Träger ihre Arme schräg, damit sie besser gehen können. Doch nun spüren sie: Die jetzt auch schräg liegenden Komponenten $\vec{F}_1$ und $\vec{F}_2$ von $\vec{G}$ zerren stärker an ihren Armen. Sind $\vec{F}_1$ und $\vec{F}_2$ größer geworden?

Versuch 1: Ein Körper mit der Gewichtskraft $G = 1,0$ N zieht nach *Bild 2* an zwei schräg hängenden Kraftmessern. Am rechten zieht die Komponente $\vec{F}_1$ nach links unten, am linken die Komponente $\vec{F}_2$ nach rechts unten. Die Beträge sind $F_1 = 0,6$ N und $F_2 = 0,8$ N. Ihre Betragssumme 1,4 N ist tatsächlich größer als $G = 1,0$ N. ■

Wir konstruieren wieder ein Vektorparallelogramm: Diesmal beginnen wir mit dem Vektor $\vec{G}$ als Diagonale, dazu zeichnen wir die Komponentenrichtungen. Mit je einer Parallelen ergänzen wir zum Parallelogramm. Es bestimmt die Komponenten, in die der vorgegebene Vektor $\vec{G}$ zerlegt wurde. Bei dieser *Kraft-Zerlegung* streicht man $\vec{G}$ weg; $\vec{G}$ ist ja durch $\vec{F}_1$ und $\vec{F}_2$ ersetzt. Für die Zerlegung einer Kraft wie auch für das Zusammensetzen von Kräften gilt das gleiche Vektorparallelogramm und dieselbe Vektorgleichung $\vec{G} = \vec{F}_1 + \vec{F}_2$.

2. Andere Richtungen, andere Komponenten

Der Winkel zwischen den Komponenten soll nun auf $\varphi = 130°$ vergrößert werden, und beide sollen symmetrisch zur Senkrechten liegen. Bevor wir messen, konstruieren wir das Vektorparallelogramm mit dem Maßstab 5 cm ≙ 1 N. Wir erhalten eine Raute mit den Seitenlängen 6 cm. Demnach hat jede Komponente von $G = 1,0$ N den Betrag 1,2 N, also mehr als G! Die Komponenten wirken ja zugleich etwas gegeneinander. Kraftmesser bestätigen unsere Konstruktion.

Beim Tragen des Paketes war dessen Gewichtskraft vorgegeben. Man könnte die Kraft – mathematisch gesehen – nach beliebigen Richtungen, also auf unzählig viele Arten zerlegen. Da wir aber nach den Kräften in den schrägen Armen fragten, waren die Richtungen der Komponenten durch die Richtungen der Arme festgelegt, und wir konnten deren Beträge eindeutig bestimmen. Die zweckmäßige Wahl der Richtungen für eine Kraftzerlegung in Komponenten hängt von der vorliegenden physikalischen oder technischen Fragestellung ab.

Eine Kraft $\vec{F}$ kann durch Komponenten $\vec{F}_1$ und $\vec{F}_2$ ersetzt werden, die mit $\vec{F}$ in einer Ebene (aber nicht parallel zueinander) liegen. Die Komponenten bilden die Seiten des Kräfteparallelogramms, dessen Diagonale die zu ersetzende Kraft darstellt. Man sagt: **Die Kraft $\vec{F}$ ist in die Komponenten $\vec{F}_1$ und $\vec{F}_2$ zerlegt worden.**

Die schiefe Ebene

1. Kräfte an der schiefen Ebene

Das Auto in *Bild 1* wird längs einer Rampe auf den Abschleppwagen gezogen. Ein Kran könnte es auch senkrecht nach oben heben; dann wäre auf dem kurzen Hubweg h eine Kraft vom vollen Betrag G der Gewichtskraft nötig. Welche Kraft braucht man längs der Rampe – **schiefe Ebene** genannt?

Versuch 1: Wir ziehen einen Wagen nach *Bild 2* längs einer schiefen Ebene mit dem Neigungswinkel $\alpha = 30°$ hinauf. Den Kraftmesser halten wir parallel zur Fahrbahn; er zeigt, dass der Wagen bergab eine Kraft, die so genannte **Hangabtriebskraft F_H** erfährt. Sie ist hier genau halb so groß wie die Gewichtskraft G des Wagens. Dies gilt beim Winkel 30° unabhängig von der Gewichtskraft G. Die Hangabtriebskraft F_H steigt jedoch mit dem Winkel α. Wenn man α verdoppelt, so wird $\vec{F}_H$ aber keineswegs doppelt so groß (siehe *Tabelle 1* für $\alpha = 30°$, 60° und 90°!). Die Hangabtriebskraft F_H ist also nicht zum Winkel α proportional. ■

1 Ein Auto wird mithilfe einer schiefen Ebene aufgeladen

2. Kraftkomponenten schaffen Klarheit

Die schiefe Ebene zwingt den Wagen, sich nicht in Richtung der Gewichtskraft $\vec{G}$ nach unten, sondern längs der schrägen Bahn zu bewegen. Dies bedeutet, dass wir den Pfeil der Gewichtskraft $\vec{G}$ ausstreichen und mithilfe eines Kräfteparallelogramms durch zwei Komponenten ersetzen müssen. Die eine ist die Hangabtriebskraft $\vec{F}_H$ in Richtung der Bahn. Als zweite Komponente nehmen wir die Kraft $\vec{F}_N$, die den Wagen auf die Bahn drückt *(Bild 2)*.

Diese auf die Unterlage gerichtete Anpresskraft F_N kennen wir von der Reibung. Dort war alles waagerecht, also $\alpha = 0°$; deshalb war die ganze Gewichtskraft G die Anpresskraft: $F_N = G$. Jetzt ist $\alpha \neq 0°$; *Bild 2* zeigt, dass nun F_N immer kleiner sein muss als die Gewichtskraft G.

Die Gewichtskraft $\vec{G}$ bildet die senkrechte Diagonale in dem Vektorparallelogramm, das hier sogar ein Rechteck ist. Es enthält ein rechtwinkliges Dreieck mit den Seiten G und F_H. Es ist ähnlich dem Dreieck, das die Fahrbahnstrecke s zusammen mit der Höhe h und der Grundlinie bildet, denn beide Dreiecke stimmen paarweise in ihren Winkeln überein. Daraus folgt $F_H/G = h/s$ *(Tabelle 1)*.

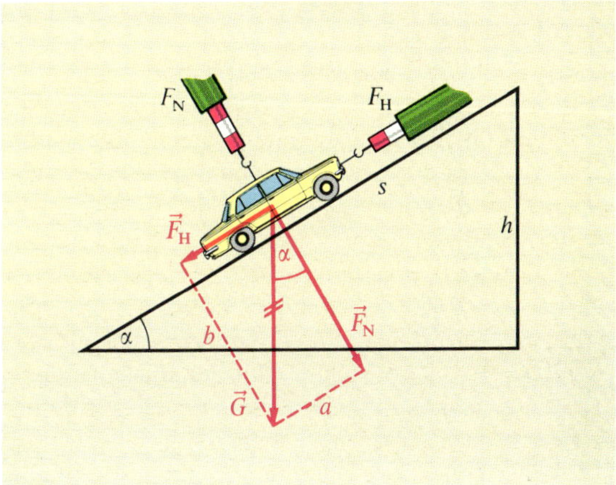

2 Zerlegung der Gewichtskraft $\vec{G}$ an der schiefen Ebene

Bei der **schiefen Ebene** verhält sich die **Hangabtriebskraft F_H** zur Gewichtskraft G wie die Höhe h zur Weglänge s:

$$F_H/G = h/s. \qquad (1)$$

$\frac{h}{s}$	F_H	α	$\frac{h}{s}$	F_H	α
0	**0 N**	**0°**	0,30	3,0 N	17,5°
0,02	0,2 N	1,1°	**0,50**	**5,0 N**	**30,0°**
0,05	0,5 N	2,9°	0,71	7,1 N	45,2°
0,10	1,0 N	5,7°	0,87	8,7 N	60,5°
0,20	2,0 N	11,5°	**1,00**	**10,0 N**	**90,0°**

Tabelle 1 Hangabtriebskraft F_H bei einem Körper mit der Gewichtskraft $G = 10$ N

Im Überblick: Kraft und Masse

1. Physikalische Größen

Jede physikalische Größe (z. B. die Länge *s*, das Volumen *V*, die Geschwindigkeit *v*) bezeichnet ein messbares physikalisches Merkmal (z. B. kennzeichnet das Volumen eines Körpers seine Raumerfüllung). Um den Betrag einer physikalischen Größe anzugeben, teilt man mit, wievielmal so groß sie im Verhältnis zu einer vereinbarten Einheit ist:
physikalische Größe = Zahlenwert mal Einheit.

Beispiele

Länge = 2,5 mal 1 Meter; $s = 2{,}5 \cdot 1\,\text{m} = 2{,}5\,\text{m}$
Volumen = 0,2 mal 1 Kubikmeter;
$V = 0{,}2 \cdot 1\,\text{m}^3 = 0{,}2\,\text{m}^3$.

Wird eine **kleinere (bzw. größere) Einheit** bei der Angabe einer Größe benutzt, so ergibt sich ein entsprechend **größerer (bzw. kleinerer) Zahlenwert.**

Umrechnung von Kubikmeter auf Liter:
$V = 0{,}01\,\text{m}^3 = 0{,}01 \cdot (1000\,\text{l}) = (0{,}01 \cdot 1000)\,\text{l} = 10\,\text{l}$.

Umrechnung von Sekunde auf Stunde:
$t = 720\,\text{s} = 720 \cdot (1\,\text{h}/3600) = (720/3600)\,\text{h} = 0{,}2\,\text{h}$.

2. Kraft

Symbol: *F*; **Einheit:** 1 Newton, 1 N;
Messgerät: Federkraftmesser (nutzt die Verformung)

An einem Körper greift eine Kraft an, wenn
a) er verformt wird *und/oder*
b) sein Bewegungszustand geändert wird.

Zur vollständigen Angabe einer Kraft gehören ihr **Betrag** wie auch ihre **Richtung.** Oft ist außerdem der Angriffspunkt der Kraft wichtig. Größen mit Richtungseigenschaften heißen *Vektorgrößen.* Sie lassen sich durch Pfeile darstellen.

Es gibt verschiedene Kraftarten:
z. B. Muskelkraft, Magnetkraft, Gewichtskraft, ...

Die Gewichtskraft *G*, die ein Körper auf der Erde oder in ihrer Umgebung erfährt, rührt von der Anziehung her, die die Erde auf den Körper ausübt. Die Gewichtskraft eines Körpers ist im Allgemeinen von Ort zu Ort verschieden.

Für alle Kräfte gilt das **Wechselwirkungsgesetz:**

Übt ein Körper A eine **Kraft** $F_{\text{A auf B}}$ auf einen Körper B aus, so übt der Körper B auf den Körper A die **Gegenkraft** $F_{\text{B auf A}}$ aus. Diese Kräfte sind entgegengesetzt gerichtet und betragsgleich.

Kräfteaddition und **-zerlegung:**

Zwei Kräfte $\vec{F}_1$ und $\vec{F}_2$, die an einem Punkt angreifen, lassen sich durch eine **Resultierende** $\vec{F}_{\text{res}}$ ersetzen. Man findet $\vec{F}_{\text{res}}$ als Diagonale eines **Parallelogramms**, das aus den **Komponenten** $\vec{F}_1$ und $\vec{F}_2$ gebildet wird (Vektoraddition). Umgekehrt lässt sich jede Kraft $\vec{F}$ in Komponenten $\vec{F}_1$ und $\vec{F}_2$ zerlegen, die mit $\vec{F}$ in einer Ebene liegen. So zerlegt man bei der **schiefen Ebene** die Gewichtskraft $\vec{G}$ in die zwei Komponenten $\vec{F}_{\text{H}}$ (Hangabtriebskraft) und $\vec{F}_{\text{N}}$ (Anpresskraft).

3. Masse

Symbol: *m*; **Einheit:** 1 Kilogramm, 1 kg;
Messgerät: Balkenwaage und Wägesatz

Die Massen zweier Körper sind gleich, wenn beide am gleichen Ort eine gleich große Gewichtskraft erfahren.

4. Ortsfaktor

Symbol: *g*; **Einheit:** 1 N/kg; **Definition:** $g = G/m$

Der Ortsfaktor gibt den Zusammenhang zwischen der Gewichtskraft *G*, die ein Körper an einem bestimmten Ort erfährt, und seiner Masse *m* als Quotient an. Der Ortsfaktor hängt nicht vom Körper ab; er ist an einem Ort für alle Körper derselbe, für verschiedene Orte im Allgemeinen verschieden. In Mitteleuropa gilt: $g = 9{,}8\,\text{N/kg}$.

5. Dichte

Symbol: ϱ; **Einheit:** $1\,\text{g/cm}^3 = 1\,\text{kg/dm}^3$;
Definition: $\varrho = m/V$

Die Dichte ϱ eines Stoffes gibt den Zusammenhang von Masse *m* und Volumen *V* eines Körpers als Quotient an. Die Dichte ist unter normalen Bedingungen für einen Stoff konstant. Verschiedene Stoffe haben im Allgemeinen verschiedene Dichten.

A1. Von einem Auto werden die folgenden Eigenschaften genannt: Lang, teuer, alt, schnell, schön, geräumig, schwer. Ordne ihnen, falls möglich, physikalische Größen und geeignete Einheiten zu.

A2. Ute sagt von ihrem 3 km langen Schulweg, er betrage „10 Fahrradminuten". Ulf braucht mit 15 km/h die Zeit 11 min. Wessen Weg ist länger? Welche Voraussetzung gehört zu Utes Aussage?

A3. Für eine Fahrt zu einem Termin an einem anderen Ort plant jemand eine bestimmte Geschwindigkeit ein und fährt rechtzeitig los. Wegen eines Unwetters kann er jedoch die erste Hälfte des Weges nur mit halb so großer Geschwindigkeit durchfahren. Welche Chancen hat er nun, mit erhöhter Geschwindigkeit dennoch pünktlich zu sein? Bilde ein Beispiel und verallgemeinere dann.

A4. Gib für einen 100 m-Sprinter mit der Laufzeit 10 s die mittlere Geschwindigkeit in km/h an; ebenso für einen Läufer der Marathonstrecke (42195 m), der 2 h 20 min benötigt.

A5. In der Seeschiffahrt wird Knoten (kn) als Einheit der Geschwindigkeit benutzt: 1852 m/h = 1 kn. Leite dazu die Umrechnungsgleichungen her: 1 kn = ? m/s und 1 m/s = ? kn.

A6. Das Schiffshebewerk Niederfinow (Kreis Eberswalde; erbaut von 1927–1934) hat einen Trog mit 85 m Länge, 12 m Breite und 2,5 m Tiefe. Wie viel Tonnen Wasser werden (ohne Schiffe) in diesem Aufzug transportiert? Wie viel Tonnen wären es mehr, falls der Wasserstand um nur 5 cm überschritten würde?

A7. Für den Küchengebrauch gibt es Messbecher, die z. B. bei der Bestimmung von 400 g Zucker eine Waage ersetzen *(Bild 1)*. Wie kann ein Volumenmessgerät zu einem Messgerät für Massen werden?

A8. a) Welche Masse hat ein würfelförmiges Salzkorn von 0,5 mm Kantenlänge? Der Tabellenwert für die Dichte von Kochsalz ist $\varrho = 2{,}2\ \mathrm{g/cm^3}$. Wie viele solcher Körner haben zusammen die Masse 500 g?
b) Eine Handelspackung von 500 g Kochsalz hat die Abmessungen 4 cm, 7 cm und 12 cm. Welche Dichte ergibt sich daraus? Erkläre den Unterschied.

A9. Für eine Station auf dem Mars (Ortsfaktor $g = 3{,}7\ \mathrm{N/kg}$) wird ein Kran projektiert. Er soll Bauteile heben, für die auf der Erde ein Stahlseil mit 24 Adern erforderlich ist. Wie viele solcher Adern muss das Seil auf dem Mars haben?

A10. Ein großes Tankschiff soll im Hafen auf der Stelle gedreht werden. An Bug und Heck greift dazu jeweils eine Kraft an. Zeichne eine Skizze. Wie groß ist die resultierende Kraft?

A11. Untersuche das Paketbeispiel mit einem Vektorparallelogramm. Besonderheit: Die Komponentenrichtungen weichen beide um 60° von der Senkrechten ab. Vergleiche die Komponenten mit der Gewichtskraft.

A12. In welchem Fall gilt wirklich: Geteilte Last ist halbe Last? Wann gilt dagegen: Geteilte Last ist doppelte Last? Welche Form haben in diesen Fällen die Vektorparallelogramme?

A13. An zwei Drahtseilen, die beide einen Winkel von 10° mit der Waagerechten bilden, hängt eine Straßenlampe mit der Gewichtskraft 200 N *(Bild 2)*. Konstruiere die Komponenten der Gewichtskraft, die in die beiden Seilrichtungen ziehen. Du findest so die Kräfte, mit denen die Stelle von der Lampe gespannt werden. Wie ändern sich die Spannkräfte, wenn das Seil (bei Kälte) kürzer und damit der Winkel zur Waagerechten kleiner wird?

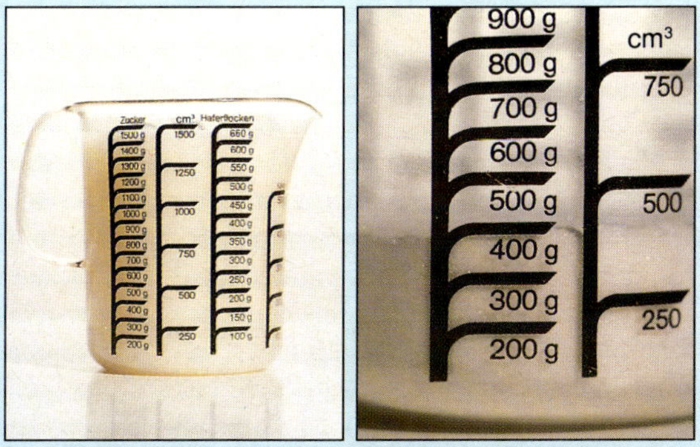

1 Zu A7: Misst ein Küchenmessbecher Massen?

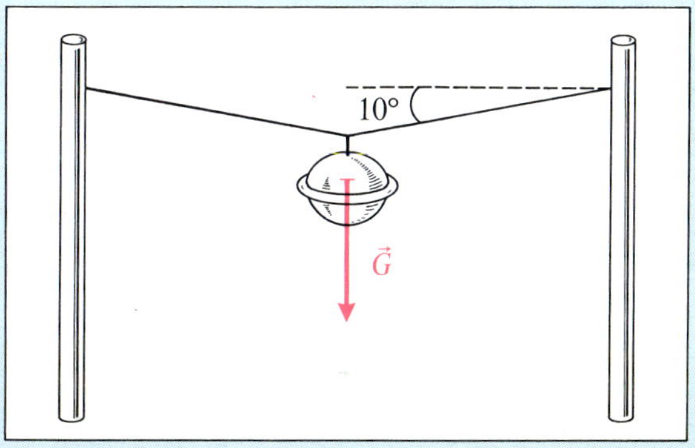

2 Zu A13

Stromkreis – Leiter – Isolatoren

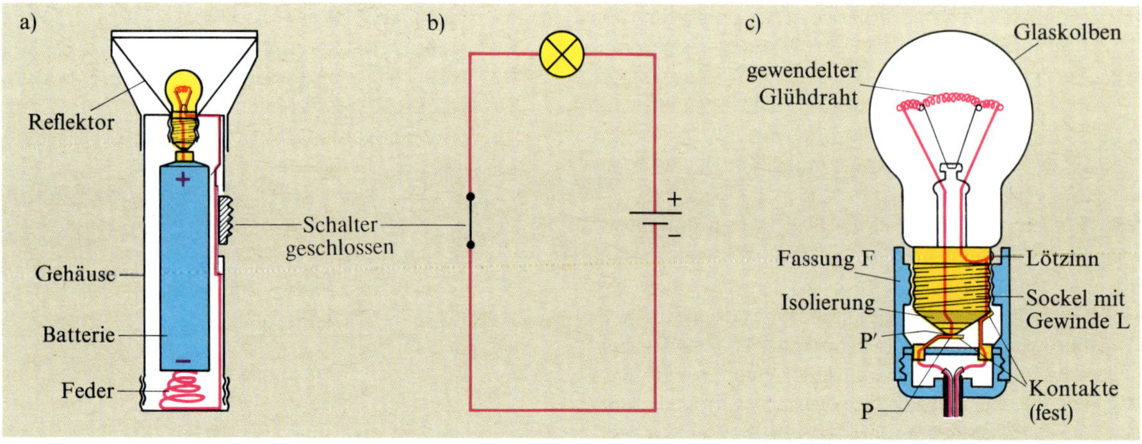

1 a) Bei Stabtaschenlampen ist das Gehäuse ein Teil des Stromkreises; b) Schaltskizze; c) Glühlampe für Netzbetrieb

Stromausfall legte Frankreich lahm

Paris, 19. Dez. 1978

afp

Ein gebietsweise mehrstündiger Stromausfall in ganz Frankreich hat heute das öffentliche Leben des Landes erheblich durcheinander gebracht. Um 8.30 Uhr gingen schlagartig alle Lichter aus. In den Städten brach der Verkehr an den stillliegenden Ampeln zusammen. Tausende blieben in den Schächten der U-Bahn und in Aufzügen stecken. Die elektrisch betriebenen Ölzentralheizungen wurden kalt.

Bei einem Ausfall des elektrischen Versorgungsnetzes merkt man schnell, wie sehr wir auf die Elektrizität angewiesen sind. Wenn nach einem solchen „Black out" die Lampen wieder leuchten, sagt man *„Der Strom ist wieder da"*. Doch sieht man nur Leitungen und Licht; Strom aber sieht man nicht. Unsere Sinnesorgane nehmen nur wahr, dass Lampen, elektrische Heizgeräte und Motoren Licht, Wärme, und Bewegung erzeugen. Sie sind über das Leitungsnetz ans Elektrizitätswerk angeschlossen.

Es wäre nun viel zu gefährlich, die Leitungen des Netzes daraufhin zu untersuchen, ob etwas strömt. Wir experimentieren deshalb völlig gefahrlos mit Teilen von Taschenlampen. **Hantiere nie an Steckdosen oder an anderen Teilen des Netzes! Berühre unaufgefordert weder Geräte noch Leitungen auf dem Experimentiertisch im Physiksaal!**

1. Was gehört zu einem Stromkreis?

Versuch 1: Um die Taschenlampe in *Bild 1a* zu verstehen, halten wir ihr Lämpchen mit seinem unteren metallischen Kontaktknopf an den Pluspol(+) der Stabbatterie. Es bleibt dunkel, bis wir zusätzlich das Lampengewinde mit dem Minuspol(–) durch einen Draht verbinden. Eine solche *metallische Verbindung* besorgt das Gehäuse der Taschenlampe in seinem rot gezeichneten Teil. ▪

Ein Lämpchen wurde mit der Batterie als **Stromquelle** in einen **geschlossenen Stromkreis** einbezogen. Dann erst leuchtete es. Dieses Versuchsergebnis werten wir als erste Indiz dafür, dass die uns noch nicht genauer bekannte „Elektrizität" einen Rückweg zur Batterie braucht; sie führt einen Kreislauf aus. Wir sprechen von einem **elektrischen Strom** und denken an den Blutkreislauf mit dem Herzen als Pumpe und den Körperorganen als Durchlaufstationen. Gas dagegen strömt zum Küchenherd und verbrennt dort; es braucht keine Rückleitung – Endstation.

Versuch 2: Wir legen nach *Bild 2* zwischen die Batterie und das Lämpchen lange **Leitungen** aus Kupferdraht. Dann leuchtet das Lämpchen auch weitab von der Batterie. Strom kann man sogar durch lange Überseekabel leiten. Zudem können wir mit dem **Schalter** S den Stromkreis an einer beliebigen Stelle unterbrechen und wieder schließen. Hierzu bewegen wir den Schalthebel H aus Messing auf und ab. Ist er unten, dann leuchtet das Lämpchen. ▪

Der **Schaltplan** nach *Bild 1b* stellt die Teile des Stromkreises in ihrer *physikalisch wesentlichen Zuordnung* dar. Die Linien symbolisieren die verbindenden Leitungen. Präge dir die benutzten **Schaltzeichen** gut ein *(Bild 115.5). Fertige einen Schaltplan, bevor du eine Schaltung aufbaust!*

2. Leiter und Isolatoren

Versuch 3: Wir entfernen am Schalter S von *Bild 2* den Schalthebel H und versuchen, die entstandene Lücke durch verschiedene Materialien zu überbrücken. Benutzen wir dazu Metalle oder Kohlestäbe (etwa Grafitminen aus Bleistiften), so leuchtet das Lämpchen hell auf. Man sagt, diese Stoffe seien gute **Leiter**. – Dagegen leuchtet das Lämpchen bei Gegenständen aus Glas, Porzellan, Kunststoff, Gummi usw. nicht. Es handelt sich um **Isolatoren**. Auch Luft unterbricht als sehr guter Isolator den Stromkreis, etwa in Schaltern. ■

In Bädern und anderen Feuchträumen muss man besonders vorsichtig sein. Leitet also auch Wasser?

Versuch 4: **a)** Wir erweitern Versuch 3 auf Flüssigkeiten und stecken nach *Bild 3* zwei Kohlestäbe in ein Glasgefäß. Das Lämpchen im Stromkreis leuchtet erst, wenn wir verdünnte Säuren, Basen (Laugen) oder Salzlösungen zugießen. Bei reinem Wasser dagegen bleibt das Lämpchen dunkel. Bei Leitungswasser und feuchtem Erdreich glimmt es höchstens schwach. Beides sind schlechte Leiter.

b) Wir nehmen ein neues Gefäß und schütten trockenes Kochsalz zwischen die Stäbe. Das Lämpchen bleibt dunkel. Gießen wir reines Wasser dazu, leuchtet es umso stärker, je mehr Salz sich gelöst hat. Die schwache Leitfähigkeit von Leitungswasser rührt von gelösten Stoffen her. ■

Auch unser Körper leitet den Strom, besonders gut die Blutbahnen, Muskeln und Nervenstränge. Trockene Haut dagegen leitet nur schlecht und bietet so einen gewissen Schutz. Wenn die Haut aber durch Regen, Schweiß oder im Bad feucht geworden ist, wird die Gefahr elektrischer Schläge größer.

Der **elektrische Stromkreis** enthält eine **Stromquelle** und ist durch Leiter geschlossen. **Leiter** sind Metalle, Grafit, Säuren, Basen und Salzlösungen. Isolatoren sind Luft, Bernstein, Glas, Gummi, Keramik und die meisten Kunststoffe.

2 Stromkreis mit Schalter

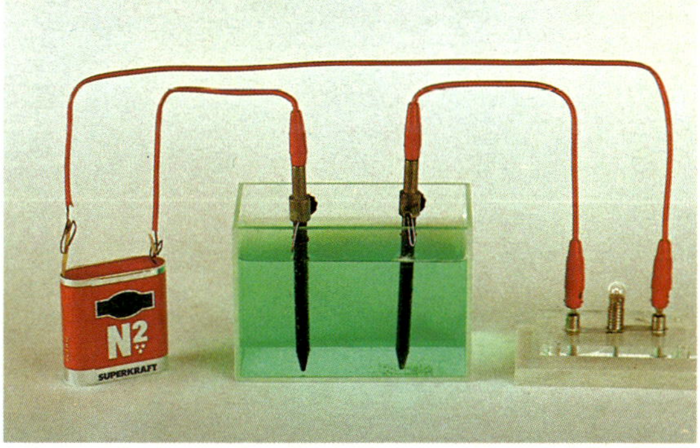

3 Leitet die Flüssigkeit im Trog?

A1. Welche schwerwiegenden Folgen hätte ein längerer Stromausfall bei dir zu Hause im Sommer, welche im Winter? Woran könnte man einen nächtlichen Stromausfall noch am nächsten Morgen erkennen?

A2. a) Vergleiche das Lämpchen einer Taschenlampe mit einer vom Netz getrennten großen Lampe *(Bild 1)*. Verfolge die Stromführung in beiden (rot gezeichnet). Welche Drähte dienen nur zum Haltern des sehr dünnen Glühfadens aus sprödem Wolframmetall? Warum werden das Lampengewinde L und das untere Kontaktplättchen P′ gegeneinander isoliert?
b) Wozu dient bei Stabtaschenlampen die Feder unten am Schraubgewinde? Prüfe deine Vermutung an einer Lampe (klemme hierzu ein Stück Papier zwischen den Minuspol der Batterie und die Feder).
c) Wie funktionieren Stabtaschenlampen mit Kunststoffgehäusen?

A3. Betrachte die Heizleitungen eines vom Netz getrennten Brotrösters. Warum sind diese Leitungen blank, also nicht isoliert? Welche Gefahr ist mit blanken Leitungen verbunden?

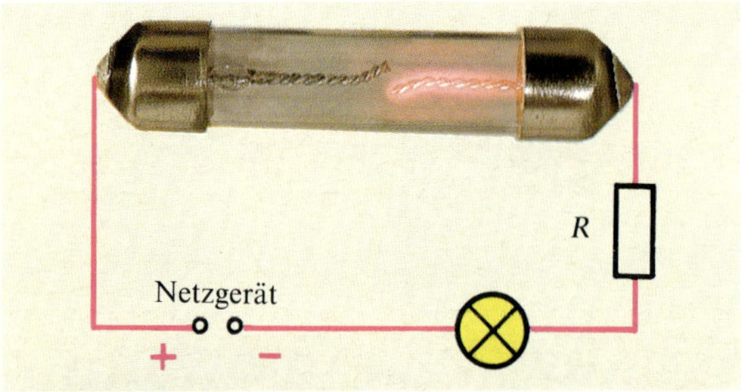

1 Stabglimmlampe: Das Gas um die Elektrode am Minuspol leuchtet; der Widerstand *R* begrenzt den Strom

2 In Versuch 5b sind eine Glüh- und eine Glimmlampe hintereinander geschaltet; sie liegen in Reihe

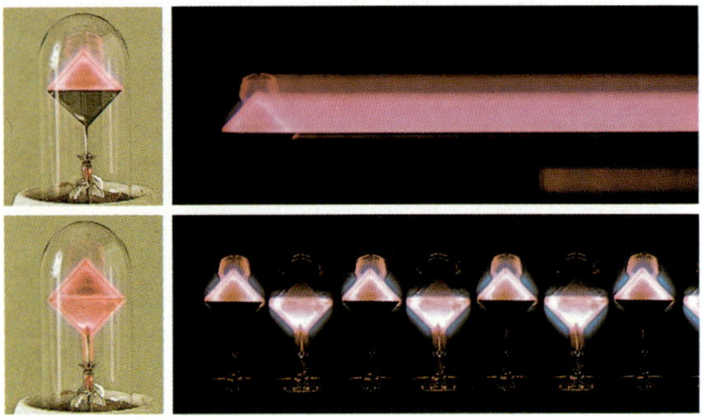

3 Oben Glimmlampe mit Gleichstrom, unten mit Wechselstrom betrieben

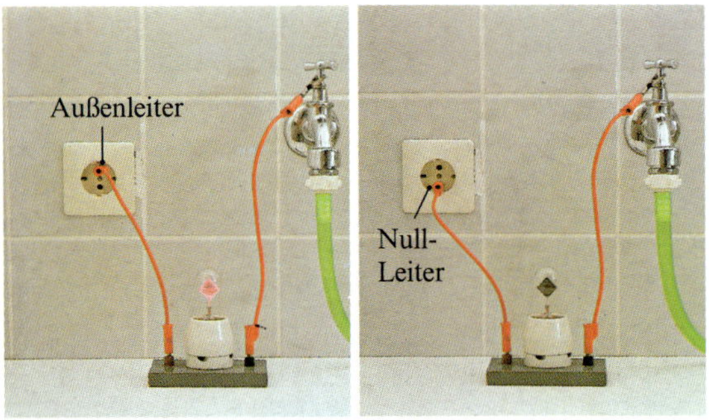

4 Außen- und Null-Leiter der Steckdose; vergleiche mit *Bild 5*

3. Stromquellen und ihre Pole

Wenn man die beiden Anschlüsse eines Lämpchens unmittelbar mit einem Draht verbindet, liegt zwar ein geschlossener Leiterkreis vor. Trotzdem leuchtet das Lämpchen nicht. Hier fehlt nämlich die **Stromquelle**, sei es eine Batterie, ein Fahrradgenerator (oft fälschlich Dynamo genannt) oder ein Akkumulator (kurz Akku).

Die Anschlüsse einer Stromquelle nennt man **Pole**. Man unterscheidet sie durch Plus- oder Minuszeichen. Sie haben nichts mit magnetischen Polen zu tun. Pole nennt man allgemein Stellen, die durch einen Gegensatz gekennzeichnet sind: Pole der Erde, einer Batterie, eines Magneten.

4. Gase leuchten, wenn sie leiten

Versuch 5: **a)** Die **Glimmlampe** nach *Bild 1* enthält zwei Drähte oder Bleche, *Elektroden* genannt. Sie sind in ein Glasröhrchen eingeschmolzen und berühren sich nicht. Das Röhrchen enthält das Edelgas Neon unter vermindertem Druck. Schließt der Lehrer diese Glimmlampe an ein Netzgerät, so leuchtet das Gas in der Umgebung einer ihrer beiden Elektroden hellrot auf. Dort bildet sich eine rot leuchtende Glimmschicht. Dabei wird das sonst gut isolierende Gas Neon leitend.

b) Nach *Bild 2* liegt eine 15 Watt-Glühlampe in der Zuleitung. Sie leuchtet kaum, die Glimmlampe dagegen sehr hell. Glimmlampen sind nämlich beim Stromnachweis viel empfindlicher als Glühlampen.

c) Nach *Bild 1* leuchtet das Gas nur an der rechten Elektrode; sie ist mit dem Minuspol der Stromquelle verbunden. Vertauscht man die Anschlüsse entweder an der Glimmlampe oder an der Stromquelle, so leuchtet das Gas um die linke Elektrode. Wir sehen: Die Pole dieser Stromquelle sind verschiedenartig. Sie werden mit + und – unterschieden. ■

Beim **Blitz** verliert die Luft kurzzeitig ihre Isolatoreigenschaft: dabei leuchtet sie. Auch in Neonröhren für Reklamezwecke und in *Leuchtstofflampen* leiten Gase, und zwar bei niedrigem Druck.

Unter besonderen Umständen können auch Gase leiten. Dann senden sie Licht aus. In **Glimmlampen** leuchtet das Gas um die Elektrode, die mit dem Minuspol der Stromquelle verbunden ist.

5. Hat die Steckdose zwei Minuspole?

Versuch 6: Der Lehrer legt die Glimmlampe (mit dem Strombegrenzer *R*) an eine Steckdose des Netzes. Das Gas leuchtet an beiden Elektroden. Sind also beide Pole der Dose zugleich Minuspol? Wenn man die Glimmlampe schnell hin und herbewegt, sieht man jedoch, dass ihre beiden Elektroden nie gleichzeitig, sondern schnell nacheinander von der Glimmschicht bedeckt sind *(Bild 3)*. ■

Jeder Pol der Steckdosen ist in 1 s abwechselnd 50-mal Plus- und 50-mal Minuspol. Die andere Buchse hat jeweils die entgegengesetzte Polarität. Es handelt sich um eine **Wechselstromsteckdose**. Wir finden sie auch an Netzgeräten mit Transformatoren (kurz Trafos, bekannt von der Spielzeugeisenbahn). Batterien und Akkus dagegen sind **Gleichstromquellen**, die ihre Polarität beibehalten.

6. Genügt der E-Lok *ein* Draht? Erdschluss

Straßenbahnen und elektrische Lokomotiven können mit nur einem „Stromabnehmer" fahren, der am Oberleitungsdraht schleift und oft Funken erzeugt *(Bild 5)*. Er leitet den Strom vom E-Werk zu den Motoren und Lampen – aber wohin dann weiter? Man führt ihn zu den Rädern und den Schienen; diese sind gut leitend miteinander verbunden und bilden die Rückleitung zum E-Werk. Du kannst gefahrlos die gut leitenden Schienen betreten; dein Körper bleibt praktisch stromfrei – genau wie beim Berühren des Gehäuses einer Stabtaschenlampe. Es wäre aber *lebensgefährlich* – etwa über eine feuchte und damit leitende Drachenschnur – Kontakt mit der Oberleitung zu bekommen! Elektrizität könnte durch den Körper zur Erde, über diese zu den Schienen und damit zum E-Werk fließen. Ähnliche Gefahren bestehen auch an Steckdosen.

Versuch 7: Der Lehrer legt nach *Bild 4* den einen Anschluss der Glimmlampe über einen Schutzwiderstand an die Wasserleitung (nicht nachmachen, Gefahr!). Die Lampe leuchtet, wenn ihr zweiter Anschluss mit dem hier oberen Pol der Steckdose verbunden wird. Dieser Pol entspricht der Oberleitung der Straßenbahn und wird **Außenleiter** genannt (früher *Phase*). Am anderen Pol der Steckdose dagegen bleibt die Lampe dunkel. Seine Zuleitung ist **geerdet**, das heißt mit Metallbändern verbunden, die im feuchten Erdreich (etwa im Betonfundament) versenkt und mit der Wasserleitung verbunden sind. Damit entspricht sie den Schienen. ■

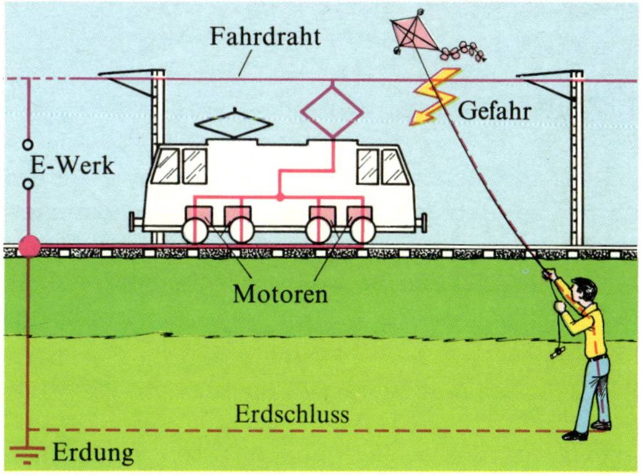

5 E-Lok mit Oberleitung

Bild 5 zeigt links unten (im Erdreich) das Zeichen für geerdete Leitungen. Man findet es auch an Buchsen, die geerdet werden sollen (etwa an Radios und Fernsehgeräten).

Lebensgefahr durch Erdschluss besteht, wenn man den Außenleiter und zugleich Körper berührt, die zur Erde Kontakt haben (Rohre der Wasserleitung, Heizkörper usw.). Man darf dabei auch nicht auf leitenden Böden (Stein, Erde) stehen. Fällt ein mit dem Netz verbundener Föhn ins Badewasser, so kann Elektrizität vom Außenleiteranschluss seiner Heizwendel durch das Wasser und den Badenden zur geerdeten Wanne fließen. Die Elektrizität fließt dabei auch durch den Körper, da er etwa so gut leitet wie das Badewasser. Hier besteht auch dann Gefahr, wenn der Föhn nicht eingeschaltet ist.

A1. a) Warum ist der Junge mit dem Drachen in *Bild 5* bei Regenwetter besonders gefährdet?
b) Warum ist das Berühren elektrischer Leitungen im Garten (beim Rasenmähen) oder auf dem Balkon noch gefährlicher als in Zimmern mit Teppichböden?

A2. a) Leuchten in Glimmlampen auch die Drähte? Leuchtet und leitet das Gas, das sich in den meisten Glühlampen befindet?
b) Die Glaskolben dieser Lampen werden schon kurz nach dem Einschalten heiß, vor allem am oberen Teil. Woher rührt das?

A3. Plattenspieler enthalten oft eine Glimmlampe, um die Drehfrequenz des Plattentellers zu kontrollieren. Suche sie. Warum muss man sie mit Wechselstrom betreiben? Woran erkennst du das?

Elektrische Schaltungen

1. Sind Isolatoren Nebensache?

Häuser in Gebieten mit lockerer Bauweise werden durch Freileitungen aus blanken Drähten an das elektrische Versorgungsnetz angeschlossen. Diese Drähte sind durch die Luft gegeneinander isoliert. Nur an den Masten braucht man Isolatoren aus Glas, Kunststoff oder Porzellan *(Bild 2)*. In Städten dagegen verlegt man hervorragend isolierte Erdkabel zu den Häusern. Auch im Haus selbst benutzt man Kupferdrähte, die mit Kunststoff gegeneinander isoliert sind. Man verlegt sie in Rohren oder als Unterputzleitungen *(Bild 1)*. Bohrt man später Löcher in die Wand oder schlägt Nägel ein, darf man solche Leitungen nicht treffen.

Bevor man isolierte Drähte verwendet, muss man an ihren Enden die Isolierschicht entfernen. Auch die Metallteile von Experimentierkabeln, Bananensteckern, Buchsen, Lüsterklemmen, Krokodilklemmen usw. sind weitgehend von Isolierstoffen umgeben *(Bild 1)*. Diese Isolation schützt vor einem unerwünschten Berühren der Strom führenden Metallteile. Ist die Isolation beschädigt, kann der Stromkreis auf kurzem Wege vom einen Draht zum anderen geschlossen werden. Dann entsteht ein gefährlicher **Kurzschluss**. Du kennst ihn vielleicht von der Spielzeugeisenbahn. Tritt er auf, so wird der Trafo überlastet und heiß; die Lämpchen leuchten nur noch schwach. Bei einem Orkan können sich Freileitungen gegenseitig berühren und durch Kurzschluss einen Netzausfall verursachen. Kurzschlussgefährdet sind besonders die Stellen von Gerätekabeln, die oft geknickt werden, etwa am Bügeleisen. *Bei Kurzschluss besteht Brandgefahr.*

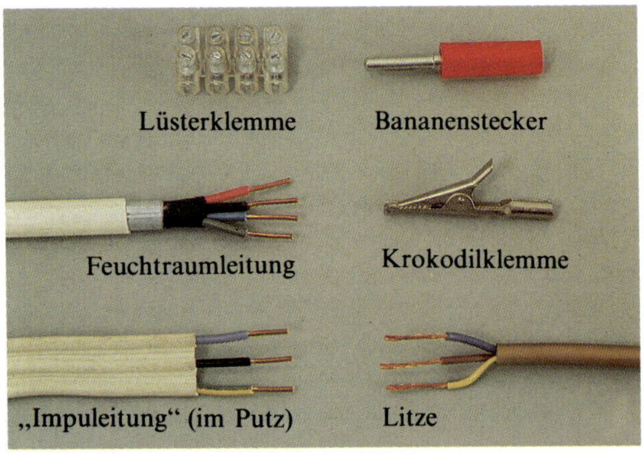

1 Elektrisches Installationsmaterial

Elektrische Geräte und Leitungen werden so isoliert, dass der Strom nur den vorgesehenen Weg nehmen kann.

2. Die Wechselschaltung

Die Beleuchtung eines Zimmers möchte man entweder am Eingang E oder aber bei A bedienen können – unabhängig davon, wie der andere Schalter steht. Hierzu benutzt man häufig *Wechselschalter* nach *Bild 3*. Bei jedem Schaltvorgang wechselt man den zum anderen Schalter führenden Draht. Die Lampe leuchtet, wenn beide Schalter die gleiche Stellung haben, wenn also beide Schalthebel A und E unten (U) oder wenn beide oben (O) sind. Verfolge dies in *Bild 3*.

3. Netzgeräte im Physikunterricht

Wir benutzen oft Netzgeräte (auch Stromversorgungsgeräte genannt). Sie haben Buchsen für Gleichstrom (–) und für Wechselstrom (~). Man kann ihnen verschiedene Spannungen entnehmen. Du kennst den Aufdruck 4,5 V (Volt) bei Taschenlampenbatterien und 220 V bei Steckdosen (heute 230 V). Bei vielen Netzgeräten kann man die Spannung zwischen 0 V und einem Höchstwert stufenlos einstellen. Spannungen unter 25 V gelten als völlig ungefährlich (Spielzeugeisenbahn bis 17 V).

Mit Spannungen über 42 V darfst du auf keinen Fall experimentieren!

Die Angabe „max. 10 A (Ampere)“ bedeutet die Höchststromstärke. Was Spannung, Stromstärke und Widerstand sowie ihre Einheiten Volt, Ampere und Ohm (Ω) bedeuten, werden wir später klären.

4. Ist die Blumentopferde innen feucht?

Feuchte Erde leitet ein wenig. Dies könnte man mit Glimmlampen nachweisen; doch braucht man zu ihrem Betrieb gefährliche Spannungen. *Leuchtdioden* dagegen funktionieren schon mit Taschenlampenbatterien. Man legt den einen ihrer beiden Anschlüsse über einen ausreichenden Strombegrenzer (Widerstand 560 Ω) an den Pluspol der Batterie. Für die Drahtverbindungen sind Lüsterklemmen nach *Bild 1* geeignet. Zwei Stricknadeln führen zur Teststrecke AB in der Topferde *(Bild 4)*. Die Leuchtdiode bleibt dunkel, wenn die Erde zu trocken ist und nicht leitet. Die Pflanzen brauchen dann Wasser.

A1. a) Warum wäre es bei der Wechselschaltung falsch, die Lampe in eine der Leitungen zwischen den beiden Schaltern zu legen?
b) Baue zwei Lämpchen, einen Wechselschalter und eine Taschenlampenbatterie so zusammen, dass beim Schaltzustand „oben" das eine Lämpchen, beim Zustand „unten" das andere leuchtet.

A2. a) Wozu werden Drähte wie in *Bild 1* mit Kunststoff isoliert? Genügt die umgebende Luft als Isolator nicht?
b) Untersuche ein nicht mehr benutztes Netzkabel und unterscheide an ihm Leiter und Isolatoren. Warum darf man Kabel weder scharf knicken noch in Türritzen klemmen?

A3. a) Worin unterscheiden sich Schaltpläne von wirklichen Schaltungen? Worin müssen sie übereinstimmen, wenn sie nicht fehlerhaft sein sollen?
b) In Schaltplänen überkreuzen sich bisweilen Drähte. Manchmal ist die Kreuzung durch einen Punkt markiert, manchmal nicht. Siehe *Bild 5*. Was bedeutet der Unterschied?

A4. Jan kauft für sein Fahrrad ein neues Rücklicht. Vor der Montage am Rad legt er es zur Prüfung an das vorgesehene Kabel, bockt das Rad auf und treibt den Fahrradgenerator über das Vorderrad an. Das Lämpchen bleibt dunkel. Uwe sagt dazu, nur ein am Rad montiertes Rücklicht funktioniere. Also schraubt es Jan auf das lackierte Schutzblech – wieder ohne Erfolg. Was hätte er tun müssen?
Untersuche daraufhin dein Rad, auch den elektrischen Anschluss seines Generators. Vergleiche mit dem Gehäuse der Taschenlampe in *Bild 110.1 a.*

A5. Die Lampen mancher Autoscheinwerfer kommen mit *einer* Anschlussleitung aus. Untersuche zur Klärung die Anschlüsse des Autoakkus (das Kabel vom Minuspol geht dort an die Karosserie, Masse genannt).

A6. Bei der Wechselschaltung nach *Bild 3* möchte man auch in der Mitte zwischen den Schaltern A und E die Lampe ein- und ausschalten, ohne A und E zu betätigen. Entwirf dazu eine Schaltskizze und einen Schalter. Behalten die beiden Wechselschalter A und E noch ihre Funktion?

A7. Untersuche mit der Leuchtdiode nach *Bild 4* oder einfach mit Batterie, Lämpchen und Leitungsdrähten die Isoliereigenschaften der Handgriffe von Schraubenziehern und Zangen. Welches Testgerät für Strom ist empfindlicher?

2 Porzellanisolierung einer Freileitung

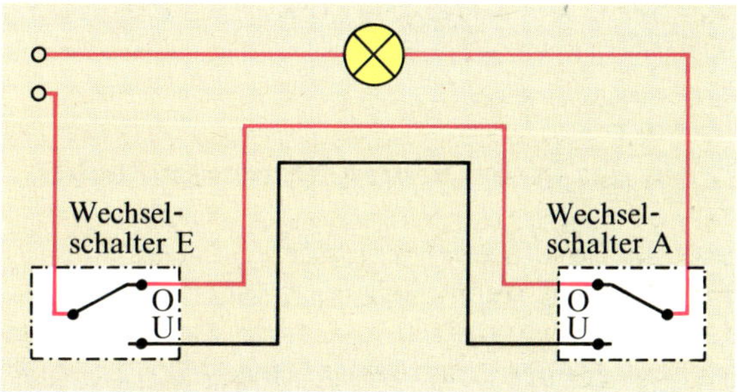

3 Wechselschaltung

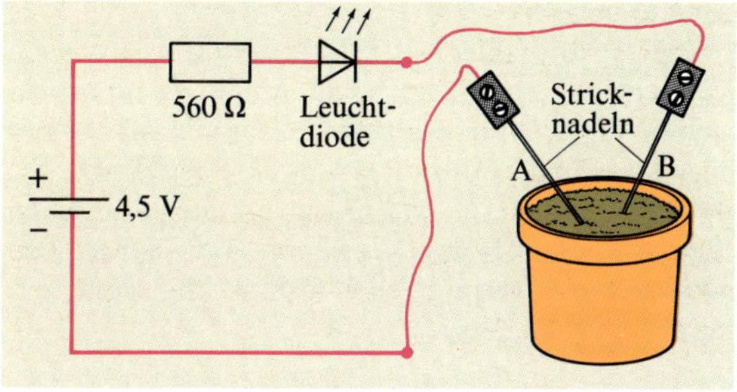

4 Feuchtigkeitsmesser in Erde

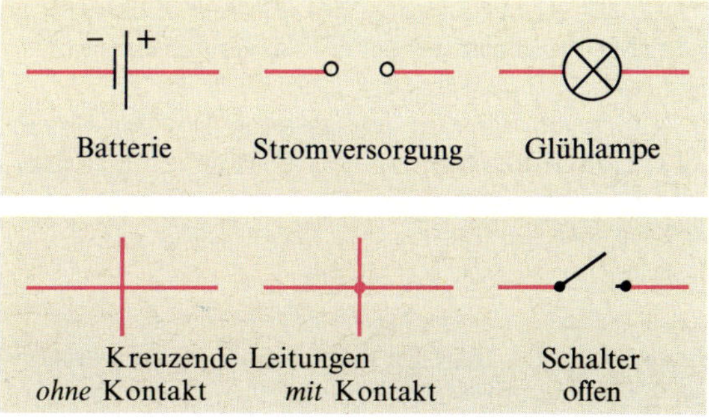

5 Einige Schaltzeichen. Wo findest du sie im Buch?

Elektrische Ladung

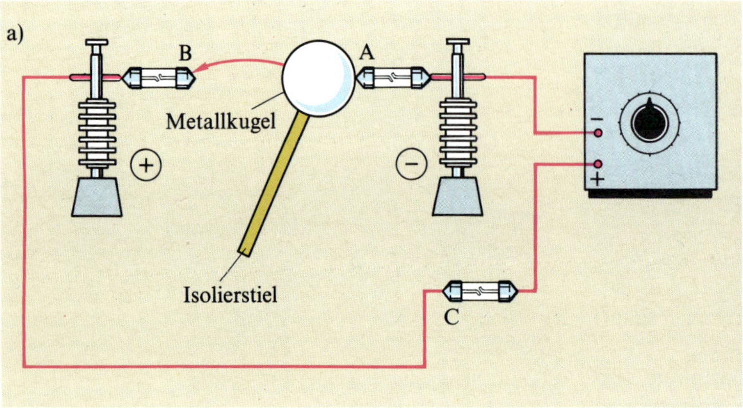

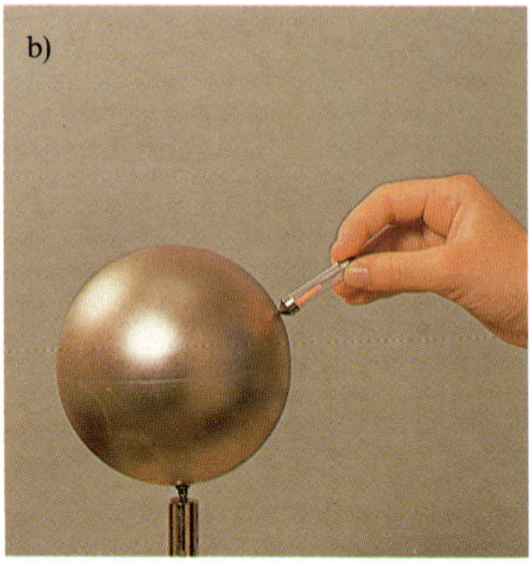

1 a) Ladung wird mit der Kugel von A nach B transportiert. (Auf Seite 118 prüfen wir, ob dies auch von B nach A möglich ist.) b) Die geladene Kugel wird entladen; dabei fließt Ladung und lässt die Glimmlampe aufblitzen.

1. Hat der Strom seinen Namen zu Recht?

Stromkreise müssen geschlossen sein. Dies war für uns ein erstes, wenn auch noch vages Indiz dafür, dass in den Leitungen etwas strömt. Deshalb fragen wir weiter: Gibt es tatsächlich eine *elektrische Substanz*, die im Kreis läuft? Lässt sie sich vielleicht an den Polen abzapfen, „löffelweise" wegtragen?

Versuch 1: **a)** In *Bild 1a* ist der Stromkreis zwischen den beiden Glimmlampen bei A und B unterbrochen. Wir berühren die rechte Glimmlampe A mit einer Metallkugel, die auf einem Isolierstiel sitzt. Sie blitzt ähnlich wie in *Bild 1b* auf und zeigt so einen kurzen Stromstoß zur Kugel hin. Wir haben also etwas von der vermuteten Substanz abgezapft und damit **die Kugel geladen**.

b) Diese **elektrische Ladung** transportieren wir auf der Kugel „löffelweise" über die Lücke im Stromkreis nach B zur linken Glimmlampe. Diese blitzt beim Berühren mit der geladenen Kugel kurz auf.

c) Nun legen wir vor den anderen Pol der Quelle bei C eine dritte Glimmlampe. Diese blitzt gleichzeitig mit der linken in *Bild 1a* auf. Folglich fließt die elektrische Ladung über die linke Lampe weiter und über C zum andern Pol zurück. ■

Strom bedeutet also: **Es fließt Ladung**. Wir betrachten diese Ladung als **elektrische Grundsubstanz** und untersuchen sie nun genauer.

Versuch 2: **a)** Wir können die Kugel mit ihrer Ladung durchs Zimmer tragen und dann über eine Glimmlampe entladen *(Bild 1b)*. Diese blitzt auf; ein kurzzeitiger Ladungsfluss (Strom) entlädt die Kugel.

b) Wir berühren mit der geladenen Kugel eine zweite ungeladene und ebenfalls isolierte Kugel. Anschließend leuchtet die Glimmlampe an beiden Kugeln auf, aber jeweils schwächer als zuvor. Also wurde die Ladung auf beide Kugeln aufgeteilt.

c) Ist bei dieser Aufteilung die eine der beiden Kugeln kleiner, so blitzt an ihr die Glimmlampe etwas schwächer auf als an der größeren; die kleinere Kugel nahm also weniger Ladung auf. ■

Elektrische Ladung lässt sich somit, ähnlich wie eine Wasser*menge*, aufteilen. Wir sagen, die elektrische Ladung habe **Mengencharakter**.

In geladenen Kugeln selbst „ist kein Strom"; sie tragen **ruhende Ladungen**. Das Wort „Strom" dürfen wir nur für das Strömen von Ladung benutzen. – Unsere Sinne nehmen ruhende Ladung nicht unmittelbar wahr. Wohl aber sehen wir ihr Abfließen in Luft an einem kleinen Blitz, *Funke* genannt. Das dabei gehörte Knistern ist ein schwacher Donner.

Mit einer isolierten Metallkugel kann man elektrische Ladung portionsweise transportieren. **Der elektrische Strom ist fließende Ladung.**

2. Geht im Stromkreis Ladung verloren?

Versuch 3: **a)** Wir überbrücken die Unterbrechungsstelle AB in *Bild 1a* durch einen sehr guten Leiter, z. B. einen Kupferdraht. Nun leuchten die Glimmlampen an seinen beiden Enden ständig, und zwar *gleich hell.* Offensichtlich geht im Kupferdraht von der fließenden Ladung nichts verloren.

b) Dann überbrücken wir die Strecke AB mit einer Schnur, die wir nur ein wenig angefeuchtet haben. Wiederum glimmen beide Lampen gleich, jetzt aber sehr viel schwächer als beim Kupferdraht. Die feuchte Schnur ist nämlich ein sehr schlechter Leiter. Trotzdem bleibt darin keine Ladung hängen. ■

Diese Versuche legen nahe: **Im Stromkreis bleibt beim Fließen die elektrische Ladung erhalten**. Eine Stromquelle führt ihm nur so viel Ladung zu, wie er durchlässt. All diese Ladung erhält die Quelle bei Dauerbetrieb wieder zurück. Folglich braucht sie keine Ladung zu erzeugen. Es genügt, wenn sie schon vorhandene Ladungen pumpt: Stromquellen sind **Ladungspumpen**, vergleichbar mit dem Herzen im Blutkreislauf. In *Bild 2* veranschaulicht ein *Wassermodell* das Fließen von Ladung.

Eine sehr wirkungsvolle Ladungspumpe ist der **Bandgenerator** *(Bild 281.2)*. Seiner großen Kugel steht eine zweite gegenüber, verbunden mit dem Fuß des Generators. Zwischen diesen beiden Polen leuchtet eine Glimmlampe hell auf, wenn das breite Gummiband umläuft und dabei Ladung pumpt. Auch hier ist diejenige Elektrode der Glimmlampe mit einer rötlichen Glimmhaut überzogen, die zum Minuspol des Bandgenerators weist.

Um den Bandgenerator mit der Hand oder den Fahrradgenerator mit den Füßen anzutreiben, muss man sich anstrengen; andernfalls pumpen sie keine Ladung. Eine „leere" Batterie hat ihre Pumpfähigkeit für Ladung verloren. Im angeschlossenen Kreis bleibt das Lämpchen auch bei geschlossenem Schalter dunkel, ein Motor läuft nicht.

Im geschlossenen Stromkreis findet ein ständiger Kreislauf elektrischer Ladung statt. Die Stromquelle pumpt Ladung, erzeugt sie aber nicht. Auch wird im Stromkreis nirgends Ladung vernichtet.

A1. Vergleiche Wasserstromkreis und elektrischen Kreis *(Bild 2)*: a) Was entspricht der Wasserpumpe, was der vom Wasser angetriebenen Turbine, was dem Absperrventil?
b) Geht Wasser verloren? Warum brauchen Pumpe und Turbine je zwei Wasseranschlüsse?
c) Könnte man das Absperrventil auch in die Rückleitung legen?
d) Was könnte beim Wassermodell einem schlechten elektrischen Leiter entsprechen?
e) Vergleiche die Formulierungen: Der Schalter ist geöffnet (geschlossen); das Ventil ist geöffnet (geschlossen).

A2. a) Ist es korrekt zu sagen, in einer Steckdose sei Strom, auch wenn kein Gerät angeschlossen ist?
b) Vergleiche die oft gehörten Redensarten „es fließt Strom" und „der Wind weht" miteinander. Versuche dabei die Frage zu beantworten, was der Wind macht, wenn er nicht weht. Ist es also korrekt zu sagen, „es fließt Strom", „es weht Wind"?

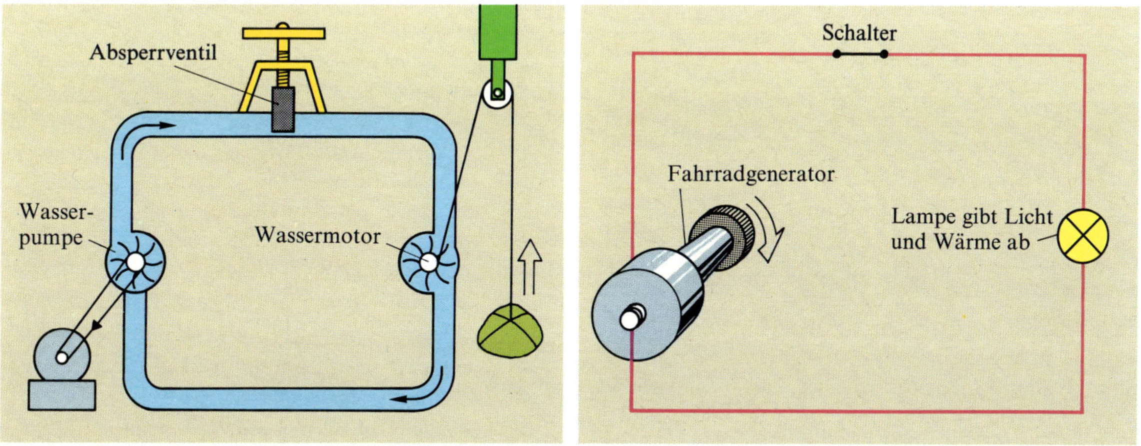

2 Links: Wasserstromkreis, rechts: elektrischer Stromkreis; vergleiche beide miteinander (zu A 1)

Positive und negative Ladungen

1. Gibt es nur eine Art von Ladung?

In Versuch 116.1 wurde die Kugel bei A, also am *Minuspol* der Quelle, geladen. Könnte man sie auch am *Pluspol* laden? Erhält man auch dort Ladung?

Versuch 1: **a)** Wir hängen ein leichtes, leitendes Kügelchen an einem dünnen, isolierenden Faden auf. Zunächst laden wir es am *Minuspol* des Bandgenerators. Eine ebenfalls am *Minuspol* geladene Kugel stößt dieses Kügelchen ab.

b) Wenn wir Kugel und Kügelchen mit dem *Pluspol* berührt haben, stoßen sich beide gleichfalls ab *(Bild 1)*. **Also trägt auch der Pluspol Ladung.**

c) Nun laden wir die Kugel am Plus-, das Kügelchen jedoch am Minuspol (oder umgekehrt). *Jetzt ziehen sich beide an (Bild 1* rechts*)*. **Folglich sind die Ladungen an Plus- und Minuspol verschiedenartig.**

Alle hier gefundenen Kräfte zwischen Ladungen nehmen zu, wenn man den Abstand verkleinert. ■

Die beiden Pole einer Stromquelle tragen also verschiedene Ladungen. Man nennt sie **Plus-** und **Minusladung.** Es gibt nur diese zwei Arten elektrischer Ladung.

Es gibt positive und negative Ladungen. Gleichnamige Ladungen stoßen sich ab, ungleichnamige ziehen sich an. Die Kräfte zwischen Ladungen nehmen mit sinkendem Abstand zu.

Versuch 2: **a)** An einem Stab auf dem Bandgenerator hängen lange Papierstreifen *(Bild 2)*. Sie spreizen sich, wenn man den Generator betreibt. Die auf diesem Pol sitzenden *gleichnamigen* Ladungen stoßen sich untereinander ab; ein Teil fließt auf die Streifen und erzeugt dort Abstoßungskräfte.

b) In ein Metallgehäuse ist gut isoliert ein Metallstab geführt. Er trägt ein leichtes Alu-Blättchen als Zeiger *(Bild 3)*. Wir berühren den Knopf dieses **Elektroskops** mit einer geladenen Kugel. Da sich gleichnamige Ladungen abstoßen, fließen Teile davon auf Stab und Zeiger: Der Zeiger spreizt sich ab. ■

Welche Art Ladung ein Elektroskop trägt, erkennt man nicht am Ausschlag, wohl aber an einer *Glimmlampe*, mit der wir es berühren. Bei *negativer* Ladung blitzt die anliegende Elektrode, bei *positiver* die abliegende. Verschiedenartig geladene Pole lassen sich so unterscheiden.

2. Ladungen neutralisieren einander

Versuch 3: Wir laden zwei gleiche Elektroskope, eines positiv, das andere *bis zum gleichen Ausschlag* negativ. Die Ladungen üben in diesem Fall gleiche Kräfte auf die Zeiger aus; wir bezeichnen dann die Ladungen als gleich groß. Nun verbinden wir die Elektroskope mit einem isoliert gehaltenen Leiter. Durch ihn können die sich anziehenden entgegengesetzten Ladungen zusammenfließen. Dabei verschwinden die Elektroskopausschläge; von den entgegengesetzten Ladungen geht nun keine Wirkung mehr aus. Man sagt, sie haben sich **neutralisiert.** ■

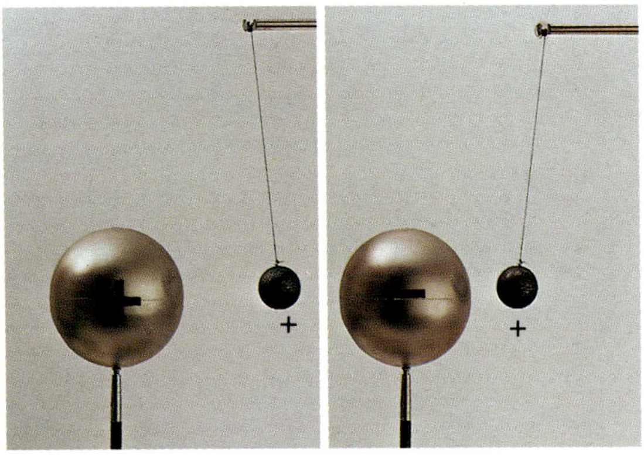

1 Abstoßung gleichnamiger Ladungen; Anziehung ungleichnamiger

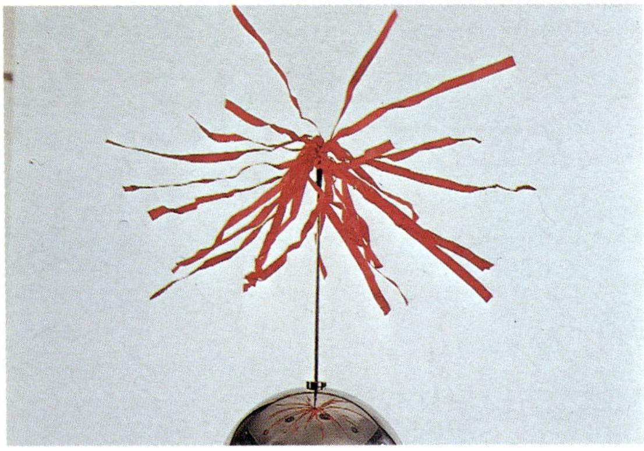

2 Gleichnamige Ladungen in den Papierstreifen stoßen sich ab

Bringt man entgegengesetzte Ladungen in gleichen Mengen zusammen, so üben sie nach außen hin keine Wirkungen aus. **Sie neutralisieren sich.**

Neutrale Leiter haben gleich viel positive wie negative Ladung. Bei der **Influenz** trennt man sie teilweise, indem man eine andere Ladung nähert.

3. Gibt es Ladung in neutralen Leitern? Influenz

Im Stromkreis wird Ladung nicht vernichtet. Haben sich also beim Neutralisieren die entgegengesetzten Ladungen nur vermischt, nicht zerstört? Kann man sie wieder trennen? Gelingt das mit einer Ladung, die von außen auf den Leiter einwirkt?

Versuch 4: **a)** Eine isoliert gehaltene, ungeladene Kugel K berührt nach *Bild 4* den Knopf des Elektroskops. Nähern wir von oben die positive Ladung Q_+, so schlägt es aus. Damit zeigt es Ladung an, obgleich keine Ladung von Q_+ übergesprungen ist. Diese überraschende Erscheinung heißt **Influenz**.

b) Während die von oben genäherte Ladung Q_+ noch wirkt, nehmen wir die Kugel K vom Elektroskop. Eine Glimmlampe zeigt, dass diese Kugel die *negative Influenzladung* Q_{i-} trägt, das Elektroskop dagegen die *positive Influenzladung* Q_{i+}.

c) Wir wiederholen den Influenzversuch, nehmen jedoch die Kugel K nicht vom Elektroskop. Entfernen wir nun die Ladung Q_+, so verschwindet der Ausschlag; die in Kugel und Elektroskop influenzierten Ladungen Q_{i+} und Q_{i-} neutralisieren sich wieder; sie waren also *gleich groß*. ■

Daraus folgern wir, dass sich beim Neutralisieren die elektrischen Ladungen nur vermischen, nicht aber gegenseitig vernichten.

Wir fragen nun weiter: Wie verhalten sich Ladungen in Leitern? Gibt es dort vielleicht positiv und negativ geladene Teilchen, so genannte *Ladungsträger?* Diese wären in Kugel und Elektroskop zunächst gleichmäßig verteilt und würden sich deshalb gegenseitig neutralisieren. Die von außen einwirkende Plusladung Q_+ würde dann die positiven Ladungsträger abstoßen und die negativen anziehen.

Werden dabei nun beide Arten verschoben, sind also in Metallen beide beweglich? Wir sprechen drei Vermutungen aus, von denen aber nur eine richtig sein kann:

(A) Wenn im Metall nur die *negativen* Ladungsträger beweglich sind, werden sie von Q_+ nach oben gezogen und laden die Kugel negativ auf. Die positiven bleiben im Elektroskop zurück. Da von dort negative Ladungsträger abgewandert sind, entsteht unten ein Mangel an negativer, also ein Überschuss an positiver Ladung.
(B) Wären dagegen nur die positiven Ladungsträger beweglich, so würden sie nach unten gedrückt und das Elektroskop positiv aufladen. Oben bildete sich dann ein Überschuss an negativer Ladung.
(C) Vielleicht bewegen sich in Metallen auch *positive und negative* Ladungsträger zugleich.

Alle bisherigen Versuche kann man mit jeder dieser drei Vermutungen erklären (mache hierzu Skizzen!). Um zu entscheiden, welche richtig ist, führen wir deshalb weitere wichtige Experimente aus.

3 Verschiedene Elektroskope; an einer Glimmlampe erkennt man, ob sie positiv oder negativ geladen sind

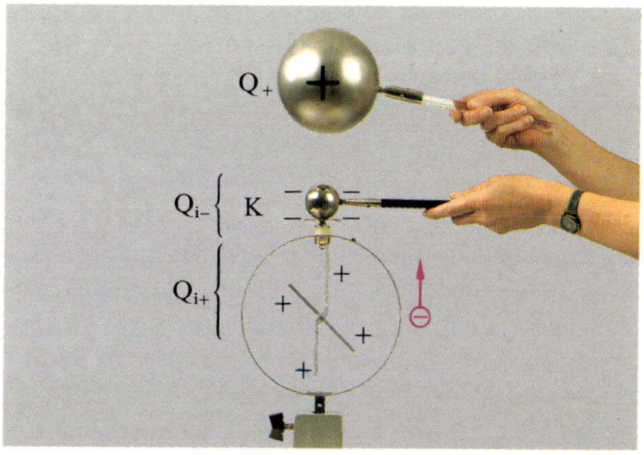

4 Influenz; die obere positive Ladung $Q+$ trennt in Leitern positive von negativen Influenzladungen Q_{i+} und Q_{i-}

Elektronen als Ladungsträger

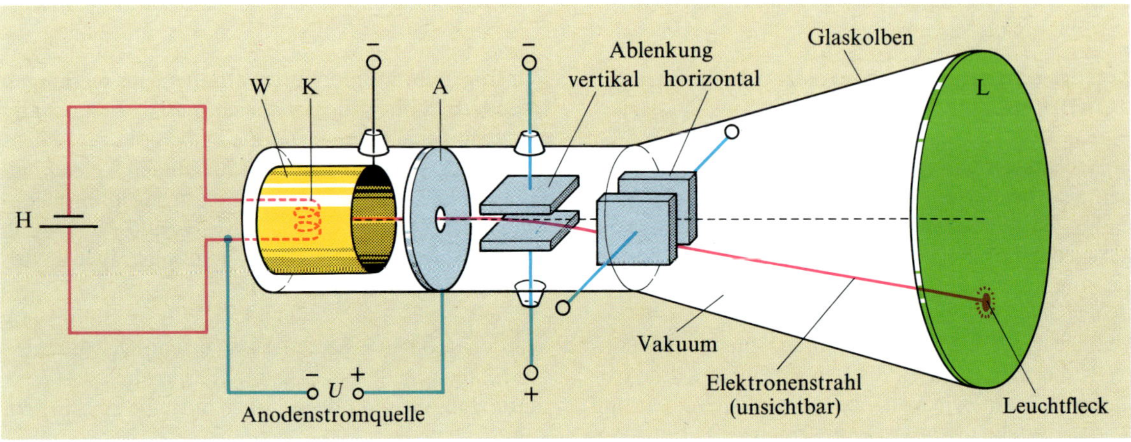

1 Braunsche Röhre mit zwei Ablenkplattenpaaren

1. In Metallen sind Elektronen beweglich

Die Glühfäden von Glühlampen bestehen aus grauem Wolframmetall und erhalten den Strom über rote Kupferdrähte. Auch wenn tagelang Ladung strömt, werden die Glühfäden weder dicker noch rot gefärbt; die Kupferteilchen bleiben am Platz. Wir fragen: Welches sind in kompakten Metallen die *beweglichen Ladungsträger*? Kann man sie aus dem Glühfaden einer Lampe durch Glühen freisetzen, so wie man locker sitzende Duftstoffe aus Äpfeln beim Erhitzen austreibt? Um diese vermuteten Ladungsträger aufzufangen und zu untersuchen, benutzen wir eine Glühlampe nach *Bild 2*. In ihren luftleeren Glaskolben ist eine Elektrode A eingeschmolzen und mit dem Elektroskop E verbunden.

Versuch 1: Zunächst laden wir das Elektroskop E und damit die Elektrode A in der Röhre nach *Bild 2* *positiv* auf. Sobald der Glühdraht K hell glüht, geht der Ausschlag des Elektroskops schnell zurück. Da wir es nicht berührt haben, ist seine positive Ladung nicht abgeflossen. ■

Negative Ladungsträger, die aus dem glühenden Draht freikommen, haben das Elektroskop neutralisiert. Diese Ladungsträger bilden auch nach stundenlangem Glühen in der Röhre weder nachweisbare Niederschläge noch Gase, also keinen chemisch nachweisbaren Stoff. Für die Elektrizität haben sie allergrößte Bedeutung. Man nennt diese negativen Ladungsträger **Elektronen**.

2. Positive Ladung ist an Materie gebunden

Versuch 2: Nun laden wir die Platte A und das Elektroskop *negativ* auf. Jetzt bleibt der Ausschlag bestehen, auch wenn der Draht normal glüht. ■

Aus einem Draht kommen keine positiven Ladungsträger. Solche werden erst frei, wenn man den Draht überhitzt. Dann geht der Ausschlag des negativ geladenen Elektroskops langsam zurück. Auch bildet sich nun im Innern des Glaskolbens ein Wolframniederschlag. Der Draht verdampft langsam, die Lebensdauer der Lampe sinkt. Die beim Glühen abgedampfte *positive Ladung ist also an Materie gebunden*; positive Ladungsträger wandern in Metallen nicht; dort findet man keinen Materietransport.

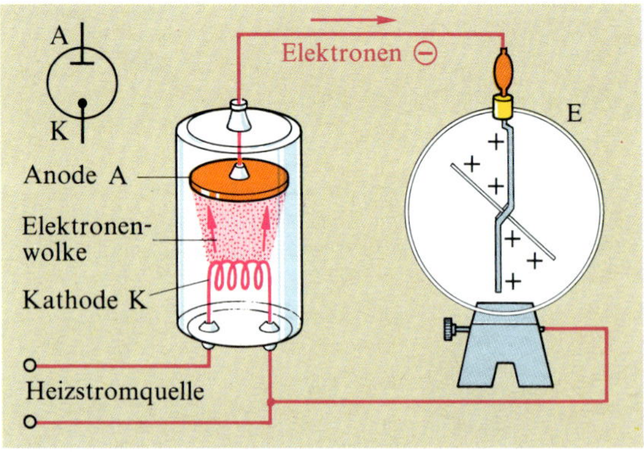

2 Beim Glühen dampfen aus dem Glühdraht Elektronen ab und neutralisieren die Plusladung

Das Elektroskop wird erst dann entladen, wenn der Glühdraht, **Kathode** K genannt, hell leuchtet, nicht schon, wenn man den Heizstrom einschaltet. Dieser ist nebensächlich. Man lässt deshalb im Schaltsymbol (oben links in *Bild 2*) die Heizbatterie weg und deutet die Kathode K durch einen dicken Punkt an. Die Schaltskizze zeigt dann nur noch zwei Anschlüsse, die Kathode K und die **Anode** A. Man nennt die Röhre **Glühdiode**.

Glühelektrischer Effekt: Ein zum Glühen erhitztes Metall sendet **Elektronen** aus. Sie sind negativ geladen und sitzen in den Metallen verhältnismäßig locker. Die positive Ladung dagegen ist dort fest an nachweisbare Materie gebunden.

3. Der Elektronenstrahl in der Fernsehröhre

Oszilloskope und Fernsehempfänger besitzen **braunsche Röhren** ähnlich *Bild 1*. Ihr luftleerer Glaskolben enthält eine Kathode K. Sie wird durch die Heizbatterie H zum Glühen erhitzt und sendet Elektronen aus. Mit der Anodenstromquelle *U* lädt man die Anode A positiv, die Kathode K negativ auf. Deshalb werden die aus K abgedampften Elektronen zu A hin beschleunigt.

Die Elektronen sollen aber nicht vom Anodenblech abgefangen werden, sondern als **Elektronenstrahl** durch ein Loch in der Mitte der Anode A weiterfliegen. Hierzu gibt man dem gelb gezeichneten Metallzylinder W negative Ladung. Er drängt die von K zunächst nach allen Seiten wegfliegenden Elektronen so zu seiner Mittelachse hin, dass diese die Anodenöffnung frei durchsetzen. Anschließend fliegen sie geradlinig zum *Leuchtschirm* L, der eine dünne Leuchtschicht trägt. Diese Leuchtschicht sendet dort Licht aus, wo sie vom unsichtbaren Elektronenstrahl getroffen wird.

Die braunsche Röhre eines Oszilloskops enthält hinter der Anode zwei übereinander liegende Metallplatten. Wird die obere Platte negativ, die untere positiv geladen, so rückt der Leuchtfleck nach unten. Die Elektronen werden zur unteren, positiv geladenen Platte hin abgelenkt. Deutlicher könnte man kaum zeigen, dass Elektronen negativ geladen sind. Mit dem zweiten, um 90° gedrehten Plattenpaar lässt sich der Elektronenstrahl auch noch in horizontaler Richtung ablenken. So kann man ihn über den ganzen Schirm führen und damit Kurven zeichnen.

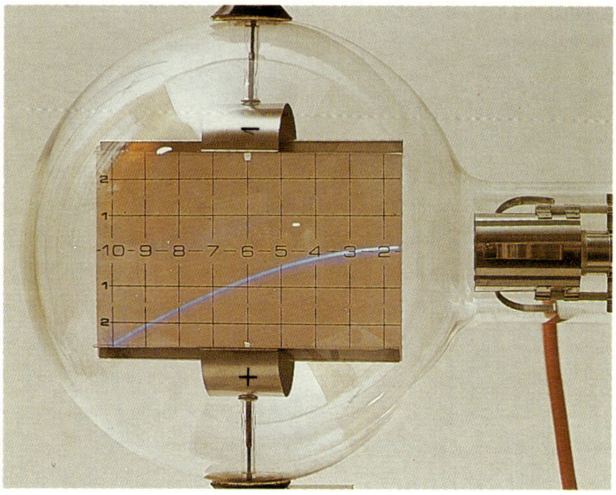

3 Der Elektronenstrahl wird nach unten gelenkt

In der Röhre nach *Bild 3* fliegen die rechts freigesetzten Elektronen streifend an dem Leuchtschirm entlang. Dort zeichnen sie ihre Flugbahn. Sie ist nach unten, zur positiv geladenen Ablenkplatte hin, gekrümmt. Dies erinnert an Wasserstrahlen aus horizontalen Röhren.

A1. Entscheide nach Versuch 1 und 2 darüber, welche Ladungsträger bei der Influenz in Metallen verschoben werden. Welche der drei dort angegebenen Denkmöglichkeiten (A) bis (C) wird also bestätigt? Erkläre den zugehörigen Versuch 4 mit der Elektronenvorstellung.

A2. a) Warum haben wir das Elektroskop in Versuch 1 bzw. 2 sowohl positiv als auch negativ geladen?
b) In diesen Versuchen sollte ein zu Beginn ungeladenes Elektroskop eigentlich von den Glühelektronen negativ geladen werden. Doch schlägt es nur außerordentlich schwach aus. Woran könnte dies liegen?

A3. a) Wie lenkt man auf dem Schirm der braunschen Röhre die Elektronen nach rechts und gleichzeitig nach unten ab?
b) Man legt Netzwechselspannung (50 Hz) an das Plattenpaar zur Vertikalablenkung. Wie oft ist dann in 1 s der Lichtpunkt im oberen, wie oft im unteren Schirmteil?

A4. Fernsehröhren sind braunschen Röhren ähnlich. Man versieht ihren Glaskolben innen mit einem leitenden Belag. Dann können die bei einer langen Fernsehsendung ständig zum Leuchtschirm fliegenden Elektronen von dort zur Anode fließen. Was würde geschehen, wenn sie auf dem isolierten Schirm blieben?

Elektronenströme

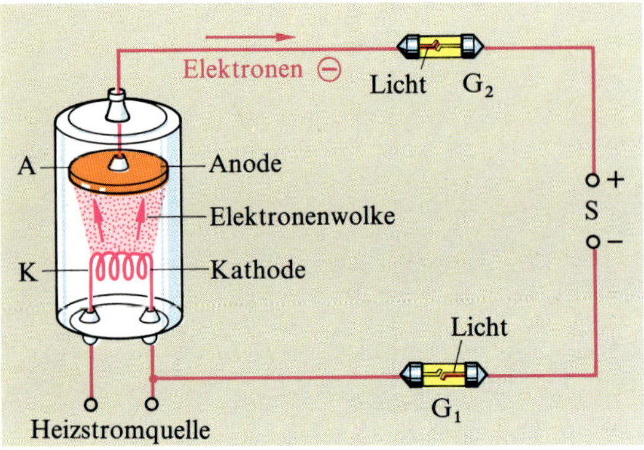

1 Elektronen werden durch den Kreis gepumpt

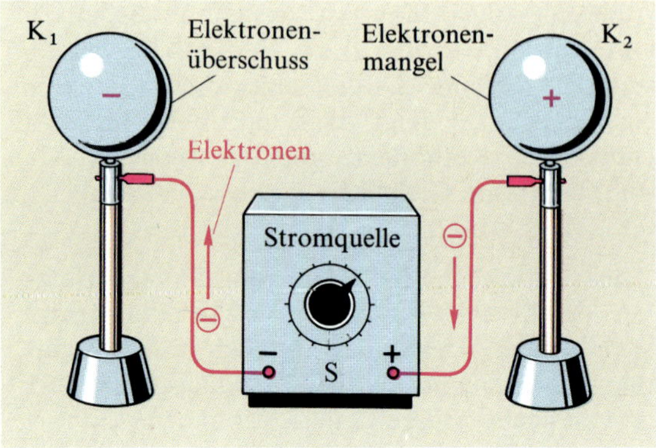

2 Die Quelle S pumpt Elektronen von rechts nach links

1. Elektronen im Kreislauf

Versuch 1: Nach *Bild 1* liegt die Glimmlampe G_1 zwischen dem Minuspol der Gleichstromquelle S und der Kathode K einer Glühdiode. Der Stromkreis ist also zwischen K und A unterbrochen. Wenn wir nun K zum Glühen bringen, leuchten beide Glimmlampen G_1 und G_2. Wie G_1 zeigt, kommen Elektronen vom Minuspol der Quelle S. Sie dampfen von K ab und überbrücken die Vakuumlücke K – A. Glimmlampe G_2 zeigt, dass sie dann zum Pluspol der Quelle S zurückkehren. ■

Elektronen durchfließen den geschlossenen Stromkreis, ohne dass sich ihre Zahl ändert. Die beiden Glimmlampen in Versuch 1 leuchten ja gleich hell. Die Glühkathode erzeugt keine Elektronen; was an ihr verdampft, wird von der Quelle nachgeliefert.

2. Elektronenüberschuss und Elektronenmangel an den Polen

Der Minuspol einer Quelle gibt Elektronen ab. Dort besteht nämlich **Elektronenüberschuss.** Um ihn zu erzeugen, musste die Quelle Elektronen auf diesen Pol pumpen *(Bild 2)*. Da sie sich gegenseitig abstoßen, fließen Elektronen nicht von sich aus dorthin.

Diese Elektronen hat die Quelle nicht etwa erzeugt, sondern ihrem anderen Pol entrissen. Vorher war dieser neutral und hatte gleich viel an positiver wie an negativer Ladung. Nach dem Abzug von Elektronen überwiegt dort die ortsfeste positive Ladung. So wurde er durch **Elektronenmangel** zum Pluspol.

Vom Elektronenüberschuss am Minuspol *(Bild 2)* wird die ungeladene Kugel K_1 negativ geladen. Der Pluspol hat Elektronenmangel und entreißt der Kugel K_2 Elektronen. Sie wird positiv geladen.

Die **Stromquelle** ist eine Elektronenpumpe. Ihr Minuspol und jeder negativ geladene Körper hat **Elektronenüberschuss.** Der Pluspol und jeder positiv geladene Körper hat **Elektronenmangel**. Dabei überwiegt die positive Ladung.

Wenn wir also sagen, ein Körper sei elektrisch geladen, so meinen wir, dass er einen *Überschuss* an negativer bzw. positiver Ladung trägt.

3. Stromrichtung und Elektronenfluss

In den metallischen Leitern des Stromkreises fließen Elektronen vom Minus- zum Pluspol. Diese Richtung nennen wir künftig die **Stromrichtung**. Im Innern eines Generators werden dann die Elektronen von Plus nach Minus zurückgepumpt *(Bild 2)*. Bevor man Elektronen kannte, hatte man willkürlich vereinbart, „der Strom fließe im äußeren Stromkreis von Plus nach Minus“, also den Elektronen entgegen. Diese Richtungsangabe wird noch oft benutzt; man nennt sie die *konventionelle* oder auch *technische Stromrichtung*.

Als **Stromrichtung** bezeichnen wir die **Richtung des Elektronenstroms.** Sie weist im Äußeren des Stromkreises vom Minus- zum Pluspol.

4. Elektronen in der Einbahnstraße

Versuch 2: Wir polen die Stromquelle S in *Bild 1* um. Ihr Minuspol ist nun oben und erzeugt auf der Elektrode A der Diode einen Elektronenüberschuss. Auch jetzt dampfen vom heißen Glühdraht K Elektronen ab. Doch werden sie von den Überschusselektronen auf A abgestoßen. Der Stromkreis bleibt unterbrochen. ■

Die Diode lässt Elektronen nur dann fließen, wenn K negativ und A positiv geladen sind. Sie wirkt als **elektrisches Ventil** (wie ein Fahrradventil für Luft).

Versuch 3: **a)** Wir ersetzen die Gleichstromquelle S durch eine *Wechselstromquelle* (*Bild 3*, links). Trotzdem leuchtet nur die obere Elektrode der Glimmlampe. Bewegt man diese hin und her, so sieht man nur die oberen hellen Bögen in *Bild 3a.* Dazwischen ist die Glimmlampe dunkel. Die Diode lässt nämlich nur während *der* Zeitspanne Elektronen fließen, in der die Wechselstromquelle ihren Minuspol dem Glühdraht K zuwendet. Bei umgekehrter Polung sperrt die Diode; sie lässt sich also zur **Gleichrichtung** verwenden.

b) Wir überbrücken die Diode zwischen K und A mit einem Draht (Strombegrenzer *R* nicht vergessen). Das Neongas leuchtet abwechselnd wieder um beide Elektroden, so wie beim Wechselstrom. Im Draht fließen ja Elektronen in beiden Richtungen. ■

An Netzsteckdosen ist eine Buchse 50-mal in jeder Sekunde Minuspol, dazwischen Pluspol. Die andere Buchse hat jeweils die entgegengesetzte Polarität. Bei geschlossenem Kreis erhalten wir **Wechselstrom**; die Elektronen schwingen mit der Frequenz 50 Hz hin und her (1 Hertz ist die Frequenzeinheit und bedeutet eine Schwingung je Sekunde).

Da die Elektronen sehr beweglich sind, folgen sie im ganzen Kreis praktisch ohne Verzögerung. Deshalb hat der Strom in jedem Augenblick die von der Quelle bestimmte Richtung; unsere für Gleichstrom gefundenen Aussagen bleiben dabei richtig.

In *Bild 121.3* ist die untere Platte so stark positiv geladen, dass sie den Elektronenstrahl zu sich herzieht. Dieser endet dort; seine Elektronen fließen zum Pluspol der Quelle. An der Platte werden sie also nicht umgeladen und wieder abgestoßen. Man kann Elektronen nämlich weder entladen noch stärker aufladen. Sie tragen stets eine Minusladung bestimmter Größe, die **Elementarladung** heißt; sie „haben" Ladung. Es gibt zudem nur eine Art von Elektronen; diese fließen ohne weiteres von einem Metall zu einem anderen. Mit diesem *Elektronenmodell* vereinfacht sich unsere Vorstellung von der Elektrizität erheblich. Wir müssen uns im Folgenden fragen, wo sich in Körpern Ladungen befinden.

A1. a) Könnte man in *Bild 1* die Quelle S auch oben zwischen Anode und Glimmlampe legen? Welche Polung müsste sie dort haben?
b) Könnte man mehrere Stromquellen in *Bild 3* hintereinander schalten? Wie müssten dabei ihre Pole ausgerichtet sein (man vergleiche mit Wasserpumpen)?
c) Könnte man auch mehrere Glimmlampen hintereinander legen? Welche ihrer Elektroden würde jeweils aufleuchten *(Bild 1)*?

A2. In Versuch 1 leuchtet die Glimmlampe nach Ausschalten des Heizstroms noch einige Zeit weiter, wird dabei aber immer schwächer. Womit hängt dies zusammen?

A3. Wie oft ist der eine Pol einer Netzsteckdose in 10 s positiv, wie oft negativ geladen? Wie viele Umladungen finden statt; was geschieht dabei mit den Elektronen?

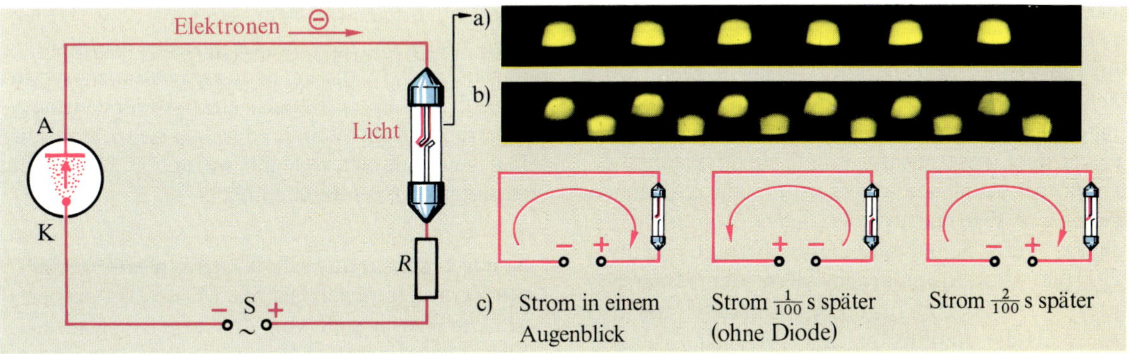

3 Gleichrichtung von Wechselstrom mit einer Diode

Elektronen und Atombau

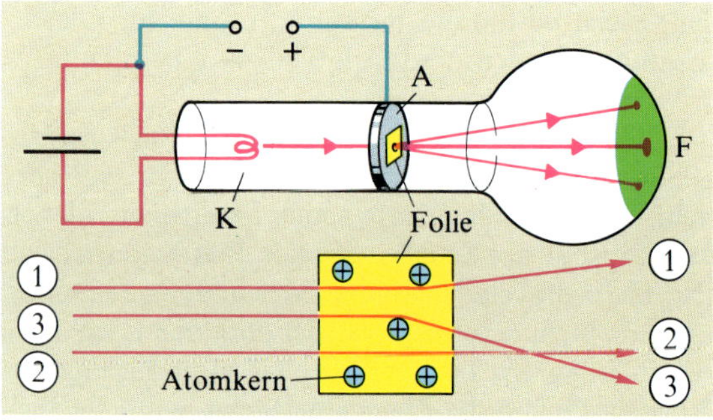

1 Schnelle Elektronen durchdringen eine Folie. Diejenigen, die einem Atomkern zu nahe kommen, werden abgelenkt.

2 Schnitt durch ein Modellatom: Atomkern (+) und Elektronenhülle

1. Ein Blick in das Atom: Gibt es Freiräume für Elektronen in Materie?

Metalle sind massiv; man kann sie kaum zusammenpressen; ihre kleinsten Teilchen, die **Atome** sind also dicht gepackt. Wo sind dann die Freiräume, in denen die Elektronen fließen?

Versuch 1: In der braunschen Röhre nach *Bild 1* ist über die Anodenöffnung eine Folie geklebt. Sie ist Millionen von Atomschichten dick. Wir beschießen sie von der Glühkathode her mit schnellen Elektronen. Diese treten zu unserem Erstaunen durch die Folie und erzeugen einen ähnlich scharfen Leuchtfleck wie wir ihn ohne Folie kennen. ■

Die meisten Elektronen durchfliegen also die Folie geradlinig und ungestört, obwohl diese luftdicht ist; zwischen ihren Atomen könnten sich nicht einmal Luftteilchen hindurchzwängen. Die Elektronen sind also viel kleiner als Moleküle der Luft; sie gehören zu den kleinsten Teilchen, die man kennt. Nach heutiger Kenntnis sind sie punktförmig.

Nur ein kleiner Teil der Elektronen in *Bild 1* wird nach allen Seiten abgelenkt und hellt den übrigen Teil des Leuchtschirms etwas auf. Weitere Versuche zeigen, dass diese negativ geladenen Elektronen einem positiv geladenen **Atomkern** zu nahe gekommen sind und so abgelenkt wurden. Jedes Atom hat einen solchen Kern. Sein Durchmesser beträgt nur etwa 1/100 000 des Atomdurchmessers, der seinerseits unter 1/1 000 000 mm liegt. Die Atomkerne sind also größer als die punktförmigen Elektronen. *Trotzdem sind die Atome fast leer!*

Weiter fand man: Im Atomkern ist über 99,9 % der Masse eines Atoms konzentriert; der Rest verteilt sich auf die Elektronen. Diese schwirren in den großen, sonst leeren Bereichen um den Kern herum, ohne dass man dafür eine Bahn angeben könnte. In *Bild 2* zeigt die Stärke der roten Tönung, dass man Elektronen an einer Stelle in der Nähe des Kerns häufiger antrifft als weiter außen. Eine scharfe Begrenzung, eine Art Haut, haben Atome nicht.

Dies mag all dem widersprechen, was wir uns unter einem kompakten Stück Materie vorstellen: Schlage einmal mit der Faust auf den Tisch und stelle dir vor, dass er fast nur aus Hohlräumen besteht – deine Faust natürlich auch!

In Atomen werden die negativ geladenen Elektronen von der positiven Ladung der Kerne angezogen. Die Kräfte zwischen entgegengesetzten Ladungen halten also die Atome und darüber hinaus die feste und flüssige Materie zusammen. So kommt den elektrischen Kräften eine überragende Bedeutung zu. Ein Atom ist dann neutral, wenn den Kern so viele Elektronen umgeben, dass sie die positive Kernladung neutralisieren. In diesen neutralen Atomen verstecken sich also die in Materie stets vorhandenen Ladungsträger. Kein Wunder, dass wir sie nicht unmittelbar wahrnehmen. Deshalb wurde die Elektrizität erst vor etwa 200 Jahren entdeckt.

Atome bestehen aus sehr kleinen, **positiv geladenen Kernen**, in denen fast alle Masse konzentriert ist. Die Kerne sind von den **negativ geladenen Elektronen** der **Atomhülle** umgeben.

2. Die Sonderstellung der Metalle

Aus Metallen konnten wir die Elektronen durch Glühen befreien. Stromquellen setzen die Elektronen auch in sehr langen Metalldrähten in Bewegung, sogar in Überseekabeln. Elektronen sind also in Metallen leicht beweglich. Von jedem Metallatom haben sich nämlich 1 bis 3 Elektronen getrennt (in *Bild 3* rot). Diese bewegen sich auch im stromlosen Zustand in den großen, fast leeren Räumen zwischen den Atomkernen unregelmäßig hin und her. Elektronen verhalten sich also in Metallen ähnlich den Molekülen von Gasen. Physiker sagen, Metalle sind von einem **Elektronengas** erfüllt.

Auch *Nichtleiter* bestehen aus Atomen. Sie isolieren nur so lange, wie die Elektronen *fest an die Atome gebunden sind.* Beim Blitz oder in Glimmlampen leiten Gase, weil Elektronen freigesetzt werden.

3. Wie erhitzen fließende Elektronen einen Draht?

Versuch 2: Eine Glühdiode, die kräftige Ströme aushält, wird an eine starke Stromquelle angeschlossen. Ist sie in Durchlassrichtung gepolt, so kommt das Blech der Anode zum Glühen. Dort werden die Atome von den aufprallenden Elektronen zu starkem Schwingen angeregt; die Temperatur steigt. ■

Wenn in einem Draht Elektronen fließen, stoßen sie ebenfalls ständig auf Atomrümpfe und verstärken deren Schwingungen. Wir stellen fest: Die Temperatur steigt; man spricht von **Stromwärme**. Die Elektronen werden durch diese Stöße auf ihrem Weg behindert. Man sagt, sie erfahren einen Widerstand.

Die gleichen Elektronen, die einen Glühdraht zur Weißglut bringen, lassen die dicken Zuleitungen kalt. Beträgt nämlich der Querschnitt des Glühdrahts nur 1/100 von dem der Zuleitung, so durchfließen ihn nach unserer Vorstellung die Elektronen mit 100facher Geschwindigkeit. Sie stoßen heftiger auf die Atome und bringen den Draht zum Glühen. Dies erklärt die **Wärmewirkung des Stroms**.

4. Wo sitzt die Überschussladung?

Versuch 3: Das linke Elektroskop in *Bild 4* trägt einen Metallbecher. Berühren wir das Innere dieses **Faraday-Bechers** mit einer negativ geladenen Kugel, so gibt sie ihren Elektronenüberschuss ganz ab und ist anschließend ungeladen. Die in den Becher gebrachten Elektronen sind aber nicht verschwunden; sie sind zur äußeren Oberfläche geflossen und lassen sich dort abnehmen. Deshalb können wir vom Innern des geladenen Bechers keine Ladung holen. ■

Das Innere von Leitern trägt keine Überschussladung. Wohl aber können in ihm Elektronen fließen, neutralisiert von Atomkernen. M. FARADAY (um 1830) setzte sich in einen Metallkäfig und ließ von außen Funken aufschlagen. Obwohl er innen das Metall berührte, ging keine Ladung auf ihn über. Selbst die Ladung eines Blitzes kann nicht ins Innere eines metallisch umschlossenen Raums dringen. Die metallischen Außenwände von Flugzeugen und Autos stellen solche **Faraday-Käfige** dar. Der beste **Blitzschutz** für ein Haus wäre eine metallische Außenwand. Doch genügt es, dicke Metallbänder um Dach und Schornsteine zu legen und mit metallischen Dachrinnen zu verbinden. Diese **Blitzschutzanlagen** müssen gut geerdet sein.

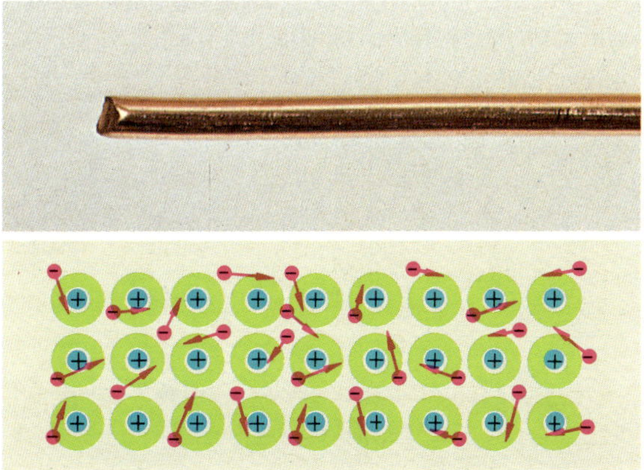

3 In Kupfer gibt jedes Atom ein Elektron (rot) frei. Diese Elektronen schwirren auch ohne Strom im Metall umher.

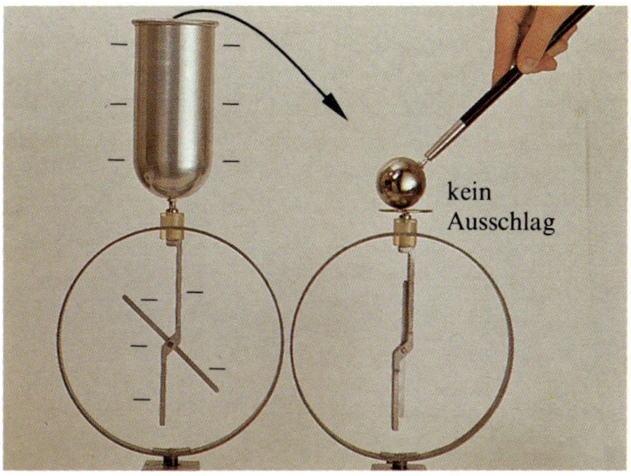

4 Im Faraday-Becher gab die Kugel alle Ladung ab. Diese Überschussladung sitzt nun außen.

Influenz und statische Aufladung

1. Influenz: Elektronen werden in Metallen verschoben

Wir wissen nun, dass in Metallen nur Elektronen verschoben werden können. Die linke Metallkugel in *Bild 1* sei zunächst elektrisch neutral. Trotzdem enthält sie Ladungen. Nehmen wir an, sie besitze 900 000 Elektronen, dann auch exakt 900 000 ortsfeste Plusladungen. Die kleinere Kugel habe nur 500 000 Elektronen und dann auch genau 500 000 Plusladungen. (Wenn wir an die Zahlen 13 Nullen, also den Faktor 10^{13} hängen, kommen wir der Wirklichkeit näher.)

Nähern wir nun der Kugel die positiv geladene Platte (Q_{1+}) von links. Sie zieht vielleicht 5 $(\cdot 10^{13})$ Elektronen von der rechten zur linken Kugeloberfläche. Dann hat die linke Kugel Elektronenüberschuss und trägt die negative Influenzladung Q_{i-}. Die positiven Ladungen bleiben aber fest am Platz, da sie an die schweren Atomkerne gebunden sind. Deshalb bekommt die rechte Kugeloberfläche Mangel an Elektronen und trägt die *gleich große* positive Influenzladung Q_{i+}. Damit haben wir die Influenzversuche von Seite 119 mit Elektronen erklärt.

Ladung von	Körper 1	Körper 2
Vorher	900 000 ⊖ 900 000 ⊕	500 000 ⊖ 500 000 ⊕
Nachher	900 005 ⊖ 900 000 ⊕	499 995 ⊖ 500 000 ⊕
	5 Elektronen Überschuß: Q_{i-}	5 Elektronen Mangel: Q_{i+}

Tabelle 1 Zahlenbeispiel zur Influenz

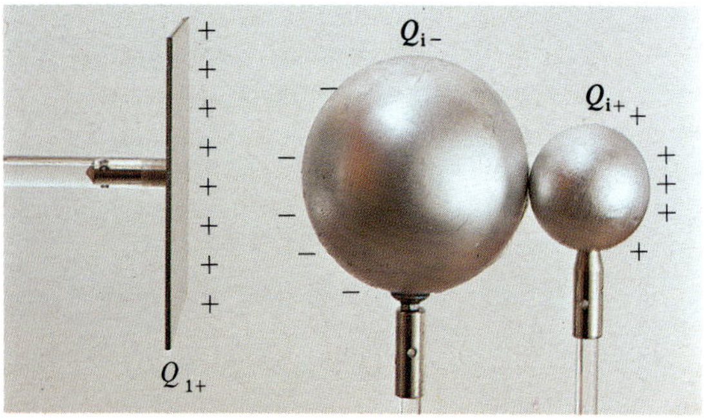

1 Influenz: Elektronen wurden vom rechten Rand der rechten Kugel zum linken Rand der linken verschoben

2. Statische Aufladung: Elektronen werden aus Atomen gerissen

Du kennst das Knistern beim Ausziehen eines Pullovers oder beim Kämmen trockener Haare. Diese **elektrostatische Aufladung** findet man bei guten Isolatoren.

Versuch 1: **a)** Wir bringen einen Kunststoffstab durch kräftiges Reiben in engen Kontakt mit einem trockenen Fell. Der Stab zieht dann Papierschnitzel an. Halten wir ihn an eine Glimmlampe, so blitzt das Gas an der dem Stab zugewandten Elektrode auf. Die Oberfläche des Stabes wurde also negativ geladen. Wurden Elektronen durch Reiben neu erzeugt oder nur dem Fell entrissen?

b) Wir befestigen ein Stück Fell an einem Isolierstab und reiben es mit dem Kunststoffstab *(Bild 2)*. Halten wir Fell und Stab dann einzeln in einen zunächst ungeladenen Faraday-Becher, so schlägt das Elektroskop gleich stark aus. Bringen wir jedoch beide nach dem Reiben zusammen in den Becher, tritt nicht etwa der doppelte, sondern überhaupt kein Ausschlag auf. Zusammen sind Stab und Fell genauso neutral wie vor dem Reiben. Nun stecken wir nur das Fell in den Faraday-Becher und berühren diesen mit der Glimmlampe. Ihre abgewandte Elektrode blitzt auf. Das Fell war positiv geladen. Ihm sind also Elektronen entrissen worden. ■

Versuch 2: Tesafilm wird auf einen Faraday-Becher geklebt. Reißt man den Film ab, ohne den Becher zu berühren, so schlägt ein angeschlossenes Elektroskop aus. Der Ausschlag verschwindet wieder, wenn man den Film in den Becher wirft. ■

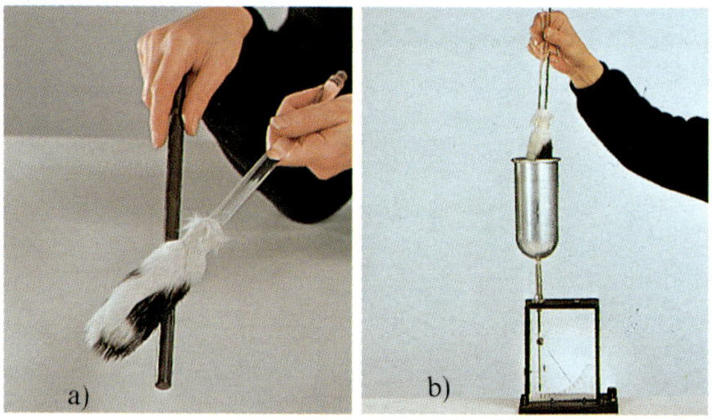

2 a) Isoliert gehaltene Körper werden aneinander gerieben; b) Ladungsnachweis mit Faraday-Becher

In Versuch 2 wurden entgegengesetzte Ladungen voneinander getrennt, ohne dass man vorher die Körper aneinander reiben musste. Die Ladungstrennung erfolgte bereits beim engen Berühren. Wie bei der Influenz wird nämlich auch hier die Ladung nicht neu erzeugt. Vielmehr entreißt in Versuch 1 der Stab dem Fell an der Oberfläche einen winzigen Bruchteil an Elektronen. Dann überwiegt an der Felloberfläche die positive Ladung der Atomkerne. *Tabelle 1* beschreibt dies, wenn man den Stab als Körper 1 und das Fell als Körper 2 betrachtet.

Bei dieser statischen Aufladung treten keine positiven Ladungen über. Sie sind an Materie (an die Atomkerne) gebunden und sitzen viel fester als die negativ geladenen Elektronen der Atomhülle. Am geladenen Fell findet man nämlich keine Materiespuren vom Kunststoffstab.

Immer wenn sich verschiedene Stoffe berühren, treten Elektronen von einer Oberfläche zur anderen über. Wir müssten uns nämlich wundern, wenn alle Stoffe auf Elektronen genau gleich große Kräfte ausüben würden. Ein Stoff, der auf Elektronen eine stärkere Kraft ausübt, verschafft sich bei engem Kontakt mit einem anderen einen Elektronenüberschuss. Der andere Stoff verliert Elektronen; dort macht sich die positive Kernladung auch nach außen hin bemerkbar.

Die statische Aufladung findet man bei guten Isolatoren, da dort die übergetretene Ladung nur langsam abfließt. Will man sie bei Teppichböden vermeiden, so macht man diese durch Zusätze etwas leitend. Man sagt, die Teppiche seien dann *antistatisch.* Die Griechen haben die elektrostatische Aufladung schon vor über 2000 Jahren beim Reiben des sehr guten Isolators *Bernstein* (griech.: Elektron) beobachtet, als dieser anschließend kleine Gegenstände anzog. Davon rührt der Name „Elektrizität“ (wörtlich: „Bernsteinkraft“).

Versuch 3: Reibe Kunststoff-Folien (etwa vom Tageslichtprojektor) mit einem Wolltuch. Hebe sie von der Unterlage ab und prüfe ihre Ladung mit Glimmlampe, Elektroskop, durch die Anziehung kleiner Gegenstände oder einfach an den Haaren *(Bild 3).* ■

Im Auto kann man beim Sitzen auf Kunststoffbezügen geladen werden. Diese statische Aufladung spürt man aber erst beim Aussteigen, wenn man einen schwachen und ungefährlichen elektrischen Schlag erhält.

3 Elektrische Struwwelpetra!

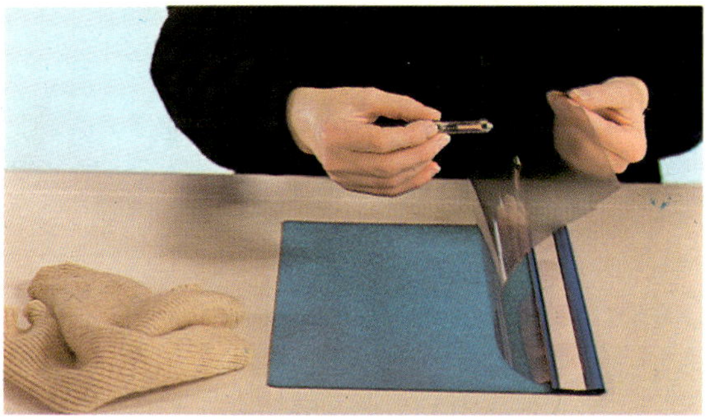

4 Der Schnellhefter war geladen

Elektrische Ladung ist allgegenwärtig. Wir nehmen sie jedoch nur selten wahr, weil es zwei verschiedene Arten gibt, die sich im Allgemeinen neutralisieren. Man nimmt an, dass das Weltall gleich viel an positiver und negativer Ladung besitzt.

A1. Elektronen kann man nicht sehen. Trotzdem haben wir vom Experiment her Schlüsse auf sie gezogen. Verfolge und prüfe nochmals alle Argumente, die wir dabei benutzt haben. Wo konnten wir nur Mitteilungen von Experimenten anderer machen?

A2. Was heißt, ein Atom bzw. ein Körper sei elektrisch neutral? Kann es nach der Theorie vom Atombau auch völlig „unelektrische“ Körper, die überhaupt keine Ladungen besitzen, geben?

A3. Man berührt das Innere eines Faraday-Bechers mit einer positiv geladenen Kugel. Welche Ladung trägt er dann innen, welche außen? Erkläre deine Aussage mit der Elektronenvorstellung. Warum schlägt das angeschlossene Elektroskop aus?

A4. Welcher Versuch zeigt die Ladung, die der Tesastreifen in Versuch 2 bekommen hat?

Elektronen und Ionen

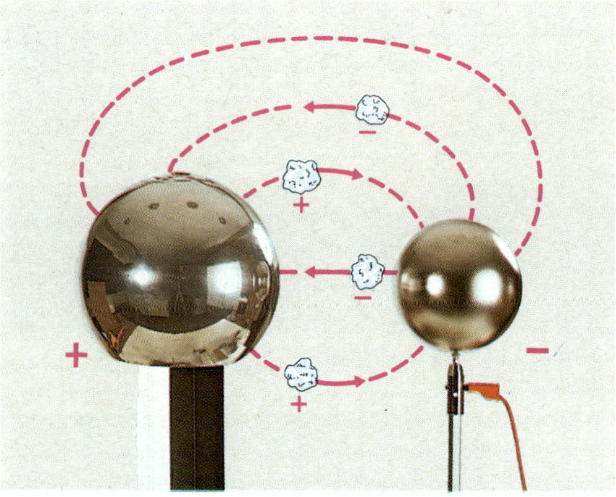

1 Geladene Wattestücke fliegen auf gekrümmten Bahnen und demonstrieren sichtbare Ströme positiver wie negativer Ladungsträger

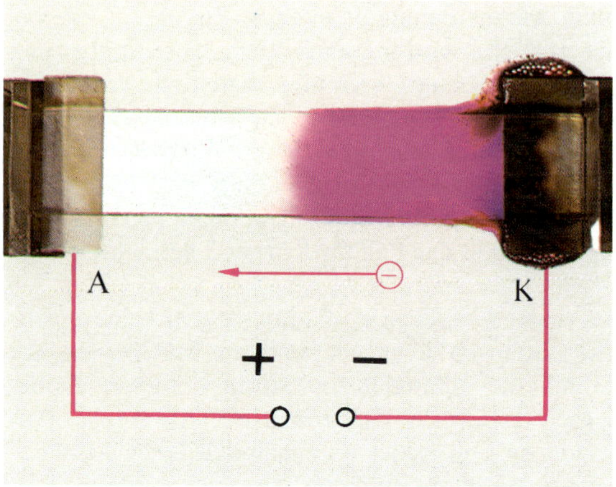

2 Zu Versuch 2: Ionenwanderung; negativ geladene Ionen (rot) werden zum Pluspol gezogen, auch dann, wenn man die Pole an der Quelle vertauscht hat

1. Gibt es auch sichtbare Ströme?

Noch hat kein Mensch je Elektronen gesehen. Ladungsträger müssen aber nicht unsichtbar sein.

Versuch 1: Wir bringen auf den negativen Pol eines Bandgenerators ein kleines, zerzaustes Wattestück. Es nimmt Elektronen auf und wird abgestoßen. Auf einer gekrümmten Bahn fliegt die Watte zum positiven Pol und stellt so einen sichtbaren *Strom negativer Ladung von Minus nach Plus* dar *(Bild 1)*. Am positiven Pol gibt die Watte ihre Überschusselektronen ab. Zudem entreißt dieser ihr Elektronen, so dass die positive Ladung überwiegt. Positiv geladen fliegt die Watte zum Minuspol zurück. ■

2. Ionen sind geladene Atome

Versuch 2: In der flachen Rinne nach *Bild 2* verbindet Leitungswasser die beiden Metallelektroden. Die am Pluspol liegende heißt **Anode** A, die am Minuspol liegende **Kathode** K. Wir geben in die Rinne einige Kristalle des stark färbenden Salzes Kaliumpermanganat. Sie lösen sich auf und erzeugen einen rotvioletten Fleck. Er wandert langsam zum Pluspol. Dies gilt auch dann, wenn wir die Anschlüsse an der Quelle umgepolt haben. Der Fleck besteht also aus negativ geladenen Flüssigkeitsteilchen. Man nennt sie **Ionen**. Elektronen dagegen sind unsichtbar und könnten für sich keine Materie bilden. ■

Versuch 3: *Bild 4* zeigt die blaue Lösung von Kupferchlorid ($CuCl_2$). Wie im Chemieunterricht gezeigt wird, enthält sie Kupfer (Cu) und Chlor (Cl) in Form von Ionen. Die in die Lösung getauchten Kohlestäbe werden mit einer Stromquelle verbunden. Nach einiger Zeit hat sich die Kathode (−) mit einer dünnen Kupferschicht überzogen. An der Anode (+) dagegen steigen Gasblasen auf; wir riechen dort das Gas Chlor (vom Schwimmbad bekannt). ■

Bei dieser **Elektrolyse** zieht die Anode (+) negativ geladene *Chlorionen* aus der Lösung an. Jedes Cl^--Ion ist ein Cl-Atom, das ein Elektron aufgenommen hat (in *Bild 4* bis *6* symbolisch angeheftet). Das Elektron wird an die Anode abgegeben und fließt im Draht weiter. So wird das Cl^--Ion an der Anode zum neutralen Cl-Atom. Dort steigt neutrales Chlorgas Cl_2 auf. Hier ist auch die negative Ladung an Materie gebunden und kann wandern.

Kupferionen werden zur Kathode (−) gezogen, sind also positiv geladen. Es handelt sich um Kupferatome, denen jeweils zwei Elektronen fehlen (in *Bild 4* bis *6* symbolisch ausgespart). Also überwiegt die positive Kernladung; man schreibt Cu^{++}. An der Kathode werden diese fehlenden Elektronen vom Minuspol her ersetzt. Folglich scheiden sich an ihr neutrale Kupferatome ab. Da die $CuCl_2$-Lösung doppelt so viele Cl^--Ionen wie Cu^{++}-Ionen enthält, ist sie elektrisch neutral.

Durch *Galvanisieren* lassen sich z. B. Löffel aus unedlem Metall mit einem edleren überziehen *(Bild 7;* L. GALVANI, ital. Naturforscher um 1760). Man taucht sie als Kathode in die Lösung eincs Silber-, Nickel-, Chrom- oder Goldsalzes. Eine Platte aus dem edleren Metall dient als Anode.

> **Negative Ionen** haben einen Elektronenüberschuss in der Elektronenhülle. Bei **positiven Ionen** fehlen dort Elektronen; die Kernladung überwiegt. Bei der **Elektrolyse** wandern die Ionen an die Elektroden und geben dort Elektronen ab oder nehmen sie auf. Dabei entstehen neutrale Atome.

3. Ladungsmessung mit Ionen

Versuch 4: Wir schicken Strom zwischen zwei Nickelelektroden durch verdünnte Kalilauge *(Bild 3)*. Es entwickeln sich dabei zugleich die Gase Wasserstoff und Sauerstoff, die in kleinen Blasen aufsteigen. Zusammen bilden sie Knallgas (hochexplosiv!). Sein Volumen wird in der Glasröhre gemessen. ■

Mit der Elektrolyse kann man fließende Ladungen einfach messen: Wird Gas gleichmäßig abgeschieden, so entwickelt der Strom in der doppelten Zeit doppelt so viel Gas. Folglich geben doppelt so viele negative Ionen ihre Überschusselektronen an die Anode ab. Es fließt die doppelte Zahl an Elektronen, also die doppelte Ladung, im Draht weiter. *Aus der doppelten Gasmenge schließt man, dass die doppelte Ladung geflossen ist.*

> Die bei der **Elektrolyse** abgeschiedene Gasmenge ist der fließenden Ladung proportional.

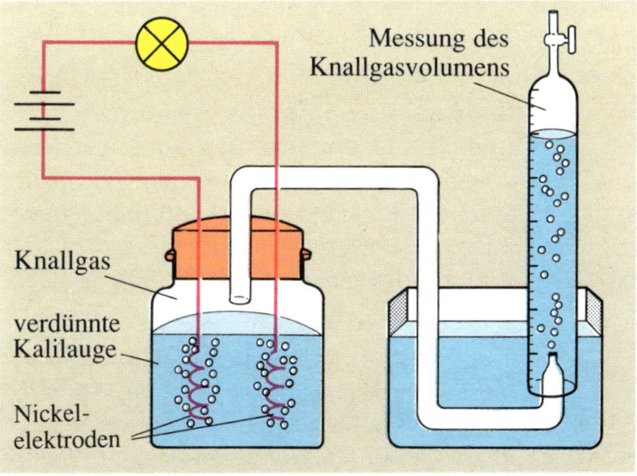

3 Knallgaszelle im Stromkreis; zu Versuch 4

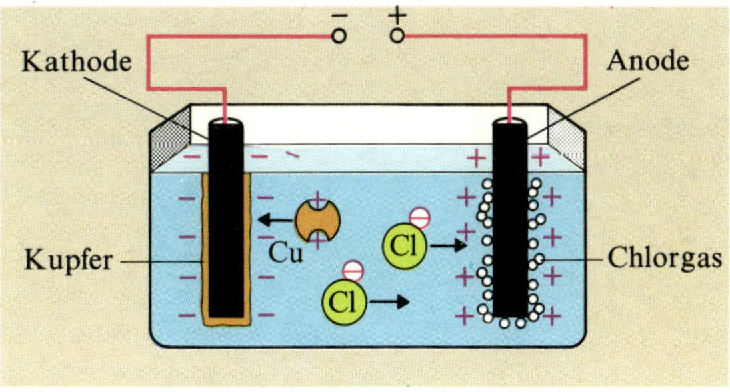

4 Negative Cl^--Ionen werden zur Anode und positive Cu^{++}-Ionen zur Kathode gezogen

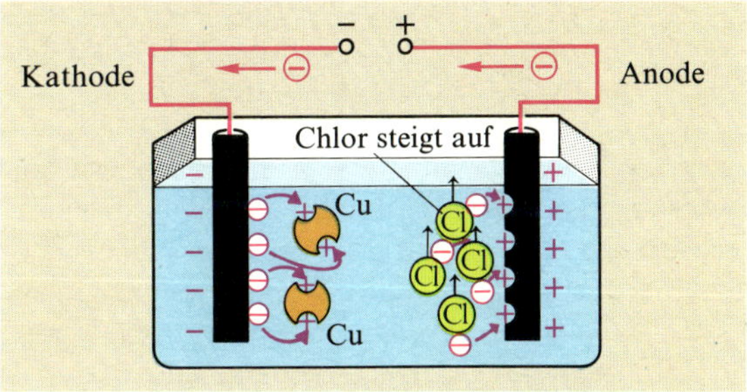

5 Ein Cl^--Ion gibt an der Anode ein Elektron ab; ein Cu^{++}-Ion nimmt an der Kathode zwei Elektronen auf. Aus beiden Ionenarten werden so neutrale Atome.

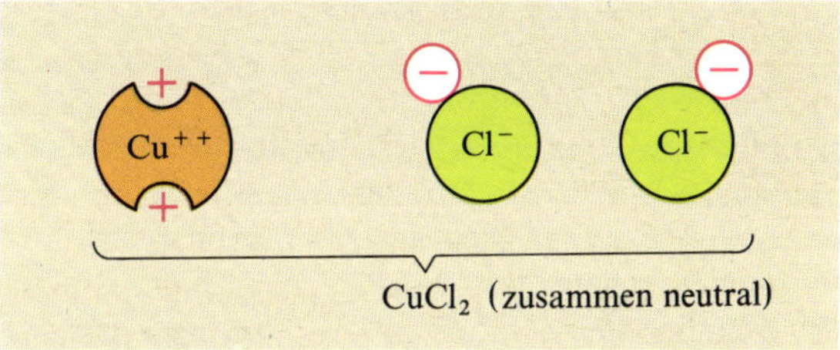

6 Auf zwei Cl^--Ionen kommt in Kupferchlorid ($CuCl_2$) ein Cu^{++}-Ion

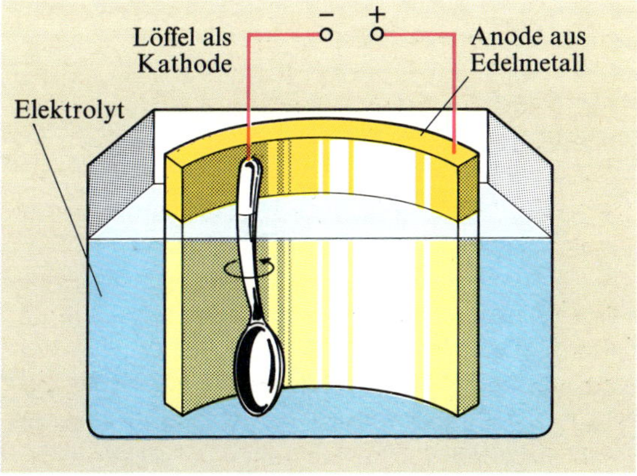

7 Technische Anwendung der Elektrolyse

Im Überblick: Ladung und Strom

1. Was treibt die Ladungen im Stromkreis an?

Elektrisch geladene Wattestücke flogen auf gekrümmten Bahnen zwischen den Polen der Quelle *(Bild 128.1)*. Von selbst können sie nicht hin- und herfliegen. Es sind vielmehr die elektrischen *Anziehungskräfte zwischen ungleichen Ladungen* und die *Abstoßungskräfte zwischen gleichen Ladungen*, welche die geladenen Wattestücke auf ihre Bahnen zwingen. Solche Kräfte finden wir im Raum um alle Ladungen; wir finden sie auch um und zwischen den Polen von Stromquellen.

Im Stromkreis wirken diese Kräfte auch auf die Elektronen und Ionen im Innern der Leiter und treiben dort die beweglichen Ladungsträger an. So entsteht *Strom*. Wenn wir die Stromquelle umpolen, wirken diese Kräfte in entgegengesetzter Richtung; die Stromrichtung kehrt sich ebenfalls um.

2. Was weißt du jetzt von der Elektrizität? Eine Zwischenbilanz

a) Es gibt *Plus- und Minusladungen*, also zwei verschiedene Arten von Ladung.

b) Ladungen üben *Kräfte* aufeinander aus: Gleichnamige Ladungen stoßen sich gegenseitig ab, ungleichnamige ziehen sich an. Man kann beide Ladungsarten gegen diese Anziehungskraft voneinander trennen. Bei der Schwerkraft dagegen gibt es nur Anziehung, keine Abstoßung.

c) Alle *Materie* enthält *Ladungsträger*. Wenn sich in einem Körper gleich viel an positiver und negativer Ladung befindet, erscheint er unelektrisch; wir nennen ihn dann *elektrisch neutral*. Im neutralen Körper ist die Ladung nicht zerstört, nur ihre Träger sind untereinander vermischt.

d) *Man kann elektrische Ladung insgesamt weder vernichten noch neu erzeugen.*

e) Die *Atomkerne* tragen positive, die *Elektronen* negative Ladung. In neutralen Atomen wird die positive Kernladung von den Elektronen der Hülle neutralisiert. Negative *Ionen* haben Elektronen im Überschuss; bei positiven Ionen dagegen fehlen Elektronen, die Kernladung überwiegt.

f) In *Metallen* sind Elektronen frei beweglich; *leitende Flüssigkeiten* enthalten nur freie Ionen als Ladungsträger. Quecksilber enthält als flüssiges Metall nur bewegliche Elektronen, keine Ionen.

g) Bei der *Influenz* trennt eine von außen genäherte Ladung die in Leitern beweglichen Ladungsträger teilweise voneinander und erzeugt Influenzladungen.

h) Auch *Nichtleiter* enthalten Ladungsträger; diese können aber nicht fließen. Bei der *statischen Aufladung* treten Elektronen vom einen zum anderen Körper über.

i) Eine *Stromquelle* pumpt Ladungsträger durch den Stromkreis. Diese stammen aus den leitenden Teilen des Kreises wie auch der Quelle. An der Oberfläche ihres Minuspols hält die Quelle einen Überschuss an Minusladung (Elektronenüberschuss), an der Oberfläche des Pluspols einen Überschuss an Plusladung (Elektronenmangel) bereit.

k) Als *Stromrichtung* bezeichnen wir die Richtung der Elektronen vom Minuspol durch den Kreis zum Pluspol. Die so genannte technische (konventionelle) Stromrichtung ist ihr entgegengesetzt.

A1. In das eine Ende eines langen Drahts fließen 100000 Elektronen. Nimm an, dass ihn am anderen Ende 110 000 oder 90 000 verlassen. Ist das möglich?

A2. a) Man bringt nach *Bild 1* die beiden isolierten, ungeladenen Kugeln 1 und 2 in die Nähe des Pluspols P eines Bandgenerators und trennt sie voneinander. Dann steckt man zuerst die eine, dann beide zusammen in einen vorher entladenen Faraday-Becher. Was zeigt das angeschlossene Elektroskop? Erkläre mit der Elektronenvorstellung.
b) Wurden bei diesem Versuch die beiden verschieden großen Kugeln verschieden stark geladen? Spielt es dabei eine Rolle, ob die kleinere oder die größere näher am Pluspol war?
c) Woran erkennt man, ob vom Bandgenerator Ladung übergesprungen ist?

A3. Ein Elektroskop ist positiv geladen und schlägt etwa halb aus. Man nähert ihm eine positiv bzw. negativ geladene Kugel. Was zeigt sich? Erkläre mit Elektronen. Was geschieht beim Berühren von Kugel und Elektroskop?

A4. Schlägt beim Influenzversuch nach *Bild 119.4* das Elektroskop auch ohne die obere Kugel aus? Warum ist mit ihr der Ausschlag viel stärker?

A5. a) Man nähert nach *Bild 1* die große Kugel mit der Ladung Q_- dem ungeladenen Metallkügelchen, ohne dass Ladung überspringt. Sind die in ihm gebildeten Influenzladungen Q_{i+} und Q_{i-} in den Abständen a und b verschieden groß? Warum wird es etwas angezogen?
b) Dann berührt man das Kügelchen mit der großen Kugel. Was macht es anschließend?

A6. a) In der Nähe einer ungeladenen Metallkugel K hängen kleine geladene Kügelchen. Jemand sagt, wenn es in der Kugel Elektronen gäbe, würden die negativ geladenen Kügelchen von ihr abgestoßen, die positiv geladenen angezogen. Was sagst du dazu?
b) Warum werden alle in (a) geladenen Kügelchen ein wenig zur ungeladenen Kugel gezogen? (Löse zuerst Aufgabe A5.)

A7. a) Nach *Bild 1* hängt ein positiv geladenes Kügelchen so an zwei Fäden, dass es sich nur in einer Ebene bewegen kann. In dieser stehen die zwei gleich stark aber entgegengesetzt geladenen Kugeln K_+ und K_-. Nach welcher Seite schlägt es aus?
b) Dann stellt man K_+ neben K_- und lässt anschließend die beiden Kugeln sich berühren. Was ändert sich jeweils am Ausschlag?

A8. Wie bestimmt man die Polung einer Bandgeneratorkugel, ohne ihr Ladung zu entnehmen, mithilfe zweier isolierter Kugeln und einer Glimmlampe?

A9. Man berührt die isoliert gehaltene Glimmlampe nach *Bild 1* rechts und links zugleich mit den Kugeln K_1 und K_2. Welche Elektrode leuchtet auf:
a) wenn K_1 neutral ist und K_2 negativ geladen,
b) wenn K_1 positiv und K_2 neutral ist,
c) wenn K_1 viel stärker positiv geladen ist als K_2? Erkläre mit der Elektronenvorstellung.

A10. Ein ungeladener Metallstab ist nach *Bild 1* isoliert aufgehängt. Warum kann die Ladung Q_+ sein eines Ende anziehen? Was zeigt eine Glimmlampe am anderen Ende, auch wenn der Stab Q_+ nicht berührt?

A11. Man berührt mit einer kleinen, stets gleich stark geladenen Kugel mehrmals ein Elektroskop. Sein Ausschlag nimmt zu. Warum gibt dabei die Kugel jeweils immer weniger Ladung ab?

A12. a) Man bringt in einen Faraday-Becher nacheinander die gleich großen Ladungsportionen Q_+, Q_+, Q_-, Q_-, Q_-. Wie ändert sich der Ausschlag des angeschlossenen Elektroskops?
b) Man hält eine positive Ladung ins Innere des Bechers, ohne diesen zu berühren. Dann kann man an der Außenseite Ladung abnehmen. Welches Vorzeichen hat sie? Welche Elektrode einer Glimmlampe leuchtet beim Berühren?

A13. Nenne Gemeinsamkeiten und Unterschiede bei fliegenden Wattestücke *(Bild* 128.1*)* und Ionen in einer Flüssigkeit *(Bild 129.5)*. Welche Rolle spielen jeweils die Elektronen?

A14. Uwe denkt an Elektronen und sagt, einem positiv geladenen Bandgenerator könne man mit einer Metallkugel keine Plusladung entnehmen. Karin argumentiert mit Ladung und ihrer Erhaltung (nicht mit Ladungsträgern) und widerspricht. Diskutiere.

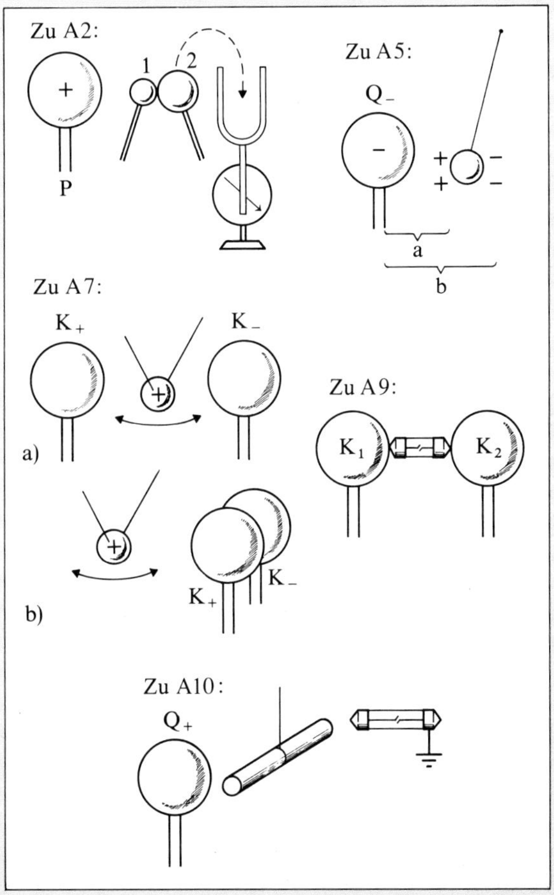

1 Zu A2, A5 (auch ungeladenene Körper werden angezogen), A7 (Erklärung der Neutralisation), A9 und A10

Energie und elektrische Spannung

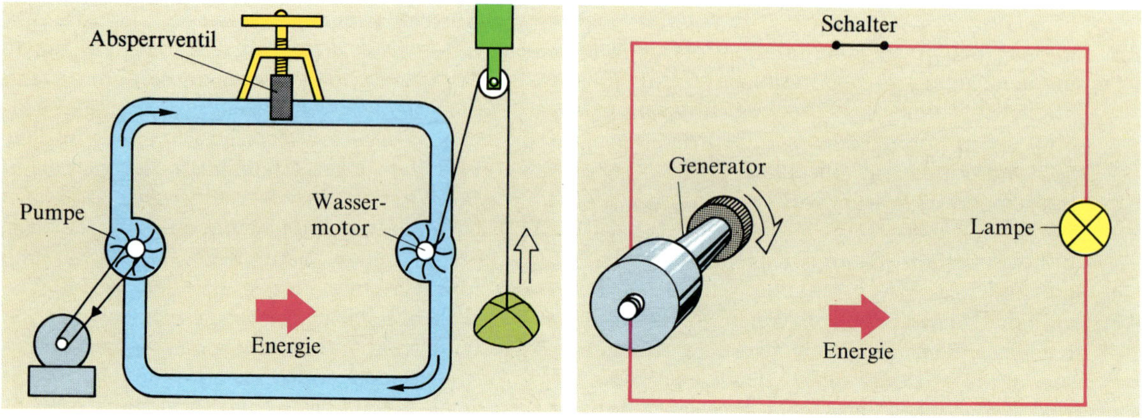

1 Energieübertragung, links: von der Wasserpumpe zum Wassermotor, rechts: vom Generator zur Lampe

1. Wozu dient elektrischer Strom?

Ein erstes „Geheimnis" der Elektrizität haben wir nun gelüftet. Im Stromkreis führen Elektronen einen Kreislauf aus. Was dem Minuspol der Stromquelle an Elektronen entnommen wird, ist im gleichen Augenblick am Pluspol wieder zurückzugeben. Was behalten wir also von der Elektrizität im Haus? Wofür muss man bezahlen?

In elektrischen Heizgeräten liefert der Strom *Wärme*, in Glühlampen *Licht*. Elektromotoren heben Lasten; sie erzeugen dabei Kraft und Bewegung zugleich, ersparen uns also manche Mühe. Offensichtlich transportiert die Elektrizität etwas Wertvolles ins Haus; sie liefert es dort ab, ohne es wieder zurückzunehmen. Dieses „Etwas" nennt man **Energie**. Wir finden Energie aber nicht nur bei elektrischen Vorgängen. **Energie spielt überall eine wichtige Rolle**. Man kauft sie ein, wenn man den Autotank mit Benzin oder den Heiztank mit Öl füllt. Die Nahrungsmittel führen deinem Körper Energie zu. Du brauchst sie bei all deinem Tun, insbesondere, wenn du einen Berg erklimmst oder beim schnellen Lauf.

2. Energietransport im Stromkreis

Bild 1 vergleicht den Stromkreis nochmals mit einem Wasserkreislauf. Wir bedenken aber nun, dass Energie nötig ist, um rechts den Wassermotor (eine Art Wasserrad) anzutreiben. Nur dann kann dieser die Last genauso hochheben wie der Dieselmotor eines Krans mit der Energie aus dem Öltank.

Unser Wasserkreislauf überträgt die Energie aber nur so lange, wie in ihm das Wasser fließt. Dazu muss die Pumpe links angetrieben werden. Legst du hierzu selbst Hand an, so musst du dich mindestens ebenso anstrengen wie beim unmittelbaren Heben der Last. Das *Wasser* fließt dabei im Kreis. Die *Energie* dagegen wird links der Pumpe zugeführt. Das Wasser transportiert sie nach rechts zum Wassermotor, der mit dieser Energie die Last hebt.

Und im Stromkreis? Durch Treten führst du einem Fahrradgenerator Energie zu; er treibt die Elektronen zum Kreislauf an. Dem Stromkreis entnehmen die Lämpchen Energie und geben sie in Form von Licht und Wärme weiter. Ersetzt du die Lämpchen durch einen Motor, so gibt er die von deinen Muskeln gelieferte Energie weiter, indem er wieder Kraft und Bewegung erzeugt.

Steht die Wasserpumpe links still, so kommt das Wasser in den Leitungen wie auch der Wassermotor zum Stehen; die nötige Energie wird nicht mehr geliefert. Gutes Zureden hilft weder am Wassermotor noch an der Pumpe. Beide sind völlig unfähig, Energie aus Nichts zu erzeugen. Solches ist auch sonst noch niemandem gelungen!

Die **elektrische Ladung fließt im Kreis, Energie dagegen von der Stromquelle zu den Geräten.** Diese geben Energie als Wärme und Licht ab; Motoren erzeugen eine mit Kraft verbundene Bewegung. **Energie kann man nicht neu erzeugen**.

Mit Wärme und Licht wird Energie transportiert, aber keine Kraft. Energie dürfen wir also nicht mit Kraft verwechseln oder gar in der Krafteinheit 1 N messen. Auf Lebensmittelpackungen findest du die *Energieeinheit* 1 kJ (Kilo-Joule). Man braucht z.B. 1 kJ Energie, um einen Körper ($m = 100$ kg) gegen seine Gewichtskraft von 1 kN um 1 m zu heben.

Elektrische Energie, wie wir sie nun nennen wollen, lässt sich mit Leitungen transportieren und bequem in Wärme, Licht und andere *Energieformen* umwandeln. Geräte, die dies ausführen (Heizung, Lampe, Motor), sind **Energiewandler.**

> **Energie** tritt in vielerlei Formen auf als **Wärme, Licht oder elektrische Energie.** Sie lässt sich transportieren und in andere Formen umwandeln. **Elektrische Geräte sind Energiewandler.**

3. Woher bekommen wir Energie?

Die Sonnenstrahlung führt der Erde Energie zu. Bei Sonnenschein spürst du diese Energie als wohlige oder auch lästige Wärmezufuhr; Pflanzen bauen mithilfe von **Sonnenenergie** Nährstoffe auf, die letztlich den Wert unserer Nahrungsmittel ausmachen. In den Meeren verdunsten mithilfe von Sonnenenergie riesige Wassermassen *(Bild 2)*. Als Wolken liefern sie Regen und halten den lebenswichtigen Wasserkreislauf in Gang. Hat man Regenwasser in Stauseen gespeichert, so kann es am Ende von Rohrleitungen Wasserturbinen antreiben. Sie liefern die Energie für den Antrieb der großen Generatoren. Diese wandeln, wie der Fahrradgenerator *(Bild 299.5)*, mechanische Energie in elektrische.

Heute beuten wir leider auch die Energielagerstätten (Kohle, Öl, Gas) aus, in denen Sonnenenergie von Jahrmillionen gespeichert ist. In Wärmekraftwerken verbrennt man Kohle (Öl, Gas) zum Betrieb von Dampfturbinen *(Bild 268.1)*. In den damit verbundenen Generatoren wird so die schon vor langer Zeit gelieferte Sonnenenergie in elektrische Energie gewandelt.

Erst beim Verbrennen wird Energie frei. Asche und Verbrennungsgase bleiben übrig. Kohle wurde verbraucht. Ihre Energie aber, also das, was für uns wertvoll ist, haben wir dabei entnommen. Die Energie hat die Verbrennung heil überstanden. Ähnliches gilt auch für unsere Nahrungsmittel. Man sagt, sie speichern Energie in chemischer Form. Chemische Energie ist auch in Chemikalien enthalten, die in Batterien und Akkus mit dieser Energie die Ladung im Stromkreis antreiben. Die chemische Energie wird dabei in elektrische umgewandelt, so wie im Fahrradgenerator deine Muskelenergie. *Auch Stromquellen sind Energiewandler.*

A1. Zähle Möglichkeiten auf, Energie gezielt in dein Haus zu transportieren; um welche Energieformen handelt es sich? Welche Energieumwandlungen finden im Haus statt?

A2. Zeichne *Bild 117.2* so um, dass es den Wasserkreislauf der Zentralheizung bei dir zu Hause wiedergibt (vergleiche mit *Bild 258.2*). Beschreibe den Energietransport, für den dieser Wasserkreislauf gebaut worden ist. Wie kann man die Rohre für Hin- und Rückleitung des Wassers unterscheiden? Warum spricht man von einem Wasser- und nicht von einem Energiekreislauf?

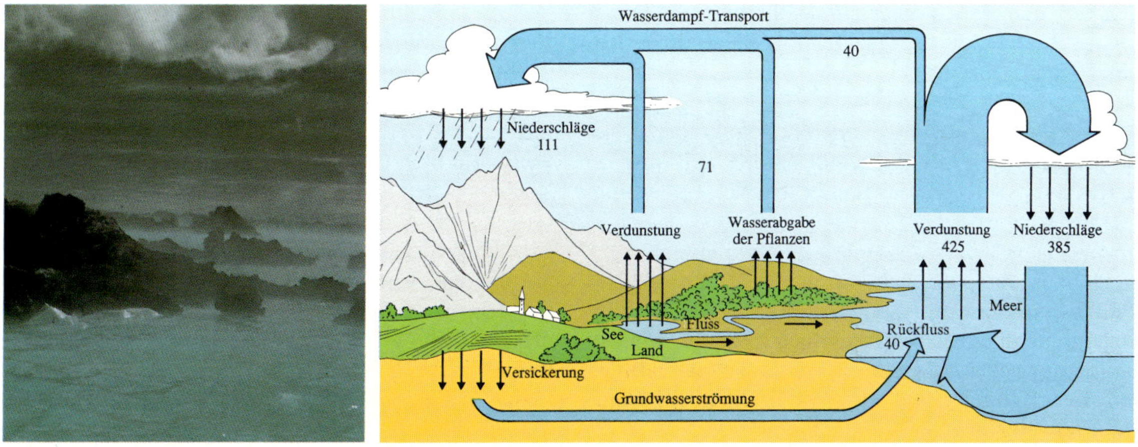

2 Sonnenenergie setzt riesige Wassermengen in Bewegung (in 1000 Kubikkilometern im Jahr für die ganze Erde)

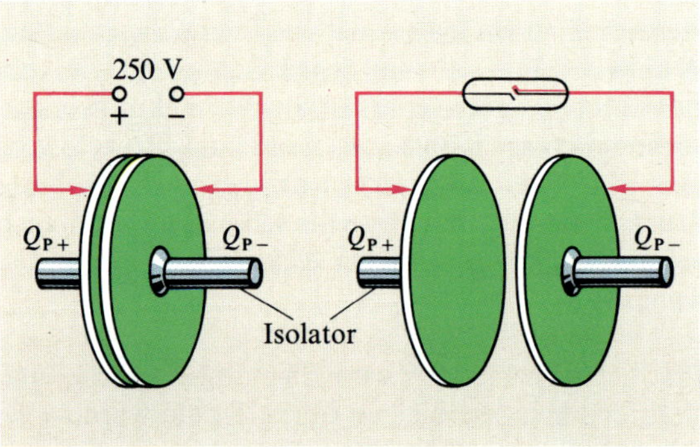

1 Zum Trennen von Ladungen braucht man Energie

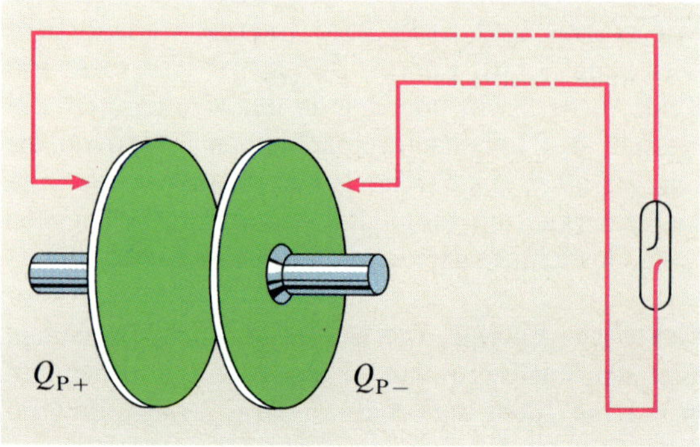

2 Elektrischer Energietransport

4. Wie pumpt man Energie in den Stromkreis?

Die Wasserpumpe in *Bild 136.2* links schleudert das Wasser bei ihrem schnellen Umlauf nicht nur nach oben. Auch wenn dort das Ventil geschlossen ist, hat sie eine Wirkung; sie setzt das Wasser unter Druck. So steht die von der Pumpe aufgewandte Energie auf Abruf bereit, genau wie im Leitungswasser bei geschlossenem Hahn. Öffnet man ihn, dann spritzt das Wasser heraus. Mit seiner Energie kann es ein Wasserrad antreiben. Geht Ähnliches auch elektrisch? Wir wissen, dass Stromquellen entgegengesetzte Ladungen gegen deren Anziehungskraft trennen. Dazu braucht man Energie. Steht sie anschließend auf Abruf bereit?

Versuch 1: **a)** Wir stellen nach *Bild 1 a* zwei isolierte Metallplatten in sehr kleinem Abstand auf (Folie dazwischen). Wenn wir sie kurz mit einer Quelle verbinden, geben wir der einen Platte die positive Ladung Q_{P+}, der andern die negative Q_{P-}. Dann entladen wir die Platten über eine Glimmlampe. Diese blitzt schwach auf; die Quelle hat ja bereits von sich aus Ladung getrennt.

b) Wir laden die Platten nochmals auf, ziehen sie dann aber gegen ihre Anziehungskräfte weit auseinander. Nun leuchtet die Lampe bei der Entladung viel heller. ■

Beim Auseinanderziehen waren die Platten gegeneinander isoliert, ihre Ladungen konnten also nicht zugenommen haben. Offensichtlich zeigt die Glimmlampe noch mehr als nur das Fließen von Ladung. Sie zeigt: Hinter den Ladungen steckt in (b) mehr Energie. Was geschah damit beim Auseinanderziehen?

Dabei mussten wir gegen die Anziehungskraft Energie aufwenden, wenn auch nicht so viel wie beim energieaufwändigen Spannen eines Expanders *(Bild 77.4)*. Man sagt: Beim Trennen von Ladungen steigt die elektrische Spannung. Je größer sie ist, umso mehr Energie steht auf Abruf bereit. Die Energie wird erst dann im Glimmlämpchen (in Form von Licht und Wärme) frei, wenn die Ladung fließt. Vorher ist sie gespeichert.

Spannung entsteht, wenn man entgegengesetzte Ladungen unter **Aufwand von Energie** trennt. Diese Energie steht auf Abruf bereit. Sie wird aber erst frei, wenn Ladung fließt.

5. Wie leitet man Spannung in die Ferne?

Wenn du mit einem gespannten Expander spazierengehst, so nimmst du die darin gespeicherte Energie mit. Bequemer ist der **elektrische Energietransport**.

Versuch 2: Wir laden die Platten nach Versuch 1 b nochmals auf und trennen sie unter Energieaufwand voneinander. Die getrennten Ladungen leiten wir nun nach *Bild 2* auf zwei isolierten Leitungen zum weit entfernten Glimmlämpchen. Auch in der Ferne leuchtet es hell auf. ■

Mit den getrennten Ladungen wurde also auch die abrufbereite Energie und damit der Spannungszustand in die Ferne geleitet. Befindet sich am Ende der Fernleitung eine Steckdose, so besteht zwischen ihren Buchsen elektrische Spannung. An Steckdosen finden wir also nicht nur Ladungen, sondern auch abrufbereite Energie. Man kann dort beim Fließen von Ladung Energie entnehmen.

6. Die Spannung *U* und ihre Einheit, das Volt

Beim Auseinanderziehen der Platten in Versuch 1 nimmt ihre *Ladung* nicht zu, wohl aber die *Energie*, die auf Abruf bereitsteht. Man sagt, dabei steige die Spannung zwischen den Platten. Spannung ist nämlich kein Maß für Ladung, sondern für Energie, die abrufbereit hinter der Ladung steht. Sie wird mit dem Buchstaben U bezeichnet und hat die Einheit 1 Volt (1 V; nach ALESSANDRO VOLTA, ital. Physiker um 1800). Auf *Monozellen* für Taschenlampen und Spielzeuge steht 1,5 V. Die von Volta gebaute „Monozelle" hatte die Spannung $U \approx 1$ V; sie bestand aus einer Zink- und einer Kupferplatte, die in Säure tauchten. An Steckdosen liegt die Spannung $U = 230$ V. Sie ist auch ein Maß für die Gefahr, die von Stromquellen ausgehen kann. **Spannungen über 25 V können lebensgefährlich sein!**

Die elektrische Spannung U ist ein Maß für die Energie, die abrufbereit hinter getrennter Ladung steckt. Ihre Einheit ist **1 Volt (V)**.

7. Braunsche Röhren zeigen Spannung an

Wir suchen Geräte, mit denen man *Spannungen nachweisen und vergleichen* kann. Die beiden entgegengesetzt geladenen Platten aus *Bild 1* erinnern uns an die Ablenkplatten in einer *braunschen Röhre (Bild 120.1)*. Spannung erkennen wir nun nicht am Leuchten eines Lämpchens, sondern an der Ablenkung des Elektronenstrahls der braunschen Röhre.

Versuch 3: Wir leiten die Spannung einer Monozelle ($U_1 = 1{,}5$ V) dem vertikal ablenkenden Plattenpaar zu. Liegt der Pluspol an der unteren Platte, so wird der Elektronenstrahl auf dem Schirm nach unten gezogen (z.B. um 3 cm). Eine Flachbatterie nach *Bild 111.2* lenkt stärker ab (um 9 cm). ■

Mit diesem Gerät kann man Spannungen *vergleichen*. Warum die Flachbatterie eine höhere Spannung hat, werden wir später untersuchen. Dabei lernen wir, was *Vielfache* der Einheit 1 V, z.B. 10 V, bedeuten. Dann können wir mit der braunschen Röhre auch Spannungen in *Volt messen*. Da die Ablenkplatten hervorragend gegeneinander isoliert sind, braucht dabei die Quelle keinen Strom zu liefern. Dieses Gerät zeigt auch den Verlauf von *Wechselspannungen* an (Seite 280). Man nennt es deshalb **Oszilloskop** („Schwingungsseher").

8. Die elektrische Energie ist universell brauchbar

Bci der Warmwasserheizung wird Energie klar erkennbar mit heißem Wasser vom Kessel zu den Heizkörpern transportiert. Die Rohre der Rückleitung sind nicht so heiß wie die der Hinleitung (suche sie zu Hause!). Solche Unterschiede finden wir bei elektrischen Leitungen nicht. Ihre Elektronen sind weder „warm" noch „hell" noch „kräftig"! Man sieht ihnen nicht an, wie die elektrische Energie transportiert und schließlich in andere Energieformen (Wärme, Licht, Kraft mit Bewegung) umgewandelt wird. **Elektrische Energie lässt sich leicht in alle andern Energieformen umwandeln. Dies macht sie besonders wertvoll.** Mit dem Wasser der Zentralheizung dagegen kann man nur heizen, nicht die Wohnung beleuchten! Wärmeenergie ist nicht so wertvoll wie elektrische. Wenn man elektrisch heizt, so **entwertet** man Energie, die im Kraftwerk mit einigem Aufwand aus Kohle in wertvolle elektrische Energie umgewandelt worden ist. Die einfache Ofenheizung vermeidet diesen Umweg; sie ist häufig effektiver, wenn auch nicht so bequem wie die elektrische.

A1. Hans wirft eine Batterie weg und sagt, „in ihr sei kein Strom mehr, deshalb sei sie wertlos". Moni widerspricht „energ(et)isch". Was könnte sie wohl sagen?

A2. Ein Müller hat Wasser über seinem Wasserrad angestaut und betrachtet es mit Wohlgefallen. Doch kommt er ins Grübeln, wenn er es mit dem Wasser vergleicht, das im unteren Teich nach Antrieb des Rades weiterfließt. Er sagt, das untere Wasser sehe genauso aus wie das obere; er versteht nicht, warum es für ihn keinen Wert mehr hat. Hilf ihm.

A3. a) Wenn man das Wasser zum Rasensprenger abstellt, enthält der Schlauch immer noch Wasser. Was hat sich an diesem Wasser geändert?
b) Das Wasser eines Stausees gelangt über eine steile „Druck"leitung zur Wasserturbine im Tal. Was unterscheidet das Wasser am unteren Ende der Leitung vom Wasser, das nach dem Durchlaufen der Turbine ruhig weiterfließt? Kann man diesen Unterschied – etwa durch Anzapfen der Leitung – erkennen?

A4. Vergleiche den Wasserkreislauf in der Natur mit einem elektrischen Stromkreis.

Schaltung von Stromquellen

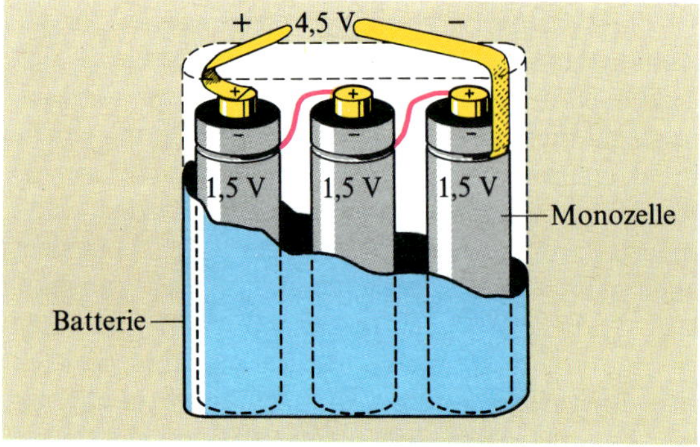

1 Drei hintereinander gelegte Monozellen zu je 1,5 V geben in der Batterie die dreifache Spannung 4,5 V

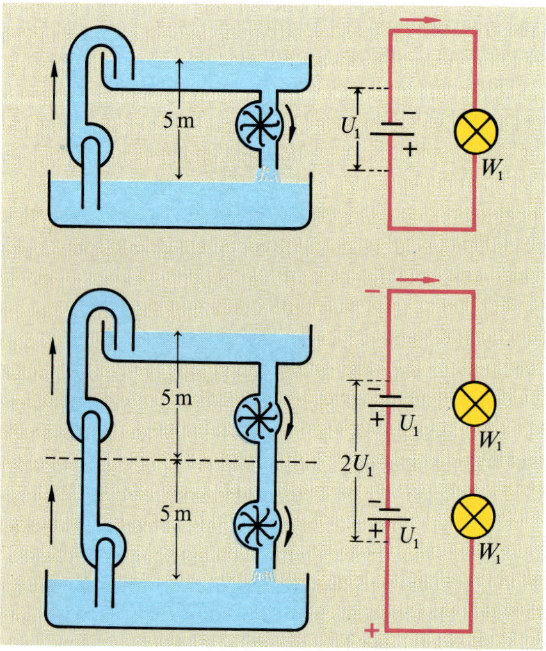

2 Addition von Energie: Links Pumpen übereinander, rechts Stromquellen hintereinander

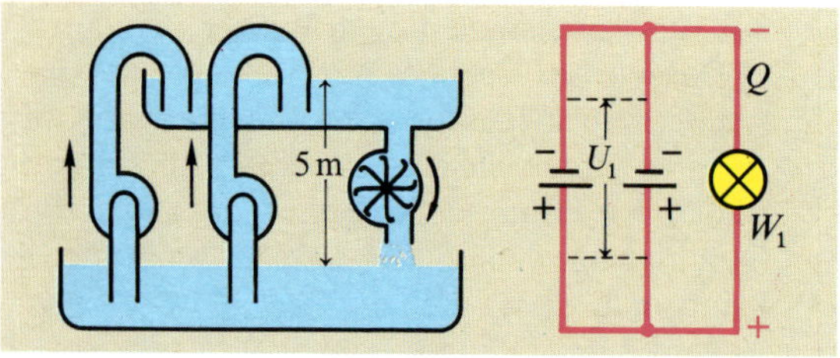

3 Beim Parallelschalten von Pumpen und Stromquellen erhöhen sich weder Höhenenergie noch Spannung

1. Mehr Spannung durch Reihenschaltung

In der Flachbatterie nach *Bild 1* sind drei Monozellen **hintereinander** (in Reihe) geschaltet. *Der Pluspol der einen ist mit dem Minuspol der nächsten verbunden.* Warum vergrößert sich dabei die Spannung? Solche Zellen sind Elektronenpumpen. Der Minuspol der 1. Zelle stößt unter Energieaufwand Elektronen aus. Diese nimmt die folgende Zelle am Pluspol auf und pumpt sie – unter nochmaligem Energieaufwand – zu ihrem Minuspol. Dabei nimmt die fließende Ladung (Zahl der Elektronen) nicht zu. Darf man aber annehmen, dass sich die Energie, die hinter der gepumpten Ladung steht, addiert?

Vergleichen wir die Zellen mit *Wasserpumpen.* Nach *Bild 2* schafft eine Pumpe das Wasser nur 5 m hoch. Zwei Pumpen übereinander fördern es zusammen 10 m hoch. Die Energie, die sie nacheinander demselben Wasserteilchen geben, addiert sich. Man erkennt dies daran, dass dieses Wasser beim Herabstürzen nacheinander zwei Wassermotoren betreiben kann; es hat die doppelte Energie.

Versuch 1: **a)** Ein Lämpchen ist für die Spannung $U_1 = 1{,}5$ V gebaut (*Bild 2* oben). Es leuchtet mit einer Monozelle normal. Die Energie, welche diese Zelle mit der Ladung Q liefert, passt zum Lämpchen.

b) Schalten wir zwei Monozellen hintereinander, so leuchtet das Lämpchen zu stark. Der Vergleich mit Wasser legt nahe: Zwei Zellen haben doppelt so viel Energie aufgebracht, ihre Spannung ist verdoppelt.

c) Zur Bestätigung verteilen wir die Energie auf zwei gleiche Lämpchen, die wir ebenfalls hintereinander legen. Nun leuchtet jedes normal wie in (a). Zusammen erhalten sie von der gleichen fließenden Ladung Q tatsächlich die doppelte Energie. ■

Deshalb legen wir fest: Beim Hintereinanderschalten von 2 gleichen Zellen addieren sich deren Spannungen $U_2 = U_1 + U_1 = 2 \cdot U_1 = 2 \cdot 1{,}5\text{ V} = 3\text{ V}$.

Versuch 2: Am Oszilloskop geben zwei Monozellen in Reihe den doppelten Ausschlag, nämlich 6 cm statt nur 3 cm. Die Flachbatterie mit 3 Monozellen erzeugt den Ausschlag 9 cm. Das Oszilloskop ist ein Spannungsmesser. 1 cm Ausschlag bedeutet bei ihm 0,5 V; am Drehknopf steht 1 cm $\hat{=}$ 0,5 V. ■

Beim **Hintereinanderschalten von Stromquellen** (Reihenschaltung) addieren sich die Spannungen.

2. Parallelschalten erhöht die Spannung nicht

In *Bild 3* liegen die beiden Wasserpumpen parallel. So fördern sie auch zusammen das Wasser nur 5 m hoch. Die abrufbereite Energie addiert sich an einem Wasserteilchen nicht. Es durchfließt ja nur eine der beiden Pumpen, bekommt also nur einmal Energie. Gilt Ähnliches bei der Spannung?

Versuch 3: Wir schalten nach *Bild 3* und *4* zwei gleiche Zellen parallel zueinander. *Pluspol wird mit Pluspol und Minuspol mit Minuspol verbunden.* Das Lämpchen leuchtet normal wie an *einer* Zelle, erhält also die gleiche Energie. Auch können diese beiden parallel liegenden Zellen zusammen den Elektronenstrahl nur um 3 cm auslenken; die Spannung bleibt beim Parallelschalten 1,5 V. ■

Ein Elektron fließt nämlich nur durch *eine* der Zellen; dabei liefert nur diese Energie. Beim Parallelschalten gleicher Quellen bleibt also die Spannung unverändert. Dafür muss jede Zelle nur die Hälfte der Ladung pumpen, die durch das Lämpchen fließt.

Versuch 4: Ein Spielzeugauto soll mit zwei Monozellen zu je 1,5 V betrieben werden. Um 3 V zu erhalten, muss man sie nach *Bild 2* hintereinander schalten. Nach *Bild 5* hast du sie aber versehentlich gegeneinander geschaltet (+ mit + oder auch – mit – verbunden). Das Auto läuft nicht; das Oszilloskop zeigt keinen Ausschlag. Also ist die Spannung 0 V. Die Ströme, die jede Zelle für sich erzeugen würde, wären einander entgegengerichtet. ■

Parallelschalten von gleichen Stromquellen lässt die Spannung unverändert; Gegeneinanderschalten ergibt die Spannung null.

A1. Die Zelle eines Bleiakkus hat die Spannung 2 V. Wie viele dieser Zellen enthalten Autobatterien für 6 V (12 V)? Suche sie im Auto. Wie viele dieser Zellen brauchte man für 230 V?

A2. Jemand vertauscht in einer der beiden Wasserpumpen nach *Bild 2* die Anschlüsse, sodass sie gegeneinander wirken. Wie hoch pumpen sie Wasser?

A3. Wie müsste man die drei Monozellen in *Bild 1* hintereinander schalten, damit man 1,5 V erhält? Kann man durch Hintereinanderlegen dieser 3 Zellen auch 0 V erhalten?

A4. Man zieht ungeladene Platten auseinander. Entsteht dabei Spannung? Begründe.

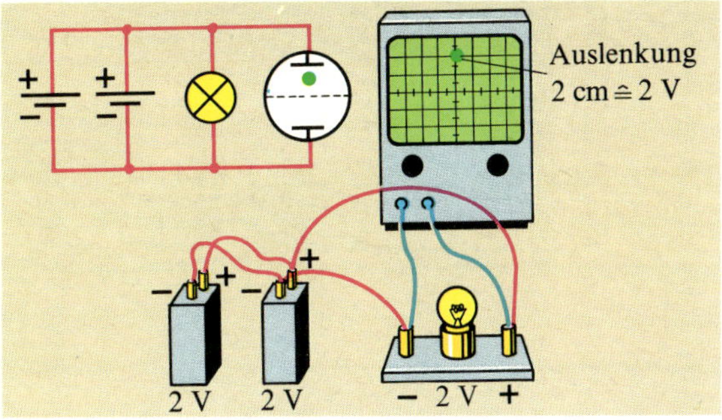

4 Parallel geschaltete Zellen von je 2 V geben 2 V (beachte die Pole + und – und ihren Anschluss an das Oszilloskop)

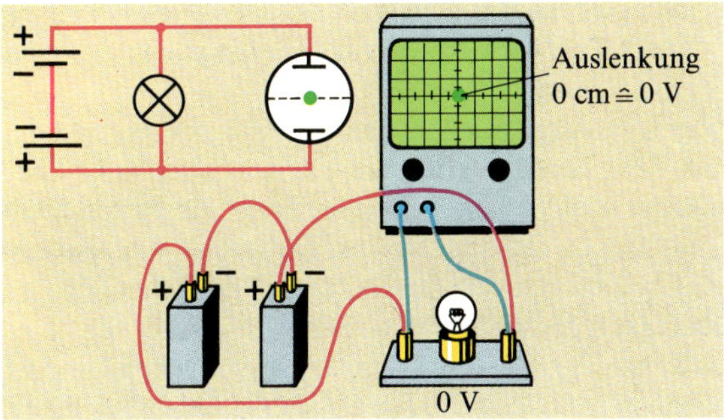

5 Die gleichen Zellen aus *Bild 4* sind gegeneinander gelegt, die Spannung ist auf null gesunken

Solarzelle, unbelastet	0,6
Zelle eines	
Nickel-Cadmium-Akkus	1,2 ... 1,3
Bleiakkus (im Auto)	2
Taschenlampenbatterie, Monozelle	1,5
Lichtanlage im Auto	12
Spielzeugeisenbahn	17
Gefahrengrenze bei Berührmöglichkeit	25
Gefahrengrenze bei jeder Anlage (~)	42
Lichtnetz USA	110 ... 120
bei uns	230
Drehstromnetz	400
Straßenbahn, Fahrdraht gegen Schiene	550
Eisenbahn, Fahrdraht gegen Erde	15 000
Hochspannungsleitungen bei uns bis	400 000
Gewitter bis	10^8

Tabelle 1 Einige Spannungen in Volt

Magnete und ihre Pole

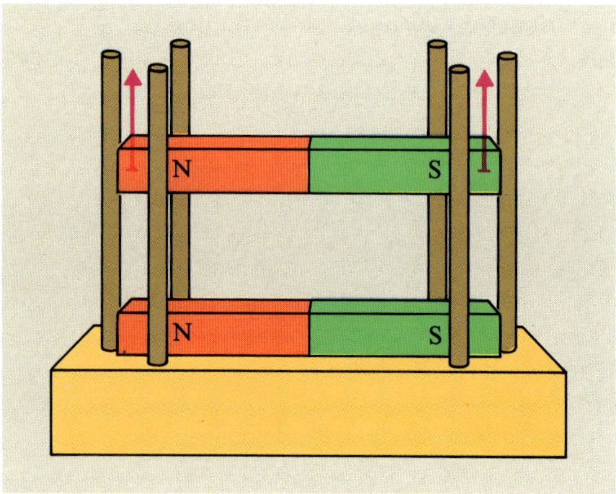

1 Der obere Magnet wird abgestoßen und schwebt

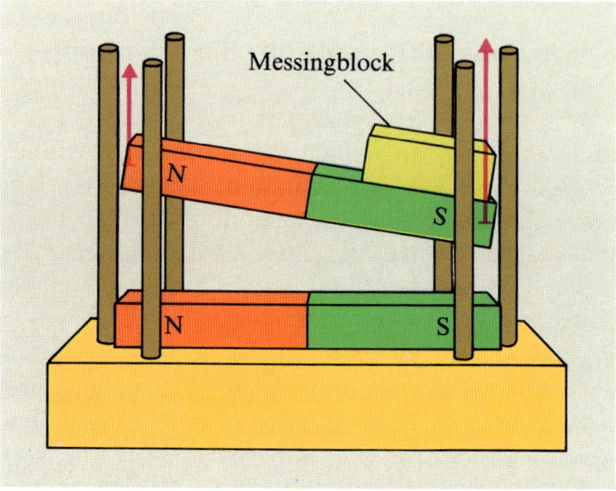

2 Rechts ist die Magnetkraft größer als links

1. Magnetische Kräfte und Kräfte anderen Ursprungs

Wie wir wissen, ziehen sich alle Körper gegenseitig mit *Gravitation*skräften an. Diese binden uns, aber auch z. B. die Australier an die Erde; sie halten auch Luftteilchen an der Erdoberfläche fest und sorgen so für eine dauerhafte Lufthülle. Daneben gibt es aber auch Kräfte anderen Ursprungs, z. B. die *magnetischen* Kräfte. Du kennst sie vom Spielen mit Magneten und hast sicher bemerkt, dass bei ihnen – im Gegensatz zur Gravitation – neben der Anziehung auch Abstoßung auftritt. Magnetische Kräfte wirken zwischen zwei Magneten oder zwischen einem Magneten und bestimmten Metallstücken; zwischen anderen Körpern treten sie nicht auf.

2. Zweierlei Magnetpole

Versuch 1: Wir hängen einen stabförmigen Magneten waagerecht in seiner Mitte an einem Faden so auf, dass er sich frei um seine vertikale Mittelachse drehen kann *(Bild 3a)*. Nach einiger Zeit bleibt er in Nord-Süd-Richtung stehen. Wiederholen wir den Versuch mit diesem oder einem anderen Stabmagneten, so tritt jedesmal das gleiche Ergebnis ein. ■

Wir geben demjenigen Ende eines Magneten, das im Versuch nach Norden weist, den Namen magnetischer *Nordpol*. Das nach Süden weisende Ende des Magneten muss dann sinnvollerweise magnetischer *Südpol* genannt werden.

Bei vielen Magneten sind diese Pole durch Farben gekennzeichnet: Rot für den magnetischen Nordpol und Grün für den magnetischen Südpol.

Eine kleine Ausführung eines frei drehbaren Stabmagneten ist die spitzengelagerte *Kompassnadel*.

3. Anziehung und Abstoßung

Beim Spielen mit mehreren Magneten beobachten wir, wie ein Magnet von einem anderen „weggeschoben" wird oder auf ihn zu hüpft – woran liegt dies?

Versuch 2: Wir benutzen den Aufbau aus Versuch 1. Dem Nordpol des hängenden Magneten nähern wir zuerst den Nordpol eines zweiten Magneten, danach dessen Südpol. Im ersten Fall sehen wir, dass der Nordpol abgestoßen wird, im zweiten Fall wird er angezogen *(Bild 3b)*. Wir wiederholen den Versuch durch Annähern an den beweglichen Südpol: Der Südpol wird vom anderen Südpol abgestoßen, vom Nordpol wird er angezogen. Zwischen den Mitten der Magnete wirken dagegen keine Kräfte. ■

Die abstoßenden Kräfte zwischen den gleichnamigen Polen – also den Magnet*enden* – sind es, die den oberen Magneten in *Bild 1* schweben lassen.

Es gibt zwei Arten magnetischer Pole: Nordpole und Südpole. Gleichnamige Pole stoßen einander ab, ungleichnamige ziehen sich an.

Warum schwebt der obere Magnet in *Bild 1* in einer ganz bestimmten Höhe? Wir verstehen es, wenn wir ihn in die Hand nehmen und dem unten liegenden Magneten nähern: Er kommt uns jetzt leichter vor. Bei weiterer Annäherung wird die Abstoßungskraft so groß, dass sie allein die Gewichtskraft ausgleicht: Der Magnet schwebt! Belasten wir ein Ende des oberen Magneten zusätzlich mit einem Wägestück, so nähert sich dieses Ende dem darunter liegenden Pol noch weiter, bis sich wieder Gleichgewicht einstellt *(Bild 2)*. Was wir für die Abstoßung gefunden haben, gilt auch für die Anziehung: *Magnetische Kräfte nehmen mit kleiner werdendem Abstand der Pole stark zu.*

4. Zusammen sind Pole stärker – aber nicht immer

Versuch 3: **a)** Wir legen drei Magnete mit gleicher Polrichtung hintereinander auf den Tisch, sodass sie sich berühren. Sie halten an den Polenden fest zusammen. Nun ziehen wir an den beiden äußeren Magneten. Manchmal löst sich der rechte, manchmal auch der linke Magnet als Erster vom mittleren – dessen Pole erfahren etwa gleichgroße Kräfte durch die äußeren Magnete.

b) Nun legen wir zum rechten Magneten einen weiteren so, dass gleichartige Pole aufeinander liegen (wir müssen sie natürlich festhalten). Wenn der Versuch jetzt wiederholt wird, gewinnen immer die beiden rechten Magnete.

c) Wir wenden nun den zusätzlichen Magneten, er liegt jetzt mit seinem Südpol auf dem Nordpol des rechten Magneten. Beim erneuten „Magnetziehen" gewinnt nun immer der linke Magnet. ■

In b) haben wir aus zwei Magneten *einen* Magneten gebaut. Seine Wirkung auf den benachbarten Pol ist jetzt stärker: Die Kräfte der einzelnen gleichartigen Pole ergeben zusammen eine größere Gesamtkraft. Die ungleichnamigen Pole in c) dagegen heben sich in ihrer Wirkung auf einen dritten Pol nahezu auf. Die durch sie hervorgerufenen Kräfte sind ja entgegengesetzt gerichtet, es bleibt deshalb nur eine kleine resultierende Gesamtkraft übrig.

Bringt man **gleichnamige Pole** zusammen, so **verstärken sie sich gegenseitig** in ihrer Wirkung nach außen. **Ungleichnamige Pole** dagegen **schwächen sich** in ihrer Wirkung ab.

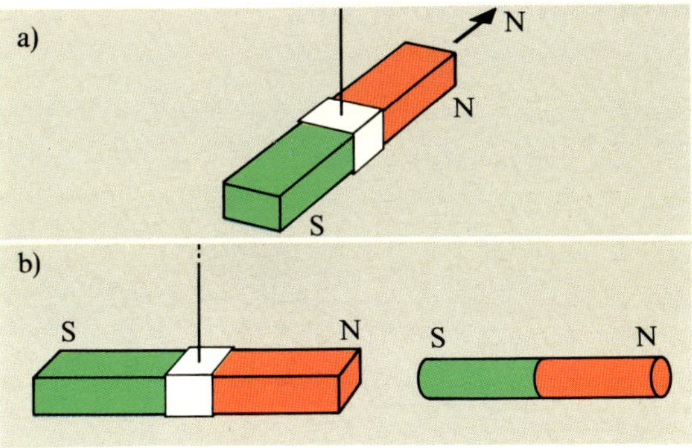

3 a) Der nach Norden weisende Pol des Magneten heißt magnetischer Nordpol; b) der Stabmagnet zeigt mit seinem Nordpol zum angenäherten Südpol

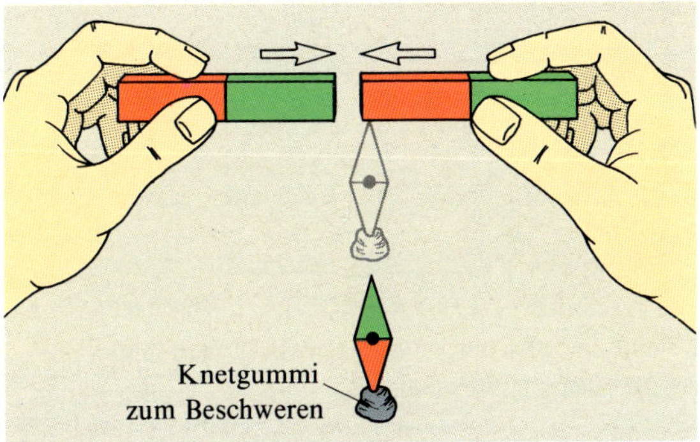

4 Nähert man Nord- und Südpol einander, so fällt die beschwerte Kompassnadel herunter

A1. Erkläre, warum die Magnetnadel in *Bild 4* bei hinreichender Annäherung der beiden Stabmagnete herunterfällt.

A2. Erkläre den Versuch nach *Bild 3b*. Warum wird der aufgehängte Magnet nach rechts gezogen, obwohl es im Versuch doch auch gleichnamige Pole gibt, die sich abstoßen? Was wird im Versuch nach *Bild 3b* passieren, wenn man den Stabmagneten in der Hand wendet, sodass sein Nordpol zum aufgehängten Magneten weist?

A3. Wenn man eine Kompassnadel aus einiger Entfernung mit einem Magneten ablenkt, so schwingt sie umso schneller um die neue Gleichgewichtslage, je näher der Pol des Magneten herangeführt wird. Nun soll die Nadel mit zwei Magneten abgelenkt werden.
a) Man legt zuerst ihre beiden gleichnamigen Pole aufeinander. Welche Beobachtung ist zu erwarten?
b) Danach legt man die beiden ungleichnamigen Pole aufeinander. Was passiert jetzt?

Elementarmagnete

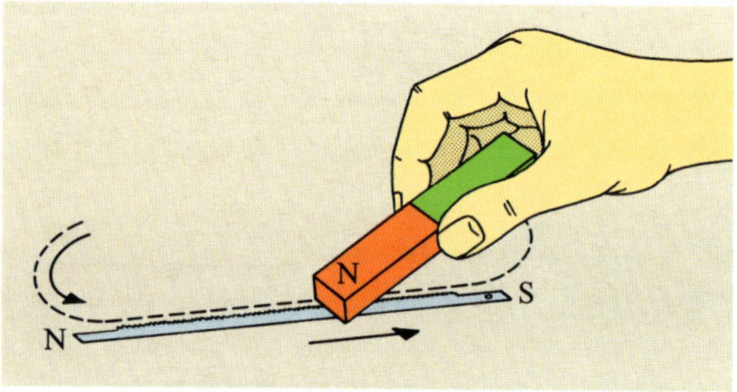

1 Das Laubsägeblatt wird durch Streichen mit einem Magneten magnetisiert

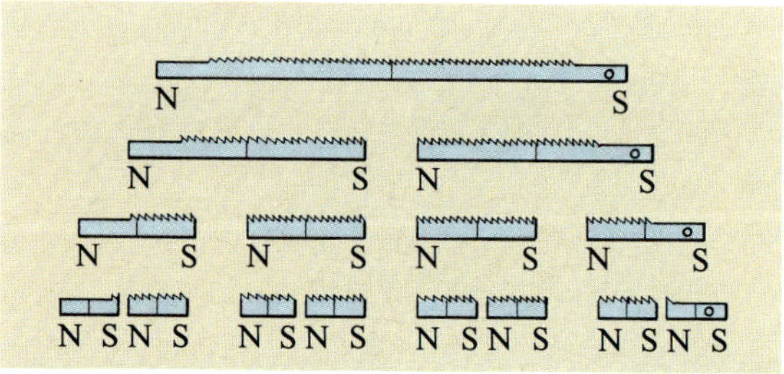

2 Beim Zerteilen eines Magneten erhält man immer nur Dipole, niemals Einzelpole

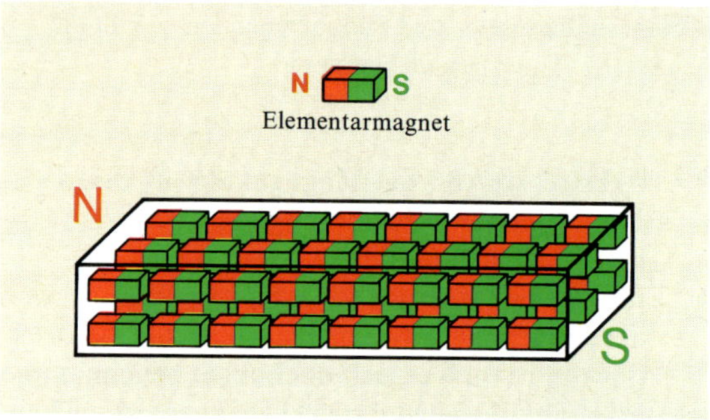

3 So denken wir uns Elementarmagnete in einem Magneten geordnet; rechts der Südpol

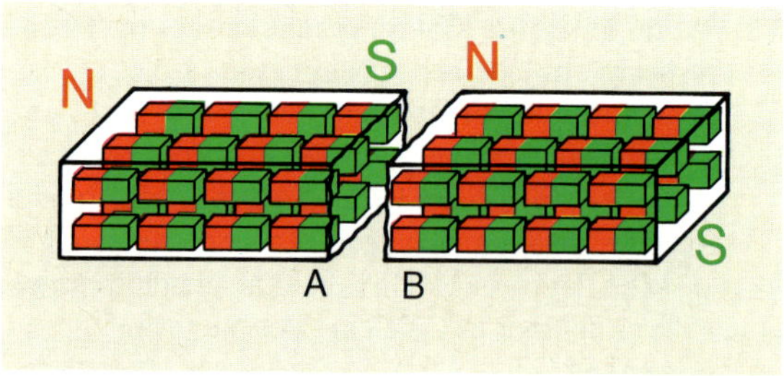

4 Beim Zerbrechen bilden sich an den Bruchstellen A und B neue Pole

1. Eisen kann man magnetisieren

Zwischen den Polen zweier Magnete wirken Kräfte. Ein Magnet zieht aber auch ein Stück Eisen an. Erhält dabei das Eisenstück etwa auch Magnetpole?

Versuch 1: **a)** Wir streichen mit nur einem Pol eines Magneten mehrmals von links nach rechts über ein Laubsägeblatt *(Bild 1)*. Anschließend halten wir das Sägeblatt in die Nähe einer Kompassnadel. Die Drehung der Kompassnadel zeigt, dass das nur mit dem Nordpol bestrichene Blatt an seinem linken Ende einen Nordpol, an seinem rechten Ende einen Südpol bekommen hat.

b) Wir versuchen nun, den Nord- und Südpol voneinander zu trennen, indem wir das Blatt in seiner unmagnetischen Mitte zerbrechen. Vergeblich! Die Kompassnadel zeigt, dass sich an der linken Bruchstelle ein Süd-, an der rechten ein Nordpol neu gebildet hat *(Bild 2)*. ■

Beide Versuche zeigen, dass es Magnete, die nur Nordpole oder Südpole haben, nicht gibt! Wider Erwarten sind beim Zerbrechen sogar zwei vollständige Magnete entstanden! Auch wenn wir die Teilung weiter fortsetzen, ist jedes Bruchstück wieder ein vollständiger Magnet mit zwei unterschiedlichen Polen, ein **magnetischer Dipol.** Einen magnetischen *Einzelpol* fand bisher niemand.

Es gibt keine magnetischen Einzelpole, sondern nur **magnetische Dipole.**

2. Ein Denkmodell – Elementarmagnete

Nehmen wir einmal an, man könnte die Teilung eines Magneten fortsetzen, bis man zu kleinsten Bestandteilen – sozusagen den Elementen des Magneten – käme. Diese **Elementarmagnete** müssten wiederum Dipole sein. Lassen sich mit dieser Annahme die bisherigen Versuchsergebnisse deuten? Ja, wenn die Elementarmagnete zwar ortsfest, aber drehbar wären: Beim Überstreichen des Sägeblatts mit dem Magneten werden dann die Südpole der ungeordneten Elementarmagnete *(Bild 6)* – wie bei einer Gruppe von kleinen Kompassnadeln – dem Nordpol des Magneten hinterherlaufen. So zeigen schließlich fast alle Südpole nach rechts.

Am rechten Ende liegen viele freie Südpole nebeneinander und verstärken sich so in ihrer Wirkung nach außen; sie bilden den starken Südpol *(Bild 3)*. Links entsteht ebenso der starke Nordpol des (Sägeblatt-) Magneten. – Und in seiner Mitte? Auch bei dieser Frage hilft unser Denkmodell: Dort liegen Nord- und Südpole benachbarter Elementarmagnete dicht beieinander *(Bild 3)*; wie wir wissen, schwächen sie sich dadurch in ihrer Wirkung nach außen hin ab. Tatsächlich finden wir in der Mitte eines Magneten ja auch nur eine schwache magnetische Wirkung!

Nun bleibt noch die Frage, was bei der *Teilung* eines Magneten zu erwarten ist. Beim Auseinanderbrechen bleibt die Ordnung der Elementarmagnete nach unserer Modellvorstellung unzerstört erhalten. Wir haben nach *Bild 4* nur benachbarte Dipole voneinander getrennt. Dann liegen ihre Pole an der Bruchstelle AB frei und bilden zusammen nach außen neue Pole S und N. Fügt man sie wieder zusammen, so erscheint die Bruchstelle unmagnetisch, obwohl der Magnet durchgängig magnetisiert ist.

3. Weitere Indizien für unser Denkmodell

Versuch 2: Wir magnetisieren zwei Sägeblätter jeweils durch Streichen mit einem Magneten. Wenn wir das erste in die Hand nehmen, können wir jetzt das zweite anhängen; natürlich müssen wir dabei die richtigen Pole auswählen. Anschließend erschüttern wir die Sägeblätter, indem wir sie kräftig mit einem Hammer bearbeiten. Die Sägeblätter haben ihre Magnetisierung verloren, ein erneuter Versuch, sie aneinander zu hängen, misslingt! ■

Die Deutung nach unserem Modell ist nahe liegend: Durch die starke Erschütterung ist die beim Magnetisieren erzwungene Ordnung wieder durcheinander geraten. Auch durch starkes Erhitzen lässt sich eine Magnetisierung wieder aufheben. Ein bereits magnetisierter Nagel wird z. B. vom Nordpol eines Magneten angezogen. Erhitzen wir ihn nach *Bild 5* bis zur Rotglut, fällt er vom Magneten ab. Mit wachsender Temperatur geraten die Elementarmagnete zunehmend in Unordnung; oberhalb von 770 °C verschwindet ihre Ausrichtung vollständig. Der Nagel ist dann unmagnetisch.

Beim **Magnetisieren** richtet man die in Eisen vorhandenen Elementarmagnete aus. Sie sind im nicht magnetisierten Eisen ungeordnet.

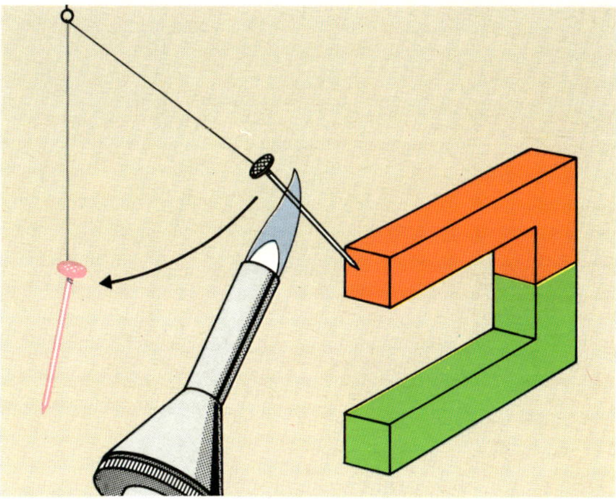

5 Erhitzen bringt Unordnung

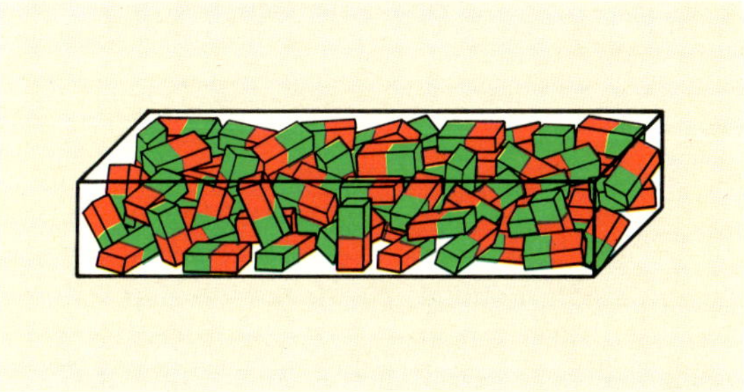

6 Ungeordnete Elementarmagnete in nicht magnetisiertem Eisen; symbolische Darstellung

A1. Überstreiche eine Stopfnadel mit einem Magneten, lege sie auf ein Styroporscheibchen und lass dieses auf Wasser schwimmen. Was geschieht?

A2. Was geschieht, wenn man das Laubsägeblatt in Versuch 1 mit dem Südpol streicht? Wie sähen die *Bilder 1* bis *4* dann aus? Zeichne sie.

A3. Ein Reagenzglas ist mit magnetisierten Eisenspänen gefüllt; sie sollen Elementarmagnete darstellen.
a) Was passiert, wenn man mit dem Nordpol eines Stabmagneten von links nach rechts über das Glasröhrchen streicht und dieses anschließend langsam einer Kompassnadel nähert?
b) Warum gelingt der Versuch auch dann, wenn die Eisenspäne zuvor nicht magnetisiert waren?
c) Was wird durch ein kurzes Schütteln des Reagenzglases bewirkt?
d) Was geschieht, wenn man das Glas zusätzlich mit flüssigem Paraffin füllt, dann bestreicht und schließlich abkühlen lässt?

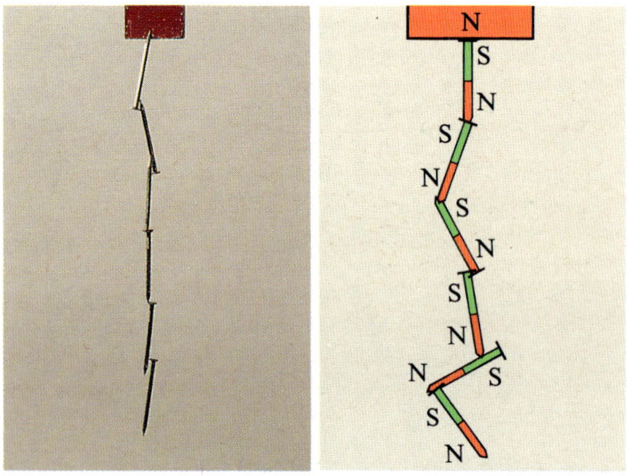

1 Die Nägel sind vorübergehend magnetisiert

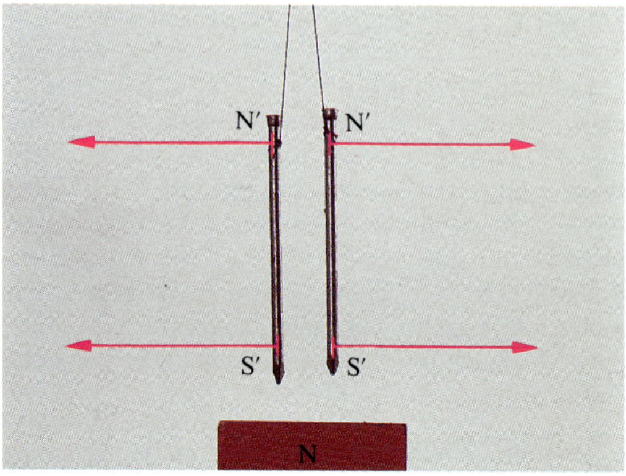

2 Magnetisierte Nägel stoßen sich ab

4. Magnetisieren ohne Berührung

Versuch 3: Auf dem Tisch liegen einige Nägel. Ihnen nähern wir von oben den Nordpol eines Stabmagneten. Der nächstgelegene Nagel hüpft an den Nordpol des Magneten. Wir heben nun den Magneten langsam an und beobachten, wie ein zweiter Nagel sich an den ersten anhängt, ein dritter an den zweiten usw. Am Ende hängt eine ganze Nagelkette – manchmal ein Nagelbüschel – am Nordpol des Magneten. Lösen wir die Kette mit der Hand oben vom Magneten, so fällt die ganze Kette auseinander. ■

Die Nägel waren in diesem Versuch vorübergehend magnetisiert, sonst hätte der große Magnet sie nicht angezogen. Das Hüpfen des ersten Nagels zeigt, dass seine Magnetisierung schon aus einiger Entfernung erfolgt ist, noch bevor der große Magnet ihn berühren konnte. Überstreichen mit einem Magneten ist also nicht unbedingt nötig für das Magnetisieren.

Wieso haben sich die Elementarmagnete ausgerichtet, obwohl der Magnet noch entfernt war? Betrachten wir in Gedanken einen einzelnen, quer liegenden Elementardipol unterhalb des im Versuch 3 benutzten Magneten. Sein Nordpol erfährt vom Nordpol des Magneten eine abstoßende Kraft nach unten. Sein Südpol erfährt eine ebenso starke, aber anziehende Kraft nach oben. Beide Kräfte zusammen bewirken eine Drehung des Elementarmagneten; andere Elementardipole werden ebenso gedreht: Aus dem Nagel wird so ein Magnet mit dem unten liegenden Pol N und dem oben liegenden Pol S. Die starke Anziehungskraft zwischen S und dem nahen Nordpol N des Magneten siegt: *„Nagelmagnet“ und Magnet ziehen sich gegenseitig an!*

Dieser neue, kleine Magnet wirkt jetzt zusammen mit dem großen Magneten auf die Elementarmagnete des nächsten Nagels; auch sie erfahren die schon beschriebene Drehwirkung: Der zweite Nagel wird ebenfalls zum Magneten und kann so vom ersten Nagel gehalten werden. Dieser Vorgang wiederholt sich bei allen weiteren Nägeln.

> Ein Magnet zieht Eisenkörper erst dann an, wenn er dessen **Elementarmagnete** ausgerichtet hat. Von dem so magnetisierten Eisenstück wird auch der Magnet angezogen.

5. Nicht alles ist von Dauer

Versuch 4: Wir hängen zwei Nägel an Fäden nebeneinander und nähern ihnen von unten den Nordpol eines starken Magneten *(Bild 2)*. Die Fäden straffen sich. Gleichzeitig gehen die Nägel untereinander „auf Abstand“. Nach Entfernen des Magneten nehmen die Nägel wieder ihre alte Stellung ein. ■

Wie wir schon wissen, wird jeder Nagel schon beim Annähern des Magneten selbst magnetisiert. Infolge der gegenseitigen Anziehung von Nagelmagneten und Magnet straffen sich die Fäden. Da beide Nägel durch die Ausrichtung der Elementarmagnete jeweils an ihrem unteren Ende einen Südpol S', an ihrem oberen Ende einen Nordpol N' bekommen haben, stoßen sie sich voneinander ab, denn es liegen ja nun gleichnamige Pole nebeneinander. Die Nägel sind wiederum nur vorübergehend magnetisiert, ihre Elementarmagnete kehren nach Entfernen des Magneten nahezu wieder in ihre ursprüngliche Unordnung zurück.

6. Richtige Legierung – Dauermagnet

Nägel, wie wir sie in Versuch 3 benutzt haben, bestehen aus Eisen mit geringen Verunreinigungen. Die Elementarmagnete lassen sich bei solchem **Weicheisen** sehr leicht umordnen. Magnetische Eigenschaften wie beim Eisen findet man auch bei Cobalt und Nickel: Diese Stoffe nennt man deshalb **ferromagnetisch**. Für technische Anwendungen gibt es *weichmagnetische Werkstoffe* aus Legierungen, in denen dem Eisen etwas Silicium beigegeben wurde. Bedeutend sind Nickellegierungen mit Eisen (16 %) und Molybdän (5 %). Weichmagnetische Eigenschaften zeigen auch die *Ferrite* (Du kennst sie vielleicht von den Ferritantennen in Mittelwellenradios). Es sind Zusammensetzungen aus Metalloxiden und Eisen(III)-Oxid. In der einfachsten Form (Fe_3O_4) kommt er in der Natur als *Magneteisenstein* vor.

Wir erinnern uns, dass bei Laubsägeblättern nach mehrmaligem Bestreichen mit einem Magneten die Magnetisierung zu einem Teil erhalten blieb; wir konnten sie deshalb ohne einen zusätzlichen Magneten aneinander hängen. Laubsägeblätter, Stricknadeln und viele andere Gegenstände stellt man nach besonderen Verfahren aus kohlenstoffhaltigem Stahl her. Andere *hartmagnetische Werkstoffe* erhält man aus Eisen durch Zusätze von Aluminium, Nickel und Cobalt (Kurzbezeichnung AlNiCo). Diese Zusätze erschweren die Ordnung der Elementarmagnete über das ganze Metallstück hinweg. Andererseits bleibt aber die einmal erzwungene Ordnung erhalten; man erhält so gebräuchliche **Dauermagnete.**

Bestimmte Stähle (hohe Anteile von Nickel oder Mangan) sind *nicht magnetisierbar*. Man benutzt sie z.B. für den Bau von Uhren oder für Kompassgehäuse.

Als Informationsträger für Computer verwendet man oft *Disketten*. Sie bestehen aus einer biegsamen dünnen Polyesterfolie, die man bei der Herstellung mit Eisenoxid-Pulver beschichtet. Beim Speichervorgang magnetisiert der *Schreibkopf* kleine Abschnitte der rotierenden Diskette in oder gegen die Laufrichtung. So entstehen Magnetisierungsmuster, die der ursprünglichen Information entsprechen.

Bestimmte Legierungen aus Eisen und anderen Metallen liefern **Dauermagnete.** Durch ihre besondere Beschaffenheit bleibt die einmal erreichte **Ordnung der Elementarmagnete** erhalten.

3 Wer hat hier wen geordnet? Was ist die Folge?

A1. Nähert man ein Stück unmagnetisiertes Weicheisen dem Nordpol einer Kompassnadel, so zieht es diesen Nordpol schließlich an. Erkläre den Vorgang (*Bild 3* kann dir dabei helfen).

A2. Nähere ein schwach magnetisiertes Eisenstück langsam einer Magnetnadel so, dass sie abgestoßen wird. Nähere es dem Pol anschließend schnell. Warum kann die gleiche Magnetnadel nun angezogen werden?

A3. Zeichne eine Kompassnadel quer vor die Polfläche des Südpols eines Magneten. Auf die Pole der Kompassnadel wirken Kräfte. Zeichne sie als Pfeile mit in das Bild hinein. Beschreibe die entstehende Drehwirkung. Warum wird die Nadel danach trotz der abstoßenden Wirkung auf ihren Südpol angezogen? Übertrage den Gedanken auf die Elementarmagnete eines sich dem Südpol nähernden Eisenstücks.

A4. Ein Stabmagnet und ein Stab aus unmagnetisiertem Weicheisen sehen völlig gleich aus.
a) Wie kannst du mit einem weiteren Magneten feststellen, welcher Stab aus Weicheisen besteht?
b) Wie kannst du die Entscheidung treffen, wenn kein zweiter Magnet zur Verfügung steht?

A5. Uwe stellt mit einem Federkraftmesser fest, dass er eine Büroklammer mit einer Kraft von 0,5 N vom Magneten abreißen kann. Er nennt sie die „Stärke“ des Magneten. Aus dem Ergebnis schließt er, dass ein größeres Eisenstück vom Magneten nicht gehoben werden kann. Ulla meint, er habe nicht richtig überlegt. Stimmt das?

A6. Prüfe mit einem Magneten verschiedene Gegenstände aus Stahl: Türzarge, Küchenspüle, Gehäuse und Trommel einer Waschmaschine. Welche Materialien sind magnetisierbar?

Das magnetische Feld

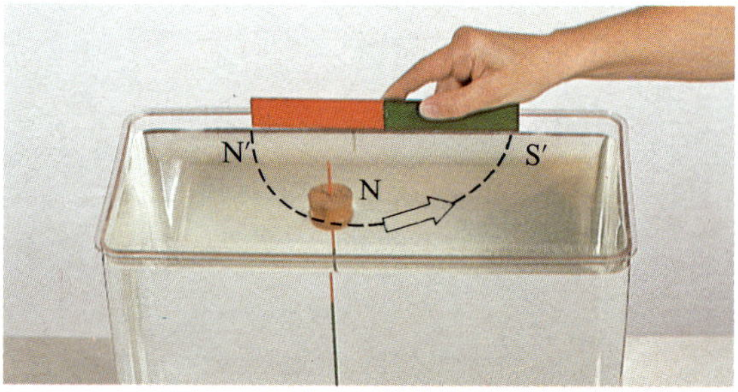

1 Der Nordpol der magnetisierten Stricknadel schwimmt längs einer Feldlinie

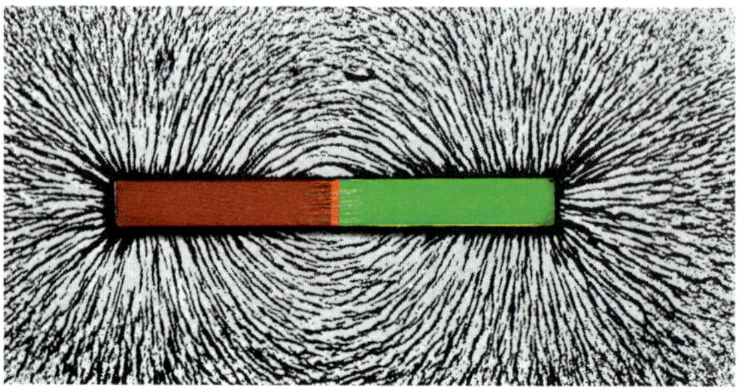

3 Eisenfeilspäne zeigen das Feld des Stabmagneten. Wie sind die Feldlinien gerichtet?

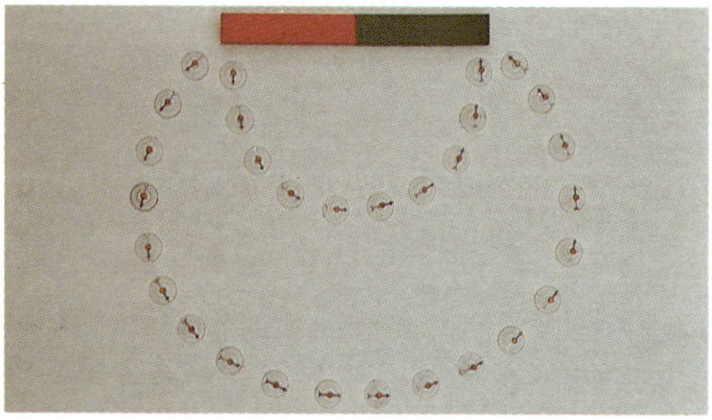

2 Magnetnadeln stellen sich längs der Feldlinien ein

1. Wie wirken magnetische Kräfte?

Mit gespannten Seilen kannst du Kräfte auf entfernte Gegenstände übertragen und so den Wirkungsbereich deiner Hände erweitern. Wie macht es der Magnet? In seinem Umfeld gibt es vergleichbare Hilfsmittel nicht. Leitet etwa die Luft die Kräfte über den Raum weiter oder kann der Magnet sogar durch materiefreie Räume wirken?

Versuch 1: Wir stellen eine Kompassnadel unter eine Glasglocke. Sie wird durch die Glaswand hindurch von einem Magneten gedreht. Nun pumpen wir die Luft aus der Glasglocke heraus und wiederholen den Versuch. Nach wie vor wird die magnetische Nadel vom Magneten gedreht. ■

Die magnetische Kraft kann also auch durch den materiefreien Zwischenraum vermittelt werden. Dies gibt dem Raum um den Magneten eine besondere physikalische Bedeutung; man nennt ihn ein **magnetisches Feld** oder kurz ein **Magnetfeld.**

Mit unseren Sinnen können wir Magnetfelder nicht nachweisen. Wir benutzen dazu Gegenstände, die von Magneten beeinflusst werden können – Nägel, Kompassnadeln, Eisenfeilspäne – kurz *ferromagnetische Testkörper.*

Der Wirkungsbereich eines Magneten heißt magnetisches Feld. Magnetfelder gibt es auch im Vakuum.

2. Wir folgen den Kräften auf Linien

Versuch 2: Eine magnetisierte Stricknadel soll ein Magnetfeld abtasten. Wir stecken sie in ein Korkstück und lassen sie schwimmen *(Bild 1).* Ihr Nordpol N dient als Testkörper im Feld des Stabmagneten (auf den weiter entfernten Südpol der Nadel wirken jetzt nur kleine Kräfte, die hier kaum stören). Der Nordpol beschreibt nun die im *Bild 1* gestrichelte Bahn von N' nach S', auch wenn wir die Nadel zwischendurch festgehalten haben. Nehmen wir den Südpol der Nadel als Testkörper, so durchläuft dieser die gestrichelte Bahn in umgekehrter Richtung. ■

Die jeweils auf den Testpol einwirkende Kraft hat die Bewegung erzwungen. Versehen wir *die gezeichnete Bahn des Nordpols (Bild 1)* mit kurzen Richtungsmarken, so können wir jederzeit wieder an dieser **magnetischen Feldlinie** die Richtung der auf einen Test-Nordpol wirkenden Kraft ablesen.

Feldlinien sind ein gezeichnetes Hilfsmittel. Sie **geben die Richtung der Kraft an, die ein Test-Nordpol im Feld eines Magneten erfährt.**

3. Feldlinien auf einen Blick

An jeder Stelle eines magnetischen Feldes ist die Kraft, die auf einen Nordpol wirkt, entgegengesetzt zu der Kraft, die ein Südpol dort erfährt. Dies nutzen wir aus, wenn wir einen schnellen Überblick über den Verlauf von Feldlinien erhalten wollen.

Versuch 3: **a)** Wir bringen eine kleine Kompassnadel in das Magnetfeld. Die auf ihrem Nord- und Südpol wirkenden Kräfte bewirken eine Drehung der Kompassnadel, die sich schließlich tangential zur Feldlinie einstellt. Viele solcher Kompassnadeln, wie in *Bild 2* in mehreren Ketten aneinander gereiht, ergeben wieder ein übersichtliches Bild von Feldlinien.

b) Anstelle der Kompassnadeln benutzen wir nun Eisenfeilspäne. Wir legen eine Glasplatte über einen Stabmagneten und streuen – unter leichtem Klopfen – die Eisenteilchen darauf. Die Späne werden nun im Feld des Magneten vorübergehend zu Dipolen und ordnen sich wie von selbst zu Ketten *(Bild 3)*. Auf einen Nordpol folgt wie bei einer Nagelkette wieder ein Südpol. ■

Die Ketten aus Kompassnadeln oder Eisenfeilspänen zeigen uns jetzt übersichtlich den Verlauf der Feldlinien an. Diese laufen in der Nähe der Pole zusammen. Die schwimmende Stricknadel war in diesen Abschnitten besonders schnell, die auf sie wirkende Kraft also besonders groß! Auch das Feld eines Hufeisenmagneten hat an den starken Polen besonders dicht liegende Feldlinien. Zwischen den Schenkeln des Magneten verlaufen die Feldlinien dagegen weitgehend gerade und parallel *(Bild 4)*. Das Feld in diesem Bereich nennt man *homogen*.

Feldlinien verlaufen in der Umgebung eines Magneten vom Nordpol zum Südpol. In der Nähe der Pole, wo das Feld am stärksten ist, laufen die Feldlinien zusammen.

4. Im Magnetfeld ist Energie gespeichert

Täglich nehmen wir wahr, dass man eine bestimmte Portion an Energie braucht, um einen Körper gegen die Anziehungskraft der Erde zu heben. Diese Energie beziehen wir z. B. aus der Nahrung oder der Motor eines Kranes aus dem Dieselöl. Energie müssen wir auch zuführen, wenn wir unter Kraftaufwand einen Magneten von einem anderen Magneten entfernen *(Bild 5)*. Wo bleibt diese Energie?

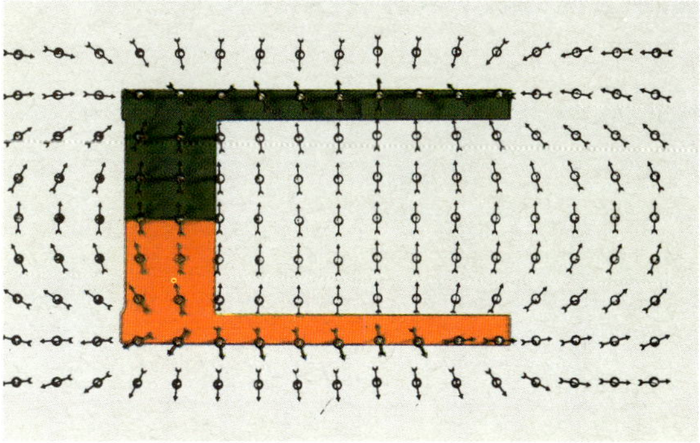

4 Feld eines Hufeisenmagneten

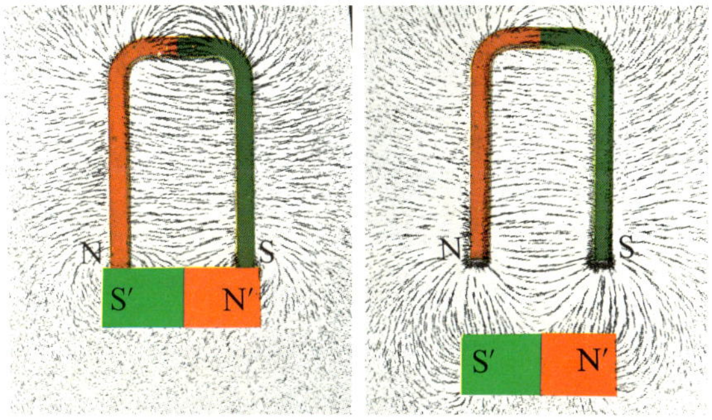

5 Unter Energieaufwand wurden die Magnete voneinander getrennt. Ist die Energie verloren?

Im Innern der Magnete, an den Elementarmagneten, hat sich nichts geändert. Diese waren ja schon vorher ausgerichtet, sodass hierzu jetzt keine Energie mehr benötigt wurde. Etwas hat sich aber doch verändert; betrachten wir *Bild 5:* Die Eisenfeilspäne zeigen, dass zwischen den Magneten ein – vorher nicht vorhandenes – Magnetfeld entstanden ist. Lässt man die Magnete wieder los, werden sie aufeinander zu beschleunigt, und das Feld verschwindet wieder. Dies ist ein Hinweis darauf, dass die Energie in diesem Feld aufbewahrt wurde. Sie kann jederzeit in andere Energieformen umgewandelt werden.

Unsere Überlegungen verraten aber noch ein anderes Geheimnis der Natur: Da ein Magnetfeld ja auch im Vakuum existiert (erinnere dich an die Kompassnadel unter der Vakuumglocke!), kann Energie also auch im materiefreien Raum gespeichert und sogar mit dem Feld zusammen transportiert werden.

In einem Magnetfeld – sogar im Vakuum – ist Energie gespeichert. Sie kann beim Verschwinden des Feldes in anderer Form genutzt werden.

Magnetische Stromwirkung

1 Elektromagnete kann man ein- und ausschalten; sie können schwere Lasten halten

1. Ein Magnet mit Schalter

Bild 1 zeigt eine aus Draht gewickelte, Strom führende Spule mit einem Eisenkern. Schaltet man den Strom aus, so fallen die Nägel herab. Hat hier der Strom Magnetismus erzeugt?

Versuch 1: **a)** Um diese überaus wichtige Frage zu klären, wickeln wir einen langen, isolierten Kupferdraht auf einen dicken Eisenstab. Sobald diese Spule Strom führt, zieht sie Nägel an und lenkt Kompassnadeln ab. Der Strom magnetisiert das Eisen, obwohl im Eisen keine Ladung fließt. Nach dem Ausschalten bleibt es noch etwas magnetisiert.

b) Übt der Strom auch *ohne Eisen* magnetische Wirkungen aus? Wir nehmen das Eisen aus der Spule und schalten den Strom ein. Die Kompassnadeln werden wiederum abgelenkt, wenn auch schwächer als mit Eisenkern. Jetzt verschwindet der Magnetismus beim Ausschalten des Stroms sofort und ganz. ■

Auch beim Einschalten zeigt der Strom *sofort magnetische Wirkungen,* und zwar in seinem *ganzen Umfeld*; um ihn besteht ein *Magnetfeld.* Wärme bzw. Knallgas dagegen entstehen nur in der Strombahn und gelangen von dort erst allmählich nach außen.

Die **magnetische Stromwirkung** fand 1820 der dänische Physiker Christian Oersted. Er beobachtete, dass ein stromführender Leiter Magnetnadeln ablenkt. Damit erregte er großes Aufsehen. Bis dahin kannte man nämlich keinerlei Zusammenhang zwischen Magnetismus und Elektrizität. Heute weiß man, dass beide Gebiete zusammengehören. Wir wiederholen nun Oersteds Versuch.

2. Oersteds Versuch: Ein Magnetfeld ohne Pole

Versuch 2: Nach *Bild 2* steht eine Magnetnadel unter einem in Nord-Süd-Richtung aufgespannten Kupferdraht. Wenn darin Elektronen von rechts nach links fließen, wird der Nordpol der Nadel quer zum Leiter nach hinten abgelenkt. Steht die Magnetnadel dagegen über dem Draht, so zeigt ihr Nordpol nach vorn. Stets erfahren die Pole Kräfte quer zur Stromrichtung. Wir untersuchen deshalb das Magnetfeld in Ebenen, die senkrecht zum Leiter stehen. ■

Versuch 3: Nach *Bild 4* durchsetzt der vertikal gestellte Leiter einen waagerechten Karton. Darauf streuen wir Eisenfeilspäne. Sie ordnen sich bei einem starken Strom zu Kreisen *(Bild 3).* Ihr gemeinsamer Mittelpunkt liegt im Leiter; sie sind also konzentrisch. Nach außen hin werden die Kreise undeutlich; das Feld wird schwächer. ■

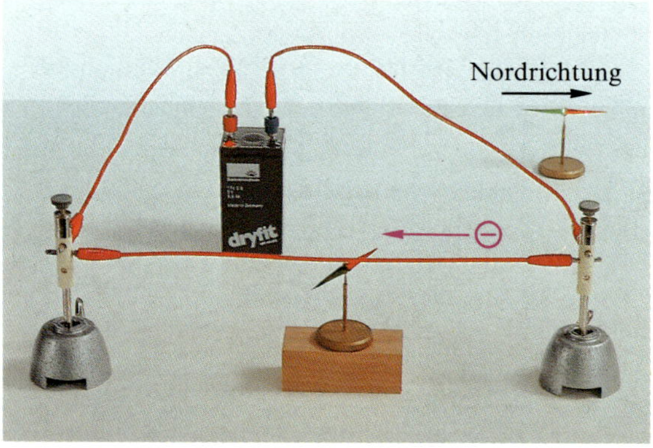

2 Oersteds Versuch; beim Ändern der Stromrichtung dreht sich die Magnetnadel um etwa 180°

Besitzt dieses Feld auch Magnetpole? Diese erkannten wir bei Stabmagneten an Ein- und Austrittsstellen der Feldlinien. Hier fehlen jedoch solche Stellen. Ströme in geraden Leitern erzeugen also etwas Neues, nämlich *Magnetfelder ohne Pole!*

Versuch 4: Nun kehren wir die Stromrichtung in *Bild 4* um. An den Feilspänen ändert sich nichts, wohl aber drehen sich die Magnetnadeln, deren Nordpole die Richtung der Feldlinien anzeigen, um 180°. ■

Die Feldlinienrichtung hängt also von der Stromrichtung ab. Diesen Zusammenhang prägen wir uns an Hand der **Linke-Faust-Regel** von *Bild 4* ein.

Nach *Bild 5* liegt eine Glasplatte auf einem Strom führenden Leiter. Die Feilspäne zeigen Teile der Feldlinien in Ebenen genau senkrecht zum Leiter.

Elektrische Ströme sind stets von einem Magnetfeld umgeben. Die magnetischen Feldlinien bilden bei geraden Leitern konzentrische Kreise, die in Ebenen senkrecht zum Leiter liegen.

Linke-Faust-Regel: Umfasse den Leiter so mit der linken Faust, dass der abgespreizte Daumen in die Elektronenstromrichtung (von – nach +) zeigt. Dann geben die gekrümmten Finger die **Richtung der magnetischen Feldlinien** an.

A1. a) Vielleicht sieht man in *Bild 2* nicht genau, ob die Magnetnadel (Nordpol rot) über oder unter dem Draht steht. Entscheide nach *Bild 4!* Wie müsste die Achse einer Magnetnadel stehen, damit sie in *Bild 2* die Feldlinienrichtung vor bzw. hinter dem Draht zeigt? Stelle dir dort Feldlinien vor.
b) Du hast eine Akkubatterie und kennst ihren Minuspol nicht. Wie könntest du ihn mithilfe des Oersted-Versuchs bestimmen?

A2. Jemand möchte beim Oersted-Versuch nach *Bild 2* auch die Rückleitung ausnutzen und legt sie unmittelbar neben den Draht. Das Misslingen des Versuchs erklärt er mit der guten Isolation des Leiters. Er sagt, „das Feld komme jetzt nicht mehr aus dem Leiter heraus“. Was sagst du?

A3. Eine Spule führt Wechselstrom (50 Hz). Beschreibe ihr Magnetfeld. (Bedenke, dass dieses sofort mit dem Strom entsteht.) Wie verhalten sich wohl Magnetnadeln in diesem Wechselfeld?

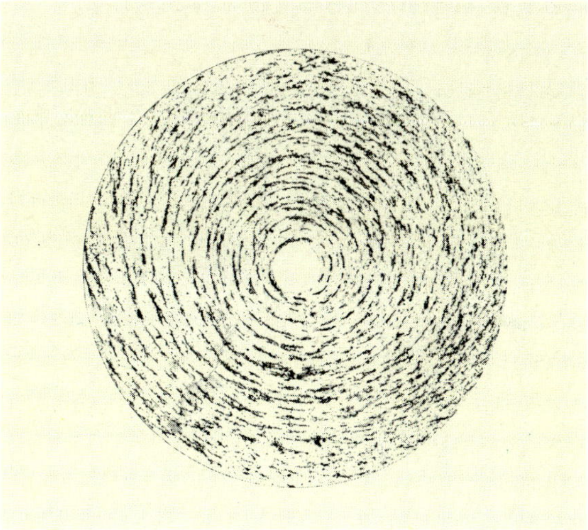

3 Magnetfeld um einen geraden Leiter ohne Pole

4 Die Linke-Faust-Regel gibt die Richtung der magnetischen Feldlinien an

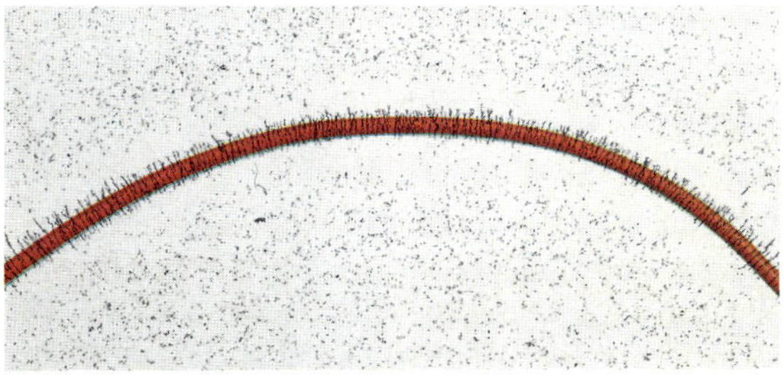

5 Die Feldlinien liegen in Ebenen senkrecht zum Leiter

Das Magnetfeld von Spulen

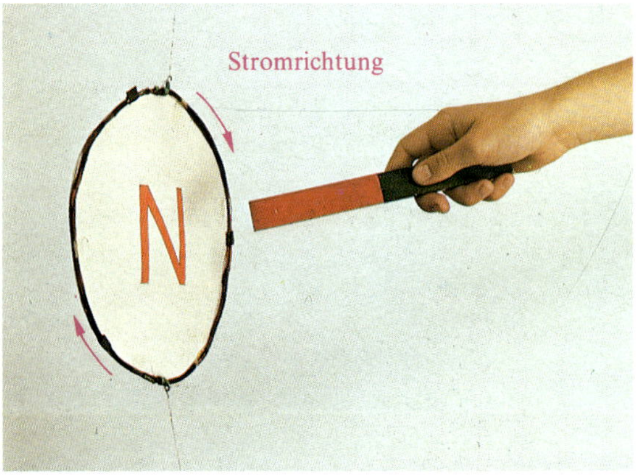

1 Der kreisförmige Strom führende Leiter hat Pole; sein Nordpol wird vom Stabmagneten abgestoßen

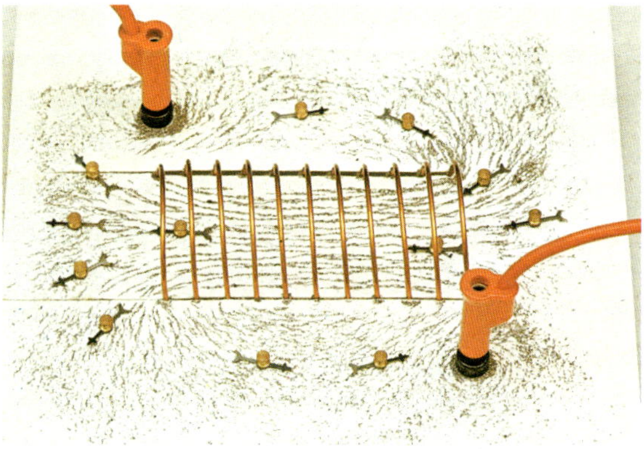

2 Die Austrittsstelle (links) der Feldlinien aus der Spule verhält sich wie der Nordpol eines Stabmagneten

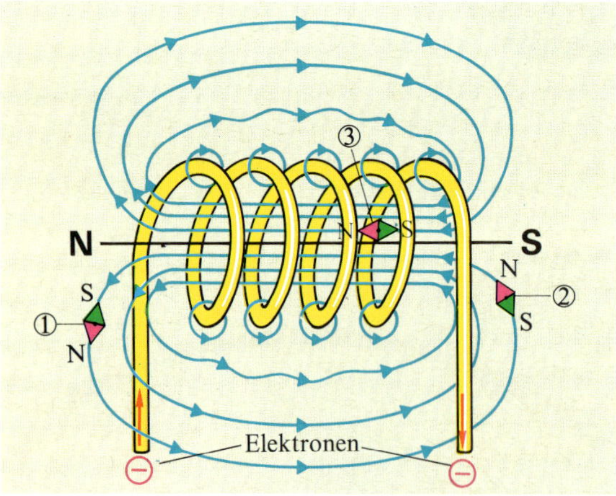

3 Der S-Pol von Nadel 1 wird zum Spulennordpol gezogen, der N-Pol von Nadel 2 zum Spulensüdpol

1. Vom Draht zur Spule

Wenn wir einen langen Strom führenden Draht zur Spule wickeln, konzentrieren wir zunächst sein Magnetfeld auf engen Raum. Das Magnetfeld wird dort stärker. Ob dabei noch mehr geschieht, untersuchen wir an einem Kreisring:

Versuch 1: Der Kreisring nach *Bild 1* besteht aus mehreren Drahtwindungen; die Papierbespannung dämpft das Schwingen. Der Ring wird von dünnen Lamettafäden mit Strom versorgt und dreht sich dann mit einer Seite (N) nach Norden – wie eine Kompassnadel. Diese Seite wird vom Nordpol eines Magneten abgestoßen, vom Südpol angezogen; sie verhält sich also wie ein Nordpol. Die andere Seite wirkt dagegen als Südpol. *Der stromführende Kreisring ist ein Magnet mit zwei Polen.* ■

Wie entstehen die Pole beim Kreisring? Wir halten in *Bild 1* den Daumen der linken Faust an einer beliebigen Stelle des Rings in die Elektronenstromrichtung. Die Richtung der Finger zeigt: Alle Feldlinien verlassen die papierbespannte Ringfläche auf der mit N bezeichneten Seite, genauso wie den Nordpol eines Stabmagneten. Auf der anderen Seite kehren die Feldlinien des Kreisrings zum Südpol zurück – auch wie bei Stabmagneten. Dies gilt ebenfalls für Spulen. Diese entstehen ja, wenn man Kreisringe hintereinander legt *(Bild 2 und 3)*.

Versuch 2: Wir zeigen das Feld einer *Spule* mit Eisenfeilspänen und Magnetnadeln. In *Bild 3* weist die rechte Nadel (2) mit ihrem Nordpol längs der Feldlinien zum rechten Spulenende; dieses entspricht also dem Südpol. Der Südpol von Nadel (1) dagegen zeigt, dass die Spule links einen Nordpol aufweist. Im *Innern der Spule* erfahren die Pole von Nadel (3) große Kräfte. Dort liefern nämlich die Feldlinien aller Drahtstücke – der oberen wie der unteren, der vorderen wie der hinteren – Beiträge nach links; sie verstärken sich dort erheblich. Das Spulenfeld ist im Innern **homogen** (gleichartig) und von S nach N gerichtet. ■

Strom führende Spulen haben Pole wie Stabmagnete. Außen laufen die Feldlinien vom Nord- zum Südpol. Innen kehren sie zurück und bilden ein starkes, homogenes Magnetfeld.

2. Warum verstärkt Eisen das Spulenfeld?

Versuch 3: **a)** Wir drehen die Achse einer Spule in O-W-Richtung und stellen in etwa 30 cm Abstand davon Kompassnadeln auf *(Bild 4)*. Führt die Spule Strom, so werden die Nadeln nur wenig abgelenkt. Das Magnetfeld ist außerhalb der Spule schwach.

b) Schieben wir nun weichmagnetisches Material in die Spule, verstärken sich die Kräfte auf die Nadeln erheblich. ■

Die Elementarmagnete im Eisen werden nämlich vom Feld im Innern der Spule genauso ausgerichtet wie die Nadel (3) in *Bild 3*. Folglich zeigen alle Nordpole der Elementarmagnete zum Spulennordpol. So bilden sie einen starken Stabmagneten. Sein Feld verstärkt das vom Strom erzeugte Spulenfeld erheblich. Wenn wir den Strom und damit sein Feld ausschalten, bleiben im magnetisch weichen Eisen nur wenige der Elementarmagnete ausgerichtet.

Versuch 4: Nach diesem Prinzip stellt man besonders kräftige **Elektromagnete** her *(Bild 146.1)*. Nach *Bild 5* sitzen zwei Spulen auf den Schenkeln eines dicken, U-förmigen weichmagnetischen Kerns. Die eine hat unten ihren Nord-, die andere ihren Südpol: Kompassnadeln zeigen dies. In *Bild 5* sind die Windungen sichtbar; wir können die Pole auch mit der Linke-Faust-Regel bestimmen. ■

Versuch 5: Nun ersetzen wir das weichmagnetische Material durch *hartmagnetisches*. Wiederum werden die Kompassnadeln stark abgelenkt. Das Spulenfeld richtet nämlich die jetzt schwer drehbaren Elementarmagnete viel besser aus, als uns dies beim Streichen einer Stricknadel mit dem Nordpol eines Dauermagneten gelungen ist. Das hartmagnetische Material bleibt aber auch nach dem Ausschalten des Stroms noch stark magnetisiert. Es hat einen kräftigen **remanenten Magnetismus** bekommen. So stellt man *Dauermagnete* her. ■

A1. Werden bei Kreisring und Spule mit der Stromrichtung auch die Pole vertauscht? Begründe.

A2. a) Verfolge in *Bild 5* die Feldlinien. Sind sie wie bei geraden Leitern geschlossen; bilden sie wie dort Kreise?
b) Lösen wir den Eisenanker rechts etwas vom U-Kern, so finden wir oben im U-Kern einen Nordpol, erkenntlich an Feldlinien, die dort das Eisen verlassen. Wie richten sich die Elementarmagnete unmittelbar darunter im Eisenanker aus, in den die Feldlinien eintreten? Welcher Pol bildet sich dort? Warum ziehen sich also U-Kern und Anker gegenseitig so stark an?

A3. a) In *Bild 6* zieht eine Strom führende Spule einen weichmagnetischen Eisenstab an. Warum bekommt er unten einen Nordpol N und oben einen Südpol S? Warum erfährt der Nordpol N eine Kraft nach unten, der Südpol S nach oben?
b) Erkläre, warum der Stab als ganzer stark in die Spule gezogen wird, obwohl diese Kräfte entgegengesetzte Richtungen haben.
c) Was ist über die Stärke der Kräfte zu sagen, wenn der Stab ganz in die Spule gezogen worden ist? Wird er vielleicht sogar durch starke Kräfte nach unten aus der Spule geschossen, so dass man eine magnetische Schleuder bauen könnte?

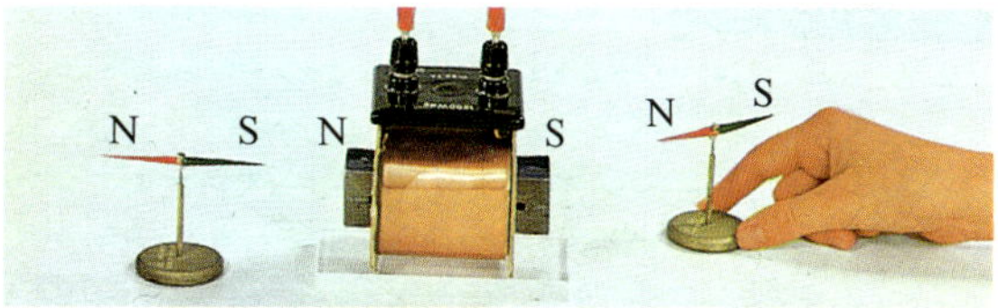

4 Zu Versuch 3: Die Pole eines Elektromagneten

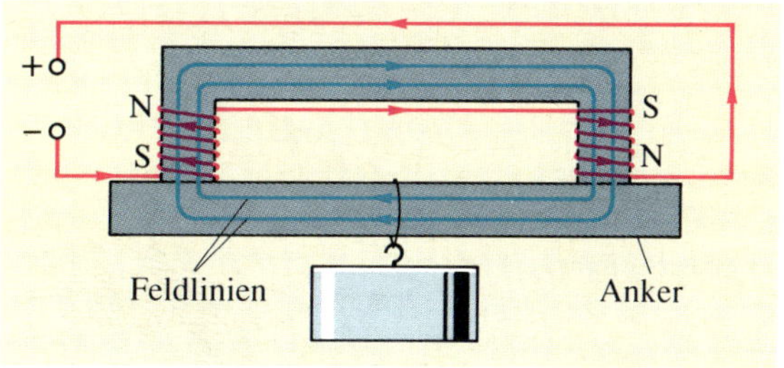

5 Zu Versuch 4: Dieser U-förmige Elektromagnet ist sehr stark, da seine beiden Pole am gleichen Eisenanker ziehen

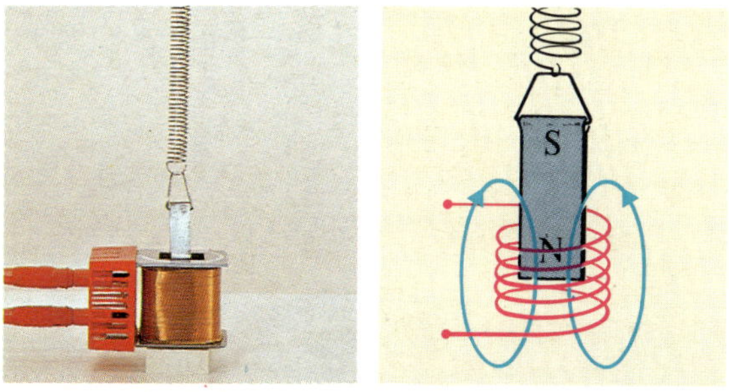

6 Zu A3: Warum wird das weichmagnetische Eisenstück in die Spule gezogen?

Anwendung der Elektromagnete

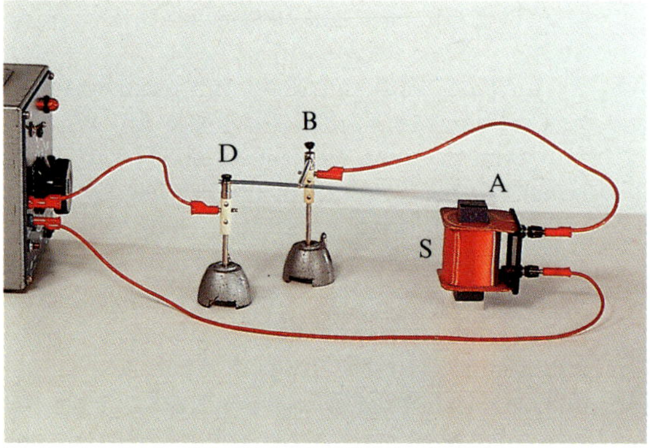

1 Modellversuch zur elektrischen Klingel (Selbstunterbrecher); siehe Versuch 1

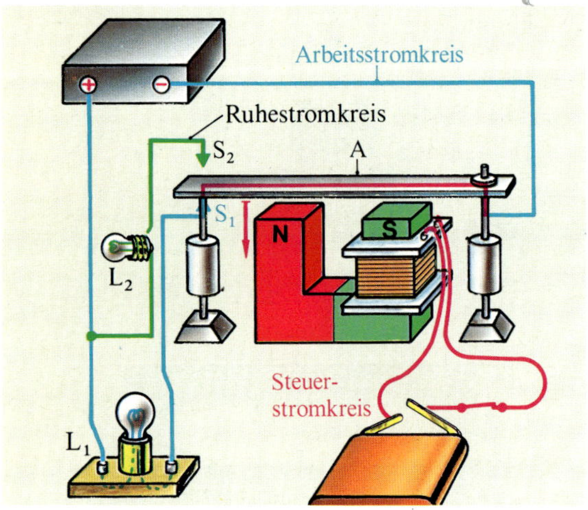

2 Relais; Aufbau zu Versuch 2

3 Relais; technische Ausführung; links oben sind die beiden Kontakte S1 und S2

1. Elektromagnete in Haushalt und Technik

a) Mit dem so genannten **Selbstunterbrecher** wird die Kraftwirkung von Elektromagneten oft angewendet:

Versuch 1: Nach *Bild 1* wird das Ende D der Blattfeder AD so befestigt, dass ihr freies Ende A über dem Elektromagneten S auf und ab schwingen kann. Es wird von diesem angezogen, wenn der Stromkreis zwischen der Blattfeder und dem Kontakt B geschlossen ist. Doch unterbricht sich der Strom bei B selbst, wenn die Feder nach unten schwingt. Dabei wird die Spule wieder unmagnetisch; die Feder schnellt zurück und schließt erneut den Kontakt bei B. Also zieht der Elektromagnet S die Feder wieder an; Schlag folgt auf Schlag! ■

In der technischen Ausführung der **Klingel** trägt ein Eisenanker am frei schwingenden Ende einen Klöppel, der auf eine Glocke schlägt. Am Kontakt B sieht man Unterbrechungsfunken des Stroms. Nach dieser Selbstunterbrechung arbeitet auch die **elektrische Hupe**. In ihr ersetzt eine schnell schwingende elastische Stahlmembran den Eisenanker der Klingel. Fertige eine Skizze!

b) Beim **elektrischen Gong** nach *Bild 5* wird der Eisenstab beim Einschalten des Stroms in die Spule gezogen und schlägt gegen die rechte Metallplatte; wir hören „ging". Beim Ausschalten zieht ihn die Feder zurück; er schlägt auf die linke Platte: „gong".

c) **Elektrische Uhranlagen** haben als Zentraluhr eine genaue Pendel- oder Quarzuhr. Sie erzeugt in jeder Minute einen Stromstoß. Dieser rückt die Zeiger in jeder Nebenuhr mithilfe von Elektromagneten über Anker und Zahnräder gleichzeitig um einen Minutenstrich weiter. Andere Kontakte an der Zentraluhr veranlassen, dass zu vorher eingestellten Zeiten der Pausengong ertönt.

d) In **elektrischen Türöffnern** löst der Strom über Elektromagnete eine Verriegelung im Schloss. Man benutzt den im Haus stets vorhandenen Wechselstrom. Dieser klappt sowohl die Elementarmagnete des weichmagnetischen Eisens der Spule wie die des Eisenankers 100-mal in 1 s um. Deshalb wird der Anker vom Kern rhythmisch angezogen, aber nie abgestoßen. Dabei hört man ein Summen.

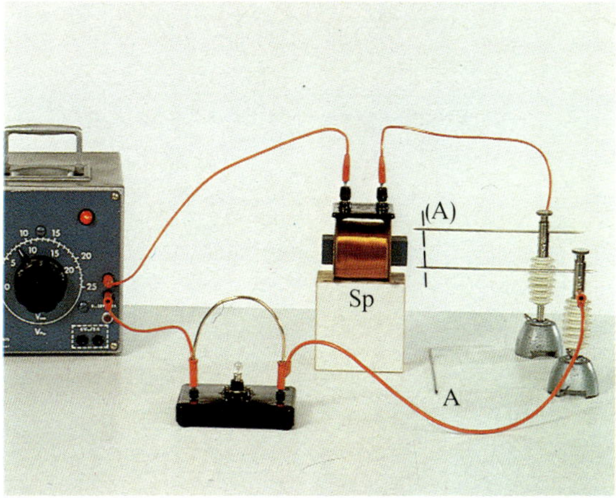

4 Überlastungsschutz mit Elektromagnet – selbst gebaut

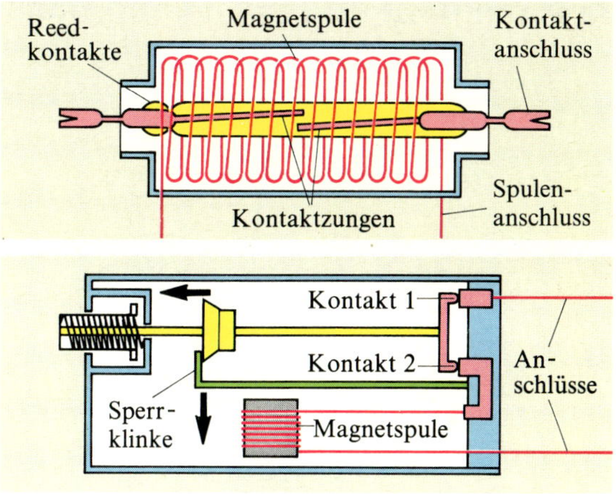

6 Oben: Reed-Relais; unten: Sicherungsautomat

2. Fernschaltung durch Relais

Versuch 2: Wir bauen den in *Bild 2* blau gezeichneten *Arbeitsstromkreis* mit der Lampe L_1 auf. Dort entsteht ein *starker Arbeitsstrom*, wenn der Elektromagnet den Anker A anzieht und den Kontakt S_1 schließt. Hierzu genügt ein *schwacher Steuerstrom* im rot gezeichneten *Steuerstromkreis.* ■

Im Auto schaltet das Zündschloss den Steuerstrom. Dieser steuert im Motorraum einen sehr starken Arbeitsstrom, der über dicke, kurze Kabel den neben dem Relais liegenden Anlassermotor in Gang setzt.

Ein Einbrecher will eine **Alarmanlage** ausschalten und unterbricht dabei den ständig im Elektromagneten bestehenden schwachen Steuerstrom in *Bild 2*. Der Anker A schwingt nach oben. So schaltet er über den Kontakt S_2 (grün gezeichnet) den von einer eingebauten Batterie gespeisten *Ruhestrom* und damit die Lampe L_2 oder eine Alarmklingel ein.

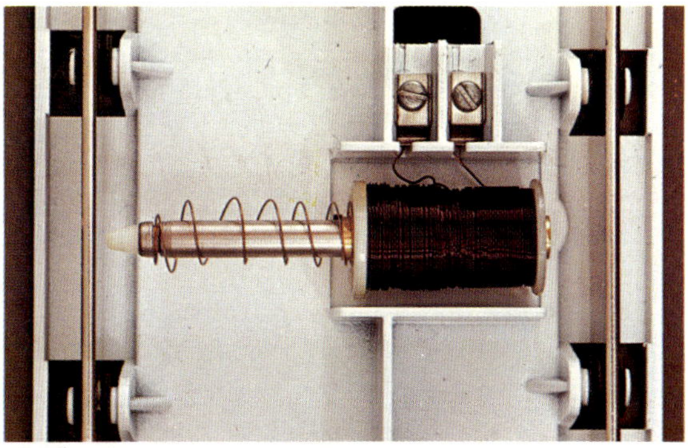

5 Der elektrische Gong

Die Taster einer Treppenhausbeleuchtung betätigen mit einem schwachen Steuerstrom ein Relais. Dessen Anker setzt einen motorgetriebenen Zeitschalter in Gang und schaltet damit die Lampen für einige Minuten ein. Relais findet man auch bei der **Fernsteuerung** in Satelliten.

3. Elektromagnete sichern vor Überlastung

In *Bild 4* führt der Lampenstrom durch die Spule Sp und die Stricknadel A (gestrichelt gezeichnet). Jetzt liegt die Nadel auf dem Tisch. Als man nämlich die Lampe mit dem Drahtbügel kurzschloss, wurde der Strom durch die Spule so stark, dass sie die Stricknadel zu sich zog: Der Strom wurde unterbrochen und die Überlastung beseitigt.

Solche **Sicherungsautomaten** findet man in den Sicherungskästen im Haus. Hier genügt ein Knopfdruck, um den Stromkreis mit dem Anker A wieder zu schließen, sofern der Kurzschluss in der Leitung beseitigt worden ist. Solche Automaten unterbrechen den Stromkreis bei einem zu starken Strom sofort. Man braucht sie im Gegensatz zu Schmelzsicherungen nicht auszuwechseln *(Bild 6, unten)*. All diese Versuche und Anwendungen zeigen, dass *mit der Stärke des Stroms auch die magnetische Wirkung stärker wird.*

A1. Das **Reed-Relais** besteht nach *Bild 6* aus einem Glasröhrchen, in das zwei Stifte aus weichmagnetischem Material eingeschmolzen sind. Was geschieht, wenn man durch die umgebende Spule einen Steuerstrom schickt?

Elektromagnetische Strommesser

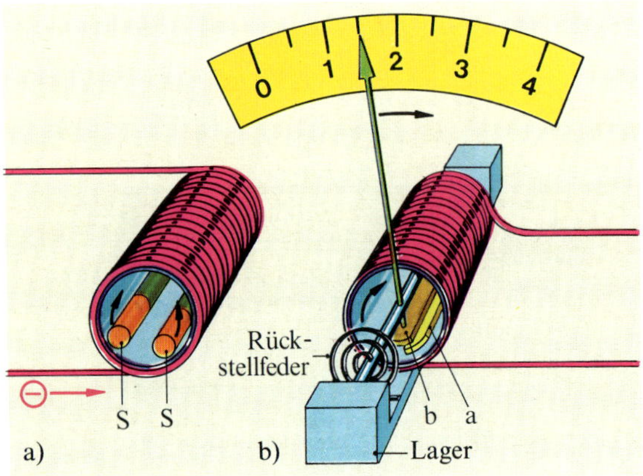

1 Dreheiseninstrument: a) Prinzip, b) Aufbau

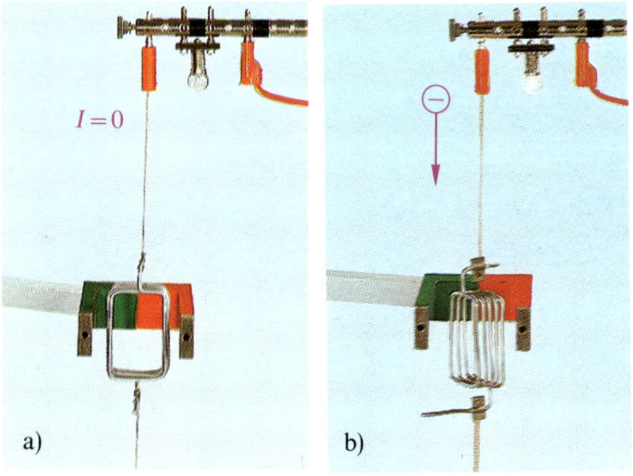

3 Versuch zum Drehspulinstrument

1. Das robuste Dreheiseninstrument

Die magnetische Wirkung setzt zugleich mit dem Strom ein und wächst mit seiner Stärke an. In *Bild 3a* bezeichnet der Buchstabe *I* die Stromstärke.

Versuch 1: Nach *Bild 1a* liegen in der Spule zwei gleich lange Stäbe aus weichmagnetischem Material. Wird Strom eingeschaltet, so entfernen sich beide voneinander. Jeder Stab wird nämlich zu einem Magneten. Vorne entstehen zwei Südpole, hinten zwei Nordpole; sie stoßen sich jeweils ab. Beim Umkehren der Stromrichtung wechseln zwar die Pole, doch bleibt die Abstoßung bestehen. Das Gerät zeigt also auch Wechselströme an. ■

In der technischen Ausführung des **Dreheiseninstruments** *(Bild 1b)* sitzt das Eisenstück a fest an der Spule. Eisenstück b ist mit dem Zeiger drehbar gelagert und wird von a abgestoßen. Der dicke Spulendraht hält Überlastungen gut aus. Das robuste Gerät findet man an Schalttafeln und Netzgeräten. Die Rückstellfeder wird in Ziffer 3 behandelt.

2 Drehspulinstrument

2. Drehspulinstrumente

Versuch 2: Nach *Bild 3* hängt eine Spule an zwei dünnen Metallbändchen im Feld eines Hufeisenmagneten. Die Bänder führen den zu messenden Strom der Spule zu. Diese verhält sich wie ein Stabmagnet. Ihr vorn liegender Nordpol wird nach links zum Südpol des Hufeisenmagneten (grün) gezogen. Die Spule und der daran befestigte Zeiger drehen sich. Die Aufhängebändchen werden umso mehr verdrillt, je stärker der Strom ist. Dies erzeugt eine zunehmende *Rückstellkraft* (siehe Ziffer 3). Kehren wir die Stromrichtung um, so werden die Pole der Drehspule, nicht aber die des Dauermagneten, vertauscht. Die Spule dreht sich jetzt im entgegengesetzten Sinn. Bei Wechselstrom mit der Frequenz 50 Hz zittert der Zeiger nur ein wenig. Wechselströme richtet man deshalb vor der Messung im Instrument gleich. ■

In der technischen Ausführung sitzt die Spule meist auf einer Drehachse, deren Enden mit zwei feinen Spitzen in Pfannen lagern *(Bild 4)*. Bei diesem **Drehspulinstrument** führen zwei Spiralfedern der Spule den Strom zu. Sie erzeugen zudem die in Ziffer 3 zu besprechende Rückstellkraft.

3. Die Rückstellkraft in Messinstrumenten

Die meisten elektrischen Messinstrumente haben Federn. Sie wirken wie *Federkraftmesser*. Wozu?

Im stromlosen Zustand stellt die Feder den Zeiger auf den Nullpunkt der Skala.

Die Feder erzeugt eine dem Ausschlag proportionale *Rückstellkraft*. (Man sagt, es gilt das *hookesche Gesetz*). Sie hält der vom Strom erzeugten Kraft das Gleichgewicht, wenn sich der richtige Ausschlag eingestellt hat. Der Ausschlag richtet sich so nach der Stromstärke *I*. Ohne diese Feder würde der Zeiger schon bei schwachen Strömen voll ausschlagen. Man könnte zwar Ströme nachweisen, nicht aber verschieden starke Ströme miteinander vergleichen.

Umgang mit elektrischen Messinstrumenten

Der *Messbereich* der Instrumente, d.h. ihre Empfindlichkeit, muss mit der Stärke der zu messenden Ströme zusammenpassen. Hier folgen einige Regeln für den Umgang mit diesen oft sehr wertvollen Geräten:

- Stelle zunächst den höchsten Messbereich ein.
- Prüfe, ob auf Wechsel- oder Gleichstrom eingestellt ist.
- Bei Gleichstrom muss die mit + bezeichnete Buchse zum Pluspol der Stromquelle hin angeschlossen werden. Erniedrige vorsichtig den Messbereich und behalte dabei den Zeiger im Auge. Der Zeiger soll das Skalenende nicht überschreiten.
- **Schalte den Strommesser nie allein zwischen die Pole einer Quelle, sondern immer in Reihe mit den Geräten, deren Stromstärke zu messen ist.**
- Prüfe die Null-Einstellung und blicke senkrecht auf die Skala (Spiegelunterlegung beachten).

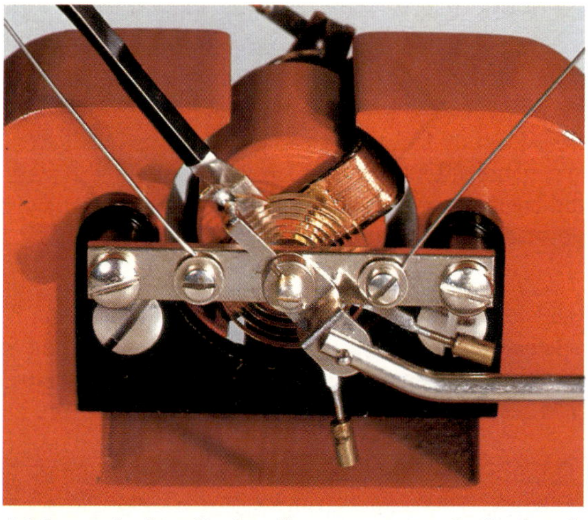

4 Messwerk eines Drehspulinstruments; sucht Drehspule und Spiralfeder

A1. Wo bei dir zu Hause löst der Strom Bewegung oder Kraft aus? Denke auch an Waschmaschinen, an Küchengeräte und an Spielzeuge.

A2. a) Kann man elektrische Klingeln auch mit Wechselstrom betreiben? Findest du eine Antwort mit dem Text von Seite 150?
b) Jemand sagt, die Klingel in *Bild 150.1* würde besser funktionieren, wenn man ihren Kontakt B unmittelbar über dem Elektromagneten bei A anbringt. Was antwortest du?

A3. Wie könnte man eine Klingel zum Relais ausbauen? Wäre es für Ruhe- oder Arbeitsströme geeignet? Geht es genauso leicht, aus einem Relais eine Klingel zu machen? Vergleiche die Bilder.

A4. a) Jemand hat gelernt, magnetische Nordpole werden stets zu Südpolen gezogen. Welches Problem bereitet ihm die Nadel (3) in *Bild 148.3*? Was hat nach Versuch 149.5 Vorrang: Die Richtungsangabe durch Feldlinien oder die „Polregel", nach der sich nur ungleichnamige Pole anziehen? – Betrachte unter diesem Gesichtspunkt auch die Richtung der Elementarmagnete in *Bild 143.3*.
b) Wie verhalten sich Kompassnadeln außerhalb der Spule?

A5. Kann die Richtung der Feldlinien davon abhängen, ob man in der Merkregel die Flussrichtung der Elektronen oder die konventionelle Stromrichtung benutzt? Lege *Bild 147.4* die konventionelle (technische) Stromrichtung zugrunde und formuliere damit eine Rechte-Hand-Regel.

A6. Man hängt zwei Kreisringe nahe zusammen auf. Wie drehen sie sich, wenn beide so starke Ströme führen, dass man das magnetische Erdfeld im Vergleich zum Feld der Ringe vernachlässigen kann? Haben dann die Ströme den gleichen Umlaufsinn?

A7. Vergleiche das Dreheiseninstrument mit dem Reed-Relais von *Bild 151.6*. Warum ziehen sich beim einen die Eisenstäbe an und stoßen sich beim andern ab?

A8. a) Beim Versuch zum Drehspulinstrument sagt jemand: Klar, die Strom führenden Drähte sind magnetisch geworden und werden von den Polen des Hufeisenmagneten angezogen. Ist das richtig?
(b) Ein anderer meint, die Federn am Messwerk würden den Zeiger am Ausschlag hindern und schlägt vor, auf diese Federn zu verzichten. Das Instrument würde dann viel empfindlicher. Was sagst du?

Messung von Ladung und Stromstärke

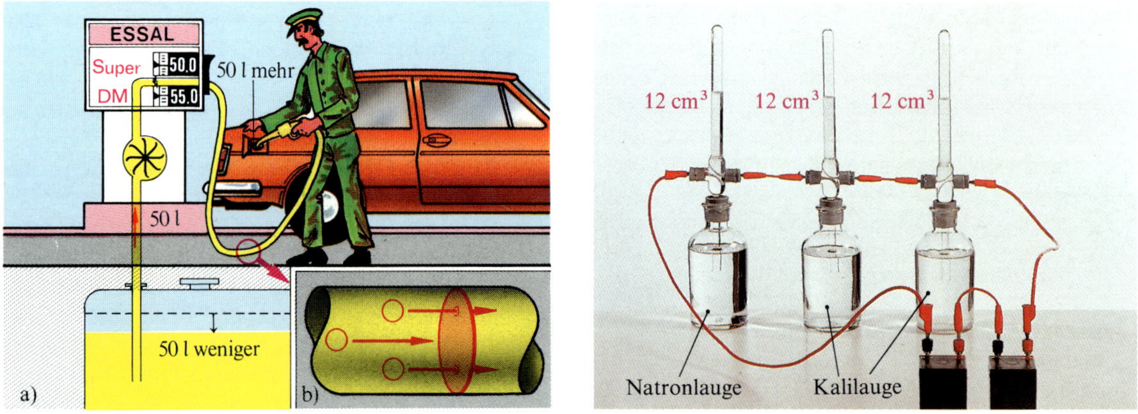

1 Die Benzinuhr links und die Knallgaszellen rechts messen geflossene Benzin- bzw. Ladungsmengen

1. Was zeigt die Benzinuhr an?

Nach *Bild 1* kann man 50 l Benzin tanken, auch wenn die Leitung vom Tank zum Zapfhahn weniger als 50 l fasst. Zeigt die Benzinuhr 50 l, so ist sie von 50 l durchflossen worden. 50 l sind dem Erdtank entnommen und aus dem Zapfhahn geflossen. *Jeden Querschnitt der Leitung haben also* 50 l *durchsetzt* – wenn sie dicht und frei von Luftblasen war (blasenfrei zapfen).

Sagt man, in einem Stromkreis fließe die Ladung Q, so meint man nicht die Ladung, die der Kreis insgesamt enthält. Vielmehr betrachtet man die Ladung Q, die während der Messdauer eine Messstelle, genauer einen *Leitungsquerschnitt*, durchströmt. In *Bild 1b* kommen Elektronen während der Messdauer so weit, wie es die Pfeile angeben. Das linke Elektron ist noch nicht durch den roten Querschnitt getreten, wird also noch nicht gezählt.

2. Definition der elektrischen Ladungsmenge Q

Leider kann man die durch einen Leitungsquerschnitt fließenden Elektronen genauso wenig zählen wie Benzinmoleküle. An der Tankstelle misst man das Benzin*volumen.* Beim Messen der elektrischen Ladung bieten Knallgaszellen eine ähnlich bequeme Möglichkeit *(Bild 1)*. Die in ihnen entwickelte Gasmenge ist der Zahl der abgeschiedenen Ionen, also der Zahl und damit der Ladung der durch die Zelle geflossenen Elektronen, proportional.

Hat die Konzentration des Elektrolyten Einfluss auf die Gasmenge? Vielleicht stauen sich auch Elektronen im Kreis (wie Autos auf der Straße) oder sie bleiben in Lampen „hängen".

Versuch 1: Mehrere Knallgaszellen sind jeweils mit Laugen unterschiedlicher Konzentration gefüllt und haben verschiedenartige Elektroden. Wir schalten sie nach *Bild 1* **in Reihe** und lassen in diesem **unverzweigten Kreis** Ladung fließen. Trotz der Unterschiede bildet sich während der Messdauer in jeder Zelle die gleiche Gasmenge. Selbst wenn wir eine Glühlampe in den Kreis legen, entwickeln die Zellen vor und hinter der Lampe das gleiche Gasvolumen. ■

Wir sehen, dass von der Ladung unterwegs nichts verloren geht; jeder Leitungsquerschnitt wird von gleich vielen Elektronen, also von der gleichen Ladungsmenge Q, durchflossen. Auch in Lampen bleibt keine Ladung hängen. Gleiche Gasmengen bedeuten also gleiche Ladungsmengen. Wir verallgemeinern und legen als Messverfahren für Ladungen fest:

Gleiche Knallgasmengen zeigen: Durch die Zellen sind gleiche Ladungsmengen geflossen *(Maßgleichheit)*. **Die abgeschiedenen Gasmengen sind den geflossenen Ladungsmengen proportional** *(Maßvielfachheit)*.

Knallgaszellen können an jede beliebige Stelle einer unverzweigten Leitung gelegt werden. Überall zeigen sie die gleiche fließende Ladung an.

3. Die Ladungseinheit 1 Coulomb

Die Einheit der Ladungsmenge – man sagt kurz Ladung – ist **1 Coulomb (C)**, benannt nach dem franz. Physiker Ch. A. de COULOMB (um 1800). Könnte man Elektronen zählen, hätte man dafür vielleicht die Ladung eines Elektrons genommen. Für uns liegt es nahe, 1 Coulomb durch eine bestimmte Knallgasmenge festzulegen (bei Laborbedingungen, also 20 °C und dem Luftdruck 1 bar):

Die Einheit der elektrischen Ladung ist 1 Coulomb (1 C). 1 C scheidet 0,19 cm^3 Knallgas ab (bei 20 °C und normalem Luftdruck) *(Maßeinheit)*.

Beispiel: Man sagt: Die Knallgasabscheidung beträgt 0,19 cm^3 je Coulomb und schreibt dafür kurz 0,19 cm^3/C. Die Ladung $Q = 20\,C$ liefert dann $V = 20\,C \cdot 0{,}19\,cm^3/C = 3{,}8\,cm^3$ als abgeschiedenes Gasvolumen.

Die Zeit spielt bei dieser Ladungsmessung keine Rolle.

Das Knallgasvolumen $V = 40\,cm^3$ zeigt, dass die Ladung $Q = 40\,cm^3/(0{,}19\,cm^3/C) = 210\,C$ durch einen Leitungsquerschnitt geflossen ist.

Man fand, dass $6{,}24 \cdot 10^{18}$ (6,24 Millionen · Millionen · Millionen) Elektronen zusammen die Ladung 1 C bilden. Wenn die Ladung $Q = 1\,C$ fließt, so treten durch einen beliebig gelegten Leitungsquerschnitt $6{,}24 \cdot 10^{18}$ Elektronen.

4. Definition der elektrischen Stromstärke *I*

Ein Zapfhahn liefere in $t = 100\,s$ Benzin mit dem Volumen $V = 50\,l$. Die *Stärke des Benzinstroms* beträgt dann $I = V/t = (50\,l)/(100\,s) = 0{,}5\,l/s$. Dabei ist es für die Stromstärke gleichgültig, ob das Benzin ein weites Rohr mit kleiner Geschwindigkeit oder ein enges Rohr mit großer verlässt.

Entsprechend gibt man die Stärke *I* des elektrischen Stroms durch die *je Sekunde* einen Leitungsquerschnitt durchfließende Ladung *Q* an. Fließt z. B. während der Messdauer $t = 5\,s$ die Ladung $Q = 20\,C$ durch eine Zelle, so auch *durch jeden Querschnitt der unverzweigten Leitung*. In ihr beträgt *überall* die Stromstärke

$$I = \frac{Q}{t} = \frac{20\,C}{5\,s} = 4\,\frac{C}{s} = 4\ \text{Ampere}\ (4\,A).$$

1 Ampere = 1 C/s ist die Einheit der Stromstärke (A. M. AMPÈRE, franz. Physiker um 1800). Bei $I = 1\,A$ fließt in 1 s die Ladung $Q = 1\,C$ ($6{,}24 \cdot 10^{18}$ Elektronen) durch jeden Querschnitt der Leitung; 1 mA (1 Milliampere) $= 10^{-3}\,A = 1/1000\,A$.

Stromstärke $I = \frac{Q}{t}$ **(1)**

Q ist dabei die Ladung, die in der Zeit *t* durch einen Leitungsquerschnitt fließt.
Die Einheit der Stromstärke ist 1 Ampere (1 A):

$1\,A = 1\,\frac{C}{s}.$ **(2)**

Versuch 2: a) Was bedeutet die Gleichung $I = Q/t$? Entladen wir eine geladene Kugel über eine leicht angefeuchtete Schnur, die zu einer Glimmlampe und dann zur Erde führt. Die Entladung der Kugel dauert einige Sekunden (im verdunkelten Raum beobachten!). Eine etwas feuchtere Schnur leitet besser; dieselbe Ladung *Q* fließt in kürzerer Zeit *t* ab. Die Glimmlampe zeigt dann durch helleres Leuchten eine größere Stromstärke $I = Q/t$ an.

b) Entlädt man gleichzeitig drei Kugeln, also die dreifache Ladung, ist die Entladezeit $t = Q/I$ bei etwa gleicher Stromstärke *I* entsprechend größer. ■

A1. Eine Knallgaszelle liefert 38 cm^3 Knallgas.
a) Welche Ladungsmenge ist durch einen beliebigen Leitungsquerschnitt getreten? Kann man die Stromstärke *I* berechnen?
b) Muss man wissen, wie viel Elektronen die Drähte enthalten?

A2. a) Eine Knallgaszelle liefert 57 cm^3 Gas in 30 s. Welche Ladungsmenge ist geflossen? Wie groß ist die Stromstärke?
b) Wie lange braucht Strom der Stärke 2,0 A, um 50 cm^3 Knallgas abzuscheiden?
c) Wie viel Knallgas erhält man bei der Stromstärke 5 A in 3 min?
d) Was heißt, die Stromstärke sei im unverzweigten Stromkreis überall gleich groß? Sind dort die Elektronen überall gleich schnell (vergleiche dünne mit dicken Drähten)?

Armbanduhr, elektrisch	0,001 mA = 1 µA
Glimmlampe	0,1 bis 3 mA
Taschenlampe	0,07 bis 0,6 A
Haushaltglühlampe	0,07 bis 0,7 A
Heizkissen	ca. 0,3 A
Bügeleisen	2 bis 5 A
Autoscheinwerfer	ca. 5 A
Elektrischer Heizofen	5 bis 10 A
Straßenbahnmotor	150 A
Überlandleitung	100 bis 1 000 A
E-Lok	1 000 A
Blitz	bis 100 000 A

Tabelle 1 Stromstärken ($1\,\mu A = 10^{-6}\,A = 1/10^6\,A$)

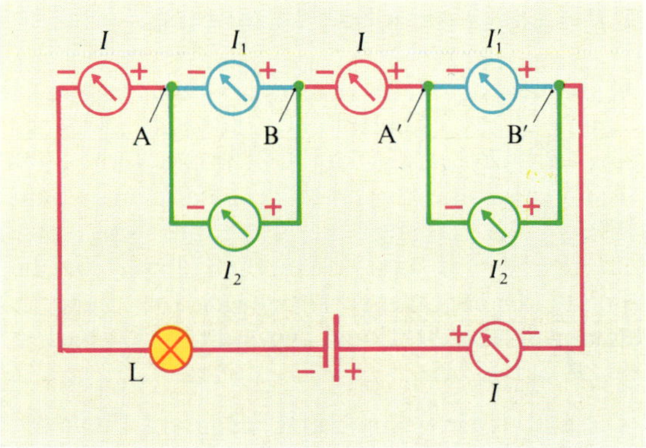

1 Zu Versuch 5: $I = I_1 + I_2$

5. Stromstärkemessung; Parallelschaltung

Um Stromstärken zu messen, genügt die Knallgaszelle allein nicht. Man braucht auch noch eine Uhr. Bequemer sind die üblichen Strommesser.

Versuch 3: **a)** Wir schicken Ladung durch eine Reihenschaltung aus Lampe, Knallgaszelle und Strommesser. In der Zeit $t = 100\,s$ erhalten wir $V = 38\,cm^3$ Knallgas. Also fließt die Ladung $Q = 200\,C$. Die Stromstärke in der Lampe berechnen wir daraus zu $I = Q/t = 2{,}0\,C/s = 2{,}0\,A$. Der Strommesser war schneller und zeigte von Anfang an $I = 2{,}0\,A$.

b) Nun bringen wir die Lampe zu hellerem Leuchten; die Gasblasen perlen in kürzeren Abständen. In der gleichen Zeit (100 s) erhält man mehr Knallgas, z. B. $57\,cm^3$ ($Q = 300\,C$). Die Anzeige des Strommessers steigt dann auf $I = Q/t = 3{,}0\,C/s = 3{,}0\,A$ und bestätigt die Angaben von Knallgaszelle und Uhr. ■

Versuch 4: Mehrere Strommesser werden zusammen mit einer Knallgaszelle *in Reihe* geschaltet. Auch wenn die Instrumente gut sind, weichen ihre Anzeigen ein wenig voneinander ab. Wir bilden deshalb ihren *Mittelwert*. Er betrage $\bar{I} = 0{,}95\,A$. Gute Instrumente weichen davon um weniger als 2 % des Skalenendwerts ab (hier 1,0 A). 2 % von 1,0 A sind 0,02 A. Die Anzeigen streuen also im Bereich 0,93 A ... 0,95 A ... 0,97 A. ■

Versuch 5: Nun schalten wir jedem zweiten Strommesser (blau) nach *Bild 1* einen weiteren (grün) **parallel**. Im blauen sinkt die Stromstärke auf $I_1 \approx 0{,}60\,A$, der parallel liegende grüne zeigt $I_2 \approx 0{,}35\,A$. Wir untersuchen die Verzweigungspunkte und bilden die Summe $I_1 + I_2 \approx 0{,}95\,A$ der Stromstärken in den Zweigleitungen. Diese Summe stimmt mit dem Wert $I = 0{,}95\,A$, den die roten, nicht verzweigt liegenden Instrumente anzeigen, überein. ■

Diese **Parallelschaltung** von Strommessern zeigt: Die Elektronen in der Leitung gehen vom Verzweigungspunkt A ab verschiedene Wege. Am Punkt B laufen sie wieder zusammen; kein einziges Elektron ist verloren gegangen.

Bei einer Stromverzweigung geht keine Ladung verloren. Die Summe der Stromstärken I_1 und I_2 in den parallelen Zweigen ist gleich der Stromstärke I im unverzeigten Teil des Stromkreises:

$$I = I_1 + I_2 \qquad (1)$$

6. Sicherungen begrenzen die Höchststromstärke

Versuch 6: **a)** Zwischen zwei Fußklemmen wird ein dünner Eisendraht frei gespannt. In seiner Mitte hängt ein Wägestück. Es sinkt umso weiter ab, je stärker der Strom im Draht wird. Mit der Stromstärke steigen nämlich die Temperatur und damit ein wenig die Drahtlänge. Schließlich schmilzt der Draht; flüssige Eisenperlen bilden sich an seiner Oberfläche und laufen an ihr sogar entlang.

b) Nach *Bild 2* liegt ein dünner Draht im Stromkreis. Wir überbrücken das Lämpchen mit einem dicken Kupferdraht. Bei diesem **Kurzschluss** steigt die Stromstärke erheblich an. Nach kurzer Zeit schmilzt der dünne Draht und unterbricht den Stromkreis. Der Kurzschluss wird unwirksam. ■

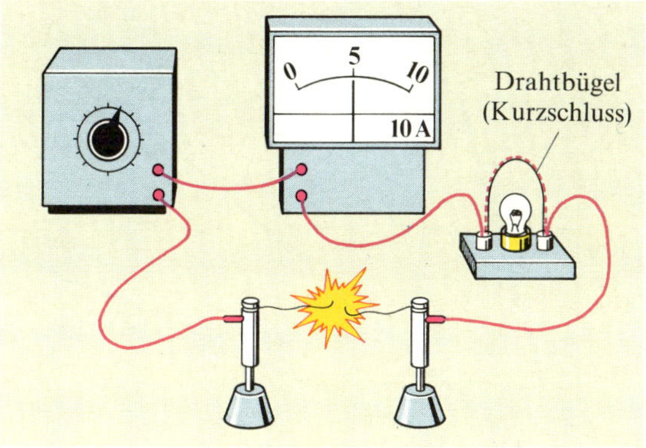

2 Bei Kurzschluss schmilzt der Sicherungsdraht

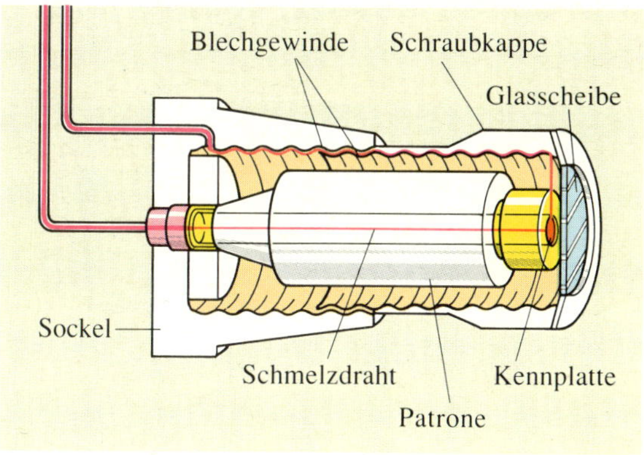

3 Schmelzsicherung mit Kennplatte

Nach diesem Prinzip arbeiten **Schmelzsicherungen** *(Bild 3)*. Ihr dünner Schmelzdraht liegt in einer Patrone aus Porzellan. Er ist in den Stromkreis geschaltet, der geschützt werden soll. Der Draht schmilzt *sofort* durch, wenn ein Kurzschluss mit sehr hoher Stromstärke entsteht. Ist dagegen die vorgesehene Höchststromstärke (z. B. 20 A) nur verdoppelt, so schmilzt er erst nach einigen Minuten. Beim Schmelzen fällt das farbige Kennplättchen am Drahtende ab. Dann muss man die Patrone gegen eine neue auswechseln; ein Flicken der Sicherung durch Einsetzen eines anderen Drahts wäre strafbar. Ist dieser nämlich auch nur ein wenig zu dick, so könnten sich bei einem Kurzschluss die Leitungen erhitzen und einen Brand verursachen.

In elektrischen Geräten liefert Strom ständig Energie in Form von Wärme. Warum steigt in ihnen die Temperatur nicht ständig? Nun, *je höher die Temperatur* der Heizdrähte ist, *desto mehr Wärme* geben sie je Sekunde an die kältere Umgebung ab. Direkt nach dem Einschalten ist die Temperatur und damit die Wärmeabgabe noch gering. Die Temperatur steigt jetzt so lange, bis der Heizdraht in jeder Sekunde genauso viel Wärme an die Umgebung abgibt, wie er vom Strom bekommt: Die Temperatur ändert sich dann nicht mehr.

A1. a) Wie viel Knallgas liefert Strom der Stärke $I = 3$ A in $t = 30$ s? Welche Ladung fließt?
b) Eine Taschenlampenbatterie liefert 8 h lang Strom der Stärke 0,2 A. Welche Ladung fließt; wie viel Knallgas könnte sie erzeugen?

A2. In 60 s werden 23,4 cm^3 Knallgas (bei 20 °C und 1 bar) abgeschieden. In einem weiteren Versuch erhält man 27 cm^3 in 80 s. Wo war die Ladung größer, wo die Stromstärke?

A3. Warum kann man mit Knallgaszellen allein nicht Stromstärken, mit Drehspulinstrumenten allein nicht Ladungen messen? Welche Rolle spielt dabei jeweils die Messdauer?

A4. Unterscheide die Größengleichung $I = Q/t$ von der Einheitengleichung 1 A = 1 C/s. Nenne ähnliche Gleichungspaare aus der Mechanik.

A5. Die Verkehrsstromstärke misst man durch die Zahl der Autos, die in einer bestimmten Zeit eine Kontrollstelle passieren. Warum brauchen dabei die Angaben von zwei Kontrollstellen, die in 1 km Abstand hintereinander liegen, nicht übereinzustimmen? Was gilt dagegen für unverzweigte elektrische Stromkreise?

A6. Ein Strommesser misst die Stromstärke $I = 2{,}5$ A einer Lampe. Man legt ihm einen zweiten parallel, der nur 1,5 A zeigt. Was zeigt nun das erste Instrument? Welche Ladung fließt jeweils je Sekunde?

A7. a) In 60 s liefert eine erste Knallgaszelle 40 cm^3 Gas. Die im Stromkreis folgende Zelle entwickelt in der gleichen Zeit nur 20 cm^3, da zu ihr ein Strommesser parallel liegt. Welche Stromstärke zeigt dieser an?
b) Welche Gasmenge würde in der zweiten Zelle entwickelt, wenn der ihr parallel liegende Strommesser nur 1,0 A anzeigt und die erste Zelle wieder 40 cm^3 liefert?

A8. a) Mit einer Knallgaszelle misst man in 200 s die Ladung 100 C. Welche Gasmenge wurde abgeschieden? Wie groß ist die Stromstärke?
b) In 3 Zellen, die in diesem Kreis hintereinander liegen, erhält man in derselben Zeit insgesamt die 3fache Gasmenge. Jemand sagt, es sei also in der gleichen Zeit die 3fache Ladung geflossen, die Stromstärke sei somit dreifach. Was sagst du dazu?

Ohmsches Gesetz, Widerstand

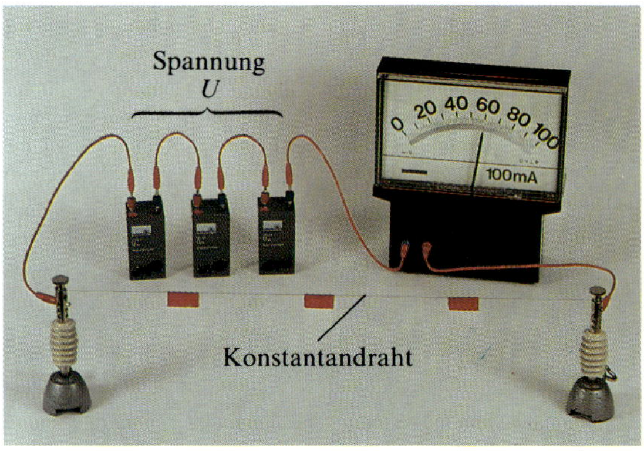

1 Aus dem Versuch links folgt das Schaubild rechts

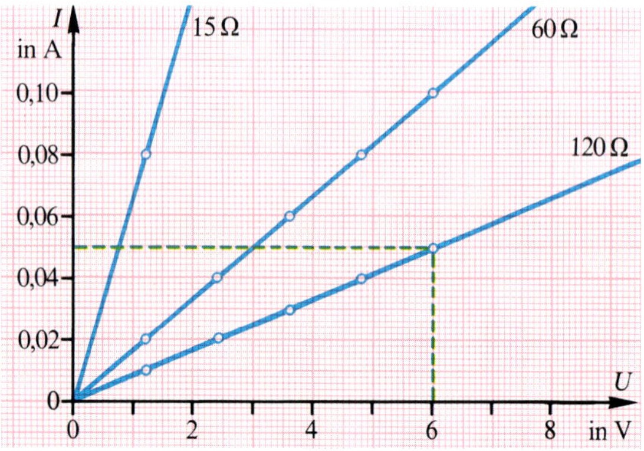

2 Die Kennlinie zeigt, wie I von U abhängt

1. Wovon hängt die Stromstärke ab?

Lämpchen für die Spielzeugeisenbahn (17 V) leuchten an Taschenlampenbatterien (4,5 V) zu schwach. Die zu kleine Spannung U (Ursache des Stroms) erzeugt eine zu kleine Stromstärke. 4,5 V-Lämpchen dagegen brennen bei 17 V durch. Um solche Pannen zu vermeiden, suchen wir Gesetze, die angeben, wie die Stromstärke I abhängt:

a) von der angelegten Spannung U,
b) von den Geräten des Stromkreises.

Dabei müssen wir die Einflüsse (a) und (b) gut auseinander halten. Zunächst klären wir (a), ändern also die Spannung U an einem dünnen Draht:

Versuch 1: Der Stromkreis nach *Bild 1* enthält einen 0,10 mm dicken und 1,0 m langen Draht (rote Fähnchen) aus *Konstantan* (Legierung aus Kupfer und Nickel). An ihn legen wir die Spannung von Akkuzellen mit dicken Kupferkabeln über einen Strommesser, Tabelle 1 und *Bild 2* zeigen die Messwerte. ■

(A) Bei der n-fachen Spannung U wird *am gleichen Konstantandraht* auch die Stromstärke I n-fach.
(B) Deshalb ist der Quotient U/I (hier 60 V/A) konstant, d.h. von der Spannung U unabhängig.
(C) Trägt man die Werte von I für verschiedene U-Werte als ***I-U*-Kennlinie** auf, so erhält man eine Ursprungsgerade *(Bild 2)*.

Diese *Proportionalität* zwischen I und U fand 1826 der Gymnasiallehrer GEORG SIMON OHM. Sie gilt zum Beispiel bei Konstantandrähten:

> ***Ohmsches Gesetz:*** **Die Stromstärke I ist der Spannung U proportional; $I \sim U$.**

2. Der Widerstand R als Quotient U/I

Versuch 2: Wir verdoppeln die Länge l des Konstantandrahts auf 2,0 m. Die Stromstärke sinkt bei gleicher Spannung auf die Hälfte, bei 1,2 V von 0,02 A auf 0,01 A *(Tabelle 2)*; deshalb wird der Quotient U/I = 120 V/A doppelt so groß. ■

U in Volt	I in Ampere	Quotient U/I in V/A
0	0	–
1,2	0,02	60
2,4	0,04	60
3,6	0,06	60
4,8	0,08	60

Tabelle 1 Drahtlänge $l = 1{,}0$ m; Drahtdicke 0,10 mm

U in Volt	I in Ampere	Quotient U/I in V/A
0	0	–
1,2	0,01	120
2,4	0,02	120
3,6	0,03	120
4,8	0,04	120

Tabelle 2 Drahtlänge $l = 2{,}0$ m; Drahtdicke 0,10 mm

Man nennt den Quotienten U/I den **Widerstand** des Drahts. Der Widerstand ist der Drahtlänge l proportional (die Elektronen werden im längeren Draht öfter gebremst).

> Der **elektrische Widerstand** R eines Leiters ist definiert als Quotient aus der Spannung U zwischen den Leiterenden und der Stromstärke I:
>
> $$R = \frac{U}{I}; \text{ Einheit } 1\,\frac{\text{Volt}}{\text{Ampere}} = 1\text{ Ohm } (\Omega). \qquad (1)$$
>
> **Gilt $I \sim U$, so ist der Widerstand R konstant.**
> (Ω: griech. Buchstabe Omega); 1 kΩ = 1000 Ω.

3. Berechnung der Stromstärke

Aus $R = U/I$ folgt die Gleichung

$$I = U/R. \qquad (2)$$

Der *Einfluss der Quelle* auf die Stromstärke: der 1 m lange Draht hat den Widerstand $R = 60$ V/A $= 60\,\Omega$. Legt man die Spannung $U = 60$ V zwischen seine Enden, so wird die Stromstärke

$I = U/R = 60\text{ V}/(60\text{ V/A}) = 1\text{ A}$.

Bei der halben Spannung sinkt die Stromstärke auch auf den halben Wert (bei 30 V auf 0,5 A). Hält man also in $I = U/R$ den *Widerstand R konstant* (im Nenner), dann ist $I \sim U$ (ohmsches Gesetz).

Der *Einfluss des Geräts* auf die Stromstärke: Bei der doppelten Drahtlänge ist $R = 120$ V/A $= 120\,\Omega$; bei $U = 60$ V wird deshalb $I = U/R = 0{,}5$ A. Beim n-fachen Widerstand sinkt I auf den n-ten Teil (wenn U konstant). Die Stromstärke I ist also bei konstanter Spannung U dem *Kehrwert* $1/R$ des Widerstands R proportional: **$I \sim 1/R$, wenn U = konstant;** R gibt also den Einfluss des Gerätes an.

U in Volt	I in Ampere	Quotient U/I in V/A
0	0	–
1,2	0,08	15
2,4	0,16	15
3,6	0,24	15
4,8	0,32	15

Tabelle 3 Drahtlänge $l = 1{,}0$ m; Drahtdicke $d = 0{,}2$ mm

Versuch 3: Wir benutzen nun einen Draht mit doppeltem Durchmesser d (0,20 mm statt 0,10 mm), aber gleicher Länge 1,0 m. Nach *Tabelle 3* steigt bei der Spannung $U = 1{,}2$ V die Stromstärke von $I = 0{,}02$ A auf 0,08 A, also das 4fache. Der Widerstand $R = U/I$ sinkt auf 1/4, nämlich von 60 Ω auf 15 Ω. ■

Um dies zu verstehen, denken wir uns 4 Drähte, je mit der Querschnittsfläche A_1, *parallel gelegt*. Werden sie zu einem Draht verschmolzen, hat dieser die 4fache Querschnittsfläche $A = 4\,A_1$, aber nur den doppelten Durchmesser. Durch die 4fache Fläche strömen 4-mal so viele Elektronen (gleichmäßig über die Querschnittsfläche verteilt). I steigt auf das 4fache, $R = U/I$ sinkt auf 1/4. Bei 3fachem Durchmesser werden A und I 9fach, R sinkt auf 1/9.

> Der Widerstand R ist der Drahtlänge l und dem Kehrwert der Querschnittsfläche A proportional.

A1. a) Passen in *Bild 3* die Werte für U, I und R zusammen? Welche Stromstärken erhält man nach *Bild 2* bei $U = 2$ V und den Widerständen 15 Ω, 60 Ω und 120 Ω?
b) Welchen Widerstand haben Lämpchen bei $U = 4{,}5$ V, wenn $I = 0{,}07$ A bzw. 0,2 A ist?

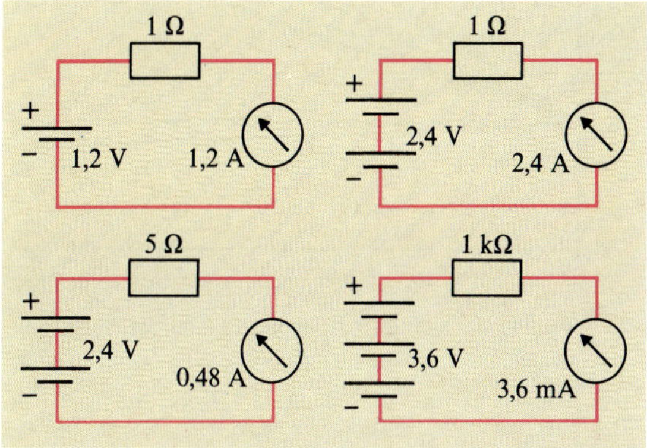

3 Zu A1; Kästchen: Schaltzeichen für R

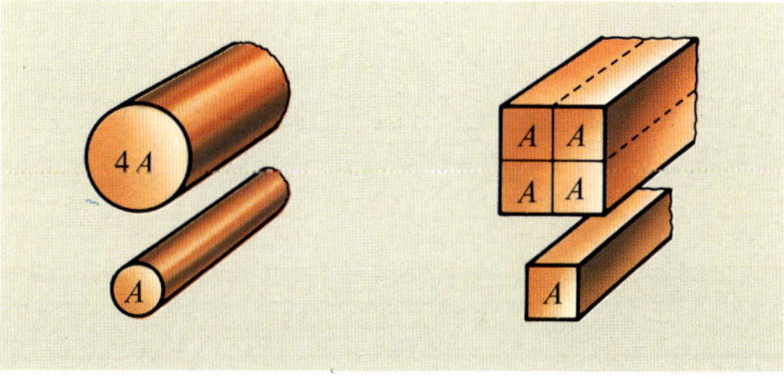

4 Doppelter Durchmesser – 4fache Querschnittsfläche

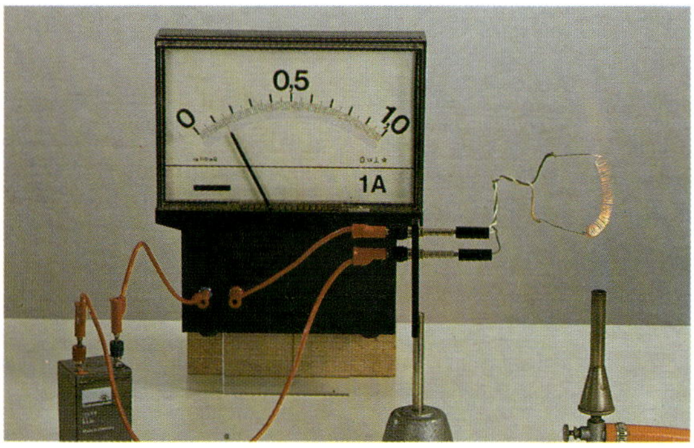

Tabelle 1 zu Versuch 4; gilt das ohmsche Gesetz immer?

U in V	0	1,2	2,4	4,8	7,2	
I in A	0	2,2	3,5	4,6	5,1	in Luft
R in Ω	–	0,55	0,69	1,0	1,4	in Luft
I in A	0	2,2	4,4	8,5	13	in Wasser
R in Ω	–	0,55	0,55	0,56	0,55	in Wasser

Tabelle 1 zu Versuch 4; gilt das ohmsche Gesetz immer?

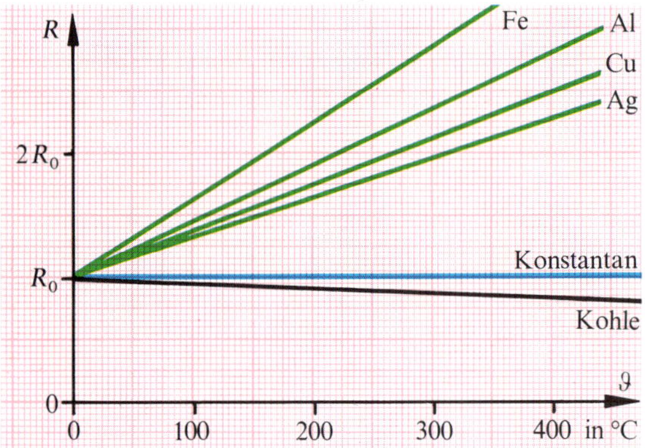

2 Der Widerstand hängt meist von der Temperatur ab

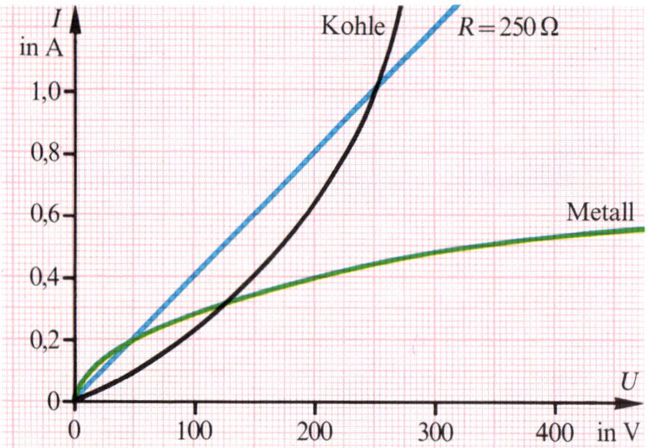

3 I-U-Kennlinien; wann gilt das ohmsche Gesetz?

4. Warum geben Strommesser auch Spannung an?

Um dies zu verstehen, kehren wir den Gedankengang in Versuch 1 um. Zunächst lesen wir am Strommesser $I = 0{,}1$ A ab. Da wir den Widerstand $R = 60\,\Omega$ kennen, gibt uns die Kennlinie nach *Bild 158.2* die angelegte Spannung zu 6 V an (5 Akkuzellen). Dies folgt schneller aus der Gleichung $I = U/R$, denn $U = I \cdot R = 0{,}1\text{ A} \cdot 60\,\Omega = 6\text{ V}$.

Am schnellsten erledigt diese Aufgabe der Strommesser selbst. Man gibt ihm den Widerstand 10 kΩ. Vollausschlag zeigt er dann bei 1 mA. Dabei liegt die Spannung $U = I \cdot R = 0{,}001\text{ A} \cdot 10^4\text{ V/A} = 10\text{ V}$ zwischen seinen Buchsen. *Vollausschlag bedeutet jetzt* 10 V; das Gerät ist nun ein **Spannungsmesser**. Wegen $U \sim I$ bedeutet 0,5 mA in der Mitte der Skala nun 5 V; die Skala bleibt gleichförmig geteilt. Solchen Spannungsmessern gibt man große Widerstände. Man kann sie deshalb zwischen die Punkte schalten, zwischen denen die Spannung zu messen ist.

5. Erhitzen stört das ohmsche Gesetz

Versuch 4: **a)** Wir erhitzen eine Strom führende Wendel aus *Eisendraht* nach *Bild 1* in einer Flamme. Obwohl die Spannung U konstant bleibt, sinkt I erheblich. Also wächst der Widerstand $R = U/I$ von Eisen mit der Temperatur. Dies gilt auch für andere Metalle *(Bild 2)*, nicht dagegen für die oft benutzte Legierung *Konstantan*. Bei *Grafit* dagegen sinkt der Widerstand mit wachsender Temperatur.

b) Wir erhöhen nun die Spannung am Eisendraht und damit auch die Stromstärke I. Der Draht wird nun von selbst heiß; nach a) steigt sein Widerstand. Deshalb wächst I nicht proportional zu U, sondern langsamer. Das ohmsche Gesetz gilt bei Temperatursteigerung nicht mehr.

c) Nun hält ein Wasserbad die Drahttemperatur konstant. Nach *Tabelle 1* gilt das ohmsche Gesetz $I \sim U$ wieder; R ist nun auch bei Eisen konstant.

d) Wir erhöhen nach (b) die Spannung U an Glühlampen mit *Wolframdrähten* oder *Kohlefäden*. Die I-U-Kennlinie nach *Bild 3* zeigt keine Ursprungsgerade mehr. Vielmehr verlangsamt sich der Anstieg der Stromstärke bei Wolframdrähten; ihr Widerstand steigt mit der Temperatur. Bei Kohle ist es umgekehrt. Wenn sich bei Lampen die Temperatur ändert, gilt das ohmsche Gesetz nicht mehr. ■

Der Widerstand reiner Metalle steigt mit der Temperatur. Das ohmsche Gesetz gilt für sie nur bei konstanter Temperatur. Bei Konstanten dagegen ist der Widerstand temperaturunabhängig.

Beim **Widerstandsthermometer** benutzt man diese *Temperaturabhängigkeit des Widerstands* von Drähten aus bestimmten Stoffen. Man befestigt sie etwa am Automotor; ein Strommesser zeigt dann am Armaturenbrett die Motortemperatur in °C an.

6. Unterscheide Definition und Gesetz!

Mit der Gleichung $R = U/I$ ist der Begriff Widerstand R *definiert*, auch wenn er sich mit der Temperatur ändert. Doch kann man dann dem Leiter keinen *bestimmten* Widerstand zusprechen. Nur wenn der so definierte Widerstand $R = U/I$ konstant bleibt, gilt das ohmsche Gesetz $I \sim U$. Streng genommen bildet es eher die Ausnahme. So erhöht sich der Widerstand von Kupfer bei Temperaturerhöhung um 1 K um etwa 0,4 % *(Bild 2)*. Erfreulicherweise kann man meist von dieser Widerstandsänderung absehen. Dann lassen sich mit den aus der Definitionsgleichung $R = U/I$ gewonnenen Gleichungen $I = U/R$ und $U = I \cdot R$ Stromstärken bzw. Spannungen berechnen:

Berechnung von R: $R = U/I$;

Berechnung von U: $U = I \cdot R$;

Berechnung von I: $I = U/R$.

Beispiele: a) In einer Spule aus Kupferdraht misst man bei $U = 20$ V die Stromstärke $I = 0{,}04$ A. Also ist $R = U/I = 20\ \text{V}/0{,}04\ \text{A} = 500\ \Omega$. Meist sinkt I nach dem Einschalten nicht merklich wegen der Temperaturerhöhung. Dann bleibt der Widerstand 500 Ω konstant. Dies gilt erst recht bei der kleineren Spannung $U = 12$ V. Dort ist $I = U/R = 12\ \text{V}/500\ \Omega = 0{,}024$ A. Bei 120 V dagegen könnte die Temperatur des Drahts steigen und sein Widerstand zunehmen. Hier muss man die Stromstärke am Strommesser kontrollieren.

b) In der Kupferdrahtspule von (a) mit $R = 500\ \Omega$ soll $I = 0{,}01$ A sein. Man braucht die Spannung $U = I \cdot R = 0{,}01\ \text{A} \cdot 500\ \Omega = 5$ V. Nach Beispiel (a) ist bei diesen Werten noch keine störende Temperaturerhöhung zu befürchten.

A1. Übertrage die Tabelle in dein Heft und fülle die Lücken aus

U in V	20	12	?
I in A	4	?	0,08
R in Ω	?	200	1500

A2. a) Berechne für die Leiter in *Tabelle 158.1* bis *159.3* die Stromstärken bei der Spannung 2 V.
b) Welche Spannung braucht man jeweils, damit die Stromstärke 0,06 A beträgt?
c) Welche Hilfsgeraden legst du zur Nachprüfung dieser Rechnungen in die I-U-Kennlinie nach *Bild 158.2*?

A3. a) Wie groß ist der Widerstand eines Bügeleisens, in dem bei 230 V Spannung die Stromstärke 4,0 A beträgt?
b) Wie groß ist die Stromstärke, wenn die Spannung auf 220 V sinkt?
c) Bei welcher Spannung würde die Stromstärke nur 1,0 A betragen (R sei konstant)?

A4. Manchmal bezeichnet man die Gleichung $I = U/R$ als ohmsches Gesetz. Ist dies richtig? Was nennen wir ohmsches Gesetz? Was zeigt dabei die I-U-Kennlinie? Welche Größen sind auf den Achsen einer solchen Kennlinie aufgetragen?

A5. a) Ein Draht hat den Widerstand 100 Ω. Wie groß wird dieser, wenn man die Drahtlänge verdreifacht und zugleich die Querschnittsfläche verfünffacht?
b) Lämpchen für die Spielzeugeisenbahn leuchten bei 17 V normal. Worin könnte sich ihr Glühdraht von dem der 4,5 V-Lämpchen unterscheiden (bei gleicher Stromstärke)?

A6. An Drähte mit den Widerständen 0,5 Ω, 1 Ω, 5 Ω, 10 Ω und 20 Ω wird die Spannung 10 V gelegt. Zeichne in einem Schaubild die Stromstärke I und R auf und erkläre, was „proportional zum Kehrwert" bedeutet (man sagt auch „antiproportional"). Vergleiche mit Schaubildern, die eine Proportionalität ausdrücken. Maßstab: 1 cm ≙ 2 Ω; 1 cm ≙ 2 A.

A7. Ein Messgerät zeigt $I = 1{,}0$ mA bei Vollausschlag und hat den Widerstand 300 kΩ. Welche Spannung liegt dann zwischen seinen Buchsen? Bei Vollausschlag steht der Zeiger am Skalenstrich 30. Welche Spannung zeigt das Gerät bei Strich 8 an? Wie groß ist dann die Stromstärke im Messgerät?

Verschiedene Widerstände

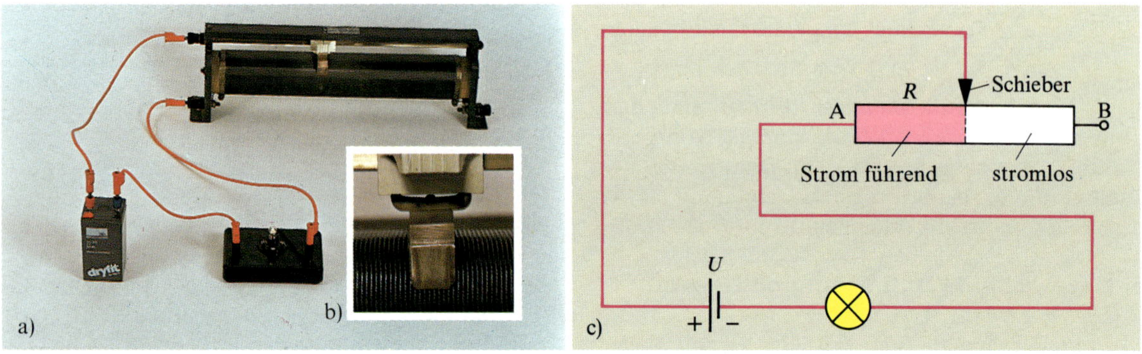

1 Schiebewiderstand im Stromkreis; a) Foto, b) Schleifer vergrößert, c) Schaltskizze; der Anschluss B bleibt frei

1. Berechnung von Widerständen

Wir sahen: Der Widerstand R ist proportional

- zur Leiterlänge l und
- zum Kehrwert $1/A$ der Querschnittsfläche A.

Bei 5facher Leiterlänge l steigt der Widerstand R auf das 5fache. Verdoppelt man zudem die Querschnittsfläche A, erhöht sich R nur auf das 5/2fache. Insgesamt ist also der Widerstand R dem Quotienten l/A proportional: $\boldsymbol{R \sim l/A}$. Den Einfluss von l und A auf R haben wir damit voll ausgedrückt, noch nicht aber den des *Materials*. Dabei hilft ein Proportionalitätsfaktor ϱ (Rho). Er wandelt nämlich die Proportion $R \sim l/A$ in die Gleichung

$$\boldsymbol{R = \varrho \cdot l/A}$$

um. Hängt dieser Faktor ϱ vom Material ab?

Aus $R = \varrho \cdot l/A$ folgt nun $\varrho = R \cdot A/l$. Drähte aus Konstantan haben gegenüber Kupferdrähten bei gleicher Länge l und gleicher Querschnittsfläche A den 30fachen Widerstand R. Also hat ϱ bei Konstantan den 30fachen Wert. ϱ ist eine Materialgröße. Sie heißt **spezifischer Widerstand**. Wir berechnen den Wert für Konstantan nach *Tabelle 158.1*. Der benutzte Draht ($R = 60\,\Omega$; $l = 1{,}0\,\text{m}$, Radius $r = d/2 = 0{,}05\,\text{mm}$) hat die kreisförmige Querschnittsfläche $A = \pi \cdot r^2 = 3{,}14\,r^2 = 0{,}0078\,\text{mm}^2$. Bei Konstantan ist

$$\varrho = \frac{R \cdot A}{l} = \frac{60\,\Omega \cdot 0{,}0078\,\text{mm}^2}{1{,}0\,\text{m}} = 0{,}47\,\frac{\Omega\,\text{mm}^2}{\text{m}}.$$

Ein Konstantandraht der Länge 1 m und der Querschnittsfläche 1 mm² hat also den Widerstand

$$R = \varrho \cdot \frac{l}{A} = 0{,}47\,\frac{\Omega\,\text{mm}^2}{\text{m}} \cdot \frac{1\,\text{m}}{1\,\text{mm}^2} = 0{,}47\,\Omega.$$

Danach gibt der Zahlenwert von ϱ den Widerstand R in Ohm an, den ein Draht aus dem betreffenden Material bei 1 m Länge und 1 mm² Querschnittsfläche besitzt. ϱ selbst hängt nicht von l und A ab.

Ein Draht mit der Länge l und der Querschnittsfläche A aus einem Stoff mit dem spezifischen Widerstand ϱ hat den Widerstand $\boldsymbol{R = \varrho\, l/A}$.
Der **spezifische Widerstand** ϱ kennzeichnet gute, mittlere und schlechte Leiter quantitativ.

Beispiel: Ein Kupferdraht mit der Länge $l = 4{,}0\,\text{m}$ habe den Radius $r = 1{,}0\,\text{mm}$, also die Querschnittsfläche $A = 3{,}14\,r^2 = 3{,}14\,\text{mm}^2$:

$$R = \varrho \cdot \frac{l}{A} = 0{,}017\,\frac{\Omega\,\text{mm}^2}{\text{m}} \cdot \frac{4\,\text{m}}{3{,}14\,\text{mm}^2} = 0{,}022\,\Omega.$$

Silber	0,016	Kohle	50 bis 100
Kupfer	0,017	Germanium	900
Gold	0,023	Silizium	1200
Aluminium	0,028	Akkusäure	um 13 000
Eisen, Stahl um	0,1	Meerwasser	200 000
Wolfram	0,05	dest. Wasser	10^{10}
Konstantan um	0,5	Porzellan, Glas	um 10^{18}

Tabelle 1 Spezifischer Widerstand ϱ in $\Omega\,\text{mm}^2/\text{m}$ bei 18 °C

2. Kurzschluss

Der soeben berechnete Widerstand von 0,022 Ω der Kupferzuleitungen spielte im Stromkreis nach *Bild 158.1* gegenüber dem Widerstand 60 Ω des Konstantandrahts keine Rolle. Deshalb vernachlässigten wir den Widerstand der Zuleitungsdrähte. Würden wir solche Kupferdrähte aber unmittelbar zwischen die Pole einer Quelle mit der konstanten Spannung $U = 230\,\text{V}$ schalten, dann wäre die Stromstärke $I = 230\,\text{V}/0{,}022\,\Omega \approx 10^4\,\text{A}$. Ein derartig starker Strom tritt kurzzeitig auf, wenn sich in einem defekten Bügeleisenkabel die beiden Leitungsdrähte berühren. Es entsteht ein **Kurzschluss.** Bevor der Strom die Leitungen gefährlich erhitzt, unterbricht er sich hoffentlich selbst in der Sicherung.

3. Widerstände in Labor und Technik

Beim Experimentieren, aber auch in Radios usw., braucht man Leiter mit einem bestimmten Widerstand. *Solche Leiter bezeichnet man selbst als Widerstände.* Beim **Schiebewiderstand** nach *Bild 1* ist ein Konstantandraht auf ein isolierendes Keramikrohr gewickelt. Eine Isolierschicht auf den Drähten zwingt die Elektronen, durch jede Windung zu fließen und nicht quer dazu, auch wenn sich die Drähte berühren. Am Gerät kann ein *Schleifer* verstellt werden *(Bild 1b).* Längs seiner Bahn ist die Isolierschicht am Draht abgerieben. Der Schleifer hat also ständig mit dem Draht metallischen Kontakt. Rücken wir den Schleifer nach rechts, so wird der Strom führende, rot gezeichnete Teil des Drahtes länger und folglich der Widerstand R im Kreis größer. Deshalb sinkt die Stromstärke $I = U/R$, die Lampe wird dunkler. Bei Lautstärkereglern usw. gibt man dem Widerstand häufig Kreisform und bedient den Schleifkontakt mit einem Drehknopf.

Schichtwiderstände bestehen aus einem Keramikröhrchen mit aufgedampfter Kohle- oder Metallschicht. Man findet solche *Festwiderstände* auch in Radios. Da Widerstandsangaben auf den dünnen Röhrchen kaum lesbar wären, benutzt man einen Farbcode nach *Bild 2.* Der tatsächliche Widerstand schwankt von Exemplar zu Exemplar oft erheblich. Drahtwiderstände sind genauer.

A1. Ein Kupferdraht ist 10 m lang und hat 0,10 mm² Querschnittsfläche. Wie groß ist sein Widerstand? Bei welcher Spannung zwischen seinen Enden beträgt die Stromstärke 0,30 A? Welche Werte ergäben sich mit Konstantan?

A2. Man möchte die Länge eines Kupferdrahts mit der Querschnittsfläche 0,002 mm² auf einer Spule bestimmen. Legt man 20 V Spannung an, so beträgt die Stromstärke 1 mA. Wie lang ist der Draht?

A3. Wie lang muss ein Draht von 1,0 mm² Querschnittsfläche sein, damit er 1000 Ω Widerstand hat, wenn er
a) aus Kupfer,
b) aus Konstantan,
c) aus Eisen ist?
d) Wie groß wäre der Widerstand eines 10 cm langen Glasstabs mit 100 mm² Querschnittsfläche? (Feuchtigkeit auf der Glasoberfläche kann den Widerstand erheblich verkleinern.)

A4. Eine 1,0 km lange Kupferleitung hat 10 Ω Widerstand. Berechne ihre Querschnittsfläche. Häufig ersetzt man Kupfer durch Aluminium. Berechne Querschnittsfläche und Masse einer 1,0 km langen Aluminiumleitung, die elektrisch gesehen dieser Kupferleitung gleichwertig ist, also den gleichen Widerstand 10 Ω aufweist.

A5. a) Welche Länge müsste man Cu-, Ag- bzw. Fe-Drähten geben, damit sie bei gleichem Durchmesser denselben Widerstand wie ein 1 m langer Konstantandraht haben (rechne z. B. mit $A = 1\,\text{mm}^2$)? Zeichne diese Längen mit dem Maßstab 1:100.
b) Wie groß müssten die Querschnittsflächen sein, damit sich bei diesen Stoffen bei gleicher Länge der gleiche Widerstand wie bei einem Konstantandraht von 1 mm² Querschnittsfläche ergibt?

A6. Hochspannungsleitungen bestehen aus Seilen, die zur mechanischen Festigkeit einen Stahlkern mit 50 mm² Querschnittsfläche aufweisen. Er ist von einem Aluminiummantel mit 280 mm² Querschnittsfläche umgeben. Wie groß sind die Widerstände von Kern und Mantel bei einem 1,0 km langen Seil *(Bild 167.3)*?

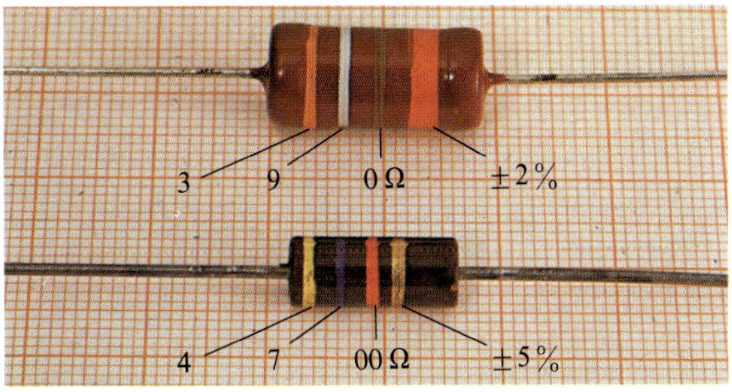

2 Farbcode auf Festwiderständen; die Bedeutung der Ringe hängt von ihrer Farbe und Stellung ab (Seite 368)

Im Überblick: Magnetismus, Stromstärke, ohmsches Gesetz

1. Erkenntnisse zum Magnetismus

- Magnete haben stets magnetische Nord- und Südpole. Ungleichnamige Pole ziehen sich an, gleichnamige stoßen sich gegenseitig ab.
- Jeder Magnet ist von einem Magnetfeld umgeben, gezeichnete Feldlinien zeigen uns mögliche Kraftwirkungen. Die Feldlinien verlaufen vom magnetischen Nord- zum Südpol.
- Fließende Ladung, also Ströme, erzeugen ein Magnetfeld, dessen Feldlinien weder Anfang noch Ende haben. Die Feldlinien eines Strom führenden geraden Leiters bilden um diesen konzentrische Kreise. Dabei gibt es keine Pole.
- Hält man den gespreizten Daumen der linken Hand in Richtung des Elektronenstroms, so zeigen die gekrümmten Finger die Richtung der magnetischen Feldlinien (Linke-Faust-Regel).
- Das Magnetfeld in der Nähe Strom führender Spulen ist das gleiche wie das von Stabmagneten.

2. Feldlinienbilder verraten viel

Häufig fragt man, welche Kräfte der Nordpol eines Magneten im Magnetfeld eines zweiten Magneten erfährt. Das wollen wir diesmal nicht tun, sondern die beiden Magnete als gleichberechtigt betrachten. Der erste Magnet hat selbst ja auch ein Magnetfeld. Durch das Zusammenwirken beider Felder entsteht ein neues, resultierendes Magnetfeld.

Wir wissen, dass zwei gleichnamige Pole sich gegenseitig abstoßen – gemeinsam erzeugen sie ein Feld wie in *Bild 1*; die Eisenfeilspanketten scheinen sich zu „verdrängen". Liegen sich dagegen ungleichnamige Pole gegenüber, so wirkt eine anziehende Kraft – jetzt verlaufen die Feldlinien von Pol zu Pol zwischen den Magneten *(Bild 2 links)*. Um die Richtung der gegenseitig ausgeübten Kräfte zu erfahren, müssen wir also gar keinen Versuch mehr durchführen. Am Verlauf der Feldlinien im gemeinsamen Magnetfeld lesen wir sie ab.

3. Wirkungen des elektrischen Stroms

- Die **magnetische Wirkung** ist stets vorhanden,
- die **Wärmewirkung** gibt es nur, falls die bewegten Ladungsträger Widerstand erfahren (nicht in Supraleitern; Seite 288),
- **chemische Wirkungen** nur in Elektrolyten.

4. Fließende Ladung – ruhende Ladung

Fließende Ladung kann man mit Knallgaszellen messen: Die Einheit der Ladung, 1 Coulomb (C), scheidet unabhängig von der Zeit 0,19 cm^3 Knallgas ab (bei 20 °C und normalem Luftdruck). Man veranschaulicht fließende Ladung mit der Zahl der Elektronen, die *durch einen Querschnitt der Leitung* treten. **Ruhende Ladung** dagegen veranschaulicht man mit der Zahl der Elektronen, die als Überschuss oder als Fehlbestand registriert werden: $6{,}24 \cdot 10^{18}$ Elektronen bilden 1 Coulomb. Q bezeichnet Ladungsmengen.

5. Stromstärke $I = Q/t$

a) Ihre Einheit ist 1 A = 1 C/s. 1 mA = 0,001 A. Die Stromstärke $I = Q/t$ veranschaulicht man mit der Zahl der Elektronen, die *je Sekunde* durch einen Leiterquerschnitt treten. Die Einheit 1 A = 1 C/s entspricht $6{,}24 \cdot 10^{18}$ Elektronen je s.

b) Viele Stromstärkemesser benutzen die magnetische Stromwirkung. Man schaltet sie in Reihe mit dem Gerät, in dem man die Stromstärke messen will.

6. Widerstand und ohmsches Gesetz

Den Quotienten aus Spannung und Stromstärke nennt man den **Widerstand:** $R = U/I$. Die Einheit von R ist $1\,\Omega = 1$ V/A. Mit der Spannung (Einfluss der Quelle) steigt in einem Stromkreis die Stromstärke. Sind dabei Stromstärke und Spannung zueinander proportional ($I \sim U$), so gilt das **ohmsche Gesetz.** $R = U/I$ ist in diesem Fall konstant, die I-U-Kennlinie ist eine Ursprungsgerade. Im Allgemeinen ist der Widerstand eines Leiters abhängig von der Temperatur, das ohmsche Gesetz gilt dann nicht.

A1. In einem Nagel befinden sich genauso viele Nord- wie Südpole (Modell der zunächst ungeordneten Elementarmagnete). Wieso kann dann der Nagel vom Nordpol eines Stabmagneten angezogen werden?

A2. Zeichne *Bild 2* in dein Heft. a) Bei A befinde sich ein Testnordpol. Skizziere die auf ihn wirkende Kraft durch einen Kraftpfeil. Zeichne durch A auch Feldlinien der einzelnen Magnete mit in das Bild. In welche Richtungen wirken ungefähr die einzelnen Kräfte auf den Testpol?

b) Welche Pole stehen sich im rechten Bild gegenüber? Wie würde sich eine Kompassnadel im Punkt C ausrichten?

c) Woran könnte man die gegenseitige Wirkung der Magnete aufeinander erkennen, auch wenn die Polbezeichnungen in beiden Bildern fehlten?

A3. Seit welchem historischen Versuch behandelt man Magnetismus und Elektrizität zusammen? Wo finden sich Anwendungen dazu?

A4. Beim Magnetismus und bei der Elektrizität gibt es ein Neutralisieren. Was versteht man jeweils darunter? Kann man auch die Gewichtskraft neutralisieren? Begründe deine Antwort.

A5. Man schickt durch einen sehr langen Stabmagneten Strom vom Süd- zum Nordpol. Aus welchen Teilen setzt sich das Magnetfeld zusammen? Woran erkennt man an einer Magnetnadel, die neben dem Stabmagneten steht, ob dieser Strom führt?

A6. 1 Coulomb nennt man auch 1 Amperesekunde (1 As = 1 s · 1 C/s = 1 C). Sie ist ein Produkt. Wie viel C sind 1 Ah (Ampere-Stunde)? Ein frisch geladener Bleiakkumulator „gibt 84 Ah ab". Wie lange kann ihm der Strom der Stärke 1 A „entnommen" werden? Warum benutzen wir hier Anführungszeichen? Wie viel Knallgas könnte er erzeugen? Wie lange kann er im Auto zwei parallel geschaltete Scheinwerferlampen, je von 5 A durchflossen, speisen?

A7. Wie viele Elektronen fließen bei 100 mA in 5 s durch einen Leiterquerschnitt?

A8. In den beiden Zweigen eines Stromkreises liegen zwei Strommesser. Der eine zeigt 1,8 A. Was zeigt der andere, wenn im unverzweigten Teil 2,4 A gemessen wird?

A9. Eine kleine Spule wird drehbar zwischen die Windungen einer großen gehängt. Welche Richtung nimmt die Achse der kleinen ein, wenn beide Strom führen? Fließen dann ihre Elektronen jeweils im gleichen oder entgegengesetzten Drehsinn?

A10. *Bild 3* zeigt verschiedene Gerätesicherungen. Manche werden als flink, andere als träge bezeichnet; in manchen sieht man den dünnen Sicherungsdraht; in anderen umgibt diesen feiner Sand. Erkennst du Zusammenhänge?

A11. Nenne die Definition des Widerstandes. Was besagt das „ohmsche Gesetz"?

A12. a) Wie groß ist der Widerstand eines Drahtes, in dem bei einer Spannung von 24 V die Stromstärke 1,6 A beträgt?

b) Auf welchen Wert muss man die Spannung für eine Stromstärke von 1,2 A absenken?

c) Jetzt soll ein Draht 16facher Länge aus gleichem Material genommen werden. Welchen Durchmesser müsste man vergleichsweise wählen, damit der Widerstand gleich bleibt?

A13. Ein Techniker misst direkt nach dem Einschalten einer Glühlampe (Wolframdraht) einen Strom von 5 A. Kurz darauf sinkt die Stromstärke auf 0,5 A und behält diesen Wert bei. War das Messgerät defekt?

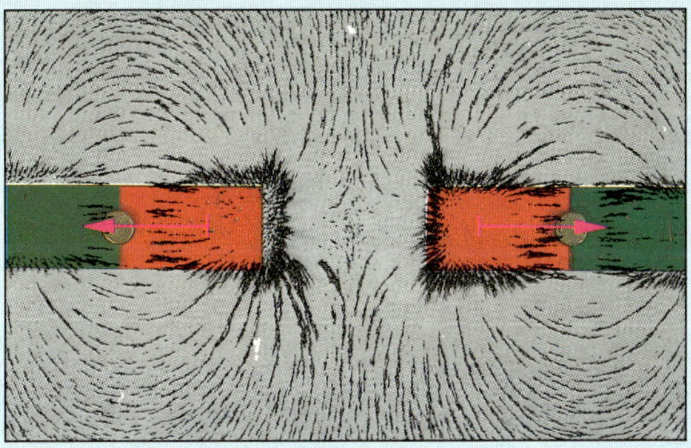

1 Die gleichnamigen Pole stoßen sich ab. Es gibt keine Feldlinien von Nord- zu Nordpol

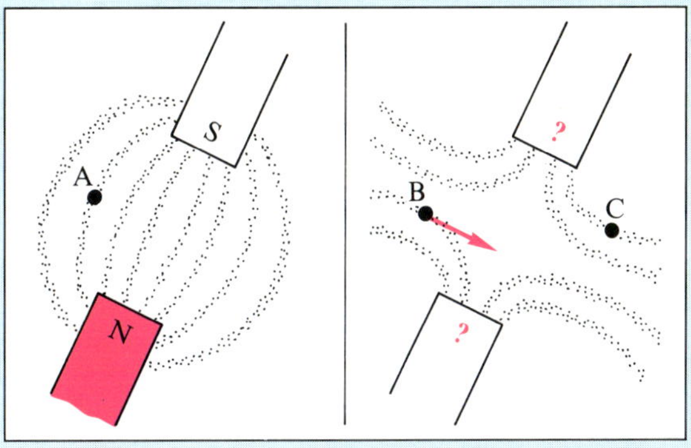

2 Zu A2: Zwei Magnetfelder. Was kann man ablesen?

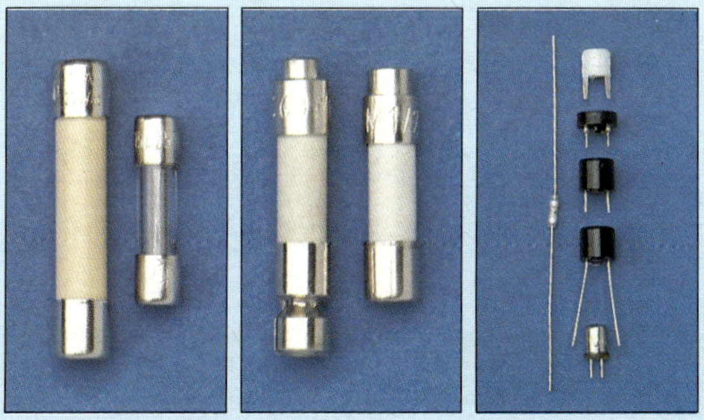

3 Zu A10: Verschiedene Schmelzsicherungen

Der verzweigte Stromkreis

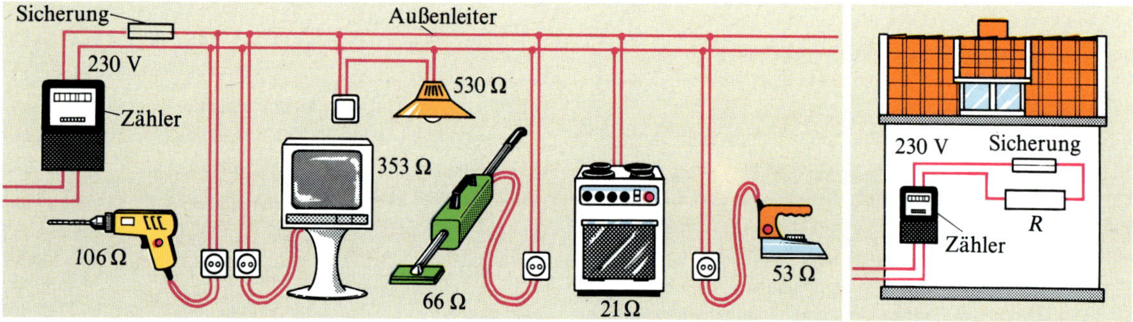

1 Die Geräte im Haushalt liegen an der gleichen Spannung 230 V. Sie sind parallel geschaltet.

1. Wie sind die Geräte im Haushalt geschaltet?

Versuch 1: Um diese Frage zu klären, legen wir zwei Lämpchen hintereinander an eine Batterie. Drehen wir eines aus der Fassung, so geht auch das andere aus. Um sie aber einzeln schalten zu können, legen wir sie *unmittelbar an die gleiche Spannung*. Haushaltsgeräte sind deshalb nach *Bild 1* direkt an die beiden oberen Netzleitungen angeschlossen, zwischen denen die Spannung $U = 230$ V besteht. Diese Spannung bekommt jedes Gerät. ■

Versuch 2: **a)** Für *Bild 2* wurde eine dieser beiden Leitungen nach unten verlegt. Zwischen beiden halten wir die Spannung $U = 100$ V konstant. Zunächst legen wir nur den Widerstand $R_1 = 10\,\text{k}\Omega$ dazwischen. Die Stromstärke ist $I_1 = U/R_1 = 10$ mA. Dann legen wir ihm den doppelt so großen Widerstand $R_2 = 20\,\text{k}\Omega$ *parallel*. Dort messen wir nur die halbe Stromstärke $I_2 = U/R_2 = 5$ mA.

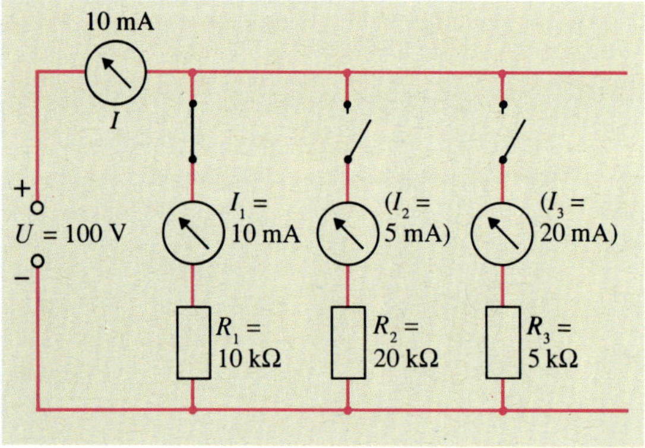

2 Parallelschaltung von R_1, R_2 und R_3

b) Spannungsmesser zeigen, dass an R_1 und R_2 die gleiche Spannung 100 V liegt. Deshalb kann die Stromstärke $I_1 = U/R_1$ in R_1 nicht auf Kosten von I_2 sinken. Im unverzweigten Teil lesen wir als **Gesamtstrom** I dieser **Parallelschaltung** die Summe $I = I_1 + I_2 = 10\text{ mA} + 5\text{ mA} = 15$ mA ab.

c) Nun schalten wir noch einen dritten Widerstand $R_3 = 5\,\text{k}\Omega$ parallel. Der Zweigstrom durch ihn, $I_3 = U/R_3 = 20$ mA, erhöht den Gesamtstrom I von 15 mA auf 35 mA; weitere Zweigwiderstände R_i vergrößern I über 35 mA hinaus. ■

Bei der **Parallelschaltung** liegt an allen Zweigwiderständen die gleiche Spannung. Die **Gesamtstromstärke** I im unverzweigten Teil ist gleich der Summe der Zweigstromstärken $I_1, I_2, I_3, \ldots$.
Es gilt:

$$I = I_1 + I_2 + I_3 + \ldots \quad (1)$$

2. Welcher Zweigstrom ist am stärksten?

Im doppelten Widerstand erzeugt die gemeinsame Spannung U nur die halbe Stromstärke. Dividieren wir die Gleichungen für die Zweigströme $I_1 = U/R_1$ und $I_2 = U/R_2$ durcheinander, entfällt U. Es folgt:

$$\frac{I_1}{I_2} = \frac{R_2}{R_1} \quad (2)$$

Bei einer **Stromverzweigung** verhalten sich die **Stromstärken** in den Zweigen umgekehrt wie die Zweigwiderstände.

3. Mehr Geräte – weniger Widerstand

Schieben wir die Zweigwiderstände in *Bild 2* in Gedanken zusammen, so entsteht *ein* Widerstand von größerem Querschnitt. Nun kann man mit *einem* Widerstand leichter rechnen. Also denken wir uns die Parallelschaltung durch *einen* Widerstand *ersetzt*, ohne jedoch Spannung ($U = 100$ V) und Gesamtstrom ($I = 35$ mA) zu ändern. Dieser **Ersatzwiderstand** ist $R = U/I = 100\,\text{V}/35\,\text{mA} = 2{,}86\,\text{k}\Omega$.

Er ist kleiner als der kleinste Zweigwiderstand (5 kΩ); denn jeder ihm parallel gelegte Widerstand R_i erhöht die Gesamtstromstärke I. Aus $R = U/I$ folgt für diese $I = U/R = U/R_1 + U/R_2 + U/R_3$. Nach Division durch U ergibt sich für den Ersatzwiderstand R

$$\frac{1}{R} = \frac{1}{R_1} + \frac{1}{R_2} + \frac{1}{R_3} + \dots \qquad (3)$$

Der Kehrwert $1/R$ des Ersatzwiderstands R einer Parallelschaltung ist gleich der Summe der Kehrwerte $1/R_i$ der Zweigwiderstände R_i. R ist kleiner als der kleinste Zweigwiderstand.

4. Zwei weit reichende Beispiele

a) Vier gleiche Widerstände von je 100 Ω liegen parallel. Für den Ersatzwiderstand R gilt

$$\frac{1}{R} = \frac{1}{100\,\Omega} + \frac{1}{100\,\Omega} + \frac{1}{100\,\Omega} + \frac{1}{100\,\Omega} = \frac{4}{100\,\Omega}$$

d. h. $R = 100\,\Omega/4 = 25\,\Omega$. Dies ist nur der 4. Teil eines Einzelwiderstands. Beim Parallelschalten der vier Drähte vervierfacht sich ja die Querschnittsfläche. Beträgt die angelegte Spannung $U = 50$ V, so berechnet man aus dem Ersatzwiderstand $R = 25\,\Omega$ die Gesamtstromstärke $I = U/R = 2$ A. Man prüft leicht nach, dass dies auch die Summe der vier gleichen Zweigstromstärken $I_i = U/R_i = 0{,}5$ A ist.

b) Ein 1 km langes Seil einer *Hochspannungsfreileitung* hat einen Stahlkern mit $R_1 = 2\,\Omega$ Widerstand *(Bild 3)*. Er gibt mechanische Festigkeit. Wie verändert der Aluminiummantel mit dem Widerstand $R_2 = 0{,}1\,\Omega$ den Widerstand, den das Seil schließlich dem Strom darbietet? Es wäre nun falsch, die Widerstände $R_1 = 2\,\Omega$ und $R_2 = 0{,}1\,\Omega$ von Kern und Mantel zu addieren; Elektronen fließen ja durch beide nicht nacheinander, sondern *parallel*.

Der Ersatzwiderstand folgt nach $1/R = 1/R_1 + 1/R_2 = 0{,}5 \cdot 1/\Omega + 10 \cdot 1/\Omega = 10{,}5/\Omega$ zu $R = 0{,}095\,\Omega$.

Nun liege die Spannung $U = 100$ V zwischen den Enden dieses 1 km langen Seilstückes. Die Stromstärke im Stahlkern ist $I_1 = U/R_1 = 50$ A, im Alumantel $I_2 = U/R_2 = 1000$ A. Die Summe dieser Zweigströme $I = I_1 + I_2 = 1050$ A hätte man auch aus dem Ersatzwiderstand $R = 0{,}095\,\Omega$ berechnen können: $I = U/R = 100\,\text{V}/0{,}095\,\Omega = 1050$ A.

5. Weniger Widerstand – höherer Leitwert

Techniker, die oft Parallelschaltungen berechnen müssen, benutzen anstelle des Widerstandes R gern dessen Kehrwert $G = 1/R = I/U$. G ist der **Leitwert** einer elektrischen Schaltung. Die Einheit des Leitwertes G ist $1/\Omega = 1$ S (Siemens; WERNER V. SIEMENS ist der Entdecker des dynamoelektrischen Prinzips 1866). Wegen $G = 1/R$ folgt aus *Gl. 3:*

$$G = G_1 + G_2 + G_3 + \dots \qquad (4)$$

Der **Leitwert G** des Ersatzwiderstandes einer Parallelschaltung ist gleich der Summe der Leitwerte der einzelnen Zweigwiderstände, G ist größer als der größte Einzelleitwert.

A1. a) Berechne die Ströme in den einzelnen Geräten nach *Bild 1*. Wie groß ist der Gesamtstrom?
b) Wie groß ist der Ersatzwiderstand R der gesamten Anlage (rechts im Haus angedeutet)? Wie verhalten sich die Stromstärken in Herd und Fernsehgerät zueinander?
c) Berechne die Leitwerte der einzelnen Geräte. Bestimme jetzt Ersatzleitwert und Gesamtstromstärke für jeweils zwei Geräte.

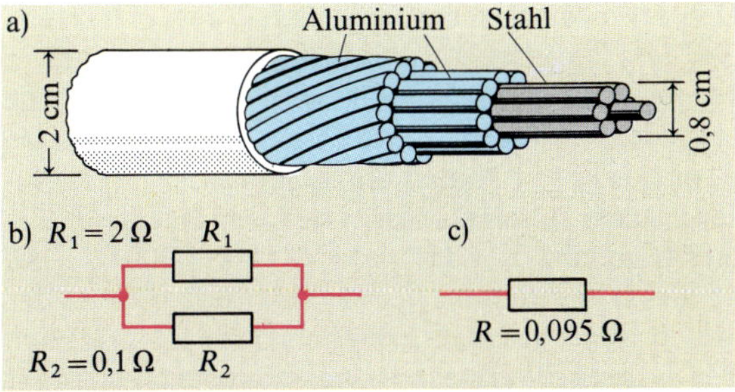

3 a) Seil einer Hochspannungsleitung mit Stahlkern und Aluminiummantel; b) Parallelschaltung beider; c) Ersatzwiderstand

Der unverzweigte Stromkreis

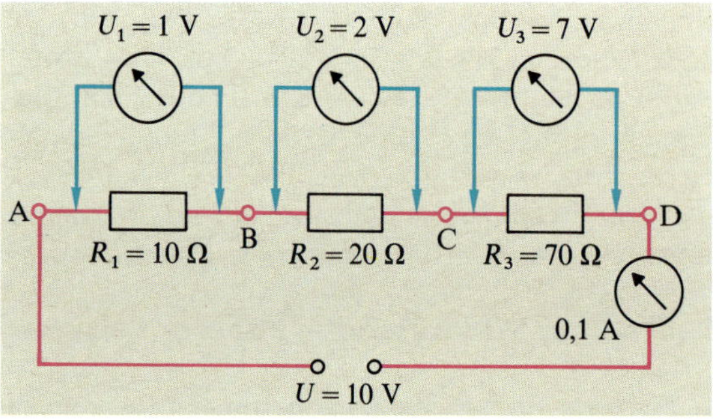

1 Widerstände in Reihe haben gleiche Stromstärke, aber unterschiedliche Teilspannungen

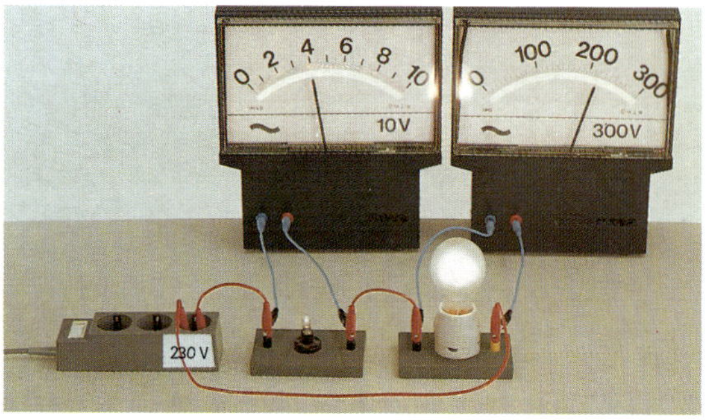

2 Zu Versuch 3: Die große Lampe schützt das kleine Lämpchen vor der Spannung 230 V (Schaltskizze in *Bild 3*)

1. Mehr Geräte – mehr Widerstand

Wir betrachten die Lichterketten vom Weihnachtsbaum. Wenn auch nur eine ihrer Kerzen in der Fassung locker sitzt, leuchtet keine mehr. Die Kerzen liegen nämlich im Stromkreis *hintereinander*, sie sind *in Reihe*, man sagt auch *in Serie* geschaltet. In allen Glühdrähten fließt gleiche Ladung; nichts wird seitlich abgezweigt. Die Stromstärke ist überall gleich groß – im Gegensatz zur Parallelschaltung. Wie ändert sich die Stromstärke in der Kette, wenn man die Zahl der in Reihe gelegten Kerzen erhöht? Um dies zu klären, ersetzen wir sie durch Widerstände bekannter Größe.

Versuch 1: Wir legen den Widerstand $R_1 = 10\,\Omega$ an die Spannung $U = 10$ V und messen die Stromstärke $I = U/R_1 = 1$ A. Nun schalten wir nach *Bild 1* zu R_1 noch die zwei Widerstände $R_2 = 20\,\Omega$ und $R_3 = 70\,\Omega$ in Reihe. Die Stromstärke sinkt auf $I = 0{,}1$ A. ■

Der Strom hat es in der Reihenschaltung „schwerer". Auf dem längeren Weg wird jedes Elektron häufiger abgebremst. Wir denken uns also die drei in Reihe liegenden Widerstände durch einen ersetzt, ohne die Stromstärke (0,1 A) und die Spannung (10 V) zu ändern. Nach unseren Messwerten beträgt dieser **Ersatzwiderstand** $R = U/I = 10\text{ V}/0{,}1\text{ A} = 100\,\Omega$. Dies ist gleich der Summe $R = 10\,\Omega + 20\,\Omega + 70\ \ \Omega$ der drei in Reihe gelegten **Teilwiderstände R_i**. Legt man z. B. n gleiche Drähte in Reihe, so entsteht *ein* Draht n-facher Länge mit n-fachem Widerstand. Wegen der Summenbildung ist der Ersatzwiderstand (100 Ω) größer als der größte Teilwiderstand (70 Ω).

Bei **Reihenschaltung** ist die Stromstärke in allen hintereinander liegenden Teilwiderständen gleich. Der **Ersatzwiderstand R** ist gleich der **Summe der Teilwiderstände R_1, R_2**, ...:

$$R = R_1 + R_2 + R_3 + \dots \qquad (1)$$

2. Teilspannungen im Stromkreis

Nach *Bild 1* ist im Widerstand $R_1 = 10\,\Omega$ die Stromstärke $I = 0{,}1$ A. Für 0,1 A braucht man aber an $R_1 = 10\,\Omega$ nicht die Spannung 10 V, sondern nur $U_1 = I \cdot R_1 = 1$ V. An $R_2 = 2 \cdot R_1 = 20\,\Omega$ braucht man für ebenfalls 0,1 A die doppelte Spannung 2 V; an 70 Ω sind $70\,\Omega \cdot 0{,}1\text{ A} = 7$ V nötig. Woher kommen diese kleinen Spannungen? Nun, ihre Summe ist 1 V + 2 V + 7 V = 10 V, also die Spannung der Quelle. Hat sich diese Spannung auf die Teilwiderstände verteilt? Messen wir dort:

Versuch 2: Wir schalten nach *Bild 1* parallel zu jedem Teilwiderstand R_i einen Spannungsmesser (blau) und finden tatsächlich die vermuteten Teilspannungen U_i, nämlich 1 V, 2 V und 7 V. ■

Damit haben wir etwas Neues entdeckt: Die Spannung $U = 10$ V der Quelle verteilt sich über die in Reihe liegenden Teilwiderstände – und das genau nach „Bedarf"! Die Stromstärke ist überall gleich, weil sich z. B. am 7fachen Teilwiderstand auch die 7fache Teilspannung $U_i = I \cdot R_i$ einstellt. Aus $U_1 = I \cdot R_1$ und $U_2 = I \cdot R_2$ folgt $\boldsymbol{U_1/U_2 = R_1/R_2}$. Am größeren Teilwiderstand R_i findet sich also ein größerer Anteil $U_i = I \cdot R_i$ der Gesamtspannung U.

Zwischen den Enden der Teilwiderstände R_i liegen die Teilspannungen $U_i = I \cdot R_i$. Deren Summe ist gleich der Gesamtspannung U:

$$U = U_1 + U_2 + U_3 + \ldots = I \cdot R_1 + I \cdot R_2 + I \cdot R_3 + \ldots = I \cdot (R_1 + R_2 + R_3 + \ldots) = I \cdot R. \quad (2)$$

Die Teilspannungen U_i verhalten sich wie die Teilwiderstände R_i:

$$U_1/U_2 = R_1/R_2; \quad U_1/U_3 = R_1/R_3 \quad \text{usw.} \quad (3)$$

Die Klammer in *Gl. 2* enthält den Ersatzwiderstand $R = R_1 + R_2 + \ldots$ Er übertrifft den größten Teilwiderstand. Diese Tatsache führt zu einem überraschenden Versuch:

Versuch 3: **a)** Man nimmt eine Haushaltslampe und misst bei der Nennspannung 230 V eine Stromstärke von 65 mA. Bei einem Spielzeuglämpchen erreicht man etwa die gleiche Stromstärke bei 4 V.

b) Nun legt man beide Lampen in Reihe und erhöht die Spannung vorsichtig. Erst bei 230 V leuchten beide normal. Zwar ist die Stromstärke 64 mA gemeinsam. Doch teilt sich nach *Bild 2* und *3* die Spannung 230 V in 4 V und 226 V auf. ■

Wir rechnen: Die große Lampe hat den Widerstand $R_1 = 230\ \text{V}/0{,}065\ \text{A} = 3540\ \Omega$, die kleine Lampe $R_2 = 4\ \text{V}/0{,}065\ \text{A} = 60\ \Omega$ *(Bild 3)*. Ihre Summe ergibt den Ersatzwiderstand $R = 3600\ \Omega$.

Die Stromstärke $I = 230\ \text{V}/3600\ \Omega = 64\ \text{mA}$ hat also fast den gemeinsamen Nennwert 65 mA. Sie erzeugt am Lämpchenwiderstand $R_2 = 60\ \Omega$ die Teilspannung $U_2 = I \cdot R_2 = 0{,}064\ \text{A} \cdot 60\ \Omega \approx 4\ \text{V}$, am größeren Lampenwiderstand $R_1 = 3540\ \Omega$ dagegen $U_1 = I \cdot R_1 = 0{,}064\ \text{A} \cdot 3540\ \Omega = 226\ \text{V}$. Die Teilspannungen 226 V und 4 V verhalten sich zueinander wie die Teilwiderstände 3540 Ω und 60 Ω:
Es gilt $226\ \text{V}/4\ \text{V} \approx 3540\ \Omega/60\ \Omega = 59/1$.

Und wenn in *Bild 2* das kleine Lämpchen am Minuspol liegt? Stürzen sich dann nicht aus ihm die Elektronen ungehindert in den Glühdraht und werden erst im nachfolgenden großen Widerstand der großen Lampe gebremst? Nein! Lampendrähte und Leitungen sind von vornherein mit Elektronen gefüllt. Wenn wir die Quelle anschließen, setzen sich *alle* Elektronen im Kreis *gleichzeitig* in Bewegung.

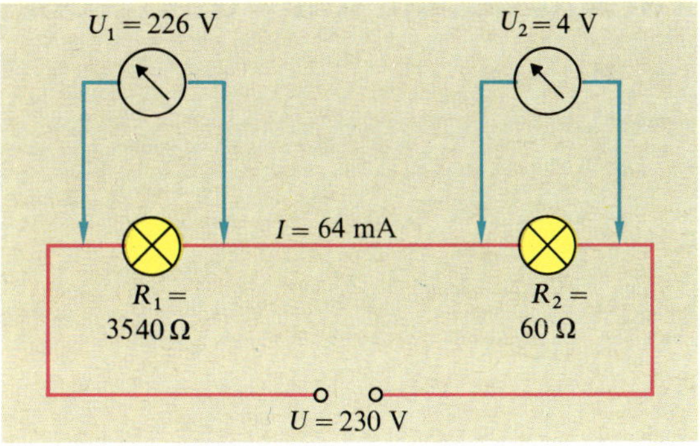

3 Ersatzwiderstand $R = R_1 + R_2 = 3600\ \Omega$

A1. a) Welche Stromstärke stellt sich in der Reihenschaltung der 3 Widerstände 20 Ω, 50 Ω und 30 Ω bei der Spannung 20 V ein? Wie groß sind die Teilspannungen? Wie misst man sie?
b) Welchen 4. Widerstand braucht man zusätzlich, damit eine Quelle von 30 V die gleiche Stromstärke wie in (a) liefert?

A2. a) Welche Stromstärke bekommt man beim Parallelschalten der 3 Widerstände aus Aufgabe A1 a) an 20 V? Wie groß sind dann die Spannungen an jedem Widerstand, wie groß ist der Ersatzwiderstand?
b) Welchen 4. Widerstand muss man zusätzlich parallel schalten, damit eine Quelle von 10 V die gleiche Stromstärke wie in (a) liefert?
c) Welche Größe teilt sich bei der Parallel-, welche bei der Reihenschaltung auf?

A3. Es gibt zwei Arten von Lichterketten am Weihnachtsbaum für 230 V. Die einen haben 10, die anderen 16 unter sich gleiche Kerzen.
a) Du hast die Lampen durcheinander gebracht. Wie kannst du am Eisenbahntrafo (16 V) prüfen, zu welcher Kette eine Kerze gehört?
b) Wie groß ist die Spannung U bei einer Kerze in der 10er bzw. 16er Kette?
c) Eine Kerze der 10er Kette hat eine Nennstromstärke von 130 mA; bei einer Kerze der 16er Kette beträgt sie 209 mA. Welchen Widerstand R hat jeweils eine Kerze, welchen Widerstand R_{ges} die ganze Kette? Übertrage *Tabelle 1* in dein Heft und fülle sie aus (U, I, R für je eine Kerze).

	U in V	I in A	R in Ω	R_{ges} in Ω
10er-Kette	.....	....	....	....
16er-Kette	.....	....	....	....

Tabelle 1 Zu A 3 c)

Vorwiderstand und Potentiometer

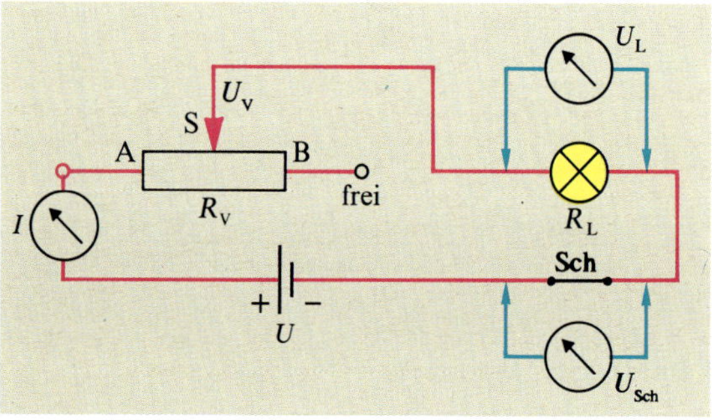

1 Helligkeitsänderung mit Vorwiderstand

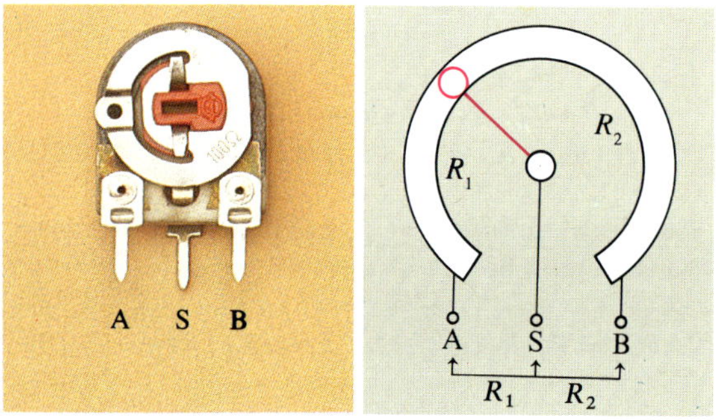

3 Potentiometer mit drei Anschlüssen

1. Geräteschutz durch Vorwiderstände

Wir haben in Versuch 169.3 ein 4 V-Lämpchen durch eine große Lampe vor der Spannung 230 V geschützt. Nun wollen wir diese Lampe durch einen **Vorwiderstand** R_v ersetzen. Wie groß muss er sein? Er muss die Teilspannung $U_v = 230\,V - 4\,V = 226\,V$ übernehmen. Da auch im Vorwiderstand die Lämpchenstromstärke $I = 0{,}065\,A$ besteht, gilt für ihn $R_v = U_v/I = 226\,V/0{,}065\,A = 3500\,\Omega$.

Versuch 1: **a)** Wir ersetzen die große Lampe durch einen Schiebewiderstand, der auf $3500\,\Omega$ eingestellt ist *(Bild 1)*. Das kleine Lämpchen bekommt seine Nennspannung 4 V und leuchtet normal.

b) Nun vergrößert man den Schiebewiderstand R_V gemäß *Bild 1* und damit den Ersatzwiderstand R der Reihenschaltung. Das Lämpchen leuchtet schwächer; die Stromstärke I sinkt. Wie der zum Lämpchen (R_L) parallel gelegte Spannungsmesser zeigt, sinkt auch am Lämpchen die Teilspannung $U_L = I \cdot R_L$. Dagegen steigt die Teilspannung $U_V = I \cdot R_V$ an dem als Vorwiderstand benutzten Schiebewiderstand R_V. Wir haben ihn ja vergrößert, den Lampenwiderstand R_L dagegen nicht. Zudem ist die Summe $U_V + U_L$ aus beiden Teilspannungen stets gleich der angelegten konstanten Spannung $U = 230\,V$.

c) Man versuche nun mit dem Schiebewiderstand, die Teilspannung $U_L = I \cdot R_L$ am Lämpchen stetig auf 0 V zu senken. Dazu müsste man die Stromstärke I im Kreis stetig auf 0 A verkleinern. Dies gelingt nicht, weil sich der Schiebewiderstand R_v nicht beliebig vergrößern lässt. Wir bauen deshalb im Folgenden eine etwas kompliziertere Schaltung auf. Mit ihr soll die Spannung 1,5 V einer Monozelle beliebig fein unterteilt werden.

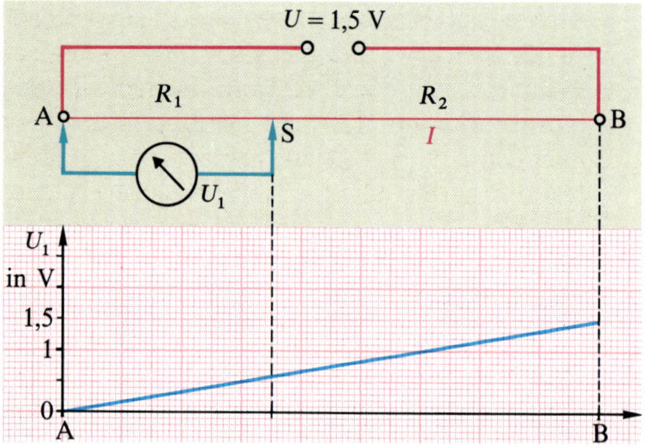

2 Ein Draht als Spannungsteiler: Die Teilspannung fällt stetig von 1,5 V auf 0 V, wenn S nach links gleitet

2. Wie erzeugt man beliebig kleine Spannungen?

Versuch 2: Nach *Bild 2* liegt die Spannung $U = 1{,}5\,V$ zwischen den Enden A und B eines dünnen Konstantandrahts. Er ist zwischen zwei Klemmen gespannt und hat überall die gleiche Stromstärke I. Den linken Anschluss eines Spannungsmessers legen wir fest an A; mit dem anderen (S) gleiten wir längs des Drahts von B nach A, also nach links. So messen wir die Teilspannung U_1 zwischen dem *Schleifer* S und dem linken Anschluss A. Wie das Schaubild zeigt, fällt sie gleichmäßig von 1,5 V auf 0 V. Steht der Schleifer in der Mitte des Schleifdrahts, bekommen wir die halbe Spannung 0,75 V. ■

Beim Verschieben des Schleifers S ändert sich der Widerstand des ganzen Drahts und damit die Stromstärke I nicht. Wir verkürzen nur das abgegriffene Drahtstück AS und verkleinern so dessen Teilwiderstand R_1. Deshalb sinkt die abgegriffene Teilspannung $U_1 = I \cdot R_1$. Sie wird 0 V, wenn der Schleifer S das linke Ende A erreicht ($R_1 \to 0\,\Omega$). Für diese **Spannungsteiler-** oder **Potentiometerschaltung** sind Schiebe- und Drehwiderstände besonders bequem *(Bild 3)*. Dabei benutzt man den Anfang A, den Schleifer S *und das Ende B zugleich* – nicht nur A und S wie beim Vorwiderstand. So geschaltete Widerstände heißen **Potentiometer**. Bei Drehwiderständen wird der Schleifer mit einem Drehknopf betätigt *(Bild 3)*. Damit ändert man in Radios usw. Lautstärke und Klangfarbe.

Ein Strom führender Leiter unterteilt die angelegte Spannung stetig.

3. Ein Beispiel

Die Lampen für Diaprojektoren haben meist nur die Nennspannung $U_L = 25$ V. Ihre Nennstromstärke beträgt $I = 10$ A. Welchen Vorwiderstand müsste man wählen, um die Lampen doch mit der Netzspannung $U = 230$ V betreiben zu können?

1. Lösung mit Ersatzwiderstand: Wir berechnen zuerst den Ersatzwiderstand R des ganzen Kreises und ziehen davon den Lampenwiderstand R_L ab:

Ersatzwiderstand: $R = U/I = 230\text{ V}/10\text{ A} = 23\,\Omega$
Lampenwiderstand: $R_L = U_L/I = 25\text{ V}/10\text{ A} = 2{,}5\,\Omega$.
Vorwiderstand:
$R_V = R - R_L = 23\,\Omega - 2{,}5\,\Omega = \mathbf{20{,}5\,\Omega}$.

2. Lösung mit der Teilspannung U_V am Vorwiderstand R_V: Wir berechnen den Vorwiderstand R_V aus seiner Teilspannung U_V und der Stromstärke I. Hier wird der Lampenwiderstand R_L nicht gebraucht:

Teilspannung: $U_V = U - U_L = 230\text{ V} - 25\text{ V} = 205\text{ V}$
Vorwiderstand: $R_V = U_V/I = 205\text{ V}/10\text{ A} = \mathbf{20{,}5\,\Omega}$.

Der Vorwiderstand ist 8-mal so groß wie der Lampenwiderstand. Man könnte ihn durch acht weitere in Reihe geschaltete Lampen ersetzen. Dies zeigt, dass im Vorwiderstand zu viel Energie verloren geht. Bei Wechselstrom bieten Trafos eine wirtschaftlichere und ungefährlichere Lösung (Modellbahn).

4. Schalter verlagern Spannungen

Versuch 3: **a)** Wir betrachten nun die Spannungen an Schaltern. Am Schalter Sch in *Bild 1* messen wir die Teilspannung U_{Sch}. Ist er geschlossen, so hat er den Widerstand $R_{Sch} \approx 0\,\Omega$. Dann liegt an ihm die Teilspannung $U_{Sch} = I \cdot R_{Sch} \approx 0$ V. Im restlichen Kreis mit dem Widerstand $R_K = R_V + R_L$ liegt die volle Spannung U und treibt den Strom $I = U/R_K$.

b) Öffnen wir nun den Schalter Sch, so addiert sich zum Widerstand R_K des Kreises noch der sehr groß gewordene Widerstand R_{Sch} des Schalters (ca. 10 MΩ); die Stromstärke I sinkt praktisch auf 0 A und damit die Teilspannung $U_K = I \cdot R_K$ im restlichen Kreis auf 0 V. Nun liegt die volle Spannung U zwischen den Kontakten des geöffneten, stromlosen Schalters. ■

Man darf die Kontakte nicht einmal von ausgeschalteten, stromlosen Netzschaltern berühren. Denn stromlos heißt noch lange nicht spannungsfrei!

A1. Man schaltet vier Lämpchen in Reihe an eine Quelle mit 17 V; die Stromstärke ist $I = 0{,}2$ A. An dreien davon misst man je die gleiche Teilspannung 4 V. Wie groß sind die Widerstände der vier Lämpchen?

A2. Welchen Spannungsverlauf registriert ein Spannungsmesser, der in *Bild 2* zwischen S und B (nicht zwischen S und A) liegt? Bei welcher Stellung des Schiebers S misst er 1/4, wo 3/4 der angelegten Spannung? Zeichne die so gemessene Spannung gemäß *Bild 2*.

A3. a) Was geschieht in *Bild 1* mit der Stromstärke und der Teilspannung U_L an der Lampe, wenn der Schieber S nach rechts gleitet? Wie verhält sich dabei die Teilspannung am Schiebewiderstand?
b) Prüfe deine Aussage am folgenden Beispiel: Die Batteriespannung sei $U = 12$ V, die Lampe habe den (als konstant angesehenen) Widerstand $R_L = 4\,\Omega$. Der Schiebewiderstand kann zwischen 0 Ω und 8 Ω eingestellt werden. Wie ändern sich jeweils die in (a) angesprochenen Größen?
c) Sinkt U_L auf 0 V? Vergleiche mit einer Potentiometerschaltung.

A4. In der Schaltung nach *Bild 168.1* hat sich die angelegte Spannung 10 V restlos aufgeteilt. Uwe möchte noch einen 70 Ω-Widerstand in Reihe dazuschalten. Luise sagt, dies gehe nicht, für diesen sei keine Spannung mehr übrig. Wer hat recht? Rechne nach.

Gefahren des Stroms

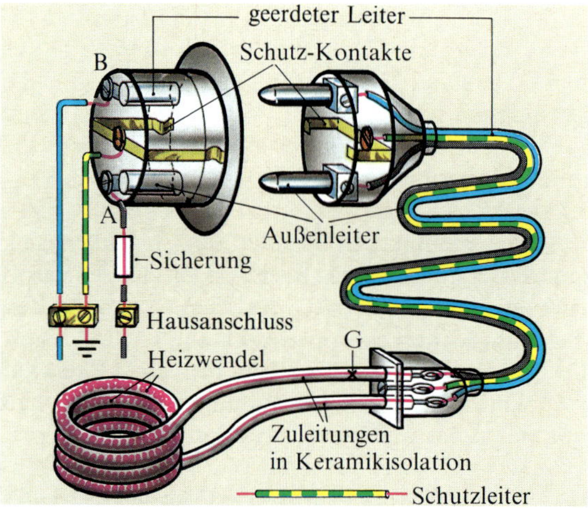

1 Schuko-Steckdose mit Stecker

1. Gefährliche Ströme und Spannungen

Schon schwache Ströme lösen im menschlichen Körper elektrochemische Wirkungen aus. Bei über **10 mA** werden die Muskeln so stark zusammengezogen, dass man von der angefassten Leitung kaum noch loskommt. Auch Helfer sind gefährdet. Ströme ab **70 mA** können das Herz zum Stillstand bringen, wenn sie länger als eine Herzschlagperiode (0,75 s) wirken. Nun liegt der Widerstand des Körpers bei 200 kΩ, kann jedoch bei feuchter Haut auf 600 Ω sinken. In diesem ungünstigen Fall erzeugt schon die Wechselspannung $U = 70\,\text{mA} \cdot 600\,\Omega = \mathbf{42\,V}$ den lebensgefährlichen Strom 70 mA. Bei Gleichspannung liegt die Grenze bei 120 V. Die Spannungen eines Bandgenerators sind sehr viel höher, aber ungefährlich. Weil wenig Ladung bereitsteht, brechen diese Spannungen bei einem Funken nach spätestens 1 ms zusammen.

2 Welcher Leiter führt Spannung gegen Erde? Welcher der Vögel ist durch Strom gefährdet?

2. Schutzleiter erden Geräte mit Metallgehäuse

a) Geräte mit Metallgehäuse werden nach *Bild 1* über **Schutzkontaktstecker** ans Netz gelegt. Der *Außenleiter* (früher *Phase* genannt; braune oder schwarze Isolation) führt gegen Erde die volle Spannung 230 V. Also besteht schon **Lebensgefahr**, wenn man nur diesen Außenleiter berührt. Denn oft hat man noch Kontakt mit geerdeten Gegenständen (Heizkörper, Wasserleitung), oder man steht auf leitendem Boden (Terrasse, Garten). Der blau isolierte Draht führt dagegen am Hausanschluss zur dort vollzogenen *Erdung*, hat also keine Spannung gegen Erde.

Beim Betrieb des Tauchsieders in *Bild 1* führen der blaue Leiter und der schwarze Außenleiter Strom, nicht aber der grün-gelbe **Schutzleiter**. Dieser hat eine *Sicherheitsfunktion* im Gefahrenfall. Er verbindet nämlich die Metallhülle des Tauchsieders über die gelb gezeichneten Schutzkontakte im *Schukostecker* und in der Steckdose mit der Erdung am Hausanschluss. Dabei ist es gleichgültig, wie man den Stecker in die Dose steckt, der grün-gelbe Schutzleiter behält seine Funktion. Betrachten wir einen Modellversuch mit 4 V:

Versuch 1: Bei diesem ungefährlichen Versuch nach *Bild 3* führt vom „E-Werk" (4 V) der Außenleiter (schwarz, oben) über die „Sicherung" CD zum Spannung führenden Pol A der „Steckdose". Dagegen ist der am unteren Pol des „E-Werks" geerdete Leiter mit dem Pol B der „Steckdose" und dem geerdeten Stativstab („Boden") verbunden. Auf ihm steht ein Drahtmann und berührt das Metallgehäuse einer Lampe. Ein kleines Gefahrenlämpchen stellt sein Herz dar und leuchtet sofort auf, falls Strom von der Hand über das Herz zum Fuß fließt. ■

Nimm an, der Außenleiter sei schlecht isoliert (brüchige Isolation alter Kabel). Er bekommt bei G Kontakt mit dem Metallgehäuse. Durch diesen **Gehäuseschluss** erhält das Gehäuse Spannung gegen Erde und der Mann den lebensgefährlichen Körperstrom *I*; das Gefahrenlämpchen (70 mA) leuchtet auf. Darauf spricht aber die Sicherung CD nicht an; sie ist ja für den viel stärkeren Lampenstrom ausgelegt. Deshalb erden wir zum Schutz des Mannes das Metallgehäuse über den grün-gelben *Schutzleiter*.

Da der Widerstand des Schutzleiters sehr klein ist, entsteht in ihm keine merkliche Teilspannung. **Das Gehäuse bekommt für keinen Augenblick eine gefährliche Spannung gegen Erde**; das Gefahrenlämpchen blitzt nicht auf. Außenleiter und Schutzleiter dagegen führen einen starken Strom zur Erde; die Sicherung im Außenleiter schmilzt und nimmt vollends alle Gefahr weg. In der Bahn des Schutzleiters darf natürlich keine Sicherung liegen.

b) Dieses *Schutzleitersystem* birgt aber auch Gefahren in sich: Ein leichtfertiger Bastler könnte bei der „Reparatur“ eines Kabels den Schutzleiter mit einem der beiden anderen Leiter verwechseln. Das Metallgehäuse würde dann am Außenleiter liegen und stünde unter der vollen Spannung 230 V gegen Erde, selbst wenn sonst kein Defekt vorliegt. Also: **Vorsicht bei Basteleien; Reparaturen gehören nur in die Hand des Fachmanns!**

c) Wenn Kinder einen Nagel in die Buchse des Außenleiters einer solchen Schukosteckdose stecken, können sie zugleich den offen liegenden Schutzkontakt berühren! Man sichere sie durch aufgesetzte Schutzplättchen. In den USA sind auch die Schutzkontakte im Gehäuse versenkt. Man braucht dort andere Stecker als bei uns.

3. Verbesserte Schutzmaßnahmen

a) Die Steckdosen des Physiksaals und moderner Wohnungen sind durch wirkungsvolle **Fehlerstrom-Schutzschalter** (*FI-Schutzschalter*) gesichert. Sie nehmen nach 0,03 s, also innerhalb einer Herzschlagperiode, alle Spannung weg, wenn aus dem normalen Betriebsstromkreis ein so genannter *Fehlerstrom* von mehr als 30 mA zur Erde abgezweigt wird (etwa beim oben geschilderten Geräteschluss oder wenn ein Kind an der Steckdose in Gefahr kommt).

Diese Schutzmaßnahme ist also sehr wirkungsvoll. Sie spricht auch an, wenn man im Physiksaal die für den Notfall bestimmte rote **Pilzdrucktaste** betätigt. Weißt du, wo diese sich befindet?

b) Rasierapparate, Handbohrmaschinen und andere Kleingeräte haben meist keinen grün-gelben Schutzleiter; ihre Stecker besitzen nur zwei Pole (Eurostecker). Alle Spannung führenden Teile sind nämlich in ein **Isoliergehäuse** eingeschlossen. Rasierapparate kann man wegen dieser **Schutzisolierung** im Badezimmer benutzen. Sehr große Gefahr besteht aber, wenn das Isoliergehäuse beschädigt ist.

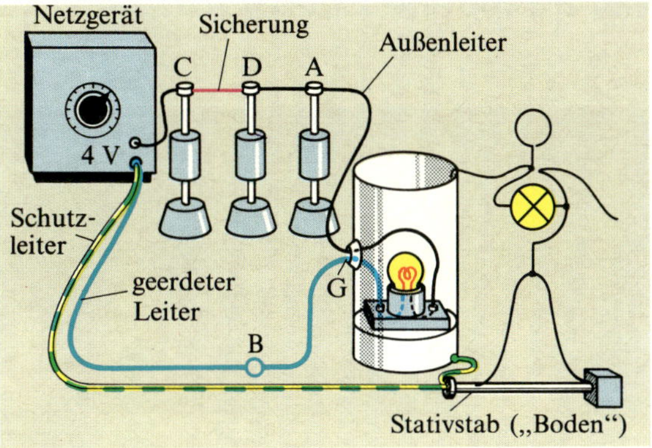

3 Modell-Versuch zum Gehäuseschluss (Versuch 1)

c) Spielzeugeisenbahnen werden von ihrem Trafo mit **Schutzkleinspannungen** unter 25 V gespeist; man kann sie gefahrlos berühren. Der Trafo unterbindet jeden metallischen Kontakt zum Netz. Durch den Einbau solcher *Trenntrafos* wird auch der Umgang mit 230 V weniger gefährlich. Diese **Schutztrennung** verringert die Gefahr einer ungewollten Erdung.

Sicherheitsregeln

- Experimentiere nur mit Spannungen **unter 25 V**! Bastle nie an elektrischen Geräten herum, die noch Verwendung finden könnten!
- „Do it yourself“ an Geräten, Steckdosen und Kabeln ist lebensgefährlich! Lass nur den Fachmann ran.
- Geh nie mit einer elektrischen Lampe oder einem Föhn in der Hand barfuß ins Bad, auf den Balkon oder in den Garten!
- Wechsle Lampen nur dann aus, wenn die Sicherung ausgeschaltet ist.
- Arbeite beim Experimentieren immer mit trockenen Händen und fasse keine blanken Leiter an! Berühre nie eine elektrische Anlage mit beiden Händen!
- Spiele nicht an Geräten im Physiksaal herum. Sie führen oft Spannungen über 25 V. Wenn dort jemand einen Stromschlag erhält und nicht mehr „vom Strom loskommt“, so drücke sofort den nächsten roten **Pilzdrucktaster** (NOT-AUS)! Präge dir für den Notfall ein, wo er sich befindet!
- Wenn ein Verunglückter noch am Stromkreis liegt, so schalte erst den Strom ab (Sicherung aus! Weißt du, wo die Sicherungen sind?). Leite dann Erste-Hilfe-Maßnahmen ein (Atemspende, Herzdruckmassage). Rufe einen Arzt!

Verschiedene Energieformen

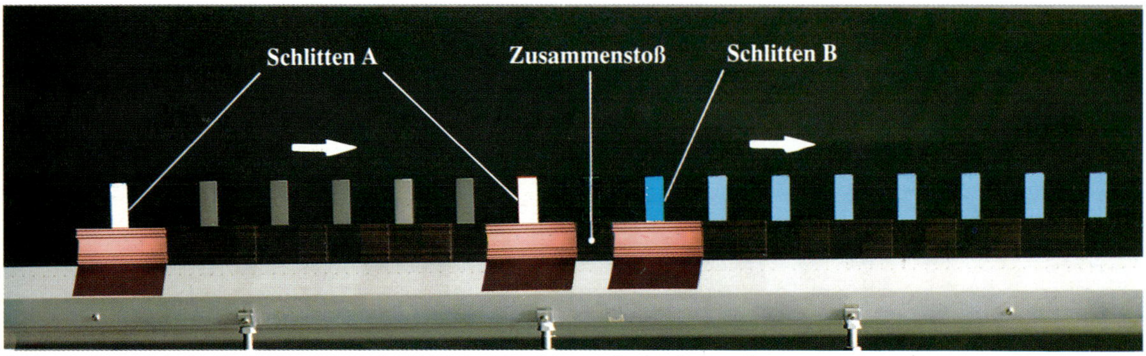

1 Ein Luftstrom hebt die Schlitten von der Schiene. Sie gleiten reibungsfrei – die Bewegungsenergie bleibt erhalten. Das Stroboskopfoto zeigt dies deutlich durch konstante Abstände der Schlittenbilder.

1. Bewegte Körper haben Bewegungsenergie

In jedem Haus müssen Heizung und Elektrogeräte mit Energie versorgt werden; jeder Autofahrer kauft Energie in Form von Treibstoff und macht sich Gedanken darüber, wie weit er damit kommt. Energievorrat, Energieversorgung, Energiekosten sind Themen, die in unserem Alltag viel bedeuten. Wer auch nur einen Teil der vielfältigen Vorgänge in Natur und Technik verstehen will, muss etwas über Energie wissen: Energie ist überall im Spiel: Bevor sich die Spielzeugautos im *Bild 2* bewegen, muss man z.B. den Federmotor aufziehen oder eine Batterie anschließen. Wir sagen: Man gibt dabei dem Auto einen Energievorrat, als **Spannenergie** der Feder oder als **elektrische Energie** der Batterie.

2 Kein Auto kommt ohne Energie in Bewegung

Die gespannte Feder oder die Batterie liefern Energie. Ist das Auto in Bewegung, sagen wir: Es hat **Bewegungsenergie**. Was dies bedeutet, zeigt uns besonders klar die Luftkissenbahn *(Bild 1)*.

Versuch 1: Wir stoßen den Schlitten an, geben ihm also mit unserer Hand Bewegungsenergie. Er gleitet – ohne langsamer zu werden – über die Bahn. ■

Auf den ersten Blick ist das überraschend. Weil beim Anstoß Energie mithilfe einer Kraft zugeführt wird, denken viele, Energie sei das gleiche wie Kraft. Der Versuch mit der Luftkissenbahn zeigt aber deutlich, dass die Bewegungsenergie bleibt, obwohl keine Kraft mehr wirkt; die Kraftwirkung durch die Hand ist beendet, und Reibungskräfte treten hier kaum auf. So verstehen wir auch den Trägheitssatz besser; nach ihm behalten kräftefreie Körper ihre Geschwindigkeit und damit ihre Bewegungsenergie, solange keine Einwirkung von außen auftritt.

Versuch 2: Wir lassen Schlitten A elastisch gegen den Schlitten B stoßen *(Bild 1)*. A hält an und B fährt weiter – mit der Geschwindigkeit von A. ■

Vor dem Stoß hatte A Bewegungsenergie, B nicht; nach dem Stoß ist es umgekehrt. Die Energie wird also vom einen auf den anderen Schlitten übertragen. Dies ist Teil einer **Energie-Übertragungs-Kette.**

Versuch 3: Schlitten B stößt am Ende der Bahn auf die dort befestigte Feder. Sie wird kurzzeitig gespannt. Dann fährt B genauso schnell zurück, wie er gekommen ist. ■

Im Versuch 2 ist die Bewegungsenergie auf den zweiten Schlitten übertragen worden. Im Versuch 3 bekommt die Feder die Energie und gibt sie gleich wieder zurück. Fehlt Reibung, so kann man die Energieübertragungskette noch länger beobachten.

2. Gehobene Körper haben Höhenenergie

Versuch 4: Nach *Bild 3* setzt ein Wägestück über Faden und Rolle den Schlitten in Bewegung. Solange das Wägestück an Höhe verliert, wird der Schlitten schneller. Danach nicht mehr. ■

Wird der Schlitten schneller, so nimmt seine Bewegungsenergie zu. Die Energie kann nur vom Wägestück stammen. Der Versuch zeigt, dass es nur so lange Energie liefert, wie es an Höhe verliert.

Man sagt: Das Wägestück hat **Höhenenergie** (oder **Lageenergie** und **potentielle Energie**). Die Höhenenergie eines Körpers nimmt ab, wenn er an Höhe verliert. Im Versuch 4 wird sie mittels der Kraft im Faden auf den Schlitten übertragen. Die Bewegungsenergie des Schlittens nimmt zu, während die *Zugkraft bis zum Schluss gleich* bleibt. Auch hier zeigt sich: *Energie und Kraft darf man nicht verwechseln.*

Wie bekam das Wägestück Höhenenergie? Jemand hob es an und hängte es an den Faden. So gewann es an Höhe. Wer Energie (in den Muskeln) hat, kann einem Körper nicht nur Bewegungsenergie, sondern auch Höhenenergie verschaffen.

Energie kann schon von ganz einfachen Geräten übertragen werden. Bei der Wippe im *Bild 4* sind drei Personen tätig: Der Vater hat Ulrike gerade auf den linken Sitz gehoben; er hat ihre Höhenenergie vergrößert. Jens, auf dem rechten Sitz unten, erfährt die gleiche Gewichtskraft wie Ulrike, hat aber weniger Höhenenergie; diese wird erst beim Wippen nach einem leichten Abstoß vergrößert. Während Jens an Höhe gewinnt, gibt Ulrike von ihrer Höhenenergie ab. Ist sie unten angekommen, muss sie sich nur leicht abstoßen, um wieder mehr Höhenenergie zu bekommen – auf Kosten von Jens.

Versuch 5: Zwei Körper gleicher Gewichtskraft hängen an den Enden eines dünnen Fadens, der von einer Rolle umgelenkt wird. Ein kleiner Stoß genügt, und schon verliert der eine Körper an Höhe und damit auch an Höhenenergie. Der andere bekommt sie – vollständig wie bei der Wippe. Ohne Reibung geht keine Energie verloren. ■

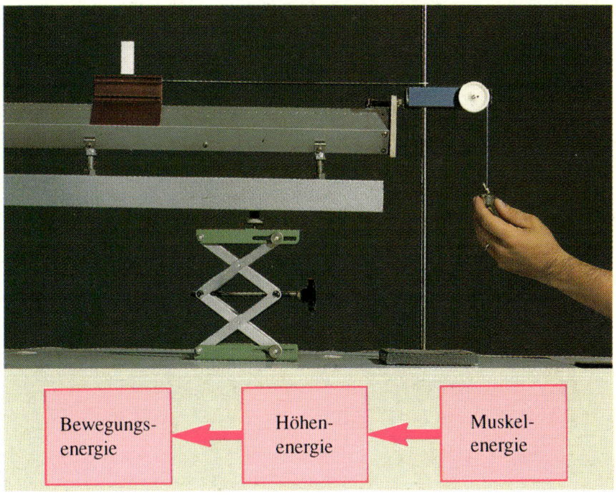

3 Auch so wird auf den Schlitten Energie übertragen

4 Die Wippe überträgt Höhenenergie auf den Partner

Energie gibt es in verschiedenen Formen: Bewegte Körper haben **Bewegungsenergie,** verformte elastische Körper **Spannenergie,** gehobene Körper **Höhenenergie. Energie kann** von einem Körper auf einen anderen **übertragen werden.**

Energie kann sich wandeln: Energie aus unseren Muskeln wird zu Bewegungsenergie, wenn wir Körper in Bewegung setzen, zu Höhenenergie, wenn wir sie höher heben, und zu Spannenergie, wenn wir elastische Körper verformen.

Außer diesen drei Formen *mechanischer Energie* kennen wir **chemische Energie,** die in Benzin, Dieselöl, Heizöl, in Pflanzen und in Kohle gespeichert ist. Seit Jahrmillionen wird **Sonnenenergie** von Pflanzen in chemische Energie umgewandelt.

Ein Maß für Energie

1 Jeder Kran vergrößert die Höhenenergie

2 Höhenenergie der Last I wird auf die Last II übertragen

1. Wie misst man Energie beim Heben?

Wir betrachten die Energie, die ein mit Dieselöl betriebener Kran einer Last beim Heben zuführt:

a) Er hebt zunächst die Last in den 1. Stock eines Neubaus *(Bild 1a)*. Ein Maß für die an die Last abgegebene Energie ist die Menge des zum Hochheben verbrauchten Öls.

b) Dann hebt der Kran die gleiche Last um den *vierfachen* Weg in die 4. Etage. Er verbraucht gegenüber a) die *vierfache* Menge Öl. Die **abgegebene Energie ist** also **(bei konstanter Kraft) der Wegstrecke s proportional.** Wir bezeichnen die Energie mit W und schreiben $W \sim s$.

c) Nun soll die *doppelte Last* in die 1. Etage gehoben werden. Man braucht gegenüber a) die *doppelte Hubkraft*, geliefert von zwei gleichen Kränen *(Bild 1b)*, die zusammen die *doppelte Menge Öl* verbrauchen. Also ist die **abgegebene Energie (bei konstantem Weg) der längs dieses Weges ausgeübten Kraft F_s proportional: $W \sim F_s$.**

d) Bei vierfachem Weg und doppelter Hubkraft wird viermal die doppelte, also die achtfache Energie geliefert: Die **Energie ist dem Produkt $F_s \cdot s$ proportional.**

Statt das verbrauchte Öl abzumessen, kann man natürlich auch dieses Produkt $F_s \cdot s$ direkt als Maß für die vom Kran gelieferte Energie verwenden. Mit $W = F_s \cdot s$ wird also die mithilfe einer Kraft F_s gelieferte Energie berechnet. Man nennt sie **Arbeit.**

Die mithilfe einer Kraft F_s längs des Weges s übertragene Energie beträgt $W = F_s \cdot s$.
Ihre Einheit ist 1 N · 1 m = 1 Nm = 1 J (Joule);
1 kJ = 1000 J.

2. Wie wächst die Höhenenergie?

Im *Bild 1a* liefert der Kran die Energie (Arbeit) $W = 5000\text{ N} \cdot 12\text{ m} = 60\,000\text{ Nm} = 60\,000\text{ J} = 60\text{ kJ}$, wenn er die Last ($G = 5000$ N) in den vierten Stock ($h = 12$ m) hebt. Beim Heben gilt: $W = F_s \cdot s = G \cdot h$.

Gewinnt die Last an Höhe, so auch an Höhenenergie. Hat die Last die ihr übertragene Energie $W = G \cdot h$ vollständig übernommen?

Stellen wir uns vor, die Bauarbeiter haben sich mit der Last I geirrt. Nach *Bild 2* könnten sie die richtige, gleich schwere Last II heben lassen, ohne dass der Kran noch einmal Energie liefern muss. Sie können Last II gemäß Versuch 175.5 an das Seil hängen, das – über die feste Rolle – am anderen Ende die Last I trägt. Mit nur wenig Hilfe (Reibung ist nicht ganz zu vermeiden) sinkt die Last I und zieht dabei Last II um die Strecke h hoch.

Bei diesem Vorgang erwarten die Arbeiter zu Recht die **Erhaltung der Energie:** Die Last I verliert an Höhe. Dabei liefert I die gleiche Energie an II, die I vorher vom Kranmotor bekommen hatte. Die beim Heben gelieferte Energie $W = G \cdot h$ wird also vollständig gespeichert – in der luftigen Höhe h ist die Höhenenergie um $W = G \cdot h$ größer als am Boden.

Hebt oder senkt man einen Körper mit der Gewichtskraft G um die Höhe h, so ändert sich seine **Höhenenergie** um $W = G \cdot h$.

Die Übertragung der Höhenenergie von einem Körper auf einen anderen (Versuch 175.5 oder *Bild 2*) gleicht der Übertragung eines Geldbetrages von einem Bankkonto auf ein anderes: Wenn nichts abgezweigt wird, geht nichs verloren.

3. Halbe Kraft und doppelter Weg

Im *Bild 3* hängt der Haken eines Krans an einer **losen Rolle.** Ein Ende des Seils ist am Ausleger befestigt, das andere wird vom Kranmotor gezogen. Die Gewichtskraft G wird so auf zwei Seilstücke verteilt. Die Kraft $F_s = G/2$ reicht zum Heben.

Beide Seilstücke müssen aber um die Hubhöhe h verkürzt werden; der Kranmotor allein übernimmt deshalb das Seilstück $s = 2\,h$. Er liefert die Energie $W = F_s \cdot s = G/2 \cdot 2\,h = G \cdot h$. Um den gleichen Wert wächst auch die Höhenenergie der Last. Die Rolle hat daran nichts geändert.

Eine lose Rolle überträgt Energie unverändert.

4. Braucht man Energie zum Hochhalten?

Die Schwimmkräne aus *Bild 4* können die angehobene Last tagelang halten. Die Hubvorrichtung ist an einer Sperrklinke eingerastet. Die Gewichtskraft der Last spannt das Seil. Da beim Halten der Hubweg $s = 0$ m ist, braucht man dazu die Energie $W = F_s \cdot h = G \cdot 0\,\text{m} = 0\,\text{N m} = 0\,\text{J}$.

Wir sehen: Zum Halten auf gleicher Höhe braucht man keine Energie.

Hältst du, *ohne Bewegung*, mit der Hand eine Last hoch, so lieferst du ihr keine Energie. Trotzdem strengt es dich an, deine Kräfte lassen nach. Muskeln haben nämlich keine „Sperrklinke“. Unser Körper verhält sich anders als eine Maschine.

Bloßes Halten erfordert keine Energie.

5. Auf die Kraft in Bewegungsrichtung kommt es an

Wenn die Schwimmkräne aus *Bild 4* mit der gehobenen Last von einem Schlepper seitlich bewegt werden, hat die Hubkraft damit nichts zu tun. Die Kraft F_s, mit der die Kräne um die Strecke s weiterbewegt werden, bringt der Schlepper auf. Er liefert so die Energie $W = F_s \cdot s$. Der Index s erinnert daran, dass F_s die Kraft in Richtung der Wegstrecke s ist.

Bei der mittels einer Kraft übertragenen Energie $W = F_s \cdot s$ ist F_s immer die Kraft, die längs der Wegstrecke s wirkt. Beim Heben ist es die Hubkraft, beim Fahren oder Verschieben die Kraft in Fahrtrichtung.

A1. Erfinde Fortsetzungen der Energieübertragungsketten in den Versuchen 174.1 bis 174.3.

A2. Berechne die gelieferte und die gespeicherte Energie, wenn die Schwimmkräne in *Bild 4* zusammen eine 600 t-Last 15 m hoch heben.

A3. Berechne für $G = 600$ N und für deine Gewichtskraft den Zuwachs an Höhenenergie bei 6 m Höhengewinn.

A4. Dein Herz pumpt in jeder Minute etwa 5 l Blut ($m = 5$ kg) durch deinen Körper. Es muss dabei so viel Energie liefern, als ob es das Blut 1 m hoch heben würde. Berechne die Energie, die so in 1 Minute, 1 Stunde, 1 Tag umgesetzt wird.

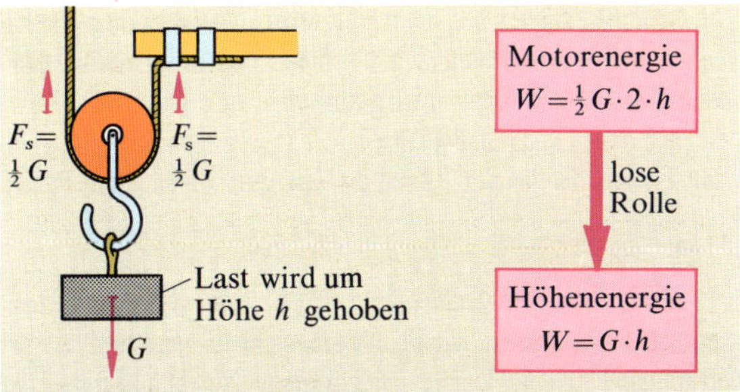

3 Energieübertragung mit einer losen Rolle ist immer verlustlos – wenn man von Reibung absieht

4 Zwei Schwimmkräne beim Einbau der Bohrinselplattform „Schwedeneck See“

Energieerhaltung

1 Nervenkitzel mit Höhenenergie und Bewegungsenergie

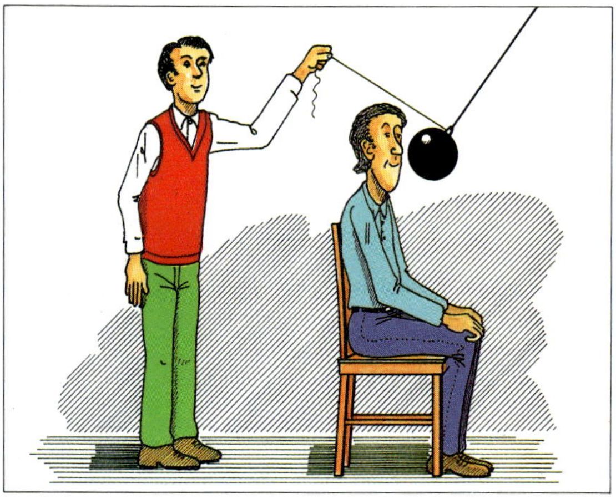

2 Energieübertragung beim Pendel

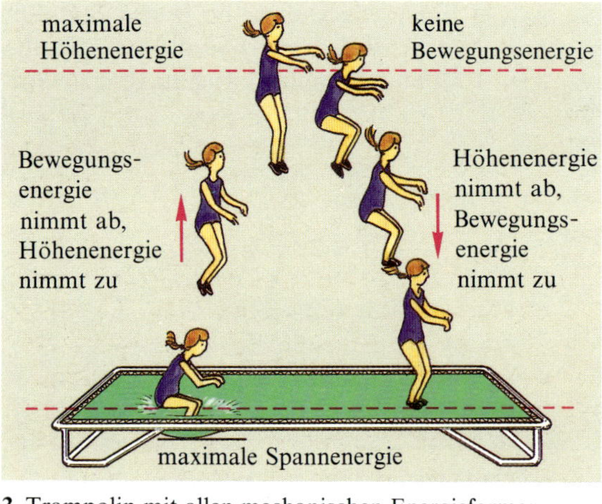

3 Trampolin mit allen mechanischen Energieformen

1. Ein Körper – zwei Energiekonten

Versuch 1: Wir lassen am oberen Rand einer gekrümmten Fahrbahn einen Wagen los. Er beginnt die Talfahrt (wie bei einer Achterbahn, *Bild 1*) und wird immer schneller. Auf der anderen Seite fährt er den Berg hinauf und wird langsamer. Ist der Berg hoch genug, hält der Wagen kurz an und kehrt um. ■

Wir sehen, dass die Bewegungsenergie zunimmt, während die Höhenenergie abnimmt: In der Talsohle hat der Wagen größte Bewegungsenergie und kleinste Höhenenergie. Der Versuch zeigt aber mehr: Der Wagen hat *gleichzeitig* Bewegungsenergie *und* Höhenenergie. Die Anteile der beiden Energieformen ändern sich bei der beobachteten Bewegung fortlaufend.

Viele Bankkunden haben zwei Konten. Wer Geld nur zwischen den eigenen Konten überweist, wird weder ärmer noch reicher (solange die Bank nichts abzweigt), die Summe ist immer die gleiche. Gilt dies nach Versuch 1 auch für die Summe aus Bewegungsenergie und Höhenenergie des Wagens?

Immer wenn der Wagen umkehrt, ist das Konto für die Bewegungsenergie leer. Die **Gesamtenergie** ist dann gleich der Höhenenergie. Von Mal zu Mal liegen die Umkehrpunkte in geringerer Höhe. Die Gesamtenergie nimmt also ab. Ob dies an Reibung liegt?

Versuch 2: Wir hängen eine Kugel an einem langen Draht auf. Da sie langsam schwingt, spielt die Luftreibung praktisch keine Rolle. Das Pendel schwingt deshalb viele Male, ohne dass die Umkehrpunkte merklich an Höhe verlieren. ■

Die beim Auslenken vor dem Start zugeführte Höhenenergie wird bis zum tiefsten Punkt der Bahn vollständig in Bewegungsenergie umgewandelt. Danach geht diese Bewegungsenergie wieder in Höhenenergie über, bis die Kugel auf der gegenüberliegenden Seite für einen kurzen Augenblick zur Ruhe kommt.

Die Gesamtenergie ändert sich bei diesen Energieumwandlungen nicht. Wenn keine Energie zugeführt und auch keine abgegeben wird und wenn keine Reibung vorhanden ist, wird die *Gesamtenergie* weder größer noch kleiner – sie *bleibt erhalten.*

Die Gesamtenergie eines Körpers kann auf verschiedene Energieformen verteilt sein.
Ohne Energieübertragung von oder zu anderen Körpern bleibt die Gesamtenergie konstant.

Wer traut sich, wie in *Bild 2* die Kugel direkt vor der Nasenspitze loszulassen und stillzuhalten, wenn die Kugel auf dem Rückweg ist? Die Energiebetrachtung gibt Sicherheit: Auf dem Rückweg schafft es die Kugel genau bis zur Nasenspitze. Es sei denn, jemand hat ihr heimlich Energie zugeblasen.

2. Energieerhaltung bei Energieübertragung

Die Trampolinspringerin im *Bild 3* hat im höchsten Punkt ihrer Bahn keine Bewegungsenergie, aber maximale Höhenenergie. Beim anschließenden Fall wird Höhenenergie zu Bewegungsenergie. Im tiefsten Punkt der Bahn gibt es wieder einen Augenblick ohne Bewegung. Die verlorene Höhenenergie steckt dann in den maximal gespannten Trampolin-Federn. Beim Entspannen geben sie der Springerin die Energie zurück. Oben hat sie dann wieder nur Höhenenergie.

Zur Gesamtenergie tragen die Teilenergien der Springerin und die Spannenergien der Federn des Trampolins bei. Ähnliches gilt für eine bestimmte Geldmenge. Sie kann auf einige Personen mit mehreren Konten verteilt sein – und ständig dazwischen verschoben werden.

Die Trampolinspringerin würde von Mal zu Mal weniger Höhe erreichen, wenn sie sich nicht jedes Mal ein wenig abstoßen würde. Ohne ihr Zutun bliebe die Gesamtenergie, also die Summe aus Spann-, Bewegungs- und Höhenenergie nicht konstant. Wir vermuten, dass dies an der Reibung liegt.

Versuch 3: Wir lassen eine kleine Stahlkugel auf eine dicke Glasplatte fallen. Sie steigt wieder empor, aber nur *fast* bis zur Ausgangshöhe. ■

Wie beim Trampolinspringen sind Höhen- und Bewegungsenergie der Kugel sowie Spannenergie von Kugel und Glasplatte beteiligt; beide Körper sind verformt, wenn die Kugel unten umkehrt. Weil die Luftreibung wenig stört, nimmt die Gesamtenergie kaum ab. Die Kugel erreicht fast die Ausgangshöhe. Ganz ohne Reibung bliebe die Summe aus Spann-, Höhen- und Bewegungsenergie konstant.

Sind mehrere Körper an einer Energieübertragung beteiligt und gibt es dabei keine Reibung, so bleibt die Summe aus Spann-, Höhen-, und Bewegungsenergie dieser Körper erhalten.

3. Energieerhaltung auch bei Reibung

Versuch 4: Wir geben einem Holzklotz Bewegungsenergie und lassen ihn auf ebenem Fußboden rutschen. Seine Geschwindigkeit nimmt schnell ab. ■

Der Holzklotz bleibt liegen, wo er zur Ruhe gekommen ist. Wenn wir fragen, wo die Energie geblieben ist, die ihm mit auf den Weg gegeben wurde, dann ist guter Rat teuer. Er bewegt sich nicht mehr, er hat keine Höhe gewonnen und er wurde auch nicht verformt; es gibt auch keinen anderen Körper, der in Bewegung geraten, gehoben oder verformt worden wäre. Gilt auch hier die Energieerhaltung?

Genauere Beobachtungen liefern einen Hinweis: Die Temperatur des Holzkotzes bzw. des Fußbodens ist gestiegen. In der Wärmelehre wirst du erfahren, dass mit der Temperatur eines Körpers seine **innere Energie** zunimmt (wie die Höhenenergie mit der Höhe und die Bewegungsenergie mit der Geschwindigkeit). Die Bewegungsenergie des Holzklotzes ist nicht verloren gegangen; sie hat sich in das Innere der beteiligten Körper verkrochen. Anschließend fließt sie als *Wärme* in die kältere Umgebung.

Wenn wir bei Vorgängen mit Reibung auch die innere Energie der Körper einbeziehen, dann gilt die Energieerhaltung ohne Einschränkungen. Im Versuch 3 z. B. wird von Mal zu Mal ein kleiner Teil der Gesamtenergie auf das Konto innere Energie abgezweigt. Dieser Teil fehlt dann bei der Höhenenergie der Stahlkugel im höchsten Punkt.

A1. Mit einem Tennisschläger wird ein „scharfer" Ball geschlagen. Welche Energieumwandlungen und welche Energieübertragungen finden dabei statt?

A2. Beschreibe die Energieübertragungen, die beim Stabhochsprung mit flexiblem Stab auftreten.

A3. Beschreibe die Energieerhaltung für einen „Flummy", den du so in die Höhe wirfst, dass er gerade eben bis zur Zimmerdecke kommt.

A4. Wenn du mit dem Fahrrad einen steilen Berg hinunterrollst, kannst du das Bremsen so dosieren, dass die Geschwindigkeit gleich bleibt. Wo bleibt die Höhenenergie?

Energieentwertung

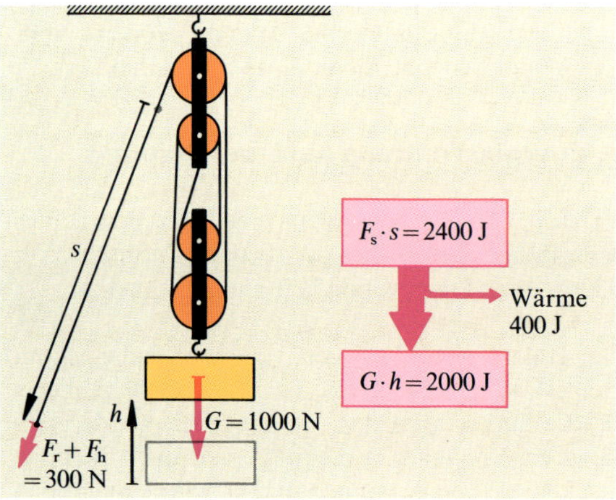

1 Reibung entwertet Energie

2 Bremspuren und Schäden zeugen vom Energieumsatz

1. Flaschenzug: Kraftverstärkung mit Energieentwertung

Die Kiste in *Bild 1* erfährt die Gewichtskraft $G = 1000$ N. Sie soll um $h = 2$ m gehoben werden. Wir berechnen die beim Heben übertragene Energie zu $W = G \cdot h = 1000 \text{ N} \cdot 2 \text{ m} = 2000$ J. Um diesen Wert wird die Höhenenergie der Kiste vergrößert.

Die Hubkraft 1000 N ist etwas für Gewichtheber; weniger kräftige Leute nehmen einen Flaschenzug zu Hilfe *(Bild 1)*. Bei zwei losen Rollen und vier tragenden Seilstücken braucht man am Seilende ohne die Reibung nur die Kraft $F_o = 250$ N. Wegen der Reibung ist aber dort eine zusätzliche Kraft nötig, die wir mit $F_r = 50$ N ansetzen wollen.

Für eine Hubhöhe von $h = 2$ m hat man 4 Seilstücke um je 2 m zu verkürzen. Man muss also längs des Weges $s = 4 \cdot 2$ m ziehen, und zwar mit der Kraft $F_s = F_o + F_r = 300$ N. Dabei führt man dem Flaschenzug die Energie $W = F_s \cdot s = 300 \text{ N} \cdot 8 \text{ m} = 2\,400$ J zu. Die Höhenenergie der Kiste wird aber nur um 2000 J vergrößert.

Wegen der Reibung geht also die Energie $W_r = F_r \cdot s = 50 \text{ N} \cdot 8 \text{ m} = 400$ J unterwegs verloren. Sie wird als wertlose Wärme in die Umgebung abgeführt. Niemand kann etwas damit anfangen. Gleitreibung ist stets mit **Energieentwertung** verbunden. Trotzdem benutzt man Flaschenzüge; sie vergrößern ja die Kraft, nicht aber die Energie. Energie ist eben etwas anderes als Kraft.

2. Energie im Straßenverkehr: manchmal gefährlich und zum Schluss wertlos

Versuch 1: Wir lassen einen Holzklotz aus etwa 1,25 m Höhe auf einen Nagel fallen, der in einem Styroporblock steckt. Am Nagel markieren wir die Strecke, um die er dabei tiefer gedrückt wird. ■

Der Holzklotz verliert beim Fall Höhenenergie und bekommt Bewegungsenergie; diese wird beim Aufprall auf den Nagel durch Reibung zwischen Nagel und Styropor in innere Energie überführt.

Versuch 2: Wir befestigen den Klotz auf einem leichten Wagen und lassen ihn gegen den Nagel im Styroporblock prallen. Bei etwa 5 m/s Aufprallgeschwindigkeit ist der Bremsweg der gleiche wie im Versuch 1. Es ist die Strecke, um die der Nagel tiefer eingedrückt wird. ■

Bei gleichem Bremsweg ist durch die Reibung zwischen Nagel und Styropor die gleiche Bewegungsenergie entwertet worden. Nach dem Fall aus 1,25 m Höhe hatte der Klotz also ebenfalls die Geschwindigkeit 5 m/s. Bei $v = 5$ m/s zeigt der Tacho eines Autos 18 km/h (rechne nach). Ein Aufprall mit Tempo 18 wirkt sich also aus wie ein Fall aus 1,25 m Höhe.

In der Fahrschule lernt man: Bei 30 km/h beträgt der Bremsweg $3 \cdot 3 \text{ m} = 9$ m, bei 60 km/h aber schon $6 \cdot 6 \text{ m} = 36$ m; er ist *bei doppelter Geschwindigkeit vervierfacht*.

Fährt also ein Auto mit 36 km/h statt mit 18 km/h, so hat es Bewegungsenergie wie bei einem Fall aus $4 \cdot 1{,}25$ m Höhe, bei 72 km/h gar aus $16 \cdot 1{,}25\,\text{m} = 20\,\text{m}$.

Die Bremse wandelt mit der Reibungskraft F_s längs des Reibungswegs s die Bewegungsenergie W des Autos in innere Energie der heiß werdenden Bremsen um. Dabei wird die Energie $W = F_s \cdot s$ entwertet. Steht viel Bremsweg zur Verfügung, so genügt eine kleine Bremskraft $F_s = W/s$; das Auto wird sanft abgebremst. Bei scharfem Bremsen blockieren die Räder und hinterlassen auf der Straße eine Bremsspur. Die große Bremskraft führt zu einem kurzen Bremsweg $s = W/F_s$. Reifen und Straße übernehmen die Bewegungsenergie des Autos, die als wertlose Wärme in die Umgebung fließt. Sie kehrt nicht wieder als mechanische Energie ins Auto zurück; zum Anfahren braucht man erneut wertvolles Benzin.

Versagen die Bremsen bei einer Talfahrt, so wandelt sich Höhenenergie in Bewegungsenergie des Fahrzeugs statt in innere Energie der Bremsen um. An roten Ampeln müssen Bremsen Bewegungsenergie entwerten. Wer vorher nicht unnötig viel Bewegungsenergie in sein Fahrzeug pumpt, spart also Energie.

In *Bild 2* hat trotz großer Reibungskraft der Weg nicht gereicht, um die Bewegungsenergie vollständig in Wärme zu verwandeln. Bei einem Aufprall muss das Produkt $W = F_s \cdot s$ aus „Knautschkraft“ F_s und „Knautschweg“ s gleich der zu entwertenden Bewegungsenergie des Autos sein. **Sicherheitsgurte** und eine lange **Knautschzone** sind für die angeschnallten Insassen wichtig; ihre Bewegungsenergie wird so mit kleinerer Kraft $F_s = W/s$ längs eines größeren Weges s entwertet.

3. Energieentwertung schafft Probleme

Mit den wertvollen mechanischen und chemischen Energieformen kann man mehr anfangen als mit der in der Luft und im Wasser der Weltmeere in ungeheuren Mengen gespeicherten inneren Energie. Aber diese Energievorräte nützen uns nichts. Sie wandeln sich nicht von selbst in wertvollere Formen um. Das ist unser **Energieproblem.**

Energieverbrauch ist keine Energievernichtung, sondern eine **Energieentwertung:** Energie geht dabei in weniger wertvolle Formen über. **Energiekrise** bedeutet einen drohenden Mangel an wertvoller Energie, **Energiesparen** ist der sorgfältige Umgang mit wertvoller Energie.

4. Elektrische Energie ist wertvoll

Versuch 3: a) Hoch über dem Fußboden befestigen wir einen Fahrraddynamo. Sein Reibrad ist durch eine Schnurrolle ersetzt; am aufgewickelten Faden hängt ein Wägestück, das sich nach dem Loslassen mit zunehmender Geschwindigkeit abwärts bewegt.

b) Wir schließen ein Lämpchen an; es leuchtet. Dafür sinkt das Wägestück jetzt langsam. ■

Im Versuch wird die Höhenenergie zuerst in Bewegungsenergie verwandelt. Diese nimmt nach dem Einschalten des Lämpchens nicht mehr weiter zu: Jetzt entsteht aus Höhenenergie elektrische Energie.

Elektrische Energie ist wertvoll, weil sie leicht in andere Energieformen umgewandelt werden kann. Hinzu kommt, dass sie mit geringen Verlusten leicht über große Entfernungen transportiert werden kann.

A1. Die maximale Bremskraft eines PKW beträgt bei Schneeglätte etwa ein sechstel derjenigen auf trockener Straße. Was bedeutet dies für den Bremsweg bei gleicher Geschwindigkeit?

A2. a) In einer Stunde fallen am Rheinfall von Schaffhausen etwa 45 000 m^3 Wasser 21 m tief. Welche Energie könnte damit in der gleichen Zeit mit einem Laufwasserkraftwerk maximal in elektrische Energie umgewandelt werden?
b) Schaffhausen liegt 402 m höher als die Rheinmündung. Welche Energie könnte man theoretisch aus diesem Höhenunterschied mit der in a) genannten Wassermenge gewinnen?

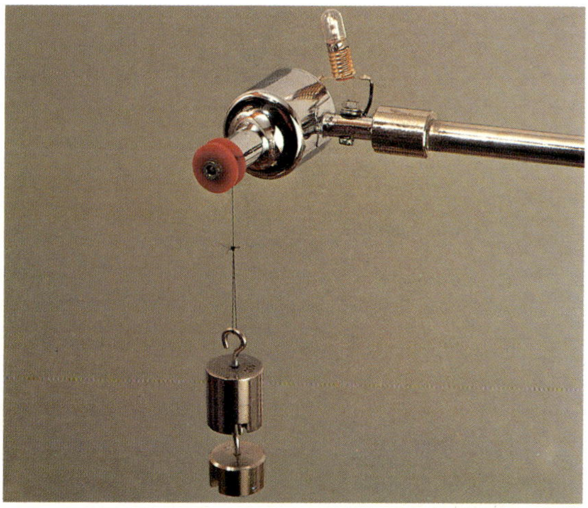

3 Im Fahrraddynamo wird mechanische in elektrische Energie umgewandelt

War der Unfall vermeidbar?

Wer als Autofahrer Unfälle vermeiden will, muss seine Geschwindigkeit so einrichten, dass er innerhalb des verfügbaren Weges zum Stehen kommen kann. Das Produkt aus Bremskraft und Bremsweg ist gleich der vorher vorhandenen Bewegungsenergie. Die Bewegungsenergie eines Autos (samt Insassen) nimmt quadratisch mit der Geschwindigkeit zu. Sie wird beim Bremsen planmäßig in unschädliche (und wertlose) Wärme umgewandelt.

Welchen Weg legt ein Auto noch zurück, wenn der Fahrer scharf bremst? Wir vergleichen die Situation für zwei Wagen, die in einer verkehrsberuhigten „Tempo-30-Zone" mit 30 km/h (Wagen 1) und 60 km/h (Wagen 2) fahren. Plötzlich springt 20 m vor ihnen ein Kind auf die Straße!

Der Reaktionsweg

Zunächst vergeht die „Schreck"sekunde: Die Wagen rollen ungebremst weiter, die Geschwindigkeiten bleiben konstant *(Bild 1)*. Es gilt $s = v \cdot t$; in der Reaktionszeit t_R wird also der Reaktionsweg $s_R = v \cdot t_R$. zurückgelegt.

Wir rechnen mit $t_R = 1$ s: Bei „Tempo 30" ist $v = 30$ km/h $= 30 \cdot 1000$ m/3600 s $= 30 \cdot 0{,}28$ m/s, damit gilt $s_{R1} = 30 \cdot 0{,}28$ m/s $\cdot$ 1 s $= 8{,}4$ m ≈ 8 m und $s_{R2} = 60 \cdot 0{,}28$ m/s $\cdot$ 1 s $= 16{,}8$ m ≈ 17 m.

Ersetzt man den für das Kopfrechnen schwierigen Faktor 0,28 zur Umrechnung von km/h in m/s durch 3/10, so ergibt sich die erste Fahrschul-Faustformel

Reaktionsweg = (Tachoanzeige · 3/10) in m. (1)

Bild 2 zeigt Reaktionswege s_R für verschiedene Geschwindigkeiten v. Zur doppelten Geschwindigkeit gehört der doppelte Reaktionsweg. Die Bewegung während der Schrecksekunde ist ja gleichförmig.

Der Bremsweg

Der „Tempo-60"-Fahrer hätte zum Abbremsen vor dem Kind also nur noch 20 m − 17 m = 3 m!
Eine zweite Fahrschul-Faustformel, nämlich

Bremsweg = (Tachoanzeige/10)² in m, (2)

fordert aber für seinen Bremsweg $s_{B2} = 6^2$ m $= 36$ m. Der vernünftige Fahrer braucht den Bremsweg $s_{B1} = 3^2$ m $= 9$ m; zum Abbremsen hat er noch 20 m $- s_{R1} =$ 20 m − 8 m = 12 m.

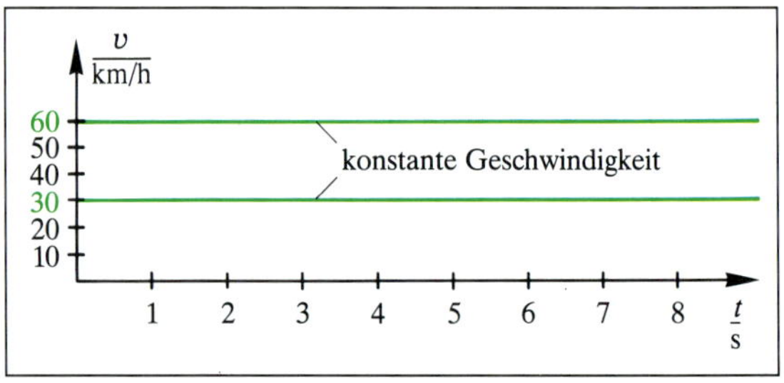

1 Konstante Geschwindigkeiten

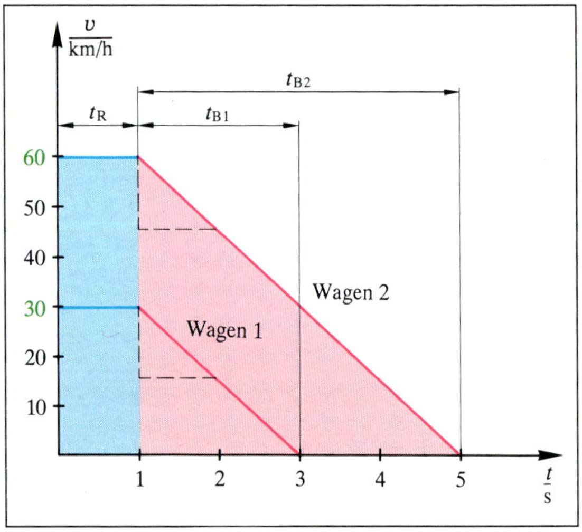

3 Doppelte Geschwindigkeit – doppelte Brems*zeit*

5 Das ging gerade nochmal gut

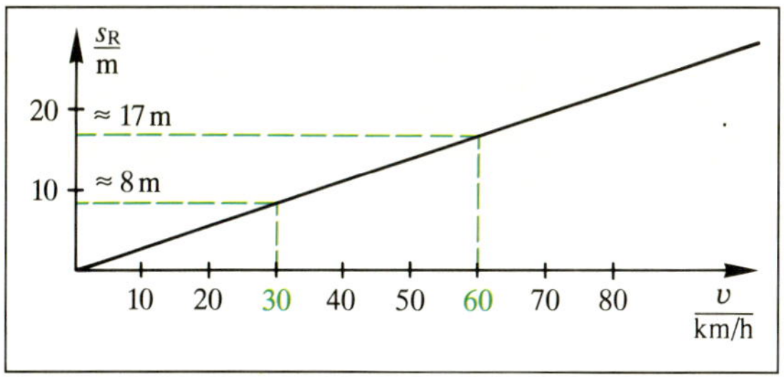

2 Doppelte Geschwindigkeit – doppelter Reaktionsweg

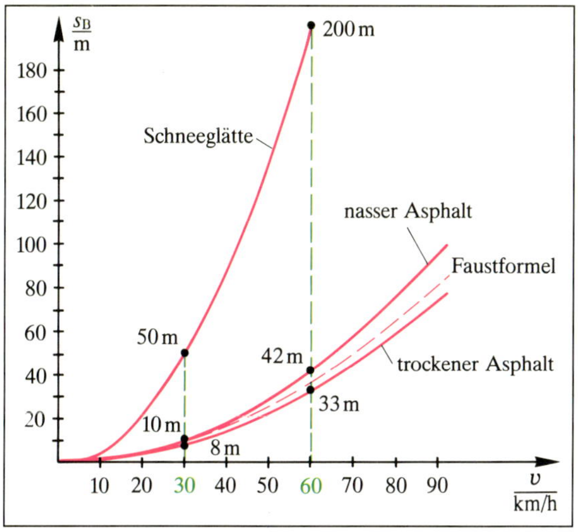

4 Doppelte Geschwindigkeit – vierfacher Bremsweg

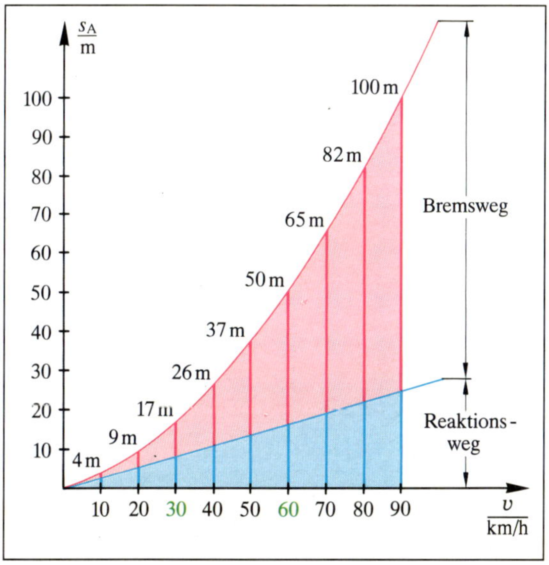

6 Anhalteweg = Reaktionsweg + Bremsweg

Wegen der Energieerhaltung muss der Bremsweg zur Umwandlung der Bewegungsenergie quadratisch mit der Geschwindigkeit wachsen. Dies entspricht der Umwandlung von Höhenenergie in Bewegungsenergie: Ein Körper muss die vierfache Höhe durchfallen, damit er (ohne Reibung) die doppelte Geschwindigkeit erreicht.

Mithilfe der *Bilder 3* und *4* wird der Zusammenhang verständlich: Bei Vollbremsung auf trockener Straße nimmt die Geschwindigkeit in jeder Sekunde um etwa 15 km/h ab *(Bild 3)*. Wagen 1 braucht die Bremszeit $t_{B1} = 2$ s, um aus 30 km/h zum Stehen zu kommen. Gleiche Bremskraft sorgt bei gleicher Masse für die gleiche Geschwindigkeitsabnahme je Sekunde. Wagen 2 mit $v = 60$ km/h braucht also bis zum Stand die doppelte Bremszeit $t_{B2} = 4$ s.

Für die weitere Rechnung benutzen wir einen Kniff: Weil bei beiden Wagen die Geschwindigkeit gleichmäßig abnimmt, können wir so tun, als seien die Autos mit konstanten *mittleren* Geschwindigkeiten $v_1 = 15$ km/h bzw. $v_2 = 30$ km/h gefahren. Sie würden in $t_{B1} = 2$ s bzw. $t_{B2} = 4$ s die Bremswege $s_{B1} = (15 \cdot 1000\ \text{m}/3600\ \text{s}) \cdot 2\ \text{s} = 8{,}3$ m und $s_{B2} = (30 \cdot 1000\ \text{m}/3600\ \text{s}) \cdot 4\ \text{s} = 33{,}3$ m zurücklegen. Doppelte Bremszeit bei doppelter mittlerer Geschwindigkeit bedeutet 4fachen Bremsweg.

Bild 4 zeigt Ergebnisse solcher Rechnungen für verschiedene Geschwindigkeiten und verschiedene Reibungskräfte. Du siehst, dass die Faustformel näherungsweise für trockenen Asphalt gilt.

Der Anhalteweg

Der gesamte Weg bis zum Stillstand ist der Anhalteweg s_A *(Bild 6)*:

Anhalteweg = Reaktionsweg + Bremsweg.

In unserem Beispiel hält Wagen 1 ($v = 30$ km/h) noch gerade rechtzeitig vor dem Kind ($s_A < 20$ m), während Wagen 2 es mit voller Wucht bei der Geschwindigkeit 50 km/h erfasst. Nach der Reaktionszeit stand diesem Fahrer ja kaum noch Bremsweg zur Verfügung.

Geschwindigkeit und Masse bestimmen die umzuwandelnde **Bewegungsenergie**. Reifen- und Straßenbeschaffenheit bestimmen den angegebenen **Mindestbremsweg**. Weder „Stotterbremse“ noch „ABS“ können ihn verkürzen.

Leistung

1 Die Höhenenergie nimmt nicht gleich schnell zu!

2 Leistungsangabe: Wie viel Joule je Sekunde?

1. Wie schnell wird Energie übertragen?

Ein Sportauto und ein Oldtimer mit gleicher Masse 1500 kg fahren die gleiche Bergstrecke und gewinnen beide 200 m Höhe. Oben angekommen sagt der Fahrer des Oldtimers: „Unsere Autos haben beide die Höhenenergie 15 000 N · 200 m = 3000 kJ bekommen. Die Motoren der Autos sind gleich stark."

Darf man das so sagen? Sicher nicht, denn es kommt auch darauf an, wie lange die beiden Wagen für ihre Bergfahrt brauchen. Das sportliche Auto schafft es in 100 s, das „Schnauferl" ist dagegen erst nach 400 s oben. Will man die beiden Motoren vergleichen, so fragt man besser nach der Energie, die sie jeweils in der gleichen Zeit liefern.

Teilt man zum Vergleich die umgesetzte Energie durch die dafür benötigte Zeit, so erhält man die Schnelligkeit der Energieübertragung. Diesen Quotienten W/t nennt man **Leistung *P*.** Die Leistung des Sportwagens ist $P = W/t = 3\,000\,000$ J/100 s = 30 000 J/s = 30 000 W (Watt) = 30 kW (Kilowatt), die des Oldtimers $P = 7500$ J/s = 7,5 kW.

> Der Quotient aus der übertragenen Energie W und der zugehörigen Zeit t ist die **Leistung $P = W/t$.**
>
> Die **Einheit der Leistung** ist 1 J/s = 1 W (Watt); 1000 W = 1 kW (Kilowatt)

Du verstehst jetzt auch die Leistungsangabe 60 W auf einer Glühlampe: Diese nimmt in jeder Sekunde 60 J elektrische Energie auf und gibt sie als Licht und (leider zum größeren Teil) als Wärme wieder ab.

2. Kraft mal Geschwindigkeit ist Leistung

Die Mathematik liefert manchmal neue Sichtweisen. Setzt man in $P = W/t$ für die übertragene Energie $W = F_s \cdot s$ ein, so folgt $P = F_s \cdot s/t$ oder $P = F_s \cdot v$, weil der Quotient s/t aus Weg und Zeit die Geschwindigkeit v eines Körpers ist.

Die neue Formel $P = F_s \cdot v$ zeigt, dass die **Kraft,** mit der Energie übertragen wird, **etwas anderes** ist als die dabei auftretende **Leistung.**

Die Formel $P = F_s \cdot v$ hilft uns bei Anwendungen. Beim Bergwandern ist ein Höhengewinn von 300 m stündlich „eine gute Leistung". Rechnet man mit der Gewichtskraft 750 N ($m = 75$ kg), so erhält man $P = 750$ N · 300 m/(3600 s) = (750/12) Nm/s ≈ 62 W.

Taschenrechner	0,02 W
Fahrraddynamo	3 W
Mensch (dauernd)	80 W
kleiner Tauchsieder	300 W
mittlerer Automotor	50 kW
Diesellokomotive	3 MW
Dampfturbine	1000 MW

Tabelle 1 Verschiedene Leistungen; 1 MW (Megawatt) = 10^6 W

Bei stundenlangem Wandern ist das eine respektable Leistung für den Menschen. Kurzzeitig sind sehr viel größere Leistungen möglich. Man kann in 3 s eine 6 m hohe Treppe hinauf laufen und dabei $P = 750\text{ N} \cdot 6\text{ m}/(3\text{ s}) = 1500\text{ W} = 1{,}5\text{ kW}$ leisten!

Auf einen mit der Geschwindigkeit v bewegten Körper wirkt in Bewegungsrichtung die Kraft F_s. Die Schnelligkeit der Energieübertragung wird beschrieben durch die Leistung $\boldsymbol{P = F_s \cdot v}$.

3. Leistung mal Zeit ist übertragene Energie

Multipliziert man beide Seiten von $P = W/t$ mit t, so erhält man $W = P \cdot t$. Oft kennt man die Leistung eines elektrischen Gerätes und kann mit $P \cdot t$ die Energie berechnen, die in einer bestimmten Zeit geliefert wird. Beträgt die Leistung z. B. 80 W und wird das Gerät 10 s lang betrieben, so ist die umgesetzte Energie $W = P \cdot t = 80\text{ W} \cdot 10\text{ s} = 800\text{ Ws}$. Die in der Rechnung auftretende Einheit Ws (Wattsekunde) wird häufig anstelle der Einheit Joule benutzt: $1\text{ Ws} = 1\text{ W} \cdot 1\text{ s} = 1\text{ (J/s)} \cdot 1\text{ s} = 1\text{ J}$. In der Praxis misst man die Energie oft auch in Kilowattstunden: $1\text{ kWh} = 1000\text{ W} \cdot 3600\text{ s} = 3\,600\,000\text{ J}$.

Wattsekunde (Ws) und Kilowattstunde (kWh) sind praktische Einheiten für die Energie.
Es gilt: 1 Ws = 1 J und 1 kWh = 3 600 000 J.

Für eine Kilowattstunde elektrischer Energie bezahlt man etwa 30 Pfennig und bekommt dafür 1 Stunde lang in jeder Sekunde 1000 J „aus der Steckdose". Mit der Dauerleistung 100 W (Fahrradfahren) hättest du 10 Stunden zu tun, ehe für 30 Pfennig Energie übertragen wäre! Die bequem und in großen Mengen verfügbare elektrische Energie verführt dazu, Energie verschwenderisch zu entwerten. Viele sagen deshalb, Energie sei zu billig.

4. Kilowatt auch beim Auto

Die Energie, die der Motor eines Autos umsetzt, hängt von der Menge des verbrauchten Benzins ab. Die von der Firma angegebene *Nennleistung* sagt, wie schnell der Energieumsatz höchstens sein kann. Mit dem Gaspedal wird die tatsächliche Leistung eingestellt. Sie ist groß bei großer Beschleunigung. Ist die Reisegeschwindigkeit erreicht, kann „Gas weggenommen" werden. Der Motor liefert dann nur noch die Energie, die durch Reibung an der Luft, in den Lagern und den Reifen in Wärme umgewandelt und so entwertet wird.

Bei einem Auto mit der Nennleistung 50 kW nimmt man auf der Autobahn nur etwa 27 kW als Dauerleistung in Anspruch. Der Motor setzt damit Sekunde für Sekunde die Energie 25 000 J um, in einer Stunde $W = P \cdot t = 25\,000\text{ W} \cdot 3600\text{ s} = 90$ Millionen J. Das Auto fährt dabei mit 6 l Benzin 100 km weit.

6 l Benzin liefern bei der Verbrennung aber die Energie 250 Millionen Joule. Wir sehen: Etwa zwei Drittel der mit dem Benzin gekauften Energie werden schon im Motor entwertet; sie erhöhen die Temperatur des Kühlwassers und schließlich die der Umgebung.

Was passiert mit dem „nützlichen" Drittel? Mit $P = F_s \cdot v$ berechnen wir die Kraft, mit der Energie übertragen wird: $F_s = P/v = 25\text{ kW}/(100\text{ km/h}) = 25000\text{ (J/s)}/(27{,}8\text{ m/s}) = 900\text{ N}$. Mit dieser Kraft zieht der Motor das Auto vorwärts; ohne sie würden Reibung und Luftwiderstand die Fahrt schnell beenden.

Ist das Auto in die Garage zurückgekehrt, so hat es – energetisch gesehen – nur Treibstoff verbraucht und die Umwelt aufgeheizt. Auch Bewegungs- und Höhenenergie, die es zwischendurch gewonnen hatte, sind durch Reibung im Motor, an der Luft und beim Bremsen als Wärme in die Umgebung abgeflossen. Die eingesetzte Energie ist restlos entwertet worden.

Die Leistung von Automotoren wurde früher in PS („Pferdestärke") statt in kW angegeben. 1 PS war an der Leistung eines Pferdes orientiert („Hafermotor"); es gilt $1\text{ PS} \approx \frac{3}{4}\text{ kW} = 750\text{ W}$.

A1. Wie lange braucht eine Pumpe mit der Leistung 500 W, um 10 m^3 Wasser 20 m hoch zu pumpen?

A2. Ein Löschfahrzeug der Feuerwehr kann je Minute 1500 l Wasser 75 m hoch pumpen. Wie groß ist seine Leistung?

A3. Der Motor eines Krans leistet 20 kW. Mit welcher Geschwindigkeit kann er ein Werkstück der Masse $m = 0{,}5\text{ t}$ hochziehen?

A4. Im Mikrowellengerät wird ein Tellergericht mit 700 W in 2 Minuten aufgewärmt. Berechne die übertragene Energie in Joule und in kWh.

Energieübertragung mit Rädern

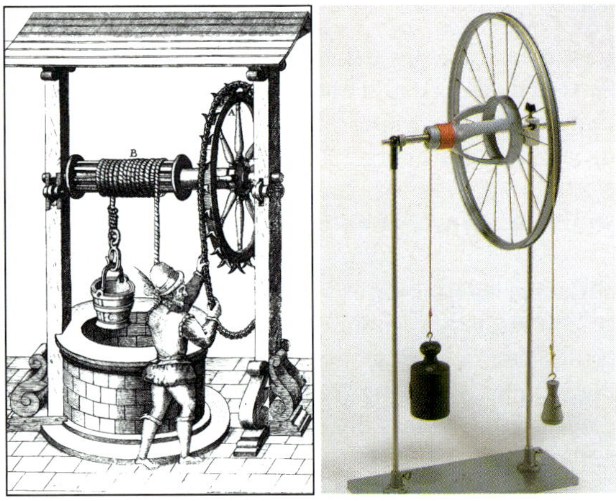

1 Die Seilwinde eines Brunnens – ein Wellrad

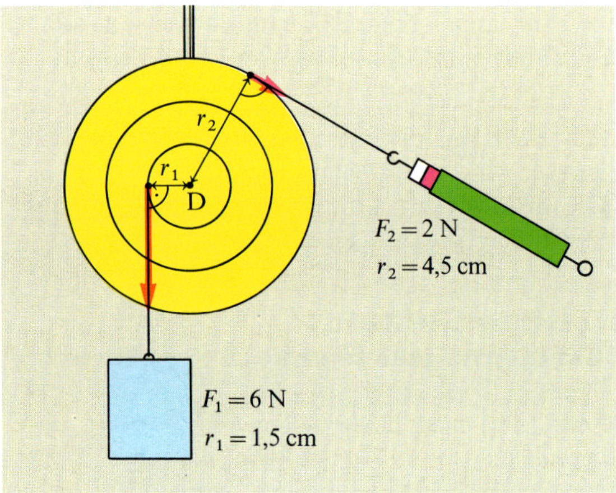

2 Versuch 2; mit größerem Radius ist die Kraft kleiner

1. Kräfte, die Räder drehen

Bild 1 zeigt ein Modell für eine Seilwinde, wie sie sowohl bei alten Brunnen als auch ganz ähnlich in jedem Kran verwendet wird. Statt direkt am Seil zu ziehen, wickelt man es um eine drehbare Welle; daran ist ein großes Rad befestigt. Die Welle mit dem Rad – das so genannte *Wellrad* – wird mit einer Kraft am Umfang in Bewegung gesetzt. Dazu genügt eine Kraft, die kleiner ist als die Last! In einem Kran ist das Rad zumeist als Zahnrad geformt, an dem der Motor – oft über mehrere Zahnräder – angreift. Wir untersuchen die Kräfte:

Versuch 1: Als Wellrad benutzen wir das Rad nach *Bild 2*. Es hat insgesamt drei Rillen. So können wir mit verschiedenen Radien experimentieren. In der innersten Rille mit dem Radius $r_1 = 1{,}5$ cm ist das Lastseil befestigt. Die Last ($m = 600$ g) zieht links mit ihrer Gewichtskraft $F_1 = 6$ N tangential zu dieser Rille nach unten. Für sich allein würde diese Kraft das Rad gegen den Uhrzeigersinn drehen. Zum Ausgleich lassen wir eine Zugkraft F_2 an einem Seil im Uhrzeigersinn wirken. Zunächst legen wir dieses Seil in dieselbe Rille wie das Lastseil ($r_2 = r_1 = 1{,}5$ cm), spannen es tangential zur Rille und messen die Kraft: Die nötige Zugkraft F_2 ist ebenso groß wie die Kraft am Lastseil ($F_2 = F_1$). ■

Dies erinnert an die feste Rolle. Auch wenn wir das Rad gleichmäßig drehen, ist die Kraft F_2 nicht größer als beim Halten – Reibung vernachlässigt.

Versuch 2: Die Zugkraft ändert sich, sobald wir das Zugseil in die Rille mit dem doppelten bzw. dem dreifachen Radius r_2 legen: Z. B. brauchen wir beim dreifachen Radius nur ein Drittel der Kraft. In *Tabelle 1* sind Messergebnisse aufgelistet. ■

Die verschieden großen Kräfte bringen zusammen mit den zugehörigen Radien stets dasselbe zuwege: Sie gleichen die unveränderte Drehwirkung der Last aus; sie haben alle das gleiche *Drehvermögen.*

2. Das Drehmoment – ein nützliches Produkt

Das Drehvermögen der Zugkraft wird sowohl von ihrem Betrag F_2 als auch von dem zugehörigen Radius r_2 bestimmt. *Dieser Radius ist zugleich der Abstand des Seils von der Drehachse.* Das geradlinige Seilstück gibt dabei die Linie an, längs der die Kraft wirkt: Man nennt sie die **Wirkungslinie** der Kraft. Der Radius, also der Abstand der Drehachse von der Wirkungslinie, heißt der **Kraftarm *r*** der Kraft. Kraftarm und Kraftrichtung sind stets rechtwinklig zueinander *(Bild 2).*

Nach *Tabelle 1* sind alle Produkte $M = F_2 \cdot r_2$ aus Kraft F_2 und Kraftarm r_2 gleich groß, nämlich 9 Ncm. Das Produkt $M = F \cdot r$ is also geeignet, das Drehvermögen einer Kraft an einem Rad zu beschreiben. Man nennt das Produkt $M = F \cdot r$ das **Drehmoment *M*** der Kraft F mit dem Kraftarm r. „*Das* Moment" bedeutet Bewegungsantrieb.

Der Kraftarm r einer Kraft, die an einem drehbaren Körper angreift, ist der Abstand der Drehachse von der **Wirkungslinie** der Kraft. Er bildet mit der Kraft einen rechten Winkel.

Das **Drehmoment** M einer Kraft ist das Produkt aus ihrem Betrag F und dem Kraftarm r. Es gilt $M = F \cdot r$. Das Drehmoment beschreibt das Drehvermögen der Kraft F mit dem Kraftarm r. Die **Einheit des Drehmoments** ist **1 Nm.**

Die Last mit der Gewichtskraft $F_1 = 6{,}0$ N wirkt unverändert mit ihrem Kraftarm $r_1 = 1{,}5$ cm. Die Last allein dreht das Wellrad gegen den Uhrzeigersinn. Ihr Drehvermögen kann also auch als Drehmoment angegeben werden: Es beträgt $M_1 = F_1 \cdot r_1 = 9{,}0$ Ncm. Wie *Tabelle 1* zeigt, ist es ebenso groß wie das Drehmoment, das die Kraft F_2 mit ihrem Kraftarm r_2 im Uhrzeigersinn ausübt. Die beiden entgegengesetzten Drehmomente M_1 und M_2 gleichen sich aus. Das Rad bleibt in Ruhe.

An **Wellrädern** gilt beim Halten wie auch beim gleichförmigen Heben einer Last: Das Drehmoment der Last wird durch ein gleich großes, entgegengesetztes Drehmoment der Kraft ausgeglichen. Mit dem n-fachen Kraftarm ergibt der n-te Teil der Kraft ein gleich großes Drehmoment:

$$\boldsymbol{M = F \cdot r = \left(\frac{1}{n} \cdot F\right) \cdot (n \cdot r).}$$

3. Verschiedene Kraftarme – dasselbe Drehmoment

Die Einheit des Drehmoments ist 1 Nm und darf nicht durch 1 J (Joule: Einheit der Arbeit) ersetzt werden. *Drehmoment ist etwas anderes als Arbeit.* Ein Drehmoment von 1 Nm kann durch verschiedene Paare aus Kraft und Kraftarm entstanden sein: $1\,\text{Nm} = 1\,\text{N} \cdot 1\,\text{m} = 2\,\text{N} \cdot 0{,}5\,\text{m} = 0{,}25\,\text{N} \cdot 4\,\text{m} = \ldots$

Radius r_2	Zugkraft F_2	Produkt $F_2 \cdot r_2$
1,5 cm	6,0 N	9,0 Ncm
3,0 cm	3,0 N	9,0 Ncm
4,5 cm	2,0 N	9,0 Ncm

Tabelle 1 Zu Versuch 2; es gilt $F_1 = 6{,}0$ N und $r_1 = 1{,}5$ cm; $M_1 = F_1 \cdot r_1 = 9{,}0\,\text{Ncm} = 0{,}09\,\text{Nm}$

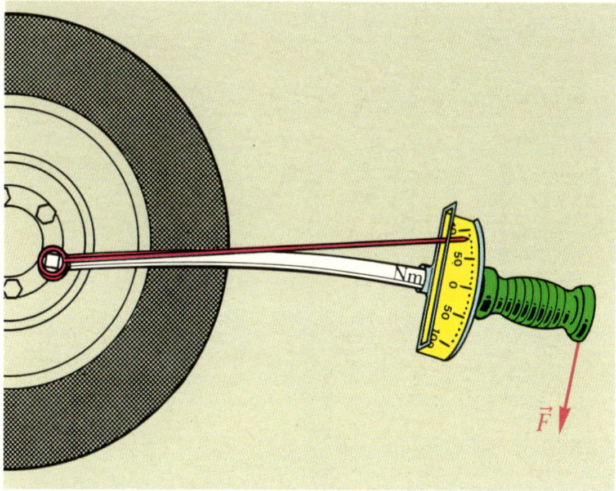

3 Ein Messgerät für Drehmomente an Schrauben

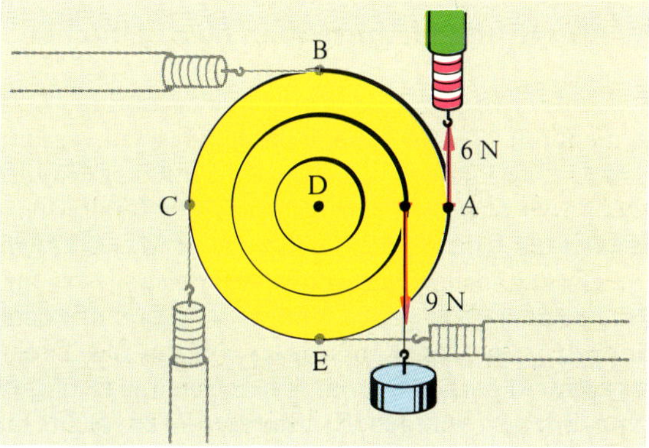

4 Der Kraftmesser übt in A, B, C oder E das gleiche Drehmoment aus

Schrauben müssen mit einem bestimmten Drehmoment festgedreht werden. Wenn z. B. $M = 100$ Nm verlangt wird, braucht man an einem Griff mit $r = 0{,}40$ m die Kraft $F = 250$ N. An einem verlängerten Griff mit $r = 1{,}25$ m ist die zugehörige Kraft nur $F = 80$ N. In *Bild 3* wird das Drehmoment mit einem Messgerät angezeigt.

Bild 4 stellt vier verschiedene Kräfte dar. Jede von ihnen kann das Drehmoment M der Last ausgleichen. Ihre Beträge stimmen überein, ihre Richtungen sind verschieden; der jeweils zugehörige Kraftarm hat zwar gleiche Länge, aber andere Lage.

A1. Erweitere die *Tabelle 1* für Radien bis $r_2 = 6$ cm in Stufen von 1 cm, außerdem für Zugkräfte bis $F_2 = 8$ N in Stufen von 1 N.

A2. Bei gleichen Drehmomenten gilt: $F_1 : F_2 = r_2 : r_1$. Begründe und kommentiere.

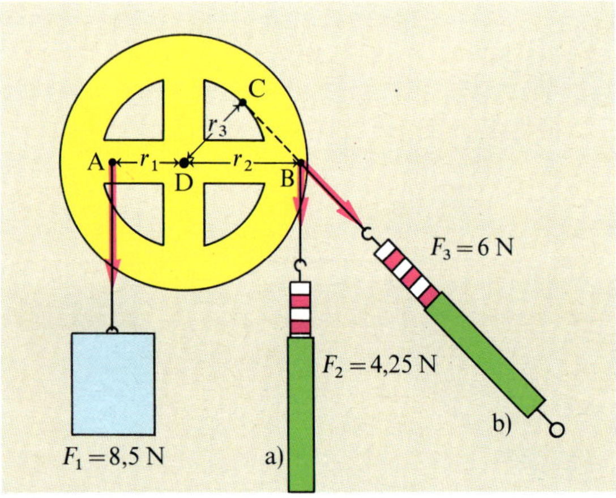

1 Der Kraftarm r_3 liegt in der Luft

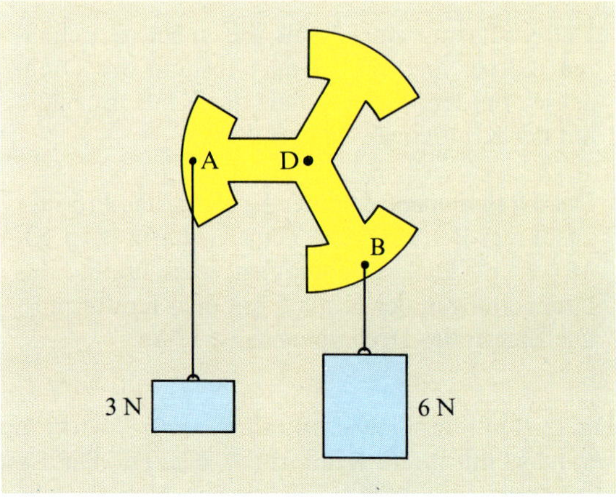

2 Der Kraftarm der rechten Kraft ist hier unsichtbar

4. Den Kraftarm muss man häufig suchen

Versuch 3: An dem Rad in *Bild 1* zieht links am Stift A die Kraft $F_1 = 8{,}5$ N nach unten. Das Seil verläuft dabei so, als käme es von einer Rille mit dem Radius DA $= r_1 = 6$ cm. Mit dem waagerechten Kraftarm r_1 erzeugt die Kraft F_1 das Drehmoment $M_1 = 51$ Ncm im Gegenuhrzeigersinn. Zum Ausgleich liefert am Stift B die halb so große Kraft $F_2 = 4{,}25$ N mit dem doppelt so großen Kraftarm $r_2 = 12$ cm das Drehmoment $M_2 = 51$ Ncm im Uhrzeigersinn (*Bild 1 a*). Nun bringen wir den Kraftmesser nach rechts in die im *Bild 1* gezeigte Schrägrichtung (*Bild 1 b*). Sogleich beginnt das Rad eine Drehung gegen den Uhrzeiger. Um es in der alten Lage zu halten, brauchen wir jetzt die größere Kraft $F_3 = 6$ N. ■

Der Kraftmesser richtet das Seil so aus, als käme es (gestrichelt gezeichnet) von einem anderen Kreis mit dem kleineren Radius DC $= r_3 = 8{,}5$ cm. Der neue Kraftarm ist die „Luftstrecke“ DC $= r_3$. Ein Kraftarm ist eine physikalische Größe und nicht an ein Material gebunden. Mit dem neuen Kraftarm DC $= r_3 = 8{,}5$ cm erhalten wir für die vergrößerte Kraft $F_3 = 6$ N das Drehmoment $M_3 = F_3 \cdot r_3 = 51$ Ncm. Es gleicht das Drehmoment $M_1 = 51$ Ncm aus. Zur Kontrolle nehmen wir den Angriffspunkt der Kraft F_3 vom Stift B weg und verlegen ihn längs ihrer Wirkungslinie zurück zu einem Stift im Punkt C. Das Rad bleibt in Ruhe.

Wenn wir die Kraft F_1 allein wirken lassen, dreht sie das Rad, bis die Wirkungslinie durch die Achse D verläuft. Dadurch wird $r_1 = 0$ m, und das Drehmoment verschwindet („Totpunkt“).

Der **Kraftarm** steht immer rechtwinklig zur Wirkungslinie, er zeigt aber im Allgemeinen nicht zum Angriffspunkt der Kraft.

Das **Drehmoment** $M = F \cdot r$ einer Kraft F bleibt gleich, wenn man ihren Angriffspunkt längs ihrer Wirkungslinie verschiebt. Der Kraftarm r der Kraft F ändert sich dabei nicht.
Wenn die Wirkungslinie einer Kraft durch die Drehachse verläuft, so ist der Kraftarm 0 m und daher das Drehmoment 0 Nm.

5. Der Hebel – Teilstück eines Wellrades

Bild 3 zeigt das Gestänge einer Pumpe. Mithilfe des Querbalkens, der um eine Drehachse schwenkbar ist, kann sie Erdöl aus der Tiefe fördern. Einen solchen Balken nennt man einen **Hebel**. Er heißt **zweiseitig**, wenn wie hier die Last und die Kraft auf verschiedenen Seiten der Achse angreifen. Links zieht am Seil die Last, rechts wirkt die Kraft des Motors. Das Lastseil liegt wie beim Wellrad in einer kreisförmigen Rille. Anstelle eines vollen Kreises genügt hier jedoch ein Teilstück davon, denn der Balken führt ja stets nur kleine Drehungen aus.

Häufig ist ein Hebel stabförmig, und die Kräfte greifen an ihm über Stifte, Haken oder Bohrungen an (*Bild 4*). Einen jeden Hebel dürfen wir in Gedanken zu einem Rad ergänzen. Daher können wir erwarten: *Hebel sind Kraftwandler wie Wellräder.* Wie die Kräfte umgewandelt werden, bestimmen Kraftarme und damit Drehmomente. Bei kleinen Drehungen ändern sich die Kraftarme kaum.

6. Hebelgesetze sind Drehmomentgesetze

Versuch 4: An einem Hebel gemäß *Bild 4* überprüfen wir für beide Seiten die Produkte aus Kraft und Kraftarm. Ein Kraftarm, also der Abstand zwischen Drehachse und Wirkungslinie der Kraft, liegt stets rechtwinklig zur Kraft. Bei senkrechten Kräften sind die Kraftarme also waagerecht und nur dann, wenn der Hebel auch waagerecht liegt, auf dem Hebel zu finden. Rechts ergibt die Kraft $F_1 = 0{,}6$ N mit ihrem Kraftarm $r_1 = 10$ cm das Drehmoment $M_1 = F_1 \cdot r_1 = 6$ Ncm im Uhrzeigersinn. Um es auszugleichen, schaffen wir links das erforderliche Drehmoment $M_2 = F_2 \cdot r_2$ im Gegenzeigersinn. Wie die Kraft F_2 von dem jeweils gewählten Kraftarm r_2 abhängt, zeigt *Tabelle 2.* ■

Für **Hebel** gilt zum Halten und auch zum gleichförmigen Heben einer Last wie für Wellräder: Das Drehmoment M einer Kraft F mit dem Kraftarm r wird durch ein gleich großes, entgegengesetztes Drehmoment ausgeglichen. Mit n-fachem Kraftarm ergibt der n-te Teil der Kraft ein gleich großes Drehmoment:

$$\boldsymbol{M = F \cdot r = \left(\frac{1}{n} \cdot F\right) \cdot (n \cdot r).}$$

A1. a) Berechne in *Tabelle 2* für zusätzliche Kraftarme bis 18 cm – in Stufen von 2 cm – die zugehörigen Kräfte.
b) Stelle die Wertepaare in einem Koordinatensystem dar (Horizontalachse: Kraftarme).

A2. An einem waagerechten Hebel hängt rechts 20 cm von der Achse ein 1 kg-Stück. Wie groß ist das Drehmoment? Wie stellt man mit einem 200 g-Stück Momentenausgleich her und wie mit einem Kraftarm von 50 cm?

A3. Max und Moritz haben eine symmetrische Wippe ausbalanciert: Der eine sitzt in 2,80 m, der andere in 2,40 m Abstand von der Drehachse. Der schwerere Max hat die Masse 42 kg. Bestimme Drehmoment und Masse von Moritz.

Kraftarm r_2	Kraft F_2	Drehmoment M_2
4 cm	1,5 N	6,0 Ncm
6 cm	1,0 N	6,0 Ncm
10 cm	0,6 N	6,0 Ncm
20 cm	0,3 N	6,0 Ncm

Tabelle 2 Zu Versuch 4; es gilt $r_1 = 10$ cm und $F_1 = 0{,}6$ N

3 Der Hebel einer Erdölpumpe; das Lastseil führt über den „Pferdekopf"

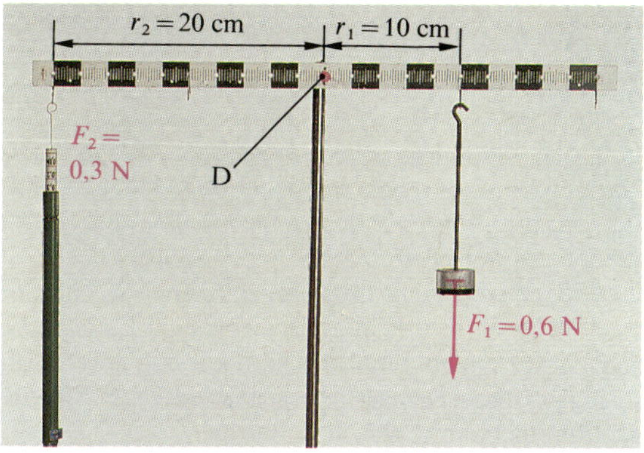

4 Zu Versuch 4; der Hebel kann als Mittelteil eines Wellrades angesehen werden

A4. Zeichne die Strecken AD und DB aus *Bild 2* in doppelter Größe ab, ergänze Kraftarme und Kraftpfeile und bestimme beide Drehmomente M_1 und M_2.

A5. Beim Hebel nach *Bild 4* wird der Kraftmesser durch ein Wägestück mit $G = 0{,}3$ N ersetzt. Dann wird der Hebel in eine 30°-Schräglage gebracht. Dadurch ändern sich beide Drehmomente. Zeichne den Hebel und die Kraftarme; bestimme M_1 und M_2.

A6. Skizziere als Ansicht von oben eine Tür, an deren Klinke eine Kraft
a) rechtwinklig zur Tür,
b) schräg zur Tür,
c) in Richtung der Tür angreift.
Erkläre die unterschiedlichen Wirkungen.

A7. Die Seiltrommel eines Krans soll die Seilwindungen möglichst nebeneinander aufwickeln. Welcher Nachteil entsteht, wenn die Windungen des dicken Seils stattdessen übereinander gewickelt werden?

1 Holzlatte und Schubkarre sind einseitige Hebel

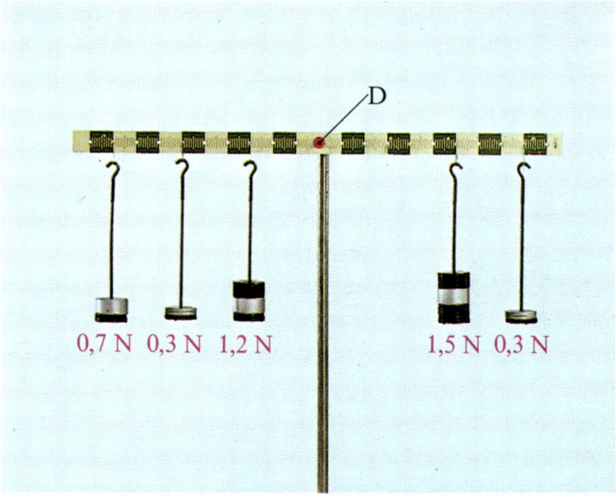

3 Momentenausgleich mit fünf Drehmomenten

7. Einseitige Hebel – vielseitiger Nutzen

Um den Deckel in *Bild 1* anzuheben, benutzt der Monteur eine Latte als Hebel. Die Drehachse befindet sich hier am Ende des Hebels – Last und Kraft greifen auf derselben Seite von der Achse an. Dieser **einseitige Hebel** stellt im Vergleich zum Wellrad nur noch die Achse und eine Speiche dar. Eine große Last mit kleinem Kraftarm und die kleinere Kraft mit größerem Kraftarm ergeben entgegengesetzte Drehmomente mit gleichem Betrag.

Auch der Unterarm ist ein einseitiger Hebel. In *Bild 2* erzeugt die waagerechte Kraft des Expanders mit senkrechtem Kraftarm ein Drehmoment. Entgegengesetzt dreht die Kraft des Beugemuskels. Sie greift am Unterarm an, ihr Kraftarm aber ist der kleinere Abstand ihrer Wirkungslinie vom Gelenk.

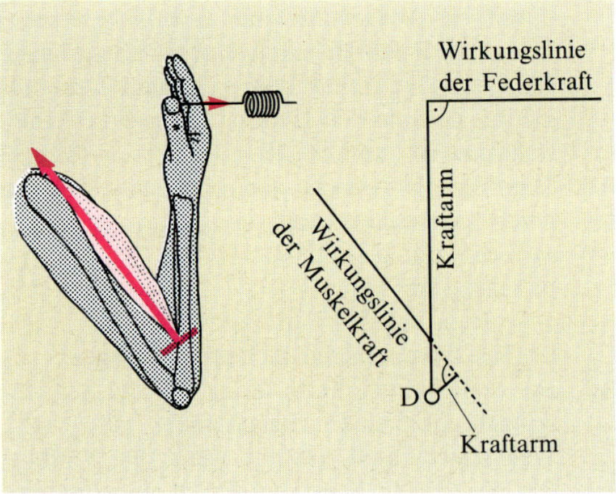

2 Der Unterarm wirkt als einseitiger Hebel

8. Drehmomente gleichen sich aus

Versuch 5: Nach *Bild 3* greifen fünf Kräfte gleichzeitig an dem waagerechten Hebel an. Da er in Ruhe bleibt, muss hier ein Ausgleich der Drehmomente bestehen. Das an dem Hebel im Uhrzeigersinn wirkende Drehmoment ist aber jetzt durch *zwei* Kräfte entstanden, das Drehmoment im Gegenzeigersinn sogar durch *drei* Kräfte. Dann trägt offensichtlich jede einzelne Kraft mit ihrem Kraftarm durch ein eigenes Drehmoment zu der Gesamtwirkung bei. ■

Wir listen die Drehmomente im Uhrzeigersinn auf:
$M_1 = F_1 \cdot r_1 = 1{,}5\,\text{N} \cdot 12\,\text{cm} = 18{,}0\,\text{Ncm}$,
$M_2 = F_2 \cdot r_2 = 0{,}3\,\text{N} \cdot 18\,\text{cm} = 5{,}4\,\text{Ncm}$.
Also ist ihre Summe **23,4 Ncm.**

Im Gegenzeigersinn wirken drei Drehmomente:
$M_3 = F_3 \cdot r_3 = 1{,}2\,\text{N} \cdot 6\,\text{cm} = 7{,}2\,\text{Ncm}$,
$M_4 = F_4 \cdot r_4 = 0{,}3\,\text{N} \cdot 12\,\text{cm} = 3{,}6\,\text{Ncm}$,
$M_5 = F_5 \cdot r_5 = 0{,}7\,\text{N} \cdot 18\,\text{cm} = 12{,}6\,\text{Ncm}$.
Sie haben die Summe **23,4 Ncm.**

Man kann Drehmomente von gleichem Drehsinn also addieren. Für einen Ausgleich müssen die Drehmomentsummen in beiden Drehrichtungen übereinstimmen. Die Summen der zugehörigen Kräfte brauchen dagegen nicht gleich zu sein: Im Versuch war die eine Summe 1,8 N, die andere 2,2 N!

Drehmomente mit gleichem Drehsinn werden wie Zahlen addiert.
Ein Drehmoment kann aus einzelnen Drehmomenten zusammengesetzt sein.

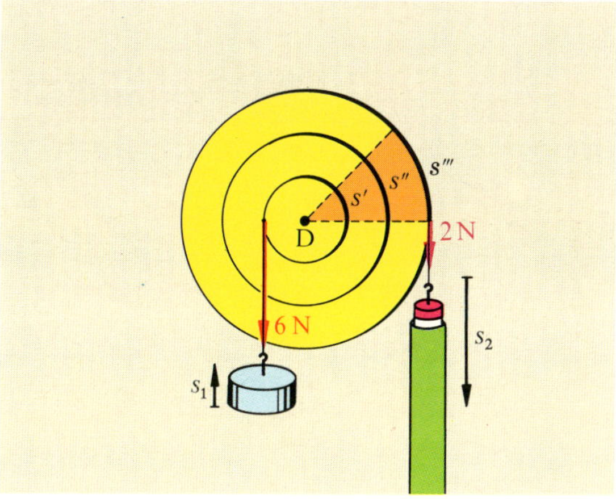

4 Der Kraftweg ist dreimal so lang wie der Lastweg

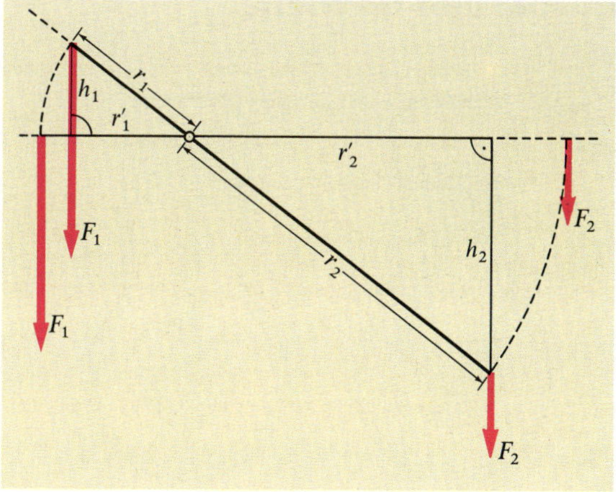

5 Verkleinerte Kraft – aber vergrößerter Weg

9. Energieaufwand beim Drehen

Am **Wellrad** soll die Last $G = F_1 = 6$ N um die Höhe $h = s_1 = 0{,}10$ m gehoben werden. Das Lastseil hängt in der Rille mit dem Radius $r_1 = 1{,}5$ cm *(Bild 4)*. Lassen wir die Zugkraft z.B. an der Rille mit dem dreifachen Radius r_2 wirken, so brauchen wir für F_2 nur ein Drittel der Kraft F_1. Wenn wir die Last um $s_1 = 0{,}10$ m heben, also mit der Innenrille das Seilstück $s_1 = 0{,}10$ m aufwickeln, so müssen wir von der Außenrille ein Seilstück $s_2 = 0{,}30$ m abwickeln; es ist dreimal so lang wie das Seilstück s_1. Vergleiche in *Bild 4* die Abschnitte s''' und s'!

Beim n-fachen Radius sinkt die Kraft auf ihren n-ten Teil: $F_2 = F_1/n$, aber das abzuwickelnde Seilstück ist n-mal so lang: $s_2 = n \cdot s_1$. Dem Wellrad wird die Energie $W = F_2 \cdot s_2$ zugeführt. Folglich gilt $W = (F_1/n) \cdot (n \cdot s_1) = F_1 \cdot s_1$. Also ist $W = G \cdot h$ wie beim senkrechten Heben der Last.

Wird mit dem **Hebel** eine Last ($G = F_1$) nach *Bild 5* in die Höhe gehoben, so werden bei der Drehung die Kraftarme r'_1 und r'_2 fortwährend kleiner, beide Drehmomente nehmen daher ab. Für jede beliebige Lage des Hebels gilt $F_1 \cdot r'_1 = F_2 \cdot r'_2$, folglich $F_1/F_2 = r'_2/r'_1 = r_2/r_1$. Das Kräfteverhältnis F_1/F_2 ändert sich also nicht! Aus den ähnlichen Dreiecken folgt weiter: $r'_2/r'_1 = h_2/h_1$, damit $F_1/F_2 = h_2/h_1$, schließlich $F_2 \cdot h_2 = F_1 \cdot h_1$, d.h. $W = G \cdot h$. Es wird also auch beim Heben mit Hebeln keine Energie gespart.

Das Wellrad und der Hebel geben die Energie unverändert weiter.

A1. Untersuche gemäß *Bild 2* bei dem Hebel, den der Unterarm bildet, das Verhältnis der Kraftarme und das Verhältnis der Kraft des Beugemuskels zur Kraft an der Hand. Begründe, warum die Bauweise der Natur dennoch äußerst sinnvoll ist.

A2. Stelle für die Größen Arbeit und Drehmoment die Unterschiede heraus. Was beschreiben sie? Wie sind Kraft und Länge jeweils zueinander gerichtet? Kann es für eine Kraft ein Drehmoment ohne Arbeit geben bzw. eine Arbeit ohne Drehmoment? Nenne Beispiele.

A3. An einem Wellrad mit $r_1/r_2 = 2/5$ greift außen ein Motor mit der Leistung $P = 1$ kW an und dreht es am Umfang in 1 s um 1 m. Bestimme die Kraft F_2 am Umfang und die Last F_1.

A4. Beim Lenken eines Autos sollen die Hände das Lenkrad stets seitlich außen greifen. Welche physikalisch-biologischen Gründe fordern das?

6 Zu A4; mit Drehmomenten wird gelenkt

Kurbel und Getriebe

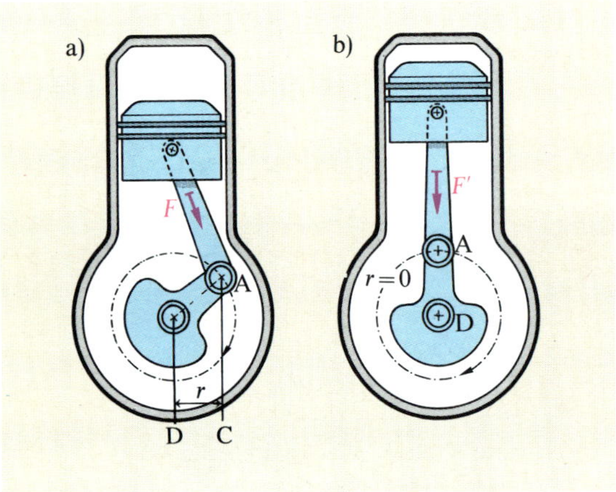

1 Am Automotor treibt der Kolben die Kurbel an

2 Das Pedal bewegt die Kette, die Kette das Rad

1. Aus Hin und Her wird Kreisverkehr

Beim Fahrrad wie beim Auto beginnt die Energieübertragung damit, dass eine hin- und hergehende Bewegung in eine Drehbewegung umgewandelt wird. Im Automotor wirkt die Kraft F des Kolbens über die *Pleuelstange* auf das Kurbelgelenk A *(Bild 1)*. Wer Fahrrad fährt, wirkt mit der Kraft der Beine entsprechend auf das Pedal. An ihrem Angriffspunkt erzeugt die Kraft ein Drehmoment $M = F \cdot r$. Ihr Kraftarm, der stets rechtwinklig zur Wirkungslinie der Kraft liegt – beim Auto zur Pleuelstange –, hängt vom Drehwinkel ab und ändert ständig seine Länge.

Steht der Kurbelarm DA rechtwinklig zur Pleuelstange, so ist der Kraftarm $r = DC = DA$ am größten und ebenso das Drehmoment. Dies ist bei jedem Umlauf nur zweimal der Fall. Dazwischen werden der Kraftarm r und mit ihm das Drehmoment für einen Augenblick sogar null. In diesen *Totpunkten* kann die Kraft nichts zur Drehung der Kurbelwelle beitragen. Hier hilft entweder die schon vorhandene Bewegungsenergie oder man lässt – etwa beim Sechszylindermotor – an der Kurbelwelle 6 Kolben über Pleuelstangen an 6 Kurbelarmen angreifen, die winklig und seitlich gegeneinander versetzt sind.

Wenn am Fahrrad die Tretkurbel in einem Winkelbereich nahe der Senkrechten ist, so kommt mit der nach unten gerichteten Kraft F der Beine praktisch kein Drehmoment zustande. Das stört beim Anfahren und beim Bremsen mit dem Rücktritt.

2. Wie Muskelkraft die Kette strafft

Beim Fahrrad *(Bild 2)* sitzen auf derselben Drehachse die Tretkurbel und das mit ihr verbundene große Kettenrad. Beide zusammen bilden also ein *Wellrad*. Ein Wellrad lässt das Drehmoment unverändert. Bei waagerechter Tretkurbel ist ihr Kraftarm jedoch nach *Bild 2* doppelt so groß wie der Radius des großen Kettenrades. Treten wir nun das Pedal z.B. mit der Kraft $F = 100$ N, so erfährt dadurch die Kette in ihrem oberen Teil die doppelte Kraft 200 N *(Tabelle 1)*. Das Wellrad ist ein *Kraftwandler*. Dafür legt die Kette nur den halben Weg zurück – z.B. nur 5 cm, wenn das Pedal um den Weg $s = 10$ cm tiefer getreten wird.

Die Kette reicht – wie ein Seil – die ihr übertragene Kraft $F = 200$ N und den Weg $s = 5$ cm unverändert vom ersten Kettenrad weiter an das zweite Kettenrad, das einen kleineren Radius hat. Dadurch erzeugt die Kette dort ein kleineres Drehmoment. Der *Kettentrieb* ist also ein *Drehmomentwandler*.

Das kleine Kettenrad bildet mit dem Hinterrad wiederum ein *Wellrad*, und zwar mit dem Radienverhältnis 3 cm : 30 cm = 1 : 10. Am Umfang des Hinterrades tritt also zur Fortbewegung des Rades nur noch die Kraft 200 N/10 = 20 N auf, der fünfte Teil der Kraft vom Anfang des Übertragungsweges!

Tabelle 1 zeigt alle Übergänge im Zusammenhang: Der Weg des Rades ist fünfmal so groß wie der Weg der Füße an den Pedalen. *Die Energie bleibt gleich.*

3. Dem Motor zuliebe: Wechselgetriebe!

So wie eine Kette überträgt auch ein Riemen, z. B. der Keilriemen im Auto, die Kraft unverändert. Bei dem Rad mit dem n-fachen Radius ergibt sich dadurch das n-fache Drehmoment. Dieses Rad führt im Vergleich zum anderen nur $1/n$ der Anzahl der Umdrehungen pro Sekunde aus: Seine Drehfrequenz wird kleiner, weil ja die Umfangsgeschwindigkeit beider Räder dieselbe ist. Dies gilt ebenso für Zahnradgetriebe. Dort wirkt die Kraft F eines Zahnes unverändert auf einen Zahn des anderen Rades.

Der Verbrennungsmotor des Autos muss in einem hohen, aber nicht zu hohen Drehfrequenzbereich arbeiten, wenn kein größerer Schaden an der Umwelt oder an ihm selbst entstehen soll. Beim Anfahren ist es daher nötig, die Drehfrequenz des Motors zunächst in eine kleinere Drehfrequenz für die Antriebsachse umzuwandeln. Das **Wechselgetriebe** ermöglicht eine stufenweise Anpassung, indem man verschiedene Kombinationen von Zahnrädern zur Wirkung kommen lässt.

Zum Anfahren schaltet man den 1. Gang ein *(Bild 3a)*: An zwei Zahnradpaaren wird die Drehfrequenz zweimal nacheinander von jeweils einem kleineren auf ein größeres Zahnrad untersetzt. Dafür steigt das Drehmoment stark an. Dies vergrößert die Kraft am Reifenumfang erheblich. Deshalb benutzt der Autofahrer den 1. Gang auch am steilen Hang – und ebenso ein Radfahrer mit Gangschaltung. Im 2. Gang wird die Drehfrequenz nur einmal untersetzt, im 3. Gang nicht mehr – die Klauenkupplung ist geschlossen. Beim Gangwechsel müssen die Zahnräder, die ineinander greifen sollen, zuvor auf gleiche Umfangsgeschwindigkeit gebracht werden. Man kann aber die Räder nie verschieben, solange sie Kräfte aufeinander ausüben.

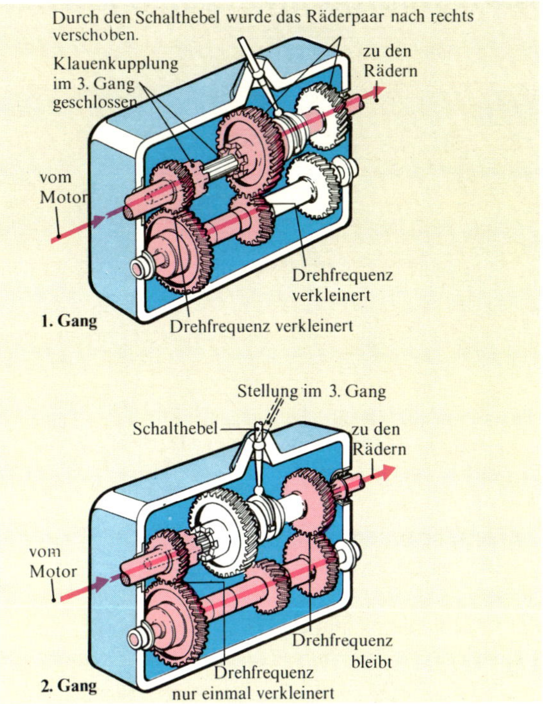

3 Kraftwagengetriebe, stark vereinfacht

Deshalb trennt man in der Scheibenkupplung den Motor vom Getriebe, indem man zwei Kupplungsscheiben voneinander löst.

Ketten-, Riemen- und Zahnradgetriebe sind Drehmomentwandler. An dem größeren von zwei verbundenen Rädern ist das größere Drehmoment, aber die kleinere Drehfrequenz.

Wellräder sind dagegen Kraftwandler. Am kleineren Radius wirkt die größere Kraft. Drehmoment und Drehfrequenz bleiben erhalten.

Angriffspunkt der Kraft	Kraftarm in cm	Kraft in N	Drehmoment in Ncm	Weg in cm	Arbeit in Joule	Maschinenart
Pedal (etwa waagerecht)	18	**100**	1 800	**10**	**10**	**Wellrad:** Kraft verdoppelt, Weg halbiert (Kraftwandler)
Kettenrad, vorn	9	200	1 800	5	10	**Kettentrieb:** Drehfrequenz verdreifacht; Drehmoment M auf $M/3$ verkleinert, Kraft bleibt
Kettenrad, hinten	3	200	600	5	10	
Reifenumfang (Straße)	30	**20**	600	**50**	**10**	**Wellrad:** Weg verzehnfacht, Kraft F auf $F/10$ verkleinert

Tabelle 1 Beim Fahrrad wird die Kraft F auf $F/5$ verkleinert – der Weg s wird auf $5 \cdot s$ vergrößert

Schwerpunkt und Gleichgewicht

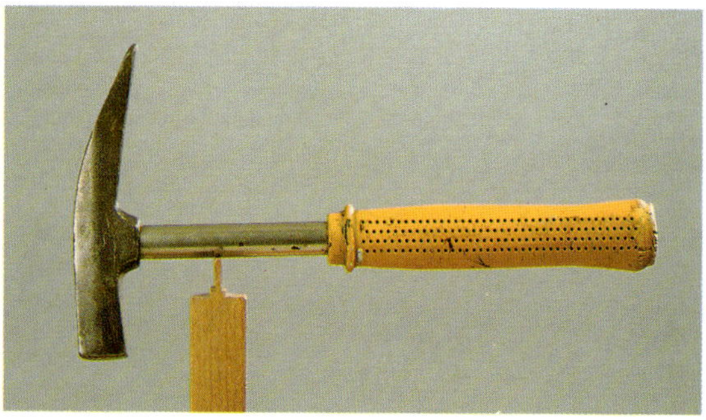

1 Ein Sammelpunkt für die Gewichtskräfte aller Teile des Hammers: der Schwerpunkt

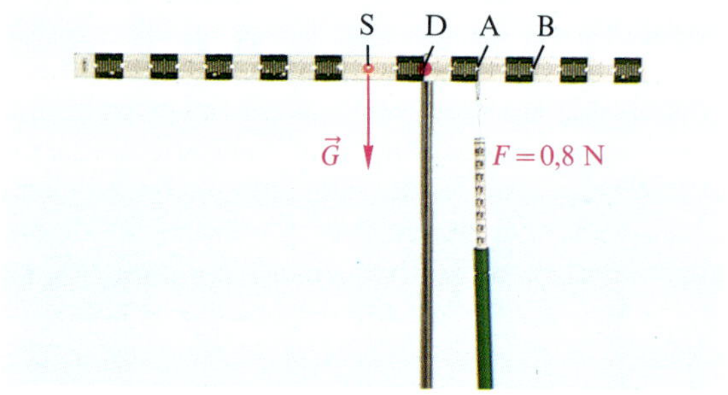

2 Links von der Drehachse D wird die Kraft vom Hebel selbst geliefert

1. Der Schwerpunkt – ein Punkt vertritt alle anderen

Bild 1 zeigt einen Zimmermannshammer; mit seinem Stiel ist er quer auf einer waagerechten Schneide zur Balance gebracht worden, sodass er zu schweben scheint. Solange dafür nicht die passende Stelle des Stiels gefunden ist, zieht ihn entweder sein Kopf oder sein Ende nach unten. Nun aber ruht er auf seinem Träger und belastet ihn mit einem einzigen Punkt. Die übrigen Teile erscheinen schwerelos. Der Hammer verhält sich so, als wäre seine gesamte Masse an diesem einen Punkt, dem so genannten **Schwerpunkt** S (Massenmittelpunkt) vereinigt und als griffe dort die gesamte Gewichtskraft G an.

Der Hebel in *Bild 2* ist außerhalb seiner Mitte im Punkt D durch eine Drehachse unterstützt. Dennoch können wir ihn in waagerechter Lage halten.

Wir lassen im Punkt A die Kraft $F = G$ mit einem Kraftmesser einwirken. Dabei gilt DA = DS, der Punkt S ist der Hebelschwerpunkt. Das Drehmoment der Kraft F gleicht das Drehmoment des Hebelstabes aus, und dieses kann man sich entstanden denken durch die Gesamtgewichtskraft G am Angriffspunkt S mit dem Kraftarm DS. Damit wird die Addition unzähliger Drehmomente ersetzt, die von allen Teilchen des Hebels herrühren.

Ein fester Körper verhält sich häufig so, als wäre seine gesamte Masse im **Schwerpunkt** S vereinigt. Dort kann man sich die Gesamtgewichtskraft angreifend denken.

Hat ein homogener Körper eine Symmetrieachse oder eine Symmetrieebene, so liegt sein Schwerpunkt S darauf. Bei einer dreieckigen Platte gibt der Schnittpunkt ihrer Seitenhalbierenden den Schwerpunkt an. Der Schwerpunkt kann auch außerhalb der Körper*materie* selbst sein: Bei einer Röhre und bei einer Flasche liegt er inmitten des Hohlraums, bei einem Hocker unterhalb der Sitzplatte. Wenn ein Körper verformbar ist, so kann sich sein Schwerpunkt je nach seiner Gestalt innerhalb oder außerhalb von ihm befinden. Das gilt auch für einen Menschen, insbesondere beim Sport. Mit einem Gliedermaßstab lässt sich dieser Sachverhalt verdeutlichen.

Um den Schwerpunkt S eines unregelmäßig geformten Körpers zu finden, kann man oft das folgende Verfahren anwenden:

Der Körper, z.B. ein Pappestück wie in *Bild 3*, wird an einem Punkt A frei drehbar aufgehängt. Mithilfe des im Punkt O angehängten Lotes (rot dargestellt) wird durch den Punkt A die Lotlinie a eingezeichnet, die auch **Schwerlinie** a genannt wird. Ebenso wird die Schwerlinie b durch einen Körperpunkt B ermittelt, der außerhalb der Linie a liegt. Beide schneiden sich im Schwerpunkt S!

Dieses Verfahren benutzt die Drehmomente: Bei jeder beliebigen Aufhängung dreht sich nämlich der Körper so lange, bis die Wirkungslinie der im Punkt S vereinigt gedachten Gewichtskraft G durch den Aufhängepunkt geht. Dann ist ihr Drehmoment null. Der Schnittpunkt aller Schwerlinien ist also der Schwerpunkt. Um ihn zu bestimmen, genügen zwei von ihnen.

2. Das Gleichgewicht – stabil oder nicht

Wir betrachten einen waagerechten Stab, der eine waagerechte Drehachse hat, die nicht durch seinen Schwerpunkt S geht. Lassen wir ihn los, so dreht er sich in eine Gleichgewichtslage, pendelt etwas und verharrt schließlich **stabil**, d.h. feststehend (*Bild 4*, oben). Ganz ähnlich verhält sich ein Tischtennisball in einer kugelförmigen Schale (*Bild 4*, unten). Nach jeder kleinen Störung pendelt der Körper um diese stabile Lage und kehrt dann wieder zu ihr zurück.

Drehen wir nun den Stab um 180° aus dieser stabilen Lage oder legen den Tischtennisball oben auf die umgedrehte Schale. Dann hat der Körper eine Gleichgewichtslage, in der er kaum gehalten wird; bei der geringsten Störung strebt er aus dieser **labilen**, d.h. unsicheren Lage fort.

Geben wir jetzt dem Stab dagegen eine Drehachse, die genau durch seinen Schwerpunkt geht, oder legen wir den Ball auf eine waagerechte Platte, dann befindet sich der Körper in einer **indifferenten**, d.h. unterschiedslosen Gleichgewichtslage: Jede benachbarte Lage ist völlig gleichartig, nichts treibt den Körper weiter weg oder wieder zurück.

Bewegt eine Störung den Körper etwas aus seiner stabilen (bzw. labilen) Gleichgewichtslage, so tritt an ihm, falls er verschiebbar ist wie z.B. ein Eiswürfel in einer nassen Schale, eine *Kraft* auf. Sie treibt ihn wieder zurück (bzw. weiter fort). An einem Körper, der drehbar ist, erzeugt die Gewichtskraft G ein *Drehmoment*, das ihn in seine Gleichgewichtslage zurück (bzw. weiter von ihr weg) zu drehen trachtet.

Im stabilen Gleichgewicht nimmt der Schwerpunkt eine möglichst tiefe Lage ein; bewegt man ihn von dort weg, so wird er zunächst gehoben. Daher muss dem Körper zu jeder Lageveränderung *Energie* zugeführt werden. Im labilen Gleichgewicht kann er sich zu Lagen kleinerer Höhenenergie bewegen, dabei senkt sich sein Schwerpunkt. Der Körper kann Höhenenergie abgeben. Im indifferenten Gleichgewicht ändert eine Verschiebung die Höhenenergie nicht.

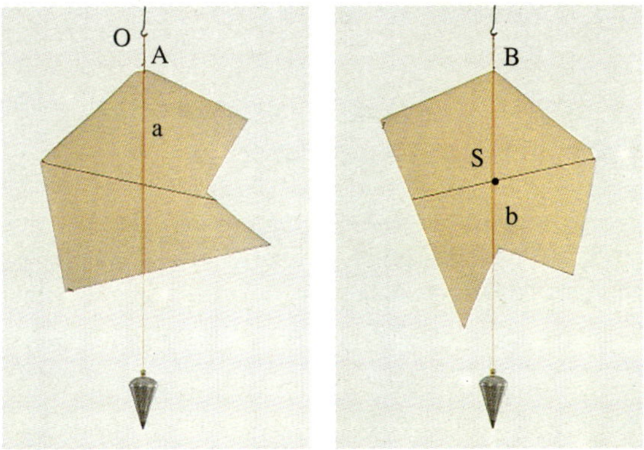

3 So findet man den Schwerpunkt eines unregelmäßig geformten Körpers

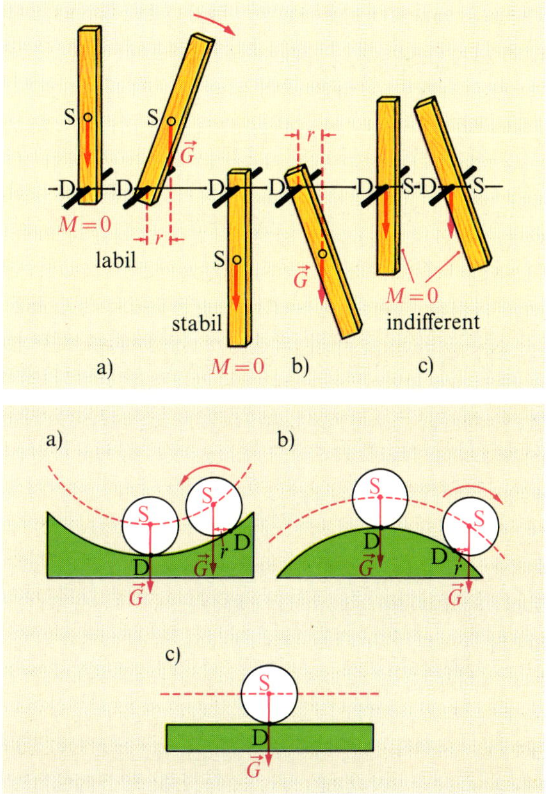

4 Die drei Gleichgewichtslagen eines Stabes und einer Kugel: stabil – labil – indifferent

Ein Körper bleibt in Ruhe, wenn an ihm Kräftegleichgewicht herrscht und sich die Drehmomente ausgleichen *(Grundgesetz der Statik)*.
Der Gleichgewichtszustand eines Körpers ist **stabil**, wenn alle benachbarten Lagen größere Höhenenergie besitzen.
Der Gleichgewichtszustand eines Körpers ist **labil**, wenn er sich in eine Lage kleinerer Höhenenergie bewegen kann.
Der Gleichgewichtszustand eines Körpers ist **indifferent**, wenn alle benachbarten Lagen gleiche Höhenenergie besitzen.

Im Überblick: Energie, Arbeit und Leistung

1. Mechanische Energieformen

Mechanische Energie begegnet uns als **Höhenenergie** (andere Bezeichnung: Lageenergie), als **Bewegungsenergie** oder als **Spannenergie**. Wir erkennen die Änderung des mechanischen Energievorrats eines Körpers an Änderungen seiner Höhe und seiner Geschwindigkeit sowie an seiner elastischen Verformung.

2. Energiemenge und Arbeit

Arbeit ist die Bezeichnung für eine mithilfe einer Kraft übertragene **Energiemenge**; deshalb werden für Energie und Arbeit gleiche Formelzeichen und gleiche Einheiten benutzt:

Symbol: W; **Einheit:** 1 Joule, $1\ \mathrm{J} = 1\ \mathrm{N} \cdot \mathrm{m}$.

Für die mithilfe einer Kraft F_s längs des Weges s übertragene Energiemenge (Arbeit) W gilt $\boldsymbol{W = F_s \cdot s}$.

Dabei sind **Weg und Kraftkomponente** gemeinsam wichtig: Ohne Kraftkomponente in Bewegungsrichtung keine Arbeit und ohne Bewegung keine Arbeit!

Beim Heben oder Senken eines Körpers der Gewichtskraft G ändert sich seine Höhenenergie bei dem Höhenunterschied h um $\boldsymbol{W = G \cdot h}$.

Kennt man die Masse m und den Ortsfaktor g, so berechnet man die auf dem Höhenunterschied h übertragene Energie aus $\boldsymbol{W = m \cdot g \cdot h}$.

3. Leistung

Oft ist nicht die übertragene Energiemenge von Interesse, sondern die Schnelligkeit, mit der dies geschieht. Die **Leistung** P ist der Quotient aus der übertragenen Energie W und der dafür benötigten Zeit t.

Symbol: P;
Definition: $P = W/t$; **Einheit:** $1\ W = 1\ \mathrm{J/s}$

Wird die Energie mittels einer Kraft F_s auf einen mit der Geschwindigkeit v bewegten Körper übertragen (Kraft in Bewegungsrichtung), dann erfordert das die Leistung $\boldsymbol{P = F_s \cdot v}$.

4. Wattsekunden und Kilowattstunden

Eine Leistungsangabe informiert über die in der Zeiteinheit übertragene Energie. Wird während der Zeit t mit der Leistung P Energie übertragen, dann erhält man die insgesamt übertragene Energiemenge W aus $\boldsymbol{W = P \cdot t}$.

Daraus folgt die **Energieeinheit Wattsekunde (Ws):**

$\mathbf{1\ J = 1\ W \cdot 1\ s = 1\ Ws.}$

Wird die Leistung in kW (Kilowatt) und die Zeit in h (Stunden) gemessen, dann benutzt man für die Energie auch die Einheit 1 kWh **(Kilowattstunde)**

$\mathbf{1\ kWh = 1000\ W \cdot 3600\ s = 3\,600\,000\ Ws = 3\,600\,000\ J.}$

5. Reibung und Wärme

Oft treten **Reibungskräfte** auf; dabei erhöht sich die Temperatur der aneinander reibenden Körper. Die durch Reibung umgewandelte Energie fließt als **Wärme** in die kältere Umgebung.

Nach dem Trägheitssatz bleibt ein Körper in seinem Bewegungszustand, wenn die resultierende Kraft an ihm null ist. Er behält seine Geschwindigkeit (auch deren Richtung!) bei. Ohne Antriebskraft wird ein bewegter Körper wegen der allein wirkenden Reibungskraft langsamer; Bewegungsenergie fließt als Wärme in die Umgebung. Ohne Reibungskraft und ohne Antrieb behält ein bewegter Körper seine Geschwindigkeit und damit seine Bewegungsenergie bei.

6. Energieerhaltung

Die **Gesamtenergie** ist häufig auf **mehrere Energieformen** verteilt. Ohne Reibung und ohne Energieübertragung von oder zu anderen Körpern bleibt die Summe aus den mechanischen Energieformen konstant. Addiert man die Energiebeträge mehrerer Körper, so gilt: Ohne Reibung bleibt die Summe aus Spann-, Höhen- und Bewegungsenergie konstant.

Ist Reibung im Spiel, dann nimmt die Summe der mechanischen Energieformen um die Energiemenge ab, die als Wärme in die Umgebung fließt.

7. Energieentwertung

Mechanische und **elektrische** Energie sind **wertvoll**, weil sie sich in jede andere Energieform umwandeln lassen. **Energieentwertung** tritt bei Reibung auf, weil dabei Energie als wertlose **Wärme in die Umgebung** fließt.

8. Einfache Maschinen sind Kraftwandler ...

Mithilfe von **Flaschenzügen, schiefen Ebenen** und **Hebeln** kann man Körper halten oder langsam heben mit Kräften, die kleiner sind als die Gewichtskraft G der Körper.

Beim **Flaschenzug** *(Bild 1)* wird die Last G auf n tragende Seile verteilt; es ist damit mindestens die Zugkraft $F_Z = G/n$ nötig.

Liegt ein Körper auf einer **schiefen Ebene**, so kann man seine Gewichtskraft G zerlegen in die Hangabtriebskraft $F_H = G \cdot h/s$ und eine Kraft F_N senkrecht zur Ebene *(Bild 2)*. Zum Hochziehen längs der Ebene braucht man mindestens $F_Z = F_H$.

Beim **Hebel** *(Bild 3)* steht der so genannte Kraftarm r senkrecht zur Wirkungslinie der zugehörigen Kraft F. Das **Hebelgesetz** lautet:
Kraft · Kraftarm = Last · Lastarm ($F_Z \cdot r_Z = G \cdot r_L$).

Um die Last G um die Höhe h zu heben, muss ihr die Energie $W = G \cdot h$ zugeführt werden. Beim Einsatz der betrachteten einfachen Maschinen wird die Energie mittels der Zugkraft F_Z längs des Weges s_Z zugeführt. Wenn man von Reibung einmal absieht, dann übertragen diese Maschinen die Energie unverändert. Es gilt $W = F_Z \cdot s_Z = G \cdot h$ („Goldene Regel der Mechanik").

Kraftweg s_Z und Lastweg h verhalten sich umgekehrt wie Kraft F_Z und Last G. Ist die Kraft F_Z halb so groß wie die Last G, so muss der Kraftweg s_Z doppelt so groß sein wie der Lastweg h.

9. ... und entwerten Energie

Bei allen einfachen Maschinen ist Reibung unvermeidlich. Ein Teil der zugeführten Energie gelangt nicht als mechanische Energie ans Ziel, sondern fließt als wertlose Wärme in die Umgebung. Für möglichst verlustlose Energieübertragung mit einfachen Maschinen gilt das norddeutsche Sprichwort „Wer gut 'smeert', der gut fährt!"

10. Nicht immer ist 1 N · m = 1 Joule

Greifen mehrere Kräfte an einem **Hebel** an, so werden die Verhältnisse am einfachsten durch die Gleichheit der Drehmomente beschrieben. **Drehmoment** nennt man das Produkt aus einer Kraft F und ihrem Kraftarm r_F. Drehmomente mit gleichem Drehsinn werden wie Zahlen addiert. Ein Hebel bleibt in Ruhe, wenn die Drehmomentensummen in beiden Drehrichtungen gleich sind.

Die Einheit 1 Newtonmeter für das Drehmoment $M = F \cdot r_F$ darf man nicht mit der Einheit $1\,J = 1\,N \cdot m$ für die Energie $W = F \cdot s_F$ verwechseln.

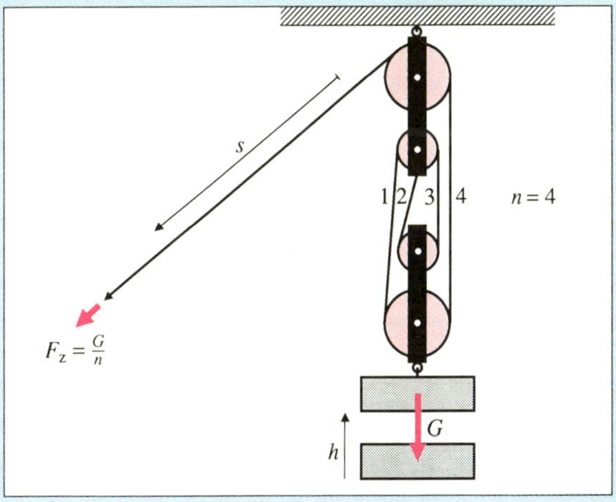

1 Flaschenzug mit 4 tragenden Seilen

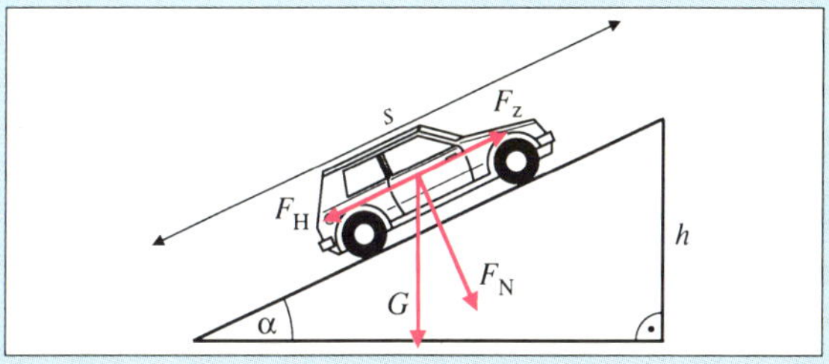

2 Kräftezerlegung an der schiefen Ebene

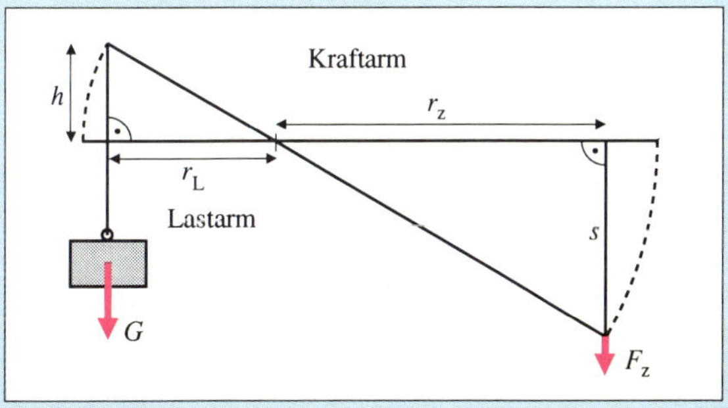

3 Kräfte am Hebel

Das Teilchenmodell

1 Ein Öltropfen verteilt sich auf Wasser

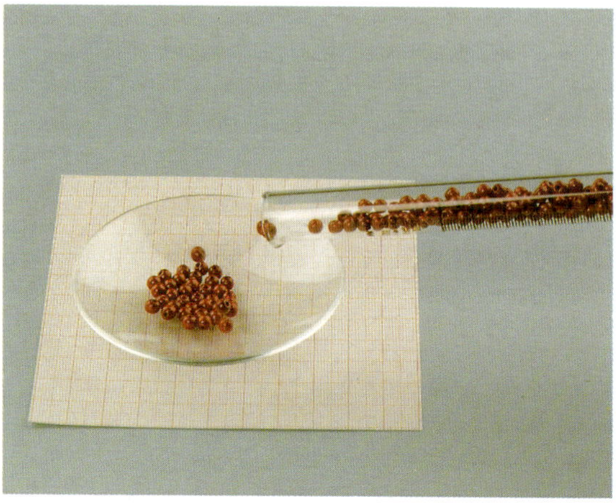

2 Die Kügelchen fließen auf eine Schale

1. Die Idee mit den kleinsten Teilchen

Schon in der Antike machten sich die Naturforscher Gedanken über den Aufbau der Materie: Dabei vertraten die griechischen Philosophen DEMOKRIT (um 400 v. Chr.) und ARISTOTELES (384 bis 322 v. Chr.) völlig entgegengesetzte Ansichten. DEMOKRIT lehrte, alle Stoffe seien aus kleinsten Teilchen zusammengesetzt – er nannte sie Atome. ARISTOTELES dagegen war der Meinung, man könne die Materie immer weiter teilen, ohne je auf kleinste Teilchen zu stoßen.

Wer hatte recht? Ist die Materie unbegrenzt teilbar? Dann müsste z.B. ein Öltropfen, den man auf die Oberfläche des Meeres bringt, dort eine Ölschicht bilden, die unaufhörlich dünner und dünner würde, bis das Öl schließlich über die ganze Meeresoberfläche verteilt wäre. Verhält sich Öl so? Wir beantworten diese Frage auf eine Weise, die den alten Griechen völlig fern lag: Wir machen ein Experiment.

Versuch 1: Wir füllen eine Lösung von Öl in Benzin (Ölanteil 0,1 %) in eine Bürette. Davon geben wir einen Tropfen auf eine Wasseroberfläche, die zuvor mit Bärlappsporen bestreut worden ist. Sofort verteilt sich die Lösung über eine Kreisfläche und schiebt die Bärlappsporen beiseite. Da das Benzin verdunstet, zieht sich die Fläche zusammen, und es bleibt ein runder Ölfleck zurück. Seine Fläche verdoppelt sich, wenn wir einen weiteren Tropfen dazugeben. ■

2. Eine „Flüssigkeit" aus Kügelchen

Unser Versuchsergebnis lässt sich so deuten, dass das Öl aus kleinsten Teilchen besteht. Diese breiten sich auf der Wasseroberfläche aus. Liegen alle in einer einzigen Schicht nebeneinander, dann ist die vom Ölfleck bedeckte Fläche am größten. Ein Modellversuch soll dies veranschaulichen.

Versuch 2: Wir füllen einen Messzylinder mit kleinen Kunststoffkügelchen und schütten diese auf eine flachgewölbte Schale *(Bild 2)*. Durch leichtes Rütteln erreichen wir, dass alle Kügelchen in einer Schicht nebeneinander liegen; dabei bilden sie ungefähr eine Kreisfläche. Geben wir noch einmal so viele Kügelchen hinzu, so drängen sich diese zwischen die anderen, bis alle wieder in einer Schicht nebeneinander liegen. ■

Auch andere Eigenschaften einer Flüssigkeit werden durch die Kügelchen im Messzylinder wiedergegeben. Da sich die Kügelchen dieser *Modellflüssigkeit* leicht gegeneinander verschieben, bilden sie eine waagerechte Oberfläche. Sie weichen aus, wenn man einen Gegenstand eintaucht; dabei hebt sich die Oberfläche. Beim Umfüllen der Kugeln in ein anderes Gefäß bleibt das Volumen erhalten.

DEMOKRIT nannte seine erdachten Teilchen **Atome**. Heute unterscheidet man zwischen **Atomen** und **Molekülen.** Wir sprechen im Folgenden stets von Molekülen. Kann man sie beobachten?

3. Auf der Suche nach kleinsten Teilchen

Versuch 3: Wir beobachten einen Tropfen Milch bei 1000facher Vergrößerung unter dem Mikroskop und sehen zahlreiche Kügelchen. Sehen wir etwa Moleküle? Leider nein: Verdünnen wir nämlich die Milch mit Wasser, so wächst der Abstand dieser Kügelchen. Wassermoleküle haben sich dazwischengeschoben. Unter dem Mikroskop kann man diese nicht erkennen. Die sichtbaren Kügelchen sind Fett-Tröpfchen, die im Wasser schweben. ■

Der Versuch hält aber eine große Überraschung bereit: Die Tröpfchen zittern ständig und unregelmäßig hin und her. Der Engländer BROWN beobachtete diese Erscheinung 1827 als Erster; man nennt sie nach ihm die **brownsche Bewegung.** Je kleiner die Tröpfchen sind, desto schneller zittern sie. Daraus folgern wir, dass sich die wesentlich kleineren Moleküle der Flüssigkeit in einer noch viel rascheren ungeordneten Zitterbewegung befinden – und das andauernd. Mit dieser **Molekularbewegung** lässt sich auch der folgende Versuch erklären.

Versuch 4: Wir leiten eine Lösung des violetten Salzes Kaliumpermanganat vorsichtig auf den Boden eines mit Wasser gefüllten Glases *(Bild 4)*. Obwohl das Wasser keinerlei Bewegung zeigt, färbt es sich im Laufe von Tagen von unten nach oben, bis es einheitlich violett ist. ■

Die Teilchen des Kaliumpermanganats schieben sich wegen ihrer ständigen Bewegung zwischen die Wassermoleküle. Man sagt, die Salzteilchen **diffundieren** in das zunächst farblose Wasser.

Wenn die Kügelchen im Becherglas die Moleküle einer Flüssigkeit veranschaulichen sollen, müssen sie in ständiger und unregelmäßiger Bewegung sein. Das ließe sich durch ein kräftiges Schütteln des Bechers erreichen.

4 Diffusion von Kaliumpermanganat

Und noch etwas fehlt den Kügelchen im Becherglas: Echte Flüssigkeiten bilden Tropfen; zwischen den Molekülen müssen also Anziehungskräfte bestehen, die jedoch die freie Verschiebbarkeit nicht beeinträchtigen. Um diesen Zusammenhalt der Moleküle auch im Modell zu berücksichtigen, haben wir in Versuch 2 eine leicht gewölbte Schale benutzt. Ihre Wölbung sorgte dafür, dass die Kügelchen nach jedem Schütteln wieder zu einer lückenlosen „Flüssigkeit" zusammenliefen.

Für die Moleküle einer Flüssigkeit gilt:
- Sie sind in ständiger und unregelmäßiger Zitterbewegung.
- Sie lassen sich leicht verschieben.
- Sie haften durch Anziehungskräfte aneinander.

Die Moleküle einer Flüssigkeit sind leicht beweglich – wie die Männchen in *Bild 3b*; in Gasen fliegen sie sogar frei *(Bild 3c)*. In festen Körpern dagegen sind die Moleküle an ihre Plätze gebunden, zittern aber immer noch hin und her *(Bild 3a)*.

3 Fest – flüssig – gasförmig (Modellvorstellung)

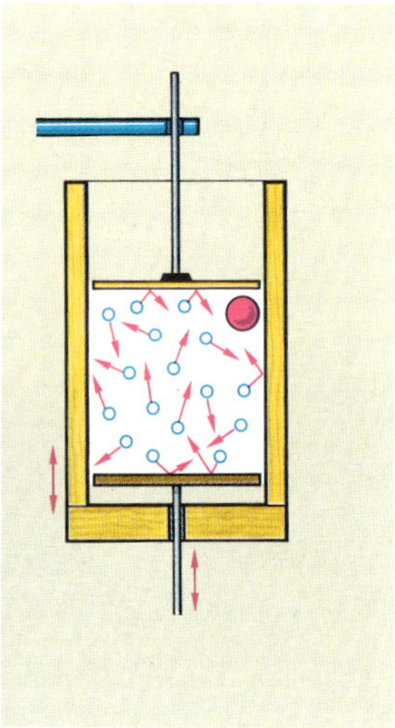

1 Teilchenbewegung im Modellversuch

2 In der Schneeflocke herrscht Ordnung

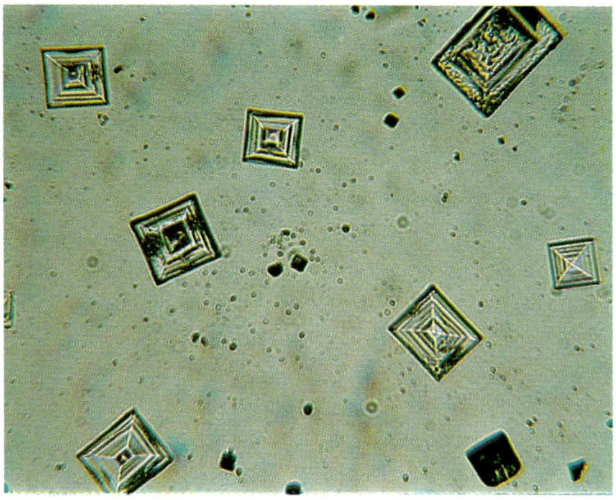

3 Kristalle wachsen regelmäßig

4. Was spielt sich in Gasen ab?

Bild 1 zeigt ein Gefäß, in dem kleine Glaskügelchen regellos und ungeordnet umherfliegen. Der Gefäßboden ist als Stempel ausgebildet und wird von einem Motor schnell auf- und abbewegt. Dabei werden die Kügelchen hochgeschleudert, stoßen gegeneinander, prallen von den Wänden ab. Durch den ständigen Aufprall der Kügelchen wird der bewegliche Gefäßdeckel angehoben und in einer bestimmten Höhe gehalten.

Die Kügelchen sind die „Moleküle" eines Modellgases. Ihre regellose Bewegung gibt uns eine Vorstellung von der Bewegung der Moleküle eines „echten" Gases. An zwei Beispielen vergleichen wir nun echte Gase mit dem Modellgas.

Versuch 5: Wir können das Volumen des Modellgases verkleinern, indem wir den Deckel mit der Hand nach unten schieben. Entlasten wir den Deckel, wird er durch den Aufprall der Kügelchen wieder in die Ausgangshöhe gehoben. ■

Auch die Luft in einer Fahrradpumpe lässt sich zusammenpressen: Wenn wir die Öffnung verschließen, so lässt sich der Kolben dennoch einschieben. Er bewegt sich wieder zurück, sobald wir ihn loslassen.

Versuch 6: Nun bewegen wir den Stempel und damit auch die Kügelchen des Modellgases schneller; ihre Bewegungsenergie nimmt zu. Der Deckel wird angehoben: Das „Gas"-Volumen wird größer. ■

Ein in einer Glasspritze eingeschlossenes *echtes* Gas schiebt den Kolben nach außen und vergrößert so das Gasvolumen, wenn man die Temperatur erhöht. Daraus folgern wir: In Gasen nimmt die Bewegungsenergie der Moleküle beim Erhitzen zu.

Moleküle eines Gases sind ständig in schneller Bewegung; sie haben so große Abstände, dass Anziehungskräfte zwischen ihnen keine Rolle spielen. Beim Erhitzen werden Moleküle schneller.

5. Die feste Struktur im Kristall

Ist Wasser zu Eis gefroren, verschieben sich die Moleküle nicht mehr, sondern haften fest aneinander. Die regelmäßige Form von Kristallen *(Bild 2* und *3)* lässt vermuten, dass sich beim Kristallisieren die Moleküle ordnen und so eine feste Struktur bilden.

Versuch 7: Wir schmelzen Fixiersalz und gießen die Schmelze auf eine kalte Glasplatte. In der Projektion sehen wir, wie beim Abkühlen regelmäßige Kristalle entstehen *(Bild 3)*. ■

In Festkörpern haben die kleinsten Teilchen einen festen Platz, um den sie eine Zitterbewegung ausführen.

In Flüssigkeiten lassen sich die Moleküle leicht verschieben und sind in ständiger ungeordneter Bewegung. Trotzdem besteht eine Bindung zwischen ihnen.

In Gasen bewegen sich die Moleküle frei; sie sind nicht aneinander gebunden.

6. Die Größe der Moleküle

Aus der Tatsache, dass ein Ölfleck nicht beliebig dünn werden kann, haben wir auf die Existenz von Molekülen geschlossen. Der Versuch mit dem Ölfleck zeigt aber noch mehr: Wir können aus der Dicke der Ölschicht sogar den Durchmesser eines Ölmoleküls abschätzen. Ein Modellversuch soll erklären, wie wir dabei vorgehen.

Versuch 8: Wir füllen Kügelchen bis zur Marke 50 cm³ in einen Messzylinder und schütten sie anschließend in eine Schale, unter die wir zuvor mm-Papier gelegt haben *(Bild 4)*. Wenn alle Kügelchen nebeneinander liegen, bedecken sie eine kreisförmige Fläche. Durch Abzählen der bedeckten Karos erhalten wir den Flächeninhalt $A = 100\,\text{cm}^2$. Die Kugeln bilden eine Schicht, deren Höhe h gleich dem Durchmesser einer Kugel ist. Das Produkt aus der Grundfläche A mit der Höhe h ergibt das Volumen V der Schicht, $V = A \cdot h$. Wir formen um und erhalten $h = V/A = 50\,\text{cm}^3/100\,\text{cm}^2 = 0{,}5\,\text{cm}$. Das ist der Durchmesser einer Kugel. ■

Auf dieselbe Weise wollen wir nun den Durchmesser eines Ölmoleküls bestimmen.

Versuch 9: Wir lassen $1\,\text{cm}^3$ der 0,1 %igen Lösung aus Versuch 1 langsam aus der Bürette tropfen und zählen 60 Tropfen. Ein Tropfen hat somit das Volumen $(1/60)\,\text{cm}^3$ und enthält damit $V = (1/60\,000)\,\text{cm}^3$ Öl. In Versuch 1 entsteht aus einem solchen Tropfen eine Ölschicht mit der Fläche $A = 160\,\text{cm}^2$. Wie bei den Kügelchen erhalten wir die Dicke der Ölschicht mit der Gleichung $h = V/A$:

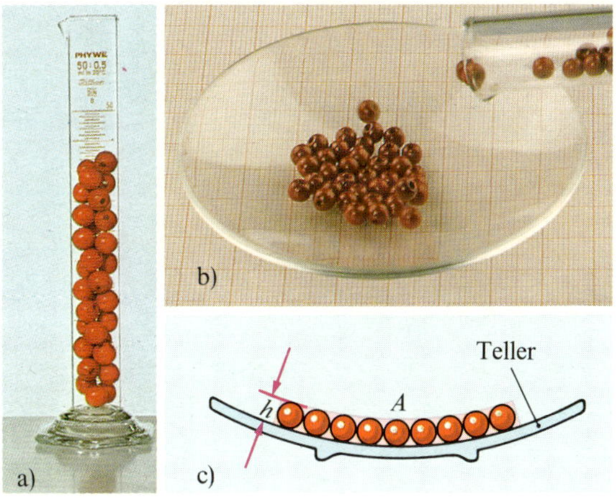

4 Modellflüssigkeit; zu Versuch 8

$$h = \frac{(1/60\,000)\,\text{cm}^3}{160\,\text{cm}^2} = 0{,}000\,000\,1\,\text{cm}.$$ ■

Wir können annehmen, dass die Ölmoleküle wie die Kügelchen nebeneinander liegen, da von der doppelten Menge auch die doppelte Fläche bedeckt wird. Die Dicke der Ölschicht ist also gleich dem Durchmesser eines Moleküls. *Der Durchmesser eines Ölmoleküls beträgt etwa ein millionstel Millimeter.*

In einem Mikroskop sehen wir die kleinsten Teilchen nicht. Modernste Mittel zeigen ihre Anordnung im Benzol *(Bild 5)*: In einem Benzol-*Molekül* haben sich 6 Kohlenstoff-*Atome* zu einem Ring zusammengeschlossen. An jedes Kohlenstoff-Atom hat sich noch ein Wasserstoff-*Atom* angehängt. Diese Anordnung ist sehr stabil. Im flüssigen Benzol verschieben sich die Benzolringe gegeneinander.

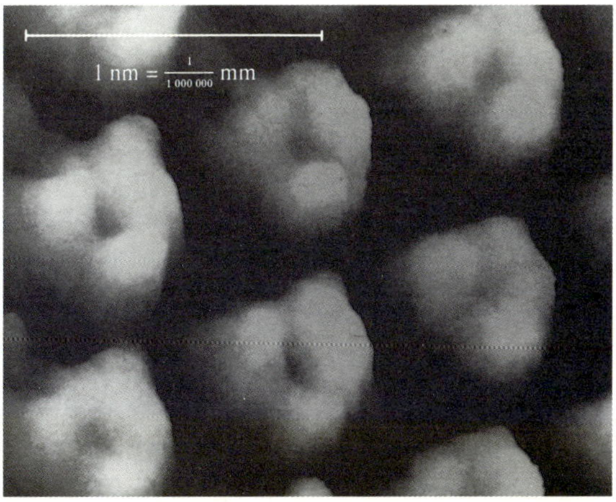

5 Kleinste Teilchen im Benzol

Der Kolbendruck

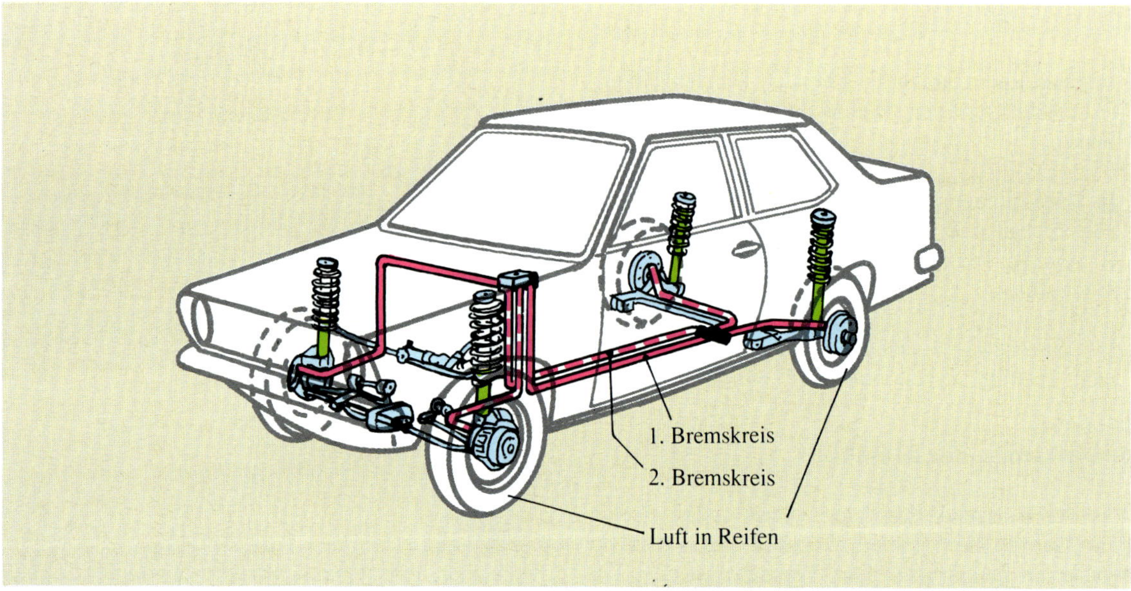

1 Im Auto stehen Flüssigkeiten und Gase unter Druck, z. B. die Bremsflüssigkeit in den Bremsleitungen und die Luft in den Reifen

1. Flüssigkeiten unter Druck

Den Begriff *Druck* verwenden wir täglich. Wir sprechen vom Luftdruck oder auch vom Druck in der Wasserleitung. – Zum Bremsen setzt der Autofahrer die Bremsflüssigkeit *unter Druck*. Sie ruft an allen Rädern Bremskräfte hervor. An der Tankstelle pumpt man Luft in den Autoreifen und erhöht den *Reifendruck*; der Reifen bläht sich auf, denn die hineingepresste Luft übt Kräfte auf seine Innenwände nach allen Richtungen aus.

Warum verwenden wir überhaupt bei Flüssigkeiten und Gasen den Begriff Druck und sprechen nicht einfach von Kräften? In der Alltagssprache benutzen wir Druck und Kraft in gleicher Bedeutung. „Drückt“ man etwa gegen eine Tür, so meint man nichts anderes, als dass man auf die Tür eine Kraft ausübt. Ist also Druck gleich Kraft?

Beim schnellen Schwimmen spürt man erhebliche Widerstandskräfte, ebenso bei schnellen Bewegungen in der Luft. Um von solchen Kräften absehen zu können, beschränken wir unsere Überlegungen auf Flüssigkeiten und Gase, die in Ruhe sind oder sich nur sehr langsam bewegen.

Versuch 1: Auf feste Körper lassen sich Kräfte ausüben. Sie haben wie alle Kräfte jeweils eine ganz bestimmte Richtung *(Bild 2a)*. Wollen wir dagegen mit dem Finger eine Kraft auf eine Wasseroberfläche ausüben, so weicht das Wasser aus *(Bild 2b)*; „man läuft ins Leere“. Was tun? Wir füllen das Wasser in einen Zylinder mit dicht schließendem Kolben; es kann nicht mehr entweichen. Jetzt wirkt die Kraft F im Bereich der ganzen Kolbenfläche A gleichmäßig auf das Wasser ein. Dabei bewegt sich der Kolben aber fast nicht. Das Wasservolumen bleibt unverändert. ■

Flüssigkeiten lassen sich bekanntlich fast nicht zusammendrücken. Hat also die Kraft auf den Kolben überhaupt keine Folgen?

Versuch 2: Wir verwenden den mit Wasser gefüllten Rundkolben von Bild *3a*, der in seiner Wand mehrere Löcher hat. Üben wir jetzt mit dem Kolben eine Kraft auf das Wasser aus, so spritzt es *nach allen Richtungen*, sogar nach hinten, durch die Löcher. Das Wasser übt also infolge der Kolbenkraft auf *alle* begrenzenden Wandflächen Kräfte aus. Gilt dies auch für eventuelle Begrenzungsflächen nach innen (Hohlräume)? ■

Versuch 3: Das Gefäß nach *Bild 3b* enthält neben Wasser eine mit Luft gefüllte Gummiblase. Übt man eine Kraft auf den Kolben aus und verschiebt diesen um eine gewisse Strecke nach links, wird die Blase kleiner, bleibt aber rund. Offenbar erfährt sie Kräfte, und zwar von allen Seiten. ■

2. Das Teilchenmodell gibt eine Erklärung

Infolge der Kolbenkraft F wirkt also auf alle inneren und äußeren Begrenzungsflächen der eingeschlossenen Flüssigkeit eine Kraft, die vorher nicht da war. Um dieses Verhalten zu verstehen, erinnern wir uns an das Teilchenmodell einer Flüssigkeit. Wir stellen uns im Modellversuch nach *Bild 4* ein mit reibungsfreien kleinen Kugeln dicht gefülltes Gefäß vor; diese stellen die leicht gegeneinander verschiebbaren Flüssigkeitsteilchen dar. Der rechte Kolben übt auf sie eine Kraft nach links aus. Jede Kugel versucht, sich zwischen andere zu schieben und sie zur Seite zu drängen. Auf diese Weise setzt sich die Wirkung der Kraft nach allen Richtungen fort. Die anderen drei Kolben werden deshalb nach außen bewegt.

Durch die Kolbenkraft wird die Flüssigkeit also in einen besonderen Zustand versetzt. Man sagt, es herrsche in ihr ein **Druckzustand** oder kurz ein **Druck**. Als Folge davon wirkt aufgrund der leichten Verschiebbarkeit der Flüssigkeitsteilchen auf jede Begrenzungsfläche eine Kraft.

3. Druckzustand in Gasen

Die Versuche 1 und 3 lassen sich auch mit Gasen durchführen. Wir füllen dazu die Gefäße nur mit Luft anstatt mit Wasser. Einen Unterschied merken wir sofort: Üben wir auf eine eingeschlossene Gasmenge mit einem beweglichen Kolben eine Kraft aus, so verkleinert sich das Volumen. Und sonst? Wie bei den eingeschlossenen Flüssigkeiten herrscht jetzt im Gas ein Druckzustand. Die Gummiblase in Versuch 3 wird z. B. ebenso in einer mit Luft gefüllten Glasspritze zusammengepresst. Wieder wirkt also auf jede Begrenzungsfläche eine Kraft, die vorher nicht vorhanden war. Man spürt diese, wenn man eine Fahrradpumpe an ihrer Öffnung zuhält und den Kolben in die Pumpe schiebt.

Flüssigkeiten und Gase können in einen **Druckzustand** versetzt werden. Wir erkennen ihn daran, dass Flüssigkeiten oder Gase auf jede Begrenzungsfläche eine Kraft ausüben.

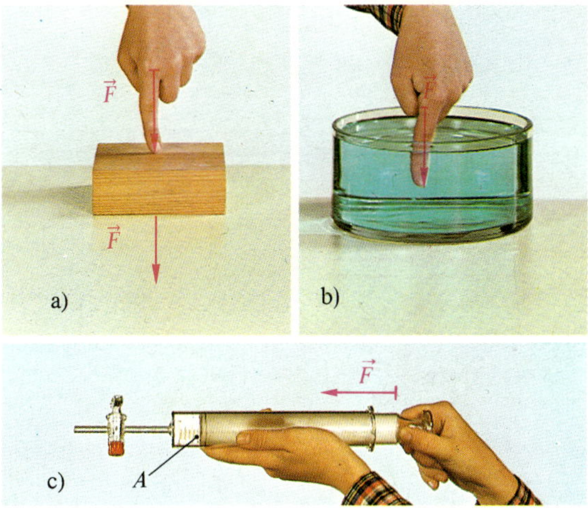

2 a) Kraft auf einen festen Körper; b) eine Wasseroberfläche; c) eine eingeschlossene Wassermenge

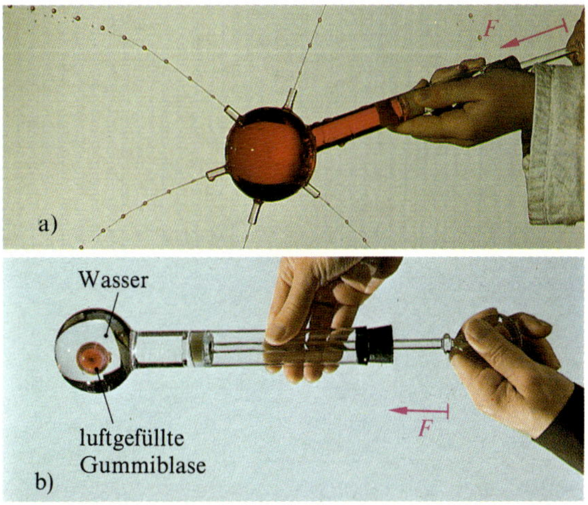

3 a) Zu Versuch 2; b) zu Versuch 3

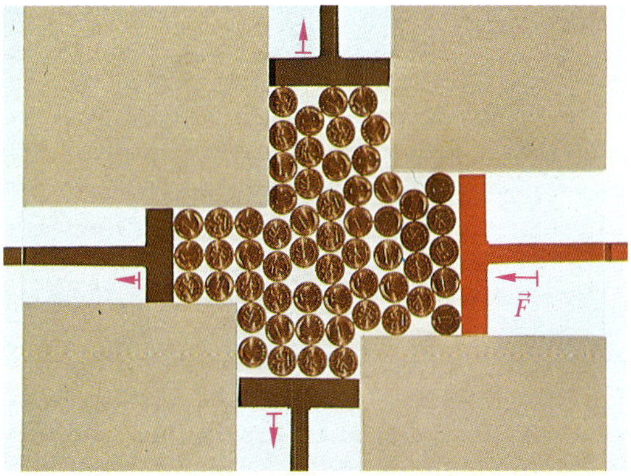

4 Hier drücken Pfennige sich nach allen Seiten weg, wenn auf den rechten Kolben eine Kraft wirkt

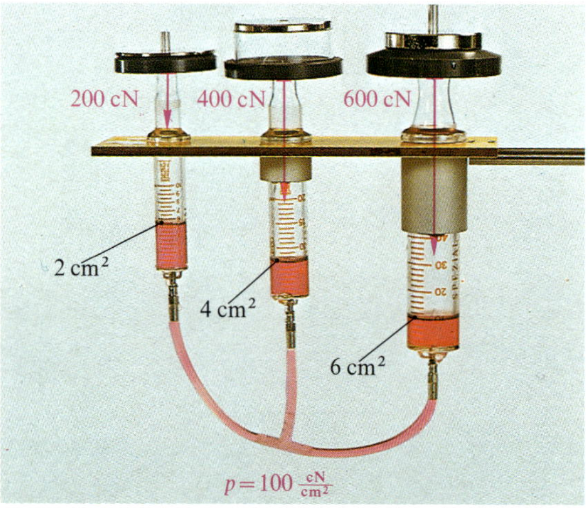

1 Zu Versuch 4 und 5; die Kräfte sind verschieden, der Druck in der Flüssigkeit ist jedoch überall gleich

	Fläche A	Kraft F	F/A
Kolben 1	$2\,cm^2$	200 cN	$100\,cN/cm^2$
Kolben 2	$4\,cm^2$	400 cN	$100\,cN/cm^2$
Kolben 3	$6\,cm^2$	600 cN	$100\,cN/cm^2$

Tabelle 1 Zu Versuch 5

4. Der Druck und seine Messung

Versuch 4: Nach *Bild 1* sind drei Glasspritzen mit verschiedenen Querschnittsflächen durch Schlauchleitungen verbunden und mit einer Flüssigkeit gefüllt. Üben wir etwa auf den linken Kolben eine Kraft F_1 nach unten aus, so erfahren die beiden anderen Kolben Kräfte nach oben und werden deshalb gehoben. Sind die Kräfte gleich groß wie F_1? ■

Wir versuchen, diese Frage zunächst mit dem in *Bild 203.4* dargestellten Modellversuch zu klären. Der rot getönte Kolben erfahre die Kraft F_1. Welche Kräfte wirken dann auf die braun getönten Kolben?

Blutdruck des Menschen	≈ 0,16 bar
Luftdruck an der Erdoberfläche	≈ 1 bar
Wasserleitung	≈ 5 – 6 bar
Druck in den Bremsleitungen eines PKW bei einer Vollbremsung	≈ 200 bar
Druck von Wasserdampf vor der Hochdruckturbine eines Kohlekraftwerks	≈ 180 bar

Tabelle 2 Beispiele für Druckwerte

Je größer die Fläche eines solchen Kolbens ist, desto mehr Kugeln greifen an ihm an, desto größer wird also vermutlich die auf den Kolben einwirkende Kraft sein. In Versuch 4 würde dies bedeuten: Die Kraft $F_1 = 200\,cN$, die wir auf den linken Kolben der Fläche $A_1 = 2\,cm^2$ ausüben, wird nicht mit gleich bleibendem Betrag auf die beiden anderen Kolben übertragen. Es ist vielmehr anzunehmen, dass der Kolben mit der doppelten Fläche $2A_1 = 4\,cm^2$ auch die doppelte Kraft $2F_1$, der Kolben mit der dreifachen Fläche $3A_1 = 6\,cm^2$ die dreifache Kraft $3F_1$ erfährt. Es müsste also gelten: $\boldsymbol{F \sim A}$.

Versuch 5: Wir prüfen dies nach. Dazu legen wir auf den linken Kolben nach *Bild 1* ein Wägestück, sodass auf die Flüssigkeitsoberfläche im linken Zylinder zusammen mit der Gewichtskraft des Kolbens eine Kraft von $F_1 = 200\,cN$ ausgeübt wird. Um die Beträge der Kräfte zu messen, welche jetzt die beiden anderen Kolben jeweils nach oben erfahren, legen wir auf diese so viele Wägestücke, dass Stillstand der Kolben eintritt. *Tabelle 1* zeigt das Versuchsergebnis. Unsere Vermutung $F \sim A$ stimmt! ■

Der Quotient $\dfrac{\text{Kraft } F}{\text{gedrückte Fläche } A}$ ist also für alle Glasspritzen gleich groß. Auch wenn wir den Versuch mit anderen Kräften durchführen, finden wir stets beim Stillstand der Kolben einen jeweils konstanten Quotienten F/A. Dabei können an die Schlauchleitungen des Versuchs beliebig viele weitere Glasspritzen angeschlossen sein. Sofern dabei keine großen Höhenunterschiede auftreten, hat der Quotient F/A überall den gleichen Betrag. Es liegt also nahe zu sagen, dass bei Stillstand der Kolben in Versuch 5 überall in der Flüssigkeit der gleiche Druckzustand herrscht und der Quotient F/A ein eindeutiges Maß für diesen Zustand ist. Man definiert daher den Druck p durch $p = F/A$.

Versuch 6: Wir ersetzen die Flüssigkeit in der Anordnung nach *Bild 1* durch Luft und wiederholen Versuch 5. Beim Belasten der Kolben wird die Luft zwar etwas zusammengepresst, sonst ändert sich jedoch am Ergebnis nichts. Es ist also sinnvoll, auch bei Gasen den Druck p durch $p = F/A$ zu definieren. ■

Erfährt die Begrenzungsfläche A einer Flüssigkeit oder eines Gases die Kraft F, so nennen wir den Quotienten F/A den **Druck** p, der dort herrscht:

$$p = \frac{F}{A} \quad \textbf{(Definition des Drucks).}$$

Die Druckeinheiten

Die Druckeinheit ergibt sich aufgrund der Definition des Drucks als Quotient aus Kraft- und Flächeneinheit zu $1\,N/m^2$, genannt **1 Pascal (Pa):**

$$\mathbf{1\,Pa} = 1\,\frac{N}{m^2} = \frac{1}{10000}\,\frac{N}{cm^2} = \mathbf{\frac{1}{100}\,\frac{cN}{cm^2}}.$$

Große Drücke misst man in **Bar (bar):**

$$\mathbf{1\,bar} = 10\,\frac{N}{cm^2} = \mathbf{100000\,Pa}.$$

Den Luftdruck gibt man in **Hektopascal (hPa)** an: **1 hPa = 100 Pa**.

Beispiele

1. Auf eine Begrenzungsfläche von $5\,cm^2$ einer Flüssigkeit wirkt die Kraft 20 N. Wie groß ist der Druck p in der Flüssigkeit?

$$p = \frac{F}{A} = \frac{20\,N}{5\,cm^2} = 4\,\frac{N}{cm^2} = 0{,}4\,bar = 40000\,Pa$$

2. Der Druck in einer mit Sauerstoff gefüllten Stahlflasche beträgt 150 bar. Welche Kraft wirkt auf eine ebene Begrenzungsfläche von $25\,cm^2$?

$$F = p \cdot A = 150\,bar \cdot 25\,cm^2$$
$$= 1500\,\frac{N}{cm^2} \cdot 25\,cm^2 = 37500\,N$$

2 Verlegung einer Erdgasleitung in der Nordsee. Extrem biegsame Rohre von 32 cm Durchmesser und 2 cm Wandstärke sind zu einem 10 km-Strang verschweißt und laufen von einer Riesentrommel. Die Leitung ist für 170 bar Betriebsdruck ausgelegt!

Herrscht in einer Flüssigkeit oder in einem Gas der Druck p, so erfährt eine beliebige Begrenzungsfläche A die Kraft F vom Betrag $F = p \cdot A$. Diese Kraft steht senkrecht zur Fläche.

5. Ergänzungen

a) Aus unseren bisherigen Versuchen und Überlegungen folgt das **Gesetz für den Kolbendruck**.

Der Druck, den ein Kolben in einer eingeschlossenen Flüssigkeit oder in einem eingeschlossenen Gas erzeugt (Kolbendruck), ist an jeder Stelle der Flüssigkeit bzw. des Gases gleich groß:

$$\frac{F_1}{A_1} = \frac{F_2}{A_2} = \frac{F_3}{A_3} = \ldots \text{konstant} = p$$

b) Herrscht in einer Flüssigkeit oder in einem Gas der Druck p, so erfährt eine beliebige Begrenzungsfläche A die Kraft $F = p \cdot A$. Diese steht *senkrecht* zur Fläche. Würde nämlich auf Flüssigkeitsteilchen an der Wand eine schräg wirkende Kraft ausgeübt, müssten sie an der Wand entlangrutschen. Wandströmungen würden auftreten. Dies ist aber im Gleichgewichtszustand nicht zu beobachten. Wir zeichnen daher die Kräfte so, dass ihre Pfeile rechtwinklig auf die Fläche A zeigen.

c) Die Angabe einer Kraft allein genügt nicht, um den Druck zu kennzeichnen, man muss auch die Fläche A berücksichtigen. *Der Begriff Druck ist deshalb von einer Kraft auf eine Fläche genauso zu unterscheiden wie z.B. die Geschwindigkeit vom Weg.*

A1. Wie erreicht man in Versuch 5 Kolbenstillstand, wenn links 15 N statt 2 N wirken? Welcher Druck (in bar, hPa, Pa) herrscht dann?

A2. In einer Wasserleitung herrscht ein Druck von 5,3 bar. Welche Kraft braucht man, um die Öffnung eines Hahns ($1{,}4\,cm^2$) zuzuhalten?

A3. Welche Kraft wirkt in der Erdgasleitung von *Bild 2* auf eine Begrenzungsfläche von $7\,cm^2$?

A4. Die Scheibenbremsen eines Autos sollen mit $F = 10\,kN$ angepresst werden. Der Druck in der Bremsleitung erreicht 200 bar. Welche Fläche muss der Bremskolben haben?

A5. Gib jeweils an in Pa, hPa, bar, N/cm^2, cN/cm^2: $75\,cN/cm^2$, 1005 hPa, 40 bar, $8\,N/cm^2$.

Hydraulik

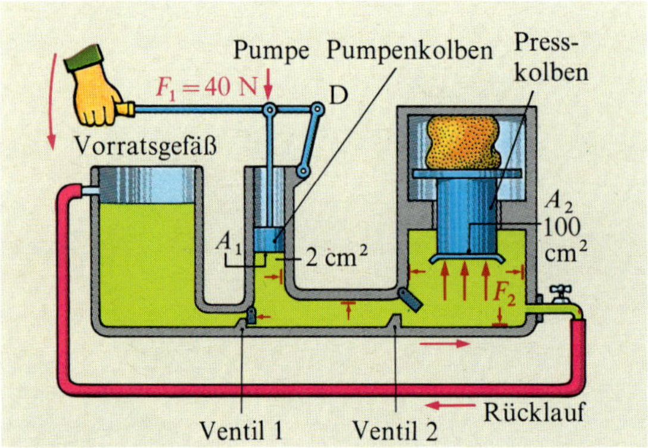

1 Hydraulische Presse

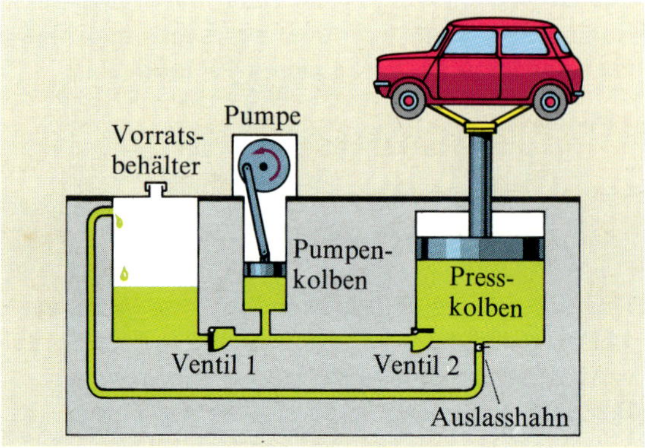

2 Hebebühne für Kraftfahrzeuge

1. Kräfte werden verstärkt

a) *Bild 1* zeigt eine mit Flüssigkeit gefüllte **hydraulische Presse**. Senkt man den Pumpenkolben, so wird Ventil 1 geschlossen, Ventil 2 geöffnet, und Öl fließt in den Presszylinder. Beim Heben des Pumpenkolbens dagegen stehen die Ventile anders; dann fließt neues Öl aus dem Vorratsgefäß in den Pumpenzylinder. Die Hand übt über den Hebel auf den Pumpenkolben mit dem Querschnitt $A_1 = 2\,\text{cm}^2$ die Kraft $F_1 = 40$ N aus. Dann herrscht in der gesamten Flüssigkeit der Druck

$$p = \frac{F_1}{A_1} = \frac{40\,\text{N}}{2\,\text{cm}^2} = 20\,\frac{\text{N}}{\text{cm}^2} = 2\,\text{bar}.$$

Damit erfährt jeder beliebige Quadratzentimeter der Begrenzungsfläche die Kraft 20 N. Dies nutzt man im Presskolben mit der Fläche $A_2 = 100\,\text{cm}^2$ aus. Er erfährt die Kraft

$$F_2 = p \cdot A_2 = 20\,\frac{\text{N}}{\text{cm}^2} \cdot 100\,\text{cm}^2 = 2000\,\text{N}.$$

F_1 wurde im Verhältnis 50:1, d.h. im Verhältnis der beiden Kolbenflächen verstärkt.

b) Entfernt man die oberste Abdeckung über dem Presskolben, so wird aus der Presse eine **hydraulische Hebebühne**, wie sie in fast jeder Autowerkstatt benutzt wird *(Bild 2)*. Der Antrieb des Pumpenkolbens erfolgt natürlich nicht von Hand, sondern durch einen Motor; mit kleiner Kraft wird dabei eine schwere Last gehoben.

c) Nach dem Energieerhaltungssatz muss die Energie, die man der hydraulischen Hebebühne beim Niederdrücken des Pumpenkolbens zuführt, gleich der Energie sein, die vom Presskolben auf die Last übertragen wird. – Wir wollen dies an einem Beispiel prüfen: Die Hebebühne trage eine Last mit der Gewichtskraft 2000 N. Der Presskolben ($A_2 = 100\,\text{cm}^2$) soll etwa um $s_2 = 1$ m gehoben werden. Hierzu muss man unter ihn Flüssigkeit vom Volumen $V_2 = A_2 \cdot s_2 = 100\,\text{cm}^2 \cdot 100\,\text{cm} = 10\,000\,\text{cm}^3$ aus dem Vorratsgefäß pumpen. Senkt man den Pumpenkolben ($A_1 = 2\,\text{cm}^2$) um $s_1 = 10$ cm, so schließt sich Ventil 1, und nur das Volumen $V_1 = A_1 \cdot s_1 = 2\,\text{cm}^2 \cdot 10\,\text{cm} = 20\,\text{cm}^3$ an Flüssigkeit wird nach rechts gepumpt. Damit sich der Presskolben um $s_2 = 1$ m hebt, muss man den Pumpenkolben 500-mal heben und senken, denn dabei werden $500 \cdot 20\,\text{cm}^3 = 10\,000\,\text{cm}^3$ Flüssigkeit nach rechts geschafft. Bei jedem Pumpenhub wird die Energie $F_1 \cdot s_1 = 40\,\text{N} \cdot 0{,}1\,\text{m} = 4\,\text{J}$ übertragen. Die gesamte übertragene Energie beträgt:

$$W_1 = 500 \cdot (F_1 \cdot s_1) = 500 \cdot 4\,\text{J} = 2000\,\text{J}.$$

Dafür überträgt der Presskolben die Energie

$$W_2 = F_2 \cdot s_2 = 2000\,\text{N} \cdot 1\,\text{m} = 2000\,\text{J}.$$

Der Energieerhaltungssatz gilt auch hier, genauso wie bei Flaschenzügen!

d) Die Hydraulik verwendet man z.B. in Pressen zum Formen von Karosserieteilen und dort, wo große Kräfte nötig sind *(Bild 3)*.

2. Bremsen mit Flüssigkeiten und Gasen

In der Bremsanlage von Autos möchte man die Kraft am Bremspedal auf die Räder verteilen und zudem verstärken. *Bild 4* zeigt die Arbeitsweise der Scheibenbremse. Wenn man das Bremspedal mit mäßiger Kraft um mehrere Zentimeter verschiebt, bewegt sich der Bremsbelag mit sehr großer Kraft um etwa 1 mm. Der überall gleiche Druck in der Bremsflüssigkeit sorgt dafür, dass alle vier Räder optimal gebremst werden. Wäre dies nicht der Fall, bestünde Schleudergefahr. Wird allerdings der Bremsschlauch leck, versagen alle vier Bremsen gleichzeitig. Deshalb benutzt man oft zwei getrennte Bremskreise (Zweikreissystem). Bei der Druckluftbremse, die bei allen schweren Lastwagen und bei der Eisenbahn verwendet wird, geschieht die Kraftübertragung nicht durch Flüssigkeit, sondern durch Pressluft. Sie wird auch zum Türschließen und -öffnen in Omnibussen und anderen öffentlichen Verkehrsmitteln eingesetzt.

3. Ein Druckmessgerät

Geräte zur Druckmessung heißen **Manometer**. Beim Manometer von *Bild 5* erzeugt der zu messende Druck an der dünnen, gewellten Membran eine ihm proportionale Kraft. Ein Hebelmechanismus überträgt die eintretende Verbiegung nach oben auf den Zeiger, der an der Skala den Druck angibt. Um die Anzeige des Manometers nachzuprüfen, verbindet man seinen Anschlussstutzen nach *Bild 5* durch einen Schlauch mit einer Glasspritze. Mit dieser lassen sich Drücke bekannter Größe erzeugen.

A1. a) Der Pumpenkolben einer hydraulischen Presse hat 12,5 cm² Querschnittsfläche. Wirkt auf ihn die Kraft 1500 N, erfährt der Presskolben die Kraft 48 kN. Welcher Druck herrscht?
b) Welchen Querschnitt hat der Presskolben?

A2. Der Pumpenkolben einer hydraulischen Hebebühne hat 5 cm² Querschnitt, der Presskolben 500 cm².
a) Welche Kraft ist am Pumpenkolben nötig, um einen PKW ($m = 1000$ kg) zu heben?
b) Wie viel Flüssigkeit muss man zum Presskolben pumpen, damit sich dieser um 1 m hebt?
c) Wievielmal muss sich dann der Pumpenkolben um 10 cm senken?
d) Berechne jeweils die übertragene Energie.

A3. Mit dem Druck in der Wasserleitung (2,5 bar) soll ein Wagen (m = 5 t) um 2 m gehoben werden. Welchen Querschnitt muss der Kolben haben? Welche Energie wird übertragen?

3 Hydraulik an einem Bagger

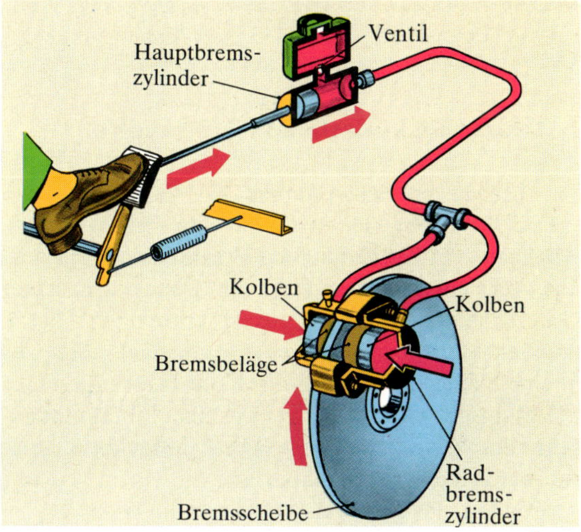

4 Scheibenbremse; die beiden Bremskolben pressen die Belagscheiben von links und rechts gegen die umlaufende Bremsscheibe, wenn man die Bremsflüssigkeit durch Betätigen des Bremspedals unter Druck setzt. Die beim Bremsen erhitzten Bremsscheiben werden durch den Fahrtwind gut gekühlt.

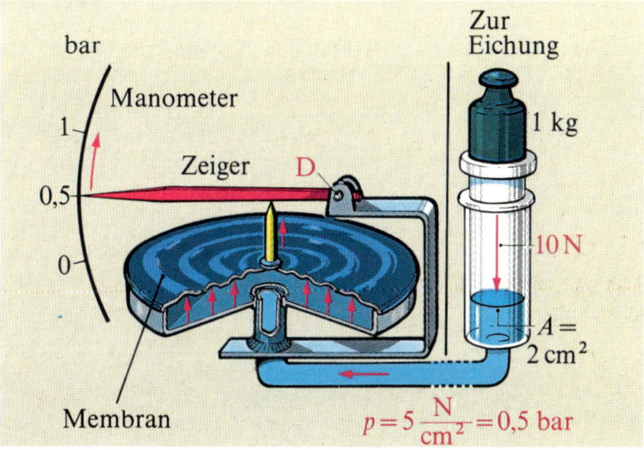

5 Membranmanometer

Der Schweredruck

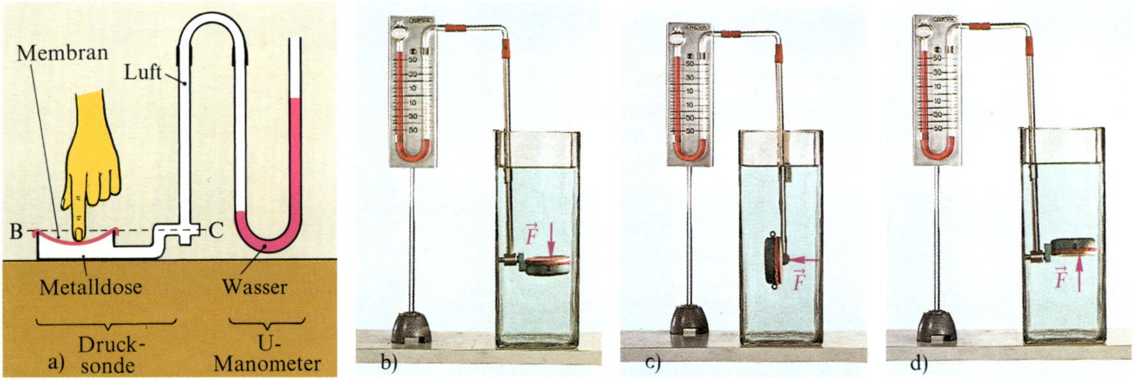

1 a) Drucksonde mit angeschlossenem Manometer; b) bis c) zu Versuch 1

1. Druck am künstlichen Trommelfell

Tauchst du im Schwimmbad, so spürst du einen „Druck" im Ohr, der rasch mit der Tiefe zunimmt. Obgleich kein Kolben auf das Wasser eine Kraft ausübt, herrscht in jeder Tiefe ein Druck. Zu seiner Untersuchung ahmen wir die Situation nach. Hierzu tauchen wir ein künstliches Trommelfell *(Bild 1a)*, in eine offene Flüssigkeit. Ein Rohr trägt unten eine Metalldose, deren Öffnung mit einer Gummimembran bespannt worden ist. Diese luftgefüllte Dose ist um die Achse BC drehbar und mit einem U-Rohr verbunden, das gefärbtes Wasser enthält.

Versuch 1: **a)** Wir üben mit dem Finger eine Kraft senkrecht auf die Membran aus. Sie wird eingebeult und verdrängt dadurch Luft aus der Dose. Dies ändert den Stand des Wassers im U-Rohr, und zwar umso mehr, je größer die ausgeübte Kraft ist.

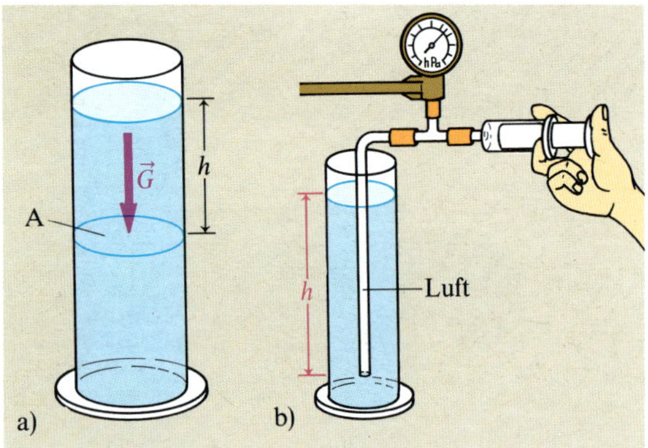

2 a) Zu Abschnitt 2; b) Zu Versuch 2

b) Wir tauchen die Sonde mit der Membran nach oben in Wasser *(Bild 1b)*. Am Wasser im U-Rohr ist zu erkennen, dass die Membran eine mit der Tiefe zunehmende Kraft erfährt.

c) Wir verschieben die Sonde in einer bestimmten Tiefe waagerecht. An der Anzeige im U-Rohr ändert sich nichts.

d) In gleich bleibender Tiefe drehen wir die Dose um die horizontale Achse BC und verändern damit die Stellung der Gummimembran *(Bild 1b* bis *1d)*. Trotzdem bleibt die Anzeige im U-Rohr gleich. Zudem sehen wir an der Verformung der Membran, dass die Kraft *in jeder Stellung* senkrecht zu ihr wirkt.

e) Tauchen wir die Sonde in Spiritus, so wirkt in gleicher Tiefe eine kleinere Kraft auf die Membran als in Wasser. ■

Die Membran unserer Drucksonde stellt eine Begrenzungsfläche A dar. Nach Versuch 1c und 1d erfährt diese Fläche A in einer gegebenen Tiefe eine Kraft F, für die gilt:

(1) Der Betrag der Kraft ist unabhängig von der Stellung der Fläche.
(2) Die Kraft steht senkrecht auf der Fläche. Wir werden gleich zeigen, dass zusätzlich gilt:
(3) Der Betrag der Kraft F ist proportional zur Fläche A; $F \sim A$.

Bei den Druckzuständen handelt es sich also um solche wie beim Kolbendruck. Wir können somit den dort eingeführten Druckbegriff p übernehmen.

2. Wie groß ist der Druck p in der Tiefe h?

Die Versuche 1b und 1e lassen vermuten, dass der Druck p in der Tiefe h unter der Wasseroberfläche von der Gewichtskraft der darüber lastenden Flüssigkeit herrührt. Können wir mit dieser Annahme den Druck p sogar berechnen? *Bild 2a* zeigt eine Flüssigkeit, die sich in einem Gefäß mit senkrechten Wänden befindet. Wir stellen uns die über der Fläche A in der Tiefe h lastende Flüssigkeitsmenge als Kolben vor. Deren Volumen ist $V = A \cdot h$. Besitzt die Flüssigkeit die Dichte ϱ, so hat der Kolben die Masse $m = \varrho \cdot V$ und erfährt die Gewichtskraft $G = m \cdot g = \varrho \cdot A \cdot h \cdot g$. Diese Gewichtskraft wirkt als Kraft auf die Fläche A und erzeugt dort den Druck p:

$$p = \frac{F}{A} = \frac{G}{A} = \frac{A \cdot h \cdot g \cdot \varrho}{A} = h \cdot g \cdot \varrho.$$

In dieser Gleichung tritt die Querschnittsfläche A des Gefäßes nicht mehr auf, der Druck ist also davon unabhängig. Zur bequemen Rechnung formen wir den Ortsfaktor $g = 9{,}8$ N/kg um

$$g = \frac{9{,}8\ \text{N}}{1\ \text{kg}} = \frac{980\ \text{cN}}{1000\ \text{g}} = 0{,}98\ \frac{\text{cN}}{\text{g}} \approx 1\ \frac{\text{cN}}{\text{g}}.$$

Beispiel

Wenn ein zylindrisches Gefäß $h = 30$ cm hoch mit Wasser ($\varrho = 1\ \text{g/cm}^3$) gefüllt ist, beträgt der Schweredruck am Boden ($1\ \text{cN/cm}^2 = 1$ hPa)

$$p = h \cdot g \cdot \varrho = 30\ \text{cm} \cdot 1\ \frac{\text{cN}}{\text{g}} \cdot 1\ \frac{\text{g}}{\text{cm}^3} = 30\ \text{hPa}.$$

Versuch 2: Wir senken ein unten offenes Glasrohr in einen hohen, mit Wasser gefüllten Glaszylinder (*Bild 2b*). Die Rohrmündung liegt $h = 30$ cm unter der Wasseroberfläche. Durch den Schlauch drücken wir Luft und verdrängen so das Wasser aus dem Rohr. Dabei steigt der Druck in der Luft, wie ein empfindliches Manometer anzeigt. Wenn die ersten Blasen aufsteigen, ist der Druck in der Luft so groß wie der Druck im Wasser an der Rohrmündung. Das Manometer zeigt wie erwartet 30 hPa. ■

Versuch 2 bestätigt unsere rechnerischen Überlegungen. Die Druckzustände rühren also wie vermutet von der Gewichtskraft her, welche die Flüssigkeit erfährt. Man nennt den Druck daher **Schweredruck** oder **hydrostatischen Druck**. – Unsere Rechnung beweist auch die Bedingung (3): $F = G = \varrho \cdot A \cdot h \cdot g$; bei gleich bleibender Tiefe h ist also $F \sim A$.

3. Die Gewichtskraft wird „umgelenkt"

Auf alle Flüssigkeitsteilchen wirken Gewichtskräfte *nach unten*. Warum üben dann z.B. die an der vertikalen Membran liegenden Teilchen auf diese Membran eine Kraft *nach links* aus (*Bild 1c*)? Nun, neben und über ihnen liegen viele Teilchen. Da diese leicht verschiebbar sind, versucht jedes, sich zwischen andere zu „klemmen" und sie dorthin zu schieben, wo sich eine Möglichkeit bietet. Das erklärt sogar, warum die Membran dann, wenn sie nach unten weist, eine Kraft *nach oben* erfährt (*Bild 1d*). Selbstverständlich sind die Gewichtskräfte der Teilchen in Höhe der Membran nicht „verloren". Sie tragen vielmehr – genau wie die Gewichtskräfte aller anderen Teilchen – dazu bei, *dass der Druck nach unten hin größer wird, nicht jedoch in horizontaler Richtung.*

A1. Berechne den Druck, der 10 cm unter der Oberfläche von Wasser, Alkohol bzw. Quecksilber besteht. (Entnimm die betreffenden Dichten der Tabelle am Ende des Buches.)

A2. Berechne den Druck, den eine a) x cm b) 10 m hohe Wassersäule erzeugt. Welcher bequeme Merksatz folgt aus a) und welcher aus b)?

A3. Gibt es in Versuch 5 auf Seite 204 nur einen Kolbendruck (oder auch einen Schweredruck)?

A4. Wie hoch muss eine Quecksilbersäule sein, die den Druck 1 bar erzeugt?

A5. a) Wie groß ist der Druck in 11 000 m Meerestiefe (Dichte von Salzwasser $1{,}02\ \text{g/cm}^3$)?
b) Wie groß ist dort die Kraft auf $1\ \text{cm}^2$ Oberfläche einer Taucherkugel (*Bild 3*)?
c) Wirken bei der Taucherkugel Kräfte nur auf die obere Halbkugel? Ist die Kraft auf $1\ \text{cm}^2$ Oberfläche der Kugel überall gleich groß?

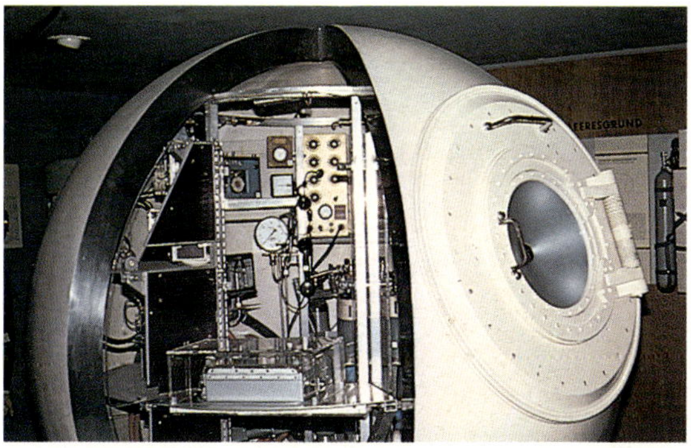

3 Taucherkugel, mit der 1960 JACQUES PICCARD die tiefste Stelle des Stillen Ozeans im Marianengraben erreichte (11 000 m unter der Oberfläche)

4. Paradoxe Vorstellungen

Versuch 3: *Bild 1* zeigt verschieden geformte Glasgefäße, die gleiche Grundfläche haben. Sie werden unten durch eine Gummimembran verschlossen. Die Kraft, welche diese Membran erfährt, wird gemessen. Sie nimmt wie erwartet beim Einfüllen von Wasser zu. Der Druck am Boden steigt mit der Füllhöhe h. Überraschenderweise ist er jedoch bei gleicher Füllhöhe unabhängig von der Form der verwendeten Gefäße und damit von der Gewichtskraft der eingefüllten Flüssigkeit. Da dieses Ergebnis zunächst paradox erscheint, spricht man vom **hydrostatischen Paradoxon**. ■

Beim sich nach oben erweiternden Gefäß b) ist die Erklärung einfach: Der Schweredruck am Boden wird nur von der Gewichtskraft der Flüssigkeit erzeugt, die senkrecht über dem Boden steht *(Bild 1b)*. Alles Wasser, das über den schrägen Wänden liegt, wird von diesen getragen.

Versuch 4: Aus einem Joghurtbecher wird der Boden entfernt. Der beidseitig offene Kegelstumpf muss glatte Ränder haben. Stellt man ihn mit der kleineren Öffnung auf eine ebene Unterlage, fließt eingefülltes Wasser nicht aus. Die auf die schrägen Wände nach unten wirkende Gewichtskraft des Wassers presst den Becher fest auf die Unterlage. ■

Die Erklärung von Fall c) in Versuch 3 bereitet Kopfzerbrechen. Die Kraft, die das Wasser an der Membran erzeugt, ist größer als seine eigene Gewichtskraft (in Fall a) stimmten die Kräfte überein). Woher kommt hier die zusätzliche Kraft? – Falls wir bei P *(Bild 1c)* ein Loch bohrten, würde Wasser herausspritzen. Denn durch den Schweredruck der Wassersäule der Höhe h_1 wird auf die horizontal liegende Wand eine Kraft nach oben ausgeübt. Befindet sich kein Loch in der Wand, so drückt diese mit einer Kraft vom gleichen Betrag nach unten (vgl. Kraft und Gegenkraft) und somit auch auf die Membran. In ähnlicher Weise kann man sich auf einer Waage stehend gegen die Decke stemmen und so scheinbar schwerer werden.

Versuch 5: Drücken wir den Joghurtbecher aus Versuch 2 mit der großen Öffnung nach unten auf die Unterlage, füllen Wasser ein und lassen los, so wird er deutlich angehoben; das Wasser fließt aus. Wie bei Gefäß c) in Versuch 3 wirken auf die schrägen Wände jetzt infolge des Schweredrucks Kräfte schräg nach oben, die den Becher anheben. ■

Um den Druck am Boden in Gefäß d) von Versuch 3 zu verstehen, betrachten wir zunächst einen Taucher, der waagerecht schwimmt *(Bild 2)*. Er bemerkt keine Druckunterschiede in der Horizontalen. Die nach unten gerichtete Gewichtskraft der Flüssigkeitsteilchen und deren leichte Verschiebbarkeit sorgen dafür, *dass sich der Schweredruck nur in vertikaler, nicht aber in horizontaler Richtung ändert.*

> In einer ruhenden Flüssigkeit besteht in einer horizontalen Ebene gleicher Druck.

In *Bild 2b* betrachten wir den Druck an den Stellen A, B und C. Die Höhe h_1 bestimmt den Druck in A. In B ist er gleich groß. Die Höhe h_2 bestimmt die Druckzunahme von B nach C. Daher kann man den Druck in C so berechnen, als ob über C eine senkrechte Wassersäule der Höhe $h = h_1 + h_2$ stände. Wir dürfen also die für Gefäße mit senkrechten Wänden abgeleitete Gleichung $p = h \cdot g \cdot \varrho$ ohne Einschränkung auf beliebig geformte Gefäße anwenden.

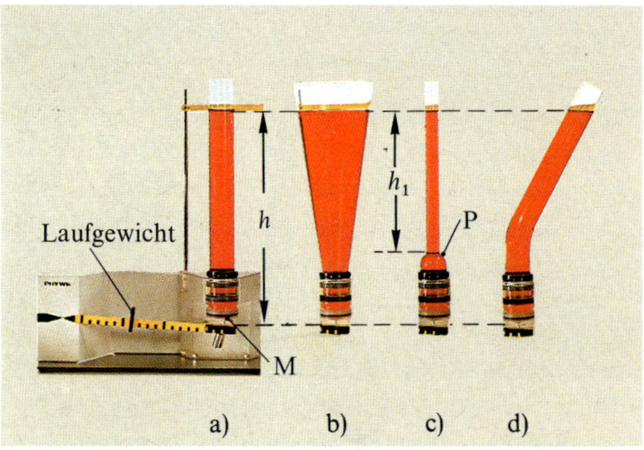

1 Zu Versuch 3

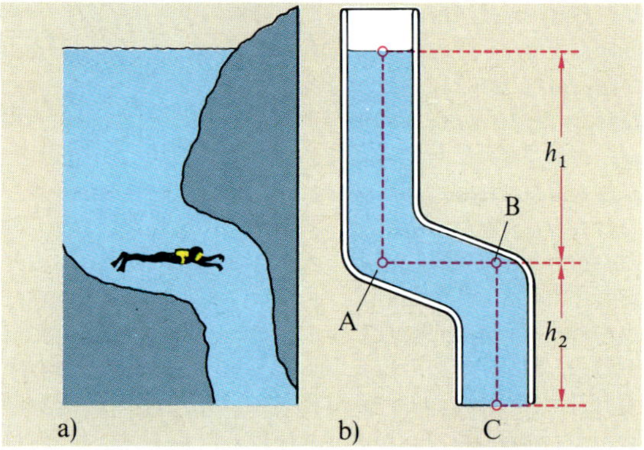

2 Zum Schweredruck in horizontalen Ebenen

Eine Aufgabe und ...

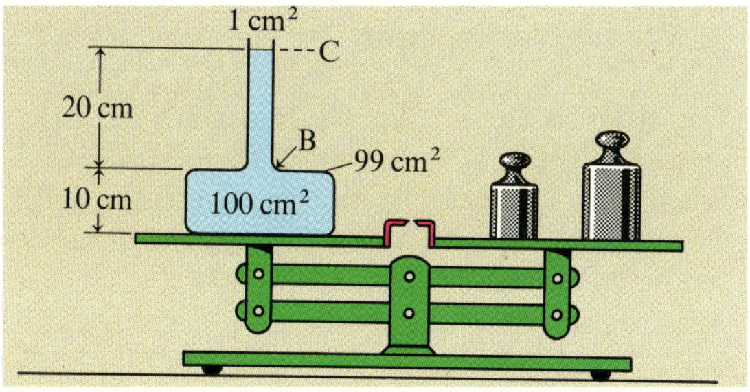

Das Gefäß auf der Waage hat eine Grundfläche von $A_1 = 100\,\text{cm}^2$ und eine Höhe von $h_1 = 10\,\text{cm}$. Oben ist es durch eine Fläche von $A_2 = 99\,\text{cm}^2$ abgeschlossen. Bei B ist ein Rohr von $A_3 = 1\,\text{cm}^2$ Querschnitt und $h_2 = 20\,\text{cm}$ Höhe aufgesetzt.

a) Wie groß sind die Kräfte F_B bzw. F_C auf den Boden, wenn das Wasser bis B bzw. C reicht?

b) Vergleiche diese Kräfte F_B und F_C mit der jeweiligen Gewichtskraft G_B und G_C des Wassers.

c) Berechne die nach oben gerichtete Kraft F_2 auf die Fläche A_2, wenn das Wasser bis C reicht.

d) Welcher Zusammenhang besteht zwischen F_C, G_C und F_2?

... ihre Lösung

a) *Gefäß bis* B *mit Wasser gefüllt:*
Druck p_B: $p_B = h_1 \cdot g \cdot \varrho = 10\,\text{cN/cm}^2$;
Kraft F_B: $\boldsymbol{F_B} = p_B \cdot A_1 = 10 \cdot 100\,\text{cN} = \mathbf{10\,N}$.

Gefäß bis C gefüllt:
Druck p_C: $p_C = (h_1 + h_2) \cdot g \cdot \varrho = 30\,\text{cN/cm}^2$;
Kraft F_C: $\boldsymbol{F_C} = p_C \cdot A_1 = 30 \cdot 100\,\text{cN} = \mathbf{30\,N}$.

b) *Gefäß bis* B *mit Wasser gefüllt;*
Gewichtskraft G_B des eingefüllten Wassers:
$\boldsymbol{G_B} = m_B \cdot g = \varrho \cdot (A_1 \cdot h_1) \cdot g = \mathbf{10}\,\text{N}$.
Es ist also $\boldsymbol{G_B = F_B}$.

Bis C *gefüllt;* Gewichtskraft G_C des Wassers:
$\boldsymbol{G_C} = m_C \cdot g = \varrho \cdot (A_1 \cdot h_1 + A_3 \cdot h_2) \cdot g = \mathbf{10{,}2\,N}$.
Es ist also $\boldsymbol{G_C < F_C}$.

c) Druck p_2 bei B: $p_2 = h_2 \cdot g \cdot \varrho = 20\,\text{cN/cm}^2$
Kraft F_2: $\boldsymbol{F_2} = p_2 \cdot A_2 = 20 \cdot 99\,\text{cN} = \mathbf{19{,}8\,N}$.

d) Es ist: $\boldsymbol{F_C = G_C + F_2}$; F_2 erzeugt am Deckel des Gefäßes eine gleich große Gegenkraft nach unten, die zusammen mit G_C die Kraft F_C ergibt.

Versuch 6: Wir verschließen außerhalb des Wassers die untere Öffnung des Glaszylinders nach *Bild 3a* mit einer leichten Platte, indem wir sie mit einem Faden an den unteren Zylinderrand ziehen. Dann tauchen wir den Zylinder ein. Die vom Wasser nach oben ausgeübte Kraft presst die Platte gegen die Zylinderöffnung. Vorsichtig gießen wir nun gefärbtes Wasser in den Zylinder. Wenn es innen so hoch wie außen steht, fällt die Platte ab, obwohl innen weniger Wasser als außen ist. ■

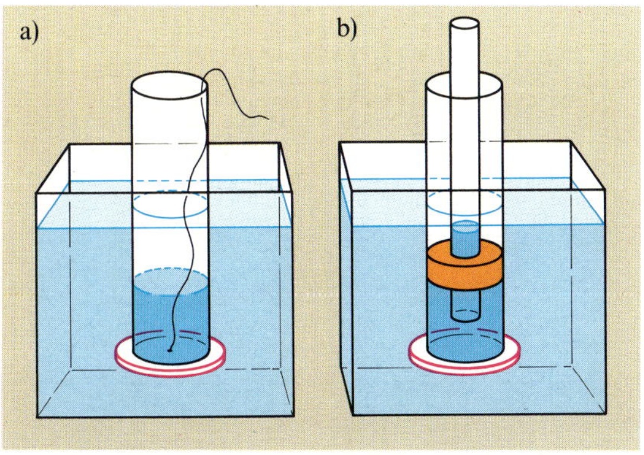

3 a) Zu Versuch 6; b) zu A 1.c)

Der Schweredruck *p* in einer Flüssigkeit ist von der Gefäßform unabhängig. Er hängt nur von der Tiefe *h*, von der Dichte ϱ der Flüssigkeit und vom Ortsfaktor *g* ab: $\boldsymbol{p = h \cdot g \cdot \varrho}$.

A1. Der Glaszylinder in Versuch 6 hat die Querschnittsfläche $25\,\text{cm}^2$, die Platte erfährt die Gewichtskraft 1 N.
a) Von welcher Eintauchtiefe an fällt die Platte nicht ab?
b) Der Zylinder sei 20 cm eingetaucht. Bis zu welcher Höhe kann man Wasser (Alkohol) einfüllen, ohne dass die Platte abfällt?
c) Was ändert sich, wenn man die Anordnung nach *Bild 3b* verwendet?

A2. In der oben vorgerechneten Aufgabe sei $A_1 = 100\,\text{cm}^2$, $A_3 = 2\,\text{cm}^2$, $h_1 = 15\,\text{cm}$, $h_2 = 8\,\text{cm}$. Beantworte für diese Werte dieselben Fragen wie in der oben angeführten Musteraufgabe, wenn das Gefäß mit Spiritus gefüllt wird.

A3. Was würde die Waage in der oben vorgerechneten Aufgabe anzeigen, wenn man auf ihr das Gefäß bis C mit Wasser füllte? Kann man also Flüssigkeiten in solchen Gefäßen wiegen?

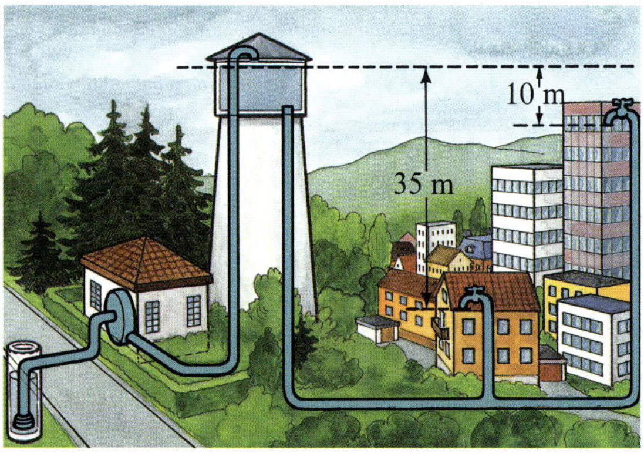

1 Wasserversorgung

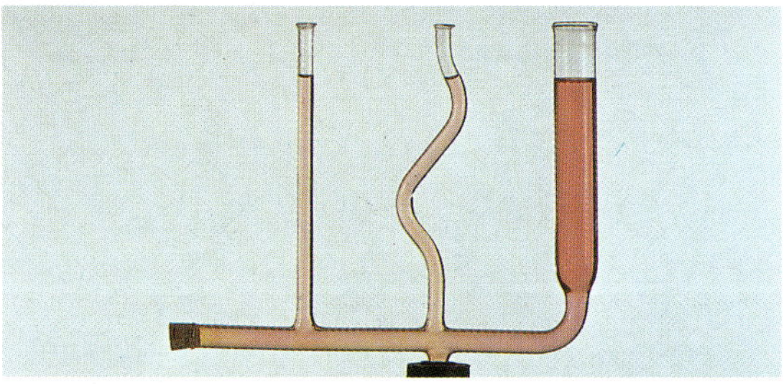

2 Flüssigkeitsstand in verbundenen Gefäßen

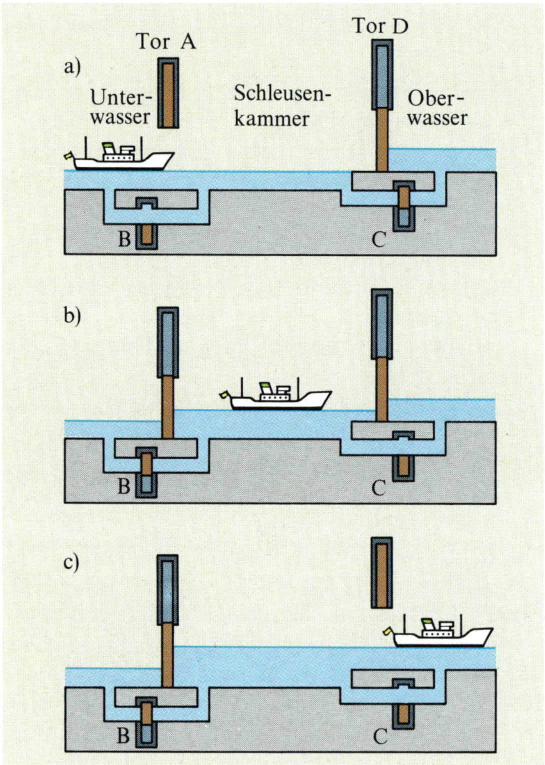

3 Schleusenanlage; zu A2

Wasserwerkphysik

1. Wasserversorgung

Das Rohrsystem der Wasserversorgung *(Bild 1)* besteht im Prinzip aus verschiedenen **verbundenen Gefäßen**. Man versteht darunter mit Flüssigkeit gefüllte Behälter, die unterhalb des Flüssigkeitsspiegels verbunden und oben offen sind.

Versuch 1: Gießen wir in eines der nach *Bild 2* untereinander verbundenen Gefäße Wasser, so füllen sich die anderen, bis der Wasserspiegel überall gleich hoch steht. Die einzelnen Flüssigkeitssäulen erzeugen dann an jeder Stelle des waagerechten Verbindungsrohres denselben Schweredruck. ■

In **verbundenen Gefäßen** liegen die Oberflächen einer ruhenden Flüssigkeit gleich hoch.

Eine Anwendung vom Gesetz der verbundenen Gefäße sind z.B. die Schleusenanlagen *(Bild 3)*. Dort werden Schiffe ohne Kräne und Pumpen gehoben.

2. Eine einfache Druckmessung

Versuch 2: Wir schließen die Stadtgasleitung nach *Bild 4a* an ein mit gefärbtem Wasser gefülltes **U-Rohr-Manometer** an. Darauf steigt die rechte Wassersäule um 10 cm an, die linke sinkt um 10 cm. ■

Unterhalb der gestrichelten Linie in *Bild 4a* ist das Wasser für sich im Gleichgewicht. Der Schweredruck der rechts höher stehenden Wassersäule der Höhe $h = 20$ cm ist genauso groß wie der Gasdruck p_{Gas}. Mit $\varrho = 1$ g/cm^3 für Wasser ist also:

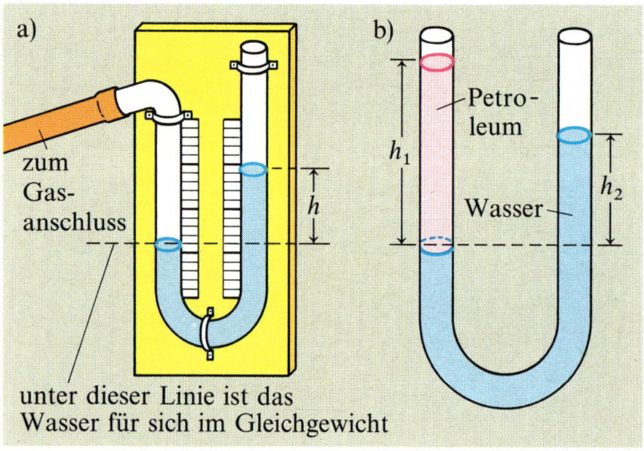

4 a) Zu Versuch 2; b) zu A5

$$p_{\text{Gas}} = h \cdot g \cdot \varrho = 20\,\text{cm} \cdot 1\,\frac{\text{cN}}{\text{g}} \cdot 1\,\frac{\text{g}}{\text{cm}^3}$$
$$= 20\,\frac{\text{cN}}{\text{cm}^2} = 20\,\text{hPa}.$$

3. Druckwächter helfen beim Waschen

Schaltet man einen Waschautomaten oder eine Geschirrspülmaschine ein, fließt Wasser in den Innenraum. Mit zunehmendem Wasserstand steigt der Schweredruck am Boden und damit der Luftdruck in der mit dem Innenraum durch einen Schlauch verbundenen Druckdose *(Bild 6)*. Deren Membran wölbt sich und betätigt einen elektrischen Schalter. Dadurch stoppt ein Magnetventil die Wasserzufuhr.

4. Vom Tauchen

Ohne Geräte kann ein geübter Taucher bis in eine Tiefe von etwa 20 m vorstoßen. Dort herrscht ein Druck von 2 bar = 20 N/cm². Auf seine Brustfläche (ca. 600 cm²) übt das Wasser dann eine Kraft von 12000 N aus. Die von der Oberfläche mitgenommene Luft in der Lunge wird stark zusammengepresst. Taucht er tiefer, wird die Elastizität seines Brustkorbs sehr beansprucht und er spürt starke Schmerzen. Deshalb muss der Taucher dort Luft einatmen, die unter demselben Druck wie der Wasserdruck steht. Diese holt er sich aus der mitgeführten Pressluftflasche *(Bild 5)*. – (Vorsicht: Tauchen – auch mit Tauchgeräten – ist nicht ungefährlich!)

5. Wie baut man einen Staudamm?

Bild 7 zeigt es. Er wird nach unten hin immer dicker und muss sehr gut im Felsen verankert sein. Eine 500 m lange und 60 m hohe Mauer erfährt eine Gesamtkraft von fast 10^{10} N durch das Wasser.

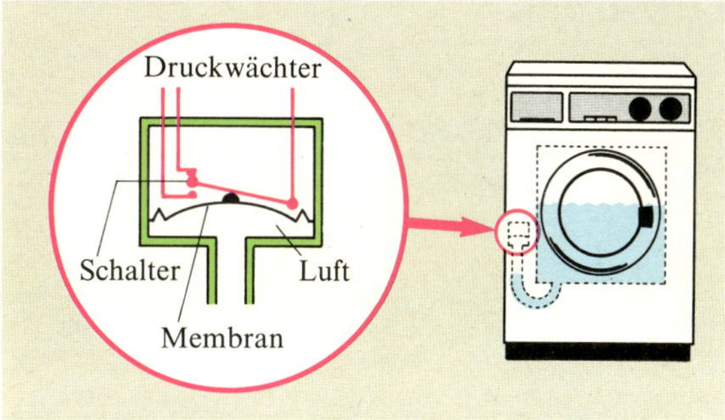

6 Die Druckdose steuert die Wasserzufuhr

A1. a) Warum legt man Wassertürme hoch an?
b) Wie groß ist nachts der Wasserdruck im Hahn bei dem kleinen Haus und dem Hochhaus nach *Bild 1*?

A2. Erkläre die Wirkungsweise der Schleusenanlage *(Bild 3)* bei Berg- bzw. Talfahrt.

A3. Warum dringt Wasser von einem Fluss in benachbarte Keller? Wann kommt Grundwasser in der Nähe eines Flusses in Wiesen an die Oberfläche? Unter welchen Bedingungen sickert an Küsten Wasser hinter die Deiche?

A4. a) Hängt der Höhenunterschied h in einem U-Manometer von Form und Querschnitt der Röhre ab?
b) Wie groß wäre h in Versuch 2, wenn das U-Rohr mit Quecksilber gefüllt wäre?

A5. In einem U-Rohr wird Wasser mit Petroleum überschichtet *(Bild 4b)*. Wie verhalten sich die Höhen der Säulen über der Trennlinie?

A6. a) Versuche die in Ziffer 5 angegebene Kraft auf die Staumauer selbst abzuschätzen.
b) Hängt die Kraft auf die Staumauer davon ab, wie weit sich der dahinter liegende Stausee ins Land erstreckt? Begründe deine Aussage.

5 Taucher mit Pressluftflasche

7 Staumauer im Querschnitt

Luftdruck

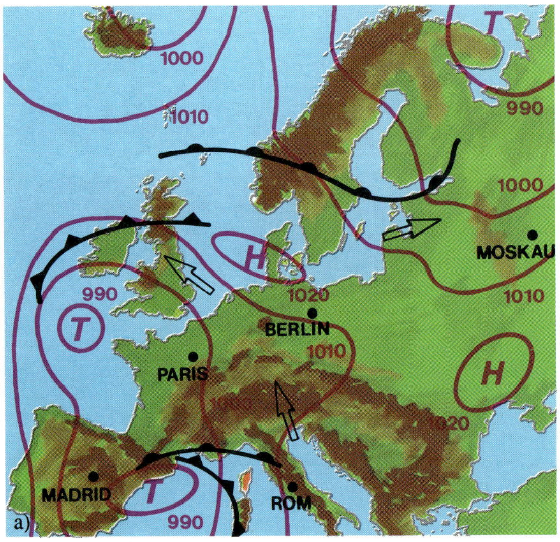

1 a) Wetterkarte von Europa; b) zugehörige Satellitenaufnahme

1. Wir leben unter Druck

Ebenso wie eine Flüssigkeit erzeugt auch die **Erdatmosphäre** durch ihre Gewichtskraft einen Schweredruck, den **Luftdruck**. Er schwankt von Ort zu Ort und auch mit der Zeit, wie man den Wetterkarten im Fernsehen oder in der Zeitung entnehmen kann *(Bild 1a)*. Orte mit gleichem Luftdruck sind dort durch Linien verbunden (sogenannte *Isobaren*), und man erkennt *Hoch-* und *Tiefdruckgebiete*, die wesentlich unser Wetter mitbestimmen. Die Größe des Luftdrucks ist an diesen Linien angegeben, z.B. 1010; der Druck beträgt dort 1010 hPa $\approx$ 1 bar.

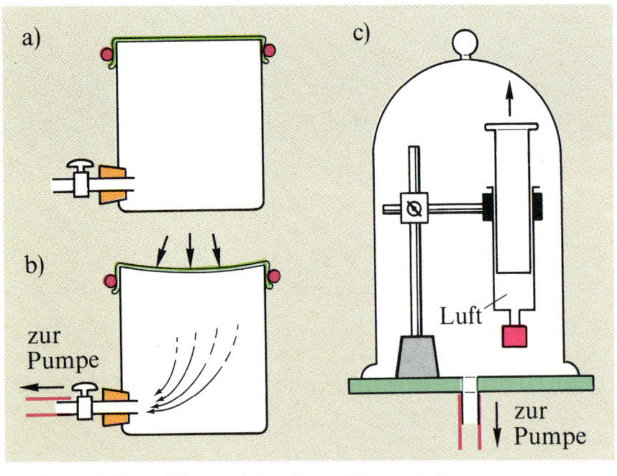

2 a) und b) zu Versuch 1; c) zu Versuch 2

Warum spüren wir trotz dieser Größe nichts vom Druckzustand um uns herum? Liegt es vielleicht daran, dass er auch in unserem Innern herrscht?

Versuch 1: Wir verschließen nach *Bild 2a* ein Glasgefäß mit einer Zellophanhaut. Sie ist eben, scheint also keinerlei Kräfte zu erfahren, gleichgültig, ob der Hahn an dem Stutzen geöffnet oder geschlossen ist. Mit einer Pumpe holen wir die Luft aus dem Inneren des Gefäßes *(Bild 2b)*. Die Zellophanhaut wird nach innen gewölbt und platzt mit lautem Knall. ■

Der Luftdruck macht sich also erst bemerkbar, wenn man die Luft aus dem Inneren des Gefäßes pumpt. Demnach muss die im Gefäß eingeschlossene Luftmenge zuvor unter einem **Eigendruck** gestanden haben, der so groß wie der äußere Luftdruck war, und zwar auch dann, wenn der Hahn am Ansaugstutzen geschlossen war. Die Zellophanhaut erfuhr so von beiden Seiten dieselben Kräfte und blieb eben. Wir selbst spüren also vom Luftdruck nichts, weil die Luft in unserem Körper unter demselben Druck steht. Wenn wir allerdings rasch große Höhen überwinden (etwa bei einer Bergfahrt mit dem Auto), können wir etwas im Ohr bemerken. Dann hat sich der Druck der Luft im Inneren des Ohrs nicht schnell genug dem äußeren Luftdruck angepasst, der mit der Höhe abnimmt. Die Druckdifferenz macht sich durch eine Kraft auf das Trommelfell bemerkbar.

Versuch 2: Wir demonstrieren den Eigendruck einer abgeschlossenen Gasmenge. Dazu stellen wir eine verschlossene Glasspritze, die Luft enthält, unter eine Glasglocke *(Bild 2c)*. Pumpen wir die Luft aus der Glocke ab, dehnt sich die Luft in der Glasspritze infolge ihres Eigendrucks aus; dabei schiebt sie den Kolben nach oben. – Entsprechend dehnt sich ein nur wenig aufgeblasener Luftballon unter der Glocke aus. Auch ein Schokokuss wächst enorm, da sich die vielen kleinen Luftbläschen unter dem Schokoladenüberzug ausdehnen. ■

Die Größe des Luftdrucks können wir mit einem einfachen Versuch messen und mit einem weiteren eindrucksvoll demonstrieren:

Versuch 3: **a)** Wir schieben aus der Glasspritze nach *Bild 3* alle Luft hinaus und verschließen die Öffnung gut. Um den Kolben ($A = 8\ \text{cm}^2$) herauszuziehen, brauchen wir eine Kraft von ungefähr 80 N gegen die nur noch von außen wirkende Luft. Der Luftdruck der Atmosphäre beträgt also bei uns an der Erdoberfläche etwa

$$p = \frac{F}{A} = \frac{80\ \text{N}}{8\ \text{cm}^2} = 10\,\frac{\text{N}}{\text{cm}^2} = 1000\ \text{hPa}.$$

b) Die Kraft zum Herausziehen des Kolbens hängt nicht von der Richtung ab, in der wir die Spritze halten. Auch der Luftdruck ist von der Stellung der gedrückten Fläche unabhängig. ■

Versuch 4: Zwei hohle Halbkugeln aus Metall werden mittels eines Dichtungsrings zu einer Kugel zusammengesetzt und leergepumpt. Zwei Schüler schaffen es nicht, die Halbkugeln zu trennen! Erst wenn man durch einen seitlich angebrachten Hahn Luft eindringen lässt, gelingt es. ■

Die Gewichtskraft der Luft verursacht den **Luftdruck**. Er beträgt bei uns etwa 1000 hPa.

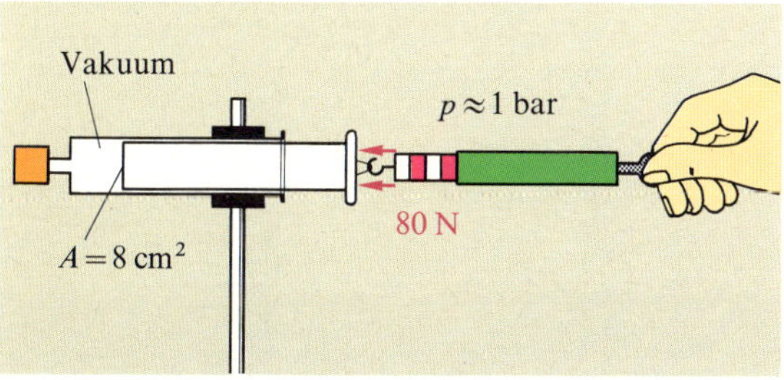

3 Versuch zum Messen des Luftdrucks (Versuch 3)

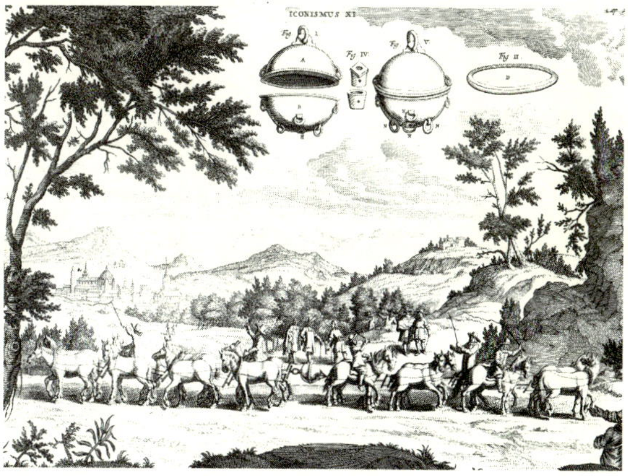

4 Versuch mit den Magdeburger Halbkugeln

2. Etwas Physikgeschichte

Versuch 4 entspricht einem berühmten historischen Versuch aus dem Jahre 1650 *(Bild 4)*. Damals ließ OTTO VON GUERICKE (1602–1686) zwei große kupferne Halbkugeln anfertigen. Er setzte sie an ihren Rändern luftdicht zusammen und pumpte den Innenraum mit der von ihm konstruierten Kolbenluftpumpe leer. Zur Verblüffung der Zuschauer konnten erst zweimal acht Pferde die Halbkugeln mit großer Anstrengung auseinander reißen. Pumpen und Halbkugeln sind noch heute im Deutschen Museum in München zu sehen.

OTTO VON GUERICKE war 35 Jahre lang Bürgermeister seiner Heimatstadt Magdeburg und setzte sich sehr für ihren Wiederaufbau nach dem Dreißigjährigen Krieg ein. Berühmt machten ihn die Liebhabereien seiner Mußestunden. Der ungeheure, unbegrenzte Raum oberhalb unserer Lufthülle, in dem sich Gestirne widerstandslos bewegen, fesselte ihn.

„Ist dieser Raum leer“, fragten sich damals die Gelehrten. „Kann es überhaupt einen von Materie freien Raum geben?“ GUERICKE machte durch seine groß angelegten Schauversuche den Menschen bewusst, dass man den leeren Raum – im Prinzip – herstellen kann und dass „Luft ein gewisses körperliches Etwas ist“. Seine geniale Experimentierkunst ließ ihn zum Mitbegründer der modernen Naturwissenschaften werden.

Vieles, was damals ganz neu und sensationell war, ist uns heute selbstverständlich. Auch wissenschaftliche Sensationen der Gegenwart werden morgen schon zum Alltag gehören.

3. Der Luftdruck wird gemessen

Für Wettervorhersagen misst man an vielen Orten ständig den Luftdruck. Die dabei verwendeten Geräte nennt man **Barometer**. Wir erklären zuerst das früher oft benutzte **Quecksilberbarometer** *(Bild 1d)*. Die Experimente darf man in der Schule wegen der Giftigkeit von Quecksilber nicht durchführen.

Schließt man nach *Bild 1a* eine etwa 1 m lange Glasröhre an eine Luftpumpe an und holt die Luft aus der Röhre heraus, so steigt das Quecksilber, aber nur bis zu einer Höhe h von etwa 73 cm. Bei Neigung des Rohres *(Bild 1b)* gelangt Quecksilber über den Hahn, da der Höhenunterschied $h = 73$ cm gleich bleibt. Auf diese Weise ist alle Luft aus der Röhre verdrängt. Schließt man den Hahn und stellt die Röhre wieder vertikal, löst sich oben der Quecksilberfaden. Zwischen ihm und dem Hahn entsteht ein leerer Raum *(Bild 1c)*, ein **Vakuum**.

Das Vakuum kann keine Kraft auf die Quecksilbersäule ausüben, da sich nichts in ihm befindet. Allein vom Luftdruck wird also das Quecksilber aus dem Vorratsgefäß hochgedrückt. Es steigt 73 cm über den Flüssigkeitsspiegel hoch, weil dann der Schweredruck $p = h \cdot g \cdot \varrho$ der Quecksilbersäule und der Luftdruck gleich groß sind. Bestätigt wird dies, wenn man bei A mit einer Glasspritze den Druck erhöht; die Säule wird höher.

Beispiel

Die Quecksilbersäule sei $h = 725$ mm hoch. Mit $g = 0{,}98$ cN/g und der Dichte von Quecksilber $\varrho = 13{,}6$ g/cm³ findet man:

$$p = h \cdot g \cdot \varrho = 72{,}5\,\text{cm} \cdot 13{,}6\,\frac{\text{g}}{\text{cm}^3} \cdot 0{,}98\,\frac{\text{cN}}{\text{g}}$$
$$= 966\,\text{cN/cm}^2 = 966\,\text{hPa}.$$

Nimmt man Wasser statt Quecksilber, wird die Säule wegen der kleineren Dichte des Wassers 13,6-mal so hoch. Im Beispiel wäre die Wassersäule also $72{,}5\,\text{cm} \cdot 13{,}6 = 986$ cm hoch. Wer also ein **Wasserbarometer** aufstellen will, braucht hohe Räume.

Versuch 5: Wir hängen einen 11 bis 12 m langen, dickwandigen und durchsichtigen Plastikschlauch senkrecht in einen wassergefüllten Eimer und schließen oben eine Luftpumpe an. Das Wasser steigt tatsächlich so hoch, wie wir es aufgrund des herrschenden Luftdrucks (gemessen z. B. mit einem Quecksilberbarometer) berechnet haben. ■

Das Wasser wird in Versuch 5 also nicht von der Pumpe oder dem Vakuum „hochgesaugt", sondern vom Luftdruck hochgedrückt. Aber höher als etwa 10 m schafft er es nicht!

Im Wort „saugen" lebt eine Vorstellung des Mittelalters weiter, nach der die Natur im Prinzip keinen leeren Raum dulde, ihn demnach mit aller Kraft mit Materie füllen müsste. Die Natur habe einen „Schrecken vor dem Leeren" (horror vacui). Vom Luftdruck wusste man nichts. Es ist das Verdienst OTTO VON GUERICKES und BLAISE PASCALS (französischer Physiker und Philosoph, 1623 – 1662), die Existenz des Luftdrucks mit ihren Experimenten nachgewiesen zu haben.

Viel bequemer als ein Flüssigkeitsbarometer ist das **Dosenbarometer** *(Bild 2)*. In ihm ist eine Metalldose mit einem welligen, leicht biegsamen Deckel (Membran) luftleer gepumpt. Damit ihn der Luftdruck nicht eindrückt, wird er von einem starken Federbügel gehalten. Steigt der Luftdruck, so biegen sich Deckel und Feder stärker. Das macht ein Zeigerwerk vergrößert sichtbar.

Mit Barometern messen wir den Druck gegenüber dem Vakuum, den man **absoluten Druck** nennt.

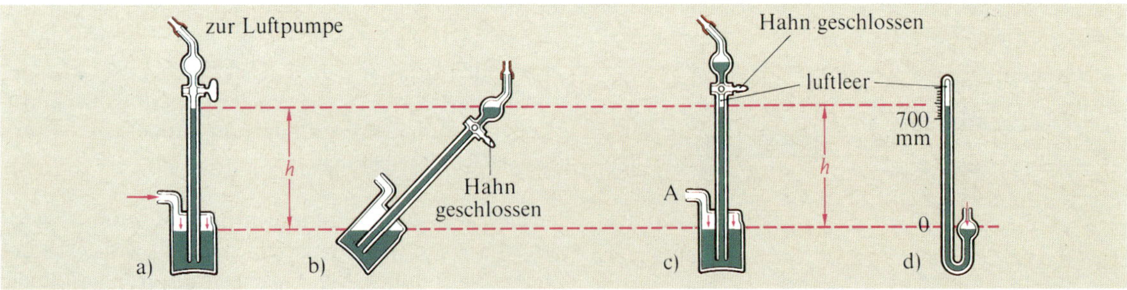

1 Quecksilberbarometer

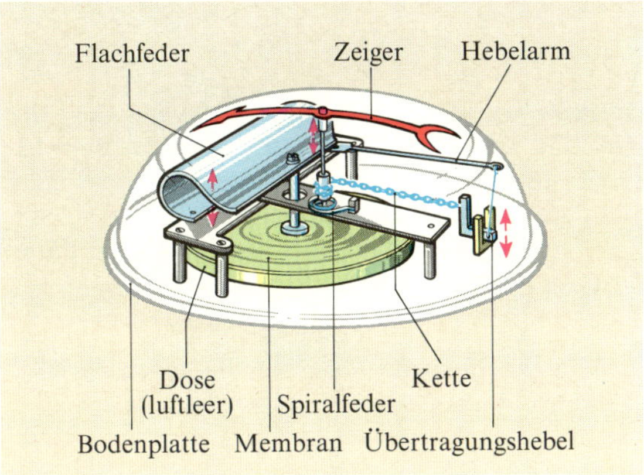

2 Prinzip des Dosenbarometers

3 Kontrolle des Reifendrucks

4. Über- und Unterdruck

Autofahrer müssen den Reifendruck regelmäßig überprüfen *(Bild 3)*. Die Messwerte (z.B. vorn 1,8 bar, hinten 2 bar) geben aber nicht den absoluten Reifendruck, sondern den **Überdruck** gegenüber dem äußeren Luftdruck an; denn nur dieser Unterschied bestimmt die Härte des Autoreifens.

Allgemein bezeichnet man mit Überdruck $p_{ü}$ die Differenz vom absoluten Druck p_a zum Luftdruck p ($p_{ü} = p_a - p$ mit $p \approx 1$ bar; zu $p_{ü} = 1{,}8$ bar gehört also $p_a = 2{,}8$ bar). Viele technische Manometer messen den Überdruck. Hat man etwa mit einem U-Rohr-Manometer den Druck der Stadtgasleitung 20 mbar gemessen, so war dies der Überdruck gegenüber dem äußeren Luftdruck. – Herrscht ein Druck p_a, der kleiner als der Luftdruck p ist, spricht man von **Unterdruck** p_u. Es ist $p_u = p - p_a$.

A1. Fernsehbildröhren sind praktisch luftleer. Welche Kraft wirkt also auf die Bildfläche eines Fernsehgeräts der Größe 60 cm × 40 cm?

A2. Fülle ein Glas mit ebenem Rand ganz mit Wasser, lege ein Papierblatt auf und drehe das Glas schnell um *(Bild 4)*.
a) Warum läuft das Wasser nicht aus?
b) Welcher Druck herrscht am Boden B des Glases (Höhe 30 cm, Luftdruck 1000 hPa)?

A3. a) Warum hängt die Höhe der Quecksilbersäule im Barometer nicht von Form und Querschnitt der Röhre ab?
b) Wie groß ist der Druck im Quecksilber in halber Höhe, wie groß 10 cm unter dem oberen Spiegel? (Luftdruck $p = 960$ hPa).

A4. Wie hoch wäre die Erdatmosphäre bei konstanter Luftdichte $\varrho = 1{,}28$ g/dm^3? ($p = 1000$ hPa)

A5. Man misst den Luftdruck mit verschiedenen Barometern: Ein Dosenbarometer zeigt 980 hPa, die Säule eines Quecksilberbarometers ist 734 mm lang, die eines Wasserbarometers 9,9 m. Stimmen die Angaben überein?

A6. Man sagt häufig, man sauge mit einem Trinkhalm eine Flüssigkeit hoch. Was meint man?

A7. Welcher absolute Druck herrscht in 5 m, 10 m, in der Tiefe h unter der Oberfläche eines Sees?

A8. Aus der Gebrauchsanleitung eines Schnellkochtopfs: Erscheint am Anzeigegerät der erste Ring, herrscht ein Druck von 0,4 bar und eine Temperatur von 109 °C, beim zweiten Ring 0,8 bar bzw. 116 °C. Welche Kraft wirkt jeweils auf den Deckel ($d = 22$ cm; $A = 380$ cm^2)?

4 Zu A2

Druck in eingeschlossenen Gasen

1. Das Gesetz von Boyle und Mariotte

Versuch 1: **a)** Verschließe die Öffnung einer halb mit Luft gefüllten Glasspritze. Der Kolben verschiebt sich nicht, da der **Eigendruck** der eingeschlossenen Luft und der Druck der äußeren Luft von je 1 bar gleich sind. Drücken wir den Kolben in die Glasspritze hinein, brauchen wir eine umso größere Kraft, je weiter wir das tun. Der Eigendruck steigt über 1 bar und wird umso größer, je kleiner das Volumen der eingeschlossenen Luft wird. Lassen wir den Kolben los, überwiegt der Eigendruck, und die eingeschlossene Luft schiebt den Kolben wieder zurück.

b) Ziehen wir den Kolben aus der Glasspritze heraus, verteilt sich die eingeschlossene Luft auf einen größeren Raum. Der Eigendruck sinkt unter 1 bar und wird umso kleiner, je größer das Volumen der Luft wird. Der äußere Luftdruck überwiegt, und der losgelassene Kolben verschiebt sich nach innen. ■

Mit dem Teilchenmodell lässt sich das Verhalten des eingeschlossenen Gases erklären: Die Moleküle eines Gases bewegen sich sehr schnell und erzeugen daher beim Aufprall auf die Gefäßwände Kräfte. Verkleinern wir z. B. das Gasvolumen auf die Hälfte, so enthält jeder Kubikzentimeter doppelt so viele

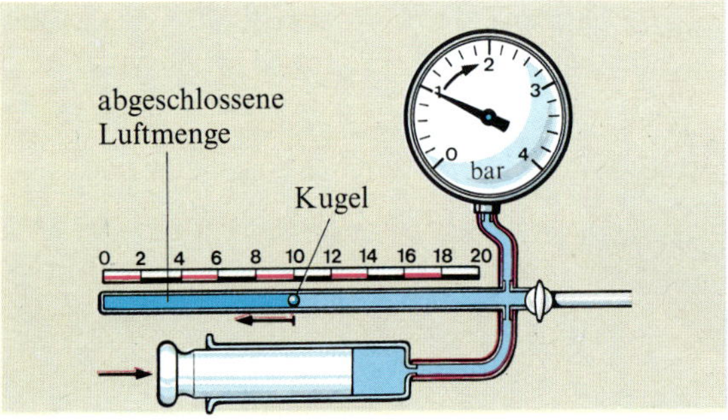

1 Zu Versuch 2; das Manometer zeigt den absoluten Druck an

Druck p in bar	0,5	1	1,5	1,75	2
Volumen V in cm^3	20	10	6,7	5,7	5
$p \cdot V$ in $bar \cdot cm^3$	10	10	10	10	10

Tabelle 1 Zu Versuch 2

Moleküle wie vorher. Gleiche Geschwindigkeit der Moleküle vorausgesetzt bedeutet dies, dass je Sekunde doppelt so viele Moleküle auf 1 cm^2 einer Wand aufprallen. Die Kraft auf jeden Quadratzentimeter der Begrenzungsfläche des Gases und damit der Druck werden doppelt so groß.

Jede abgeschlossene Gasmenge hat einen Druck. Er rührt von der Bewegung ihrer Moleküle her.

Nach dem Teilchenmodell sollten Volumen V und Druck p einer abgeschlossenen Gasmenge antiproportional zueinander sein. Prüfen wir:

Versuch 2: Wir trennen in einem innen genau zylindrisch geschliffenen Glasrohr von 1 cm^2 Querschnitt eine 10 cm lange Luftsäule durch eine genau eingepasste, leicht verschiebbare Stahlkugel ab *(Bild 1)*. Zunächst herrscht links und rechts von ihr der Druck $p = 1$ bar (p ist hier der *absolute Druck*). Die mit der Glasspritze erzeugten Druckzustände lesen wir am Manometer ab, das Volumen der abgetrennten Luftmenge am Maßstab.

Wir gehen etwa vom Druck 0,5 bar und vom Volumen 20 cm^3 aus. Beim doppelten Druck (1 bar) wird die Gasmenge auf das halbe Volumen (10 cm^3) zusammengepresst, beim dreifachen Druck (1,5 bar) auf den 3. Teil (6,7 cm^3). Wie erwartet sind Volumen V und Druck p antiproportional zueinander. Das Produkt $p \cdot V$ ist konstant *(Tabelle 1)*. ■

Der Engländer ROBERT BOYLE und der Franzose EDME MARIOTTE fanden um 1670 dieses nach ihnen benannte Gesetz.

Bei konstanter Temperatur ist das **Produkt aus Druck und Volumen** einer eingeschlossenen Gasmenge **konstant:**

$$p_1 \cdot V_1 = p_2 \cdot V_2 = p_3 \cdot V_3 = \textbf{konstant.}$$

Der Zusatz „bei konstanter Temperatur" ist nötig: Der Druck in einem Fahrradreifen, der in der Sonne steht, steigt, auch wenn das Volumen der Luft konstant bleibt. – Konstante Temperatur bedeutet auch, dass sich die Geschwindigkeit der Moleküle nicht ändert. Dies hatten wir oben vorausgesetzt.

2 Pressgasflaschen mit Reduzierventil

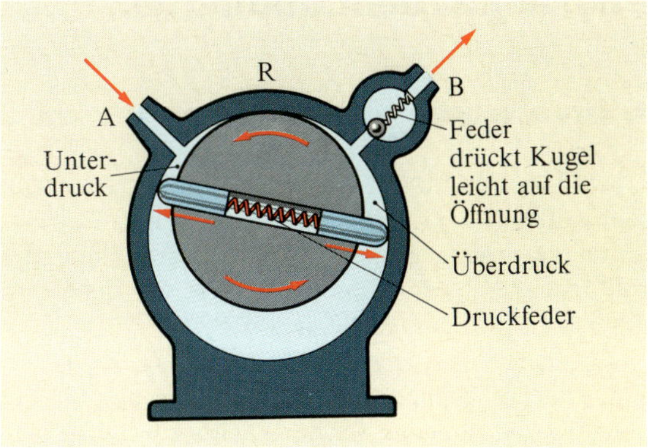

4 Kapselluftpumpe (Drehschieberpumpe)

Beispiel

Eine Pressgasflasche *(Bild 2)* hat ein Innenvolumen von $V_1 = 20$ l; der absolute Druck beträgt $p_1 = 100$ bar. Auf welches Volumen V_2 dehnt sich die Luft beim Öffnen aus ($p_2 = 1$ bar)? Nach dem Gesetz von Boyle und Mariotte gilt:
$100\ \text{bar} \cdot 20\ \text{l} = 1\ \text{bar} \cdot V_2$ oder $V_2 = 2000$ l.
Sinkt p auf den hundertsten Teil, so steigt V auf das 100fache. 1980 l strömen aus.

2. Luftpumpen

a) Pumpen, die aus einem Gefäß *Luft herausholen* und damit dort den Druck verkleinern, nennt man **Vakuumpumpen**. – Häufig verwendet man eine **Kapsel-** oder **Drehschieberpumpe** *(Bild 4)*. Ein massiver, von einem Elektromotor angetriebener Metallzylinder dreht sich in einer Trommel um eine waagerechte Achse, die oberhalb der Trommelachse liegt. Die rot gezeichnete Feder presst die Stahlschieber stets luftdicht an die exakt geschliffene Innenwand.

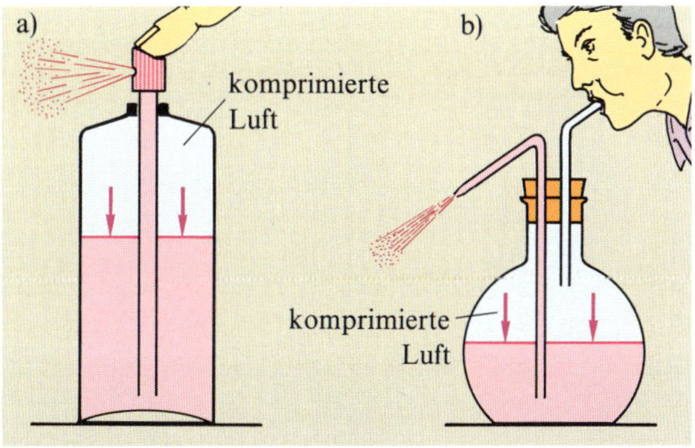

3 a) Spraydose; b) Spritzflasche

Im obersten Punkt R muss der Zylinder luftdicht an der Trommelwand gleiten; ein Ölfilm dichtet und schmiert zugleich. Das auszupumpende Gefäß wird bei A angeschlossen, sodass sich das Gas des Gefäßes in den Raum zwischen R und dem links gleitenden Schieber ausdehnen kann. Dadurch sinkt nach dem Gesetz von Boyle und Mariotte der Druck. Der jeweils rechts gleitende Schieber befördert Luft über den Stutzen B nach außen. Dieser Vorgang wiederholt sich ständig; man kann mit derartigen Pumpen den Druck im angeschlossenen Gefäß auf unter 10^{-4} hPa $= 1$ cN/m^2 (!) senken.

b) Pumpen, die Luft oder ein anderes Gas in ein Gefäß *hineinpumpen* und damit dort den Druck erhöhen, nennt man **Kompressoren**. Die bekannteste dieser Pumpen ist die **Fahrradpumpe**.

A1. Erkläre die Wirkungsweise einer Spraydose *(Bild 3a)* und einer Spritzflasche *(Bild 3b)*.

A2. Eine Sauerstoffflasche enthält 20 l Gas unter 150 bar. Wie viel Liter unter Atmosphärendruck kann man entnehmen, wenn die Temperatur gleich bleibt? Was wiegt der Inhalt?

A3. Suche Beispiele aus der Umwelt, wo der vergrößerte Eigendruck der Luft (Pressluft oder Druckluft genannt) technisch genutzt wird.

A4. Bei einem Wettersturz „fällt das Barometer“ von 1000 hPa auf 970 hPa. Wie viel Liter Luft unter 970 hPa verlassen hierbei ein Zimmer mit 100 m^3 Rauminhalt?

A5. Ein Autoreifen hat ein Volumen von 60 l. Er wird vom Überdruck 2,5 bar auf 3,5 bar aufgepumpt. Wie viel Luft von ursprünglich 1 bar Druck muss der Kompressor zuführen?

Physik mit dem Computer

1. Druckzunahme im Meer

Überall in der Physik ist der Computer zu einem sehr nützlichen, ja manchmal notwendigen Arbeitsmittel geworden. Das Beispiel der Abnahme des Luftdrucks mit der Höhe soll zeigen, wie der Computer die Physik unterstützt.

Ein Taucher braucht eine Tabelle, die angibt, wie der Druck in Meerwasser der Dichte $\varrho = 1{,}02\ \text{g/cm}^3$ zunimmt, wenn er um jeweils $\Delta h = 0{,}5\ \text{m}$ tiefer taucht. Der vom Taschenrechner nach der Formel $p = h \cdot g \cdot \varrho$ berechnete Druck steigt jeweils um

$$\Delta p = \Delta h \cdot g \cdot \varrho = 50\ \text{cm} \cdot 1\ \text{cN/g} \cdot 1{,}02\ \text{g/cm}^3 = 51\ \text{cN/cm}^2 = 51\ \text{hPa}.$$

Der Buchstabe Δ in Δh und Δp bedeutet eine Zunahme, also die Differenz zweier aufeinander folgender Tiefen h_1 und h_2 bzw. Drücke p_1 und p_2: $\Delta h = h_2 - h_1$; $\Delta p = p_2 - p_1$.

Den Zahlenwert 51 von Δp gibst du in den Speicher des Taschenrechners und addierst ihn durch einfache Speicheraddition Schicht um Schicht zum bereits erreichten Druck p. In der *Tabelle 1* sind diese Summen der jeweiligen Tiefe h zugeordnet. Computer sind dafür bekannt, dass sie solche Tabellen fast momentan mit Zahlen füllen oder als Schaubild ausgeben, wenn man ihnen ein Rechen-Programm vorgeschrieben hat. Sein *physikalisch relevanter Teil* besteht hier aus den folgenden Zeilen:

```
DP   = G*DH*RHO ; Druckschritt DP        (1)
P    = P + DP   ; Druck P                (2)
H    = H + DH   ; Tiefe (Höhe) H         (3)
```

Dazu gibt man die folgenden Konstanten ein:

```
RHO = 1,02      ; Dichte ϱ (in g/cm³)    (4)
DH  = 50        ; Höhenschritte (in cm)  (5)
G   = 1         ; Ortsfaktor g (in cN/g) (6)
P   = 0         ; Druck in Tiefe H=0 cm  (7)
```

P und H stehen für den Druck p und die Tiefe h, DP und DH für ihre jeweiligen Zunahmen Δp und Δh. Zuerst holt sich der Computer die Konstanten aus den obigen Zeilen (4) bis (7). Dann durchläuft er damit die *Rechenschleife* von Zeile (1) bis (3) beliebig oft, ähnlich wie du mit dem Taschenrechner, nur sehr schnell. Den bei jedem Lauf berechneten Druck (P) gibt er zusammen mit der Tiefe (H) als Tabelle *(Tabelle 1)* oder als Schaubild *(Bild 1)* aus.

2. Luftdruckabnahme in der Atmosphäre

Dieses Verfahren müsste eigentlich auch die Abnahme des Luftdrucks in unserem Luftmeer liefern. Hierzu geben wir in Zeile (4) den Zahlenwert für die Luftdichte RHO = 0,0012 (g/cm³) am Erdboden ein und in (7) den dortigen Druck P = 1000 (hPa). Die Höhenschritte in (5) vergrößern wir auf DH = 50000 (cm). Zeile (3) bleibt unverändert. Weil aber beim Höhersteigen der Druck abnimmt, ändern wir Zeile (2) in P = P − DP ab.

Tiefe (m)	Druck (hPa)	Tiefe (m)	Druck (hPa)
0	0	6,5	663
0,5	51	7	714
1	102	7,5	765
1,5	153	8	816
2	204	8,5	867
2,5	255	9	918
3	306	9,5	964
3,5	357	10	1020
4	408	10,5	1071
4,5	459	11	1122
5	510	11,5	1173
5,5	561	12	1224
6	612	12,5	1275

Tabelle 1 Druckzunahme in Salzwasser ($\varrho = 1{,}02\ \text{g/cm}^3$)

Höhe (km)	Druck (hPa)	Höhe (km)	Druck (hPa)
0	1000	6,5	447
0,5	940	7	420
1	883	7,5	395
1,5	830	8	371
2	780	8,5	349
2,5	733	9	328
3	689	9,5	308
3,5	648	10	290
4	609	10,5	272
4,5	572	**11**	**256**
5	538	11,5	240
5,5	**506**	12	226
6	475	12,5	212

Tabelle 2 Druckabnahme in Luft ($\varrho = 0{,}0012\ \text{g/cm}^3$)

Der Computer liefert jedoch eine herbe Enttäuschung: In der Höhe $h \approx 8$ km ist p auf 0 hPa gesunken und wird anschließend sogar negativ! *Der Computer liefert also Unsinn:* Auch in solchen Höhen werden doch noch Flugzeuge von der Luft getragen, und Bergsteiger finden auf dem Mount Everest ($h = 8848$ m) noch Luft.

Was haben wir falsch gemacht? Nun, mit dem Druck P ändert sich die Dichte RHO von Luft – anders als bei Wasser: Beim halben Druck hat sich 1 cm^3 Luft auf das doppelte Volumen ausgedehnt; die Dichte wird also halbiert. Hier gilt ja das Gesetz von BOYLE und MARIOTTE, wenn wir die Temperatur als konstant annehmen. Am Boden, beim Druck 1000 (hPa), ist ihr Zahlenwert RHO = 0,0012, beim Druck P = 500 (hPa) aber nur noch die Hälfte; dort ist also statt 0,0012 zu setzen 0,0012 ∗ P/1000. Wir ändern folglich Zeile (1) um in

$$DP = G * DH * RHO * P/1000. \qquad (1')$$

So erreichen wir, dass der Computer bei jedem Höhenschritt DH mit dem verminderten Druck P auch die zugehörige verkleinerte Dichte RHO berechnet. Daraus folgt die immer kleiner werdende Druckabnahme DP.

Nun kommt eine Überraschung: Der Computer findet jetzt keine Oberfläche des Luftmeers mit Luftdruck P = 0 (hPa) mehr. Das Luftmeer geht stetig in den leeren Weltraum über (schließlich wird P auf null abgerundet). Der Druck P nähert sich dem Wert 0 (hPa) an, erreicht ihn aber nur als Rundungsfehler. Zudem zeigt *Tabelle 2:* In 5,5 km Höhe ist p auf die Hälfte, also auf ≈ 500 hPa und in nochmals 5,5 km, also in 11 km Höhe auf 250 hPa, also die Hälfte von 500 hPa gesunken. In welcher Höhe beträgt er nur noch 1/8 bzw. 1/16 von 1000 hPa?

In *Bild 1* und *2* sind die Drücke als waagerechte Striche angegeben. Ihre Länge zeigt, wie in *Wasser* mit wachsender Tiefe der Druck gleichmäßig steigt. Die kurzen roten Balken geben die Zunahme DP des Drucks von Schicht zu Schicht an. In Wasser sind sie gleich lang; die rechts angedeuteten Moleküle sind ja stets gleich dicht gepackt. – In *Luft* dagegen sinkt mit dem Druck auch die Dichte und damit die Druckabnahme DP. Hier werden die roten Balken nach oben zu immer kürzer; der Druck sinkt immer langsamer im Gegensatz zu Wasser.

Einen Fehler, den das Programm zum Luftdruck enthält, hast du sicher schon entdeckt: Auf dem Höhenschritt DH = 500 (m) wird mit der zum Druck P gehörenden konstanten Dichte RHO ∗ P/1000 gerechnet, obwohl auch auf dieser Strecke Druck und damit Dichte noch etwas sinken. Dieser Fehler wird sicherlich viel kleiner, wenn wir DH auf 5 (m) verringern. Der Computer braucht nun 100-mal so lang, um die Höhe 10 km zu „erklimmen". Den für dort berechneten Druck notieren wir. Dann verkleinern wir im nächsten Gang DH auf 5 (cm) oder gar auf 1 (mm). Wenn sich dann – nach längerer Rechenarbeit – keine merklichen Abweichungen mehr ergeben, können wir mit unserem Näherungsverfahren zufrieden sein. Man könnte nun noch den Temperatureinfluss berücksichtigen. Doch überlassen wir dies den Meteorologen, die viel mit solchen **Computersimulationen** arbeiten.

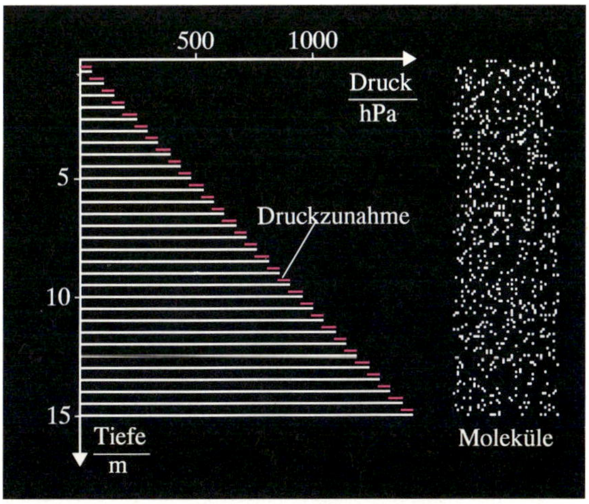

1 Druckzunahme im Wasser mit der Tiefe

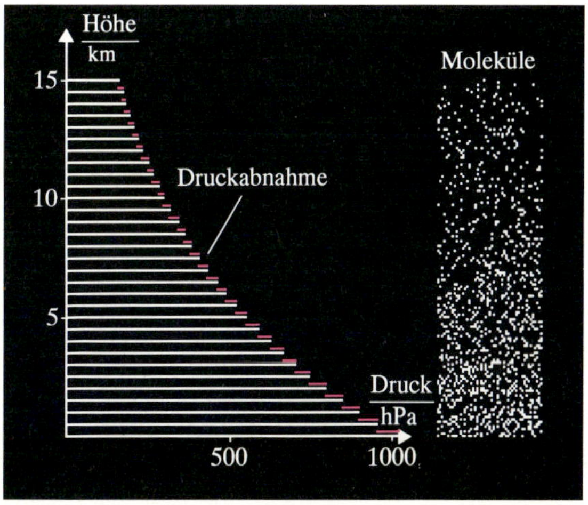

2 Druckabnahme in Luft mit der Höhe

Luftdruck und Atmosphäre

1. Räumliche und zeitliche Schwankungen

a) Abweichend von unserer Computersimulation ist die Temperatur der Atmosphäre nicht konstant. Berücksichtigt man ihre Abnahme auf den ersten 15 km *(Bild 4)*, so ergibt sich ein stärkerer Abfall des Luftdrucks (rot in *Bild 1*).

b) Der Luftdruck ändert sich nicht nur mit der Höhe, sondern schwankt auch im Laufe der Zeit. Auf Meereshöhe hat er den Durchschnittswert $p = 1013$ hPa. Dieser wird **Normdruck** genannt.

c) In **Wetterkarten** werden die Luftdruckwerte vieler Orte angegeben. Dazu rechnet man die gemessenen Werte auf Meereshöhe (Normalnull = NN) um.

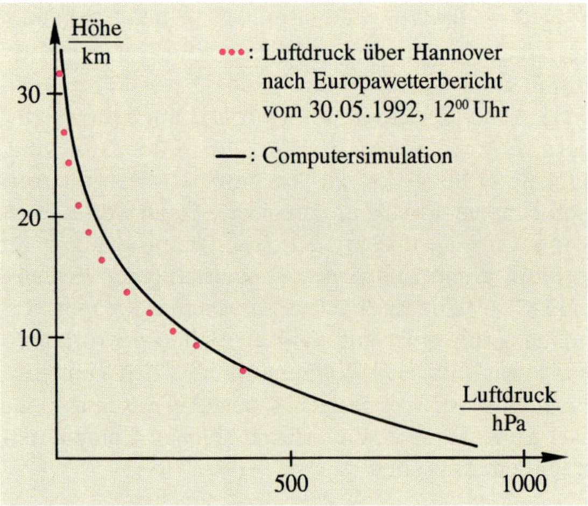

1 Die Temperatur beeinflusst den Luftdruck

2. Luftdruck und Wetterlage

Der Wetterbericht einer Zeitung beginnt mit der *Wetterlage:* „Ein nach Mitteleuropa gerichteter Keil des Azorenhochs bestimmt mit trocken-warmer Luft das Wetter hierzulande". In der *Wettervorhersage* heißt es dann: „Nach Auflösung einzelner Frühnebelfelder überwiegend heiter, Höchsttemperatur 23 bis 27 °C; tagsüber auflebender Wind aus Nord". Ein *Hochdruckgebiet* bringt uns meist schönes, sonniges Wetter, ein *Tiefdruckgebiet* dagegen Wolken und Regen. Auf der Wetterkarte erkennt man die „Hochs" (H) oder „Tiefs" (T) an den Isobaren (Linien gleichen Drucks).

In bodennahen Luftschichten will die Luft aus Hochdruckgebieten ins Tiefdruckgebiet abfließen. So entstehen *Winde*, die umso heftiger werden, je größer die Druckunterschiede sind. Dabei bleibt Luft, die Richtung Äquator strömt, gegenüber der Erddrehung zurück, da sie in Gegenden kommt, die eine größere Geschwindigkeit in Ostrichtung haben. Polwärts fließende Luft eilt dagegen der Erdrichtung voraus. Es gilt die *Windregel:* Auf der Nordhalbkugel der Erde strömt die in ein Tief hineinfließende Luft im Gegensinn des Uhrzeigers um das Tief, die aus einem Hoch herausfließende Luft strömt im Uhrzeigersinn um das Hoch *(Bild 2)*. In Tiefdruckgebieten führt der Zustrom von Luft zu vertikalen Aufwärtsbewegungen, was mit Abkühlung von Luft, mit Wolken- und Niederschlagsbildung verbunden ist. In Hochdruckgebieten sinkt die Luft aus der Höhe ab. Sie erwärmt sich dabei, und Wolken lösen sich auf.

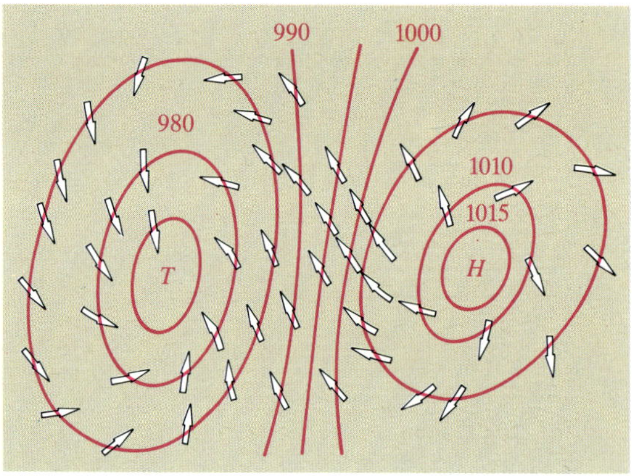

2 Luftströmungen um ein Hoch (H) und ein Tief (T)

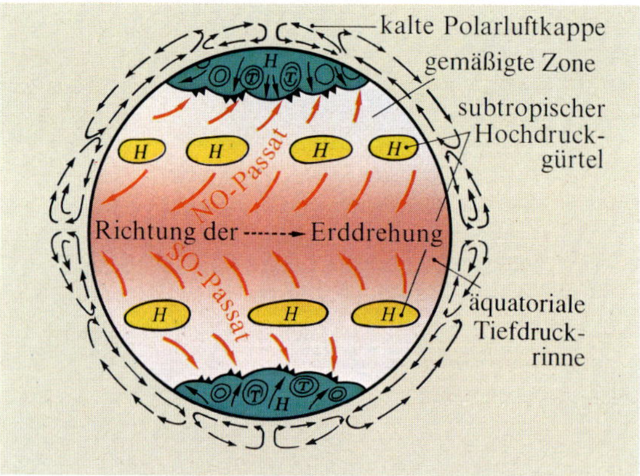

3 Großräumige Windsysteme und Klimazonen

3. Windsysteme und Klimazonen

Die Entstehung von Hoch- und Tiefdruckgebieten ist ein äußerst komplexes Geschehen. Motor aller Luftbewegungen ist die von Ort zu Ort unterschiedliche Energiebilanz zwischen Sonneneinstrahlung und Wärmeabstrahlung. Am Äquator wird die Erde und damit die bodennahe Atmosphäre erhitzt. Luft steigt auf; es bildet sich eine Tiefdruckrinne *(Bild 3)*. In 10 bis 15 km Höhe fließt die Luft polwärts, um in den Subtropen (ca. 20 bis 40 Grad geographischer Breite) wieder abzusinken. Hier bilden sich Hochdruckzellen wie z. B. das Azorenhoch. Bodennah fließt die Luft zurück, und es kommt infolge der Erddrehung zu den Nord-Ost- bzw. Süd-Ost-Passatwinden.

An den Polen sinkt kalte Luft ab. Es bildet sich ein polares Hochdruckgebiet. Die von den Polen wegströmenden Luftmassen werden infolge der Erdrotation fast zu Ostwinden und können deshalb nach Süden nur bis zum 50. bis 70. Breitengrad vordringen. Dort bilden sie eine Mischzone mit der wärmeren subtropischen Luft. Hier entstehen Tiefdruckgebiete, die im Wechselspiel mit Hochdruckeinfluss unser Wetter in der gemäßigten Klimazone so wechselhaft gestalten. Diese Tiefdruckgebiete wandern vorwiegend ostwärts, da sich an der polwärtigen Flanke des Subtropenhochs eine intensive Westwindzone einstellt. — Das großräumige Strömungssystem *(Bild 3)* unterliegt jahreszeitlichen Verschiebungen und ist von kleinräumigen Strömungssystemen überlagert (z. B. Land- und Seewinden an den Küsten).

4. Die Lufthülle der Erde

Alle Wettererscheinungen spielen sich in einer etwa 12 km hohen Luftschicht ab, die man die **Troposphäre** *(Bild 4)* nennt. Während in ihr die Temperatur mit zunehmender Höhe sinkt, bleibt sie in der darüber liegenden Schicht, der **Stratosphäre** (bis ca. 50 km), zunächst konstant, um dann wieder auf über 0 °C anzusteigen. In der Stratosphäre befindet sich auch das für die Abschirmung der ultravioletten Strahlen aus dem Weltraum so wichtige Ozon (O_3). Über der Stratosphäre findet man die Mesosphäre, die Ionosphäre und die Exosphäre, in denen die Nordlichterscheinungen auftreten. Eine Grenzschicht hat die Lufthülle nicht; sie geht unmerklich in den Weltraum über. In 100 km Höhe beträgt der Luftdruck noch etwa 1/1000 bar. Oberhalb von 200 km Höhe gibt es praktisch keinen Luftwiderstand mehr, deswegen fliegen dort Erdsatelliten jahrelang ohne Antrieb.

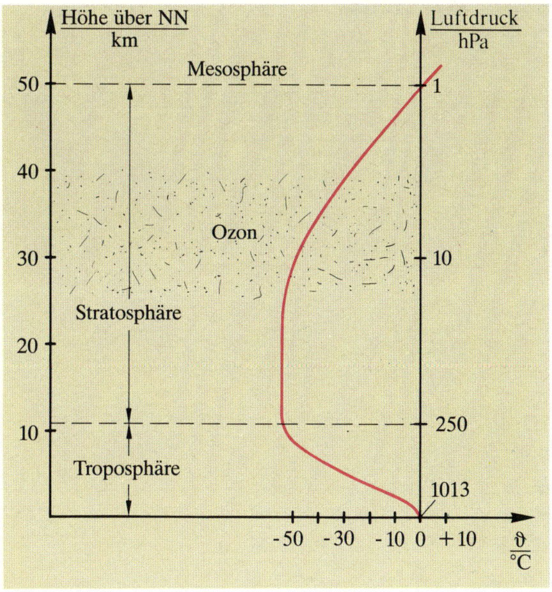

4 Lufthülle der Erde bis 50 km Höhe; mit ϑ (sprich: Theta) bezeichnen wir die Temperatur

Feuchte Luft besteht im Mittel aus 76 % Stickstoff (N_2), 20,4 % Sauerstoff O_2, 2,6 % Wasserdampf H_2O, 0,9 % Argon, 0,035 % Kohlenstoffdioxid CO_2 und weiteren Spurengasen wie z. B. Methan CH_4. Große Sorgen bereitet derzeit die relativ starke, vom Menschen verursachte Zunahme der Spurengase. CO_2 (zu 50 %), CH_4 (zu 19 %) und Fluorchlorkohlenwasserstoffe FCKW (zu 19 %) – die auch das Ozon zerstören – bewirken bei größer werdender Konzentration einen *Treibhauseffekt* mit noch unübersehbaren klimatischen Folgen. Man erwartet bei unverändertem Umweltverhalten der Weltbevölkerung in den nächsten 50 bis 100 Jahren einen Anstieg der mittleren Temperatur der Erde um 3 °C! Die dann herrschende mittlere Temperatur (derzeit sind es etwa 15 °C) hätte es seit Bestehen der Menschheit noch nicht gegeben (Seite 266).

A1. Welcher Luftdruck herrscht auf dem Mt. Everest (8848 m), dem Mt. Blanc (4807 m) und der Zugspitze (2963 m) *(Tabelle 220.2)*?

A2. Wie hoch muss man von Meereshöhe aus (von 5000 m Höhe aus) steigen, damit der Druck um 100 hPa abnimmt *(Bild 1)*? Was fällt dir auf? Erkläre.

A3. Dosenbarometer mit besonderer Skala dienen in Flugzeugen als Höhenmesser. Woran muss also ein Pilot denken, der auf seinem Flug durch verschiedene Wettergebiete kommt?

Der Auftrieb

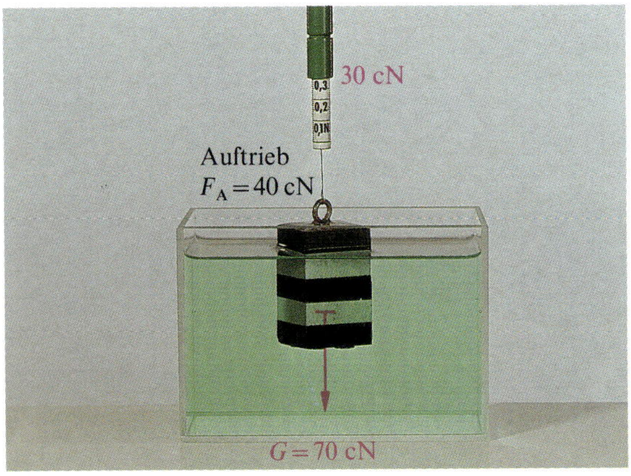

1 Zu Versuch 1: Die Auftriebskraft beträgt $F_A = 40$ cN

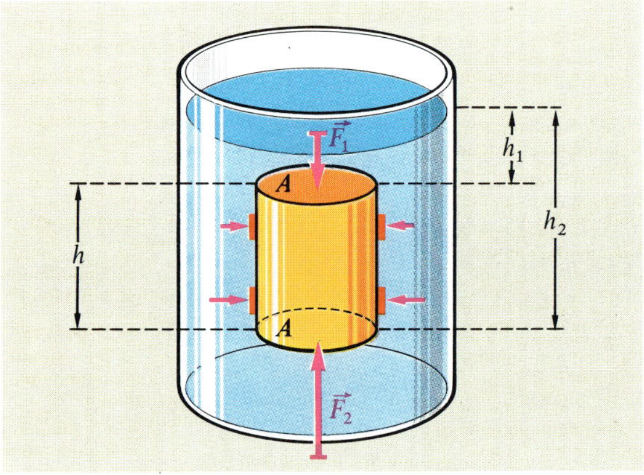

2 Berechnung der Auftriebskraft

1. Schon die alten Griechen...

Hast du schon einmal versucht, einen leeren Eimer mit dem Boden voraus unter Wasser zu drücken? Es gelingt nur mit großer Kraftanstrengung. Woran liegt das? Im Wasser herrscht ein Schweredruck. Folglich wirkt auf die Unterseite des Bodens eine *Kraft nach oben.* Sie wird **Auftriebskraft F_A**, kurz **Auftrieb** genannt. Lässt man den nicht voll gelaufenen Eimer los, schnellt er hoch.

Die Kräfte des Schweredrucks lassen einen Körper im Wasser viel leichter erscheinen; sie täuschen eine Verminderung der nach unten gerichteten Gewichtskraft G vor. Diesen scheinbaren Gewichtskraftverlust empfindet man z.B. beim Baden; man fühlt sich von der Schwere befreit. Spitze Steine, auf die man tritt, spürt man umso weniger, je tiefer man ins Wasser eingetaucht ist.

Ein ganz oder teilweise in eine Flüssigkeit getauchter Körper erfährt eine **Auftriebskraft** F_A, kurz **Auftrieb** genannt. Sie täuscht einen Verlust an Gewichtskraft vor.

Versuch 1: Uns interessiert die Größe der Auftriebskraft F_A. Hierzu tauchen wir einen 5 cm hohen Quader mit 10 cm² Grundfläche und der Gewichtskraft 70 cN nach *Bild 1* Zentimeter um Zentimeter tiefer in Wasser. Während der Quader eingetaucht wird, geht die Anzeige des Kraftmessers zurück. Verdrängt der Quader etwa 40 cm³ Wasser, so zeigt der Kraftmesser statt 70 cN nur noch 30 cN an; die Auftriebskraft beträgt also $F_A = 40$ cN. Nun erfahren 40 cm³ Wasser eine Gewichtskraft von ebenfalls 40 cN. Ist diese Übereinstimmung Zufall?

Wir tauchen den Quader verschieden tief ein und stellen jedesmal fest, *dass die Auftriebskraft und die Gewichtskraft des verdrängten Wassers denselben Betrag haben.* Schließlich tauchen wir den Körper ganz unter die Oberfläche: Jetzt verdrängt er 50 cm³ Wasser. Die Auftriebskraft beträgt 50 cN, auch wenn wir den Körper noch tiefer tauchen. ■

Versuch 2: Wir nehmen statt Wasser Spiritus ($\varrho = 0{,}8$ g/cm³). Tauchen wir den Quader wieder so tief ein, dass er 40 cm³ Flüssigkeit verdrängt, stellen wir eine Auftriebskraft von nur 32 cN fest. Die Gewichtskraft von 40 cm³ Spiritus beträgt:

$$G = m \cdot g = \varrho \cdot V \cdot g$$
$$= 0{,}8\,\frac{\text{g}}{\text{cm}^3} \cdot 40\,\text{cm}^3 \cdot 1\,\frac{\text{cN}}{\text{g}} = 32\,\text{cN}.$$

Tauchen wir den Quader (50 cm³) ganz ein, so ist die Auftriebskraft 40 cN, genauso groß wie die Gewichtskraft der verdrängten 50 cm³ Spiritus. ■

Aus unseren Versuchsergebnissen erschließen wir den **Satz des Archimedes** (250 v. Chr.):

Der **Auftrieb** ist so groß wie die Gewichtskraft der verdrängten Flüssigkeit.

2. Warum gilt der Satz des Archimedes?

Wir haben vermutet, dass die Kräfte des Schweredrucks den scheinbaren Verlust an Gewichtskraft erzeugen, wenn wir einen Körper in eine Flüssigkeit tauchen. Davon ausgehend wollen wir den Satz des Archimedes mathematisch aus den bekannten Gesetzen über den Druck in Flüssigkeiten herleiten.

Die Kräfte auf die Seitenflächen des Körpers *(Bild 2)* halten sich in jeder Tiefe das Gleichgewicht. *Die untere Fläche A* erfährt eine *nach oben* gerichtete Kraft F_2. In der Tiefe h_2 ist der Schweredruck $p_2 = h_2 \cdot g \cdot \varrho_{Fl}$. Dabei ist ϱ_{Fl} die Dichte der Flüssigkeit. Aus p_2 ergibt sich F_2:

$$F_2 = p_2 \cdot A = h_2 \cdot g \cdot \varrho_{Fl} \cdot A.$$

Aber auch *die obere Fläche* des ganz eingetauchten Körpers erfährt eine Kraft F_1, allerdings *nach unten*. Sie ist kleiner als F_2, da an der oberen Fläche der kleinere Druck $p_1 = h_1 \cdot g \cdot \varrho_{Fl}$ herrscht; es ist:

$$F_1 = p_1 \cdot A = h_1 \cdot g \cdot \varrho_{Fl} \cdot A.$$

Auf den ganz eingetauchten Körper wirkt somit die Differenz $F_2 - F_1$ dieser beiden entgegengesetzt gerichteten Kräfte. Dies ist die Auftriebskraft:

$$\boldsymbol{F_A = F_2 - F_1 = g \cdot \varrho_{Fl} \cdot (h_2 - h_1) \cdot A.}$$

$h_2 - h_1 = h$ ist die Höhe des Körpers, $(h_2 - h_1) \cdot A = h \cdot A$ also sein Volumen V_K. Dies ist so groß wie das Volumen V_{Fl} der verdrängten Flüssigkeit. $\varrho_{Fl} \cdot V_{Fl}$ ist die Masse m_{Fl} der verdrängten Flüssigkeit und $g \cdot m_{Fl}$ deren Gewichtskraft G_{Fl}. Es ist also:

$$F_A = G_{Fl}.$$

Dies ist der Satz des Archimedes. Wir folgern:

> Der Auftrieb entsteht allein dadurch, dass der Schweredruck mit der Tiefe zunimmt.
> Es gilt: $F_A = g \cdot \varrho_{Fl} \cdot V_K$.

3. Erfahren nur Quader einen Auftrieb?

Wir benutzten bisher nur Quader oder Zylinder. Gilt der Satz des Archimedes auch für beliebige Körper?

Versuch 3: Wir befestigen nach *Bild 3* einen Körper beliebiger Form an der rechten Waagschale einer Balkenwaage, auf der ein Becherglas steht. Durch Auflegen von Wägestücken bringen wir die gesamte Anordnung ins Gleichgewicht. Dann tauchen wir den Körper in ein volles Überlaufgefäß. Wegen der Auftriebskraft hebt sich zunächst die rechte Waagschale; doch stellt sich wieder Gleichgewicht ein, wenn alles vom Körper verdrängte Wasser in das Becherglas geflossen ist. Die Gewichtskraft der verdrängten Flüssigkeit ist also auch hier genauso groß wie die Auftriebskraft. ■

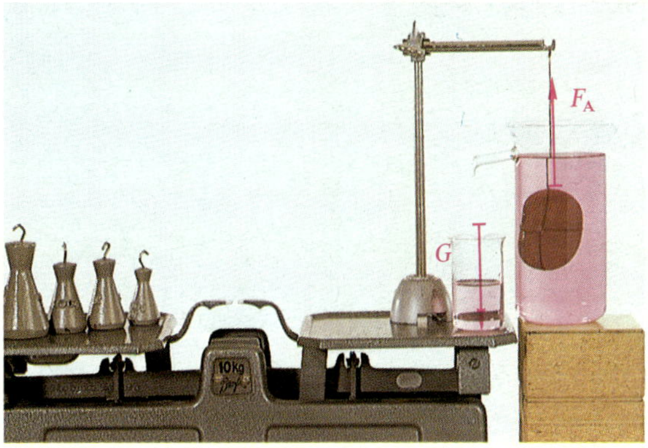

3 Bestätigung des Satzes von Archimedes

Hinweis: Rechne mit $g = 1\,\text{cN/g}$; Dichten im Anhang des Buches.

A1. Hängt der Auftrieb von der Gewichtskraft oder vom Volumen des eingetauchten Körpers ab?

A2. Ein massiver Aluquader hat eine Querschnittsfläche von $20\,\text{cm}^2$ und ist 9 cm hoch.
a) Wie groß ist der Auftrieb, wenn er 3 cm, 6 cm, vollständig in Wasser eingetaucht ist?
b) Was zeigt ein Federkraftmesser jeweils an, an dem er wie in *Bild 1* hängt?

A3. Ein Messingquader (6 cm × 4,5 cm × 3 cm) wird vollständig in Spiritus getaucht. Was zeigt ein Federkraftmesser an, an dem er hängt?

A4. Ein Eisenwürfel (Kante 3 cm) wird in Olivenöl bzw. Petroleum vollständig eingetaucht. Wie groß ist jeweils die Auftriebskraft?

A5. Der menschliche Körper hat (ausgeatmet) eine Dichte von $1{,}02\,\text{kg/dm}^3$. Welche Auftriebskraft erfährt ein Taucher ($m = 75\,\text{kg}$) in einem See?

A6. Führe die Herleitung in Ziffer 2 statt mit Variablen mit den Werten $A = 10\,\text{cm}^2$, $h_1 = 5\,\text{cm}$, $h_2 = 11\,\text{cm}$ und $\varrho_{Fl} = 2\,\text{g/cm}^3$ durch.

A7. Führe die Herleitung in Ziffer 2 für einen nur teilweise eingetauchten Körper aus. Die untere Zylinderfläche liege in der Tiefe h_2 unter der Oberfläche der Flüssigkeit.

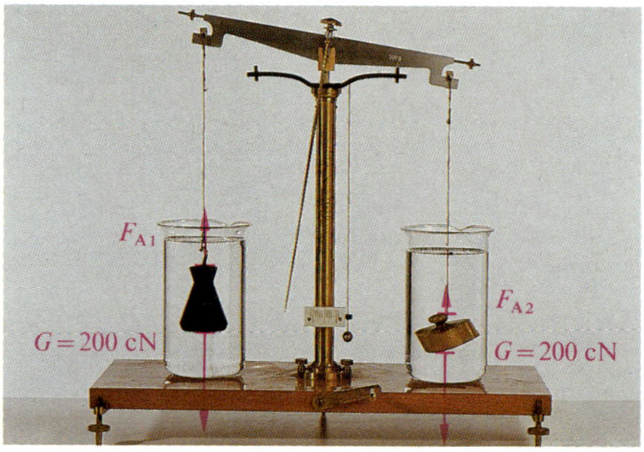

1 Versuch 4: Größeres Volumen – größere Auftriebskraft

4. Ein Experiment des Archimedes

Versuch 4: An einem Waagebalken halten sich ein Messing- und ein Eisenstück, die beide je eine Gewichtskraft von 200 cN erfahren, das Gleichgewicht. Taucht man aber beide ins Wasser, so hebt sich die linke Seite mit dem Eisenstück *(Bild 1)*. ■

Wie kommt das? Eisen ($\varrho = 7{,}86\ \mathrm{g/cm^3}$) verdrängt bei gleicher Masse infolge seines größeren Volumens ($25{,}4\ \mathrm{cm^3}$) mehr Wasser und erfährt einen größeren Auftrieb als Messing ($\varrho = 8{,}3\ \mathrm{g/cm^3}$; $V = 24{,}1\ \mathrm{cm^3}$). Auf diese Weise soll Archimedes nachgeprüft haben, ob eine dem König Hieron von Syrakus gelieferte goldene Krone auch wirklich echt war. Er tauchte die „goldene" Krone und einen gleich schweren Klumpen reinen Goldes an der Waage hängend ins Wasser. Da sich die Seite mit der Krone hob, war der Goldschmied überführt, Gold zum Teil unterschlagen und durch ein gleich schweres Stück Silber von größerem Volumen ersetzt zu haben. 1 g Silber hat ein Volumen von $0{,}1\ \mathrm{cm^3}$, 1 g Gold von $0{,}05\ \mathrm{cm^3}$.

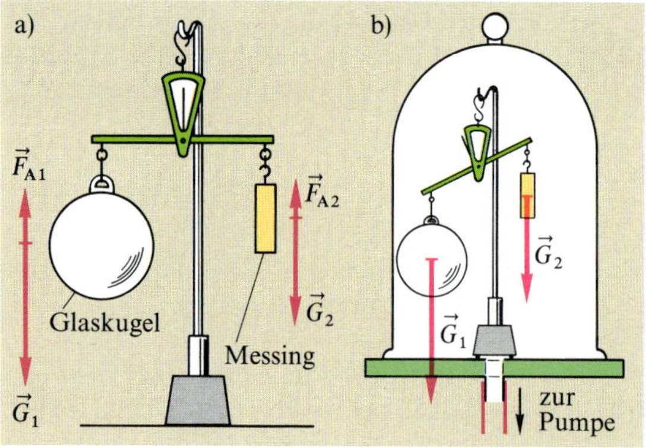

2 Versuch 5; Gleichgewicht herrscht hier nur in Luft

5. Auch in Gasen gibt es Auftrieb

Der Auftrieb hat seine Ursache in der Zunahme des Schweredrucks nach unten. Diese Zunahme gibt es auch in Gasen.

Versuch 5: An der Waage in *Bild 2a* hält der kleine Messingkörper der großen, abgeschlossenen Glaskugel in Luft das Gleichgewicht. Bringen wir die Waage unter eine Glasglocke *(Bild 2b)* und pumpen die Luft aus der Glocke, so sinkt die Glaskugel. ■

Das Volumen der Glaskugel ist viel größer als das des Messingkörpers. Folglich verdrängt sie mehr Luft und erfährt eine entsprechend größere Auftriebskraft. In Luft ist die Waage nur deshalb im Gleichgewicht, weil die Glaskugel auch etwas schwerer ist. Fallen die Auftriebskräfte im Vakuum weg, muss die Glaskugel sinken.

Versuch 6: Stellen wir die Waage von Versuch 5 in einen größeren Glastrog und leiten in diesen Kohlenstoffdioxid ($\varrho \approx 2\ \mathrm{g/l}$) ein, so steigt die Glaskugel. Ursache dafür ist, dass die Auftriebskraft der Glaskugel viel stärker zugenommen hat als die des Messingkörpers (Aufgabe 7c). ■

Auftrieb gibt es also wie behauptet auch in Gasen. In den Erklärungen von Versuch 5 und 6 wurde auch der Satz des Archimedes verwendet. Alle Überlegungen zum Auftrieb in Flüssigkeiten lassen sich nämlich auf Gase übertragen.

Beispiel

Der Mensch erfährt – wie jeder Gegenstand, der sich im Luftmeer befindet – eine Auftriebskraft. Wie groß ist sie? Der Körper eines Erwachsenen hat einen Rauminhalt von etwa $75\ \mathrm{dm^3}$. Die Gewichtskraft der von ihm verdrängten Luft ist:

$$G = \varrho \cdot V \cdot g = 1{,}3\ \frac{\mathrm{g}}{\mathrm{dm^3}} \cdot 75\ \mathrm{dm^3} \cdot 1\ \frac{\mathrm{cN}}{\mathrm{g}} = 1\ \mathrm{N}.$$

Nach dem Satz des Archimedes erfährt ein Mensch demnach eine Auftriebskraft von etwa 1 N; er ist scheinbar um 1 N leichter, als er „in Wirklichkeit" ohne die ihn umgebende Luft wäre.

Alle Körper erfahren in einem Gas, z. B. in Luft, einen Auftrieb nach dem Satz des Archimedes.

Musteraufgabe

a) Ein Körper erfährt die Gewichtskraft $G_K = 70\,\text{cN}$. Wird er in Wasser vollständig eingetaucht, zeigt ein Federkraftmesser, an dem er hängt, 40 cN an. Berechne Volumen und Dichte des Körpers.

Gewichtskraft des Körpers	$G_K = 70\,\text{cN}$ (Messung)
Scheinbare Gewichtskraft des Körpers in Wasser	$40\,\text{cN}$ (Messung)
Scheinbarer Gewichtskraftverlust (Auftriebskraft)	$F_A = 30\,\text{cN}$ (Differenz)
Gewichtskraft der verdrängten Wassermenge	$G_{Fl} = 30\,\text{cN}$ (Archimedes); $m_{Fl} = G_{Fl}/g = 30\,\text{g}$
Volumen der verdrängten Wassermenge	$V_{Fl} = m_{Fl}/\varrho_{Fl} = 30\,\text{g}/1\,\frac{\text{g}}{\text{cm}^3} = 30\,\text{cm}^3$
Volumen des Körpers	$V_K = 30\,\text{cm}^3 \quad (V_K = V_{Fl})$
Masse des Körpers	$m_K = G_K/g = 70\,\text{cN}/1\,\frac{\text{cN}}{\text{g}} = 70\,\text{g}$
Dichte des Körpers	$\varrho_K = m_K/V_K = 70\,\text{g}/30\,\text{cm}^3 = 2{,}3\,\text{g/cm}^3$

b) Wird derselbe Körper ($G_K = 70\,\text{cN}$; $V_K = 30\,\text{cm}^3$) in eine unbekannte Flüssigkeit eingetaucht, zeigt der Federkraftmesser nur noch 30 cN an. Wie groß ist die Dichte der Flüssigkeit?

Scheinbare Gewichtskraft des Körpers	$30\,\text{cN}$ (Messung)
Scheinbarer Gewichtskraftverlust (Auftriebskraft)	$F'_A = 40\,\text{cN}$ (Differenz)
Gewichtskraft der verdrängten Flüssigkeit	$G'_{Fl} = 40\,\text{cN}$ (Archimedes)
Masse der verdrängten Flüssigkeit	$m'_{Fl} = G'_{Fl}/g = 40\,\text{cN}/1\,\frac{\text{cN}}{\text{g}} = 40\,\text{g}$
Volumen der verdrängten Flüssigkeit	$V'_{Fl} = 30\,\text{cm}^3 \quad (V'_{Fl} = V_K)$
Dichte der verdrängten Flüssigkeit	$\varrho'_{Fl} = m'_{Fl}/V'_{Fl} = 40\,\text{g}/30\,\text{cm}^3 = 1{,}3\,\text{g/cm}^3$

Hinweis: Dichten im Anhang des Buches

A1. Ein Stück Zucker ($G_K = 5\,\text{cN}$) wird vollständig in Petroleum eingetaucht, in dem es unlöslich ist. Ein Federkraftmesser, an dem es hängt, zeigt 2,5 cN an. Wie groß sind Volumen und Dichte des Zuckerstücks?

A2. Ein Körper ($G_K = 20{,}50\,\text{cN}$) wird vollständig in Wasser eingetaucht. Ein Federkraftmesser, an dem er hängt, zeigt 13,75 cN an. Der Kraftmesser zeigt 9,36 cN bei einer anderen Flüssigkeit. Berechne ihre Dichte ($g = 0{,}981\,\text{cN/g}$).

A3. Ein Körper ($G_K = 75\,\text{N}$) wird vollständig in Wasser eingetaucht. Ein Federkraftmesser, an dem er hängt, zeigt 66 N an. Kann der Körper aus reinem Kupfer bestehen?

A4. Ein Körper aus Eisen ($G_K = 25{,}1\,\text{N}$) wird in eine Flüssigkeit vollständig eingetaucht. Ein Federkraftmesser, an dem er hängt, zeigt 21,1 N an. Wie groß ist die Dichte der Flüssigkeit?

A5. Du hebst unter Wasser einen Felsblock ($\varrho = 2{,}5\,\text{g/cm}^3$) mit der Kraft 100 N. Welche Gewichtskraft erfährt er über Wasser? Betrachte zunächst $1\,\text{cm}^3$.

A6. Angenommen, der Goldschmied hätte zum „Goldkronenexperiment“ gegenüber ARCHIMEDES angeführt, dass sich in der Krone luftgefüllte Hohlräume befänden. Ist er entlastet?

A7. In Versuch 5 und 6 habe die Glaskugel das Volumen $V_1 = 200\,\text{cm}^3$ und der Messingkörper $V_2 = 5\,\text{cm}^3$. Bestimme für beide Körper:
a) die Auftriebskräfte in Luft,
b) die Gewichtskräfte,
c) die Auftriebskräfte in Kohlenstoffdioxid. – Begründe mit den berechneten Werten, dass der Messingkörper in Kohlenstoffdioxid sinkt.

A8. ARISTOTELES wollte klären, ob Luft eine Gewichtskraft erfährt. Zu diesem Zweck wog er eine Blase zunächst mit Luft angefüllt, dann zusammengeknüllt. Sie waren beide Mal gleich schwer, sodass er der Luft eine Gewichtskraft absprach. Wo lag sein Trugschluss?

A9. Ein Luftballon ($G_K = 3{,}0\,\text{cN}$) fasst 5 l Gas.
a) Wie groß ist seine Auftriebskraft in Luft?
b) Wie groß sind Gesamtgewichtskraft und Tragkraft bei einer Füllung mit Wasserstoff bzw. mit Helium?

Schwimmen, Schweben und Sinken

1 Baden im Toten Meer

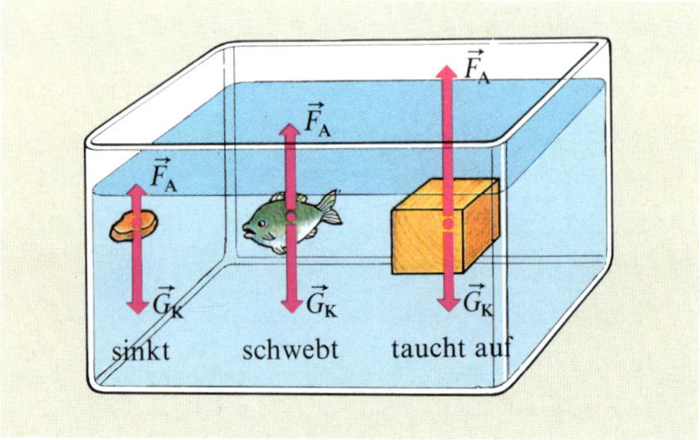

2 Zum Sinken, Schweben, Steigen

1. Der vollständig eingetauchte Körper

Jeder sagt: Körper, die leichter als Wasser sind, schwimmen. Aber sind 100 g Holz leichter als 100 g Wasser? Physikalisch korrekt ist: Körper, deren Dichte kleiner ist als die des Wassers, schwimmen.

Auf jeden völlig eingetauchten Körper wirken zwei entgegengesetzt gerichtete Kräfte: die Gewichtskraft G_K und die Auftriebskraft F_A *(Bild 2)*. Je nachdem, ob $G_K > F_A$, $G_K = F_A$ oder $G_K < F_A$ ist, *sinkt, schwebt* (in beliebiger Tiefe) oder *steigt* der Körper *(Tabelle 1)*.

Hat der Körper das Volumen V und die Dichte ϱ_K, so erfährt er selbst die Gewichtskraft $G_K = m_K \cdot g = \varrho_K \cdot V \cdot g$. Unter ϱ_K versteht man bei zusammengesetzten Körpern die *mittlere Dichte* $\varrho_K = m_K/V$.

Der völlig eingetauchte Körper und die von ihm verdrängte Flüssigkeitsmenge der Masse m_{Fl} besitzen dasselbe Volumen V. Nach dem Satz des Archimedes ist $F_A = m_{Fl} \cdot g = \varrho_{Fl} \cdot V \cdot g$.

Mit diesen beiden Angaben für G_K bzw. F_A folgt die dritte Zeile von *Tabelle 1* unmittelbar aus der zweiten.

	Sinken	Schweben	Steigen
Vergleich der Kräfte	$G_K > F_A$	$G_K = F_A$	$G_K < F_A$
Vergleich der Dichten	$\varrho_K > \varrho_{Fl}$	$\varrho_K = \varrho_{Fl}$	$\varrho_K < \varrho_{Fl}$

Tabelle 1 Zum Sinken, Schweben, Steigen

2. Der schwimmende Körper

Ein völlig in Flüssigkeit eingetauchter Körper, der steigt, kommt schließlich an die Oberfläche und schwimmt. Mit den bisherigen Überlegungen gilt:

> Ein Körper schwimmt, wenn seine mittlere Dichte kleiner als die der Flüssigkeit ist.

Ohne Schwimmbewegungen geht ein Mensch (Dichte $\varrho = 1{,}02\ g/cm^3$) in Süßwasser unter, nicht dagegen im Toten Meer *(Bild 1)*. Dort hat das Wasser wegen des hohen Salzgehaltes eine größere Dichte.

Versuch 1: Ein Körper aus Holz schwimmt auf Wasser *(Bild 3)*. Er taucht so weit ein, bis seine Gewichtskraft G_K durch die Auftriebskraft F_A ausgeglichen ist. Die Anzeige des Kraftmessers geht auf null zurück. Der Körper erscheint gewichtslos; es gilt $G_K = F_A$. Drücken wir den schwimmenden Körper etwas tiefer, so erhöhen wir die Auftriebskraft F_A. Ziehen wir den Körper etwas hoch, vermindern wir F_A. Lassen wir los, so kommt der Körper immer in dieselbe Gleichgewichtslage $G_K = F_A$. Es handelt sich um ein *stabiles Gleichgewicht.* ■

Nach dem Satz des Archimedes ist der Auftrieb F_A gleich der Gewichtskraft G_{Fl} der verdrängten Flüssigkeit. Hieraus folgt mit $G_{Fl} = G_K$:

> Ein schwimmender Körper taucht so tief ein, bis die Gewichtskraft G_{Fl} der verdrängten Flüssigkeit gleich seiner Gewichtskraft G_K ist: $G_{Fl} = G_K$.

Versuch 2: Auf einer Waage wird ein Überlaufgefäß randvoll mit Wasser gefüllt und die Waage austariert *(Bild 6a)*. Dann taucht man in das Gefäß einen Körper ein, der schwimmt. Er belastet durch seine Gewichtskraft G_K die Waagschale zusätzlich, dagegen nicht mehr den Kraftmesser. Wenn jedoch die verdrängte Wassermenge abgeflossen ist, spielt die Waage wieder ein *(Bild 6b)*. Die Gewichtkraft G_{Fl} ist gleich der Gewichtskraft G_K. ■

3. Beispiele zum Schwimmen

a) Ein Schiff aus Eisen schwimmt *(Bild 4)*, weil durch die großen luftgefüllten Hohlräume die mittlere Dichte des Schiffes kleiner als die des Wassers ist. Hochseeschiffe tragen so genannte Freibordmarken an ihrer Außenwand *(Bild 5)*. Sie geben an, wie tief maximal ein Schiff in einzelnen Gewässern eintauchen darf. Ein Schiff fahre z.B. von der Nordsee (Seewasser) in die Elbe (Süßwasser) ein. Dann ändert sich am Gewicht des verdrängten Wassers nichts ($G_{Fl} = G_K$), doch ist das verdrängte Wasser*volumen* bei Süßwasser größer. Das Schiff sinkt tiefer ein.

b) Auf dem Gleichgewicht beim Schwimmen beruht die **Senkwaage** (auch **Aräometer** genannt; *Bild 7a*). Mit ihr misst man die Dichte von Flüssigkeiten. Eine Senkwaage wiegt z.B. 10 cN. Dann muss sie beim Schwimmen auch eine Flüssigkeitsmenge, die 10 cN wiegt, verdrängen ($G_K = F_A = G_{Fl}$). Dies sind 10 cm^3 Wasser, 8 cm^3 Salzlösung ($\varrho = 1{,}25$ g/cm^3) oder 12,5 cm^3 Alkohol (0,8 g/cm^3). In Salzwasser sinkt sie am wenigsten ein, in Alkohol am meisten. An der Eintauchtiefe kann man also mittels einer Skala die Dichten der Flüssigkeiten ablesen. – Der Ladezustand von Autobatterien lässt sich mit einem Säureprüfer *(Bild 7b)* feststellen. Je stärker die Batterie geladen ist, desto größer ist nämlich die Dichte ihrer Säure.

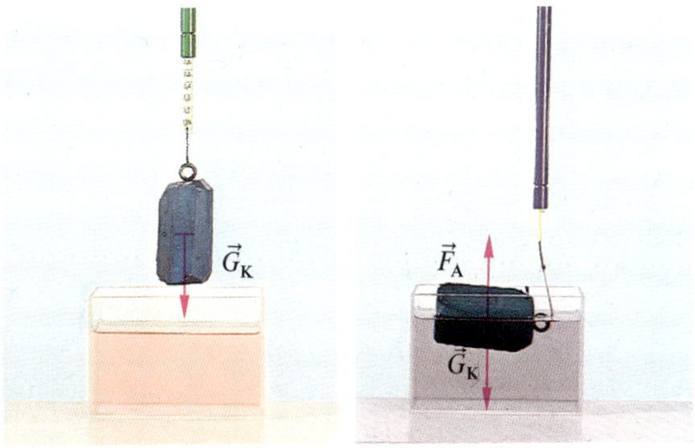

3 Zu Versuch 1

4 Schiffe aus Eisen schwimmen

5 Freibordmarken an einer Schiffswand;
für Süßwasser: Tropen (TF) und Sommer (F);
für Salzwasser: Tropen (T), Sommer (S), Winter (W)

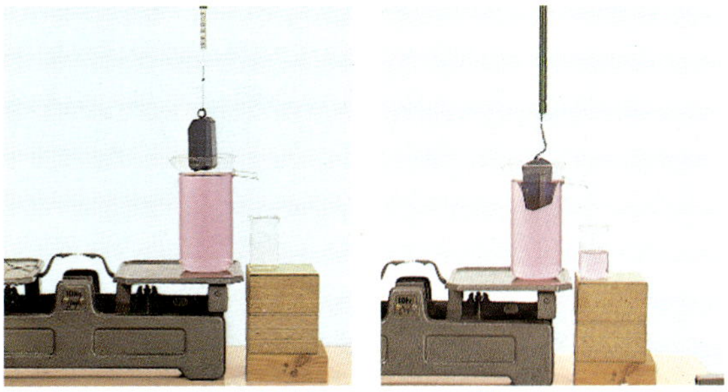

6 Zu Versuch 2

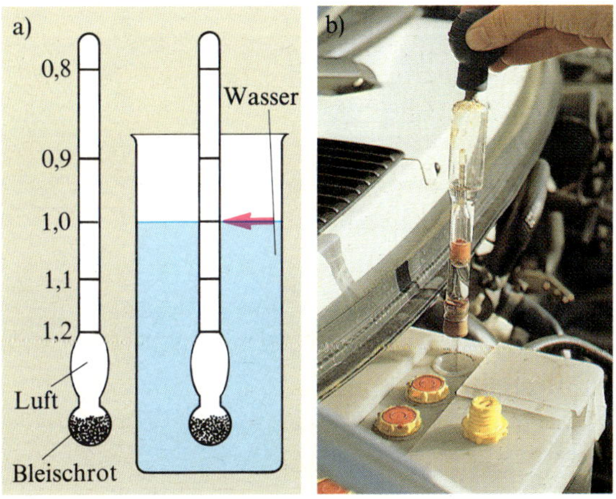

7 a) Senkwaagen; b) Prüfgerät für Autobatterie

1 Ein ferngesteuerter Taucher

2 Zu A5: Ein praktischer Zimmerschmuck zeigt die Raumtemperatur an (hier 18 °C)

3 Heißluftballon; ein Brenner heizt die Luft auf

4. Der ferngesteuerte Taucher

Versuch 3: Nach *Bild 1* schwimmt in einem völlig mit Wasser gefüllten Glaszylinder ein luftgefüllter, unten offener Glaskörper. Ein Glasbläser hat ihm die Form eines Teufelchens gegeben. Pressen wir die Gummihaut herunter, so erhöht sich der Wasserdruck, und die Figur sinkt. Mit steigendem Druck nimmt nämlich das Gasvolumen im Glaskörper ab. Er verdrängt weniger Wasser, und seine Auftriebskraft wird kleiner. Je nach dem erzeugten Druck sinkt, schwebt oder steigt das Teufelchen. ■

5. Wie hoch steigt ein Ballon?

Kaufst du dir auf dem Jahrmarkt einen Luftballon und passt nicht auf, dann entschwindet er in luftige Höhen. – Der Luftballon ist mit einem leichten Gas (z. B. Helium) gefüllt, sodass die mittlere Dichte der Hülle samt Gasfüllung und Last kleiner als die Dichte der Luft ist. Diese nimmt mit der Höhe über dem Erdboden ab. Der Ballon steigt und dehnt sich, bedingt durch die Hülle, nur wenig aus. Schließlich erreicht er eine Luftschicht, deren Dichte gleich seiner eigenen mittleren Dichte ist. Dann halten sich Auftriebskraft und Gewichtskraft des Ballons das Gleichgewicht, und der Ballon schwebt.

> Ein Körper steigt in Luft auf, wenn seine mittlere Dichte kleiner als die Dichte der Luft ist.

Ein moderner Freizeitsport ist das Fliegen mit einem Heißluftballon *(Bild 3)* geworden. Er wird nicht mit Helium oder Wasserstoff gefüllt, sondern mit „heißer Luft". Über 3000 m^3 Luft erhitzt man mit einem Propangasbrenner, bis genügend Auftrieb vorhanden ist, um den Ballon (aus hitzebeständigem Material) und die Last zu tragen. Während der Fahrt muss die sich abkühlende Luft immer wieder aufgeheizt werden. Möchte man landen, stellt man einfach den Brenner ab.

A1. Nenne Gemeinsamkeiten und Unterschiede beim Schweben und Schwimmen.

A2. Fülle einen Papierbecher zur Hälfte mit Wasser und lasse ihn auf Wasser schwimmen. Wie tief muss er einsinken, wenn man von der Gewichtskraft des Papiers absieht?

A3. In einem randvoll gefüllten Becherglas schwimmt ein Eisbrocken. Läuft das Wasser über, wenn das Eis schmilzt?

A4. Zwei gleich große Bechergläser sind randvoll mit Wasser gefüllt. Dabei schwimmt in einem ein Stück Holz ($\varrho = 0{,}8\ g/cm^3$). Welches Glas hat den schwereren Inhalt?

A5. Der Glaszylinder in *Bild 2* enthält eine Flüssigkeit, deren Dichte bei Temperaturerhöhung abnimmt. Die farbigen Glaskugeln haben fein abgestufte mittlere Dichten und steigen oder sinken je nach Zimmertemperatur. Erkläre.

A6. Hans presst einen Hartholzklotz ($\varrho = 0{,}85\ g/cm^3$) mit einer glatt geschliffenen ebenen Unterfläche auf die völlig ebene Grundplatte eines Glastroges. Anschließend füllt er den Trog mit Wasser. Hans behauptet, der Holzklotz bleibt am Boden haften, wenn er seinen Finger wegnimmt. Was meinst du dazu?

A7. Ein durchsichtiger Plastikwürfel ist mit blau gefärbtem Wasser und transparentem Öl gefüllt. Auf der Grenzfläche der beiden Flüssigkeiten schwimmen Segelboote *(Bild 4)*. Was lässt sich über deren Material sagen?

A8. Ein Hochseeschiff wird in Hamburg bis zur Lademarke F *(Bild 229.5)* beladen. Es fährt in die Kongomündung. Wie tief taucht es ein?

A9. Ein $50\ cm^3$ fassender Körper taucht beim Schwimmen auf Wasser mit $40\ cm^3$ unter die Oberfläche. Wie groß ist seine Gewichtskraft? Wie groß müsste die Dichte einer Flüssigkeit sein, dass er darin schwebt?

A10. Ein Körper ($G = 100\ cN$) schwebt unter Wasser. Mit welcher Kraft sinkt er in Alkohol ($0{,}8\ g/cm^3$)? Mit welcher Kraft steigt er in Kochsalzlösung ($1{,}12\ g/cm^3$)? Wie viel cm^3 ragen beim Schwimmen in der Kochsalzlösung über die Oberfläche?

A11. Die Gewichtskraft eines Eies beträgt in Luft 61 cN, in Wasser scheinbar 6 cN. Welche Dichte hat eine Kochsalzlösung, in der es schwebt?

A12. Wie viel Prozent eines Eisbergs ($0{,}91\ g/cm^3$) ragen über die Wasseroberfläche (Dichte des Salzwassers $1{,}02\ g/cm^3$)?

A13. Welche Fläche müsste eine 7 cm dicke Eisscholle ($\varrho = 0{,}91\ g/cm^3$) mindestens haben, um in Süßwasser einen Körper der Masse 70 kg tragen zu können?

A14. In einem kleinen Teich schwimmt ein mit Steinen beladenes Boot. Ein Kind wirft aus ihm Steine ins Wasser. Hebt oder senkt sich der Wasserspiegel? (Rechne mit $1\ m^3$ Steinen der Dichte $2{,}5\ g/cm^3$) – Was geschieht mit dem Wasserspiegel, wenn das Kind aus dem Boot Holz ins Wasser wirft, das dort schwimmt?

4 Zu A7

A15. $1\ cm^3$ Kork ($\varrho = 0{,}3\ g/cm^3$) wird mit $1\ cm^3$ Aluminium ($2{,}7\ g/cm^3$) verbunden. Schwimmt dieser Körper auf dem Wasser? Berechne seine mittlere Dichte. Wie viel Kork müsste man nehmen, damit der Körper schwebt?

A16. a) Wie viel Gramm Eisenpulver muss man in ein Reagenzglas (Masse 2,5 g; Höhe 20 cm; Querschnitt $2\ cm^2$) füllen, damit es beim Schwimmen in Alkohol 0,5 cm über die Flüssigkeitsoberfläche herausragt?

b) Das Reagenzglas schwimmt mit der Füllung aus a) in Flüssigkeiten der Dichte 1,0 bzw. $1{,}2\ g/cm^3$. Wie viel Zentimeter ragen dort jeweils über die Oberfläche?

A17. Eine zur Hälfte mit Sand ($G = 1{,}70\ N$) gefüllte Kunststoffdose, deren Masse vernachlässigbar ist, ist 10 cm lang, 5 cm breit, 5 cm hoch und oben offen. Sie schwimmt auf Wasser.

a) Wie hoch ist die Bordkante über Wasser?

b) Wie weit liegt die Bordkante über Wasser, wenn man die Dose in Salzwasser ($\varrho = 1{,}2\ g/cm^3$) bzw. in Spiritus schwimmen lässt?

c) Welche Masse muss man zuladen, damit Süßwasser gerade die Bordkante erreicht?

A18. Im Wasser schwimmt eine zum Teil gefüllte Flasche mit der Öffnung nach unten. Sie wird nach unten gestoßen. Begründe, dass je nach Stärke des Stoßes die Flasche entweder wieder an die Oberfläche kommt oder ganz untergeht.

A19. Ein Wetterballon trägt Instrumente für meteorologische Messungen in höhere Luftschichten (Masse der Ballonhülle und der Instrumente $m = 8{,}5\ kg$). Der Ballon ist mit Wasserstoff gefüllt und hat wegen der undehnbaren Hülle das konstante Volumen $V = 12\ m^3$.

a) Mit welcher Kraft steigt der Ballon am Boden nach oben?

b) Bei welcher Luftdichte schwebt er?

Im Überblick: Statik der Flüssigkeiten und Gase

1. Der Druck

a) Herrscht in einer ruhenden Flüssigkeit oder einem ruhenden Gas ein *Druckzustand*, so gilt:

– Auf jede Begrenzungsfläche A wirkt eine Kraft F, und es ist $F \sim A$.
– Der Betrag der Kraft F ist unabhängig von der Stellung der Fläche A.
– Die Kraft F steht senkrecht auf der Fläche A.

b) Der **Druck p** ist definiert durch $p = F/A$. **Einheit des Drucks** sind **Pascal (Pa)** und **Bar (bar)**:

1 Pa = 1 N/m^2; 100 Pa = 1 hPa = 1 cN/cm^2;

1 bar = 1000 mbar = 1000 hPa = 10 N/cm^2.

Man misst den Druck mit **Manometern.**

c) Übt man mit einem Kolben eine Kraft F auf eine Flüssigkeit oder ein Gas aus, so gilt an jeder Stelle der Flüssigkeit oder des Gases (bei Vernachlässigung des Schweredrucks) das **Gesetz des Kolbendrucks:**

$F_1/A_1 = F_2/A_2 = F_3/A_3 = \ldots = p =$ konstant.

d) In Flüssigkeiten herrscht ein **Schweredruck**.

– Er ist unabhängig von der Form der Gefäße.
– Er hängt nur von der Tiefe h, der Dichte ϱ der Flüssigkeit und dem Ortsfaktor g ab: $p = h \cdot \varrho \cdot g$
– Steigt man in Wasser 10 m tiefer, so nimmt der Schweredruck um 1000 hPa (1 bar) zu.

e) Der **Luftdruck** ist der Schweredruck der Atmosphäre. An der **Erdoberfläche** beträgt er etwa **1 bar = 1000 hPa** und ist so groß wie der Schweredruck am Boden einer etwa 10 m hohen Wassersäule. Er nimmt mit der Höhe ab und schwankt an jedem Ort im Laufe der Zeit. Luftdruckunterschiede bestimmen das Wettergeschehen. Die Atmosphäre geht ohne scharfe Grenze in den Weltraum über. Man misst den Luftdruck mit **Barometern**.

f) Jedes eingeschlossene Gas besitzt einen **Eigendruck p**. Ist V das Volumen des Gases, so gilt bei konstanter Temperatur das **Gesetz von Boyle und Mariotte: $p \cdot V =$ konstant**.

2. Sinken, Schweben, Steigen, Schwimmen

a) In Flüssigkeiten und Gasen erfährt jeder eingetauchte Körper eine **Auftriebskraft**. Sie ist eine Folge des Schweredrucks. Das **Gesetz des Archimedes** lautet: Die Auftriebskraft ist so groß wie die Gewichtskraft der verdrängten Flüssigkeit.

b) Ist die Gewichtskraft G eines vollständig eingetauchten Körpers größer als sein Auftrieb, **sinkt** er. Sind die Kräfte gleich, **schwebt** er. Ist der Auftrieb größer als die Gewichtskraft, dann **steigt** der Körper an die Oberfläche, wo er schwimmt. Ein Körper **schwimmt**, wenn seine mittlere Dichte kleiner ist als die der Flüssigkeit. Er taucht so tief ein, bis die Gewichtskraft der verdrängten Flüssigkeit G_{Fl} gleich seiner Gewichtskraft G_K ist: $G_K = G_{Fl}$.

3. Kraft oder Druck?

Mit den Begriffen Kraft und Druck müssen wir gut überlegt umgehen. Sie werden leicht verwechselt.

a) Wenn eine Kraft an einem festen Körper angreift, können wir (idealisierend) den Angriffspunkt der Kraft angeben. Wir kennzeichnen eine Kraft durch Angabe von Betrag, Angriffspunkt und Richtung.

b) An flüssigen und gasförmigen Körpern können wir keine Kraft punktuell angreifen lassen, denn die Teilchen von Flüssigkeiten und Gasen weichen der Kraft aus. Aber auf eingeschlossene Flüssigkeiten und Gase können wir mithilfe einer verschiebbaren Begrenzungsfläche eines Kraft ausüben *(Bild 203.2)*. Damit versetzen wir die flüssigen bzw. gasförmigen Körper in einen *Druckzustand*. Für den Druck können wir nur den Betrag angeben; es gibt für ihn weder Angriffspunkt noch Richtung. Den Druck im Innern einer Flüssigkeit bzw. eines Gases können wir mit einer Druckdose feststellen *(Bild 208.1)*.

A1. a) Durch tiefes Einatmen vergrößert sich dein Körpervolumen um etwa 3 dm^3. Welchen zusätzlichen Auftrieb gibt das beim Schwimmen? b) Welchen Auftrieb erfährt ein Schwimmer ($V = 70$ dm^3) in Meerwasser ($\varrho = 1{,}03$ g/cm^3) im Vergleich zu Süßwasser ($\varrho = 1{,}00$ g/cm^3)?

A2. Die Querschnitte der Kolben einer hydraulischen Hebebühne sind kreisförmig (Flächeninhalt eines Kreises mit dem Radius r ist πr^2 mit $\pi = 3{,}14$).
a) In welchem Verhältnis müssen die Radien r_1 und r_2 des Pumpen- bzw. Presskolbens stehen, wenn für das Verhältnis der Kräfte an den Kolben $F_2/F_1 = 400/1$ gelten soll?
b) Es sei $r_1 = 1{,}5$ cm. Ein Auto der Masse 900 kg soll um $s_2 = 2$ m angehoben werden. Um welche Strecke s_1 muss der Pumpenkolben insgesamt bewegt werden?
c) Berechne für b) den Druck in der Presse und die Energieumsetzung an beiden Kolben.

A3. Zwei vertikal gestellte Glasspritzen sind durch einen Schlauch wie in *Bild 1b* verbunden und mit Spiritus gefüllt; m_1 und m_2 sind Wägestücke. Die Kolben der Spritzen erfahren die Gewichtskräfte $G_{K1} = 2{,}5$ N und $G_{K2} = 1{,}5$ N.
a) Es sei $m_1 = 0$. Warum bewegen sich die Kolben, wenn auch $m_2 = 0$ ist? (Daten aus *Bild 1b* entnehmen.) Wie groß muss m_2 sein, damit die Kolben in Ruhe sind?
b) Es sei jetzt $m_2 = 650$ g. Wie groß muss dann m_1 sein, damit die Kolben in Ruhe sind? Wie groß ist der Druck bei A, B, C?

A4. In den linken Schenkel eines zum Teil mit Wasser gefüllten U-Rohrs *(Bild 2a)* wird Benzin ($\varrho = 0{,}7$ g/cm^3) gegossen, das sich nicht mit Wasser mischt.
a) Wie groß ist h_2, wenn $h_1 = 12$ cm ist?
b) Die Querschnittsfläche des linken Schenkels sei jetzt doppelt so groß wie beim rechten, die eingefüllte Benzinmenge dieselbe wie in a). Wie ändern sich die Höhen h_1 und h_2?
c) In der Anordnung a) wird in den rechten Schenkel zusätzlich 5 cm hoch Petroleum eingefüllt. Was geschieht?

A5. Marion glaubt ein Perpetuum mobile konstruiert zu haben. Der Metallzylinder in *Bild 2b* kann um eine horizontale Drehachse in der Seitenwand des Gefäßes reibungslos rotieren und zwar so, dass keine Flüssigkeit austritt. Da der Auftrieb in Wasser größer als in Luft ist, rotiert nach Marions Ansicht der Zylinder. Stimmt dies? Begründe deine Aussage.

A6. Ein aus einer Legierung aus Gold und Kupfer bestehendes Schmuckstück erfährt die Gewichtskraft 150 cN. Taucht man es an einem Federkraftmesser hängend vollständig in Wasser ein, zeigt dieser 135 cN an. Welchen Anteil an der Gesamtmasse des Schmuckstücks hat Gold (m_{Au}), welchen hat Kupfer (m_{Cu})?

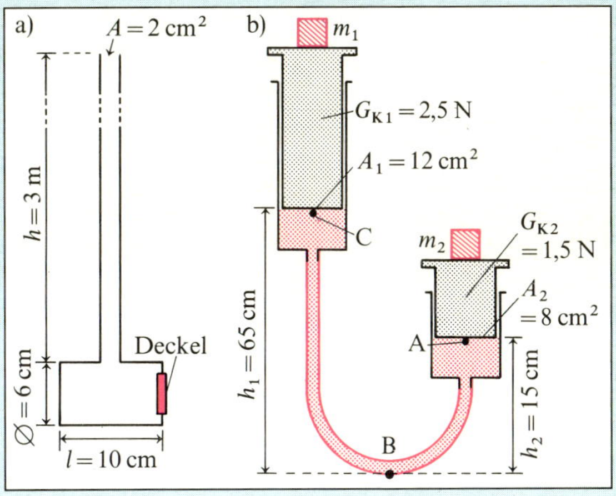

1 a) Zu A7; b) zu A3

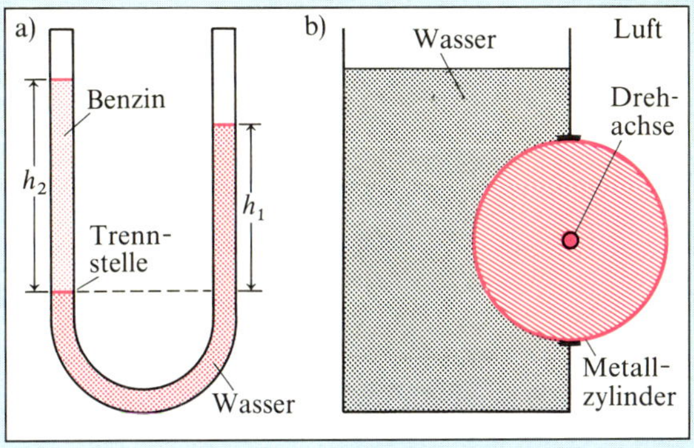

2 a) Zu A4; b) zu A5

A7. An einer Blechdose *(Bild 1a)* mit der Länge $l = 10$ cm und dem Durchmesser 6 cm (die Querschnittsfläche beträgt 28,3 cm^2) ist ein 3 m langes vertikales Rohr von 2 cm^2 Querschnitt angebracht. Das gesamte Rohr und die Büchse sind mit Wasser gefüllt.
a) Welche Gewichtskraft G erfährt das Wasser?
b) Welche Kraft F wirkt auf den Deckel der Büchse ($A = 25$ cm^2)? Warum ist $F > G$? Woher kommt die zusätzliche Kraft?

A8. Wie viel dm^3 Kork braucht ein Schwimmgürtel für eine Tragfähigkeit von 30 N ($\varrho = 0{,}3$ g/cm^3). Berechne zuerst die Tragfähigkeit von 1 cm^3 Kork.

A9. Ein 15 m langer durchsichtiger Plastikschlauch wird vollständig mit luftfreiem Wasser gefüllt. Ein Ende des Schlauches wird dicht verschlossen, das andere in eine wassergefüllte Wanne gehalten. Was geschieht, wenn man das verschlossene Ende 14 m in die Höhe zieht, während das andere im Wasser bleibt?

Temperaturmessung

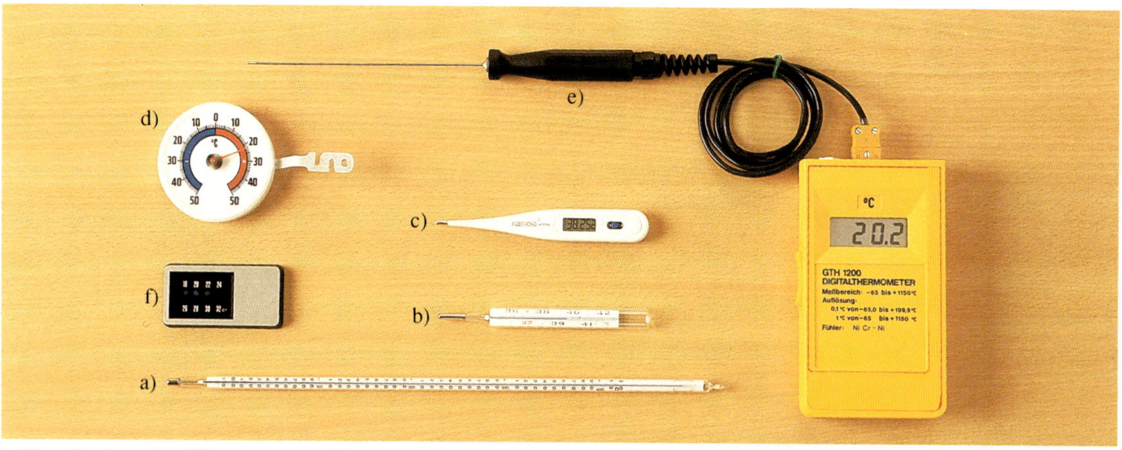

1 Verschiedene Ausführungen von Thermometern

1. Thermometer

Wenn du in die Badeanstalt gehst, so duschst du vor dem Sprung in das Schwimmbecken. Duschst du warm, dann empfindest du anschließend das Wasser im Becken als sehr kühl. Dagegen kommt es dir warm vor, wenn du kalt geduscht hast. Wie ist das zu erklären?

Das Temperaturempfinden des menschlichen Körpers ist unzuverlässig; es lässt sich leicht täuschen. Deshalb benutzen wir in der Physik Messgeräte, die vom Sinneseindruck des einzelnen Menschen unabhängig sind; sie heißen **Thermometer.** Mit ihnen können wir die **Temperatur** eines Körpers messen. Wir besprechen zunächst die Wirkungsweise der *Flüssigkeitsthermometer.*

Versuch 1: Wir füllen einen Glaskolben mit Wasser, das durch Auskochen luftfrei gemacht worden ist. Dann verschließen wir den Glaskolben mit einem Stopfen mit Steigrohr und erhitzen ihn (z. B. mit einer Gasflamme). Der Wasserspiegel im Rohr beginnt nach einiger Zeit zu steigen. Lassen wir dann das Wasser im Kolben abkühlen, so sinkt auch der Wasserspiegel im Rohr wieder. Damit haben wir ein einfaches Thermometer gebaut. ■

Erhitzen wir die Flüssigkeit im Thermometer, so dehnt sie sich aus. Sie steigt in dem Glasrohr hoch und zeigt so die Temperatur des ganzen Thermometers an.

Will man die Temperatur eines *anderen Körpers* bestimmen, so muss man das Thermometer in Kontakt mit diesem Körper bringen und warten, bis sich die Höhe der Flüssigkeitssäule im Steigrohr nicht mehr ändert. Das dauert beim Fiebermessen etwa 3 min. Die Thermometerflüssigkeit hat dann die gleiche Temperatur wie der Körper. Sie zeigt durch ihre Steighöhe also auch dessen Temperatur an.

Bei den so arbeitenden Flüssigkeitsthermometern dienen eine Skala und ein dünnes Steigrohr, *Kapillare* genannt, der Anzeige. Das Thermometerende ist zu einem kleinen Glasgefäß, dem *Thermometergefäß,* erweitert. Es ist ganz mit einer geeigneten Thermometerflüssigkeit gefüllt, z. B. mit Quecksilber *(Bild 1a)* oder mit gefärbtem Alkohol. Dieses Thermometergefäß ist der Temperaturfühler.

2. Wie gewinnt man eine Skala?

Versuch 2: Wir tauchen ein Quecksilberthermometer, das noch keine Skala hat *(Bild 2),* in ein Gefäß mit „Eiswasser" (Wasser mit zerkleinertem Eis) und rühren vorsichtig um. Die Quecksilbersäule sinkt. Ihre Kuppe bleibt schließlich an einem bestimmten Punkt stehen. Man nennt diesen so erhaltenen „Fixpunkt" den **Eispunkt** und schreibt ihm die Temperatur 0 °C zu (sprich: null Grad Celsius). Anschließend tauchen wir das Gerät in siedendes Wasser. Die Quecksilbersäule stellt sich nun auf einen anderen Fixpunkt ein, den **Siedepunkt** des Wassers. Man schreibt ihm die Temperatur 100 °C zu. ■

Der Abstand zwischen Eispunkt und Siedepunkt wird nach einem Vorschlag des Schweden ANDERS CELSIUS (1701 bis 1744) in hundert gleiche Teile, Grade genannt, eingeteilt. Dadurch können wir die unscharfen Begriffe „kalt“, „lau“ und „heiß“ durch exakte Zahlenwerte mit Einheit präzisieren und so die **Temperatur** eines Körpers angeben. Wir sind heute damit vertraut und übersehen dabei leicht, dass der Begriff „Temperatur“ mit der Erfindung des Thermometers geschaffen worden ist. Vorher wäre z. B. die Angabe, dass die Körpertemperatur eines gesunden Menschen 37 °C beträgt, nicht möglich gewesen.

Die auf der **Celsius-Skala** gemessene Temperatur bezeichnen wir mit dem griechischen Buchstaben ϑ (sprich: Theta). Um auch tiefere Temperaturen als 0 °C messen zu können, setzt man die Celsius-Skala unter 0 °C fort und trägt dort negative Celsius-Grade (– 1 °C, – 2 °C usw.) ein. Für Temperaturen über 100 °C verlängert man die Celsius-Skala entsprechend über 100 °C hinaus. Man muss zwischen Temperatur*punkten* ϑ_1 oder ϑ_2 (Angabe in °C) und Temperatur*differenzen* $\Delta\vartheta = \vartheta_2 - \vartheta_1$ unterscheiden. Die Differenzen geben wir in der Einheit K (Kelvin) an, benannt nach dem englischen Physiker WILLIAM LORD KELVIN (1824 bis 1907). Die neue Einheit hilft uns, Verwechslungen zu vermeiden. Steigt z. B. die Temperatur von $\vartheta_1 = -2$ °C auf $\vartheta_2 = +9$ °C, so beträgt die Temperaturdifferenz $\Delta\vartheta = \vartheta_2 - \vartheta_1 = 11$ K (sprich: Delta Theta gleich Theta zwei minus Theta eins gleich elf Kelvin).

3. Andere Thermometerarten

Ein Thermometer an der Außenwand eines Hauses sollte Temperaturen zwischen – 50 °C und + 50 °C messen können *(Bild 1d)*, innerhalb des Hauses genügt ein Messbereich von +10 °C bis +30 °C. Bei einem Fieberthermometer *(Bild 1b)* reicht sogar der Bereich von + 36 °C bis + 42 °C, aber dafür sollen noch Temperaturunterschiede von 0,1 K ablesbar sein. Hierzu macht man den Innendurchmesser der Kapillare klein und gleichzeitig das Thermometergefäß an ihrem unteren Ende groß. Schon eine geringe Temperaturerhöhung lässt dann die Flüssigkeitssäule erheblich steigen.

Flüssigkeitsthermometer sind leicht zu handhaben, jedoch leider nur in einem beschränkten Temperaturbereich verwendbar. Quecksilber wird bei – 39 °C fest und siedet unter normalen Bedingungen bei + 357 °C. Alkoholthermometer sind zwischen – 70 °C und + 60 °C brauchbar.

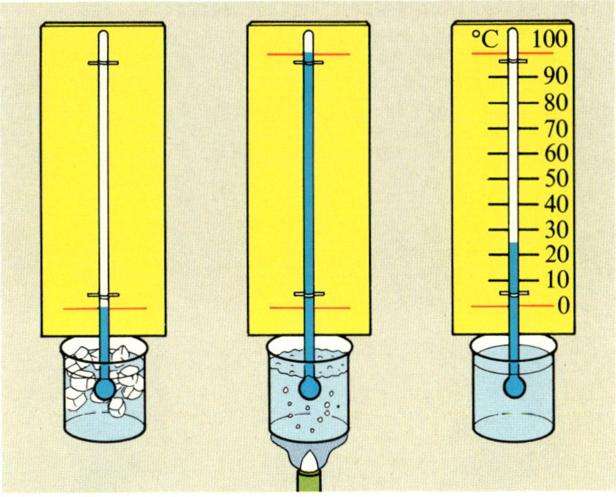

2 Wir stellen eine Thermometerskala her

In den so genannten *elektrischen* Thermometern *(Bild 1c; e)* wird die Tatsache genutzt, dass die elektrischen Eigenschaften vieler Leiter von der Temperatur abhängen. Weil die Zuleitungsdrähte fast beliebig lang sein dürfen, eignen sich elektrische Thermometer gut als *Fernthermometer*, bei denen der Messfühler weit vom Anzeigegerät entfernt ist. Bei den so genannten *Flüssigkristallthermometern (Bild 1f)* erscheinen die einzelnen Anzeigefelder je nach der herrschenden Temperatur in verschiedenen Farben. – *Grundsätzlich kann man jede physikalische Größe, die sich bei einem Gerät eindeutig mit der Temperatur ändert, zur Messung heranziehen.*

A1. Weshalb sind bei Fieberthermometern die Kapillaren oft so geformt, dass sie für eine bestimmte Blickrichtung wie eine Lupe wirken?

A2. Welcher Thermometertyp ist geeignet, einem Autofahrer auf dem Armaturenbrett die Temperatur des Kühlwassers anzuzeigen?

A3. Wo werden die in *Bild 1* gezeigten Thermometer benutzt? Welche sind Flüssigkeitsthermometer? Bei welchen ist eine Temperaturanzeige fern von der Messstelle möglich?

tiefste im Labor erzeugte Temperatur	– 273 °C
tiefste Temperatur in der Antarktis	– 94 °C
mittlere Temperatur des Erdbodens in Europa	+ 8 °C
mittlere Körpertemperatur des Menschen	+ 37 °C
höchste Temperatur in Wüstengebieten	+ 59 °C
Temperatur einer Gasflamme etwa	+ 1600 °C
Temperatur eines Glühlampendrahtes etwa	+ 2000 °C
Temperatur der Sonnenoberfläche etwa	+ 6000 °C

Tabelle 1 Einige gemessene Temperaturen

Die thermische Ausdehnung

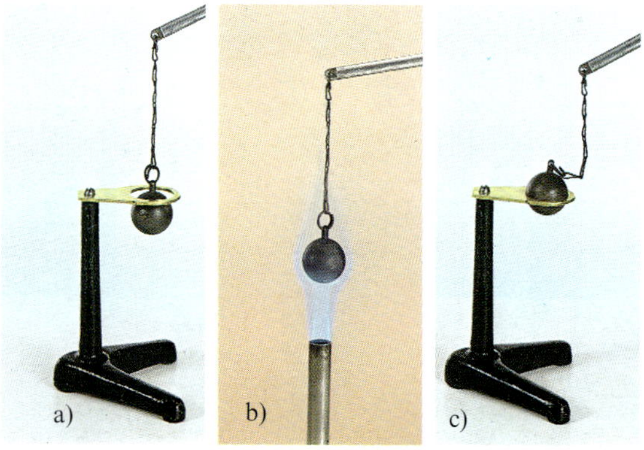

1 Die Kugel dehnt sich beim Erwärmen aus

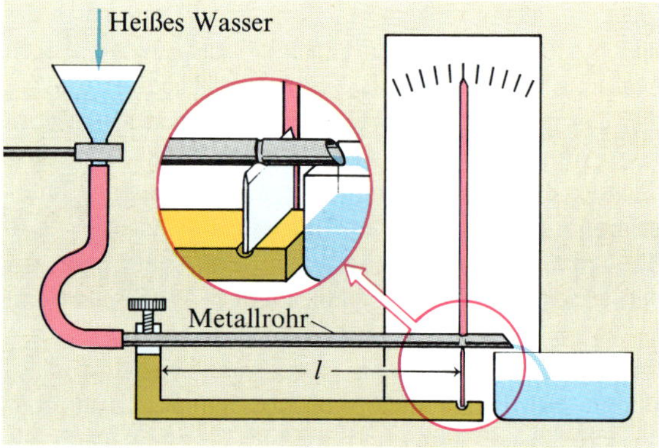

2 Wir messen die thermische Ausdehnung

1. Wie dehnen sich feste Körper aus?

Versuch 1: Eine Messingkugel geht bei Zimmertemperatur nur knapp durch einen Messingring hindurch *(Bild 1a)*. Wenn sie zuvor mit einem Bunsenbrenner erhitzt worden ist, bleibt sie darin stecken *(Bild 1b)*. Offenbar hat sie sich ausgedehnt. Wenn sie sich wieder abgekühlt hat oder wenn man den Ring ebenfalls erhitzt, passt sie wieder hindurch. Der Ring wird beim Erhitzen länger und somit weiter. ■

Diese *thermische* (durch Temperaturerhöhung bewirkte) Ausdehnung fester Körper hat in der Praxis große Bedeutung. Jeder Ingenieur weiß, dass eine Brücke aus Eisenträgern im Sommer länger ist als im Winter. Wie groß ist diese Längendifferenz? Um diese Frage schon *vor* dem Bau der Brücke beantworten zu können, untersucht man ein kleines Modell aus dem gleichen Material. Wir nehmen zur Vereinfachung ein Eisenrohr von 1,00 m Länge.

Versuch 2: Wir spannen das Eisenrohr an einem Ende fest ein *(Bild 2)*. Das andere Ende liegt auf einem beweglichen Steg. Jede Längenänderung des Rohres kippt den Steg ein wenig und wird so von der Spitze eines langen Zeigers vergrößert angezeigt. Wir leiten nun zunächst kaltes (0 °C) und dann immer heißeres Wasser durch das Rohr und bestimmen die dabei eintretende Längenzunahme. ■

Trägt man in einem Schaubild die Längenzunahme Δl über der Temperaturerhöhung $\Delta\vartheta$ auf, so erhält man eine *Ursprungsgerade (Bild 3)*. Für die thermische Ausdehnung gilt also $\Delta l \sim \Delta\vartheta$.

Für Rohre aus anderem Material ergeben sich andere Geraden *(Bild 3)*. Die thermische Ausdehnung ist folglich auch vom Material abhängig *(Tabelle 1)*.

Im Allgemeinen dehnen sich Körper bei Temperaturerhöhung gleichmäßig aus; bei Temperaturerniedrigung ziehen sie sich wieder zusammen.

Material	Dehnung Δl in mm	Material	Dehnung Δl in mm
Zink	2,6	Chrom	0,9
Aluminium	2,4	Jenaer Glas	0,8
Messing	1,9	Porzellan	0,3
Kupfer	1,7	Invarstahl	0,15
Eisen	1,2	Quarzglas	0,06
Beton	1,2	Glaskeramik	0,015

Tabelle 1 Ein Stab mit der Ausgangslänge $l_0 = 1{,}00$ m dehnt sich bei einer Erwärmung von 0 °C auf 100 °C um Δl

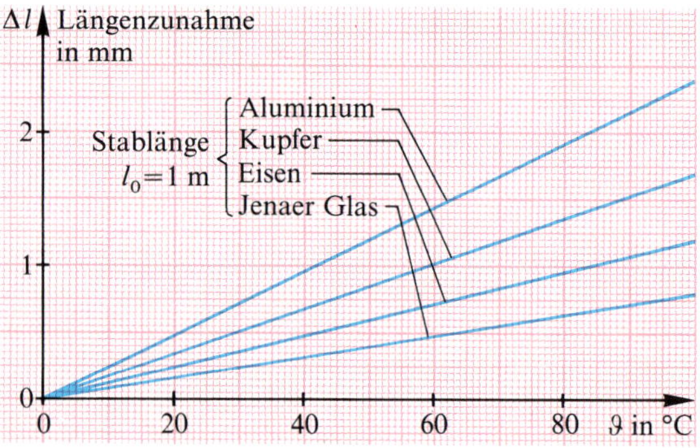

3 Längenzunahme in Abhängigkeit von der Temperatur

2. Eine Aufgabe für Konstrukteure

Versuch 3: In eine stabile Haltevorrichtung wird ein Eisenstab mit einer Querbohrung eingesetzt. Ein durch diese Bohrung geschobener gusseiserner Bolzen hält ein Ende des Stabes; ein Keil am anderen Ende spannt den Stab fest ein *(Bild 4)*. Erhitzt man den Stab mit einem Bunsenbrenner, so dehnt er sich, und man kann den Keil etwas weiter hineintreiben. Kühlt sich der Stab anschließend ab, so zieht er sich wieder zusammen und zerbricht den Bolzen. (Vorsicht vor wegfliegenden Bruchstücken.)■

Wird die thermische Ausdehnung eines Körpers behindert, können sehr große Kräfte auftreten. Dadurch kann sogar eine Brücke zerstört werden! *Tabelle 1* entnehmen wir, dass sich ein 1 m langer Eisenstab bei einer Temperaturerhöhung von $\Delta\vartheta = 100$ K gerade um 1,2 mm ausdehnt. Eine 80 m lange Brücke würde sich dann um $80 \cdot 1{,}2$ mm $= 96$ mm ausdehnen. In Mitteleuropa wird eine Brücke nur Temperaturschwankungen von $\vartheta_1 = -20$ °C bis $\vartheta_2 = +30$ °C ausgesetzt. Diese Temperaturdifferenz $\Delta\vartheta = 50$ K führt zu 96 mm $\cdot$ 50/100 = 48 mm Verlängerung. Der Ingenieur berücksichtigt sie, indem er ein Brückenende beweglich lagert und eine Dehnungsfuge vorsieht *(Bild 5)*.

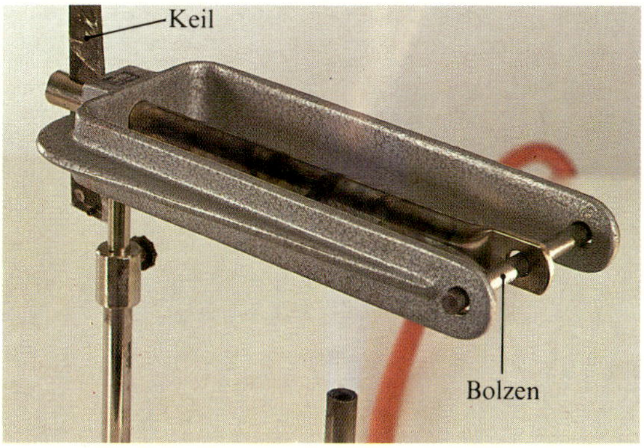

4 Beim Bolzenbrecher treten große Kräfte auf

5 Mit einer Dehnungsfuge ermöglicht man die Längenänderung einer Brücke

3. Bimetallstreifen

Zwei Blechstreifen, z. B. aus Messing und Eisen, die man fest miteinander verschweißt oder vernietet hat, bilden einen so genannten **Bimetallstreifen** *(Bild 6 a)*. Beim Erhitzen biegt er sich zu der Seite, an der sich das Metall weniger ausdehnt. Versieht man das Ende des Bimetallstreifens mit einem Zeiger über einer Skala, erhält man ein *Bimetallthermometer*. Ist der Streifen lang genug, führt schon eine mäßige Temperaturänderung zu einer deutlichen Bewegung des Zeigers. Wickelt man ihn zu einer Spirale, so passt er sogar in ein kleines Gehäuse *(Bild 6 b)*.

Bringt man an Bimetallstreifen elektrische Kontakte an, so erhält man *Bimetallschalter*. Diese können beim Überschreiten einer bestimmten Temperatur automatisch Feueralarm auslösen. Im Bügeleisen schalten sie die Heizung aus, wenn eine bestimmte Temperatur überschritten wird. Kühlt sich das Bügeleisen danach ab, so schließt sich der Kontakt, und die Heizung arbeitet wieder. So wird der Bimetallschalter zum *Regler*, der als **Thermostat** die Temperatur des Bügeleisens nahezu konstant hält.

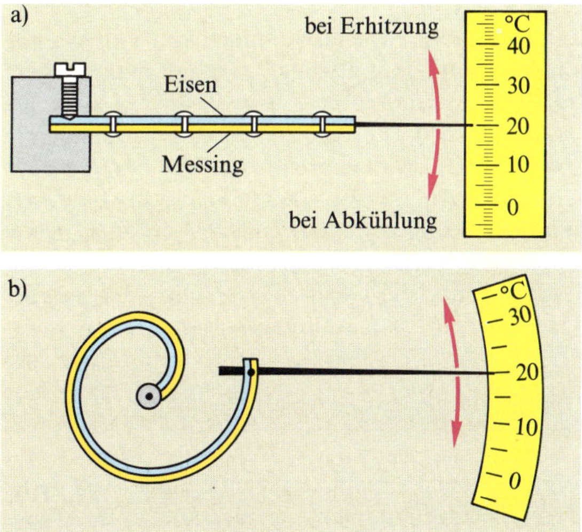

6 a) Dieser Bimetallstreifen biegt sich bei Erhitzung nach oben; b) so benötigt ein Streifen wenig Platz

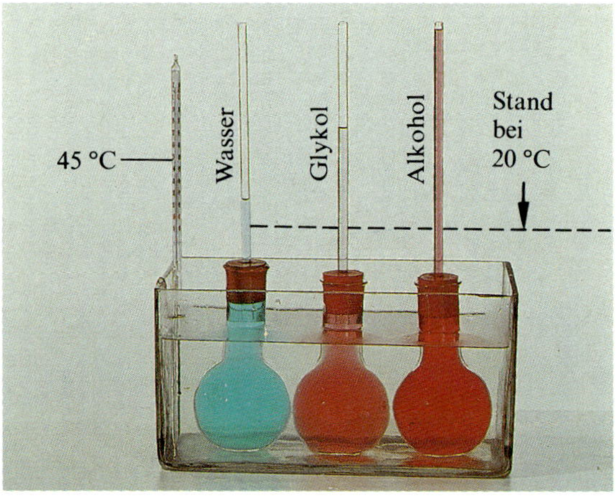

1 Ausdehnung verschiedener Flüssigkeiten

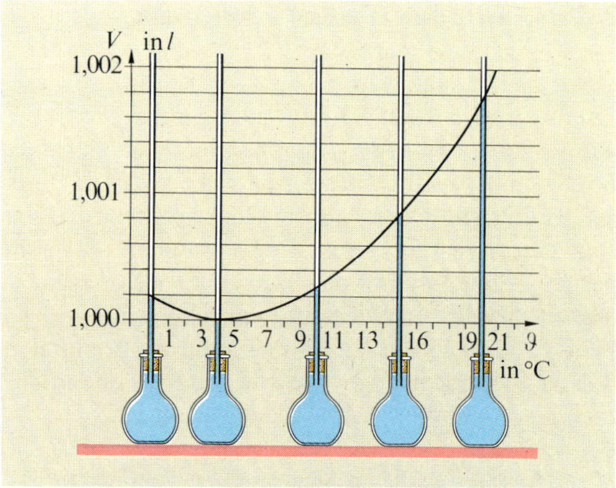

2 Zur Dichteanomalie des Wassers

4. Wir untersuchen nun Flüssigkeiten

Versuch 4: Wir füllen einen Glaskolben mit *Wasser*, einen zweiten mit *Glykol* und einen dritten mit *Alkohol* (jeweils $V = 250\,\text{cm}^3$ und $\vartheta = 20\,°\text{C}$). Die drei Kolben versehen wir mit Steigrohren gleicher Weite und tauchen sie dann in warmes Wasser von etwa 45 °C *(Bild 1)*. Nach kurzer Zeit steigen die Flüssigkeitssäulen in allen drei Rohren beträchtlich. Sie erreichen schließlich verschiedene Höhen. ▪

Verschiedene Flüssigkeiten dehnen sich bei gleicher Temperaturerhöhung unterschiedlich aus.

5. Wasser ist ein Außenseiter

Untersucht man, wie das Volumen von 1 kg Wasser von der Temperatur abhängt, so erhält man bei sehr genauen Messungen die Kurve in *Bild 2*. Sie zeigt uns, dass sich Wasser bei Temperaturerhöhung von 0 °C bis 4 °C zusammenzieht und erst bei stärkerer Temperaturerhöhung ausdehnt. Dieses im Vergleich zu anderen Stoffen ungewöhnliche Verhalten nennt man die **Anomalie** des Wassers (anomal, regelwidrig). Berechnet man die Dichte $\varrho = m/V$ des Wassers bei verschiedenen Temperaturen, so zeigt sich:

Wasser hat bei 4 °C seine größte Dichte.

Beim Dichtemaximum ändert eine kleine Temperaturabweichung fast nichts an der Dichte des Wassers. Deshalb gab man 1799 dem Urkilogramm möglichst genau die Masse von $1\,\text{dm}^3$ Wasser bei 4 °C.

6. Warum schwimmt Eis?

Versuch 5: **a)** Wir erhitzen ein mit Wachs oder Kerzenmasse gefülltes Reagenzglas im Wasserbad, bis das Wachs geschmolzen ist, und markieren den Flüssigkeitsstand im Reagenzglas. Dann lassen wir das Wachs abkühlen und erstarren. Dabei senkt sich die Oberfläche und bildet eine kleine Vertiefung, denn das Wachs zieht sich beim Erstarren zusammen.

b) Wir wiederholen den Versuch mit einem Reagenzglas, das wir 10 cm hoch mit Wasser füllen und dann in eine so genannte Kältemischung (eine Mischung aus Eis und Salz, mit der Temperaturen unter 0 °C erreicht werden) bringen. Das Wasser gefriert und bildet einen Eiszylinder. Dieser ist etwa 11 cm lang. Die Eisoberfläche hat sich also nicht gesenkt wie beim Wachs, sondern gehoben. ▪

Im Gegensatz zu Wachs und den meisten anderen Stoffen dehnt sich also Wasser beim Erstarren aus, und zwar um etwa 9 % seines Volumens bei 0 °C. Eis hat folglich eine geringere Dichte als Wasser; deshalb geht es in Wasser nicht unter.

7. Die Anomalie im Teilchenbild

Eis besteht, genauso wie flüssiges Wasser, aus H_2O-Molekülen. Diese lassen sich im Wasser gegeneinander verschieben; im Eis dagegen sind sie jeweils an einen bestimmten Ort gebunden und bilden ein geordnetes *Kristallgitter*. Die *Anomalie* des Wassers ist nun darauf zurückzuführen, dass die Wassermoleküle im Eis „auf Abstand gehen" und einen größeren Raum beanspruchen als im flüssigen Wasser.

Wenn das Eis schmilzt, wird diese sperrige Ordnung aufgegeben, und die Moleküle rücken dichter zusammen. (Wenn man einen Haufen dünner Zweige zerkleinert und dadurch ihre sperrige Anordnung zerstört, wird der von der Holzportion benötigte Raum ebenfalls geringer.) Erhöht man die Temperatur des Schmelzwassers, werden auch die letzten noch verbliebenen Molekülgruppen zerkleinert, sodass sich das Volumen noch etwas verringert. Oberhalb 4 °C überwiegt die normale thermische Ausdehnung.

Kühlt man dagegen Wasser ab, so zeigt sich schon bei Temperaturen etwas über dem Gefrierpunkt das Bestreben der Wassermoleküle, „auf Abstand zu gehen“. Deshalb hat Wasser bei 4 °C seine größte Dichte und dehnt sich bei weiterer Abkühlung wieder aus.

8. Auswirkungen der Anomalie des Wassers

a) Im Frühjahr und Sommer wird das Wasser eines Sees von oben her erwärmt, z. B. durch die wärmere Luft oder durch die Sonneneinstrahlung. Es bildet sich eine Temperaturschichtung, bei der die Temperatur von oben nach unten abnimmt, denn das wärmste Wasser hat die geringste Dichte und bildet deshalb die oberste Schicht *(Bild 3, links)*.

b) Im Herbst und Winter bildet sich eine andere Temperaturschichtung. Kühlt sich das Wasser an der Oberfläche ab, so nimmt zunächst seine Dichte zu; es sinkt nach unten. Dabei mischt es sich mit dem kälteren Wasser oder verdrängt dieses. Die Umschichtung endet, wenn unten die Temperatur 4 °C erreicht ist. Wird das Oberflächenwasser noch kälter, so bleibt es oben, denn seine Dichte ist jetzt wieder kleiner als die in der darunter liegenden Schicht.

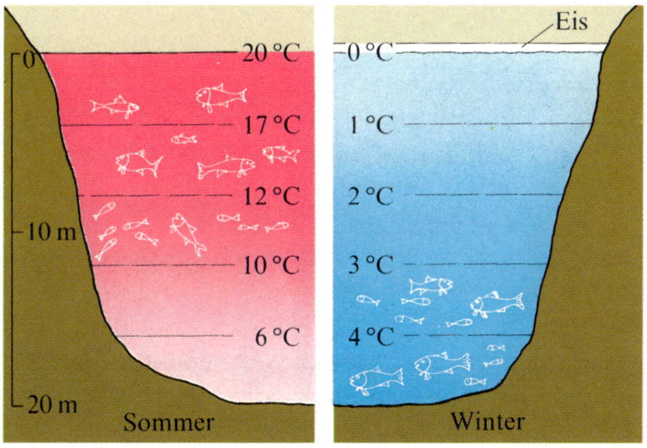

3 Temperaturschichtung in einem stehenden Gewässer

Stehende Süßwasserseen gefrieren deshalb stets von oben. In tieferen Schichten haben sie fast das ganze Jahr hindurch angenähert die Temperatur 4 °C. (In Salzwasser liegen andere Bedingungen vor.)

c) Bildet sich an der Oberfläche Eis, so schwimmt es wegen seiner geringeren Dichte. Eine geschlossene Eisdecke verzögert die Abkühlung tieferer Wasserschichten erheblich. Dort können Fische den Winter überstehen.

A1. Um wie viel verlängert sich ein 120 cm langer Kupferdraht, wenn seine Temperatur von 0 °C auf 40 °C steigt?

A2. Um wie viel ist der aus Eisen erbaute Eiffelturm (Höhe rund 300 m) an einem Sommertag bei +30 °C höher als im Winter bei −20 °C?

A3. a) Das Stahlseil eines Skiliftes ist 1500 m lang. Um wie viel ändert sich seine Länge im Verlauf eines Tages, wenn die tiefste Temperatur −20 °C und die höchste −5 °C beträgt?
b) Skizziere, wie man mit Umlenkrollen und einem schweren Betonklotz eine immer gleiche Spannung des Seiles erreichen kann.

A4. Jemand misst eine Strecke mit einem Stahllineal, das in der Sonne gelegen hat. Werden die Messwerte zu groß oder zu klein?

A5. Spanne zwei dünne Glasrohre an einem Ende ein, sodass sie senkrecht parallel und dicht zusammen stehen. Halte dann in der Nähe der Befestigungsstelle eine Streichholzflamme dazwischen. Beobachte die freien Enden der Glasrohre und erkläre, weshalb sie ihren Abstand ändern.

A6. Hohe, schlanke Türme werden oft aus aufeinander gesetzten Betonrohren gebaut. Welche Wirkung hat die einseitige Sonnenbestrahlung auf sie?

A7. Tauche ein zuvor erwärmtes Thermometer in kaltes Wasser. Erkläre, weshalb der Quecksilberfaden dabei zunächst etwas ansteigt.

A8. Wo gibt es im Haushalt Thermostaten? Gib an, was sie jeweils bewirken sollen.

A9. Begründe, weshalb man einen Kupferdraht nicht ohne Probleme in Glas einschmelzen kann.

A10. Eine Wasserportion (eine Wachsportion) wird von +90 °C auf −1 °C abgekühlt. Beschreibe, wie sich dabei die Teilchen verhalten.

A11. Warum ist Wasser als Thermometerflüssigkeit ungeeignet, um Temperaturen unter +9 °C zu bestimmen?

Das thermische Verhalten der Gase

1. Wie verhalten sich Gase bei Temperaturänderungen?

Versuch 1: Wir stecken einen durchbohrten Gummistopfen mit eingesetztem Glasrohr in die Öffnung eines mit Luft gefüllten Kolbens. Dann halten wir die Rohröffnung unter Wasser und erwärmen den Kolben zunächst mit den Händen, anschließend mit einer Gasflamme. Die Luft dehnt sich aus; Luftblasen verlassen das Rohr und steigen im Wasser auf. Beim Abkühlen dringt Wasser durch das Rohr in den Kolben. ■

Der Versuch zeigt, dass Luft sich schon bei geringer Temperaturerhöhung erheblich ausdehnt. Will man diese Ausdehnung genauer untersuchen, so benutzt man ein besonderes Gerät *(Bild 1)*. Sein Hauptteil besteht aus einem engen Glasrohr mit konstantem Querschnitt, in dem eine bestimmte Menge Luft abgegrenzt ist. Als leicht beweglicher Verschluss dient ein kleiner Quecksilbertropfen. Das jeweilige Luftvolumen entspricht der Länge der unter dem Quecksilbertropfen eingeschlossenen Luftsäule. Erhitzt man nun dieses Gerät mit der darin befindlichen Luft, so dehnt sich diese stark aus. Das können wir mit dem Teilchenmodell verstehen. Je höher die Temperatur, desto heftiger stoßen die Gasteilchen an die Wände des Gefäßes und von unten gegen den Quecksilbertropfen. Dadurch schieben sie den Tropfen nach oben: Das Gas dehnt sich aus.

Bringt man eine geeignete Skala am Glasrohr an, so kann man das Gerät zur Temperaturmessung verwenden, sofern sich der äußere Luftdruck nicht ändert. Deshalb nennt man es **Gasthermometer**. Die Skala stellt man genauso wie beim Flüssigkeitsthermometer her, indem man erst die Fixpunkte bestimmt und dann die dazwischenliegende Strecke in 100 gleiche Teile teilt. Füllt man das Gasthermometer nicht mit Luft, sondern mit einem beliebigen anderen Gas, so erhält man unter denselben Versuchsbedingungen überraschenderweise praktisch die gleiche Skala. Man benutzt Gasthermometer deshalb, um die Temperaturskala exakt zu bestimmen.

Man kann die Skala eines Gasthermometers weit über 100 °C verlängern. Wenn man es dann so stark erhitzt, dass das Gasvolumen genau doppelt so groß wird wie das bei 0 °C gemessene Volumen V_0, so steht der Quercksilbertropfen beim Teilstrich 273 °C. Bei einer Temperaturerhöhung von 273 K hat sich also das Gasvolumen um V_0 vergrößert *(Bild 2)*. Aus der gleichmäßigen Einteilung der Skala folgt, dass dann das Volumen bei einer Temperaturerhöhung von 1 K um $V_0/273$ ansteigt.

> Alle Gase dehnen sich bei Temperaturerhöhung gleich aus. Beträgt diese 1 K, so ist die Volumenzunahme 1/273 des Volumens V_0 bei 0 °C. Dabei muss aber der Druck konstant bleiben.

Kühlt man ein Gasthermometer ab, so sinkt der Quecksilbertropfen nach unten; das Gasvolumen nimmt ab, und zwar je 1 K Temperaturerniedrigung um 1/273 des Volumens V_0. Die Volumenabnahme bei sehr starker Abkühlung zeigt der gestrichelte Teil der Geraden in *Bild 2*. Bei −273 °C ist Schluss! Demnach hätte das Gas kein Volumen mehr. Was haben wir uns darunter vorzustellen? Die Gasteilchen sind während der Abkühlung immer langsamer geworden und stehen schließlich still. Sie benötigen jetzt für ihre Bewegung keinen Raum mehr und sind dicht gepackt. Das Restvolumen dieser dichten Packung haben wir in der Darstellung *(Bild 2)* vernachlässigt. Alle Gase werden bei so tiefen Temperaturen flüssig. Man denkt sich deshalb ein **ideales Gas,** das stets gasförmig bleibt. (Wasserstoff und Helium kommen diesem Ideal ziemlich nahe.)

2. Eine neue Temperaturskala

Ist der Zusammenhang zwischen Volumen und Temperatur einer Gasportion eine Proportionalität? *Bild 2* zeigt uns, dass das Gasvolumen bei 20 °C etwa 105 cm³ beträgt. Also müsste bei 40 °C das doppelte Volumen (210 cm³) erreicht werden, aber das ist nicht der Fall. *Bild 2* liefert uns die Erklärung. Die dort eingezeichnete Gerade ist nämlich *keine Ursprungsgerade,* also liegt keine Proportionalität vor!

Wir verschieben die Skala so, dass der Nullpunkt dort liegt, wo die in *Bild 2* eingezeichnete Gerade die waagerechte Achse trifft. Nach William Lord Kelvin nennt man diese neue Skala **Kelvin-Skala.** Die darauf abgelesene Temperatur nennt man Kelvin-Temperatur oder **absolute Temperatur.** Mit der neuen Skala ergibt die grafische Darstellung eine Ursprungsgerade. Daraus folgt: *Das Volumen eines Gases ist seiner absoluten Temperatur proportional.*

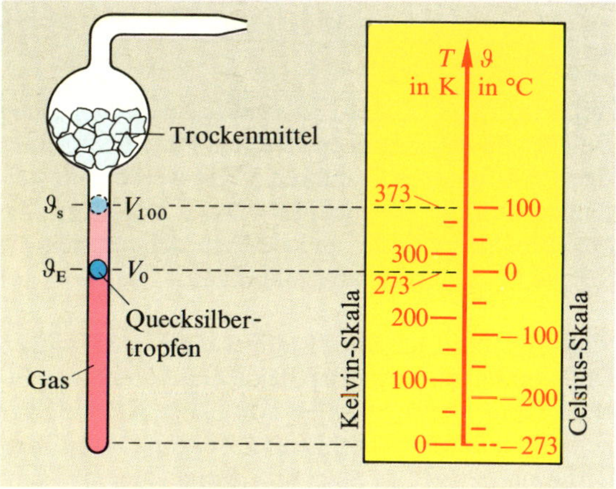

1 Ein einfaches Gasthermometer

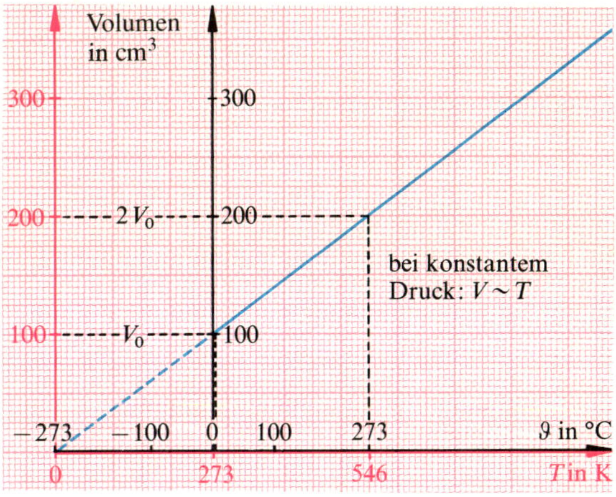

2 Gasvolumen und Temperatur hängen zusammen

Die Kelvin- und die Celsius-Skala haben gleich große Gradschritte, die wir schon bisher mit 1 K bezeichnet haben. Temperaturangaben auf der Kelvin-Skala werden mit dem Buchstaben T bezeichnet. Für den Eispunkt gelten die Temperaturangaben $\vartheta_E = 0\,°C$ und $T_E = 273$ K (sprich: 273 Kelvin), für den Siedepunkt $\vartheta_S = 100\,°C$ und $T_S = 373$ K. Man kann die Temperaturangaben umrechnen, denn $\vartheta = x\,°C$ bedeutet dasselbe wie $T = (273 + x)$ K. Die Zimmertemperatur $\vartheta = 20\,°C$ lässt sich also auch als $T = 293$ K angeben. Temperaturunterschiede, die wir selbstverständlich sowohl mit ΔT als auch mit $\Delta\vartheta$ bezeichnen können ($\Delta\vartheta = \Delta T$), geben wir mit der Einheit **Kelvin** an.

Die Zahlenwerte für die **absolute Temperatur** auf der **Kelvin-Skala** sind um 273 höher als die auf der **Celsius-Skala.**

Gibt es auch negative Kelvin-Temperaturen? Nun, bei $T = 0$ K ($\vartheta = -273\,°C$) stehen alle Teilchen still; langsamer können sie nicht werden. $T = 0$ K kann also nicht unterschritten werden. Man spricht daher vom **absoluten Nullpunkt** der Temperatur.

3. Eine Gleichung für jeden Gaszustand

Was geschieht, wenn man bei einem eingeschlossenen Gas sowohl Druck als auch Temperatur ändert? Betrachten wir dazu eine Gasmenge mit dem Volumen $V_1 = 60\,cm^3$, dem Druck $p_1 = 1$ bar und der Temperatur $T_1 = 300$ K. Ihre Temperatur verdoppeln wir auf $T_2 = 600$ K; ihren Druck erhöhen wir auf $p_2 = 6$ bar. Wie groß wird ihr Volumen V_2?

Wir führen die Rechnung in zwei Schritten durch:

1. Wir versechsfachen zunächst den Druck. Dann ist nach dem Gesetz von Boyle und Mariotte das Volumen nur noch ein Sechstel des Ausgangsvolumens, also $V_2' = V_1 \cdot p_1/p_2 = 10\,cm^3$.

2. Nun verdoppeln wir die Temperatur und halten den Druck konstant. Wie wir am Gasthermometer sahen, ist dann das Volumen der Gasportion ihrer Kelvin-Temperatur proportional, es wird also auf $V_2 = V_2' \cdot T_2/T_1 = 20\,cm^3$ verdoppelt. Wir können demnach rechnen:

$$V_2 = V_2' \cdot T_2/T_1 = V_1 \cdot p_1/p_2 \cdot T_2/T_1$$
$$= 60\,cm^3 \cdot (1\,bar/6\,bar) \cdot (600\,K/300\,K)$$
$$= 60\,cm^3 \cdot 2/6 = 20\,cm^3.$$

Wenn wir die **Zustandsgrößen** T, V und p in der Gleichung so ordnen, dass links alle Zustandsgrößen *vor* der Veränderung (Zustand „1") und rechts alle Zustandsgrößen *nach* der Veränderung (Zustand „2") stehen, folgt:

$$p_1 \cdot V_1/T_1 = p_2 \cdot V_2/T_2. \qquad (1)$$

Man könnte diese Gleichung für weitere Zustandsänderungen zu einer Gleichungskette verlängern; wohin immer wir p, V oder T ändern, *Gl. 1* bleibt gültig. Man nennt *Gl. 1* die **allgemeine Zustandsgleichung** der Gase oder auch das allgemeine Gasgesetz. Wenn fünf der darin vorkommenden Zustandsgrößen bekannt sind, kann man die sechste berechnen.

Arbeit erhöht die innere Energie

1. Temperatur und Molekülbewegung

Nach dem Teilchenmodell bewegen sich die Teilchen (die Moleküle) eines Gases ständig in alle Richtungen. In dichter Folge und unregelmäßig prallen sie dabei auf Gefäßwände; so tragen sie z.B. einen beweglichen Kolben. Ein Modellversuch *(Bild 200.1)* mit Glaskügelchen zeigte uns, dass bei zunehmender Geschwindigkeit der Teilchen der Kolben gehoben wird und dadurch das von ihm abgegrenzte Volumen zunimmt. Auch wirkliche Gase verhalten sich so: Erhöht man beim Gasthermometer die Temperatur des Gases, so wird der Tropfen gehoben. Dies bestätigt unsere Vorstellung, *dass die Gasteilchen mit steigender Temperatur im Mittel schneller werden.*

Während ihres schnellen Fluges stoßen sich die Gasteilchen auch gegenseitig. Das Ergebnis ist eine völlig regellose Bewegung aller Teilchen, bei der keine Richtung bevorzugt wird. Deshalb ist z. B. ein Kinderluftballon rundum prall, nicht etwa nur links und rechts.

Erhöht man die **Temperatur** eines Gases, so wird die **mittlere Geschwindigkeit der Moleküle** bei ihrer ungeordneten Bewegung größer.

Kühlt man ein Gas ab, so werden seine Moleküle langsamer. Bei konstant gehaltenem Druck wird das Gasvolumen kleiner; der Abstand der Moleküle verringert sich. Schließlich vereinigen sie sich zu Tröpfchen: Das Gas kondensiert (verdichtet sich) zu einer Flüssigkeit. Jetzt sind die Kräfte zwischen den Molekülen so stark, dass sie die Flüssigkeit zusammenhalten. Wie können wir untersuchen, ob und wie sich auch noch die Moleküle einer Flüssigkeit bewegen?

Versuch 1: Wir füllen zwei Bechergläser gleicher Größe mit Wasser von 20 °C bzw. von 80 °C. Dann geben wir in die Gläser je ein Stück Würfelzucker. Im heißen Wasser zerfällt der Zucker schnell, im kalten Wasser dauert es viel länger. ■

Wir erklären das so: Die Moleküle des heißen Wassers sind viel schneller und damit energiereicher als die des kalten. So können sie durch ihre Stöße die Zuckermoleküle leichter von den festen Zuckerkörnern losschlagen und auch den Zusammenhalt zwischen den Zuckerkörnern lockern.

Auch in festen Stoffen bewegen sich die einzelnen Teilchen, indem sie um einen festen Platz herum winzige Schwingungen ausführen. Diese werden mit steigender Temperatur heftiger. Dazu benötigen die Moleküle mehr Platz, und deshalb dehnen sich die Körper bei Temperaturerhöhung aus.

Fügt man der Luft eines Raumes einen gasförmigen Duftstoff hinzu, so werden beide Gase durch die unregelmäßige Bewegung der Moleküle nach einiger Zeit völlig durchmischt. Diesen Vorgang nennt man **Diffusion.** Es gibt sie auch in Flüssigkeiten, nur geht sie dort viel langsamer als in Gasen vor sich. Wirft man z. B. einige Kristalle Kaliumpermanganat in ein Becherglas mit Wasser, so bildet sich zunächst eine bodennahe violett gefärbte Schicht. Ohne Umrühren verteilt sich der Farbstoff im Verlauf einiger Tage in der ganzen Flüssigkeit. Unter besonderen Bedingungen gibt es Diffusion auch in festen Körpern. So dringt der Farbstoff eines Kugelschreibers im Verlauf einiger Monate in eine Kunststofffolie ein und zerfließt dort.

2. Ungeordnete Molekülbewegung und innere Energie

Jeder bewegte Körper hat Bewegungsenergie. Das gilt auch für Moleküle, die sich unregelmäßig und ungeordnet bewegen. Jedes einzelne Molekül hat zwar wenig Energie, es sind aber sehr viele Moleküle. Deshalb kann die Energie insgesamt hoch sein. Diese Energie, die jeder Körper auf Grund der ungeordneten Teilchenbewegung hat, nennt man seine **innere Energie.** Will man diese innere Energie erhöhen, so muss man von außen Energie zuführen, z.B. durch *Reibung.*

Fährt man mit einem Fahrrad bergab und betätigt dabei die Rücktrittbremse, so steigt die Temperatur in der Nabe umso höher, je stärker und länger man bremst. Wird die Bremse eines Autos übermäßig beansprucht, so wird sie in kurzer Zeit glühend heiß *(Bild 1)*, sodass sie versagen kann.

Die Temperaturerhöhung bei Reibungsvorgängen können wir jetzt einfach erklären. Rutscht ein Körper auf seiner Unterlage, so verzahnen sich winzige Unebenheiten der Berührungsflächen kurz miteinander. Reißen sie sich anschließend los, so geraten ihre Moleküle in stärkere Schwingungen.

1 Eine glühende Bremsscheibe

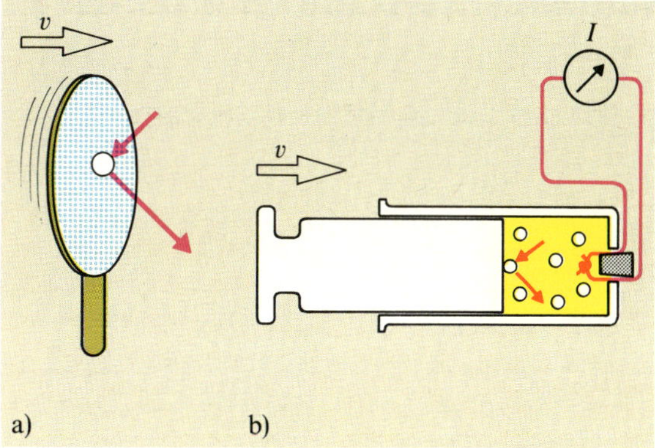

2 Schläger (Kolben) und Ball (Teilchen) stoßen zusammen

Ist der Körper zum Stillstand gekommen, so ist die Energie seiner *geordneten Bewegung* keineswegs verloren. Sie steckt jetzt in der stärker gewordenen *ungeordneten Bewegung* der Moleküle der Reibungsflächen. Diese Moleküle stoßen dann weiter innen liegende an, sodass schließlich *alle* Moleküle stärker schwingen: *Die Temperatur des ganzen Körpers nimmt zu.*

Beim Reibungsvorgang wirkt eine Kraft längs eines Weges, führt also dem geriebenen Körper Energie mechanisch zu. Hat sich diese auf alle Moleküle des Körpers verteilt, so hat die innere Energie des Körpers zugenommen. Das ist von außen nicht zu sehen, aber an der Temperaturerhöhung des Körpers zu bemerken.

Je höher die **Temperatur** eines Körpers ist, desto größer ist seine **innere Energie.**

Presst man mit einer Fahrradpumpe Luft kräftig zusammen, so wird sie heiß. Der vorwärts bewegte Pumpenkolben stößt nämlich die auf ihn prallenden Gasmoleküle noch schneller wieder zurück. Ähnliches bewirkt jeder Tennisschläger, der einem anfliegenden Ball entgegengeschmettert wird *(Bild 2)*. Gibt der Schläger dagegen dem Ball nach, so fliegt dieser langsamer zurück. Kann man entsprechend Luft in einer Pumpe auch abkühlen?

Versuch 2: **a)** Wir setzen in das Anschlussrohr einer Glasspritze ein elektrisches Spezialthermometer, das mit einem so genannten Thermoelement Temperaturen sehr schnell messen kann. Pressen wir nun die Luft mit der Spritze zusammen, so steigt sofort ihre Temperatur – wie bei der Fahrradpumpe.

b) Ziehen wir den Kolben zurück, so zeigt das Thermometer eine Temperaturabnahme. ■

Der Kolben der Glasspritze wurde mit einer Kraft längs eines Weges verschoben. Alle Moleküle des Kolbens machten diese *geordnete* Bewegung mit. Die dabei in Form von Arbeit übertragene Energie hat schließlich die *ungeordnete* Molekülbewegung des komprimierten Gases verstärkt und damit dessen innere Energie erhöht. Im zweiten Versuchsteil werden die Luftmoleküle vom zurückweichenden Kolben mit geringerer Geschwindigkeit reflektiert und geben so einen Teil der inneren Energie an den Kolben ab. Dabei wird aus der ungeordneten Bewegung der Luftmoleküle die gerichtete Bewegung des Kolbens. Dieser wichtige Vorgang findet in vielen Antriebsmaschinen statt, z. B. im Automotor.

Auch die innere Energie von Flüssigkeiten kann man mechanisch erhöhen. Das zeigt der folgende Versuch.

Versuch 3: Mit einem Quirl wird Glyzerin in einem Becherglas etwa eine Minute lang möglichst kräftig gerührt. Die Stäbe des schnell rotierenden Quirls schlagen gegen die Glyzerinmoleküle und verstärken deren ungeordnete Bewegung. Die dadurch entstehende Temperaturerhöhung kann man mit einem empfindlichen Thermometer messen. ■

A1. Presse deine Hände fest gegeneinander und reibe sie kräftig. Was spürst du? Wie kannst du den Vorgang erklären?

A2. Wird ein Werkzeug an einer rotierenden Schleifscheibe geschärft, so lösen sich dabei kleine Teilchen ab und fliegen als Funken davon. Wodurch werden sie so heiß?

Wärme erhöht die innere Energie

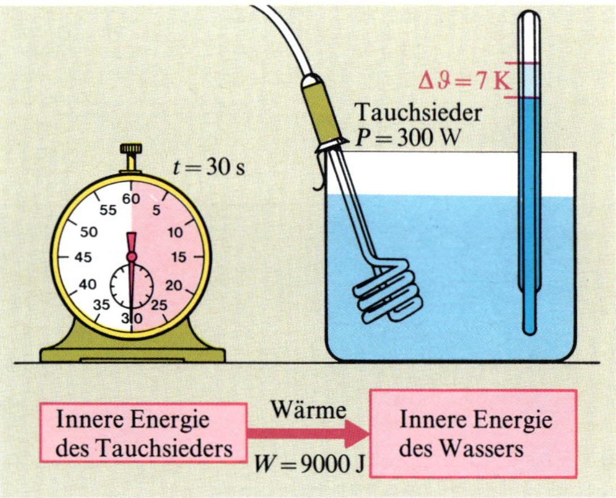

1 So kann man bequem Energie zuführen

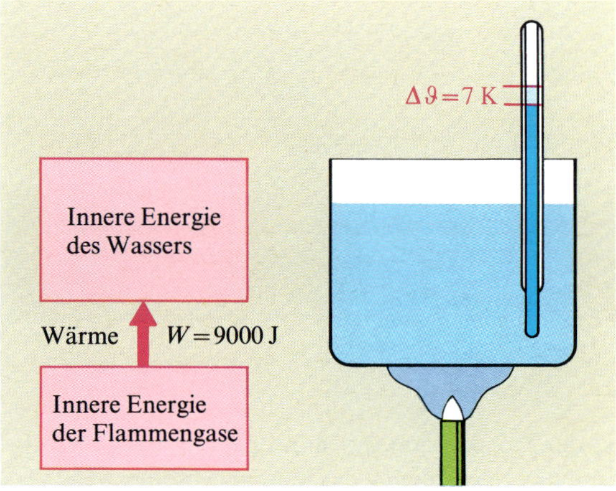

2 Auch so kann man Energie übertragen

1. Erhitzen mit dem Tauchsieder

Wir erhitzen Wasser mit einem 300 W-Tauchsieder. Die Leistungsangabe bedeutet, dass der Tauchsieder in jeder Sekunde 300 J dem elektrischen „Netz“ entnimmt. Die damit erhitzte Heizspirale des Tauchsieders gibt diese Energie durch Molekülstöße an das Wasser weiter. Dort verstärkt sie dessen ungeordnete Molekülbewegung und erhöht damit die innere Energie. Die Wassertemperatur steigt.

Versuch 1: Wir bringen den Tauchsieder in eine Wassermenge $m_1 = 300$ g und schalten ihn 30 s lang ein *(Bild 1)*. Wir führen ihm so die Energieportion $W = 300\ \text{W} \cdot 30\ \text{s} = 9000\ \text{J}$ zu. Sie ist nach kurzer Zeit (fast ganz) auf das Wasser übergegangen. Die Wassertemperatur ist inzwischen von 20 °C auf 27 °C, also um 7 K gestiegen; der Tauchsieder hat sich auf diese Temperatur abgekühlt. Anschließend heizen wir wieder 30 s lang, führen also noch einmal die gleiche Energieportion zu; schrittweise erhöhen wir so die Wassertemperatur *(Tabelle 1)*. ■

t in s	W in Portionen	W in kJ	ϑ in °C	$\Delta\vartheta$ in K
0	0	0	20	0
30	1	9	27	7
60	2	18	34	14
90	3	27	41	21
120	4	36	48	28

Tabelle 1 Zu Versuch 1

Der Temperaturanstieg $\Delta\vartheta$ ist der Anzahl der zugeführten Energieportionen, also der insgesamt übertragenen Energie W, proportional; es gilt: $\Delta\vartheta \sim W$. In gleichem Maße nahm die innere Energie des Wassers durch die ungeordneten Molekülstöße des Tauchsieders zu.

2. Was ist Wärme?

Statt des Tauchsieders hätte man auch die heißen Gase einer Flamme nehmen können *(Bild 2)*. Jeweils geht Energie von einem heißeren Körper (Tauchsieder, Flammengase) auf einen kälteren über, und zwar durch ungeordnete Molekülbewegung. Man nennt die so übertragene Energie **Wärme.** (Überträgt man Energie mechanisch, d. h. mit einer Kraft längs eines Weges, so nennt man sie dagegen Arbeit.)

Wird nach unserem Versuch das Wasser wieder kälter, so „fließt Wärme ab“; die Wassertemperatur sinkt. Mit dem Wort *Wärme* beschreibt man also die aufgrund eines Temperaturunterschieds übertretende Energie. Sie fließt stets *von selbst vom heißeren zum kälteren Körper*. Verwechsele nie die *innere Energie* mit der *Wärme!* Ein heißer Körper *hat* viel innere Energie. Gibt er davon etwas ab, so nennt man die abfließende Energieportion – und nur diese während des Abfließens – Wärme oder Wärmemenge. Im kalten Körper angekommen, ist es keine Wärme mehr; vielmehr wurde durch diesen Energieübergang dort die innere Energie und damit die Temperatur erhöht.

Energie, die infolge eines Temperaturunterschieds durch ungeordnete Teilchenstöße von einem heißen Körper auf einen kälteren Körper übergeht, nennen wir **Wärme.**
Die Einheit der Wärme ist das Joule (J).

Für einen Bankkunden zählt der Geldbetrag auf seinem Girokonto zu seinem Vermögen. Überweist er davon eine Summe, so spricht man vom Überweisungsbetrag, solange das Geld unterwegs ist. Ist es beim Empfänger verbucht, so gehört es zu dessen Vermögen. Genauso gibt es Fachausdrücke für die Energie, die *ein Körper hat* (innere Energie), und für die, die *unterwegs ist* (Wärme bzw. Arbeit).

3. Wärme kann man berechnen

Die Werte in *Tabelle 1* gelten für 300 g Wasser. Mit der doppelten Wassermasse (600 g) wären wir zu denselben Ergebnissen für $\Delta\vartheta$ gekommen, wenn wir *zwei* 300 W-Tauchsieder genommen hätten. Demnach ist die zur Temperaturerhöhung nötige Energie auch zur Wassermasse m proportional; es gilt: $W \sim m$.

Versuch 1 hat gezeigt, dass mit der Energie 9000 J die Temperatur von 300 g Wasser um 7 K erhöht werden kann. Nimmt man 1 g Wasser, so braucht man für diese Temperaturerhöhung 9000/300 J = 30 J. Soll die Temperaturerhöhung 1 K betragen, so sind nur 30/7 J ≈ 4,3 J nötig. Genaue Messungen ergeben, dass man zum Erhitzen von Wasser 4,1868 J je g und je K braucht. Gewöhnlich rundet man diesen Wert und sagt, die **spezifische Wärme** von Wasser sei $c = 4{,}2\,\frac{\mathrm{J}}{\mathrm{g \cdot K}}$. (Häufig verwendet man auch die Bezeichnung *spezifische Wärmekapazität.*)

Damit können wir nun die Energie für jede beliebige Wassermasse m und Temperaturerhöhung $\Delta\vartheta$ ausrechnen, z. B. für $m = 400$ g und $\Delta\vartheta = 10$ K:

$$W = 4{,}2\,\frac{\mathrm{J}}{\mathrm{g \cdot K}} \cdot 400\,\mathrm{g} \cdot 10\,\mathrm{K} = c \cdot m \cdot \Delta\vartheta = 16\,800\,\mathrm{J}.$$

Zur Berechnung der Energie muss man also spezifische Wärme, Wassermasse und Temperaturerhöhung miteinander multiplizieren.

Steigt bei einem Körper der Masse m die Temperatur um $\Delta\vartheta$, so wurde seine innere Energie erhöht, z. B. durch Zufuhr der Wärmemenge W:

$$\boldsymbol{W = c \cdot m \cdot \Delta\vartheta} \qquad (1)$$

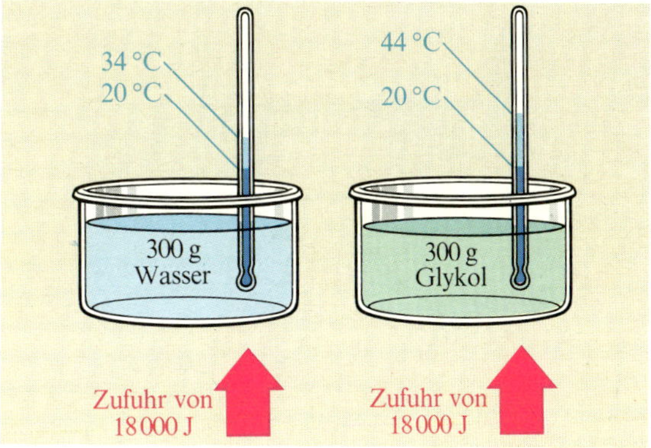

3 Glykol hat eine andere spezifische Wärme als Wasser

4. Auf das Material kommt es an

In der Praxis haben wir es nicht nur mit Wasser zu tun. Die Körper, deren Temperatur wir erhöhen wollen, können auch aus einem anderen Stoff sein. Benötigen wir auch dann gerade 4,2 J, um die Temperatur von 1 g des Stoffes um 1 K zu erhöhen?

Versuch 2: Mit einem 300 W-Tauchsieder erhitzen wir 300 g Glykol (Frostschutzmittel). Wir führen dem Glykol in einer Minute 300 W · 60 s = 18 000 J zu. Dabei steigt seine Temperatur um $\Delta\vartheta = 24$ K (statt $\Delta\vartheta = 14$ K bei Wasser; siehe *Bild 3*). ■

Aus $W = c \cdot m \cdot \Delta\vartheta$ folgt nun $c = W/(m \cdot \Delta\vartheta)$, und mit den gemessenen Werten des Glykols erhalten wir:

$$c_{\mathrm{Glykol}} = \frac{W}{m \cdot \Delta\vartheta} = \frac{18000\,\mathrm{J}}{300\,\mathrm{g} \cdot 24\,\mathrm{K}} = 2{,}5\,\frac{\mathrm{J}}{\mathrm{g \cdot K}}.$$

Man kann auch rechnen:

$$c_{\mathrm{Glykol}} = \frac{W}{m \cdot \Delta\vartheta} = \frac{18\,\mathrm{kJ}}{0{,}3\,\mathrm{kg} \cdot 24\,\mathrm{K}} = 2{,}5\,\frac{\mathrm{kJ}}{\mathrm{kg \cdot K}}.$$

Wiederholen wir diesen Versuch mit anderen Flüssigkeiten, so erhalten wir andere Werte für deren spezifische Wärme. c ist also eine *Materialkonstante.* Um bei gleichen Mengen verschiedener Stoffe die gleiche Temperaturdifferenz zu erreichen, ist also der Energiebedarf im Allgemeinen verschieden.

Die **spezifische Wärme** c ist eine Materialkonstante. Sie hat die Einheit $1\,\frac{\mathrm{J}}{\mathrm{g \cdot K}} = 1\,\frac{\mathrm{kJ}}{\mathrm{kg \cdot K}}$. Ihr Zahlenwert gibt an, welche Energie (in J bzw. kJ) man braucht, um die Temperatur von 1 g bzw. 1 kg des betreffenden Stoffes um 1 K zu erhöhen.

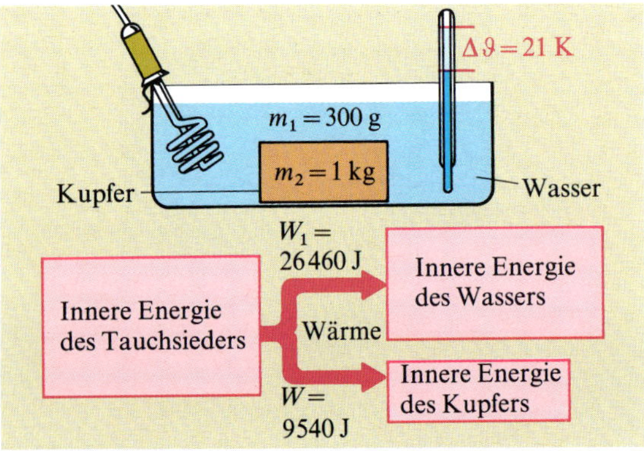

1 So kann man die spezifische Wärme eines festen Stoffes bestimmen

Stoff	c in $\frac{J}{g \cdot K}$	Stoff	c in $\frac{J}{g \cdot K}$
Eis	2,09	Wasser	4,2
Sand	0,90	Glykol	2,4
Aluminium	0,90	Alkohol	2,4
Beton	0,88	Petroleum	2,0
Glas	0,75	Schmieröl	1,7
Eisen	0,45	Quecksilber	0,14
Messing	0,38	Wasserstoff	14,3
Kupfer	0,38	Wasserdampf	1,95
Silber	0,23	Luft	1,005
Blei	0,13	Kohlenstoffdioxid	0,85

Tabelle 1 Spezifische Wärmen einiger Stoffe (bei den Gasen wird konstanter Druck vorausgesetzt)

5. Gute und schlechte Energiespeicher

Wollen wir nun die spezifische Wärme eines festen Stoffes bestimmen, so können wir diesen nur schlecht durch Berühren mit dem Tauchsieder erhitzen; besser geht es mit einem Wasserbad.

Versuch 3: Wir füllen eine Glasschale zum Teil mit Wasser ($m_1 = 300$ g), legen ein Kupferstück ($m_2 =$ 1000 g) hinein und erhitzen beides mit dem 300 W-Tauchsieder 120 s lang *(Bild 1)*. Die Wassertemperatur steigt zunächst schnell an, geht aber nach dem Abschalten des Tauchsieders wieder etwas zurück, weil noch Energie vom Wasser an das Kupferstück übergeht. Die Temperaturzunahme $\Delta\vartheta$ beträgt schließlich 21 K. (Im Versuch 1 betrug sie in der gleichen Zeitspanne 28 K.) ■

Das Wasser hat die Energieportion $W_1 = 4{,}2 \frac{J}{g \cdot K} \cdot 300\,g \cdot 21\,K = 26\,460\,J$ aufgenommen, der Tauchsieder aber $W_2 = 300\,J/s \cdot 120\,s = 36\,000\,J$ abgegeben. Die Differenz $W_2 - W_1 = 9540\,J$ diente dazu, die Temperatur des Kupferstücks um 21 K zu erhöhen. Daraus berechnen wir nun c_{Cu}:

$$c_{Cu} = \frac{W_2 - W_1}{m_2 \cdot \Delta\vartheta} = \frac{9540\,J}{1000\,g \cdot 21\,K} = 0{,}45 \frac{J}{g \cdot K}.$$

Dieser Wert ist etwas zu groß, denn wir haben nicht berücksichtigt, dass ein Teil der zugeführten Energie als Wärme auf die Raumluft überging. Genauere Verfahren liefern den Wert $c_{Cu} = 0{,}38 \frac{J}{g \cdot K}$.

Bei extremen Temperaturen können die Werte für die spezifische Wärme von den Werten in *Tabelle 1* abweichen, da c etwas von der Temperatur abhängt.

Die *Tabelle 1* zeigt uns, dass die spezifische Wärme des Wassers besonders groß ist. Deshalb nimmt z. B. 1 g Wasser bei der Temperaturänderung von 0 °C auf 40 °C viel mehr innere Energie auf als 1 g Sand oder 1 g Luft. Von dieser Eigenschaft des Wassers wird sogar unser Klima beeinflusst. *Seeklima* ist ausgeglichen, *Landklima* weist größere Temperaturschwankungen auf. Sand und Gestein sind eben schlechtere Energiespeicher als Wasser. Zusätzlich rührt der Wind das Wasser in den Weltmeeren um, sodass die von der Temperaturänderung erfasste Schicht dicker als die entsprechende Schicht des Festlandes ist. Aus diesen Gründen ändern die Weltmeere ihre Temperatur im Verlauf der Jahreszeiten nicht so stark wie das Festland. So ist der Unterschied zwischen See- und Landklima zu erklären.

6. Mischungsversuche

Sicher hast du schon einmal versehentlich eine Badewanne mit zu kaltem Wasser gefüllt. Was tust du dann? Lässt du das Wasser ablaufen und füllst neues hinein; erhitzt du das Wasser mit einem Tauchsieder? Wahrscheinlich keines von beidem, denn das erste wäre Verschwendung, das zweite wäre zu gefährlich. Du mischst einfach heißes Wasser dazu! *Wie viel* heißes Wasser du hinzugeben musst, wirst du vermutlich einfach ausprobieren. Einen derartigen Mischungsvorgang werden wir nun genauer untersuchen.

Versuch 4: Wir stellen in einem großen Becherglas 400 g Wasser mit der Temperatur + 65 °C bereit. Dann gießen wir 800 g Wasser von + 20 °C hinein, rühren um und messen die Mischungstemperatur. Sie beträgt $\vartheta_m = +35$ °C. ■

Bei diesem Versuch gab das heiße Wasser etwas von seiner inneren Energie ab und wurde kälter. Die *abgegebene* Energie beträgt:

$$W_{ab} = 4{,}2\,\frac{\text{J}}{\text{g}\cdot\text{K}} \cdot 400\,\text{g} \cdot (65-35)\,\text{K} \approx 50\,400\,\text{J}.$$

Das kalte Wasser nahm, wie uns seine Temperaturerhöhung zeigt, Energie auf. Diese *aufgenommene* Energie beträgt:

$$W_{auf} = 4{,}2\,\frac{\text{J}}{\text{g}\cdot\text{K}} \cdot 800\,\text{g} \cdot (35-20)\,\text{K} \approx 50\,400\,\text{J}.$$

Beide Energieportionen sind gleich! (Geht bei diesem Versuch Wärme vom Gefäß an die Umgebung über, so beeinträchtigt dies das Ergebnis.) Wiederholt man den Versuch mit anderen Wassermengen, anderen Ausgangstemperaturen und auch mit anderen Stoffen, so findet man stets: $W_{auf} = W_{ab}$. Beruhigt stellen wir fest: Auch in der Wärmelehre gilt der Satz von der Energieerhaltung.

> Bei Mischungsversuchen ist stets die aufgenommene gleich der abgegebenen Energieportion: $W_{auf} = W_{ab}$.
> Auch in der Wärmelehre bewährt sich der **Satz von der Erhaltung der Energie.**

7. Beispiele und Anwendungen

a) Durch Mischungsversuche lassen sich gelegentlich schwierige Aufgaben auf einfache Weise lösen. So können wir damit extreme Temperaturen bestimmen, bei denen ein Laborthermometer versagt.

Versuch 5: Wir erhitzen einen kleinen Kupferklotz ($m_{Cu} = 200\,\text{g}$) in der Gasflamme auf Rotglut und tauchen ihn dann zügig in einem bereitgestellten Gefäß ganz unter Wasser. Die Temperatur des Wassers ($m_w = 250\,\text{g}$) steigt schnell von $\vartheta_1 = +20\,°\text{C}$ auf $\vartheta_2 = +70\,°\text{C}$. ■

Vom heißen Kupferstück wurde also dem Wasser die Energie $W = 4{,}2\,\frac{\text{J}}{\text{g}\cdot\text{K}} \cdot 250\,\text{g} \cdot 50\,\text{K} = 52\,500\,\text{J}$ zugeführt. Daraus errechnen wir für das Kupferstück

$$\Delta\vartheta = \frac{W}{c_{Cu}\cdot m_{Cu}} = \frac{52\,500\,\text{J}}{0{,}38\,\frac{\text{J}}{\text{g}\cdot\text{K}} \cdot 200\,\text{g}} = 690\,\text{K}.$$

Falls keine Energie abgewandert ist, betrug die Temperatur des Kupfers etwa $\vartheta = \vartheta_2 + \Delta\vartheta = 760\,°\text{C}$.

b) Wie teuer ist ein Wannenbad? Damit die Temperatur von 100 kg Wasser von 10 °C (das ist etwa die Temperatur des Leitungswassers) auf 35 °C steigt, braucht man
$W = c \cdot m \cdot \Delta\vartheta = 4{,}2\,\frac{\text{J}}{\text{g}\cdot\text{K}} \cdot 100\,\text{kg} \cdot (35-10)\,\text{K} =$
$4{,}2 \cdot 100 \cdot 25\,\text{kJ} = 10\,500\,\text{kJ}$.
Das sind 10 500/3600 kWh = 2,9 kWh. Diese Energie können uns z. B. die Generatoren des Elektrizitätswerkes liefern. Bei einem Preis von 0,30 DM je kWh kostet uns das Bad rund 0,90 DM. Dazu kommt noch der Preis des Wassers.

c) Ein großes Kraftwerk produziert in jeder Sekunde 2000 MJ ($2000 \cdot 10^6$ J) „Abwärme" und gibt diese Energie an je 100 m³ Kühlwasser ab. Dessen Temperatur steigt um

$$\Delta\vartheta = \frac{W}{c_W\cdot m_W} = \frac{2000\cdot 10^6\,\text{J}}{4{,}2\,\frac{\text{J}}{\text{g}\cdot\text{K}} \cdot 100\cdot 10^6\,\text{g}} \approx 4{,}8\,\text{K}.$$

d) Um lediglich die 40 m³ Luft ($m = 48\,\text{kg}$) eines ausgekühlten Zimmers von 5 °C auf 20 °C aufzuheizen, braucht man $W \approx 1\,\frac{\text{J}}{\text{g}\cdot\text{K}} \cdot 48\,\text{kg} \cdot 15\,\text{K} = 720\,\text{kJ}$. Ein Heizgerät mit der Leistung 2 kW müsste dazu nur sechs Minuten lang betrieben werden. (Rechne nach!) Tatsächlich muss man länger heizen, weil die im Zimmer befindlichen Gegenstände und die Wände ebenfalls aufgeheizt werden müssen. Wird dagegen kurz und intensiv gelüftet, so kühlen Gegenstände und Wände kaum ab. Es muss nur die frische kalte Luft aufgeheizt werden und das geht dann relativ schnell.

A1. In einem Becherglas ($m = 100\,\text{g}$) sind 500 g Wasser. Welche Energie ist nötig, um die Temperatur des Becherglases mit Inhalt von 20 °C auf 50 °C zu erhöhen? ($c_{Glas} = 0{,}75\,\frac{\text{J}}{\text{g}\cdot\text{K}}$)

A2. Eine Porzellantasse ($m = 125\,\text{g}$) mit der spezifischen Wärme $c = 0{,}8\,\frac{\text{J}}{\text{g}\cdot\text{K}}$ hat die Temperatur $\vartheta_1 = 20\,°\text{C}$. Welche Endtemperatur ergibt sich, wenn man 125 g Tee (Wasser) von $\vartheta_2 = 80\,°\text{C}$ hineingießt? (Vorausgesetzt, es geht keine Wärme an die Umgebung über.)

A3. Um wie viel Kilowattstunden läuft das Zählwerk im Elektrizitätszähler weiter, wenn eine Waschmaschine 10 l Wasser von 15 °C auf 95 °C aufheizt? Wie viel ist dafür zu bezahlen, wenn eine kWh 0,30 DM kostet?

A4. a) Im Kraftwerk des Beispiels c) wird der Kühlwasserdurchsatz auf 20 m³/s verringert. Wie groß ist jetzt die Temperaturerhöhung?
b) Bei welchem Kühlwasserdurchsatz würde die Temperaturerhöhung 10 K betragen?

Energieerhaltung bei Reibung

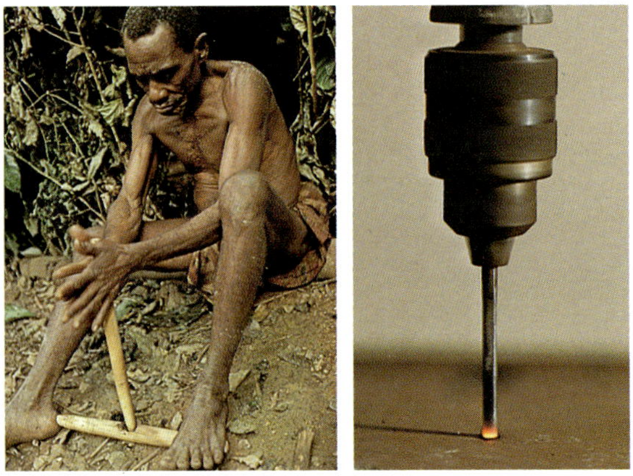

1 Aus Reibungsarbeit wird innere Energie

2 Zu Versuch 1

1. Ein Reibungsversuch – quantitativ

Bisher haben wir Tauchsieder als Heizgeräte bevorzugt. Gilt das Gesetz $W = c \cdot m \cdot \Delta\vartheta$ etwa nur für elektrische Heizungen? Zur Klärung dieser Frage wollen wir nun Temperaturerhöhungen noch auf andere Weise herbeiführen und dabei möglichst genaue Messungen machen. Dazu können wir Reibungsvorgänge benutzen, die in der Technik im Allgemeinen sehr stören, für uns aber jetzt von Vorteil sind. Die zugeführte Energie lässt sich nämlich mithilfe der Reibungskraft und des Weges gut messen.

Versuch 1: Unser Versuchsgerät besteht aus einem Kupferzylinder, der auf einer Seite drehbar gelagert ist *(Bild 2)*. In eine axiale Bohrung auf der anderen Seite setzen wir ein Thermometer mit 1/10 °C-Skalenteilung ein und verschließen die Bohrung mit einer Gummidichtung. Damit das Thermometer die Temperatur des Kupferzylinders möglichst genau anzeigt, geben wir vorher etwas gekörntes Kupfer (notfalls etwas Wasser) in die Bohrung und verbessern so den Kontakt zwischen Thermometer und Kupferzylinder. Dann schlingen wir ein Reibband zwei- oder dreimal um den Zylinder und hängen ein 5 kg-Wägestück daran.

Eine Schraubenfeder (Federkraftmesser) hält das freie Ende des Reibbandes. Wenn wir nun die Kurbel drehen, ist die Schraubenfeder fast entspannt. Die in Richtung des Reibbandes wirkende Reibungskraft F_R hält der Gewichtskraft F_G des Wägestückes das Gleichgewicht. Es gilt $F_G = F_R = 49{,}1$ N.

Der Zylindermantel wird mit dieser Reibungskraft F_R gegenüber dem ruhenden Reibband bewegt, und zwar bei jeder Umdrehung um die Strecke des Zylinderumfangs $U = 0{,}157$ m. Während des Versuchs halten wir nach jeweils 50 Umdrehungen kurz an und lesen die Temperatur des Kupferzylinders ab. Wir finden, dass die Temperaturzunahme der Zahl der Umdrehungen, folglich der zugeführten Arbeit, proportional ist. Nach $n = 200$ Umdrehungen ist die Temperatur um etwa 5,8 K gestiegen. ■

Wir berechnen nun die Arbeit für $n = 200$ Umdrehungen zu $W = n \cdot U \cdot F_R = 200 \cdot 0{,}157\,\text{m} \cdot 49{,}1\,\text{N} \approx 1540\,\text{J}$. Das am Band hängende Wägestück wurde nicht gehoben, also floss die gesamte beim Reiben als Arbeit zugeführte Energie dem Kupferzylinder zu und erhöhte seine innere Energie. Hätte man sie auch anders erhöhen können?

2. Vergleich von Arbeit und Wärme

Auch mit einem Tauchsieder (im Wasserbad) könnte man die Temperatur der im Versuch 1 benutzten Kupfermasse (Zylinder, Reibband, Kupferkörner; $m = 690$ g) um 5,8 K erhöhen. In Form von Wärme müsste der Tauchsieder dem Kupfer die Energie $W = c \cdot m \cdot \Delta\vartheta = 0{,}38\,\frac{\text{J}}{\text{g} \cdot \text{K}} \cdot 690\,\text{g} \cdot 5{,}8\,\text{K} = 1520\,\text{J}$ zuführen. Dies stimmt mit der zugeführten Arbeit von 1540 J im Rahmen der Messfehler sehr gut überein.

Dieser Reibungsversuch und viele weitere Untersuchungen zeigen, dass man die innere Energie eines Körpers auf verschiedenen Wegen erhöhen kann:

a) Durch Zufuhr mechanischer Energie (Arbeit $W = F \cdot s$), also durch geordnete Bewegung mit der *Kraft F längs des Weges s*. Sie verstärkt die ungeordnete Molekülbewegung und erhöht damit die innere Energie. Sowohl beim Reiben von Körpern als auch beim Komprimieren von Gasen gilt für den Zusammenhang zwischen zugeführter Energie und Temperaturerhöhung: $W = c \cdot m \cdot \Delta\vartheta$.

b) Durch übergehende Wärme $W = c \cdot m \cdot \Delta\vartheta$ von einem Körper höherer Temperatur (häufig ein Heizgerät) auf einen anderen Körper mit niedrigerer Temperatur auf Grund des Temperaturunterschieds, also durch ungeordnete Molekülbewegung.

> Man kann die **innere Energie eines Körpers** erhöhen, indem man ihm **Arbeit** oder **Wärme** zuführt (oder beides).

Dabei wird das Ergebnis von der Art des Verfahrens *nicht* beeinflusst. Bei der Erhöhung der inneren Energie sind Arbeit und Wärme gleichwertig.

3. Energieerhaltung – Energieentwertung

Wenn sich der Kupferklotz von Versuch 1 wieder auf seine Ausgangstemperatur abkühlt, gibt er die beim Reiben aufgenommene Energie von 1540 J als Wärme ab. *Also geht bei dieser Umwandlung der Energieformen keine Energie verloren.*

Reibung kann erwünscht sein. So kann man z. B. durch Reiben harter Hölzer ein Feuer anzünden (*Bild 1* links). In der Technik braucht man die Reibung z. B. beim Bremsen, denn das Auto muss seine Bewegungsenergie loswerden. Sie wird in innere Energie der Bremsen überführt; diese werden heiß und geben die Energie als Wärme an die Umgebung ab. Man *entwertet* damit die Energie, denn sie kann beim nächsten Anfahren nicht genutzt werden. Eine Straßenbahn dagegen kann beim Bremsen Bewegungsenergie im elektrische Energie umwandeln und diese dann in das Netz der Oberleitung zurückgeben.

Unerwünschte Reibung kann man verringern (Schmierung, Kugellager), aber nicht völlig beseitigen. Stets fließt ein Teil der Energie als Wärme in die Umgebung. Durch Reibung „verschwindet" jedoch keine Energie. Vielmehr wird ein Teil der *mechanischen* Energie unwiederbringbar *in eine weniger wertvolle Form umgewandelt* und so dem gewünschten Zweck (Bewegung) endgültig entzogen.

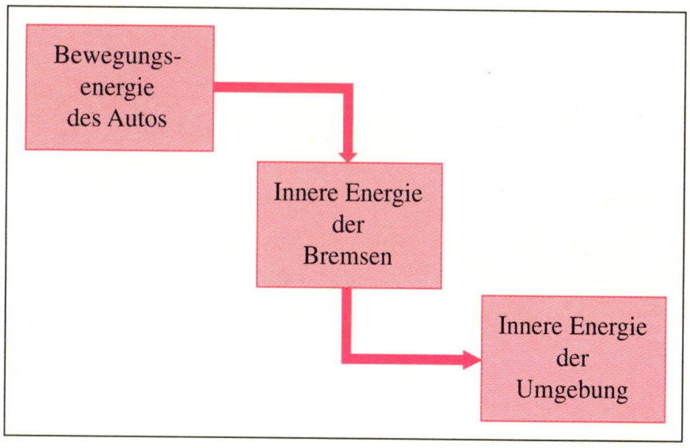

3 Energie-Übertragungs-Kette beim Bremsen eines Autos

Betrachte die Energie-Übertragungs-Kette in *Bild 3*. Sie beginnt mit der wertvollen Bewegungsenergie eines Autos. Bremst der Fahrer sein Fahrzeug ab, so entwertet er die Energie und schickt sie in die Bremsen, die durch ihren Temperaturanstieg die Erhöhung ihrer inneren Energie verraten. Schließlich fließt die gesamte Energie in die Umgebung (Luft) und ist entwertet.

Stelle dir diesen Vorgang nun wieder zurücklaufend vor: Dann würde die Luft die ihr von den Bremsen gegebene Energie wieder an diese zurückgeben. Die Bremsen würden heiß. Bei nachfolgender Abkühlung ginge ihre innere Energie nun in mechanische Energie des Autos über. Das Auto bekäme seine frühere Bewegungsenergie zurück. Es würde sich bewegen, ohne dass im Motor Benzin verbrennt. Du findest diesen Ablauf „unnatürlich"? Ja, denn du hast dergleichen noch nie erlebt. Obwohl auch hierbei *der Energieerhaltungssatz gilt*, erlaubt die Natur diesen Vorgang nicht. Sie verlangt nicht nur die Einhaltung des Energieerhaltungssatzes, sondern schreibt auch noch zeitliche Abfolgen vor. Diese lassen sich bei der Energieentwertung nicht umdrehen, genauso wenig wie bei einem zerbrechenden Glas und bei einem alternden Menschen.

A1. Wie oft muss man bei Versuch 1 die Kurbel herumdrehen, um eine Energieportion zu übertragen, die 200 g Wasser für eine Tasse Kaffee von 20 °C auf 100 °C erhitzen kann? Schätze, welche Zeitspanne dafür erforderlich wäre.

A2. Beschreibe den Energiefluss zu den in *Bild 1* dargestellten Vorgängen und zeichne die zugehörigen Energie-Übertragungs-Ketten. Stelle dir vor, man könne die Zeit rückwärts laufen lassen, und beschreibe dann die Vorgänge.

Energiequellen

1. Energiequellen und ihre Nutzung

Der für das Leben auf der Erde entscheidende *Energiespender* ist die **Sonne.** Jeder Quadratmeter der Erde, der senkrecht von den Sonnenstrahlen getroffen wird, erhält bei völlig klarem Himmel in jeder Sekunde etwa 1 kJ zugestrahlt. Ein Teil davon wird von Pflanzen als für uns wertvolle chemische Energie gespeichert. Die großen Lager von Kohle, Öl und Erdgas sind daraus in früheren Erdperioden durch verschiedenartige Umwandlungen entstanden. Diese **fossilen Brennstoffe** stellen uns heute Energie zur Verfügung, die wir z. B. zur Raumheizung und zum Antrieb von Maschinen verwenden. Schließlich gelangt diese Energie in die Umgebung, erhöht deren innere Energie und wird so entwertet.

Die vom Menschen in der heute üblichen Art und Weise nutzbare Energie wird auf der Erde immer knapper. Auch wenn wir zunehmend andere Energieformen, z. B. die Windenergie, nutzen können, müssen wir mit Energie sparsam umgehen und z. B. Gebäude gegen Wärmeabgabe möglichst gut isolieren.

Sind alle Brennstoffe gleichwertige Energiespender? Um sie vergleichen zu können, bestimmen wir ihren **spezifischen Heizwert**. Das ist der Quotient W/m aus der beim Verbrennen gelieferten Energieportion W (man nennt sie auch *Verbrennungswärme*) und der Masse m des verbrannten Stoffs; seine Einheit ist 1 J/g bzw. 1 kJ/kg. Den spezifischen Heizwert eines brennbaren Stoffs können wir durch einen einfachen Versuch annähernd ermitteln.

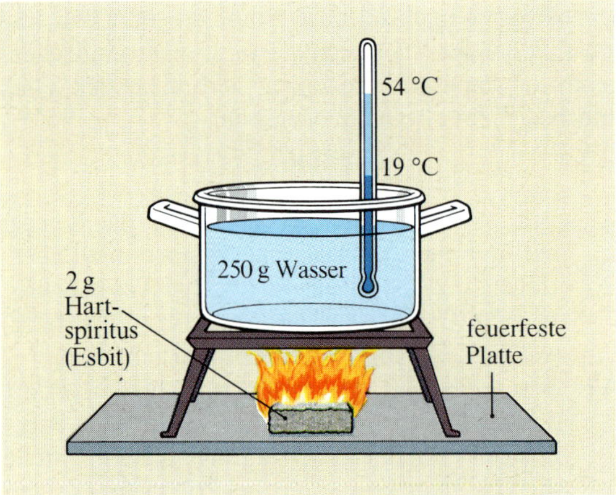

1 Zu Versuch 1

Versuch 1: Unter einem mit 250 g kaltem Wasser gefüllten dünnwandigen Aluminiumtopf ($m_{Al} = 59$ g; $c_{Al} = 0{,}90 \frac{J}{g \cdot K}$) verbrennen wir 2,0 g Hartspiritus *(Bild 1)*. Die Temperatur des Wassers (und die des Gefäßes) steigt von + 19 °C auf + 54 °C. ■

An das Wasser wird die Wärmemenge $W_1 = 4{,}2 \frac{J}{g \cdot K} \cdot 250\,g \cdot (54 - 19)\,K \approx 36\,800\,J = 36{,}8\,kJ$ abgegeben, dazu an das Gefäß die Wärmemenge $W_2 = 0{,}90 \frac{J}{g \cdot K} \cdot 59\,g \cdot (54 - 19)\,K \approx 1{,}9\,kJ$. Die von 2 g Hartspiritus abgegebene Wärmemenge beträgt insgesamt $W = W_1 + W_2 = 38{,}7\,kJ$. Daraus errechnen wir den spezifischen Heizwert von Hartspiritus:

$$\frac{W}{m} = \frac{38{,}7\,kJ}{0{,}002\,kg} \approx 19{,}3 \cdot 10^3 \frac{kJ}{kg}.$$

2. Der Wirkungsgrad von Heizungen

Die *Tabelle 1* gibt aber für Hartspiritus den spezifischen Heizwert $31 \cdot 10^3$ kJ/kg an. Damit hätte also das Wasser eine höhere Temperatur erreichen müssen; wir haben Energie vergeudet. An welcher Stelle ist das geschehen? Wenn der Hartspiritus mit dem Luftsauerstoff reagiert, liefert dieser chemische Prozess (Verbrennung) uns Energie. Die Moleküle der aufsteigenden Verbrennungsgase bewegen sich heftig. *Einige* Moleküle stoßen gegen die Gefäßwand und geben dort *einen Teil* ihrer Energie ab. Ein Teil der Verbrennungsgase strömt an der Gefäßwand vorbei, ohne diese zu berühren. Deshalb haben wir die Energie (Verbrennungswärme) schlecht genutzt, nämlich nur zu 19,3/31 = 62 %.

Brennstoff	spezifischer Heizwert in 10^3 kJ/kg	in 10^3 kJ/m^3
trockenes Holz	14	
Rohbraunkohle	8 ... 15	
Braunkohlenbrikett	20	
Steinkohle	31	
Heizöl	42	
Benzin	46	
Äthylalkohol	30	
Hartspiritus	31	
Stadtgas	29	17
Erdgas	30 ... 35	31
Propan	50	104
Wasserstoff	143	13

Tabelle 1 Spezifischer Heizwert verschiedener Brennstoffe

38% wurden vergeudet, und damit meint man, dass sie für den vom Menschen gewünschten Zweck nicht zur Verfügung standen. Spurlos verschwunden ist dieser Anteil keineswegs, denn er hat die Raumluft erwärmt.

1 m^3 Erdgas liefert ungefähr 31 MJ $= 31 \cdot 10^3$ kJ beim Verbrennen. Von dieser Energie werden beim Kochen auf dem Gasherd in der Regel nur 30 bis 40% genutzt. Ebenso entweicht bei Heizungen ein beträchtlicher Anteil der Energie mit den Abgasen durch den Schornstein ins Freie. Um zu beschreiben, ob ein Heizgerät die Energie gut nutzt oder vergeudet, gibt man seinen **Wirkungsgrad** an. Man versteht darunter den Quotienten aus der tatsächlich genutzten Energie zu der insgesamt aufgewandten Energie. Er hat als Quotient zweier gleich benannter Größen keine Einheit und wird im Allgemeinen in Prozent angegeben.

$$\textbf{Wirkungsgrad} = \frac{\textbf{genutzte Energie}}{\textbf{aufgewandte Energie}} \cdot \textbf{100\%}$$

Einen besseren Wirkungsgrad als die üblichen Gasherde erreichen *Durchlauferhitzer*. Bei ihnen strömen die Flammengase an einem langen, zur Spirale gebogenen Wasserrohr entlang und geben dabei bis zu 85% ihrer Energie an das Wasser ab.

3. Energie in unserem Körper

Auch der menschliche Körper ist eine „Wärmequelle" und gibt in jeder Sekunde etwa 100 J an die Umgebung ab. Man merkt das sehr deutlich, wenn sich viele Personen in einem geschlossenen Raum befinden. Sie bewirken eventuell einen erheblichen Temperaturanstieg. Als Brennmaterial verwerten die „menschlichen Öfen" die verschiedenen Bestandteile der Nahrung, z. B. Kohlenstoffhydrate (Zucker, Mehl, Stärke), Fett und Eiweiß.

Zwar werden diese Stoffe nicht mit einer Flamme verbrannt, aber der komplizierte Stoffwechselprozess entspricht letzten Endes einer Oxidation. Man bestimmt deshalb den *„Brennwert"* (in $\frac{\text{kJ}}{\text{g}}$) der Nahrungsmittel, indem man sie in einem geschlossenen und gut isolierten Behälter mit reinem Sauerstoff zusammen verbrennt. Aber nicht alles, was brennt (z. B. Erdöl), kann auch als Nahrung dienen. Mit dem Brennwert gibt man an, wie viel Energie je g eines Nahrungsmittels durch den menschlichen Stoffwechsel genutzt werden kann *(Tabelle 1)*.

Nahrungsmittel	Brennwert in kJ/g	in kcal/g
Fett (rein)	38,9	8,3
Kohlenstoffhydrate (rein)	17,2	4,1
Eiweiß (rein)	17,2	4,1
Butter	30,1	7,2
Speck	34,3	8,2
Zucker	15,5	3,7
Weizenmehl	15,5	3,7
Weißbrot	10,9	2,6
mageres Fleisch	6,0	1,9
Erbsen (trocken)	14,7	3,5
Kartoffeln	3,6	0,85
Gurken	0,54	0,13

Tabelle 2 Brennwert einiger Nahrungsmittel

Bei der Angabe des Brennwertes von Nahrungsmitteln wird oft noch eine veraltete Einheit, die Kilokalorie (kcal), benutzt. Da 1 kcal ≈ 4,2 kJ ist, kann man leicht umrechnen.

A1. Auf dem Dach eines Hauses sind Sonnenkollektoren zur Warmwasserbereitung angebracht. Ihre Fläche beträgt insgesamt 10 m^2.
a) Welche Wassermenge könnte damit unter idealen Bedingungen (senkrechte Bestrahlung, keine Wolken) je Stunde von 15 °C auf 40 °C aufgeheizt werden?
b) Welche Leistung müsste ein elektrischer Heißwasserbereiter haben, um die gleiche Wirkung zu erzielen?
c) Nenne Gründe, weshalb Sonnenkollektoren in der Praxis nur einen kleinen Bruchteil der idealen Heizleistung erreichen.

A2. Wie teuer wäre eine Kilowattstunde, wenn man sie durch Verbrennen von Benzin gewinnen wollte? (Siehe *Tabelle 1;* Benzin hat die Dichte 0,75 g/cm^3.) Benutze den Tankstellenpreis für Normalbenzin und führe die Rechnung für die Wirkungsgrade von 100% und von 25% aus.

A3. Wenn ein Mensch sehr schwer körperlich arbeitet, so muss er täglich etwa 40000 kJ mit der Nahrung aufnehmen. 10000 kJ davon braucht er, um seinen Körper zu „erhalten". Berechne, um welche Höhendifferenz er seinen Körper ($m = 75$ kg) mit dem Energieüberschuss von 30000 kJ heben könnte, wenn dieser zu 100% genutzt würde. Was folgt daraus über den Wirkungsgrad der „Maschine Mensch"?

A4. Weshalb ist der Wirkungsgrad einer Kochplatte kleiner als der eines Tauchsieders?

Schmelzen und Erstarren

1 Eisberge schmelzen nur langsam; sie können Schiffe gefährden

1. Wärmezufuhr, und doch keine Erhöhung der Temperatur!

Versucht man Eis zu erhitzen, so schmilzt es zunächst. Das Gemisch aus Eis und Schmelzwasser behält so lange die Temperatur 0 °C, bis alles Eis geschmolzen ist. Verhalten sich auch andere Stoffe so?

Versuch 1: In ein Reagenzglas geben wir Naphthalinpulver und stecken ein Thermometer hinein. Das Ganze tauchen wir in ein heißes Wasserbad, das wir mit einem Tauchsieder oder einer Gasflamme am Sieden halten. Die Temperatur des Naphthalins steigt zunächst ziemlich gleichmäßig bis auf etwa 80 °C und bleibt dann konstant, bis *alles* Naphthalin geschmolzen ist. Erst danach steigt sie weiter. Die **Schmelztemperatur** des Naphthalins beträgt also 80 °C. ■

Während des Schmelzvorgangs ging ständig Wärme vom siedenden Wasser ($\vartheta_W = 100$ °C) auf das Naphthalin ($\vartheta_N = 80$ °C) über. Dadurch wurde dessen innere Energie erhöht; trotzdem stieg seine Temperatur nicht. Wozu diente dann die übertragene Energie? Im festen Naphthalin sind die Moleküle an feste Plätze gebunden, um die herum sie mit zunehmender Temperatur immer heftiger schwingen. Schließlich reißen sie sich aus dem geordneten Verband los. Zum Aufbrechen der Bindungen ist viel Energie erforderlich. Sie steckt nachher in der Schmelze als ein Teil von deren innerer Energie. Diese ist also *mehr* als nur die Bewegungsenergie der Moleküle.

Was geschieht aber mit dieser Energie, wenn das Naphthalin später wieder erstarrt?

Versuch 2: Das Reagenzglas mit dem geschmolzenen Naphthalin von Versuch 1 tauchen wir in kaltes Wasser. Die Temperatur des flüssigen Naphthalins sinkt nicht weiter als bis zur *Erstarrungstemperatur* (80 °C), obwohl ständig Wärme auf das Kühlwasser übergeht und dessen innere Energie erhöht. Wenn schließlich alles Naphthalin erstarrt ist, sinkt die Temperatur wieder. ■

Beim Erstarren wird die beim Schmelzen aufgenommene Energie wieder abgegeben; die Moleküle binden sich wieder im Kristallverband. Ihre Bewegungsenergie und damit auch die Temperatur des Körpers ändern sich *während* dieser Kristallisation nicht. Auch Untersuchungen an anderen Stoffen haben stets dieses Ergebnis.

Die **Erstarrungstemperatur** eines Stoffes ist gleich seiner **Schmelztempertur.** Zum Schmelzen muss man Energie zuführen; beim Erstarren wird sie wieder abgegeben.

Bei sehr hohem Druck werden Schmelz- und Erstarrungstemperatur der meisten Stoffe erhöht, die von Wasser dagegen erniedrigt. Wasser ist auch hier ein „Außenseiter" und verhält sich anomal. Dass Wasser bei sehr hohem Druck schon bei einer Temperatur etwas unter 0 °C schmilzt, nutzen z. B. Schlittschuhläufer aus. Die Gewichtskraft eines Läufers konzentriert sich auf eine sehr kleine Fläche der Kufe. Dort wirkt sie so stark, dass etwas Eis schmilzt; und dann gleitet die Kufe des Schlittschuhs mit „Wasserschmierung" widerstandsarm über das Eis.

2. Wie viel Energie braucht Eis zum Schmelzen?

Wie viel Energie man braucht, um einen Eisblock von 0 °C zu schmelzen, hängt sicher von seiner Masse ab. Um einen Vergleich mit anderen Stoffen zu ermöglichen, rechnet man deshalb die benötigte Energieportion W auf Körper gleicher Masse um. Dazu teilt man W durch die Masse m des geschmolzenen Stoffes. Der Quotient heißt **spezifische Schmelzwärme** $s = W/m$. Diese ist eine Materialkonstante und hat die Einheit 1 J/g.

Stoff	Schmelztemperatur in °C	Stoff	Schmelztemperatur in °C
Quecksilber	− 39	Zinn	232
Eis	0	Blei	327
Fixiersalz	48	Kupfer	1084
Paraffin	53 (etwa)	Eisen (rein)	1535
Naphthalin	80	Platin	1773
Natrium	98	Wolfram	3370

Tabelle 1 Schmelztemperaturen bei normalen Bedingungen

Stoff	spezifische Schmelzwärme in J/g	Stoff	spezifische Schmelzwärme in J/g
Quecksilber	13	Fixiersalz	200
Blei	25	Kupfer	205
Schwefel	42	Eisen	260
Zinn	60	Eis (Wasser)	335
Silber	105	Aluminium	400
Naphthalin	148	Kochsalz	500

Tabelle 2 Spezifische Schmelzwärmen einiger Stoffe

Versuch 3: Um die spezifische Schmelzwärme von Eis zu bestimmen, geben wir etwa 300 g abgetrocknetes Eis ($\vartheta_E = 0$ °C) in ein isoliertes Gefäß. Um uns die folgende Rechnung zu erleichtern, wiegen wir die *gleiche Menge* heißes Wasser ($\vartheta_W = 90$ °C) ab und gießen dieses über die Eisstückchen. Wir warten ab, bis alles Eis geschmolzen ist. Dann messen wir die Mischungstemperatur $\vartheta_m = 5$ °C. ■

Das heiße Wasser hat sich abgekühlt und *je Gramm* die Energie $(90 - 5) \cdot 4{,}2\,\text{J} = 85 \cdot 4{,}2\,\text{J} = 357\,\text{J}$ abgegeben, während zur Temperaturerhöhung des Schmelzwassers je Gramm $5 \cdot 4{,}2\,\text{J} = 21\,\text{J}$ benötigt wurden. Der Rest von $80 \cdot 4{,}2\,\text{J} = 336\,\text{J}$ diente also dazu, ein Gramm Eis zu schmelzen, das heißt, aus Eis von 0 °C Wasser von 0 °C zu machen. Genauere Messungen ergeben für die **spezifische Schmelzwärme** von Eis

$$s = \frac{W}{m} = \frac{335\,\text{J}}{1\,\text{g}} = 335\,\frac{\text{J}}{\text{g}}.$$

Auch für viele andere Stoffe hat man die spezifische Schmelzwärme bestimmt *(Tabelle 2)*. Die von Eis ist recht groß, deshalb kann man Getränke mit hineingegebenen Eisstücken gut kühlen. Sie schwimmen in der Flüssigkeit und entziehen ihr die zum Schmelzen nötige Energie.

Wenn ein Körper erstarrt, so binden sich seine Moleküle wieder aneinander; beim Schmelzen mussten sie unter Energieaufwand getrennt werden. Die beim Schmelzen benötigte Energie wird beim Erstarren wieder frei. Dies bestätigt den *Energieerhaltungssatz*.

3. Auch zum Auflösen braucht man Energie

Auch wenn man Zucker oder Salz in Wasser auflöst, müssen Moleküle aus ihrem Kristallverband gerissen werden. Hierzu ist Energie nötig. Woher kommt sie?

Versuch 4: Wir lösen 20 g Kochsalz oder Ammoniumchlorid in 200 g Wasser auf und rühren dabei um. Die Temperatur der Lösung sinkt erheblich. ■

Die Salzmoleküle nehmen die Energie, die sie zum „Zerbrechen“ ihrer Bindungen brauchen, von der *inneren Energie* des Wassers. Weil weder eine Flamme noch ein Tauchsieder Energie zuführt, werden Wasser und Salz dadurch kälter, und zwar umso stärker, je mehr Salz gelöst wird.

Versuch 5: Bringt man Salz mit Eis oder Schnee zusammen, so tritt zweierlei ein: Beide Mischungspartner werden (breiartig) flüssig, und die Temperatur der Mischung nimmt ab. Bei einem Gewichtsverhältnis Eis:Salz = 3:1 sinkt sie auf etwa − 18 °C. ■

Zum Auflösen der Bindungen zwischen den Molekülen brauchen sowohl Salz als auch Eis viel Energie. Die Salz-Wasser-Lösung kühlt sich ab und bleibt trotzdem flüssig. Man nennt deshalb eine Mischung aus zerkleinertem Eis und Salz auch *Kältemischung*. – Streut man im Winter Salz auf vereiste Straßen, so schmilzt das Eis. Die zum Schmelzen erforderliche Energie wird zum Teil der Luft oder dem Untergrund entzogen, die dadurch kälter werden. Die entstehende Salzlösung kann dann abfließen; sie richtet allerdings Schäden an Straßen, Fahrzeugen, Pflanzen und Tieren an!

A1. Warum stellt man die Glühdrähte für Glühlampen aus Wolfram her? (Siehe *Tabelle 1*)

A2. Welche Wärmemenge braucht man, um 5 kg Eis ($\vartheta = 0$ °C) zu schmelzen?

A3. Ein Glas Limonade wird gerade hinreichend gekühlt, wenn man 10 g Eis ($\vartheta_E = 0$ °C) hineingibt. Wie viel Gramm Wasser ($\vartheta_W = 0$ °C) müsste man statt der Eiswürfel nehmen, um die gleiche Endtemperatur von 10 °C zu erreichen?

Verdampfen und Kondensieren

1 Wasser verdampft und kondensiert wieder

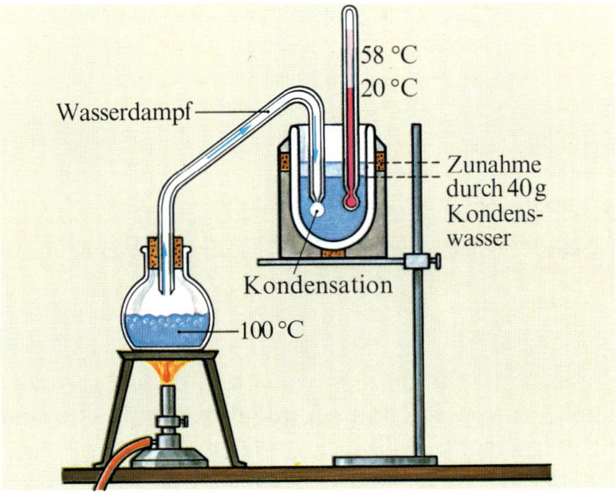

2 Kondensierender Wasserdampf liefert Energie

1. Wasser wird unsichtbar

Wenn du gegen eine kalte Fensterscheibe hauchst, so beschlägt sie. Woher kommen die zahlreichen Wassertropfen des Beschlags?

Versuch 1: Wir erhitzen in einem großen Becherglas etwas Wasser. Mit einer Glasplatte decken wir das Becherglas ab. Schon nach kurzer Zeit erkennen wir an der Unterseite der Deckplatte einen Beschlag aus sehr kleinen Wassertröpfchen, die langsam wachsen. Dabei ist die Wassertemperatur noch weit von der Siedetemperatur entfernt. Erhitzen wir das Wasser weiter bis auf 100 °C, so bilden sich dort, wo geheizt wird, Blasen, die hochsteigen: *das Wasser siedet.* Diese Blasen enthalten ein unsichtbares Gas; es ist *Wasserdampf.* Halten wir ein kaltes Becherglas in den Wasserdampfstrom, so beschlägt es sofort *(Bild 1).* Wasserdampf *kondensiert* zu flüssigem Wasser. ■

Kühlt man das gasförmige Wasser wieder ab, so kondensiert es. Die Luft, die du ausatmest, hat in deinen Lungen Wasserdampf aufgenommen. Gelangt sie an einen kalten Gegenstand, so kondensiert der Wasserdampf; der Gegenstand beschlägt. Bei sehr kalter Außenluft bildet sich beim Ausatmen vor deinem Mund Nebel.

Wasserdampf ist ein unsichtbares Gas. Nebel und Wolken bestehen dagegen aus sehr kleinen Wassertropfen und sind deshalb sichtbar.

Jede Umwandlung flüssigen Wassers in gasförmiges nennen wir *Verdampfen.* Bei tieferen Temperaturen erfolgt das Verdampfen langsam. Dabei fliegen die schnellsten Wassermoleküle durch die Wasseroberfläche in den Raum darüber. Wir sagen: Das Wasser *verdunstet.* Bei 100 °C verdampfen die Teilchen sogar *innerhalb* der Flüssigkeit in neu entstehende Hohlräume hinein und bilden so Blasen. Wir sagen: Das Wasser *siedet.*

Im Winter können wir beobachten, wie eine Schneeschicht bei Temperaturen unter 0 °C langsam verschwindet, ohne zu schmelzen. Dabei geht Wasser vom festen direkt in den gasförmigen Zustand über. Diesen Vorgang nennt man *Sublimation.* Der umgekehrte Vorgang tritt bei hinreichend tiefen Temperaturen unter 0 °C ein. Wasserdampf in der Luft überspringt den flüssigen Zustand und bildet direkt Eiskristalle; so entstehen Schneeflocken und *Reif.*

2. Sieden alle Flüssigkeiten bei 100 °C?

Versuch 2: Wir erhitzen gleiche Mengen verschiedener Flüssigkeiten (Wasser, Alkohol, Glykol, Öl) mit einem Tauchsieder und verfolgen dabei den Temperaturverlauf *(Bild 3).* In allen Fällen siedet die Flüssigkeit bei einer ganz bestimmten Temperatur, ihrer *Siedetemperatur.* Bei Glykol (Frostschutzmittel) steigt die Temperatur weit über 100 °C, denn die Siedetemperatur reinen Glykols ist 197 °C. Öl siedet erst bei etwa 200 °C, Alkohol dagegen schon bei 78 °C *(Tabelle 1).* ■

3. Erneut bewährt sich das Teilchenmodell

Wenn Wasser verdampft, rücken die Wassermoleküle weit auseinander. Sie müssen dabei gegen die Anziehungskräfte, die zwischen ihnen wirken, anlaufen und außerdem die Luft wegschieben. Die dazu erforderliche Energie kommt meistens von einem Heizgerät. Beim Verdunsten liefert häufig die Umgebung diese Energie und wird dadurch kälter. So kühlt z. B. die Verdunstung von Körperschweiß die Hautoberfläche.

4. Energie wandert hin und her

Versuch 3: Wir erzeugen einen kräftigen Dampfstrahl und leiten ihn mit einem dünnen(!) Schlauch in ein Thermosgefäß, das teilweise mit kaltem Wasser gefüllt ist *(Bild 2)*. Der in das Wasser eingeblasene Dampf kondensiert, wobei die zusammenfallenden Blasen ein lautes Geräusch erzeugen. Wir stellen fest, dass die Wassertemperatur im Thermosgefäß schnell steigt. Die dazu erforderliche Energie liefert der kondensierende Wasserdampf. ■

Sorgfältig durchgeführte Messungen zeigen:

a) Die zum Verdampfen einer Flüssigkeit (bei ihrer normalen Siedetemperatur, d. h. bei normalem Druck) erforderliche Energie hängt von der Menge und Art der Flüssigkeit ab. Den Quotienten $r = W/m$ nennt man die *spezifische Verdampfungswärme* des benutzten Stoffes. Sie ist eine Materialkonstante und hat die Einheit 1 J/g. Die spezifische Verdampfungswärme des Wassers beträgt 2258 J/g. Man braucht also 2258 J, um 1 g Wasser von 100 °C in Dampf von 100 °C umzuwandeln.

b) Beim Kondensieren einer Flüssigkeit wird die Verdampfungswärme wieder frei. Bestimmen wir in Versuch 3 die Menge des im Thermosgefäß kondensierten Wasserdampfs und aus der Temperaturerhöhung des kalten Wassers die vom Dampf gelieferte Energie, so zeigt sich, dass 1 g Wasserdampf bei der Kondensation gerade 2258 J abgegeben hat. Wieder einmal wird der *Satz von der Erhaltung der Energie* bestätigt.

Wasserdampf ist gefährlich! Gelangt 1 g siedendes Wasser auf deine Haut, so gibt es dort die Energie $W = 4{,}2\,\frac{\mathrm{J}}{\mathrm{g \cdot K}} \cdot (100 - 37)\,\mathrm{K} = 265\,\mathrm{J}$ ab. 1 g Wasserdampf von 100 °C würde zusätzlich 2258 J abgeben. Entsprechend schwer wäre die Verbrennung deiner Haut.

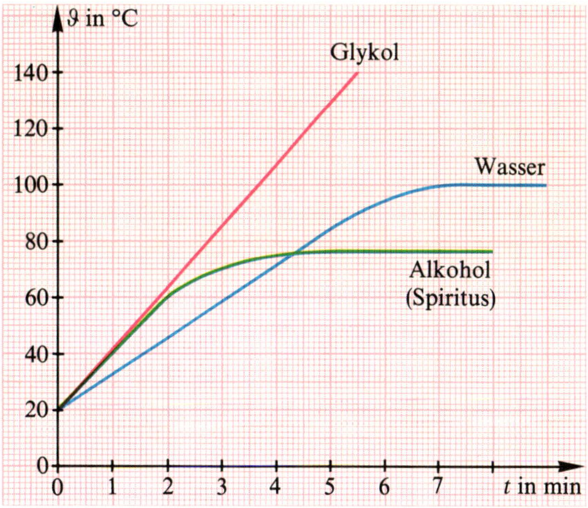

3 Temperaturverläufe in Versuch 2

Stoff	Siede-temperatur in °C	Stoff	Siede-temperatur in °C
Ammoniak	– 33	Glykol	197
Frigen	– 30	Glyzerin	290
Äther	35	Quecksilber	357
Alkohol	78	Schwefel	444
Benzol	80	Zink	910
Wasser	100	Eisen	2880

Tabelle 1 Siedetemperaturen einiger Stoffe beim Normdruck 1013 hPa (Frigen = Kältemittel R 12)

A1. Unter welchen Bedingungen „schwitzen" Fensterscheiben? In welchen Räumen einer Wohnung sind diese Bedingungen vor allem gegeben?

A2. Weshalb soll man einen Raum, in dem Wäsche getrocknet wird, besonders gut lüften?

A3. Unter welchen Bedingungen kannst du deinen „Atem" sehen? Was siehst du dabei eigentlich? Unter welchen Bedingungen bildet sich an Gräsern und Zweigen Tau, unter welchen Reif?

A4. a) Weshalb spritzt und prasselt es, wenn man Fleisch in siedendes Fett ($\vartheta \approx 200$ °C) legt?
b) Erhitzt man in einem Topf Fett (oder Öl) weit über 100 °C, so kann es in Brand geraten. Versucht man, dieses Feuer mit Wasser zu löschen, so spritzt das brennende Fett aus dem Topf und verschlimmert den Brand. Wie ist das zu erklären? Und wie kann man erfolgreich löschen?

A5. Was bewirkt die Verdunstung des Schweißes auf der Haut? Was ändert sich, wenn Wind oder Zugluft die Verdunstung beschleunigen?

Zustandsänderungen im Alltag

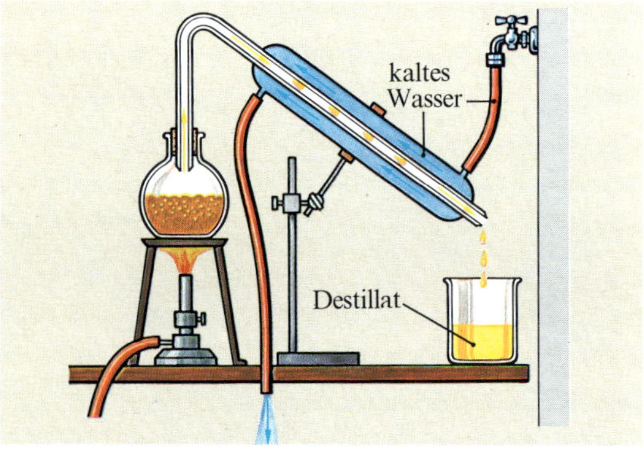

1 So kann man destilliertes Wasser herstellen

2 Wasser siedet und kondensiert (zu Versuch 1)

1. Kochen in Rekordzeit

Beim Verdampfen nimmt das Volumen des Wassers stark zu. Aus einem Liter Wasser werden beim Normdruck von 1013 hPa und bei der Temperatur 100 °C etwa 1700 l Wasserdampf. Verschließt man das Wassergefäß, so staut sich der Wasserdampf, und der Druck im Gefäß steigt. Dadurch wird die Blasenbildung in der Flüssigkeit erschwert, sodass die Siedetemperatur des Wassers auf über 100 °C steigt. Das nutzt man bei *Drucktöpfen* aus, denn Speisen werden bei höheren Temperaturen schneller gar. Ein Sicherheitsventil verhindert einen zu großen und deshalb gefährlichen Druckanstieg. Ohne dieses Ventil könnte der Druck so hoch werden, dass der Topf platzt und großen Schaden anrichtet.

2. Destillation

Ein Gemisch von Flüssigkeiten, die unterschiedliche Siedetemperaturen haben, lässt sich trennen. Erhitzt man nämlich das Gemisch, so verdampft zunächst vor allem die Flüssigkeit mit der niedrigsten Siedetemperatur. Leitet man den Dampf durch ein gekühltes Rohr, so kondensiert er. Aus dem Rohr tropft als Kondensat hauptsächlich dieser Flüssigkeitsanteil *(Bild 1)*. Die anderen Flüssigkeiten mit einem höheren Siedepunkt befinden sich noch im Gemisch. Durch dieses Verfahren, das man **Destillation** nennt, kann man z. B. Benzin aus Rohöl gewinnen. Erhitzt man verunreinigtes Wasser, so strömt durch das gekühlte Rohr reiner Wasserdampf. Das so hergestellte *destillierte Wasser* ist sehr rein; es wird für viele chemische Prozesse benötigt.

3. Rauch fördert die Kondensation

Versuch 1: In einem Glaskolben bringen wir Wasser zum Sieden *(Bild 2)*. Den entstehenden Wasserdampf lassen wir durch ein Glasrohr, dessen Ende zu einer Düse verengt ist, ausströmen. Einige Zentimeter von dieser Düse entfernt bildet sich eine kleine Wolke. Halten wir nun ein brennendes Streichholz dicht an der Düse unter den Dampfstrahl, geschieht etwas Überraschendes. Obwohl die Flamme etwas Wärme zuführt, wird die Kondensation keineswegs verzögert, sondern setzt sogar früher ein! ■

Wenn der austretende Dampfstrahl Energie an die Umgebung abgibt und dadurch kälter wird, kondensiert er keineswegs sofort. Den Molekülen fehlen nämlich Ansatzpunkte für die Tropfenbildung. Offenbar werden diese von der Streichholzflamme geliefert. Sie enthält winzige Rußteilchen und verschiedene andere Verbrennungsprodukte. An ihnen erfolgt die Kondensation bevorzugt; man nennt sie deshalb *Kondensationskerne*. In feuchter Luft wird die Nebelbildung also durch Rauch gefördert.

Für die Reifbildung dienen Zweige und Grashalme als Kondensationshilfen. Nebel und Wolken bilden sich an kleinsten Staubteilchen. *Autoabgase* enthalten viel Wasserdampf und gleichzeitig viele Rußteilchen, die als Kondensationskerne dienen. Deshalb erzeugt ein fahrendes Auto eine kleine Wolke aus kondensierten Wassertröpfchen, solange die Auspuffanlage noch kalt ist. Diese selbst produzierte Wolke kannst du auch bei einem hoch fliegenden Flugzeug beobachten. Man nennt sie *Kondensstreifen*.

4. Ein Kühlschrank pumpt Wärme ...

Kühlschränke und Gefriertruhen enthalten häufig Frigen als *Kältemittel*, denn diese Flüssigkeit hat eine niedrige Siedetemperatur *(Tabelle 91.1)*. Eine elektrisch betriebene Pumpe *(Kompressor)* pumpt Frigendampf aus einem Rohrsystem, das im Kühlschrank sitzt und *Verdampfer* genannt wird *(Bild 4)*. Dadurch sinkt dort der Druck; der flüssige Frigenrest siedet und entzieht die zum Verdampfen benötigte Energie dem Innenraum des Kühlschranks, der dadurch kälter wird. Der Kompressor presst den Frigendampf in ein zweites Rohrsystem *(Kondensator)*, das sich *außerhalb* des Kühlschranks befindet (häufig an der Rückwand). Dort kondensiert der Dampf unter hohem Druck. Dabei wird die Rohrschlange des Kondensators warm und gibt die zuvor im Kühlschrank aufgenommene Energie an die Zimmerluft ab. Anschließend fließt das jetzt flüssige Frigen durch ein sehr enges Kapillarrohr, das einen Druckausgleich zwischen Verdampfer und Kondensator verhindert, wieder in den Verdampfer zurück; der Kreislauf ist geschlossen.

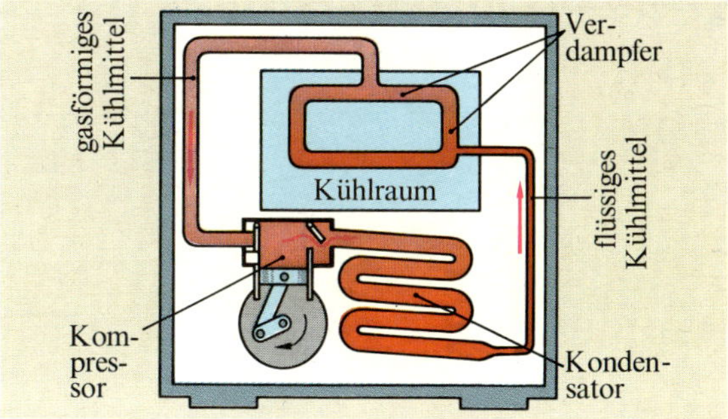

4 Schema eines Kompressorkühlschranks

5. ... und eine spezielle Heizung auch!

Bei Kühlanlagen geht an einer Stelle Wärme bei niedriger Temperatur auf das Kühlmittel und an einer anderen Stelle bei höherer Temperatur auf die Luft über. Man nennt Kühlanlagen deshalb auch **Wärmepumpen**. Entsprechend große Wärmepumpen kann man zur Beheizung von Wohnräumen und ganzen Häusern verwenden. Mithilfe des Verdampfers wird z. B. dem Erdreich und dem Grundwasser Energie entzogen *(Bild 3)*. Diese wird im Kondensator wieder abgegeben und mit einem so genannten *„Wärmetauscher"* über eine große Kontaktfläche auf einen besonderen Wasserkreislauf übertragen. Dieser führt sie den zu beheizenden Räumen zu.

Wenn der Kompressor der Wärmepumpe läuft, werden Erdreich und Grundwasser abgekühlt und gleichzeitig die Wohnräume geheizt. Auch die dem Motor zugeführte elektrische Energie wird schließlich als Wärme abgegeben und genutzt. Mit 300 J elektrischer Energie kann man dem Grundwasser etwa 700 J entziehen und erhält so insgesamt 1000 J zum Heizen. Dreht man den Kreislauf um, so kann eine Wärmepumpe ein Haus auch kühlen. Man erhält so eine *Klimaanlage*.

A1. Warum friert man auch bei hoher Lufttemperatur, wenn man bei windigem Wetter aus dem Wasser kommt?

A2. In *Tabelle 255.1* wird für Frigen die Siedetemperatur −30 °C genannt. Im Kondensator eines Kühlschranks kondensiert es aber bei etwa +40 °C. Wie ist das möglich?

A3. Kühlschränke enthalten Thermostate, die den Kompressor ein- und wieder ausschalten. Was sollen sie bewirken?

A4. Prüfe an einem Kühlschrank mit der Hand die Temperatur des meistens an der Rückwand befindlichen Kondensators bei laufendem und auch bei abgeschaltetem Kompressor. Was stellst du fest?

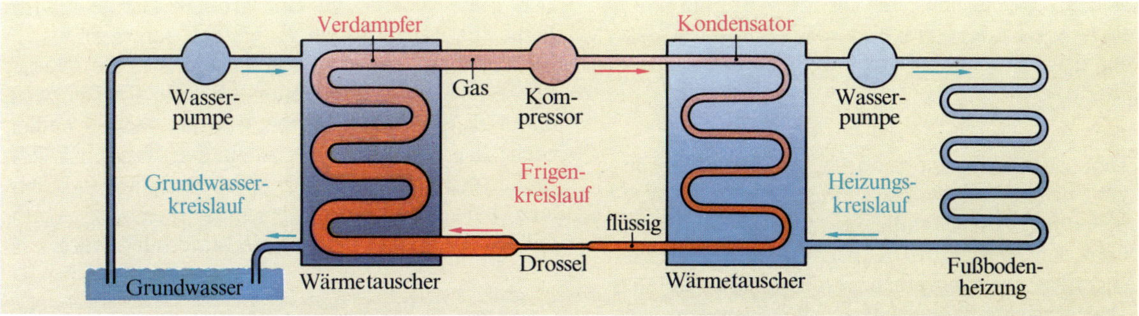

3 Schematische Darstellung einer Wärmepumpe. Im linken Wärmetauscher verdampft Frigen, im rechten kondensiert es. Dabei wird viel Energie vom Wasser auf das Frigen bzw. umgekehrt übertragen.

Energietransport

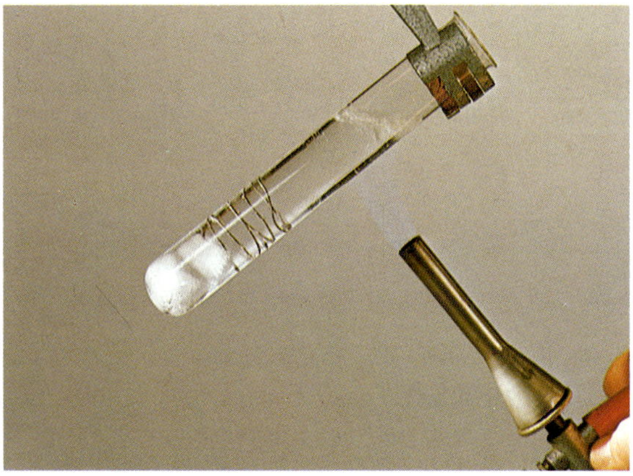

1 Wasser ist ein schlechter Wärmeleiter

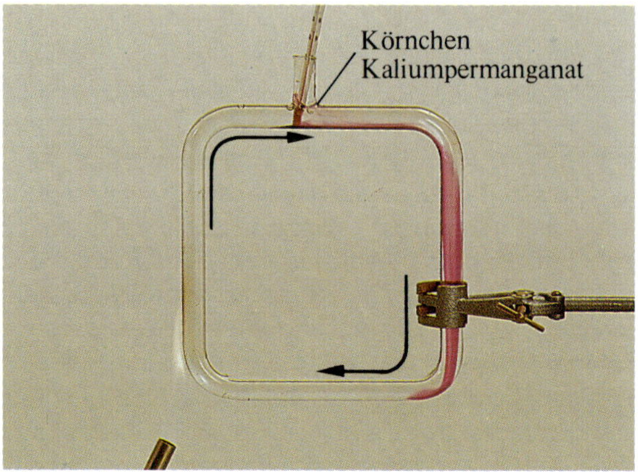

2 Strömendes Wasser transportiert Energie

1. Energie wandert durch die Materie

Selten ist die Energie gleich dort, wo man sie haben möchte. Man braucht sie z. B. *im* Kochtopf, aber die heiße Gasflamme ist *darunter*. Deren schnelle Teilchen stoßen Teilchen des Topfbodens an, diese dann ihre Nachbarn; und so wandert die Bewegungsenergie durch eine Vielzahl von Stößen bis zum Inhalt des Topfes. *Diesen Energietransport durch Teilchenstöße nennt man* **Wärmeleitung.** *Dabei wandern die Teilchen selbst nicht mit.* Die verschiedenen Stoffe leiten die Energie keineswegs gleich gut. Hältst du einen Nagel in eine Flamme, so musst du ihn bald loslassen. Sein Material leitet gut. Bei einem Glasstab kannst du lange warten; Glas ist ein schlechter Wärmeleiter. Was gilt für andere Stoffe?

Versuch 1: Wir füllen ein weites Reagenzglas mit Wasser, geben ein Stück Eis hinein und drücken dieses mit einer Drahtspirale nach unten. Dann erhitzen wir das Reagenzglas oben mit dem Bunsenbrenner *(Bild 1)*. Nach kurzer Zeit siedet oben das Wasser; aber das Eis schmilzt nicht. Wasser leitet also die Wärme schlecht. ■

Den Energietransport durch Stöße bei der ungeordneten Teilchenbewegung nennt man **Wärmeleitung.** Alle Metalle sind **gute Wärmeleiter.** Glas, Keramik, Holz, Kunststoffe und alle Flüssigkeiten (ausgenommen geschmolzene Metalle) sind **schlechte Wärmeleiter.** Alle Gase sind sehr schlechte Wärmeleiter.

2. Energie wandert mit der Materie

Vom Kessel einer Zentralheizung bis in die Wohnräume muss die Energie über eine beträchtliche Strecke transportiert werden. Durch Wärmeleitung ginge das nicht. Deshalb erhitzt man Wasser in einem Heizungskessel und leitet es durch Röhren in die Heizkörper der einzelnen Zimmer. Weil hierbei innere Energie *zusammen* mit der Materie transportiert wird, spricht man von **Konvektion.**

Versuch 2: Wir füllen ein zum Ring gebogenes Glasrohr mit Wasser und erwärmen es seitlich mit der Flamme eines Gasbrenners *(Bild 2)*. Wir prüfen die Temperatur der kalten Seite mit der Hand und stellen nach kurzer Zeit eine Temperaturerhöhung fest. Nun geben wir etwas Farbstoff in das Wasser und beobachten eine Strömung: Das Wasser im Rohr fließt im Kreis. ■

Das kalte Wasser hat eine größere Dichte als das heiße. Es ist im kalten Rohrstück schwerer als im heißen, sinkt herab und schiebt das heiße Wasser hoch. Die vom Gasbrenner gelieferte Energie wird dabei als innere Energie des Wassers von der heißen Stelle des Glasrohres bis zu einer entfernten kalten Stelle transportiert. – Ähnliche Strömungen bilden sich bei Temperaturunterschieden in der Atmosphäre aus. Wir spüren sie als Wind oder Sturm.

Strömende Materie führt ihre innere Energie mit sich. Diesen Transport nennt man **Konvektion.**

3. Energie erreicht uns ohne Materie

Obwohl im Weltraum zwischen Sonne und Erde kaum Materie existiert, erreicht uns die von der Sonne stammende Energie. Wird es uns zu heiß, so gehen wir in den Schatten. Dort kann uns die Sonnenstrahlung nicht mehr erreichen. Finden wir diese Art des Energietransports auch im Schulversuch?

Versuch 3: Wir stellen zwei Hohlspiegel wie in *Bild 3* auf. Ein Teil der von der Lampe L ausgesandten Lichtstrahlen wird nach zweimaliger Spiegelung an einer Stelle vor dem rechten Hohlspiegel konzentriert. Dort befindet sich der Messfühler M eines Thermometers. Schalten wir die Lampe ein, so wird der Messfühler hell beleuchtet, und seine Temperatur steigt schnell. Ersetzen wir die Lampe durch die heiße Spitze eines Lötkolbens, so zeigt das Thermometer ebenfalls eine Temperaturerhöhung an. ■

Offenbar senden heiße Körper eine Strahlung aus, die Energie überträgt. Diese Strahlung nimmt mit steigender Temperatur stark zu; man nennt sie **Temperaturstrahlung.** Bei sehr hoher Temperatur wird sie von uns als Licht empfunden. (Sehr heiße Körper sehen wir leuchten.) Kein Wunder, dass sie wie Licht reflektiert wird. Wird sie auch wie Licht von einer schwarzen Fläche geschluckt?

Versuch 4: Wir nehmen zwei gleiche Thermometer, berußen die Kugel des einen über brennendem Naphthalin und umwickeln die Kugel des anderen mit Aluminiumfolie. Dann halten wir beide einige Zeit in die Strahlung der Sonne oder einer Bogenlampe. Das Thermometer mit der berußten Kugel zeigt eine beträchtlich höhere Temperatur an als das andere. ■

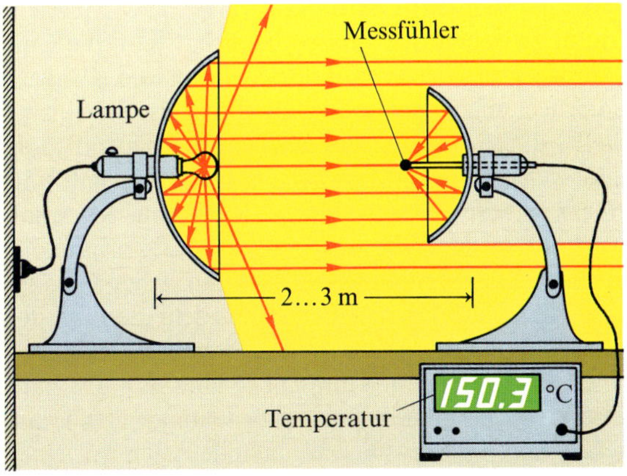

3 Energie wird wie Licht transportiert

Der dunkle Ruß absorbiert (verschluckt) nämlich die Strahlung fast vollständig, während die blanke Aluminiumfolie sie reflektiert (zurückwirft).

Die Umkehrung gilt auch! Ein schwarzer Körper absorbiert nicht nur stark, er strahlt auch bei hinreichend hoher Temperatur kräftig. Ein glänzender Körper absorbiert wenig und strahlt auch nur schwach.

> **Temperaturstrahlung** transportiert Energie ohne Materie und ohne Teilchenstöße.
> Schwarze Körper absorbieren einen großen Teil der auftreffenden Strahlung; glänzende Metalle reflektieren sie fast vollständig.
> Schwarze Körper geben eine stärkere Temperaturstrahlung ab als glänzende Körper der gleichen Temperatur. Die Strahlung aller Körper wird bei steigender Temperatur intensiver. Bei sehr hoher Temperatur entsteht auch sichtbare Strahlung.

A1. Untersuche mit einer Kerzenflamme die Luftströmung in verschiedenen Höhen an der etwas geöffneten Tür eines geheizten Zimmers. Führe diese Untersuchung auch in der Umgebung des Heizkörpers oder des Ofens durch. Beschreibe deine Beobachtungen.

A2. Bei einigen elektrischen Heizgeräten befindet sich ein glühendes Heizelement vor einem Metallspiegel. Bei anderen Heizgeräten wird durch einen Ventilator Luft am Heizelement vorbeigeblasen. Um welche Art des Energietransports handelt es sich jeweils?

A3. Spritze auf eine heiße Herdplatte (oder auf ein heißes Bügeleisen, das du herumgedreht hast, sodass die Sohle oben ist) einige Tropfen Wasser. Die Wassertropfen tanzen auf einem Dampfpolster, das sich zwischen den Tropfen und der Metallfläche bildet, lange hin und her. Was kann man daraus über den Energietransport im Wasserdampf schließen?

A4. Kaltes Eis sendet nur eine schwache Temperaturstrahlung aus. Was empfindest du, wenn du deine Hand dicht vor einen Eisblock hältst? Welche Wirkung hat eine dazwischengehaltene Glasscheibe? Was bewirkt ein dazwischengehaltenes Papierblatt? Wiederhole den Versuch mit einer heißen Glühlampe. Achte auf einen Sicherheitsabstand.

A5. Welche Arten des Energietransports erkennst du bei einer Ofenheizung?

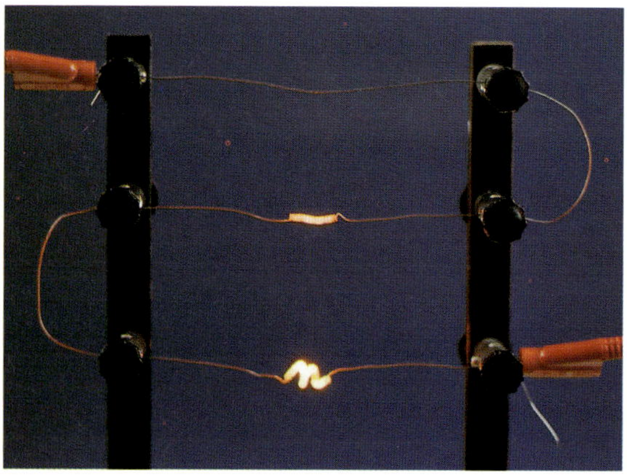

1 Der gewendelte Glühdraht leuchtet heller. Die Doppelwendel leuchtet am hellsten.

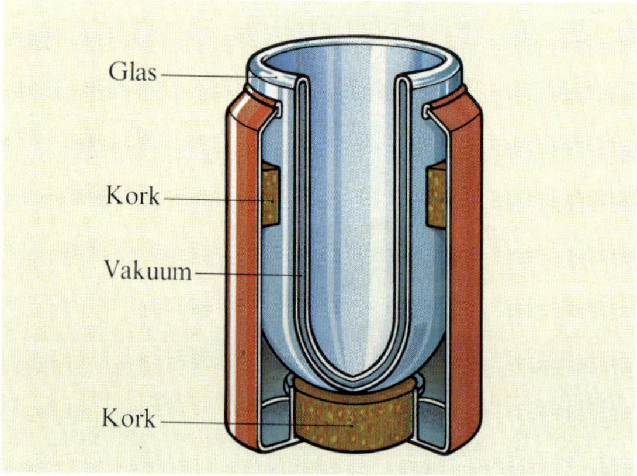

2 Thermosflasche (schematisch). Ihr Inhalt behält lange die ursprüngliche Temperatur.

4. Energietransport ist erwünscht ...

Wenn Wasser in einem Topf auf einem Elektroherd erhitzt wird, soll die Energie von der heißen Kochplatte möglichst gut durch den Topfboden hindurch an das Wasser weitergegeben werden. Dabei kommt es sehr auf das Material des Topfbodens an.

Um die **Wärmeleitfähigkeit** der verschiedenen Stoffe zu untersuchen, benutzt man dicke Stäbe, deren eines Ende man in heißes Wasser taucht, während sich das andere Ende in einem Behälter mit kaltem Wasser befindet. Je besser das Material des Stabes leitet, desto mehr Energie wird je Sekunde vom heißen auf das kalte Wasser übertragen. So kann man die Wärmeleitfähigkeit quantitativ untersuchen. Damit durchgeführte Messungen haben ergeben, dass Kupfer ein besonders guter Wärmeleiter ist. Glas leitet dagegen ziemlich schlecht.

Will man große Mengen an innerer Energie transportieren, so geht das durch Konvektion besser als durch Leitung. Bei einem Gasdurchlauferhitzer muss deshalb die Energie der Gasflammen schnell an das durch ein Rohrsystem fließende Wasser weitergegeben werden. Also nimmt man Rohre aus Kupfer. Anschließend wird die Energie zusammen mit dem Wasser abtransportiert. In einer Zentralheizung pumpen wir Wasser durch ein Rohrsystem, bei Fernheizungen sogar über große Strecken. Und damit ein Automotor nicht zu heiß wird, transportiert das Kühlwasser innere Energie zum Kühler, wo sie an die Luft abgegeben wird. Elektrische Heizgeräte sind oft mit einem Gebläse kombiniert; als Transportmittel für die Energie dient hier die Luft.

Der Glühdraht einer Lampe soll möglichst heiß werden, damit ein großer Anteil der zugeführten Energie als sichtbares Licht abgestrahlt wird. Deshalb wickelt man den Glühdraht zu einer *Wendel* oder sogar zu einer *Doppelwendel (Bild 1)*. Dann heizen sich die einzelnen Windungen gegenseitig auf die gewünscht hohe Temperatur auf; der Glühdraht leuchtet heller. Gleichzeitig nimmt der Anteil an unsichtbarer Strahlung, die den Glaskolben und das Lampengehäuse unerwünscht aufheizt, ab.

5. ... und auch unerwünscht

In einer *Thermosflasche* soll die eingefüllte Flüssigkeit möglichst lange ihre Temperatur beibehalten. Deshalb müssen die verschiedenen Arten des Energietransports weitgehend unterbunden werden. Man fordert also eine gute *Wärmeisolation*. Eine Thermosflasche besteht aus einem doppelwandigen Glasgefäß *(Bild 2)*. Seine Wände sind verspiegelt; dadurch wird die Temperaturstrahlung verhindert. Aus dem Raum zwischen den Glaswänden hat man die Luft herausgepumpt, also sind dort Leitung und Konvektion ausgeschaltet. Die Einfüllöffnung ist die einzige Stelle, durch die Energie weg- oder hinzutransportiert werden kann. Man verschließt sie deshalb mit einem Stopfen aus schlecht leitendem Material. Auch längs der Glaswand kann an der Einfüllöffnung vorbei Energie geleitet werden. Aber Glas ist ein schlechter Wärmeleiter, außerdem beträgt der Weg mehrere cm, ist also viel länger als z. B. durch eine Glasscheibe von 4 mm Dicke hindurch. Deshalb ist dieser Energietransport unbedeutend. Das Glasgefäß der Thermosflasche befindet sich in einer Schutzhülle.

Auch für die Beheizung eines Hauses ist eine gute Wärmeisolation wichtig. Man verwendet dafür häufig lufthaltige, poröse Stoffe; denn Luft, deren Strömung man durch Einschluss in Poren verhindert, isoliert sehr gut. Die Wirkung dieser so genannten *Wärmedämmung* wird noch dadurch wesentlich verbessert, dass die „wegkriechende" Energie nacheinander Stoffe mit verschieden großen Molekülen (Luft, Material der Fasern oder Poren, wieder Luft usw.) passieren muss. Wie du beim Zusammenprall eines Tennisballes mit einem Fußball beobachten kannst, wird nämlich die Energie nur teilweise übertragen, wenn die Massen der beteiligten Stoßpartner sehr verschieden sind.

Warmblütige Tiere brauchen eine gute Wärmeisolation, die den jeweiligen Bedingungen angepasst werden kann. Ist es sehr kalt, plustern sich die Vögel auf und halten dadurch zwischen den Federn Luft fest, die gut isoliert. Wölfe haben im Winter ein dickeres Fell als im Sommer. Bei strengem Frost sträuben sie ihre Haare, um die wärmedämmende Luftschicht dicker zu machen. Wir Menschen haben nur noch ein kümmerliches Fell. Versuchen wir, die Haare zu sträuben, so bekommen wir lediglich eine *Gänsehaut*. Wir sind deshalb auf isolierende Kleidung mit vielen Luftporen angewiesen.

Ein Zimmer, das im Winter längere Zeit nicht geheizt wurde, empfinden wir als kühl, auch wenn die Heizung die Lufttemperatur schnell wieder auf 20 °C gebracht hat. Ob uns ein Raum ausreichend warm erscheint, hängt nämlich nicht allein von der *Lufttemperatur* ab, sondern auch von der *Temperatur der Wände*. Sind diese zu kalt, so strahlt unser Körper trotz ausreichend warmer Luft erheblich mehr Energie an sie ab, als er von ihnen empfängt: wir frösteln. Die Temperaturstrahlung ist nämlich keine Einbahnstraße; jedoch überwiegt stets die Strahlung vom wärmeren zum kälteren Körper. Umgekehrt kann man bei starker Sonnenstrahlung trotz niedriger Lufttemperatur behaglich im Freien sitzen.

6. Energietransport auf der Erde

Ein großer Teil der Sonnenstrahlung durchdringt die Lufthülle der Erde nahezu ungeschwächt. Der Erdboden nimmt sie auf, und seine Temperatur wird dadurch erhöht. Er strahlt aber auch selbst wieder Energie in den Weltraum ab. Langfristig gleichen sich Einstrahlung und Abstrahlung nahezu aus. Im Mittel ist die Temperatur der Erdoberfläche konstant, kurzfristig gibt es aber große Schwankungen.

Am Tage (besonders um die Mittagszeit) überwiegt die von der Sonne zugestrahlte Energie; die Temperatur der Erdoberfläche steigt. Abends und in der Nacht überwiegt die Abstrahlung; die Temperatur der Erdoberfläche sinkt, in einer wolkenlosen Nacht sogar besonders stark. In den Polargebieten ist die Einstrahlung schwach, aber wegen der niedrigen Oberflächentemperatur auch die Abstrahlung. In den Tropen liegt wegen der stärkeren Einstrahlung am Tage die Temperatur höher. In der Nacht bewirkt die starke Abstrahlung eine erhebliche Abkühlung. Die großen Windsysteme der Erde gleichen die Klimaunterschiede zwischen tropischen und polnahen Gebieten etwas aus.

Dieses ausbalancierte Wechselspiel ist vom CO_2-Gehalt der Atmosphäre abhängig. Dieses Gas lässt nämlich die Temperaturstrahlung der heißen Sonne besser durch als die der weniger heißen Erde. Wird der CO_2-Gehalt erhöht, so strahlt die Erde weniger Energie in den Weltraum, als sie von der Sonne erhält (Treibhauseffekt). Dann ist eine allgemeine Temperaturerhöhung der Erdoberfläche zu erwarten.

Auch die verschiedenen Meeresströmungen transportieren gewaltige Energiemengen aus den heißen Tropen in kältere Bereiche der Erde. Sie sind „Warmwasserheizungen" für große Gebiete. So fließt z. B. der *Golfstrom* aus dem Golf von Mexiko bis an die Küsten Nordeuropas und sorgt dort für relativ milde Winter. Ein Gegenstück dazu ist der kalte *Labradorstrom* an der Ostküste Nordamerikas.

A1. Weshalb isolieren wattierte Jacken besonders gut?

A2. Weshalb bedeckt man Außenwände von Häusern oft mit Platten, die aus porösem Material bestehen und viel Luft enthalten?

A3. Wie wirkt sich die Verspiegelung der Wände einer Thermosflasche aus, wenn man
a) eine heiße und
b) eine sehr kalte Flüssigkeit einfüllt?

A4. Verfolge in Gedanken den Weg der Energie bei einer Zentralheizung von der Flamme des Brenners bis zur Luft des beheizten Zimmers. Welche Arten des Energietransports erkennst du? Wo wird dabei eine Wärmedämmung eingesetzt?

A5. Warum erreicht die Temperatur der Außenluft nicht um 12 Uhr ihren Höchstwert, sondern erst ein bis zwei Stunden später? Weshalb ist es nicht um 24 Uhr am kältesten, sondern erst gegen Sonnenaufgang?

Wärmekraftmaschinen

1. Mechanische Energie aus Wärme

Seit jeher wünschten sich die Menschen, dass ihnen schwere und ermüdende Tätigkeiten abgenommen werden. Sie ließen Tiere (oder sogar Menschen als Sklaven) für sich arbeiten. Von großer Bedeutung waren deshalb Erfindungen wie Wasserrad und Windmühle. Ein entscheidender Fortschritt für die Bequemlichkeit wurde erzielt, als man lernte, die in den so genannten *fossilen Brennstoffen*, vor allem in der Kohle, verfügbare Energie zu nutzen. Der Engländer JAMES WATT (1736 bis 1819) verbesserte die in Vorstufen schon vorhandene **Kolbendampfmaschine** so weit, dass sie zur weit verbreiteten Antriebsmaschine wurde und die **industrielle Revolution** einleitete. Inzwischen wurden Dampfmaschinen weitgehend durch moderne Motoren ersetzt, deren Arbeitsprinzip uns der folgende Versuch zeigt.

Versuch 1: Wir setzen eine Glasspritze mithilfe eines durchbohrten Gummistopfens auf einen Rundkolben, der sich in einem großen Becherglas befindet *(Bild 1)*. Gießen wir heißes Wasser in das Becherglas, so wandert der Kolben in der Glasspritze nach oben und kann dabei ein Wägestück heben. ■

Dieser primitive Motor gibt mechanische Energie ab, wenn er das Wägestück hebt. Um ihn *dauernd* benutzen zu können, muss der Kolben immer wieder in die Ausgangsstellung zurückgeschoben werden. Leider müssen wir dazu aber genauso viel mechanische Energie aufwenden, wie der Motor geliefert hat. Hier hilft ein Trick! Wenn wir das Gas im Rundkolben erst abkühlen und dann den Kolben zurückschieben, geht es mit geringerer Kraft. Nun bleibt etwas mechanische Energie übrig.

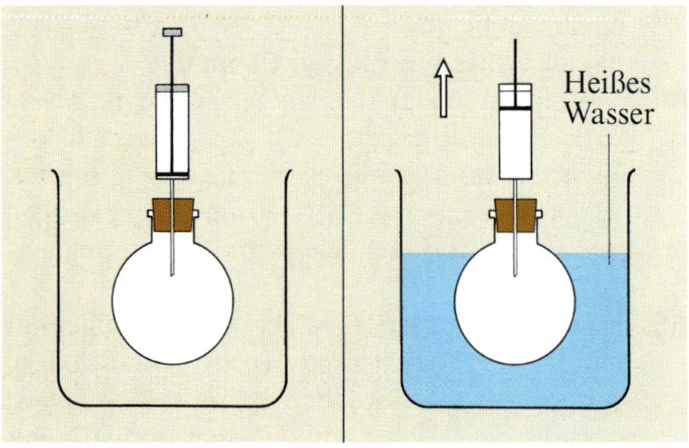

1 Ein einfacher „Motor“

2. Ein Motor läuft mit heißer Luft

Im *Heißluftmotor* dehnt sich heiße Luft aus und liefert mechanische Energie. Anschließend wird sie abgekühlt und wieder komprimiert, damit das „Spiel“ von neuem beginnen kann. Natürlich ist es unzweckmäßig, den ganzen Motor abwechselnd heiß und wieder kalt zu machen. ROBERT STIRLING führte 1816 seinen Heißluftmotor, den **Stirlingmotor**, vor, der diesen Temperaturwechsel nicht nötig hatte. Der Motor besteht im Prinzip aus einem langen Zylinder, der an einem Ende beheizt wird und dort stets die hohe Temperatur T_h hat (*Bild 2* unten, rot). Am anderen Ende (blau) wird der Zylinder gekühlt und hat dort stets die niedrige Temperatur T_t des Kühlwassers. Ein *Verdrängerkolben* schiebt die eingeschlossene Luft durch seine vielen Bohrungen zwischen diesen Bereichen hin und her.

a) Arbeitstakt: Die heiße Luft presst den *Arbeitskolben* mit großer Kraft nach oben *(Bild 2a)*. (Der Verdränger ist dafür kein Hindernis.) Dabei wird über ein Gestänge viel Energie W_h an ein Schwungrad abgegeben. Das sich ausdehnende Gas wird aber nicht kälter. Es behält die Temperatur T_h, denn W_h wird von der äußeren Heizung sofort als Wärme durch die Zylinderwand nachgeliefert.

b) 1. Zwischentakt: Der *Verdrängerkolben* wandert nach unten *(Bild 2b)*. Durch seine Bohrungen strömt die heiße Luft in den oberen Zylinderbereich, wobei sie den Verdrängerkolben aufheizt und selbst auf T_t abgekühlt wird. (Dadurch kann der Verdrängerkolben im 2. Zwischentakt wiederum die Luft ohne äußere Energiezufuhr aufheizen.)

c) Verdichtungstakt: Der *Arbeitskolben* bewegt sich nach unten *(Bild 2c)* und komprimiert im kalten Bereich des Zylinders Luft mit der Temperatur T_t. Dabei muss vom Schwungrad die Energie W_t in Form von Arbeit zugeführt werden. Das Gas wird aber nicht heißer, denn W_t wandert als (Ab-)Wärme durch die Zylinderwand in das Kühlwasser.

d) 2. Zwischentakt: Der *Verdrängerkolben* wandert nach oben *(Bild 2d)*. Die Luft strömt durch seine Bohrungen, kühlt den Verdrängerkolben und wird dabei auf T_h aufgeheizt. Das geht im Idealfall ohne Energiezufuhr von außen. Mit dem Arbeitstakt beginnt nun der Kreisprozess von neuem.

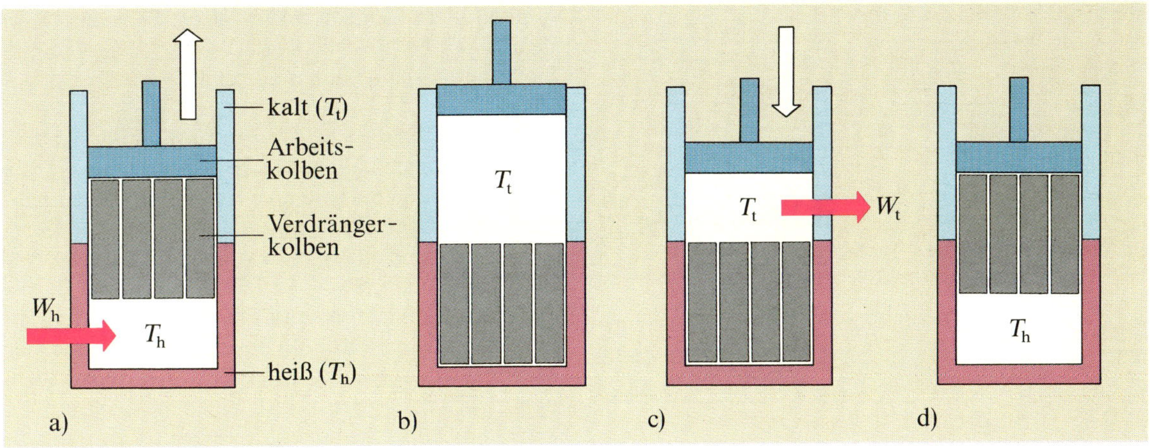

2 Arbeitsprinzip des Heißluftmotors

3. Theorie und Praxis

Um den Nutzen des Motors zu erkennen, müssen wir die Energieportionen W_h und W_t vergleichen.

Die Heizung liefert in Takt a) bei der konstanten hohen Temperatur T_h die Energie W_h, die als mechanische Energie weiterwandert. In c) muss zum Zurückschieben des Kolbens bei der konstanten tiefen Temperatur T_t mechanisch die Energie W_t aufgebracht werden ($W_t < W_h$). Sie geht als Wärme vollständig in das Kühlwasser über. Die gewonnene *Nutzarbeit* ist also nur $W_{nutz} = W_h - W_t$.

Aus der allgemeinen Gasgleichung $p \cdot V/T = \text{const.}$ folgt für den Druck $p = \text{const.} \cdot T/V$. Jede Stellung, die der Kolben während des Arbeitstaktes einnimmt, kommt im Verdichtungstakt wieder vor. Dabei ist das Volumen der eingeschlossenen Luft jeweils dasselbe; also ist an diesen Stellen der Druck und damit die Kraft auf den Kolben proportional zur Temperatur T. Dann ist aber auch die Arbeit bei beiden Takten proportional zur Temperatur T. Daraus folgt

$$W_t/T_t = W_h/T_h \text{ und damit } W_t/W_h = T_t/T_h. \quad (1)$$

Also beträgt der **Wirkungsgrad** $\eta = W_{nutz}/W_{zugeführt}$

$$\eta = (W_h - W_t)/W_h = 1 - W_t/W_h = 1 - T_t/T_h. \quad (2)$$

Der Wirkungsgrad eines idealen Heißluftmotors steigt, wenn man das Temperaturverhältnis T_t/T_h verkleinert, also T_h möglichst groß macht. T_t ist durch die Umgebungstemperatur festgelegt. Stets liegt η unter 1, also unter 100%.

Der **Stirlingmotor** entnimmt der als Wärme zugeführten Energie im Idealfall den Anteil $\eta = 1 - T_t/T_h$ als **Nutzarbeit**. Der Rest geht als **Abwärme** bei tieferer Temperatur in die Umgebung. Der **Wirkungsgrad** η steigt, wenn man die hohe Gastemperatur T_h vergrößert oder die niedrige T_t verkleinert.

Betrachten wir einen Motor mit $T_h = 900\,\text{K}$ ($\vartheta_h = 627\,°\text{C}$) und $T_t = 300\,\text{K}$ ($\vartheta_t = 27\,°\text{C}$). Sein Wirkungsgrad ist im Idealfall

$$\eta = 1 - T_t/T_h = 1 - 300\,\text{K}/900\,\text{K} = 1 - 1/3 \approx 67\%.$$

Das Temperaturverhältnis $T_t/T_h = 300\,\text{K}/900\,\text{K}$ begrenzt so den Wirkungsgrad nach oben und nicht etwa eine spezielle Eigenschaft des (idealen) Motors. Diese Obergrenze steht schon fest, noch bevor die Energie überhaupt in den Motor gelangt. Von 100 J zugeführter Wärme kann er bestenfalls 67 J als mechanische Energie nutzen. Der Rest ist ein so nicht verwertbarer Anteil der zugeführten Wärme. Der Motor trennt diesen „Energiemüll“ vom nutzbaren Anteil und schickt ihn als Abwärme in die Umgebung. Da T_t durch die Kühlwassertemperatur vorgegeben ist, versucht man den heißen Bereich des Motors auf möglichst hohe Temperaturen zu bringen, um den „Müll“-Anteil klein zu halten.

Dazu kommt, dass Wärme nutzlos vom heißen in den kalten Teil am Arbeitsgas vorbeikriecht und durch Lagerreibung zusätzlich mechanische Energie entwertet wird. Praktisch erreichte Wirkungsgrade liegen daher weit unter dem Idealwert *(Gl. 2)*.

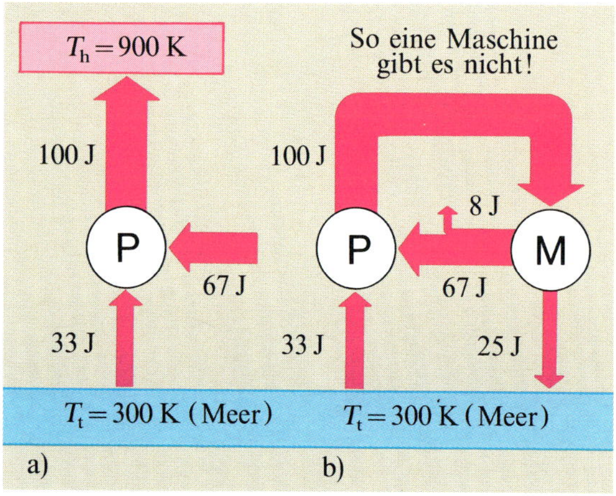

1 Energiefluss a) Wärmepumpe, b) Supermotor

4. Energie nach Belieben?

Ein Elektromotor kann die Stirling-Maschine auch so antreiben, dass sie die obigen Motortakte in umgekehrter Richtung ausführt. Sie komprimiert dann bei $T_h = 900$ K das Gas unter Aufwand der mechanischen Energie 100 J und führt 100 J Kompressionswärme in den heißen Speicher. Bei der tiefen Temperatur $T_t = 300$ K entspannt sich das Gas und gibt an den zurückweichenden Kolben 33 J an mechanischer Energie ab. Dafür entzieht es dem kalten Speicher 33 J Wärme *(Bild 1a)*. Mit der insgesamt zugeführten mechanischen Energie 100 J − 33 J = 67 J wird so Wärme von tiefer zu hoher Temperatur gepumpt; aus dem Motor wurde eine **Wärmepumpe**.

Erfinder Pfiffig meldet ein Patent an. Er hat angeblich einen Supermotor erfunden, dessen Wirkungsgrad höher ist als $\eta = 1 - T_t/T_h$. Zu seiner großen Enttäuschung lehnt das Patentamt die Erfindung mit der folgenden Begründung ab.

Betreibt man den Supermotor z.B. zwischen den Temperaturen $T_t = 300$ K und $T_h = 900$ K, so muss nach Pfiffigs Behauptung der Wirkungsgrad größer als 67% sein, sagen wir 75%. Mit dem Motor M treibe man nun eine Wärmepumpe P an. Diese liefert bei jedem Umlauf 100 J Wärme, die bei der gemeinsamen hohen Temperatur T_h sofort dem Supermotor zugeführt wird *(Bild 1b)*. Mit dem angeblichen Wirkungsgrad von 75% könnte er 75 J mechanische Energie liefern. Davon braucht die Wärmepumpe für ihren Betrieb 67 J; 8 J gäbe diese Kombination als *Nutzarbeit* ab. Diese Energie 8 J ist aber nicht aus Nichts geschaffen; die Wärmepumpe entnimmt je Umlauf dem gemeinsamen kalten Speicher, etwa dem Meer, bei $T_t = 300$ K die Wärme 33 J, während die Supermaschine ihm nur 25 J zuführt.

Diese Kombination von Supermotor und Wärmemaschine würde kaltem Meerwasser ständig Wärme der tiefen Umgebungstemperatur $T_t = 300$ K entnehmen und vollständig in wertvolle mechanische Energie umwandeln, *ohne dass sich sonst etwas in der Natur änderte* (man braucht z.B. keinem heißen Behälter Wärme zu entnehmen). Man könnte die nahezu unerschöpfliche sonst nutzlose innere Energie des Meerwassers veredeln; unser Energieproblem wäre ohne Umweltschaden gelöst. Doch ist solches noch keinem Erfinder gelungen. Hier zeigt sich ein weiteres, über den Satz von der Energieerhaltung hinausgehendes Naturgesetz. Es besagt, dass es keine periodisch arbeitenden Wärmekraftmaschinen gibt, die einen Wirkungsgrad haben, der größer als $\eta = 1 - T_t/T_h$ ist.

Mit der dem Meerwasser entnommenen Wärme könnte die Wunderkombination mechanische Energie und damit durch Reibung wieder Wärme bei beliebig hoher Temperatur erzeugen. Im Endeffekt wäre dann Wärme „von selbst" von tiefer zu hoher Temperatur gestiegen. Auch das verbietet unser neues Naturgesetz. Auch beim Kühlschrank geht es nicht „von selbst", man braucht dazu wertvolle elektrische Energie.

5. Der Ottomotor

1867 führte NIKOLAUS OTTO einen damals neuartigen „Verbrennungsmotor" vor: Er verbrannte Gas *direkt im Zylinder* des Motors und vermied dadurch eine äußere Heizung. Heute sind Motoren dieser Art als **Ottomotoren** bekannt. GOTTLIEB DAIMLER und CARL BENZ verbesserten diesen Motor, indem sie statt Gas ein Gemisch aus Luft und feinen Benzintröpfchen benutzten (um 1883). Das Prinzip zeigt ein Versuch:

Versuch 2: In eine kleine Blechbüchse, deren Seitenwand durchbohrt ist, geben wir einige Tropfen Äther. Dann decken wir eine leichte Pappscheibe darauf und warten einige Sekunden, bis in der Büchse ein Gemisch aus Luft und verdampftem Äther entstanden ist. Halten wir jetzt eine Flamme an die seitliche Öffnung, so explodiert das Gemisch mit lautem Knall und schleudert die Pappscheibe empor. Vor einer Wiederholung des Versuchs müssen wir frische Luft in die Büchse bringen. ■

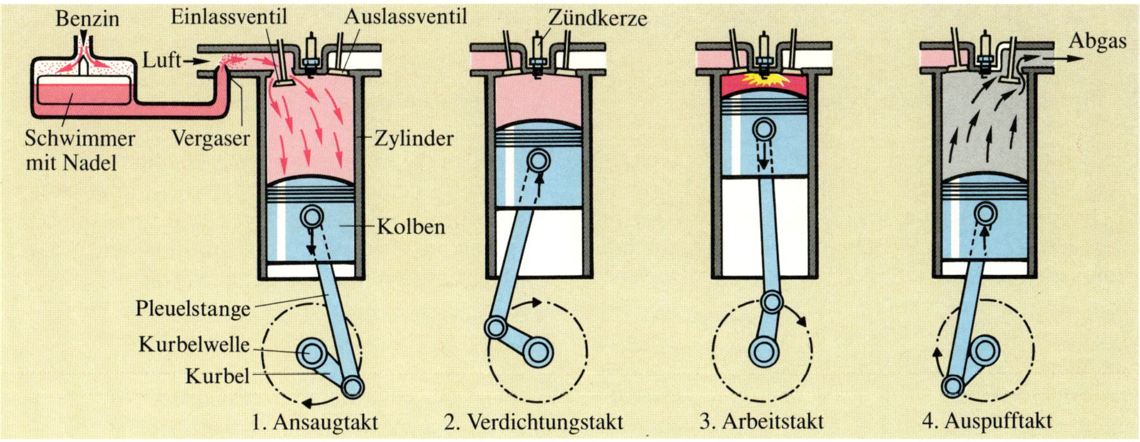

2 Viertaktmotor; die Pleuelstange wandelt die Hin- und Herbewegung des Kolbens in eine Drehbewegung der Kurbelwelle

Dieser Gaswechsel erfolgt bei einem **Viertaktmotor** periodisch *(Bild 2)*.

1. Ansaugtakt: Zu Beginn des 1. Taktes öffnet sich das Einlassventil. Der Kolben bewegt sich nach unten und in den Zylinder strömt ein Benzin-Luftgemisch. Dieses wird von einem *Vergaser* in der Ansaugleitung erzeugt. Die Menge des zuströmenden Gemisches wird durch eine Drosselklappe mit dem „Gaspedal" beeinflusst.

2. Verdichtungstakt: Nachdem sich das Einlassventil am Ende des 1. Taktes geschlossen hat, drückt der nach oben gehende Kolben das Gasgemisch zusammen. Dabei steigt der Druck auf 10 bis 12 bar und die Temperatur im Zylinder auf 300 bis 400 °C.

3. Arbeitstakt: Ein Funke der Zündkerze entzündet das Gemisch am Anfang des 3. Taktes. Dabei entsteht im Innern des Zylinders ein Druck von 50 bis 70 bar und eine Temperatur von etwa 2000 °C. Ein Teil der Bewegungsenergie der Gasmoleküle wird auf den Kolben übertragen, wobei sich das Gas abkühlt. Der Kolben bewegt sich nach unten und dreht mittels einer Pleuelstange die Kurbelwelle. Dabei wird mechanische Energie abgegeben.

4. Auspufftakt: Der wieder nach oben gehende Kolben drückt das verbrannte Gasgemisch bei geöffnetem Auslassventil ins Freie. Dann beginnt die nächste Periode wieder mit dem 1. Takt.

Mit mehreren *Zylindern*, die nacheinander ihren Arbeitstakt haben und auf dieselbe Welle wirken, läuft der Motor schön „rund".

6. Andere Motoren

Der **Dieselmotor** (von 1892 bis 1897 von Rudolf Diesel entwickelt) saugt kein Treibstoff-Luftgemisch, sondern reine Luft an. Diese komprimiert er auf mindestens 25 bar und erhitzt sie dadurch auf über 600 °C. Hat der Kolben seinen höchsten Punkt erreicht, sprüht eine Hochdruckpumpe Treibstoff in den Zylinder. In der heißen Luft entzündet er sich sofort. Die Temperatur steigt auf über 2000 °C, und der Druck wächst entsprechend. Die heißen Verbrennungsgase pressen dann den Kolben nach unten.

Ein Dieselmotor kann Treibstoffe nutzen, die sich erst bei sehr hohen Temperaturen „vergasen" lassen und deshalb für einen Ottomotor ungeeignet sind. Sie sind im Allgemeinen billiger als Benzin und weniger feuergefährlich. Außerdem nutzt der Dieselmotor wegen der höheren Betriebstemperatur und des höheren Drucks den Treibstoff besser aus als ein Ottomotor.

Beim **Zweitaktmotor** erfolgt der Auspuffvorgang, ohne eigenen Takt, in der sehr kurzen Zeit zwischen Arbeits- und Verdichtungstakt. Im Kurbelgehäuse wird *unter* dem Kolben Frischgas während des Arbeitstaktes komprimiert. Hat der Kolben seine tiefste Stellung erreicht, strömt das Frischgas durch besondere Kanäle in den Zylinder und schiebt das Abgas durch andere Kanäle hinaus. Der Arbeitstakt wird dadurch etwas verkürzt. Deshalb verbraucht ein Zweitaktmotor im Allgemeinen mehr Treibstoff und erzeugt mehr Schadstoffe als ein vergleichbarer Viertaktmotor. Er ist aber kleiner und leichter als ein Viertaktmotor gleicher Leistung.

Weg und Wert der Energie

1. Energiefluss ohne Wiederkehr

Die Sonne strahlt jedem m^2 der Erdoberfläche je Sekunde bei senkrechtem Einfall etwa 1 kJ Energie zu. Den weiteren Weg zeigt die **Energie-Übertragungs-Kette** *(Bild 1)*. Sie zeigt, dass Atmosphäre und Erdboden die meiste Energie wieder in den Weltraum abstrahlen. Nur ein kleiner Teil wird von Pflanzen gespeichert. Daraus entstanden vor Jahrmillionen Kohle-, Erdöl- und Erdgas-Lager. Diese *fossilen Brennstoffe* beuten wir heute aus. Pflanzen liefern auch Stärke, Zucker und Fett, also Energie, von der Tiere und Menschen leben. *Letztlich kommt alle Energie, die auf der Erde genutzt wird, von der Sonne.* Ausnahmen sind Kernenergie und geothermische Energie heißer Quellen.

Energie, die man zum Heizen nutzt, fließt durch Wände und Fenster in die Umgebung. Dorthin gelangt auch die in Lebewesen und Motoren aller Art umgesetzte Energie. Auch sie wird schließlich allseitig in den Weltraum abgestrahlt. *Die Energie bleibt zwar insgesamt erhalten, kehrt aber nicht mehr zurück.* Der Energiestrom nach *Bild 1* ist ein Fluss ohne Wiederkehr. **Längs dieses Energie-Flusses können wir Energie für uns nutzen.**

Wollte man die Abstrahlung der Energie in den Weltraum wesentlich beschränken, um Energie zu horten, so könnte die Erde wärmer werden. Dies hätte fatale Folgen; man denke an den *Treibhauseffekt.* Wir müssen froh sein, dass die Erde praktisch alle Energie, die sie von der Sonne empfängt, letztlich in den Weltraum abstrahlt. Sonnenenergie-Nutzung steht dem nicht im Wege.

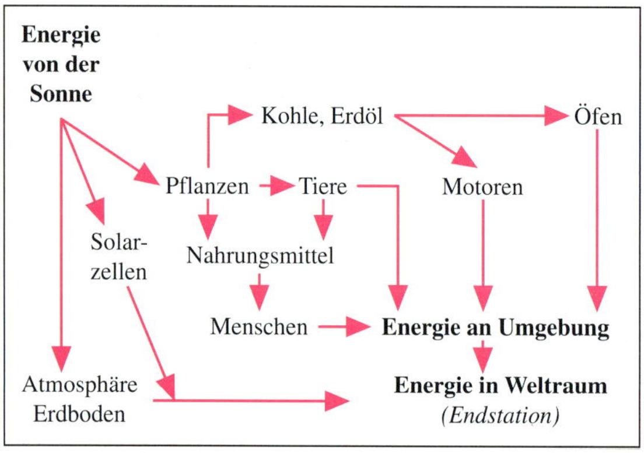

1 „Einbahnstraßen" der Energie-Übertragungs-Kette

2. Energieentwertung durch Naturgesetze

a) **Elektrische Energie** kann vollständig in alle anderen Energieformen umgesetzt werden; man sagt, sie habe vollen Wert: Bei Motoren geht sie in mechanische Energie über, bei Lampen in Licht und Wärme, bei Heizkörpern vollständig in Wärme. Ähnlich gut lässt sich im Prinzip auch **mechanische Energie** in alle anderen Energieformen umwandeln.

b) Dagegen setzt die **innere Energie** heißer Bremsen ein Auto nicht mehr in Bewegung; sie fließt als Wärme bei $T_t \approx 300$ K nutzlos ab. Auch ideale Wärmekraftmaschinen könnten von **Wärme,** die bei $T_h \approx 400$ K zugeführt wird, höchstens den **Bruchteil** $\boldsymbol{\eta = 1 - T_t/T_h} = 0{,}25 = 25\%$ in vollwertige mechanische Energie umwandeln. Der Rest (75%) ginge *als Abwärme in die Umgebung.* **So gibt η den wertvollen, noch umwandelbaren Bruchteil der Wärme an. Der Rest ist endgültig entwertet.** Wärmekraftmaschinen mit $\eta > 1 - T_t/T_h$ wären nämlich nach Seite 264 naturwidrig: Sie könnten die wertlose Energie des Meerwassers in hochwertige Energie umsetzen. Eine solche Aufwertung ist aber prinzipiell unmöglich!

c) Heizwärme W_{Heiz} fließt vom Zimmer in die Winterluft. Durch Zwischenschalten einer Maschine hätte man die Arbeit $W = \eta \cdot W_{Heiz}$ nutzen können. Bei *Wärmeleitung* wird sie aber vergeudet. Wärmepumpen können zwar die Wärme wieder zurückholen, aber nicht von selbst; sie brauchen wertvolle Energie (Strom oder Öl). Insgesamt überwiegt auch dabei die **Energieentwertung.**

Elektrische Energie und **mechanische Energie** sind vollwertig. Dagegen ist der **Wert von Wärme** und von innerer Energie heißer Körper begrenzt; er sinkt mit der Temperatur und ist bei Umgebungstemperatur null.

3. Die Pfeile der Energieketten

Längs der Energie-Übertragungs-Kette in *Bild 1* geht keine Energie verloren; am Ende gibt es genauso viel wie am Anfang. Eine Umkehr der Pfeile dieser Kette würde der Energieerhaltung nicht zuwiderlaufen. Die von der Pfeilrichtung angezeigten „Einbahnstraßen" zeigen vielmehr etwas Neues, das weit über die Energieerhaltung hinausweist:

- Die Pfeile kennzeichnen die **naturbedingte Richtung von Energie-Umwandlungen.**
- Diese Umwandlungen sind wegen unvermeidlicher Reibung und bei Wärmeleitung mit **endgültiger Energieentwertung** verbunden.

Energieketten, längs denen Reibung oder Wärmeleitung auftritt, können nicht gegen die Pfeilrichtung, also nicht mehrmals, im Kreislauf, genutzt werden. Die in die Umgebung geflossene Abwärme ist *energetischer Abfall*, nicht wieder verwertbar. *Man muss ihn in den Weltraum entlassen.* Man kann zwar wertvolle *Stoffe* aus Müll wieder verwerten, Stoffe *lassen sich recyclen.* Ein Recyclen von *Energie* dagegen wäre naturwidrig; es gibt keinen von selbst ablaufenden Kreislauf der Energie.

Erlaubt die Natur keinen Ausweg? Nehmen wir ein bremsendes Fahrrad mit der Videokamera auf. Lassen wir dann das Band rückwärts laufen, so kehren wir den **Zeitablauf** künstlich um. Dabei sehen wir etwas Unnatürliches: Solange der Fahrer bremst, fährt das Rad rückwärts an und wird immer schneller. Wäre dieser Vorgang real, so würde sich die innere Energie der heißen Bremsen in Bewegungsenergie des Rads zurückverwandeln, *würde also wieder von selbst aufgewertet!* Aufnahmen von *reibungsfrei* schwingenden Pendeln dagegen sehen im Vorwärts- wie im Rückwärtslauf gleich aus. *Man kann also nur Vorgänge ohne Energie-Entwertung – ohne Reibung und ohne Wärmeleitung – umkehren.* Die Pfeilrichtung in Energie-Übertragungs-Ketten mit Energieentwertung ist genauso wenig umkehrbar wie der natürliche Zeitablauf.

4. Unser heutiges Energieproblem

Warum soll Energie knapp werden? Sie bleibt doch stets erhalten, selbst wenn sie viele Formen durchläuft. Zudem schlummern in der inneren Energie der Meere und der Luft ungeheure Mengen an Energie. Warum nutzen wir sie nicht, warum plündern wir die Öl- und Kohlevorräte der Erde? Unser heutiges Energieproblem versteht man erst, wenn man bedenkt:

- **Die einzelnen Energieformen haben unterschiedlichen Wert, bestimmt durch ihre Umwandelbarkeit in andere Energieformen.**
- **Von selbst wandelt sich wertvolle Energie in Energie geringeren Werts um, nie umgekehrt.**
- **Wir haben keinen Mangel an Energie schlechthin, sondern Mangel an hochwertiger, umwandelbarer Energie.**

2 Thermogramm eines Hauses (blau ≙ kalt; rot ≙ warm)

5. Gebremster Energiefluss

Sehr viel Energie setzen wir für die Beheizung von Wohnräumen ein. Dort zu sparen, bringt also besonders viel. Vor allem Fenster mit einfachen Glasscheiben sind „Schlupflöcher" für die in die kalte Umgebung strömende Energie. Zwar ist die Fensterfläche eines Zimmers im Allgemeinen kleiner als die der Außenwand, aber die Scheiben sind viel dünner als das Mauerwerk. Deshalb ist ihre isolierende Wirkung schlecht. Ersetzt man die Glasscheiben durch so genanntes *Isolierglas*, so wird die *Wärmeisolation* erheblich verbessert. Isolierglas besteht aus zwei Glasscheiben mit einem Zwischenraum von 10 bis 15 mm. Die darin enthaltene Luft leitet so schlecht, dass der Wärmestrom stark verringert wird.

Will man auch die Isolierung des Mauerwerks verbessern, muss man möglichst wissen, wo die „schwachen Stellen" sind. Das Thermogramm *(Bild 2)* eines Hauses wurde an einem kalten Tag mit einer Spezialkamera aufgenommen. Seine Farben geben die Temperaturverteilung auf der Außenwand an. Rötlich abgebildete Stellen haben eine relativ hohe Temperatur, weil dort viel Wärme von innen nach außen fließt. Vor allem diese Stellen brauchen eine bessere Wärmedämmung.

Eine weitere Verbesserung erreicht man, indem man die Fensterritzen gut abdichtet. Man muss aber bedenken, dass dann ein offener Kamin vielleicht nicht ausreichend zieht. In extremen Fällen können giftige Verbrennungsgase ins Zimmer gelangen und die Bewohner gefährden.

Wärmekraftwerke

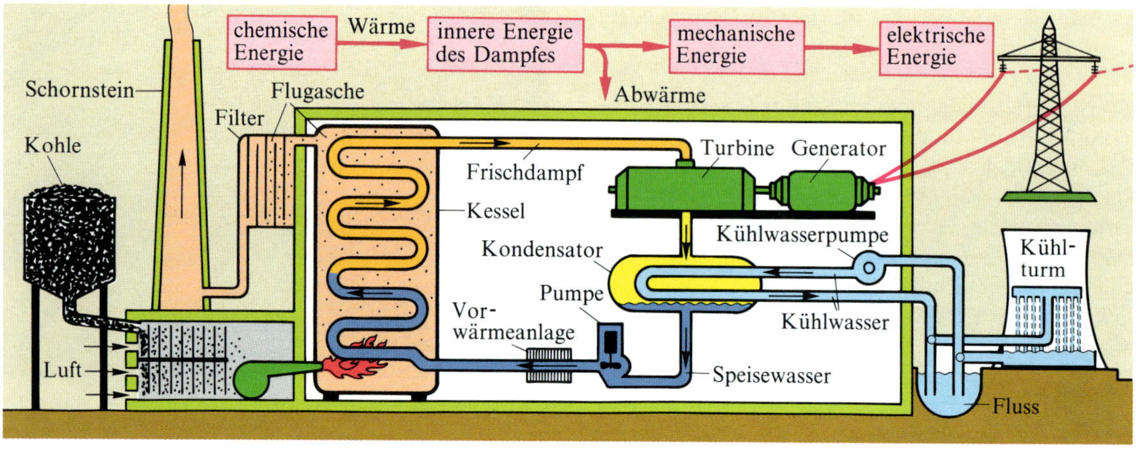

1 Kohlekraftwerk (stark vereinfacht)

1. Elektrische Energie ist begehrt

Die industrielle Entwicklung begann in Europa mit dem Einsatz von Dampfmaschinen. Damit eine einzige Dampfmaschine viele Webstühle oder ähnliche Geräte antreiben konnte, war eine komplizierte Übertragung mittels Wellen und Treibriemen erforderlich. Heute hat fast jedes Arbeitsgerät in einer Fabrik einen Elektromotor als Antrieb und kann dadurch den wechselnden Betriebsbedingungen besser angepasst werden.

Elektrische Energie kann man gut in andere Energieformen umwandeln. Man kann mit ihr z. B. Maschinen antreiben, heizen und chemische Prozesse (Elektrolyse) durchführen. Sie ist also vielseitig einsetzbar und außerdem gut zu transportieren. Deshalb gilt sie als wertvolle Energieform.

2. Was geschieht im Kraftwerk?

In den so genannten **Kraftwerken** wird die *Lageenergie* des Wassers (z. B. in einer Talsperre) oder die *innere Energie* der Verbrennungsgase von Kohle oder Öl über mehrere Zwischenstufen in *elektrische Energie* umgewandelt. Das strömende Wasser bzw. der im Röhrensystem eines Dampfkessels erzeugte Wasserdampf treiben große Turbinen an. Die Turbinen sind an Generatoren gekoppelt und drehen diese mit 50 Umdrehungen je Sekunde. Fernleitungen transportieren die von den Generatoren gelieferte elektrische Energie zu den Abnehmern.

3. Weshalb dreht sich eine Dampfturbine?

In einem modernen Dampfkessel fließt Wasser durch ein Rohrsystem, das von den Flammengasen umströmt und stark erhitzt wird. Der in den Rohren entstehende Wasserdampf hat schließlich eine Temperatur von über 500 °C und einen Druck bis zu 200 bar. (Dabei wirkt auf 1 cm^2 eine Kraft von 2000 N.) Dieser Dampf strömt dann in der Turbine gegen die schräg gestellten Schaufeln eines *Laufrades*, drückt diese seitlich weg und versetzt so das Laufrad in Rotation *(Bild 3)*. (In einer Wasserturbine drückt entsprechend flüssiges Wasser gegen die Turbinenschaufeln.) Anschließend wird der Dampf durch feststehende *Leitschaufeln* wieder in eine günstige Richtung umgelenkt und strömt dann gegen ein zweites Laufrad, das gemeinsam mit allen anderen auf derselben Welle sitzt. Das wiederholt sich mehrfach, denn eine Turbine hat viele Lauf- und Leiträder.

Jedesmal, wenn die Moleküle des heißen Wasserdampfes gegen die ausweichende Fläche einer Laufschaufel stoßen, geben sie einen Teil ihrer Bewegungsenergie an diese ab und prallen mit verminderter Geschwindigkeit zurück. Hinter jedem Laufrad ist also der Wasserdampf weniger heiß als davor. Ein Teil der inneren Energie des Dampfes wird Bewegungsenergie der Turbine. Dabei nimmt der Dampfdruck ab und das Dampfvolumen zu. Deshalb müssen die Schaufelkränze im Niederdruckteil einer Turbine eine größere Durchtrittsfläche haben als im Hochdruckteil.

Hinter dem letzten Laufrad lässt man den Wasserdampf kondensieren und pumpt das Kondenswasser wieder in den Dampfkessel. Diese Abkühlung des Dampfes hinter der Turbine bewirkt, dass seine Energie besser genutzt wird. Kondensiert der Dampf z. B. bei der Temperatur 100 °C, so beträgt sein Druck noch 1 bar (10 N je cm^2). Kondensiert er dagegen in einer von Flusswasser gekühlten Kammer (Wärmetauscher) bei 24 °C, so beträgt sein Druck nur noch 0,03 bar (0,3 N je cm^2). Entsprechend größer ist die von der Turbine genutzte Druck- und Temperaturdifferenz.

Für die Kondensation des Abdampfes ist viel Kühlwasser nötig, in einem großen Kraftwerk bis zu 100 m^3 je Sekunde. Häufig entnimmt man es einem größeren Gewässer und leitet es etwas erwärmt wieder dorthin zurück. Oder man lässt das benutzte Kühlwasser in einem hohen Kühlturm hinabrieseln, während gleichzeitig Luft von unten nach oben strömt. Der Wärmeaustausch zwischen Wasser und Luft verläuft bei diesem *Gegenstromverfahren* besonders gut. Außerdem verdunstet ein Teil des Wassers und sorgt so für weitere Abkühlung.

4. Sparsamkeit ist gefragt!

Im Allgemeinen möchte man aus möglichst wenig verbranntem Treibstoff möglichst viel Nutzarbeit erhalten. Damit der Wirkungsgrad der Maschinen groß ist, muss die Temperatur T_h, bei der Energie als Wärme zugeführt wird, sehr hoch und die Temperatur T_t des Kühlwassers niedrig sein. Leider gibt es für T_h Grenzen, z. B. nimmt die Festigkeit von Stahl bei hoher Temperatur ab. Und T_t (Kühlwasser) kann man sich praktisch nie aussuchen.

Der Wirkungsgrad von Dampflokomotiven beträgt nur etwa 15 %. Diese schlechte Nutzung des Brennstoffs ist einer der Gründe, weshalb sie heute kaum noch eingesetzt werden. Ein Ottomotor erreicht einen Wirkungsgrad von 35 %, ein Dieselmotor wegen der hohen Temperatur der Verbrennungsgase sogar 40 %. In einem Kraftwerk kann man Druck und Temperatur des Dampfes so hoch treiben, wie es die Festigkeit des für Rohre und Turbinen benutzten Materials zulässt. Zur Zeit gelten etwa 550 °C und 200 bar (2000 N je cm^2) als Obergrenzen. Damit erreicht man, dass über 50% der Energie der Brennstoffe in mechanische Energie umgewandelt wird. Davon dient ein nicht geringer Teil dem Betrieb zahlreicher Hilfsanlagen im Kraftwerk. So benötigt es für den Wasserkreislauf sehr leistungsfähige Pumpen, denn das Kondenswasser muss mit hohem Druck zurück in den Kessel gepumpt werden. Berücksichtigt man diesen eigenen Energiebedarf, erreichen moderne Kraftwerke einen Wirkungsgrad von etwa 40 %. Wenn der durch die Turbinen geleitete Dampf anschließend noch in einer Fernheizung genutzt wird (Kraft-Wärme-Kopplung), steigt der Gesamtwirkungsgrad auf etwa 80 %.

A1. Schneide eine Papierspirale aus und setze ihr Zentrum auf eine senkrecht in ein kleines Holzbrett gesteckte Stricknadel. Stelle das Gerät dann auf einen heißen Heizkörper oder Ofen. Erkläre deine Beobachtung. Mit welcher Begründung könnte man dein Gerät eine „Heißluftturbine" nennen?

A2. Watts erste Dampfmaschine verbrannte für 1 kWh mechanischer Energie etwa 90 kg Steinkohle (spezifischer Heizwert 31 MJ/kg). Berechne ihren Wirkungsgrad.

2 Montage einer Dampfturbine

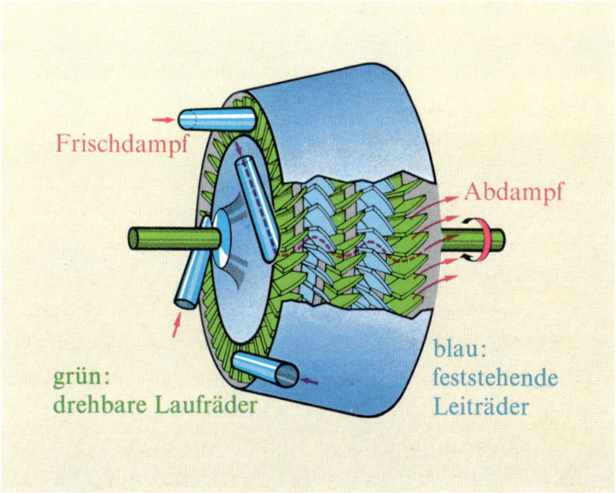

3 Schema einer Dampfturbine

Energiewirtschaft

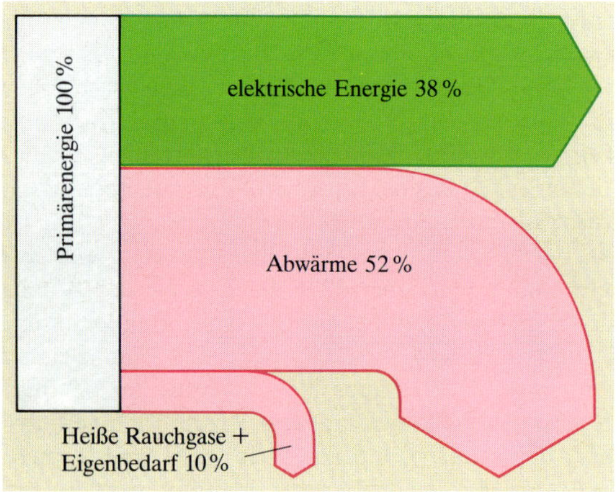

1 Energiefluss in einem konventionellen Großkraftwerk

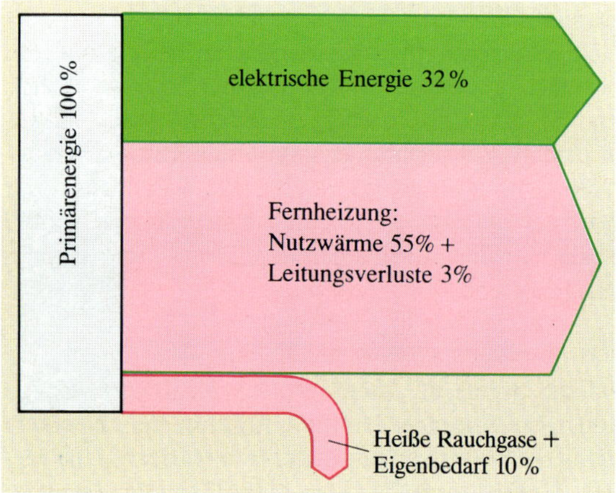

2 Energiefluss in einem dezentralen Blockheizkraftwerk

1. Woher nehmen wir Energie?

Unsere derzeitige Lebensweise beruht darauf, dass uns Energie in beliebiger Menge preiswert zur Verfügung steht. Der größte Teil dieser Energie entstammt der Verbrennung **fossiler Brennstoffe** (Kohle, Erdöl, Erdgas). Dabei hat das Erdöl zur Zeit eine überragende Bedeutung. Leider sind die Erdölvorräte sehr begrenzt. Die anderen Brennstoffe reichen wesentlich länger, aber auch sie sind nicht unerschöpflich.

Kohle und Erdöl sind außerdem wichtige Rohstoffe der chemischen Industrie. Sie stellt aus ihnen eine Vielzahl von Produkten her, z. B. Kunststoffe, Schädlingsbekämpfungsmittel und Medikamente. *Die fossilen Brennstoffe sind zum Verbrennen viel zu schade.* Außerdem binden sie beim Verbrennen Luftsauerstoff und bilden so Kohlenstoffdioxid. Es ist zu befürchten, dass die Anreicherung der Atmosphäre mit Kohlenstoffdioxid das Klima weltweit ungünstig beeinflusst.

Konventionelle Kraftwerke benötigten 1985 für 1 kWh elektrischer Energie etwa 0,3 kg Kohle (Wirkungsgrad etwa 38%). Ein großer Temperatursprung zwischen den heißen Verbrennungsgasen (≈ 1600 °C) und dem Dampf im Kessel (≈ 550 °C) wird dabei kaum genutzt. In *Kombikraftwerken* treiben die Verbrennungsgase Gasturbinen, bevor sie – nun etwas abgekühlt – den Dampfkessel heizen. So nutzt man die Energie der Verbrennungsgase viel besser (Wirkungsgrad 1990 etwa 45%).

2. Wohin mit der Abwärme?

Hinter der Turbine eines Kraftwerks ist der hindurchgeströmte Wasserdampf immer noch ziemlich heiß. Man kann ihn also noch verwenden, um zahlreiche Wohnungen mittels eines Fernheiznetzes zu beheizen. (Häufig überträgt man dazu seine Energie auf einen gesonderten Wasserkreislauf.) Obwohl die Rohre dieses Netzes sehr gut isoliert werden, ist dieser Energietransport nur über kurze Strecken technisch sinnvoll. Kraftwerke errichtet man aber im Allgemeinen nicht am Rand einer Großstadt, deshalb ist diese Nutzung nur selten möglich. Es bleibt oft nur der Ausweg, mit der Restenergie des Abdampfes ein Gewässer oder die Luft aufzuheizen und so mit dem „Wärmemüll" die Umgebung zu belasten.

Kleine Anlagen arbeiten im Allgemeinen mit einem kleineren elektrischen Wirkungsgrad als große, aber sie eignen sich für die so genannte *Kraft-Wärme-Kopplung*. Baut man nämlich ein kleineres Kraftwerk direkt in einem Wohnviertel, so kann es im Winter mit seiner Abwärme einen oder sogar mehrere Wohnblöcke heizen. Dann nutzt ein derartiges *Blockheizkraftwerk* insgesamt den Brennstoff zu 90 % aus *(Bild 2)*. Weil elektrische Energie und Heizung aber nicht immer zur gleichen Zeit benötigt werden, muss eine Verbindung zu einem großen Kraftwerk bestehen, das den Bedarf an elektrischer Energie ausgleicht. Die Abgasreinigung ist bei Kleinanlagen relativ teuer; deshalb betreibt man sie vorwiegend mit „sauberen" Brennstoffen (z. B. Erdgas).

3. Alternativen

Die Energie der fossilen Brennstoffe wird vor allem eingesetzt, um zu heizen, um in Kraftwerken elektrische Energie zu erzeugen und um Fahrzeuge zu bewegen. Wenn man die Vorräte an fossilen Brennstoffen schonen will, muss man Energiequellen nutzen, die nicht verbraucht werden. Man nennt sie auch *alternative* (andersartige) oder *regenerative* (sich erneuernde) Energiequellen. Wir besprechen hier nur einige von ihnen.

Für die *Heizung* eines Hauses kann man die Energie der Sonnenstrahlung gutnutzen. Man bringt z.B. auf dem Dach eines Hauses eine Rohrschlange oder doppelwandige Platten an, durch die Wasser gepumpt wird *(Bild 3)*. Die Rohre und Platten sind schwarz gefärbt; sie absorbieren die Sonnenstrahlung und erhöhen die Temperatur des hindurchströmenden Wassers. Dieses verwendet man als „Warmwasser" im Haushalt, oder man leitet es durch die Heizkörper in den einzelnen Zimmern, die man beheizen will.

Wenn die Sonnenstrahlung ungehindert senkrecht auf einen *Solarkollektor* auftrifft, so beträgt die Leistung etwa 1 kW je m^2. Für die Heizung eines ganzen Hauses würde dann schon eine Fläche von einigen m^2 genügen. Da aber nur selten optimale Bedingungen vorliegen, muss die Kollektorfläche viel größer sein. Leider steht die Sonnenstrahlung gerade dann *nicht* zur Verfügung, wenn man sie am dringendsten braucht, z. B. in einer kalten Winternacht. Man behilft sich damit, dass eine größere Wassermenge tagsüber aufgeheizt und dann in einem isolierten Tank gespeichert wird. So kann ein Haus auch nachts beheizt werden. Für eine längere Schlechtwetterperiode reicht dieser Speicher aber nicht aus. Solarkollektoren können also eine herkömmliche Heizung entlasten, aber zur Zeit nicht völlig ersetzen.

Wenn man die Sonnenstrahlung mit Spiegeln konzentriert, lassen sich sehr hohe Temperaturen erreichen. Damit kann Wasser in einem Rohrsystem so stark erhitzt werden, dass der entstehende Wasserdampf eine Turbine mit einem Generator anzutreiben vermag. Ein derartiges *Solarkraftwerk* fällt aber aus, wenn der Himmel bewölkt ist, denn das von den Wolken gestreute Sonnenlicht lässt sich nicht mit Spiegeln konzentrieren. Außerdem lässt sich die tagsüber gewonnene elektrische Energie schlecht für die Nacht speichern.

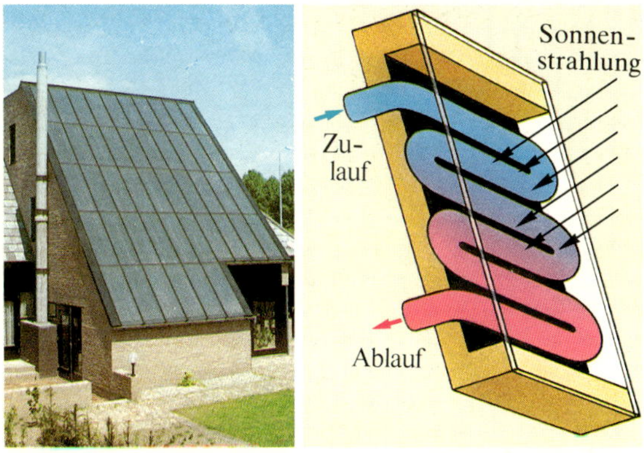

3 Mit Solarkollektoren kann man ein Haus heizen

4 Solarzellen nutzen die Sonnenstrahlung und liefern direkt elektrische Energie. Das abgebildete Kraftwerk auf der Nordseeinsel Pellworm hat mit einer Fläche von 15000 m^2 etwa 600 kW Leistung.

Mit *Solarzellen* kann man die Energie der Sonnenstrahlung direkt (ohne die Zwischenschaltung thermischer Prozesse) in elektrische Energie umwandeln. Leider ist ihr Wirkungsgrad gering (nur etwa 15 %); außerdem sind sie relativ teuer. Aber wenn ein Gerät nur eine geringe elektrische Leistung benötigt (z. B. ein Taschenrechner), genügt schon eine kleine Zelle mit wenigen cm^2 Fläche. Für Spezialaufgaben setzt man auch großflächige Solarzellen ein, z. B. um im Weltraum den Sender eines Nachrichtensatelliten zu betreiben. Wenn eine ganze Ortschaft ausschließlich mit der Energie von Solarzellen versorgt werden soll, ist eine große Fläche erforderlich *(Bild 4)*. Auch bei dieser Art der Energieumwandlung, die *Fotovoltaik* genannt wird, benötigt man Speicher für die gewonnene Energie, denn die Sonnenstrahlung liefert sie uns keineswegs gleichmäßig.

1 Moderne Windgeneratoren

2 Ein Pumpspeicherwerk gleicht den Energiebedarf aus

Schon von alters her nutzt der Mensch die Energie des Windes, um Windmühlen anzutreiben. Ihre modernen Nachfolger nennt man *Windgeneratoren (Bild 1)*; sie liefern elektrische Energie. An günstigen Standorten stellt man viele Windgeneratoren auf; die ganze Anlage nennt man dann einen *Windpark*.

Der Sonnenstrahlung entstammt letztlich auch die Energie des fließenden Wassers. Man nutzt sie, indem man einen Fluss staut und an der Staustufe ein *Wasserkraftwerk* errichtet. Für einen Gebirgsbach baut man eine *Talsperre*. Zwar ist der Wasserstrom eines Baches schwächer als der eines Flusses, aber die nutzbare Höhendifferenz ist viel größer.

In einigen Küstenbereichen bewirken Ebbe und Flut, dass der Wasserstand um mehr als 10 m schwankt (Tidenhub). Bei Saint-Malo an der französischen Atlantikküste, wo der Tidenhub 14 m erreicht, arbeitet ein *Gezeitenkraftwerk* bereits seit 1967. An der deutschen Nordseeküste beträgt der Tidenhub nur 3 bis 4 m, hier sind Gezeitenkraftwerke nicht sinnvoll. Die Energie der Gezeiten entstammt der Bewegungsenergie der sich drehenden Erde, die dadurch gebremst wird.

Im Verkehr kann man die genannten Energiequellen nur in Sonderfällen nutzen. Lokomotiven und Straßenbahnwagen lassen sich zwar mit elektrischer Energie betreiben, aber sie benötigen ein aufwendiges Leitungssystem. Für einzelne Autos im Straßenverkehr ist man immer noch auf die Verbrennung von Benzin und anderen Erdölprodukten angewiesen. Hier kann jeder Einzelne zur Zeit nur sparen, indem er weniger und langsamer fährt.

4. Wer die Wahl hat ...

Bei der Nutzung von Energie sind viele Gesichtspunkte zu beachten.

a) *Die Energie muss in ausreichender Menge verfügbar sein.* Zur Zeit gilt das noch für die „Energieträger" Kohle, Öl und Gas. Weil deren Lager in absehbarer Zeit erschöpft sein werden, erforscht man andere Energiequellen. Einige dieser alternativen Energiequellen versprechen zwar ein ausreichendes Energieangebot, aber ihr großer Platzbedarf begrenzt ihren Einsatz. So braucht man 20 000 Windgeneratoren mit je 50 kW Leistung, um ein großes Kohlekraftwerk ($P = 1000$ MW) zu ersetzen. Und wenn man statt dieses Kraftwerks ein Feld mit Solarzellen einsetzen will, so muss dieses bei optimaler Nutzung der Sonnenstrahlung eine Fläche von weit mehr als 10 km^2 haben.

b) *Die Energie muss nach Bedarf verfügbar sein.* Was nützt ein kostengünstiger Windgenerator, wenn der Wind unzuverlässig geht? Ein Gezeitenkraftwerk kann täglich nur wenige Stunden betrieben werden, wobei man sich diese Betriebszeit nicht aussuchen kann. Kohle- und Kernkraftwerke liefern die Energie vorzugsweise gleichmäßig über den Tag verteilt, obwohl der Bedarf stark schwankt. Also braucht man Speichermöglichkeiten (z. B. ein Pumpspeicherwerk), um das Energieangebot dem Bedarf anzupassen. Ein Pumpspeicherwerk *(Bild 2)* nutzt einen Energieüberschuss, um Wasser aus einem Fluss in ein hochgelegenes Becken zu pumpen. Wenn der Energiebedarf sehr groß ist, fließt das Wasser wieder zurück, und die Anlage arbeitet als Wasserkraftwerk.

c) *Die „Produktion" und Nutzung der Energie darf keine schädlichen Nebenwirkungen haben.* Hier schneiden die meisten Energiequellen ziemlich schlecht ab. Die Kohlekraftwerke produzieren unvermeidbar trotz bester Rauchgasreinigung viel CO_2, das den gefürchteten „Treibhauseffekt" bewirkt. Kernkraftwerke haben das Problem der Abfallentsorgung. Beide produzieren außerdem „Wärmemüll". Talsperren stellen einen schweren Eingriff in eine Landschaft dar und werden nicht von allen Leuten als Verschönerung empfunden. Und ob ein Windpark oder eine große Anlage mit Solarzellen sich problemlos betreiben lassen, muss erst noch erforscht werden.

Zur Zeit erfüllt *keine* bekannte Energiequelle alle genannten Bedingungen. Umso wichtiger ist es, dass wir mit der zur Verfügung stehenden Energie sorgsam umgehen und sie nicht verschwenden. Und wann ist ein Käufer von Energie bereit zu sparen? Vermutlich dann, wenn „es an den eigenen Geldbeutel geht".

d) *Der Preis muss stimmen.* Er wird von sehr vielen Faktoren beeinflusst. Zunächst müssen der Bau des Kraftwerkes (oder einer entsprechenden Anlage) und der laufende Betrieb einschließlich der Brennstoffkosten bezahlt werden. Das elektrische Leitungsnetz sowie die Messung und Abrechnung der vom Kunden gekauften Energie hat man auch nicht umsonst. Alles zusammen ergibt schließlich den Preis für eine Kilowattstunde. Dieser Preis ist in den letzten Jahrzehnten weniger stark gestiegen als die allgemeinen Lebenshaltungskosten. Deshalb kommt uns heute eine Kilowattstunde billig vor, und das verleitet zur Verschwendung. Durch staatliche Lenkungsmaßnahmen könnte man das Verhalten der Energiekäufer beeinflussen, z. B. indem man durch eine Sonderabgabe die Energie wesentlich verteuert. Derartige Maßnahmen sind aber sehr umstritten, denn teure Energie erhöht auch den Preis der produzierten Güter. Darunter kann die Wettbewerbsfähigkeit eines Landes leiden. Es ist allemal besser, wenn die *Einsicht in physikalische Zusammenhänge* dazu führt, dass Energie sparsam verwendet wird.

Die hier angestellten Überlegungen gelten nicht nur für die elektrische Energie, obwohl sie besonders wichtig ist, sondern auch für alle Brennstoffe, selbst wenn sie „nur" zum Beheizen von Gebäuden gebraucht werden. Sie gelten auch für den Brennstoffbedarf der verschiedenen Verkehrsmittel und der Industrie.

A1. Welche der besprochenen Energiequellen sind nicht jederzeit verfügbar? Gib jeweils den Grund an.

A2. Welche nachteiligen Nebenwirkungen bei den besprochenen Energiequellen sind dir bekannt?

A3. Talsperren dienen nicht nur der Energiegewinnung, sondern erfüllen auch noch andere Aufgaben. Welche sind das?

A4. Welche Standorte sind nach deiner Ansicht für einen Windpark günstig?

A5. a) Der spezifische Heizwert der in den großen Wärmekraftwerken verwendeten Brennstoffe (Steinkohle, Öl) liegt bei etwa 30 MJ/kg. Wie viele Tonnen Brennstoff muss ein derartiges Kraftwerk mit der Leistung von 1000 MW täglich verfeuern, wenn sein Wirkungsgrad 40 % beträgt?

b) Mindestens 5 % der Kohle bleibt als Asche zurück; davon halten die Filteranlagen 99 % zurück. Wie viel Asche gelangt täglich in die Atmosphäre?

A6. a) Die klimatischen Bedingungen sind in Mitteleuropa für den Betrieb von Solarzellen nicht günstig. Welche Gründe kannst du nennen?

b) Solarzellen liefern zur Zeit höchstens 150 W je m^2, über lange Zeit gemittelt aber nur etwa 10 W je m^2. Woran kann das liegen?

c) Welche Fläche müsste man mit Solarzellen belegen, um die Leistung eines modernen Wärmekraftwerks (etwa 1000 MW) zu erreichen?

A7. In der Sahara würde ein Solarkraftwerk optimal arbeiten. Welches Problem muss erst noch gelöst werden, damit die Bewohner Mitteleuropas davon einen Nutzen haben?

A8. Bei vielen alternativen Energien ist die vorübergehende Speicherung wichtig. Nenne dafür Beispiele. Gib auch Beispiele aus anderen Bereichen der Technik an, bei denen die Energiespeicherung von Bedeutung ist.

A9. Wenn die alternativen Energien intensiv genutzt werden, braucht man die herkömmlichen Wärmekraftwerke nur noch zur Überbrückung eventueller Lücken und für den Fall, dass die alternativen Energiequellen einmal ausfallen. Welche Konsequenzen hat das für die Wärmekraftwerke?

A10. Gelegentlich wird ein Heizkraftwerk zur Beheizung eines Schwimmbades benutzt; die elektrische Energie bekommt ein Industriebetrieb. Erkläre, welche besonderen Vorteile diese Kombination hat.

Im Überblick: Wärme

1. Formeln und Begriffe

a) Die **Temperatur** kennzeichnet den Zustand eines Körpers genauer als die Begriffe „kalt", „lau" oder „heiß". Wir benutzen die beiden nach CELSIUS und KELVIN benannten Temperaturskalen. Sie haben gleiche Gradschritte, aber verschiedene Nullpunkte. Man kann x °C in y K umrechnen: **y = x + 273.**
Beispiel: 20 °C sind gleich 293 K.

b) Mit der Temperatur ändern sich im Allgemeinen die Abmessungen aller Körper. Kennt man das Verhalten eines Probekörpers, so kann man auf das eines beliebigen Körpers aus dem gleichen Material schließen.

c) Geht eine Energieportion W infolge eines Temperaturunterschieds durch Teilchenstöße von einem Körper auf einen anderen über, so nennen wir sie **Wärme.** Dieser Übergang vermindert die **innere Energie** des abgebenden Körpers und erhöht die des aufnehmenden Körpers.
Es gilt: $\boldsymbol{W = c \cdot m \cdot \Delta\vartheta}$. ($c$ ist die **spezifische Wärme,** häufig auch spezifische Wärmekapazität genannt.)
Beispiel: Um eine Wasserportion ($m = 250$ g) von 12 °C auf 100 °C (also um 88 K) zu erhitzen, muss man $W = 4{,}2\,\frac{\text{J}}{\text{g}\cdot\text{K}} \cdot 250\,\text{g} \cdot 88\,\text{K} = 92{,}4\,\text{kJ}$ zuführen.

d) Auch zum Ändern des Aggregatzustandes ist Energie nötig.
Beim Schmelzen gilt: $\boldsymbol{W = s \cdot m}$. ($s$ ist die **spezifische Schmelzwärme.**)
Beim Verdampfen gilt: $\boldsymbol{W = r \cdot m}$. ($r$ ist die **spezifische Verdampfungswärme.**)
Beispiele: Um 20 g Eis von 0 °C ohne Temperaturerhöhung zu schmelzen, braucht man $W = 335\,\text{J/g} \cdot 20\,\text{g} = 6{,}7\,\text{kJ}$. – Um 20 g Wasser von 100 °C in Wasserdampf von 100 °C umzuwandeln, braucht man $W = 2258\,\text{J/g} \cdot 20\,\text{g} = 45{,}16\,\text{kJ}$.

e) Bei Reibungsvorgängen wird mechanische Energie in innere Energie umgewandelt. Umgekehrt wandeln Verbrennungsmotoren die zugeführte Wärme in mechanische Arbeit (Nutzarbeit) um, jedoch niemals vollständig. Es gilt:

$$\textbf{Wirkungsgrad} = \frac{\text{Nutzarbeit}}{\text{zugeführte Wärme}} \cdot 100\,\%.$$

Die nicht genutzte Energie ist meistens Abwärme.

2. Energiefluss im Wärmekraftwerk

Wir betrachten den Energiefluss durch ein Wärmekraftwerk *(Bild 1* und *Bild 268.1).* Entlang der Energie-Übertragungs-Kette wird hineingesteckte Energie entwertet. Wertvolle Energie ist in *Bild 1* rot getönt, entwertete Energie grau.

Wie viel Joule elektrische Energie erhält man schließlich z.B. aus $W = 100$ J wertvoller chemischer „Kohle"-Energie?

Im Brennerraum verbrennt Kohle bei $\vartheta_h = 1600$ °C ($T_h \approx 1870$ K). Bei dieser, im Vergleich zur Umgebung ($T_t \approx 300$ K), hohen Temperatur ist abgegebene Wärme W wertvoll: Der Anteil $W_1 = W \cdot (1 - T_t/T_h) = W \cdot (1 - 300\,\text{K}/1870\,\text{K}) \approx 84$ J kann in mechanische Energie umgewandelt werden (Seite 265). Der Rest (16 J) sind endgültig entwertet. Sind die Abgase weitgehend abgekühlt, dann entweicht mit ihnen praktisch nur entwertete Energie (ca. 8 J bei heutigen Kraftwerken).

Die Dampferzeugung kann leider bei dieser hohen Temperatur nicht erfolgen. Der die Turbine treibende Dampf darf höchstens etwa die Temperatur $T \approx 800$ K haben; mehr halten die Rohre nicht aus. Um das Speisewasser von $T_t = 300$ K auf $T \approx 800$ K zu bringen, wird ihm Wärme entlang der Rohre bei einer mittleren Temperatur von $T_{hm} \approx 550$ K zugeführt. Bei dieser Temperatur sind allerdings nur noch $W_2 = W_1 \cdot (1 - 300\,\text{K}/550\,\text{K}) = 38$ J wertvoll und können in der Turbine genutzt werden. Der Anteil entwerteter Energie erhöht sich hier auf 54 J.

In Turbine und Generator treten kaum noch Probleme auf. Von dem wertvollen Rest (38 J) gehen noch etwa 2 J durch Lagerreibung und für den Eigenbedarf verloren, sodass schließlich 36 J elektrische Energie übrig bleiben. 54 J müssen als *Abwärme* abgeführt werden. Nur insgesamt 10 J gehen als Schornsteinverluste, Wärmeleitung durch die Wände und zur Deckung des Eigenbedarfs verloren. Gegenüber den so genannten Entwertungsverlusten von 54 J entlang der Energie-Übertragungs-Kette wird dieser Anteil oft stark überschätzt. **Die entscheidende Energieentwertung** findet nicht in der Turbine oder im Brennerraum, sondern im Kesselhaus bei der Absenkung der Temperatur von $T_h = 1870$ K auf $T_{hm} = 550$ K statt!

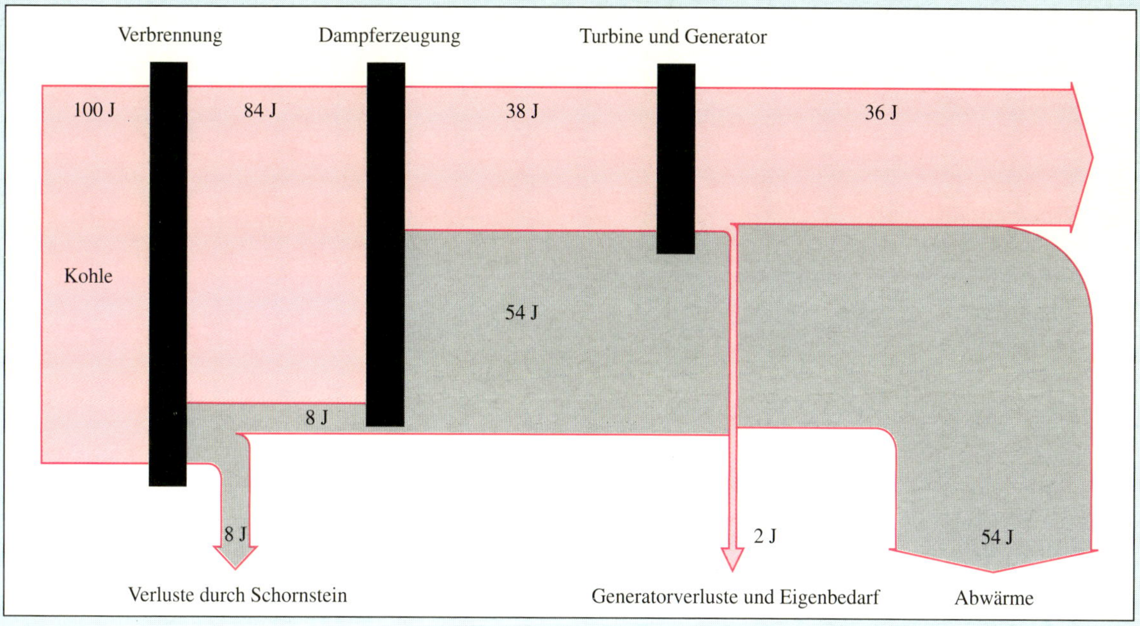

1 Energieentwertung im Kraftwerk: Der Anteil entwerteter Energie (grau) nimmt bei der Dampferzeugung dramatisch zu

3. Höhere Temperatur – höherer Wirkungsgrad

Durch eine höhere Speisewassertemperatur und durch eine Zwischenüberhitzung des Dampfes wird in großen Kraftwerken die für den Wirkungsgrad entscheidende mittlere Temperatur T_{hm} erhöht. Auf diese Weise kann man den Gesamtwirkungsgrad auf immerhin 40% erhöhen.

In *Kombikraftwerken* nutzt man den Temperaturabfall zwischen Brennerraum und Dampferzeugung. Die heißen Verbrennungsgase treiben dort *Gasturbinen* (wie beim Düsenflugzeug) an. Deren Abgase haben dann noch eine Temperatur von $T = 800$ K. Damit erzeugt man Dampf für die Dampfturbinen. Beide Turbinenarten treiben Generatoren. Der Gesamtwirkungsgrad solcher Kraftwerke liegt dann schon bei 48%.

In *Heizkraftwerken* nutzt man die Abwärme zur Raumheizung. Dazu reduziert man die Dampftemperatur auf $T = 400$ K. Diese Maßnahme senkt zwar den Anteil wertvoller Energie auf schließlich nur noch etwa 25% – dafür erhält man viel Heizenergie. Diese Nutzung der Abwärme erhöht den Gesamtwirkungsgrad auf etwa 80% *(Bild 270.1)*. Um „Leitungsverluste" möglichst gering zu halten, stehen Heizkraftwerke in der Nähe von Siedlungen.

A1. Was meint man, wenn man von einer „warmen Wolldecke" spricht? Welche besonderen physikalischen Eigenschaften soll die Decke haben?

A2. Weshalb werden deine Hände heiß, wenn sie an einem Kletterseil schnell herabrutschen? In welcher Weise wird dabei Energie entwertet? Wie könntest du „klettern", wenn sich diese Energieentwertung rückgängig machen ließe?

A3. Gieße etwas Wasser (mit etwas Seifenlösung) in eine flache Schale und stelle ein Trinkglas, das du zuvor mit sehr heißem Wasser ausgespült hast, umgedreht in diese Schale. Beobachte und erkläre, wie sich die im Trinkglas eingeschlossene Luft verhält.

A4. Wenn die Obstbaumblüte durch Nachtfrost gefährdet ist, besprüht man die Bäume mit Wasser. Blüten und Zweige bekommen dann eine dünne „Eishaut", aber sie erfrieren nicht. (Eine Temperatur von $-2\,°\mathrm{C}$ vertragen sie noch.) Am nächsten Tag schmilzt das Eis wieder. Warum schützt dieses Eis vor Frostschäden?

A5. Ein Motor ($P = 2000$ W) zieht eine große Kiste ($m = 500$ kg) hoch. Gerade als nach $t = 20$ s die Kiste $h = 5{,}00$ m über dem Erdboden ist, reißt das Seil, und die Kiste stürzt auf den Boden.
a) Welchen Wirkungsgrad hat der Motor?
b) Verfolge den Energiefluss während des gesamten Vorgangs und gib an, wann und wie dabei Energie entwertet wird.

Elektrische Spannung und ihr Maß

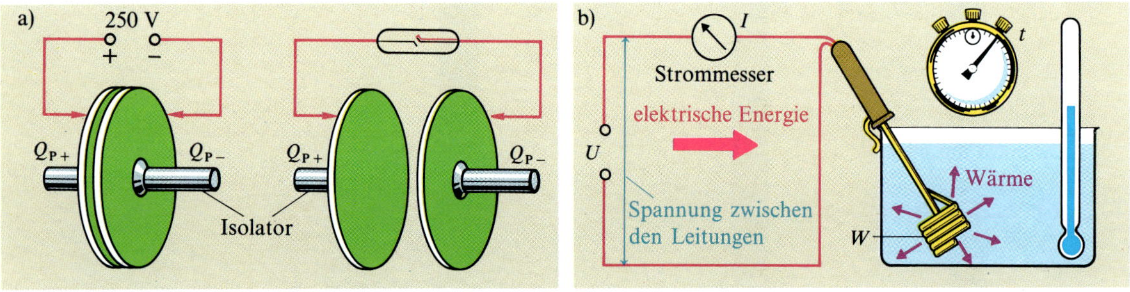

1 a) Zum Trennen von Ladung braucht man Energie, die Spannung steigt. b) Energiefluss von der Steckdose zum Tauchsieder, der die Energie als Wärme an das Wasser abgibt.

1. Was versteht man unter elektrischer Spannung?

Die zwei entgegengesetzt geladenen und isolierten Platten in *Bild 1* haben wir schon in Versuch 1 von Seite 134 auseinander gezogen. Ihre Ladung bleibt gleich; trotzdem leuchtet das Glimmlämpchen heller als vorher. Wir sagen: *Hinter den Ladungen steht mehr Energie auf Abruf bereit; die Spannung ist gestiegen.*

Um nämlich diese Ladungen gegen ihre Anziehungskraft F um die Strecke s weiter voneinander zu entfernen, muss man die Energie $W = F \cdot s$ zuführen. Sie geht nicht verloren. Doch wird sie erst dann frei, wenn die Ladung Q fließt. Wir untersuchen nun, wie die freigesetzte elektrische Energie W von der fließenden Ladung Q abhängt und welche Rolle dabei die Spannung U spielt.

Hierzu betrachten wir einen 300 W-Tauchsieder. Er gibt in 1 s die Energie $W = 300$ J als Wärme ab. Die in dieser Zeit von 1 s fließende Ladung sei Q. In 2 s gibt er $2W = 600$ J ab; es fließt die doppelte Ladung $2Q$. Wir erhalten die doppelte Energie aber auch, wenn wir zwei Tauchsieder *an derselben Quelle* parallel schalten und 1 s lang betreiben. In jedem Fall fließt dabei die Ladung $2Q$ – durch jeden Tauchsieder die Ladung Q.

An einer bestimmten Quelle wird dann die n-fache Energie $n \cdot W$ frei, wenn die n-fache Ladung $n \cdot Q$ fließt. An einer Quelle ist $W \sim Q$; das heißt also, W/Q ist konstant. Verschiedene Quellen haben durchaus unterschiedliche Werte für W/Q. Welchen Betrag hat dieser konstante Quotient an unserer Steckdose?

Versuch 1: Wir messen in einem 300 W-Tauchsieder die Stromstärke $I = 1{,}3\ \text{A} = 1{,}3\ \text{C/s}$ *(Bild 1b)*. Also fließt in 1 s die Ladung $Q = 1{,}3$ C; an der Steckdose ist der Quotient $W/Q = 300\ \text{J}/1{,}3\ \text{C} = 230\ \text{J/C}$. ■

Dies bedeutet: Beim Fließen von Ladung wird *je Coulomb die Energie $W = 230$ J frei*. Man erhält den Wert $W/Q = 230$ J/C *an der gleichen Steckdose* auch bei jedem anderen Tauchsieder *(Tabelle 1)*.

Man kennzeichnet mit dem Quotient W/Q die *Spannung U der benutzten Quelle* aus den folgenden nun einsichtigen Gründen:

- Der Quotient W/Q hängt weder vom angeschlossenen Gerät, noch von der Stromstärke oder der Messzeit ab, sondern allein von der Quelle.
- Um die Spannung in Versuch 134.1 zu vergrößern, haben wir die Platten auseinander gezogen, dabei Energie zugeführt und so W/Q vergrößert.

An 230 V-Steckdosen tritt der Wert 230 J/C nicht zufällig auf. Man setzt nämlich die Spannung U *gleich* dem Quotienten W/Q und die Spannungseinheit 1 V = 1 J/C (Volt; nach ALESSANDRO VOLTA, ital. Physiker um 1800). Wenn die Ladung 1 C fließt, wird bei $U = 1$ V die Energie $W = 1$ J frei.

Eine Stromquelle gebe beim Fließen der Ladung Q die Energie W ab. Dann besteht zwischen ihren Polen die **Spannung**

$$U = W/Q; \quad \textbf{Einheit } 1\ \text{V} = 1\ \text{J/C}. \tag{1}$$

Die beim Fließen der Ladung Q frei werdende Energie beträgt

$$W = U \cdot Q. \tag{2}$$

Versuch 2: **a)** Wir bestimmen nach dieser Definition die Spannung eines Eisen-Nickel-Akkus, in dem 10 Zellen hintereinander liegen. Als Tauchsieder dient uns eine Drahtwendel, die an dicke Kupferdrähte gelötet ist. Die Wendel taucht in Wasser der Masse $m_W = 200\,\text{g}$ (spezifische Wärme $c_W = 4{,}2\,\frac{\text{J}}{\text{g}\cdot\text{K}}$). Der Plastikbecher selbst hat die Masse $m_B = 30\,\text{g}$ ($c_B = 2{,}5\,\frac{\text{J}}{\text{g}\cdot\text{K}}$). Die Stromstärke ist $I = Q/t = 5{,}0\,\text{A} = 5{,}0\,\text{C/s}$. In der Zeit $t = 300\,\text{s}$ fließt die Ladung $Q = I \cdot t = 1500\,\text{C}$. Die Temperatur von Wasser und Becher steigt um $\Delta\vartheta = 20\,\text{K}$. Der Strom entwickelt folglich die Wärme

$$W = c_W \cdot m_W \cdot \Delta\vartheta + c_B \cdot m_B \cdot \Delta\vartheta \approx 18\,000\,\text{J}. \qquad (3)$$

Die Spannung der Batterie mit 10 Zellen ist also

$$U = \frac{W}{Q} = \frac{18\,000\,\text{J}}{1\,500\,\text{C}} = 12\,\frac{\text{J}}{\text{C}} = 12\,\text{V}.$$

b) Legen wir statt 10 Akkuzellen nur 5 hintereinander, so messen wir die halbe Spannung 6 J/C = 6 V. Auch die Stromstärke sinkt etwa auf die Hälfte. ■

Wir haben so mit der Spannungsdefinition nach *Gl. 1* unmittelbar bestätigt, dass sich Spannungen beim Hintereinanderschalten addieren. Also können wir die Spannung von *einer* Zelle dieses Akkus mit 6 V/5 = 1,2 V berechnen. Nach *Tabelle 137.1* handelt es sich um einen Nickel-Cadmium-Akku. Die Zelle eines Bleiakkus hat 2 V. 6 dieser Zellen geben die in Autos übliche „Bordspannung“ 12 V.

Das Messen von Spannung nach Versuch 2 ist mühsam. Mit dem Oszilloskop dagegen haben wir auf Seite 135 sehr viel einfacher Spannungen nachgewiesen, verglichen und gemessen. Oszilloskope zeigen sogar den Verlauf schnell veränderlicher Wechselspannungen an und geben ihre Maximalwerte an.

2. Die Stromstärke steigt mit der Spannung

Betrachten wir ein Elektron, das mit seiner Ladung Q den Kreis durchläuft. Mit der Spannung U steigt auch die vom Elektron unterwegs umgesetzte Energie $W = U \cdot Q$. Bei höherer Spannung U, also größerer Energie $W = U \cdot Q$, stößt das Elektron heftiger auf die Atome im Leiter und regt sie zu stärkerem Schwingen an. So setzt es mehr Wärme frei. Offensichtlich werden Elektronen bei höherer Spannung schneller. Schnellere Elektronen geben aber im gleichen Draht eine größere Stromstärke I. Deshalb steigt die Stromstärke I mit der Spannung U.

3. Spannung bei statischen Aufladungen

Bei elektrostatischen „Reibungs“-Versuchen deuten die Funken und das Aufleuchten von Glimmlämpchen darauf hin, dass hohe Spannungen entstehen. Doch bleibt das Lämpchen dunkel, wenn wir die reibenden Körper – und damit ihre entgegengesetzten Ladungen – noch nicht unter Arbeitsaufwand weit voneinander getrennt haben; die Spannung liegt dann bei ca. 1 V. Die hohe Spannung entsteht erst beim Trennen dieser Ladungen – so wie in *Bild 1 a* beim Auseinanderziehen der geladenen Platten. Da aber die Ladungen Q klein sind und (anders als bei Stromquellen) keinen Nachschub erhalten, ist die umgesetzte Energie $W = Q \cdot U$ bei Reibungsversuchen und in *Bild 1 a* klein und ungefährlich.

A1. In einem Heizgerät misst man die Stromstärke 0,8 A. Es gibt dabei je Sekunde 96 J ab. Welche Ladung fließt je Sekunde? Wie groß ist die Spannung, an der das Gerät liegt?

A2. a) In Versuch 2a) misst man bei $U = 12\,\text{V}$ in einer anderen Heizwendel $I = 3{,}0\,\text{A}$. Welche Ladung fließt in 1 s; wie viel Wärme wird in 1 s, wie viel in 5 min abgegeben? Um wie viel steigt jeweils die Temperatur im Gefäß?
b) Bei der halben Zellenzahl ist $U = 6\,\text{V}$ und $I = 1{,}5\,\text{A}$. Wie lauten dann die Antworten auf die Fragen in (a)?
c) Welche Temperaturerhöhung $\Delta\vartheta$ misst man in Versuch 2, wenn man statt Wasser Petroleum (guter Isolator, c_P siehe Anhang) nimmt?

A3. a) Eine Akkuzelle hat die Spannung $U = 2\,\text{V}$. Welche Energie wird umgesetzt, wenn sie die Ladung $Q = 10\,\text{C}$ pumpt?
b) Nun werden 5 solcher Zellen hintereinander gelegt. Welche Energie erhält die Ladung 10 C beim Durchfließen dieser Batterie? Welche Spannung schreibt man ihr deshalb zu? Betrachte *Bild 136.2*.

A4. Vergleiche die Spannungen in *Tabelle 137.1* miteinander. Welche Energie wird jeweils beim Fließen von 1 C frei?

Energie W in 1 s in Joule	Ladung Q in 1 s in Coulomb	W/Q in J/C
300	1,3	231
600	2,6	231
1000	4,4	227
1500	6,5	231

Tabelle 1 Zu Versuch 2; W nach *Gl. 3* ermittelt

Elektrische Arbeit und Leistung

7	8	9			10				11			12	
Verbrauch kWh	Abr. Art	Arbeitspreis			Grundpreis				Ausgleichsabgabe			Summe aus Spalten 9+10+11	
		je kWh Pf	DM	Pf	monatl. Anteil DM | Pf	Mo-nate	Betrag DM	Pf	%	DM	Pf	DM	Pf
3400	HII	15,00	510	00	49,90	6	299	40	6,400	51	80	861	20

14		Lieferbetrag	DM	861,20
15 +	14,00 %	USt.	DM	120,57
16 −		Rechnungsbetrag	DM	981,77

1 Ausschnitt aus einer so genannten Stromverbrauchsabrechnung

1. Elektrische Energie (Arbeit)

Das E-Werk schickt seine Rechnung nicht für die fließenden Elektronen; sie bleiben im „Netz". Ihm entnehmen wir Energie und geben sie als Wärme, Licht oder mechanische Arbeit weiter. Auch das Wasserrad einer Mühle entnimmt dem Bach kein Wasser. Vielmehr verliert das Wasser an Höhe h und damit an Höhenenergie $W = G \cdot h$. Aus $U = W/Q$ folgt: Fließt die Ladung $Q = I \cdot t$, so wird an elektrischer Energie W umgesetzt

$$W = U \cdot Q = U \cdot I \cdot t. \tag{1}$$

Beispiel: Ein Heizgerät liegt während der Zeit $t = 100$ s an der Spannung $U = 230$ V; die Stromstärke ist $I = 4{,}35$ A. Die abgegebene Energie W beträgt $W = U \cdot I \cdot t = 230\ \text{V} \cdot 4{,}35\ \text{A} \cdot 100\ \text{s} = 230\ \text{J/C} \cdot 4{,}35\ \text{C/s} \cdot 100\ \text{s} \approx 100\,000\ \text{J}$.

Für die von dem Strom freigesetzte Energiemenge $W = U \cdot I \cdot t$ sagt man auch **elektrische Arbeit**. Sie hängt nicht nur von der Stromstärke I ab. Eine große Spannung U sowie eine lange Betriebszeit t erhöhen W gleichermaßen.

2. „Starke" Glühlampen haben große Leistung

Beim Kauf von Glühlampen muss man die gewünschte „Stärke" in Watt (60 W) beachten. In der Mechanik haben wir mit der Einheit **Watt** die **Leistung** $P = W/t$, also die *Energieabgabe je Sekunde* gemessen (die „Geschwindigkeit der Energieabgabe"). Diese Leistung ist auch in der Elektrizitätslehre wichtig. Man kann sie unmittelbar aus den elektrischen Größen U und I berechnen nach

$$P = \frac{W}{t} = \frac{U \cdot I \cdot t}{t} = U \cdot I. \tag{2}$$

Die Leistung P eines elektrischen Geräts ist das Produkt Spannung U mal Stromstärke I. Einheiten sind: $1\ \text{V} \cdot 1\ \text{A} = 1\ \text{J/C} \cdot 1\ \text{C/s} = 1\ \text{J/s} = 1\ \text{W}$ (Watt); $1000\ \text{W} = 1\ \text{kW}$ (Kilowatt); $10^6\ \text{W} = 1\ \text{MW}$ (Megawatt). P ist kein Maß für die Stromstärke.

Übliche Heizgeräte für 230 V haben die Leistung $P = U \cdot I = 1000\ \text{W} = 1\ \text{kW} \approx 230\ \text{V} \cdot 4{,}35\ \text{A}$. Diese **Nennleistung** (der *Anschlusswert*) tritt nur bei der angegebenen **Nennspannung** (230 V) auf. Ist die Spannung kleiner, so auch die tatsächliche Leistung.

3. Abrechnung in Kilowattstunden (kWh)

Wenn man die Leistungseinheit 1 kW mit der Zeiteinheit 1 h multipliziert, erhält man die gegenüber der Energieeinheit 1 J sehr große Energieeinheit **1 kWh (Kilowattstunde):**

$$W = P \cdot t = 1\ \text{kW} \cdot 1\ \text{h} = 1\ \text{kWh} = 1000\ \text{W} \cdot 3600\ \text{s} = 3\,600\,000\ \text{Ws} = 3\,600\,000\ \text{J/s} \cdot \text{s} = 3\,600\,000\ \text{J}.$$

Heizgeräte der Nennleistung 1 kW liefern bei der Nennspannung 230 V in 1 h die Wärme 1 kWh. Bei der Nennleistung 2 kW wird diese Energie schon in 1/2 h frei. **Verwechsle nie die Leistungseinheit kW mit der Energieeinheit kWh!**

Quarzuhr	$1/10^6$ W	Heizkissen	60 W
Taschenlampe	1 W	Bügeleisen	1 kW
Rasierapparat	10 W	Straßenbahn	100 kW
Autolampe	45 W	Lokomotive	5000 kW
Glühlampen	15 ... 200 W	Blitz	bis 10^{10} kW

Tabelle 1 Elektrische Leistungen (ungefähre Werte)

Die freigesetzte **elektrische Energie** W ist das Produkt aus Spannung U, Stromstärke I *und* Zeit t:

$$W = U \cdot I \cdot t. \qquad (3)$$

Einheiten: J und kWh; 1 kWh = 3,6 · 10^6 J.

Die **elektrische Leistung** $P = W/t$ ist das Produkt aus Spannung U und Stromstärke I *(ohne* Zeit*)*:

$$P = U \cdot I. \qquad (4)$$

Einheiten: 1 Watt = 1 V · 1 A; 1 kW = 1000 W.

Der *Mensch* selbst braucht an Energie beim Nichtstun pro Tag etwas über 1 kWh, bei Schwerstarbeit 4 kWh. Sein Umsatz an Leistung liegt zwischen 40 W und 160 W. Die Leistung aller *technischen Geräte* (Haushalte eingeschlossen) beträgt in Entwicklungsländern je Einwohner 200 W, in Industrieländern bis zu 10 000 W (entspricht 250 ständig leuchtenden 40 W-Lampen!).

Das E-Werk schickt für die dem Netz entnommene elektrische Energie eine **„Stromverbrauchsabrechnung“** *(Bild 1)*; dies ist ein falsches Wort. Man verbraucht ja keinen Strom. Vielmehr entnimmt man dem Netz die Energie $W = U \cdot I \cdot t$. Sie wird vom **„Elektrizitätszähler“** in der Einheit kWh gemessen. Die Aufschrift 375 Umdrehungen/kWh gibt an, dass sich eine Scheibe in ihm während der Lieferung von 1 kWh 375-mal dreht. Ist ein Gerät mit 1 kW Leistung in der Zeit $t = 1/375$ h = 9,6 s in Betrieb, so wird die elektrische Energie $W = P \cdot t = 1/375$ kWh frei. Die Scheibe dreht sich dann 1-mal.

Der Verbrauch in 6 Monaten ist in Spalte 7 der Abrechnung angegeben. Nach Haushaltstarif H II (Spalte 8) beträgt der Arbeitspreis 15 Pf je kWh. Hinzu tritt ein nach der Größe der Wohnung und nach den darin aufgestellten Geräten berechneter monatlicher Grundpreis von 49,90 DM und eine Ausgleichsabgabe von 6,4% zur Förderung des deutschen Steinkohlenbergbaus, „Kohlepfennig“ genannt. Mit 14% Umsatzsteuer kosten 3400 kWh 982 DM, 1 kWh 28,9 Pf.

Bild 2 zeigt einen **Heißwasserspeicher**. Beim Öffnen des Heißwasserhahns tritt unten kaltes Wasser in den Heizbehälter ein und drängt oben bereits aufgeheiztes Wasser in die Mischbatterie. Dort kann man Kaltwasser zugeben.

Elektrische Energie kann man nicht wie Heißwasser, Kohle oder Gas speichern. Man muss sie *im gleichen Augenblick*, in dem sie der Verbraucher anfordert, aus anderen Energiearten (Wasser, Kohle, Öl, Kernenergie) gewinnen. Überwiegt nachts das Angebot an elektrischer Energie, wird bei manchen Versorgungsbetrieben der Preis für **„Nachtstrom“** gesenkt. Man heizt bei Nacht Kacheln in wärmeisolierten Speichern auf oder schmilzt Salze (siehe Wärmelehre). Am Tage geben sie beim Abkühlen oder Erstarren die aufgenommene Energie wieder ab.

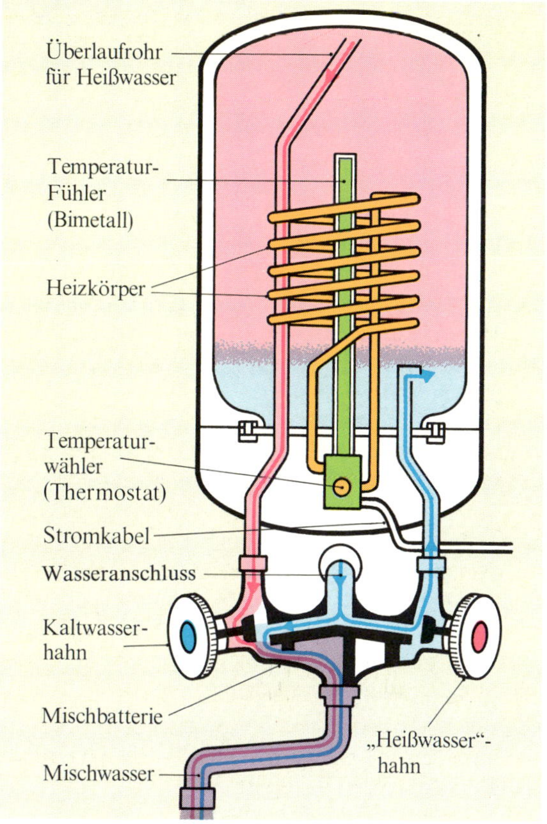

2 Heißwasserspeicher mit Mischbatterie

3 Der „Elektrizitätszähler“ misst Energie in kWh

Spannung und Stromstärke – ein Vergleich

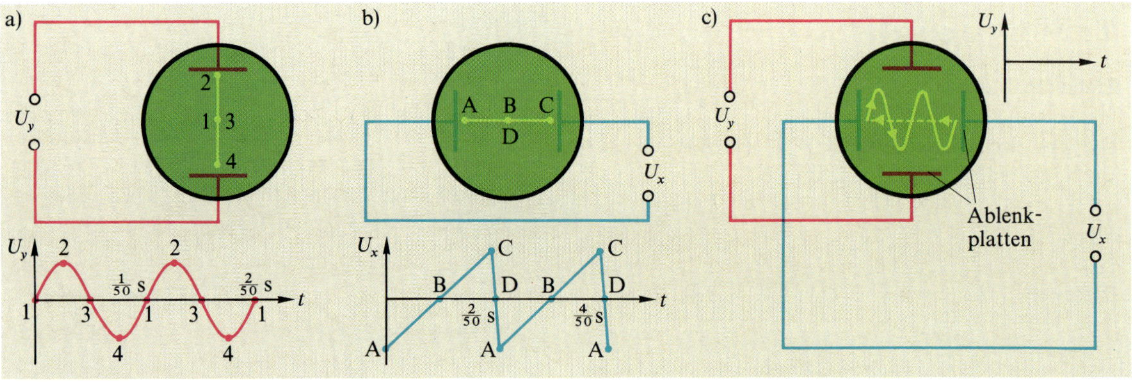

1 Oszilloskop an Wechselspannung

1. Das Oszilloskop misst auch Wechselspannung

Ein *Unterschied zwischen Spannung und Strom* wird am Oszilloskop deutlich: Es misst Spannungen, ohne dass die Quelle Strom liefert: die beiden Ablenkplatten in *Bild 1* sind ja gegeneinander hervorragend isoliert. Sie lenken mit ihrer Ladung den Elektronenstrahl in der braunschen Röhre ab. Funktioniert dies auch mit Wechselspannung?

In *Bild 1a* ist eine Wechselstromquelle an das *vertikal* ablenkende Plattenpaar der braunschen Röhre eines Oszilloskops angeschlossen. Der Lichtpunkt bewegt sich schnell auf und ab; wir nehmen einen senkrechten Strich wahr. Die Elektronen folgen der Wechselspannung U_y ohne Verzögerung.

Um zu erkennen, wie sich die zu untersuchende Spannung U_y zeitlich ändert, wird im Oszilloskop eine so genannte **Kippspannung** U_x erzeugt *(Bild 1b)*. Man legt sie an das *horizontal* ablenkende Plattenpaar. Dann führt sie den Elektronenstrahl gleichmäßig von links (A) nach rechts (C). Deshalb werden die von U_y erzeugten *vertikalen* Ausschläge des Strahls *(Bild 1a)* nebeneinander gelegt. Dies geschieht so, als würde man U_y in einem Schaubild in Abhängigkeit von der Zeit t nach rechts auftragen. Man vergleiche U_y in *Bild 1a* mit *Bild 1c* und ordne dort den Zahlen 1, 2, 3, 4 die Buchstaben A, B, C, D zu. Im Intervall A-B-C läuft der Strahl proportional zur Zeit t von links nach rechts. Dabei schreibt er zwei Perioden der Wechselspannung U_y von je 1/50 s Dauer.

Ist er am rechten Schirmrand angelangt, springt er im Intervall C-D-A sehr schnell zum linken Rand zurück (in *Bild 1c* gestrichelt). Vom Spannungsverlauf wird dabei fast nichts ausgelassen.

2. Spannung ist ohne Strom ungefährlich

An der Hochspannungsleitung sind 10^5 V überaus gefährlich. In 1 s können ohne weiteres 10^3 C fließen und 10^8 J = 30 kWh freisetzen. Das E-Werk sorgt ja ständig für Nachschub. Ein Bandgenerator *(Bild 2)* hat zwar auch diese hohe Spannung. Auf seinem umlaufenden Gummiband trennt er aber nur die winzig kleine Ladung $Q = 1/10^7$ C. Sie kann nur die Energie $W = Q \cdot U = 0{,}01$ J abgeben, also $3/10^9$ kWh. Dies ist völlig ungefährlich. Wiederum gilt: Für die freigesetzte Energie $W = U \cdot Q$ sind Spannung U und geflossene Ladung $Q = I \cdot t$ gleichermaßen wichtig.

3. Warum kann man Spannung weiterleiten?

Am Anfang einer Hochspannungsleitung erzeugt man Spannungen von 400 000 V = 400 000 J/C zwischen den Drähten. Unterwegs nimmt diese Spannung etwas ab, weil der Strom *in diesen Drähten selbst* Wärme freisetzt. In dicken Leitungen ist dies aber unbedeutend.

Deshalb kann man die Spannung zwischen den Polen einer Steckdose durch hinreichend dicke Leitungen einem Tauchsieder und anderen *parallel* geschalteten Geräten zuführen. Ein ebenfalls *parallel* gelegtes Oszilloskop misst die Spannung zwischen den Polen der Quelle und gibt deren Spannungsverlauf an.

4. Kannst du zwischen Spannung und Stromstärke unterscheiden?

a) Spannung besteht *zwischen* zwei Polen oder zwei Leitungsdrähten, auch wenn sie stromlos sind.

b) Mit der Spannung gibt man die Energie W je Coulomb an, die auf Abruf bereitsteht. Man legte fest: Spannung $U = W/Q$; Einheit 1 V = 1 J/C.

c) Die Energie $W = U \cdot Q = U \cdot I \cdot t$ wird erst frei, wenn die Ladung Q fließt. Die so genannte „Stromwärme“ W hängt von I, U und t ab, nicht nur von I, wie man nach dem Wort annehmen könnte.

d) Spannungsmesser legt man *parallel* zu den Geräten, deren Spannung zu messen ist, Strommesser dagegen liegen *in Reihe* mit den Geräten.

e) Beim Parallelschalten gleicher Quellen bleibt die Spannung gleich. Beim Hintereinanderschalten addieren sich die Spannungen; beim Gegeneinanderschalten subtrahieren sie sich.

5. Unsere bisherigen Formeln

Stromstärke: $I = Q/t$; Einheit 1 A = 1 C/s.

Spannung: $U = W/Q$; Einheit 1 V = 1 J/C.

Leistung: $P = U \cdot I$; Einheit 1 W = 1 V · A.

Energieabgabe: $W = U \cdot I \cdot t = P \cdot t$; Einheit 1 J.

Umrechnungen: 1 kWh = $3{,}6 \cdot 10^6$ Joule.

A1. Auf dem Typenschild eines Heizofens steht 230 V; 2 kW. Wie groß ist die Stromstärke bei dieser Nennspannung? Welche Energie (in kWh und in J) wird in 10 min frei? Was kostet dies (30 Pf je kWh)? Um wie viel Grad steigt die Temperatur der Luft eines Zimmers mit 100 m³ Inhalt, wenn keine Wärme an Möbel, Wände und Fenster abgegeben würde? (Luftdichte 1,2 g/l; spezifische Wärme $1 \frac{\text{J}}{\text{g} \cdot \text{K}}$)?

A2. In einem Lämpchen für 4,5 V ist die Stromstärke $I = 0{,}20$ A. Welche Leistung hat es? Die Batterie ist nach 8,0 h „leer“. Wie viel Energie gab sie ab; gehen dabei Elektronen verloren? Um wie viel Kelvin könnte man mit einer neuen Batterie die Temperatur von 10 l Wasser erhöhen? Eine Batterie kostet etwa 2 DM. Wie teuer kommt bei ihr 1 kWh?

A3. Im Badezimmer bleiben Heizstrahler (2 kW) und eine Leuchtstofflampe (11 W) versehentlich während der Nacht (10 h) eingeschaltet. Was kostet dies für jedes Gerät (30 Pf/kWh)?

A4. Eine Sicherung im Haushalt (230 V) kann auf Dauer mit 10 A belastet werden. Welche Leistung darf ein Heizofen höchstens haben, wenn er ständig in Betrieb bleiben soll?

A5. Die Scheibe im Zähler dreht sich laut Aufschrift bei Lieferung von 1 kWh 75-mal. Berechne die Leistung eines Radios, wenn sich die Scheibe bei seinem Betrieb in 10 min 1-mal dreht. Bestimme mit deinem Zähler zu Hause die Leistung einer Waschmaschine, eines Geschirrspülers, des Farbfernsehgeräts.

A6. Jemand möchte einen Heizofen mit 2 kW Leistung für die Autobatterie (12 V) bauen. Welche Stromstärke wäre nötig?

A7. Wenn man geladene Platten auseinander zieht, steigt die Spannung dazwischen wesentlich. Kersten sagt mit Recht, dabei nehme die Anziehungskraft zwischen den entgegengesetzten Ladungen eher ab als zu. Also dürfe man Spannung nicht gleich Kraft setzen. Stimmt das? Mithilfe welcher Größe wird die Spannung tatsächlich definiert?

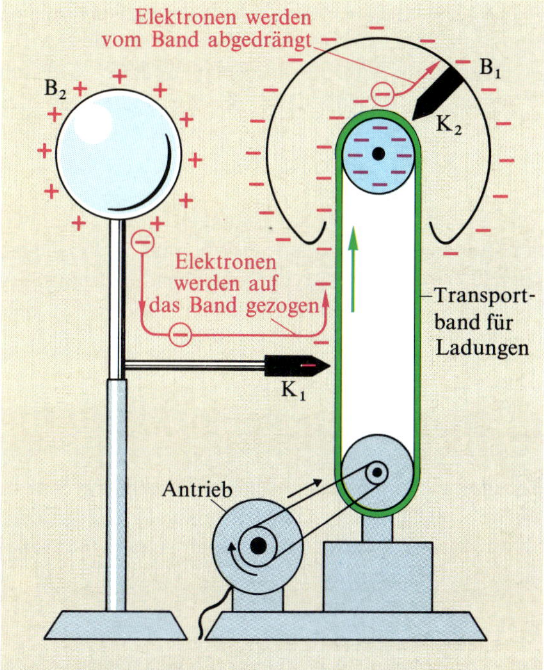

2 Bandgenerator: Von der Elektrode K_1 gelangen Elektronen auf das Band, das sie in die obere Kugel transportiert. Dort nimmt K_2 Elektronen ab.

Elektrische Leistung in Stromkreisen

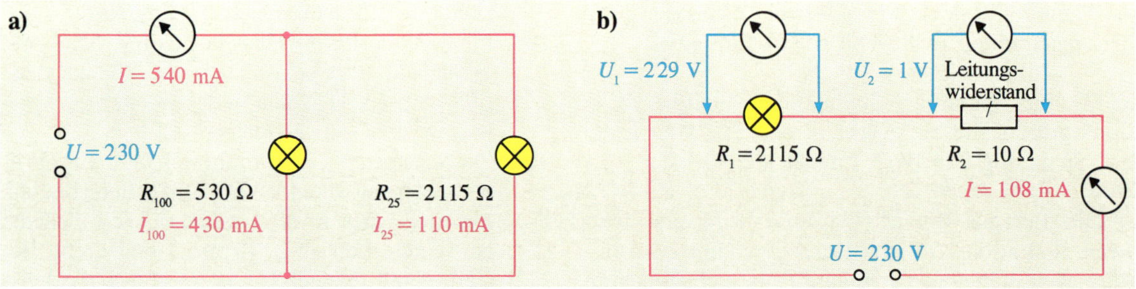

1 a) Parallelschaltung der Glühfadenwiderstände R_{25} und R_{100}; b) Reihenschaltung von R_1 und R_2

1. Leistungsvergleich bei gleicher Spannung *U* (Parallelschaltung)

Wenn du Lampen für die Raumbeleuchtung einkaufst, fragt man dich kaum nach Nennspannung (230 V), Stromstärke oder Glühfadenwiderstand. Du gibst nur die gewünschte **Nennleistung** (etwa 100 W oder 25 W) an. In einem Kronleuchter können diese Lampen parallel geschaltet werden *(Bild 1a)*:

- An allen Zweigwiderständen R_i liegt dann die gleiche Spannung U (wie groß ist sie in *Bild 1a*?).
- Die Gesamtstromstärke I im unverzweigten Teil ist gleich der Summe der Zweigstromstärken I_i.
- Man kann sich die Zweigwiderstände R_i durch *einen* Ersatzwiderstand R ersetzt denken, der kleiner ist als der kleinste Zweigwiderstand. Dabei gilt $1/R = 1/R_1 + 1/R_2 + \ldots$

Vergleichen wir nun die **Leistungen** in den Zweigwiderständen. Die Lampen (100 W und 25 W) liegen nach *Bild 1a* parallel an der gemeinsamen Spannung $U = 230$ V. Nach $P_i = U \cdot I_i$ führen also ihre Glühfäden Ströme unterschiedlicher Stärke:

$I_{100} = P_{100}/U = 100\ \text{VA}/230\ \text{V} \approx 0{,}43\ \text{A}$ und
$I_{25} = P_{25}/U = 25\ \text{VA}/230\ \text{V} \approx 0{,}11\ \text{A}$.

Bei gleicher Spannung U gilt: Die *größere* Stromstärke I_i liefert die *größere* Leistung P_i. Die größere Stromstärke I_i erfordert jedoch einen *kleineren* Glühfadenwiderstand $R_i = U/I_i$:

$R_{100} = 230\ \text{V}/0{,}43\ \text{A} \approx 530\ \Omega$ (100 W-Lampe)
$R_{25} = 230\ \text{V}/0{,}11\ \text{A} \approx 2115\ \Omega$ (25 W-Lampe).

Eine Formel bringt alles: Beim **Parallelschalten** ist die Spannung U gemeinsam. Je größer der Teilwiderstand R_i ist, umso kleiner sind Teilstromstärke $I_i = U/R_i$ und Teilleistung $P_i = U \cdot I_i = U \cdot U/R_i = U^2/R_i$ (die gemeinsame Spannung U ist ohne Index i). R_i steht im Nenner: Mit $R_{25} \approx 4 \cdot R_{100}$ liefert die 25 W-Lampe tatsächlich nur 1/4 der Leistung der 100 W-Lampe.

Die Teilleistung P_i am Teilwiderstand R_i ist bei **Parallelschaltung** $P_i = U^2/R_i$. (1)

$P_i = U^2/R_i$ im täglichen Leben

(A) Wer einen Föhn in die USA (Netzspannung $U \approx 115$ V) nimmt, erhält dort nur Kaltluft. Im gleichen Widerstand R_i sinkt nämlich die Leistung $P_i = U^2/R_i$ wegen des Quadrats U^2 im Zähler auf $P_i/4$. Heizgeräte aus den USA dagegen schmoren bei unserer Spannung 230 V wegen der nun 4fachen Leistung bald durch!

(B) Weil die Wärmeentwicklung proportional zu U^2 ist, darf sich unsere Netzspannung nur in engen Grenzen ändern und auch bei stärkerer Belastung nicht wesentlich sinken. Lampen würden sonst merklich dunkler. Umgekehrt zerstörte eine zu hohe Betriebsspannung Lampen schnell.

2. Leistungsvergleich bei gleicher Stromstärke *I* (Reihenschaltung)

Vielleicht sagst du, bei obigen Rechnungen stimme etwas nicht. Man macht doch die Glühdrähte absichtlich dünn und gibt ihnen so einen großen Widerstand, damit mehr Wärme entsteht als in den dicken Zuleitungen.

Hier gilt *Gl. 1* nicht mehr; denn im Glühfaden und seinen Zuleitungen ist die Stromstärke I gleich. Wir haben nun die **Reihenschaltung**, für die gilt:

- Die Stromstärke I ist allen hintereinander liegenden Teilwiderständen R_i gemeinsam.
- Diese Teilwiderstände R_i addieren sich zum Gesamtwiderstand $R = R_1 + R_2 + \ldots$
- Die Gesamtspannung U hat sich auf die Teilwiderstände verteilt: $U = U_1 + U_2 + \ldots$ An jedem Teilwiderstand R_i braucht man nämlich für die Stromstärke I die Teilspannung $U_i = I \cdot R_i$.
- Diese Teilspannungen U_i verhalten sich wie die Teilwiderstände: $U_1/U_2 = R_1/R_2$.

Nehmen wir also an, die 25 W-Lampe habe den Teilwiderstand $R_1 = 2115\,\Omega$, ihre Leitung den Teilwiderstand $R_2 = 10\,\Omega$. Also liegt an der Gesamtspannung 230 V der Gesamtwiderstand $R = 2115\,\Omega + 10\,\Omega = 2125\,\Omega$. Die Stromstärke ist überall
$I = 230\text{ V}/2125\,\Omega = 0{,}108\text{ A}$. Am Lampenwiderstand liegt also die Teilspannung
$U_1 = I \cdot R_1 = 0{,}108\text{ A} \cdot 2115\,\Omega = 229\text{ V} \approx 230\text{ V}$.
Für den kleinen Teilwiderstand $R_2 = 10\,\Omega$ der Leitung genügt dagegen die viel kleinere Teilspannung
$U_2 = I \cdot R_2 = 0{,}108\text{ A} \cdot 10\,\Omega \approx 1{,}08\text{ V}$.

Für die *Teilleistung* P_i im Widerstand R_i ist *nur dessen Teilspannung* U_i zuständig, nicht die Netzspannung $U = 230\text{ V}$; die *Teilleistung* P_i beschreibt den Energieumsatz im Widerstand R_i. Wir finden für die Lampe $P_1 = U_1 \cdot I = 229\text{ V} \cdot 0{,}108\text{ A} = 24{,}7\text{ W}$, also fast deren Nennleistung 25 W und für die Leitung $P_2 = U_2 \cdot I = 1{,}08\text{ V} \cdot 0{,}108\text{ A} = 0{,}11\text{ W}$, also nur 0,5% der Lampenleistung.

Auch dies erfassen wir mit nur *einer* Formel: Die gemeinsame Stromstärke I erfordert die dem Widerstand R_i proportionale Teilspannung $U_i = I \cdot R_i$. Wenn wir $U_i = I \cdot R_i$ in $P_i = U_i \cdot I$ einsetzen, folgt:

> Die Teilleistung P_i im Widerstand R_i ist bei **Reihenschaltung**
> $P_i = I^2 \cdot R_i$. (2)

Hier geben wir der gemeinsamen Stromstärke I keinen Index i, wohl aber den unterschiedlich großen Teilwiderständen R_i. Sie stehen nun im Zähler (in *Gl. 1* im Nenner). Deshalb ist P_i zu R_i proportional. Der dünne Lampendraht kann fast die ganze von der Quelle gelieferte Energie abstrahlen. Trotz gleicher Stromstärke I bleibt dagegen die dicke Zuleitung kalt.

A1. a) *Bild 166.1* sind die Widerstände R_i der Geräte angegeben. Berechne daraus ihre Teilleistungen und die Gesamtleistung. Wie groß ist die Stromstärke in der Sicherung? Um wie viel läuft der Zähler links in 2 h Betriebszeit weiter? Was kostet der Betrieb aller Geräte zusammen in 2 h bei 30 Pf/kWh?
b) Berechne aus R_i den Ersatzwiderstand R der Wohnung und die Gesamtstromstärke. Ermittle mit diesen Werten die Gesamtleistung und vergleiche mit dem Ergebnis in (a).

A2. Eine Wohnungssicherung spricht bei $I_{max} = 10\text{ A}$ an; ein 1000 W-Heizofen und ein Bügeleisen mit 53 Ω Widerstand sind in Betrieb. Wie viele 100 W-Lampen darf man höchstens dazuschalten ($U = 230\text{ V}$)? Wie groß sind Ersatzwiderstand und Gesamtleistung? Prüfe das Ergebnis mithilfe von I_{max}.

A3. Berechne in *Bild 166.2* und *168.1* die Leistungen in den 3 Widerständen R_1 bis R_3. Was kostet der Betrieb eines jeden dieser Experimente bei 10 min Dauer (30 Pf/kWh)?

A4. Auch in der Leitung *(Bild 167.3)* erzeugt Strom Wärme. Welche Leistung entwickelt er, welche Energie wird in 24 h umgesetzt? Was kostet dies das E-Werk in einem Jahr, wenn es die Selbstkosten von 5 Pf/kWh ansetzt?

A5. Die Netzspannung steige von 225 V auf 235 V, also um 4,4%. Um wie viel % steigt die Leistung von Heizgeräten? Hängt das Ergebnis von deren Widerstand ab (rechne mit 50 Ω und mit 100 Ω)?

A6. Uli sagt: „Wenn ich für die Zuleitung zu meiner Schreibtischlampe ein doppelt so langes Kabel nehme, wird der Widerstand verdoppelt, Stromstärke und Leistung werden halbiert.“ Stimmt das? Was sagst du ihm?

A7. In *Gl. 1* tritt das Quadrat U^2, in *Gl. 2* das Quadrat I^2 auf. Zeige, dass bei der Herleitung dieser Gleichungen zweimal U bzw. I benutzt werden musste und begründe so die Quadrate.

A8. Du hast vielleicht schon gesehen, dass beim Öffnen von Schaltern für starke Ströme große Funken oder gar Lichtbögen entstehen, also viel Hitze frei wird. Als der Schalter geschlossen war, blieb er trotz großer Stromstärke kalt. Erkläre dies.

A9. *Bild 168.2* zeigt ein 65 mA-Lämpchen und eine 15 W-Lampe in Reihe an 230 V. Berechne ihre Leistungen.

A10. *Bild 165.3* zeigt verschiedene Schmelzsicherungen. Wie hängt ihre Drahtdicke mit der Nennstromstärke zusammen?

Im Überblick: Strom, Spannung, Widerstand

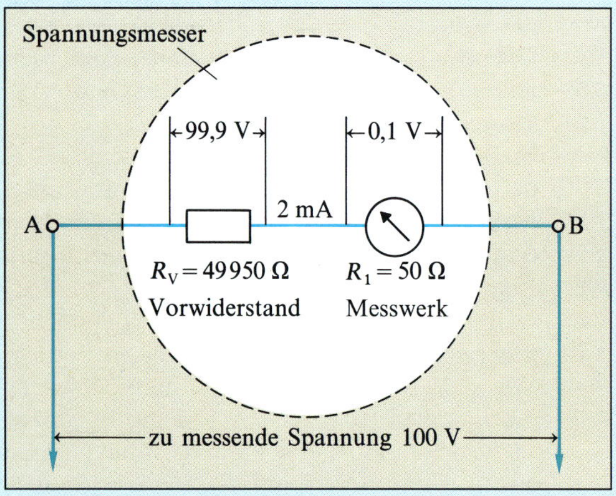

1 Messbereich von 0,1 V auf 100 V erweitert

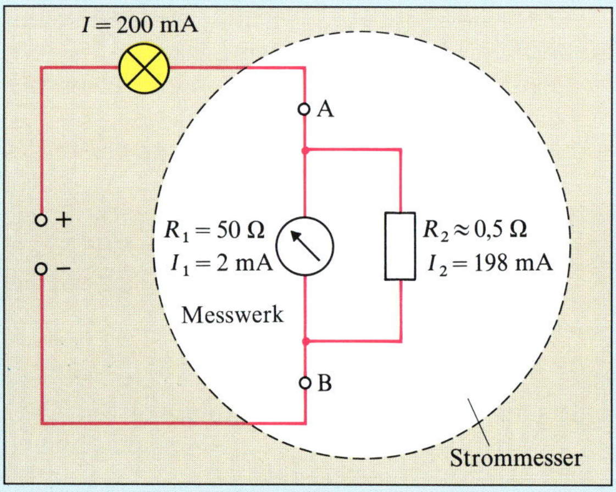

2 Messbereich von 2 mA auf 200 mA erweitert

1. Strom – Spannung – Widerstand

Stromstärke: $I = Q/t$; Einheit: 1 A = 1 C/s

Spannung: $U = W/Q$; Einheit: 1 V = 1 J/C

Widerstand: $R = U/I$; Einheit: 1 Ω = 1 V/A

Energie: $W = U \cdot I \cdot t = P \cdot t$; Einheiten: 1 W s = 1 Joule; 1 kWh = $3{,}6 \cdot 10^6$ J;

Leistung: $P = U \cdot I$; Einheit 1 W = 1 V · A; 1 kW = 1000 W; 1 W = 1 J/s.

Berechnung von Stromstärken: $I = U/R$.

– U gibt den Einfluss der Stromquelle,
– R den Einfluss des gesamten Stromkreises an.

Berechnung von Widerständen: Widerstand R von Drähten mit Länge l und Querschnittsfläche A: $R = \varrho \cdot l/A$ (spezifischer Widerstand ϱ mit Einheit $\Omega\,\text{mm}^2/\text{m}$; die Querschnittsfläche beim Kreis mit dem Radius r ist $A = 3{,}14 \cdot r^2 = \pi \cdot r^2$).

Wenn der Widerstand R eines Leiters konstant ist (etwa bei konstanter Temperatur), gilt für ihn das *ohmsche Gesetz:* $I \sim U$. Der Widerstand R von Konstantan (Cu-Ni-Legierung) hängt von der Temperatur kaum ab. Bei reinen Metallen dagegen steigt R, bei Kohle und bei Elektrolyten sinkt R mit zunehmender Temperatur.

2. Parallel- und Reihenschaltung

Parallelschaltung: An allen Zweigwiderständen R_i liegt die gleiche Spannung. Die Stromstärken in jedem Zweig $I_i = U/R_i$ addieren sich zur Gesamtstromstärke
$I = I_1 + I_2 + I_3 + ... = U \cdot (1/R_1 + 1/R_2 + 1/R_3 + ...)$.

Für den Ersatzwiderstand R der Parallelschaltung gilt $1/R = 1/R_1 + 1/R_2 + 1/R_3 + ...$ Er ist kleiner als der kleinste Zweigwiderstand.

Reihenschaltung: Die Stromstärke I ist überall im Stromkreis gleich groß. Die Gesamtspannung U ist die Summe der Teilspannungen $U_i = I \cdot R_i$ an den Teilwiderständen R_i:

$$U = U_1 + U_2 + U_3 + ... = I \cdot (R_1 + R_2 + R_3 + ...).$$

Der Ersatzwiderstand $R = R_1 + R_2 + R_3 + ...$ der Reihenschaltung ist die Summe der Teilwiderstände R_i und größer als der größte von ihnen. Die Leistung P_i im Widerstand R_i ist $P_i = U_i \cdot I$.

Schaltung von Messgeräten: Strommesser liegen in dem Zweig, dessen Stromstärke ermittelt werden soll. Sie verringern die zu messende Stromstärke umso weniger, je kleiner ihr Widerstand ist. Spannungsmesser legt man an die Quelle oder parallel zum Gerät, dessen Spannung zu messen ist. Dort zweigen sie umso weniger Strom ab, je größer ihr Widerstand ist.

3. Die Messbereiche von Spannungsmessern

Überlegen wir nochmals, warum man mit einem Drehspulstrommesser auch elektrische Spannungen messen kann. Sein Messwerk habe den Widerstand $R_1 = 50\,\Omega$ und zeige bei $I = 2\,\text{mA}$ Vollausschlag. Dann liegt am Messwerk die Spannung $U_1 = I \cdot R_1 = 0{,}1\,\text{V}$. Vollausschlag zeigt also:

- im Messwerk ist die Stromstärke 2 mA,
- am Messwerk liegt die Spannung 0,1 V.

Können wir dieses Gerät so ausbauen, dass es Spannungen bis zu 100 V misst; lässt sich der *Messbereich* auf 100 V erweitern *(Bild 1)*? Dabei soll jetzt im Messwerk die Stromstärke $I = 0{,}002\,\text{A}$ erst bei $U = 100\,\text{V}$ entstehen. Deshalb vergrößert man den Widerstand des Messgerätes auf insgesamt $R = 100\,\text{V}/0{,}002\,\text{A} = 50\,000\,\Omega$, indem man vor das Messwerk ($50\,\Omega$) den Widerstand $R_V = 50\,000\,\Omega - 50\,\Omega = 49\,950\,\Omega$ schaltet. Spannungsmesser mit so großen Widerständen kann man unmittelbar parallel zu Quellen schalten, ohne Kurzschluss befürchten zu müssen.

4. Die Messbereiche von Strommessern

Das eben benutzte Messwerk ist für Ströme zwischen 0 mA und 2 mA gebaut. Will man Ströme bis 200 mA messen, so muss man den überschüssigen Strom $I_2 = 200\,\text{mA} - 2\,\text{mA} = 198\,\text{mA}$ mit einem *Parallelwiderstand* R_2 am Messwerk ($R_1 = 50\,\Omega$) vorbeileiten *(Bild 2)*. Nun ist der Strom I_2 in R_2 99-mal so groß wie der Messwerkstrom $I_1 = 2\,\text{mA}$. Wegen der gemeinsamen Spannung muss $R_2 = R_1/99 \approx 0{,}5\,\Omega$ sein. Der Messbereich ist damit von 2 mA auf 200 mA erweitert, also verhundertfacht.

Bei Vollausschlag ($I = 0{,}2\,\text{A}$) liegt nach wie vor die Spannung 0,1 V am Messwerk und damit am Messgerät. Das Gerät verhält sich also wie *ein* Widerstand von $R = 0{,}1\,\text{V}/0{,}2\,\text{A} = 0{,}5\,\Omega$. Wenn man den Messbereich eines Messwerks verhundertfacht, sinkt der Widerstand des Strommessers auf 1/100.

Strommesser mit so kleinen Widerständen kann man im Allgemeinen in einen Stromkreis legen, ohne dass sie die zu messende Stromstärke merklich verkleinern, also stören. Man darf Strommesser aber wegen ihres kleinen Widerstands nie mit Spannungsmessern verwechseln, also nicht mit beiden Anschlüssen *unmittelbar* an eine Stromquelle schalten. Sie würden durch Kurzschluss zerstört.

A1. Ein Messwerk hat den Widerstand $100\,\Omega$ und zeigt bei 0,005 A Vollausschlag. Wie groß ist sein Spannungsmessbereich? Wie erweitert man ihn auf 10 V, wie auf 500 V? Rechne gemäß Seite 171 auf zwei Arten. Wie groß sind die Teilspannungen an Vorwiderstand und Messwerk? Bestimme den Gesamtwiderstand?

A2. Wie erweitert man den Messbereich des Messwerks in Aufgabe 1 auf 100 mA bzw. 10 A? Wie groß wird jeweils der Widerstand des ganzen Messgeräts? Warum darf man es nicht direkt an eine Quelle schalten?

A3. a) Die Spannungsmesser in *Bild 168.1* haben den Widerstand 10 kΩ. Welchen Strom zweigen sie den ihnen parallel liegenden Widerständen ab? (Bei weniger als 2% ist der Fehler wegen der Fehlertoleranz des Messwerks unbedeutend.)
b) Warum sollen Spannungsmesser möglichst große, Strommesser dagegen möglichst kleine Widerstände haben? Diskutiere an *Bild 168.1* und *166.2.*

A4. Ein Heizofen hat bei 230 V den Anschlusswert 1 kW. Wie groß sind Stromstärke und Widerstand? Welche Wärme erzeugt er in 1 h? Welche Leistung hätte er bei 115 V (460 V)?

A5. a) Ein Tauchsieder hat bei 230 V die Leistung 300 W. Wie groß ist sein Widerstand? Nach welcher Zeit steigt die Temperatur von 2 l Wasser von 20 °C auf 80 °C ($c_W = 4{,}2\,\frac{\text{J}}{\text{g}\cdot\text{K}}$)?
b) Ein Erfinder bietet ein Gerät an, mit dem man für ungeduldige Leute zwei solche Tauchsieder in Reihe an 230 V legen kann und obendrein „Strom spare", da man ja beide „mit dem gleichen Strom heize". Wie lange wartet man bei dieser Neuerung, bis in 2 l Wasser 80 °C erreicht sind? Wird sie wohl der im Prospekt angekündigte Verkaufsschlager?

A6. Zu einem Vollbad braucht man 150 l Wasser von 40 °C, zu einem Duschbad 45 l von 35 °C. Was kostet dies bei 30 Pf/kWh (Leitungswasser hat 15 °C; $c_W = 4{,}2\,\frac{\text{J}}{\text{g}\cdot\text{K}}$)? Was kostet der Betrieb einer 100 W-Lampe in 1 h?

A7. Ein eingeschalteter Kühlschrank hat die Leistung 120 W. Nach 30 Tagen zeigt der Zähler einen Verbrauch von 20 kWh an. Wie viel Prozent der Zeit war der Kühlschrank durch seinen thermischen Regler eingeschaltet?

A8. Jemand schaltet ein Lämpchen mit den Nennwerten 4 V und 70 mA und eines mit 4 V und 0,2 A hintereinander an 8 V. Leuchten sie normal? Wie groß ist die Stromstärke (R sei konstant)?

Fernsprecher und Lampen

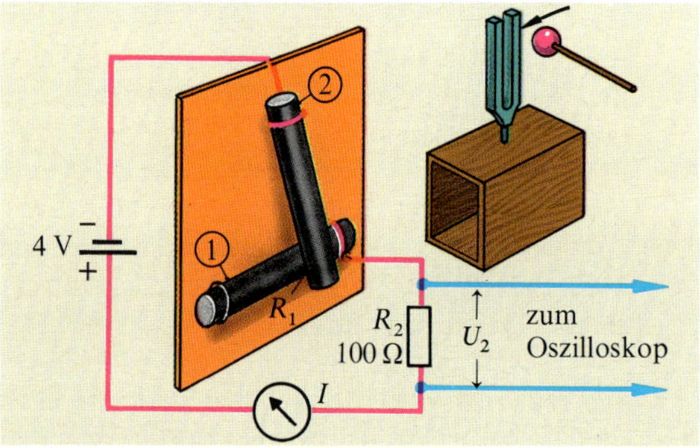

1 Mikrofonmodell zu Versuch 1

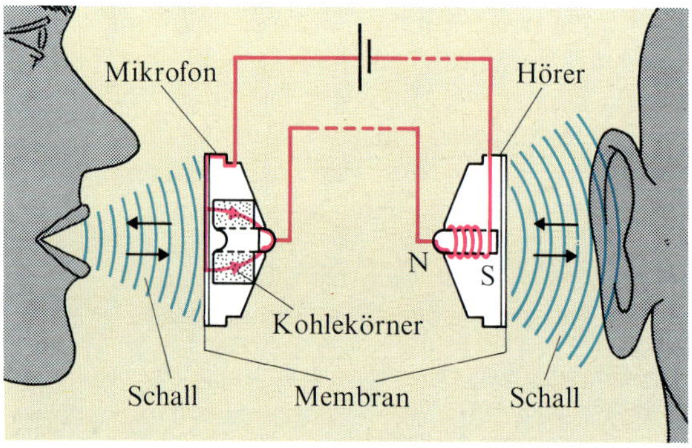

2 Schema eines Telefons mit Sprechkapsel und Hörer

1. Der Fernsprecher hat Wackelkontakte

Wackelkontakte sind schlechte Verbindungen von Leitern im Stromkreis. Beim Erschüttern ändert sich an solchen Übergangsstellen der *Übergangswiderstand* und damit die Stromstärke I. Meistens stören Wackelkontakte – manchmal nützen sie aber auch:

Versuch 1: **a)** Wir befestigen nach *Bild 1* an einem Karton einen Kohlestab ① aus einer Taschenlampenbatterie waagerecht. Ihn berührt der vertikal hängende Kohlestab ②. Den Karton stellen wir nahezu senkrecht auf. Die Berührungsstelle bildet den Übergangswiderstand R_1. Dieses Mikrofonmodell legen wir zusammen mit einem Strommesser und einer 4 V-Batterie in Reihe. Spricht man gegen den Karton, so schwankt die Stromstärke I unregelmäßig. Mit den Fingerspitzen spürt man am Karton ein feines Vibrieren. Dabei ändert sich die Übergangsfläche A zwischen den Kohlestäben und damit der Widerstand R_1 des Wackelkontakts.

b) Ob die Stromstärke den schnellen Vibrationen von Schall folgen kann, prüfen wir mit einem Oszilloskop. Es zeigt jedoch nur Spannungen, nicht aber Ströme an. Deshalb brauchen wir zusätzlich ein „Gerät", das Schwankungen der Stromstärke I in Spannungsänderungen umwandelt. Als solch ein **Wandler** dient der Widerstand $R_2 = 100\,\Omega$, den wir nach *Bild 1* in den Kreis legen. Die an ihm gebildete Teilspannung $U_2 = I \cdot R_2 \sim I$ leiten wir dem Oszilloskop zu. Sie ist in jedem Augenblick der Stärke I des Mikrofonstroms proportional und zeigt so seine Schwankungen und damit die Vibration des Kartons verzögerungsfrei an. ■

Die *Sprechkapsel* des Posttelefons ist ein **Kohlekörnermikrofon**. Kohlegrieß füllt den Raum zwischen der dünnen, leitenden Membran und einer Gegenelektrode *(Bild 2)*. Dabei entstehen viele Wackelkontakte. Deshalb ändern sich der Widerstand R_1 des Kohlegrießes und damit auch die Mikrofonstromstärke I im Takte der Schallschwingungen.

Warum nimmt man Kohle? An Wackelkontakten entstehen oft Funken; sie „brennen" Metallkontakte etwas an, d. h. sie überziehen diese mit einer schlecht leitenden Oxidschicht. Kohle bleibt sauber, da ihr Oxidationsprodukt CO_2 gasförmig ist.

Im **Fernhörer** nach *Bild 2* leitet man den Mikrofonstrom durch eine Spule mit einem Dauermagneten als Kern. Er zieht die Eisenmembran ständig etwas an. Der Mikrofonstrom ändert diese Anziehungskraft mehr oder weniger stark. Die mitschwingende Membran überträgt die Schwankungen der Stromstärke auf die Luft. Man leitet so mit dem Mikrofonstrom die in den Schallschwingungen enthaltene **Information** gezielt in die Ferne zum Empfänger.

2. Wie viel Lichtleistung liefern Lampen?

Versuch 2: Wir stecken eine 12 V; 45 W-Autolampe in ein Glasgefäß mit dunkel gefärbtem Wasser und messen nach einigen Minuten Brenndauer die Temperaturerhöhung. Alles Licht wird absorbiert, seine Energie als Wärme abgeführt. Wiederholen wir den Versuch unter gleichen Bedingungen, jedoch mit klarem Wasser, so ist die Temperaturerhöhung um etwa 4% kleiner. Nur 4% der elektrisch zugeführten Energie verlassen als Licht den Glaskolben. ■

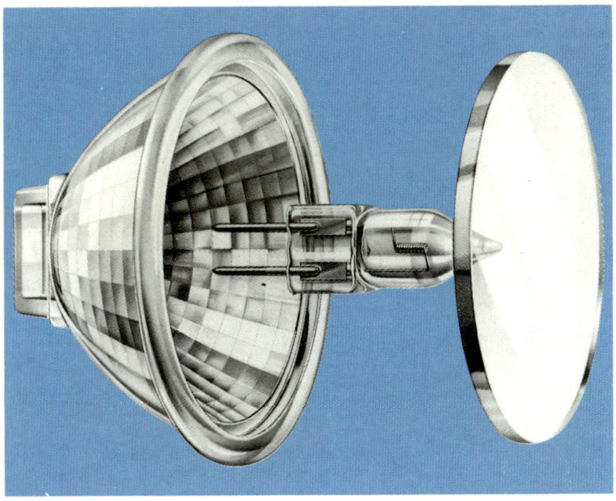

3 Moderne Halogenlampe

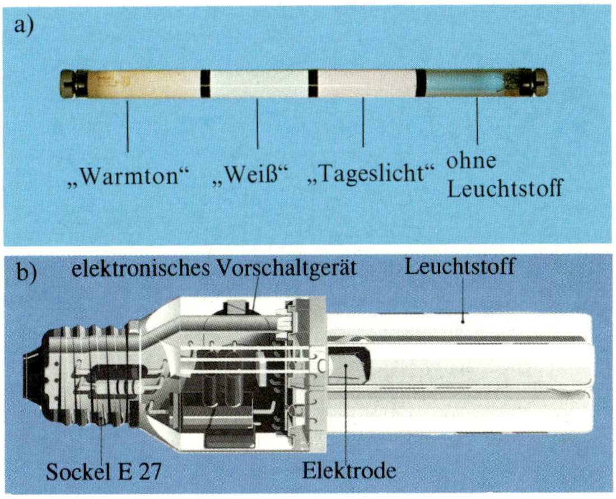

4 Verschiedene Leuchtstofflampen

Die **Lichtausbeute** von Glühlampen ist mit 4% sehr klein. Sie steigt zwar mit der Temperatur des Glühfadens; doch sinkt dann die *Lebensdauer* der Lampe von normalerweise etwa 1000 h stark. Das Glühfadenmetall Wolfram verdampft nämlich in einem Glaskolben mit Vakuum schon bei 2100 °C. Dieses Abdampfen der Wolframatome verlangsamt man durch Einfüllen schwerer Gase (Argon, Krypton). Deren relativ massereiche Atome stoßen nämlich die abdampfenden Wolframatome wieder zum Glühfaden zurück. Dessen Temperatur lässt sich so bis 3000 °C steigern, also nahe an die Schmelztemperatur 3400 °C von Wolfram.

Halogenlampen (Bild 3) regenerieren mithilfe beigemischter Halogengase (Brom bzw. Jod) das abgedampfte Metall wieder auf dem Glühfaden. So wird die Lebensdauer trotz höherer Temperatur verlängert.

Leuchtstofflampen sind den Glimmlampen verwandt; statt Neon leitet Quecksilberdampf den Strom. Dabei entsteht viel an unsichtbarem Ultraviolett (UV). Ein Leuchtstoff, mit dem die Glasröhre innen ausgekleidet ist, wandelt UV in sichtbares Licht um und bestimmt nach *Bild 4a* den Farbton. Diesen kann man dem Tageslicht besser annähern als den Farbton der rötlich leuchtenden Glühlampen. Vor allem aber ist die Lichtausbeute bei Leuchtstofflampen etwa 6-mal so groß wie bei Glühlampen (sie liegt bei 24%). Man spart also Energie. Zudem ist ihre Lebensdauer etwa 6-mal so lang wie die von Glühlampen. Moderne Leuchtstofflampen haben eine elektronische Zündung; flackern also beim Einschalten nicht. Man kann sie in normale Fassungen schrauben *(Bild 4b* und Aufgabe 3).

A1. In *Bild 2* habe der übertragene Ton die Frequenz 400 Hz. Wie oft schwingt die Eisenmembran in einer Sekunde hin und zurück? Jemand ersetzt den Dauermagneten in der Spule durch einen weichmagnetischen Kern. Wie lautet dann die Antwort?

A2. a) Der Widerstand eines Mikrofons ändert sich beim Sprechen zwischen 500 Ω und 800 Ω. Es liegt mit dem Widerstand $R_2 = 200\,\Omega$ in Reihe an $U = 4$ V. Fertige eine Skizze an. Wie ändert sich die Teilspannung U_2 an R_2 beim Sprechen? Was zeigt das Oszilloskop, wenn man es an das Mikrofon selbst oder direkt an die Quelle schaltet?

b) Manche sagen, mit dem Telefon würde man Schall oder gar Töne übertragen. Was überträgt man tatsächlich?

A3. Eine moderne elektronische Leuchtstofflampe mit einem Normalsockel und der Leistung 11 W weist die Helligkeit einer 60 W-Glühlampe auf, kostet aber ca. 44 DM *(Bild 4b)*. Während ihrer Lebensdauer von 6000 h würden 6 Glühlampen zu je 1,80 DM verbraucht. Was dürfte die elektronische Lampe kosten, wenn man die elektrische Energie zu 30 Pf/kWh ansetzt und die Gesamtkosten vergleicht?

A4. Auf einem Brett sitzen 3 Lampen, aber keine weiteren Widerstände. Man kann zwar die Spannungen zwischen den Lampenanschlüssen messen, die Verdrahtung dieser „Blackbox" aber nicht einsehen. Man misst dabei gleiche Lampenspannungen. Muss es sich dann um eine Parallelschaltung handeln? Warum sollte man auch noch die angelegte Spannung messen, um die Frage sicher beantworten zu können?

Bekanntes und Neues

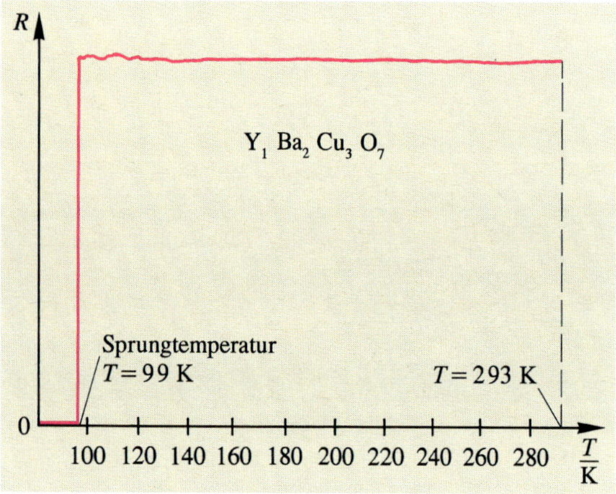

1 Der elektrische Widerstand R einer Probe aus $Y_1Ba_2Cu_3O_7$ fällt bei einer Temperatur von 99 K = − 138 °C plötzlich auf 0

1. In Supraleitern entsteht keine Stromwärme

Manche Metalle verlieren knapp über dem absoluten Nullpunkt (0 K = − 273 °C) ihren Widerstand völlig und werden ideale Leiter, **Supraleiter** genannt. Ein einmal angestoßener Strom bleibt dann beliebig lange bestehen. Die Elektronen erfahren keinerlei Widerstand mehr; jede Spur von Wärmeentwicklung fehlt. In den letzten Jahren gelang es, keramische Stoffe herzustellen, die schon beim Abkühlen auf etwa − 150 °C (123 K) Supraleiter werden. *Bild 1* zeigt dieses Verhalten bei einem so genannten 1-2-3-Supraleiter ($Y_1Ba_2Cu_3O_7$); das ist ein Material, das sogar in der Schule hergestellt werden kann.

Um die Supraleitung im Experiment zu demonstrieren, schickt man durch einen entsprechenden Keramikstab zunächst bei Zimmertemperatur einen elektrischen Strom. Der Stab hat wie jeder Leiter einen elektrischen Widerstand. Man erkennt diesen an der Teilspannung zwischen den Stabenden. Kühlt man nun den Stab mit flüssigem Stickstoff, so fällt diese Teilspannung bei einer bestimmten Temperatur, der *Sprungtemperatur*, plötzlich auf einen unmessbar kleinen Wert ab (in *Bild 1* bei $T = 99$ K), obwohl nach wie vor Elektronen fließen. Der Stab ist supraleitend geworden. Die so genannte Wärmewirkung des elektrischen Stromes fehlt. Wohl aber bleibt die die magnetische Wirkung als untrügliches Zeichen.

Seit der Entdeckung so genannter *Hochtemperatur-Supraleiter* durch KARL A. MÜLLER und JOHANNES G. BEDNORZ (Physik-Nobelpreis 1987) sucht man fieberhaft Materialien, die schon bei Zimmertemperatur supraleitend sind: für eine verlustlose Übertragung von elektrischer Energie.

2. Vorsicht beim Umgang mit physikalischen Formeln

a) Ein skeptischer Mensch findet in den vorangehenden Gleichungen zur Wärmeleistung P endlich den Widerspruch, den er in der Physik sucht. Er behauptet: Die Wärmeleistung P kann doch nicht nach $P = I^2 \cdot R$ mit wachsendem Widerstand R zunehmen und zugleich nach $P = U^2/R$ mit R sinken.

Er hat übersehen, dass in der Aussage $P = I^2 \cdot R \sim R$ neben R auch noch I angegeben ist. Die Proportionalität $P \sim R$ gilt also nur bei *konstanter Stromstärke* I, etwa bei der *Reihenschaltung*. Greift man dort einen n-mal so großen Widerstand R_i heraus, so sind an ihm auch Teilspannung $U_i = I \cdot R_i$ und Teilleistung $P_i = U_i \cdot I = I^2 \cdot R_i$ n-fach. Dies ist der Grund, weshalb der dünne Glühfaden einer Lampe heiß wird, die Leitungen dagegen kalt bleiben.

$P = U^2/R$ dagegen enthält neben R auch U. Also gilt $P \sim 1/R$ nur, wenn U *konstant* ist, etwa bei der *Parallelschaltung*. Dort sei ein Zweigwiderstand R_i 3-mal so groß wie ein anderer. Stromstärke $I_i = U/R_i$ und Leistung $P_i = U \cdot I_i = U^2/R_i$ sind dann nur 1/3. Deshalb haben Glühlampen für 230 V mit schwacher Leistung dünne Drähte und große Widerstände. *Bei Aussagen zu Proportionalitäten muss man stets beachten, welche Größen sonst noch in der Gleichung auftreten und ob diese konstant sind.*

b) Erfinder Pfiffig sieht, dass die Glühfäden von Lampen in ihrer ganzen Länge strahlen. Er sagt, bei doppelter Fadenlänge erhielte man doppelt so viel Licht. Die Glühlampenfabrikanten würden an Wolfram knausern. Von physikalischen Formeln hält er nichts und baut eine Lampe mit doppelter Fadenlänge – und ist enttäuscht. Hätte er zwei 230 V-Lampen in Reihe gelegt, so hätte er schnell gesehen, dass die Stromstärke I wegen des doppelten Widerstands auf die Hälfte sinkt und damit auch die Leistung $P = U \cdot I$ beider Lampen zusammen. Die Leistung der Einzellampe sinkt sogar auf den vierten Teil!

(Von der Temperaturabhängigkeit der Lampenwiderstände soll abgesehen werden.)

A1. Erfinder Pfiffig sagt, dünne Glühlampendrähte werden heißer als die dicken Zuleitungen. Deshalb schlägt er vor, dünnere Fäden in die Lampen zu bauen. Man erhalte so höhere Temperaturen und damit helleres Licht und spare obendrein Wolfram. Was sagst du ihm?

A2. Ein Fabrikant will die Länge von Heizdrähten vervierfachen. Wie muss er deren Durchmesser ändern, damit bei gleicher Spannung auch die Leistung bleibt? Spart er dabei an Metall?

A3. a) Wenn man vier gleiche, parallel geschaltete Drähte in Gedanken zusammenschiebt, entsteht ein Draht mit 4facher Querschnittsfläche. Welchen Widerstand hat er? Ändert sich die Leistung? Übertrage diese Überlegung sinngemäß auf die Reihenschaltung der 4 Drähte.
b) Bestätige deine Aussagen mit den jeweiligen Formeln für den Ersatzwiderstand.
c) Vergleiche an diesem Beispiel die Sätze für Reihen- und Parallelschaltung.

A4. Benutze für diese und die folgende Aufgabe die *Tabelle 169.1* zu den Lichterketten:
In die 16er-Kette wird versehentlich eine Kerze aus der 10er-Kette geschraubt (je 3 W Nennleistung). Warum brennt die Ersatzkerze bald durch, obwohl ihre Nennspannung größer ist? Berechne für sie Stromstärke, Teilspannung und Leistung.

A5. In der Lichterkette mit 10 Kerzen fehlt eine. Du hast Bedenken, dafür eine Kerze aus der 16er-Kette einzusetzen, weil diese dort für eine kleinere Teilspannung ausgelegt wurde. Ist deine Sorge berechtigt? Rechne sorgfältig!

A6. In manchen Heizkissen kann man einen Heizwiderstand von 800 Ω allein oder zwei solche parallel bzw. in Reihe an 230 V schalten *(Bild 2)*. Welche dieser drei Schaltungen ergibt „schwach“, welche „mittel“, welche „stark“? Wie verhalten sich die Leistungen? Berechne diese.

A7. Übertrage die folgende Tabelle in dein Heft und kreuze die jeweils hellere Lampe (P größer) an (Nennwerte 15 W und 100 W; je bei 230 V), wenn sie an 230 V parallel bzw. in Reihe liegen (berechne R, I und die Leistung P).

Lampe (Nennwerte)	15 W	100 W
Parallelschaltung an 230 V	...	...
Reihenschaltung an 230 V	...	...

Tabelle 1

A8. Ein Bastler wurde stolzer Besitzer eines Spannungsmessers und untersucht damit seine Taschenlampe. Er findet zwischen den Kontakten des Schalters Spannung, wenn die Lampe dunkel ist, aber keine Spannung, wenn sie leuchtet *(Bild 3)*. Daraufhin wirft er die Lampe weg. Zu recht? Welche Stelle im Buch hätte ihm helfen können? Führe diese Probe an einer geeigneten Taschenlampe mit einem empfindlichen 0,07 A-Lämpchen aus, das du wie einen Spannungsmesser benutzt.

A9. a) Bisweilen hört man, zu jedem Strom gehöre stets eine Wärmewirkung. Nenne hierzu ein Gegenbeispiel. Welche Wirkung gehört als untrügliches Zeichen zu jedem Strom?
b) Erfinder Pfiffig empfiehlt Lampen mit supraleitenden Glühdrähten, um Strom zu sparen. Diskutiere.

1 Zu A4 und A5: Spannungen und Leistungen an einer Lichterkette mit 10 Kerzen

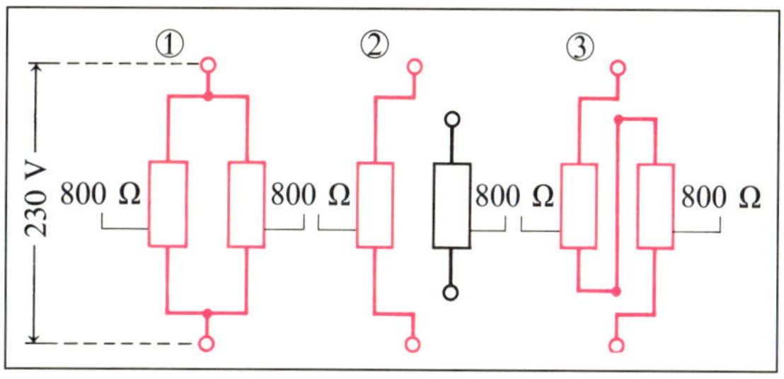

2 Zu A6: Stufen-Schaltungen in Heizkissen

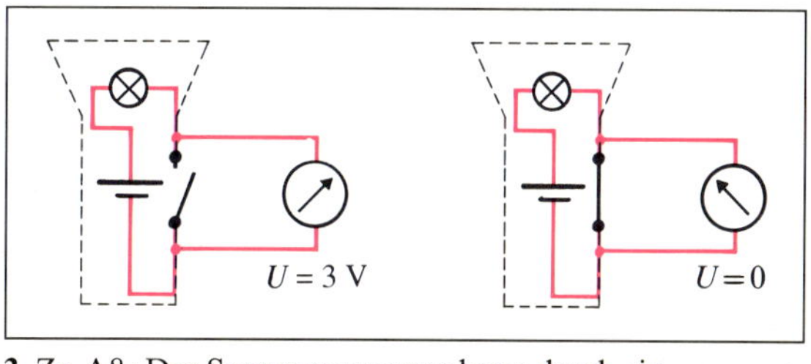

3 Zu A8: Der Spannungsmesser kann durch ein empfindliches 0,07 A-Lämpchen ersetzt werden

Der Elektromotor

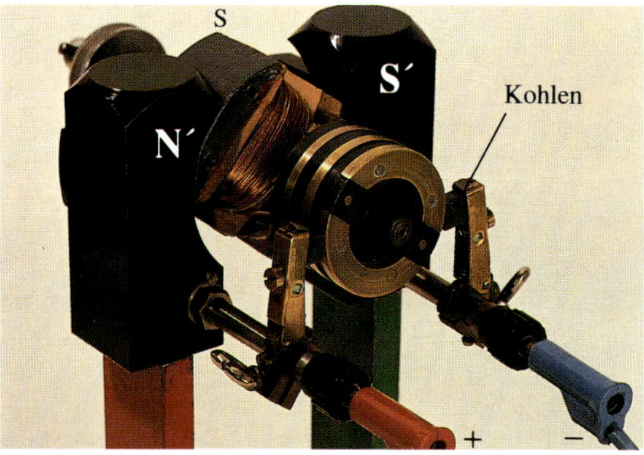

1 Experimentiermotor mit Doppel-T-Anker

3 Spielzeugmotor mit 3-T-Anker

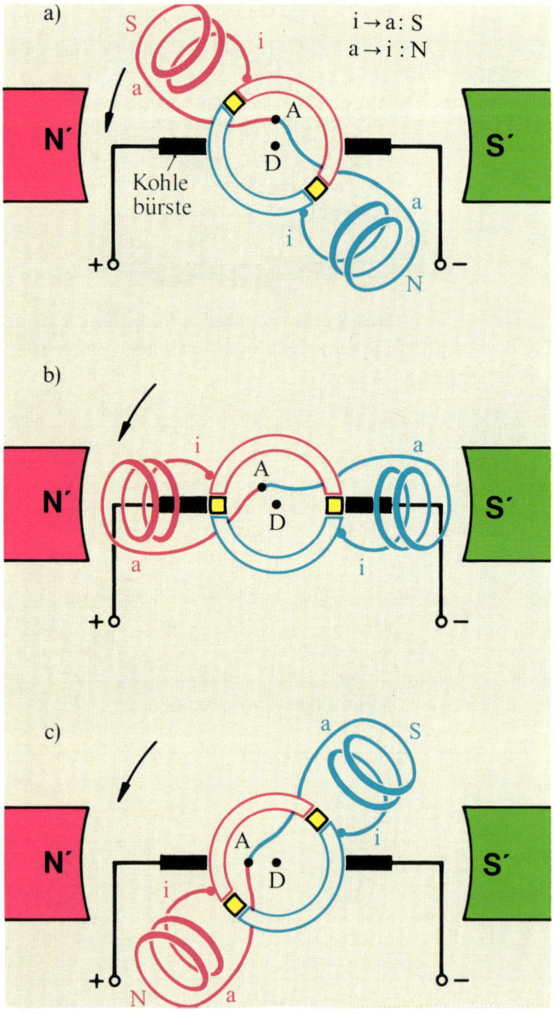

2 Drei Stellungen des Doppel-T-Ankers

1. Ein Magnet rotiert, aber nicht von allein

Eine zwischen den Polen eines Hufeisenmagneten drehbar gelagerte Spule ist fast schon ein **Elektromotor.** Führt sie Strom, so erhält sie einen Nord- und einen Südpol. Ungleichnamige Pole ziehen sich an; die Spule beginnt sich zu drehen, bis ihr Nord- und ihr Südpol den jeweils andersnamigen Polen des Hufeisenmagneten gegenüberstehen. Die Drehung ist hier zu Ende!

Gelingt es aber, die Stromrichtung in dieser Stellung – dem so genannten *Totpunkt* – umzukehren, wird die Spule nicht gebremst; sie setzt ihre Drehung bis zum nächsten Totpunkt fort. Wird die Stromrichtung dort auch wieder umgekehrt, so dreht sich die Spule immer weiter.

Wenn wir das dazu nötige schnelle Vertauschen der Stromanschlüsse durch rechtzeitiges Umstecken der Kabel mit der Hand probieren wollten, wären wir schnell überfordert. Lassen wir also das Umpolen vom rotierenden Elektromagneten selbst ausführen: In *Bild 1* und *2* besteht er aus zwei Spulen mit je einem T-förmigen Eisenkern, dem **Doppel-T-Anker.** Beide Spulen sind mit ihren Außenanschlüssen bei A verbunden. Der Innenanschluss i der blauen Spule führt zum blau gezeichneten Halbring des *Kommutators* (Stromwenders). Dieser rotiert mit dem Anker, genauso wie der rote Halbring, an dem der Innenanschluss der roten Spule befestigt ist. Der Wicklungssinn und die Elektronenstromrichtung *(Bild 2)* entscheiden über die Lage der Magnetpole (siehe „Linke-Faust-Regel").

Bild 2a: Elektronen fließen über die rechte feststehende Schleifkohle („Kohlebürste") durch die rote Spule von i nach a: Sie bekommt außen einen Südpol S. In der blauen Spule wandern die Elektronen von a nach i, deshalb hat sie – bei gleichem Wicklungssinn – außen einen Nordpol N. Dieser wird zum Südpol S′ des feststehenden Magneten, S zu dessen Nordpol N′ gezogen: Der Motor läuft gegen den Uhrzeigersinn.

Bild 2b zeigt das Umpolen im Totpunkt. Für eine kurze Zeit ist der Stromkreis unterbrochen; nur durch den eigenen Schwung dreht sich der Anker weiter (aus der Ruhe starten könnte der Motor in dieser Stellung nicht). Jeder Halbring des Kommutators wechselt zur anderen Schleifkohle über. Die Stromrichtung kehrt sich dadurch um *(Bild 2c)*. An der roten Spule entsteht außen ein Nordpol N, an der blauen Spule ein Südpol S. Die gleichnamigen Pole stoßen sich nun gegenseitig ab; der Anker kann deshalb seine Drehung gegen den Uhrzeigersinn fortsetzen.

2. Der 3-T-Anker ist immer startklar

Um ein Anlaufen in jeder Stellung zu ermöglichen, muss man den Totpunkt vermeiden. Man baut den Anker z. B. aus drei um gleiche Winkel gegeneinander versetzte Wicklungen mit entsprechend unterteiltem Kommutator. Meistens führen alle drei Spulen Strom, dies zeigt *Bild 4*: In der blauen Spule fließen Elektronen von innen nach außen; sie bekommt außen einen Südpol. Die grüne und die rote Spule liegen zur Zeit in Reihe. In beiden wandern die Elektronen von außen nach innen, deshalb haben sie außen jeweils einen Nordpol. Alle Kräfte bewirken eine Drehung in die gleiche Richtung.

3. Der Allstrommotor läuft auch mit Wechselstrom

In größeren Motoren ist der Dauermagnet des feststehenden Teils durch einen stärkeren Elektromagneten ersetzt. Vertauscht man die Anschlüsse von dessen feststehender Magnetspule, läuft der Motor „rückwärts", da alle bisher betrachteten Kräfte ihre Richtung umkehren. Er behält jedoch seinen Drehsinn bei, wenn man die Stromrichtung in Drehspule und feststehender Spule zugleich ändert *(Bild 5 und 6)*. Um dies zu erreichen, legt man beide an die gleiche Stromquelle. Da die Stromrichtung jetzt keine Rolle mehr spielt, läuft der Motor auch mit Wechselstrom.

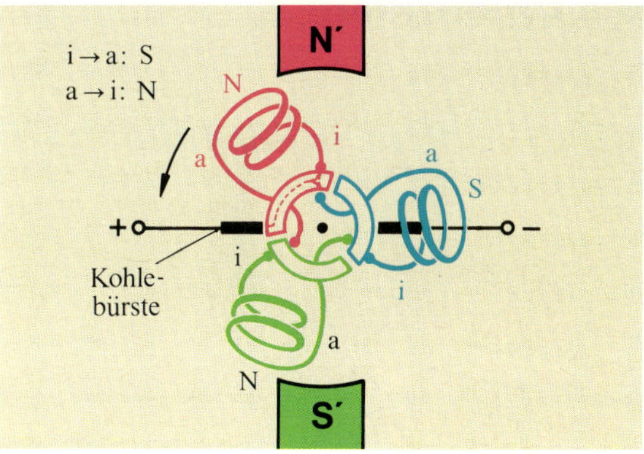

4 Schaltplan für den 3-T-Anker

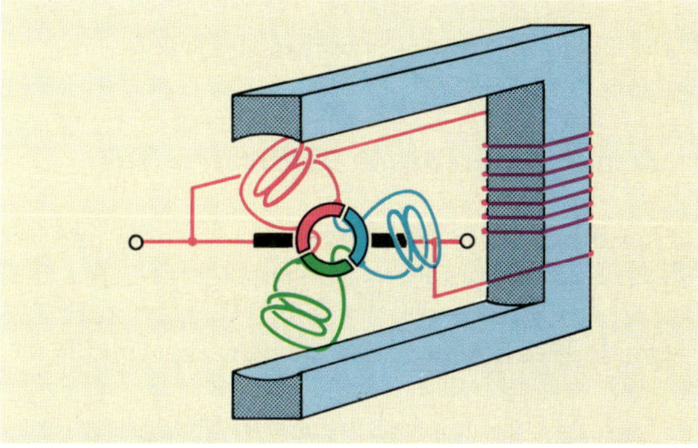

5 Gleichzeitiges Stromwenden: Die Drehrichtung bleibt

6 Allstrom-Spielzeugmotor

A1. a) Ermittle die Magnetpole der Spulen in *Bild 4;* benutze dazu die „Linke-Faust-Regel".
b) Wie dreht sich der Motor, wenn man die Stromanschlüsse vertauscht?

A2. Warum dürfen in *Bild 4* die Lücken in den farbigen Sektoren des Kommutators kurzzeitig von den Kohlen überbrückt werden, in *Bild 2* dagegen nicht?

Die Lorentzkraft

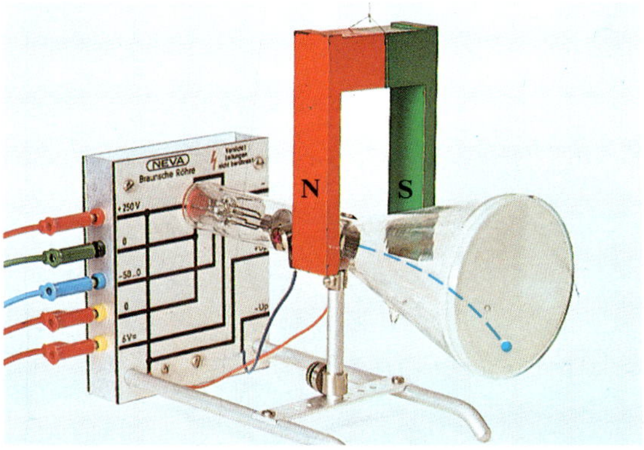

1 Die fliegenden Elektronen werden abgelenkt

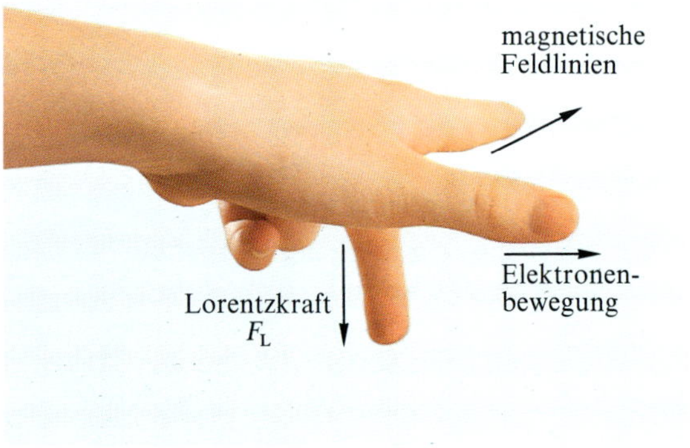

2 Lorentzkraft F_L und Linke-Hand-Regel

1. Ziehen Magnetpole Elektronen an?

Strom führende Spulen haben Magnetpole und erfahren Kräfte in anderen Magnetfeldern. Dabei fließen Elektronen in den Drähten. Werden auch frei fliegende Elektronen von Magneten abgelenkt?

Versuch 1: In der braunschen Röhre fliegen Elektronen von der Kathode durch die Anode nach rechts zum Leuchtschirm *(Bild 1)*. Wir nähern einen Hufeisenmagneten so, dass der Nordpol vor und der Südpol hinter der Röhre steht. Der Elektronenstrahl wird nach unten abgelenkt!

b) Wir drehen den Magneten um, sodass seine Feldlinien auf uns zulaufen. Jetzt fliegen die Elektronen etwas nach oben. ■

Die Elektronen wurden in beiden Fällen *senkrecht zu den magnetischen Feldlinien* abgelenkt und nicht auf einen der beiden Pole zu! Wir überprüfen, ob auch auf ruhende Elektronen eine Kraft wirkt.

Versuch 2: Wir hängen ein negativ geladenes Kügelchen vor einem Elektromagneten auf und schalten ihn ein und aus; das Kügelchen bewegt sich nicht. ■

Bewegte Elektronen – nicht ruhende – erfahren in Magnetfeldern eine Kraft. Man nennt sie **Lorentzkraft F_L** (H. A. LORENTZ, niederl. Physiker um 1900).

Bewegte Elektronen erfahren in Magnetfeldern eine Lorentzkraft.

Nach Versuch 1 stehen die Bewegungsrichtung der Elektronen und die Lorentzkraft senkrecht zueinander und jeweils senkrecht zu den Magnetfeldlinien *(Bild 2)*. Die Pole sind hier von untergeordneter Bedeutung. Mit folgender Regel können wir uns die Richtung der Lorentzkraft leicht merken:

Linke-Hand-Regel: Der Daumen der linken Hand zeige in die **Bewegungsrichtung der Elektronen,** der senkrecht dazu gespreizte Zeigefinger in Richtung der **magnetischen Feldlinien.** Dann zeigt der abgespreizte Mittelfinger die Richtung der **Lorentzkraft.**

2. Elektronen reißen den Stromleiter mit

Versuch 3: Nach *Bild 3* hängt ein dünnes, unmagnetisches Metallband im Feld eines Hufeisenmagneten. Dessen Feldlinien sind nach hinten gerichtet. Das Band ist nach allen Seiten frei beweglich; es ist zunächst noch in Ruhe. Nun lassen wir Elektronen durch den Leiter von unten nach oben fließen. Dadurch wird der Leiter nach rechts getrieben. ■

Im Metallband bewegen sich die Elektronen von unten nach oben (Daumen). Die Magnetfeldlinien zeigen nach hinten (Zeigefinger); auf die sich im Band bewegenden Elektronen wirkt die Lorentzkraft nach rechts (Mittelfinger). Folglich werden die Elektronen nach rechts gedrängt. Dabei üben sie eine „mitreißende“ Wirkung auf das ganze Band aus. Die Elektronen haben die Lorentzkraft auf den Leiter übertragen.

Steht ein Strom führender Leiter senkrecht zu den Feldlinien eines fremden Magnetfeldes, so erfährt er eine Kraft nach der **„Linke-Hand-Regel“.**

3. Das Feldlinienbild verrät die Lorentzkraft

Vielleicht kommt dir die Richtung der Lorentzkraft senkrecht zu den Feldlinien seltsam vor. Würden die Elektronen in *Bild 1* etwa zum Südpol gezogen, so müsstest du annehmen, sie wären kleine Nordpole. Allerdings würden dann auch ruhende Elektronen zum Südpol gezogen, was nicht geschehen ist (Versuch 2)!

Was haben nun ausgerechnet *bewegte* Elektronen mit Magnetismus zu tun? Sehr viel: *Bewegte Elektronen bilden Ströme, die stets von einem Magnetfeld umgeben sind.* Blicke in der Anordnung nach *Bild 3* vom Punkt A aus nach unten! Die Elektronen kommen dir entgegen. *Bild 4* zeigt die zugehörigen kreisförmigen Feldlinien (grün). Dieses Feld verschmilzt mit dem Feld des Hufeisenmagneten (blau) zu einem einzigen Feld. Beide Felder wirken ja *zugleich* auf Magnetnadeln oder Eisenfeilspäne ein.

Welche Richtung die Feldlinien des neuen Feldes haben, zeigt für eine Stelle *Bild 4:* Auf einen Probenordpol in P erwarten wir zwei Kräfte: Eine Kraft rührt her vom Feld des Hufeisenmagneten, sie zeigt nach oben; eine zweite zeigt in Richtung der Feldlinie des vom Strom erzeugten Magnetfeldes. Die Resultierende aus diesen beiden Kräften bestimmt die Richtung der resultierenden Feldlinie. Auf der rechten Seite des Bildes schwächen sich die entgegengesetzten Feldkräfte; links verstärken sich die gleichgerichteten Kräfte. So wird verständlich, dass links die Feldlinien enger zusammenliegen. In *Bild 5* zeigen Eisenfeilspäne das so entstandene „verschmolzene“ Feld.

An dichter liegenden Feldlinien erkennen wir aber nicht nur größere Kräfte auf einen Probemagneten. Solche dicht liegenden Feldlinien fanden wir schon zwischen den gleichnamigen Polen zweier Stabmagnete. Dort konnten wir abstoßende Kräfte zwischen den Polen beobachten. An den dichter liegenden Feldlinien links vom Leiter in *Bild 5* können wir ebenfalls zwei entgegengesetzt wirkende Kräfte ablesen: Nach rechts wirkt auf den Leiter die Lorentzkraft F_L; nach links ihre Gegenkraft F auf den Magneten (vgl. *Bild 4*).

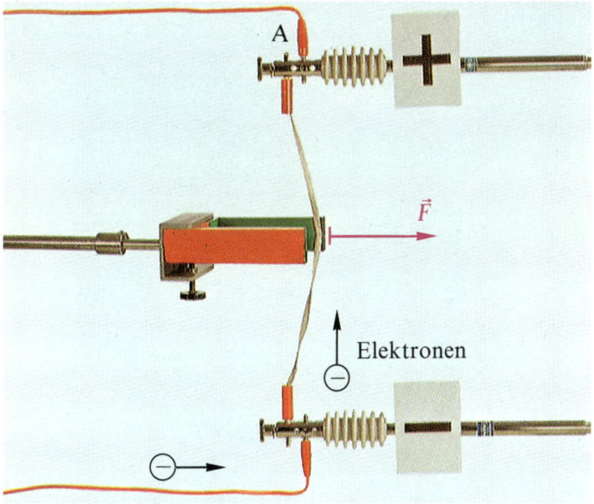

3 Der Strom führende Leiter im Magnetfeld

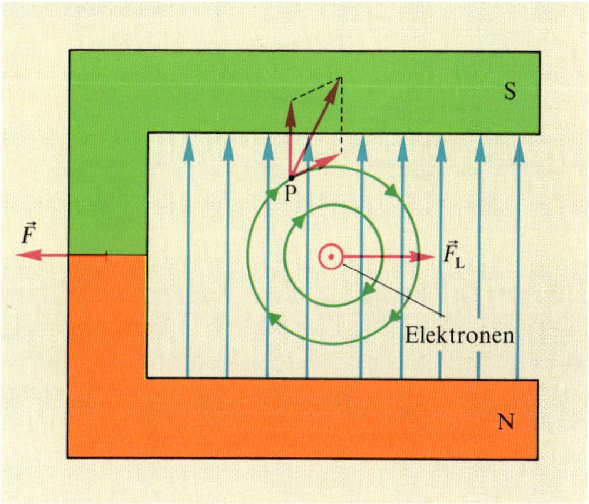

4 Magnetfelder von Magnet (blaue Feldlinien) und Leiter (grüne Feldlinien); F_L = Lorentzkraft auf den Leiter, F = Gegenkraft auf den Magneten

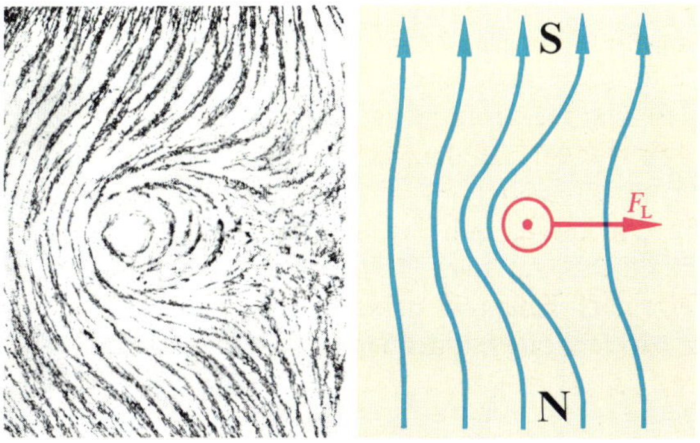

5 Das Bild der Eisenfeilspäne lässt erahnen: Das zusammengesetzte „verschmolzene“ Feld erzeugt am Leiter die Lorentzkraft F_L nach rechts (*Bild 3* von oben).

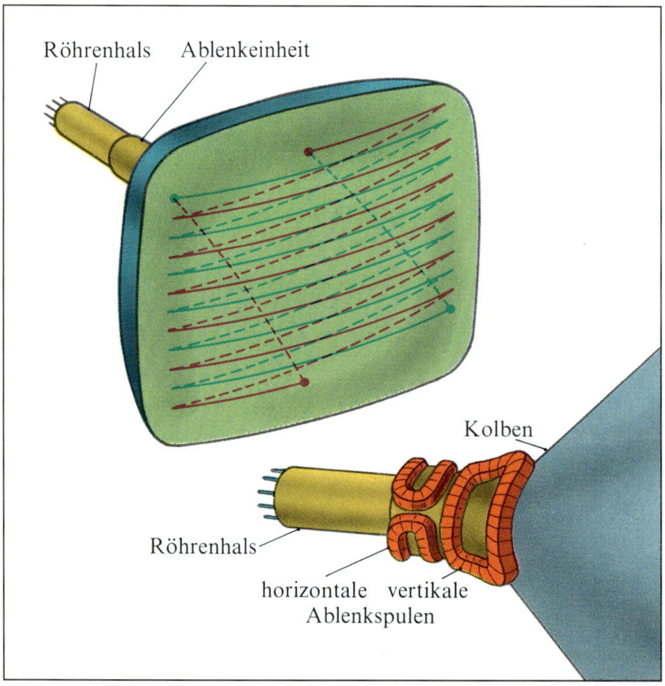

1 Darstellung einer Fernsehbildröhre

Lorentzkraft in der Fernsehröhre

In Fernsehröhren wird der Elektronenstrahl durch Magnetfelder, also mit Lorentzkräften, über den Bildschirm geführt *(Bild 1)*. Spulen, die außen am Röhrenhals angebracht sind, erzeugen die Felder.

Versuch 1: a) Wir befestigen über dem Hals einer braunschen Röhre nach *Bild 2* eine Spule H. Ihre vertikale Achse steht senkrecht zum Elektronenstrahl, der auf uns zukommt. Der Spulenstrom ist zunächst so gerichtet, dass die Magnetfeldlinien nach unten durch die Röhre laufen. Der vom Elektronenstrahl erzeugte Lichtfleck wandert auf dem Schirm nach links.

b) Wir kehren den Spulenstrom um, der Lichtfleck auf dem Bildschirm wandert jetzt nach rechts. In beiden Fällen nimmt die Ablenkung mit der Spulenstromstärke zu.

c) Bei Wechselstrom wird der Elektronenstrahl so schnell hin- und hergezogen, dass wir eine „Zeile" sehen. ■

2 Modell einer Fernsehbildröhre

Mit der Stromstärke in der Magnetspule wächst auch die Lorentzkraft auf die bewegten Elektronen und damit deren seitliche Ablenkung. Die „Linke-Hand-Regel" zeigt die Richtung der Lorentzkraft an:

Halte den Daumen der linken Hand in die Flugrichtung der Elektronen, den abgespreizten Zeigefinger nach unten (Richtung der Magnetfeldlinien). Der Mittelfinger zeigt jetzt die Richtung der Lorentzkraft nach links; sie stimmt mit der in a) beobachteten Ablenkung der Elektronen überein. Nach Umpolen des Spulenstroms zeigen die Feldlinien nach oben; wenn du die Hand ebenfalls drehst, zeigt der Mittelfinger nach rechts in die neue Richtung der Lorentzkraft.

Versuch 2: Wir ergänzen die Versuchsanordnung 1 um eine Spule V *(Bild 2)* mit horizontaler Achse. Ändern wir den Gleichstrom in dieser Spule langsam, so wird die von Spule H mit Wechselstrom geschriebene „Zeile" langsam auf- und abwärts geschoben. ■

Bild 3 zeigt, wie sich die Ströme in den horizontal ablenkenden Spulen *(Bild 1)* sägezahnartig ändern. In 1/25 s entsteht ein Bild mit 625 Zeilen. Der Strahl wird hierzu 625-mal von links nach rechts gelenkt und springt dazwischen sehr schnell wieder zurück. Währenddessen führen die vertikal ablenkenden Spulen den Strahl in 1/50 s einmal über die blau gezeichneten Zeilenreihen, in der nächsten 1/50 s über die rot gezeichneten Zeilen von oben nach unten. Wegen dieses *Zeilensprungverfahrens* flimmert der Bildschirm weniger.

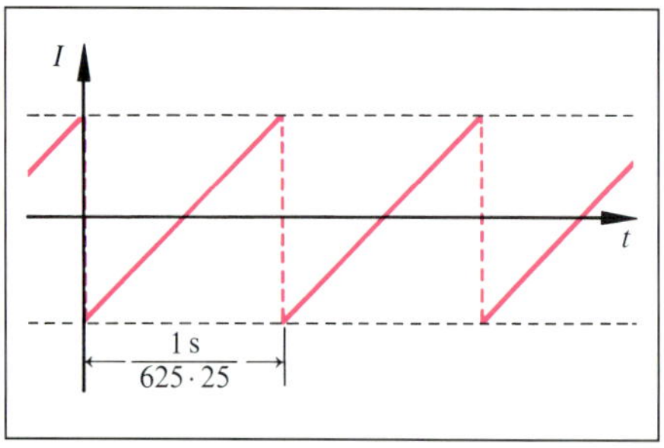

3 „Sägezahnstrom" der horizontal ablenkenden Spulen

Lorentzkraft in der Natur: Polarlicht

Ein faszinierendes Naturschauspiel der Polargegenden wird von Elektronen und anderen geladenen Teilchen verursacht, die von der Sonne oder aus dem Weltall zur Erde fliegen. Diese schnellen Teilchen sind für die belebte Natur sehr gefährlich. Glücklicherweise ist die Erde von einem Magnetfeld umgeben, das die geladenen Teilchen von uns fernhält. Die Lorentzkraft lenkt diese Teilchen spiralförmig um die Feldlinien herum. Auf solchen Bahnen fliegen sie dann auf einen Pol zu.

So gelangen viele Teilchen auf kleinem Raum in dichtere Luftschichten.
Mit großer Wahrscheinlichkeit geben sie in diesem Bereich ihre Bewegungsenergie bei Zusammenstößen mit Luftmolekülen ab. Diese leuchten dabei kurz auf und erzeugen so das unterschiedliche Farben zeigende *Polarlicht (Bild 4)*. Wir haben Ähnliches schon bei Glimmlampen kennen gelernt. Dort – wie auch in manchen Leuchtreklameröhren – treffen Elektronen auf Gasatome, die dann leuchten.

4 Geladene Teilchen bringen Luftmoleküle zum Leuchten

Lorentzkraft im Lautsprecher

Im *dynamischen Lautsprecher* nach *Bild 5* führt die Spule einen im Rhythmus von Musik wechselnden Strom. Sie ist mit einer starren Membran verbunden und taucht in das starke, radiale Feld eines „Topfmagneten" ein *(Bild 5)*. Die Spulendrähte stehen senkrecht zu den magnetischen Feldlinien, sodass die entstehende Lorentzkraft immer in die vorgesehene Bewegungsrichtung der Membran weist.

Im *Bändchenlautsprecher* spannt man ein leichtes Aluminiumband in einem Magnetfeld auf *(Bild 6)*. Dieses Feld ist im gesamten Verlauf des Bändchens homogen. Das Bändchen ist sehr dünn und etwa 0,5 cm breit ($R \approx 0{,}5\,\Omega$). Schickt man Wechselstrom hindurch, schwingt es vor und zurück und ist dabei „Spule" und Membran zugleich. Es kann dabei Töne mit Frequenzen von 350 Hz bis zu 20 kHz abgeben.

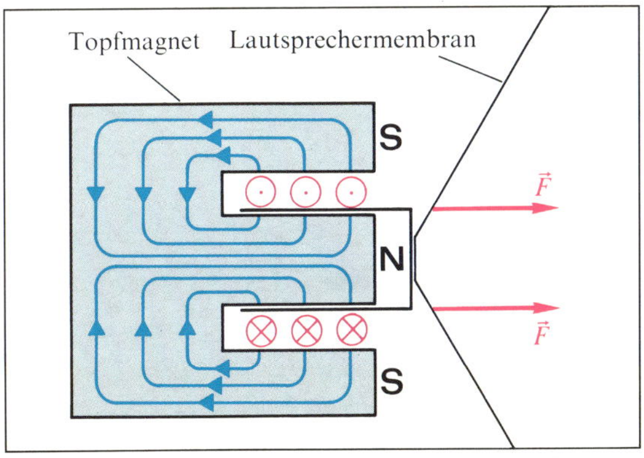

5 Tauchspule des dynamischen Lautsprechers

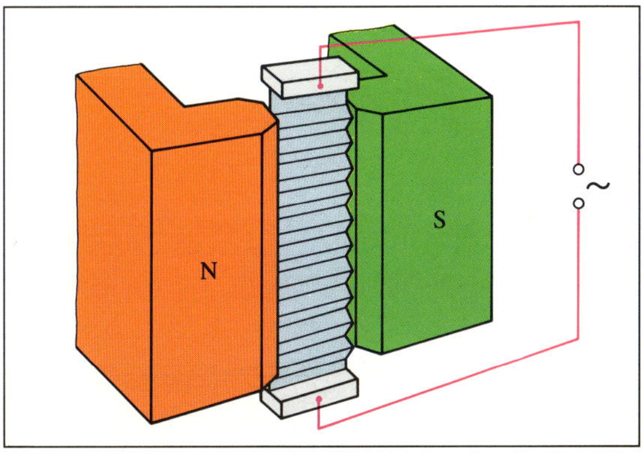

6 Bändchenlautsprecher, die Membran selbst führt Strom

Die elektromagnetische Induktion

1. Bewegung erzeugt Spannung und Strom

1820 erregte H. CHR. OERSTED (dän. Physiker) mit einem Rundschreiben Aufsehen. Er teilte mit, der elektrische Strom bewege Magnetnadeln. Die Gelehrten Europas faszinierte diese für viele unerwartete Verbindung von Strom und Magnetismus. M. FARADAY (engl. Physiker) wollte diesen Effekt umkehren und schrieb in sein Notizbuch: „Convert magnetism into electricity". Zunächst gelang es ihm aber nicht, Magnetismus in Elektrizität zu verwandeln. Erst 1831 fand er, dass man Spannung und Strom erhält, wenn man Drähte und Magnete gegeneinander bewegt. So hat FARADAY entdeckt, wie man Spannung **induziert.** – Versuchen wir es auch!

Versuch 1: **a)** Wir halten nach *Bild 1* einen Draht waagerecht zwischen die Pole eines starken Magneten. Der Draht steht senkrecht zu den Feldlinien. Wir schließen ihn an einen empfindlichen Spannungsmesser (z. B. ein Oszilloskop) an. Im Kreis befindet sich keine Stromquelle, die Elektronen in Bewegung setzen könnte. Deshalb gibt es keinen Ausschlag am Anzeigegerät.

b) Nun ziehen wir den Draht samt seinen Elektronen senkrecht oder schräg nach *oben.* Der Spannungsmesser schlägt aus; er zeigt, dass der Draht vorn bei A kurzzeitig einen Minus- und bei B einen Pluspol bekommen hat.

c) Wir wiederholen die Bewegung ohne Magnetfeld: Jetzt bleibt die Spannung aus. ■

Reicht unser bisheriges Wissen zur Erklärung aus? Das Magnetfeld ist notwendig (Versuch 1c), außerdem die Bewegung des Leiters. *Zusammen mit dem Leiter* bewegen wir natürlich auch dessen Elektronen in breiter Linie nach *oben.* Jedes Elektron verhält sich dabei wie ein Elektron des Elektronenstrahls in der braunschen Röhre. Halte den Daumen der linken Hand nach oben *(Richtung der Elektronenbewegung)* und den Zeigefinger nach rechts *(Feldlinien)*. Der Mittelfinger gibt die Lorentzkraft F_L an! Sie treibt die Elektronen *längs des Leiters nach vorn* auf A zu und von B weg *(Bild 1)*. So wird A der Minus- und B der Pluspol dieses „Minigenerators", der insgesamt Stromquelle für den äußeren Kreis wird.

Versuch 2: **a)** Zur Kontrolle bewegen wir den Draht AB in der Anordnung nach Versuch 1 nach *unten.* Jetzt wird B zum Minuspol. Wir bewegen den Leiter auf und ab, nun entsteht *Wechselspannung.*

b) Abschließend bewegen wir den Leiter parallel zu den Feldlinien oder in seine eigene Längsrichtung. *In beiden Fällen entsteht keine Spannung.* Spannung entsteht nur, wenn der Leiter quer – oder auch schräg – zu magnetischen Feldlinien bewegt wird. ■

***Induktion durch Bewegung:* Wird ein Leiter quer oder schräg zu magnetischen Feldlinien bewegt, so entsteht zwischen seinen Enden eine Induktionsspannung. Sie rührt von der Lorentzkraft her; den Minuspol gibt die Linke-Hand-Regel an.**

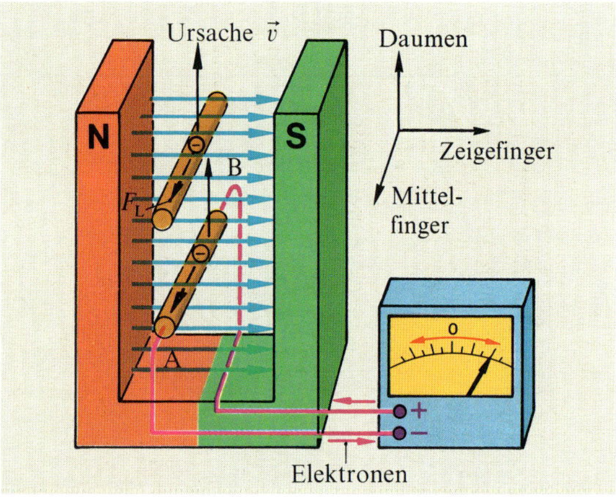

1 Induktion durch Bewegung

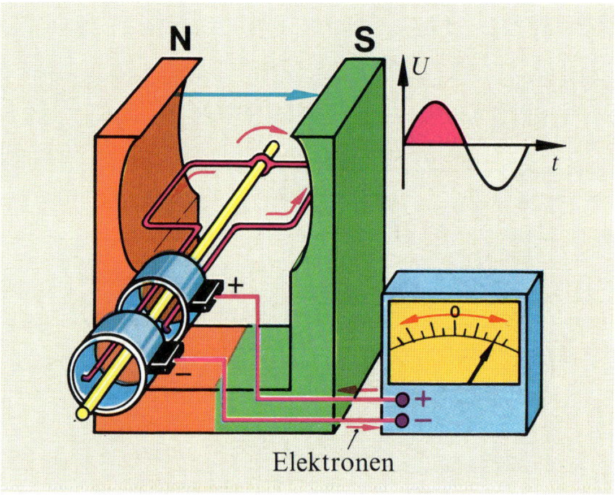

2 Rotation einer Spule im Magnetfeld

2. Wechselspannung aus rotierenden Spulen

Im E-Werk treiben Wasser- und Dampfturbinen große Generatoren an, in denen Wechselspannung induziert wird. Wir ahmen diesen Vorgang nach.

Versuch 3: *Bild 2* zeigt eine Spule, von der nur eine Windung gezeichnet ist. Sie wird um ihre waagerechte Achse im Magnetfeld gedreht. Das Messgerät zeigt abwechselnd positive und negative Spannung, also **Wechselspannung** an. ■

Das linke Leiterstück bewegt sich zunächst nach oben, die Lorentzkraft treibt die Elektronen wie in Versuch 1b nach vorn. Das rechte Leiterstück sinkt gleichzeitig nach unten, die Lorentzkraft wirkt nach hinten. Da die Leiterstücke „hintereinander geschaltet" sind, addieren sich die Spannungen.

Bild 2 zeigt das Ergebnis: Das linke Leiterstück führt dem mitrotierenden vorderen *Schleifring* Elektronen zu; er und die auf ihm schleifende Kohle sind jetzt der Minuspol. Von der zweiten Kohle zieht der rechte Draht über den hinteren Schleifring Elektronen ab, sie wird zum Pluspol.

Nach einer Drehung um 90° steht die Windung vertikal, die Leiterstücke bewegen sich für einen Augenblick parallel zu den Feldlinien. Jetzt tritt zwischen den Enden der Leiterstücke nach Versuch 2b keine Spannung auf.

Nach einer weiteren Drehung um 90° *(Bild 3):* Die Bewegungsrichtung der Leiterstücke hat sich umgekehrt. Das vorher auf der linken Seite aufgestiegene Drahtstück sinkt nun im Magnetfeld auf der rechten Seite ab, die Lorentzkraft treibt jetzt in ihm die Elektronen nach hinten. Auch im anderen Leiterstück hat die Lorentzkraft ihre Richtung umgekehrt: Plus- und Minuspol sind vertauscht. Der ganze Vorgang wiederholt sich nach jeder vollen Drehung.

Um *technische Wechselspannung* mit einer Frequenz von 50 Hz zu erzeugen, muss sich die Leiterschleife in jeder Sekunde 50-mal drehen. Dabei ändern die Elektronen 100-mal ihre Bewegungsrichtung.

3. Gleichspannung durch den Kommutator

Wir ersetzen die beiden Schleifringe durch zwei gegenüberliegende Halbringe (*Bild 4:* Kommutator wie beim Gleichstrommotor). Sobald die Windungsebene vertikal steht, gibt es zwei Vertauschungen, die sich nach außen hin aufheben:

a) In der Windung selbst kehrt sich – wie vorher beim Wechselstromgenerator – die Stromrichtung um. Die Halbringe tauschen ihre Polung.

b) Gleichzeitig vertauschen die rotierenden Halbringe auch ihre äußeren Anschlüsse an den Kohlen. Im äußeren Kreis bleibt deshalb die Polung erhalten, es entsteht **pulsierender Gleichstrom.** Nach *Bild 4* pendelt er zwischen null und seinem Höchstwert hin und her.

Bei der **Drehung einer Spule im Magnetfeld** entsteht zwischen ihren Enden **Wechselspannung.** Diese kann durch einen **Kommutator** in **pulsierende Gleichspannung** umgewandelt werden.

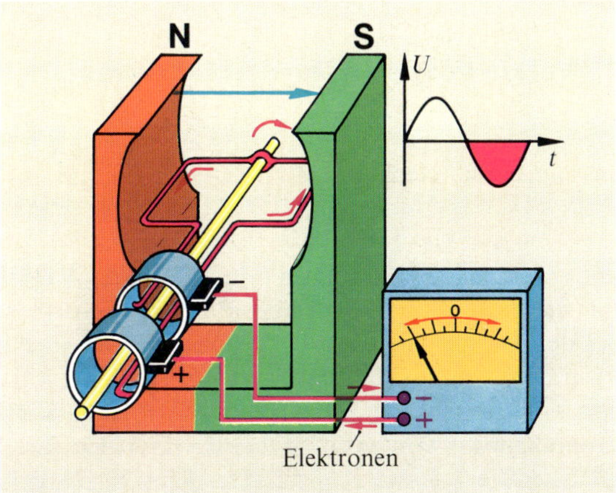

3 Eine Drehung um 180° weiter als in *Bild 2*

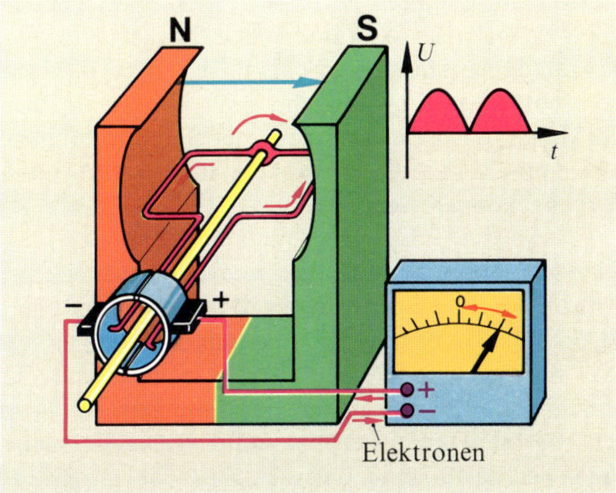

4 Der Kommutator sorgt für Gleichspannung

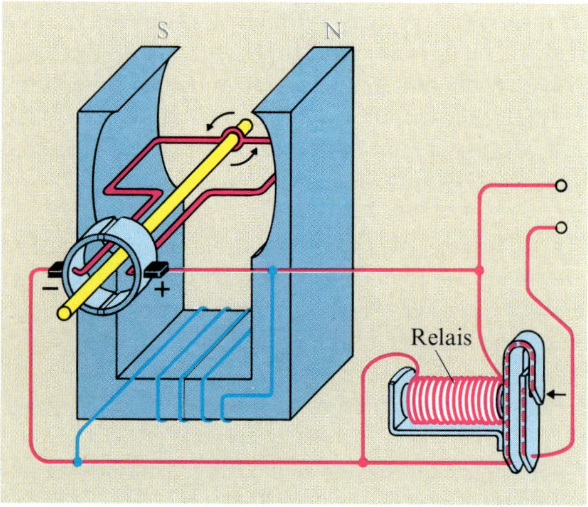

1 Selbst erregter Gleichstromgenerator: Dynamo

4. Der Dynamo macht sein Feld selbst

Wenn die rotierende Spule schneller läuft und mehr Windungen hat, messen wir an ihren Enden eine größere Spannung. Diese kann noch vergrößert werden, wenn man – wie beim Motor – den Dauermagneten durch einen starken Elektromagneten ersetzt. Aber woher nimmt man den Strom für dessen Wicklungen? Braucht man hierzu etwa einen Hilfsgenerator?

Bei der Herstellung hat man das Eisen des Elektromagneten bereits magnetisiert; ein Teil der Elementarmagnete bleibt ausgerichtet. Ihr schwaches Feld erzeugt im Rotor schon beim Anlaufen der Maschine einen schwachen Strom. Die Wicklung des Magneten führt ihn so (in *Bild 1* blau gezeichnet), dass er das Magnetfeld verstärkt und so das Eisen zunehmend magnetisiert. Läuft die Maschine genügend schnell, so verstärken sich Magnetfeld und Spannung gegenseitig. Schließlich wird die gewünschte Spannung erreicht. Jetzt kann z. B. über ein Relais, das beim Erreichen der Sollspannung einen Kontakt schließt, der äußere Stromkreis *(Bild 1* rot) angekoppelt werden.

Eine Maschine, die nach diesem **dynamoelektrischen Prinzip** den zum Erzeugen des Magnetfeldes nötigen Strom selbst liefert, heißt **Dynamomaschine.** WERNER VON SIEMENS erfand sie 1866 und leitete damit die stürmische Entwicklung der Elektrotechnik der letzten 100 Jahre ein. OERSTEDS und AMPÈRES Versuche lagen gerade 46 Jahre, OHMS Experimente 40, FARADAYS Induktionsversuche 35 Jahre zurück.

5. Motor und Generator sind austauschbar

Es ist auffällig, wie sehr der Gleichstrom*generator* aus *Bild 1* dem Gleichstrom*motor* ähnelt. Kann man mit einem Elektromotor Spannung erzeugen?

Versuch 4: Wir schließen den Spielzeugmotor an eine Batterie an: Der Anker rotiert. Jetzt nehmen wir die Batterie weg und schließen an ihrer Stelle ein Lämpchen an. Wir versetzen den Anker in schnelle Drehung: Das Lämpchen leuchtet. ■

Der Unterschied besteht nicht im Aufbau, sondern in der *Anwendung* der beiden Maschinen: Im ersten Fall wandelt die Maschine elektrische in mechanische Energie *(Bild 2)*, im zweiten dagegen mechanische in elektrische Energie um *(Bild 3)*.

Die Austauschbarkeit von Generator und Motor findet man im Großen beim **Pumpspeicherwerk:** Bei Spitzenbedarf an elektrischer Energie treibt Wasser aus einem Stausee Generatoren an. Hat man nachts Überschuss an elektrischer Energie, so lässt man diese Generatoren als Motoren arbeiten und Wasser wieder in die Höhe pumpen.

Straßenbahnen und moderne E-Loks nutzen dieses Prinzip ebenfalls und können so Energie einsparen. Bei der Einfahrt in eine Haltestelle oder bei Talfahrt arbeiten die Motoren als Generatoren; mechanische Energie wird in elektrische Energie umgewandelt und in das Leitungsnetz zurückgegeben. Eine anderswo fahrende Lok kann sie wieder nutzen.

Der **Motor** wandelt zugeführte elektrische Energie in mechanische um, der **Generator** dagegen mechanische in elektrische Energie.

6. Warum kostet „Elektrizität" etwas?

Merkt man im E-Werk etwa, dass es mit jeder bei uns eingeschalteten Lampe zusätzliche Energie liefert?

Versuch 5: Wir hängen einen Aluminiumring wie in *Bild 4a* an einem dünnen Faden auf. Nun verdrillen wir den Faden mit vielen Umdrehungen und lassen dann den Ring los. Er beginnt zu rotieren und wird dabei immer schneller. Jetzt schieben wir einen Hufeisenmagneten von vorn so heran, dass der Ring in dessen Feld gerät *(Bild 4b)*. Der Ring wird abgebremst und läuft „wie in Honig". ■

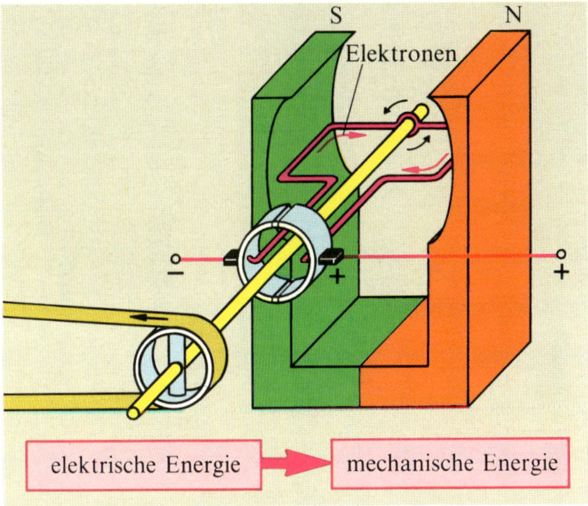

2 Motor: Umwandeln elektrischer in mechanische Energie

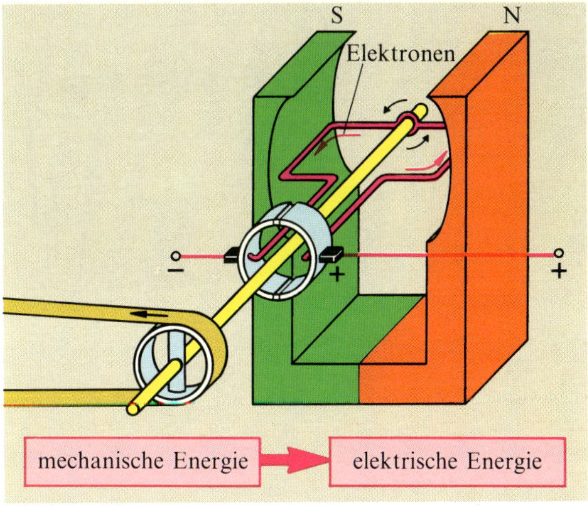

3 Generator: Umwandeln mechanischer in elektrische Energie

Betrachten wir ein Drahtstück dieses „Minigenerators“ (*Bild* 5, links):

(I) Der Leiter werde nach vorn bewegt. Dies induziert einen Elektronenstrom (Lorentzkraft F_L, rot) von B nach A. Hier ist die Bewegung nach vorn die Ursache 1 (grün), der Elektronenstrom die Wirkung (rot). (Du kannst dir leicht selbst überlegen, dass die Bewegung des rechten, nach hinten bewegten Leiterstücks diesen Elektronenstrom noch unterstützt). Es entsteht ein Elektronenstrom also im gesamten Kreis.

(II) Betrachten wir nochmals den Elektronenstrom im Leiterstück AB. Er liegt im gleichen Magnetfeld, in dem er induziert wurde. Dort erfährt er eine Kraft; welche Richtung hat sie? Unterstützt sie vielleicht die Bewegung nach vorn? Für unsere 2. Überlegung (*Bild* 5, rechts) ist der Elektronenstrom von B nach A die Ursache 2 (grün, Daumen nach unten). Der Mittelfinger zeigt als Wirkung 2 die Kraft F nach hinten an (rot)! Leider zeigt sie der Bewegung entgegen und bremst so den Ring.

Generatoren im E-Werk erfahren diese bremsende Kraft ebenfalls. Sie ist umso größer, je stärker der Strom ist. Die Stromstärke wächst aber mit jeder zusätzlich eingeschalteten Lampe. Der Betrieb der Generatoren erfordert also mit jeder Lampe mehr Energie; dafür müssen wir bezahlen.

Der induzierte Strom erfährt im Magnetfeld eine ihn bremsende Lorentzkraft.

4 Der Ring „quält“ sich durch das Magnetfeld

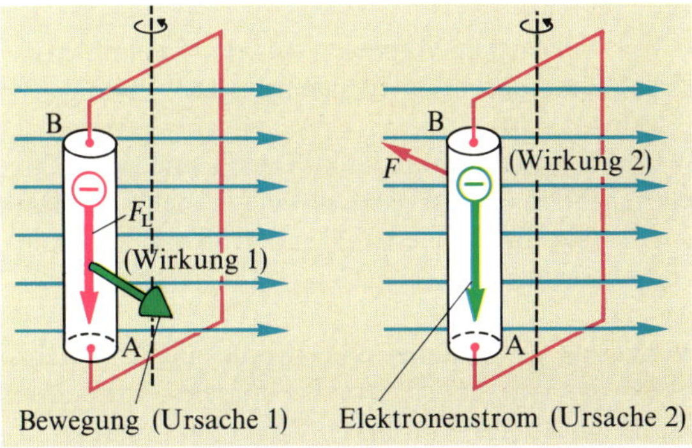

5 Der Strom „bremst seine Ursache ab“

A1. Ein In West-Ost-Richtung zeigendes Drahtstück fällt im Erdmagnetfeld herunter. An welchem Ende entsteht Elektronenüberschuss?

A2. Früher wurden E-Loks elektrisch so gebremst: Der Motor wurde vom Netz getrennt und kurzgeschlossen. Erkläre die Wirkungsweise.

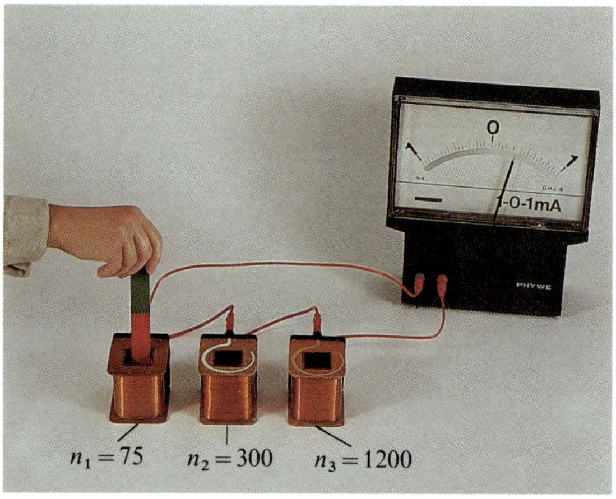

1 Verschieben des Magneten: Induktion

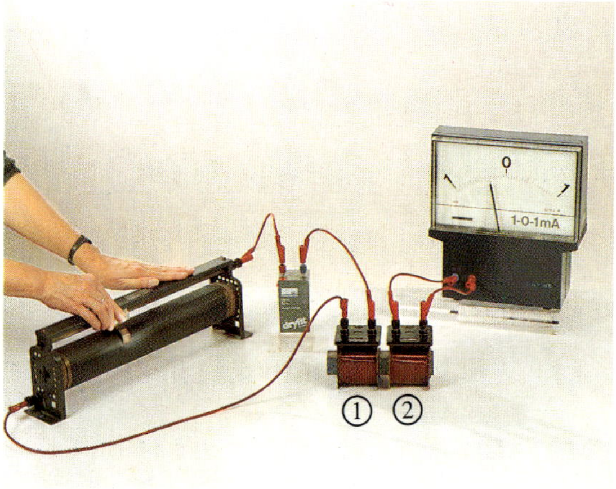

2 Ändern des Spulenstromes: Induktion

7. Induktion durch Ändern des Magnetfeldes

Versuch 6: **a)** In *Bild 1* sind auf dem Tisch ruhende Spulen mit verschiedenen Windungszahlen hintereinander geschaltet. Wenn wir einen Magneten in eine von ihnen schieben, schlägt das angeschlossene empfindliche Messgerät aus. Der Ausschlag ist umso größer, je schneller die Bewegung abläuft. Er wird noch größer, wenn wir zwei Magnete mit ihren gleichnamigen Polen zugleich einschieben.

b) Bleibt der Magnet in der Spule in Ruhe, so wird keine Spannung induziert.

c) Wir ziehen den Magneten aus der Spule heraus: Es entsteht Spannung entgegengesetzter Polung.

d) Wir benutzen die anderen Spulen und wiederholen mit ihnen die Versuche a) – c): Je mehr Windungen die jeweilige Spule hat, desto größer ist die induzierte Spannung. ■

Wenn sich der Magnet einer Spule nähert, wächst in ihr das Magnetfeld an. Bei diesem Anwachsen des Magnetfeldes wird in der Spule Spannung induziert. Auch beim Abschwächen des Magnetfeldes, wenn der Magnet wieder entfernt wird, geschieht dies. Ein konstantes Magnetfeld dagegen erzeugt im ruhenden Leiter keine Spannung. *Die Änderung des Magnetfeldes ist also Voraussetzung für die Induktion.* Je schneller diese Änderung erfolgt, desto größer ist die Spannung. Eine solche schnellere Änderung können wir erreichen, indem wir das Feld in der Spule statt in 1 s schon in 0,5 s auf den Maximalwert des benutzten Magneten ansteigen lassen. Größere Spannung erreichen wir aber auch dadurch, dass wir das Feld in 1 s auf den doppelten Wert anwachsen lassen, indem wir zwei gleichartige Magnete benutzen.

Reicht die Änderung eines Magnetfeldes – auch ohne Bewegung – *allein* schon zur Induktion aus?

8. Magnetfeldänderung ganz ohne Bewegung

Eine Strom führende Spule ist ein Elektromagnet. Ihr magnetisches Feld lässt sich durch Ändern der Stromstärke leicht verändern.

Versuch 7: Wir ersetzen in Versuch 6 den Dauermagneten durch eine Spule *(Bild 2)*. Diese Feldspule (1) und die mit dem Messgerät verbundene Induktionsspule (2) sitzen auf einem gemeinsamen Eisenkern. Nun erhöhen wir den Strom in der Feldspule schnell: Das Messinstrument schlägt kurz aus. Verringern wir den Strom in Spule 1, so schlägt das Messinstrument zur anderen Seite aus. ■

Die Feldänderung allein reicht also zum Induzieren einer Spannung aus. Diese ist auch hier beim Abschwächen des Feldes (Verringern des Feldspulenstromes) entgegengesetzt gepolt wie beim Anwachsen des Feldes (Verstärken des Stromes). Ohne Eisenkern ist die Induktionsspannung kleiner.

> ***Induktion durch Magnetfeldänderung:*** **Verstärkt oder verringert sich das Magnetfeld in einer Spule, so wird in ihr eine Spannung induziert.**

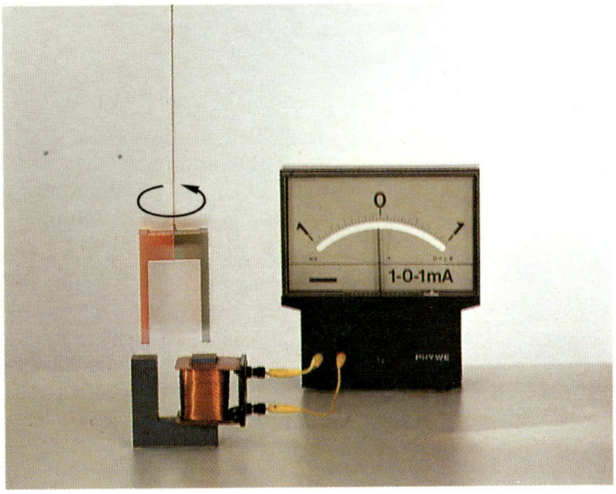

3 Innenpolgenerator

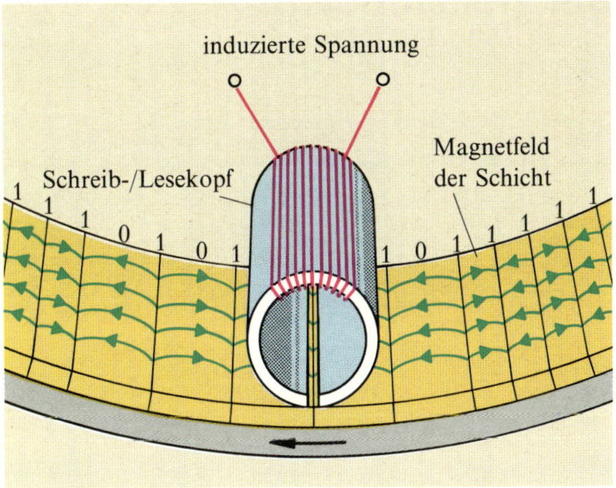

4 Induktion ermöglicht das Lesen von Daten

9. Die Innenpolmaschine

Versuch 8: Eine Spule ist nach *Bild 3* zusammen mit einem Messgerät in Reihe geschaltet. Eine Stromquelle fehlt. Wir erhalten Wechselspannung, wenn ein Magnet über dem U-Kern rotiert. Die Höhe der Spannung und ihre Frequenz steigen mit der Drehfrequenz des rotierenden Magneten. ■

Weil sich das Magnetfeld in der Induktionsspule ständig ändert, wird Spannung induziert. Diese braucht man – anders als beim Gleichspannungsgenerator – nicht mehr über Schleifringe abzunehmen. Dies ist wichtig für die großen Generatoren in den E-Werken. Sie erzeugen Wechselspannungen bis 21 kV bei Stromstärken bis 40000 A, d.h. Leistungen von $840 \cdot 10^3$ kW = 840 MW! Im Innern einer solchen **Innenpolmaschine** rotieren starke Elektromagnete. Sie werden mit Gleichstrom gespeist, den man noch ohne Schwierigkeiten über Kohlebürsten und Schleifringe zuführen kann. – Auch die Fahrradlichtmaschine (fälschlich „Dynamo") ist eine Innenpolmaschine. Bei ihr rotiert ein mehrpoliger Dauermagnet innerhalb der an der Innenwand des Gehäuses angebrachten Induktionsspule *(Bild 5)*.

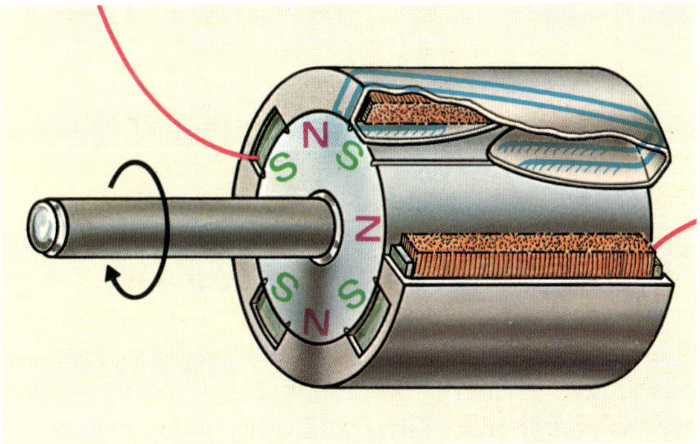

5 Die Fahrradlichtmaschine: Ein Innenpolgenerator

10. Magnetische Datenspeicherung

Computer arbeiten im Dualsystem, also nur mit den Werten 0 und 1, die sich leicht auf Disketten oder Festplatten magnetisch speichern lassen. Dazu sind die Datenträger mit winzigen Nadeln, z.B. aus magnetisierbarem Eisenoxid, beschichtet. Beim „Aufzeichnen" magnetisiert eine Spule mit Weicheisenkern – der „Magnetkopf" – die Schicht je nach Stromrichtung in bzw. gegen die Laufrichtung. Beim „Lesen" dient der Magnetkopf als Induktionsspule. Der Datenträger rotiert mit hoher Geschwindigkeit in geringem Abstand unterhalb des Magnetkopfes. Jedesmal, wenn dort die Magnetisierungsrichtung wechselt, ändert sich auch das Magnetfeld in der Spule. Dadurch wird in der Spule eine Spannung induziert *(Bild 4)*. Wird diese Spannung registriert, so gilt dies als „1"; fehlt sie, gilt das als „0".

A1. Elisabeth lässt einen Stabmagneten durch eine Spule fallen. Das angeschlossene Oszilloskop schlägt nach oben und dann noch stärker nach unten aus. Welche Erklärung hast du?

A2. In manchen Kirchen sind „Induktionsschleifen" verlegt. Sie führen einen Wechselstrom im Rhythmus des Mikrofonstroms. Besucher mit Hörgerät stellen es auf „Spule" ein. Warum hören sie dann die Predigt ohne Nebengeräusche?

Der Transformator

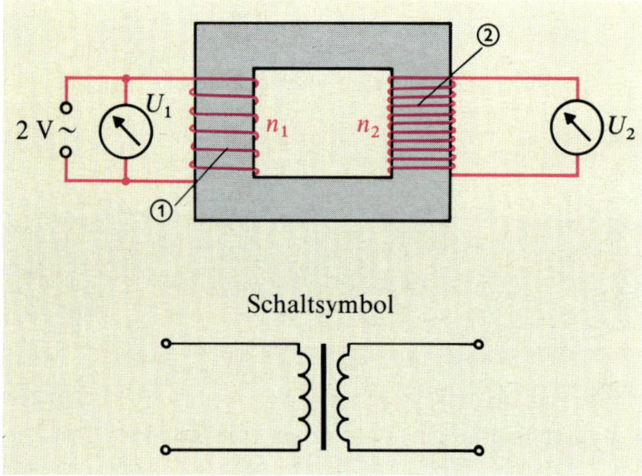

1 Transformator mit Primär- und Sekundärspule

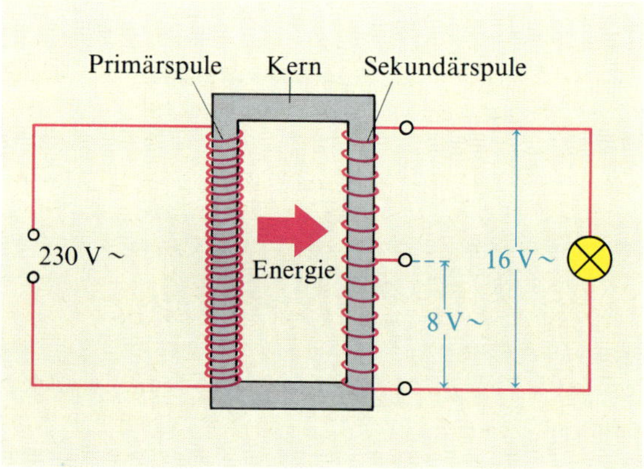

2 Nur Energie wird übertragen

1. Der Trafo liefert Wechselspannung nach Bauplan ...

Zwischen den Enden einer Induktionsspule entsteht Spannung, wenn sich das Magnetfeld in ihr ändert. Ständige Feldänderungen erhalten wir, wenn die Feldspule *Wechselstrom* führt. Beim **Transformator** wird diese – hier **Primärspule** (1) genannt – mit der **Sekundärspule** (2) (Induktionsspule) auf einen gemeinsamen Eisenkern gesetzt *(Bild 1)*. Er sorgt dafür, dass die Feldänderung in beiden Spulen annähernd gleich groß ist. Eine leitende Verbindung zwischen den beiden Spulen besteht nicht!

Versuch 1: **a)** Wir legen eine Wechselspannung an die Primärspule eines Transformators. Zwischen den Enden der Sekundärspule entsteht eine Wechselspannung gleicher Frequenz. Dies zeigt ein Oszilloskop, das wir zunächst an die Primär-, dann an die Sekundärspule anschließen.

b) Wir geben nun der Primär- wie auch der Sekundärspule gleiche Windungszahl. Die induzierte Sekundärspannung U_2 ist dann so groß wie die an die Primärspule angelegte Spannung U_1. ■

Ohne jede leitende Verbindung zur ursprünglichen Spannungsquelle liefert Spule 2 eine Spannung! Ansonsten aber scheint der Transformator doch ziemlich nutzlos zu sein, ist doch die Sekundärspannung genauso groß wie die Primärspannung. Ändert sich etwas, wenn wir zwei Sekundärspulen der gleichen Windungszahl auf dem Eisenkern in Reihe schalten?

Versuch 2: Wir nehmen eine Primärspule mit 300 Windungen ($n_1 = 300$). Für die Sekundärspule wählen wir die Windungszahl 600, also $n_2 = 2 \cdot n_1$; tatsächlich messen wir jetzt eine Sekundärspannung von nahezu 4 V bei einer Primärspannung von 2 V; es gilt also $U_2 \approx 2 \cdot U_1$. Für $n_2 = 3 \cdot n_1$ erhalten wir $U_2 \approx 3 \cdot U_1$. Halbieren der Sekundärwindungszahl liefert die halbe Sekundärspannung. ■

Am Trafo werden zwischen den Enden aller Spulen gleicher Windungszahl gleich große Spannungen induziert. In allen Spulen ist ja die Magnetfeldänderung nahezu gleich, dafür sorgt der gemeinsame Eisenkern. Zwei mit gleichem Windungssinn in Reihe geschaltete Spulen gleicher Windungszahl ergeben eine Spule mit doppelter Windungszahl $n_2 = 2 \cdot n_1$. Die Einzelspannungen addieren sich, die Sekundärspannung wird also verdoppelt: $U_2 = 2 \cdot U_1$. Sekundärspulen mit halber Windungszahl liefern nur die halbe Spannung; zwei solcher Spulen in Reihe geschaltet ergeben wieder die Windungszahl n_1 und damit die ursprüngliche Spannung (natürlich nur bei gleichem Windungssinn).

Durch geeignete Wahl von Sekundär- und Primärspule erhält man also jede gewünschte Sekundärspannung.

Beim Transformator verhalten sich die Spannungen wie die Windungszahlen der Spulen:

$$U_2 : U_1 = n_2 : n_1 .$$

In den *Niederspannungstrafos* für Spielzeugeisenbahnen hat die Sekundärspule weniger Windungen als die Primärspule. An den verschiedenen Anschlüssen der Sekundärspule kann man eine Reihe ungefährlicher Spannungen abgreifen. Anders als bei einer Spannungsteilerschaltung, mit der man ebenfalls kleine Spannungen erzeugen kann, besteht beim Trafo keine gefährliche Verbindung zum Netz mit 230 V. Kein einziges Elektron kommt von der Primärspule zur Sekundärspule; transportiert wird – bei Bedarf – nur Energie *(Bild 2)*.

2. ... und Strom nach Leistungsbedarf

Versuch 3: **a)** Wir bauen einen Trafo mit $n_1 = 600$ und $n_2 = 300$ Windungen. Die Sekundärspannung U_2 ist dann halb so groß wie die eingestellte Primärspannung U_1. Solange wir keine Geräte an die Sekundärspule anschließen, ist der Strom im Primärkreis vernachlässigbar klein.

b) Jetzt schließen wir an die Sekundärspule eine Glühlampe mit kleinem Widerstand an. Die Stromstärke im Sekundärkreis beträgt $I_2 \approx 1$ A. Gleichzeitig ist die Stromstärke im Primärkreis angestiegen; sie beträgt jetzt $I_1 \approx 0{,}5$ A. ■

Die Glühlampe entnimmt dem Transformator Energie mit der Leistung $P_2 = U_2 \cdot I_2$. Diese entzieht der Transformator primärseitig dem Netz, deshalb steigt dort die Stromstärke an. Ein gut gebauter Transformator braucht für sich selbst nur wenig Energie. Primärleistung $P_1 = U_1 \cdot I_1$ und Sekundärleistung $P_2 = U_2 \cdot I_2$ sind dann nahezu gleich:
$U_1 \cdot I_1 \approx U_2 \cdot I_2$ oder $U_1/U_2 \approx I_2/I_1$.

> Beim Transformator richtet sich der Primärstrom nach dem Sekundärstrom, sodass die Leistung erhalten bleibt. **Die Stromstärken verhalten sich umgekehrt wie die Windungszahlen:**
>
> $P_1 = P_2$; $\quad I_2 : I_1 \approx n_1 : n_2$

3. Hohe Spannung oder großer Strom!

Versuch 4: Benutzt man einen Transformator nach *Bild 3* mit $n_1 = 500$ und $n_2 = 23\,000$ Windungen, so steigt die Spannung an der Sekundärspule um den Faktor $23000/500 = 46$, bei $U_1 = 230$ V also auf mehr als 10 000 V! Zwischen den angeschlossenen Elektroden wird die Luft leitend: Leuchtend steigt ein Strom führender Lichtbogen nach oben. ■

3 Hochspannungstransformator, Versuch 4

4 Hochstromtransformator, Versuch 5

Transformatorversuche sind also gefährlich. Denn aus kleinen Primärspannungen (z. B. 25 V) können sekundärseitig solche entstehen, die höher sind als die Netzspannung!

Versuch 5: Im Trafo nach *Bild 4* wird die Netzspannung $U_1 = 230$ V an die Primärspule ($n_1 = 600$) angelegt. In den Sekundärkreis ($n_2 = 6$) wird ein Nagel geklemmt. Der Nagel glüht hell auf und schmilzt schließlich durch! ■

Der dicke Nagel hat nur einen sehr kleinen Widerstand R (etwa 0,01 Ω). Bei einer Sekundärspannung von $U_2 = U_1 \cdot n_2/n_1 = 230\text{ V} \cdot 0{,}01 \approx 2$ V entsteht ein Sekundärstrom von $I_2 = U_2/R \approx 200$ A! Dabei nimmt der Primärstrom nur einen Wert von 2 A an, belastet also das Netz nicht wesentlich.

Einen solchen *Hochstromtrafo* benutzt man zum elektrischen Schweißen und zum Schmelzen von Metallen in Induktionsschmelzöfen. Am Ende von Hochspannungsleitungen erzeugen Hochstromtrafos die Netzspannung von 230 V bei großer Stromstärke für eine große Zahl von Abnehmern.

Energieverbund

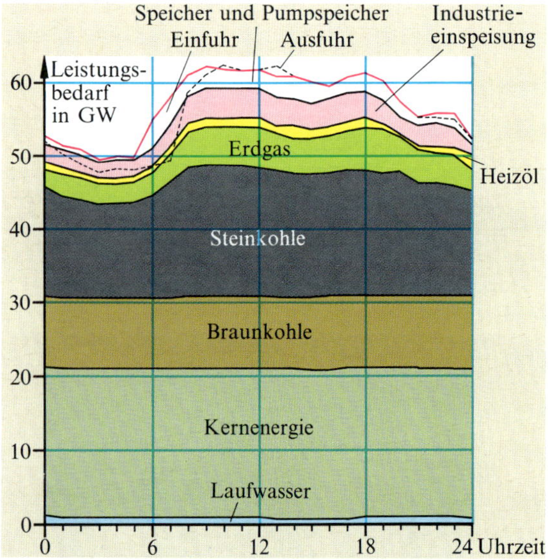

1 Leistungsbedarf während eines Wintertages; in der Nacht speichert der Pumpstrom Energie

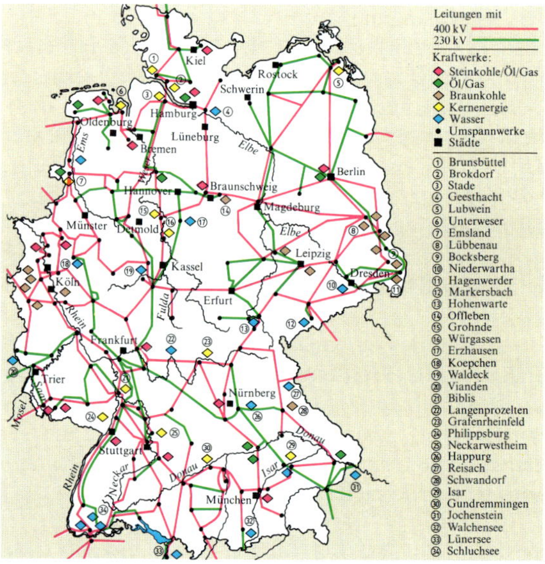

2 Verbundsystem der Kraftwerke. Kannst du sagen, von welchem Werk du „Strom“ beziehst?

1. Der Verbrauch bestimmt die Erzeugung

Elektrische Energie muss in dem Augenblick bereitgestellt werden, in dem sie der Kunde „anfordert“. Die rote Kurve in *Bild 1* zeigt für einen Wintertag den Bedarf an elektrischer Leistung; er ist von 8 bis 12 Uhr und um 18 Uhr besonders groß. Im Sommer liegt er um etwa 30 % niedriger. Die E-Werke und das Verteilungsnetz sind auf den Spitzenbedarf ausgelegt; dieser tritt allerdings immer nur kurzzeitig auf. Die Gesamtkapazität aller Stromerzeuger muss sogar noch höher liegen als die zu erwartende Leistungsspitze; einzelne Kraftwerke könnten ja ausfallen. Bei uns können die Kraftwerke zusammen eine Maximalleistung von 108 000 MW liefern. Im Jahr 1989 lieferten sie $470 \cdot 10^9$ kWh elektrische Energie.

2. Verbundwirtschaft schafft Ausgleich

Um den Verbrauchsschwankungen und dem Risiko eines Kraftwerkausfalls zu begegnen, sind Kraftwerke wie Verbraucher elektrischer Energie an ein großes Verbundsystem angeschlossen (z. B. das westeuropäische UCPTE, das osteuropäische RGW oder das skandinavische NORDEL). Innerhalb eines solchen Verbundsystems laufen alle Generatoren im gleichen Takt. Untereinander tauschen diese großen Verbundsysteme Energie in geringerem Umfang über **H**ochspannungs-**G**leichstrom-**Ü**bertragungsstrecken (HGÜ) aus, da die Systeme nicht frequenzsynchron arbeiten. Innerhalb eines Verbundes übernehmen die Kraftwerke gestaffelte Aufgaben:

a) Die *Grundlast* tragen in der Bundesrepublik hauptsächlich Wärmekraftwerke, deren Bau sehr teuer ist, die aber zur Zeit noch mit relativ geringen Brennstoffkosten arbeiten. Zu ihnen gehören die Braun- und Steinkohlekraftwerke und die Kernkraftwerke. Die Kernkraftwerke allein lieferten 1989 etwa 34 % der elektrischen Energie.

b) Die *Spitzenlast* übernehmen zunächst fast alle Kraftwerke. Eine plötzliche Mehranforderung von elektrischer Energie lässt die Drehfrequenz der Generatoren abfallen. Drehfrequenzregler greifen sofort in den Dampfkreislauf der an der *Primärregelung* beteiligten Kraftwerke ein und erhöhen die abgegebene Leistung. Diese kann so innerhalb von 1,5 s um 1,25 % und innerhalb von 30 s um 2,5 % gesteigert werden. In der Zwischenzeit beginnt die *Sekundärregelung*. Hierzu gehören schnell startende Anlagen mit Gasturbinen, die mit Erdgas oder Öl angetrieben werden. Hinzu kommen die Pumpspeicherwerke und solche (Kohle-) Kraftwerke, die normalerweise nicht voll ausgelastet sind. Die Betriebskosten dieser Anlagen sind jedoch hoch; dies liegt an ihrer begrenzten Laufzeit (nur wenige Stunden pro Tag bei den Pumpspeicherwerken) oder an den sehr hohen Brennstoffkosten.

Der Anteil der *Wasserkraftwerke* im Grund- und Spitzenlastbereich (Laufwasser- und Pumpspeicherkraftwerke) ist in Deutschland mit etwa 4,5 % niedrig (Norwegen 99 %, Westeuropa gemittelt 20 %). Windkraftanlagen sind Anfang der 90er Jahre in einem Umfang von 200 MW geplant. Dies ist im Vergleich zu 108 000 MW vorhandener Kraftwerksleistung noch verschwindend wenig.

3. Energietransport – möglichst sparsam

Bei der Übertragung elektrischer Energie in Fernleitungen entstehen Verluste durch Erwärmen der Leitungen. Wie begrenzt man den Energieverlust?

Versuch 1: **a)** Eine Wechselspannung von 7 V wird über eine „Fernleitung“ mit einem Widerstand von 2-mal 1 kΩ an ein Lämpchen für 4 V; 0,07 A gelegt. Es leuchtet nicht.

b) Man transformiert die Spannung nach *Bild 3* auf 140 V und leitet sie über die „Fernleitung“ zum zweiten Trafo. Dieser erniedrigt sie auf 4 V. Jetzt leuchtet das Lämpchen. ■

Am Widerstand R_L der Fernleitung liegt die Spannung $U_L = I \cdot R_L$. Die elektrische Leistung $P_L = U_L \cdot I = I^2 \cdot R_L$ geht verloren. Dann haben wir im ersten Trafo die Spannung auf das 20fache vergrößert und dabei die Stromstärke auf den 20ten Teil verkleinert. Der genannte Leistungsverlust in der Leitung ist nach $P_L = I^2 \cdot R_L$ sogar auf den $(20)^2$ten Teil, also auf 1/400 gesunken!

Musteraufgabe

Die Leistung $P = 460\,000$ kW $= 460$ MW eines E-Werks soll mit höchsten 10 % Verlust, also $P_L < 46$ MW, übertragen werden. – Bei Übertragung mit 230 V ist die Stromstärke $I_1 = P/U = 460 \cdot 10^6\ \mathrm{W}/230\ \mathrm{V} = 2 \cdot 10^6$ A. Der Leitungswiderstand darf dann den Wert $R_L = P_L/I_1{}^2 = 46 \cdot 10^6\ \mathrm{W}/(2 \cdot 10^6\ \mathrm{A})^2 \approx 10^{-5}\ \Omega$ nicht überschreiten. Nach $R_L = \varrho \cdot l/A$ müssten Kupfer-„drähte“ ($\varrho = 0{,}017\ \Omega \cdot \mathrm{mm^2/m}$) für eine 100 km lange Doppelleitung dann den Querschnitt $A = 340\ \mathrm{m}^2$ (!!) haben.

Wird mit Hochspannung (230 000 V) übertragen, ist die Stromstärke $I_2 = P/U = 2 \cdot 10^3$ A, also um den Faktor 10^3 kleiner, $R_L = P_L/I_2^2 \approx 10\ \Omega$ damit um den Faktor 10^6 größer als vorher. Jetzt genügt ein Leitungsquerschnitt von $A = 3{,}4\ \mathrm{cm}^2$. – In Verbrauchernähe setzt man die Spannung im Umspannwerk wieder auf 230 V herab.

A1. Ein „Klingel-Trafo“ setzt die 230 V Netzspannung auf 8 V herab.
a) Berechne die Windungszahl der Sekundärspule (Primärspule 5 750 Windungen).
b) Drückt jemand den Klingelknopf, entsteht ein Sekundärstrom von $I_2 = 0{,}5$ A. Wie groß etwa ist dann I_1?

A2. Warum kann es lebensgefährlich sein, wenn man an den Ausgang eines Spielzeugtrafos (24 V) einen zweiten Transformator mit 500 und 11 500 Windungen anschließt?

A3. Eine Gemeinde plant den Bau eines kleinen E-Werks (460 kW Leistung). Der Verlust in den Leitungen soll höchstens 2 % betragen. Wie groß darf dann der Leitungswiderstand sein, wenn mit 230 V (10 kV) übertragen wird?

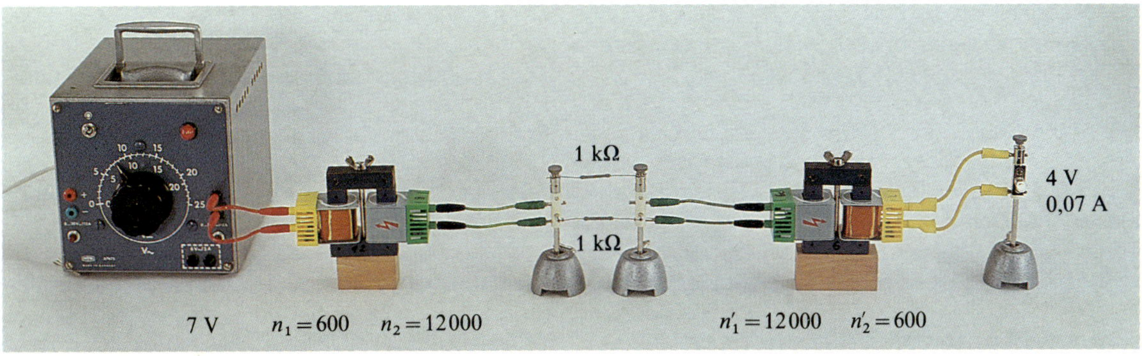

3 Hier ist eine Fernleitung im Versuch nachgebaut

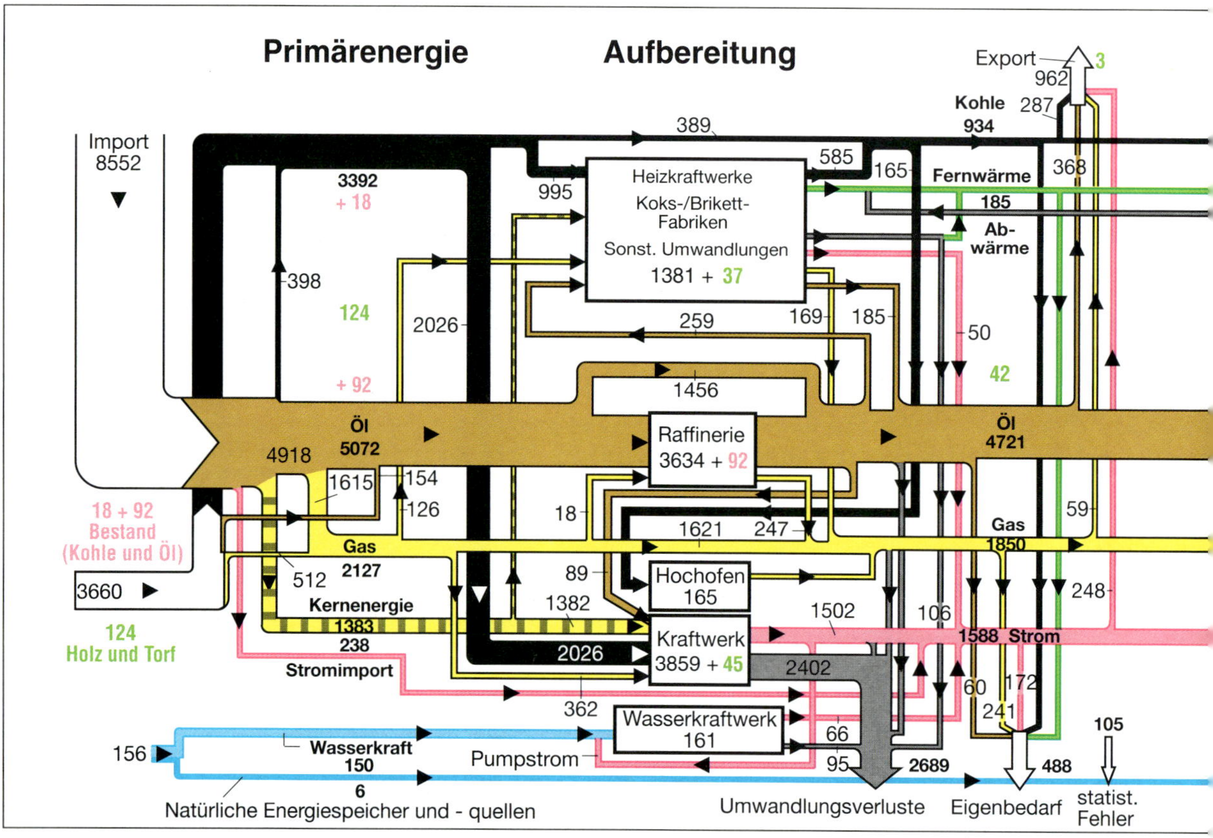

Wer Energie einkauft, bekommt die gelieferte Menge genau angezeigt: am Elektrizitäts- oder Gaszähler im Haus oder an der Tankuhr des Tankwagens. Über den Verbleib der Energie legt sich kaum jemand Rechenschaft ab, obwohl das Ergebnis einfacher aussähe als das Bild für die Energiebilanz 1990 in der Bundesrepublik Deutschland.

Das Bild gleicht einem komplizierten Röhrensystem, aus dem nichts entschwindet; jedes Joule, das als Primärenergie im Laufe des Jahres in die Bundesrepublik hineingeflossen ist (linker Bildrand), taucht oben, rechts oder unten wieder auf. Gemessen wird in der Einheit **Petajoule (1 PJ = $1 \cdot 10^{15}$ Joule).**

Wir betrachten die **Zählstelle Primärenergie**: 5072 PJ zeigt die „Tankuhr" für das **Öl** an, davon kamen 4918 PJ aus dem Ausland, 92 PJ wurden einem Bestand entnommen, der vor 1990 angelegt worden ist (im Bild rosa). **Kohle** ist „einheimisch". 3410 PJ sind genutzt worden; davon kamen 2994 PJ aus deutschen Bergwerken, 18 PJ waren Bestandsentnahme. Ergänzt wird die Primärenergiemischung durch 124 PJ Holz und Torf (hellgrün).

Öl und Kohle gehören wie **Gas** (2127 PJ) und **Uran** (1338 PJ) zu den **erschöpflichen Energieträgern.** 238 PJ elektrischer Energie wurden 1990 über internationale Leitungsnetze aus dem Ausland importiert, fast genauso viel (248 PJ) wurde exportiert – elektrische Energie auf der Durchreise. **Unerschöpfliche Energie** spielt in unserem Land nur eine untergeordnete Rolle: 150 PJ Primärenergie erhalten wir aus Wasserkraft, 6 PJ aus Sonnenstrahlung und innerer Energie von Erde, Wasser und Luft. Interessant ist es, dieses „Rinnsal" zu verfolgen: Fast alles landet bei den Haushalten.

Bei der **Aufbereitung wird Energie** in vielseitig nutzbare Formen **gewandelt**, in denen sie an die Verbraucher **verteilt** werden kann. Öl (3624 PJ), Gas (1656 PJ) und Strom (1340 PJ) spielen die Hauptrolle; mit Öl ist jetzt nicht mehr Rohöl gemeint, sondern Benzin und Heizöl.

Insgesamt stehen 7429 PJ zur Verteilung an. Bei der Zählstelle Primärenergie sind es noch 12 602 PJ. Die Erklärung für die Differenz liefern der obere und untere Bildrand.

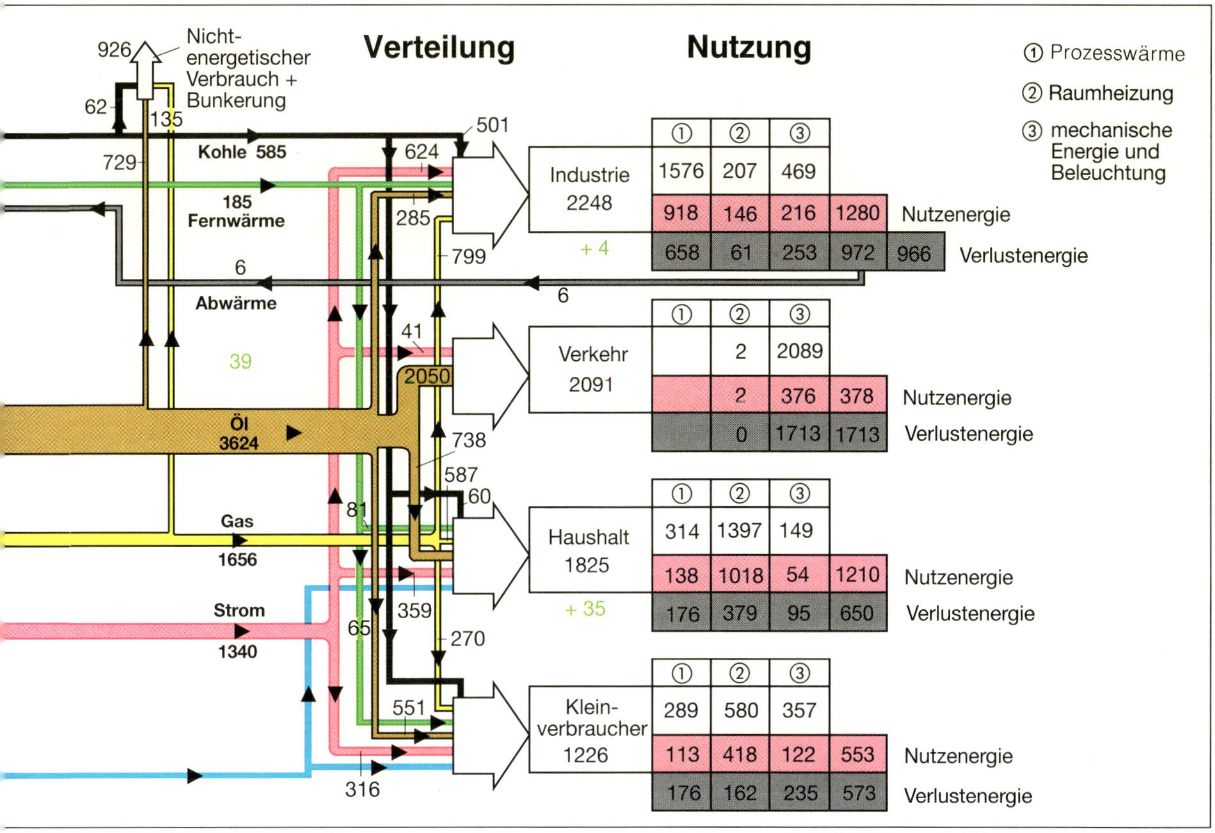

Bei der Aufbereitung sind **Umwandlungsverluste** vor allem bei den Kraftwerken unvermeidlich: 2402 PJ Abwärme gehen bei der Bereitstellung von 1502 PJ elektrischer Energie in die Umwelt. Außerdem haben Kraftwerke einen **Eigenbedarf** für Beleuchtung, Pumpen usw.; 1990 waren es 172 PJ elektrische Energie. Auch bei den anderen Anlagen treten Umwandlungsverluste und Eigenverbrauch auf.

Keine Statistik ist völlig fehlerfrei; 1990 wurden 105 PJ „statistische Differenzen“ ausgewiesen.

Bei den **Verbrauchern** erfolgt die Zwischenbilanz nach **Nutzungsarten** und nach Nutzungswert. Die Nutzungsart nennt die geplante Verwendung: **Prozesswärme** (links), **Raumheizung** (Mitte), **mechanische Energie und Beleuchtung** (rechts). Prozesswärme benötigst du z.B. im Haushalt beim Kochen und Backen; in der Industrie kann es die mit heißem Dampf transportierte Energie sein, mit der die Formen zum „Backen von Autoreifen“ geheizt werden. Für jede Verbrauchergruppe und jede Nutzungsart wird der **Nutzungswert** getrennt nach **Nutzenergie** (rote Zeile) und **Verlustenergie** (graue Zeile) abgerechnet.

Nutzenergie ist bei einer Küchenmaschine der Teil der zugeführten Energie, der zum Rühren des Kuchenteigs aufgewendet wird (und dann erst dort entwertet wird); Verlustenergie ist der Anteil, der schon in den Drahtwicklungen des Elektromotors entwertet wird. Bei der Energienutzung im Verkehr ist der Anteil der Verlustenergie besonders groß.

Verlustenergie, die bei der Bereitstellung industrieller Prozesswärme anfällt, kann zu nützlicher Raumwärme werden. Im Bild fließt ein kleines Rinnsal mit dem Namen Abwärme nach links und wird der **Fernwärme** zugerechnet. Die Energiemenge 6 PJ wird auf diese Weise ein zweites Mal gezählt, als Energie für die Raumheizung.

Nutzenergie ist Energie, bei der die Entwertung planmäßig stattfindet: Für 3421 PJ konnte 1990 in Deutschland behauptet werden, sie habe etwas genützt. 3421 PJ sind 27% der 12602 PJ, die den Energiequellen entnommen worden sind. Aber nach planmäßiger Entwertung ist auch die Nutzenergie in der Umwelt verteilt worden. Lebensqualität für uns und wärmere Luft in der Umwelt.

Ein globales Energieproble

1. Der CO_2-Gehalt der Atmosphäre steigt

Allein für die Bundesrepublik Deutschland wurden 1990 den erschöpflichen Energievorräten der Erde mehr als 12000 PJ entnommen, um die gewünschte Nutzenergie bereitzustellen. Der größte Teil (mehr als 10700 PJ) stammte dabei aus der Verbrennung von Kohle, Erdöl und Erdgas. Für den Weltverbrauch gilt Entsprechendes *(Bild 1)*.

Bei der Verbrennung entsteht CO_2. Jährlich werden weltweit über 20 Milliarden Tonnen CO_2 erzeugt. Es verschwindet bei der Fotosynthese in den Blättern von Pflanzen und Bäumen und ist im Wasser löslich (denke an Mineralwasser). Deshalb spielen Wälder und Weltmeere eine wichtige Rolle für das nötige Gleichgewicht zwischen Erzeugung und Verbrauch des CO_2. Dieses Gleichgewicht ist gestört: Die Menschen vernichten in den Tropen riesige Wälder und produzieren mehr CO_2 denn je, die Weltmeere können den Überschuss nicht aufnehmen, der CO_2-Gehalt der Atmosphäre steigt.

Mit dem CO_2-Gehalt steigt auch die Temperatur der Erdoberfläche. *Bild 3* zeigt für das Gebiet der Antarktis, wie am Ende der beiden Eiszeiten vor 10000 und vor 130000 Jahren der CO_2-Gehalt der Lufthülle und die Erdtemperatur gleichzeitig zunahmen. Der Anstieg des CO_2-Gehaltes um 50% hatte damals in der Antarktis eine Temperaturerhöhung um 10 °C zur Folge. Für die Durchschnittstemperatur auf der ganzen Erde hat man daraus eine Zunahme um 4 bis 5 °C berechnet.

2. Der natürliche Treibhauseffekt

Ohne Atmosphäre würde an der Erdoberfläche im Gleichgewicht zwischen der Sonneneinstrahlung und der Temperaturabstrahlung der Erde eine mittlere Temperatur von nur −18 °C herrschen *(Bild 4a)*. – Die Gase der Atmosphäre haben die Eigenschaft, das von der Sonne *ein*gestrahlte Licht fast ungehindert passieren zu lassen. Reine Luft (O_2, N_2) würde auch die von der Erdoberfläche erzeugte Temperaturstrahlung kaum davon abhalten, die Erde zu verlassen. Von Gasen, die mehr als 2 Atome im Molekül haben (H_2O, CO_2, ...) genügen aber schon Spuren, um die Temperaturstrahlung zurückzuhalten *(Bild 4b)*. Ihre Energie heizt also die Erde auf. Der derzeitige Anteil an „Spurengasen" reicht aus, um die Temperatur an der Erdoberfläche im Mittel von −18 °C auf +15 °C zu erhöhen. Man spricht vom *natürlichen Treibhauseffekt*.

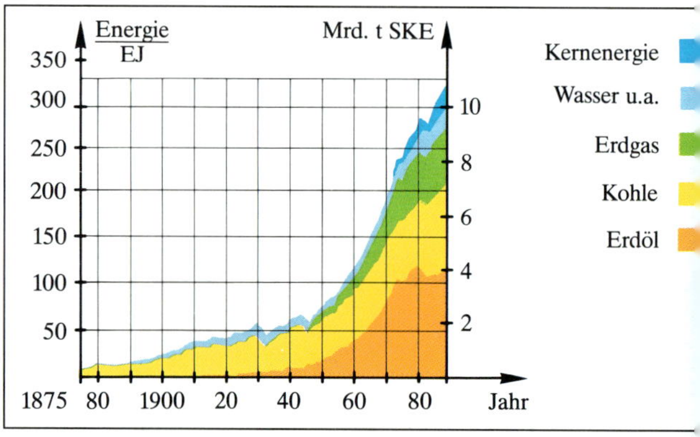

1 Jährlicher Primärenergieverbrauch der Welt. Es ist 1 EJ = 10^{18} J (1 tSKE ≙ $29{,}308 \cdot 10^9$ J)

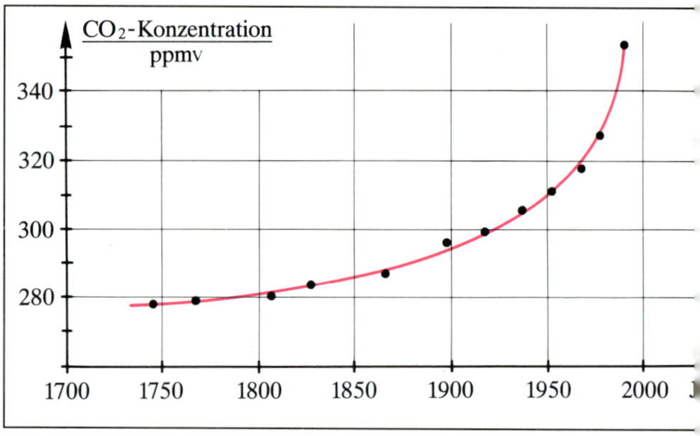

2 Konzentration von CO_2 in der Atmosphäre. 1 ppmv (**p**arts **p**er **m**illion/**v**olume) bedeutet, dass das Verhältnis der Molekülzahl von CO_2 zu der Gesamtzahl der Moleküle 1:1000000 ist (300 ppmv ≙ 0,03 %)

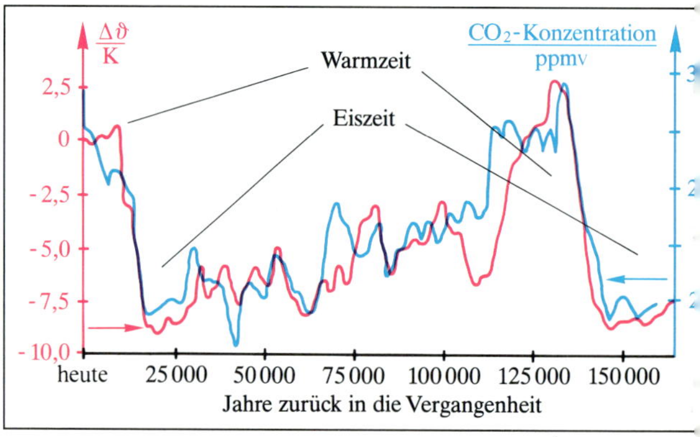

3 Zusammenhang zwischen CO_2-Gehalt der Atmosphäre und Temperaturabweichung Δϑ auf der Erdoberfläche (Messungen aus dem Eis der Antarktis) gegenüber heute

er Treibhauseffekt

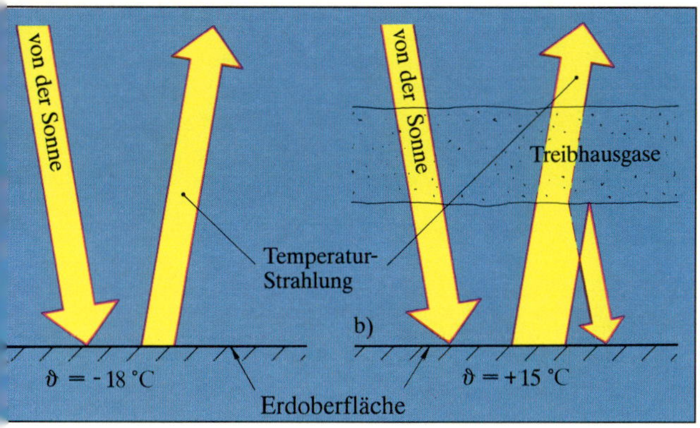

4 Erdoberfläche: a) „Saubere“ Atmosphäre, b) Atmosphäre mit Treibhausgasen

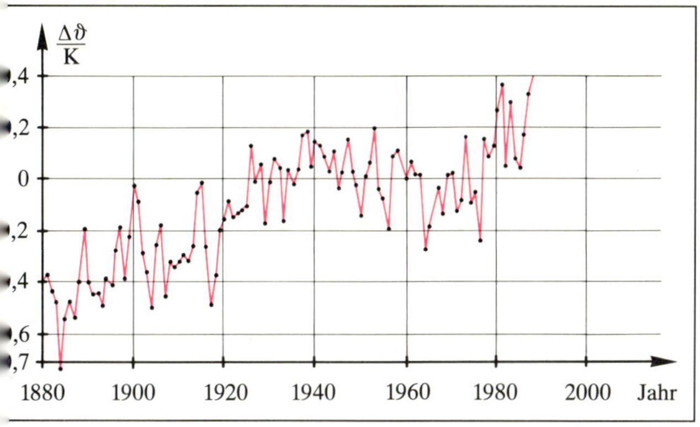

5 Die Temperaturschwankung Δϑ an der Erdoberfläche im globalen Mittel gegenüber dem Bezugsjahr 1960

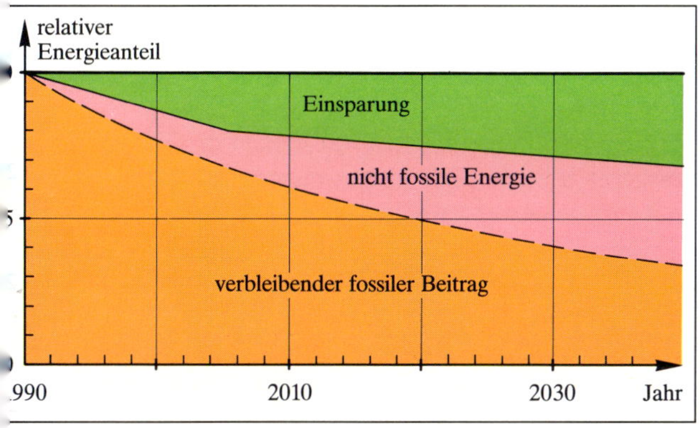

6 Die Industrieländer müssen ihren CO_2-Ausstoß um mindestens zwei Drittel senken, wenn die Schäden durch den Treibhauseffekt beschränkt werden sollen

3. Der künstliche Treibhauseffekt

Außer CO_2 gibt es weitere „Spurengase“ wie Methan CH_4, Fluor-Chlor-Kohlenstoff-Wasserstoff-Verbindungen (FCKW), Ozon O_3 oder Distickstoffoxid N_2O, die einen Treibhauseffekt bewirken und deren Konzentration in der Atmosphäre steigt. Man nennt sie zusammen **Treibhausgase.** CO_2 hat mit 50 % den größten Anteil am gesamten Treibhauseffekt.

In *Bild 5* kannst du sehen, dass die mittlere globale Temperatur der Erde seit 1889 um 0,6 °C zugenommen hat. Mithilfe sehr leistungsfähiger Computer berechnen Wissenschaftler in Klimamodellen die Klimawerte für die Zukunft. Diese Berechnungen liefern weitere Vorhersagen:

- Je mehr Treibhausgase in der Atmosphäre angesammelt werden, desto höher wird die Temperatur an der Erdoberfläche.
- Entspricht die Wirkung aller Treibhausgase der doppelten Konzentration der vorindustriellen CO_2-Konzentration (280 ppmv; *Bild 2*), dann wird eine Änderung des Klimas erwartet. Sie ist vergleichbar mit den natürlichen Schwankungen des Klimas zwischen Eis- und Warmzeiten in den letzten 1 Millionen Jahren. **Die globale mittlere Temperatur der Erdoberfläche wird sich um 1,5 bis 4,5 °C erhöhen!**

4. Es muss etwas geschehen

Bei unveränderter Zunahme der Konzentration von Treibhausgasen muss in den nächsten Jahren mit gravierenden Klimaänderungen gerechnet werden – mit der Folge, dass sich z. B. die subtropischen Trockenzonen nordwärts ausbreiten. Wald kann sich einer Temperaturänderung nicht schneller als mit 1 °C pro Jahrhundert anpassen. Wir können uns allein deshalb ein weiteres Anwachsen des künstlichen Treibhauseffektes nicht leisten; er würde unsere Waldbestände gefährden. Darüber hinaus droht eine Zunahme katastrophaler Wirbelstürme und Überschwemmungen.

Klimamodellrechnungen zeigen auch, wie Schäden in Grenzen gehalten werden können: Dazu müssen wir die Freisetzung klimarelevanter Spurengase drastisch einschränken; die FCKW-Verbindungen dürfen nicht mehr verwendet werden. Die Industrieländer müssen ihren CO_2-Ausstoß um mindestens zwei Drittel absenken *(Bild 6)*. Dies erfordert energische Einsparungen und die Ersetzung fossiler Brennstoffe z. B. durch regenerative Energiequellen.

Atome unter Elektronenbeschuss

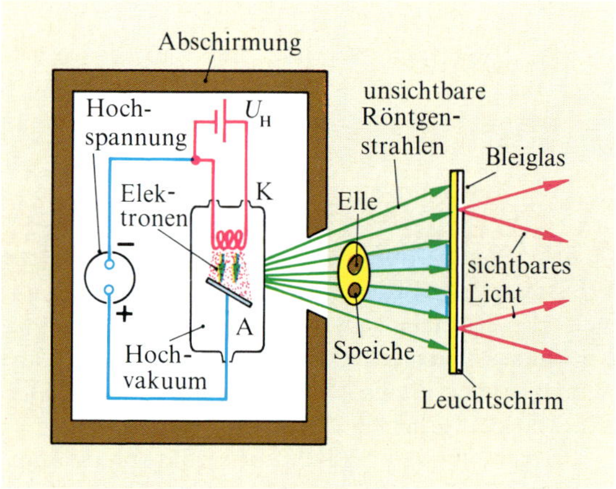

1 Prinzipieller Aufbau einer Röntgenapparatur

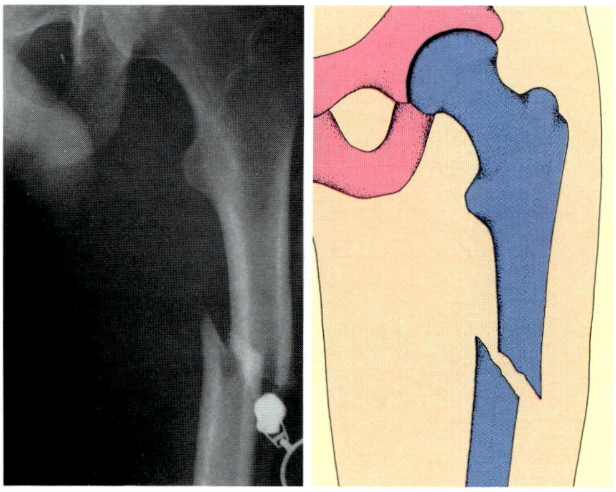

2 Röntgenbild eines gebrochenen Knochens

1. Wie ist ein Atom aufgebaut?

Beschießt man eine dünne Grafitfolie mit schnellen Elektronen, durchdringen die meisten von ihnen viele Atomschichten der Folie ungestört; nur wenige werden abgelenkt oder zurückgeworfen. Daraus und aus anderen Versuchen fand man:

- Ein Atom besteht aus einem positiv geladenen **Atomkern**, der von einem Schwarm negativ geladener Elektronen, der **Elektronenhülle**, umgeben ist. Nach außen ist das Atom neutral.
- Über 99,9% der Masse eines Atoms ist im Atomkern vereinigt.
- Der Durchmesser eines Atoms beträgt etwa $2 \cdot 10^{-7}$ mm, der eines Atomkerns annähernd 10^{-12} mm. Vergrößern wir also in Gedanken das Atom 10^{12}fach, so bekommt der Kern einen Durchmesser von 1 mm. Um ihn bewegen sich die Elektronen im mittleren Abstand von 100 m; dazwischen befindet sich nichts. Demnach ist der Kern gegenüber dem Atom etwa so klein wie ein Reiskorn verglichen mit dem Olympiastadion in München.

Der positiv geladene **Atomkern** hat einen Durchmesser von etwa dem millionsten Teil eines millionstel Millimeters (10^{-12} mm); um ihn bewegen sich innerhalb eines Raums von etwa ein zehnmillionstel Millimeter (10^{-7} mm) Halbmesser die Elektronen.

2. Schnelle Elektronen ionisieren Atome

Versuch 1: a) In der Glasröhre nach *Bild 3* befindet sich Heliumgas unter vermindertem Druck (etwa 1 hPa). Bringt man die Wendel K zum Glühen, so sendet sie Elektronen aus. Diese werden durch die Spannung U_1 zur netzartig gebauten positiven Anode A beschleunigt. Viele der schnellen Elektronen fliegen durch die Anode hindurch und treffen auf die Platte P. Verbindet man P über den Strommesser (I_2) direkt mit A, zeigt dieser Strom an.

b) Legen wir jetzt zwischen P und A noch die Spannungsquelle (U_2) und laden die Platte P mit $U_2 = 50$ V gegen die Anode A negativ auf, so geht I_2 auf null zurück, solange $U_1 < 23$ V ist. Die schnellen Elektronen können nicht mehr gegen die negativ geladene Platte anlaufen.

c) Wir belassen nun $U_2 = 50$ V und erhöhen U_1. Übersteigt U_1 den Wert 23 V, so schlägt das Strommessgerät (I_2) plötzlich überraschend aus – dazu noch entgegengesetzt wie in a). ■

Ein Strom dieser Richtung rührt nicht wie in a) von Elektronen her, die auf P landen. Er kann aber entstehen, wenn positiv geladene Teilchen zur negativ geladenen Platte P gezogen werden. Können aber in der Röhre überhaupt freie positiv geladene Teilchen auftreten? Ja, wenn U_1 größer als 23 V ist. Die zwischen K und A beschleunigten Elektronen erhalten dann nämlich so viel Energie, dass sie aus der

Elektronenhülle der Heliumatome Elektronen herausschlagen können. Dabei werden Heliumatome zu positiv geladenen Heliumionen; man sagt, sie werden durch den Stoß **ionisiert.** Diese positiven Heliumionen verursachen den Strom I_2. *Ionen können also nicht nur in Flüssigkeiten, sondern auch in Gasen auftreten.*

Stößt ein Elektron auf ein Atom, so wird das Atom nur ionisiert, wenn das Elektron eine bestimmte Mindestenergie hat.

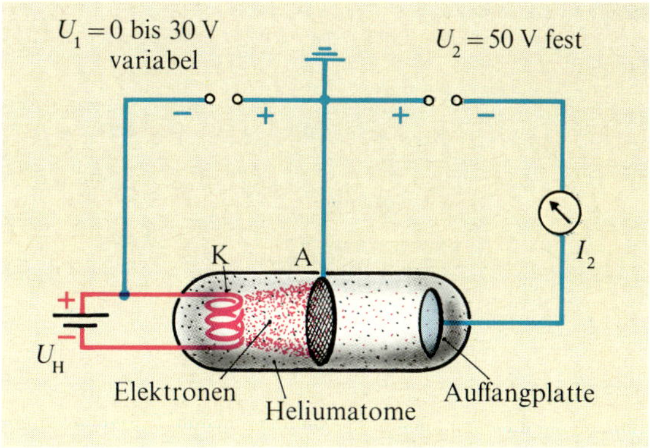

3 Schaltung der gasgefüllten Röhre in Versuch 1

3. Elektronen erzeugen Licht

Auf dem Schirm einer braunschen Röhre oder einer Fernsehröhre erzeugen schnelle Elektronen einen Leuchtfleck. Die dort sitzenden Atome senden Licht aus, wenn sie von Elektronen getroffen werden. Beim Stoß von Elektronen auf Atome kann also Bewegungsenergie der Elektronen in Lichtenergie umgesetzt werden.

Stößt ein schnelles Elektron mit einem Atom zusammen, kann Licht entstehen.

4. Elektronen erzeugen Röntgenstrahlen

In einer Vakuumröhre *(Bild 1)* beschleunigt man die von einer Glühkathode K emittierten Elektronen durch eine hohe Spannung (5000 V bis weit über 100000 V). Beim Aufprall auf die Anode A werden die Elektronen abgebremst, geben also ihre gesamte Energie ab. Deshalb erwärmt sich die Anode.

Wilhelm Conrad Röntgen beobachtete 1895 als Erster, dass bei diesen hohen Beschleunigungsspannungen ein außerhalb der Röhre aufgestellter Leuchtschirm aufleuchtet. Daraus schloss er auf eine unsichtbare Strahlung, die von der Anode ausgeht. Man nennt sie **Röntgenstrahlung.** Sie transportiert Energie durch die Glaswand der Röhre, sonst könnte der Schirm nicht aufleuchten.

Röntgenstrahlung und **Licht** sind einander ähnlich:

- Beide entstehen beim Zusammenstoß von schnellen Elektronen mit Atomen. Beim Erzeugen von Röntgenstrahlung müssen die Elektronen zuvor eine Spannung von mindestens 5000 V durchlaufen. In Glimmlampen tritt Licht dagegen bereits bei Spannungen von 100 V und weniger auf.
- Beide transportieren keine elektrische Ladung.
- Beide können wir als „schnell fliegende Energie" ansprechen (Geschwindigkeit 300000 km/s).
- Röntgenstrahlung kann wie Licht aus Metallen Elektronen freisetzen (Fotoeffekt); dabei bekommt allerdings jedes einzelne Elektron von der Röntgenstrahlung mehr Energie als von Licht. Man sagt: *Röntgenstrahlung ist viel energiereicher als Licht.* Aus diesem Grund ist sie auch für den Menschen gefährlich.

Weitere Eigenschaften der *Röntgenstrahlung:*

- Sie kann Atome und Moleküle ionisieren.
- Trifft sie auf Filme oder fotografische Platten, werden diese geschwärzt.
- Röntgenstrahlung kann Gewebe besser durchdringen als Knochen. Dies benutzt man in der medizinischen Diagnostik *(Bild 2).*
- Durch Bleischichten wird sie abgeschirmt; dies ist für den Strahlenschutz von Bedeutung.

Werden **schnelle Elektronen in Materie** abgebremst, kann **Röntgenstrahlung** entstehen. Sie ist dem Licht ähnlich, aber viel energiereicher und kann Atome und Moleküle ionisieren. **Bleischichten schirmen sie ab.**

A1. a) Wenn man in Versuch 1c bei den Spannungen $U_1 = 25$ V und $U_2 = 50$ V die Spannung U_H erniedrigt, wird I_2 kleiner. Erkläre.
b) Wie verläuft Versuch 1, wenn in der Röhre Vakuum herrscht?

A2. Elektronen werden in einer Fernsehbildröhre mit 23 kV beschleunigt. Wozu dient die Bleiglasscheibe vor dem Bildschirm?

α-Strahlung

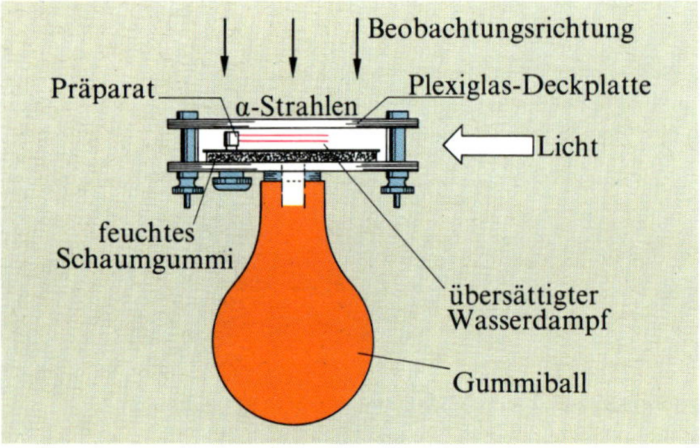

1 Aufbau einer Nebelkammer

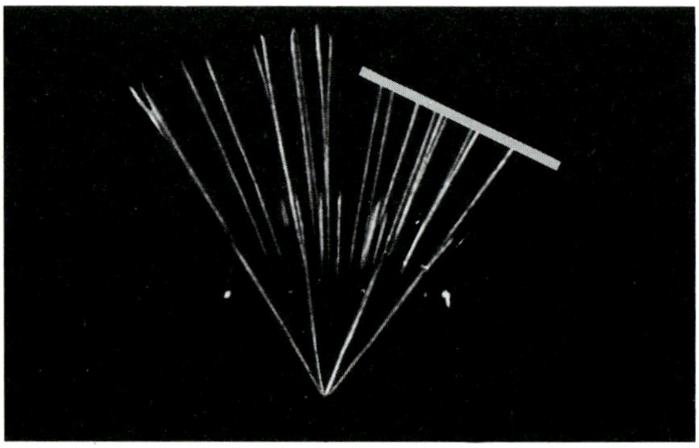

2 Spuren von α-Teilchen in der Nebelkammer

1. Eine neuartige Strahlung ionisiert Luft

Versuch 1: Wir laden ein Elektroskop positiv oder negativ auf. Wegen der guten Isolation behält es seine Ladung lange bei. Es entlädt sich dagegen rasch, wenn wir in seine Nähe einen Stift bringen, dessen Spitze eine winzige Menge Radium enthält. ■

In der Umgebung des Stiftes werden Luftmoleküle ionisiert. Es entstehen freie Ladungsträger beiderlei Vorzeichens. Das positiv oder negativ geladene Elektroskop zieht davon die jeweils anders geladenen Ladungsträger auf sich und wird entladen. Führt man den Versuch zur Kontrolle im Vakuum durch, wird das Elektroskop fast nicht entladen. – Obgleich wir mit unseren Sinnesorganen dem Stift nichts Besonderes anmerken, geht von Radium ständig und ohne äußere Einflüsse eine Strahlung aus, die die Luftmoleküle ionisiert. Daher muss sie auch Energie mit sich führen. – Es gibt noch viele Stoffe mit dieser Eigenschaft. Man nennt sie **radioaktiv.** Der Stift aus Versuch 1 ist ein *radioaktives Präparat.*

Versuch 2: Bringen wir in Versuch 1 ein Blatt Papier zwischen Präparat und Elektroskop, so hört die Entladung fast auf. Der größte Teil der Strahlung bleibt im Papier stecken. Es handelt sich also vermutlich nicht um Röntgenstrahlung. ■

Stoffe, die ohne äußeren Einfluss Strahlung aussenden, nennt man radioaktiv. **Die Strahlung radioaktiver Stoffe** führt Energie mit sich und ionisiert Luftmoleküle. Für diese Strahlung hat der Mensch kein Sinnesorgan.

2. Der Nebel bringt es an den Tag

Am wolkenlosen Himmel verrät sich die Bahn eines hoch fliegenden Flugzeugs oft durch Kondensstreifen. Auf ähnliche Weise erzeugt die Strahlung radioaktiver Stoffe Streifen in einer so genannten **Nebelkammer** *(Bild 1)*. Diese besteht aus einer durchsichtigen zylindrischen Kapsel, an deren Boden sich ein mit Wasser angefeuchteter Schaumgummi befindet. Dadurch ist die Luft in der Kammer mit Wasserdampf gesättigt. Mithilfe eines Gummiballs wird die Luft kräftig zusammengedrückt. Ihre Temperatur steigt, sie nimmt weiter Wasserdampf auf. Lässt man den Ball plötzlich los, dehnt sich die Luft rasch aus. Dabei kühlt sie sich ab und ist nun mit dem vorher aufgenommenen Wasserdampf übersättigt.

Versuch 3: Wir bringen das Radiumpräparat von Versuch 1 in die Nebelkammer und reiben mit einem Tuch an ihrem durchsichtigen Plexiglasdeckel. Er wird statisch aufgeladen und zieht Ionen an, die bisher in der Nebelkammer entstanden sind und den folgenden Vorgang stören könnten. Dann pressen wir den Gummiball zusammen, warten kurz und lassen ihn plötzlich los. Im Licht einer seitlich aufgestellten Lampe erkennen wir einzelne, etwa 4 bis 5 cm lange geradlinige Nebelspuren, die vom Präparat ausgehen *(Bild 2)*. Die Spuren lösen sich durch den erfolgenden Temperaturausgleich wieder auf. ■

Die von diesem radioaktiven Präparat ausgesandte Strahlung besteht aus einzelnen Teilchen. Ihre Bahnen können wir hier wahrnehmen. Diese Teilchen ionisieren nämlich Luftmoleküle auf ihrem Weg durch die Kammer. Die entstandenen Ionen sind so genannte Kondensationskeime für den überschüssigen unsichtbaren Wasserdampf, der beim plötzlichen Loslassen des Gummiballs in der Kammer vorhanden ist. Wassermoleküle lagern sich an die Ionen an, und es bilden sich viele kleine Nebeltröpfchen, die insgesamt die Bahn des Teilchens – *nicht das Teilchen selbst* – erkennen lassen. Die hier nachgewiesenen, vom radioaktiven Stoff ausgeschleuderten ionisierenden Teilchen nennt man **α-Teilchen,** man spricht auch von **α-Strahlung.**

Versuch 4: Wir wiederholen Versuch 3, bringen aber ein dickeres Blatt Papier in die Kammer. Man erkennt, dass die Nebelspuren daran enden *(Bild 2).* ■

α-Teilchen werden also von Papier absorbiert. Daran werden wir sie künftig erkennen. – Auch in Versuch 2 blieben α-Teilchen in Papier stecken.

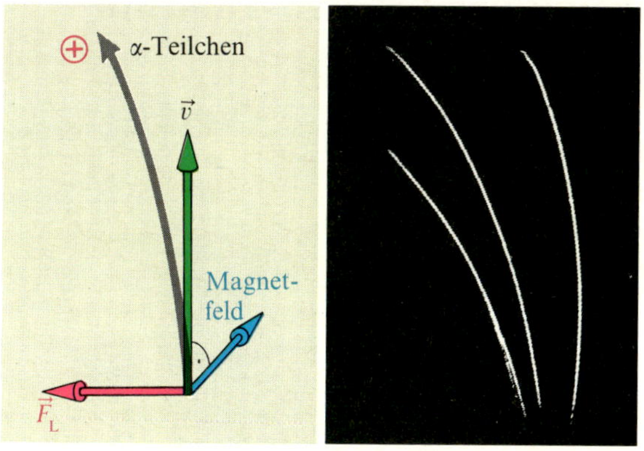

3 Bahnen von α-Teilchen unter der Einwirkung eines Magnetfeldes, dessen Feldlinien senkrecht in die Bildebene hineinweisen. Die Teilchen starten am unteren Bildrand nach oben.

3. Was sind α-Teilchen? Woher kommen sie?

a) *Bild 3* zeigt die Ablenkung von α-Teilchen in einem starken Magnetfeld. Lässt sich hier die Dreifingerregel der linken Hand für Elektronen anwenden? Feldlinien in die Zeichenebene hinein (Zeigefinger), Bewegung (Daumen) nach oben, Lorentzkraft für *Elektronen* nach rechts. Da die Ablenkung aber nach links erfolgt, sind *α-Teilchen positiv geladen.* – Die positive Ladung lässt sich auch nachweisen, wenn man α-Teilchen in einen Faraday-Becher schießt. Man hat gefunden, dass jedes zwei positive Elementarladungen trägt.

b) Die Aussendung der α-Strahlung ist weder durch Druck noch durch Temperatur zu beeinflussen, ebenso wenig durch chemische Reaktionen wie z. B. durch Auflösen von Radium in Säuren und anschließendes Ausfällen als Salz. Bei chemischen Prozessen ändert sich aber nur die Elektronenhülle, der Atomkern dagegen nicht. Dies legt nahe, *dass α-Teilchen aus dem Atomkern stammen.*

c) In der Umgebung von Radium und anderen α-Strahlern kann man nach einiger Zeit Helium nachweisen, dessen Entstehung eindeutig auf α-Strahlung zurückzuführen ist. Wären α-Teilchen Elektronen aus der Hülle eines Atoms, so könnten sie keine Heliumatome bilden. Dazu benötigt man Kerne. *α-Teilchen sind nackte Heliumkerne*, die aus den Kernen bestimmter Atome stammen. Nach dem Austritt „schnappen" sie sich Elektronen aus der Umgebung und bilden damit vollständige Heliumatome.

d) Auch energetische Überlegungen führen zu der Erkenntnis, dass α-Teilchen aus Atomkernen stammen. Ein α-Teilchen hat nämlich genügend Energie um auf seinem bis zu 7 cm langen Weg in Luft Hunderttausende von Molekülen zu ionisieren. Dazu ist bei weitem mehr Energie nötig, als in der Hülle eines Atoms zur Verfügung steht und die wir von chemischen Umsetzungen her kennen.

e) Je dichter die Materie ist, die α-Teilchen durchfliegen, desto mehr Ionen bilden sie auf derselben Wegstrecke. Ihre Energie ist somit auf einer viel kürzeren Wegstrecke aufgezehrt. Also ist die *„Reichweite"* der α-Teilchen in Papier kleiner als in Luft.

α-Strahlung besteht aus einzelnen energiereichen zweifach positiv geladenen Heliumkernen. Die **α-Teilchen** kommen aus dem Kern eines Atoms. α-Strahlung wird durch ein Blatt Papier absorbiert.

A1. Warum wird in Versuch 1 das Elektroskop immer entladen unabhängig davon, welches Vorzeichen die Ladung des Elektroskops trägt?

A2. Hält man ein Radiumpräparat mehr als 10 cm vom Elektroskop entfernt, wird das Elektroskop auch ohne Papier zwischen Präparat und Elektroskop praktisch nicht entladen. Warum?

A3. In *Bild 2* erkennt man längere und kürzere Spuren. Was lässt sich daraus folgern?

A4. Aufgrund welcher Überlegungen und Experimente kommt man zu dem Schluss, dass α-Teilchen Heliumkerne sind?

Das Geiger-Müller-Zählrohr

Metallmantel: - Teilchen (Ladung)
Draht: + Teilchen (Ladung)

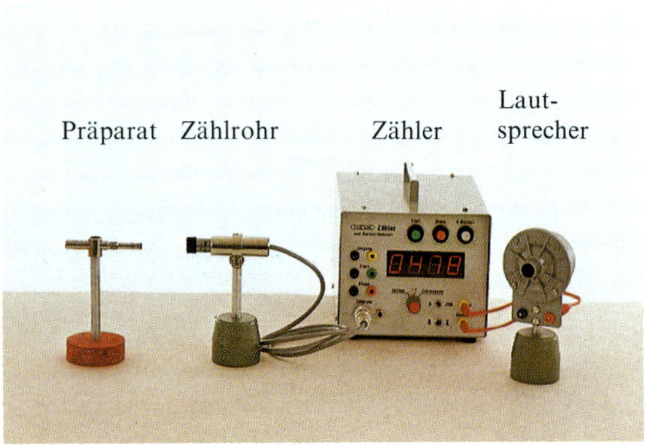

1 Kompakte Zähleranordnung

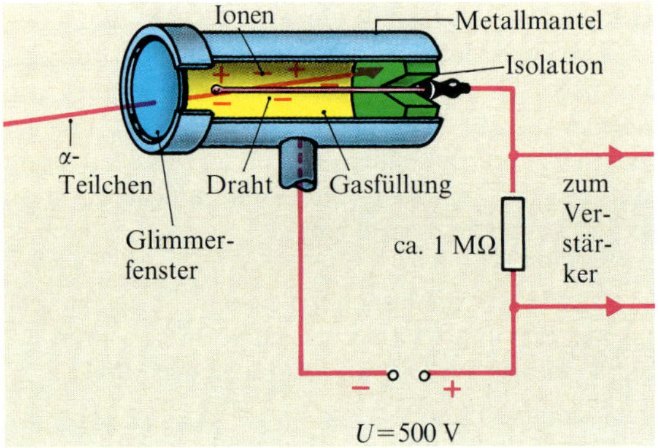

2 Das Geiger-Müller-Zählrohr

1. Ionisierende Teilchen kann man zählen

Versuch 1: Wir halten ein Radiumpräparat wie in *Bild 1* vor ein *Geiger-Müller-Zählrohr*, das mit einem Zähler und einem Lautsprecher verbunden ist. Viele knackende Geräusche verraten die von Radium ausgehende Strahlung. ■

Ob ein Gegenstand „radioaktiv" ist, lässt sich also einfach festellen: Wir brauchen ihn nur vor ein Zählrohr zu halten. Aber wie funktioniert dieses? *Bild 2* zeigt, dass das Zählrohr einen dünnen zylindrischen Metallmantel hat, in den ein gegen das Gehäuse isoliert gehaltener Draht ragt. Dieser wird über einen Widerstand mit dem positiven Pol einer Stromquelle verbunden. Der negative Pol der Quelle liegt am Metallmantel. Im Rohr befindet sich ein Edelgas unter einem Druck von etwa 40 hPa.

Durch das extrem dünne Abschlussfenster aus Glimmer (etwa 0,01 mm dick) können schnelle Teilchen hoher Energie (etwa α-Teilchen) ins Innere fliegen und dort Gasatome ionisieren. Dadurch werden Elektronen freigesetzt, deren Zahl allerdings gering ist. Man wählt deshalb die Spannung U so hoch, dass die freigesetzten Elektronen zum positiv geladenen Draht stark beschleunigt werden. Bevor sie dort ankommen, haben sie so viel Energie, dass sie durch Stoß weitere Ionen und Elektronen aus dem Gas freisetzen, die ihrerseits wieder ionisieren können. So nimmt unterwegs die Zahl der ionisierenden Teilchen in einer *Kettenreaktion* lawinenartig zu: Das Gas im Zählrohr wird leitend. Dies führt zu einem Strom I durch den Widerstand R. Dabei tritt an R die Teilspannung $I \cdot R$ auf; deshalb sinkt die Teilspannung am Zählrohr $U_Z = U - I \cdot R$ so weit ab, dass dort die Kettenreaktion und damit der Strom abbricht: Das Gas wird wieder zum Isolator, und das Zählrohr ist nun für das nächste Teilchen bereit. So erzeugt jedes einzelne im Zählrohr ankommende Teilchen am Widerstand R eine kurzzeitige Spannungsänderung, auch Spannungsimpuls genannt.

Jeder Spannungsimpuls verursacht in einem Lautsprecher einen Knack. – Die Zahl der Impulse je Zeiteinheit nennt man **Zählrate**.

2. Versuche mit dem Zählrohr

Versuch 2: Je näher das Präparat am Zählrohr steht, desto größer wird die Zählrate. Immer mehr Teilchen treffen je Sekunde das Zählrohr (Aufgabe 2). ■

Versuch 3: Wir stellen das Präparat etwa 3 cm vor dem Zählrohr auf. Halten wir Papier zwischen Präparat und Zählrohr, wird die Zählrate geringer, ist aber bei weitem nicht null. Radium sendet also außer α-Teilchen noch andere schnelle Teilchen aus. ■

Versuch 4: Wir stellen das Präparat so auf, dass die Zählrate etwa 20 bis 100 Impulse pro Minute beträgt. Nun hört man die Zählimpulse in *unregelmäßigen Abständen*. Das radioaktive Präparat „tickt" nicht gleichmäßig wie eine Uhr: Die Aussendung erfolgt völlig ungesteuert. Dabei ist der Zufall im Spiel. Misst man die Zählrate bei festem Abstand Präparat – Zählrohr mehrmals, schwankt sie um einen Mittelwert etwa so: 74, 68, 71, 69, … ■

Versuch 5: Wir entfernen alle Präparate vom Zählrohr. Das Gerät registriert trotzdem noch 15 bis 20 Impulse in der Minute. Dieser *Nulleffekt* rührt von radioaktiven Stoffen in der Umgebung des Zählrohrs sowie von der Strahlung aus dem Weltraum her. ■

Ein radioaktives Präparat sendet Strahlung in unregelmäßigen Abständen aus. – Überall in unserer Umgebung gibt es ionisierende Strahlung.

A1. α-Teilchen durchdringen das Fenster des Zählrohrs, nicht dagegen Papier. Was kann man daraus folgern?

A2. Erkläre das Ergebnis von Versuch 2. Stelle dir dazu das radioaktive Präparat als punktförmige Quelle vor, die gleichmäßig nach allen Richtungen strahlen kann.

A3. Bei einem Präparat zählt man 192 Impulse in 3 Minuten, ohne Präparat misst man in 10 Minuten 180 Impulse. Wie viel Impulse pro Minute erzeugt das Präparat allein?

Aus der Geschichte

Legt man ein radioaktives Präparat oder einen Stein, der z. B. Uran enthält, längere Zeit auf einen lichtdicht verpackten Film und entwickelt diesen anschließend, so ist er geschwärzt, obwohl ihn kein Licht traf. *Die Strahlung radioaktiver Stoffe schwärzt also Filme.*

Auf diese Weise wurde 1896 von HENRI BECQUEREL (1852 – 1908) die Strahlung radioaktiver Stoffe zufällig entdeckt. Er untersuchte das Nachleuchten verschiedener Stoffe, nachdem sie mit Licht bestrahlt worden waren. Dieses Nachleuchten tritt z. B. bei den Leuchtziffern einiger Uhren auf. BECQUEREL wollte feststellen, ob Uransalze, die nach der Bestrahlung mit Sonnenlicht sichtbares Licht abgeben, auch die kurz zuvor entdeckten Röntgenstrahlen abstrahlen. Am 26. Februar 1896 wickelte er deshalb in der Dunkelkammer eine unbelichtete Fotoplatte in schwarzes Papier lichtdicht ein. Danach wollte er eine Menge von der Sonne bestrahltes Uransalz auf die Platte legen. Aber die Sonne schien nicht. Deshalb verstaute er das Uransalz zusammen mit der verpackten Fotoplatte in einer Schublade. Als er am 1. März die Platte zu Kontrollzwecken entwickelte, sah er zu seiner Überraschung darauf deutlich die Umrisse des Uransalzes *(Bild 3)*. BECQUEREL zog daraus den Schluss, dass Uransalz von selbst strahlt.

Das Ehepaar MARIE CURIE (1867 – 1934) und PIERRE CURIE (1859 – 1906) *(Bild 4)* untersuchte daraufhin alle bekannten Elemente mit dem Elektroskop auf Radioaktivität (das Zählrohr wurde erst 1928 von H. GEIGER und W. MÜLLER entwickelt). Die beiden Forscher fanden diese bei Thorium und den bislang unbekannten Elementen Polonium und Radium. Diese isolierten sie 1898 aus dem Mineral Pechblende. Anschließend gelang es ihnen in vierjähriger mühevoller Arbeit, aus einer Tonne Ausgangsmaterial 0,1 g Radiumchlorid abzutrennen. Es war eine grundlegende Arbeit für die Kernphysik.

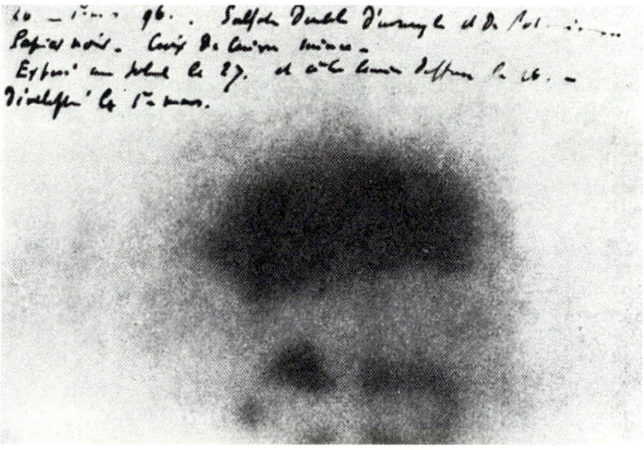

3 Die Strahlung radioaktiver Stoffe schwärzt Filme. Aufnahme von H. BECQUEREL 1896. Über den schwarzen Stellen lagerte Uransalz.

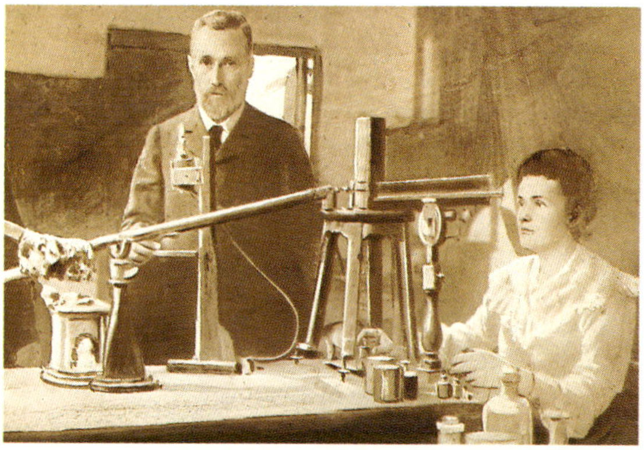

4 MARIE CURIE und ihr Mann PIERRE CURIE. Zusammen mit H. BECQUEREL erhielten sie 1903 den Nobelpreis für Physik, M. CURIE 1911 den für Chemie.

β- und γ-Strahlung

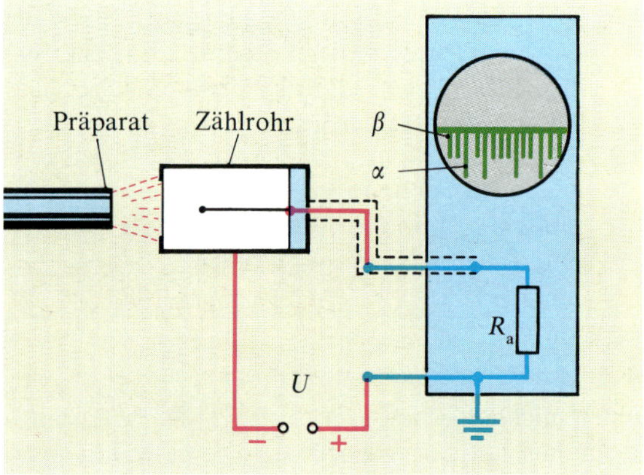

1 Die Spannungsimpulse am Widerstand R des Zählrohrs werden am Oszilloskop nachgewiesen

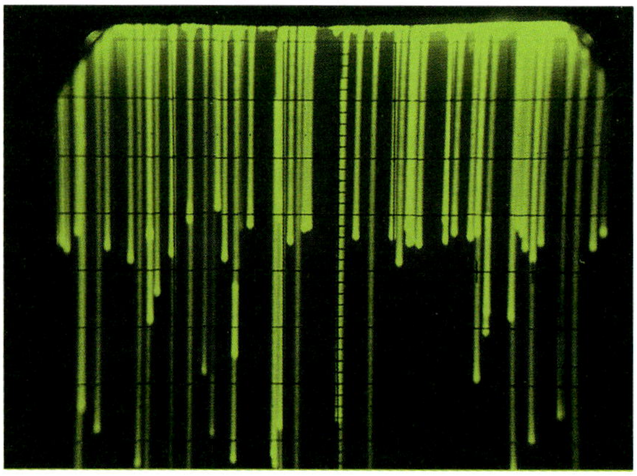

2 Schirmbild in Versuch 1b. Mit einem Papier im Strahlengang verschwinden die langen Zacken.

1. Das Oszilloskop zeigt mehr

Versuch 1: **a)** Vor einem Zählrohr, das an einer fein regulierbaren Stromquelle liegt, befestigen wir ein schwaches Radiumpräparat in einem Abstand von 2 cm *(Bild 1)*. Die von einzelnen Teilchen ausgelösten Impulse werden als spitze Zacken von einem Oszilloskop registriert. Erhöhen wir die Spannung U von null aus, so treten oberhalb von etwa 285 V unregelmäßig verteilte Zacken auf. Sie verschwinden mit einem Papier zwischen Präparat und Zählrohr, rühren also von α-Teilchen her.

b) Beim weiteren Erhöhen der Spannung U werden die Zacken länger; plötzlich erscheinen zusätzlich kürzere, ebenfalls unregelmäßig verteilte Striche *(Bild 2)*. Diese bleiben bestehen, wenn wir ein Papierblatt in den Strahlengang bringen. Halten wir ein 5 mm dickes Aluminiumblech vor das Zählrohr, so verschwinden sie fast alle. Die hier beobachteten ionisierenden Teilchen nennt man **β-Teilchen,** man spricht auch von **β-Strahlung.** *Wir erkennen sie künftig daran, dass sie erst von einem dickeren Aluminiumblech absorbiert werden.*

c) Die wenigen Zacken, die in b) trotz des Aluminiumblechs sichtbar waren, verschwinden erst, wenn wir eine dicke Bleischicht zwischen Präparat und Zählrohr bringen. Die Zacken werden von einer dritten Art der Strahlung radioaktiver Stoffe, der **γ-Strahlung,** verursacht. *Diese wird erst in dicken Bleischichten absorbiert.* ■

2. Was sind β-Teilchen?

Versuch 2: **a)** Vor ein Zählrohr stellen wir ein Strontiumpräparat. Ein Papierblatt zwischen Präparat und Zählrohr ändert die Zählrate kaum. Sie sinkt dagegen mit Aluminiumblech auf den Nulleffekt. Strontium sendet also nur β-Strahlung aus.

b) Zwischen Präparat und Zählrohr bringen wir eine Bleiblende mit einer kleinen Öffnung (in *Bild 4* Stellung A ohne Magnet). Verschieben wir das Zählrohr, sodass es nicht mehr in der Linie Präparat–Blendenöffnung steht, misst es nur den Nulleffekt. β-Teilchen bewegen sich also geradlinig.

c) Mit einem kräftigen, hinter der Blende liegenden Hufeisenmagneten ändert sich dies. Liegt wie in *Bild 4* sein Südpol oben, registriert das Zählrohr in der Stellung B β-Teilchen. Sie werden nach links abgelenkt. Mithilfe der „Linke-Hand-Regel" finden wir, dass *β-Teilchen negativ geladen sind.* Man bezeichnet sie daher auch als β^--Teilchen. ■

Weiter hat man festgestellt:

a) β-Teilchen haben gleiche Masse und Ladung wie Elektronen; es handelt sich tatsächlich um *schnell fliegende Elektronen.*

b) Auch β-Teilchen haben eine so hohe Energie, dass sie wie α-Teilchen nicht aus der Atomhülle stammen können. *Auch sie kommen aus dem Atomkern.*

c) β-Teilchen haben etwa die gleiche Energie wie α-Teilchen. Sie ionisieren aber auf 1 mm Wegstrecke viel weniger Moleküle als diese und verlieren demzufolge dort auch weniger Energie. Bei gleicher Anfangsenergie haben daher β-Teilchen in derselben Materie eine größere *Reichweite* als α-Teilchen (in Luft z. B. 1 m gegenüber 7 cm).

d) Je dichter die von β-Teilchen durchflogene Materie ist, desto mehr Ionen pro mm Wegstrecke bilden sie und umso kürzer ist ihre Reichweite. In Aluminium beträgt sie 5 mm, in Blei weniger als 1 mm.

3. Was weiß man über γ-Strahlung?

a) γ-Strahlung lässt sich nicht durch Magnetfelder ablenken, transportiert also keine Ladung.

b) Sie ist von derselben Natur wie Röntgenstrahlung und Licht. Nur ist γ-Strahlung oft noch energiereicher als Röntgenstrahlung. γ-Strahlung kann also beim Fotoeffekt einzelnen Elektronen noch mehr Energie übertragen als Röntgenstrahlung. Wir begnügen uns damit, auch γ-Strahlung als *„fliegende Energie"* anzusprechen. – Wegen ihrer hohen Energie *muss γ-Strahlung ebenfalls aus Atomkernen stammen.*

c) γ-Strahlung kann Moleküle und Atome ionisieren. Allerdings bildet sie in Materie noch weit weniger Ionen pro mm Wegstrecke als β-Teilchen. Mit einem Zählrohr gelingt ihr Nachweis nur deshalb, weil sie gelegentlich Elektronen aus den Atomen der Zählrohrinnenwand herausschlägt. Diese Elektronen werden wie β-Teilchen registriert.

d) Auch für γ-Strahlung gilt: Je dichter die Materie ist, die sie durchfliegt, desto mehr Atome je cm ionisiert sie. Verliert sie in Luft erst auf einer Strecke von über 100 m ihre meiste Energie, so geschieht dies in Blei bereits auf einer Strecke von 5 bis 10 cm. Dicke Bleischichten bilden daher den besten Schutz vor γ-Strahlung.

β-Strahlung besteht aus sehr schnellen, energiereichen Elektronen. Sie kann 5 mm dickes Aluminiumblech nicht durchdringen.
γ-Strahlung ist von derselben Natur wie Röntgenstrahlung, nur oft energiereicher. Dicke Bleischichten schwächen sie merklich.
α-Teilchen, β-Teilchen und γ-Strahlung kommen aus Atomkernen.

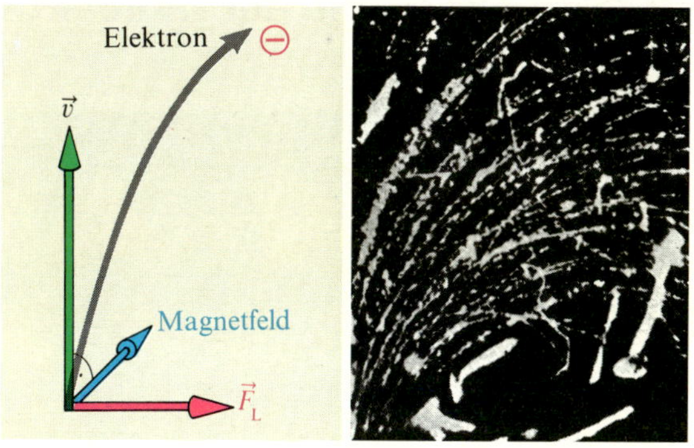

3 Nebelkammeraufnahme der Bahnen von β-Teilchen unter der Einwirkung eines Magnetfeldes, dessen Feldlinien senkrecht in die Bildebene hineinweisen. Die Teilchen starten am unteren Bildrand.

Untersucht man die Strahlung aller in der Natur vorkommenden radioaktiven Stoffe, findet man *ausschließlich* α-, β- und γ-Strahlung.

Die in der Natur vorkommenden radioaktiven Stoffe können α-, β- bzw. γ-Strahlung aussenden.

A1. a) Begründe mit *Bild 3*, dass β-Teilchen negativ geladen sind.
b) Warum sind die Spuren von β-Teilchen in Nebelkammern dünner als die von α-Teilchen?

A2. α-Teilchen bleiben in einem Blatt Papier stecken, γ-Strahlung dagegen erst in sehr dicken Bleischichten. Transportiert γ-Strahlung deshalb weit mehr Energie als α-Teilchen?

A3. Nenne die Eigenschaften und Nachweismöglichkeiten der α-, β- und γ-Strahlung.

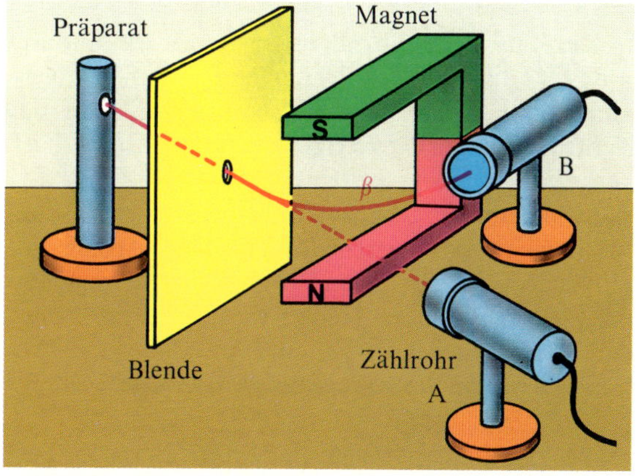

4 β-Teilchen werden durch ein Magnetfeld abgelenkt

Der Atomkern und der radioaktive Zerfall

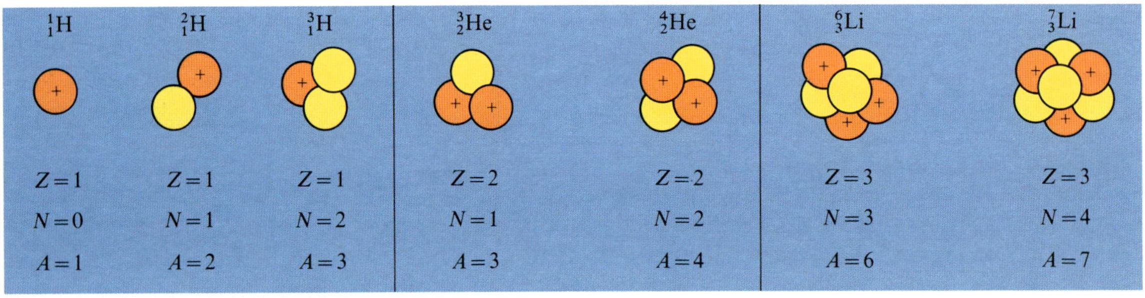

1 Die Kerne der Wasserstoffisotope (H; $Z = 1$) und der häufigsten Heliumisotope (He; $Z = 2$) sowie Lithiumisotope (Li; $Z = 3$). Z: Zahl der Protonen; N: Zahl der Neutronen; $A = N + Z$: Zahl der Kernbausteine

1. Protonen und Neutronen bilden den Kern

Die Chemie unterscheidet heute etwa 110 Elemente. Sie sind im **Periodensystem der Elemente** geordnet zusammengestellt (siehe Tabellenanhang). Es gibt aber über 2000 Atomarten. Für deren Aufbau gilt:

a) Die Atomkerne aller Atomarten sind aus verschiedenen Kernbausteinen **(Nukleonen)** zusammengesetzt, nämlich aus ***Z* Protonen** und ***N* Neutronen.**

b) Ein **Proton** (abgekürzt p) ist etwa 2000-mal so schwer wie ein Elektron und trägt eine positive Ladung. Ihr Betrag stimmt mit der Elektronenladung überein (Elementarladung $e = 1{,}6 \cdot 10^{-19}$ C). Das **Neutron** (abgekürzt n) hat nahezu dieselbe Masse wie ein Proton, ist aber elektrisch neutral.

c) Die Gesamtzahl $Z + N$ der Nukleonen nennt man **Nukleonenzahl** A (auch *Massenzahl*). Bei einem Urankern ist $Z = 92$, $N = 146$, $A = 92 + 146 = 238$.

d) Die Zahl Z der Protonen bestimmt die Ladung Q des Kerns ($Q = Ze$). Daher nennt man Z **Kernladungszahl.** Genauso groß ist auch die Zahl der Elektronen in der Hülle eines neutralen Atoms.

e) Atome mit der gleichen Elektronenhülle sind chemisch nicht zu unterscheiden. Da alle Atome mit der gleichen Anzahl Z von Protonen im Kern gleichviel Elektronen in der Hülle haben, zeigen sie somit gleiches chemisches Verhalten. *Die Ordnungszahl des Periodensystems stimmt also mit Z überein.*

f) Die Zusammensetzung eines Atomkerns X verdeutlicht man durch die Schreibweise ^A_ZX. Beispiel (*Bild 1*): $^7_3$Li ist ein Lithiumkern mit $A = 7$ Nukleonen, davon sind $Z = 3$ Protonen und daher $N = 7 - 3 = 4$ Neutronen. Z geht eindeutig aus dem Symbol Li hervor. Deshalb schreibt man oft kurz: Li-7. – Die Kerne aller Atomarten (man sagt auch **Nuklide**) zeigt die **Nuklidkarte** (Tabellenanhang).

g) Atome, deren Kerne die gleiche Protonenzahl Z, aber eine verschiedene Neutronenzahl N besitzen, nennt man **Isotope desselben chemischen Elements.** Sie haben die gleichen chemischen, jedoch verschiedene physikalische Eigenschaften. *Bild 1* zeigt Kerne mit $Z = 1$, 2 und 3. $^2_1$H nennt man auch *Deuterium* und $^3_1$H *Tritium.*

Der **Atomkern** ist aus Z positiv geladenen **Protonen** und N neutralen **Neutronen** aufgebaut. Die Zahl der Protonen (Kernladungszahl) ist gleich der Zahl der Elektronen in der **Atomhülle** und bestimmt das chemische Verhalten eines Atoms. Z ist gleich der Ordnungszahl im Periodensystem. Eine **Kernart** wird durch Z und die Nukleonenzahl $A = N + Z$ gekennzeichnet.
Isotope eines chemischen Elements sind Atome mit gleichem Z, aber verschiedenem N.

2. Kerne fliegen nicht auseinander

Die Protonen im Kern stoßen sich stark ab, da sie gleichnamige Ladung tragen. Trotzdem sind viele Kerne stabil. Man muss also auf zusätzliche andersartige Kräfte schließen, die die Nukleonen im Kern „eisern" zusammenhalten. Man nennt sie **Kernkräfte;** sie wirken mit sehr kurzer Reichweite zwischen Nukleonen.

3. α- und β-Zerfall

Wenn ein Atomkern Strahlung aussendet, verändert er sich. Man spricht von einem **radioaktiven Zerfall** des Kerns.

a) Beim **α-Zerfall** stößt der Kern ein α-Teilchen (^4_2He) aus. So entsteht beim α-Zerfall von $^{226}_{88}Ra$ ein Kern mit 86 Protonen und 222 Nukleonen (*Z* verringert sich um 2, *A* um 4). Dies ist ein Isotop des Elements Radon (Rn). Weil das α-Teilchen viel Energie mit sich führt, schreibt man:

$$^{226}_{88}Ra \rightarrow {}^{222}_{86}Rn + \alpha + \text{Energie}; \quad ^{226}_{88}Ra \xrightarrow{\alpha} {}^{222}_{86}Rn.$$

b) Beim **β-Zerfall** stößt der Kern ein schnelles Elektron aus. Woher stammt es, im Kern sind doch keine Elektronen? Wie man nach vielen Untersuchungen feststellte, kann sich im Kern ein Neutron in ein Proton und ein Elektron umwandeln. Auch hierbei wird Energie frei. Das Elektron verlässt sehr schnell den Kern. Nach dem Zerfall besitzt der Atomkern ein Neutron weniger und dafür ein Proton mehr. Seine Massenzahl *A* bleibt also konstant. So entsteht beim β-Zerfall des Kryptonisotops $^{85}_{36}Kr$ ein Kern mit 85 Nukleonen und 37 Protonen, d.h. das Rubidiumisotop $^{85}_{37}Rb$. Man schreibt:

$$^{85}_{36}Kr \rightarrow {}^{85}_{37}Rb + \beta + \text{Energie}; \quad ^{85}_{36}Kr \xrightarrow{\beta} {}^{85}_{37}Rb.$$

4. Nachwehen des α- und β-Zerfalls

a) Nach einem α-Zerfall gibt das Atom zwei Elektronen ab, nach einem β-Zerfall „schnappt" es sich ein Elektron aus der Umgebung. Anschließend ist es wieder elektrisch neutral, hat aber wegen dieser Veränderungen in der Elektronenhülle *neue chemische Eigenschaften.*

b) Nach einem α- oder β-Zerfall hat der neue Kern oft noch überschüssige Energie. Er kann sie rasch loswerden, indem er γ-Strahlung aussendet, die wir als „fliegende Energie" kennen gelernt haben. γ-Strahlung tritt deshalb nicht allein auf, sondern als Folge eines α- oder β-Zerfalls. Bei der Aussendung der γ-Strahlung verändert sich weder *Z* noch *A*, noch die Elektronenhülle des Atoms. So entsteht beim β-Zerfall des Cäsiumisotops $^{137}_{55}Cs$ das Bariumisotop $^{137}_{56}Ba^*$. Dieser Kern wird seine überschüssige Energie (gekennzeichnet durch *) durch Aussendung von γ-Strahlung los. Man schreibt:

$$^{137}_{55}Cs \xrightarrow{\beta} {}^{137}_{56}Ba^* \xrightarrow{\gamma} {}^{137}_{56}Ba.$$

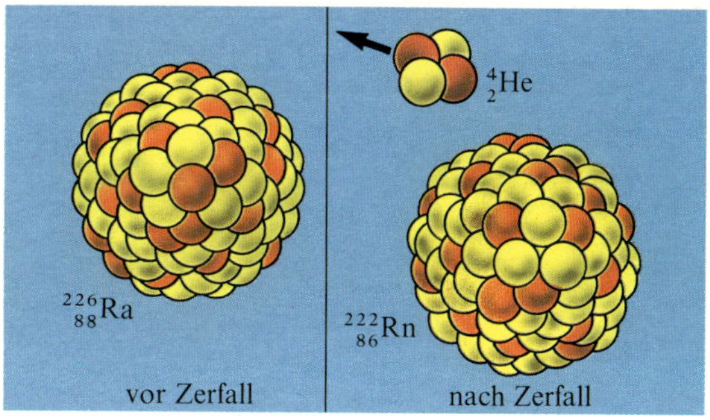

2 α-Zerfall des Radiumisotops Ra-226

5. Radioaktive Zerfallsreihen

Der bei einem radioaktiven Zerfall entstandene Kern kann selbst wieder radioaktiv sein. So zerfällt Radium Ra-226 durch mehrere hintereinander folgende α- und β-Zerfälle, die mehrfach von γ-Strahlung begleitet werden. Das Ende dieser **Zerfallsreihe** ist das stabile Bleiisotop Pb-206. In einem länger gelagerten Radiumpräparat finden die Zerfälle von Ra-226 und seiner Folgeprodukte nebeneinander statt; deswegen ist es ein Mischstrahler.

Beim **radioaktiven Zerfall eines Atomkerns** wird Energie freigesetzt. Es entsteht beim **α-Zerfall** ein Isotop des Elements mit einer um 2 kleineren Kernladungszahl *Z*, beim **β-Zerfall** ein Isotop des Elements mit einer um 1 größeren Kernladungszahl *Z*. Bei der Aussendung von **γ-Strahlung** ändert sich *Z* nicht.

A1. Gib von den folgenden Atomen *A*, *Z* und *N* sowie die Elektronenzahl der Hülle an: $^{12}_6C$; $^{137}_{55}Co$; $^{208}_{82}Pb$; K-40; Co-60; Pb-206; Th-232. (Benutze das Periodensystem der Elemente.)

A2. a) Schreibe einige Isotope des Urans auf.
b) Nenne gemeinsame und unterschiedliche Eigenschaften von Isotopen.

A3. Vervollständige die Angaben: $^{235}_{92}U \xrightarrow{\alpha} ?$; $^{40}_{19}K \xrightarrow{\beta} ?$; $^{232}_{?}Th \xrightarrow{\alpha} ?$ $^{210}_{?}Pb \xrightarrow{\beta} ?$; $? \xrightarrow{\beta} {}^{14}_{7}N$.

A4. Der Ausgangskern einer Zerfallsreihe zerfällt, indem er zunächst ein α-Teilchen aussendet, dann ein β-Teilchen, dann γ-Strahlung, dann ein α-Teilchen und zum Schluss ein β-Teilchen. Der Endkern ist Bi-209. Wie lautet der Ausgangskern? Schreibe die Zerfallsreihe auf.

A5. U-238 und Th-232 sind je der Ausgang einer Zerfallsreihe. Schreibe diese mithilfe der Nuklidkarte auf (Endkerne Pb-206 bzw. Pb-208).

Halbwertszeit

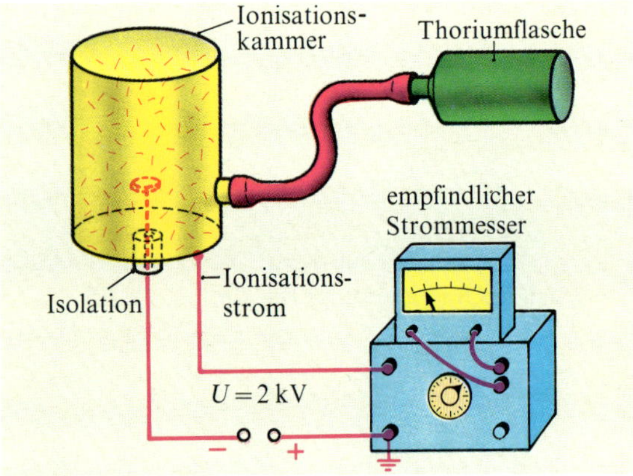

1 Messung der Halbwertszeit von Rn-220

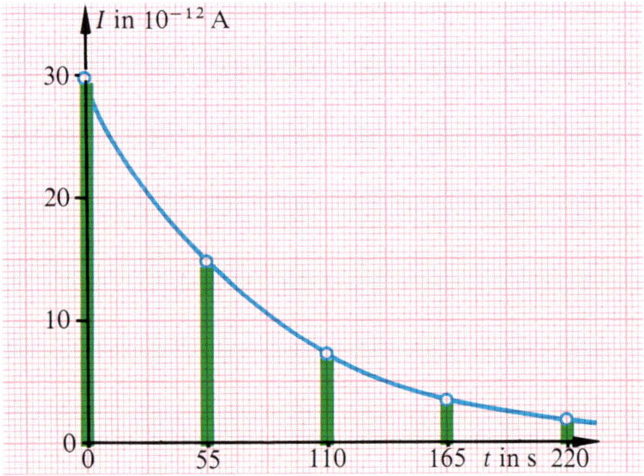

2 Messergebnis von Versuch 1b

1. Wie lange strahlt radioaktive Substanz?

Wir betrachten nun die Zahl der Kerne, die in einer radioaktiven Substanz vorliegen. Im Laufe der Zeit zerfallen sie. Wann hört die Substanz auf zu strahlen? Wir untersuchen dieses Problem mit der Versuchsanordnung nach *Bild 1* an einem radioaktiven Gas. Eine Plastikflasche enthält radioaktives Thorium Th-232. Durch dessen Zerfall entsteht in der Flasche ständig in geringen Mengen das selbst wieder radioaktive Gas Radon Rn-220, das α-Strahlung aussendet. Für deren Nachweis verwenden wir eine *Ionisationskammer,* an die über einen Schlauch die Thoriumflasche angeschlossen ist. Die mit Luft gefüllte Kammer besteht aus zwei gegeneinander isolierten Metallteilen, zwischen denen eine Spannung von etwa 2000 V liegt. Tritt in der Kammer α-Strahlung auf, so werden Luftmoleküle ionisiert. Die Stromquelle saugt die entstandenen Ionen ab; den Strom zeigt ein empfindlicher Strommesser in den Zuleitungen an. Je mehr α-Teilchen in der Sekunde auftreten, umso mehr Ionen entstehen je Sekunde, umso größer ist also die Stromstärke.

Versuch 1: **a)** Wir pumpen mehrmals hintereinander kleine Mengen radioaktives Gas aus der Thoriumflasche in die Ionisationskammer. Mit jedem Gasstoß steigt die Stromstärke an. Je größer die radioaktive Gasmenge in der Kammer ist, desto mehr Kerne zerfallen je Sekunde, desto mehr Strahlung tritt auf. Tatsächlich gilt: Wird die Zahl der radioaktiven Kerne in der Gasmenge n-mal so groß, so messen wir auch die n-fache Stärke des Ionisationsstroms, weil in der Gasmenge n-mal so viel Atomkerne in 1 s zerfallen. Die Stärke des Ionisationsstroms ist also zunächst ein Maß für die Zahl der je Sekunde zerfallenden Kerne. Sie gibt damit aber auch die Zahl der noch unzerfallenen Kerne an.

b) Geben wir kein weiteres radioaktives Gas in die Kammer, sinkt wie erwartet die Stromstärke *(Bild 2).* Die Zahl der Kerne in der Kammer, die noch α-Strahlung aussenden können, wird mit der Zeit kleiner. Aber wie nimmt die Stromstärke ab? Etwa linear? In 55 s ist die Stromstärke auf die Hälfte gesunken. Nähme sie linear ab, müsste sie nach weiteren 55 s null geworden sein. In Wirklichkeit fällt sie jeweils in 55 s auf die Hälfte des zu Beginn dieser Zeitspanne noch vorhandenen Wertes ab. ■

Was bedeutet das? Nach jeweils 55 s zerfallen nur noch halb so viele Kerne pro Sekunde wie vorher. Damit muss sich aber nach Versuch 1a die Zahl der ursprünglich vorhandenen radioaktiven Gasatome Rn-220 jeweils in 55 s halbiert haben. Dies ist völlig unabhängig davon, wie viel radioaktive Substanz am Anfang des Zeitintervalls vorlag. Die Zeit, die vergeht, bis der Strom von 30 pA auf 15 pA oder von 20 pA auf 10 pA oder von irgendeiner beliebigen Stromstärke auf die Hälfte abfällt *(Bild 2),* beträgt immer 55 s. Man nennt diese Zeit die **Halbwertszeit** von Radon Rn-220. Nach der doppelten Halbwertszeit ist noch $(\frac{1}{2})^2 = \frac{1}{4}$, nach der zehnfachen $(\frac{1}{2})^{10} \approx \frac{1}{1000}$ der ursprünglichen Radonmenge vorhanden. Es lässt sich kein Zeitpunkt bestimmen, an dem *alle* Kerne zerfallen sind.

Für jedes radioaktive Nuklid hat man eine andere charakteristische Halbwertszeit gefunden (vgl. *Tabelle 1* und Nuklidkarte). Diese Zeiten sind sehr unterschiedlich. Es gibt Nuklide mit Halbwertszeiten von vielen Millionen Jahren, aber auch solche, bei denen sie nur Bruchteile einer Sekunde betragen.

Die Zahl der Zerfälle pro Zeiteinheit nennt man **Aktivität** der radioaktiven Substanz. Die Einheit ist 1/s, genannt **Becquerel (1 Bq)**. Früher benutzte man die Einheit 1 Curie (1 Ci). Es ist $1\,Ci = 3{,}7 \cdot 10^{10}\,1/s = 3{,}7 \cdot 10^{10}\,Bq$. Schulpräparate haben Aktivitäten in der Größenordnung $1\,\mu Ci = 3{,}7 \cdot 10^4\,Bq$. Bei ihnen zerfallen 37000 Kerne in jeder Sekunde – tagaus, tagein. Welch ungeheure Anzahl von Atomen steckt doch in einem winzigen Stück Materie!

Die Zeitspanne, in der jeweils die Hälfte einer radioaktiven Substanz zerfällt, heißt **Halbwertszeit**. Während dieser Zeit sinkt auch die Zahl der Zerfälle pro Sekunde in der Substanz auf die Hälfte. Jede radioaktive Kernart besitzt eine **charakteristische Halbwertszeit**. Die Zahl der Zerfälle pro Zeiteinheit nennt man **Aktivität** der radioaktiven Substanz. Die Einheit ist 1 Becquerel (1 Bq). Es ist 1 Bq = 1 1/s.

Element	Halbwertszeit	Element	Halbwertszeit
Th-232	$1{,}4 \cdot 10^{10}$ a	H-3	12,3 a
U-238	$4{,}5 \cdot 10^{9}$ a	Kr-85	10,8 a
U-235	$7{,}1 \cdot 10^{8}$ a	I-131	8 d
C-14	5730 a	Tc-99	6 h
Ra-226	1600 a	Rn-220	55 s
Cs-137	30 a	Po-214	$0{,}16 \cdot 10^{-3}$ s

Tabelle 1 Halbwertszeit einiger Nuklide; es bedeutet a: Jahr; d: Tag; h: Stunde; s: Sekunde

A1. a) Wie viel von 500000 Iod I-131-Kernen sind nach 3 Halbwertszeiten zerfallen?
b) Wann sind $\frac{7}{8}$ einer Menge I-131 zerfallen?
c) In einer I-131-Quelle finden in 1 s 100000 Zerfälle statt. Wie viele nach 48 Tagen?

A2. In der Nuklearmedizin verwendet man häufig das Nuklid Technetium Tc-99. Nach welcher Zeit sind 93,75% einer Tc-99 Menge zerfallen?

A3. Nach wie viel Halbwertszeiten sind von einer radioaktiven Substanz mehr als 99% zerfallen, nach wie viel mehr als 99,9%? Wie groß sind diese Zeiten bei Rn-220 und Ra-226? Wie ändert sich in diesen Zeiten die Aktivität?

Altersbestimmung mithilfe radioaktiver Nuklide

Pressen wir in der Versuchsanordnung nach *Bild 1* die Thoriumflasche alle paar Sekunden zusammen, so liefern wir laufend radioaktives Gas in die Ionisationskammer. Wir können damit erreichen, dass der Ionisationsstrom konstant bleibt. Zerfall und Nachlieferung radioaktiver Atome halten sich dann das Gleichgewicht. Erst wenn die Nachlieferung beendet ist, fällt der Strom mit der bekannten Halbwertszeit von 55 s ab.

Dieser Versuch zeigt das Grundprinzip der Altersbestimmung eines sehr alten Gegenstandes mithilfe des langlebigen radioaktiven Kohlenstoffisotops C-14. Dieses Isotop ist in der Atmosphäre, z.B. in Kohlenstoffdioxid CO_2, in einem kleinen bekannten Prozentsatz vorhanden. Seine Entstehung werden wir im Kapitel Kernreaktionen kennen lernen. Solange eine Pflanze lebt, steht ihr Kohlenstoffgehalt durch CO_2-Assimilation mit dem Kohlenstoff der Atmosphäre in Verbindung. Die lebenden Teile der Pflanze haben demnach einen konstanten C-14-Anteil. Stirbt sie ab, wird der Kontakt zur Atmosphäre unterbrochen, und mit einer Halbwertszeit von 5730 Jahren sinkt der C-14-Anteil. Durch seine Bestimmung kann das Alter eines Holzgegenstandes ermittelt werden.

3 Das Alter dieses Holzsargs ließ sich mit der C-14-Methode auf 2500±200 Jahre bestimmen

Strahlenbelastung – Strahlenschutz

1. Natürliche, unabwendbare Strahlenbelastung

Ein Geigerzähler tickt auch ohne radioaktive Präparate in seiner Nähe, denn überall in unserer Umgebung ist ionisierende Strahlung vorhanden. Diese trifft auch den Menschen ständig.

Versuch 1: Wir stellen Kaliumsalz vor ein Zählrohr. Die Zählrate ist deutlich höher als der Nulleffekt. ■

Ursache ist das radioaktive Kaliumisotop K-40, das zu 0,01% in natürlichem Kalium vorkommt. Von den etwa 140 g Kalium im menschlichen Körper zerfallen je Sekunde rund 4400 K-40-Kerne.

Versuch 2: Gibt es auch radioaktive Stoffe in der Luft? Um diese Frage zu beantworten, spannen wir zwei etwa 5 m lange Drähte im Abstand von ca. 40 cm. Dazwischen legen wir eine Spannung von 6 kV. Der positive Pol ist geerdet. Nach 2 bis 3 Stunden nehmen wir die Spannung weg und wischen den zuvor negativ geladenen Draht mit einem feuchten Papierstück ab. Dieses befestigen wir vor dem Fenster eines Zählrohrs. Erstaunlich, die Zählrate liegt weit über der Nullrate. Wir haben also eine radioaktive Substanz vom Draht abgewischt. ■

Diese Substanz besteht aus Folgeprodukten des radioaktiven Gases **Radon.** Es ist ein Glied der Zerfallsreihen der sehr langlebigen Stoffe Uran und Thorium. Sie sind überall im Erdboden und im Mauerwerk als fein verteilte Spuren zu finden.

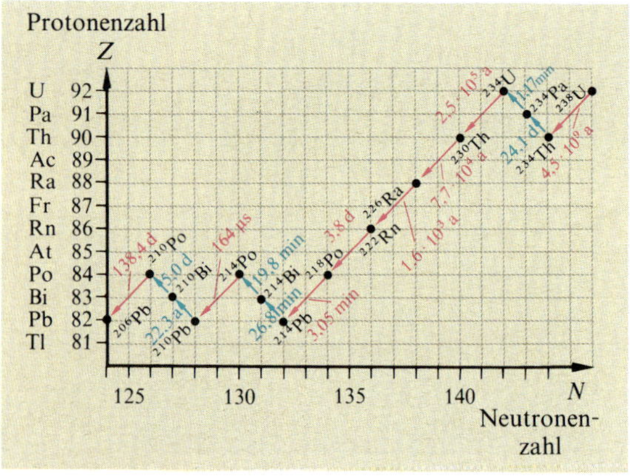

1 Zerfallsreihe von U-238 mit Halbwertszeiten

Bild 1 zeigt, dass die Zerfallsreihe des häufigsten Uranisotops U-238 das Radonisotop Rn-222 enthält. Die radioaktiven Radonatome treten in die Raumluft aus und zerfallen dort. Ihre Folgeprodukte werden in Versuch 2 zum geladenen Draht gezogen. Sie sind selbst wieder radioaktiv. In unseren Wohnungen atmen wir ständig Radon ein. Es zerfällt in der Lunge. Diese wird durch die entstehende Strahlung (vor allem α-Strahlung) belastet.

Insgesamt finden sich vier Hauptkomponenten für die **natürliche Strahlenbelastung** des Menschen:

a) Die Strahlenbelastung in Häusern aufgrund von **Radon.** Sie hängt insbesondere vom Baumaterial und der Beschaffenheit des Untergrunds ab *(Bild 2)*.

b) Die sonstige **terrestrische Strahlung** kommt aus radioaktiven Stoffen, die in der Umwelt vorhanden sind. Sie ist von Ort zu Ort unterschiedlich je nach der Zusammensetzung des Bodens.

c) Die **körperinnere Bestrahlung** kommt aus radioaktiven Nukliden (z. B. K-40), die über die Nahrungsaufnahme in den menschlichen Körper gelangen und dort gespeichert werden.

d) Die **kosmische Strahlung** aus dem Weltraum enthält besonders energiereiche Teilchen. Ein Teil durchdringt die Atmosphäre. – Diese Strahlenbelastung nimmt mit der Höhe zu und ist deshalb bei Bergtouren oder im Flugzeug verstärkt wirksam.

Der Mensch ist stets einer natürlichen Strahlenbelastung ausgesetzt. Sie schwankt stark.

2. Die Zivilisation belastet zusätzlich

Röntgendurchleuchtungen und medizinische Anwendungen radioaktiver Stoffe – etwa zur Krebsbehandlung – stellen eine Strahlenbelastung für den einzelnen Menschen dar. Andere zivilisatorische Strahleneinwirkungen sind demgegenüber in der Bundesrepublik gering.

Die Strahlenbelastung durch kerntechnische Anlagen wie Kernkraftwerken unterliegt einer intensiven Kontrolle und Überwachung. Besondere Probleme stellen mögliche Unfälle in diesen Anlagen dar.

Am 25./26.4.1986 ereignete sich im Kernkraftwerk *Tschernobyl* in der UdSSR ein schwerer Unfall, in dessen Folge radioaktive Stoffe in die Atmosphäre freigesetzt und über weite Teile Europas verteilt wurden. In der Bundesrepublik erlitten dadurch Personen, speziell südlich der Donau, eine zusätzliche Strahlenbelastung (ein Jahr nach dem Unfall ca. 30 bis 60% der mittleren natürlichen Belastung).

3. Biologische Strahlenwirkung

a) **Sofortschäden** treten nach einer starken Bestrahlung auf. Appetitlosigkeit, Übelkeit und Haarausfall sind die Folge. *Bild 3* zeigt einen äußerlich erkennbaren akuten Strahlenschaden. Je stärker die Bestrahlung war, umso größer ist der Schaden. Ab einer gewissen Strahlenbelastung tritt der Tod ein. – Gefährdet sind insbesondere Gewebe mit hoher Zellteilung, etwa Knochenmark und Haarwurzeln. Wird ein Embryo im Mutterleib bestrahlt, kann es zu Missbildungen und Entwicklungsschäden kommen. Bei einer Röntgenuntersuchung schwangerer Frauen ist daher Vorsicht geboten.

b) **Spätschäden (Leukämie und Krebs)** kommen oft erst Jahre nach der Strahlenbelastung zum Vorschein. So wurde in Japan das Maximum der Leukämieerkrankungen von Personen, die bei den Atombombenabwürfen überlebten, aber einer starken Strahlenbelastung ausgesetzt waren, erst nach zehn Jahren beobachtet. Spätschäden können, müssen aber nicht auftreten; es besteht jedoch eine gewisse Wahrscheinlichkeit dafür. Diese steigt mit wachsender Strahlenbelastung, nicht jedoch die Stärke einer möglichen Erkrankung. Deshalb spricht man von **stochastischen Schäden.** – Auch die natürliche Strahlenbelastung kann zu Krebs führen; sie löst nach heutiger Erkenntnis etwa 3% aller durch Krebserkrankungen entstehenden Todesfälle aus.

Die in a) und b) besprochenen Schäden treffen die bestrahlte Person selbst und werden zusammenfassend auch als **somatische Schäden** bezeichnet.

c) **Genetische Strahlenschäden** entstehen durch die Bestrahlung der Keimdrüsen. Sie wirken sich erst bei den *Nachkommen* aus und rühren von Mutationen her, die in den Keimzellen durch Strahlung ausgelöst worden sind. Sie treten ebenfalls stochastisch auf. Viele der Schäden werden jedoch nicht wirksam, denn meistens stirbt die betroffene Zelle ab. – Man darf nicht vergessen, dass Mutationen als natürliches Ereignis schon immer spontan (von selbst) auftraten.

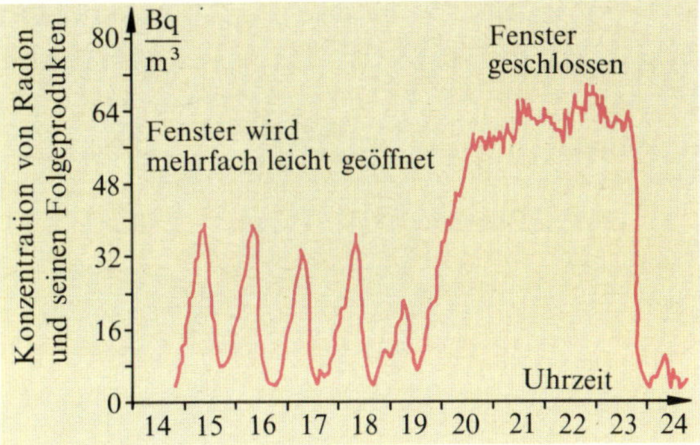

2 Die Konzentration von Radon und seiner Folgeprodukte in Wohnungen schwankt und hängt stark von der Durchlüftung der Wohnung ab.

Die gesamte Entwicklung (Evolution) der Tier- und Pflanzenwelt sowie des Menschen beruht auf Mutationen. Man schätzt, dass eine Strahlenbelastung der Keimdrüsen, die 500-mal größer ist als die natürliche, die spontane Mutationsrate verdoppelt.

Das genetische Schadensrisiko durch Bestrahlung liegt deutlich unter dem Krebsrisiko. So konnte man nach den Atombombenabwürfen von *Hiroshima* und *Nagasaki* bei den Überlebenden eine erhöhte Krebssterblichkeit nachweisen. Genetische Effekte ließen sich dagegen statistisch nicht ermitteln, obwohl sie nach heutiger Erkenntnis aufgetreten sein müssen. Wir haben bezüglich der genetischen Strahlenschäden den nachfolgenden Generationen gegenüber eine große Verantwortung: **Man sollte jede zusätzliche Strahlenbelastung so gering wie möglich halten.**

Ionisierende Strahlen können beim Menschen neben **Sofortschäden** auch **stochastische Strahlenschäden** (Krebs, genetische Schäden) hervorrufen.

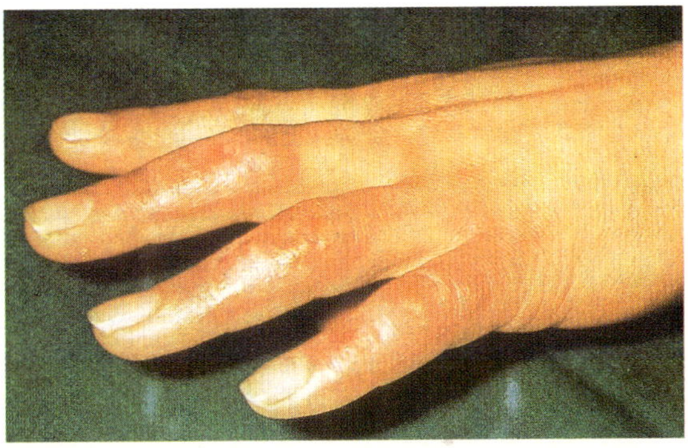

3 Akuter Strahlenschaden an einer Hand

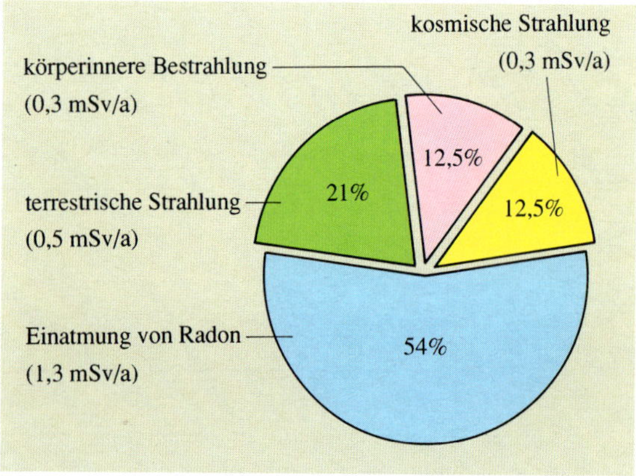

1 Mittlere Strahlenbelastung eines Menschen in der Bundesrepublik Deutschland 1986 aus natürlichen Strahlenquellen. Der Unfall von Tschernobyl belastete den Menschen 1986 im Mittel zusätzlich mit 0,11 mSv.

4. Ein Maß für die Wirkung ionisierender Strahlung

Die Strahlung radioaktiver Stoffe oder Röntgenstrahlung ionisiert beim Eindringen in den menschlichen Körper wie in jeder Materie Atome und Moleküle und gibt somit Energie ab. Je mehr Energie die Strahlung an 1 kg Masse des Körpers abgegeben hat, desto größer kann der angerichtete Schaden sein. Man nennt die Energieabgabe je Masseneinheit die **Energiedosis** der Strahlung und misst sie in der Einheit 1 J/kg. Eine kurzfristige Energiedosis von 6 J/kg an γ-Strahlung führt bei Ganzkörperbestrahlung im Allgemeinen zum Tod (also 450 J bei 75 kg Masse). Ist dies viel Energie? An sich nicht; denn mit 6 J kann man 1 kg Körpermasse nur um etwa $\frac{1}{1000}$ K erwärmen. Nach einem Langlauf, in der Sauna oder bei Fieber sind die Temperatursteigerungen, d.h. die verstärkten Molekülbewegungen,

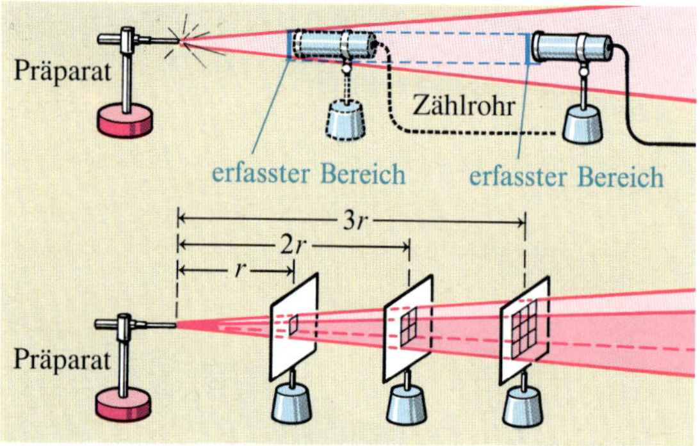

2 Zu Versuch 3 und Aufgabe 7

1000-mal größer! Demnach liegt die Ursache der Strahlengefahr nicht in der verstärkten Molekülbewegung. Vielmehr tritt der Schaden durch die *Ionisation der Moleküle* auf: Moleküle können in den lebenden Zellen des Körpers so verändert werden, dass sie aus dem Lebensprozess ausscheiden oder den Organismus sogar vergiften.

Bei α-Strahlen ist die Dichte der gebildeten Ionen (vgl. die Spuren in der Nebelkammer) besonders groß. Die Energie wird konzentriert an eine Zelle abgegeben; der Schaden ist sehr viel höher als bei Röntgen- und γ-Strahlung gleicher Energiedosis. Um die biologischen Wirkungen von radioaktiven Strahlen miteinander vergleichen zu können, hat man die **Äquivalentdosis** eingeführt. Sie ist gleich der Energiedosis mal einem von der Strahlungsart abhängigen Faktor. Bei β-, γ- und Röntgenstrahlen beträgt der Faktor 1, bei α-Strahlung 20. Die Einheit der Äquivalentdosis ist ebenfalls 1 J/kg; man verwendet dafür den Namen **1 Sievert (1 Sv).** Es ist also 1 Sv = 1 J/kg; 1 mSv = 1 Sv/1000 = 1 mJ/kg.

Die Menschen sind seit jeher der natürlichen Strahlenbelastung ausgesetzt. *Bild 1* zeigt deren Verteilung. Im Mittel beträgt sie bei uns 2,4 mSv im Jahr. Sie kann jedoch je nach Ort von 1 bis 6 mSv schwanken. Diese natürliche Strahlenbelastung *und ihre Schwankungsbreite* wird zur Bewertung von anderen Strahlenbelastungen herangezogen. Bei der Betrachtung von Langzeitrisiken muss man sich dabei auf die *Lebenszeitdosis* durch die natürliche Strahlenbelastung beziehen. Sie liegt bei einer Lebenserwartung von 70 Jahren bei etwa 170 mSv.

Ursache der Strahlenschäden ist die Ionisation von Molekülen.
Die **Äquivalentdosis** ist ein Maß für die Wirkung ionisierender Strahlung auf den Menschen. Die Einheit ist **1 Sievert** (1 Sv = 1 J/kg).
Zur **Bewertung einer Strahlenbelastung** wird die natürliche Strahlenbelastung und ihre Schwankungsbreite herangezogen.

5. Schutz vor ionisierender Strahlung

Versuch 3: Wir stellen einen stärkeren punktförmigen Gammastrahler vor ein Zählrohr *(Bild 2)*. Verdoppeln wir den Abstand, so sinkt die Zählrate nicht etwa auf die Hälfte, sondern auf den vierten Teil, im dreifachen Abstand auf den neunten Teil ihres Anfangswertes (vgl. Aufgabe 7). ■

Abstand halten ist also ein wichtiges Gebot beim Umgang mit radioaktiven Stoffen. Ferner wird man sich *möglichst kurz* in ihrer Nähe aufhalten und außerdem versuchen, ionisierende Strahlung abzuschirmen. *Selbst in dünneren Materieschichten werden Strahlungen abgeschwächt.* Sie verlieren nämlich auch dort durch Ionisation von Atomen oder Molekülen Energie.

Versuch 4: **a)** Ein β-Strahler steht 10 cm vor einem Zählrohr. Dazwischen bringen wir Holz-, Aluminium- und Bleiplättchen zunehmender Dicke. Mit wachsender Schichtstärke wird die Zählrate kleiner, wobei die Abnahme bei Blei am größten ist.

b) Nehmen wir einen γ-Strahler, beobachten wir ein ähnliches Ergebnis. Allerdings müssen die Schichtdicken größer sein. Erst sehr dicke Schichten, am besten aus Blei, absorbieren die γ-Strahlung fast vollständig. ■

Auch für den Schutz gegen innere Bestrahlung ist zu sorgen. Radioaktive Stoffe dürfen auf keinen Fall in den Körper gelangen, es sei denn zu einer notwendigen medizinischen Behandlung.

Grundregeln für den Strahlenschutz:

- Man entferne sich möglichst weit von einer Strahlenquelle.
- Bei Versuchen mit radioaktiven Stoffen strebe man eine kurze Arbeitszeit an.
- Dicke Materieschichten schirmen ionisierende Strahlung ab. Das beste Schutzmittel ist Blei.
- Radioaktive Stoffe dürfen nicht in den Körper gelangen. Beim Umgang mit ihnen sind Essen, Trinken und Rauchen verboten.

3 Strahlenzeichen

Gesetzliche Vorschriften

Die **Strahlenschutzverordnung** und die **Röntgenverordnung** regeln den Umgang mit radioaktiven Stoffen und Röntgengeräten. **Oberster Grundsatz ist, jede unnötige Strahlenbelastung zu vermeiden und die unumgängliche so gering wie möglich zu halten.** Die Gesetze suchen zu erreichen, *dass die zusätzliche Belastung der Bevölkerung weit unter der Schwankungsbreite der natürlichen Strahlenbelastung liegt.* So darf die maximale Belastung außerhalb des Zauns einer kerntechnischen Anlage nie 0,3 mSv im Jahr überschreiten. Auch die Herstellung radioaktiver Schulpräparate unterliegt strengen Bestimmungen. Überall, wo ionisierende Strahlung auftreten kann, muss das Strahlenwarnzeichen *(Bild 3)* angebracht sein. Personen, die beruflich mit radioaktiven Stoffen arbeiten, werden laufend medizinisch überwacht. Ihre Strahlenbelastung kontrolliert man mit so genannten **Dosimetern.**

A1. Weshalb ist die natürliche Strahlenbelastung der Lunge größer als die der Keimdrüsen?

A2. Erläutere den Kurvenverlauf in *Bild 323.2.*

A3. Die Radonbelastung in Häusern ist auf die Isotope Rn-222 und Rn-220 zurückzuführen.
a) Woher stammen diese Isotope?
b) Warum belastet Rn-222 den Menschen mehr als Rn-220? (Benutze die Nuklidkarte.)

A4. Welche Energie absorbiert ein Mensch (75 kg) bei einem Strahlenunfall, bei dem er die lebensbedrohende Dosis 4 Sv empfängt?

A5. a) Eine Röntgenaufnahme der Lunge belastet diese mit 2 mSv, die Keimdrüsen mit weniger als 0,02 mSv. Suche dafür eine Erklärung.
b) Kann man diese Belastung mit einem 6-stündigen Flug in 10 000 m Höhe (kosmische Strahlenbelastung 35 mSv/a) vergleichen?

A6. Die Angaben in *Bild 1* gelten für die Belastung des gesamten Körpers (effektive Dosis). Welche Anteile werden gleich bleiben, welche sich ändern, wenn man nur die Belastung der Keimdrüsen betrachtet (genetische Dosis)?

A7. Begründe mit *Bild 2* das Ergebnis von Versuch 3.

A8. Nimmt ein Mensch mit der Nahrung Cs-137 zu sich, erhält er $1{,}4 \cdot 10^{-8}$ Sievert je Becquerel. Er isst 200 g Rehfleisch und 100 g Pfifferlinge, belastet mit 4200 Bq/kg bzw. 12 500 Bq/kg Cs-137. Welche Strahlenbelastung erhält er?

Anwendung radioaktiver Nuklide

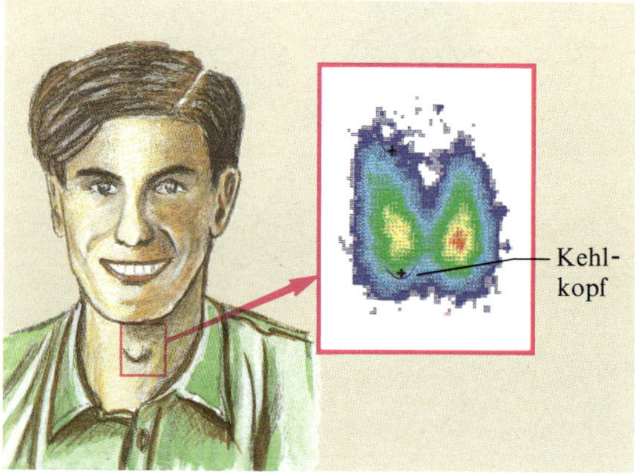

1 Strahlenbild einer Schilddrüse

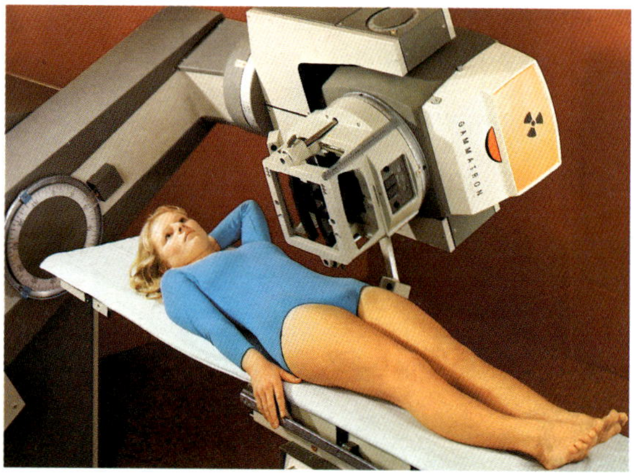

3 Krebsbehandlung

In der Medizin verwendet man radioaktive Stoffe sowohl zur *Diagnose* (Erkennung) als auch zur *Therapie* (Heilung) von Krankheiten. Will man z.B. feststellen, wie der Körper bestimmte Substanzen aufnimmt und verarbeitet, „markiert" man die normale Substanz mit winzigen Spuren eines radioaktiven Isotops desselben chemischen Elements. Chemisch verhalten sich nämlich die radioaktiven Isotope vor dem Zerfall genauso wie die inaktiven. Folglich wandern sie auf denselben Wegen; nur zerfällt gelegentlich ein Kern und verrät durch die ausgesandte Strahlung seinen Standort. Auf diese Weise lassen sich viele Stoffwechseluntersuchungen durchführen.

Manche chemischen Elemente werden in bestimmten Organen gespeichert (z.B. Iod in der Schilddrüse). Injiziert man dem Menschen winzige Spuren radioaktiver Isotope dieser Elemente und tastet anschließend das Organ Punkt für Punkt mit einem geeigneten Nachweisgerät für radioaktive Spuren ab, so erhält man ein „Strahlenbild" des Organs *(Bild 1)*. Der Arzt kann daraus Rückschlüsse ziehen. Um die Strahlenbelastung des Patienten klein zu halten, verwendet man Nuklide mit möglichst kurzer Halbwertszeit (z.B. Technetium Tc-99).

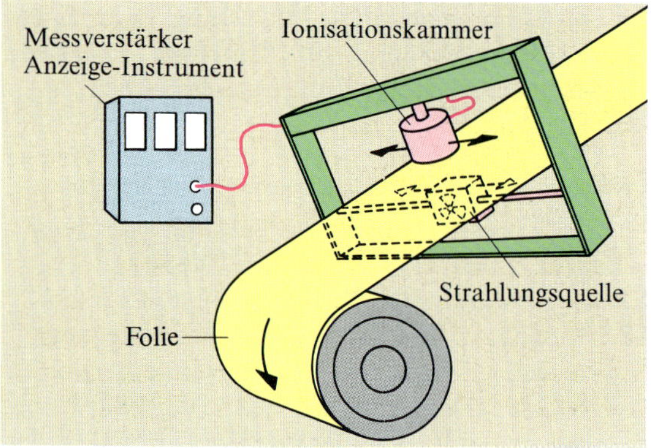

2 Berührungslose Schichtdickenkontrolle

Ein Beispiel für die Therapie ist die Bestrahlung von Krebsgeschwülsten. Die in schneller Teilung begriffenen Krebszellen reagieren auf ionisierende Strahlung meist empfindlicher als gesundes Gewebe. Die Kunst des Arztes besteht darin, den Krankheitsherd möglichst weit zu zerstören und dabei benachbartes gesundes Gewebe zu schonen. Mit der Apparatur von *Bild 3* wird die Krebsgeschwulst gezielt aus verschiedenen Richtungen bestrahlt. Trotzdem bleibt das Ganze riskant: man treibt hier den Teufel mit dem Beelzebub aus. Bekanntlich kann ionisierende Strahlung selbst Krebs erzeugen. Mit der Bestrahlung wählt man also nur das kleinere Übel.

Auch **in der Biologie** und der **Landwirtschaft** lässt sich z.B. der Pflanzenstoffwechsel und damit etwa der Düngemitteleinsatz durch die „radioaktive Markierungsmethode" untersuchen. – Bei der Züchtung neuer Pflanzensorten setzt man radioaktive Nuklide bewusst zur Erzeugung von Mutationen ein.

In der Technik wird z.B. die verschiedene Abschwächung ionisierender Strahlung in unterschiedlich dicker Materie zur berührungslosen Dickenmessung bei der Folienherstellung ausgenutzt *(Bild 2)*.

Kernreaktionen

1. Kerne werden beschossen und schießen zurück

Der Beschuss von Atomen mit schnellen Elektronen brachte viele neue Erkenntnisse über die Atomhülle. Für physikalische Experimente mit Atomkernen benutzt man meist schwere Teilchen.

Man schoss zunächst schnelle α-Teilchen, wie sie radioaktive Präparate liefern, in einer Nebelkammer auf Stickstoffatome. Viele Atome werden dabei ionisiert und so die Spur der α-Teilchen sichtbar gemacht. Es gibt aber noch andere Reaktionen. Selten kommt es nämlich zu dem in *Bild 1* dargestellten Fall, wo sich die Spur eines α-Teilchens zu verzweigen scheint (im Mittel beobachtet man das in einer von 50000 Aufnahmen). Was widerfuhr wohl dem im Bild von links kommenden α-Teilchen am Verzweigungspunkt? Die nach unten verlaufende Spur entpuppt sich aufgrund der Dichte der Tröpfchen als die Spur eines Protons. Protonen gibt es aber nur im Atomkern. Das energiereiche α-Teilchen $^{4}_{2}He$ hat nicht mit der Atomhülle, sondern mit dem Atomkern $^{14}_{7}N$ eines Stickstoffatoms reagiert. Es drang in den Kern ein, der „sauer" reagierte und mit einem Proton $^{1}_{1}p$ zurückschoss. Zur „Strafe" bekam der Restkern einen Rückstoß und flog nach rechts oben. Der Restkern hat noch 17 Nukleonen, davon sind 8 Protonen; man findet das Sauerstoffisotop $^{17}_{8}O$. Hier fand eine **künstliche Kernumwandlung,** eine so genannte **Kernreaktion** statt:

$$^{14}_{7}N + ^{4}_{2}He \rightarrow ^{17}_{8}O + ^{1}_{1}p.$$

Beschießt man Berylliumkerne mit α-Teilchen, findet eine Kernreaktion statt, bei der kein Proton, sondern ein schnelles Neutron $^{1}_{0}n$ ausgestoßen wird. Der Berylliumkern $^{9}_{4}Be$ verwandelt sich dabei in den Kohlenstoffkern $^{12}_{6}C$. Die Kernreaktion lautet:

$$^{9}_{4}Be + ^{4}_{2}He \rightarrow ^{12}_{6}C + ^{1}_{0}n.$$

2. Neutronen machen Kerne schwerer und aktiv

Ein Gemisch aus Beryllium und Radium, das die notwendigen α-Teilchen liefert, ist nach der oben beschriebenen Kernreaktion eine Quelle für schnelle Neutronen. Damit ergibt sich die Möglichkeit, Atomkerne mit Neutronen zu beschießen.

Die ungeladenen Neutronen werden nicht vom positiv geladenen Kern abgestoßen. Sie können schon mit sehr geringer Energie in den Kern eindringen. Viele verschiedenartige Kernreaktionen mit Neutronen wurden beobachtet. Häufig bleibt das Neutron im Kern stecken. Dieser sendet dann keine Teilchen, sondern γ-Strahlung aus; der Kern wird schwerer. Man spricht von einem **Neutroneneinfang**. Ein Beispiel ist der von Co-59:

$$^{59}_{27}Co + ^{1}_{0}n \rightarrow ^{60}_{27}Co + \gamma.$$

Co-59 ist stabil, Co-60 dagegen radioaktiv. *Fast nach jeder Neutroneneinfang-Reaktion ist der neu entstandene Kern radioaktiv.*

Aus dem Weltall treffen ständig Neutronen auf die Erde. Sie stoßen in der Atmosphäre mit Stickstoffkernen N-14 zusammen, und dabei entsteht aufgrund einer Kernreaktion das radioaktive Isotop C-14 ($T_{1/2} = 5730$ a; vgl. Altersbestimmung):

$$^{14}_{7}N + ^{1}_{0}n \rightarrow ^{14}_{6}C + ^{1}_{1}p.$$

Neutronen sind ungeladen und ionisieren deshalb keine Atomhüllen. Sie können dicke Stahl- oder Bleischichten durchdringen, werden aber z. B. von Wasser oder Beton abgebremst. Freie Neutronen sind für den Menschen äußerst gefährlich: Treffen sie auf den menschlichen Körper, lösen viele von ihnen Kernreaktionen aus, bei denen geladene Teilchen entstehen (z. B. Protonen). Diese können durch Ionisation Schaden anrichten.

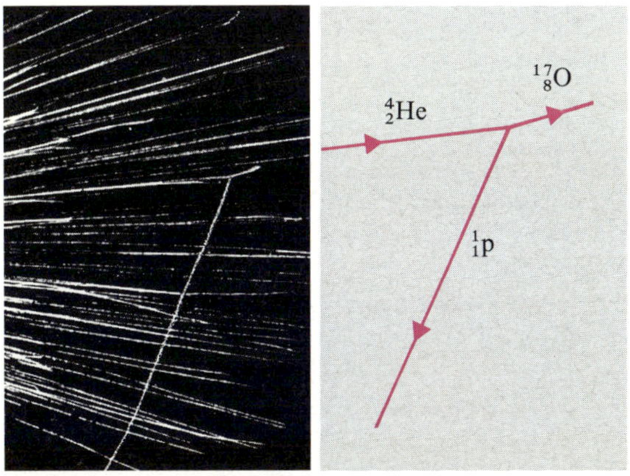

1 Nebelkammeraufnahme einer Kernreaktion. Rechts ist die Reaktion herausgezeichnet.

Kernspaltung

1. Wie macht man Neutronen langsamer?

Viele Neutronen, die bei Kernreaktionen entstehen, sind **schnelle Neutronen** ($v \approx 10\,000$ km/s). Will man weitere Kernreaktionen mit ihnen durchführen, verlangsamt man sie. Je langsamer sie sind, desto länger halten sie sich im Bereich eines Kerns auf und desto wahrscheinlicher wird eine Kernreaktion.

Versuch 1: Eine schnelle Kugel 1 trifft zentral auf eine gleich schwere ruhende Kugel 2; nach dem Stoß bleibt Kugel 1 liegen. Trifft sie aber zentral auf eine viel schwerere ruhende Kugel 3, läuft sie fast mit gleicher Geschwindigkeit zurück. ■

Schnelle Neutronen bremst man also am wirkungsvollsten ab, indem man sie auf gleichschwere Teilchen (Wasserstoffkerne) stoßen lässt. Man schickt sie z. B. durch Wasser. Durch viele Stöße mit Protonen werden die Neutronen dabei schließlich so „langsam“ wie Gasmoleküle infolge ihrer Teilchenbewegung (≈ 2 km/s). So erhält man langsame oder **thermische Neutronen.**

2. Langsame Neutronen treffen Urankerne

Das in der Natur vorkommende chemische Element Uran besteht zu 99,3% aus dem Isotop U-238 und zu 0,7% aus U-235. Beide Isotope sind schwach radioaktiv. Die Halbwertszeit liegt in der Größenordnung des Erdalters von 4,5 Milliarden Jahren. 1938 beschossen OTTO HAHN und FRITZ STRASSMANN nach wichtigen Vorarbeiten von LISE MEITNER natürliches Uran mit langsamen Neutronen – sie wollten Urankerne schwerer machen. Zu ihrer Überraschung fanden sie das Gegenteil; U-235-Kerne zerplatzten durch die Aufnahme eines langsamen Neutrons in zwei große Bruchstücke und einige Neutronen. Z. B. entstehen ein Kryptonkern (Kr), ein Bariumkern (Ba) sowie 3 Neutronen ($^1_0$n). Dabei wird Energie frei. Man nennt diesen Vorgang **Kernspaltung**. Für das genannte Beispiel schreibt man:

$$^{235}_{92}\text{U} + {}^1_0\text{n} \rightarrow {}^{89}_{36}\text{Kr} + {}^{144}_{56}\text{Ba} + 3\,{}^1_0\text{n} + \text{Energie.}$$

Diesen Kernspaltungen, bei denen viel Energie umgesetzt wird, ist gemeinsam:

- Die Bruchstücke fliegen mit großer Geschwindigkeit auseinander ($v \approx 10\,000$ km/s).
- Es werden zusätzlich 2 bis 3 schnelle Neutronen frei ($v \approx 10\,000$ km/s).
- Die Bruchstücke sind radioaktiv. Sie zerfallen mehrfach unter Aussendung von energiereicher β- und γ-Strahlung. Diese radioaktiven Nuklide können eine große Halbwertszeit haben.

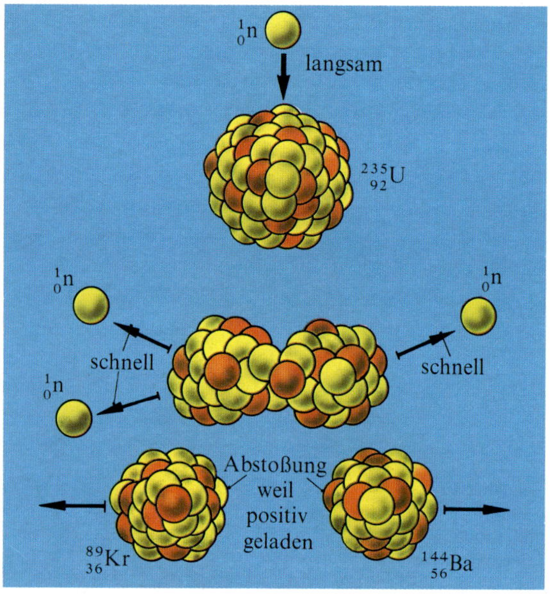

1 Kernspaltung eines U-235-Kerns

Wie kann man sich die Spaltung und die umgesetzte Energie veranschaulichen? Durch das eingefangene Neutron wird der kugelförmige Kern zu einer Änderung seiner Form angeregt. Er erreicht dabei kurzzeitig eine hantelförmige Gestalt *(Bild 1)*. Die wenigen Kerne an der engen Einschnürung sind mit ihren Kernkräften kurzer Reichweite nicht mehr in der Lage, die Hantel zusammenzuhalten. Die weit reichende elektrische Abstoßung der Protonen überwiegt und treibt die Bruchstücke mit hoher Geschwindigkeit auseinander.

U-235 ist der einzige in der Natur vorkommende Atomkern, der durch langsame Neutronen gespalten wird. Künstlich lassen sich weitere spaltbare Nuklide herstellen. Die zwei wichtigsten sind Plutonium Pu-239 und Uran U-233. Man bezeichnet die durch langsame Neutronen spaltbaren Kerne allgemein als **spaltbares Material.** – Auch schnelle Neutronen können Kerne spalten, aber mit einer viel kleineren Wahrscheinlichkeit.

Vorgang	In innere Energie umgesetzte Energie in kWh	Zeit, in der die Energie umgesetzt werden kann
1 kg Steinkohle wird verbrannt	8,1	Sekunden
1 kg leichtes Heizöl wird verbrannt	11,9	Sekunden
1 kg reines U-235 wird gespalten	22500000	momentan möglich!
1 kg Ra-226 zerfällt radioaktiv	4000000	in 1600 Jahren erst die Hälfte

Tabelle 1 Energiemengen, die bei einigen Vorgängen in innere Energie umgesetzt werden

2 Hiroshima nach der Atombombenexplosion am 6. 8. 1945

3. Was ist Kernenergie?

Die Bruchstücke einer Kernspaltung fliegen als energiereiche Geschosse vom Ort der Entstehung weg. Sie stoßen so oft mit anderen Atomen zusammen, bis sie ihre gesamte Bewegungsenergie abgegeben haben. Die Atome schwingen dafür heftiger, d. h. die Materie bekommt eine größere **innere Energie** und damit eine höhere Temperatur. In *Tabelle 1* sind von einigen Vorgängen die in innere Energie umgesetzten Energiemengen aufgeführt. Man erkennt, welch ungeheure Energiemenge im Vergleich zu chemischen Prozessen (z. B. Verbrennen von Kohle und Öl) bei Kernspaltungen umgesetzt wird. Diese Energie nennt man **Kernenergie.**

Bei einer **Kernspaltung** zerplatzt ein Kern in zwei große Bruchstücke und einige schnelle Neutronen. Im Vergleich zu chemischen Prozessen wird viel Energie umgesetzt.

4. Unkontrollierte Kettenreaktion

Nach *Tabelle 1* kann die Energie, die in einer Uranmenge steckt, momentan umgesetzt werden. Wenn dies stimmt, muss in kürzester Zeit eine riesige Anzahl von Kernen gespalten werden (1 kg Uran U-235 enthält z. B. $2{,}6 \cdot 10^{24}$ Kerne). Ist dies überhaupt möglich? Ja, denn in der Uranmenge kann eine **Kettenreaktion** ablaufen.

Eine *unkontrollierte Kettenreaktion* wird in Atombomben ausgelöst. Diese enthalten Uran, das auf über 90% mit U-235 angereichert ist (Uranbombe) oder den in Kernreaktoren produzierten Spaltstoff Plutonium Pu-239 (Plutoniumbombe). Irgendein Neutron, etwa aus der kosmischen Strahlung, löst eine Kernspaltung aus. Dabei werden zwei bis drei Neutronen frei. Ist genügend Spaltmaterial angehäuft, erzeugen diese wiederum Spaltungen, bei denen weitere Neutronen freigesetzt werden. Diesmal bis zu neun, die erneut spalten können usw. Die Zahl der Spaltungen nimmt von „Generation zu Generation“ lawinenartig zu. Dabei spielt sich alles im Bruchteil einer Sekunde ab, da jeder Spaltprozess fast momentan abläuft und die Neutronen mit ihrer großen Geschwindigkeit sofort nach ihrer Freisetzung einen anderen Kern treffen. Riesige Energiemengen werden in kürzester Zeit umgesetzt. Es kommt zu verheerenden Wirkungen, wie bei den Atombombenexplosionen von Hiroshima (am 6.8.1945; *Bild 2*) und Nagasaki (am 9.8.1945).

Sind die Mengen spaltbaren Materials klein, so können viele Neutronen, die bei Spaltungen erzeugt werden, den Materialblock verlassen, ohne eine neue Spaltung hervorzurufen. Eine Kettenreaktion setzt deshalb erst ein, wenn die Menge spaltbaren Materials eine **kritische Masse** überschritten hat. Atombomben zündete man daher, indem man zwei oder mehrere unterkritische Massen zusammenschoss, sodass ihre Summe eine überkritische Größe erreichte.

A1. Die Bruchstücke einer Kernspaltung sind radioaktiv. Warum? Hinweis: Ein Bruchstück ist z. B. Kr-89, stabil ist aber Kr-84. Was besitzt Kr-89 zu viel? Welche Strahlung tritt auf?

A2. Schreckliche Nachwirkungen einer Atombombenexplosion stellen radioaktive Abfallstoffe (Fallout) dar. Wie kommen sie zustande?

Kernkraftwerke

1 Gesamtansicht Kernkraftwerke Biblis A und Biblis B; man erkennt jeweils das halbkugelförmige Reaktorgebäude, das sich anschließende Maschinenhaus sowie den Kamin und 2 Kühltürme.

1. Eine Vorüberlegung

Im Jahr 1989 wurden weltweit etwa $1{,}85 \cdot 10^{12}$ kWh elektrische Energie aus der Spaltung von Atomkernen gewonnen (das sind etwas mehr als 2% des Weltenergieumsatzes). Dazu standen 426 Kernkraftwerksblöcke mit insgesamt etwa 320000 MW elektrischer Leistung zur Verfügung.

Einige dieser Kraftwerke verfügen über eine Leistung von 1000 MW oder mehr. (1 MW = 1 Megawatt = 1000000 W). Um diese Leistung zu erreichen, muss die Zahl der Kernspaltungen je Sekunde sehr hoch sein (bei einer Leistung von 1000 MW sind $3 \cdot 10^{19}$ Spaltungen je Sekunde nötig, wenn keine Verluste auftreten).

Soll diese Leistung über einen längeren Zeitraum erbracht werden, so muss die Zahl der Kernspaltungen je Sekunde über diesen Zeitraum konstant sein. Dazu wird in einer bestimmten Menge Uran (ein 1000 MW-Kernkraftwerk enthält etwa 100 t) zunächst eine Kettenreaktion in Gang gesetzt, ohne eine Explosion auszulösen. Sodann ist die Zahl der Spaltungen je Sekunde so lange zu steigern, bis die gewünschte Energiemenge je Sekunde umgesetzt wird. Dann darf sie sich aber nicht mehr ändern. Man muss erreichen, dass von den 2 bis 3 entstehenden schnellen Neutronen im Mittel nur noch genau ein Neutron eine neue Spaltung herbeiführt. Eine Kettenreaktion muss geregelt werden.

2. Im Reaktor wird die Kettenreaktion geregelt

Bild 2 zeigt links den prinzipiellen Aufbau eines **Druckwasserreaktors** (DWR) im Querschnitt. Etwa 75% aller eingesetzten **Kernreaktoren** gehören zu diesem Reaktortyp.

a) In einem etwa 10 Meter hohen *Druckgefäß* aus 20–25 cm dickem Stahl stehen die *Brennelemente* mit vielen fingerdicken *Brennstäben.* In diesen befindet sich als „Brennstoff" natürliches Uran, das bis zu 3 % mit dem spaltbaren Isotop U-235 angereichert ist.

b) Zwischen den Brennstäben befindet sich **Wasser** H_2O. Aufgabe des Wassers ist es, die bei den Kernspaltungen entstehenden schnellen Neutronen abzubremsen. Hauptsächlich langsame Neutronen können weitere Kernspaltungen in U-235-Kernen durchführen und so die Kettenreaktion aufrecht erhalten. In *Bild 3* ist der Weg der Neutronen schematisch dargestellt. Rasche Abbremsung ist wichtig, denn das zu 97% in den Brennstäben vorhandene, nicht spaltbare U-238 absorbiert besonders die schnellen Neutronen durch Neutroneneinfang.

Einen Stoff, der im Reaktor die Neutronen abbremst, ohne zu viele zu absorbieren (in diesem Fall Wasser), bezeichnet man als **Moderator.** Reaktoren, die einen Moderator benutzen, nennt man auch **thermische Reaktoren.**

Sollte das Wasser verdampfen oder aus dem Reaktorbehälter auslaufen, würden die Neutronen nicht mehr abgebremst: Die Kettenreaktion wäre automatisch unterbrochen. *Der Kernreaktor kann also nie wie eine Atombombe explodieren.*

c) Wasser dient außerdem als **Kühlmittel.** Durch kräftige Pumpen angetrieben zirkuliert es im *Primärkreislauf* und besorgt den Wärmetransport. Die Brennstäbe werden nämlich durch die Kernspaltungen sehr stark erhitzt. Im Druckwasserreaktor steht das Wasser unter Druck ($\approx$ 155 bar). Es kann daher auf 320 °C erhitzt werden, ohne dass es siedet.

In einem *Wärmetauscher* (Dampferzeuger) gibt das erhitzte Wasser des Primärkreises seine Energie an das Wasser des *Sekundärkreislaufs* ab, das im Wärmetauscher verdampft und Turbinen antreibt.

d) Mit **Regelstäben**, die man zwischen die Brennstäbe schieben kann, kontrolliert man die Kettenreaktion. Die Regelstäbe enthalten Bor oder Cadmium. Diese Elemente können langsame Neutronen durch Einfang absorbieren. Sind die Regelstäbe vollständig zwischen die Brennstäbe eingefahren, so erstirbt die Kettenreaktion sofort. Zieht man sie langsam heraus, steigt die Zahl der Kernspaltungen je Sekunde an, da nicht mehr so viele langsame Neutronen in den Stäben absorbiert werden. So kann man den Reaktor steuern.

Im Dauerbetrieb sind die Regelstäbe so eingestellt, dass die Zahl der Spaltungen je Sekunde und damit die Leistung des Reaktors konstant bleibt. In diesem Fall bezeichnet man den Reaktor als **„kritisch".** Es ist der *normale* Betriebszustand eines Reaktors.

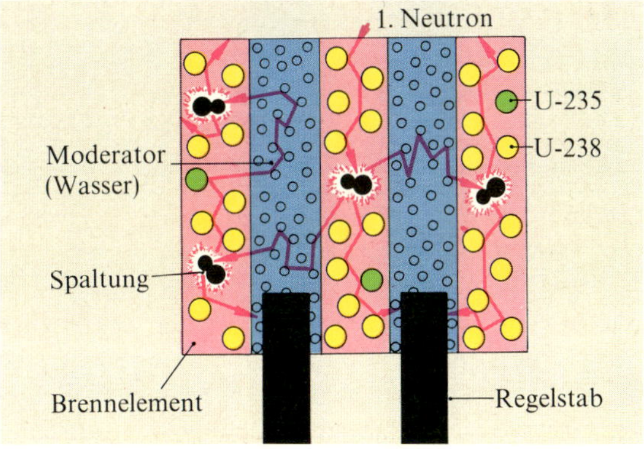

3 Geregelte Kettenreaktion im Kernreaktor

Im **Kernreaktor** läuft eine kontrollierte Kettenreaktion ab. Die Hauptbestandteile eines **Druckwasserreaktors** sind **Brennstäbe, Regelstäbe** und Wasser als **Moderator** und **Kühlmittel.**

3. Kernkraftwerke sind Wärmekraftwerke

Bild 2 zeigt den prinzipiellen Aufbau eines Kernkraftwerks (vgl. auch *Bild 1*). Es ist wie ein Kohlekraftwerk ein Wärmekraftwerk. Die hohe Temperatur wird hier nicht durch Verbrennung von Kohle, sondern durch Kernspaltungen erzeugt. Der sich im Wärmetauscher des Reaktors bildende heiße, unter großem Druck stehende Frischdampf führt die Energie aus dem Kernreaktor nach außen zu einer Dampfturbine, die einen Generator treibt. Dahinter kondensiert der Dampf im von Kühlwasser durchflossenen Kondensator. Das entstandene Kondenswasser wird in den Kernreaktor zurückgeführt.

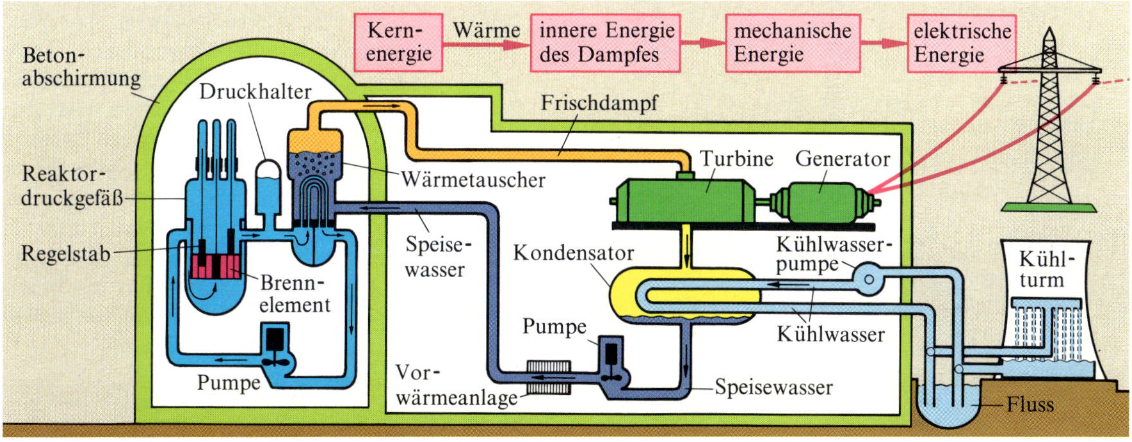

2 Aufbau eines Kernkraftwerks mit Druckwasserreaktor

28,7 t	nicht verbrauchtes Uran (meist U-238)
1,0 t	Spaltprodukte
260 kg	Plutonium (verschiedene Isotope): 200 kg sind spaltbares Material
30 kg	Transurane (Elemente mit $Z > 92$)

Tabelle 1 Jährlicher Abfall eines Reaktors mit 1000 MW elektrischer Leistung

Wie jedes Wärmekraftwerk mit großer elektrischer Ausgangsleistung benötigt auch ein Kernkraftwerk viel Kühlwasser; es steht daher neben einem Fluss. Oft besitzt es noch gewaltige Kühltürme, um eine zu starke Aufheizung des Flusses zu verhindern.

Der *Wirkungsgrad eines Kernkraftwerks* ist etwa 35%. Hat es also eine *elektrische Ausgangsleistung* von 1000 MW, so beträgt die in Form von Aufheizung im Reaktor erzielte Leistung *(thermische Leistung)* etwa 3000 MW.

4. Im Reaktor entsteht Plutonium

Über 97% des Urans im Reaktor besteht aus dem nicht spaltbaren Isotop U-238. Durch den Einfang schneller Neutronen kann dieses Isotop allerdings in Plutonium Pu-239 umgewandelt werden:

$$^{238}_{92}\mathrm{U} \xrightarrow[\text{Einfang}]{n} {}^{239}_{92}\mathrm{U} \xrightarrow[23\,\text{min}]{\beta} {}^{239}_{93}\mathrm{Np} \xrightarrow[2{,}3\,\text{d}]{\beta} {}^{239}_{94}\mathrm{Pu}$$

Diese Reaktion läuft als Nebeneffekt in jedem Reaktor ab. Dort entsteht also immer Plutonium. Pu-239 kommt in der Natur nicht vor. Es ist radioaktiv (α-Strahler) und zerfällt mit einer Halbwertszeit von 24000 Jahren. Außerdem ist es wie U-235 durch langsame Neutronen spaltbar. Es kann also als Brennstoff für Kernreaktoren oder zum Bau von Atombomben verwendet werden.

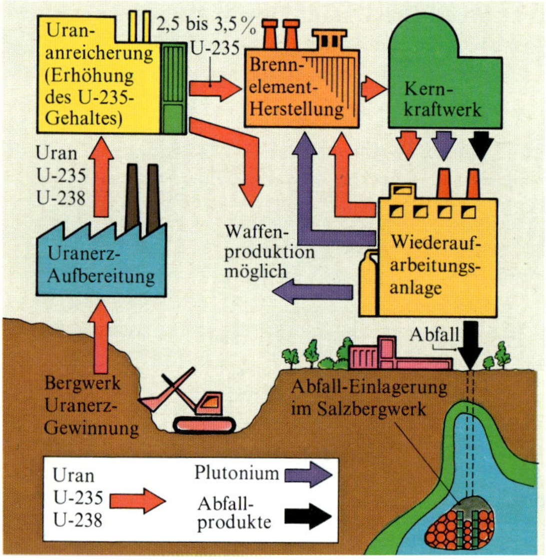

1 Brennstoffkreislauf

Mit dem **schnellen Brüter,** einem anderen Reaktortyp als dem Druckwasserreaktor, versucht man die oben angeführte Reaktion zur Erzeugung von Pu-239 aus U-238 gezielt zu nutzen. Dabei sollte neben der üblichen Erzeugung elektrischer Energie mehr Kernbrennstoff „erbrütet" werden als verbraucht wird. So könnte man den im gesamten natürlichen Uran vorhandenen Energiegehalt bis zu 60% nutzen. Im DWR wird dagegen nur etwa 1% davon genutzt.

5. Die Entsorgung eines Kernreaktors

Das spaltbare Material in den Brennstäben wird im Laufe der Zeit verbraucht. Dafür enthalten diese immer mehr radioaktive Spaltprodukte und durch Neutroneneinfang entstandene radioaktive Nuklide. Von den 100 t Uran, die ein Kernkraftwerk mit einem DWR und 1000 MW elektrischer Ausgangsleistung benötigt, sind jährlich 30 t auszutauschen. Der „Abfall" *(Tabelle 1)* enthält außer den hochradioaktiven Spaltprodukten spaltbares Plutonium Pu-239 und Reste von Uran U-235 sowie viel Uran U-238.

Zur Behandlung der Abfälle versucht man folgende Lösung: Die „abgebrannten" Brennelemente werden zunächst $\frac{1}{2}$ bis 1 Jahr lang in Wasserbecken beim Reaktor gelagert. In dieser Zeit klingt die Aktivität infolge des Zerfalls der kurzlebigen Spaltprodukte auf unter 1% des Anfangswertes ab. Anschließend transportiert man die Brennelemente in speziellen Behältern in eine **Wiederaufarbeitungsanlage.** Dort trennt man Uran und Plutonium chemisch ab. Die nicht verwertbaren radioaktiven Reste („Atommüll") lagert man möglichst sicher, etwa in Salzstöcken oder Granitgestein. Aus dem gewonnenen Uran und Plutonium können wieder Brennelemente für Reaktoren gebaut werden. *Bild 1* zeigt den so entstehenden **Brennstoffkreislauf.** – Die Endlagerung war 1990 noch nicht gelöst. Man diskutiert auch, die abgebrannten Brennelemente ohne Wiederaufarbeitung direkt endzulagern.

Alle beschriebenen Verfahren bezeichnet man allgemein als **Entsorgung** des Reaktors im Gegensatz zur **Versorgung** mit Brennstoff.

6. Sicherheitsfragen

Durch den Reaktorunfall in *Tschernobyl* am 26.4. 1986 wurden einzelne Landstriche Europas teilweise beträchtlich radioaktiv belastet *(Bild 3)*. Der Unfall machte besonders deutlich, wie wichtig ein sicherer Einschluss des radioaktiven Inventars eines Kernkraftwerkes ist. Deshalb haben die bei uns üblichen Reaktoren mehrere Sicherheitsbarrieren *(Bild 2)*.

Die Sicherheit der Kraftwerke wird mithilfe von **Risikoanalysen** abgeschätzt. Das **Risiko** wird in diesen Analysen durch die **Wahrscheinlichkeit** eines schweren Unfalls und die zu erwartende **Schadenshöhe** bestimmt. Nach offiziellen Risikoabschätzungen sollte in der Bundesrepublik ein schwerer Unfall (eine so genannte Kernschmelze) bei weiterer Nutzung aller gegenwärtig betriebenen Anlagen mit dem derzeitigen Sicherheitsstandard eines DWR rein statistisch einmal innerhalb von ca. 20000 Jahren zu erwarten sein. Dabei wäre in einigen Prozent dieser Unfälle, also rein statistisch innerhalb von mehreren 100000 Jahren, ein Schadensmaß ähnlich dem beim Unfall in Tschernobyl zu erwarten.

Man versucht daher Reaktortypen zu entwickeln, die in jedem Schadensfall
- von selbst erlöschen,
- ohne dass dabei radioaktive Stoffe in nennenswertem Umfang freigesetzt werden können,
- und wobei die Nachzerfallswärme der radioaktiven Spaltprodukte ohne Eingriffe von außen und ohne Beschädigung des Reaktors nach außen abgeführt wird.

Die **Strahlenschutzverordnung** nennt **Grenzwerte,** d.h. die höchstzulässige Strahlenbelastung der Bevölkerung durch kerntechnische Anlagen im Normalbetrieb und auch bei Unfällen. Die Strahlenbelastung einer Person darf auch in unmittelbarer Nähe einer kerntechnischen Anlage 0,3 mSv nicht überschreiten.

Radioaktive Abfälle müssen sicher endgelagert werden. Die angestrebte, aber noch nirgends realisierte Entsorgungslösung, z.B. Vergraben der Abfälle in Salzstöcken, darf keineswegs ein höheres Risiko darstellen als das der natürlichen Lagerstätten von Uran und Thorium.

Sicherheit der Reaktoren, Wiederaufarbeitung und Endlagerung bringen Probleme, die nur in internationaler Zusammenarbeit gelöst werden können.

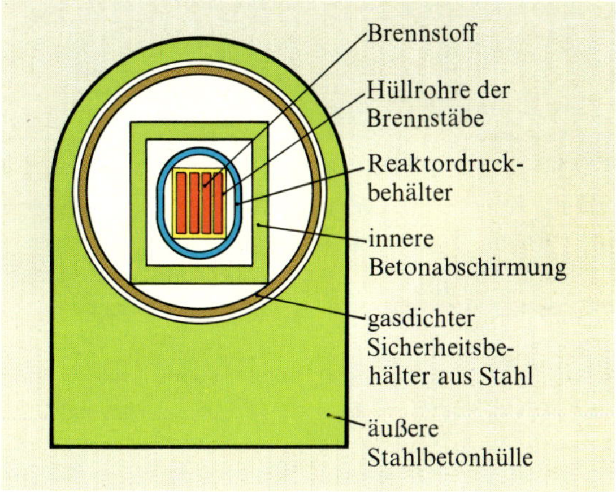

2 Sicherheitsbarrieren beim DWR

A1. Worin besteht der Unterschied zwischen einem Kernreaktor und einer Atombombe?

A2. Nenne Unterschiede und Gemeinsamkeiten zwischen Kohle- und Kernkraftwerken.

A3. Der DWR Biblis A hat eine elektrische Ausgangsleistung von 1200 MW und einen Wirkungsgrad von 34,1%. Wie groß ist die thermische Leistung?

A4. a) Wo und wie entstehen in einem Kernreaktor radioaktive Stoffe?
b) Warum muss man die Brennelemente von Zeit zu Zeit austauschen?

A5. Abgebrannte Brennelemente könnte man direkt in Salzstöcken endlagern. Was spricht dafür, was dagegen?

A6. Wird ein Reaktor abgeschaltet, entsteht Nachzerfallswärme. Woher kommt diese?

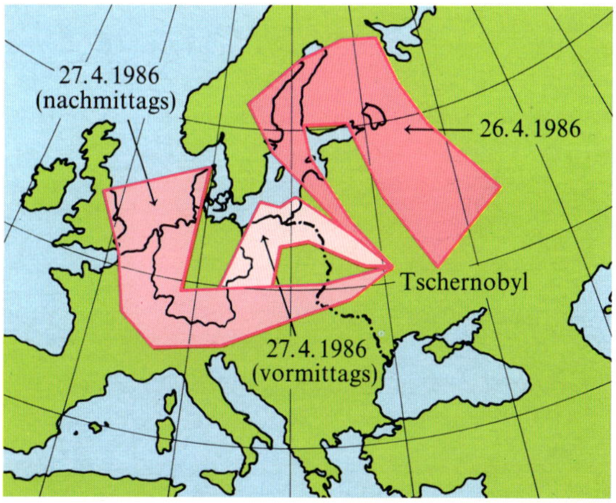

3 Der Wind verteilte radioaktive Stoffe aus dem zerstörten Reaktor in Tschernobyl über Europa

Im Überblick: Atom- und Kernphysik

1. Aufbau der Atome

a) Alle Stoffe sind aus Atomen aufgebaut. Ein Atom besteht aus einer **Elektronenhülle** ($\varnothing \approx 10^{-7}$ mm) und einem **Atomkern** ($\varnothing \approx 10^{-12}$ mm). ERNEST RUTHERFORD *(Bild 1)* entdeckte dies im Jahre 1911 als Erster.

b) In einem Atomkern befinden sich als Kernbausteine **(Nukleonen)** Z positiv geladene **Protonen** und N ungeladene **Neutronen,** in der Atomhülle Z negativ geladene **Elektronen.** Kurzreichweitige **Kernkräfte** halten die Nukleonen im Kern zusammen.

c) Die *Masse* eines Protons und eines Neutrons ist etwa 2000-mal so groß wie die eines Elektrons; *der Atomkern enthält also nahezu die gesamte Masse eines Atoms.*

d) Proton und Elektron haben gleich große *Ladung* (Elementarladung $e = 1{,}6 \cdot 10^{-19}$ C), allerdings mit entgegengesetztem Vorzeichen. Ein Atom mit Z Protonen im Kern und Z Elektronen in der Hülle ist elektrisch neutral. Entreißt man der Hülle des Atoms Elektronen oder fügt welche hinzu, entstehen **Ionen.**

e) Die Protonenzahl Z bestimmt die Ladung des Atomkerns und wird **Kernladungszahl** genannt. Sie stimmt mit der **Ordnungszahl** des betreffenden chemischen Elements im Periodensystem überein.

f) **Isotope** eines chemischen Elements sind Atome mit gleichem Z, aber verschiedenem N.

g) Die Gesamtzahl der Nukleonen ist die **Massenzahl** A. Es ist $A = N + Z$. Man kennzeichnet einen Atomkern **(Nuklid)** durch die Schreibweise $^{A}_{Z}$X oder X-A. X ist das chemische Symbol des Elements.

Beispiel: $^{235}_{92}$U oder U-235 ist ein Uranisotop mit $Z = 92$; $A = 235$ und $N = A - Z = 143$.

2. Ionisierende Strahlung

a) Schnelle geladene Teilchen, Röntgenstrahlen und die Strahlung radioaktiver Stoffe können Atome und Moleküle ionisieren.

b) **Nachweisgeräte** für ionisierende Strahlung sind u.a. das *Zählrohr* und die *Nebelkammer.*

c) **Natürlich vorkommende radioaktive Stoffe** senden nur α-, β- oder γ-Strahlung aus. Alle 3 Komponenten kommen aus den *Kernen* von Atomen:
α-Strahlung besteht aus schnellen Heliumkernen $^{4}_{2}$He; sie wird durch ein Blatt Papier absorbiert.
β-Strahlung besteht aus schnellen Elektronen; sie wird durch 5 mm dickes Aluminium absorbiert.
γ-Strahlung ist von derselben Natur wie Röntgenstrahlung und Licht, nur oft energiereicher. Es ist fliegende Energie. Erst dicke Bleischichten schwächen sie merklich.

3. Radioaktiver Zerfall

a) Viele Atomkerne der über 2000 Nuklide sind nicht stabil. Sie zerfallen unter Aussendung ionisierender Strahlung. Man nennt sie **radioaktiv.** – Eine radioaktive Substanz sendet die in 2c genannten Teilchen in *unregelmäßigen Abständen* aus.

b) Jede radioaktive Kernart zerfällt mit einer charakteristischen **Halbwertszeit.** Dies ist die Zeitspanne, in der die Kernzahl auf die Hälfte sinkt.

c) Die Zahl der Zerfälle je Sekunde nennt man die **Aktivität** einer radioaktiven Substanz. Die Einheit ist **1 Becquerel (1 Bq)**. Es ist 1 Bq = 1/s. Die Aktivität einer radioaktiven Substanz nimmt mit derselben Halbwertszeit ab wie die Zahl der noch nicht zerfallenen Kerne.

d) Beim **α-Zerfall** verringert sich die Massenzahl A des Kerns um 4 und die Kernladungszahl Z um 2.

Beispiel: $^{222}_{86}\text{Rn} \rightarrow {}^{218}_{84}\text{Po} + {}^{4}_{2}\alpha + \text{Energie}$

Beim **β-Zerfall** wandelt sich im Kern ein Neutron in ein Proton und ein Elektron e^- um.

Beispiel: $^{137}_{55}\text{Cs} \rightarrow {}^{137}_{56}\text{Ba} + e^- + \text{Energie}$

Nach einem α- oder β-Zerfall hat der Restkern häufig überschüssige Energie, die er in Form von γ-Strahlung aussendet. Bei diesem **„γ-Zerfall"** ändert sich weder Z noch A.

e) Radioaktive **Zerfallsreihen,** z.B. von Uran U-238 oder Thorium Th-232 ausgehend, werden durchlaufen, solange die Restkerne nach einem Zerfall selbst wieder radioaktiv sind.

1 ERNEST RUTHERFORD (1871 – 1937)

2 FRITZ STRASSMANN (l.) und OTTO HAHN (m.)

4. Strahlenschäden, Strahlenschutz

a) Die Strahlung radioaktiver Stoffe und Röntgenstrahlung ist für Lebewesen gefährlich, weil sie durch die **Ionisation von Molekülen** die Funktion von Körperzellen stört. Nach einer starken Bestrahlung treten beim Menschen **Sofortschäden** auf. Nach jeder Bestrahlung können **stochastische Strahlenschäden** auftreten, müssen aber nicht. Dazu zählen *Leukämie, Krebs und genetische Schäden.* Mit steigender Strahlenbelastung wächst die Wahrscheinlichkeit, nicht aber die Stärke, einer derartigen Erkrankung.

b) Als Maß für die schädliche Wirkung ionisierender Strahlung dient die **Äquivalentdosis** mit der Einheit **1 Sievert.** Es ist 1 Sv = 1 J/kg. Zur *Bewertung der Strahlenbelastung* wird mit der **natürlichen Strahlenbelastung und ihrer Schwankungsbreite** verglichen.

c) Die **natürliche Stahlenbelastung** beträgt im Mittel jährlich 2,4 mSv und schwankt zwischen 1 mSv und 6 mSv. Ihre vier Komponenten sind: 1. *Radon und seine Zerfallsprodukte;* 2. *die terrestrische Strahlung;* 3. *die kosmische Strahlung;* 4. *die Eigenstrahlung des Körpers.*

d) Viele Menschen sind zusätzlich, insbesondere durch Röntgenstrahlung, einer **künstlichen Strahlenbelastung** im Mittel von jährlich 1,5 mSv ausgesetzt.

e) **Grundsätze des Strahlenschutzes** sind:

- Jede unvermeidbare Strahlenbelastung so gering wie möglich halten und jede unnötige vermeiden.
- Die Grundregeln des Strahlenschutzes (Seite 325) einhalten.

5. Kernreaktionen, Kernspaltungen

a) **Kernreaktionen** entstehen beim Beschuss von Atomkernen mit schnellen Teilchen. Durch Kernreaktionen, z. B. durch **Neutroneneinfang,** können stabile Kerne radioaktiv werden.

Beispiel: $^{23}_{11}\mathrm{Na} + ^{1}_{0}\mathrm{n} \rightarrow ^{24}_{11}\mathrm{Na} + \gamma$; $^{24}_{11}\mathrm{Na} \xrightarrow{\beta} ^{24}_{12}\mathrm{Mg}$

b) Beschießt man bestimmte schwere Atomkerne mit Neutronen, können **Kernspaltungen** auftreten. Im Vergleich zu chemischen Reaktionen wird dabei sehr viel Energie, genannt **Kernenergie,** umgesetzt.

Beispiel: $^{235}_{92}\mathrm{U} + ^{1}_{0}\mathrm{n} \rightarrow ^{140}_{53}\mathrm{I} + ^{94}_{39}\mathrm{Y} + 2\,^{1}_{0}\mathrm{n}$ + Energie

Die Kernspaltung wurde 1938 von OTTO HAHN und FRITZ STRASSMANN *(Bild 2)* entdeckt.

6. Die Nutzung der Kernenergie

a) Die bei einer Kernspaltung freigesetzten Neutronen können weitere Kerne spalten. Deshalb besteht in einem Block mit **spaltbarem Material** (U-235, Pu-239) die Möglichkeit einer **Kettenreaktion.** Die *unkontrollierte Kettenreaktion* wird in der **Atombombe** ausgelöst; dazu muss die **kritische Masse** des spaltbaren Materials überschritten sein.

b) Im **Kernkraftwerk** wird Kernenergie in elektrische Energie umgesetzt. Es ist ein Wärmekraftwerk. Hauptbestandteil ist der **Kernreaktor,** in dem eine **geregelte Kettenreaktion** abläuft. Dabei entstehen radioaktive Nuklide und Plutonium Pu-239, die sicher eingeschlossen und später entsorgt werden müssen.

Halbleiter

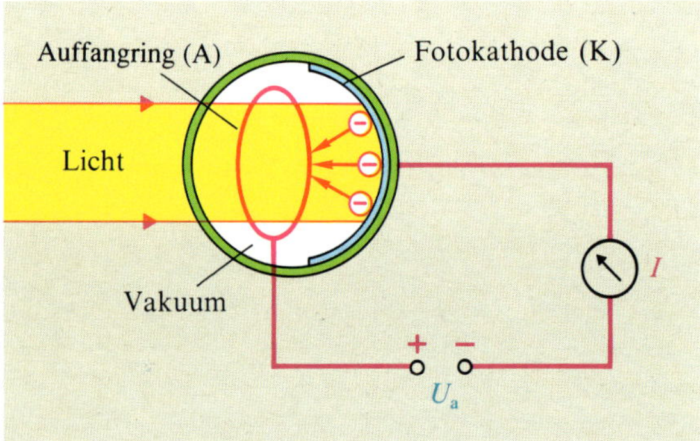

1 Schaltung der Vakuumfotozelle mit Fotokathode K und Auffangring A

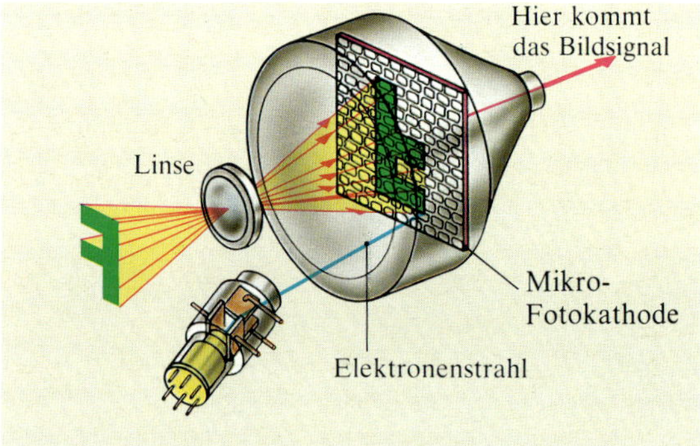

2 Fernsehkamera; der Elektronenstrahl tastet das Ladungsbild Zeile für Zeile ab

1. Energie befreit Elektronen aus Metallen

Du weißt, dass die Bilder auf dem Leuchtschirm der braunschen Röhre oder auch bei der Fernsehbildröhre von einem Elektronenstrahl erzeugt werden. Dieser Strahl freier Elektronen geht dabei von einem glühenden Draht, der Glühkathode, aus. Hier werden Elektronen aus dem Metall, in dem sie relativ beweglich sind, durch thermische Bewegung herausgeschleudert, während sie im Allgemeinen den Draht sonst nicht verlassen können. Wir haben diese Erscheinung als *glühelektrischen Effekt* bezeichnet.

Elektronen werden aber nicht nur aus glühenden Metallen befreit.

Versuch 1: *Bild 1* zeigt die schematische Darstellung einer **Vakuumfotozelle.** Im Gegensatz zu der Gleichrichterröhre hat sie keine Glühkathode, sondern eine **Fotokathode** (K); dies ist eine Metallschicht, die auf einen Teil der Innenseite aufgedampft wurde. Wir schließen K an den Minuspol einer Stromquelle (U_A) an. Deren Pluspol wird über den Strommesser (I) mit dem Metallring A in der Röhre verbunden. Der Strommesser zeigt einen Strom an, wenn wir die Fotokathode beleuchten. Polen wir die Spannung um, so ist die Stromstärke dagegen null. ■

Das Licht führt Energie mit sich und kann diese an Elektronen abgeben. Im Versuch ist die auf ein Elektron übertragene Energiemenge so groß, dass es befreit wird und das Metall verlässt. Man bezeichnet diese Erscheinung als **äußeren Fotoeffekt.**

Die freigesetzten Elektronen werden zum positiv geladenen Metallring A und von dort zum Pluspol der Stromquelle gezogen. Je heller das Licht ist, das auf die Fotokathode fällt, desto mehr Elektronen werden je Sekunde befreit, desto größer ist die Stromstärke I. Helligkeitsschwankungen werden dadurch unmittelbar in Schwankungen der Stromstärke umgewandelt. Machen wir dagegen im Versuch 1 die Fotokathode K positiv, so werden die Elektronen sofort in die Kathode zurückgezogen. Es kommt kein Strom zustande.

Äußerer Fotoeffekt: Licht befreit Elektronen aus Metallen.

2. Die Fernsehkamera

Die lichtempfindliche Schicht mancher *Fernsehkameras (Bild 2)* besteht aus vielen winzigen, gegeneinander isolierten Fotokathoden. Eine Linse erzeugt auf dieser Schicht ein Bild des Gegenstands. Durch die vielen kleinen Fotokathoden wird das Bild in Bildpunkte gerastert; es besteht aus 625 Zeilen zu je 833 Bildpunkten. Je mehr Licht auf eine Fotokathode fällt, desto mehr Elektronen werden dort freigesetzt. An hellen Punkten sind die Fotokathoden stark positiv geladen, an den dunklen dagegen neutral. Aus dem *optischen Bild* entsteht so ein „Ladungsbild". Es wird von einem Elektronenstrahl zeilenweise Punkt für Punkt abgetastet (25 Bilder je Sekunde). Dabei entstehen über 13 000 000 elektrische Impulse je Sekunde. Diese werden verstärkt und über den Sender dem Fernsehempfänger zugeleitet.

3. Leiter – Halbleiter – Isolatoren

Bisher haben wir entweder gute Leiter wie Kupfer oder ausgezeichnete Isolatoren wie Porzellan benutzt. Nun wenden wir uns einer Stoffgruppe zu, deren elektrischer Widerstand zwischen dem von Leitern und dem von Isolatoren liegt und sich leicht zur einen oder anderen Seite hin verändern lässt. Man bezeichnet sie als **Halbleiter.** Ein solcher ist z. B. das Element *Silicium.* Halbleiter haben neuartige Eigenschaften, die wir nun untersuchen wollen.

Einzelne Bauteile, in denen Halbleitermaterialien eingesetzt werden, heißen *Halbleiterbauteile.* Man benutzt sie auf vielfältige Weise in elektronischen Geräten.

4. Energie macht Elektronen beweglich

Versuch 2: Wir schalten in einen Stromkreis mit Strommesser einen Halbleiter *(Bild 3).* Zunächst zeigt das Messgerät keinen nennenswerten Strom an. Erhitzen wir den Halbleiter mithilfe einer Streichholzflamme, so schlägt der Zeiger aus. Die Stromstärke hat also deutlich zugenommen. Offenbar leitet dieser Halbleiter mit steigender Temperatur immer besser. ■

Im Gegensatz zu den Metallen *sinkt* der elektrische Widerstand von (reinen) Halbleitern mit steigender Temperatur. Man sagt: Der Widerstand von Halbleitern habe einen **n**egativen **T**emperatur-**C**oeffizienten; diese Materialien nennt man **Heißleiter** oder *NTC-Widerstände.*

> Der **elektrische Widerstand von reinen Halbleitern sinkt** mit steigender Temperatur.

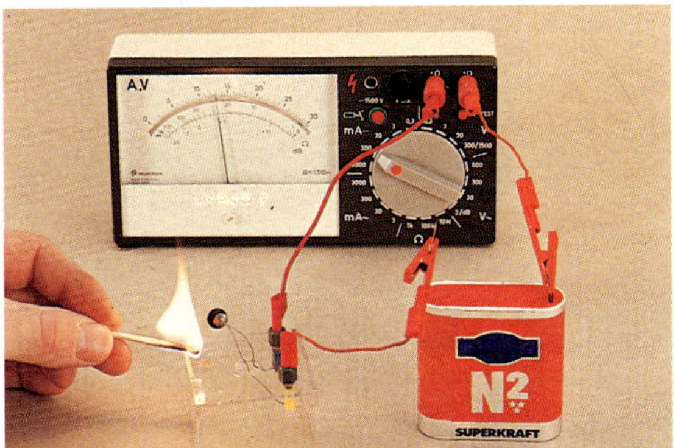

3 Heißleiter im Stromkreis (Versuch 2)

5. Bindungselektronen: Elektronen binden und sind gebunden

In Metallen sind Elektronen auch bei tiefsten Temperaturen beweglich. Im Inneren von Halbleitern dagegen werden Elektronen nach Versuch 2 erst bei höheren Temperaturen freigeschüttelt. Zur Erklärung betrachten wir den Gitteraufbau eines Siliciumkristalls.

Im Kristallgitter von Silicium *(Bild 4)* hat jedes Atom (z. B. das Atom A) vier unmittelbare Nachbarn. In jedem der vier Nachbarbereiche eines Atoms hält sich eines seiner vier Außenelektronen auf. (Silicium hat als ein Element der vierten Hauptgruppe des Periodensystems vier Außenelektronen.) *Bild 4* zeigt sie als blaue Punkte. So liefert das Atom A eines in den Nachbarbereich zu B; aber auch B steuert ein Außenelektron bei. Im Nachbarbereich zwischen A und B wie zwischen allen Nachbarn halten sich also zwei Elektronen auf. Von den Atomen bleiben positiv geladene Atomrümpfe. Die elektrische Anziehung zwischen diesen und den Elektronen im Nachbarbereich, den so genannten **Bindungselektronen,** hält den Kristall zusammen.

Bei tiefen Temperaturen werden die Elektronenpaare als Bindungselektronen an ihrem Platz zwischen den Atomrümpfen festgehalten. Der Halbleiter leitet in diesem Zustand nicht. Steigt die Temperatur, so wird den Elektronen durch die zunehmende Teilchenbewegung Energie zugeführt; immer mehr von ihnen werden aus ihrer Bindung „herausgeschüttelt". Diese befreiten Elektronen sind nicht mehr an einzelne Atome gekettet, sondern können durch den Kristall wandern. Sie machen den Kristall leitfähig; man nennt sie deshalb **Leitungselektronen** – im Gegensatz zu den Bindungselektronen.

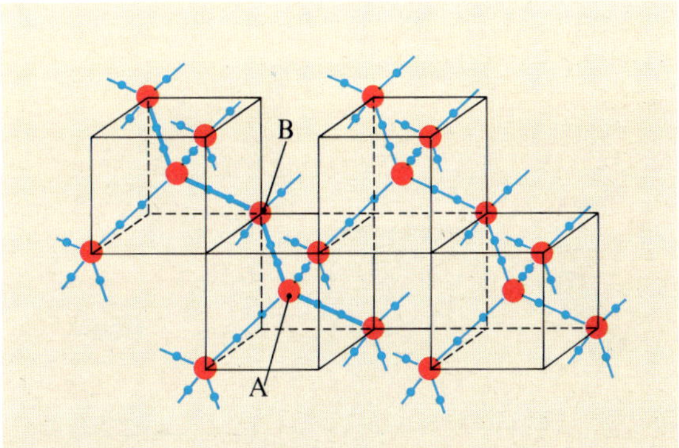

4 Kristallgitter von Silicium

1 Parkhausmodell a) für einen Halbleiter bei tiefer, b) bei höherer Temperatur

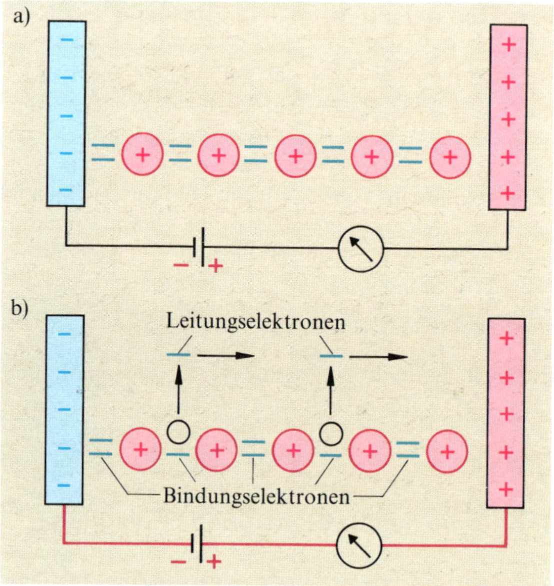

3 Dick gezeichnete Kette aus *Bild 337.4* im Stromkreis a) bei tiefer Temperatur, b) bei Zimmertemperatur

6. Halbleiter im Parkhausmodell

Die Umwandlung von Bindungs- in Leitungselektronen durch Zufuhr von Energie veranschaulicht eine *Modellvorstellung.*

Wir denken uns ein Parkhaus, in dem das untere Parkdeck vollständig mit Autos gefüllt ist *(Bild 1a).* Es gibt keine freien Parkplätze, und wo ein Auto steht, kann kein anderes sein. Deshalb kann sich auf diesem Parkdeck keines bewegen. Das Modell beschreibt den Zustand des Halbleiters bei tiefer Temperatur: Alle Elektronen sind als Bindungselektronen unbeweglich.

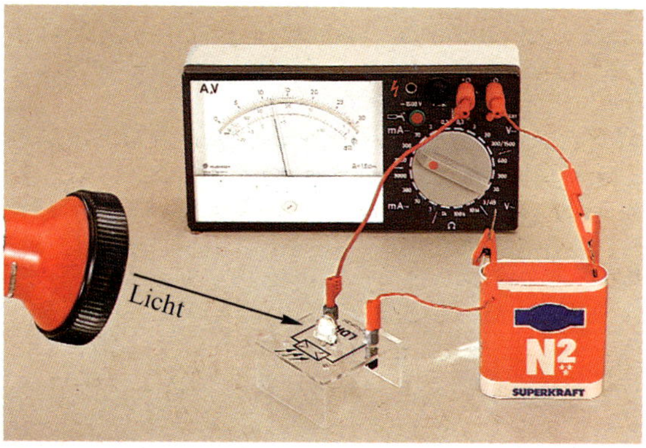

2 Fotowiderstand (LDR) im Stromkreis

Nun transportieren wir in Gedanken ein Auto unter Energieaufwand mit einem Aufzug auf das nächste Parkdeck *(Bild 1b).* Dort kann es sich ungestört bewegen. Jetzt beschreibt das Parkhausmodell den Halbleiter bei höherer Temperatur. Die Autos im oberen Parkdeck entsprechen den Leitungselektronen. Bei tiefen Temperaturen können keine Elektronen den Halbleiterkristall im Stromkreis *(Bild 3a)* durchwandern oder sich vom Minuspol der Stromquelle zusätzlich in den Halbleiterkristall drängen. Erst wenn wir durch Energiezufuhr das obere Parkdeck verfügbar machen, also durch Erhitzen Bindungs- zu Leitungselektronen machen, ist ein Ladungstransport durch den Kristall möglich.

Versuch 3: Wir ersetzen den NTC-Widerstand in Versuch 2 durch einen so genannten *Fotowiderstand (Bild 2).* Beim Beleuchten steigt die Stromstärke. ■

Man nennt Fotowiderstände auch **LDR** (englisch: **l**ight **d**ependent **r**esistor). Bei ihnen steigt die Leitfähigkeit durch Beleuchten.

Wir haben schon beim äußeren Fotoeffekt gesehen, dass Licht Energie an Elektronen abgeben kann. Im LDR werden Bindungselektronen durch diese Energie zu Leitungselektronen. Da die Elektronen dabei den Halbleiter nicht verlassen, spricht man hier vom **inneren Fotoeffekt.**

Halbleiter leiten bei tiefen Temperaturen schlecht, weil fast alle Elektronen gebunden sind. Durch Energiezufuhr werden gebundene Elektronen zu frei beweglichen **Leitungselektronen.**

7. Freie Elektronen durch ein wenig Arsen

Es scheint paradox, aber Halbleiter werden durch gezielte Verunreinigung vielseitig verwendbar. Man gibt dazu dem Silicium z. B. eine geringe Menge Arsen bei, ersetzt etwa eines von einer Million Siliciumatomen durch ein Arsenatom. Da Arsen in der fünften Gruppe des Periodensystems steht, hat es fünf äußere Elektronen, also eines mehr als Silicium. Zur Bindung an die vier Nachbaratome im Kristall werden jedoch nur vier Elektronen gebraucht. Das fünfte gesellt sich schon bei Zimmertemperatur zu den Leitungselektronen.

So läßt sich die Zahl der Leitungselektronen, und damit die Leitfähigkeit, erhöhen, ohne dass Bindungselektronen unter Aufwand an Energie abgelöst werden müssen. Man bezeichnet die Beigabe von geringen Mengen Arsen zu Silicium als **Dotierung** und den so entstandenen Kristall als **n-Halbleiter,** da **n**egativ geladene Elektronen die Leitfähigkeit erhöhen. n-Dotierung bedeutet im Parkhausmodell, dass Autos im oberen Stockwerk sind und sich dort frei bewegen können. Das untere Stockwerk dagegen ist gerammelt voll.

8. Bewegung im unteren Stockwerk

Was geschieht nun, wenn wir im unteren Stockwerk viele Lücken erzeugen? Könnte nicht auch dadurch die Leitfähigkeit erhöht werden?

Man dotiert dazu einen Siliciumkristall z. B. mit Aluminium, einem Element der dritten Gruppe des Periodensystems. Aluminium hat nur drei äußere Elektronen. Zum perfekten Einbau in den Kristall fehlt eines. Es entstehen Lücken, **Löcher** genannt. Bindungselektronen können in ein benachbartes Loch hüpfen und so praktisch ohne Energieaufwand ihren Platz wechseln. Im Parkhausmodell bedeutet das: Im unteren Stockwerk sind viele freie Plätze entstanden; Autos können sich bewegen.

Schalten wir das mit Aluminium dotierte Silicium in einen Stromkreis *(Bild 4b),* so hüpft vielleicht ein Bindungselektron des linken Nachbarn zum Aluminiumatom (Pfeil 1 in *Bild 4b)* und macht dort die

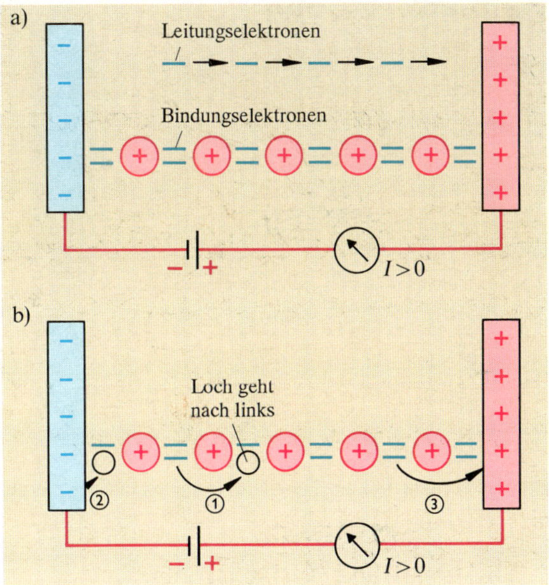

4 a) n-Halbleiter; b) p-Halbleiter im Stromkreis

Bindung perfekt. Dafür ist weiter links ein neues Loch entstanden. Das wird auf die gleiche Weise durch ein Bindungselektron seines linken Nachbarn gefüllt. Ein neues Loch entsteht noch weiter links. Schließlich kommt das Loch am Minuspol der Stromquelle an. Dort wird es mit einem Elektron aus der Quelle endgültig gefüllt. – Da an einem Loch ein Elektron fehlt, überwiegt die umgebende Plusladung; Löcher verhalten sich also wie bewegliche Plusladungen. Diesen Vorgang kann man auf zwei Arten beschreiben:

(A) Negativ geladene „Bindungselektronen hüpfen zum Pluspol und verlassen dort den Kristall (Pfeil 3 in *Bild 4b).* Neue Löcher entstehen."

(B) Positiv geladene „Löcher wandern zum Minuspol" und werden dort von Elektronen aufgefüllt.

Man bezeichnet einen mit Aluminium dotierten Siliciumkristall als **p-Halbleiter,** da bei ihm **p**ositive Ladungen, eben die Löcher, beweglich sind.

A1. a) Was bedeutet ein „Loch" im Halbleiter? Wie entsteht es? Welche Ladung hat es?
b) Gibt es auch in reinen Halbleitern Löcher?

A2. Warum gibt es im p-Halbleiter bei Zimmertemperatur kaum Leitungselektronen?

A3. In Metallen leiten stets vorhandene freie Elektronen. Was ist bei Halbleitern anders?

Halbleiterdioden

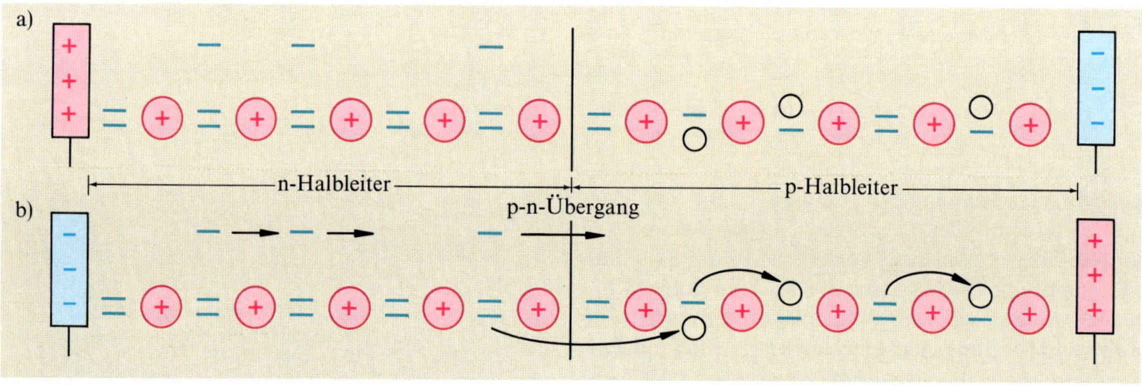

1 p-n-Übergang bei der Halbleiterdiode: a) in Sperrrichtung, b) in Durchlassrichtung gepolt

1. Einbahnstraße für Elektronen

Welche Vorteile hat die Dotierung von Halbleitern?

Versuch 1: **a)** Wir benutzen einen Halbleiterkristall, bei dem ein n- und ein p-dotierter Teil unmittelbar aneinander grenzen. Diesen Kristall schließen wir in Reihe mit einer Glühlampe und einem Strommesser an eine Stromquelle. Die n-dotierte Seite des Kristalls liegt zunächst am Plus- und die p-dotierte Seite am Minuspol der Quelle *(Bild 2a)*. Die Glühlampe bleibt dunkel, obwohl p- und n-Halbleiter je für sich leiten.

b) Wir polen den Kristall um *(Bild 2b)*. Jetzt zeigen Strommesser und Glühlampe einen Strom an. Erhöhen wir die Spannung der Quelle langsam von null beginnend, so ergibt sich die in *Bild 3* dargestellte *Kennlinie*. Sie zeigt einen deutlichen Stromanstieg, wenn $U > 0{,}6$ V ist. ■

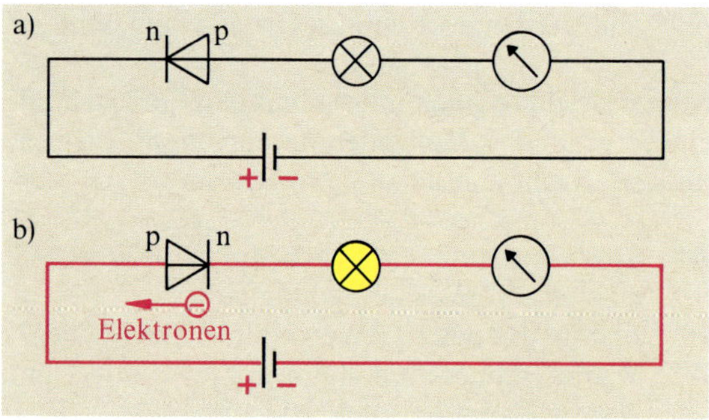

2 Halbleiterdiode im Schaltkreis a) in Sperrrichtung, b) in Durchlassrichtung geschaltet

Ladungsfluss in einem Stromkreis ist nur möglich, wenn *gleichzeitig überall* im Kreis Ladungen fließen können. Im Versuch 1a leiten p- und n-Halbleiter für sich gut. Liegt der Pluspol am n-Halbleiter, so können diesem n-dotierten Teil aus dem p-dotierten keine Leitungselektronen zufließen, da es dort praktisch keine gibt; Bindungselektronen aus dem p-dotierten Teil können auch nicht in den n-dotierten Teil eindringen, weil es dort keine aufnahmefähigen Löcher gibt. Der p-n-Übergang ist in *Sperrrichtung* gepolt *(Bild 1 a)*.

Liegt der Minuspol dagegen am n-Halbleiter und der Pluspol am p-Halbleiter, so ist der Kristall in *Durchlassrichtung* gepolt *(Bild 1 b)*.

Die zahlreichen Leitungselektronen des n-Halbleiters können nun ungehindert über die Grenze vom n- zum p-Halbleiter gelangen. Aber auch die Bindungselektronen überschreiten die Grenze. Im p-Halbleiter gibt es genügend Löcher, in die sie hüpfen können. In beiden „Stockwerken" bewegen sich also Elektronen über die Grenze.

In **Halbleiterdioden** grenzen p- und n-dotierte Teile direkt aneinander. Im *Schaltsymbol* zeigt der Pfeil in Richtung der Löcherbewegung von p nach n, also dem Elektronenfluss entgegen.

Eine **Halbleiterdiode** leitet, wenn der n-Halbleiter am Minus- und der p-Halbleiter am Pluspol liegt. Elektronen fließen dem Pfeil im Schaltsymbol entgegen.

2. Halbleiterdioden als Gleichrichter

Die Drehrichtung eines Gleichstrommotors hängt von der Stromrichtung ab. Schließen wir ihn an eine Wechselstromquelle an, so läuft er nicht. Eine Halbleiterdiode hilft.

Versuch 2: Ein kleiner Gleichstrommotor ist in Reihe mit einer Halbleiterdiode an eine Wechselstromquelle angeschlossen *(Bild 4)*. Der Motor läuft in eine Richtung. Drehen wir die Diode um (blaue Leitung in *Bild 4*), so ändert sich auch der Drehsinn des Motors. ■

Elektronen können die Diode nur in einer Richtung (gegen den Pfeil) durchfließen. Im ersten Teil des Versuchs bewegen sie sich also durch Diode und Motor nach links, im zweiten Teil nur nach rechts: Der Drehsinn des Motors ändert sich dabei. Die Halbleiterdiode hat den Wechselstrom *gleichgerichtet:* Sie sperrt während einer Halbschwingung des Wechselstroms, bei technischem Wechselstrom also 1/100 s lang; während der anderen Halbschwingung lässt sie durch.

3. Belichtung überlistet die Sperrpolung

Versuch 3: Eine Diode mit durchsichtigem Gehäuse ist so an eine Stromquelle angeschlossen, dass Sperrpolung vorliegt (Pfeil zeigt zum Pluspol). Wir beleuchten diese *Fotodiode* und stellen einen Strom fest. Die Stromstärke nimmt dabei mit der Beleuchtungsstärke zu. ■

Wie beim Fotowiderstand erhalten auch hier Bindungselektronen vom Licht Energie; sie werden energetisch angehoben und zu Leitungselektronen gemacht (innerer Fotoeffekt). So entstehen durch die Belichtung auch im p-Halbleiter Leitungselektronen. Diese fließen über die Grenze in den n-Halbleiter und schließlich zum Pluspol der Stromquelle. Die durch das Licht im n-Halbleiter entstandenen Löcher werden zum Minuspol gezogen und dort aufgefüllt. Während der Belichtung können folglich Elektronen die für nicht angehobene Elektronen gesperrte Grenze überschreiten. Je stärker belichtet wird, je mehr Bindungselektronen also je Sekunde zu Leitungselektronen werden, desto größer ist die Stromstärke „in beiden Stockwerken“.

Fotodioden werden in Sperrpolung betrieben. Sie leiten, wenn man sie beleuchtet.

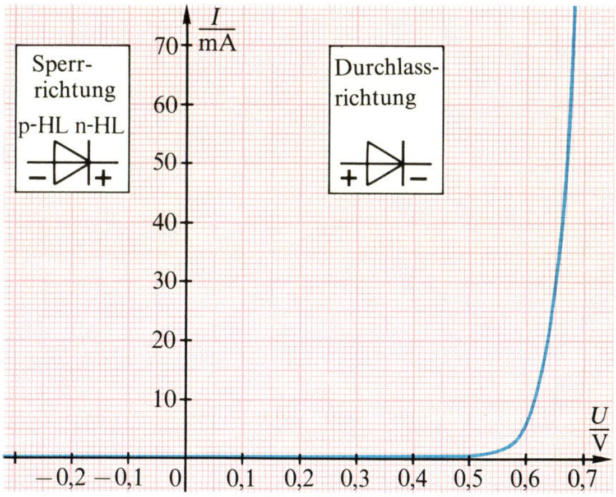

3 Kennlinie einer Si-Halbleiterdiode und Schaltsymbol

4. Fotoelement: Strom auch ohne Batterie

Versuch 4: Wir schließen die Fotodiode nun ohne Stromquelle an einen Strommesser an. Wenn wir die Diode beleuchten, wird ein Strom I angezeigt. ■

Hier wurde in der Fotodiode die Spannung U erzeugt und damit die elektrische Leistung $P = U \cdot I$. Aus der Fotodiode ist eine Stromquelle, ein **Fotoelement** geworden, genannt **Solarzelle.** Im Fotoelement wird Lichtenergie *unmittelbar* in elektrische Energie umgewandelt. Man nennt diese Form der Energieumwandlung auch *Fotovoltaik.*

Solarzellen werden heute für die Versorgung von tropischen Krankenstationen oder einsamen Berghütten mit elektrischer Energie installiert. Daneben sind auch Kraftwerke gebaut worden. Das bisher größte, „Carissa Plains“ in Kalifornien, arbeitete bis 1991 mit einer Spitzenleistung von 6,5 MW. Die Kosten für die Produktion elektrischer Energie lagen bei 0,75 DM/kWh.

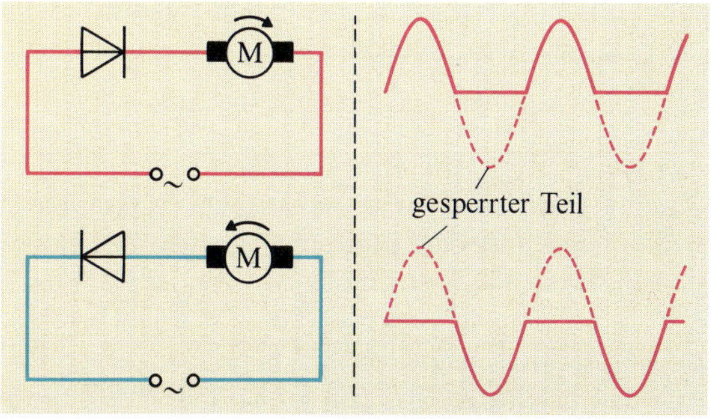

4 Gleichstrommotor an Wechselstromquelle

Der Transistoreffekt

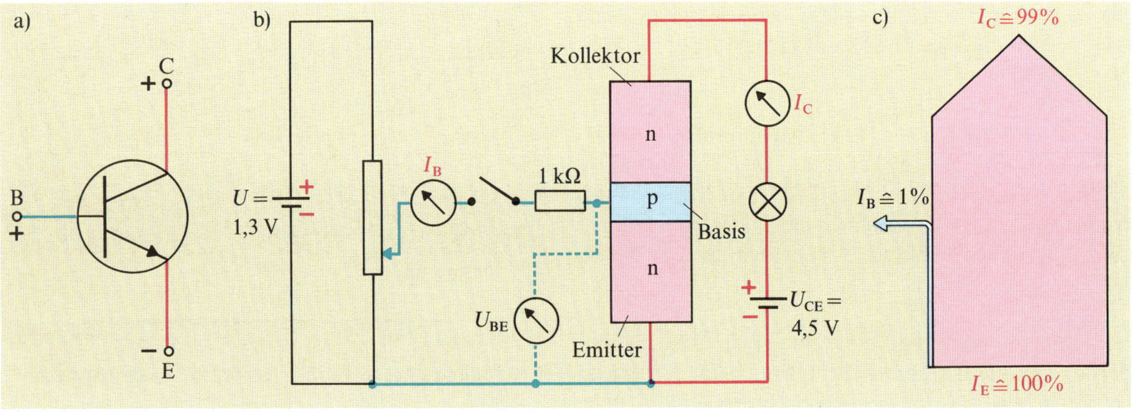

1 npn-Transistor: a) Schaltzeichen; b) Grundschaltung; c) Wege des Emitterstroms I_E

1. Ein Transistor – mehr als zwei Dioden

Der npn-Transistor besteht aus einem Halbleiterkristall mit drei unterschiedlich dotierten Schichten *(Bild 1b)*. Die untere Schicht ist n-dotiert; man bezeichnet sie als **Emitter E.** Die mittlere, p-dotierte Schicht heißt **Basis B,** und die obere, wiederum n-dotiert, nennt man **Kollektor C.** Demzufolge besitzt ein Transistor zwei p-n-Übergänge, die wir zunächst nachweisen.

Versuch 1: **a)** Wir legen eine Spannung U_{BE} zwischen Basis B und Emitter E, sodass die Basis positiv gegenüber dem Emitter ist. U_{BE} erhöhen wir an einem Spannungsteiler von 0 V aus. Der Schutzwiderstand $R = 1\ \text{k}\Omega$ begrenzt den Strom durch die Basis. Wie bei Dioden tritt ab $U_{BE} \approx 0{,}6$ V ein Strom auf.

b) Schalten wir nun die Basis an den Pluspol und den Kollektor an den Minuspol, so finden wir auch für den Basis-Kollektorübergang dieses Verhalten. Die Kollektor-Emitterstrecke sollte danach stets sperren, besteht sie doch aus zwei gegeneinander geschalteten Dioden. ■

Versuch 2: Wir schließen den Kollektor C über Glühlampe und Strommesser an den Pluspol einer Stromquelle und den Emitter E an den Minuspol (den Basisanschluss verbinden wir mit dem Emitter). Wie zu erwarten, ist praktisch kein Strom im Kollektor-Emitterkreis nachweisbar; denn bei dieser Polung der angelegten Spannung U_{CE} sperrt die Basis-Kollektordiode. ■

2. Der Transistoreffekt

Versuch 3: Nun legen wir zusätzlich die Spannung U_{BE} zwischen Basis B und Emitter E (U_{BE} heißt *Basisspannung*). Die Basis ist positiv gegenüber dem Emitter (blauer Schaltkreis). Ab $U_{BE} \approx 0{,}6$ V tritt überraschend ein Kollektorstrom I_C auf, der mit zunehmender Basis-Emitterspannung U_{BE} größer wird. Gleichzeitig messen wir einen kleinen Basisstrom I_B. Dabei ist I_C zu I_B nahezu proportional, jedoch etwa 100-mal so groß wie I_B, also $I_C \approx 100\, I_B$. ■

Die Spannung U_{BE} zwischen Basis und Emitter bewirkt, dass die aus zwei gegeneinander geschalteten p-n-Übergängen bestehende Emitter-Kollektorstrecke für Ladungsträger durchlässig wird. Diese überraschende Erscheinung bezeichnet man als **Transistoreffekt.**

Erhöhen wir die Basis-Emitterspannung z.B. auf $U_{BE} = 0{,}65$ V, so erwarten wir nach der Diodenkennlinie *(Bild 341.3)* einen starken Strom I_B. Wir messen jedoch nur $I_B = 0{,}1$ mA. Wie wir sahen, ist der Kollektorstrom mit $I_C \approx 10$ mA etwa 100-mal so groß. Es fließen also viel mehr Elektronen vom Emitter durch die Basis in den Kollektor und von da zum Pluspol der Stromquelle U_{CE} als über den Basis-Nebenanschluss.

Dieser Transistoreffekt tritt nur bei einer sehr dünnen Basisschicht auf (etwa 0,01 mm; *Bild 2*). Leitungselektronen aus dem Emitter (n-Schicht) überrennen auf breiter Front die Basis. Nur 1 % von ihnen erreichen den weit seitlich angebrachten Basisanschluss und liefern den schwachen Strom I_B. Bevor sie über die Basis abgesaugt werden können, haben 99 % durch ihre Eigenbewegung die Grenze zum Kollektor erreicht. Dort werden sie sofort zum positiv geladenen Kollektor gezogen. Sie bilden den starken Kollektorstrom I_C.

Verändern wir die Spannung U_{BE} zwischen 0 V und etwa 0,7 V und messen dazu den Kollektorstrom I_C, dann erhalten wir den in *Bild 3* dargestellten Zusammenhang. Man erkennt, dass U_{BE} den Kollektorstrom steuert. Man bezeichnet deshalb diese Darstellung als *Steuerkennlinie des Transistors*. Kleine Änderungen ΔU_{BE} der Basispannung U_{BE} haben bereits erhebliche Änderungen ΔI_C des Kollektorstroms I_C zur Folge.

Kleine Änderungen der Basisspannung U_{BE} steuern beim Transistor einen starken **Kollektorstrom** I_C. Dieser ist etwa 100-mal so groß wie der Basisstrom I_B.

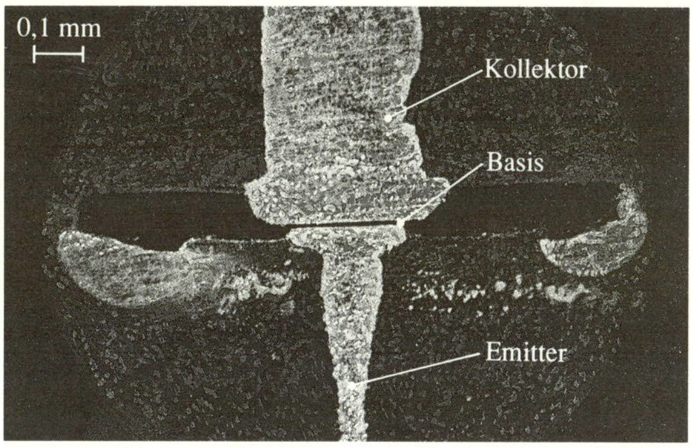

2 Schliffbild eines Transistors

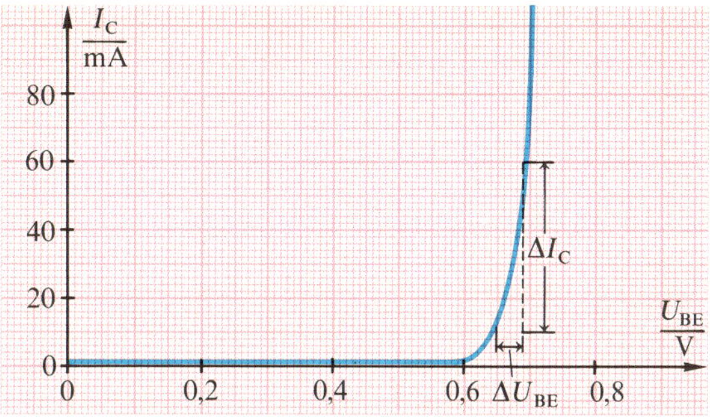

3 Steuerkennlinie des Transistors: U_{BE} steuert I_C

3. Eine Leistungsbetrachtung

Zur Steuerung des starken Kollektorstroms benötigt man im Basisstromkreis nur eine sehr geringe Leistung. Zur Basisspannung $U_{BE} = 0{,}7\ V$ gehört der Basisstrom $I_B \approx 0{,}8\ mA$ und folglich die Leistung $P_B = U_{BE} \cdot I_B \approx 0{,}6\ mW$. Diese Leistung bringt ein Tonabnehmer gerade auf; man kann ihn also als Stromquelle in den Basiskreis schalten. Im Kollektorkreis wird dagegen von der Kollektorstromquelle (4,5 V) die Leistung $P_C = U_{CE} \cdot I_C = 4{,}5\ V \cdot 80\ mA = 360\ mW$ erbracht. Das ist 600-mal so viel. Damit kann man einen Lautsprecher steuern.

Beim Transistor ist die zum Steuern benötigte **Leistung** viel kleiner als die gesteuerte Leistung.

4. Steuern ohne Leistung!

Versuch 4: Wir benutzen nun einen *Feldeffekttransistor* (MOSFET) nach *Bild 4a*, wie er in Taschenrechnern und modernen Computern verwendet wird. Zwischen den Hauptanschlüssen S *(Source)* und D *(Drain)* ist der aus Lampe und Quelle bestehende Stromkreis zunächst unterbrochen. Wenn wir die Spannung U_{GS} zwischen dem Nebenanschluss G (*Gate* am Pluspol; entspricht etwa der Basis) und S über 3 V erhöhen, leuchtet die Lampe. ■

Das Gate zieht mit seiner positiven Ladung Elektronen durch Influenz aus dem Substrat Su in den „Kanal" zwischen S und D. So wird dieser ein überraschend guter n-Halbleiter. Da zwischen G und diesem Kanal eine hervorragend isolierende Schicht liegt, bleibt das Gate stromfrei; zum Steuern des Lampenstroms ist also keine Leistung nötig.

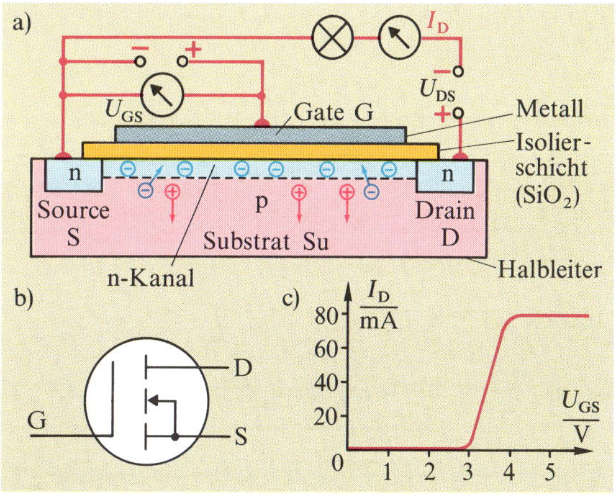

4 MOSFET: a) Aufbau, b) Schaltzeichen, c) Steuerkennlinie

Der Transistor als Verstärker

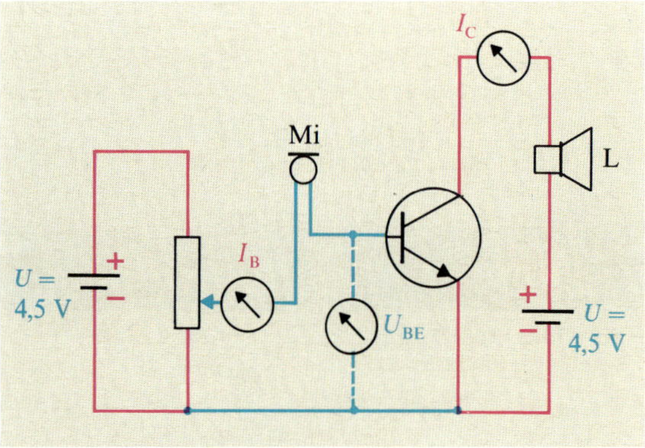

1 Ein einfacher Mikrofonverstärker

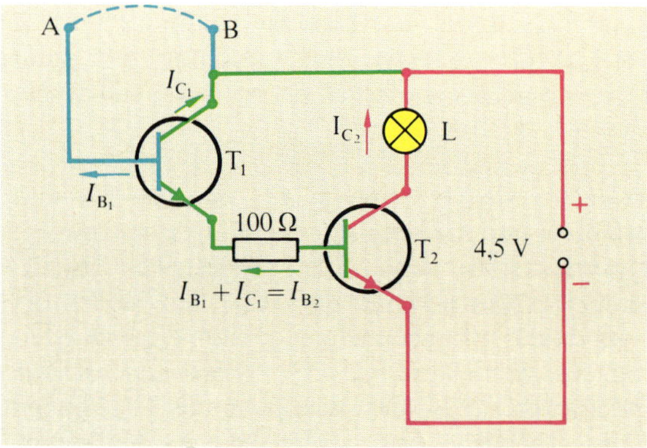

3 Sensorschaltung; Lämpchen L mit 4 V; 0,04 A

1. Ein einfacher Verstärker

Versuch 1: Wir schalten nach *Bild 1* ein Kohlekörnermikrofon Mi in die Basisleitung eines npn-Transistors. Mithilfe des Spannungsteilers stellen wir eine Basisspannung $U_{BE} = 0{,}65$ V ein. Der Basisstrom beträgt dann (ohne U_{BE}-Messgerät) etwa $I_B = 0{,}1$ mA. Sprechen wir nun in das Mikrofon, so hören wir unsere Stimme auch im Lautsprecher. ■

Die Kohlekörner im Mikrofon werden im Rhythmus der Schallschwingungen stärker und schwächer zusammengepresst. Dadurch ändert sich der Widerstand zwischen ihnen und damit auch der Basisstrom I_B. Eine kleine Schwankung ΔI_B des Basisstroms führt nach Versuch 342.3 zu einer 100-mal so starken Schwankung ΔI_C des Kollektorstroms I_C; diese bringt schließlich die Lautsprechermembran zum Schwingen; wir hören etwas.

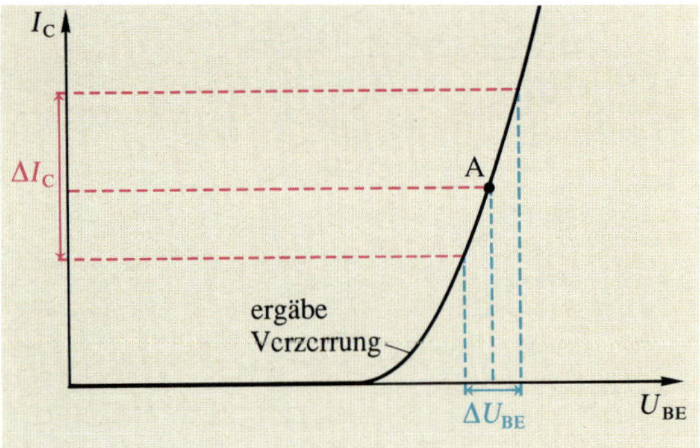

2 Die kleine Spannungsänderung ΔU_{BE} bewirkt eine große Änderung ΔI_C des Kollektorstroms

Klingt der Lautsprecher verzerrt, so müssen wir die mit dem Spannungsteiler eingestellte Basisspannung U_{BE} korrigieren. Sie sollte in der Mitte des nahezu linearen Teils der Steuerkennlinie liegen (Punkt A in *Bild 2*). Nur dann können Schwankungen ΔU_{BE} der Basisspannung nach beiden Seiten um den eingestellten Mittelwert U_{BE} die erwünschten Schwankungen ΔI_C des Kollektorstroms I_C hervorrufen. Man bezeichnet die auf der Steuerkennlinie ausgewählte Stelle A als *Arbeitspunkt.* – Mit MOSFETs gelingt der Versuch nicht, da das Gate stromfrei ist.

2. Eine hochsensible Schaltung

Schalten wir zwei Transistoren zusammen, zeigt der große Unterschied zwischen I_C und I_B ($I_C \approx 100\, I_B$) erstaunliche Wirkung:

Versuch 2: Berühre in der Schaltung nach *Bild 3* den Kontakt A mit der einen und gleichzeitig den Kontakt B mit der anderen Hand: Das Lämpchen leuchtet hell auf (Lämpchenstrom etwa 40 mA)! ■

Diesem Lämpchenstrom von $I_{C2} = 40$ mA durch den Transistor T_2 entspricht der Basisstrom $I_{B2} \approx I_{C2}/100 = 40\text{ mA}/100 = 0{,}4$ mA des Transistors T_2. I_{B2} ist nun praktisch gleich dem Kollektorstrom I_{C1} des Transistors T_1 ($I_{C1} \approx I_{B2}$). Um diesen aufrechtzuerhalten, ist im Transistor T_1 lediglich ein Basisstrom $I_{B1} \approx I_{C1}/100 \approx 0{,}4\text{ mA}/100 = 0{,}004$ mA erforderlich. Dieser kleine Strom durch deinen Körper hat zu dem mehr als 10000-mal so großen Lämpchenstrom geführt. Man bezeichnet diese Schaltung als *Darlingtonschaltung*.

3. Licht steuert einen Kollektorstrom

Wir wollen die Transistorgrundschaltung *(Bild 342.1b)* zu einer Dämmerungsschaltung umbauen. Als Spannungsteiler für die genaue Einstellung der Basisspannung U_{BE} nehmen wir nun eine Reihenschaltung aus dem einstellbaren Widerstand R_o oben und dem Fotowiderstand (LDR) unten *(Bild 4)*. U_{BE} rührt jetzt von der Teilspannung am LDR her. Wir ändern R_o so lange, bis U_{BE} knapp unter 0,6 V liegt (Sicherheitswiderstand 1 kΩ vor der Basis). Dann leitet der Transistor noch nicht merklich, die Glühlampe leuchtet nicht.

Versuch 3: Dunkeln wir nun den Fotowiderstand mit der Hand langsam ab, so beginnt die Glühlampe zu leuchten, bis sie bei völliger Abdunklung des LDR ihre größte Helligkeit erreicht. ■

Mit abnehmender Beleuchtung wächst der Widerstand des LDR und damit die Teilspannung an ihm. So vergrößert sich auch U_{BE} und entsprechend der Steuerkennlinie der Lampenstrom I_C.

4. Spannungsverstärkung mit Transistorschaltungen

Um kleine Spannungsschwankungen mit einem Oszilloskop nachweisen zu können, muss man sie „verstärken". Eine Transistorschaltung kann dies übernehmen.

Ein so genannter „Transistorverstärker" *(Bild 5)* ist leicht aufgebaut: Wir ersetzen in der Mikrofonverstärkerschaltung *(Bild 1)* den Lautsprecher durch den so genannten *Arbeitswiderstand* $R_A = 50\,\Omega$. Mit dem Spannungsteiler (statt dem Mikrofon) legen wir $U_{BE} = 0{,}65$ V fest. Ein zweiter Spannungsmesser misst die Teilspannung U_A am Arbeitswiderstand.

Versuch 4: Eine Wechselstromquelle mit sehr niedriger Frequenz erzeugt eine Wechselspannung mit dem Scheitelwert 0,05 V. Schalten wir diese zwischen die Punkte B_1 und B_2, so schwankt U_{BE} (bisher 0,65 V) zwischen 0,6 V und 0,7 V, also um $\Delta U_{BE} = 0{,}1$ V. Das Messgerät am Arbeitswiderstand zeigt uns eine Schwankung der Teilspannung U_A zwischen 0,1 V und 4 V, also von $\Delta U_A = 3{,}9$ V. ■

Nach der Steuerkennlinie gehört zur kleineren Basisspannung $U_{BE} = 0{,}6$ V der Kollektorstrom $I_C = 2$ mA. Am Arbeitswiderstand $R_A = 50\,\Omega$ braucht man für 2 mA nur die Teilspannung $U_{A1} = I_C \cdot R_A = 0{,}1$ V. Erhöht man U_{BE} auf 0,7 V, so wird $I_C = 80$ mA. Die Teilspannung an R_A ist nun $U_{A2} = 4$ V. Schwankt U_{BE} um $\Delta U_{BE} = 0{,}1$ V, so schwankt U_A um $\Delta U_A = U_{A2} - U_{A1} = 4\text{ V} - 0{,}1\text{ V} = 3{,}9$ V: Die Transistorschaltung verstärkt also die Spannungsschwankung um den Faktor 39. Steigt dabei U_{BE}, dann auch U_A.

5. Zwei Spannungen im Gegentakt

Versuch 5: Wir wiederholen Versuch 4, legen aber den Spannungsmesser nicht an R_A, sondern zwischen Kollektor und Emitter. Wir messen also die Kollektorspannung U_{CE} unmittelbar. Zur *kleineren* Basisspannung $U_{BE} = 0{,}6$ V gehört nun die *größere* Kollektorspannung $U_{CE} = 4{,}4$ V. *Vergrößern* wir U_{BE} auf 0,7 V, so *sinkt* U_{CE} auf 0,5 V. ■

Dies überrascht nicht, Arbeitswiderstand R_A und Transistor liegen ja in Reihe; die Teilspannungen U_A und U_{CE} addieren sich also zur konstanten Batteriespannung: $U_A + U_{CE} = 4{,}5$ V. Daraus errechnen wir U_{CE} zu $U_{CE} = 4{,}5\text{ V} - 0{,}1\text{ V} = 4{,}4$ V im ersten und zu $U_{CE} = 4{,}5\text{ V} - 4\text{ V} = 0{,}5$ V im zweiten Fall. Steigt U_{BE}, dann sinkt demnach U_{CE}. Hier ändern sich zwei Spannungen im Gegentakt.

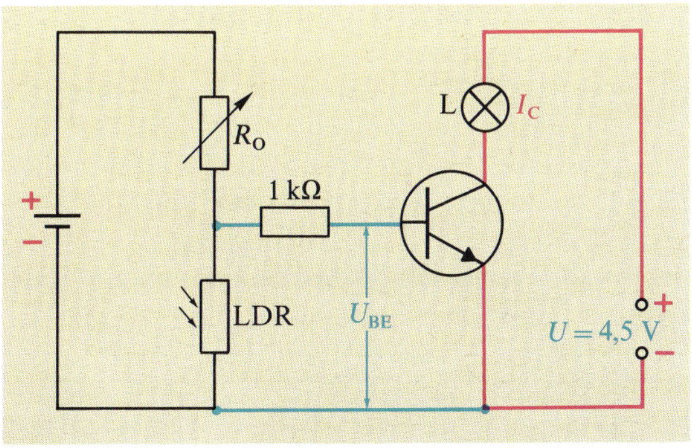

4 Dämmerungsschaltung

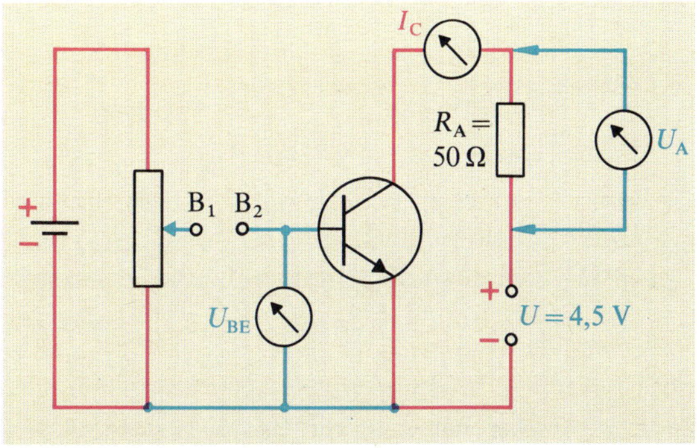

5 Spannungsverstärkung

Der Transistor als Schalter

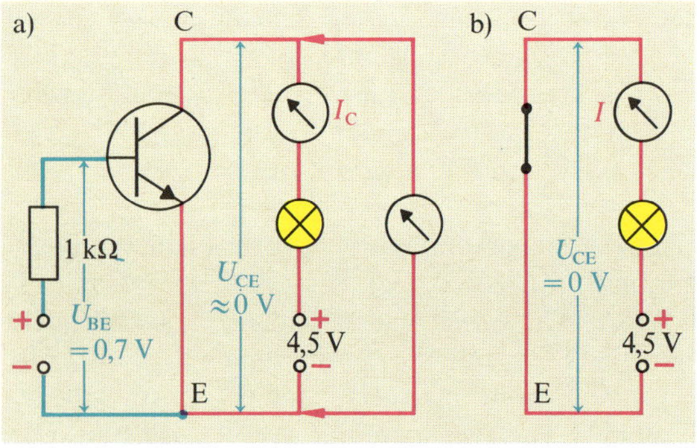

1 Der Transistor als geschlossener Schalter

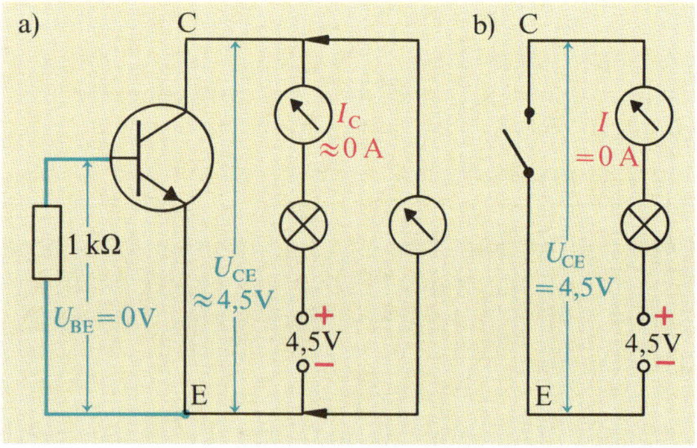

2 Der Transistor als geöffneter Schalter

1. Der Transistor als geschlossener Schalter

Bisher haben wir den Transistor zum Verstärken kleiner Spannungsschwankungen benutzt; für diesen Einsatz legten wir den Arbeitspunkt auf den linearen Teil der Steuerkennlinie. Dazu stellten wir eine Basisspannung U_{BE} *zwischen* 0,6 V und 0,7 V ein und achteten sorgfältig darauf, dass diese Grenzen nicht überschritten wurden. Im Folgenden wollen wir Schaltungen betrachten, in denen *nur* die Extremwerte $U_{BE} = 0$ V und $U_{BE} = 0{,}7$ V auftreten.

Versuch 1: Im Versuchsaufbau nach *Bild 1a* stellen wir die Basisspannung $U_{BE} = 0{,}7$ V fest ein. Wir messen einen Kollektorstrom von $I_C = 80$ mA. Als Kollektorspannung U_{CE} lesen wir die kleine Spannung $U_{CE} = 0{,}1$ V ab. Die Teilspannung an der Glühlampe ist praktisch gleich der Batteriespannung $U = 4{,}5$ V (genauer 4,5 V – 0,1 V): Die Glühlampe leuchtet. ■

Der Transistor verhält sich in diesem Versuch wie ein geschlossener *Schalter* mit einem sehr kleinen Widerstand, der in Reihe mit der Glühlampe liegt. Das wollen wir etwas genauer betrachten:

Bei einem geschlossenen Schalter ist nach *Bild 1b* der Punkt C gut leitend mit dem Punkt E verbunden. Für den Schalterwiderstand R_{Sch} gilt praktisch $R_{Sch} = 0\,\Omega$. Zwischen den Punkten C und E herrscht also die Teilspannung $U_{CE} = I \cdot R_{Sch} = 0$ V. Die gesamte Quellenspannung U liegt an der Glühlampe und treibt den Strom I durch den Lampenwiderstand R. Dieser begrenzt die Stromstärke auf den Wert $I = U/R$.

2. Der Transistor als geöffneter Schalter

Nach Öffnen des Schalters *(Bild 2b)* sinkt die Stromstärke auf $I = 0$ A. Zwischen den Punkten C und E haben wir nun die volle Quellenspannung; denn die Teilspannung am Lampenwiderstand R ist bei geöffnetem Schalter $U = I \cdot R = 0$ V.

Im Kollektorstromkreis des Transistors bekommen wir entsprechende Verhältnisse, wenn wir $U_{BE} = 0$ V wählen *(Bild 2a)*. Jetzt sperrt der Transistor den Strom wie ein geöffneter Schalter. I_C beträgt nahezu 0 A und folglich ist die Teilspannung an der Lampe 0 V. An dem in Reihe geschalteten Transistor messen wir $U_{CE} \approx 4{,}5$ V, also die volle Quellenspannung.

Wie bei der Verstärkerschaltung sind U_{BE} und U_{CE} im Gegentakt. Eine *hohe* Basisspannung (0,7 V) erzeugt eine *niedrige* Kollektorspannung (0,1 V). Zu $U_{BE} = 0$ V dagegen gehört $U_{CE} = 4{,}5$ V. Der Transistor als Schalter bewirkt eine *Spannungsumkehr*.

3. Schalter ohne Spannungsumkehr

Mit zwei Transistoren lässt sich ein Transistorschalter *ohne* Spannungsumkehr verwirklichen. Wir bauen dazu die Schaltung nach *Bild 3* zunächst ohne die hell gezeichnete Rückkoppungsleitung auf.

Versuch 2: Wir verbinden die Basis des linken Transistors T_1 über den Schutzwiderstand R_S mit der oberen Schiene (Punkt A). Auf diese Weise sorgen wir für eine hohe Basisspannung U_{BE1} am Transistor T_1. Die linke Glühlampe L_1 leuchtet, L_2 bleibt dagegen dunkel. ■

Da U_{BE1} groß ist, wirkt T_1 wie der geschlossene Schalter in Versuch 1: L_1 leuchtet und U_{CE1} ist klein *(1. Spannungsumkehr)*. Durch die Verbindung der Basis von T_2 mit dem Kollektor des Transistors T_1 über den Widerstand R_1 ist zugleich mit U_{CE1} auch U_{BE2} klein. Deshalb sperrt T_2: L_2 ist dunkel und U_{CE2} groß *(2. Spannungsumkehr)*.

Nun lösen wir die Basis des linken Transistors wieder von der oberen Schiene. Da die Basis i. A. nicht gut isoliert ist, sinkt U_{BE1} schnell auf 0 V und T_1 sperrt. Wegen der Spannungsumkehr ist die Kollektorspannung U_{CE1} jetzt groß und damit auch die Basisspannung U_{BE2}. Der Transistor T_2 leitet: Die Lampe L_1 erlischt; L_2 leuchtet wieder. Die Schaltung ist selbstständig zurückgekippt; sie ist nicht stabil.

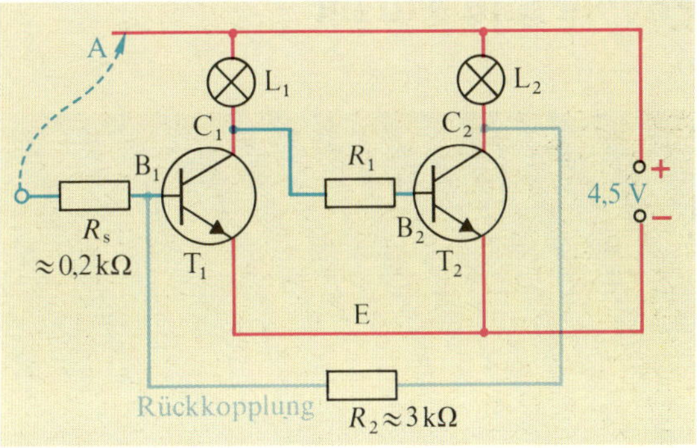

3 Flip-Flop mit zwei stabilen Zuständen und Gedächtnis

4. Die Schaltung bekommt Gedächtnis

Mithilfe der hellblauen Rückkopplungsleitung in *Bild 3* kann man nun erreichen, dass die Schaltung ihren jeweiligen Zustand stabil beibehält.

Hat z. B. U_{BE1} den großen Wert, dann wegen der doppelten Spannungsumkehr auch U_{CE2}. Wird U_{CE2} nun über die Rückkopplungsleitung und den Schutzwiderstand R_2 der Basis von T_1 zugeführt, dann kann man A von der oberen Schiene lösen, ohne dass U_{BE1} absinkt; L_1 bleibt hell, L_2 bleibt dunkel. Die Schaltung „merkt" sich also auch ein nur kurzes Antippen am Pluspol.

Entsprechendes gilt auch für ein kurzes Antippen mit A am Minuspol. Damit setzen wir kurzzeitig $U_{BE1} = 0\,V$. Wegen der doppelten Spannungsumkehr wird mit U_{BE1} auch $U_{CE2} \approx 0\,V$. Die Rückkopplungsleitung hält diesen niedrigen Spannungswert an der Basis von T_1, bis man mit A wieder oben antippt.

Diese Schaltung heißt *Flip-Flop*. Sie hat nur zwei Zustände; stabile Zwischenwerte gibt es nicht.

5. Digital – Analog

Flip-Flops sind Bauteile der *Digitaltechnik*. Dort werden Signale verarbeitet, die nur bestimmte Werte, z. B. (L_2 dunkel) und (L_2 hell), annehmen können – *diskret*, d. h. ohne Zwischenwerte. Ordnet man diesen beiden Zuständen jeweils die Werte 0 für (L_2 dunkel) und 1 für (L_2 hell) zu, so lassen sich Zahlen und Buchstaben im Zweiersystem (man sagt auch „binär") mit Flip-Flops speichern und anzeigen.

(1101) ist z. B. die binäre Form der Zahl $13 = \mathbf{1} \cdot 2^3 + \mathbf{1} \cdot 2^2 + \mathbf{0} \cdot 2^1 + \mathbf{1} \cdot 2^0$. Ihre Darstellung und Speicherung erfordert vier Flip-Flops mit den Zuständen (L_2 hell), (L_2 hell), (L_2 dunkel) und (L_2 hell). Die Darstellung von Buchstaben im sogenannten *ASCII-Code* (**A**merican **S**tandard **C**ode for **I**nformation **I**nterchange) erfordert acht Flip-Flops. Für ein „R" zeigen diese z. B. die Zustandsfolge 01010010.

In der *Analogtechnik* werden Verstärkerschaltungen verwendet, um *stetig* sich ändernde Größen mit *allen Zwischenwerten* zu übertragen. Das Kohlekörnermikrofon z. B. registriert *stetige* Luftdruckschwankungen und wandelt sie in dazu *analoge* Widerstandsänderungen um. In einer Verstärkerschaltung werden daraus *analoge* Änderungen des Kollektorstroms. Dazu *analoge* Schwingungen einer Lautsprechermembran erzeugen wieder hörbare Luftdruckschwankungen. Allerdings werden auch kleine Störsignale verstärkt und führen in der Analogtechnik zu Übertragungsfehlern.

Die Digitaltechnik bringt Vorteile. Eine Elektronik tastet in kurzen Zeitabständen z. B. die Spannung am Arbeitswiderstand eines Verstärkers ab, der gerade Musik überträgt. So erhält man eine zeitliche Folge von Spannungswerten, die in *Analog-Digital-Wandlern* digitalisiert, also in Binärzahlen umgewandelt werden. An einer günstigen Stelle, möglichst kurz vor dem Lautsprecher, erfolgt dann die notwendige Rückübersetzung in das analoge Signal mit einem *Digital-Analog-Wandler*. Diese Technik führt z. B. beim *CD-Spieler* zu sehr rauscharmer Wiedergabe. Störspannungen nämlich, die kleiner sind als der Spannungsunterschied zwischen den diskreten Werten 0 und 1 des Digitalsignals, ändern die Zustände der digitalen Bauelemente, z. B. von Flip-Flops, nicht und bleiben somit unwirksam.

Physik und Musik

1 Die Schwebfliege erzeugt im Flug einen Ton

2 Spur einer schwingenden Stimmgabel

1. Wie entsteht Schall?

Wir machen uns normalerweise keine Gedanken darüber, was beim Sprechen im Kehlkopf vor sich geht – so selbstverständlich ist es für uns. Legen wir beim Sprechen die Finger an den Kehlkopf, so spüren wir ein Vibrieren. Es rührt vom Schwingen unserer Stimmbänder her.

Insekten erkennt man an ihrem Summen; es verstummt, wenn sie sich niedersetzen. Wird das Summen von einer Schwingbewegung – etwa der Flügel – verursacht *(Bild 1)*? Lassen wir anstelle der Flügel einen elastischen Stahlstreifen schwingen!

Versuch 1: **a)** Wir spannen den Stahlstreifen in einen Schraubstock ein. Das freie Ende biegen wir zur Seite und lassen es los. Es vibriert, bewegt sich also schnell hin und her. Eine solche Bewegung nennt man eine **Schwingung**.

b) Verkürzen wir den Streifen immer weiter, so erfolgt dieses Hin und Her zunehmend öfter je Sekunde. Schließlich kann unser Auge der Schwingung nicht mehr folgen. Dafür hören wir einen Brummton; mit kürzer werdender Blattfeder wird der **Ton** immer höher. Eine Blattfeder, die viele Schwingungen in jeder Sekunde ausführt, ist ein **Schallerreger**.

c) Ist die Blattfeder so lang, dass zu wenige Schwingungen je Sekunde erfolgen, hören wir keinen Ton mehr. Schmetterlinge fliegen geräuschlos. ■

2. Schallerreger genauer betrachtet

a) Spieldosen enthalten verschieden lange Stahlzungen. Kleine Metallzapfen, die auf einer rotierenden Walze angebracht sind, reißen die Zungen an und bringen sie entsprechend der Melodie – die kurzen bei hohen Tönen, die langen bei tiefen Tönen – zum Schwingen. Im Lautsprecher wird eine Membran elektrisch in Schwingungen versetzt, was man bei vorsichtigem Berühren spüren kann.

b) Bei Saiteninstrumenten (Violine, Klavier) entstehen die Töne durch die Schwingungen der Saiten, die auf den Körper des Instruments gespannt sind.

Schallerreger können also sehr verschiedenartig aussehen; eines haben sie jedoch gemeinsam: Sie führen viele Schwingungen in jeder Sekunde aus.

3. Periodendauer, Frequenz und Amplitude

Versuch 2: An dem einen Zinken einer Stimmgabel ist eine Metallzunge befestigt. Wir schlagen die Gabel an und ziehen die Spitze leicht über eine berußte Platte. Die Spitze schreibt darauf eine Schlangenlinie *(Bild 2)*. ■

Die Schlangenlinie beschreibt die Geschichte der Schwingung. Wenn wir wissen, wie schnell die Gabel über die Platte gezogen wurde, können wir eine Zeitachse einzeichnen und erhalten so ein Diagramm der Schwingung wie in *(Bild 3)*.

Die Weglänge von der Mittellage bis zum Umkehrpunkt – also die größte Auslenkung – heißt **Amplitude**. Die Zeit für eine vollständige Hin- und Herbewegung – also für eine **Periode** – des schwingenden Körpers nennen wir **Periodendauer** ***T***. Im folgenden Versuch messen wir diese Zeit.

Versuch 3: Wir legen ein Blatt Kopierpapier auf den Teller eines Plattenspielers, der sich in einer Minute 45-mal dreht (er braucht also $60\,s/45 \approx 1{,}33\,s$ für eine Umdrehung). Nun halten wir die schwingende Spitze auf das Blatt. *Bild 4* zeigt die Schlangenlinie, die nun längs eines Kreisbogens geschrieben wird. ■

Wir zählen auf dem Viertelkreis 42,5 vollständige Schwingungen. Auf einen Vollkreis passen also 170 Perioden. Sie werden während einer Umdrehung, also in 1,33 s geschrieben. Die Periodendauer der Stimmgabel, also die Zeit für *eine* Hin- und Herbewegung, ist dann $1{,}33\,s/170 \approx 0{,}0078\,s$. Dies ist allerdings eine unanschauliche Zahlenangabe.

Hier und in anderen Fällen ist es deshalb zweckmäßig, nach der *Zahl der Einzelschwingungen je Sekunde* zu fragen. Diese Größe nennt man die **Frequenz** ***f*** der Schwingung. Beträgt die Periodendauer z.B. $T = (1/4)\,s$, so werden 4 Schwingungen in 1 s ausgeführt. Unser Beispiel zeigt, dass die Frequenz f der Kehrwert der Periodendauer T ist:

$f = 1/T$ oder $T = 1/f$.

Da die Einheit der Periodendauer 1 s ist, wird ihr Kehrwert, nämlich 1/s zur *Einheit der Frequenz*. Diese Einheit 1/s wird auch *Hertz* genannt, geschrieben Hz. (Die Bezeichnung wurde dem deutschen Physiker Heinrich Hertz zu Ehren gewählt.)

Die Stimmgabel in unserem Versuch hat demnach die Frequenz $f = 170/1{,}33\,s \approx 128\,Hz$.

Eine andere Stimmgabel mit kürzeren Zinken hat z.B. die Frequenz $f = 440\,Hz = 440\,1/s$. Sie führt 440 Schwingungen in 1 s aus; die Periodendauer beträgt dann $T = 1/f = (1/440)\,s \approx 0{,}0023\,s$.

Bild 4 zeigt aber noch mehr: Die Amplitude der Schwingung nimmt allmählich ab. Dies hat aber keinen Einfluss auf die Periodendauer: Teilen wir den Viertelkreis in zwei Achtelkreise, dann liegen in jedem etwa 21,5 vollständige Hin- und Herbewegungen. *Eine abklingende Schwingung ändert die Frequenz nicht!*

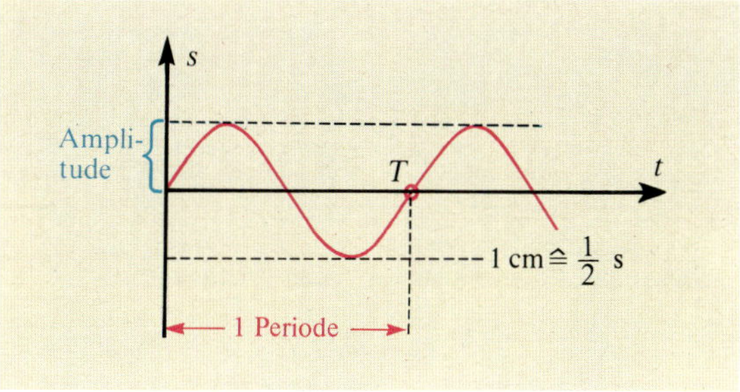

3 Diagramm einer Schwingung

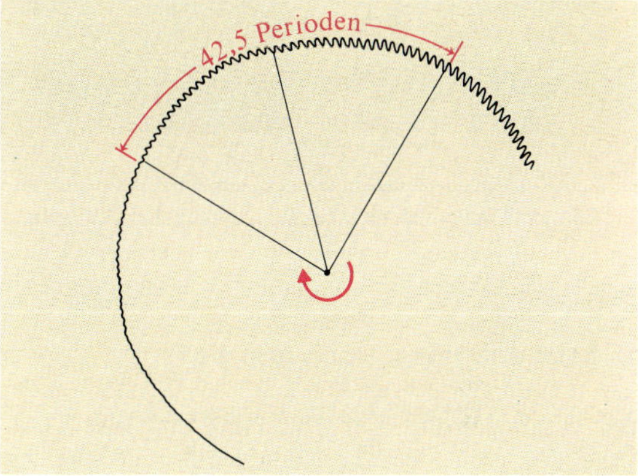

4 Spur auf dem Plattenteller

Die **Schwingung** ist eine periodisch hin- und hergehende Bewegung.

Die **Periodendauer** ist die Zeit für eine vollständige Hin- und Herbewegung. Die **Frequenz** einer Schwingung gibt die Zahl der Einzelschwingungen je Sekunde an; ihre Einheit ist 1 Hz = 1/s. Die Periodendauer T und die Frequenz f sind Kehrwerte voneinander: $\boldsymbol{T = 1/f}$ und $\boldsymbol{f = 1/T}$.

Die **Amplitude** ist die Weglänge von der Mittellage bis zur größten Auslenkung.

A1. Eine Stimmgabel hat die Frequenz 1000 Hz. Auf dem Bildschirm eines Oszilloskops soll eine (zwei, fünf) Periode(n) zu sehen sein. In welcher Zeit muss der Bildpunkt jeweils vom linken zum rechten Bildrand laufen?

A2. Der Lichtpunkt durchlaufe den Bildschirm eines Oszilloskops in 2 ms. Welche Frequenz hat eine Schwingung, wenn auf dem Bildschirm fünf Perioden zu sehen sind?

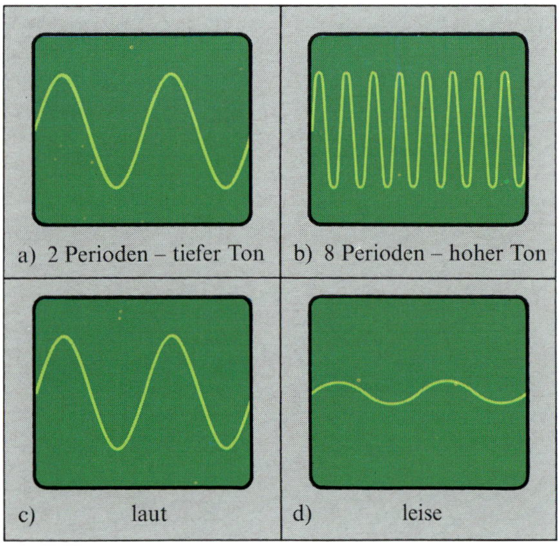

1 Töne unterscheiden sich in der Lautstärke (Amplitude der Schwingung) und Tonhöhe (Frequenz der Schwingung)

4. Laut und leise, hoch und tief

Wir empfinden mit dem Ohr laute und leise Töne, hohe und tiefe. Welche Schwingungen dabei zugrunde liegen, zeigt uns ein Oszilloskop.

Versuch 4: **a)** Wir verbinden ein Mikrofon mit dem Oszilloskop. Ein Lautsprecher liefert mittels eines Frequenzgenerators den Ton. Nun wählen wir am Oszilloskop die Ablenkung so, dass wir auf dem Bildschirm zwei Perioden sehen *(Bild 1a)*. Die Membran des Lautsprechers führt also zwei Schwingungen aus, während der Lichtpunkt vom linken zum rechten Bildrand läuft. Erfolgt dies z.B. in der Zeit $t = 4$ ms, dann beträgt die Periodendauer $T = 2$ ms. Die Lautsprechermembran schwingt mit der Frequenz $f = 1/T = 500$ Hz.

Nun vergrößern wir die Frequenz so lange, bis wir auf dem Bildschirm acht Perioden sehen *(Bild 1b)*. Jetzt führt die Membran des Lautsprechers acht Schwingungen in der Zeit $t = 4$ ms aus, die Frequenz ist somit $f = 8/(0{,}004\ \text{s}) = 2000$ Hz. Während des Versuchs hat sich der Ton deutlich verändert: Die **Tonhöhe** hat zugenommen. *Je größer die Frequenz, desto höher der Ton.*

b) Nun erzeugen wir einmal einen leisen und dann einen lauten Ton. Die Schwingungsbilder zeigen die gleiche Periode, aber zum lauten Ton gehört eine größere Amplitude. ■

Mit zunehmender Frequenz der Schwingung steigt die Tonhöhe, mit wachsender Amplitude die Lautstärke des Tones.

5. Zahlen beschreiben Musik

Hörte man nicht bei Versuch 1a, dass der hohe Ton mit 2000 Hz dem tiefen mit 500 Hz sehr ähnlich war? Auch ein dazwischenliegender mit 1000 Hz klang schon so. Ihn erreichen wir als achten Ton, wenn wir bei 500 Hz beginnend die „Tonleiter" hinaufklettern. Er bildet mit dem Grundton (hier 500 Hz) die Oktave. Wiederum eine Oktave höher liegt der Ton mit 2000 Hz. Es fällt auf, dass das Frequenzverhältnis jeweils (2:1) beträgt. Jedes andere Intervall zwischen einem Ton der Tonleiter und dem Grundton ist ebenfalls durch ein festes Zahlenverhältnis gekennzeichnet.

Bestimmte Intervalle empfinden wir als Wohlklang. Diese **Konsonanz** spiegelt sich in den natürlichen Zahlen wieder, aus denen die Frequenzverhältnisse berechnet werden: Saiteninstrumente sind meist in Quinten (3:2) oder Quarten (4:3) gestimmt. Diese klingen ähnlich angenehm wie die Oktave (2:1). Die Sekunde (9:8) und die Septime (15:8) werden dagegen als **Dissonanzen** empfunden.

Ein **musikalisches Intervall** ist durch das Frequenzverhältnis der Töne gekennzeichnet. Die Oktave ergibt sich durch Verdopplung der Frequenz des Grundtons.

Ändert man die Drehfrequenz eines Plattenspielers, während eine Platte mit einem mehrstimmigen Chor aufliegt, so bleibt trotzdem der Gesang harmonisch. Dass er nicht „schief" wird, liegt daran, dass alle Frequenzen um den gleichen Faktor verändert werden; die Frequenzverhältnisse – und damit die musikalischen Intervalle – bleiben dabei erhalten.

6. Der Klang bringt Farbe in das Instrument

Flöten und Violinen sind Schallerreger, klingen aber unterschiedlich; jedes Instrument hat seine eigene **Klangfarbe**. Am Oszilloskop können wir den Grund dafür sehen. *Bild 2a* bis *c* zeigt die Kurven bei einer Stimmgabel, einer Flöte und einer Violine. Das Schwingungsbild der Stimmgabel sieht einfach aus; sie klingt „eintönig". Je mehr Zacken die Schwingung zeigt, desto mehr **Obertöne** schwingen mit.

Obertöne „begleiten" die Grundtöne und bestimmen den Klang der Instrumente. Die Frequenzen der Obertöne sind Vielfache der Grundfrequenz, ihre Amplituden und vor allem die Zeit in der sie abklingen sind je nach Instrument sehr unterschiedlich.

In einem modernen *Synthesizer* werden solche Grund- und Obertöne künstlich zusammengesetzt. Man kann damit die Klangfarbe eines „echten" Instrumentes nachbilden oder auch völlig neue Klänge erzeugen.

7. Analoge Schallaufzeichnung

Eine Möglichkeit, Musik zu speichern, bietet die Schallplatte. Ihr Grundprinzip ist seit der Erfindung des Grammophons 1887 durch Erwin Berliner bis heute nicht verändert. Bei der Tonaufnahme werden die Tonschwingungen in dazu **analoge Auslenkungen** eines Schneidstichels übertragen. Er ritzt – ähnlich der Spitze unseres Schreibstimmgabel – die Schwingungslinie in eine Originalplatte. Von dieser stellt eine Plattenfirma zunächst eine Metall-Negativmatrize her. Sie wird dann unter großem Druck auf vorbereitete Kunststoffplatten gepresst. Auf diese Weise erhält man schnell große Stückzahlen der gewünschten Platte.

Bei Stereoaufnahmen müssen die Schwingungen des linken und rechten Kanals unterscheidbar bleiben. Man erreicht dies, indem das Signal des einen Kanals den Stichel von links unten nach rechts oben schwingen lässt. Eine dazu um 90° versetzte Schwingungsrichtung, von rechts unten nach links oben, spiegelt das Signal des zweiten Kanals wider.

Bei der Wiedergabe läuft eine Diamantnadel in der Spur *(Bild 3)*. In manchen Tonabnehmern ist sie mit einem winzigen Dauermagneten verbunden. Dieser induziert in zwei kleinen Spulen – sie sind ebenfalls um 90° zueinander versetzt – eine der Schwingung des jeweiligen Kanals entsprechende Wechselspannung. Über einen Verstärker gelangen dann die zwei Signale zu zwei Lautsprechern.

Leider ist die Schallplatte anfällig gegen Verunreinigungen durch Staub oder Fett. Jede Ablagerung in der Rille wird ja als Information gelesen und wiedergegeben. Dies äußert sich dann durch Knacken und Rauschen. Außerdem nutzt sich die Rille durch das mechanische Abspielen mit dem harten Diamanten mehr und mehr ab. Diese Nachteile hat die moderne Kompaktschallplatte (Compact Disk = CD) nicht.

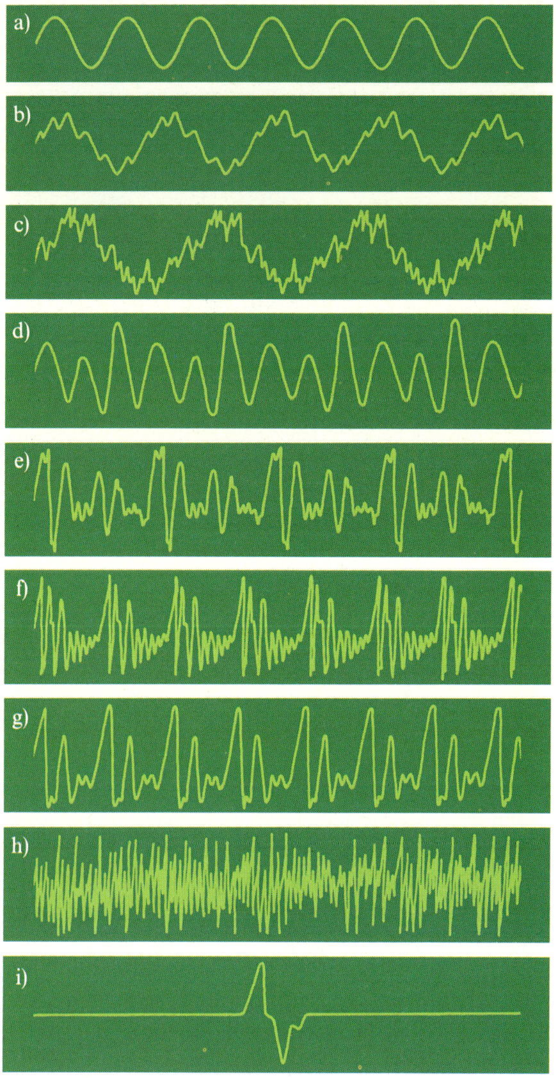

2 Oszillogramme verschiedener Schwingungsformen:
a) Stimmgabel; b) Flöte; c) Violine;
d)–g) Vokale a, e, i, o; h) sch-Laut; i) Knall

3 Nadel in der Rille einer Schallplatte. Wo sind laute und wo leise Stellen der Musik?

Eigenschwingungen und Resonanz

1 Beim Klavier werden die tiefen Töne durch Saiten erzeugt, die dick und lang sind

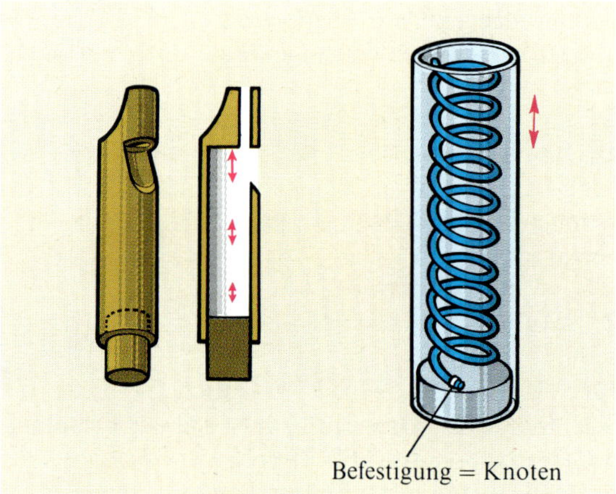

2 Geschlossene Pfeife (links); Federmodell für die Luftschwingung in dieser Pfeife (rechts)

1. Eigenschwingungen einer Saite

Versuch 1: **a)** Wir spannen eine Saite über einen Holzkasten und grenzen sie durch zwei Stege ab. Nun zupfen wir die Saite dieses *Monochords* an. Wir hören einen in der Höhe gleich bleibenden Ton und sehen, dass die Saite schwingt.

b) Nun spannen wir die Saite stärker: Es entsteht ein höherer Ton.

c) Wir verkürzen die Saite durch Verschieben eines Steges: Wieder hören wir einen höheren Ton.

d) Jetzt verwenden wir eine Saite, die aus einem dünneren Draht besteht: Bei sonst gleichen Bedingungen wird auch diesmal der Ton höher. ■

Bei der Geige macht man von allen drei Möglichkeiten Gebrauch, um eine bestimmte Tonhöhe zu erzielen: Die tiefer klingenden Saiten sind *dicker*, um sie träger zu machen. Beim Stimmen verändert man durch Drehen am Wirbel die *Spannung* und beim Spielen die *Länge* der Saiten, indem man sie mit dem Finger abgrenzt. Beim Klavier *(Bild 1)* sind Saitenlänge und dicke für jeden Ton vorgegeben.

Versuch 2: Wir zupfen die Saite des Monochords ungefähr im ersten Viertel ihrer Länge an und hören einen Ton bestimmter Höhe. Jetzt berühren wir sie leicht in ihrer Mitte:

Nach kurzer Zeit hören wir nur noch die Oktave zum vorher erzeugten *Grundton*, also einen Ton doppelter Frequenz, den ersten *Oberton*. Legen wir einen kleinen Papierreiter auf die Saitenmitte, so bleibt es dort liegen. Die Saite schwingt an diesem **Bewegungsknoten** nicht mehr. Rechts und links vom Knoten schwingen die beiden Saitenhälften jeweils in entgegengesetzte Richtung. ■

Durch Berühren noch anderer Stellen der Saite erzeugen wir dort Schwingungsknoten. So können wir weitere Obertöne hörbar machen mit z. B. der dreifachen oder vierfachen Frequenz. Jeder dieser Töne entspricht einer **Eigenschwingung** der Saite. Die jeweilige Frequenz heißt **Eigenfrequenz.**

Der Grundton und die Obertöne einer gespannten Saite entsprechen ihren **Eigenschwingungen.**

Die **Eigenfrequenzen** der Saite hängen von ihrer Länge, ihrer Spannkraft und ihrer Dicke ab.

2. Luft schwingt auch

Versuch 3: Schlagen wir leicht mit den Fingern auf die Öffnung eines Reagenzglases, so hören wir kurzzeitig einen Ton. Den gleichen Ton nehmen wir wahr, wenn wir über die Öffnung blasen. Klopfen wir aber seitlich gegen die Glaswand, so erklingt ein anderer Ton. ■

Die Glaswand ist nicht die Ursache für den „Flötenton“. Durch die kurzzeitige Druckerhöhung der Luft beim Verschließen des Reagenzglases haben wir die Luftsäule im Glas zum Schwingen gebracht. Auch durch das Darüberblasen ist diese Eigenschwingung der Luftsäule angeregt worden. Bei geschlossenen Pfeifen entsteht der Ton auf die gleiche Art. Wie die Luftsäule dabei schwingt, zeigt uns eine Feder als Modell *(Bild 2)*. Einmal angezupft schwingt sie in ihrer Längsrichtung auf und nieder, wobei sie sich abwechselnd dehnt und zusammenzieht. Am Boden ist die Feder befestigt; hier hat sie einen Bewegungsknoten. Eine längere Feder ansonsten gleicher Bauart schwingt langsamer. Genauso hat auch eine längere Luftsäule eine kleinere Eigenfrequenz, erzeugt also einen tieferen Grundton. Zu jedem Ton gehört bei der Orgel deshalb eine Pfeife bestimmter Länge.

3. Schwingung unter Zwang – manchmal mit Resonanz

Kann die Luft im Rohr nur mit ihrer Eigenfrequenz schwingen oder lässt sie sich auch zu Schwingungen mit anderen Frequenzen „überreden“?

Versuch 4: **a)** Wir nehmen das Reagenzglas und stülpen es über die dünne Sonde eines Mikrofons. Mit Tongenerator und Lautsprecher erzeugen wir nun einen Ton von etwa 400 Hz. Das Mikrofon liefert eine Schwingungslinie kleiner Amplitude auf dem Schirm eines Oszilloskops. Die Frequenz stimmt mit der des ausgestrahlten Tones überein.

b) Wir erhöhen langsam die Frequenz. Die empfangenen Schwingungen folgen mit zunächst konstanter Amplitude. Dann aber nimmt diese zu und erreicht schließlich bei einer bestimmten Frequenz (z.B. $f_0 = 522$ Hz) ein Maximum. Dies ist genau der Ton, der auch beim Überblasen entstanden ist (Eigenfrequenz)! Bei noch höheren Tönen nimmt die Amplitude wieder ab. ■

Jeder Lautsprecherton „überredet“ also die Luftsäule im Reagenzglas zum Mitschwingen; das Mikrofon weist diese **erzwungenen Schwingungen** nach. Geradezu bereitwillig schwingt jedoch die Luftsäule, wenn sie im Rhythmus ihrer Eigenfrequenz, also mit der Frequenz f_0, angeregt wird. Man spricht in dem Fall von **Resonanz.** Jedes Kind kennt diese Eigenschaft von der Schaukel. Auch die Luftsäule einer Fanfare gerät in Resonanz, wenn der Bläser mit den Lippen Schwingungen passender Frequenz erzeugt.

Eine Stimmgabel strahlt nur einen leisen Ton ab, da ihre Oberfläche sehr klein ist. Drückt man ihren Stiel auf die Tischplatte, so wird diese zum Mitschwingen gezwungen. Da ihre Fläche sehr groß ist, hört man den Ton jetzt lauter. Am lautesten wird aber der Ton, wenn man die Resonanz ausnutzt: Man setzt dazu die Gabel auf einen an einer Seite offenen Holzkasten, dessen Luftsäule die gleiche Eigenfrequenz wie die Stimmgabel hat. Wie empfindlich ein solcher Körper im Fall der Resonanz reagiert, zeigt folgendes Experiment:

Versuch 5: Einer Stimmgabel mit Holzkasten stellen wir eine zweite genau gleiche gegenüber. Schlagen wir die erste an und dämpfen sie kurz darauf mit der Hand, so hören wir deutlich, dass die zweite ins Schwingen geraten ist. Verstimmt man dagegen die erste durch Anklemmen kleiner Zusatzkörper, so hören wir kein Mitschwingen der zweiten mehr. ■

> Wird ein schwingungsfähiger Körper im Rhythmus seiner Eigenfrequenz angeregt, so schwingt er mit großer Amplitude: Es tritt **Resonanz** ein.

4. Resonanz – nicht immer erwünscht

Was für die Stimmgabel sinnvoll ist, wäre bei der Geige ein „Kunstfehler“. Bei ihr müssen alle Töne bei gleicher Anregung der Saiten in etwa mit der gleichen Lautstärke abgestrahlt werden. Es erfordert großes Können des Instrumentenbauers, alle zu Eigenschwingungen fähigen Teile – Saiten, Griffbrett, Decke, Boden, eingeschlossene Luftsäule – so aufeinander abzustimmen, dass möglichst keine störenden Resonanzen auftreten. Der „Resonanzboden“ des Klaviers wird auf großer Fläche zu Schwingungen gezwungen – ohne Resonanz!

A1. Drücke eine Taste auf dem Klavier langsam herunter und halte sie fest. Schlage jetzt kurz die Taste der darunter liegenden Oktave an. Warum hört man danach den oberen Ton?

A2. Fülle mal mehr, mal weniger Wasser in ein Reagenzglas und erzeuge jeweils durch Darüberblasen einen Ton. Was stellst du fest? Vergleiche deine Beobachtung mit der Bauform einer Panflöte. Wie verändert der Posaunist die Tonhöhe seines Instruments?

A3. Susanne spielt Klavier. Bei einem bestimmten Ton klirrt ein am Fenster hängender Schmuck. Was ist der Grund hierfür?

Die Schallwelle

1 Das Pendelchen zeigt die ankommende Luftverdichtung

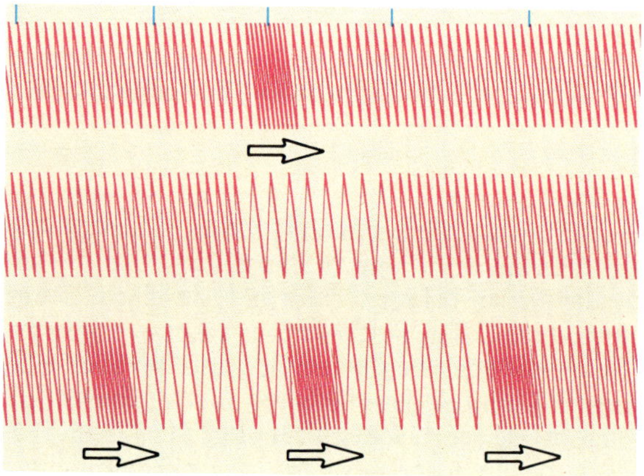

2 Verdichtungen und Verdünnungen im Drahtwurm

1. Wo breitet sich Schall aus?

In einem der ersten Versuche dieses Buches haben wir eine Klingel unter eine Glasglocke gesetzt und dabei festgestellt: Im luftleeren Raum kann sich Schall nicht ausbreiten. Berührt aber die Klingel zufällig den Teller oder die Glasglocke, dann nehmen wir den Ton wahr – auch wenn die Glasglocke luftleer ist. Schall kann sich also nicht nur in Luft, sondern auch in Glas, in Metallen und in anderen festen Körpern ausbreiten. Aber auch Flüssigkeiten leiten den Schall weiter, wie wir z. B. im Schwimmbad beim Tauchen beobachten können.

Schall kann sich in allen Körpern ausbreiten. Nur im leeren Raum gibt es keinen Schall.

2. Wie breitet sich Schall aus?

Versuch 1: Wir hängen ein Kügelchen so auf, dass es die Membran eines Tamburins berührt. Schlagen wir ein zweites Tamburin in unmittelbarer Nähe an *(Bild 1)*, so fliegt das Kügelchen weg. ▪

Der Schlag lenkt die Membran des einen Tamburins aus. Dadurch wird auf der einen Seite die angrenzende Luft verdichtet. Diese verdichtete Luft stößt benachbarte Luft an, die ihrerseits verdichtet wird. Auf diese Weise läuft die Verdichtung durch den lufterfüllten Raum, bis sie schließlich auf die Membran des anderen Tamburins trifft. Diese wird dabei verformt und stößt das Kügelchen weg.

Wir wollen nun diesen Vorgang in einem ebenfalls elastischen, aber sichtbaren Körper nachahmen.

Versuch 2: Eine lange Schraubenfeder von großem Durchmesser wird über mehrere Meter gespannt. Staucht man diesen Drahtwurm durch einen kurzen Stoß an einem Ende in Längsrichtung, so sieht man eine Verdichtung der Windungen hindurchlaufen *(Bild 2)*. Zieht man dagegen ruckartig am Ende der Feder, so läuft eine Verdünnung. Die einzelnen Windungen sind nämlich elastisch miteinander verbunden und ziehen ihre Nachbarn in entsprechende Richtung. Lässt man das Ende in Längsrichtung hin- und zurückschwingen, dann schieben sich abwechselnd Verdichtungen und Verdünnungen durch den Drahtwurm. Nacheinander führen die einzelnen Windungen dieselbe Schwingung aus. ▪

3. La Ola – die Welle!

Kennen wir so etwas nicht schon? Seit der Fußballweltmeisterschaft 1986 in Mexiko wird ein ähnlicher „Versuch" in allen großen Stadien der Welt zu besonderen Anlässen wiederholt. Irgendwo reißen Zuschauer die Arme hoch und stehen dabei auf. Ihre Nachbarn lassen sich von dieser Begeisterung anstecken und führen daraufhin die gleiche Bewegung aus, deren Nachbarn wiederum usw. Wir können beobachten, wie diese **Welle** in wenigen Sekunden einmal um das ganze Stadion gelaufen ist. Jeder Zuschauer hat schließlich *an seinem Platz* die „Begeisterungsschwingung" mitgemacht. Natürlich ist dabei keiner selbst um das Stadion gerannt.

Zum Entstehen der Stadionwelle genügen Blick- und Hörkontakt zum Nachbarn und die Muskelkraft eines jeden Einzelnen. Im Drahtwurm und auch in der Luft sorgt die Elastizität des Körpers dafür, dass alle Teilchen nacheinander dieselbe Schwingung ausführen – je weiter entfernt, desto später. Schall breitet sich also in Form einer Welle aus – man nennt sie **Schallwelle**. Weil die Schwingung hier – anders als bei der Stadionwelle oder auch einer Wasserwelle – in Richtung der Ausbreitung erfolgt, kommt es in der Luft wie beim Drahtwurm zu *fortschreitenden Verdichtungen und Verdünnungen.*

Die Schwingung einer Schallquelle erzeugt in Luft und in anderen elastischen Körpern eine **Schallwelle**.
Alle von der Welle erfassten Teilchen führen dieselbe Schwingung aus. Je weiter ein Teilchen von der Schallquelle entfernt ist, desto später beginnt es mit dieser Schwingung.

4. Wie schnell ist die Schallwelle?

Wenn der Schall sich in Form einer Welle ausbreitet, dann kann die Schallübertragung nicht augenblicklich erfolgen; sie muss dafür Zeit brauchen.

Versuch 3: Wir schließen zwei Mikrofone A und B so an eine elektronische Uhr an, dass sie auf ein Signal von A hin startet und auf ein Signal von B wieder anhält *(Bild 3)*. Jedes der Mikrofone wandelt eine Schallschwingung in eine elektrische Schwingung um. Als Abstand zwischen A und B wählen wir zunächst $s = 1{,}70$ m. Mit einer Pistole oder einem Lautsprecher erzeugen wir nun ein kurzes Schallsignal. Die Uhr zeigt eine Laufzeit von $t = 0{,}0050$ s an. Verdoppeln wir anschließend die Strecke, so verdoppelt sich auch die gemessene Zeit. Die Geschwindigkeit des Schalls wird also mit größerer Entfernung vom Erreger nicht kleiner, der Schall wird nicht etwa „müde“. ■

Für jeweils eine Wegstrecke von $s = 1{,}70$ m braucht der Schall eine Zeit von $t = 0{,}0050$ s. Die Schallgeschwindigkeit v beträgt also

$$v = s/t = 1{,}70\ \text{m}/0{,}0050\ \text{s} = 340\ \text{m/s}.$$

Dies gilt bei 20 °C. Messungen bei anderen Temperaturen haben ergeben, dass die Schallgeschwindigkeit mit zunehmender Temperatur etwas steigt. Als einfache Merkregel wollen wir festhalten:

In Luft legt der Schall in 3 Sekunden etwa einen Kilometer zurück.

Tabelle 1 zeigt die Ergebnisse von Messungen der Schallgeschwindigkeit in anderen Stoffen.

A1. Könnten sich Astronauten im All außerhalb ihrer Raumkapsel unterhalten? Hilf ihnen.

A2. Wie weit ist ein Gewitter etwa entfernt, wenn es 9 s nach dem Blitz donnert?

A3. Wie tief ist das Meer an einer Stelle, an der ein Schallsignal vom Schiff bis zum Meeresgrund und wieder zurück 20 Millisekunden benötigt? (Das „Echolot“ nutzt dieses Verfahren.)

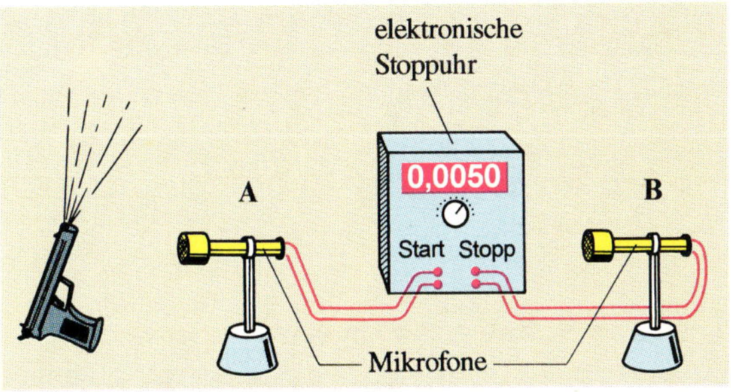

3 Messung der Schallgeschwindigkeit

Stoff	Schallgeschwindigkeit
Feste Stoffe:	
Kautschuk	35 m/s
Kork	500 m/s
Blei	1200 m/s
Kupfer	3900 m/s
Holz bis	5500 m/s
Eisen bis	5800 m/s
Flüssigkeiten:	
Tetrachlorkohlenstoff	950 m/s
Alkohol	1180 m/s
Benzol	1350 m/s
Süßwasser	1460 m/s
Salzwasser	1520 m/s
Gase:	
Kohlenstoffdioxid	260 m/s
Sauerstoff	322 m/s
Luft	340 m/s
Stickstoff	345 m/s
Helium	1005 m/s
Wasserstoff	1330 m/s

Tabelle 1 Schallgeschwindigkeiten bei 20 °C

Lautstärke in dB (A)	Beispiele und Auswirkungen
150	Zerstörung des Innenohrs
135	**Schmerzgrenze**
130	startendes Düsenflugzeug
120	Heavy-Metal-Rock, Flugzeuglärm
100	Motorrad ohne Schalldämpfer, Disko, Presslufthammer
90	**Hörschaden**
80	Moped, Eisenbahn, Stereoanlage, Straßenlärm
70	**nervliche Beeinträchtigungen**
60	Schreibmaschine, Pkw
50	Radio auf Zimmerlautstärke
40	normale Unterhaltung
20	Flüstern, Blätterrascheln
0	Hörschwelle

Tabelle 1 Schallpegel (in unmittelbarer Nähe der Quelle)

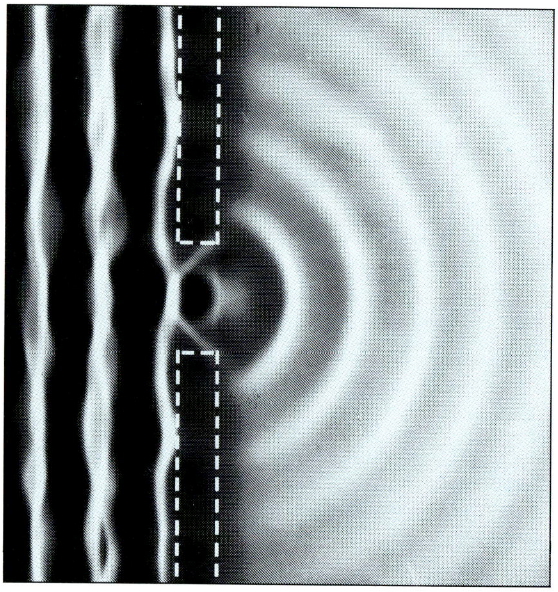

1 Wellen laufen hinter der Wand um die Ecke

Lärm und Lärmschutz

1. Wenn Schall zu Lärm wird

Nicht immer empfinden wir Schall wie Musik. Häufig ist er unerwünscht und unerträglich, und wir leiden unter dieser Lärmbelästigung. So strapazieren Rasenmäher, Mopeds oder gar Düsenflugzeuge unsere Nerven durch ihre **Lautstärke.** Auch die *Dauer eines Geräusches* kann uns stören: das Rauschen einer Autobahn, das Ticken eines Weckers bei Nacht oder ein tropfender Wasserhahn. Was wir als Lärm empfinden, hängt auch von unserer Einstellung ab: Ein Gartenfest zu später Stunde kann Nachbarn verärgern, selbst leises Flüstern stört dann; ein Motorradfahrer hört den Lärm seiner Maschine anders als Anwohner von viel befahrenen Straßen.

Unser Körper reagiert auf Lärm: Schlaflosigkeit und Nervosität können ebenso die Folge sein wie Schwerhörigkeit und Taubheit; ja sogar Schmerz kann ausgelöst werden (Schmerzschwelle). ***Schall** wird zu **Lärm**, wenn er als störend empfunden wird und wenn er **Gesundheitsschäden** verursacht.* Für die Festlegung gesetzlicher Grenzwerte wird der **Schallpegel** *(Bild 1)* gemessen. Er gibt die vom Ohr wahrgenommene Lautstärke in der Einheit Dezibel (A) an. *Tabelle 1* zeigt Pegelwerte von der Hörschwelle (0 dB(A)) bis zur Schmerzgrenze (130 dB(A)).

2. Lärmschutz

Wo Menschen unter Lärm leiden, müssen *Lärmschutzmaßnahmen* getroffen werden. Das sehen wir an den folgenden Beispielen.

Schalldämpfer: Am wirksamsten sind Maßnahmen, die den Schall daran hindern, die Schallquelle zu verlassen.

Um den Verkehrslärm zu verringern, wird bei Autos und Motorrädern ein Schalldämpfer hinter dem Motor eingebaut.

Schallschutzwände: Nicht nur der Motor, auch die Reifen verursachen Lärm. Trotz Schalldämpfer und Tempolimit werden an manchen Orten die gesetzlich vorgeschriebenen Höchstwerte für den Schallpegel überschritten. Dann werden Wände entlang den Straßen errichtet, die den Schall reflektieren sollen *(Bild 4)*. Allerdings laufen Schallwellen genau wie Wasserwellen hinter einer Wand auseinander *(Bild 1)*, sie werden **gebeugt**. Musik, die aus einem geöffneten Fenster dringt, ist auch seitlich zu hören. Völlige Geräuschvermeidung hinter einer Schallschutzwand ist deshalb wegen der Beugung unmöglich.

Wie man den Schall umlenken kann, zeigt der folgende Versuch.

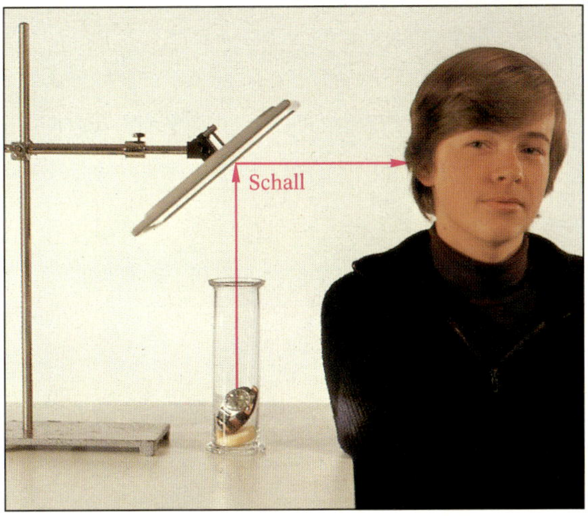

2 Schall wird reflektiert

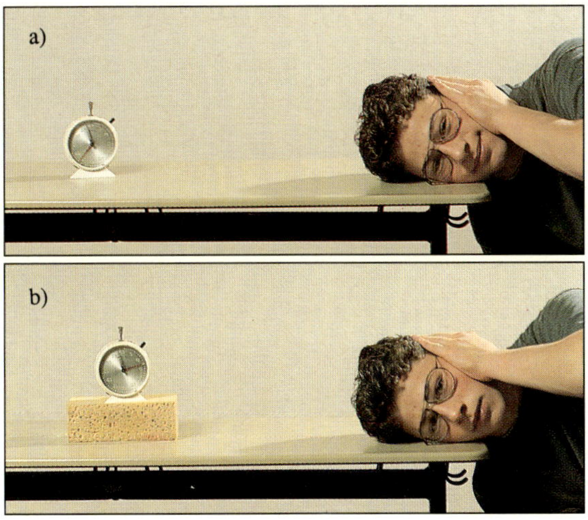

3 Harte Stoffe leiten den Schall gut, weiche schlecht

Versuch 1: Wir legen eine Stoppuhr auf Schaumgummi in ein Glasgefäß *(Bild 2)*. Ihr Ticken ist kaum zu hören. Drehen wir über dem Glasgefäß einen Spiegel, so wird das Tickgeräusch bei einer bestimmten Stellung laut. Am besten hört man es, wenn man die Uhr im Spiegel auch sehen kann. Schall wird am Spiegel wie Licht reflektiert. ■

Schallisolatoren: Innerhalb von Gebäuden ist Schalldämmung oft schwierig. Schall durchdringt Böden, Wände, Rohre oder Lüftungskanäle in unterschiedlicher Weise. Dabei spielt das Material eine wichtige Rolle.

Versuch 2: Wir stellen einen Wecker auf einen Tisch und legen ein Ohr auf die Platte. Deutlich hören wir das Ticken direkt unter unserem Ohr *(Bild 3a)*. Wiederholen wir den Versuch mit einer Schicht Schaumgummi zwischen Tischplatte und Wecker *(Bild 3b)*, so können wir kaum noch ein Ticken wahrnehmen. Harte Stoffe sind gute Schall-Leiter, weiche und poröse Stoffe leiten den Schall schlecht. ■

Gehörschutzsymbol

Metalle sind gute Schall-Leiter. Wasserrohre übertragen damit Schall in Wohnhäusern gut. Fließendes Duschwasser oder die Druckspülung von Toiletten sind oft im ganzen Haus zu hören. Eine Umhüllung mit Steinwolle oder Schaumstoff dämmt den Schall nur unzureichend. Um Trittgeräusche zu unterdrücken, wird der Bodenestrich in eine Wanne aus schallschluckenden Stoffen gelegt (schwimmender Estrich; *Bild 5*). Es darf kein Kontakt mit einer Decke oder Außenwand bestehen. Steintreppen und Stahlbetonplatten bilden Schallbrücken, wenn sie in benachbarten Wohnungen verankert sind.

4 Schallschutz durch Reflexion an Schallschutzwand

5 Schalldämmung beim Hausbau

Musik – digital verarbeitet

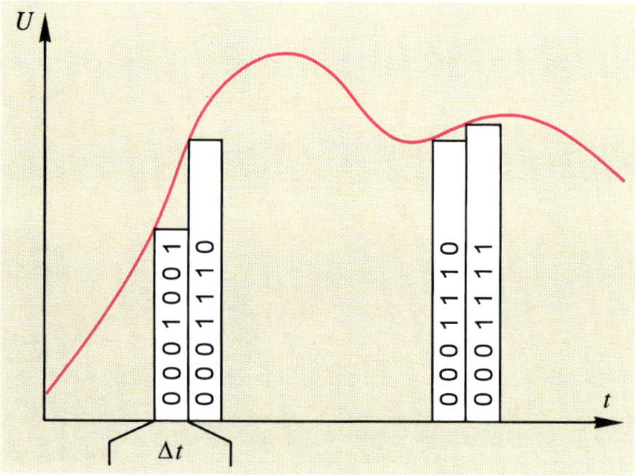

1 Zahlenprotokoll einer Schwingung. In spätestens $\Delta t = 1/44100$ s wird die Zahl jeweils ermittelt.

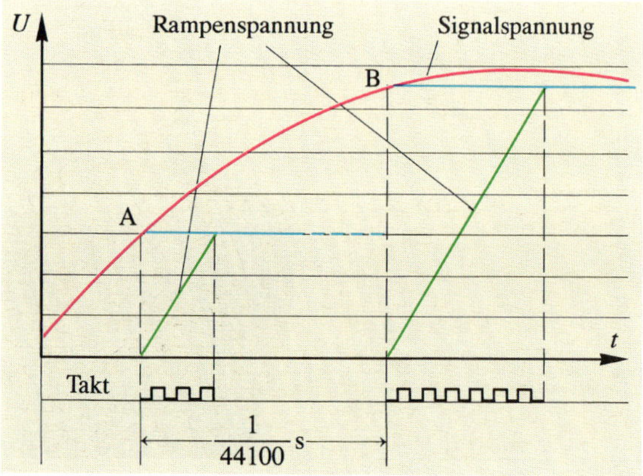

2 Je höher die momentane Signalspannung (z. B. eines Mikrofons), desto mehr Takte werden gezählt.

1. Musik – gespeichert als Zahlenliste?

Ist die Schwingung aus *Bild 1* ein Stückchen Musik aus dem „Regentropfen-Präludium“ von F. CHOPIN oder aus „Yellow Submarine“ der BEATLES? Wir wissen es nicht. Zumindest Chopin würde sich wundern, wenn wir behaupteten, seine Musik sei in einer langen Zahlenkette festgehalten und könne jederzeit wieder in perlende Klaviertöne umgesetzt werden.

Ist ein solches Zahlenprotokoll denn überhaupt möglich? Die akustischen Schwingungen der Musik werden ja bei der Aufnahme mit einem Mikrofon in zu ihr **analoge,** sich stetig ändernde elektrische Spannungswerte verwandelt. Am Oszilloskop können wir sie verfolgen. Überfordert wären wir aber, wenn wir alle dabei durchlaufenen Spannungswerte aufschreiben sollten; es sind ja unendlich viele!

2. Punktuelles Wissen genügt

Hier hilft nun aber eine überraschende Erfahrung: Man braucht für die spätere Wiederherstellung der ursprünglichen Klänge gar nicht den vollständigen Spannungsverlauf. Es genügt, die Mikrofonspannung bei der Aufnahme in regelmäßigen Abständen – also diskret – abzutasten. Später kann dann ein Generator diese Spannungswerte nacheinander wieder erzeugen und einem Lautsprecher zuführen. Die Musik klingt dann unverfälscht, wenn auch bei dem höchsten wahrnehmbaren Ton (20000 Hz) mindestens noch zwei Messwerte je Periode vorliegen.

Man muss also mehr als 40000-mal in jeder Sekunde die Spannung „protokollieren“. Für den „Minutenwalzer“ wären das 2400000 Werte. Die moderne Elektronik schafft dies, indem sie die Werte zunächst in Zahlen umsetzt. Dies geschieht bei der CD-Technik 44100-mal je Sekunde. Wie kann das gelingen?

3. Ein Analog/Digital-Wandler

Jemand misst Höhen in einem Turm mit einem Metronom. Er steigt dazu in den Aufzug und zählt bis zur 25. Etage 25 Takte. Bei einer zweiten Fahrt hält derselbe Aufzug nach dem 15. Takt. Jetzt endete die Fahrt also in der 15. Etage. Die Anzahl der Metronomtakte ist also wegen der gleichmäßigen Fahrt des Aufzugs ein Maß für das erreichte Stockwerk.

Manche Spannungs/Zahlen-Wandler (Analog/Digital-Wandler) bestehen aus „Metronom“ und „Spannungsaufzug“. Das Metronom wird durch einen elektronischen Taktgenerator ersetzt. Er liefert abwechselnd Spannung (1) – keine Spannung (0) (*Bild 3* oben). Ein angeschlossenes Lämpchen würde abwechselnd leuchten – nicht leuchten.

Zu Beginn einer Messung wird die momentane Mikrofonspannung vom Wandler übernommen und für einen kurzen Augenblick festgehalten (blaue Linie in *Bild 2*). Die Taktzählung beginnt. Gleichzeitig klettert eine vom Wandler selbst erzeugte Spannung – die *Rampenspannung* (grüne Linie) – gleichmäßig in die Höhe.

Hat dieser „Spannungsaufzug“ die festgehaltene Spannung erreicht, wird die Zählung beendet und die gefundene Zahl mit einer bestimmten Anzahl von Ziffern (engl.: digits) gespeichert. Eine solche digitale Speicherung erfolgt im binären Zahlsystem. Die Zahl 6 z.B. wird dann zu $1 \cdot 2^2 + 1 \cdot 2^1 + 0 \cdot 2^0 = (110)$.

4. Kleine Fehler sind erlaubt

In *Bild 2* sind zwei solcher Messzyklen angedeutet. Die Momentanspannung am Punk A entspricht genau drei Takten bei der Analog/Digital- (A/D-) Wandlung. Die Zahl 3 bzw. (011) gibt die Spannung also ohne Fehler wieder. Anders bei Punkt B: Die jetzt vorliegende Spannung liegt zwischen der sechsten und siebten „Spannungsetage“, aber nur 6 Takte sind gezählt worden. Bei der späteren Wiedergabe läge Punkt B dann etwas zu niedrig, der Klang wäre verzerrt. $8 = 2^3$ „Spannungsstockwerke“, die wir mit einer dreistelligen binären Zahl ermitteln können, stellen ein zu grobes Raster dar; Zwischendecken müssen eingezogen werden. In modernen A/D-Wandlern wird häufig ein Raster mit $2^{16} = 65\,536$ „Etagen“ benutzt; hierbei noch auftretende Abweichungen sind für unsere Ohren nicht mehr wahrnehmbar.

5. Das Zählen der Takte will gelernt sein

Beim Zählen der elektrischen „Metronomtakte“ helfen mehrere hintereinander geschaltete, spezielle *Flip-Flops*. Bei ihnen wechselt die Ausgangsspannung zum jeweils anderen Zustand, wenn die Spannung am Takteingang T von 1 nach 0 übergeht. Die Zählung beginnt mit 0 an allen Ausgängen Q_1, Q_2, $Q_3, \ldots$

Das erste Flip-Flop empfängt die 6 Takte 0 – 1 am Eingang T (*Bild 3* oben). Dabei wird sein Ausgang Q_1 auf 1 gesetzt, wenn das Taktsignal zum ersten Mal von 1 auf 0 abfällt. Erst bei der nächsten *absinkenden* Flanke kehrt der Ausgang auf 0 zurück, um beim Abfall der übernächsten Flanke wieder den Spannungswert 1 anzunehmen usw. *An Q_1 erscheint so nur die halbierte Taktfrequenz.*

Das zweite Flip-Flop schließt sich an; es halbiert nochmals die Frequenz (vergleiche Q_2 mit Q_1). Die anschließenden Flip-Flops arbeiten entsprechend. Betrachten wir das Ergebnis unseres *3-Bit-Zählers* in *Bild 3*: Nach sechs Takten (Linie *t*) stehen Q_3 und Q_2 auf 1. Q_1 steht gerade auf 0. Die Ziffernfolge (110) ist aber nichts anderes als die Zahl 6 in binärer Form.

In einem A/D-Wandler mit 2^{16} Rasterstufen benötigt man einen 16-Bit-Zähler aus 16 Flip-Flops und gewinnt mit ihm 16-stellige Binärzahlen.

6. Aus Musik wurden Zahlen – wo liegt der Vorteil?

Sind analog arbeitende Geräte etwa schlecht? Sicher nicht! Die von einem Mikrofon aufgenommene Schwingung muss mit all ihren feinsten Abstufungen z.B. vom Aufnahmestudo, über dic Schallplatte, das Wiedergabegerät bis zum Lautsprecher getreu erhalten bleiben. Moderne Geräte leisten dies. Längs dieser langen Kette werden dem Nutzsignal aber immer wieder kleine Störspannungen hinzugefügt (Transistoren erzeugen sie unvermeidlich selbst; es ist nicht nur der Staub auf der Schallplatte). Die Elektronik kann sie nicht von den „echten“ Signalen unterscheiden und verstärkt sie artig mit: Es rauscht im Lautsprecher.

Bei der digitalen Verarbeitung genügt es, die aus „Einsen“ und „Nullen“ bestehenden Zahlenfolgen schnell und fehlerfrei weiterzureichen (wie bei der Datenübertragung zwischen Computern). Jede Ziffer verlangt nur die grobe Unterscheidung zwischen „1“ und „0“. Dabei spielen selbst größere Störspannungen keine Rolle: So wird z.B. jede Spannung zwischen 0 V und 3 V vom nächsten Baustein der Schaltung wieder als „0“ erkannt, eine Spannung zwischen 7 V und 10 V als „1“. Die Musik kommt zuletzt wieder unverfälscht aus dem Lautsprecher. Chopin hätte genau daran seine Freude!

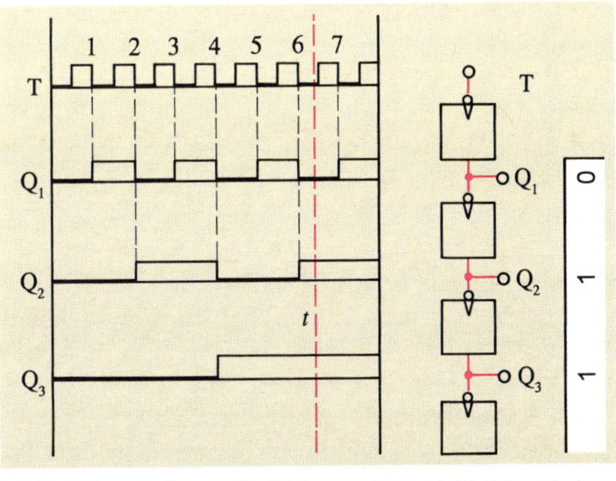

3 Flip-Flops haben sechs Takte gezählt (A/D-Wandler)

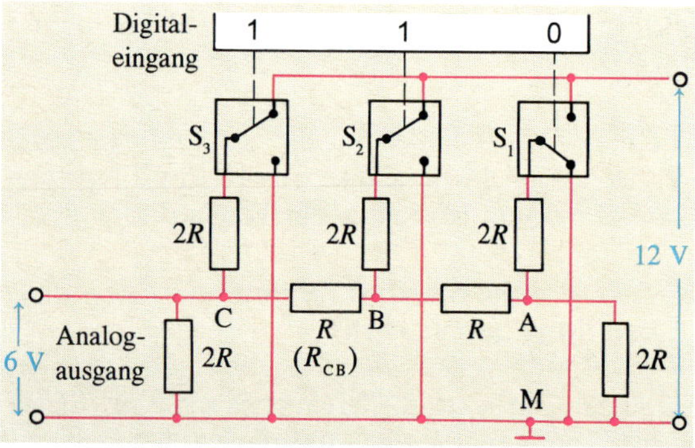

1 Ein 3-Bit-D/A-Wandler

7. Ein Digital/Analog-Wandler

Die bei der Musikaufnahme ermittelten Zahlen können nun auf verschiedenen Wegen zum Hörer gelangen – über den Rundfunk, über ein spezielles Tonband oder auch mittels einer CD. Bevor man aber die ursprüngliche Musik wieder aus dem Lautsprecher hören kann, müssen die Zahlen erst in die richtigen Spannungswerte zurückverwandelt werden. Dies kann ein R-$2R$-Wandler besorgen *(Bild 1)*.

Versuch 1: Wir bauen die Schaltung nach *Bild 1* auf. Als Widerstandswert nehmen wir $R = 1\ \text{k}\Omega$ (1% Toleranz). Normale Wechselschalter dienen als Schalter. Bei einer Versorgungsspannung von 12 V wählen wir nun nacheinander alle Schalterstellungen, die den binären Zahlen (000) bis (111) – also den Zahlen 0 bis 7 entsprechen. Am Analogausgang erscheinen dabei nacheinander die Spannungswerte 0 V bis 7 V. ■

Zur Erklärung nehmen wir wieder unser Beispiel, die Zahl 6 = (110). S_1 liegt an Masse, S_2 und S_3 liegen an 12 V. Ohne R_{CB} läge an C also schon die gewünschte Spannung von 6 V. Rechts zwischen M und B ist durch die entstandene Parallel- und Reihenschaltung der Widerstand jetzt $2R$. Auch an B liegt dann (ohne R_{CB}) die Spannung 6 V: R_{CB} spielt in diesem Fall tatsächlich keine Rolle, er führt keinen Strom; es bleibt also bei 6 V am Ausgang.

In handelsüblichen D/A-Wandlern sind die Schalter schnelle Transistoren, die je nach Eingangszustand – 1 oder 0 – die $2R$-Widerstände an (hier) 12 V oder 0 V (Masse) legen. Ein Wandler mit drei Schaltern – ein 3-Bit-Wandler – kann dreistellige Binärzahlen in elektrische Spannungen umwandeln. In CD-Spielern sind es häufig 16-Bit-Wandler.

8. Die Compact-Disc (CD)

Auf einer dünnen, kreisförmigen Scheibe läuft eine von oben eingepresste, verspiegelte Spur aus „Stegen“ und 0,00011 mm tiefen „Pits“ in etwa 20000 Umrundungen spiralförmig von innen nach außen. Die Spur *(Bild 2)* ist nur 0,0005 mm breit! Trotzdem sind in ihr alle Zahlen verborgen, die bei der A/D-Wandlung der Musikaufnahme entstanden sind. Das Pitmuster wird bei der Wiedergabe von unten durch einen Laserstrahl abgetastet *(Bild 3)*.

9. Das Abtastsystem

Das Laserstrahlenbündel durchläuft eine schräg gestellte Glasplatte G und wird von einer konvexen Linse gebündelt *(Bild 3)*. Beim Eintritt in die Transparentschicht S der CD hat das Lichtbündel noch einen Durchmesser von etwa 1 mm; ein kleines Staubkorn stört hier nicht. Danach trifft das Licht punktgenau auf der Schicht F der rotierenden CD abwechselnd Pits und Stege. Diese sind so beschaffen, dass die Reflexion beim Einlaufen eines Pits schwächer, beim Einlaufen eines Stegs wieder stärker wird. Die Helligkeitsschwankungen erzeugen Spannungsschwankungen an einem Lichtempfänger, die der eingeprägten Information entsprechen.

10. Ein Helligkeits*wechsel* wird erkannt

Es läge nun nahe, die Einsen der 16-Bit-Zahlen durch Stege und die Nullen durch Pits darzustellen. Nun kann aber eine anfangs gute Reflexion an einem Steg durch zunehmende Verschmutzung der CD mit der Zeit schlechter werden. Das Abtastsystem „sähe“ nur noch Nullen. Gut erkennbar bleiben aber die Wechsel zwischen Pits und Stegen; diese nutzt man deshalb jeweils für die Darstellung einer „1“.

11. Verschlüsseln vereinfacht die Arbeit

Für die elektronische Verarbeitung sind Zahlen aus lauter Nullen bei einer Musikpause genauso ungünstig wie viele nebeneinander liegende Einsen. Damit diese Nachteile nicht mehr auftreten, wird jede Zahl „übersetzt“. Zunächst fasst das Aufnahmegerät jeweils sechs der gewonnenen 16-Bit-Zahlen zusammen und teilt dabei jede einzelne Zahl noch in zwei 8-Bit-„Wörter“ auf *(Bild 4)*. Unter diesen Wörtern gibt es nahezu immer einige, in denen mehrere Einsen oder nur Nullen nebeneinander stehen. Dies will man ja verhindern, deshalb werden die 8-Bit-Wörter in 14-Bit-„Fremdwörter“ übersetzt.

Man wählt als „Fremdwörter“ natürlich nur solche, in denen Einsen und – zwischen ihnen – mehrere Nullen vorkommen; unter den vielen 14-stelligen Binärzahlen findet man genug davon. Unsere Zahl 6 = (00000110) könnte übersetzt also z. B. so aussehen: (00100010000100). Die vereinbarten Fremdwörter hat das Gerät in einem speziellen „Wörterbuch“ griffbereit und kann so bei jeder 8-stelligen Zahl „dolmetschen“. *Bild 4* zeigt im letzten Schritt, wie die „Einsen“ der Fremdwörter das Pitmuster bestimmen. Das Pitmuster ist kein direktes Abbild der 16-Bit-Zahlen mehr.

Die so entstandenen zwölf Fremdwörter werden nun noch durch Kontrollwörter ergänzt und zusammen mit einem – immer gleichen – 24-Bit-Synchronisierungswort zu einem 588-Bit-Paket geschnürt. Im CD-Spieler wird später Paket für Paket abgetastet.

12. Der „Meister-Takt“ dirigiert ...

... das Wandeln und Schreiben: Bei der Aufnahme wird in jeweils 1/44 100 s eine 16-Bit-Zahl ermittelt. 1/44 100 s ist die Periodendauer einer Taktschwingung mit $f = 44\,100$ Hz. Dies ist der 98. Teil von $f_0 = 4\,321\,800$ Hz. Für sechs solcher Umwandlungen vergehen $6 \cdot (1/44\,100)$ s = 0,0001361 s.

... das Lesen: In derselben Zeit von 0,0001361 s muss bei der Wiedergabe ein Paket mit den darin verpackten sechs 16-Bit-Zahlen gelesen werden. Die aus den Synchronisierungswörtern abgeleiteten Impulse werden dazu mit einer im CD-Spieler erzeugten Impulsfolge der Frequenz 7350 Hz verglichen *(Bild 5)*. Deren Periodendauer ist (1/7350) s = 0,0001361 s – wie gewünscht. Jede Abweichung zwischen den beiden Impulsfolgen führt über einen Regelkreis sofort zu einer Korrektur der Plattengeschwindigkeit.

Während nun ein Informationspaket mit der richtigen Geschwindigkeit vorbeirauscht, muss am Ausgang des Lesegerätes 588-mal in gleichen Abständen überprüft werden, ob ein Helligkeitswechsel (1) vorliegt oder nicht (0). Diese Prüfung geschieht im Gleichtakt mit einer Impulsfolge der Frequenz $7350\ \text{Hz} \cdot 588 = 4\,321\,800$ Hz – und dies ist wieder der „Meister-Takt“ mit der Frequenz f_0.

Wichtigstes Ergebnis der Prüfung sind die 14-stelligen Fremdwörter, die nun in die ursprünglichen 16-Bit-Zahlen zurückübersetzt und dann alle 1/44 100 s an einen Digital/Analog-Wandler weitergereicht werden: Musik erklingt wie im Original.

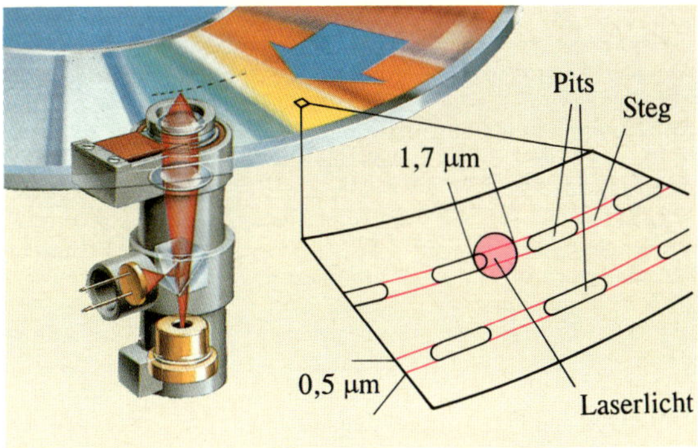

2 Die CD: in einer nur 0,0005 mm breiten Spur ist Musik mit „Pits“ und „Stegen“ gespeichert

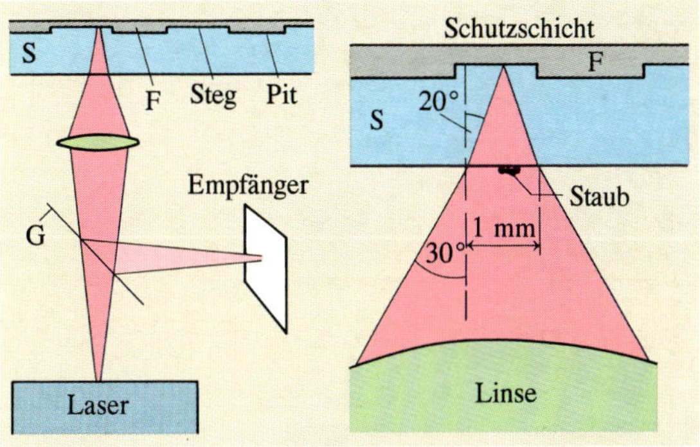

3 Das Abtastsystem – ein Staubkörnchen stört nicht

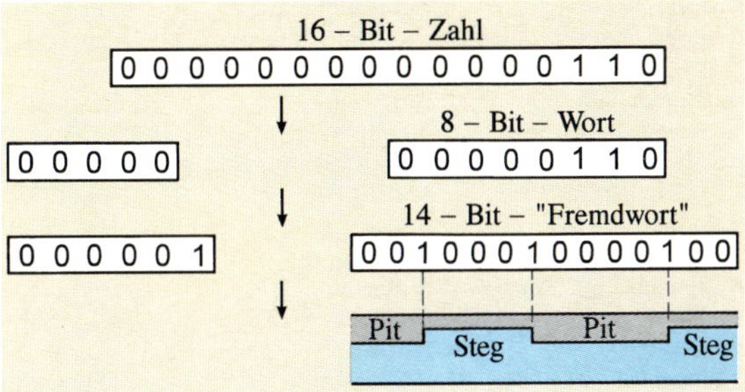

4 Von der 16-Bit-Zahl zum Pitmuster

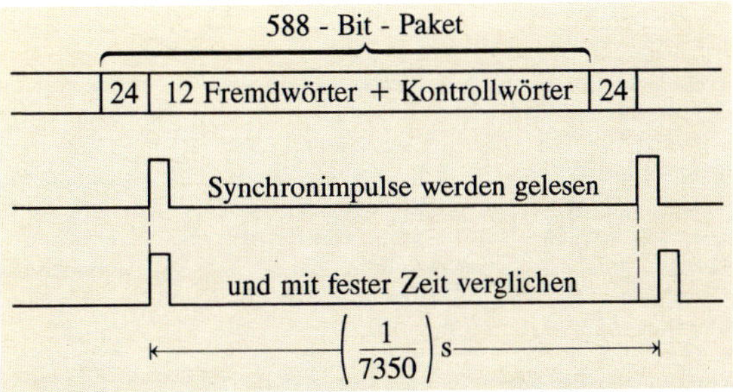

5 Je 588 Bits bilden ein Informationspaket. Die ersten 24 Bits liefern den Synchronisierungsimpuls.

A

Abbildung, optische 10
Abbildungen 38
Abbildungsmaßstab 10f., 71
Abblendlicht 23
Abbremsen 92
abgeleitete Größe 74
Ablenkungswinkel 33
absolute Temperatur 240
absoluter Druck 216
– Nullpunkt 241
Abstoßung 138
Abtastsystem 360
Abwärme 265, 270
Achse, optische 34
achsenparallele Lichtstrahlen 35
additive Farbmischung 63
Äquivalentdosis 324
äußerer Fotoeffekt 336
Akkommodation 48
Aktivität 321, 334
Alarmanlage 151
Alkohol 238
allgemeine Zustandsgleichung 241
Allstrommotor 291
α-Strahlung 312f., 334
α-Teilchen 313
α-Zerfall 319
alternative Energiequellen 271
Ampere 155
Amplitude 348f.
Analog 347
Analog/Digital-Wandler 358
analoge Schallaufzeichnung 351
Anfahren 92
Angriffspunkt 79, 100
Anhalteweg 183
Anode 121, 128
Anomalie des Wassers 238
antistatisch 127
Anziehung 138
Anziehungskraft 80
Aräometer 229
Arbeit 176, 196, 248
– elektrische 278f.
Arbeitspunkt 344
Arbeitswiderstand 345
astronomisches Fernrohr 54
Atmosphäre 222
Atombau 124f.
Atombombe 335
Atome 198
Atomhülle 124, 318
Atomkern 124, 310, 318f., 334
Aufladung, statische 126f., 277
Auflösungsvermögen 49
Auftrieb 224ff.
Auftriebskraft 232
Auge 48
Augenflüssigkeit 48
Augenlinse 48
Ausdehnung, thermische 236, 238
ausgezeichnete Strahlen 37
Ausgleichsgerade 102
Auspuff 267
Außenleiter 113
Autoabgase 256
Autobatterie 137
Autofokus 56

B

Balkenwaage 82
Bändchenlautsprecher 295
Bandgenerator 117
Barometer 216, 232
Basis 342
Becquerel 315
Belichtungsdauer 47
Benzol 201
Bernstein 127
Beschleunigung 94f.
Bestrahlung, körperinnere 322
β-Strahlung 316f., 334
β-Teilchen 316
β-Zerfall 319
Betrag 79
bewegte Elektronen 292
Bewegung 135, 177
– gleichförmige 72f.
Bewegungsenergie 174, 178f., 182f., 196
Bewegungszustand 76
Bienen 61
bikonvex 34
Bild, optisches 10
– virtuelles 19
Bildebene 46
Bilder, optische 38
Bildhebung 29
Bildhöhe 11, 38
Bildweite 11, 38
Biluxlampe 23
Bimetallstreifen 237
Bimetallthermometer 237
Bindungselektronen 337
Bit 359f.
Blendenzahl 45
Blitz 112
Blitzschutz 125
Blockheizkraftwerk 270
Bolzenbrecher 237
braunsche Röhre 121, 135
Brechung 24, 26, 32, 58, 70
Bremsen 95
Bremsflüssigkeit 202
Bremsscheibe 243
Bremsweg 182
Brennebene 36
Brennpunkt 22, 34f., 70
Brennstäbe 331
Brennstoffe, fossile 250, 270
Brennstoffkreislauf 332
Brennstrahl 35
Brennstrahlen 35
Brennweite 34f., 39
Brennwert 251
Brille 49
brownsche Bewegung 199
Boyle und Mariotte, Gesetz von 218, 232

C

C-14-Methode 321
Celsius-Skala 235
CO_2 273
Compact-Disc 360
Computer 220
Computersimulationen 221
Coulomb 155

D

Dampferzeugung 275
Dampfturbine 268
Darlingtonschaltung 344
Datenspeicherung, magnetische 301
Dauermagnet 143
Dehnungsfuge 237
Denkmodell 140
Destillation 256
Deuterium 318
deutliche Sehweite 48, 50f.
Diagnose 326
Diaprojektor 42, 52
Dichte 86f., 108
– mittlere 228
Dieselmotor 267
Diffusion 199
Digital 347
Digital/Analog-Wandler 360
Dipole, magnetische 140
Disketten 143
Dispersion 59, 66
Dissonanz 350
divergentes Lichtbündel 37
Doppel-T-Anker 290
Doppelwendel 260
Dosenbarometer 216
Dosimeter 325
Dotierung 339
Drachen 97
Dreheiseninstrument 152
Drehmoment 186ff., 192, 197
Drehmomente 190
Drehschieberpumpe 219
Drehspulinstrument 152
Drehvermögen 186
Dreifarbentheorie 64
3-T-Anker 290
Druck 202ff., 232
– absoluter 216
– hydrostatischer 209
Druckdose 213
Druckmessung 212
Druckwasserreaktor 330
Durchlassrichtung 340
dynamischer Lautsprecher 295
Dynamo 298
dynamoelektrisches Prinzip 298

E

Ebene, schiefe 107
ebene Spiegel 22
Effekt, glühelektrischer 121, 336
Eigenbedarf 307
Eigendruck 214, 218, 232
Eigenfrequenz 352
Eigenschwingung 352f.
einfache Maschinen 197
einfallender Strahl 24f.
Einfallslot 16, 24f.
Einfallswinkel 17
eingeschlossene Gase 218f.
Einheiten 74
einseitige Hebel 190
Eis 238, 252
Eisenanker 149
Eispunkt 234
elastische Verformung 88
elektrische Arbeit 278f.
– Energie 133, 268, 270, 278
– Ladung 116f., 132
– Leistung 282
– Spannung 132ff., 276f.
– Uhr 150
elektrischer Strom 110, 116
– Stromkreis 111
Elektrizitätszähler 279
Elektrode 154
Elektrolyse 128f.
Elektromagnete 149
elektromagnetische Induktion 296ff.
Elektromotor 290f.
Elektronen 120f., 124ff., 128, 311
– bewegte 292
Elektronengas 125
Elektronenhülle 310, 334
Elektronenmangel 122
Elektronenmodell 123
Elektronenstrahl 121
Elektronenströme 122
Elektronenüberschuss 122
Elektroskop 118
Elementarladung 123
Elementarmagnete 140ff.
Emitter 342
Endoskop 31
Energie 132ff., 145, 157, 176f., 185, 192, 195f., 244, 251, 255, 258, 270, 281
– elektrische 133, 268, 270, 278
– innere 179, 242f., 245, 274
– potentielle 175
– der Sonnenstrahlung 8
– unerschöpfliche 306
Energiebedarf 306f.
Energiedosis 324
Energieentwertung 180f., 197, 249, 274
Energieerhaltung 176, 178f., 196, 247ff., 255
Energieerhaltungssatz 253
Energiefluss 270
Energieformen 174f.
– mechanische 196
Energiekrise 181
Energieproblem 181, 308
Energiequellen 250
– alternative 271
– regenerative 271
Energiesparen 181
Energietransport 132, 258ff., 305
Energieübertragung 178, 186
Energie-Übertragungs-Kette 174
Energieverbrauch 181
Energieverbund 304f.
Energiewandler 133
Energiewirtschaft 272
Entsorgung 332
Erdatmosphäre 214
Erdoberfläche 232
Erdschluss 113
Erhaltung der Energie 176, 247, 255
Ersatzwiderstand 167f.
Erstarren 252
erzwungene Schwingung 353
Experimente 7

F

Fahrplan 72
Fahrradlichtmaschine 301
Fahrradpumpe 219
Faraday-Becher 125
Faraday-Käfig 125
Farbauszüge 69
Farbdia 68
Farbe 58
Farbenkreis 63
Farbfernsehen 67
Farbfilter 62
Farbfotografie 68

Farbkuppler 68
Farbmischung, additive 63
Fata Morgana 30
Feder 88
Federhärte 88
Federkraft 91
Fehlerstrom-Schutzschalter 173
Feld, homogenes 145
– magnetisches 144f.
Feldeffekttransistor 343
Feldlinie, magnetische 144
Feldlinien 147
– magnetische 292
Fernglas 55, 57
Fernhörer 286
Fernlicht 23
Fernrohr 57
– astronomisches 54
Fernsehkamera 336
Fernsehröhre 121, 294
Fernsprecher 286
Fernthermometer 235
Fernwärme 307
ferromagnetisch 143
feste Rolle 100
Festkörper 201
Festwiderstand 163
Filmprojektor 43
Fixfokus 56
Flaschenzug 101, 197
Flip-Flop 347, 359
fluoreszieren 61
Flüssigkeiten 201, 238
Flüssigkristallthermometer 235
fokussieren 46
fossile Brennstoffe 250, 270
Fotoapparat 44
Fotodioden 341
Fotoeffekt, äußerer 336
– innerer 338, 341
Fotokathode 336
Fotovoltaik 271
Freibordmarken 229
Frequenz 348f.
Frigen 257

G

Galvanisieren 129
γ-Strahlung 316f., 334
Gas, ideales 240
Gase 201
– eingeschlossene 218f.
Gasentladungslampe 60
gebrochener Strahl 24f.
Gefäße, verbundene 212
Gegenkraft 96ff., 103
Gegenstandsebene 46
Gegenstandshöhe 11
Gegenstandsweite 11, 38
Gegenstromverfahren 269
Gegentakt 345
Gehäuseschluss 172
Geiger-Müller-Zählrohr 314f.
gekrümmte Spiegel 22
Gelbfilter 63
Generator 298
genetische Strahlenschäden 323
Geometrie 19, 105
Gesamtenergie 178f., 196
Gesamtstromstärke 166
Geschwindigkeit 72, 75
– mittlere 242
Gesetz des Archimedes 232
hookesches 89
– von Boyle und Mariotte 218, 232
Getriebe 192f.
Gewichtskraft 80f., 84, 108, 209
Gezeitenkraftwerk 272
Glasfaser 31
Glaskörper 48
gleichförmige Bewegung 72f.
Gleichgewicht 193, 195
– indifferentes 195
– labiles 195
– stabiles 195
gleichnamige Pole 138f.
Gleichrichtung 123
Gleitreibung 98
Glimmlampe 112
Glühdiode 121
Glühdraht 260
glühelektrischer Effekt 121, 336
Glühlampen 278
Glühlicht, weißes 59
Glykol 238
Golfstrom 261
Gong 150
Grenzwerte 333
Grenzwinkel 26, 33
Größe, abgeleitete 74
– skalare 79
Größen 74, 84
Grundlast 304

H

Haftkraft 99
Halbleiter 336ff.
Halbleiterdioden 340f.
Halbschatten 13
Halbwertszeit 320f., 334
Halogenlampe 60, 287
Hangabtriebskraft 107
hartmagnetische Werkstoffe 143
Hebebühne 206
Hebel 188, 191, 197
– einseitige 190
Hebelgesetze 189
Heißleiter 337
Heißluftballon 230
Heißluftmotor 264
Heißwasserspeicher 279
Heizkraftwerk 275
Heizung 257
Heizwert, spezifischer 250
Hiroshima 323
Hochdruckgebiet 214, 222
Hochspannungsfreileitung 167
Hochspannungstrafo 303
Hochstromtrafo 303
Höhenenergie 175ff., 196
Hohlspiegel 22
homogen 148
homogenes Feld 145
– hookesches Gesetz 89, 153
Hornhaut 48
Hupe 150
Hydraulik 206f.
hydraulische Presse 206
hydrostatischer Druck 209
hydrostatisches Paradoxon 210

I

ideales Gas 240
indifferentes Gleichgewicht 195
Induktion, elektromagnetische 296ff.
industrielle Revolution 264
Influenz 119, 126f.
infrarotes Licht 61
Innenpolmaschine 301
innere Energie 179, 242f., 245
innerer Fotoeffekt 338, 341
Intervall, musikalisches 350
Ionen 128, 334
Ionisationskammer 320
ionisierende Teilchen 314
Irisblende 48
Isobaren 214
Isolatoren 110f., 337
Isotope 318, 334

J

Joule 176

K

Kältemittel 257
Kapselpumpe 219
Kathode 121, 128
Keilwinkel 33
Kelvin-Skala 240
Kennlinie 340
Kern 302
Kernart 318
Kernenergie 329, 335
Kernkraftwerke 273, 304, 330f., 335
Kernkräfte 318, 334
Kernladungszahl 318, 334
Kernreaktionen 327, 335
Kernreaktoren 330
Kernschatten 13
Kernspaltung 328f., 335
Kernumwandlung, künstliche 327
Kettenreaktion 314
– unkontrollierte 329
Kilogramm 83
Kilowatt 185
Kippspannung 280
Klang 350
Klangfarbe 350
Klavier 352
Klimazonen 223
Klingel 150
Knautschzone 181
Kochen 256
Kohlekörnermikrofon 286
Kohlenbogenlampe 60
Kolbendampfmaschine 264
Kolbendruck 202, 204f., 232
Kollektor 342
Kollektorstrom 345
Kombikraftwerk 270, 275
Kommutator 297
Kompassnadel 138
Komplementärfarben 62
Komponenten 105f.
Kompressor 219, 257
Kondensation 256
Kondensator 257
Kondensieren 254
Kondensstreifen 256
konkavkonvex 34
Konsonanz 350
Konstantan 160
kontinuierliches Spektrum 60
Konvektion 258
konventionelle Stromrichtung 122
Körper 76, 81f.
körperinnere Bestrahlung 322
kosmische Strahlung 322
Kraft 95f., 103, 108f., 135, 196
– resultierende 78, 90
Kraftarm 186, 188
Kräfte 76
– magnetische 138, 144
Kräftegleichgewicht 90f., 103
Kräftemaßstab 79
Kräftezerlegung 197
Kraftmesser 77f.
Kraftrichtung 79
Kraft-Wärme-Kopplung 270
Kraftwandler 192f., 197
Kraftzerlegung 106
Kristalle 200
kritische Masse 329
Kühlmittel 331
Kühlschrank 257
künstliche Kernumwandlung 327
Kurbel 192
Kurzschluss 114, 156, 163
Kurzsichtigkeit 49

L

labiles Gleichgewicht 195
Labradorstrom 261
Ladung 116f., 132, 154ff.
– negative 118
– positive 118
– ruhende 116
Ladungen 276
Ladungsmessung 129
Ladungsträger 120f.
Lärm 356
Lärmschutz 356
Lageenergie 175
Lampen 286
Landklima 246
Landwirtschaft 326
Laserlicht 58
Laterna magica 42
Laufrad 268
Lautsprecher 295
– dynamischer 295
Leistung 184f., 196, 278f., 281
– elektrische 282
Leistungsbedarf 303
Leiter 110f., 337
Leitschaufel 268
Leitungen 110
Leitungselektronen 337, 339
Leitwert 167
Leuchtdiode 56, 114
Leuchtstofflampe 112, 287
Licht 133, 135
– infrarotes 61
– ultraviolettes 61
Lichtausbeute 287
Lichtausbreitung 8
Lichtbündel 8f.
– divergentes 37
Lichtgeschwindigkeit 20
Lichtleiter 31
Lichtquelle 8, 12f.
Lichtstrahl 8f., 70
– achsenparallel 35
Lichtweg 26
Linienspektren 58
Linke-Faust-Regel 147
Linke-Hand-Regel 292, 296
Linse 34, 70
Linsengleichung 40
Lochblende 10
Lochkamera 11, 44
Löcher 339

Lorentzkraft 292ff.
lose Rolle 101, 177
Lot 70
Luft 7
Luftdruck 7, 214ff., 220, 222, 232
Luftpumpe 219
Luftspiegelung 30
Lupe 50

M

Magnete 138f., 290
Magnetfeld 144, 146, 293
– von Spulen 148f.
magnetische Datenspeicherung 301
– Dipole 140
– Feldlinien 144, 292
– Kräfte 138, 144
– Stromwirkung 146f.
magnetisches Feld 144f.
magnetisieren 141f.
Magnetismus, remanenter 149
Manometer 207
Maschinen, einfache 197
Masse 82, 84, 95, 108f.
– kritische 329
Massenanziehung 102
Massenzahl 334
Materialkonstante 86
Materie 124
Mattscheibe 8
mechanische Energieform 196
Medizin 326
Messbereich 153, 285
Messfehler 102
Messreihe 102
Messwerte 102
Mikroskop 50, 52, 71
Minuspol 118
Mittelebene 34
Mittelpunkt, optischer 34
Mittelpunktsstrahl 36, 49
mittlere Dichte 228
mittlere Geschwindigkeit 242
Modellflüssigkeit 198
Modellvorstellung 338
Moderator 330
Molekularbewegung 199
Molekülbewegung 242
Moleküle 198
Mond 14
Mondfinsternis 15
Mondphasen 14
Monochord 352
Monozellen 135
MOSFET 343
Motor 298
Musik 348, 358
musikalisches Intervall 350

N

Nachtstrom 279
Nagasaki 323
Nahpunkt 48
natürliche Strahlenbelastung 322
Natur 6
Naturgesetze 102
Nebelkammer 312, 334
Nebelkammeraufnahme 317
negative Ladung 118
Nennleistung 185, 278
Nennspannung 278
Netzhautbild 49
Neumond 14
neutralisieren 118
Neutronen 318, 334
– schnelle 328
– thermische 328
Neutroneneinfang 327, 335
Newton 78
Nichtleiter 125
Niederspannungstrafo 303
Nordpole 138
Normdruck 222
Nukleonen 334
Nukleonenzahl 318
Nuklide, radioaktive 326
Nuklidkarte 318
Nulleffekt 315
Nullpunkt, absoluter 241
Nutzarbeit 265
Nutzenergie 307
Nutzwärme 270

O

Obertöne 351
Objektiv 44, 53
Ocker 65
Ohm 159
ohmsches Gesetz 158, 160f.
Okular 53
Optik 8
optisch dichtes Mittel 24f.
– dünnes Mittel 24f.
optische Abbildung 10, 70
optische Achse 34
optische Bilder 10, 38
optische Täuschung 27
optischer Mittelpunkt 34
optisches Prisma 32f.
Ordnungszahl 334
Ortsfaktor 84, 108
Oszilloskop 135, 280, 316
Ottomotor 266

P

Parallelschalten 137
Parallelschaltung 156, 166, 282, 284
Periode 349
Periodendauer 348
Phosphoreszenz 61
Physik 348
plankonvex 34
plastische Verformung 88
Pluspol 118
Plutonium 332
Polarlicht 295
Pole 112, 138f.
– gleichnamige 138f.
– ungleichnamige 138f.
positive Ladung 118
potentielle Energie 175
Potentiometer 170
Presse, hydraulische 206
Primärenergie 270, 306
Primärkreislauf 331
Primärregelung 304
Primärspule 302
Prisma 58, 70
– optisches 32f.
Projektoren 42
Proportionalität 88, 102, 158
Proportionalitätsfaktor 89, 102
Protonen 318
Prozesswärme 307
Pumpspeicherwerk 298
Punktlichtlampe 9
Purpur 63

Q

Quecksilberbarometer 216
Quecksilberdampflampe 60

R

radioaktiv 312
radioaktive Nuklide 326
radioaktiver Zerfall 318f., 334
Radon 322
Räder 186
Randstrahlen 13
Rauch 256
Rauchgasreinigung 273
Reaktionsweg 182
Reaktoren, thermische 330
Reed-Relais 151
Reflexion 16
Reflexionsgesetz 16, 25, 31, 70
Regelstäbe 331
Regenbogen 66
regenerative Energiequellen 271
Reibung 93, 98f., 179, 196, 248
Reifendruck 202, 217
Reihenschaltung 136, 168, 282, 284
Relais 151
remanenter Magnetismus 149
Resonanz 352f.
Resultierende 104
resultierende Kraft 78, 90
Revolution, industrielle 264
Risikoanalysen 333
Röntgenstrahlung 311
Rolle, feste 100
– lose 101, 177
Rollreibung 99
Rückstellkraft 152
Rückstoß 97
Rückstrahler 21
Ruhe 92
ruhende Ladung 116

S

Sammellinse 34, 70
Satz des Archimedes 224
Schadenshöhe 333
Schäden, somatische 323
– stochastische 323
Schärfentiefe 46
Schall 6, 348
Schalldämpfer 356
Schallgeschwindigkeit 74
Schallpegel 356
Schallschutzwände 356
Schallwelle 354f.
Schalter 346f.
Schaltplan 111
Schaltzeichen 111
Schatten 12
Scheibenbremse 207
Scheinwerfer 23
Schichtwiderstand 163
Schiebewiderstand 162
schiefe Ebene 107
Schiffe 229
Schirm 8
Schleusenanlage 212
Schlieren 27, 29
Schmelzen 252
Schmelzsicherung 157
Schmelztemperatur 252
Schmelzwärme, spezifische 252, 274
Schmieren 99
Schneeflocke 200
schnelle Neutronen 328
schneller Brüter 332
Schreibkopf 143
Schutzisolierung 173
Schutzkleinspannungen 173
Schutzkontaktstecker 172
Schutzleiter 172
Schutztrennung 173
Schweben 228f., 232
Schweredruck 208f., 211, 232
Schwerkraft 80
Schwerpunkt 193, 195
Schwimmen 228f., 232
Schwingung 348
– erzwungene 353
Seeklima 246
Sehen 64
Sehnerv 48
Sehweite, deutliche 48, 50f.
Sehwinkel 49
Seilmaschine 100
Sekundärkreislauf 331
Sekundärregelung 304
Sekundärspule 302
Selbstunterbrecher 150
Senkwaage 229
Sensor 56
Sensorschaltung 344
Sicherheitsgurte 181
Sicherungsautomaten 151
sichtbare Ströme 128
Sieden 254
Siedepunkt 234
Sinken 228f., 232
skalare Größe 79
Sofortschäden 323
Solarkollektor 271
Solarkraftwerk 271
somatische Schäden 323
Sonnenfinsternis 15
Sonnenstrahlung, Energie der 8
Spannenergie 179, 196
Spannung 114, 134, 170, 172, 276, 280f., 284
– elektrische 132ff., 276f.
Spannungsmesser 160, 285
Spannungsteiler 171
Spannungsumkehr 346
Spätschäden 323
Spektralanalyse 60
spektralrein 59
Spektralzerlegung 58
Spektrum 58
– kontinuierliches 60
Sperrrichtung 340
spezifische Schmelzwärme 252
– Verdampfungswärme 255
– Wärme 245
spezifischer Heizwert 250
– Widerstand 162
Spiegel, ebene 22
– gekrümmte 22
Spiegelbilder 18
Spiegelebene 19

Spitzenlast 304
Sprungtemperatur 288
Spule 148
Spurt 95
Stäbchen 64
stabiles Gleichgewicht 195
statische Aufladung 126f., 277
Staudamm 213
Steckdose 113
Steigen 232
Steuerkennlinie 343
Steuern 343
Stirlingmotor 264f.
stochastische Schäden 323
Stoffe 86
Strahl, einfallender 24f.
– gebrochener 24f.
Strahlen, ausgezeichnete 37
Strahlenbelastung 324
– natürliche 322
Strahlensatz 40
Strahlenschäden 335
– genetische 323
Strahlenschutz 322ff., 335
Strahlenschutz-verordnung 333
Strahlung, kosmische 322
– terrestrische 322
Stratosphäre 223
Strecke 75
Strom 280, 284
– elektrischer 110, 116
– Wärmewirkung 125
Ströme, sichtbare 128
Stromerzeuger 304
Stromkreis 110, 117, 132
– elektrischer 111
– unverzweigter 168
– verzweigter 166f.
Stromkreise 282
Strommesser 152, 285
Stromquelle 110f., 117, 132
Stromquellen 136
Stromrichtung 122, 147
– konventionelle 122
Stromstärke 154ff., 277, 280f.
Stromverbrauchs-abrechnung 279
Stromverzweigung 156
Stromwirkung, magnetische 146f.
Sublimation 254
Südpole 138
Supermotor 266
Supraleiter 288
Symmetrieachse 193
Synthesizer 351

T

Tafelwaage 82
Tageslicht 64
Tageslichtprojektor 43
Täuschung, optische 27
Tauchen 213
Taucher 230
Taucherkugel 209
Tauchsieder 244
technische Wechselspannung 297
Teilchen, ionisierende 314
Teilchenmodell 198ff., 203, 255
Teilleistung 283
Teilspannung 283
Teilspannungen 168
Teilwiderstand 168
Teleobjektiv 45
Temperatur 157, 160, 234f., 242f., 274
– absolute 240
Temperaturmessung 234f.
Temperaturstrahlung 259
terrestrische Stahlung 322
Therapie 326
thermische Ausdehnung 236, 238
– Neutronen 328
– Reaktoren 330
Thermometer 234
Thermosflasche 260
Tiefdruckgebiet 214, 222
Ton 348
Tonhöhe 350
Totalreflexion 30f.
Trägheitssatz 92f.
Tragflächen 97
Transformator 302
Transistor 346
Transistoreffekt 342f.
Treibhauseffekt 273, 309
Treibhausgase 309
Trenntrafo 173
Tripelspiegel 20
Tritium 318
Trommelfell 208
Troposphäre 223
Türöffner 150

U

Überdruck 217
Übersichtigkeit 49
Uhr, elektrische 150
ultraviolettes Licht 61
Umkehrentwicklung 68
Umwandlungsverluste 307
unerschöpfliche Energie 306
Unfall 182
ungeordnete Molekülbewegung 242
ungleichnamige Pole 138f.
unkontrollierte Kettenreaktion 329
Unordnung 141
Unterdruck 217
unverzweigter Stromkreis 168
Ursache-Wirkungs-Zusammenhang 77
Ursprungsgerade 72

V

Vakuum 7, 145, 216
Vakuumfotozelle 336
Vakuumpumpe 219
Varioobjektiv 45
Vektoraddition 105
Vektorgrößen 79
Vektorparallelogramm 105
verbundene Gefäße 212
Verdampfen 254
Verdampfer 257
Verdampfungswärme, spezifische 255, 274
Verdrängerkolben 264
verformt 76
Verformung, elastische 88
– plastische 88
Vergrößerung 50ff., 71
Vergrößerungsapparat 43
Verlustenergie 307
Verstärker 344f.
verzweigter Stromkreis 166f.
Vierfarbendruck 69
Viertaktmotor 267
virtuelles Bild 19
Vollmond 14
Volt 134
Volumen 86
Vorwiderstand 170

W

Wackelkontakt 286
Wägesatz 82
Wärme 133, 135, 157, 179, 196, 244f., 248, 257, 274f.
– spezifische 245
Wärmeisolation 260
Wärmekraftmaschinen 264
Wärmekraftwerk 133, 268, 331
Wärmeleitfähigkeit 260
Wärmeleitung 258
Wärmepumpe 257, 266
Wärmetauscher 257, 331
Wärmewirkung des Stroms 125
Wandler 286
Wasser 238
– Anomalie 238
Wasserbarometer 216
Wasserdampf 254
Wasserkraftwerk 272, 305
Wasserstofflampe 60
Wasserstromkreis 117
Wasserversorgung 212
Wechselgetriebe 193
Wechselschaltung 114
Wechselspannung 280
– technische 297
Wechselstrom 113, 123
Wechselstromquelle 123
Wechselwirkungsgesetz 96, 108
Weg 196
Weicheisen 143
Weiß 62
weißes Glühlicht 59
Weitwinkelobjektiv 45
Welle 354
Wellrad 187, 191
Weltraum 6
Werkstoffe, hartmagnetische 143
Wetterkarten 222
Wettervorhersage 222
Widerstand 158f., 161, 167, 284
– spezifischer 162
Widerstandsthermometer 161
Wiederaufarbeitungs-anlage 332
Windgeneratoren 272
Windpark 272
Windregel 222
Winkelspiegel 20
Wirkung 76
Wirkungsgrad 250f., 265, 274, 332
Wirkungslinie 186f.
Wölbspiegel 23

Z

Zählrate 314
Zählrohr 314, 334
Zapfen 64
Zeit 75
Zerfall, radioaktiver 318f., 334
Zerfallsreihe 319, 334
Zerstreuungslinse 44
Zoomobjektiv 45
Zustandsänderung 256
Zustandsgleichung, allgemeine 241
Zustandsgrößen 241
Zweitaktmotor 267
Zwischenbild 52, 54
Zylinder 267

Druckeinheiten

	Pa = N/m²	bar	at*	mm W.S.*	atm*	Torr*
1 Pa = 1 N/m²	1	10^{-5}	$1{,}0197 \cdot 10^{-5}$	0,10197	$0{,}9869 \cdot 10^{-5}$	$0{,}75006 \cdot 10^{-2}$
1 bar	10^5	1	1,0197	$1{,}0197 \cdot 10^4$	0,98692	$0{,}75006 \cdot 10^3$
1 at*	$0{,}980665 \cdot 10^5$	0,980665	1	$1{,}00003 \cdot 10^4$	0,96784	$0{,}73556 \cdot 10^3$
1 mm W.S.*	9,8064	$0{,}98064 \cdot 10^{-4}$	$0{,}99997 \cdot 10^{-4}$	1	$0{,}96781 \cdot 10^{-4}$	$0{,}73554 \cdot 10^{-1}$
1 atm*	$1{,}01325 \cdot 10^5$	1,01325	1,03323	$1{,}03326 \cdot 10^4$	1	760
1 Torr*	$1{,}3332 \cdot 10^2$	$1{,}3332 \cdot 10^{-3}$	$1{,}3595 \cdot 10^{-3}$	13,595	$1{,}3158 \cdot 10^{-3}$	1

1 bar = 10 N/cm²; 1 mbar (Millibar) = 1 cN/cm²; 1 at* = 1 kp*/cm² (technische Atmosphäre).
1 mm W.S.* ist der Druck einer 1 mm hohen Wassersäule von 4 °C beim Ortsfaktor $g = 9{,}80665$ N/kg.
1 kp* ist gleich der Gewichtskraft eines 1 kg-Stücks am Normort; 1 kp* = 9,80665 N.
1 atm* (physikalische Atmosphäre) = 760 Torr* = 1,01325 bar ist der sog. Normdruck.
1 Torr* bedeutet den Druck einer 1 mm hohen Quecksilbersäule von 0 °C am Normort.

Energieeinheiten

	J	kWh	cal*	eV
1 J	1	$2{,}7777 \cdot 10^{-7}$	0,23884	$0{,}6242 \cdot 10^{19}$
1 kWh	$3{,}6000 \cdot 10^6$	1	$0{,}8598 \cdot 10^6$	$2{,}247 \cdot 10^{25}$
1 cal*	4,1868	$1{,}1630 \cdot 10^{-6}$	1	$2{,}613 \cdot 10^{19}$
1 eV	$1{,}602 \cdot 10^{-19}$	$4{,}45 \cdot 10^{-26}$	$3{,}826 \cdot 10^{-20}$	1

1 J (Joule) = 1 Nm (Newtonmeter); 1 kWh = 1000 W · 1 h = $3{,}6 \cdot 10^6$ Joule.
1 eV (Elektronvolt) ist die Energie, die ein Teilchen mit der Elementarladung $e = 1{,}6 \cdot 10^{-19}$ C beim Durchlaufen der Spannung 1 Volt aufnimmt.

Massen, Längen und Zeiten

Massen (in kg)		**Längen und Ausdehnungen** (in m)		**Zeiten** (1 a = 1 Jahr)	
Weltall	$\approx 10^{50}$	Weltall (∅)	$\approx 10^{26}$	Weltalter	10^{10} a
Sonne	$1{,}99 \cdot 10^{30}$	1 Lichtjahr	$9{,}46 \cdot 10^{15}$	Erdalter	$5 \cdot 10^9$ a
Erde	$5{,}98 \cdot 10^{24}$	Erde (∅)	$1{,}28 \cdot 10^{10}$	Halbwertszeit von Uran	$5 \cdot 10^9$ a
Mond	$7{,}3 \cdot 10^{22}$	Berlin (∅)	$\approx 10^5$	Erdkruste	$3 \cdot 10^9$ a
Lufthülle der Erde	$2 \cdot 10^{18}$	Mensch	1,75	Paläozoikum vor	$2 \cdot 10^9$ a
Cheopspyramide	$6 \cdot 10^9$	Bakterien	$\approx 10^{-6}$	Mesozoikum vor	$5 \cdot 10^8$ a
Mensch	$7 \cdot 10^1$	Atome	$\approx 10^{-10}$	Spuren des	
1 l Wasser	1	Atomkern	$\approx 10^{-14}$	ersten Menschen vor	$6 \cdot 10^5$ a
Fliege	$\approx 10^{-3}$	Elektron	$1{,}4 \cdot 10^{-15}$	Neandertaler vor	$2 \cdot 10^5$ a
Staubkorn	$\approx 10^{-10}$			Bronzezeit vor	$5 \cdot 10^3$ a
Uranatom	$4 \cdot 10^{-25}$			Lichtlaufzeit Sonne – Erde	500 s
Elektron	$9{,}1 \cdot 10^{-31}$			Pulsschlag des Menschen	≈ 1 s

* veraltete, nicht mehr zugelassene Einheiten

Eigenschaften von Festkörpern, Flüssigkeiten und Gasen

Feste Körper	Dichte in g/cm^3	Längenausdehnungszahl in $mm/(m \cdot K)$	Spezifische Wärme in $kJ/(kg \cdot K)$	Schmelzpunkt in °C	Spezifische Schmelzwärme in kJ/kg
Aluminium	2,70	$2{,}4 \cdot 10^{-2}$	0,9	660	397
Blei	11,34	$3{,}1 \cdot 10^{-2}$	0,13	327	23
Eisen (rein)	7,86	$1{,}2 \cdot 10^{-2}$	0,45	1535	277
Jenaer Glas	2,5	$0{,}8 \cdot 10^{-2}$	0,78	–	–
Gold	19,3	$1{,}4 \cdot 10^{-2}$	0,13	1063	64
Kupfer	8,93	$1{,}7 \cdot 10^{-2}$	0,38	1083	205
Magnesium	1,74	$2{,}6 \cdot 10^{-2}$	1,02	650	370
Natrium	0,97	$7{,}1 \cdot 10^{-2}$	1,22	97,8	113
Platin	21,4	$0{,}9 \cdot 10^{-2}$	0,13	1769	111
Silber	10,51	$2{,}0 \cdot 10^{-2}$	0,24	960,5	105
Wolfram	19,3	$0{,}4 \cdot 10^{-2}$	0,13	3380	191
Zink	7,14	$2{,}6 \cdot 10^{-2}$	0,39	419,5	109

Die Längenausdehnungszahl gibt die Längenzunahme ΔL(in mm) eines 1 m langen Stabes bei 1K Temperaturzunahme an.

Flüssigkeiten	Dichte bei 18 °C in g/cm^3	Raumausdehnungszahl in $dm^3/(m^3 \cdot K)$	Spezifische Wärme in $kJ/(kg \cdot K)$	Siedepunkt bei 1,013 bar in °C	Verdampfungswärme in $kJ\,kg^{-1}$
Äthanol	0,791	1,1	2,43	78,3	840
Benzol	0,879	1,2	1,73	80,1	394
Diäthyläther	0,716	1,6	2,31	34,5	384
Glycerin	1,260	0,5	2,39	290,5	–
Petroleum	0,85	1,0	2,1	150–300	–
Quecksilber	13,55	0,2	0,14	357	285
Wasser	0,9986	≈0,2	4,19	100	2256

Die Raumausdehnungszahl gibt die Volumenzunahme ΔV (in dm^3) von 1 m^3 bei 1 K Temperaturzunahme an.

Gase	Dichte bei 0 °C und 1,013 bar in g/dm^3	Dichte als Flüssigkeit in g/cm^3	Spezifische Wärme in $kJ/(kg \cdot K)$	Schmelzpunkt in °C	Siedepunkt bei 1,013 bar in °C
Ammoniak	0,771	0,68	2,16	– 77,7	– 33,4
Chlor	3,21	–	0,74	–101	– 34,1
Helium	0,178	0,13	5,23	–272	–269
Kohlenstoffdioxid	1,98	–	0,84	–	– 78,5
Luft	1,293	–	1,01	–213	–191
Sauerstoff	1,43	1,13	0,92	–219	–183
Stickstoff	1,25	0,81	1,04	–210	–196
Wasserdampf 100 °C; 1,013 bar	0,6	0,96	1,95	–	–
Wasserstoff	0,0899	0,07	14,32	–259	–253

Vorsilben für dezimale Vielfache und Teile von Einheiten

Vorsilbe	Exa (E)	Peta (P)	Tera (T)	Giga (G)	Mega (M)	Kilo (k)	Hekto (h)	Deka (da)
bedeutet	10^{18}	10^{15}	10^{12}	10^{9}	10^{6}	10^{3}	10^{2}	10^{1}
Vorsilbe	Dezi (d)	Zenti (c)	Milli (m)	Mikro (μ)	Nano (n)	Piko (p)	Femto (f)	Atto (a)
bedeutet	10^{-1}	10^{-2}	10^{-3}	10^{-6}	10^{-9}	10^{-12}	10^{-15}	10^{-18}

Farbcode auf Schichtwiderständen

	schwarz	braun	rot	orange	gelb	grün	blau	violett	grau	weiß	gold	silber
1. Ring	0	1	2	3	4	5	6	7	8	9		
2. Ring	0	1	2	3	4	5	6	7	8	9		
3. Ring		0	00	000	0000	00000	usw.				:10	:100
4. Ring		±1%	±2%								±5%	±10%

Spezifischer Widerstand bei 18 °C

Stoff	$\Omega\,mm^2/m$	Stoff	$\Omega\,mm^2/m$	Stoff	$\Omega\,mm^2/m$
Silber	0,016	Kohle	50 ... 100	Polystrol	$5 \cdot 10^{18}$
Kupfer	0,017	Germanium	900	Glas	$10^{16} \ldots 10^{19}$
Gold	0,023	Silizium	1200	Porzellan	$10^{19} \ldots 10^{20}$
Aluminium	0,028	Meerwasser	200000	Glimmer	$10^{19} \ldots 10^{21}$
Wolfram	0,049	dest. Wasser	10^{10}	Hartgummi	$10^{19} \ldots 10^{21}$
Nickel	0,07	Schiefer	10^{12}	Paraffin	$10^{20} \ldots 10^{22}$
Eisen	0,1 ... 0,5	Marmor	$10^{13} \ldots 10^{14}$	Siegellack	10^{22}
Konstantan	0,5	Preßspan	10^{14}	Bernstein	$> 10^{22}$

Schwingungsfrequenzen der Tonleiter in Hz

Ton	c′	cis′	d′	dis′	e′	f′	fis′	g′	gis′	a′	ais′	h′	c″
rein	264	278	297	313	330	352	374	396	418	**440**	467	495	528
temperiert*	262	277	294	311	330	349	370	392	415	**440**	466	494	524

* temperierte oder gleichschwebende Stimmung: Halbtonschritte $\sqrt[12]{2} \approx 1{,}059$fache

Internationale Einheiten

1 inch (in, Zoll)	= 2,54 cm	1 ounce (oz)	= 28,35 g
1 foot (ft) = 12 in	= 30,48 cm	1 pound (lb)	= 16 oz = 453,6 g
1 yard (yd) = 3 ft	= 91,44 cm	1 quarter (qu)	= 28 lbs = 12,70 kg
1 mile = 1760 yd	= 1609 m	1 short ton	= 2000 lbs = 907,2 kg
1 acre	= 4047 m^2	1 long ton	= 2240 lbs = 1016 kg
			englisch amerikanisch
1 geographische Meile	= 7420 m	1 pint (liq. pt.)	= 0,5683 l = 0,4732 l
1 Seemeile (sm)	= 1852 m	1 quart = 2 pints	= 1,1365 l = 0,9464 l
1 Knoten (kn) = 1 sm/h	= 0,5144 m/s	1 gallon = 4 quarts	= 4,5461 l = 3,7854 l
1 Faden	= 1,829 m	1 petroleum barrel	= 159,11 l = 158,99 l
1 Registertonne	= 2,832 m^3	1° Fahrenheit (°F)	= $\frac{5}{9}$ °C
1 internat. Karat	= 0,2051 g	wobei 32 °F der Temperatur 0 °C entspricht.	
1 Feinunze (troy ounce, tr.oc.)	= 31,1035 g		

Periodensystem der Elemente

Atommasse in u — 26,98
Eine eingeklammerte Atommasse gibt die Masse des langlebigsten Isotops des Elements an
Al — Elementsymbol
Ordnungszahl (Protonenzahl) — 13
Aluminium — Elementname

schwarz = feste Elemente
rot = gasförmige Elemente
blau = flüssige Elemente
weiß = künstliche Elemente
grün = natürliche radioaktive Elemente

Periode	Hauptgruppen I	Hauptgruppen II	Nebengruppen III	IV	V	VI	VII	VIII	VIII	VIII	I	II	Hauptgruppen III	IV	V	VI	VII	VIII
1 K-Schale	1,008 H 1 Wasserstoff																	4,00 He 2 Helium
2 L-Schale	6,94 Li 3 Lithium	9,01 Be 4 Beryllium											10,81 B 5 Bor	12,01 C 6 Kohlenstoff	14,00 N 7 Stickstoff	16,00 O 8 Sauerstoff	19,00 F 9 Fluor	20,18 Ne 10 Neon
3 M-Schale	22,99 Na 11 Natrium	24,31 Mg 12 Magnesium											26,98 Al 13 Aluminium	28,09 Si 14 Silicium	30,97 P 15 Phosphor	32,07 S 16 Schwefel	35,45 Cl 17 Chlor	39,94 Ar 18 Argon
4 N-Schale	39,10 K 19 Kalium	40,08 Ca 20 Calcium	44,96 Sc 21 Scandium	47,88 Ti 22 Titan	50,94 V 23 Vanadium	52,00 Cr 24 Chrom	54,94 Mn 25 Mangan	55,85 Fe 26 Eisen	58,93 Co 27 Cobalt	58,69 Ni 28 Nickel	63,55 Cu 29 Kupfer	65,37 Zn 30 Zink	69,72 Ga 31 Gallium	72,61 Ge 32 Germanium	74,92 As 33 Arsen	78,96 Se 34 Selen	79,90 Br 35 Brom	83.80 Kr 36 Krypton
5 O-Schale	85,47 Rb 37 Rubidium	87,62 Sr 38 Strontium	88,91 Y 39 Yttrium	91,22 Zr 40 Zirkonium	92,91 Nb 41 Niob	95,94 Mo 42 Molybdän	(98,91) Tc 43 Technetium	101,07 Ru 44 Ruthenium	102,91 Rh 45 Rhodium	106,42 Pd 46 Palladium	107,87 Ag 47 Silber	112,41 Cd 48 Cadmium	114,82 In 49 Indium	118,71 Sn 50 Zinn	121,75 Sb 51 Antimon	127,60 Te 52 Tellur	126,90 I 53 Iod	131,29 Xe 54 Xenon
6 P-Schale	132,91 Cs 55 Cäsium	137,33 Ba 56 Barium	La-Lu 57 bis 71	178,49 Hf 72 Hafnium	180,95 Ta 73 Tantal	183,85 W 74 Wolfram	186,2 Re 75 Rhenium	190,2 Os 76 Osmium	192,22 Ir 77 Iridium	195,08 Pt 78 Platin	196,97 Au 79 Gold	200,59 Hg 80 Quecksilber	204,38 Tl 81 Thallium	207,2 Pb 82 Blei	208,98 Bi 83 Bismut	(208,98) Po 84 Polonium	(209,99) At 85 Astat	(222,02) Rn 86 Radon
7 Q-Schale	(223,02) Fr 87 Francium	(226,03) Ra 88 Radium	Ac-Lr 89 bis 103	(261) Rf 104 Rutherfordium	(262) Db 105 Dubnium	(263) Sg 106 Seaborgium	(264) Bh 107 Bohrium	(265) Hs 108 Hassium	(266) Mt 109 Meitnerium	(273) 110	(272) 111	(277) 112						

Elemente der Lanthanreihe	138,91 La 57 Lanthan	140,12 Ce 58 Cer	140,91 Pr 59 Praseodym	144,24 Nd 60 Neodym	(146,92) Pm 61 Promethium	150,36 Sm 62 Samarium	151,97 Eu 63 Europium	157,25 Gd 64 Gadolinium	158,93 Tb 65 Terbium	162,50 Dy 66 Dysprosium	164,93 Ho 67 Holmium	167,26 Er 68 Erbium	168,93 Tm 69 Thulium	173,04 Yb 70 Ytterbium	174,97 Lu 71 Lutetium
Elemente der Actiniumreihe	(227,03) Ac 89 Actinium	232,04 Th 90 Thorium	(231,04) Pa 91 Protactinium	238,03 U 92 Uran	(237,04) Np 93 Neptunium	(244,06) Pu 94 Plutonium	(243,06) Am 95 Americium	(247,07) Cm 96 Curium	(247,07) Bk 97 Berkelium	(251,08) Cf 98 Californium	(252,08) Es 99 Einsteinium	(257) Fm 100 Fermium	(258) Md 101 Mendelevium	(259,10) No 102 Nobelium	(260,11) Lr 103 Lawrencium

Isotop: ein Element hat mehrere Isotope mit gleichen chemischen Eigenschaften, unterscheidet sich in der Anzahl der Neutronen

Elemente	**B** 10,81	Elementsymbol, Atommasse in u	
α-Zerfall	**Ra226** 1600 a; α: 4,785; γ: 0,186	← $T_{1/2}$; ← α-Energie[1]) in MeV; ← γ-Energie[1]) in MeV →	
β^--Zerfall	**Pb214** 26,8 min; β^-: 0,7; 1,0; γ: 0,352	← $T_{1/2}$ →; ← Maximalenergien → der β-Spektren in MeV	
β^+-Zerfall	**Na22** 2,60 a; β^+: 0,5; 1,8; γ: 1,275	statt β^+-Zerfall ist auch Elektroneneinfang möglich (gekennzeichnet durch den Buchstaben ε)	
Stabile Nuklide	**Pb208** 52,4 %	Elementsymbol und Nukleonenzahl; Häufigkeit des Vorkommens im natürlichen Element	
Häufigkeit der Zerfallsarten	**Ac226** 29 h; ε; α; β^-: 0,9; 1,1; γ: 0,23	Die farbigen Flächen sind ein Maß für die Häufigkeit der jeweiligen Zerfälle	

[1]) Bei α- und γ-Strahlen ist jeweils nur die Energie des am häufigsten vorkommenden Zerfalls angegeben. Weiterhin bedeutet

γ: – kein γ-Quant beobachtet

α, β^-, β^+, γ ohne Zahlenangabe: Nachgewiesene Übergänge unbekannter Energie

sf: Spontane Spaltung (spontaneous fission)

β^--Zerfall (heißt im Buch β-Zerfall)

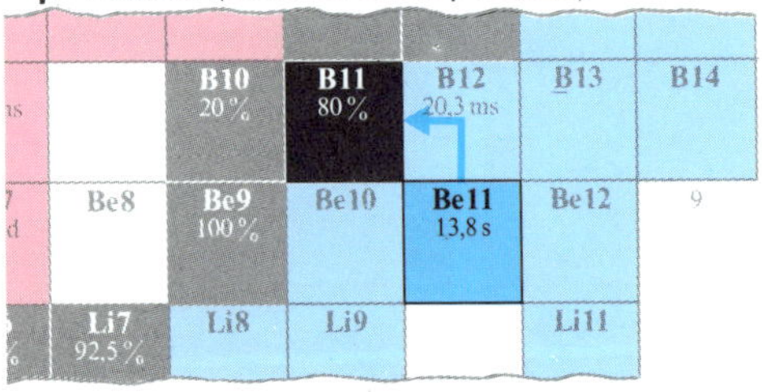

α-Zerfall

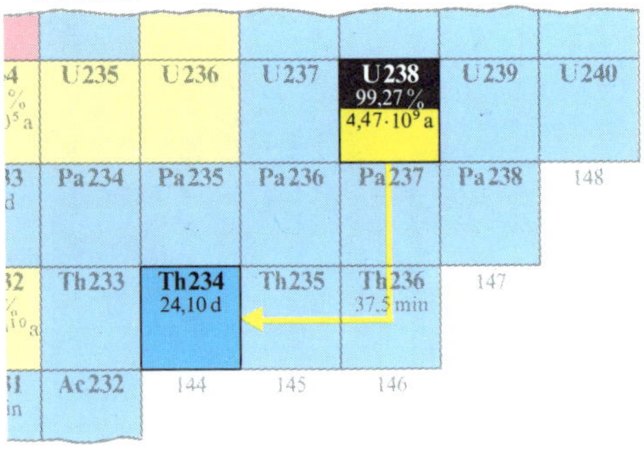

β^+-Zerfall (wird im Buch nicht erklärt)

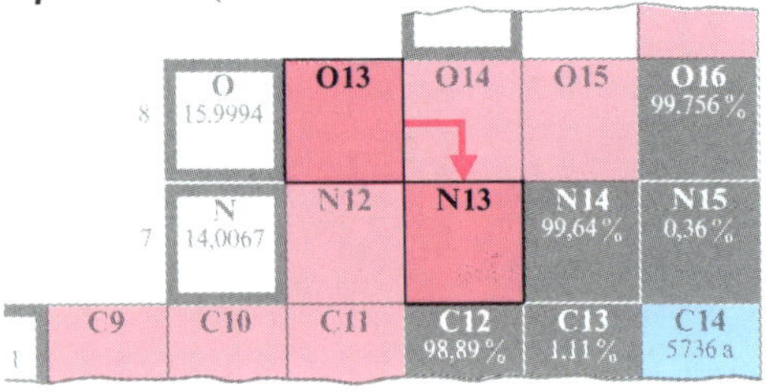

91					**Pa** 231,0359	**Pa216** 0,20 s; α: 7,72	**Pa217** 4,9 ms; α: 8,34	**Pa218** 0,12 ms; α: 9,61			
90			**Th** 232,0381	**Th213** 0,14 s; α: 7,69	**Th214** 0,10 s; α: 7,68	**Th215** 1,2 s; α: 7,39	**Th216** 28 ms; α: 7,92	**Th217** 252 µs; α: 9,25	**Th218** 0,1 µs; α: 9,68	**Th219** 1,0 µs; α: 9,34	**Th220** 9,7 µs; α: 8,79
89	**Ac209** 0,10 s; α: 7,59	**Ac210** 0,35 s; α: 7,46	**Ac211** 0,25 s; α: 7,48	**Ac212** 0,93 s; α: 7,38	**Ac213** 0,80 s; α: 7,36	**Ac214** 8,2 s; ε; α: 7,214	**Ac215** 0,17 s; ε; α: 7,60	**Ac216** ~0,3 ms; α: 9,07	**Ac217** 0,07 µs; α: 9,65	**Ac218** 0,27 µs; α: 9,21	**Ac219** 7 µs; α: 8,67
88	**Ra208** 1,4 s; α: 7,133	**Ra209** 4,6 s; α: 7,010	**Ra210** 3,7 s; α: 7,020	**Ra211** 13 s; α: 6,912	**Ra212** 13 s; α: 6,90	**Ra213** 2,74 min; ε; α: 6,62	**Ra214** 2,5 s; ε; α: 7,14	**Ra215** 1,6 ms; α: 8,697	**Ra216** 0,18 µs; α: 9,35	**Ra217** 1,6 µs; α: 8,99	**Ra218** 14 µs; α: 8,39
87	**Fr207** 14,8 s; α: 6,774	**Fr208** 59 s; α: 6,648	**Fr209** 50,0 s; α: 6,648	**Fr210** 3,18 min; ε; α: 6,543	**Fr211** 3,10 min; α: 6,534	**Fr212** 20,0 min; ε; α: 6,261; γ: 1,272	**Fr213** 34,6 s; ε; α: 6,774	**Fr214** 5,0 ms; α: 8,43	**Fr215** 0,09 µs; α: 9,36	**Fr216** 0,70 µs; α: 9,01	**Fr217** 22 µs; α: 8,32
86	**Rn206** 5,67 min; ε; α: 6,260	**Rn207** 9,3 min; ε; α: 5,759; γ: 0,345	**Rn208** 24,4 min; ε; α: 6,140; γ	**Rn209** 28,5 min; ε; α: 6,039; β^+; γ: 0,408	**Rn210** 2,4 h; ε; α: 6,040; γ: 0,458	**Rn211** 14,6 h; ε; α: 5,783; γ: 0,674	**Rn212** 24 min; α: 6,264; γ	**Rn213** 25 ms; α: 8,09; γ	**Rn214** 0,27 µs; α: 9,04	**Rn215** 2,3 µs; α: 8,67	**Rn216** 45 s; α: 8,05
85	**At205** 26,2 min; ε; α: 5,902; β^+; γ: 0,719	**At206** 29,4 min; ε; α: 5,703; γ: 0,700	**At207** 1,8 h; ε; α: 5,758; γ: 0,814	**At208** 1,63 h; ε; α: 5,641; γ: 0,685	**At209** 5,4 h; ε; α: 5,647; γ: 0,545	**At210** 8,3 h; ε; α: 5,524; γ: 1,181	**At211** 7,2 h; ε; α: 5,867; γ	**At212** 314 ms; α: 7,68; γ	**At213** 0,11 µs; α: 9,08	**At214** 790 ns; α: 8,82	**At215** ~0,1 m; α: 8,03; γ
84	**Po204** 3,52 h; ε; α: 5,377; γ: 0,884	**Po205** 1,8 h; ε; α: 5,22; γ: 0,872	**Po206** 8,8 d; ε; α: 5,223; γ: 1,033	**Po207** 5,84 h; ε; α: 5,12; β^+; γ: 0,992	**Po208** 2,898 a; ε; α: 5,116; γ	**Po209** 102 a; ε; α: 4,882; γ	**Po210** 138,38 d; α: 5,3045; γ	**Po211** 0,516 s; α: 7,450; γ	**Po212** 0,3 µs; α: 8,78; γ: 2,615	**Po213** 4,2 µs; α: 8,375; γ	**Po214** 164 µs; α: 7,687; γ
83	**Bi203** 11,76 h; ε; β^+: 1,4; γ: 0,820	**Bi204** 11,3 h; ε; γ: 0,899	**Bi205** 15,31 d; ε; β^+; γ: 1,764	**Bi206** 6,24 d; ε; β^+; γ: 0,803	**Bi207** 33,4 a; ε; β^+; γ: 0,570	**Bi208** $3{,}68\cdot10^5$ a; ε; γ: 2,615	**Bi209** 100 %	**Bi210** 5,01 d; α: 4,650; β^-: 1,2; γ	**Bi211** 2,13 min; α: 6,623; β^-; γ: 0,351	**Bi212** 60,55 min; α: 6,05; β^-: 2,3; γ: 0,727	**Bi213** 45,55 mi; α: 5,87; β^-: 1,4; γ: 0,440
82	**Pb202** $3\cdot10^5$ a; ε; γ: –	**Pb203** 51,9 h; ε; γ: 0,279	**Pb204** 1,4 %; $1{,}4\cdot10^{17}$ a; α: 2,6	**Pb205** $1{,}5\cdot10^7$ a; ε; γ: –	**Pb206** 24,1 %	**Pb207** 22,1 %	**Pb208** 52,4 %	**Pb209** 3,25 h; β^-: 0,6; γ: –	**Pb210** 22,3 a; α: 3,72; β^-: 0,02; 0,06; γ: 0,047	**Pb211** 36,1 min; β^-: 1,4; γ: 0,405	**Pb212** 10,64 h; β^-: 0,3; 0,6; γ: 0,239
81	**Tl201** 73,5 h; ε; γ: 0,167	**Tl202** 12,2 d; ε; γ: 0,440	**Tl203** 29,5 %	**Tl204** 3,78 a; ε; β^-: 0,8; γ: –	**Tl205** 70,5 %	**Tl206** 4,20 min; β^-: 1,5; γ	**Tl207** 4,8 min; β^-: 1,4; γ	**Tl208** 3,054 min; β^-: 1,8; 2,4; γ: 2,615	**Tl209** 2,2 min; β^-: 1,8; γ: 1,566	**Tl210** 1,3 min; β^-: 1,9; 2,3; γ: 0,795	130
80	**Hg200** 23,1 %	**Hg201** 13,2 %	**Hg202** 29,7 %	**Hg203** 46,6 d; β^-: 0,2; γ: 0,279	**Hg204** 6,8 %	**Hg205** 5,2 min; β^-: 1,5; γ: 0,204	**Hg206** 8,2 min; β^-: 1,3; γ: 0,305	127	128	129	
79	**Au199** 3,13 d; β^-: 0,3; 0,5; γ: 0,158	**Au200** 48,4 min; β^-: 2,3; γ: 0,368	**Au201** 26,4 min; β^-: 1,3; γ: 0,543	**Au202** 28 s; β^-: 3,5; γ: 0,440		**Au204** 40 s; β^-; γ: 0,437	126				
78	**Pt198** 7,2 %	**Pt199** 30,8 min; β^-: 1,7; γ: 0,543	**Pt200** 12,5 h; β^-: 0,6; 0,7	**Pt201** 2,5 min; β^-: 2,7; γ: 1,706	124	125					
77	**Ir197** 8,9 min; β^-: 2,0; γ: 0,5	**Ir198** 8 s; β^-; γ: 0,407	122	123							
	120	121									

Quecksilber

Gold

Platin

Iridium